"十二五"国家重点图书出版规划项目

航空航天精品系列

ROBUST CONTROL BASIS OF MODERN NONLINEAR SYSTEMS

# 现代非线性系统鲁棒控制基础

姜长生 吴庆宪 费树岷 朱 亮 王岩青
黄国勇 方 炜 王玉惠 傅 健 编著



哈爾濱工業大學出版社
HARBIN INSTITUTE OF TECHNOLOGY PRESS

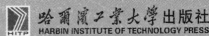

## 内容提要

本书全面系统地介绍了非线性系统的稳定与鲁棒控制问题，特别结合作者多年来的研究成果，说明方法和理论的应用。主要内容包括：非线性系统的稳定性理论和分析，非线性系统的轨迹线性化控制，非线性系统的广义预测控制，非线性系统的 Terminal 滑模控制，非线性系统的模糊控制，时滞非线性系统的鲁棒控制，非线性系统的切换控制等。本书在阐述主要理论和方法的同时，注重工程设计方法和算法的介绍。本书内容丰富，深入浅出，并配有与内容密切结合的例题和习题，便于读者理解与自学。

本书作为一本专著和培养高层次人才的教材，适合信息与控制领域，以及其他相关领域各专业研究生作为教材，也可供高等学校教师、广大科技工作者和工程技术工作者的同行们参考。

**图书在版编目(CIP)数据**

现代非线性系统鲁棒控制基础/姜长生等编著. —哈尔滨：哈尔滨工业大学出版社，2012.12

ISBN 978-7-5603-3799-9

Ⅰ.①现… Ⅱ.①姜… Ⅲ.①非线性系统(自动化)—鲁棒控制 Ⅳ.①TP273

**中国版本图书馆 CIP 数据核字(2012)第 263788 号**

策划编辑 王桂芝
责任编辑 李长波
封面设计 刘洪涛
出版发行 哈尔滨工业大学出版社
社 址 哈尔滨市南岗区复华四道街 10 号 邮编 150006
传 真 0451-86414749
网 址 http://hitpress.hit.edu.cn
印 刷 黑龙江省委党校印刷厂
开 本 787mm×1092mm 1/16 印张 21.75 字数 541 千字
版 次 2012 年 12 月第 1 版 2012 年 12 月第 1 次印刷
书 号 ISBN 978-7-5603-3799-9
定 价 48.00 元

# 前　言

科教兴国的伟大号召像春天的惊雷激励着中华民族的每一个炎黄子孙，向着复兴民族、振兴中华的伟大目标奋勇前进。中华民族复兴的伟大潮流浩浩荡荡，勇往直前，势不可挡，必将成为21世纪世界历史上最伟大的壮举。我们几位同志合作撰写的这本书就是在这一伟大历史背景下诞生的，是我们在伟大号召激励之下一点微薄的努力和贡献。虽然这只是这个伟大潮流中一朵小小的浪花，但我们相信，千千万万朵飞舞的浪花必将汇合成排山倒海的大潮，将中华民族推向新世纪发展潮流的最前沿！

本书比较全面系统地介绍了近年来发展起来的鲁棒控制的基本理论，论述了非线性系统的各种鲁棒控制理论和方法、鲁棒稳定与鲁棒控制问题。为了使理论和实际能密切结合，达到学术性和应用性的一致，作者力求在阐述主要理论和方法的同时，注重工程设计方法、算法的介绍。全书内容丰富，深入浅出，并配有与内容密切结合的例题，便于读者理解与自学，读者只要具备矩阵理论和线性系统理论方面的知识就可读懂书中的大部分内容。书中涉及的泛函分析和微分几何方面的知识，初次阅读时完全可以跳过。

本书是作者在多年研究生教学和科研的基础上总结写成的，因此书中的内容不仅包含了作者多年研究生教学的经验与体会，也反映了作者相关的科学研究成果。

本书是在《现代鲁棒控制基础》一书出版后所进行的科学研究成果的基础上，进行改写加入新的内容重新写作而成的，书中花了较大的篇幅论述了非线性系统的稳定与鲁棒控制问题。

本书作为一本专著和培养高层次人才的教材，适合信息与控制领域，以及其他相关领域各专业研究生作为教材，也可供高等学校教师、广大科技工作者和工程技术工作者的同行们参考。

本书在编写过程中参阅了国内外的许多同类著作和相关文献，并引用了其成果和论述，在此向本书所引文献的所有作者们致以衷心的感谢。

本书的出版得到了国防科学技术工业委员会出版基金和国家自然科学基金（90716028，90405011，91116017）的资助，在此深致谢意，同时还要感谢哈尔滨工业大学出版社的同志们，由于他们的支持和辛勤劳动，使本书以很高的出版质量奉献给读者。

参加本书撰写工作的有姜长生教授、吴庆宪教授、费树岷教授、朱亮副教授、王岩青副教授、黄国勇副教授、方炜副教授、王玉惠副教授、傅健博士。全书最后由姜长生教授和吴庆宪教授整理完成。

最后，作者诚恳地表示，由于我们水平有限，书中疏漏和不当之处在所难免，热诚地欢迎来自各方面的批评、指教，衷心地感谢提出批评和指教的每一个人。

作　者

**2012年10月于南京**

# 目　录

# 第1章 非线性系统的稳定性<br>(Stability of Nonlinear Systems)

因为实际系统普遍存在着非线性环节、非线性因素和不确定性，或者实际系统模型的结构和参数在运行过程中发生不确定的非线性变化，因此实际系统很难建立准确的数学模型，而依赖数学模型设计的控制器难于使系统获得良好的稳定性和动态品质。同时，系统还有可能存在不确定的外界干扰及不确定的输入和输出，这就使得实际系统有效的稳定控制和良好的动态品质控制产生困难。考虑上述这些因素，使系统的稳定性和动态品质始终保持设计者期望的要求，是非线性系统鲁棒控制的研究任务。

## 1.1 非线性系统稳定性的基本定理<br>(Basic Theory of Nonlinear Systems Stability)

### 1.1.1 基本定理 I (Basic Theory I)

考虑系统

$$\dot{\boldsymbol{x}} = \boldsymbol{f}(\boldsymbol{x}) \qquad \boldsymbol{f}: D \to \mathbf{R}^n \tag{1.1}$$

其中，$D$ 为 $\mathbf{R}^n$ 一个开连通子集；$\boldsymbol{f}$ 为从 $D$ 到 $\mathbf{R}^n$ 的局部 Lipschitz 映射。现假定 $\boldsymbol{x} = \boldsymbol{x}_e$ 是系统(1.1) 的平衡点，即 $\dot{\boldsymbol{x}} = \boldsymbol{f}(\boldsymbol{x}_e) = \boldsymbol{0}$。

**定义 1.1** 对于系统(1.1)，若对于每个 $\varepsilon > 0$，$\exists\, \delta = \delta(\varepsilon) > 0$，使有

$$\| \boldsymbol{x}(0) - \boldsymbol{x}_e \| < \delta \Rightarrow \| \boldsymbol{x}(t) - \boldsymbol{x}_e \| < \varepsilon, \quad \forall\, t \geqslant t_0 \tag{1.2}$$

则称平衡点是稳定的，反之平衡点是不稳定的。

若对于平衡点 $\boldsymbol{x}_e$ 存在 $\delta_1 > 0$，使有

$$\| \boldsymbol{x}(0) - \boldsymbol{x}_e \| < \delta_1 \Rightarrow \lim_{t \to \infty} \boldsymbol{x}(t) = \boldsymbol{x}_e \tag{1.3}$$

则称平衡点 $\boldsymbol{x}_e$ 是收敛的。

若对于任意给定的 $\varepsilon_1 > 0$，$\exists\, T$，使有

$$\| \boldsymbol{x}(0) - \boldsymbol{x}_e \| < \delta_1 \Rightarrow \| \boldsymbol{x}(t) - \boldsymbol{x}_e \| < \varepsilon_1, \quad \forall\, t \geqslant t_0 + T \tag{1.4}$$

则称 $\boldsymbol{x}_e$ 是收敛的。

若系统(1.1) 既是稳定的，又是收敛的，则称系统(1.1) 是渐进稳定的。

**定义 1.2** 对于系统(1.1)，$\boldsymbol{x}_e$ 为平衡点。若存在两个实常数 $\alpha, \lambda > 0$，只要 $\| \boldsymbol{x}(0) - \boldsymbol{x}_e \| < \delta$ 成立，均可使有

$$\| \boldsymbol{x}(t) - \boldsymbol{x}_e \| < \alpha \| \boldsymbol{x}(0) - \boldsymbol{x}_e \| \mathrm{e}^{-\lambda t}, \quad \forall\, t \geqslant 0 \tag{1.5}$$

则称系统(1.1) 局部指数稳定。若对任何 $\boldsymbol{x} \in \mathbf{R}^n$，式(1.5) 均成立，则称系统(1.1) 是全局指数稳定。

**定义 1.3** 设 $V$ 为 $D \to \mathbf{R}$ 的函数，若 $V$ 满足如下条件：

(i) $V(0)=0, 0 \in D$;

(ii) $V(\boldsymbol{x}) \geqslant 0, \boldsymbol{x} \neq \boldsymbol{0}$,

则称 $V: D \rightarrow \mathbf{R}$ 为 $D$ 中的正半定函数。如上述条件换成：

(i) $V(0)=0, 0 \in D$;

(ii) $V(\boldsymbol{x})>0, \boldsymbol{x} \neq \boldsymbol{0}$,

则称 $V: D \rightarrow \mathbf{R}$ 为 $D$ 中的正定函数。

正定函数是 Lyapunov 稳定性理论的基本架构，研究这一函数沿系统运动轨迹的导数是判定系统稳定性的关键。对于系统(1.1)，可以构造它的一个正定函数 $V(\boldsymbol{x}) \in \boldsymbol{C}^{\infty}$，则有

$$\frac{\mathrm{d}V(\boldsymbol{x})}{\mathrm{d}t}=\frac{\partial V(\boldsymbol{x})}{\partial \boldsymbol{x}^{\mathrm{T}}} \cdot \frac{\mathrm{d}\boldsymbol{x}}{\mathrm{d}t}=\nabla V \cdot \boldsymbol{f}=\left[\frac{\partial V}{\partial x_1}, \frac{\partial V}{\partial x_2}, \cdots, \frac{\partial V}{\partial x_n}\right]\begin{bmatrix} f_1(\boldsymbol{x}) \\ f_2(\boldsymbol{x}) \\ \vdots \\ f_n(\boldsymbol{x}) \end{bmatrix} \tag{1.6}$$

由此引入 Lie 导数的概念。

**定义 1.4** 设 $V: D \rightarrow \mathbf{R}, \boldsymbol{f}: D \rightarrow \mathbf{R}^n$，则 $V$ 沿 $\boldsymbol{f}$ 的 Lie 导数记为 $L_f V$，并定义为

$$\dot{V}(\boldsymbol{x}) \xlongequal{\text{def}} L_f V(\boldsymbol{x})=\frac{\partial V}{\partial \boldsymbol{x}^{\mathrm{T}}} \cdot \boldsymbol{f}(\boldsymbol{x})=\sum_{i=1}^{n} \frac{\partial V}{\partial x_i} \cdot f_i(\boldsymbol{x})=\langle \mathrm{d}V, \boldsymbol{f}\rangle \tag{1.7}$$

式(1.7)为沿 $\boldsymbol{f}(\boldsymbol{x})$ 对 $V(\boldsymbol{x})$ 进行了一次微分运算。如果沿 $\boldsymbol{f}(\boldsymbol{x})$ 对 $V(\boldsymbol{x})$ 进行 $k$ 次微分运算，则有

$$\begin{cases} L_f^0 V(\boldsymbol{x})=V(\boldsymbol{x}) \\ L_f^1 V(\boldsymbol{x})=\dfrac{\partial V(\boldsymbol{x})}{\partial \boldsymbol{x}^{\mathrm{T}}} \cdot \boldsymbol{f}(\boldsymbol{x})=\langle \mathrm{d}V, \boldsymbol{f}\rangle=\displaystyle\sum_{i=1}^{n} \frac{\partial V(\boldsymbol{x})}{\partial x_i} f_i(\boldsymbol{x}) \\ \quad \vdots \\ L_f^k V(\boldsymbol{x})=\dfrac{\partial L_f^{k-1} V(\boldsymbol{x})}{\partial \boldsymbol{x}^{\mathrm{T}}} \cdot \boldsymbol{f}(\boldsymbol{x})=\langle \mathrm{d}L_f^{k-1} V(\boldsymbol{x}), \boldsymbol{f}(\boldsymbol{x})\rangle \end{cases} \tag{1.8}$$

由 Lie 导数的概念和计算式引入 Lie 括号的概念和计算式。对于两个向量值函数 $\boldsymbol{f}(\boldsymbol{x})$ 和 $\boldsymbol{g}(\boldsymbol{x})$，定义

$$ad_f \boldsymbol{g} \xlongequal{\text{def}} [\boldsymbol{f}, \boldsymbol{g}](\boldsymbol{x})=\frac{\partial \boldsymbol{g}}{\partial \boldsymbol{x}} \cdot \boldsymbol{f}(\boldsymbol{x})-\frac{\partial \boldsymbol{f}}{\partial \boldsymbol{x}} \cdot \boldsymbol{g}(\boldsymbol{x}) \tag{1.9}$$

式中，$\dfrac{\partial \boldsymbol{g}}{\partial \boldsymbol{x}}$ 和 $\dfrac{\partial \boldsymbol{f}}{\partial \boldsymbol{x}}$ 分别是 $\boldsymbol{g}(\boldsymbol{x})$ 和 $\boldsymbol{f}(\boldsymbol{x})$ 的 Jacobi 矩阵，$[\boldsymbol{f}, \boldsymbol{g}](\boldsymbol{x})$ 称为 $\boldsymbol{f}(\boldsymbol{x})$ 和 $\boldsymbol{g}(\boldsymbol{x})$ 的 Lie 括号。若 $\boldsymbol{\omega}(\boldsymbol{x})$ 为 $\boldsymbol{C}^{\infty}$ 对偶向量场，$\boldsymbol{f}(\boldsymbol{x})$ 为 $\boldsymbol{C}^{\infty}$ 向量场，则定义 $\boldsymbol{\omega}(\boldsymbol{x})$ 沿 $\boldsymbol{f}(\boldsymbol{x})$ 的 Lie 导数为

$$L_f \boldsymbol{\omega}(x) \xlongequal{\text{def}} \boldsymbol{f}^{\mathrm{T}}(\boldsymbol{x})\left(\frac{\partial \boldsymbol{\omega}(\boldsymbol{x})}{\partial \boldsymbol{x}^{\mathrm{T}}}\right)^{\mathrm{T}}+\boldsymbol{\omega}(\boldsymbol{x}) \frac{\partial \boldsymbol{f}(\boldsymbol{x})}{\partial \boldsymbol{x}^{\mathrm{T}}}=[f_1, f_2, \cdots, f_n]\left[\frac{\partial \omega_j}{\partial x_i}\right]_{n \times n}+ (\omega_1, \omega_2, \cdots, \omega_n) \cdot \left[\frac{\partial f_i}{\partial x_j}\right]_{n \times n} \tag{1.10}$$

**定理 1.1** 设 $\boldsymbol{x}=\boldsymbol{0}$ 是系统(1.1)的平衡点，$\boldsymbol{f}: D \rightarrow \mathbf{R}, V(\boldsymbol{x}): D \rightarrow \mathbf{R}$ 是代表系统(1.1)广义能量的连续可微函数，且

(i) $V(0)=0$;

(ii) $V(\boldsymbol{x})>0, \boldsymbol{x} \neq \boldsymbol{0}$;

(iii) $\dot{V}(\boldsymbol{x}) \leqslant 0, \boldsymbol{x} \neq \boldsymbol{0}$,

则系统(1.1) 的平衡点 $\boldsymbol{x}=\boldsymbol{0}$ 在 Lyapunov 意义下稳定。

**证明**　选 $r>0$,使闭球 $B_r=\{\boldsymbol{x}\in\mathbf{R}^n:\|\boldsymbol{x}\|\leqslant r\}$ 包含在 $D$ 中,所以 $\boldsymbol{f}$ 在紧集 $B_r$ 中是确定的。令

$$\alpha=\min_{\|\boldsymbol{x}\|=r}V(\boldsymbol{x})\quad(\text{根据 }V(\boldsymbol{x})>0\in D,\text{因此 }\alpha>0)$$

现选 $\beta\in(0,\alpha)$,并记

$$\Omega_\beta=\{\boldsymbol{x}\in B_r:V(\boldsymbol{x})\leqslant\beta\}$$

因此,根据构造,$\Omega_\beta\subset B_r$。现假定 $\boldsymbol{x}(0)\in\Omega_\beta$,根据定理的条件(iii),有

$$\dot V(\boldsymbol{x})\leqslant 0\Rightarrow V(\boldsymbol{x})\leqslant V(\boldsymbol{x}(0))\leqslant\beta,\quad\forall t>0$$

由此可见,在 $t=0$ 从 $\Omega_\beta$ 中出发的任何轨迹,在 $\forall t\geqslant 0$ 时停留在 $\Omega_\beta$ 内。进而,根据 $V(\boldsymbol{x})$ 的连续性,显然 $\exists\delta>0$,使

$$\|\boldsymbol{x}\|<\delta\Rightarrow V(\boldsymbol{x})<\beta\quad(B_\delta\subset\Omega_\beta\subset B_r)$$

由此得

$$\|\boldsymbol{x}(0)\|<\delta\Rightarrow\boldsymbol{x}(t)\in\Omega_\beta\subset B_r,\quad\forall t>0$$

从而有

$$\|\boldsymbol{x}(0)\|<\delta\Rightarrow\|\boldsymbol{x}(t)\|<r\leqslant\varepsilon,\quad\forall t\geqslant 0$$

这表明平衡点 $\boldsymbol{x}=\boldsymbol{0}$ 是稳定的。证毕。

**定理 1.2**　设 $\boldsymbol{x}=\boldsymbol{0}$ 是系统(1.1) 的平衡点,$V(\boldsymbol{x})$ 是代表系统(1.1) 的广义能量的连续可微函数,且

(i) $V(0)=0$;

(ii) $V(\boldsymbol{x})>0,\boldsymbol{x}\neq\boldsymbol{0}$;

(iii) $\dot V(\boldsymbol{x})<0,\boldsymbol{x}\neq\boldsymbol{0}$,　(1.11)

则系统(1.1) 的平衡点是渐进稳定的。

**证明**　在定理的条件下,函数 $V(\boldsymbol{x})$ 沿 $\boldsymbol{f}(\boldsymbol{x})$ 的轨线是减少的,利用定理 1.1 相同的证法,对于每一个实数 $a>0$,可以找到 $b>0$,使有 $\Omega_b\subset\Omega_a$。根据定理 1.1,只要初始条件在 $\Omega_b$ 中,系统的解将仍留在 $\Omega_b$ 中。为了证明渐进稳定性,需要证明极限情况下 $\Omega_b$ 趋于 0。换言之,要证明当 $t\to\infty$ 时,$\Omega_b$ 收缩成一个点。因为根据定理的条件:在 $D$ 中,$\dot V(\boldsymbol{x})<0$,因此,$V(\boldsymbol{x})$ 总是沿着 $\dot{\boldsymbol{x}}=\boldsymbol{f}(\boldsymbol{x})$ 的解一直趋于 0,即

$$t\to\infty,\quad\lim_{t\to\infty}\boldsymbol{x}(t)=\boldsymbol{0}$$

**例 1.1**　如图 1.1 所示的单摆,由牛顿力学第二定律有

$$ml\ddot\theta+mg\sin\theta=0\tag{1.12}$$

或写成

$$\ddot\theta+\frac{g}{l}\sin\theta=0$$

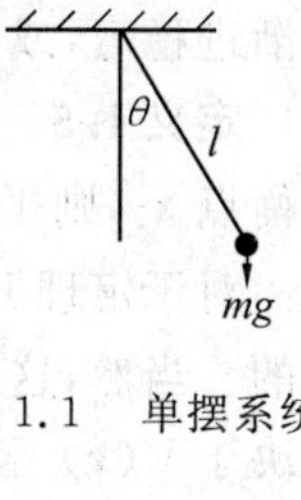

图 1.1　单摆系统

取 $x_1=\theta,x_2=\dot\theta$,则写出状态方程为

$$\begin{cases}\dot x_1=x_2\\ \dot x_2=-\dfrac{g}{l}\sin x_1\end{cases}\tag{1.13}$$

这个状态方程属于 $\dot{\boldsymbol{x}}=\boldsymbol{f}(\boldsymbol{x})$ 的描述形式。

取系统的 Lyapunov 函数 $V(\boldsymbol{x})$ 为

$$V(\boldsymbol{x})=\frac{1}{2}ml^2x_2^2+mgl(1-\cos x_1)$$

式中的第一项是系统的动能，第二项是它的势能。由表达式可见，定理 1.1 和定理 1.2 的条件(i) 均满足。对于定理的条件(ii)，因为 $\boldsymbol{x}=[x_1,x_2]^{\mathrm{T}}=[2k\pi,0]^{\mathrm{T}}$，$k=0,1,2,\cdots$ 时，$V(\boldsymbol{x})=0$，所以 $V(\boldsymbol{x})$ 不是正定函数。现对 $x_1$ 的范围限制为 $(-2\pi,2\pi)$，即取 $D=[(-2\pi,2\pi),\mathbf{R}]^{\mathrm{T}}$，$V:D\to\mathbf{R}$，在此约束下，$V(\boldsymbol{x})$ 就是正定函数了，于是有

$$\dot{V}(\boldsymbol{x})=\nabla V(\boldsymbol{x})=[mgl\sin x_1,ml^2x_2][x_2,-\frac{g}{l}\sin x_1]^{\mathrm{T}}=$$

$$mglx_2\sin x_1-mglx_2\sin x_1=0$$

因为 $\dot{V}(\boldsymbol{x})=0$，故根据定理 1.1，系统的原点 $[x_1,x_2]^{\mathrm{T}}=[0,0]^{\mathrm{T}}$ 是稳定的。

若单摆存在运动阻尼项，则单摆的运动方程(1.12) 和方程(1.13) 分别变为

$$ma=-mg\sin\theta-kl\dot{\theta}$$

$$\begin{cases}\dot{x}_1=x_2\\ \dot{x}_2=-\dfrac{g}{l}\sin x_1-\dfrac{k}{m}x_2\end{cases}$$

此时，$\boldsymbol{x}=\mathbf{0}$ 仍然是平衡点。系统的 Lyapunov 函数仍为

$$V(\boldsymbol{x})=\frac{1}{2}ml^2x_2^2+mgl(1-\cos x_1)>0,\quad \boldsymbol{x}\neq\mathbf{0}$$

$$\dot{V}(\boldsymbol{x})=\nabla V(\boldsymbol{x})=[mgl\sin x_1,ml^2x_2][x_2,-\frac{g}{l}\sin x_1-\frac{k}{m}x_2]^{\mathrm{T}}=-kl^2x_2^2\leqslant 0$$

因为 $x_1$ 为任意，$x_2=0$ 时，$\dot{V}(\boldsymbol{x})=0$，所以 $\dot{V}(\boldsymbol{x})$ 不是负定，而是负半定。根据定理 1.1 知，系统在平衡点 $\boldsymbol{x}=\mathbf{0}$ 是稳定的，但不能根据定理 1.2 得出渐进稳定的结论，因为在 $\boldsymbol{x}=\mathbf{0}$ 的邻域内 $\dot{V}(\boldsymbol{x})$ 不是负定的，虽然直觉告诉我们它是渐进稳定的。实际上，有摩擦的单摆系统，原点平衡点是渐进稳定的。

上面论述的稳定性定义从概念上来说，仅揭示了局部性的特征。从定义来看，对于平衡点 $\boldsymbol{x}_{\mathrm{e}}$，当

$$\|\boldsymbol{x}(0)-\boldsymbol{x}_{\mathrm{e}}\|<\delta\Rightarrow\|\boldsymbol{x}(t)-\boldsymbol{x}_{\mathrm{e}}\|<\varepsilon$$

也就是说，从 $\boldsymbol{x}_{\mathrm{e}}$ 附近开始的运动仍保留在 $\boldsymbol{x}_{\mathrm{e}}$ 附近，稳定性更重要的概念是渐进稳定，即系统的运动不仅能停留在 $\varepsilon$ 内，而且能在极限的情况下收敛于 $\boldsymbol{x}_{\mathrm{e}}$。若平衡点是稳定的，重要的是，要知道在什么条件下，任何一个初始状态是收敛于平衡点的。具有这种性质的平衡点称之为全局渐进稳定，或大范围渐进稳定。

**定义 1.5**　若系统的平衡点是稳定的，且任何一个初始状态的运动，当 $t\to\infty$ 时均收敛于平衡点 $\boldsymbol{x}_{\mathrm{e}}$，则平衡点 $\boldsymbol{x}_{\mathrm{e}}$ 称为大范围渐进稳定的，或全局渐进稳定。

对于定理 1.2，若能导出它在状态空间 $\mathbf{R}^n$ 中成立的条件，那么系统平衡点就是全局渐进稳定的。当然，这仅仅是必要条件，而不是充分条件。理由是，定理 1.1 也包括定理 1.2 的证明取决于 $V(\boldsymbol{x})$ 函数的正定性与 $\dot{V}(\boldsymbol{x})$ 负定性相关联导致 $V(\boldsymbol{x})<V(\boldsymbol{x}_0)$ 才行。然而，这一性质在定理 1.1 中以 $\Omega_\beta=\{\boldsymbol{x}\in B_r:V(\boldsymbol{x})\leqslant\beta\}$ 定义的空间的一个紧集中才成立。更确切地说，在定理 1.1 中，通过选择一个球 $B_r=\{\boldsymbol{x}\in\mathbf{R}^n:\|\boldsymbol{x}\|\leqslant r\}$ 开始，然后证明 $\Omega_\beta\subset B_r$。集合 $\Omega_\beta$ 和 $B_r$ 均为闭集(因为它们是有界的，从而也是紧的)。现在若 $B_r$ 允许是整个空间 $\mathbf{R}^n$，那么情况就发生了改变，因为一般地在一个确定的有界闭集中条件 $V(\boldsymbol{x})\leqslant\beta$ 并不成立。这同样意味着 $\Omega_\beta$

不是一个闭集,因而,甚至当 $V(\boldsymbol{x}) \leqslant \beta$ 时,轨迹偏离平衡点也是可能的。下例可说明这一点。

**例 1.2**　考虑如下正定函数

$$V(\boldsymbol{x}) = \frac{x_1^2}{1+x_1^2} + x_2^2$$

对于 $\beta < 1$,函数 $V(\boldsymbol{x}) \leqslant \beta$ 的区域是一个闭区域。然而,当 $\beta > 1$ 时,$V(\boldsymbol{x})$ 的等位面是开的。图 1.2 表明,一种初始状态可以从原点的平衡状态分离,而使运动朝低能量轨迹弯曲。

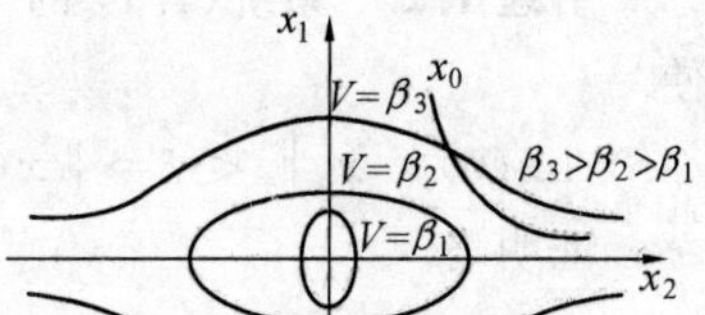


图 1.2　$V(\boldsymbol{x}) = \beta$ 被弯曲

解决这个问题得出一个附加条件,即 $V(\boldsymbol{x}) = \beta$ 是一个闭的弯曲曲线。这只能当 $\boldsymbol{x} \to \infty$ 时,函数 $V(\boldsymbol{x})$ 增长为无界才成立,这种函数称为径向无界函数。

**定义 1.6**　设 $V: D \to \mathbf{R}$ 为连续可微函数,若当 $\|\boldsymbol{x}\| \to \infty$ 时,$V(\boldsymbol{x}) \to \infty$,则称 $V(\boldsymbol{x})$ 是径向无界的。

**定理 1.3**　设 $\boldsymbol{x} = \boldsymbol{0}$ 是系统(1.1)的平衡点,$V(\boldsymbol{x}): D \to \mathbf{R}$ 是代表系统(1.1)广义能量的可微函数,且

(i) $V(0) = 0$;

(ii) $V(\boldsymbol{x}) > 0, \forall \boldsymbol{x} \neq \boldsymbol{0}$;

(iii) $V(\boldsymbol{x})$ 径向无界;

(iv) $\dot{V}(\boldsymbol{x}) < 0, \forall \boldsymbol{x} > \boldsymbol{0}$,则系统的平衡点 $\boldsymbol{x} = \boldsymbol{0}$ 是全局渐进稳定的。

**证明**　这个定理的证明类似于定理 1.2,现仅需证明:给定一个任意 $\beta > 0$,下式

$$\Omega_\beta = \{\boldsymbol{x} \in \mathbf{R}^n : V(\boldsymbol{x}) \leqslant \beta\}$$

定义一个集合,该集合对于某个 $r > 0$ 应包含在球 $B_r = \{x \in \mathbf{R}^n : \|\boldsymbol{x}\| \leqslant r\}$ 内,为了证明这一点,注意到函数 $V(\boldsymbol{x})$ 的径向无界性意味着对于任何 $\beta > 0$,$\exists\ r > 0$,使得 $V(\boldsymbol{x}) > \beta$ 在任何 $\|\boldsymbol{x}\| > r$ 处成立,因此可以说,有界的 $\Omega_\beta \subset B_r$ 成立。

**例 1.3**　考虑如下非线性系统

$$\dot{x}_1 = x_2 - x_1(x_1^2 + x_2^2)$$
$$\dot{x}_2 = -x_1 - x_2(x_1^2 + x_2^2)$$

为了研究原点平衡点的稳定性,取 $V(\boldsymbol{x}) = x_1^2 + x_2^2$,则有

$$\dot{V}(\boldsymbol{x}) = \frac{\partial V(\boldsymbol{x})}{\partial \boldsymbol{x}^{\mathrm{T}}} \boldsymbol{f}(\boldsymbol{x}) = -2(x_1^2 + x_2^2)^2$$

因为 $V(\boldsymbol{x}) > 0, \dot{V}(\boldsymbol{x}) < 0, \forall \boldsymbol{x} \in \mathbf{R}$ 成立,且 $V(\boldsymbol{x})$ 是径向无界,故根据定理 1.3,原点平衡点是全局渐进稳定的。

**定义 1.7**　若连续函数 $\alpha(r): [0, a) \to \mathbf{R}^+$ 满足:

(i) $\alpha(0) = 0$;

(ii) $\alpha(r)$ 是严格递增的。

则说 $\alpha(r)$ 是 $\mathscr{K}$ 类函数。若还有 $\alpha(r): \mathbf{R}^+ \to \mathbf{R}^+$,且当 $r \to \infty$,$\alpha(r) \to \infty$,则称 $\alpha(r)$ 是 $\mathscr{K}_\infty$ 函数。

**引理 1.1**　当且仅当存在 $\mathscr{K}$ 类函数 $\alpha_1$ 和 $\alpha_2$,使

$$\alpha_1(\|\boldsymbol{x}\|) \leqslant V(\boldsymbol{x}) \leqslant \alpha_2(\|\boldsymbol{x}\|), \quad \forall \boldsymbol{x} \in B_r \subset D \tag{1.14}$$

成立,则 $V: D \to \mathbf{R}$ 称为正定函数。进而,若 $D = \mathbf{R}^n$,且 $V(\boldsymbol{x})$ 为径向无界,则 $\alpha_1$ 和 $\alpha_2$ 可选为 $\mathscr{K}_\infty$ 类函数。

证明略。

**引理 1.2**　系统(1.1)的平衡点 $\boldsymbol{x}_e$ 稳定的充要条件是存在 $\mathcal{K}$ 类函数 $\alpha(\cdot)$ 和一个常数 $\varepsilon$，使

$$\|\boldsymbol{x}(0)-\boldsymbol{x}_e\|<\delta \Rightarrow \|\boldsymbol{x}(t)-\boldsymbol{x}_e\|<\alpha\|\boldsymbol{x}(0)-\boldsymbol{x}_e\|<\varepsilon,\quad \forall t\geqslant 0 \tag{1.15}$$

证明略。

**定义 1.8**　若连续函数 $\beta:[0,a)\times\mathbf{R}^+\rightarrow\mathbf{R}^+$ 满足：

(i) 固定 $s$，则 $\beta(r,s)$ 是关于 $r$ 的 $\mathcal{K}$ 类函数；

(ii) 固定 $r$，则 $\beta(r,s)$ 是关于 $s$ 递减的；

(iii) 当 $s\rightarrow\infty$ 时，$\beta(r,s)\rightarrow 0$，

则称 $\beta(r,s)$ 函数为 $\mathcal{KL}$ 类函数。

**引理 1.3**　系统(1.1)的平衡点 $\boldsymbol{x}_e$ 渐进稳定的充要条件是存在一个 $\mathcal{KL}$ 类函数 $\beta(\cdot,\cdot)$ 和一个常数 $\varepsilon$，使

$$\|\boldsymbol{x}(0)-\boldsymbol{x}_e\|<\delta \Rightarrow \|\boldsymbol{x}(t)-\boldsymbol{x}_e\|<\beta(\|\boldsymbol{x}(0)-\boldsymbol{x}_e\|,t),\quad \forall t\geqslant 0 \tag{1.16}$$

证明略。

关于指数稳定有如下充分条件的定理。

**定理 1.4**　若定理 1.2 的条件全部成立，再假定存在正常数 $K_1,K_2,K_3,P$，使

$$K_1\|\boldsymbol{x}\|^P\leqslant V(\boldsymbol{x})\leqslant K_2\|\boldsymbol{x}\|^P$$

$$\dot{V}(\boldsymbol{x})\leqslant -K_3\|\boldsymbol{x}\|^P$$

则系统的原点平衡点是指数稳定的，进而若定理的条件在全局范围内成立，则系统的平衡点是全局指数稳定的。

**证明**　根据定理的假设，函数 $V(\boldsymbol{x})$ 满足引理 1.1 的条件，即

$$K_1\|\boldsymbol{x}\|^P\leqslant V(\boldsymbol{x})\leqslant K_2\|\boldsymbol{x}\|^P$$

$$\dot{V}(\boldsymbol{x})\leqslant -K_3\|\boldsymbol{x}\|^P\leqslant -\frac{K_3}{K_2}V(\boldsymbol{x})$$

也即

$$\dot{V}(\boldsymbol{x})\leqslant -\frac{K_3}{K_2}V(\boldsymbol{x})\Rightarrow V(\boldsymbol{x})\leqslant V(\boldsymbol{x}_0)\mathrm{e}^{(-\frac{K_3}{K_2})t}$$

$$\|\boldsymbol{x}\|\leqslant\left[\frac{V(\boldsymbol{x})}{K_1}\right]^{\frac{1}{P}}\leqslant\left[\frac{V(\boldsymbol{x}_0)\mathrm{e}^{(-\frac{K_3}{K_2})t}}{K_1}\right]^{\frac{1}{P}}$$

或

$$\|\boldsymbol{x}(t)\|\leqslant\|\boldsymbol{x}_0\|\left[\frac{K_2}{K_1}\right]^{\frac{1}{P}}\mathrm{e}^{(-\frac{K_3}{K_2})t}$$

证毕。

### 1.1.2　不变性原理与吸引区(The Invariance Principle and Region of Attraction)

渐进稳定性是工程上期望的一种稳定性，但是利用 Lyapunov 函数判断系统平衡点的渐进稳定性，在 $\dot{V}(\boldsymbol{x})$ 为负半定时无法确定。例 1.1 带摩擦的单摆就是其中的一例。这个缺陷是因为研究单摆 $\dot{V}(\boldsymbol{x})$ 函数的性质时假定其变量 $x_1$ 和 $x_2$ 是独立的。事实上，这两个变量在单摆方程中不是相互独立的。Lyapunov 定理的推广由于 LaSalle 详细研究这一问题而获得成功，

其主要思想是平衡点概念的拓展，称之为不变集。

**定义 1.9**　若对于系统(1.1)，有

$$\boldsymbol{x}(0) \in M \Rightarrow \boldsymbol{x}(t) \in M, \quad \forall t \in \mathbf{R}^{+}$$

则集合 $M$ 就称为系统(1.1)的一个不变集。换言之，$M$ 是这样一些点的集合，即若系统(1.1)的一个解在某个瞬时，如起始时刻 $t=0$ 属于集合 $M$，则称它的解在未来所有时刻仍属于集合 $M$。

如下几例是不变集的例子之一。

① 若在 $t=0$ 有 $\boldsymbol{x}(0)=\boldsymbol{x}_e$，对 $\forall t \geqslant 0$，还有 $\boldsymbol{x}(t)=\boldsymbol{x}_e$，则称平衡点 $\boldsymbol{x}_e$ 是一个不变集。

② 系统 $\dot{\boldsymbol{x}}=\boldsymbol{f}(\boldsymbol{x})$ 的任意一条轨迹是一个不变集。

③ 极限环是一个不变集。

④ 若 $V(\boldsymbol{x})$ 是系统 $\dot{\boldsymbol{x}}=\boldsymbol{f}(\boldsymbol{x})$ 的连续可微函数(不必正定)，且 $\dot{V}(\boldsymbol{x})<0$ 沿方程 $\dot{\boldsymbol{x}}=\boldsymbol{f}(\boldsymbol{x})$ 的解成立，则如下定义的集合

$$\Omega_l=\{\boldsymbol{x} \in \mathbf{R}^n : V(\boldsymbol{x}) \leqslant l\}$$

是一个不变集。注意到，条件 $\dot{V} \leqslant 0$ 意味着若系统的一条轨迹穿入一个 Lyapunov 面 $V(\boldsymbol{x})=C$，则这条轨迹再也不会穿出去。

⑤ 整个空间 $\mathbf{R}^n$ 是一个不变集。

**定义 1.10**　设 $\boldsymbol{x}(t)$ 是系统 $\dot{\boldsymbol{x}}=\boldsymbol{f}(\boldsymbol{x})$ 的一条轨迹，如果对于任何 $\boldsymbol{p} \in N$ 存在一个时间序列 $\{t_n\} \in [0,\infty)$，使

$$\text{当 } t \to \infty \quad \boldsymbol{x}(t_n) \to \boldsymbol{p}$$

或等价地有 $\lim\limits_{t \to \infty} \| \boldsymbol{x}(t)-\boldsymbol{p} \|=0$，那么集合 $N$ 称为极限集(或称正极限集)。粗略地说，$\boldsymbol{x}(t)$ 的极限集 $N$ 的意义就是，凡是 $\boldsymbol{x}(t)$ 均趋向这个集合。

① 任何渐进稳定的平衡点是从充分靠近平衡点出发的任何一个解的极限集。

② 一个稳定的极限环是从充分靠近它出发的任何解的正极限集。

**引理 1.4**　若系统 $\dot{\boldsymbol{x}}=\boldsymbol{f}(\boldsymbol{x})$ 的解 $\boldsymbol{x}(t,\boldsymbol{x}_0,t_0)$ 在 $t>t_0$ 是有界的，则它的正极限集 $N$ 满足：

(i) $N$ 有界；

(ii) $N$ 是闭集；

(iii) $N$ 是非空的，

进而，当 $t \to \infty$ 时，解 $\boldsymbol{x}(t,\boldsymbol{x}_0,t_0)$ 逼近 $N$，继而系统 $\dot{\boldsymbol{x}}=\boldsymbol{f}(\boldsymbol{x})$ 的解 $\boldsymbol{x}(t,\boldsymbol{x}_0,t_0)$ 的正极限集 $N$ 是系统 $\dot{\boldsymbol{x}}=\boldsymbol{f}(\boldsymbol{x})$ 的不变集。

证明略。

**定理 1.5**　若系统 $\dot{\boldsymbol{x}}=\boldsymbol{f}(\boldsymbol{x})$ 存在一个标量函数 $V(\boldsymbol{x})$ 满足：

(i) $V(\boldsymbol{x})>0, \forall \boldsymbol{x} \in D$ 且 $0 \in D$；

(ii) 在有界域 $\mathbf{R}$ 内，$\mathbf{R} \subset D$ 成立，有 $\dot{V}(\boldsymbol{x}) \leqslant 0$；

(iii) 沿着 $\mathbf{R}$ 中任意一条轨迹上的点，但不包括 $\boldsymbol{x}=\mathbf{0}$，$\dot{V}(\boldsymbol{x})$ 不恒为 0，

如此，则系统 $\dot{\boldsymbol{x}}=\boldsymbol{f}(\boldsymbol{x})$ 的平衡点 $\boldsymbol{x}=\mathbf{0}$ 是渐进稳定的。

**证明**　根据定理 1.1 知，对于 $\varepsilon>0$，存在 $\delta>0$ 成立，有

$$\| \boldsymbol{x}_0 \| < \delta \Rightarrow \| \boldsymbol{x}(t) \| < \varepsilon$$

这就是说，从闭球 $B_\delta$ 内出发的任何解将停留在闭球 $B_\varepsilon$ 内。因此，系统 $\dot{\boldsymbol{x}}=\boldsymbol{f}(\boldsymbol{x})$ 从球 $B_\delta$ 内出发的任何一个解 $\boldsymbol{x}(t,\boldsymbol{x}_0,t_0)$ 是有界的，且趋于包含在 $B_\varepsilon$ 内的极限集 $N$。同样的，$V(\boldsymbol{x})$ 在紧集

$B_\varepsilon$ 上是连续的，因此在 $B_\varepsilon$ 内有界。根据定理的条件，$V(\boldsymbol{x})$ 也是不增函数，且当 $t\to\infty$ 时趋于非负的极限 $L$。注意到 $V(\boldsymbol{x})$ 是连续的，因此在极限集 $N$ 中成立有 $V(\boldsymbol{x})=L(\forall \boldsymbol{x})$。根据引理1.4，$N$ 是关于系统 $\dot{\boldsymbol{x}}=\boldsymbol{f}(\boldsymbol{x})$ 的一个不变集，这意味着，从 $N$ 中出发的任何一个解在未来所有时刻都将停留在 $N$ 内。但是，沿着这个解，因为在 $N$ 中，$V(\boldsymbol{x})=L$ 是常值，故 $\dot{V}(\boldsymbol{x})=0$。因此，根据定理的条件，$N$ 是状态空间中的原点，从而可以得出结论：当 $t\to\infty$ 时，从 $\mathbf{R}\subset B_\delta$ 中出发的任何一个解均收敛于 $\boldsymbol{x}=\mathbf{0}$。证毕。

**定理 1.6**　系统 $\dot{\boldsymbol{x}}=\boldsymbol{f}(\boldsymbol{x})$ 的零解大范围渐进稳定的充要条件是，在整个状态空间中 ($\mathbf{R}=\mathbf{R}^n$) 定理1.5的条件全部成立，且 $V(\boldsymbol{x})$ 是径向无界的。

回顾单摆系统的例子。带摩擦单摆系统的状态方程为

$$\dot{x}_1=x_2,\quad \dot{x}_2=-\frac{g}{l}\sin x_1-\frac{k}{m}x_2 \tag{1.17}$$

系统的 Lyapunov 函数 $V(\boldsymbol{x})$ 及其导数 $\dot{V}(\boldsymbol{x})$ 为

$$V(\boldsymbol{x})=\frac{1}{2}ml^2x_2^2+mgl(1-\cos x_1)>0,\quad \forall \boldsymbol{x}\in(-\pi,\pi)\times\mathbf{R}$$

$$\dot{V}(\boldsymbol{x})=-kl^2x_2^2$$

因为对于所有的 $\boldsymbol{x}=[x_1,0]^{\mathrm{T}}$，$\dot{V}(\boldsymbol{x})=0$，所以 $\dot{V}(\boldsymbol{x})$ 是负半定的。因为缺少 $\dot{V}(\boldsymbol{x})$ 负定的条件，故 Lyapunov 定理不能判定系统是否是原点渐进稳定的。现根据定理1.5就可以确定系统是否是原点渐进稳定了。因为在域 $\mathbf{R}=[x_1,x_2]^{\mathrm{T}}$，$-\pi<x_1<\pi$，$-a<x_2<a$，$a\in\mathbf{R}^+$ 中，定理1.5的条件(i)和(ii)总成立。现考查定理1.5的条件(iii)，由方程(1.17)知，在一个非零的时间区间，$\dot{V}(\boldsymbol{x})\equiv 0$ 导致

$$\dot{V}(\boldsymbol{x})\equiv 0\Rightarrow 0=-kl^2x_2^2\Leftrightarrow x_2=0$$

因此，有

$$x_2=0,\quad \forall t\Rightarrow \dot{x}_2=0$$

因此，得

$$0=-\frac{g}{l}\sin x_1-\frac{k}{m}x_2$$

由于

$$x_2=0\Rightarrow \sin x_1=0$$

因为 $x_1$ 约束在 $-\pi<x_1<\pi$ 区间内，所以 $\dot{V}(\boldsymbol{x})=0$ 只在 $x_1=0$ 和 $x_2=0$ 成立。这表明定理1.5的条件(iii)也成立，即系统的原点 $\boldsymbol{x}=\mathbf{0}$ 是渐进稳定的。

**例 1.4**　考虑系统

$$\dot{x}_1=x_2,\quad \dot{x}_2=-x_2-\alpha x_1-(x_1+x_2)^2x_2$$

为了研究系统原点平衡点的稳定性，取

$$V(\boldsymbol{x})=\alpha x_1^2+x_2^2$$

$$\dot{V}(\boldsymbol{x})=\frac{\partial V(\boldsymbol{x})}{\partial \boldsymbol{x}^{\mathrm{T}}}\boldsymbol{f}(\boldsymbol{x})=-2x_2^2[1+(x_1+x_2)^2]$$

由上可见，$V(\boldsymbol{x})>0$；对于 $\boldsymbol{x}=(x_1,0)$，有 $\dot{V}(\boldsymbol{x})=0$。若 $\dot{V}(\boldsymbol{x})=0$，则有

$$\dot{V}(\boldsymbol{x})=0\Leftrightarrow x_2=0;\quad x_2=0;\quad \forall t\Rightarrow \dot{x}_2=0$$

$$\dot{x}_2=0\Rightarrow -x_2-\alpha_1x_1-(x_1+x_2)^2x_2=0$$

考虑到 $x_2=0$，由上式得 $x_1=0$。这表明 $\dot{V}(x)$ 除原点 $\boldsymbol{x}=[0,0]^{\mathrm{T}}$ 以外不恒为零，且 $V(\boldsymbol{x})$ 是径向无界的，所以系统原点是全局稳定的。

**定理 1.7(LaSalle 定理)**　设 $V: D \to \mathbf{R}$ 是一个连续可微函数,并且假定:

(i) $M \subset D$ 是一个紧集,且是关于系统 $\dot{\boldsymbol{x}} = \boldsymbol{f}(\boldsymbol{x})$ 解的一个不变集;

(ii) 在 $M$ 中,$\dot{V} \leqslant 0$;

(iii) $E: \{\boldsymbol{x}: \boldsymbol{x} \in M$,且 $\dot{V} = 0\}$,即 $E$ 是使 $\dot{V} = 0$ 所有 $M$ 的点的集合;

(iv) $N$ 是 $E$ 中最大的不变集,

则系统从 $M$ 中出发的每一个解,当 $t \to \infty$ 时均逼近 $N$。

**证明**　考虑系统 $\dot{\boldsymbol{x}} = \boldsymbol{f}(\boldsymbol{x})$ 的一个从 $M$ 中出发的解 $\boldsymbol{x}(t)$。因为 $\dot{V} \leqslant 0 \in M$,所以 $V(\boldsymbol{x})$ 是一个 $t$ 的减函数。同时因为 $V(\boldsymbol{x})$ 是一个连续函数,所以 $V(\boldsymbol{x})$ 在紧集 $M$ 中是有界的。当 $t \to \infty$ 时,$V(\boldsymbol{x})$ 有一个极限。设 $\omega$ 是系统轨迹的极限集,因为 $M$ 是一个不变的闭集,故 $\omega \subset M$。对于任意 $\boldsymbol{p} \in \omega$,$\exists$ 一个序列 $t_n \to \infty$,使 $\boldsymbol{x}(t_n) \to \boldsymbol{p}$。根据 $V(\boldsymbol{x})$ 的连续性,有

$$V(\boldsymbol{p}) = \lim_{n \to \infty} V(\boldsymbol{x}(t_n)) = a \quad (\text{常数})$$

因此,在集合 $\omega$ 上,$V(\boldsymbol{x}) = a$。同时,根据引理 1.4,$\omega$ 也是一个不变集。因为 $V(\boldsymbol{x})$ 在 $\omega$ 上是常数,故 $\dot{V}(\boldsymbol{x})$ 在 $\omega$ 上为零,即 $\omega \subset N \subset E \subset M$ 成立。因为 $\boldsymbol{x}(t)$ 有界,根据引理 1.4,当 $t \to \infty$ 时,$\boldsymbol{x}(t)$ 逼近 $\omega$(正极限集)。因此,当 $t \to \infty$ 时,$\boldsymbol{x}(t)$ 逼近 $N$。证毕。

LaSalle 定理给出了 Lyapunov 定理以外的两个重要情况:其一,$V(\cdot)$ 函数要求是一个连续可微的函数(因而有界),但并不要求它正定;其二,LaSalle 定理不仅适用于所有 Lyapunov 定理的平衡点,而且对更普遍的动力学系统的行为,如极限环也适用。

**推论 1.1**　设 $V: D \to \mathbf{R}$ 是包含 $x = 0$ 的域 $D$ 中的一个连续可微函数,且有 $\dot{V}(\boldsymbol{x}) \leqslant 0 \in D$。又设 $S = \{\boldsymbol{x} \in D: \dot{V}(\boldsymbol{x}) = 0\}$,且假定除平凡解外无任何其他解能恒定留在 $S$ 中,则原点是渐进稳定的。

**推论 1.2**　在推论 1.1 中若 $D = \mathbf{R}^n$,且 $V(\boldsymbol{x})$ 是径向无界的,则原点是全局渐进稳定的。

**例 1.5**　考虑如下系统

$$\dot{x}_1 = x_2 + x_1(\beta^2 - x_1^2 - x_2^2), \quad \dot{x}_2 = -x_1 + x_2(\beta^2 - x_1^2 - x_2^2)$$

显然,$\boldsymbol{x} = [0, 0]$ 是平衡点,由圆 $x_1^2 + x_2^2 = \beta^2$ 确定的点集构成一个不变集。这个圆上的点沿系统 $\dot{\boldsymbol{x}} = \boldsymbol{f}(\boldsymbol{x})$ 的解的时间导数为

$$\frac{\mathrm{d}}{\mathrm{d}t}(x_1^2 + x_2^2 - \beta^2) = [2x_1, 2x_2]\boldsymbol{f}(\boldsymbol{x}) = 2(x_1^2 + x_2^2)(\beta^2 - x_1^2 - x_2^2)$$

由此可见,在这个圆上引发的任何一条轨迹在所有未来时间内仍停留在这个圆上。因而形如 $\{\boldsymbol{x} \in \mathbf{R}^2: x_1^2 + x_2^2 = \beta^2\}$ 的点的集合构成一个不变集。在这个不变集上的轨迹由如下方程描述,即

$$\dot{\boldsymbol{x}} = \boldsymbol{f}(\boldsymbol{x})\Big|_{\boldsymbol{x}: x_1^2 + x_2^2 = \beta^2} = \begin{cases} \dot{x}_1 = x_2 \\ \dot{x}_2 = -x_1 \end{cases}$$

因此,这个圆实际上是一个轨迹沿顺时针方向运动的极限环。

现根据 LaSalle 定理讨论这个极限环的稳定性,取

$$V(\boldsymbol{x}) = \frac{1}{4}(x_1^2 + x_2^2 - \beta^2)^2$$

显然,在 $\mathbf{R}^2$ 中 $V(\boldsymbol{x}) \geqslant 0$,其次

$$\dot{V}(\boldsymbol{x}) = \left[\frac{\partial V}{\partial x_1}, \frac{\partial V}{\partial x_2}\right]\boldsymbol{f}(\boldsymbol{x}) = -(x_1^2 + x_2^2)(x_1^2 + x_2^2 - \beta^2)^2 \leqslant 0$$

由此可见，在原点 $\boldsymbol{x}=[0,0]$ 或在 $x_1^2+x_2^2=\beta^2$ 的圆上，$\dot{V}(\boldsymbol{x})=0$。按如下步骤应用 LaSalle 定理：

① 给定任意实数 $C>\beta$，定义集合 $M$ 为

$$M=\{\boldsymbol{x}\in\mathbf{R}^2: V(\boldsymbol{x})\leqslant C\}$$

根据定义知，$M$ 是一个有界闭集(也是紧集)，同时 $\dot{V}(\boldsymbol{x})\leqslant 0$，$\forall\,\boldsymbol{x}\in M$。因此，从任意点 $x_0\in M$ 出发的任何一条轨迹将仍保持在 $M$ 内，因而 $M$ 是一个不变集。

② 寻找 $E=\{\boldsymbol{x}\in M: \dot{V}(\boldsymbol{x})=0\}$，显然有

$$E=(0,0)\cup\{\boldsymbol{x}\in\mathbf{R}: x_1^2+x_2^2=\beta^2\}$$

也就是说，是原点和极限环的并。

③ 寻找 $E$ 中最大的不变集 $N$。

因为 $E$ 是原点(平衡点，也是不变集) 和不变集 $x_1^2+x_2^2=\beta^2$ 的并，所以 $N=E$。根据 LaSalle 定理，从 $M$ 中出发的每一个运动轨迹收敛于原点，或收敛于极限环。

由 $V(\boldsymbol{x})=\dfrac{1}{4}(x_1^2+x_2^2-\beta^2)$ 知

$$\begin{cases} V(\boldsymbol{x})=0 & \text{当 } x_1^2+x_2^2=\beta^2 \\ V(\boldsymbol{x})=\dfrac{1}{4}\beta^4 & \text{当 } \boldsymbol{x}=[0,0] \end{cases}$$

因此，选择 $C: 0<C<\beta^4/4$ 可使集合 $M=\{\boldsymbol{x}\in\mathbf{R}^2: V(\boldsymbol{x})\leqslant C\}$ 包括极限环，但不包括原点。因此对任意 $C: \varepsilon<C<\beta^4/4$($\varepsilon$ 任意小)，应用 LaSalle 定理可证明，从 $M$ 中出发的任何运动轨迹收敛于极限环。这就是说，极限环是收敛的，或者说极限环是吸引的。同样地，LaSalle 定理也证明从任意靠近原点出发的任何运动轨迹也收敛到极限环，即运动从原点附近发散，原点是一个不稳定的点。

**吸引域**

**例 1.6**　先考虑如下系统

$$\dot{x}_1=3x_2,\quad \dot{x}_2=-5x_1+x_1^3-2x_2 \tag{1.18}$$

该系统有三个平衡点：$\boldsymbol{x}_e^1=(0,0)$，$\boldsymbol{x}_e^2=(-\sqrt{5},0)$，$\boldsymbol{x}_e^3=(\sqrt{5},0)$。考虑平衡点为原点的稳定性，取如下 Lyapunov 函数，即

$$V(\boldsymbol{x})=ax_1^2-bx_1^4+cx_1x_2+dx_2^2$$

式中，$a$、$b$、$c$、$d$ 为待定常数。对 $V(\boldsymbol{x})$ 取导数，得

$$\dot{V}(\boldsymbol{x})=(3c-4d)x_2^2+(2d-12b)x_1^3x_2+(6a-10d-2c)x_1x_2+cx_1^4-5cx_1^2$$

现取

$$2d-12b=0,\quad 6a-10d-2c=0$$

选 $a=12$，$b=1$，可得 $d=6$，$c=6$。将这些值代入上式，得

$$V(\boldsymbol{x})=3(x_1+x_2)^2+9x_1^2+3x_2^2-x_1^4,\quad \dot{V}(\boldsymbol{x})=-6x_2^2-30x_1^2+6x_1^4$$

根据定理 1.2，如果在不包含 $\boldsymbol{x}=(0,0)$ 的 $D$ 域中 $V(\boldsymbol{x})>0$，$\dot{V}(\boldsymbol{x})<0$，则系统在原点的平衡点是局部渐进稳定的。现在的问题是，“局部”的含义是什么？考查上式可以确定

$$D=\{\boldsymbol{x}\in\mathbf{R}^2: -1.6<x_1<1.6\}$$

式中 $V(\boldsymbol{x})>0$，$\dot{V}(\boldsymbol{x})<0$ 成立，但不包含 $\boldsymbol{x}=\mathbf{0}$。这就导致如下结论：原点是局部渐进稳定的，并且从 $D$ 中出发的任何一条轨迹将从 Lyapunov 面 $V(\boldsymbol{x}_0)=c_1$ 穿入另一个更小的 Lyapunov 面

$V(\boldsymbol{x}_1)=c_2$，其中 $c_1>c_2$。因此，从 $D$ 内出发的任何一条轨迹都将收敛到原点。这个系统运动轨迹如图 1.3 所示。从图中可见，上面得出的结论是不确定的。例如，在点 $x_1=0$ 和 $x_2=4$ 出发的轨迹离开原点迅速发散，显然点$(0,4)\in D$。问题的症结在于我们的推导过于依赖定理 1.2。严格地说，定理 1.2 指出原点是局部渐进稳定的，但不是指整个平面区域是渐进稳定的。一般地，这个区域可以是平衡点的一个很小的邻域。我们分析忽略的这一点是：尽管从 $D$ 中出发的轨迹满足条件 $V(\boldsymbol{x})>0,\dot{V}(\boldsymbol{x})<0$，运动轨迹穿过值更小的 Lyapunov 面，但 $D$ 终究不是一个不变集，因而不能保证这条轨迹留在 $D$ 中。因此，一条轨迹一旦穿越边界 $|x_1|=\sqrt{5}$ 后，就不再能保证 $\dot{V}(\boldsymbol{x})$ 将为负值了。吸引区的估计是一个困难问题，现给出一个定义。

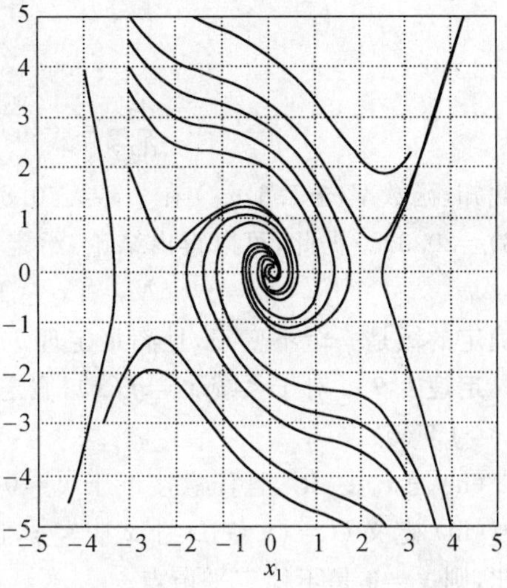


图 1.3　系统(1.18)的相轨迹

**定义 1.11**　设$\Psi(\boldsymbol{x},t)$是系统 $\dot{\boldsymbol{x}}=\boldsymbol{f}(\boldsymbol{x})$ 在初始条件 $\boldsymbol{x}(t=0$ 处$)$ 的一簇轨迹，对平衡点 $\boldsymbol{x}_e$ 的吸引区，记为

$$R_A=\{\boldsymbol{x}\in D:\Psi(\boldsymbol{x},t)\to\boldsymbol{x}_e,t\to\infty\}$$

一般而言，吸引区的精确确定是一个很困难的问题，现在讨论一种它的估计方法。如下定理对此有所帮助。

**定理 1.8**　设 $\boldsymbol{x}_e$ 是系统 $\dot{\boldsymbol{x}}=\boldsymbol{f}(\boldsymbol{x})$ 的一个平衡点，$V:D\to\mathbf{R}$ 是一连续可微函数，且假定：

(i) $M\subset D$ 是一个包含 $\boldsymbol{x}_e$，且关于系统 $\dot{\boldsymbol{x}}=\boldsymbol{f}(\boldsymbol{x})$ 解的不变集；

(ii) $\dot{V}(\boldsymbol{x})<0,\forall\,\boldsymbol{x}\neq\boldsymbol{x}_e\in M,\dot{V}(\boldsymbol{x})=0$，当

$$\boldsymbol{x}=\boldsymbol{x}_e$$

在上述条件下，则有

$$M\subset R_A$$

换言之，定理 1.8 指出，若 $M$ 是一个不变集，且 $V$ 使 $\dot{V}$ 在 $M$ 内小于零，则 $M$ 自身提供了一个 $R_A$ 的估计。

**证明**　在定理的条件下有，$E=\{\boldsymbol{x}:\boldsymbol{x}\in M$，且 $\dot{V}=0\}=\boldsymbol{x}_e$，从而知 $E$ 中最大的不变集 $N$ 就是 $\boldsymbol{x}_e$。这一结果直接根据 LaSalle 定理 1.7 得到。

再回到例 1.6，系统为

$$\dot{x}_1=3x_2,\quad \dot{x}_2=-5x_1+x_1^3-2x_2$$

$$V(\boldsymbol{x})=12x_1^2-x_1^4+6x_1x_2+6x_2^2,\quad \dot{V}(\boldsymbol{x})=-6x_2^2-30x_1^2+6x_1^4$$

由上面的讨论知，对于所有的$\{\boldsymbol{x}\in\mathbf{R}^2:-1.6<x_1<1.6\}$有 $V>0,\dot{V}<0$。为了估计吸引域 $R_A$，在这个条件的每一个边界(即 $x_1=\pm1.6$)，寻找 $V(\boldsymbol{x})$ 的最小值，则有

$$V\Big|_{x_1=1.6}=24.16+9.6x_2+6x_2^2=z_1$$

$$\frac{\mathrm{d}z_1}{\mathrm{d}x_2}=9.6+12x_2=0\Leftrightarrow x_2=-0.8$$

类似地，有

$$V\bigg|_{x_1=-1.6}=24.16-9.6x_2+6x_2^2=z_2$$

$$\frac{\mathrm{d}z_2}{\mathrm{d}x_2}=-9.6+12x_2=0\Leftrightarrow x_2=0.8$$

由此知，函数 $V(\pm1.6,x_2)$ 在 $x_2=\pm0.8$ 有一个最小值，该最小值 $V(1.6,-0.8)=V(-1.6,0.8)=20.32$。据此，可以得出结论，给定任意 $\varepsilon>0$，则由

$$M=\{\boldsymbol{x}\in\mathbf{R}^2:V(\boldsymbol{x})\leqslant 20.32-\varepsilon\}$$

所确定的域是一个不变集，且满足定理 1.8 的条件。这表明 $M\subset R_A$。

**定理 1.9** 对于系统 $\dot{\boldsymbol{x}}=\boldsymbol{f}(\boldsymbol{x})$，假定 $\boldsymbol{x}=\mathbf{0}$ 为其平衡点。设 $V:D\to\mathbf{R}$ 有如下性质：

(i) $V(0)=0$；

(ii) $\exists\boldsymbol{x}_0\in\mathbf{R}^n$，且任意接近于 $\boldsymbol{x}=\mathbf{0}$，使有 $V(\boldsymbol{x}_0)>0$；

(iii) 定义 $U=\{\boldsymbol{x}\in D:\|\boldsymbol{x}\|\leqslant\varepsilon$，且 $V(\boldsymbol{x})>0\}$，使有 $\dot{V}(\boldsymbol{x})>0,\forall\boldsymbol{x}\in U$。

如此，则 $\boldsymbol{x}=\mathbf{0}$ 是不稳定平衡点。

证略。

## 1.2 非线性系统稳定性定理理论的进展
## (The Advance of Nonlinear Systems Stability Theory)

### 基本定理 II(Basic Theory II)

考虑非线性非定常系统

$$\dot{\boldsymbol{x}}=\boldsymbol{f}(\boldsymbol{x},t)\quad \boldsymbol{f}:D\times\mathbf{R}^+\to\mathbf{R}^n \tag{1.19}$$

其中，$\boldsymbol{f}:D\times[0,\infty)\to\mathbf{R}^n$ 在 $D\times[0,\infty)$ 上对 $\boldsymbol{x}$ 是 Lipschitz 的，对 $t$ 是分段连续的。若

$$\boldsymbol{f}(0,t)=\mathbf{0},\quad\forall t\geqslant t_0$$

则称原点 $\boldsymbol{x}=\mathbf{0}\in D$ 是系统(1.19)的一个平衡点。对于系统(1.1)，平衡点是 $\boldsymbol{f}(\boldsymbol{x}_e)=\mathbf{0}$ 的所有实根。而系统(1.19)的平衡点却不那么简单。一般而言，$\boldsymbol{x}_e=\mathbf{0}$ 可以是非零轨迹的一个变换。对于系统(1.19)，假定 $\bar{\boldsymbol{x}}(t)$ 是它的一条轨迹，或者是它的 $t\geqslant0$ 的一个解，取变量代换，即

$$\boldsymbol{y}(t)=\boldsymbol{x}(t)-\bar{\boldsymbol{x}}(t)$$

则有

$$\dot{\boldsymbol{y}}(t)=\dot{\boldsymbol{x}}(t)-\dot{\bar{\boldsymbol{x}}}(t)=\boldsymbol{f}(\boldsymbol{x},t)-\dot{\bar{\boldsymbol{x}}}(t)=\boldsymbol{f}(\boldsymbol{y}(t)+\bar{\boldsymbol{x}}(t),t)-\dot{\bar{\boldsymbol{x}}}(t)\xlongequal{\text{def}}\boldsymbol{g}(\boldsymbol{y},t)$$

但由于 $\dot{\bar{\boldsymbol{x}}}(t)=\boldsymbol{f}(\bar{\boldsymbol{x}}(t),t)$，因此，若 $\boldsymbol{y}=\mathbf{0}$，则

$$\boldsymbol{g}(\boldsymbol{y},t)=\boldsymbol{f}(\boldsymbol{y}(t)+\bar{\boldsymbol{x}}(t),t)-\boldsymbol{f}(\bar{\boldsymbol{x}}(t),t)\equiv\mathbf{0}$$

也就是说，$\boldsymbol{y}=\mathbf{0}$ 是新系统 $\dot{\boldsymbol{y}}(t)=\boldsymbol{g}(\boldsymbol{y},t)$ 在 $t=0$ 时的一个平衡点。

**定义 1.12** 对于系统(1.19)的平衡点 $\boldsymbol{x}=\mathbf{0}$：

(i) 若给定 $\varepsilon>0,\exists\delta=\delta(\varepsilon,t_0)>0$，使

$$\|\boldsymbol{x}(0)\|<\delta\Rightarrow\|\boldsymbol{x}(t)\|<\varepsilon,\quad\forall t\geqslant t_0>0$$

则称 $\boldsymbol{x}=\mathbf{0}$ 是稳定的。

(ii) 若存在 $\delta_1=\delta_1(t_0)>0$，使

$$\| \boldsymbol{x}(0) \| < \delta_1 \Rightarrow \lim_{t\to\infty} \boldsymbol{x}(t) = \boldsymbol{0}$$

则称 $\boldsymbol{x}=\boldsymbol{0}$ 在 $t_0$ 是收敛的。

另一种等价的说法是，若对任意给定的 $\varepsilon_1 > 0$，$\exists T = T(\varepsilon_1, t_0)$，使

$$\| \boldsymbol{x}(0) \| < \delta_1 \Rightarrow \| \boldsymbol{x}(t) \| < \varepsilon_1, \quad \forall t \geqslant t_0 + T$$

则称 $\boldsymbol{x}_0$ 在 $t_0$ 处是收敛的。

(iii) 若 $\boldsymbol{x}=\boldsymbol{0}$ 既稳定，又收敛，则称它在 $t_0$ 处是渐进稳定的。

(iv) 若 $\boldsymbol{x}=\boldsymbol{0}$ 是不稳定的，则称系统的平衡点是不稳定的。

**定义 1.13**　对于系统(1.19)的平衡点 $\boldsymbol{x}=\boldsymbol{0}$:

(i) 若任给 $\varepsilon > 0$，$\exists \delta = \delta(\varepsilon) > 0$，使

$$\| \boldsymbol{x}(0) \| < \delta \Rightarrow \| \boldsymbol{x}(t) \| < \varepsilon, \quad \forall t \geqslant t_0 > 0$$

则称 $\boldsymbol{x}=\boldsymbol{0}$ 是一致稳定的。

(ii) 若存在 $\delta_1 > 0$ 与 $t_0$ 无关，使

$$\| \boldsymbol{x}(0) \| < \delta_1 \Rightarrow \text{当 } t \to \infty \quad \boldsymbol{x}(t) \to \boldsymbol{0}$$

则称 $\boldsymbol{x}=\boldsymbol{0}$ 是一致收敛的。

另一种等价的说法是，若对于任给 $\varepsilon_1 > 0$，$\exists T = T(\varepsilon_1) > 0$，使

$$\| \boldsymbol{x}(0) \| < \delta_1 \Rightarrow \| \boldsymbol{x}(t) \| < \varepsilon_1, \quad \forall t \geqslant t_0 + T$$

则称 $\boldsymbol{x}=\boldsymbol{0}$ 是一致收敛的。

(iii) 若 $\boldsymbol{x}=\boldsymbol{0}$ 一致稳定，且一致收敛，则称它是一致渐进稳定的。

(iv) 若 $\boldsymbol{x}=\boldsymbol{0}$ 是一致渐进稳定的，且每一条运动轨迹都收敛于原点，则称它是全局一致渐进稳定的。

**引理 1.5**　系统(1.19)的平衡点 $\boldsymbol{x}=\boldsymbol{0}$ 一致稳定的充要条件是，存在一个 $\mathscr{K}$ 类函数 $\alpha(\cdot)$ 和一个不依赖于 $t_0$ 的常数 $c > 0$，使

$$\| \boldsymbol{x}(0) \| < c \Rightarrow \| \boldsymbol{x}(t) \| \leqslant \alpha(\| \boldsymbol{x}(0) \|), \quad \forall t \geqslant t_0$$

**引理 1.6**　系统(1.19)的平衡点 $\boldsymbol{x}=\boldsymbol{0}$ 一致渐进稳定的充要条件是，存在一个 $\mathscr{KL}$ 类函数 $\beta(\cdot,\cdot)$ 和一个不依赖于 $t_0$ 的常数 $c > 0$，使

$$\| \boldsymbol{x}(0) \| < c \Rightarrow \| \boldsymbol{x}(t) \| \leqslant \beta(\| \boldsymbol{x}(0) \|, t - t_0), \quad \forall t \geqslant t_0$$

**定义 1.14**　对于系统(1.19)的平衡点 $\boldsymbol{x}=\boldsymbol{0}$，若存在正常数 $\alpha$ 和 $\lambda$，使

$$\| \boldsymbol{x}(t) \| \leqslant \alpha \| \boldsymbol{x}_0 \| k\mathrm{e}^{-\lambda t}$$

其中，$\| \boldsymbol{x}(0) \| < \delta$，则称平衡点 $\boldsymbol{x}=\boldsymbol{0}$ 是局部指数稳定的。若上式对任意 $\boldsymbol{x} \in \mathbf{R}^n$ 均成立，则称平衡点 $\boldsymbol{x}=\boldsymbol{0}$ 是全局指数稳定的。

为了后面讨论的方便，现引入两个变量的函数 $W(\cdot,\cdot): D \times \mathbf{R}^+ \to \mathbf{R}$，即纯量函数 $W(\boldsymbol{x},t)$。

**定义 1.15**

(i) 若 ① $W(\boldsymbol{0},t)=0$，$\forall t \in \mathbf{R}^+$，② $W(\boldsymbol{x},t) \geqslant 0$，$\forall \boldsymbol{x} \neq \boldsymbol{0}$，$\boldsymbol{x} \in D$，则称 $W(\boldsymbol{x},t)$ 是 $D$ 中的正半定函数。

(ii) 若 ① $W(\boldsymbol{0},t)=0$，② 存在一个时不变正定函数 $V_1(\boldsymbol{x})$，使

$$V_1(\boldsymbol{x}) \leqslant W(\boldsymbol{x},t), \quad \forall \boldsymbol{x} \in D$$

则称 $W(\boldsymbol{x},t)$ 是 $D$ 中的正定函数。

(iii) 若存在一个正定函数 $V_2(\boldsymbol{x})$，使

$$|W(\boldsymbol{x},t)| \leqslant V_2(\boldsymbol{x}), \quad \forall \boldsymbol{x} \in D$$

则称 $W(\boldsymbol{x},t)$ 是 $D$ 中的减函数。

定义(iii) 的含义表明 $W(\boldsymbol{x},t)$ 仅仅是对 $\boldsymbol{x}$，而不是对 $t$ 向零递减的函数。或者说，若 $W(\boldsymbol{x},t)$ 当 $\|\boldsymbol{x}\| \to 0$ 时对 $t$ 一致趋于零，则称 $W(\boldsymbol{x},t)$ 是 $D$ 中的减函数。

**定义 1.16** 若当 $\|\boldsymbol{x}\| \to \infty$ 时，有 $W(\boldsymbol{x},t) \to \infty$，则称 $W(\boldsymbol{x},t)$ 对 $t$ 是一致径向无界的。或者说，若给定 $M$，$\exists N > 0$，使 $W(\boldsymbol{x},t) > M$ 对所有 $t$ 和 $\|\boldsymbol{x}\| > N$ 成立，则称 $W(\boldsymbol{x},t)$ 是径向无界的。

根据定义 1.15 的(ii)，$W(\boldsymbol{x},t)$ 在 $D$ 中正定的充要条件是，$\exists V_1(\boldsymbol{x})$，使

$$V_1(\boldsymbol{x}) \leqslant W(\boldsymbol{x},t), \quad \forall \boldsymbol{x} \in D \tag{1.20}$$

再根据引理 1.1，这就意味着存在一个 $\alpha_1(\cdot)$，使

$$\alpha_1(\|\boldsymbol{x}\|) \leqslant V_1(\boldsymbol{x}) \leqslant W(\boldsymbol{x},t), \quad \forall \boldsymbol{x} \in B_r \subset D \tag{1.21}$$

若 $W(\boldsymbol{x},t)$ 还是一个减函数，根据定义 1.15 的(iii)，则存在 $V_2(\boldsymbol{x})$，使

$$W(\boldsymbol{x},t) \leqslant V_2(\boldsymbol{x}), \quad \forall \boldsymbol{x} \in D \tag{1.22}$$

同时根据引理 1.1，这就意味着存在一个 $\alpha_2(\cdot)$，使

$$W(\boldsymbol{x},t) \leqslant V_2(\boldsymbol{x}) \leqslant \alpha_2(\|\boldsymbol{x}\|), \quad \forall \boldsymbol{x} \in B_r \subset D \tag{1.23}$$

从而得知，$W(\boldsymbol{x},t)$ 是正定且为减函数的充要条件是存在正定函数 $V_1(\boldsymbol{x})$ 和 $V_2(\boldsymbol{x})$，使

$$V_1(\boldsymbol{x}) \leqslant W(\boldsymbol{x},t) \leqslant V_2(\boldsymbol{x}), \quad \forall \boldsymbol{x} \in D \tag{1.24}$$

这就是说，存在着 $\mathcal{K}$ 类函数 $\alpha_1(\cdot)$ 和 $\alpha_2(\cdot)$，使有

$$\alpha_1(\|\boldsymbol{x}\|) \leqslant W(\boldsymbol{x},t) \leqslant \alpha_2(\|\boldsymbol{x}\|), \quad \forall \boldsymbol{x} \in B_r \subset D \tag{1.25}$$

最后，$W(\boldsymbol{x},t)$ 为正定，是减函数，且径向无界的充要条件是，函数 $\alpha_1(\cdot)$ 和 $\alpha_2(\cdot)$ 是 $\mathcal{K}_\infty$ 类函数。

在下例中，假定 $\boldsymbol{x} \in \mathbf{R}^2$。

**例 1.7**

(i) 设 $W_1(\boldsymbol{x},t) = (x_1^2 + x_2^2)\mathrm{e}^{-\alpha t}$，$\alpha > 0$，函数 $W_1(\boldsymbol{x},t)$ 满足：

(a) $W_1(\boldsymbol{0},t) = 0$；

(b) $W_1(\boldsymbol{x},t) > 0$，$\forall \boldsymbol{x} \neq \boldsymbol{0}$，$\forall t \in \mathbf{R}$。

然而，$\lim\limits_{t\to\infty} W_1(\boldsymbol{x},t) = 0$，$\forall \boldsymbol{x}$。因此 $W_1(\boldsymbol{x},t)$ 是正半定的，而不是正定的。

(ii) 设 $W_2(\boldsymbol{x},t) = (x_1^2 + x_2^2)(t^2+1)/(x_1^2+2) = V_2(\boldsymbol{x})(t^2+1)$

$$V_2(\boldsymbol{x}) \xlongequal{\text{def}} (x_1^2 + x_2^2)/(x_1^2+2)$$

由 $V_2(\boldsymbol{x})$ 的定义知 $V_2(\boldsymbol{x}) > 0$，$\forall \boldsymbol{x} \in \mathbf{R}^2$，进而知 $W_2(\boldsymbol{x},t) \geqslant V_2(\boldsymbol{x})$，$\forall \boldsymbol{x} \in \mathbf{R}^2$ 成立。这意味着 $W_2(\boldsymbol{x},t)$ 是正定的，同时 $\lim\limits_{t\to\infty} W_2(\boldsymbol{x},t) = \infty$，$\forall \boldsymbol{x} \in \mathbf{R}^2$。因此要找到一个正定函数 $V(\cdot)$，使得 $|W_2(\boldsymbol{x},t)| \leqslant V(\boldsymbol{x})$，$\forall \boldsymbol{x} \in \mathbf{R}^2$ 是不可能的，所以 $W_2(\boldsymbol{x},t)$ 是非减函数。因而 $W_2(\boldsymbol{x},t)$ 沿着 $x_1$ 轴是不趋向无穷的，所以 $|W_2(\boldsymbol{x},t)|$ 不是径向无界的。

(iii) 设 $W_3(\boldsymbol{x},t) = (x_1^2 + x_2^2)(t^2+1) = V_3(\boldsymbol{x})(t^2+1)$，$V_3(\boldsymbol{x}) \xlongequal{\text{def}} x_1^2 + x_2^2$

参照(ii) 中的讨论知，$W_3(\boldsymbol{x},t)$ 是正定、径向无界，且是非减的函数。

(iv) 设 $W_4(\boldsymbol{x},t) = (x_1^2 + x_2^2)/(x_1^2+1)$，因此知 $W_4(\boldsymbol{x},t) > 0$，$\forall \boldsymbol{x} \in \mathbf{R}^2$ 是正定的。$W_4(\boldsymbol{x},t)$ 与时间无关，且是一个减函数。因为它沿 $x_1$ 轴不趋向无穷，所以它不是径向无界的。

(v) 设

$$W_5(\boldsymbol{x},t)=(x_1^2+x_2^2)(t^2+1)/(t^2+2)=V_5(\boldsymbol{x})(t^2+1)/(t^2+2)$$

$$V_5(\boldsymbol{x}) \stackrel{\text{def}}{=\!=\!=} (x_1^2+x_2^2)$$

由此可知,$W_5(\boldsymbol{x},t) \geqslant k_1 V_5(\boldsymbol{x})$ 对某个常数 $k_1$ 成立。这表明,$W_5(\boldsymbol{x},t)$ 是正定的。因为

$$|W_5(\boldsymbol{x},t)| \geqslant k_2 V_2(\boldsymbol{x}), \quad \forall \boldsymbol{x} \in \mathbf{R}^2$$

成立,所以 $W_5(\boldsymbol{x},t)$ 是减函数。又因为当 $\|\boldsymbol{x}\| \to \infty$ 时,$W_5(\boldsymbol{x},t) \to \infty$,所以 $W_5(\boldsymbol{x},t)$ 是径向无界的。

设原点是系统 $\dot{\boldsymbol{x}}=\boldsymbol{f}(\boldsymbol{x},t)$ 的一个平衡状态点,即

$$\dot{\boldsymbol{x}}=\boldsymbol{f}(\boldsymbol{0},t)=\boldsymbol{0}, \quad \forall t \in \mathbf{R}$$

**定理 1.10**　若在平衡状态 $\boldsymbol{x}=\boldsymbol{0}$ 的一个邻域 $D$ 中,存在一个可微函数 $W(\boldsymbol{x},t):D\times[0,\infty) \to \mathbf{R}$,使:

(i) $W(\boldsymbol{x},t)$ 正定;

(ii) $W(\boldsymbol{x},t)$ 在 $D$ 中沿方程(1.19)解的导数负半定。

则平衡状态是稳定的。进而若 $W(\boldsymbol{x},t)$ 还是一个减函数,那么原点平衡状态是一致稳定的。

**证明**　选择 $R>0$ 使闭球 $B_R=\{\boldsymbol{x}\in \mathbf{R}^n:\|\boldsymbol{x}\| \leqslant R\}$ 包含在 $D$ 中。根据定理的条件,$W(\boldsymbol{x},t)$ 是正定函数,因而存在一个时不变正定函数 $V_1(\cdot)$ 和一个 $\mathscr{K}$ 类函数 $\alpha_1(\cdot)$,使下式成立,即

$$\alpha_1(\|\boldsymbol{x}\|) \leqslant V_1(\boldsymbol{x}) \leqslant W(\boldsymbol{x},t), \quad \forall \boldsymbol{x} \in B_R$$

进而由定理的条件 $\dot{W}(\boldsymbol{x},t) \leqslant 0$ 表明,$W(\boldsymbol{x},t)$ 沿着系统任何一条运动轨迹不可能是增加的。因此

$$W(\boldsymbol{x}(t),t) \leqslant W(\boldsymbol{x}_0,t_0), t \geqslant t_0 \Rightarrow \alpha_1(\|\boldsymbol{x}\|) \leqslant W(\boldsymbol{x}(t),t) \leqslant W(\boldsymbol{x}_0,t_0)$$

同时 $W$ 关于 $\boldsymbol{x}$ 是连续的,且满足 $W(\boldsymbol{0},t_0)=0$。因而给定 $t_0$,可以找到 $\delta>0$,使下式成立,即

$$\|\boldsymbol{x}_0\| < \delta \Rightarrow W(\boldsymbol{x}_0,t_0) < \alpha(R)$$

这表明,若 $\|\boldsymbol{x}_0\| < \delta$,则有

$$\alpha_1(\|\boldsymbol{x}\|) < \alpha(R) \Rightarrow \|\boldsymbol{x}(t)\| < R, \quad \forall t \geqslant t_0$$

成立,这就证明了系统是稳定的。若还假定 $W(\boldsymbol{x},t)$ 是减函数,那么就存在正函数 $V_2(\boldsymbol{x})$,使得

$$|W(\boldsymbol{x},t)| \leqslant V_2(\boldsymbol{x})$$

并且存在 $\mathscr{K}$ 类函数 $\alpha_2$,使下式成立,即

$$\alpha_1(\|\boldsymbol{x}\|) \leqslant V_1(\boldsymbol{x}) \leqslant W(\boldsymbol{x},t) \leqslant V_2(\boldsymbol{x}) \leqslant \alpha_2(\|\boldsymbol{x}\|), \quad \forall x \in B_R, \quad \forall t \geqslant t_0$$

根据 $\mathscr{K}$ 类函数的性质,对于 $R>0$,$\exists \delta=\boldsymbol{f}(R)$,使

$$\alpha_2(\delta) < \alpha_1(R) \Rightarrow \alpha_1(R) > \alpha_2(\delta) \geqslant W(\boldsymbol{x}_0,t_0) \geqslant W(\boldsymbol{x},t) \geqslant \alpha(\|\boldsymbol{x}(t)\|)$$

这表明

$$\|\boldsymbol{x}(t)\| < R, \quad \forall t \geqslant t_0$$

成立。然而,这个 $\delta$ 如上所述是 $R$ 的一个函数,独立于 $t_0$。因此,可以得出结论:平衡点的稳定是一致稳定。证毕。

**定理 1.11**　若平衡状态 $\boldsymbol{x}=\boldsymbol{0}$ 的一个邻域 $D$ 中,存在一个可微函数 $W(\boldsymbol{x},t):D\times[0,\infty) \to \mathbf{R}$,使

(i) $W(\boldsymbol{x},t)$ 是一个正定的减函数；

(ii) $W(\boldsymbol{x},t)$ 在 $D$ 中的导数 $\dot{W}(\boldsymbol{x},t)$ 是负定的。

则平衡状态点是一致渐进稳定的。

注意到这个定理与定理 1.10 之间的差别是重要的。在定理 1.10 中，$W(\boldsymbol{x},t)$ 为减函数的假定不是必须的。如果 $W(\boldsymbol{x},t)$ 是减函数，就可以得出结论：系统一致稳定。反之，若不是减函数，则系统仅能满足稳定。定理 1.11 则不然，若将定理 1.11 中减函数的条件去掉，则余下的条件不足以证明系统是渐进稳定的。这一点是 Massera 在 1949 年找到一个反例才看清的。

根据不等式(1.24)、(1.25)，给定正定函数 $W(\boldsymbol{x},t)$，存在正定函数 $V_1(\boldsymbol{x})$ 和 $V_2(\boldsymbol{x})$，以及 $\mathscr{K}$ 类函数 $\alpha_1(\boldsymbol{x})$ 和 $\alpha_2(\boldsymbol{x})$，使

$$V_1(\boldsymbol{x}) \leqslant W(\boldsymbol{x},t) \leqslant V_2(\boldsymbol{x}), \forall \boldsymbol{x} \in D, \alpha_1(\|\boldsymbol{x}\|) \leqslant W(\boldsymbol{x},t) \leqslant \alpha_2(\|\boldsymbol{x}\|), \forall \boldsymbol{x} \in B_r \tag{1.26}$$

考虑到以上这点，定理 1.11 可有如下另一种陈述形式。

**定理 1.12** 若在平衡状态 $\boldsymbol{x}=\boldsymbol{0}$ 的一个邻域 $D$ 中，存在一个可微函数 $W(\boldsymbol{x},t): D\times[0,\infty) \to \mathbf{R}$，使

(i) $V_1(\boldsymbol{x}) \leqslant W(\boldsymbol{x},t) \leqslant V_2(\boldsymbol{x}), \forall \boldsymbol{x} \in D, \forall t$；

(ii) $\dfrac{\partial W}{\partial t} + \nabla W \cdot \boldsymbol{f}(\boldsymbol{x},t) \leqslant -V_3(\boldsymbol{x}), \forall \boldsymbol{x} \in D, \forall t$。

其中，$V_i(i=1,2,3)$ 是 $D$ 中的正定函数，则平衡状态是一致渐进稳定的。

**证明** 选择 $R>0$，使闭球 $B_R=\{\boldsymbol{x}\in \mathbf{R}^n: \|\boldsymbol{x}\| \leqslant R\}$ 包含在 $D$ 中。根据定理的条件，存在 $\mathscr{K}$ 类函数 $\alpha_1$，$\alpha_2$ 和 $\alpha_3$，使下式成立，即

$$\begin{aligned} \alpha_1(\|\boldsymbol{x}\|) \leqslant W(\boldsymbol{x},t) \leqslant \alpha_2(\|\boldsymbol{x}\|), \quad \forall t, \forall \boldsymbol{x} \in B_R \\ \alpha_3(\|\boldsymbol{x}\|) \leqslant -\dot{W}(\boldsymbol{x},t), \quad \forall t, \forall \boldsymbol{x} \in B_R \end{aligned} \tag{1.27}$$

这里所给定的 $\alpha_1$，$\alpha_2$，$\alpha_3$ 均为增函数，且 $\alpha_i(0)=0, i=1,2,3$。现给定 $\varepsilon>0$，则可以找到 $\delta_1$，$\delta_2>0$，使

$$\alpha_2(\delta_1) < \alpha_1(R), \quad \alpha_2(\delta_2) < \min[\alpha_1(\varepsilon), \alpha_2(\delta_1)] \tag{1.28}$$

注意到，这里的 $\delta_1$ 和 $\delta_2$ 均为 $\varepsilon$ 的函数，但不依赖于 $t_0$。还注意到上面这个不等式意味着 $\delta_1>\delta_2$。现选定

$$T=\frac{\alpha_1(R)}{\alpha_3(\delta_2)} \tag{1.29}$$

现推测：要求对某个 $t=t^*$，$t_0 \leqslant t^* \leqslant t_0+T$，下式成立，即

$$\|\boldsymbol{x}_0\| < \delta_1 \Rightarrow \|\boldsymbol{x}(t^*)\| < \delta_2$$

为了证明这一点，用反证法。现反设 $\|\boldsymbol{x}_0\|<\delta_1$，但 $\|\boldsymbol{x}(t^*)\| \geqslant \delta_2, \forall t^*, t_0 \leqslant t^* \leqslant t_0+T$ 成立。于是有 $0<\alpha_1(\delta_2)$，$\alpha_1$ 为 $\mathscr{K}$ 类函数，即

$$\alpha_1(\delta_2) \leqslant W(\boldsymbol{x},t), \quad \forall t_0 \leqslant t \leqslant t_0+T$$

上式是由式(1.27)的第一式和反设 $\|\boldsymbol{x}(t^*)\| \geqslant \delta_2$ 而成立的。同时因为 $W(\boldsymbol{x},t)$ 是 $t$ 的减函数，所以有

$$\begin{aligned} 0 \leqslant \alpha_1(\delta_2) \leqslant W(\boldsymbol{x}(t_0+T), t_0+T) \leqslant W(\boldsymbol{x}(t_0),t_0) + \int_{t_0}^{t_0+T} \dot{W}(\boldsymbol{x}(t),t)\mathrm{d}t \leqslant \\ W(\boldsymbol{x}(t_0),t_0) - T\alpha_3(\delta_2) \qquad \text{(根据式(1.27)和式(1.29))} \end{aligned}$$

成立，但是

$$W(\boldsymbol{x}(t_0),t_0)\leqslant\alpha_2(\|\boldsymbol{x}(t_0)\|)\leqslant\alpha_2(\delta_1)\qquad\text{（根据式(1.27)和假设 }\|\boldsymbol{x}_0\|<\delta_1\text{）}$$

因此，有

$$0\leqslant W(\boldsymbol{x}(t_0),t_0)-T\alpha_3(\delta_2)\Rightarrow 0\leqslant\alpha_2(\delta_1)-\alpha_1(R)\qquad\text{（根据式(1.29)）}$$

这与式(1.28)产生矛盾。矛盾表明，我们要推测的结论是正确的。现假定 $t\geqslant t^*$，则有

$$\alpha_1(\|\boldsymbol{x}(t)\|)\leqslant W(\boldsymbol{x}(t),t)\leqslant W(\boldsymbol{x}(t^*),t^*)\text{（因 }W(\cdot,\cdot)\text{ 是 }t\text{ 的减函数）}\leqslant$$
$$\alpha_2(\|\boldsymbol{x}(t^*)\|)\leqslant\alpha_2(\delta_2)<\alpha_1(\varepsilon)$$

成立，这就是说，$\|\boldsymbol{x}(t)\|<\varepsilon$。也即具有初态 $\|\boldsymbol{x}_0\|<\delta_1$ 的任何运动经过时刻 $T$ 均一致收敛到原点。

**定理 1.13**　若存在一个可微函数 $W(\boldsymbol{x},t):\mathbf{R}^n\times[0,\infty)\to\mathbf{R}$，使

(i) $W(\boldsymbol{x},t)$ 是一正定、递减，且径向无界的函数，$\forall\boldsymbol{x}\in\mathbf{R}^n$；

(ii) $W(\boldsymbol{x},t)$ 的导数 $\dot{W}(\boldsymbol{x},t)$ 是负定的，$\forall\boldsymbol{x}\in\mathbf{R}^n$。

则平衡状态 $\boldsymbol{x}=\mathbf{0}$ 是全局一致渐进稳定的。

**证明**　和定理 1.11 相同，设存在 $\mathcal{K}$ 类函数 $\alpha_1,\alpha_2,\alpha_3$，给定 $W(\boldsymbol{x},t)$ 径向无界，因而必有

$$\text{当 }\|\boldsymbol{x}\|\to\infty,\quad\alpha_1(\|\boldsymbol{x}\|)\to\infty$$

成立。如此，对任何 $a>0$，存在 $b>0$，使得

$$\alpha_1(b)>\alpha_2(a)$$

如果 $\|\boldsymbol{x}_0\|<a$，那么有

$$\alpha_1(b)>\alpha_2(a)\geqslant W(\boldsymbol{x}_0,t_0)\geqslant W(\boldsymbol{x}(t),t)\geqslant\alpha_1(\|\boldsymbol{x}\|)$$

因此 $\|\boldsymbol{x}_0\|<a\Rightarrow\|\boldsymbol{x}\|<b$，从而知系统所有的运动都是一致有界的。设 $\varepsilon_1,\delta,T$ 有如下关系，即

$$\alpha_2(\delta)>\alpha_1(c),\quad T=\alpha_1(b)/\alpha_3(a)$$

以下利用与定理 1.11 相似的证明过程可证得，对于 $t\geqslant t_0+T$ 和 $\|\boldsymbol{x}_0\|<a$，有

$$\|\boldsymbol{x}(t)\|<\varepsilon$$

这表明系统的所有运动经过 $T$ 时刻均一致收敛到原点，因此原点是大范围渐进稳定的。

**定理 1.14**　假定定理 1.11 的全部条件均成立，其次还假定存在正常数 $K_1,K_2$ 和 $K_3$，使有

$$K_1\|\boldsymbol{x}\|^p\leqslant W(\boldsymbol{x},t)\leqslant K_2\|\boldsymbol{x}\|^p$$
$$\dot{W}(\boldsymbol{x},t)\leqslant -K_3\|\boldsymbol{x}\|^p$$

则系统的原点平衡点是指数稳定的，进而如果所有条件在全局范围内成立，则 $\boldsymbol{x}=\mathbf{0}$ 是全局指数稳定的。

此定理的证明与定理 1.4 类似，此处证明略。

考虑系统

$$\dot{\boldsymbol{x}}=\boldsymbol{f}(\boldsymbol{x},t)\quad\boldsymbol{f}:D\times[0,\infty)\to\mathbf{R}^n\tag{1.30}$$

假定 $\boldsymbol{f}(\boldsymbol{x},t)$ 对 $\boldsymbol{x}$ 有连续各阶偏导数，则可将 $\boldsymbol{f}(\boldsymbol{x},t)$ 在平衡点 $\boldsymbol{x}=\mathbf{0}$ 处展开成泰勒级数，即

$$\dot{\boldsymbol{x}}=\boldsymbol{f}(\boldsymbol{x},t)=\boldsymbol{f}(\mathbf{0},t)+\left.\frac{\partial\boldsymbol{f}}{\partial\boldsymbol{x}}\right|_{x=0}\boldsymbol{x}+\text{高阶项}$$

若在平衡点 $\boldsymbol{x}=\mathbf{0}$ 处，有 $\boldsymbol{f}(\mathbf{0},t)=\mathbf{0}$，则

$$\dot{\boldsymbol{x}}=\boldsymbol{f}(\boldsymbol{x},t)\approx\left.\frac{\partial\boldsymbol{f}}{\partial\boldsymbol{x}}\right|_{x=\mathbf{0}}\boldsymbol{x}+\text{高阶项}=\boldsymbol{A}(t)\boldsymbol{x}+\text{高阶项}$$

其中,$\boldsymbol{A}(t) \xlongequal{\text{def}} \left.\dfrac{\partial \boldsymbol{f}}{\partial \boldsymbol{x}}\right|_{\boldsymbol{x}=\boldsymbol{0}}$。若记

$$\boldsymbol{g}(\boldsymbol{x},t)=\boldsymbol{f}(\boldsymbol{x},t)-\boldsymbol{A}(t)\boldsymbol{x}$$

则系统(1.30)可写成

$$\dot{\boldsymbol{x}}=\boldsymbol{f}(\boldsymbol{x},t)\equiv\boldsymbol{A}(t)\boldsymbol{x}+\boldsymbol{g}(\boldsymbol{x},t) \tag{1.31}$$

**定理 1.15** 对于系统(1.30),若

(i) 线性系统 $\dot{\boldsymbol{x}}=\boldsymbol{A}(t)\boldsymbol{x}$ 是指数稳定的;

(ii) 函数 $\boldsymbol{g}(\boldsymbol{x},t)$ 满足如下条件:给定 $\varepsilon>0$,存在 $\delta>0$ 和独立的时间变量 $t$,使得

$$\|\boldsymbol{x}\|<\delta\Rightarrow\|g(\boldsymbol{x},t)\|/\|\boldsymbol{x}\|<\varepsilon \tag{1.32}$$

也就是说

$$\lim_{\|\boldsymbol{x}\|\to\boldsymbol{0}}\frac{\boldsymbol{g}(\boldsymbol{x},t)}{\|\boldsymbol{x}\|}=\boldsymbol{0} \tag{1.33}$$

对 $t$ 一致趋于零,那么非线性系统(1.30)的平衡点 $\boldsymbol{x}=\boldsymbol{0}$ 是一致渐进稳定的。

**证明** 设 $\boldsymbol{\Phi}(t,t_0)$ 是 $\dot{\boldsymbol{x}}=\boldsymbol{A}(t)\boldsymbol{x}$ 的状态转移矩阵。为了证明本定理,现不加证明地给出如下引理。

**引理 1.7** 系统 $\dot{\boldsymbol{x}}=\boldsymbol{A}(t)\boldsymbol{x}$ 一致渐进稳定的充要条件是对于任意给定的连续正定对称矩阵 $\boldsymbol{Q}(t)$,矩阵微分方程

$$\dot{\boldsymbol{P}}(t)+\boldsymbol{A}^{\mathrm{T}}(t)\boldsymbol{P}(t)+\boldsymbol{P}(t)\boldsymbol{A}(t)+\boldsymbol{Q}(t)=\boldsymbol{0} \tag{1.34}$$

存在连续、正定有界对称解矩阵 $\boldsymbol{P}(t)$,且

$$\boldsymbol{P}(t)=\int_t^{\infty}\boldsymbol{\Phi}^{\mathrm{T}}(\sigma,t)\boldsymbol{Q}(\sigma)\boldsymbol{\Phi}(\sigma,t)\mathrm{d}\sigma \tag{1.35}$$

证明见第 2 章文献[12]定理 4.9 和推论 4.1。定理 1.15 的条件(i)表明,引理 1.7 的结论对本定理的证明有用。

构造二次型正定函数 $W(\boldsymbol{x},t)=\boldsymbol{x}^{\mathrm{T}}\boldsymbol{P}(t)\boldsymbol{x}$,则

$$\dot{W}(\boldsymbol{x},t)=\dot{\boldsymbol{x}}^{\mathrm{T}}\boldsymbol{P}(t)\boldsymbol{x}+\boldsymbol{x}^{\mathrm{T}}\boldsymbol{P}(t)\dot{\boldsymbol{x}}+\boldsymbol{x}^{\mathrm{T}}\dot{\boldsymbol{P}}(t)\boldsymbol{x}$$

考虑到式(1.31)和式(1.34),由上式有

$$\begin{aligned}\dot{W}(\boldsymbol{x},t)=&\boldsymbol{x}^{\mathrm{T}}(\boldsymbol{A}^{\mathrm{T}}(t)\boldsymbol{P}(t)+\boldsymbol{P}(t)\boldsymbol{A}(t)+\dot{\boldsymbol{P}}(t))\boldsymbol{x}+\boldsymbol{g}^{\mathrm{T}}(\boldsymbol{x},t)\boldsymbol{P}(t)\boldsymbol{x}+\boldsymbol{x}^{\mathrm{T}}\boldsymbol{P}(t)\boldsymbol{g}(\boldsymbol{x},t)=\\&-\boldsymbol{x}^{\mathrm{T}}\boldsymbol{Q}(t)\boldsymbol{x}+\boldsymbol{g}^{\mathrm{T}}(\boldsymbol{x},t)\boldsymbol{P}(t)\boldsymbol{x}+\boldsymbol{x}^{\mathrm{T}}\boldsymbol{P}(t)\boldsymbol{g}(\boldsymbol{x},t)\end{aligned} \tag{1.36}$$

因为系统 $\dot{\boldsymbol{x}}=\boldsymbol{A}(t)\boldsymbol{x}$ 按指数稳定,故有 $\|\boldsymbol{\Phi}(\tau,t)\|\leqslant k_1\mathrm{e}^{-k_2(\tau-t)}$。将此不等式代入式(1.35),又知 $\boldsymbol{Q}(t)$ 为任意给定的对称正定矩阵,若取 $\boldsymbol{Q}=\boldsymbol{I}$,则有

$$\boldsymbol{P}(t)\leqslant\int_t^{\infty}k_1^2\mathrm{e}^{-2k_2(\tau-t)}\boldsymbol{I}\mathrm{d}\tau\leqslant\frac{k_1^2}{2k_2}\boldsymbol{I} \tag{1.37}$$

根据式(1.32),对于给定的 $\varepsilon>0$,存在 $\delta>0$,使

$$\|\boldsymbol{x}\|<\delta\Rightarrow\|\boldsymbol{g}(\boldsymbol{x},t)\|/\|\boldsymbol{x}\|<\varepsilon$$

现取 $\varepsilon=k_2^2/k_1^2$,则由式(1.37)和上式得

$$\frac{\|\boldsymbol{g}(\boldsymbol{x},t)\|}{\|\boldsymbol{x}\|}<\varepsilon=\frac{1}{2\|\boldsymbol{P}(t)\|}\Rightarrow2\|\boldsymbol{g}(\boldsymbol{x},t)\|\cdot\|\boldsymbol{P}(t)\|<\|\boldsymbol{x}\| \tag{1.38}$$

由推导式(1.37),取 $\boldsymbol{Q}=\boldsymbol{I}$,则可将式(1.36)写成

$$\dot{W}(\boldsymbol{x},t)\leqslant-\|\boldsymbol{x}\|^2+2\|\boldsymbol{g}(\boldsymbol{x},t)\|\cdot\|\boldsymbol{P}(t)\|\cdot\|\boldsymbol{x}\|$$

考虑到式(1.38),可以有

$$2\|\boldsymbol{g}(\boldsymbol{x},t)\|\cdot\|\boldsymbol{P}(t)\|\overset{\text{def}}{=\!=}\theta\|\boldsymbol{x}\|,\quad 0<\theta<1$$

于是有

$$\dot{W}(\boldsymbol{x},t)\leqslant-\|\boldsymbol{x}\|^2+\theta\|\boldsymbol{x}\|^2\leqslant-(1-\theta)\|\boldsymbol{x}\|^2$$

因此，$\dot{W}(\boldsymbol{x},t)$ 在原点的邻域是负定的，因而根据定理 1.11 知，系统的原点平衡点是一致渐进稳定的。

考虑非线性系统存在摄动的情况，如下系统

$$\dot{\boldsymbol{x}}=\boldsymbol{f}(\boldsymbol{x},t)+\boldsymbol{g}(\boldsymbol{x},t) \tag{1.39}$$

式中，$\boldsymbol{g}(\boldsymbol{x},t)$ 为系统的摄动项。实际系统往往不知道 $\boldsymbol{g}(\boldsymbol{x},t)$ 的具体表示形式，但可以估计它的界。问题是，如果系统 $\dot{\boldsymbol{x}}=\boldsymbol{f}(\boldsymbol{x},t)$ 在平衡点是渐进稳定的，那么系统(1.39) 是否也是渐进稳定的？

**定理 1.16**　设 $\boldsymbol{x}=\boldsymbol{0}$ 是系统(1.39) 的一个平衡点，并且假定存在一个可微函数 $W(\boldsymbol{x},t)$：$D\times[0,\infty)\to\mathbf{R}$，使得如下条件成立：

(i) $k_1\|\boldsymbol{x}\|^2\leqslant W(\boldsymbol{x},t)\leqslant k_2\|\boldsymbol{x}\|^2$；

(ii) $\dfrac{\partial W}{\partial t}+\nabla W\cdot\boldsymbol{f}(\boldsymbol{x},t)\leqslant-k_3\|\boldsymbol{x}\|^2$；

(iii) $\|\nabla W\|\leqslant k_4\|\boldsymbol{x}\|^2$；

(iv) $\|\boldsymbol{g}(\boldsymbol{x},t)\|\leqslant k_5\|\boldsymbol{x}\|$，$k_3-k_4k_5>0$，$k_i(i=1,2,3,4,5)$ 均为大于零的常数。

则系统的平衡点 $\boldsymbol{x}=\boldsymbol{0}$ 是指数稳定的，若还有定理的条件在全局范围内成立，则系统的平衡点 $\boldsymbol{x}=\boldsymbol{0}$ 是全局指数稳定的。

**证明**　首先注意到，定理的条件(i) 意味着 $W(\boldsymbol{x},t)$ 是正定的，且为减函数。条件(i) 的左不等式意味着 $W(\boldsymbol{x},t)$ 是径向无界的。定理的条件(ii) 表明，在忽略摄动项的条件下，$\dot{W}(\boldsymbol{x},t)$ 沿着系统 $\dot{\boldsymbol{x}}=\boldsymbol{f}(\boldsymbol{x},t)$ 的运动轨迹是负定的，因此条件(i) 和(ii) 合起来表明系统 $\dot{\boldsymbol{x}}=\boldsymbol{f}(\boldsymbol{x},t)$ 在原点是渐进稳定的平衡点。现寻找 $W(\boldsymbol{x},t)$ 沿摄动系统(1.39) 的轨迹的导数，即

$$\dot{W}(\boldsymbol{x},t)=\frac{\partial W}{\partial t}+\nabla W\cdot\boldsymbol{f}(\boldsymbol{x},t)+\nabla W\cdot\boldsymbol{g}(\boldsymbol{x},t)\leqslant-k_3\|\boldsymbol{x}\|^2+k_4k_5\|\boldsymbol{x}\|^2\leqslant$$
$$-(k_3-k_4k_5)\|\boldsymbol{x}\|^2<0$$

因为根据假设条件，$k_3-k_4k_5>0$，所以根据定理 1.11 ～ 1.13 知，系统(1.39) 的平衡点 $\boldsymbol{x}=\boldsymbol{0}$ 是指数稳定的，当定理的条件在全局成立时，是全局指数稳定的。

定理 1.16 的重要性在于，它表明系统存在摄动时获得指数稳定的鲁棒性条件。

# 第2章 非线性系统的反馈控制
# (The Feedback Control of Nonlinear Systems)

利用反馈实现非线性系统的稳定和控制是非线性系统研究的基本方法,也是非线性系统进一步研究的基础。本章将首先从非线性系统利用反馈实现稳定开始,同时从系统的无源性和耗散性研究系统的稳定性,进而研究非线性系统的 $H_\infty$ 控制,导出非线性系统 $H_\infty$ 控制的基本公式,从而给出求解非线性系统 $H_\infty$ 控制的基本方法。

## 2.1 非线性反馈系统的稳定性
## (The Stability of Nonlinear Feedback Systems)

### 2.1.1 反馈稳定与回馈递推控制(Feedback Stabilization and Backstepping Control)

考虑如下形式的系统

$$\dot{\boldsymbol{x}}=\boldsymbol{f}(\boldsymbol{x})+\boldsymbol{g}(\boldsymbol{x})\xi,\quad \dot{\xi}=u \tag{2.1}$$

其中,$\boldsymbol{x}\in\mathbf{R}^n$,$\xi\in\mathbf{R}$ 为系统的状态;$\boldsymbol{f}(\boldsymbol{x})$,$\boldsymbol{g}(\boldsymbol{x})$:$D\to\mathbf{R}^n$ 为光滑函数;$u$ 为控制输入。由方程的结构特征可见,这是一个具有串联结构的系统,即系统(2.1)由两个子系统串联组成。现假定:

(i) 函数 $\boldsymbol{f}(\boldsymbol{x})$:$\mathbf{R}^n\to\mathbf{R}^n$ 满足 $\boldsymbol{f}(\mathbf{0})=\mathbf{0}$,因此原点是系统 $\dot{\boldsymbol{x}}=\boldsymbol{f}(\boldsymbol{x})$ 的一个平衡点;

(ii) 对于系统 $\dot{\boldsymbol{x}}=\boldsymbol{f}(\boldsymbol{x})+\boldsymbol{g}(\boldsymbol{x})\xi$,$\xi$ 作为它的独立的输入,假定存在虚拟的状态反馈控制律

$$\xi=\phi(\boldsymbol{x}),\quad \phi(\mathbf{0})=0$$

和相应的 Lyapunov 函数 $V_1$:$D\to\mathbf{R}^+$,使

$$\dot{V}_1(\boldsymbol{x})=\frac{\partial V_1}{\partial \boldsymbol{x}^{\mathrm{T}}}[\boldsymbol{f}(\boldsymbol{x})+\boldsymbol{g}(\boldsymbol{x})\phi(\boldsymbol{x})]\leqslant -V_a(\boldsymbol{x})\leqslant 0,\quad \forall \boldsymbol{x}\in D \tag{2.2}$$

式中,$V_a(\cdot)$:$D\to\mathbf{R}^+$ 为 $D$ 中的正半定函数。现在希望找到一个反馈控制律,使系统(2.1)渐进稳定。将系统(2.1)改造为

$$\dot{\boldsymbol{x}}=\boldsymbol{f}(\boldsymbol{x})+\boldsymbol{g}(\boldsymbol{x})\phi(\boldsymbol{x})+\boldsymbol{g}(\boldsymbol{x})[\xi-\phi(\boldsymbol{x})],\quad \dot{\xi}=u \tag{2.3}$$

定义
$$z\overset{\text{def}}{=\!=}\xi-\phi(\boldsymbol{x}),\quad \dot{z}=\dot{\xi}-\dot{\phi}(\boldsymbol{x})=u-\dot{\phi}(\boldsymbol{x}) \tag{2.4}$$

其中
$$\dot{\phi}=\frac{\partial\phi}{\partial\boldsymbol{x}^{\mathrm{T}}}\dot{\boldsymbol{x}}=\frac{\partial\phi}{\partial\boldsymbol{x}^{\mathrm{T}}}[\boldsymbol{f}(\boldsymbol{x})+\boldsymbol{g}(\boldsymbol{x})\xi] \tag{2.5}$$

令 $v=\dot{z}$,则得

$$\dot{\boldsymbol{x}}=\boldsymbol{f}(\boldsymbol{x})+\boldsymbol{g}(\boldsymbol{x})\phi(\boldsymbol{x})+\boldsymbol{g}(\boldsymbol{x})z,\quad \dot{z}=v \tag{2.6}$$

方程(2.6)与式(2.1)是完全等价的,可以设计控制律稳定系统(2.6)达到稳定原系统(2.1)的目的。为此,取系统(2.6)的一个 Lyapunov 函数 $V$ 为

$$V=V(\boldsymbol{x},\xi)=V_1(\boldsymbol{x})+\frac{1}{2}z^2$$

如此有

$$\dot{V}=\frac{\partial V_1}{\partial \boldsymbol{x}^{\mathrm{T}}}[\boldsymbol{f}(\boldsymbol{x})+\boldsymbol{g}(\boldsymbol{x})\phi(\boldsymbol{x})+\boldsymbol{g}(\boldsymbol{x})z]+z\dot{z}=$$

$$\frac{\partial V_1}{\partial \boldsymbol{x}^{\mathrm{T}}}\boldsymbol{f}(\boldsymbol{x})+\frac{\partial V_1}{\partial \boldsymbol{x}^{\mathrm{T}}}\boldsymbol{g}(\boldsymbol{x})\phi(\boldsymbol{x})+\frac{\partial V_1}{\partial \boldsymbol{x}^{\mathrm{T}}}g(\boldsymbol{x})z+zv \tag{2.7}$$

现选

$$v=-\left(\frac{\partial V_1}{\partial \boldsymbol{x}^{\mathrm{T}}}\boldsymbol{g}(\boldsymbol{x})+kz\right),\quad k>0 \tag{2.8}$$

考虑到式(2.2) 和式(2.8)，则式(2.8) 化为

$$\dot{V}=\frac{\partial V}{\partial \boldsymbol{x}^{\mathrm{T}}}[\boldsymbol{f}(\boldsymbol{x})+\boldsymbol{g}(\boldsymbol{x})\phi(\boldsymbol{x})]-kz^2\leqslant -V_a(\boldsymbol{x})-kz^2 \tag{2.9}$$

由此可知，系统(2.6) 的原点 $\boldsymbol{x}=\boldsymbol{0}$，$z=0$，也即系统(2.1) 的原点 $\boldsymbol{x}=\boldsymbol{0}$ 和 $\xi=0$ 是渐进稳定的。如果上述条件在全局范围内成立，且 $V_1(\boldsymbol{x})$ 是径向无界的，那么此处所述的原点是全局渐进稳定的。注意到，根据 $\dot{z}=u-\dot{\phi}(\boldsymbol{x})$，可以选择使状态稳定的反馈控制律为

$$u=\dot{z}+\dot{\phi}$$

利用式(2.4)、式(2.5)、式(2.6) 和式(2.8)，由上式得

$$u=\frac{\partial \phi}{\partial \boldsymbol{x}^{\mathrm{T}}}[\boldsymbol{f}(\boldsymbol{x})+\boldsymbol{g}(\boldsymbol{x})\xi]-\frac{\partial V_1}{\partial \boldsymbol{x}^{\mathrm{T}}}\boldsymbol{g}(\boldsymbol{x})-k[\xi-\phi(\boldsymbol{x})] \tag{2.10}$$

图 2.1 表示系统(2.1)，也即系统(2.6) 利用反馈实现系统稳定的方块图。由图可见，作为系统(2.1) 的状态 $\xi$，它与控制函数 $u$ 的关系是一次积分关系，$\xi$ 同时作为系统(2.1) 的控制是利用反馈函数 $\dot{\phi}(\boldsymbol{x})$ 实现的。这种利用反馈加积分递推的控制设计，称为积分回馈递推(Integration Backstepping) 控制设计。

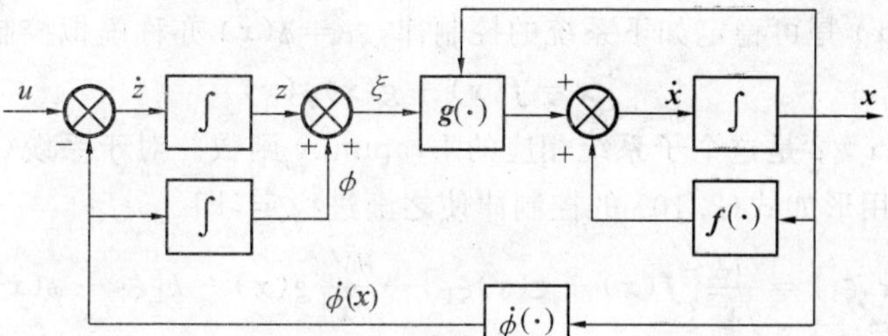


图 2.1　积分回馈递推系统

**例 2.1**　考虑如下系统

$$\dot{x}_1=ax_1^2-x_1^3+x_2,\quad \dot{x}_2=u \tag{2.11}$$

很显然，此系统与(2.6) 属于同一类型。也就是说，若令 $\boldsymbol{x}=x_1$，$\xi=x_2$，$\boldsymbol{f}(\boldsymbol{x})=\boldsymbol{f}(x_1)=ax_1^2-x_1^3$，$\boldsymbol{g}(\boldsymbol{x})=1$，则此系统就可以写成(2.1) 的形式。现按如下步骤对此系统进行积分回馈递推设计。

① 考虑到“状态”$\xi$ 作为系统(2.1) 的独立输入，现要找到一个能稳定原点平衡点 $\boldsymbol{x}=\boldsymbol{0}$ 的状态反馈控制律 $\xi=\phi(\boldsymbol{x})$。定义

$$V_1(x_1)=\frac{1}{2}x_1^2\Rightarrow \dot{V}_1(x_1)=ax_1^3-x_1^4+x_1x_2\leqslant -V_a(x_1)\xlongequal{\text{def}}-(x_1^4+x_1^2)$$

现选

$$x_2 = \phi(x_1) = -x_1 - a x_1^2$$

代入系统(2.11)中，得

$$\dot{x}_1 = -x_1 - x_1^3$$

② 为了稳定原系统(2.11)，按式(2.10)取控制律 $u$ 为

$$u = \frac{\partial \phi}{\partial \boldsymbol{x}^{\mathrm{T}}}[\boldsymbol{f}(\boldsymbol{x}) + \boldsymbol{g}(\boldsymbol{x})\xi] - \frac{\partial V_1}{\partial \boldsymbol{x}^{\mathrm{T}}}\boldsymbol{g}(\boldsymbol{x}) - k[\xi - \phi(\boldsymbol{x})] =$$
$$-(1 + 2ax_1)[ax_1^2 - x_1^3 + x_2] - x_1 - k[x_2 + x_1 + ax_1^2]$$

此控制律必能使系统(2.11)的原点平衡点是全局渐进稳定的(注意到 $V_1$ 是径向无界的)。因为系统总的 Lyapunov 函数为

$$V = V_1 + \frac{1}{2}z^2 = \frac{1}{2}x_1^2 + \frac{1}{2}[x_2 - \phi(x_1)]^2 = \frac{1}{2}x_1^2 + \frac{1}{2}[x_2 + x_1 + ax_1^2]^2$$

$$\dot{V} = x_1\dot{x}_1 + 2(x_2 - \phi(x_1))(\dot{x}_2 - \dot{\phi}) = -(x_1^2 + x_1^4) < 0$$

现在讨论更一般情况下的积分回馈递推控制问题。考虑如下一般情况下的系统

$$\left.\begin{aligned} &\dot{\boldsymbol{x}} = \boldsymbol{f}(\boldsymbol{x}) + \boldsymbol{g}(\boldsymbol{x})\xi_1 \\ &\dot{\xi} = \xi_2, \dot{\xi}_2 = \xi_3, \cdots, \dot{\xi}_{k-1} = \xi_k, \dot{\xi}_k = u \end{aligned}\right\} \tag{2.12}$$

对于这类系统，可以参照上述方法利用逐步递推方法实现回馈递推控制设计。为了简要说明，不失一般性，考虑如下关于 $\xi$ 的三阶系统

$$\left.\begin{aligned} &\dot{\boldsymbol{x}} = \boldsymbol{f}(\boldsymbol{x}) + \boldsymbol{g}(\boldsymbol{x})\xi_1 \\ &\dot{\xi}_1 = \xi_2, \quad \dot{\xi}_2 = u \end{aligned}\right\} \tag{2.13}$$

要求设计反馈控制律，使系统稳定。首先考虑前两个子系统

$$\dot{\boldsymbol{x}} = \boldsymbol{f}(\boldsymbol{x}) + \boldsymbol{g}(\boldsymbol{x})\xi_1, \quad \dot{\xi}_1 = \xi_2 \tag{2.14}$$

假定 $\xi_1 = \phi(\boldsymbol{x})$ 是可稳定如下系统的控制律，$\xi_1 = \phi(\boldsymbol{x})$ 亦称虚拟控制律，有

$$\dot{\boldsymbol{x}} = \boldsymbol{f}(\boldsymbol{x}) + \boldsymbol{g}(\boldsymbol{x})\phi(\boldsymbol{x})$$

进而再假定 $V_1 = \boldsymbol{x}^2/2$ 是这个子系统相应的 Lyapunov 函数。对于系统(2.14)可类似于系统(2.1)的讨论，利用形如式(2.10)的控制律使之渐进稳定，即

$$\xi_2 = \phi(\boldsymbol{x}, \xi_1) = \frac{\partial \phi}{\partial \boldsymbol{x}^{\mathrm{T}}}[\boldsymbol{f}(\boldsymbol{x}) + \boldsymbol{g}(\boldsymbol{x})\xi_1] - \frac{\partial V_1}{\partial \boldsymbol{x}^{\mathrm{T}}}\boldsymbol{g}(\boldsymbol{x}) - k[\xi_1 - \phi(\boldsymbol{x})], \quad k > 0$$

同时得到与之相关的 Lyapunov 函数为

$$V_2 = V_1 + \frac{1}{2}[\xi_1 - \phi(\boldsymbol{x})]^2$$

现在重复上述过程，将上述具有三个子系统的方程改写成(2.1)的形式，令

$$\tilde{\boldsymbol{x}} = \begin{bmatrix} \boldsymbol{x} \\ \xi_1 \end{bmatrix}, \quad \xi = \xi_2, \quad \boldsymbol{f} = \begin{bmatrix} \boldsymbol{f}(\boldsymbol{x}) + \boldsymbol{g}(\boldsymbol{x})\xi_1 \\ \boldsymbol{0} \end{bmatrix}, \quad \boldsymbol{g} = \begin{bmatrix} 0 \\ 1 \end{bmatrix}$$

$$\dot{\tilde{\boldsymbol{x}}} = \boldsymbol{f} + \boldsymbol{g}\xi, \quad \dot{\xi} = u$$

再一次重复上述过程，根据式(2.10)得系统的控制函数 $u$ 为

$$u = \frac{\partial \phi}{\partial \tilde{\boldsymbol{x}}^{\mathrm{T}}} \cdot \dot{\tilde{\boldsymbol{x}}} - \frac{\partial V_2}{\partial \tilde{\boldsymbol{x}}^{\mathrm{T}}}\boldsymbol{g}(\tilde{\boldsymbol{x}}) - k[\xi - \phi(\tilde{\boldsymbol{x}})] =$$

$$\left[\frac{\partial \phi(\boldsymbol{x}, \xi_1)}{\partial \boldsymbol{x}^{\mathrm{T}}}, \frac{\partial \phi(\boldsymbol{x}, \xi_1)}{\partial \xi_1}\right]\begin{bmatrix} \dot{\boldsymbol{x}} \\ \dot{\xi}_1 \end{bmatrix} - \left[\frac{\partial V_2}{\partial \boldsymbol{x}^{\mathrm{T}}}, \frac{\partial V_2}{\partial \xi_1}\right]\begin{bmatrix} 0 \\ 1 \end{bmatrix} - k[\xi_2 - \phi(\boldsymbol{x}, \xi_1)] =$$

$$\frac{\partial \phi(\boldsymbol{x},\xi_1)}{\partial \boldsymbol{x}^{\mathrm{T}}}[\boldsymbol{f}(\boldsymbol{x})+\boldsymbol{g}(\boldsymbol{x})\xi_1]+\frac{\partial \phi(\boldsymbol{x},\xi_1)}{\partial \xi_1}\xi_2-\frac{\partial V_2}{\partial \xi_1}-k[\xi_2-\phi(\boldsymbol{x},\xi_1)],\quad k>0 \tag{2.15}$$

如此，则系统的 Lyapunov 函数为

$$V=V_2+\frac{1}{2}[\xi_2-\phi(\boldsymbol{x},\xi_1)]^2=V_1+\frac{1}{2}[\xi_1-\phi(\boldsymbol{x})]^2+\frac{1}{2}[\xi_2-\phi(\boldsymbol{x},\xi_1)]^2$$

应当指出，上面讨论的方法，其控制律的求解步骤对于 $\xi$ 具有 $n$ 重导数的系统也是类似的和适用的。

**例 2.2**　考虑如下三阶系统

$$\dot{x}_1=ax_1^2+x_2,\quad \dot{x}_2=x_3,\quad \dot{x}_3=u$$

现在考虑利用上面讨论的回馈递推(Backstepping) 方法设计控制函数来稳定这个系统。首先，将第一个方程中的 $x_2$ 看作这个子系统的一个独立的输入，并且要找一个虚拟反馈控制律 $\phi(x_1)$ 稳定这个子系统。换言之，即对子系统 $\dot{x}_1=ax_1+\phi(x_1)$，设计稳定控制律 $u=\phi(x_1)$。利用 Lyapunov 函数 $V_1=x_1^2/2$，可直接得 $\phi(x_1)=-x_1-ax_1^2$，使第一个子系统稳定。

继续进行第一步的回馈递推方法，考虑前两个子系统，假定这时 $x_3$ 是一个独立的输入，利用上面论述的结果，假定稳定的控制律为

$$\phi(x_1,x_2)(=x_3)=\frac{\partial \phi(x_1)}{\partial x_1}[\boldsymbol{f}(x_1)+\boldsymbol{g}(x_1)x_2]-\frac{\partial V_1}{\partial x_1}\boldsymbol{g}(x_1)-k[x_2-\phi(x_1)],\quad k>0$$

相关的 Lyapunov 函数为

$$V_2=V_1+\frac{1}{2}z^2=V_1+\frac{1}{2}[x_2-\phi(x_1)]^2=\frac{1}{2}x_1^2+\frac{1}{2}(x_2+x_1+ax_1^2)^2$$

在此情况下，有

$$\frac{\partial \phi(x_1)}{\partial x_1}=-(1+2ax_1)$$

$$\frac{\partial V_1}{\partial x_1}=x_1\Rightarrow \phi(x_1,x_2)=-(1+2ax_1)[ax_1^2+x_2]-x_1-[x_2+x_1+ax_1^2],\quad k=1$$

最后一步，考虑第三个子系统，令

$$\boldsymbol{x}=\begin{bmatrix}x_1\\x_2\end{bmatrix},\quad \xi=x_3,\quad \boldsymbol{f}=\begin{bmatrix}\boldsymbol{f}(x_1)+\boldsymbol{g}(x_1)x_2\\ \boldsymbol{0}\end{bmatrix},\quad \boldsymbol{g}=\begin{bmatrix}0\\1\end{bmatrix}$$

于是有

$$\dot{\boldsymbol{x}}=\begin{bmatrix}\dot{x}_1\\ \dot{x}_2\end{bmatrix}=\begin{bmatrix}\boldsymbol{f}(x_1)+\boldsymbol{g}(x_1)x_2\\ \boldsymbol{0}\end{bmatrix}+\begin{bmatrix}0\\1\end{bmatrix}x_3=\boldsymbol{f}+\boldsymbol{g}\xi,\quad \dot{\xi}=u$$

根据上面讨论的结果，由式(2.10) 或式(2.15) 得系统稳定的控制律 $u$ 为

$$u=\frac{\partial \phi(x_1,x_2)}{\partial x_1}[\boldsymbol{f}(x_1)+\boldsymbol{g}(x_1)x_2]+\frac{\partial \phi(x_1,x_2)}{\partial x_2}x_3-\frac{\partial V_2}{\partial x_2}-k[x_3-\phi(x_1,x_2)],\quad k>0$$

相应的系统总的 Lyapunov 函数 $V$ 为

$$V=V_2+\frac{1}{2}[x_3+\phi(x_1,x_2)]^2$$

**严格反馈系统**

现在考虑如下形式的系统

$$\left.\begin{aligned}
\dot{\boldsymbol{x}} &= \boldsymbol{f}(\boldsymbol{x}) + \boldsymbol{g}(\boldsymbol{x})\xi_1 \\
\dot{\xi}_1 &= f_1(\boldsymbol{x},\xi_1) + g_1(\boldsymbol{x},\xi_1)\xi_2 \\
\dot{\xi}_2 &= f_2(\boldsymbol{x},\xi_1,\xi_2) + g_2(\boldsymbol{x},\xi_1,\xi_2)\xi_3 \\
&\vdots \\
\dot{\xi}_{k-1} &= f_{k-1}(\boldsymbol{x},\xi_1,\xi_2,\cdots,\xi_{k-1}) + g_{k-1}(\boldsymbol{x},\xi_1,\xi_2,\cdots,\xi_{k-1})\xi_k \\
\dot{\xi}_k &= f_k(\boldsymbol{x},\xi_1,\xi_2,\cdots,\xi_k) + g_k(\boldsymbol{x},\xi_1,\xi_2,\cdots,\xi_k)u
\end{aligned}\right\} \tag{2.16}$$

式中，$\boldsymbol{x} \in \mathbf{R}^n, \xi_i \in \mathbf{R}$ 对于所有的 $i=1,2,\cdots,k$，$f_i$ 和 $g_i$ 均为光滑函数。这样的系统因为其非线性项 $\boldsymbol{f}$、$f_i$ 和 $g_i$ 只依赖于反馈变量 $\boldsymbol{x},\xi_i,\cdots$，所以称之为严格反馈系统。为了方便起见，现讨论 $k=1$ 的特殊情况，即讨论如下形式的系统

$$\left.\begin{aligned}
\dot{\boldsymbol{x}} &= \boldsymbol{f}(\boldsymbol{x}) + \boldsymbol{g}(\boldsymbol{x})\xi \\
\dot{\xi} &= f_a(\boldsymbol{x},\xi) + g_a(\boldsymbol{x},\xi)u
\end{aligned}\right\} \tag{2.17}$$

系统(2.17) 中的第一个子系统，假定它满足和系统(2.1) 相同的两个假设(i) 和(ii)。要稳定系统(2.17)，则可以将这个系统简化为能利用积分回馈递推方法稳定的 $f_a(\boldsymbol{x},\xi)=0$ 和 $g_a(\boldsymbol{x},\xi)=1$ 的特殊情况。但是，为了讨论问题的方便，假定不属于这种情况。

若 $g_a(\boldsymbol{x},\xi) \neq 0$，则定义

$$u = \phi(\boldsymbol{x},\xi) \stackrel{\text{def}}{=\!=} \frac{1}{g_a(\boldsymbol{x},\xi)}[u_1 - f_a(\boldsymbol{x},\xi)] \tag{2.18}$$

将式(2.18) 代入式(2.17) 的第二式，可得如下新的系统

$$\dot{\boldsymbol{x}} = \boldsymbol{f}(\boldsymbol{x}) + \boldsymbol{g}(\boldsymbol{x})\xi, \quad \dot{\xi} = u_1 \tag{2.19}$$

式(2.19) 的系统和(2.1) 的系统形式上完全一致。利用式(2.10)、式(2.17) 和 $V = V(\boldsymbol{x},\xi) = V_1(\boldsymbol{x}) + z^2/2$，则可得稳定的控制函数和相关的 Lyapunov 函数，即

$$\phi(x_1,x_2) = \frac{1}{g_a(\boldsymbol{x},\xi)}\left\{\frac{\partial\phi}{\partial\boldsymbol{x}^{\mathrm{T}}}[\boldsymbol{f}(\boldsymbol{x}) + \boldsymbol{g}(\boldsymbol{x})\xi] + \frac{\partial V}{\partial\boldsymbol{x}^{\mathrm{T}}}\boldsymbol{g}(\boldsymbol{x}) - k_1[\xi - \phi(\boldsymbol{x})] - f_a(\boldsymbol{x},\xi)\right\}, k > 0 \tag{2.20}$$

$$V_2 = V_2(\boldsymbol{x},\xi) = V_1(\boldsymbol{x}) + \frac{1}{2}[\xi - \phi(\boldsymbol{x})]^2 \tag{2.21}$$

为了进一步推广这种思路，现考虑如下系统

$$\left.\begin{aligned}
\dot{\boldsymbol{x}} &= \boldsymbol{f}(\boldsymbol{x}) + \boldsymbol{g}(\boldsymbol{x})\xi_1 \\
\dot{\xi}_1 &= f_1(\boldsymbol{x},\xi_1) + g_1(\boldsymbol{x},\xi_1)\xi_2 \\
\dot{\xi}_2 &= f_2(\boldsymbol{x},\xi_1,\xi_2) + g_2(\boldsymbol{x},\xi_1,\xi_2)\xi_3
\end{aligned}\right\} \tag{2.22}$$

令

$$\boldsymbol{x} = \begin{bmatrix}\boldsymbol{x}\\ \xi_1\end{bmatrix}, \xi = \xi_2, u = \xi_3, \boldsymbol{f} = \begin{bmatrix}\boldsymbol{f}(\boldsymbol{x}) + \boldsymbol{g}(\boldsymbol{x})\xi_1\\ f_1(\boldsymbol{x},\xi_1)\end{bmatrix}, \boldsymbol{g} = \begin{bmatrix}\boldsymbol{0}\\ g_1(\boldsymbol{x},\xi_1)\end{bmatrix}, f_a = f_2, g_a = g_2$$

则可将系统(2.22) 写成系统(2.17) 的形式，即

$$\left.\begin{aligned}
\dot{\boldsymbol{x}} &= \begin{bmatrix}\dot{\boldsymbol{x}}\\ \dot{\xi}_1\end{bmatrix} = \begin{bmatrix}\boldsymbol{f}(\boldsymbol{x}) + \boldsymbol{g}(\boldsymbol{x})\xi_1\\ f_1(\boldsymbol{x},\xi_1)\end{bmatrix} + \begin{bmatrix}\boldsymbol{0}\\ g_1(\boldsymbol{x},\xi_1)\end{bmatrix}\xi = \boldsymbol{f} + \boldsymbol{g}\xi \\
\dot{\xi} &= \dot{\xi}_2 = f_2(\boldsymbol{x},\xi_1,\xi_2) + g_2(\boldsymbol{x},\xi_1,\xi_2) = f_a + g_a u
\end{aligned}\right\} \tag{2.23}$$

对系统(2.23) 利用式(2.20) 和式(2.21)，同样可得系统稳定的控制律和相应的 Lyapunov 函数，即

$$\phi_2(x_1,\xi_1,\xi_2)=\frac{1}{g_2}\left\{\frac{\partial\phi_1}{\partial\boldsymbol{x}^{\mathrm{T}}}[\boldsymbol{f}+\boldsymbol{g}\xi_1]+\frac{\partial\phi_1}{\partial\xi_1}[f_1(\boldsymbol{x})+g_1(\boldsymbol{x})\xi_2]-\frac{\partial V_2}{\partial\xi_1}g_1-k_2[\xi_2-\phi_1]-f_2\right\},\quad k_2>0 \tag{2.24}$$

$$V_3(\boldsymbol{x},\xi_1,\xi_2)=V_2(\boldsymbol{x})+\frac{1}{2}[\xi_2-\phi_1(\boldsymbol{x},\xi_1)]^2 \tag{2.25}$$

更一般情况下的系统，可以重复上述过程，设计稳定控制器。

**例 2.3**　考虑如下系统

$$\dot{x}_1=ax_1^2-x_1+x_1^2x_2$$
$$\dot{x}_2=x_1+x_2+(1+x_2^2)u$$

要求设计控制函数 $u$，使系统渐进稳定。若取

$$\boldsymbol{x}=x_1,\ \boldsymbol{f}(\boldsymbol{x})=a\boldsymbol{x}^2-\boldsymbol{x},\ g(\boldsymbol{x})=\boldsymbol{x}^2,\xi=x_2,\ f_a(\boldsymbol{x},\xi)=\boldsymbol{x}+\xi,\ g_a(\boldsymbol{x},\xi)=1+\xi^2$$

则上式可写为

$$\dot{\boldsymbol{x}}=\boldsymbol{f}(\boldsymbol{x})+\boldsymbol{g}(\boldsymbol{x})\xi,\quad \dot{\xi}=f_a(\boldsymbol{x},\xi)+g_a(\boldsymbol{x},\xi)u$$

此式与式(2.16)是完全一致的。因为 $g_a(\boldsymbol{x},\xi)\neq 0$，故取

$$u=\phi(\boldsymbol{x},\xi)=\frac{1}{g_a(\boldsymbol{x},\xi)}[u_1-f_a(\boldsymbol{x},\xi)] \tag{2.26}$$

将 $u$ 的表达式代入上式，得

$$\dot{\boldsymbol{x}}=\boldsymbol{f}(\boldsymbol{x})+\boldsymbol{g}(\boldsymbol{x})\xi=a\boldsymbol{x}^2-\boldsymbol{x}+\boldsymbol{x}^2\xi,\quad \dot{\xi}=u \tag{2.27}$$

若考虑“状态”$\xi$ 作为系统(2.27)的独立输入，现要找到一个能稳定原点 $\boldsymbol{x}=\boldsymbol{0}$ 平衡点的状态反馈控制律 $\xi=\phi(\boldsymbol{x})$，定义

$$V_1(\boldsymbol{x})=\frac{1}{2}\boldsymbol{x}^2\Rightarrow\dot{V}_1(\boldsymbol{x})=\boldsymbol{x}\dot{\boldsymbol{x}}=a\boldsymbol{x}^3-\boldsymbol{x}^2+\boldsymbol{x}^3\xi\leqslant V_a(\boldsymbol{x})\overset{\text{def}}{=\!=}-\boldsymbol{x}^2-\boldsymbol{x}^4$$

现取 $\xi=\phi(\boldsymbol{x})=-(a+\boldsymbol{x})$，并将此 $\xi$ 的表达式代入式(2.27)，得

$$\dot{\boldsymbol{x}}=-\boldsymbol{x}-\boldsymbol{x}^3$$

为了稳定式(2.27)的系统，现据式(2.10)，得控制律 $u_1$ 为

$$u_1=\frac{\partial\phi}{\partial\boldsymbol{x}}[\boldsymbol{f}(\boldsymbol{x})+\boldsymbol{g}(\boldsymbol{x})\xi]-\frac{\partial V_1}{\partial\boldsymbol{x}}\boldsymbol{g}(\boldsymbol{x})-k[\xi-\phi(\boldsymbol{x})]=$$
$$-[a\boldsymbol{x}^2-\boldsymbol{x}+\boldsymbol{x}^2\xi]-\boldsymbol{x}\cdot\boldsymbol{x}^2-k[\xi+a+\boldsymbol{x}],\quad k>0$$

由式(2.26)得控制函数，即

$$u=\frac{1}{g_a(\boldsymbol{x},\xi)}[u_1-f_a(\boldsymbol{x},\xi)]=\frac{1}{1+\xi^2}[-a\boldsymbol{x}^2-\boldsymbol{x}^2\xi-\boldsymbol{x}^3-2\xi-a-\boldsymbol{x}],\quad 取\ k=1>0$$

考虑到 $\boldsymbol{x}=x_1,\xi=x_2$，则上式化为

$$u=\frac{1}{1+x_2^2}[-ax_1^2-x_1^2x_2-x_1^3-2x_2-a-x_1]$$

相应地，系统总的 Lyapunov 函数为

$$V=V_1+\frac{1}{2}[\xi-\phi(\boldsymbol{x})]^2=\frac{1}{2}x_1^2+\frac{1}{2}[x_2+a+x_1]^2$$

$$\dot{V}=x_1\dot{x}_1+(x_2+a+x_1)(\dot{x}_2+\dot{x}_1)=x_1(ax_1^2-x_1+x_1^2x_2)+$$
$$(x_2+x_1+a)[x_1+x_2+(1+x_2^2)u+ax_1^2-x_1+x_1^2x_2]=$$
$$x_1^2-x_1^4-(x_1+x_2+a)^2<0$$

从而知，本例的系统稳定。系统 $x_1(t), x_2(t), u(t)$ 在初始条件 $x_1(0)=1$ 和 $x_2(0)=0$ 时的响应曲线如图 2.2 所示。

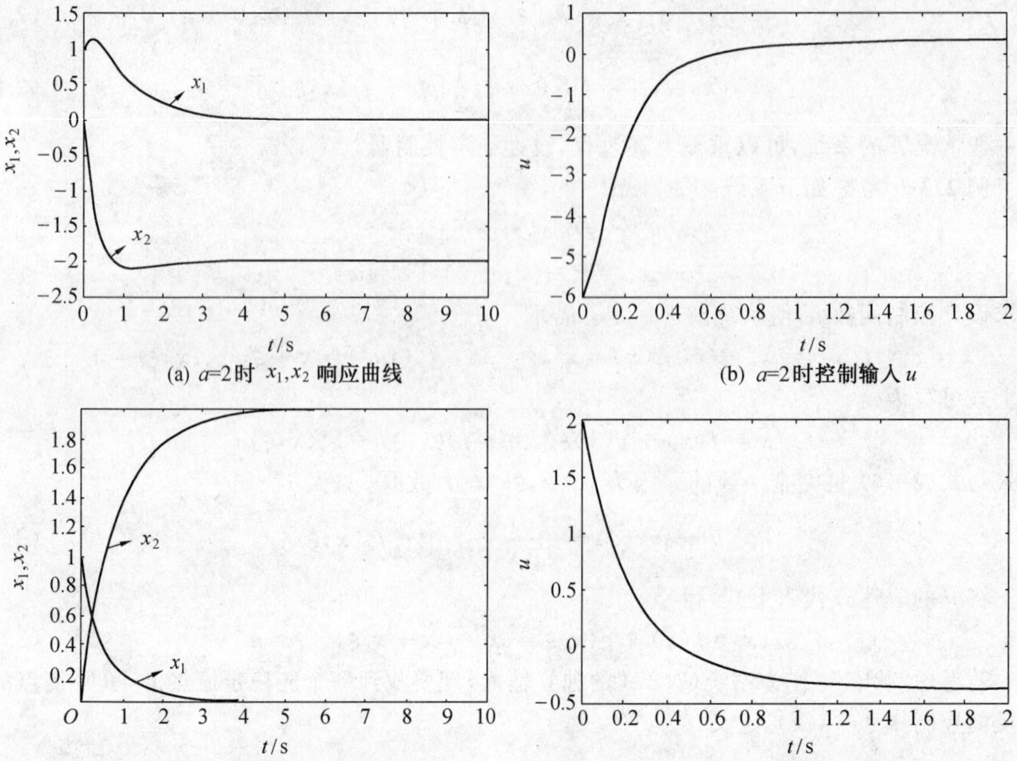


(a) $a=2$ 时 $x_1, x_2$ 响应曲线　(b) $a=2$ 时控制输入 $u$

(c) $a=-2$ 时 $x_1, x_2$ 响应曲线　(d) $a=-2$ 时控制输入 $u$

图 2.2　$x_1, x_2$ 的响应曲线

### 2.1.2　系统的输入-输出稳定性(Input-Output Stability of Systems)

1. 函数空间的定义(The Definition of Function Space)

为了研究方便，现记 $\chi$ 为函数空间，$\chi$ 空间包含系统所有可能的输入和输出函数。考虑函数 $\boldsymbol{u}: \mathbf{R}^+ \to \mathbf{R}^q$，即 $\boldsymbol{u}$ 是如下形式的函数，即

$$\boldsymbol{u}(t) = [u_1(t), u_2(t), \cdots, u_q(t)]^{\mathrm{T}}$$

**定义 2.1**　由所有分段连续函数 $\boldsymbol{u}: \mathbf{R}^+ \to \mathbf{R}^q$ 构成的，且满足如下范数定义式

$$\|\boldsymbol{u}\|_{L_2} \stackrel{\text{def}}{=\!=\!=} \sqrt{\int_0^\infty [|u_1|^2 + |u_2|^2 + \cdots + |u_q|^2] \mathrm{d}t} < \infty \tag{2.28}$$

的空间称 $L_2$ 空间，式(2.28)确定的范数 $\|\boldsymbol{u}\|_{L_2}$ 称为函数 $\boldsymbol{u}$ 的 $L_2$ 范数。

**定义 2.2**　由所有分段连续函数 $\boldsymbol{u}: \mathbf{R}^+ \to \mathbf{R}^q$ 构成的，且满足如下范数定义式

$$\|\boldsymbol{u}\|_{L_\infty} \stackrel{\text{def}}{=\!=\!=} \sup_{t \in \mathbf{R}^+} \|\boldsymbol{u}(t)\|_\infty < \infty \tag{2.29}$$

的空间，称 $L_\infty$ 空间。应当注意到 $\|\boldsymbol{u}\|_{L_\infty}$ 范数与 $\|\boldsymbol{u}\|_{L_2}$ 范数的区别，$\|\boldsymbol{u}\|_{L_\infty}$ 表达式为

$$\|\boldsymbol{u}\|_{L_\infty} \stackrel{\text{def}}{=\!=\!=} \sup_{t \in \mathbf{R}^+} (\max_i |u_i| < \infty), \quad 1 \leqslant i \leqslant q \tag{2.30}$$

$L_\infty$ 和 $L_2$ 是 $L_p$ 空间的特例。$L_p$ 空间是分段连续函数 $\boldsymbol{u}:\mathbf{R}^+\to\mathbf{R}^q$，$1\leqslant p<\infty$ 构成的，且满足如下范数定义式

$$\|\boldsymbol{u}\|_{L_p}\overset{\text{def}}{=\!=\!=}\left(\int_0^\infty[|u_1|^p+|u_2|^p+\cdots+|u_q|^p]\mathrm{d}t\right)^{1/p}<\infty \tag{2.31}$$

式(2.31)中，若 $p=1$，则 $L_p$ 空间称为 $L_1$ 空间。下式

$$\|\boldsymbol{u}\|_{L_1}\overset{\text{def}}{=\!=\!=}\left(\int_0^\infty[|u_1|^p+|u_2|^p+\cdots+|u_q|^p]\mathrm{d}t\right)<\infty$$

称为 $L_1$ 空间中的 $L_1$ 范数。

**$L_p$ 空间中的 Holder 不等式**

若 $p$ 和 $q$ 满足 $\dfrac{1}{p}+\dfrac{1}{q}=1$，$1\leqslant p<\infty$，且 $\boldsymbol{f}\in L_p$，$\boldsymbol{g}\in L_q$，则 $\boldsymbol{fg}\in L_1$，且如下 Holder 不等式成立，即

$$\|(\boldsymbol{fg})_T\|_{L_1}=\int_0^T|\boldsymbol{f}(t)\boldsymbol{g}(t)|\,\mathrm{d}t\leqslant\left(\int_0^T|\boldsymbol{f}(t)|^p\mathrm{d}t\right)^{1/p}\left(\int_0^T|\boldsymbol{g}(t)|^q\mathrm{d}t\right)^{1/q} \tag{2.32}$$

**定义 2.3**　设 $\boldsymbol{u}\in\chi$，定义如下截断算子 $P_T:\chi\to\chi$

$$(P_T\boldsymbol{u})=\boldsymbol{u}_T(t)\overset{\text{def}}{=\!=\!=}\begin{cases}\boldsymbol{u}(t) & t\leqslant T\\ \mathbf{0} & t>T\end{cases}\qquad t,T\in\mathbf{R}^+ \tag{2.33}$$

**例 2.4**　考虑函数 $u:[0,\infty)\to[0,\infty)$，其表达式为 $u(t)=t^2$，则 $u(t)$ 的截断函数为

$$u_T(t)=\begin{cases}t^2 & 0\leqslant t\leqslant T\\ 0 & t>T\end{cases}$$

注意到截断算子满足如下性质：

(i) $[P_T(\boldsymbol{u}+\boldsymbol{v})](t)=\boldsymbol{u}_T(t)+\boldsymbol{v}_T(t)$，$\forall\,\boldsymbol{u},\boldsymbol{v}\in\chi_e$；

(ii) $[P_T(\alpha\boldsymbol{u})](t)=\alpha\boldsymbol{u}_T(t)$，$\forall\,\boldsymbol{u}\in\chi_e$，$\alpha\in\mathbf{R}$。

由此知，截断算子是线性算子。

**定义 2.4**　空间 $\chi$ 的扩展记为 $\chi_e$，定义为

$$\chi_e=\{\boldsymbol{u}:\mathbf{R}^+\to\mathbf{R}^q,\text{使得 }\boldsymbol{u}_T\in\chi,\forall\,T\in\mathbf{R}^+\} \tag{2.34}$$

换言之，$\chi_e$ 是截断成属于 $\chi$ 的所有函数组成的空间，而与 $\boldsymbol{u}$ 本身是否属于空间 $\chi$ 无关。以下称 $\chi$ 为 $\chi_e$ 的母空间。假设空间 $\chi$ 具有如下性质：

(i) $\chi$ 是形如 $\boldsymbol{u}:\mathbf{R}^+\to\mathbf{R}^q$ 的分段连续函数的线性赋范空间。空间 $\chi$ 中的函数的范数记为 $\|\cdot\|_\chi$；

(ii) 若 $\boldsymbol{u}\in\chi$，则 $\boldsymbol{u}_T\in\chi$，$\forall\,T\in\mathbf{R}^+$，进而有 $\boldsymbol{u}=\lim\limits_{T\to\infty}\boldsymbol{u}_T$。等价地说，空间 $\chi$ 在映射族 $\{P_T\}$ 下是封闭的；

(iii) 若 $\boldsymbol{u}\in\chi$，且 $T\in\mathbf{R}^+$，则 $\|\boldsymbol{u}_T\|\leqslant\|\boldsymbol{u}\|_\chi$；即 $\|\boldsymbol{u}_T\|_\chi$ 是 $T\in\mathbf{R}^+$ 的非减函数；

(iv) 若 $\boldsymbol{u}\in\chi_e$，则 $\boldsymbol{u}\in\chi$ 的充要条件是 $\lim\limits_{T\to\infty}\|\boldsymbol{u}_T\|_\chi<\infty$。

显然，所有 $L_p$ 空间均具有以上的性质。注意到，尽管 $\chi$ 是一个赋范空间，$\chi_e$ 仍是一个线性非赋范空间，究其原因，一般而论，一个函数 $\boldsymbol{u}\in\chi_e$ 的范数是不确定的。然而，给定一个函数 $\boldsymbol{u}\in\chi_e$，利用上述性质(iv)，通过研究 $\boldsymbol{u}\in\chi_e$ 的极限 $\lim\limits_{T\to\infty}\|\boldsymbol{u}_T\|$ 有可能验证 $\boldsymbol{u}$ 的范数。

**例 2.5**　设函数的 $\chi$ 空间定义为

$$\chi=\{x\mid x:\mathbf{R}^+\to\mathbf{R},x(t)\text{ 可积且 }\|x\|=\int_0^\infty|x(t)|\,\mathrm{d}t<\infty\}$$

换句话说，$\chi$ 是 $L_1$ 中实值函数构成的空间。考虑函数 $x(t)=t$，则有

$$\| x_T \| = \int_0^{\infty} | x_T(t) | \mathrm{d}t = \int_0^T t\mathrm{d}t = T^2/2$$

因此，$x_T \in \chi_e, \forall T \in \mathbf{R}^+$，但 $x \overline{\in} \chi$，因为 $\lim\limits_{T\to\infty} | x_T | = \infty$。

研究控制系统，包括研究不稳定控制系统，不能用上述 $L_p$ 空间中的任何函数来描述不稳定系统，而只能利用扩展空间中的函数来研究。正如上面提到的，我们最初注意的是在 $L_2$ 和 $L_\infty$ 空间方面，现在注意力放在空间的 $L_p$ 扩展空间 $1 \leqslant p < \infty$ 上，记为 $L_{pe}$。它由截断成属于 $L_p$ 空间的所有函数构成。

2. 输入－输出稳定性(Input-Output Stability)

**定义 2.5** 一个系统，准确地说，一个物理系统的数学模型表达式，定义为一种映射 $H:\chi_e \to \chi_e$，它满足所谓因果条件

$$[H\boldsymbol{u}(\cdot)] = [H\boldsymbol{u}_T(\cdot)]_T, \quad \forall \boldsymbol{u} \in \chi_e, T \in \mathbf{R}^+ \tag{2.35}$$

也就是说，一个物理系统过去和现在的输出与未来的输入无关。

**定义 2.6** 一个系统 $H:\chi_e \to \chi_e$，只要其输入属于现在的空间 $\chi$，输出仍然属于空间 $\chi$，则说系统 $H$ 是输入－输出 $\chi$ 稳定的。换言之，系统 $H$ 是 $\chi$ 稳定的，仅当只要 $\boldsymbol{u} \in \chi$ 均有 $H\boldsymbol{u}$ 属于 $\chi$。

为方便起见，以下将系统 $H$ 的输入－输出 $\chi$ 稳定简称为 $H$ 的输入－输出稳定。

**定义 2.7** 系统 $H:\chi_e \to \chi_e$ 具有有限增益是指存在一个常数 $\gamma(H) < \infty$ 和一个常数 $\beta \in \mathbf{R}^+$，使

$$\| (H\boldsymbol{u})_T \|_\chi \leqslant \gamma(H) \| \boldsymbol{u}_T \|_\chi + \beta \tag{2.36}$$

其中，常数 $\gamma(H)$ 称为 $H$ 的有限增益，有限增益系统就是有限增益稳定。常数 $\beta$ 称为基本项，它包含在此定义中属于当 $\boldsymbol{u}=\mathbf{0}$，而 $H\boldsymbol{u} \neq \mathbf{0}$ 的情况。如果系统 $H$ 满足条件：只要 $\boldsymbol{u}=\mathbf{0}$ 时，就有 $H\boldsymbol{u}=\mathbf{0}$，则 $\gamma(H)$ 可以按下式计算，即

$$\gamma(H) = \sup \| (H\boldsymbol{u})_T \|_\chi / \| \boldsymbol{u}_T \|_\chi \tag{2.37}$$

其中，上确界对所有 $\boldsymbol{u} \in \chi_e, \boldsymbol{u}_T \neq \mathbf{0}$ 和所有 $T \in \mathbf{R}^+$。

**例 2.6** 设 $\chi = L_\infty$，并考虑图 2.3 所示的系统非线性算子 $N(\cdot)$，并注意到 $N(0)=0$。增益 $\gamma(H)$ 容易根据图中 $N$ 的斜率计算为 $\gamma(H) = \sup \| (Hu)_T \|_{L_\infty} / \| u_T \|_{L_\infty} = 1$。

本例的系统 $N(\cdot)$ 没有动态过程，称为静态或无记忆系统，其响应是输入的瞬时函数。

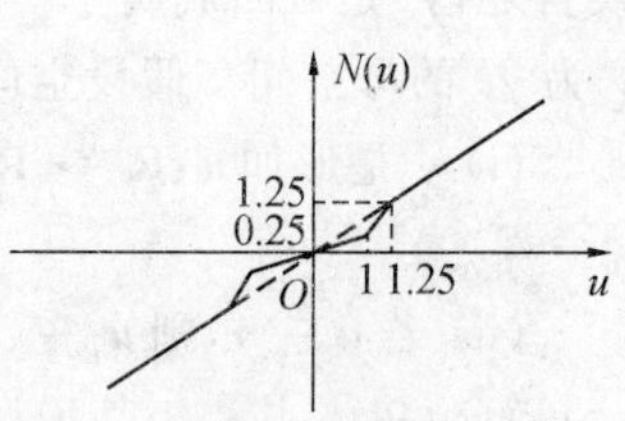


图 2.3 静态非线性

**定义 2.8** 记形如下式的广义函数的集合为 $\mathscr{A}$

$$f(t) = \begin{cases} f_0\delta(t) + f_a(t) & t \geqslant 0 \\ 0 & t < 0 \end{cases}$$

其中，$f_0 \in \mathbf{R}$，$\delta(\cdot)$ 表示单位脉冲，而 $f_a(\cdot)$ 满足

$$\int_0^{\infty} | f_a(\tau) | \mathrm{d}\tau < \infty$$

则称 $f_a \in L_1$。$f \in \mathscr{A}$ 的范数定义为

$$\| f \|_{\mathscr{A}} = | f_0 | + \int_0^{\infty} | f_a(t) | \mathrm{d}t \tag{2.38}$$

再记 $\mathscr{A}(s)$ 为所有 $\mathscr{A}$ 中元素的拉氏变换函数的集合。注意到，根据式(2.38)范数的定义，如果 $f\in L_1$（即若 $f_0=0$），则 $\|f\|_{\mathscr{A}}=\|f\|_{L_1}$。代数 $\mathscr{A}$ 的扩展记为 $\mathscr{A}_e$，它表示截断成 $\mathscr{A}$ 中所有函数的集合。记 $\mathscr{R}[s]$ 为变量 $s$ 的多项式的集合，$\mathscr{R}(s)$ 记为与 $\mathscr{R}[s]$ 有关的分式域，即 $\mathscr{R}(s)$ 为 $s$ 的实系数多项式的所有有理函数的集合。有理函数 $\hat{M}(s)\in\mathscr{R}(s)$ 为正则有理函数，它满足 $\lim\limits_{s\to\infty}\hat{M}(s)<\infty$；若 $\lim\limits_{s\to\infty}\hat{M}(s)=0$，则 $\hat{M}(s)$ 为严格正则。与此相应，若 $\hat{H}(s)$ 严格正则，则它也是正则。反之，则不然。

**定理 2.1**　若函数 $\hat{F}(s)\in\mathscr{R}(s)$，则 $\hat{F}(s)\in\mathscr{A}(s)$ 的充要条件是：

(i) $\hat{F}(s)$ 是正则的；

(ii) $\hat{F}(s)$ 的所有极点位于左半平面。

证明略。

对于单输入-单输出线性时不变系统而言，其输出可以用褶积表示，即

$$y(t)=(Hu)(t)=h(t)*u(t)=\int_{-\infty}^{\infty}h(\tau)u(t-\tau)\mathrm{d}\tau=\int_{-\infty}^{t}h(t-\tau)u(\tau)\mathrm{d}\tau$$

其中，$h(\cdot)\in\mathscr{A}$ 称为算子 $H$ 的核。考虑到系统的因果性 $h(\tau)=0,\forall t=0$ 和 $u(\tau)=0,\forall t<0$，则上式又可以写成

$$y(t)=h_0u(0)+\int_0^t h(\tau)*u(t-\tau)\mathrm{d}\tau=h_0u(0)+\int_0^t h(t-\tau)u(\tau)\mathrm{d}\tau \tag{2.39}$$

**定理 2.2**　设单输入-单输出线性时不变系统 $H$ 的脉冲响应为 $h(\cdot)$，则 $H$ 为 $L_p$ 能稳定的充要条件是 $h(\cdot)=h_0\delta(t)+h_a(t)\in\mathscr{A}$，进而若 $H$ 使 $L_p$ 能稳定，则

$$\|Hu\|_{L_p}\leqslant\|h\|_{\mathscr{A}}\|u\|_{L_p}$$

**证明**　必要性显然，仅证充分性。假设 $h(\cdot)\in\mathscr{A}$，并考虑系统 $H$ 对输入 $u\in L_p$ 的输出为

$$h(t)*u(t)=h_0*u(t)+\int_0^t h_a(t-\tau)u(\tau)\mathrm{d}\tau=g_1+g_2$$

现分别分析上述两项中的各项，显然有

$$\|g_{1T}\|_{L_p}=\|h_0u(t)\|_{L_p}=|h_0|\ \|u(t)\|_{L_p} \tag{2.40}$$

对于第二项，有

$$|g_2(t)|=\left|\int_0^t h_a(t-\tau)u(\tau)\mathrm{d}\tau\right|\leqslant\int_0^t|h_a(t-\tau)|\cdot|u(\tau)|\mathrm{d}\tau$$

现选 $p,q\in\mathbf{R}^+$，使得 $1/p+1/q=1$，则有

$$|g_2(t)|\leqslant\int_0^t|h_a(t-\tau)|\cdot|u(\tau)|\mathrm{d}\tau=\int_0^t|h_a(t-\tau)|^{1/p}\cdot|h_a(t-\tau)|^{1/q}|u(\tau)|\mathrm{d}\tau \tag{2.41}$$

根据 Holder 不等式，有

$$|g_2(t)|\leqslant\left(\int_0^t|h_a(t-\tau)|\mathrm{d}\tau\right)^{1/q}\left(\int_0^t|h_a(t-\tau)||u(\tau)|^p\mathrm{d}\tau\right)^{1/p}\leqslant$$

$$(\|(h_a)_t\|_{L_1})^{1/q}\left(\int_0^t|h_a(t-\tau)||u(\tau)|^p\mathrm{d}\tau\right)^{1/p}$$

因此有

$$(\|(g_2)_T\|_{L_p})^p=\int_0^T|g_2(s)|^p\mathrm{d}s\leqslant\int_0^T(|(h_a)_T|_{L_1})^{p/q}\left(\int_0^T|h_a(s-\tau)||u(\tau)|^p\mathrm{d}\tau\right)\mathrm{d}s=$$

$$(\|(h_a)_t\|_{L_1})^{p/q}\int_0^T(\int_0^t|h_a(t-\tau)||u(\tau)|^p\mathrm{d}\tau)\mathrm{d}s$$

交换积分顺序,得

$$(\|(g_2)_T\|_{L_p})^p \leqslant (\|(h_a)_T\|_{L_1})^{p/q}\int_0^t |u(\tau)|^p\left(\int_0^T |h_a(s-\tau)|\mathrm{d}s\right)\mathrm{d}\tau \leqslant$$
$$(\|(h_a)_t\|_{L_1})^{p/q}\|(h_a)_t\|_{L_1}(\|u_T\|_{L_1})^p =$$
$$(\|(h_a)_t\|_{L_1})^p(\|u_T\|_{L_1})^p$$

即

$$\|(g_2)_T\|_{L_p} \leqslant \|(h_a)_T\|_{L_1}\|u_T\|_{L_1} \tag{2.42}$$

因此,根据式(2.42)和式(2.40)得

$$\|(h*u)_T\|_{L_p} \leqslant \|(g_1)_T\|_{L_p} + \|(g_2)_T\|_{L_p} \leqslant (|h_0| + \|(h_a)_T\|_{L_1})\|u_T\|_{L_p}$$

因为根据假设当 $T\rightarrow\infty, u(\cdot)\in L_p, h(\cdot)\in \mathscr{A}$,现取极限,得

$$\|Hu\|_{L_p} = \|h*u\|_{L_p} \leqslant (|h_0| + \|h_a\|_{L_1})\|u\|_{L_p}$$

证毕。

3. $L_\infty$ 增益和 $L_2$ 增益($L_\infty$ Gain and $L_2$ Gain)

为了讨论问题的简便,考虑单输入-单输出系统。定义

$$\gamma(H)_\infty = \sup_u \frac{\|Hu\|_{L_\infty}}{\|u\|_{L_\infty}} = \sup_{\|u\|_{L_\infty}=1}\|Hu\|_{L_\infty} \tag{2.43}$$

$L_\infty$ 空间是绝对值有界的 $t$ 的所有函数构成的空间,可以证明

$$\gamma(H)_\infty = \|h(t)\|_{\mathscr{A}} \tag{2.44}$$

考虑系统 $H$,其脉冲响应 $h(\cdot)=h_0\delta(t)+h_a(t)\in\mathscr{A}$,系统的输入为 $u(t)$,则系统的输出为

$$y(t) = (h*u)(t) = h_0u(t) + \int_0^t h_a(\tau)u(t-\tau)\mathrm{d}\tau$$

$$|y(t)| \leqslant |h_0||u(t)| + \int_0^t |h_a(\tau)||u(t-\tau)|\mathrm{d}\tau \leqslant$$

$$\sup_t |u(t)|\{|h_a(\tau)| + \int_0^t |h_a(\tau)|\mathrm{d}\tau\} = \|u\|_{L_\infty}\|h\|_{\mathscr{A}}$$

因此

$$\|y\|_\infty \leqslant \|u\|_\infty\|h\|_{\mathscr{A}} \quad 或 \quad \|h\|_{\mathscr{A}} \geqslant \frac{\|Hu\|_{L_\infty}}{\|u\|_{L_\infty}}$$

这表明 $\|h\|_{\mathscr{A}}\geqslant\gamma(H)_\infty$。为了证明 $\|h\|_{\mathscr{A}}=\gamma(H)_\infty$,现构造一个合适的输入。对于每一个固定的 $t$,设

$$u(t-\tau) = \mathrm{sign}[h(\tau)], \quad \forall\tau$$

其中

$$\mathrm{sign}[h(\tau)] = \begin{cases} 1 & h(\tau)\geqslant 0 \\ 0 & h(\tau) < 0 \end{cases}$$

从而有

$$\|u\|_{L_\infty} = 1$$

$$y(t) = (h*u)(t) = h_0u(t) + \int_0^t h_a(\tau)u(t-\tau)\mathrm{d}\tau =$$

$$|h_0| + \int_0^t |h_a(\tau)|\mathrm{d}\tau = \|h\|_{\mathscr{A}}$$

$L_2$ 空间由所有平方可积的 $t$ 的函数构成，或者换句话说，$L_2$ 空间是能量有限的所有 $t$ 的函数构成的空间。设单输入-单输出线性时不变系统 $H$，其中 $H$ 的核为 $h(\cdot) \in \mathscr{A}$，即 $(Hu)(t) = h(t) * u(t), \forall u \in L_2$，则有

$$\gamma_2(H) = \sup_u \frac{\| Hu \|_{L_2}}{\| u \|_{L_2}} \tag{2.45}$$

式中

$$\| u \|_{L_2} = \left\{ \int_{-\infty}^{\infty} | u(t) |^2 \mathrm{d}t \right\}^{1/2} \tag{2.46}$$

现要证明，在这种情况下，系统 $H$ 的 $L_2$ 增益为

$$\gamma_2(H) = \sup_\omega | \hat{H}(\mathrm{j}\omega) | \overset{\text{def}}{=\!=} \| H \|_\infty \tag{2.47}$$

其中，$\hat{H}(\mathrm{j}\omega) = F[h(t)]$ 为 $h(t)$ 的傅里叶变换。式(2.47)的范数称为系统 $H$ 的 $H_\infty$ 范数。为了弄清这一点，现考虑系统对输入 $u$ 引起的输出 $y$，即

$$\| y \|_{L_2}^2 = \| Hu \|_{L_2}^2 = \int_{-\infty}^{\infty} [h(t) * u(t)] \mathrm{d}t = \frac{1}{2\pi} \int_{-\infty}^{\infty} | \hat{H}(\mathrm{j}\omega) |^2 \, | \hat{u}(\mathrm{j}\omega) |^2 \mathrm{d}\omega$$

其中，上式的最后一个等号成立是根据 Parseval 等式得到的。据此有

$$\| y \|_{L_2}^2 \leqslant \{ \sup_\omega | \hat{H} | (\mathrm{j}\omega) \}^2 \left\{ \frac{1}{2\pi} \int_{-\infty}^{\infty} | \hat{u}(\mathrm{j}\omega) |^2 \mathrm{d}\omega \right\}$$

但是

$$\sup_\omega | \hat{H}(\mathrm{j}\omega) | \overset{\text{def}}{=\!=} H_\infty \Rightarrow \| y \|_{L_2}^2 \leqslant \| H \|_\infty^2 \| u \|_2^2 \Rightarrow \gamma_2(H) \leqslant \sup_\omega | \hat{H}(\mathrm{j}\omega) | \, \| u \|_2 \tag{2.48}$$

方程(2.48)证明，系统 $H$ 的 $H_\infty$ 范数是增益 $\gamma(H)$ 的一个上界。现构造一个合适的输入，设 $u(t)$ 的傅里叶变换 $F[u(t)] = U(\mathrm{j}\omega)$ 具有如下性质，即

$$| u(\mathrm{j}\omega) | = \begin{cases} A & | \omega - \omega_0 | < \Delta\omega, \ | \omega + \omega_0 | < \Delta\omega \\ 0 & \text{其他} \end{cases}$$

在此情况下有

$$\| y \|_{L_2}^2 = \frac{1}{2\pi} \left\{ \int_{\omega-\Delta\omega_0}^{\omega+\Delta\omega_0} A^2 | \hat{H}(\mathrm{j}\omega) |^2 \mathrm{d}\omega + \int_{\omega-\Delta\omega_0}^{\omega+\Delta\omega_0} A^2 | \hat{H}(\mathrm{j}\omega) |^2 \mathrm{d}\omega \right\}$$

因而，当 $\Delta\omega \to 0$，$\hat{H}(\mathrm{j}\omega) \to \hat{H}(\mathrm{j}\omega)$，且

$$\| y \|_{L_2}^2 \to \frac{1}{2\pi} A^2 | \hat{H}(\mathrm{j}\omega) |^2 4\Delta\omega$$

因此，确定 $A = \{\pi / 2\Delta\omega\}^{1/2}$ 时，可知当 $\Delta\omega \to \infty$ 时，有 $\| y \|_{L_2}^2 \to \| H \|_\infty^2$。

4. 反馈系统的稳定性(Stability of Feedback Systems)

考虑图 2.4 所示的系统，将子系统 $H_1$ 和 $H_2$ 互联构成反馈系统。该反馈系统将满足如下假设：

(i) 对于所有输入对 $u_1, u_2 \in \chi_e$，均有 $e_1, e_2, y_1, y_2 \in \chi_e$；

(ii) 对于所有 $u_1, u_2 \in \chi_e$，如下关系成立，即

$$e_1 = u_1 - H_2 e_2, \quad e_2 = u_2 + H_1 e_1 \tag{2.49}$$

图 2.4 中，$u_1, u_2$ 是输入信号，可以是指令输入，也可能是干扰和传感器噪声；$e_1, e_2$ 是输出信号，称为误差信号；$y_1$ 和 $y_2$ 分别是子系统 $H_1$ 和 $H_2$ 的输出。假设对所有的输入信号，方程

(2.49) 均可求解。毫无疑问，系统 $H_1(H_2)$ 的输入个数等于系统 $H_2(H_1)$ 的输出个数。引入向量表示，即

$$\boldsymbol{u}(t)=\begin{bmatrix}u_1(t)\\u_2(t)\end{bmatrix},\quad \boldsymbol{e}(t)=\begin{bmatrix}e_1(t)\\e_2(t)\end{bmatrix},\quad \boldsymbol{y}(t)=\begin{bmatrix}y_1(t)\\y_2(t)\end{bmatrix} \tag{2.50}$$

如果只要输入 $u_1,u_2$ 处于母体空间 $\chi$ 中，而输出 $y_1$ 和 $y_2$，以及误差 $e_1,e_2$ 也处于 $\chi$ 空间中，则称图 2.4 所示的反馈系统是稳定的。现引入系统输入-输出稳定的最重要的理论结果：小增益定理。

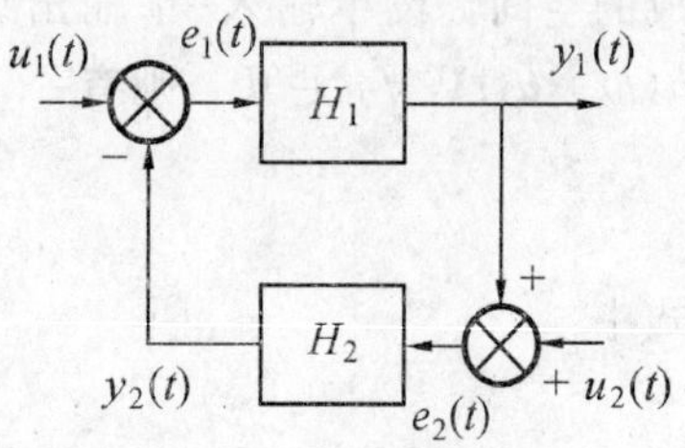


图 2.4 反馈系统 $S$

**定理 2.3** 由子系统 $H_1$、$H_2:x_e\to x_e$ 构成如图 2.4 所示的反馈系统，则当 $\gamma(H_1)\gamma(H_2)<1$ 时，反馈系统是输入-输出稳定的。

**证明** 为了简化证明，假定式(2.36) 中的基本项 $\beta$ 恒为零，现在需要证明，当 $u_1,u_2\in\chi$ 时，$e_1,e_2,y_1,y_2$ 也处于 $\chi$ 中。系统 $u_1,u_2,e_1,e_2$ 满足式(2.49) 的关系，将其截断后，得

$$e_{1T}=u_{1T}-(H_2e_2)_T,\quad e_{2T}=u_{2T}+(H_1e_1)_T \tag{2.51}$$

因此，有

$$\|e_{1T}\|\leqslant\|u_{1T}\|+\|(H_2e_2)_T\|\leqslant\|u_{1T}\|+\gamma(H_2)\|e_{2T}\| \tag{2.52}$$

$$\|e_{2T}\|\leqslant\|u_{2T}\|+\|(H_1e_1)_T\|\leqslant\|u_{2T}\|+\gamma(H_1)\|e_{1T}\| \tag{2.53}$$

将式(2.53) 代入式(2.52)，得

$$\begin{aligned}\|e_{1T}\|\leqslant\|u_{1T}\|+\gamma(H_2)\{\|u_{2T}\|+\gamma(H_1)\|e_{2T}\|\}\leqslant\\ \|u_{1T}\|+\gamma(H_2)\|u_{2T}\|+\gamma(H_1)\gamma(H_2)\|e_{1T}\|\Rightarrow\\ [1-\gamma(H_1)\gamma(H_2)]\|e_{1T}\|\leqslant\|u_{1T}\|+\gamma(H_2)\|u_{2T}\|\end{aligned} \tag{2.54}$$

根据定理假设 $\gamma(H_1)\gamma(H_2)<1$，故有

$$\|e_{1T}\|\leqslant[1-\gamma(H_1)\gamma(H_2)]^{-1}\{\|u_{1T}\|+\gamma(H_2)\|u_{2T}\|\} \tag{2.55}$$

同样可得

$$\|e_{2T}\|\leqslant[1-\gamma(H_1)\gamma(H_2)]^{-1}\{\|u_{2T}\|+\gamma(H_1)\|u_{1T}\|\} \tag{2.56}$$

因此，根据式(2.55) 和式(2.56) 的右边可知，$e_{1T}$ 和 $e_{2T}$ 的范数是有界的。另一方面，若 $u_1$ 和 $u_2$ 处于空间 $\chi$ 中(即 $\|u_i\|<\infty,\forall i=1,2$)，则式(2.55) 和式(2.56) 令 $T\to\infty$ 时也必成立。因而有

$$\|e_1\|\leqslant[1-\gamma(H_1)\gamma(H_2)]^{-1}\{\|u_1\|+\gamma(H_2)\|u_2\|\} \tag{2.57}$$

$$\|e_2\|\leqslant[1-\gamma(H_1)\gamma(H_2)]^{-1}\{\|u_2\|+\gamma(H_1)\|u_1\|\} \tag{2.58}$$

也就是说，$e_1$ 和 $e_2$ 也处于空间 $\chi$ 中。从而知闭环系统的输出有界，即当 $T\to\infty$ 时

$$\|(H_ie_i)_T\|\leqslant\gamma(H_i)\|e_{iT}\|,\quad i=1,2 \tag{2.59}$$

有界。证毕。

应当强调指出，开环系统 $H_1$ 和 $H_2$ 的增益小于 1，则对每一个有界的输入，系统的输出是有界的。但这里不意味着式(2.49) 的解是唯一的。进一步，对于每一对输入 $u_1,u_2\in\chi$，其输出 $e_1,e_2,y_1,y_2$ 有界，但不能保证对每一对输入，式(2.49) 的解一定存在。也就是说系统满足小增益定理的条件，同时方程(2.49) 的解存在，则系统的输出有界。其次，小增益定理是系统输入-输出稳定的充分条件，而不是必要条件，也就是说，不满足小增益定理条件的系统也有可能是输入 — 输出稳定的。

**例 2.7**　设图 2.4 所示的系统中 $H_1$ 的传递函数为

$$\hat{G}(s)=\frac{1}{s^2+2s+4}$$

而 $H_2$ 为一饱和非线性放大器，放大的倍数为 $K$。试利用小增益定理确定闭环系统输入-输出稳定的放大倍数为 $K$。首先确定 $H_1$ 和 $H_2$ 的增益。对于 $H_1$，有

$$\gamma(H_1)=\sup_{\omega}\mid\hat{G}(\mathrm{j}\omega)\mid=\sup_{\omega}\frac{1}{\sqrt{(4-\omega^2)^2+4\omega^2}}$$

因为上式为 $\omega$ 的连续函数，故令 $\mathrm{d}\mid\hat{G}(\mathrm{j}\omega)\mid/\mathrm{d}\omega=0$，$\mathrm{d}^2\mid\hat{G}(\mathrm{j}\omega)\mid/\mathrm{d}^2\omega<0$ 得，当 $\omega=\sqrt{2}$ 时，

$$\gamma(H_1)=\max_{\omega}\mid\hat{G}(\mathrm{j}\omega)\mid=1/\sqrt{12}$$

于是根据小增益定理 $\gamma(H_1)\gamma(H_2)<1$，得

$$\mid K\mid=\gamma(H_2)<\sqrt{12}$$

可保证系统输入输出稳定。

由以上讨论可见，小增益定理证明了反馈系统稳定性的充分条件，这个条件往往比较保守。这和后面将要讨论的判断系统稳定性充分条件的无源性定理是相同的。为了获得减少保守性的系统稳定性条件，可以将反馈回路进行变换，以获得新的稳定条件。这种变换后的反馈回路具有如下两个性质：

(i) 它能保证原反馈回路的稳定性不变；

(ii) 它对子系统 $H_1$ 和 $H_2$ 的要求较少，也就是说，它尽可能使变换后的系统满足判断稳定性所需的条件，而原系统常常不能满足。以下将引入两种基本变换，称之为Ⅰ型变换和Ⅱ型变换。

首先引入Ⅰ型变换。对图 2.4 所示的系统 $S$，设 $H_1$、$H_2$、$K$ 和 $(I+KH_1)^{-1}$ 是从 $\chi_e$ 到 $\chi_e$ 的因果映射，并假设 $K$ 是线性映射。Ⅰ型变换将图 2.4 所示的系统 $S$ 变换成图 2.5 所示的系统 $S_K$。变换后的系统 $S_K$ 分别用 $H_{11}=H_1(I+KH_1)^{-1}$ 和 $H_{22}=H_2-K$ 代替原系统 $S$ 的 $H_1$ 和 $H_2$。变换后的系统 $S_K$ 的输入关系变为 $u_{11}=u_1-Ku_2$，$u_{22}=u_2$。

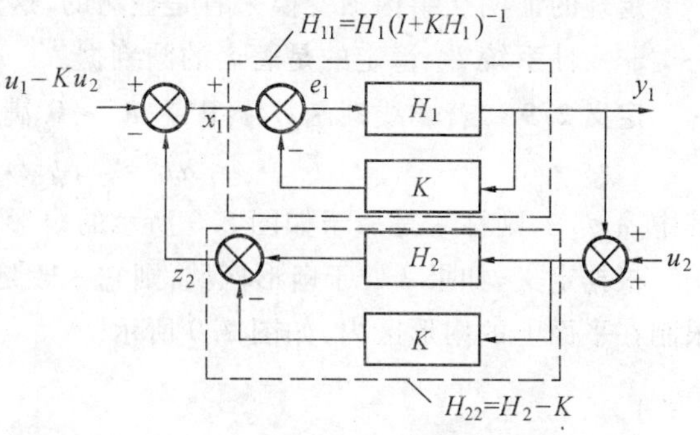


图 2.5　变换后的系统 $S_K$

可以证明，图 2.4 所示的系统稳定的充要条件是图 2.5 所示的系统稳定。也就是说，可以用分析图 2.5 所示的系统的稳定性代替图 2.4 所示的系统稳定性的分析。

**定理 2.4**　设图 2.4 所示的反馈系统 $S$ 经Ⅰ型回路变换后化为图 2.5 所示的反馈系统 $S_K$，且假定

$$K\text{ 和 }(I+KH_1)^{-1}:\chi\rightarrow\chi$$

则系统 $S$ 稳定的充要条件是 $S_K$ 稳定。

**证明**　利用方块图变换可以简单证明这个定理。对于图 2.4 所示的系统，利用先减后加方法化成图 2.6 所示的系统。显然图 2.6 所示的系统与图 2.4 所示的系统是等效的。然后，通

过结构图的变换，图 2.6 所示的系统易于化成图 2.7 所示的系统。于是，图 2.7 所示的系统与图2.4 所示的系统也是等效的，而图 2.7 所示的系统与图 2.5 所示的系统是一致的。证毕。

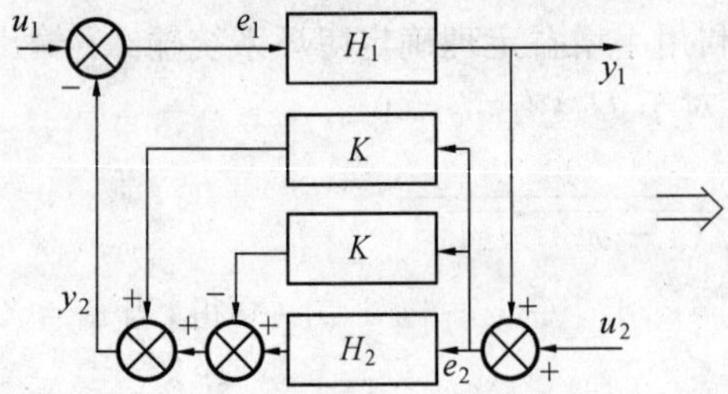


图 2.6　Ⅰ 型变换后的反馈系统(一)

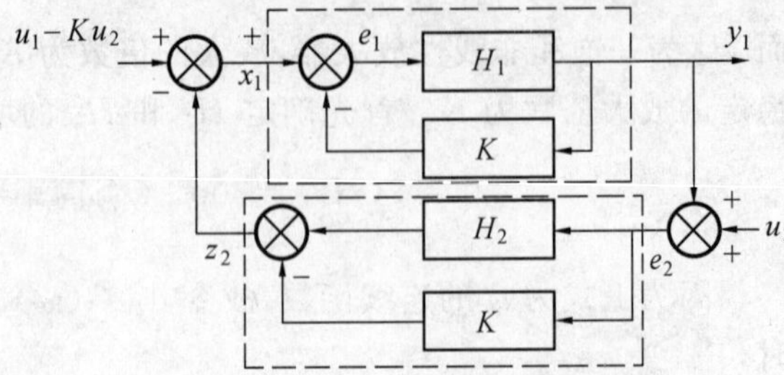


图 2.7　Ⅰ 型变换后的反馈系统(二)

再引入 Ⅱ 型变换。Ⅱ 型变换是将图 2.4 所示的系统加入因果线性算子 $M$ 而成的系统，如图2.8 所示。设 $H_1$ 和 $H_2$ 为从 $\chi_e$ 到 $\delta_e$ 的因果映射，而算子 $M$ 具有如下性质：

(i) $M:\chi \to \chi$；

(ii) $\exists M^{-1}:\chi \to \chi; MM^{-1}=I, M^{-1}$ 也是因果的；

(iii) $M$ 和 $M^{-1}$ 两者均具有有限增益。

系统经 Ⅱ 型变换后，用 $H_{11}=H_1M$ 和 $H_{22}=M^{-1}H_2$ 分别代替变换前的 $H_1$ 和 $H_2$，输入信号用 $u_{11}=M^{-1}u_1$ 和 $u_{22}=u_2$ 分别代替变换前的 $u_1$ 和 $u_2$。

**定理 2.5**　设图 2.4 所示的系统经 Ⅱ 型变换后化为图 2.8 所示的系统，则图 2.4 所示的系统稳定的充要条件是图 2.8 所示的系统稳定。

定理的证明从结构图变换来看是显然的，这里略去。历史上，第一个利用小增益定理导出一类非线性系统 $L_2$ 稳定的是著名的圆判据。

**定义 2.9**　若非线性函数 $\phi:\mathbf{R}^+\times\mathbf{R}\to\mathbf{R}$ 满足如下不等式

$$\alpha x^2 \leqslant x\phi(t,x) \leqslant \beta x^2$$

其中，$\alpha \leqslant \beta$，则称 $\phi$ 是属于如图 2.9 所示的扇形区域$[\alpha,\beta]$。

根据定义，如果 $\phi$ 处于扇形区域，则它一般是时变的，并且对每一个固定的 $t^*$，$\phi(t^*,x)$ 被限制在平面上的扇形区内，如图 2.9 所示。

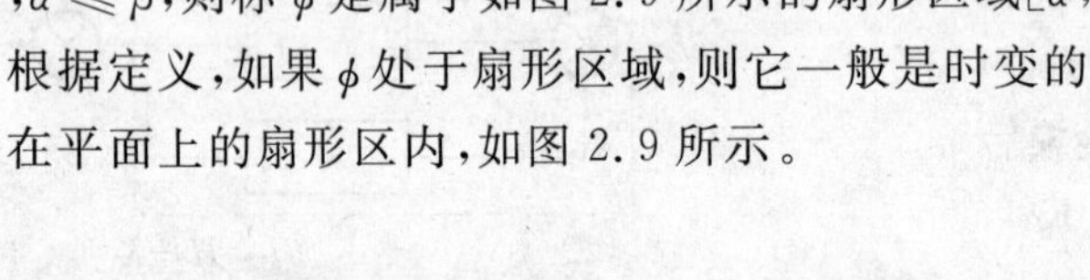

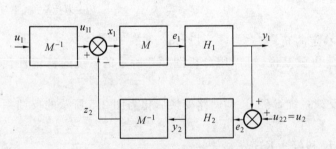

图 2.8　Ⅱ 型变换后的反馈系统

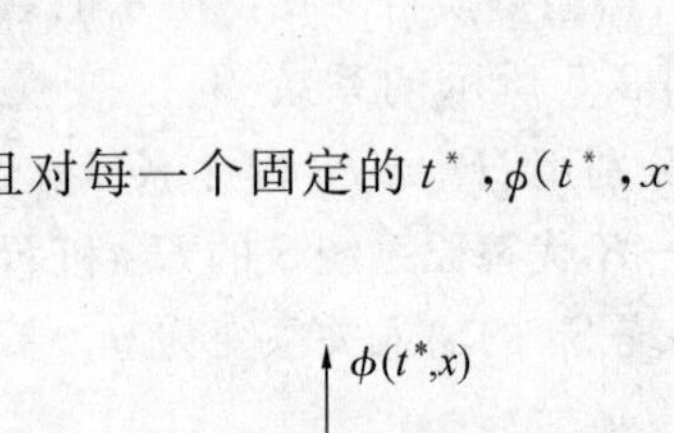

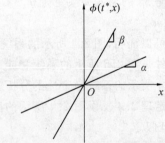

图 2.9　$[\alpha,\beta]$ 扇形区中的非线性 $\phi(t^*,x)$

设正则传递函数 $\hat{G}(s)=p(s)/q(s)$，其中 $p(s)$ 和 $q(s)$ 均为 $s$ 的多项式，且相互无公共零点。于是 $\hat{G}(s)$ 可展开成部分分式为 $\hat{G}(s)=\hat{g}(s)+n(s)/d(s)$，且具有如下性质：

(i) $\hat{g}(s)$ 在开右半平面无极点(即 $\hat{g}(s)$ 代表具有指数稳定的系统的转移函数);

(ii) $n(s)$ 和 $d(s)$ 均为多项式,且 $n(s)/d(s)$ 是正则转移函数;

(iii) $d(s)$ 的所有的零点均在闭右半平面,因此 $n(s)/d(s)$ 包含了 $\hat{G}(s)$ 的不稳定部分。$d(s)$ 在开右半平面零点的个数计为 $v$。

根据以上记述,则判断闭环系统稳定性的 Nyquist 判据可叙述为:

考虑图 2.4 构成的反馈系统。设 $H_1$ 为具有正则传递函数 $\hat{G}(s)$ 和上述性质(i) ~ (iii) 的子系统,$H_2$ 为常值增益 $K$。在此条件下,反馈系统为闭环 $L_p, 1 \leqslant p < \infty$,稳定的充要条件是,$\hat{G}(s)$ 的 Nyquist 曲线对 $\forall \omega \in \mathbf{R}$ 时离临界点 $(-1/K, \mathrm{j}0)$ 为一个有界值,且当 $\omega$ 从 $-\infty$ 到 $\infty$ 变化时,绕临界点沿反时针方向转 $v$ 圈。

**定理 2.6**　对于图 2.4 所示的反馈系统,设 $H_1, H_2: L_{2e} \to L_{2e}$,且 $H_1$ 为具有正则传递函数 $\hat{G}(s)$ 和上述性质(i) ~ (iii) 的子系统,$H_2$ 为扇形区域$[\alpha, \beta]$中的非线性环节。如此,若下述条件中的任何一个成立,则闭环系统是 $L_2$ 稳定的。

① 若 $0 < \alpha < \beta$:$\hat{G}(s)$ 的 Nyquist 曲线离临界圆 $C^*$ 为一个有界值(临界圆 $C^*$ 的中心在实轴上,且临界圆过点$(-\alpha^{-1}, \mathrm{j}0)$和$(-\beta^{-1}, \mathrm{j}0)$),且反时针方向绕临界圆转 $v$ 圈,其中 $v$ 为 $\hat{G}(s)$ 在开右半平面极点的个数。

② 若 $0 = \alpha < \beta$:$\hat{G}(s)$ 没有极点在开右半平面,并且 $\hat{G}(s)$ 的 Nyquist 曲线对于所有 $\omega \in \mathbf{R}$ 均处于横坐标为 $-\beta^{-1}$ 的虚轴的右边。

③ 若 $\alpha < 0 < \beta$:$\hat{G}(s)$ 在闭右半平面没有极点,并且 $\hat{G}(s)$ 的 Nyquist 曲线完全包含在圆 $C^*$ 的内部(证略)。

这个定理称为圆判据定理,它分析了线性时不变子系统作为前向系统,具有扇形非线性环节作为反馈子系统共同构成闭环反馈系统的稳定性,也称为绝对稳定性,它适用于整个一类系统的稳定性分析。

5. 输入-状态稳定性(Input-State Stability)

考虑如下非线性系统

$$\dot{\boldsymbol{x}} = \boldsymbol{f}(\boldsymbol{x}, \boldsymbol{u}) \tag{2.60}$$

其中,$\boldsymbol{f}: D \times D_u \to \mathbf{R}^n$ 是 $\boldsymbol{x}$ 和 $\boldsymbol{u}$ 的局部 Lipschitz 函数。集合 $D$ 和 $D_u$ 定义为 $D = \{\boldsymbol{x} \in \mathbf{R}^n: \|\boldsymbol{x}\| < r\}$,$D_u = \{\boldsymbol{u} \in \mathbf{R}^m: \sup_{t>0} \|\boldsymbol{u}(t)\| = \|\boldsymbol{u}\|_{L_\infty} < r_u\}$。这些条件可保证微分方程(2.60)解的局部存在性和唯一性。再假定无外作用的系统 $\dot{\boldsymbol{x}} = \boldsymbol{f}(\boldsymbol{x}, \boldsymbol{0})$ 在原点 $\boldsymbol{x} = \boldsymbol{0}$ 有一致渐进稳定的平衡点。

在上述条件下,要研究的问题是:

(i) 在没有外部输入时,平衡点 $\boldsymbol{x} = \boldsymbol{0}$ 是否渐进稳定?在有外部输入时,是否 $\lim_{t\to\infty} \boldsymbol{u}(t) = \boldsymbol{0} \Rightarrow \lim_{t\to\infty} \boldsymbol{x}(t) = \boldsymbol{0}$?

(ii) 在有界外部输入时,是否状态有界?特别是当 $\|\boldsymbol{u}_T(t)\|_{L_\infty} < \delta, 0 \leqslant T \leqslant t$ 时,是否 $\Rightarrow \sup_t \|\boldsymbol{x}(t)\| < \varepsilon$?

**定义 2.10**　如果存在一个 $\mathcal{KL}$ 类函数 $\beta$ 和一个 $\mathcal{K}$ 类函数 $\gamma$,以及常数 $k_1, k_2 \in \mathbf{R}^+$,使如下不等式

$$\|\boldsymbol{x}(t)\| \leqslant \beta(\|\boldsymbol{x}_0\|, t) + \gamma(\|\boldsymbol{u}_T(\cdot)\|_{L_\infty}), \quad \forall t \geqslant 0, \quad 0 \leqslant T \leqslant t \tag{2.61}$$

对所有 $\boldsymbol{x}_0 \in D, \boldsymbol{u} \in D_u$ 成立,并满足 $\|\boldsymbol{x}_0\| < k_1, \sup_{t>0} \|\boldsymbol{u}_T(t)\| = \|\boldsymbol{u}_T\|_{L_\infty} < k_2, 0 \leqslant T \leqslant t$,

则称系统(2.60)局部输入状态稳定(ISS)。如果$D=\mathbf{R}^n$,$D_u=\mathbf{R}^m$,且式(2.61)对任意初始状态和任何有界输入均成立,则称系统(2.60)输入状态稳定,或称全局输入状态稳定。

现在讨论上述定义的几个重要含义。

**非受控系统**

假定系统$\dot{\boldsymbol{x}}=\boldsymbol{f}(\boldsymbol{x},\boldsymbol{u})$是ISS的,且对非受控系统$\dot{\boldsymbol{x}}=\boldsymbol{f}(\boldsymbol{x},\boldsymbol{0})$给定$\gamma(0)=0$(根据$\gamma$是$\mathcal{K}$类函数的假设),可以看到具有初始条件$\boldsymbol{x}_0$的系统$\dot{\boldsymbol{x}}=\boldsymbol{f}(\boldsymbol{x},\boldsymbol{u})$的响应满足

$$\|\boldsymbol{x}(t)\|\leqslant\beta(\|\boldsymbol{x}_0\|,t),\quad\forall t\geqslant 0,\quad\|\boldsymbol{x}_0\|<k_1$$

这就意味着系统的原点是一致渐进稳定的。

**推断**

对于满足$\|\boldsymbol{u}\|_\infty\leqslant\delta$的有界输入,由下式

$$\|\boldsymbol{x}(t)\|\leqslant\beta(\|\boldsymbol{x}_0\|,t)+\gamma(\delta)$$

知,系统的状态轨迹在以半径为$\beta(\|\boldsymbol{x}_0\|,t)+\gamma(\delta)$的球的界内。当$t\to\infty$时$\beta(\|\boldsymbol{x}_0\|,t)\to 0$,轨迹接近半径为$\gamma(\delta)$的球,即

$$\lim_{t\to\infty}\|\boldsymbol{x}(t)\|\leqslant\gamma(\delta)$$

因此,$\gamma(\cdot)$称为系统$\dot{\boldsymbol{x}}=\boldsymbol{f}(\boldsymbol{x},\boldsymbol{u})$的极限界。

**等效定义**

定义2.10可用另一种方法表示,将式(2.61)用下式取代,即

$$\|\boldsymbol{x}(t)\|\leqslant\max\{\beta(\|\boldsymbol{x}_0\|,t),\gamma(\|\boldsymbol{u}_T(\cdot)\|_{L_\infty})\},\quad\forall t\geqslant 0,\quad 0\leqslant T\leqslant t \tag{2.62}$$

式(2.61)和式(2.62)之间的等价性是根据给定$\beta>0$,$\gamma>0$,则有$\max\{\beta,\gamma\}\leqslant\beta+\gamma\leqslant\{2\beta,2\gamma\}$的事实。有时,特别是在某些结果的证明中,式(2.62)更优于式(2.61)。

输入状态稳定的概念不同于Lyapunov意义下的稳定,但可以用类似于Lyapunov的方法去研究。下面引入ISS的Lyapunov函数的概念。

**定义 2.11**　若存在$\mathcal{K}$类函数$\alpha_1,\alpha_2,\alpha_3$和空间$\chi$,使连续可微函数$V:D\to\mathbf{R}$满足如下条件,即

$$\left.\begin{aligned}&\alpha_1(\|\boldsymbol{x}\|)\leqslant V(\boldsymbol{x}(t))\leqslant\alpha_2(\|\boldsymbol{x}\|),\quad\forall\boldsymbol{x}\in D,\quad t>0\\&\frac{\partial V(\boldsymbol{x})}{\partial\boldsymbol{x}^{\mathrm{T}}}\boldsymbol{f}(\boldsymbol{x},\boldsymbol{u})\leqslant-\alpha_3(\|\boldsymbol{x}\|),\quad\forall\boldsymbol{x}\in D,\quad\boldsymbol{u}\in D_u:\|\boldsymbol{x}\|\geqslant\chi(\|\boldsymbol{u}\|)\end{aligned}\right\} \tag{2.63}$$

则称$V$是系统$\dot{\boldsymbol{x}}=\boldsymbol{f}(\boldsymbol{x},\boldsymbol{u})$在$D$上的一个ISS的Lyapunov函数。如果还有$D=\mathbf{R}^n$,$D_u=\mathbf{R}^m$,且$\alpha_1,\alpha_2,\alpha_3\in\mathcal{K}_\infty$,则$V$是一个ISS的Lyapunov函数。

$V$函数具有如下性质:

(i) $V$在$D$中是正定函数。也就是说,存在$\mathcal{K}$类函数$\alpha_1,\alpha_2$,使$V$满足式(2.63)的第一式。

(ii) 只要系统$\dot{\boldsymbol{x}}=\boldsymbol{f}(\boldsymbol{x},\boldsymbol{u})$的轨迹处于半径为$\|\boldsymbol{x}^*\|=\chi(\|\boldsymbol{u}\|)$的球的外边时,$V$函数沿系统$\dot{\boldsymbol{x}}=\boldsymbol{f}(\boldsymbol{x},\boldsymbol{u})$轨迹的导数是负定的。

**定理 2.7**　考虑系统$\dot{\boldsymbol{x}}=\boldsymbol{f}(\boldsymbol{x},\boldsymbol{u})$并设$V:D\to\mathbf{R}$是该系统的一个ISS的Lyapunov函数,若成立有下式

$$\gamma=\alpha_1^{-1}\circ\alpha_2\circ\chi,\quad k_1=\alpha_2^{-1}(\alpha_1(r)),\quad k_2=\chi^{-1}(\min\{k_1,\chi(r_u)\}) \tag{2.64}$$

且系统$\dot{\boldsymbol{x}}=\boldsymbol{f}(\boldsymbol{x},\boldsymbol{u})$满足定义2.10的规定,则称系统$\dot{\boldsymbol{x}}=\boldsymbol{f}(\boldsymbol{x},\boldsymbol{u})$是局部输入状态稳定的。

**证明**　首先,注意到若$\boldsymbol{u}=\boldsymbol{0}$,则根据式(2.63),可保证系统的原点是渐进稳定的。现在考虑非零输入$\boldsymbol{u}$,并设

$$r_u \xlongequal{\text{def}} \sup_{t>0} \| \boldsymbol{u}_T \| = \| \boldsymbol{u}_T \|_{L_\infty}, \quad 0 \leqslant T \leqslant t$$

再定义

$$C \xlongequal{\text{def}} \alpha_2(\chi(r_u)), \quad \Omega_C \xlongequal{\text{def}} \{\boldsymbol{x} \in D: V(\boldsymbol{x}) \leqslant C\}$$

并且注意到，所定义的 $\Omega_C$ 是有界闭集，因此它包括它的边界，记为 $\partial(\Omega_C)$。然后根据式(2.63)第一式的右边，得

$$\{\boldsymbol{x} \in \mathbf{R}^n: \| \boldsymbol{x} \| < \chi(r_u) \leqslant C\} \subset \Omega_C \subset D$$

进而，在 $\Omega_C$ 的边界的每一个点 $\boldsymbol{x}$ 有 $\| \boldsymbol{x} \| \geqslant \chi(\| \boldsymbol{u}(t) \|)$。另注意到式(2.63)的第二式意味着只要 $\boldsymbol{x}(t) \notin \Omega_C$ 总有 $\dot{V}(\boldsymbol{x}(t)) < 0, \forall t > 0$。现再考虑两种情况：

(i) $\boldsymbol{x}_0$ 在 $\Omega_C$ 内；

(ii) $\boldsymbol{x}_0$ 在 $\Omega_C$ 外。

情况(i) ($\boldsymbol{x}_0 \in \Omega_C$)：上述论证表明，闭集 $\Omega_C$ 是包含在 $\partial(\Omega_C)$ 内的，沿此闭集 $\dot{V}(\boldsymbol{x}(t))$ 是负定的。因而只要 $\boldsymbol{x}_0 \in \Omega_C$，$\boldsymbol{x}(t)$ 对所有 $t > 0$ 总是被锁定在 $\Omega_C$ 内。轨迹 $\boldsymbol{x}(t)$ 使得

$$\alpha_1(\| \boldsymbol{x} \|) \leqslant V(\boldsymbol{x}(t)) \Rightarrow \| \boldsymbol{x}(t) \| \leqslant \alpha_1^{-1}(V(\boldsymbol{x}(t))) \leqslant \alpha_1^{-1}(C) = \alpha_1^{-1}(\alpha_2(\chi(r_u)))$$

定义

$$\gamma \xlongequal{\text{def}} \alpha_1^{-1} \circ \alpha_2 \circ \chi(\| \boldsymbol{u}_T \|_{L_\infty}), \quad 0 \leqslant T \leqslant t$$

则只要 $\boldsymbol{x}_0 \in \Omega_C$，总有

$$\| \boldsymbol{x}(t) \|_\infty \leqslant \gamma(\| \boldsymbol{u}_T \|_{L_\infty}), \quad \forall t \geqslant 0, \quad 0 \leqslant T \leqslant t \tag{2.65}$$

情况(ii) ($\boldsymbol{x}_0 \notin \Omega_C$)：假定 $\boldsymbol{x}_0 \notin \Omega_C$，或等价地假定 $V(\boldsymbol{x}_0) > C$。根据式(2.63)的第二式，有 $\| \boldsymbol{x} \| \geqslant \chi(\| \boldsymbol{u} \|)$，并因此 $\dot{V}(\boldsymbol{x}(t)) < 0$，则对某个时间 $t_1 > 0$，必有

$$V(\boldsymbol{x}(t)) > 0, \quad 0 \leqslant t \leqslant t_1, \quad V(\boldsymbol{x}(t_1)) = C$$

但这意味着，当 $t = t_1$ 时，$\boldsymbol{x}(t) \in \partial(\Omega_C)$，因而情况(ii)变成情况(i)。这一论证也表明 $\boldsymbol{x}(t)$ 是有界的，并且存在着一个 $\mathcal{KL}$ 类函数 $\beta$，使得

$$\| \boldsymbol{x}(t) \|_\infty \leqslant \beta(\| \boldsymbol{x}_0 \|, t), \quad 0 \leqslant t \leqslant t_1 \tag{2.66}$$

结合式(2.65)和式(2.66)，得

$$\| \boldsymbol{x}(t) \|_\infty \leqslant \gamma(\| \boldsymbol{u} \|_\infty), \quad t \geqslant t_1; \quad \| \boldsymbol{x}(t) \|_\infty \leqslant \beta(\| \boldsymbol{x}_0 \|, t), \quad 0 \leqslant t \leqslant t_1$$

因此可得

$$\| \boldsymbol{x}(t) \| \leqslant \max\{\beta(\| \boldsymbol{x}_0 \|, t), \gamma(\| \boldsymbol{u} \|_\infty)\}, \quad \forall t \geqslant 0$$

或

$$\| \boldsymbol{x}(t) \| \leqslant \beta(\| \boldsymbol{x}_0 \|, t) + \gamma(\| \boldsymbol{u} \|_\infty), \quad \forall t \geqslant 0$$

接下来要证 $k_1$ 和 $k_2$ 是式(2.64)给定的表达式。为此，根据定义

$$C = \alpha_2(\chi(r_u)), \quad \Omega_C = \{\boldsymbol{x} \in D: V(\boldsymbol{x}) \leqslant C\}$$

假定 $\boldsymbol{x}_0 \notin \Omega_C$，必有 $V(\boldsymbol{x}) > C$。因此得

$$\alpha_1(\| \boldsymbol{x} \|) \leqslant V(\boldsymbol{x}) \leqslant \alpha_2(\| \boldsymbol{x} \|), \quad \alpha_1(r) \leqslant V(\boldsymbol{x}_0) \leqslant \alpha_2(\| \boldsymbol{x}_0 \|), \quad \| \boldsymbol{x}_0 \| \leqslant \alpha_1^{-1}(\alpha_1(r))$$

因此有

$$k_1 \xlongequal{\text{def}} \| \boldsymbol{x}_0 \| \leqslant \alpha_1^{-1}(\alpha_1(r))$$

其次注意到

$$\| \boldsymbol{x}(t) \| \leqslant \max\{\beta(\| \boldsymbol{x}_0 \|, t), \gamma(\| \boldsymbol{u}_t \|_\infty)\}, \quad \forall t \geqslant 0, \quad 0 \leqslant T \leqslant t$$

$$\Rightarrow \chi(k_2) \leqslant \|\boldsymbol{x}\| \leqslant \min\{k_1, \chi(r_{\boldsymbol{u}})\}$$

因此有

$$k_2 = \chi^{-1}(\min\{k_1, \chi(r_{\boldsymbol{u}})\})$$

证毕。

**定理 2.8** 与定理 2.7 的条件相同，且还满足 $D = \mathbf{R}^n, D_{\boldsymbol{u}} = \mathbf{R}^m, \alpha_1, \alpha_2, \alpha_3 \in \mathscr{K}_\infty$，则系统 $\dot{\boldsymbol{x}} = \boldsymbol{f}(\boldsymbol{x}, \boldsymbol{u})$ 是全局输入状态稳定的（证明略）。

**例 2.8** 设非线性系统为

$$\dot{x} = -ax^3 + u, \quad a > 0$$

试确定系统输入状态稳定的条件。

现选定 ISS 的 Lyapunov 函数为 $V(x) = x^2/2$。该函数正定，且以 $\alpha_1(\|x\|) = \alpha_2(\|x\|) = \boldsymbol{x}^2/2$ 满足式(2.63) 的第一式。于是有

$$\dot{V} = -x(ax^3 - u)$$

现需要找到 $\alpha_3(\cdot)$ 和 $\chi(\cdot) \in \mathscr{K}$，使得只要有 $\|x\| \geqslant \chi(\|u\|)$，均有

$$\dot{V}(x) \leqslant -\alpha_3(\|x\|)$$

将上式作如下改造，即

$$\dot{V} = -ax^4 + a\theta x^4 - a\theta x^4 + xu = -a(1-\theta)x^4 - x(a\theta x^3 - u) \leqslant -a(1-\theta)x^4 = -\alpha_3(\|x\|), \quad 0 < \theta < 1$$

若上式成立，必须有

$$x(a\theta x^3 - u) > 0$$

也即 $a\theta\,|x|^3 > |u|$，或者等价地有 $|x| > (|u|/a\theta)^{1/3}$，也就是说，系统全局输入状态稳定的条件是 $\gamma(u) = (|u|/a\theta)^{1/3}$。

**例 2.9** 现考虑如下非线性系统，它是例 2.8 系统的一种变种，即

$$\dot{x} = -ax^3 + x^2u, \quad a > 0$$

取和例 2.8 相同的 ISS 的 Lyapunov 函数，则有

$$\dot{V} = -ax^4 + x^3u = -ax^4 + a\theta x^4 - a\theta x^4 + x^3u = -a(1-\theta)x^4 - x^3(a\theta x - u) \leqslant -a(1-\theta)x^4, \quad 0 < \theta < 1$$

上式成立同样须有

$$x^3(a\theta x - u) > 0 \quad 或 \quad |x| > (|u|/a\theta)^{1/3}$$

也即系统全局 ISS 的条件是 $\gamma(u) = (|u|/a\theta)^{1/3}$。

**例 2.10** 再考虑如下非线性系统，它也是例 2.8 的一种变种，即

$$\dot{x} = -ax^3 + (1+x^2)u, \quad a > 0$$

取和例 2.8 相同的 ISS 的 Lyapunov 函数，则有

$$\dot{V} = -ax^4 + x(1+x^2)u = -ax^4 + a\theta x^4 - a\theta x^4 + x(1+x^2)u = -a(1-\theta)x^4 - x[a\theta x^3 - (1+x^2)u] \leqslant -a(1-\theta)x^4, \quad 0 < \theta < 1$$

若上式成立，必须有

$$x[a\theta x^3 - (1+x^2)u] > 0$$

现假定集合 $D$ 和 $D_u$ 分别为 $D = \{\boldsymbol{x} \in \mathbf{R}^n : \|\boldsymbol{x}\| < r\}, D_u = \mathbf{R}$，上式成立，应有

$$|x| > ((1+r^2)\,|u|/a\theta)^{1/3}$$

系统 ISS 还应满足定义 2.10 指出的条件，即

$$k_1 = r,\quad \gamma(u) = ((1+r^2)\mid u \mid / a\theta)^{1/3}$$

$$k_2 = \chi^{-1}[\min(k_1, \chi(r_u))] = \chi^{-1}(k_1) = \chi^{-1}(r) \Rightarrow k_2 = \frac{a\theta r}{1+r^2}$$

对以上的讨论，可有如下定理成立。

**定理 2.9**　对于非线性系统 $\dot{\boldsymbol{x}} = \boldsymbol{f}(\boldsymbol{x}, \boldsymbol{u})$，假定原点是齐次系统 $\dot{\boldsymbol{x}} = \boldsymbol{f}(\boldsymbol{x}, \boldsymbol{0})$ 的一个渐进稳定的平衡点，且函数 $\boldsymbol{f}(\boldsymbol{x}, \boldsymbol{u})$ 是连续可微的。如此，则系统 $\dot{\boldsymbol{x}} = \boldsymbol{f}(\boldsymbol{x}, \boldsymbol{u})$ 是局部 ISS 的(证明略)。

**定理 2.10**　对于系统 $\dot{\boldsymbol{x}} = \boldsymbol{f}(\boldsymbol{x}, \boldsymbol{u})$，假定原点是齐次系统 $\dot{\boldsymbol{x}} = \boldsymbol{f}(\boldsymbol{x}, \boldsymbol{0})$ 的指数稳定的平衡点，且函数 $\boldsymbol{f}(\boldsymbol{x}, \boldsymbol{u})$ 是连续可微的和在 $(\boldsymbol{x}, \boldsymbol{u})$ 中是局部 Lipschitz 的。如此，则系统 $\dot{\boldsymbol{x}} = \boldsymbol{f}(\boldsymbol{x}, \boldsymbol{u})$ 是 ISS 的(证明略)。

**定理 2.11**　连续函数 $V: D \to \mathbf{R}$ 为系统 $\dot{\boldsymbol{x}} = \boldsymbol{f}(\boldsymbol{x}, \boldsymbol{u})$ 在 $D$ 上的一个 ISS 的 Lyapunov 函数的充要条件是存在 $\mathcal{K}$ 类函数 $\alpha_1, \alpha_2, \alpha_3$ 和 $\sigma$，使得如下条件成立，即

$$\alpha_1(\|\boldsymbol{x}\|) \leqslant V(\boldsymbol{x}(t)) \leqslant \alpha_2(\|\boldsymbol{x}\|),\quad \forall \boldsymbol{x} \in D,\quad t > 0 \tag{2.67}$$

$$\frac{\partial V(\boldsymbol{x})}{\partial \boldsymbol{x}^{\mathrm{T}}} \boldsymbol{f}(\boldsymbol{x}, \boldsymbol{u}) \leqslant -\alpha_3(\|\boldsymbol{x}\|) + \sigma(\|\boldsymbol{u}\|),\quad \forall \boldsymbol{x} \in D,\quad \boldsymbol{u} \in D_u \tag{2.68}$$

如果还有 $D = \mathbf{R}^n, D_u = \mathbf{R}^m$，且 $\alpha_1, \alpha_2, \alpha_3, \sigma \in \mathcal{K}_\infty$，则 $V$ 是系统的一个 ISS 的 Lyapunov 函数。

**证明**　定理的条件满足定义 2.11 中式(2.63) 的第一式，对于式(2.63) 的第二式，现假定式(2.68) 成立，则有

$$\begin{aligned}\frac{\partial V(\boldsymbol{x})}{\partial \boldsymbol{x}^{\mathrm{T}}} \boldsymbol{f}(\boldsymbol{x}, \boldsymbol{u}) &\leqslant -\alpha_3(\|\boldsymbol{x}\|) + \sigma(\|\boldsymbol{u}\|)\quad (\forall \boldsymbol{x} \in D,\quad \forall \boldsymbol{u} \in D_u) \leqslant \\ &-(1-\theta)\alpha_3(\|\boldsymbol{x}\|) - \theta\alpha_3(\|\boldsymbol{x}\|) + \sigma(\|\boldsymbol{u}\|)\quad (\theta < 1) \leqslant \\ &-(1-\theta)\alpha_3(\|\boldsymbol{x}\|),\quad \forall \|\boldsymbol{x}\| \geqslant \alpha_3^{-1}[\sigma(\|\boldsymbol{u}\|)/\theta]\end{aligned}$$

这表明定义 2.11 中的式(2.63) 的第二式成立。反之若式(2.63) 的第二式成立，则有

$$\frac{\partial V}{\partial \boldsymbol{x}^{\mathrm{T}}} \boldsymbol{f}(\boldsymbol{x}, \boldsymbol{u}) \leqslant -\alpha_3(\|\boldsymbol{x}\|),\quad \forall \boldsymbol{x} \in D,\quad \boldsymbol{u} \in D_u: \|\boldsymbol{x}\| \geqslant \chi(\|\boldsymbol{u}\|)$$

于是定理的条件完全满足定义 2.11 的规定，定理的结论成立。为了弄清式(2.68) 满足的条件，现考虑两种不同的情况：

① 对于 $\|\boldsymbol{x}\| \geqslant \chi(\|\boldsymbol{u}\|)$，这种情况为一般的情况。的确，在此条件下，式(2.63) 的第二式对任何 $\sigma(\cdot)$ 成立。

② 对于 $\|\boldsymbol{x}\| < \chi(\|\boldsymbol{u}\|)$：定义

$$\phi(r) = \max\left[\frac{\partial V}{\partial \boldsymbol{x}^{\mathrm{T}}} \boldsymbol{f}(\boldsymbol{x}, \boldsymbol{u}) + \alpha_3(\chi(\|\boldsymbol{u}\|))\right],\quad \|\boldsymbol{u}\| = r,\quad \|\boldsymbol{x}\| \leqslant \chi(r)$$

则

$$\frac{\partial V}{\partial \boldsymbol{x}^{\mathrm{T}}} \boldsymbol{f}(\boldsymbol{x}, \boldsymbol{u}) \leqslant -\alpha_3(\|\boldsymbol{x}\|) + \phi(r)$$

现定义

$$\bar{\sigma} = \max\{0, \phi(r)\}$$

则 $\bar{\sigma}$ 满足如下条件：

(i) $\bar{\sigma}(0) = 0$；

(ii) $\bar{\sigma}$ 非负；

(iii) $\bar{\sigma}$ 连续。

因为$\bar{\sigma}$可能不是严格递增的，所以它不是$\mathcal{K}$类函数，但总可以找到$\sigma \in \mathcal{K}$，使得$\sigma(r) \geqslant \bar{\sigma}$。证毕。

定理 2.11 的条件与定义 2.11 的区别仅在于式(2.63) 的第二式与式(2.68) 不同，因而式(2.68) 称为耗散不等式。

根据定理 2.11，要使系统$\dot{\boldsymbol{x}} = \boldsymbol{f}(\boldsymbol{x},\boldsymbol{u})$是 ISS 的充要条件是存在连续函数$V: D \to \mathbf{R}$满足式(2.67) 和式(2.68) 的条件。不等式(2.68) 蕴含了一种根据 ISS 的 Lyapunov 函数判定系统输入状态稳定的更透明的概念和含义，为了弄清这一点，注意到，若给定$r_u > 0$，则存在点$\boldsymbol{x} \in \mathbf{R}^n$，使得

$$\alpha_3(\|\boldsymbol{x}\|) = \sigma(r_u)$$

这就意味着 $\exists d \in \mathbf{R}^+$，使得$\alpha_3(\alpha) = \sigma(r_u)$ 或 $\alpha = \alpha_3^{-1}(\sigma(r_u))$。记球域$B_d = \{\boldsymbol{x} \in \mathbf{R}^n : \|\boldsymbol{x}\| \leqslant d\}$，则对任何 $\|\boldsymbol{x}\| > d$ 和任何$\boldsymbol{u}: \|\boldsymbol{u}\|_{L_\infty} < r_u$，有

$$\frac{\partial V}{\partial \boldsymbol{x}^{\mathrm{T}}}\boldsymbol{f}(\boldsymbol{x},\boldsymbol{u}) \leqslant -\alpha_3(\|\boldsymbol{x}\|) + \sigma(\|\boldsymbol{u}\|) \leqslant -\alpha_3(d) + \sigma(\|\boldsymbol{u}\|_{L_\infty})$$

这表明，由输入$\boldsymbol{u}(t): \|\boldsymbol{u}\|_{L_\infty} < r_u$生成的轨迹$\boldsymbol{x}(t)$将最终进入区域

$$\Omega_d = \max_{\|x\| \leqslant d} V(\boldsymbol{x})$$

一旦轨迹进入这个区域，它将被吸入$\Omega_d$内，而不会离开。

根据上面的讨论，区域$\Omega_d$似乎依赖于$\alpha^{-1}(\cdot)$和$\sigma(\cdot)$这两个函数的组合。似乎这两个函数的组合确定了一个有界输入函数$\boldsymbol{u}$与一个有界状态$\boldsymbol{x}$之间的一致相应关系。函数对$\alpha(\cdot)$和$\sigma(\cdot)$构成了称之为系统$\dot{\boldsymbol{x}} = \boldsymbol{f}(\boldsymbol{x},\boldsymbol{u})$的 ISS 对$[\alpha(\cdot),\sigma(\cdot)]$。$\Omega_d$依赖于$\alpha^{-1}(\cdot)$和$\sigma(\cdot)$组合的事实暗示，对于一个给定的系统，函数对$[\alpha(\cdot),\sigma(\cdot)]$也许是唯一的。下面的定理将证明这一点。

考虑系统$\dot{\boldsymbol{x}} = \boldsymbol{f}(\boldsymbol{x},\boldsymbol{u})$，并假定它是具有 ISS 函数对$[\alpha,\sigma]$的全局 ISS 的，也即成立如下关系，即

$$\underline{\alpha}(\|\boldsymbol{x}\|) \leqslant V(\boldsymbol{x}) \leqslant \bar{\alpha}(\|\boldsymbol{x}\|), \quad \forall \boldsymbol{x} \in \mathbf{R}^n \tag{2.69}$$

$$\nabla V(\boldsymbol{x}) \cdot \boldsymbol{f}(\boldsymbol{x},\boldsymbol{u}) \leqslant -\alpha(\|\boldsymbol{x}\|) + \sigma(\|\boldsymbol{u}\|), \quad \forall \boldsymbol{x} \in \mathbf{R}^n, \quad \boldsymbol{u} \in \mathbf{R}^m \tag{2.70}$$

其中，$\underline{\alpha},\bar{\alpha},\alpha \in \mathcal{K}_\infty,\sigma \in \mathcal{K}$。

引入如下关系。给定函数$x(\cdot)$和$y(\cdot): \mathbf{R} \to \mathbf{R}$，它们存在如下关系：若$\lim\limits_{s\to\infty}\dfrac{x(s)}{y(s)} < \infty$，则当$s \to \infty^+$时有$x(s) = O(y(s))$。类似地，若$\lim\limits_{s\to 0}\dfrac{x(s)}{y(s)} < \infty$，则当$s \to 0^+$时，$x(s) = O(y(s))$。

**定理 2.12**　设$(\alpha,\sigma)$是满足系统$\dot{\boldsymbol{x}} = \boldsymbol{f}(\boldsymbol{x},\boldsymbol{u})$的一个函数对。假定$\tilde{\sigma}$是一个$\mathcal{K}_\infty$类函数，且满足当$r \to \infty^+$时，$\sigma(r) = O(\tilde{\sigma}(r))$，则存在一个$\tilde{\alpha} \in \mathcal{K}_\infty$类函数，使得$(\tilde{\alpha},\tilde{\sigma})$也是满足系统$\dot{\boldsymbol{x}} = \boldsymbol{f}(\boldsymbol{x},\boldsymbol{u})$ISS 的一个函数对。

**定理 2.13**　设$(\alpha,\sigma)$是满足系统$\dot{\boldsymbol{x}} = \boldsymbol{f}(\boldsymbol{x},\boldsymbol{u})$ISS 的一个函数对。假定$\tilde{\alpha}$是一个$\mathcal{K}_\infty$类函数，且满足当$r \to \infty^+$时，$\alpha(r) = O(\tilde{\alpha}(r))$，则存在一个$\tilde{\sigma} \in \mathcal{K}_\infty$类函数，使得$(\tilde{\alpha},\tilde{\sigma})$也是满足系统$\dot{\boldsymbol{x}} = \boldsymbol{f}(\boldsymbol{x},\boldsymbol{u})$ISS 的一个函数对。

# 2.2　非线性系统的无源性与耗散性
# (Passivity and Dissipativity of Nonlinear Systems)

## 2.2.1　系统的无源性(Passivity of Systems)

1. 基本概念(Basic Concepts)

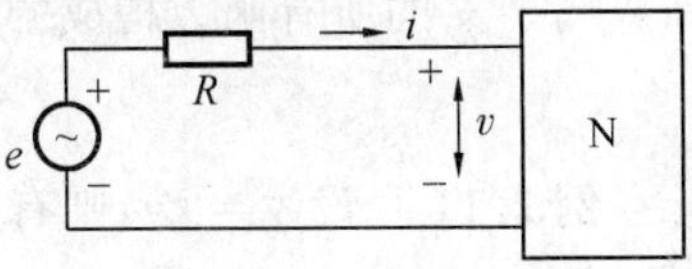


图 2.10　无源网络

首先利用电路理论引入无源性的概念，考虑图 2.10 所示的电网络 N。电源 $e(t)$ 向网络供给电流 $i$，网络输入端的电压为 $v$，则网络电路在 $t$ 时刻已消耗的能量为

$$w(t)=\int_{-\infty}^{t} v(t)i(t)\mathrm{d}t=\int_{-\infty}^{0} v(t)i(t)\mathrm{d}t+\int_{0}^{t} v(t)i(t)\mathrm{d}t$$

上式右边第一项表示电路元件中非零初始条件下消耗的能量。

(i) 若 $w(t)>0$，网络消耗能量(如电阻网络)；

(ii) 若 $w(t)<0$，供给网络能量(如网络中装有电池)。

在电路理论中，自身不产生能量的元部件称为无源的。或者，若电路的元部件中 $\int_{-\infty}^{t} v(t)i(t)\mathrm{d}t \geqslant 0$，则称电路的元部件是无源的。电路中的电阻、电容和电感器件是无源部件。一般地，无源网络具备不产生能量和消耗能量两方面特点。

为了研究这一点，假定图 2.10 所示的网络包含无源部件，且网络是初始松弛的，利用克希荷夫定律，有

$$e(t)=i(t)R+v(t)$$

若电源 $e(\cdot)$ 是 $\lim\limits_{T\to\infty}\int_{0}^{T} e^2(t)\mathrm{d}t<\infty$ 的，则有

$$\int_{0}^{T} e^2(t)\mathrm{d}t=\int_{0}^{T}[i(t)R+v(t)]^2\mathrm{d}t=R^2\int_{0}^{T} i^2(t)\mathrm{d}t+2R\int_{0}^{T} i(t)v(t)\mathrm{d}t+\int_{0}^{T} v^2(t)\mathrm{d}t$$

因为网络是无源的，$\int_{0}^{T} i(t)v(t)\mathrm{d}t>0$，所以有

$$\int_{0}^{T} e^2(t)\mathrm{d}t \geqslant R^2\int_{0}^{T} i^2(t)\mathrm{d}t+\int_{0}^{T} v^2(t)\mathrm{d}t$$

进而因为 $\int_{0}^{\infty} e^2(t)\mathrm{d}t<\infty$，所以由上式又有

$$R^2\int_{0}^{\infty} i^2(t)\mathrm{d}t+\int_{0}^{\infty} v^2(t)\mathrm{d}t \leqslant \int_{0}^{\infty} e^2(t)\mathrm{d}t$$

这表明 $i(t)$ 和 $v(t)$ 均具有有限能量，反之，这就意味着 $i$ 和 $v$ 两个量可以用输入电源 $e(\cdot)$ 加以控制。这种思想可以推广到系统稳定性的研究中。

**定义 2.12**　如果对于每两个向量 $\boldsymbol{x},\boldsymbol{y}\in\chi$，都存在实数 $\langle \boldsymbol{x},\boldsymbol{y}\rangle$ 满足如下性质：

(i) $\langle \boldsymbol{x},\boldsymbol{y}\rangle=\langle \boldsymbol{y},\boldsymbol{x}\rangle$；

(ii) $\langle \boldsymbol{x}+\boldsymbol{y},\boldsymbol{z}\rangle=\langle \boldsymbol{x},\boldsymbol{z}\rangle+\langle \boldsymbol{y},\boldsymbol{z}\rangle,\ \forall\,\boldsymbol{x},\boldsymbol{y},\boldsymbol{z}\in\chi$；

(iii) $\langle \alpha\boldsymbol{x},\boldsymbol{y}\rangle=\alpha\langle \boldsymbol{x},\boldsymbol{y}\rangle,\ \forall\,\boldsymbol{x},\boldsymbol{y}\in\chi,\alpha\in\mathbf{R}$；

(iv) $\langle \boldsymbol{x},\boldsymbol{x}\rangle \geqslant 0$($=\mathbf{0}$ 仅当 $\boldsymbol{x}=\mathbf{0}$)，

则向量空间 $\chi$ 称为实内积空间。

函数$\langle\cdot,\cdot\rangle:\chi\to\chi\to\mathbf{R}$称为空间$\chi$的内积。如果空间$\chi$是完备的，则内积空间$\chi$为Hibert空间。利用这一性质定义空间 $\chi$ 的每一个元素的范数为 $\|\boldsymbol{x}\|_{\chi}^{2}=\langle\boldsymbol{x},\boldsymbol{x}\rangle$。内积空间的一个重要性质是所谓的 Schwartz 不等式，即

$$|\langle\boldsymbol{x},\boldsymbol{y}\rangle|\leqslant\|\boldsymbol{x}\|_{\chi}\|\boldsymbol{y}\|_{\chi},\quad\forall\boldsymbol{x},\boldsymbol{y}\in\chi\tag{2.71}$$

以下的讨论仅限于实内积空间。今后，讨论中还需要考虑空间 $\chi$ 的扩展空间（它定义为截断成属于 $\chi$ 的所有函数构成的空间），并且假定其内积满足下式，即

$$\langle\boldsymbol{x}_T,\boldsymbol{y}\rangle=\langle\boldsymbol{x},\boldsymbol{y}_T\rangle=\langle\boldsymbol{x}_T,\boldsymbol{y}_T\rangle\overset{\text{def}}{=\!=}\langle\boldsymbol{x},\boldsymbol{y}\rangle_T\tag{2.72}$$

**例 2.11** 设 $\chi=L_2$，则有限能量函数的空间为

$$\chi=\{\boldsymbol{x}:\mathbf{R}\to\mathbf{R}\}$$

且满足下式

$$\|\boldsymbol{x}\|_{L_2}^{2}=\langle\boldsymbol{x},\boldsymbol{x}\rangle=\int_0^{\infty}\boldsymbol{x}^2(t)\,\mathrm{d}t<\infty$$

因此，$\chi_{\mathrm{e}}=L_{2\mathrm{e}}$ 是将 $\boldsymbol{x}$ 截断成 $\boldsymbol{x}_T$ 且属于 $L_2$ 的所有函数构成的空间，而不论 $\boldsymbol{x}(t)$ 本身是否属于 $L_2$。例如，函数 $\boldsymbol{x}(t)=\mathrm{e}^t$，虽然不属于 $L_2$ 但却属于 $L_{2\mathrm{e}}$。

**定义 2.13** （无源性） 一个系统 $H:\chi_{\mathrm{e}}\to\chi_{\mathrm{e}}$，若成立，有

$$\langle\boldsymbol{u},H\boldsymbol{u}\rangle_T\geqslant\beta,\quad\forall\boldsymbol{u}\in\chi_{\mathrm{e}},\quad\forall T\in\mathbf{R}^{+}\tag{2.73}$$

则称该系统是无源的。若还存在 $\delta>0$，使得

$$\langle\boldsymbol{u},H\boldsymbol{u}\rangle_T\geqslant\delta\|\boldsymbol{u}_T\|_{\chi}^{2}+\beta,\quad\forall\boldsymbol{u}\in\chi_{\mathrm{e}},\quad\forall T\in\mathbf{R}^{+}\tag{2.74}$$

则称该系统是严格无源的。

式(2.73)和式(2.74)中的常数$\beta$是一个基本项，它涉及$t=0$时最初储存在系统中的能量值。式(2.73)说明，$t=0$ 时最初储存在系统中的能量为一个有限的总量，它可以为无源系统所消耗。为了强调说明这一点，让我们再回到图 2.10 所示的无源网络的例子。

**例 2.12** 分析图2.10所示的无源网络系统，作为一个抽象的系统 $H$，其输入为 $u$，输出为 $y=Hu$。定义 $u=v(t)$，$y=Hu=i(t)$。根据定义 2.13，网络无源的充要条件为

$$\langle u,Hu\rangle_T=\langle v(t),i(t)\rangle_T\geqslant\beta$$

若选择 $L_2$ 中的内积计算，上式最后一个不等式为

$$\int_0^T u(t)y(t)\,\mathrm{d}t=\int_0^T v(t)i(t)\,\mathrm{d}t\geqslant\beta,\quad\forall v(t)\in\chi_{\mathrm{e}},\quad\forall T\in\mathbf{R}$$

由此可知，网络在 $t$ 时刻所吸取的总能量为

$$\int_{-\infty}^{t}v(t)i(t)\,\mathrm{d}t=\int_0^t v(t)i(t)\,\mathrm{d}t+\int_{-\infty}^{0}v(t)i(t)\,\mathrm{d}t=\langle v(t),i(t)\rangle_T+\int_{-\infty}^{0}v(t)i(t)\,\mathrm{d}t$$

因而，根据定义 2.13，网络无源的充要条件是

$$\langle v(t),i(t)\rangle_T\geqslant\beta\overset{\text{def}}{=\!=}-\int_{-\infty}^{0}v(t)i(t)\,\mathrm{d}t$$

与无源性和严格无源性的概念密切相关的是下面引入的正性和严格正性的概念。

**定义 2.14** 一个系统 $H:\chi\to\chi$，若存在 $\delta>0$，使得

$$\langle\boldsymbol{u},H\boldsymbol{u}\rangle\geqslant\delta\|\boldsymbol{u}\|_{\chi}^{2}+\beta,\quad\forall\boldsymbol{u}\in\chi\tag{2.75}$$

则称系统 $H$ 是严格正性的。若式(2.75)中的 $\delta=0$，则系统 $H$ 称为正性的。

无源性和正性（严格无源和严格正性）的差别是式(2.75)没有截断。因此，正性和严格正

性的概念仅用于输入-输出稳定的系统。如果系统不是输入-输出稳定的，则式(2.75)的左边是无界的。

下面的定理说明，如果系统是(i)因果的，(ii)稳定的，则正性和无源性、严格正性和严格无源性完全等价。

**定理 2.14**　设系统 $H:\chi\to\chi$ 是因果的，则有：

(i) $H$ 是正性的 $\Leftrightarrow H$ 是无源的；

(ii) $H$ 是严格正性的 $\Leftrightarrow H$ 是严格无源的。

**证明**　首先假定系统 $H$ 满足式(2.75)，并设有一个任意输入 $\boldsymbol{u}\in\chi_e$。如此，则当 $\boldsymbol{u}_T\in\chi$ 时，根据式(2.75)有

$$\langle \boldsymbol{u}_T, H\boldsymbol{u}_T\rangle \geqslant \delta\|\boldsymbol{u}_T\|_\chi^2+\beta$$

但是

$$\langle \boldsymbol{u}, H\boldsymbol{u}_T\rangle = \langle \boldsymbol{u}_T, (H\boldsymbol{u}_T)_T\rangle\text{(根据式(2.72))} = \langle \boldsymbol{u}_T, (H\boldsymbol{u})_T\rangle\text{(因为 }H\text{ 是因果的)} = \langle \boldsymbol{u}, H\boldsymbol{u}\rangle_T\text{(根据式(2.72))}$$

由此得 $\langle \boldsymbol{u}, H\boldsymbol{u}\rangle_T \geqslant \delta\|u_T\|^2$，且因为 $u\in\chi_e$ 是任意的，所以式(2.75)成立即意味着式(2.73)成立。反之，假定 $H$ 满足式(2.73)，再设有任意输入 $\boldsymbol{u}\in\chi$，则根据式(2.73)，有

$$\langle \boldsymbol{u}, H\boldsymbol{u}\rangle_T \geqslant \delta\|\boldsymbol{u}_T\|_\chi^2+\beta$$

但是

$$\langle \boldsymbol{u}, H\boldsymbol{u}\rangle_T = \langle \boldsymbol{u}_T, (H\boldsymbol{u})_T\rangle = \langle \boldsymbol{u}_T, (H\boldsymbol{u}_T)_T\rangle = \langle \boldsymbol{u}_T, H\boldsymbol{u}_T\rangle$$

因此 $\langle \boldsymbol{u}_T, H\boldsymbol{u}_T\rangle \geqslant \|\boldsymbol{u}_T\|^2+\beta$ 对于所有 $T\in\mathbf{R}^+$ 成立。进而因为 $\boldsymbol{u}\in\chi$，且 $H:\chi\to\chi$，所以可取 $T\to\infty$ 的极限，得

$$\langle \boldsymbol{u}, H\boldsymbol{u}\rangle \geqslant \delta\|\boldsymbol{u}\|_\chi^2+\beta$$

由此得出结论：式(2.73)成立意味着式(2.75)也成立，即定理的结论(ii)也成立。定理的结论(i)直接假定 $\delta=0$ 时为显然。证毕。

有许多场合，重要的问题是研究组合无源系统的性质，下述定理研究了这一问题。

**定理 2.15**　设有几个系统 $H_i:\chi_e\to\chi_e$，$i=1,2,\cdots,n$，则有如下结论：

(i) 若所有系统 $H_i$，$i=1,2,\cdots,n$ 均是无源的，则系统 $H:\chi_e\to\chi_e=H_1+H_2+\cdots+H_n$ 为并联系统，它也是无源的；

(ii) 若所有系统 $H_i$，$i=1,2,\cdots,n$ 均是无源的，其中至少有一个是严格无源的，则系统 $H:\chi_e\to\chi_e=H_1+H_2+\cdots+H_n$ 为并联系统，它也是严格无源的；

(iii) 若系统 $H_i$，$i=1,2$ 是无源的，且构成图 2.11 所示的反馈系统是适定的(即 $\boldsymbol{e}(t)\in\chi_e$，且对每一个 $\boldsymbol{u}(t)\in\chi_e$ 唯一确定)，这里 $\boldsymbol{e}=\boldsymbol{u}-H_2\boldsymbol{y}$，$\boldsymbol{y}=H_1\boldsymbol{e}$，则从 $\boldsymbol{u}$ 到 $\boldsymbol{y}$ 的映射是无源的。

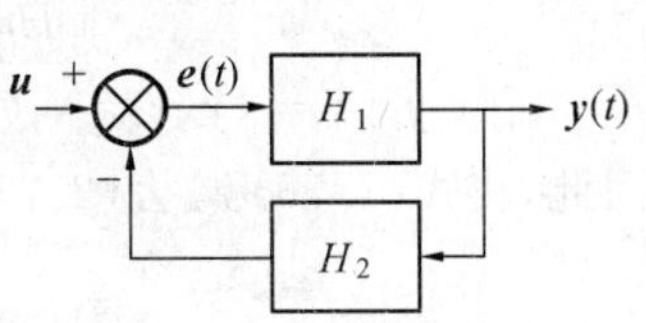


图 2.11　反馈系统

**证明**

(i) 对于并联系统 $H$，有

$$\langle \boldsymbol{u}, (H_1+\cdots+H_n)\boldsymbol{u}\rangle_T = \langle \boldsymbol{u}, H_1\boldsymbol{u}+H_2\boldsymbol{u}+\cdots+H_n\boldsymbol{u}\rangle_T = \langle \boldsymbol{u}, H_1\boldsymbol{u}\rangle_T+\cdots+\langle \boldsymbol{u}, H_n\boldsymbol{u}\rangle_T \geqslant \beta_1+\cdots+\beta_n \overset{\text{def}}{=\!=} \beta$$

因此根据定义 2.13，系统 $H=\sum_{i=1}^{n}H_i$ 是无源的。

(ii) 假定 $n$ 个系统中的 $k$ 个是严格无源的，$1\leqslant k\leqslant n$，则有

$$\langle \boldsymbol{u},H\boldsymbol{u}\rangle_T=\langle \boldsymbol{u},H_1\boldsymbol{u}+\cdots+H_n\boldsymbol{u}\rangle_T=\langle \boldsymbol{u},H_1\boldsymbol{u}\rangle_T+\cdots+\langle \boldsymbol{u},H_k\boldsymbol{u}\rangle_T+\cdots+$$
$$\langle \boldsymbol{u},H_n\boldsymbol{u}\rangle_T\geqslant\delta_1\langle \boldsymbol{u},\boldsymbol{u}\rangle_T+\cdots+\delta_k(\boldsymbol{u},\boldsymbol{u})_T+\beta_1+\cdots+\beta_n=$$
$$(\delta_1+\cdots+\delta_k)\|\boldsymbol{u}_T\|_\chi+(\beta_1+\cdots+\beta_n)$$

于是根据定义 2.13,系统 $H=\sum_{i=1}^{n}H_i$ 是严格无源的。

(iii) 研究如下内积

$$\langle \boldsymbol{u},\boldsymbol{y}\rangle_T=\langle \boldsymbol{e}+H_2\boldsymbol{y},\boldsymbol{y}\rangle_T=\langle \boldsymbol{e},\boldsymbol{y}\rangle_T+\langle H_2\boldsymbol{y},\boldsymbol{y}\rangle_T=$$
$$\langle \boldsymbol{e},H_1\boldsymbol{e}\rangle_T+\langle \boldsymbol{y},H_2\boldsymbol{y}\rangle_T\geqslant(\beta_1+\beta_2)$$

于是根据定义 2.13,图 2.11 所示的反馈系统是无源的。证毕。

应当指出,上述并联系统的个数不能假定为无穷多个。因为无穷多个无源系统并联后为无源系统的结论取决于内积的性质。但可以证明,如果内积是 $L_2$ 中的标准内积,则上述定理结论的扩展是成立的。但证明需要 Lebesgue 积分方面更深层的知识,这里不再论及。

2. 无源性与小增益定理的关系(The Relationship of Passivity and Small Gain)

在内积空间中,无源性的概念与某个算子确定的范数密切相关。下面的定理说明了这一点。

**定理 2.16** 设系统 $H:\chi_e\to\chi_e$,并假定 $I+H$ 在 $\chi_e$ 中可逆,即 $(I+H)^{-1}:\chi_e\to\chi_e$ 存在。定义函数 $S:\chi_e\to\chi_e$ 为

$$S=(H-I)(I+H)^{-1}$$

如此,则如下结论成立:

(i) 系统 $H$ 为无源的充要条件是 $S$ 的增益最多不超过 1,即有

$$\|(S\boldsymbol{u})_T\|_\chi\leqslant\|\boldsymbol{u}_T\|_\chi,\quad \forall \boldsymbol{u}\in\chi_e,\quad \forall T\in\chi_e$$

(ii) 系统 $H$ 为严格无源,并且有有限增益的充要条件是 $S$ 的增益小于 1。

**证明**

(i) 根据假设 $I+H$ 是可逆的,所以可以定义

$$\boldsymbol{u}\overset{\text{def}}{=\!=}(I+H)^{-1}\boldsymbol{y}$$
$$(I+H)\boldsymbol{u}=\boldsymbol{y}$$
$$H\boldsymbol{u}=\boldsymbol{y}-\boldsymbol{u}\Rightarrow S\boldsymbol{y}=(H-I)(I+H)^{-1}\boldsymbol{y}=(H-I)\boldsymbol{u}$$
$$\|S\boldsymbol{y}\|_T^2=\langle(H-I)\boldsymbol{u},(H-I)\boldsymbol{u}\rangle_T=\langle H\boldsymbol{u}-\boldsymbol{u},H\boldsymbol{u}-\boldsymbol{u}\rangle_T=$$
$$\|H\boldsymbol{u}\|_T^2+\|\boldsymbol{u}\|_T^2-2\langle \boldsymbol{u},H\boldsymbol{u}\rangle_T\tag{2.76}$$
$$\|\boldsymbol{y}\|_T^2=\langle \boldsymbol{y},\boldsymbol{y}\rangle_T=\langle(I+H)\boldsymbol{u},(I+H)\boldsymbol{u}\rangle_T=\|H\boldsymbol{u}\|_T^2+\|\boldsymbol{u}\|_T^2+2\langle \boldsymbol{u},H\boldsymbol{u}\rangle_T\tag{2.77}$$

因此,将式(2.76)减去(2.77),得

$$\|S\boldsymbol{y}\|_T^2=\|\boldsymbol{y}\|_T^2-4\langle \boldsymbol{u},H\boldsymbol{u}\rangle_T\tag{2.78}$$

现假定 $H$ 是无源的。在此情况下,$\langle \boldsymbol{u},H\boldsymbol{u}\rangle_T\geqslant 0$,且式(2.78)意味着下式成立,即

$$\|S\boldsymbol{y}\|_T^2\leqslant\|\boldsymbol{y}\|_T^2\Rightarrow\|S\boldsymbol{y}\|_T\leqslant\|\boldsymbol{y}\|_T$$

这表明,定理的结论(i)成立。另一方面,若 $S$ 的增益小于或等于 1,则式(2.78)意味着

$$4\langle \boldsymbol{u},H\boldsymbol{u}\rangle_T=\|\boldsymbol{y}\|_T^2-\|S\boldsymbol{y}\|_T^2>0$$

由此知,系统 $H$ 是无源的。

(ii) 首先假定 $H$ 是严格无源的,并且有有限增益,即

$$\| Hu \|_T \leqslant \gamma(H) \| u \|_T$$

现将式 $Hu = y - u$ 代入上式，得

$$\| y - u \|_T \leqslant \gamma(H) \| u \|_T$$

$$| \| y \|_T - \| u \|_T | \leqslant \gamma(H) \| u \|_T$$

$$\| y \|_T \leqslant (1 + \gamma(H)) \| u \|_T$$

或有

$$(1 + \gamma(H))^{-1} \| y \|_T \leqslant \| u \|_T \tag{2.79}$$

也就是说，若 $H$ 是严格无源的，则有

$$\langle u, Hu \rangle_T \geqslant \delta \| u \|_T^2 \Rightarrow 4\langle u, Hu \rangle_T \geqslant 4\delta \| u \|_T^2$$

将式(2.79) 代入上式，得

$$4\langle u, Hu \rangle_T \geqslant 4\delta(1 + \gamma(H))^{-2} \| y \|_T^2$$

或

$$4\langle u, Hu \rangle_T \geqslant \delta' \| y \|_T^2 \tag{2.80}$$

其中

$$0 < \delta' < \min[1, 4\delta(1 + \gamma(H))^{-2}]$$

将式(2.80) 代入式(2.78)，则可有

$$\| Sy \|_T^2 + \delta' \| y \|_T^2 \leqslant \| y \|_T^2 \Rightarrow \| Sy \|_T \leqslant (1 - \delta')^{1/2} \| y \|_T \tag{2.81}$$

因为 $0 < \delta' < 1$，所以有 $0 < (1 - \delta')^{1/2} < 1$，这就意味着 $S$ 的增益小于 1。反之，若假定 $S$ 的增益小于 1，则由式(2.81) 有

$$\| Sy \|_T^2 \leqslant (1 - \delta') \| y \|_T^2, \quad 0 < \delta' < 1 \tag{2.82}$$

利用式(2.78) 取代式(2.82) 的左边，则得

$$\| y \|_T^2 - 4\langle u, Hu \rangle_T \leqslant \| y \|_T^2 - \delta' \| y \|_T^2 \Rightarrow 4\langle u, Hu \rangle_T \geqslant \delta' \| y \|_T^2$$

利用式(2.77) 代入上式右边，得

$$4\langle u, Hu \rangle_T \geqslant \delta'(\| Hu \|_T^2 + \| u \|_T^2 + 2\langle u, Hu \rangle_T)$$

$$(4 - 2\delta')\langle u, Hu \rangle_T \geqslant \delta'(\| Hu \|_T^2 + \| u \|_T^2) \geqslant \delta' \| u \|_T^2$$

又因为 $0 < \delta' < 1$，所以有

$$\langle u, Hu \rangle_T \geqslant \delta' \| u \|_T^2 / (4 - 2\delta')$$

由此可知，系统 $H$ 是严格无源的。为了弄清 $H$ 也有有限增益，将式(2.77) 和式(2.78) 代入式(2.81) 的第二式中，得

$$\delta' \| Hu \|_T^2 \leqslant (4 - 2\delta')\langle u, Hu \rangle_T - \delta' \| u \|_T^2 \leqslant$$

$$(4 - 2\delta') \| Hu \|_T \| u \|_T - \delta' \| u \|_T^2$$

因为 $\delta' \| u \|_T^2 \geqslant 0$，所以有

$$\delta' \| Hu \|_T^2 \leqslant (4 - 2\delta') \| Hu \|_T \| u \|_T$$

于是，由此得

$$\| Hu \|_T \leqslant (4 - 2\delta') \| u \|_T / \delta'$$

由此可见，系统 $H$ 具有有限增益。证毕。

下面讨论反馈系统的稳定性。为了以下证明方便，不失一般性，假定定义 2.13 中的常数 $\beta$ 恒等于零，且系统是初始松弛的。

**定理 2.17**　考虑图 2.12 所示的反馈系统，设 $H_1, H_2: \chi_e \to \chi_e$，反馈连接满足以下关系

$$\left.\begin{aligned} e_1 &= u_1 - H_2 e_2 \\ y_1 &= H_1 e_1, u_2 = 0 \end{aligned}\right\} \tag{2.83}$$

若 $H_1$ 是无源的，$H_2$ 是严格无源的，则对每一个 $u_1 \in \chi$，总有 $y_1 \in \chi$。

**证明** 利用内积关系式，有

$$\begin{aligned} \langle u_1, y_1 \rangle_T = \langle u_1, H_1 e_1 \rangle_T = \langle e_1 + H_2 e_2, H_1 e_1 \rangle_T = \\ \langle e_1, H_1 e_1 \rangle_T + \langle H_2 e_2, H_1 e_1 \rangle_T = \\ \langle e_1, H_1 e_1 \rangle_T + \langle H_2 y_1, y_1 \rangle_T \end{aligned}$$

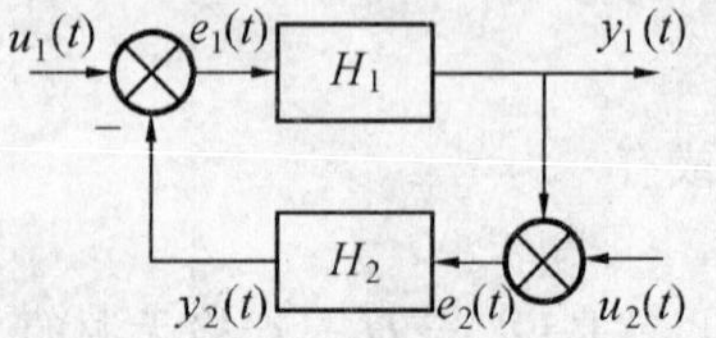

图 2.12 反馈系统

但是

$$\langle e_1, H_1 e_1 \rangle_T \geqslant 0, \quad \langle H_2 y_1, y_1 \rangle_T \geqslant \delta \| y_{1T} \|_\chi^2$$

又因为 $H_1$ 和 $H_2$ 分别是无源和严格无源的，因此有

$$\langle u_1, y_1 \rangle_T \geqslant \delta \| y_{1T} \|_\chi^2$$

根据 Schwartz 不等式，$| \langle u_1, y_1 \rangle_T | \leqslant \| u_{1T} \|_\chi \| y_{1T} \|_\chi$，因此

$$\| u_{1T} \|_\chi \| y_{1T} \|_\chi \geqslant \delta \| y_{1T} \|_\chi^2 \Rightarrow \| y_{1T} \|_\chi \leqslant \delta^{-1} \| u_{1T} \|_\chi$$

因而，若 $u_1 \in \chi$，可以对上式两边取 $T \to \infty$ 的极限，得

$$\| y_1 \| \leqslant \delta^{-1} \| u_1 \|$$

这表明，若 $u_1$ 是空间 $\chi$ 中的，则 $y_1$ 也是空间 $\chi$ 中的。证毕。

这个定理指出，若图 2.12 所示的反馈系统有一个解，则当 $H_1$ 为无源、$H_2$ 为严格无源时，只要输入 $u_1$ 有界，则其输出 $y_1$ 有界。根据输入-输出稳定的定义，这就意味着，闭环系统从 $u_1$ 到 $y_1$ 的映射是输入-输出稳定的。但定理并不保证误差 $e_1$ 和输出 $y_2$ 有界。对于 $e_1$ 和 $y_2$ 这两个信号的有界性，还需要更强的假设，也就是严格无源系统还必须有有限的增益。下面的定理讨论了这个问题。

**定理 2.18** 此定理的条件同定理 2.17。若两个子系统 $H_1$，$H_2$ 都是无源的，其中的一个是严格无源的，且有有限增益，则只要 $u_1 \in \chi$，就有 $e_1, e_2, y_1, y_2 \in \chi$。

**证明** 根据定理的条件设 $H_1$ 无源，$H_2$ 严格无源，且有有限增益。另一种情况（即 $H_2$ 无源，$H_1$ 严格无源且增益有限）证明过程完全类似。利用定理 2.17 的结果，有

$$\| y_{1T} \|_\chi \leqslant \delta^{-1} \| u_{1T} \|_\chi \tag{2.84}$$

所以，只要 $u_1 \in \chi$，就有 $y_1 = e_2 \in \chi$。另一方面，由于 $y_2 = H_2 y_1$，因为 $H_2$ 有有限增益，由 $\| y_{2T} \|_\chi = \| (H_2 y_1)_T \|_\chi$，得

$$\| y_{2T} \|_\chi \leqslant \gamma(H_2) \| y_{1T} \|_\chi \leqslant \gamma(H_2) \delta^{-1} \| u_{1T} \|_\chi$$

因此，只要 $u_1 \in \chi$，则必有 $y_2 \in \chi$。最后根据方程(2.83)，有

$$\| e_{1T} \|_\chi \leqslant \| u_{1T} \|_\chi + \| (H_2 y_1)_T \|_\chi \leqslant \| u_{1T} \|_\chi + \gamma(H_2) \| y_{1T} \|_\chi$$

考虑到式(2.84)，则上式意味着，只要 $u_1 \in \chi$，就有 $e_1 \in \chi$。

在图 2.12 中，若 $u_2(t) \neq 0$，定理 2.17 的结论仍然成立，下述定理说明了这一点。

**定理 2.19** 考虑图 2.12 所示的反馈系统，设 $H_1, H_2 : \chi_e \to \chi_e$，系统反馈连接满足如下关系

$$e_1 = u_1 - H_2 e_2, \quad e_2 = u_2 + H_1 e_1 \tag{2.85}$$

若子系统 $H_1$ 和 $H_2$ 均是无源的，其中之一既是严格无源，又是有有限增益的，则只要 $u_1$，$u_2 \in \chi$，就有 $e_1, e_2, y_1; y_2 \in \chi$。

定理的证明方法与前两个定理的证明类似，此处证明略。

3. 线性时不变系统的无源性(Passivity of Linear Time-Invariant System)

**定理 2.20**　考虑线性时不变系统 $H:L_{2e}\to L_{2e}$。利用 $Hu=h*u$ 确定系统的响应，其中 $h\in\mathscr{A}, u\in L_{2e}$，则有：

(i) $H$ 无源的充要条件是 $\mathrm{Re}[H(\mathrm{j}\omega)]\geqslant 0, \forall\omega\in\mathbf{R}$；

(ii) $H$ 严格无源的充要条件是 $\exists\delta>0$，使 $\mathrm{Re}[H(\mathrm{j}\omega)]\geqslant\delta, \forall\omega\in\mathbf{R}$ 成立。

**证明**　$\mathscr{A}$ 的元部件的 Laplace 变换在闭右半平面无极点。因此形如 $s=\mathrm{j}\omega$ 的点属于 $H(s)$ 的收敛域，且 $H(\mathrm{j}\omega)$ 是 $h(t)$ 的 Fourier 变换。Fourier 变换具有如下两个重要性质：

① 如果 $f$ 是实值函数，则 $F(\mathrm{j}\omega)$ 的实部和虚部记为 $\mathrm{Re}[F(\mathrm{j}\omega)]$ 和 $\mathrm{Im}[F(\mathrm{j}\omega)]$，它们分别是 $\omega$ 的偶函数和奇函数。

② 满足 Parseval 关系式

$$\int_{-\infty}^{\infty}f(t)g(t)\mathrm{d}t=\frac{1}{2\pi}\int_{-\infty}^{\infty}F(\mathrm{j}\omega)G^{*}(\mathrm{j}\omega)\mathrm{d}\omega,\quad G^{*}(\mathrm{j}\omega)\text{ 为 }G(\mathrm{j}\omega)\text{ 的复共轭}$$

再根据假设，$h\in\mathscr{A}$，这意味着 $H$ 是因果的，且是稳定的。因此根据定理 2.14，系统 $H$ 无源(严格无源) 的充要条件是 $H$ 为正性(严格正性)，且略去无源性定义中的所有截断。考虑到这一点，有

$$\begin{aligned}\langle u,h*u\rangle=&\int_{-\infty}^{\infty}u(t)[h(t)*u(t)]\mathrm{d}t=\frac{1}{2\pi}\int_{-\infty}^{\infty}u(\mathrm{j}\omega)[H(\mathrm{j}\omega)u^{*}(\mathrm{j}\omega)]\mathrm{d}\omega=\\&\frac{1}{2\pi}\int_{-\infty}^{\infty}|u(\mathrm{j}\omega)|^{2}H(\mathrm{j}\omega)^{*}\mathrm{d}\omega=\frac{1}{2\pi}\int_{-\infty}^{\infty}\mathrm{Re}[H(\mathrm{j}\omega)]|u(\mathrm{j}\omega)|^{2}\mathrm{d}\omega+\\&\frac{\mathrm{j}}{2\pi}\int_{-\infty}^{\infty}\mathrm{Im}[H(\mathrm{j}\omega)]|u(\mathrm{j}\omega)|^{2}\mathrm{d}\omega\end{aligned}$$

因为 $\mathrm{Im}[H(\mathrm{j}\omega)]$ 是 $\omega$ 的奇函数，所以上式第二项积分为零，于是有

$$\langle u,Hu\rangle=\frac{1}{2\pi}\int_{-\infty}^{\infty}\mathrm{Re}[H(\mathrm{j}\omega)]|u(\mathrm{j}\omega)|^{2}\mathrm{d}\omega$$

记

$$\langle u,u\rangle=\frac{1}{2\pi}\int_{-\infty}^{\infty}|u(\mathrm{j}\omega)|^{2}\mathrm{d}\omega$$

则由定理条件(i) 和(ii) 的充分条件可直接得

$$\langle u,Hu\rangle\geqslant\inf_{\omega}\mathrm{Re}[H(\mathrm{j}\omega)]$$

上式表明，系统 $H$ 是无源的。为了证明必要性，现反设在某个 $\omega=\omega^{*}$ 处 $\mathrm{Re}[H(\mathrm{j}\omega)]<0$，而系统 $H$ 为无源。根据 Fourier 变换作为 $\omega$ 函数的连续性，对于某个 $\varepsilon>0$，必然成立，有 $\mathrm{Re}[H(\mathrm{j}\omega)]<0, \forall\omega\in|\omega-\omega^{*}|<\varepsilon$。现构造如下函数，即

$$\begin{aligned}&u(\mathrm{j}\omega)\geqslant M,\quad\forall\omega\in|\omega-\omega^{*}|<\varepsilon\\&u(\mathrm{j}\omega)<m,\quad\text{对其他 }\omega\end{aligned}$$

如此，则对于 $\mathrm{Re}[H(\mathrm{j}\omega)]$ 为负值的频段 $\forall\omega\in|\omega-\omega^{*}|<\varepsilon$，$u(\mathrm{j}\omega)$ 集具有能量，因而对于选择合适的常数 $M$ 和 $m$ 来说，有 $\langle u,Hu\rangle<0$。这与原设矛盾，矛盾表明定理的必要性成立。证毕。

定理 2.20 是针对单输入-单输出系统证明的结论，对于多输入-单输出系统，这一结果可以推广。

**定理 2.21**　设有多输入-多输出系统 $H:L_{2e}\to L_{2e}$，利用 $Hu=h*u$ 确定其响应，其中 $h\in$

$\mathscr{A}, \boldsymbol{u} \in L_{2e}$，则有：

(i) $H$ 为无源的充要条件是 $[H(\mathrm{j}\omega) + H^*(\mathrm{j}\omega)] \geqslant 0, \forall \omega \in \mathbf{R}$；

(ii) $H$ 为严格无源的充要条件是 $\lambda_m[H(\mathrm{j}\omega) + H^*(\mathrm{j}\omega)] \geqslant \delta, \forall \omega \in \mathbf{R}$。

证明留给读者。

定理 2.20 对脉冲响应属于代数 $\mathscr{A}$ 已作了证明。特别地，对于有限维系统，这个代数由所有极点在开左半平面的系统构成。因此定理 2.20 对转移函数为

$$H(s) = \alpha s/(s^2 + \omega_0^2), \quad \alpha > 0, \quad \omega_0 \geqslant 0$$

的系统是否为无源则不能肯定。而这类转移函数描述的系统又是非常重要的一类系统，下面的定理将证明这类系统不论 $\alpha, \omega_0$ 的值为何，它仍然是无源的。

**定理 2.22** 设有系统 $H: L_{2e} \to L_{2e}$，其传递函数为

$$H(s) = \alpha s/(s^2 + \omega_0^2), \quad \alpha > 0, \quad \omega_0 \geqslant 0$$

则系统 $H$ 是无源的。

**证明** 根据定理 2.16，系统 $H$ 无源的充要条件是

$$\| S \|_\infty = \| (1 - H)/(1 + H) \|_\infty \leqslant 1$$

但对于给定的 $H(s)$，有

$$S(s) = (s^2 - \alpha s + \omega_0^2)/(s^2 + \alpha s + \omega_0^2) \Rightarrow$$

$$S(\mathrm{j}\omega) = [(\omega_0^2 - \omega^2) - \mathrm{j}\alpha\omega]/[(\omega_0^2 - \omega^2) + \mathrm{j}\alpha\omega]$$

因此，$|S(\mathrm{j}\omega)| = 1, \forall \omega$。这就意味着 $\| S \|_\infty = 1$，因而定理成立。证毕。

上面讨论的结论：一个因果的稳定的线性时不变系统 $H$ 为严格无源的充要条件是 $H(\mathrm{j}\omega) \geqslant \delta > 0, \forall \omega \in \mathbf{R}$。这是一条非常苛刻的条件，能够满足这一条件的物理系统很少。没有一个严格正则的系统能满足这一条件，这一约束也严重限制了无源性定理的应用。例如，考虑一个无源对象受线性时不变控制器控制的情况。如果按无源性定理使这个系统稳定，那么只有相对阶为零的控制器才可能符合这一要求。这是令人沮丧的结果，但是引入严格正实性的概念可以使无源性定理的条件放宽。

**定义 2.15** 设有理函数 $H(s) = q(s)/p(s)$，其中 $p(s) \in \mathscr{P}^n, q(s) \in \mathscr{P}^m$。若

$$\mathrm{Re}[H(s)] \geqslant 0, \quad \forall \mathrm{Re}[s] \geqslant 0$$

成立，则称 $H(s)$ 是正实的，若还存在 $\varepsilon > 0$，使 $H(s - \varepsilon)$ 是正实的，则称 $H(s)$ 是严格正实的。

因为定义 2.15 要对闭右半平面 $s$ 的所有可能的值检验传递函数 $H(s)$ 实部的大小才能确定其正实性，所以应用定义 2.15 确定 $H(s)$ 的正实性是困难的。为此在频域中寻求 $H(s)$ 正实性条件受到欢迎。现在讨论这一问题。

**定义 2.16** 设有理函数 $H(s) = q(s)/p(s)$，其中 $p(s) \in \mathscr{P}^n, q(s) \in \mathscr{P}^m$。若如下条件成立：

(i) $p(s)$ 是一个 Hurwitz 多项式；

(ii) $\mathrm{Re}[H(\mathrm{j}\omega)] > 0, \forall \omega \in [0, \infty)$，

则称 $H(s)$ 属于一个 $\mathscr{R}$ 类函数。

**定义 2.17** 如果有理函数 $H(s)$ 是一个 $\mathscr{R}$ 类函数，且分子与分母的阶数之差最多为 1，则 $H(s)$ 称为弱严格正实的。若 $H(s)$ 是弱严格正实的，且如下条件中的一个成立：

(i) $n = m$，即 $p(s)$ 和 $q(s)$ 为同次幂的多项式；

(ii) $n = m + 1$，即 $H(s)$ 为严格正则，且 $\lim\limits_{\omega \to \infty} \omega^2 \mathrm{Re}[H(\mathrm{j}\omega)] > 0$，

则称 $H(s)$ 是严格正实的。

注意到上述定义中的几个概念的差异是重要的。显然,如果 $H(s)$ 是严格正实的(或乃至弱严格正实),则 $H(s) \in \mathscr{R}$类的。反之,不真。例如,函数 $H(s)=(s+1)^{-1}+s^3$ 是属于 $\mathscr{R}$类函数,但根据定义 2.15,它不是严格正实的。事实上,它甚至也不是正实的。定义 2.17 中条件(ii) 的必要性显得更重要了。

**引理 2.1** (**Kalman-Yakubovich**)　设有如下状态空间描述系统

$$\dot{\boldsymbol{x}}=\boldsymbol{A}\boldsymbol{x}+\boldsymbol{B}\boldsymbol{u},\quad \boldsymbol{y}=\boldsymbol{C}\boldsymbol{x}+\boldsymbol{D}\boldsymbol{u}$$

其中,$\boldsymbol{x}\in\mathbf{R}^n$;$\boldsymbol{u}\in\mathbf{R}^m$;$\boldsymbol{A},\boldsymbol{B},\boldsymbol{C},\boldsymbol{D}$ 为相应维实常矩阵。假定 $\boldsymbol{A}$ 的特征值位于左半平面,$(\boldsymbol{A},\boldsymbol{B},\boldsymbol{C})$ 为可控可观,则 $\boldsymbol{H}=\boldsymbol{C}(s\boldsymbol{I}-\boldsymbol{A})^{-1}\boldsymbol{B}+\boldsymbol{D}$ 为严格正实的充分必要条件是存在一个对称正定矩阵 $\boldsymbol{P}\in\mathbf{R}^{n\times n}$ 和矩阵 $\boldsymbol{Q}\in\mathbf{R}^{m\times m}$,$\boldsymbol{W}\in\mathbf{R}^{m\times m}$,以及充分小正数 $\varepsilon>0$,使得如下矩阵方程成立,即

$$\left.\begin{aligned}&\boldsymbol{P}\boldsymbol{A}+\boldsymbol{A}^{\mathrm{T}}\boldsymbol{P}=-\boldsymbol{Q}\boldsymbol{Q}^{\mathrm{T}}-\varepsilon\boldsymbol{P}\\&\boldsymbol{P}\boldsymbol{B}+\boldsymbol{W}^{\mathrm{T}}\boldsymbol{Q}=\boldsymbol{C}\\&\boldsymbol{W}^{\mathrm{T}}\boldsymbol{W}=\boldsymbol{D}+\boldsymbol{D}^{\mathrm{T}}\end{aligned}\right\}\tag{2.86}$$

对于单输入-单输出的情况,引理2.1可叙述为:系统 $\boldsymbol{H}=\boldsymbol{C}(s\boldsymbol{I}-\boldsymbol{A})^{-1}\boldsymbol{B}$ 为严格正实的充要条件是存在对称正定矩阵 $\boldsymbol{P},\boldsymbol{L}$ 和实矩阵 $\boldsymbol{Q}$,以及充分小的正数 $\mu>0$,使得如下矩阵方程成立,即

$$\left.\begin{aligned}&\boldsymbol{P}\boldsymbol{A}+\boldsymbol{A}^{\mathrm{T}}\boldsymbol{P}=-\boldsymbol{Q}\boldsymbol{Q}^{\mathrm{T}}-\mu\boldsymbol{L}\\&\boldsymbol{P}\boldsymbol{B}=\boldsymbol{C}^{\mathrm{T}}\end{aligned}\right\}\tag{2.87}$$

引理的证明在许多参考书中均有,如文献[12] 中的定理 4.24,这里略去。

**定理 2.23**　考虑图 2.12 的反馈系统,假定:

(i) $H_1$ 是线性时不变的,严格正则,且是严格正实的;

(ii) $H_2$ 是无源的非线性的,$u_2=0$,则反馈系统是输入-输出稳定的。

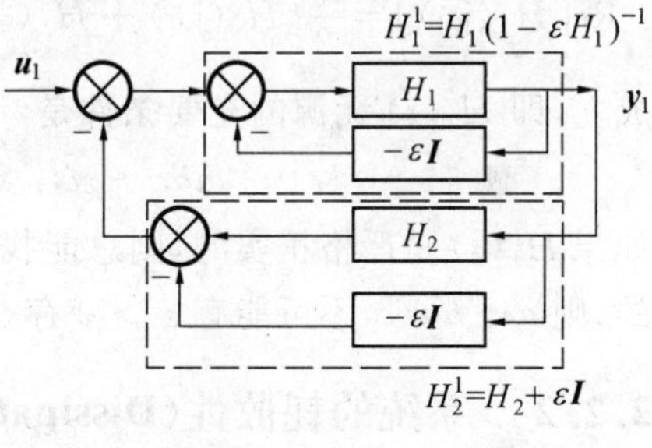


图 2.13　反馈系统

**证明**　现在需要证明的是,只要 $\boldsymbol{u}_1\in\chi$,就有 $\boldsymbol{y}_1\in\chi$。为了证明这一点,现从利用I型回路变换开始,取 $K=-\varepsilon,\varepsilon>0$。变换后的系统如图 2.13 所示。若 $\varepsilon$ 充分小,则如下关系成立:

(i) $H_1^1(s)=H_1(s)(1-\varepsilon H_1(s))^{-1}$ 是无源的;

(ii) $H_2^1=H_2+\varepsilon\boldsymbol{I}$ 是严格无源的。

由前面的论述已知,图 2.12 所示的系统输入-输出稳定的充分必要条件是图 2.13 所示的系统输入-输出稳定。首先考虑子系统 $H_2^1=H_2+\varepsilon\boldsymbol{I}$,则有

$$\langle\boldsymbol{x}_T,(H_2+\varepsilon\boldsymbol{I})\boldsymbol{x}_T\rangle=\langle\boldsymbol{x}_T,H_2\boldsymbol{x}_T\rangle+\varepsilon\langle\boldsymbol{x}_T,\boldsymbol{x}_T\rangle\geqslant\varepsilon\langle\boldsymbol{x}_T,\boldsymbol{x}_T\rangle$$

由此知,对于 $\varepsilon>0$,$H_2^1$ 是严格无源的。现再证 $H_1^1$ 对充分小的 $\varepsilon$ 是严格正实的。因此,记 $\gamma(H_1)$ 为 $H_1$ 的增益,那么根据小增益定理,对于任何 $\varepsilon<\gamma$,$H_1^1$ 是稳定的。还有,因为 $H_1$ 是严格正实的,所以存在正定矩阵 $\boldsymbol{P}$ 和 $\boldsymbol{L}$,一个实矩阵 $\boldsymbol{Q}$,以及充分小的正数 $\mu$,使得式(2.87) 成立。但是,对于已定的 $\boldsymbol{P},\boldsymbol{L},\boldsymbol{Q}$ 和 $\mu$,可有

$$\boldsymbol{P}(\boldsymbol{A}+\varepsilon\boldsymbol{B}\boldsymbol{C})+(\boldsymbol{A}+\varepsilon\boldsymbol{B}\boldsymbol{C})^{\mathrm{T}}\boldsymbol{P}=-\boldsymbol{Q}\boldsymbol{Q}^{\mathrm{T}}-\mu\boldsymbol{L}+2\varepsilon\boldsymbol{C}^{\mathrm{T}}\boldsymbol{C}$$

因而只要 $0\leqslant\varepsilon<\varepsilon^*=\mu\lambda_{\min}[\boldsymbol{L}]/(2\lambda_{\max}[\boldsymbol{C}^{\mathrm{T}}\boldsymbol{C}])$ 成立,矩阵 $\mu\boldsymbol{L}-2\varepsilon\boldsymbol{C}^{\mathrm{T}}\boldsymbol{C}$ 即为正定阵。于是,对

于所有 $\varepsilon \in (0, \min(\varepsilon^*, \gamma^{-1}))$，$H_1^1$ 是强严格正实的，因此是无源的。因为已证得 $H_2^1$ 是严格无源的。因此，根据定理 2.17，本定理的结论成立。证毕。

这是一个很有用的定理，根据这个定理，无源性定理的条件可以放宽。的确，当控制一个无源对象时，一个线性时不变严格正实控制器可以用来代替严格无源控制器。这一结果的重要性源自严格正实函数可以是严格正则的，而严格无源的函数不可能是严格正则的。下面的例子证明，如果线性系统是弱严格正实的，则用于上述定理证明中的回路变换法将失效。因此，强调定义 2.17 中(ii) 条的重要性是必然的。

**例 2.13**　考虑定常系统 $H(s)=(s+c)=H(s)/[(s+a)(s+b)]$，设 $H_1(s)=H(s)/[1-\varepsilon H(s)]$。首先研究系统 $H(s)$ 的严格正实的条件，于是有

$$H(\mathrm{j}\omega)=\frac{(c+\mathrm{j}\omega)}{(ab-\omega^2)+\mathrm{j}\omega(a+b)}$$

$$\mathrm{Re}[H(\mathrm{j}\omega)]=\frac{c(ab-\omega^2)+\omega^2(a+b)}{(ab-\omega^2)^2+\omega^2(a+b)^2}\Rightarrow \lim_{\omega\to\infty}\omega^2\mathrm{Re}[H(\mathrm{j}\omega)]=a+b-c$$

由此可得出结论：

(i) $H(s)$ 为严格正实的充要条件是 $a+b>c$；

(ii) $H(s)$ 为弱严格正实的条件是 $a+b=c$；

(iii) $H(s)$ 不是严格正实的条件是 $a+b<c$。

现在考虑进行回路变换后的系统 $H_1(s)$。我们需要弄明白 $H_1(s)$ 是否是无源的(即 $\mathrm{Re}[H_1(\mathrm{j}\omega)]\geqslant 0$ 是否成立)。为了分析这一点，作如下处理，即

$$\mathrm{Re}[H_1(\mathrm{j}\omega)]=\frac{1}{2}[H_1(\mathrm{j}\omega)+H_1(-\mathrm{j}\omega)]=\frac{(abc-\varepsilon c^2)+\omega^2(a+b-c-\varepsilon)}{(ab-\varepsilon c-\omega^2)^2+(a+b-\varepsilon)^2}\geqslant 0$$

上式成立，即 $H_1(s)$ 无源的充要条件是

$$abc-\varepsilon c^2\geqslant 0,\quad a+b-c-\varepsilon\geqslant 0$$

如果 $H_1(s)$ 是严格正实的，则总能找到一个 $\varepsilon>0$ 使得上式成立。然而若 $H_1(s)$ 是弱严格正实的，则 $a+b=c$，不可能有 $\varepsilon>0$ 存在，使得上式成立。

## 2.2.2　系统的耗散性(Dissipativity of Systems)

1. 基本概念(Basic Concepts)

以下假定所研究的系统是如下状态空间描述的动态方程，即

$$\Psi:\begin{cases}\dot{\boldsymbol{x}}=\boldsymbol{f}(\boldsymbol{x},\boldsymbol{u}) & \boldsymbol{u}\in U,\boldsymbol{x}\in X\\ \dot{\boldsymbol{y}}=\boldsymbol{h}(\boldsymbol{x},\boldsymbol{u}) & \boldsymbol{y}\in Y\end{cases}\tag{2.88}$$

其中，$U$ 是函数 $\boldsymbol{u}$ 的输入空间 $\boldsymbol{u}\in U:\Omega\subset\mathbf{R}\to\mathbf{R}^m$。换言之，$U$ 中的函数 $\boldsymbol{u}$ 将一个实数子集映射到 $\mathbf{R}^m$ 中。$Y$ 是输出空间，有函数 $\boldsymbol{y}\in Y:\Omega\subset\mathbf{R}\to\mathbf{R}^p$。$X\subset\mathbf{R}^n$ 表示状态空间。现定义一个与系统相关的函数 $w(t)=w(\boldsymbol{u}(t),\boldsymbol{y}(t)):U\times Y\to\mathbf{R}$ 称为供给率，它满足如下不等式，即

$$\int_{t_0}^{t_1} w(t)\,\mathrm{d}t<\infty\tag{2.89}$$

也即 $w(\cdot)$ 是系统的输入 $\boldsymbol{u}$ 和输出 $\boldsymbol{y}$ 的一个局部可积函数。

**定义 2.18**　一个动态系统 $\Psi$ 如果存在一个函数 $\phi:X\to\mathbf{R}^+$(称为存储函数)，使得对于所有的 $\boldsymbol{x}_0\in X$，以及对于所有的输入 $\boldsymbol{u}\in U$，有

$$\phi(\boldsymbol{x}_1) \leqslant \phi(\boldsymbol{x}_0) + \int_{t_0}^{t_1} w(t)\mathrm{d}t \tag{2.90}$$

则动态系统 $\Psi$ 称为关于供给率 $w(t)$ 是耗散的，不等式(2.90) 称为耗散不等式。式(2.90) 各项的含义如下：

(i) 存储函数 $\phi(\boldsymbol{x}(t^*))$ 表示系统 $\Psi$ 在 $t^*$ 时刻存储的能量；

(ii) $\int_{t_0}^{t_1} w(t)\mathrm{d}t$ 表示在区间$[t_0, t_1]$ 从外部供给系统 $\Psi$ 的能量，

因此，根据式(2.90)，在 $t_1 \geqslant t_0$ 的时刻系统存储的能量至少等于 $t_0$ 时刻初始存储在系统中的能量的总和 $\varphi(\boldsymbol{x}_0)$。由此可见，系统内部不产生能量。如果由于运动使系统 $\Psi$ 从一个特定的状态 $\boldsymbol{x}_0$ 出发沿着状态空间中的某一条轨迹又回到同一个末状态 $\boldsymbol{x}_0$，则有

$$\phi(\boldsymbol{x}_0) \leqslant \phi(\boldsymbol{x}_0) + \oint w(t)\mathrm{d}t \Rightarrow \oint w(t)\mathrm{d}t \geqslant 0 \tag{2.91}$$

其中，$\oint$ 表示初始状态和末状态相同的闭轨迹积分。上述不等式表明，系统沿闭轨迹运动一周需要外部供给能量。

**可微存储函数**

一般地，一个耗散系统的存储函数 $\phi$，根据定义 2.18，不需要是可微的。然而，如果对 $\phi$ 加上一些强化条件，就可以得到许多更重要的结果。首先，注意到如 $\phi$ 是连续可微的，将式(2.90) 除以 $t_1 - t_0$，并记 $t = t_1$ 时刻 $\phi(\boldsymbol{x})$ 的值为 $\phi(\boldsymbol{x}_1)$，则有

$$\frac{\phi(\boldsymbol{x}_1) - \phi(\boldsymbol{x}_0)}{t_1 - t_0} \leqslant \frac{1}{t_1 - t_0}\int_{t_0}^{t_1} w(t)\mathrm{d}t \tag{2.92}$$

取极限

$$\lim_{t_1 \to t_0} \frac{\phi(\boldsymbol{x}_1) - \phi(\boldsymbol{x}_0)}{t_1 - t_0} = \frac{\mathrm{d}\phi(\boldsymbol{x})}{\mathrm{d}t} = \frac{\partial \phi(\boldsymbol{x})}{\partial \boldsymbol{x}^{\mathrm{T}}} \boldsymbol{f}(\boldsymbol{x}, \boldsymbol{u}) \tag{2.93}$$

因此，式(2.92) 成立的充要条件是下式成立，即

$$\frac{\partial \phi(\boldsymbol{x})}{\partial \boldsymbol{x}^{\mathrm{T}}} \boldsymbol{f}(\boldsymbol{x}, \boldsymbol{u}) \leqslant w(t) = w(\boldsymbol{u}, \boldsymbol{y}) = w(\boldsymbol{x}, \boldsymbol{h}(\boldsymbol{x}, \boldsymbol{u})), \quad \forall\, \boldsymbol{x}, \boldsymbol{u} \tag{2.94}$$

不等式(2.94) 称为微分耗散不等式，它是耗散不等式中最常用的一种。假定 $\phi$ 是可微的，则定义 2.18 可重新叙述如下。

**定义 2.19**　如果一个动态系统 $\Psi$ 存在一个连续可微函数 $\phi: X \to \mathbf{R}^+$（称为存储函数）具有如下性质：

(i) 存在 $\mathcal{K}_\infty$ 类函数 $\alpha_1$ 和 $\alpha_2$，使得 $\alpha_1(\|\boldsymbol{x}\|) \leqslant \phi(\boldsymbol{x}) \leqslant \alpha_2(\|\boldsymbol{x}\|)$，$\forall\, \boldsymbol{x} \in \mathbf{R}^n$；

(ii) $\dfrac{\partial \phi(\boldsymbol{x})}{\partial \boldsymbol{x}^{\mathrm{T}}} \boldsymbol{f}(\boldsymbol{x}, \boldsymbol{u}) \leqslant w(\boldsymbol{u}, \boldsymbol{y})$，$\forall\, \boldsymbol{x} \in \mathbf{R}, \boldsymbol{u} \in \mathbf{R}^m, \boldsymbol{y} = \boldsymbol{h}(\boldsymbol{x}, \boldsymbol{u})$，

则称这个动态系统 $\Psi$ 关于供给率 $w(t) = w(\boldsymbol{u}, \boldsymbol{y})$ 是耗散的。

换言之，定义中的性质(i) 说明了 $\phi(\cdot)$ 是正定的，性质(ii) 表示可微耗散不等式成立。

回顾一下前面曾经讨论过的输入状态稳定的问题(ISS)。现在可以将 ISS 作为耗散系统的特殊情况来看待。在如下的引理中，假定相应于供给率 $w(t)$ 的存储函数是可微的。

**引理 2.2**　一个系统 $\Psi$ 为 ISS 的充要条件是系统对供给率

$$w(t) = -\alpha_3(\|\boldsymbol{x}\|) + \sigma(\|\boldsymbol{u}\|)$$

是耗散的，其中 $\alpha_3$ 和 $\sigma$ 是 $\mathcal{K}_\infty$ 函数。

引理的证明可根据定义 2.19 和定理 2.11 直接得出，这里从略。

下面将研究一种特别重要的供给率和它的含义。可以看到系统的无源性和小增益定理的概念是供给率概念的特殊情况。

**定义 2.20** 给定常数矩阵 $\boldsymbol{Q} \in \mathbf{R}^{p\times p}$，$\boldsymbol{S} \in \mathbf{R}^{p\times m}$，$\boldsymbol{R} \in \mathbf{R}^{m\times m}$，且 $\boldsymbol{Q}$，$\boldsymbol{R}$ 为对称矩阵，定义供给率 $w(t)=w(\boldsymbol{u},\boldsymbol{y})$ 为

$$w(t)=\boldsymbol{y}^{\mathrm{T}}\boldsymbol{Q}\boldsymbol{y}+2\boldsymbol{y}^{\mathrm{T}}\boldsymbol{S}\boldsymbol{u}+\boldsymbol{u}^{\mathrm{T}}\boldsymbol{R}\boldsymbol{u}=[\boldsymbol{y}^{\mathrm{T}},\boldsymbol{u}^{\mathrm{T}}]\begin{bmatrix}\boldsymbol{Q} & \boldsymbol{S}\\ \boldsymbol{S} & \boldsymbol{R}\end{bmatrix}\begin{bmatrix}\boldsymbol{y}\\ \boldsymbol{u}\end{bmatrix} \tag{2.95}$$

显然有

$$\int_0^{\infty} w(t)\,\mathrm{d}t=\langle \boldsymbol{y},\boldsymbol{Q}\boldsymbol{y}\rangle+2\langle \boldsymbol{y},\boldsymbol{S}\boldsymbol{u}\rangle+\langle \boldsymbol{u},\boldsymbol{R}\boldsymbol{u}\rangle \tag{2.96}$$

和

$$\int_0^{T} w(t)\,\mathrm{d}t=\langle \boldsymbol{y},\boldsymbol{Q}\boldsymbol{y}\rangle_T+2\langle \boldsymbol{y},\boldsymbol{S}\boldsymbol{u}\rangle_T+\langle \boldsymbol{u},\boldsymbol{R}\boldsymbol{u}\rangle_T \tag{2.97}$$

此外，利用 $w(t)$ 的时间不变性，可使下式成立，即

$$\int_{t_0}^{t_0+T} w(t)\,\mathrm{d}t=\int_0^{T} w(t)\,\mathrm{d}t \tag{2.98}$$

因此可有如下新的定义。

**定义 2.21** 如果系统 $\Psi$ 存在一个存储函数 $\phi: X \to \mathbf{R}^+$ 使得对 $\forall\, \boldsymbol{x}(0)=\boldsymbol{x}_0 \in X$ 和所有 $\boldsymbol{u} \in U$，有

$$\int_0^{T} w(t)\,\mathrm{d}t=\langle \boldsymbol{y},\boldsymbol{Q}\boldsymbol{y}\rangle_T+2\langle \boldsymbol{y},\boldsymbol{S}\boldsymbol{u}\rangle_T+\langle \boldsymbol{u},\boldsymbol{R}\boldsymbol{u}\rangle_T \geqslant \phi(\boldsymbol{x}_1)-\phi(\boldsymbol{x}_0) \tag{2.99}$$

则称这个系统是 QRS 耗散的。

定义 2.21 显然是定义 2.18 的一个特殊情况。注意到，借助于供给率的研究，系统 $\Psi$ 的状态空间实现已不再是必须的了。的确，QRS 耗散性可以描述一个系统的输入输出性质。为了继续上面的讨论，仍然继续假定，系统的输入-输出关系是按定义 2.18 根据系统 $\Psi$ 的状态空间实现得到的。这样做将允许在 Lyapunov 的意义上研究确定的输入-输出性质和稳定性之间的关系。现在找几个有关 $\boldsymbol{Q}$，$\boldsymbol{R}$ 和 $\boldsymbol{S}$ 参数的特殊情况进行讨论。

(1) 无源系统

系统 $\Psi$ 无源的充要条件为关于 $\boldsymbol{Q}=\boldsymbol{R}=\boldsymbol{0}$ 和 $\boldsymbol{S}=\boldsymbol{I}/2$ 是耗散的。或等价地说，系统 $\Psi$ 无源的充分条件是 $(\boldsymbol{0},\boldsymbol{I}/2,\boldsymbol{0})$ 是耗散的。因为在这种情况下，式(2.99) 意味着

$$\langle \boldsymbol{y},\boldsymbol{u}\rangle_T \geqslant \phi(\boldsymbol{x}_1)-\phi(\boldsymbol{x}_0) \geqslant -\phi(\boldsymbol{x}_0)\ (\text{因根据假设}\ \phi(\boldsymbol{x})>0,\forall\, \boldsymbol{x}) \tag{2.100}$$

所以无源性和耗散性的等价可直接得出。因此，若定义 $\beta \overset{\mathrm{def}}{=\!=} -\phi(\boldsymbol{x}_0)$，则式(2.100) 与定义 2.13 是相当的。这一公式的重要性在于给出了精确的 $\beta$ 值表达式，即 $\beta$ 是在 $t=0$ 时刻由给定的初始条件 $\boldsymbol{x}_0$ 存储在系统中的能量。

(2) 严格无源系统

系统 $\Psi$ 严格无源的充要条件是关于 $\boldsymbol{Q}=\boldsymbol{0}$、$\boldsymbol{R}=-\delta\boldsymbol{I}$ 和 $\boldsymbol{S}=\boldsymbol{I}/2$ 为耗散的。为了明白这一点，现将 $\boldsymbol{Q}$，$\boldsymbol{R}$，$\boldsymbol{S}$ 的这些值代入式(2.99)，得

$$\langle \boldsymbol{y},\boldsymbol{u}\rangle_T+\langle \boldsymbol{u},-\delta\boldsymbol{I}\boldsymbol{u}\rangle_T \geqslant \phi(\boldsymbol{x}_1)-\phi(\boldsymbol{x}_0) \geqslant -\phi(\boldsymbol{x}_0) \overset{\mathrm{def}}{=\!=} \beta$$

或有

$$\langle \boldsymbol{y},\boldsymbol{u}\rangle_T \geqslant \delta\langle \boldsymbol{u},\boldsymbol{u}\rangle_T + \beta = \delta\|\boldsymbol{u}\|_T^2 + \beta \tag{2.101}$$

(3) 有限增益稳定

系统 $\Psi$ 为有限增益稳定的充要条件是关于 $\boldsymbol{Q}=-\boldsymbol{I}/2$、$\boldsymbol{R}=\gamma^2\boldsymbol{I}/2$ 和 $\boldsymbol{S}=\boldsymbol{0}$ 为耗散的。为了明白这一点，现将 $\boldsymbol{Q},\boldsymbol{R},\boldsymbol{S}$ 这些值代入式(2.99)，得

$$-\frac{1}{2}\langle \boldsymbol{y},\boldsymbol{y}\rangle_T + \frac{\gamma^2}{2}\langle \boldsymbol{u},\boldsymbol{u}\rangle_T \geqslant \phi(\boldsymbol{x}_1)-\phi(\boldsymbol{x}_0) \geqslant -\phi(\boldsymbol{x}_0) \Rightarrow$$

$$-\langle \boldsymbol{y},\boldsymbol{y}\rangle_T \geqslant -\gamma^2\langle \boldsymbol{u},\boldsymbol{u}\rangle_T - 2\phi(\boldsymbol{x}_0)$$

或

$$\langle \boldsymbol{y},\boldsymbol{y}\rangle_T \leqslant \gamma^2\langle \boldsymbol{u},\boldsymbol{u}\rangle_T + 2\phi(\boldsymbol{x}_0) \Rightarrow$$

$$\|\boldsymbol{y}_T\|_{L_2}^2 \leqslant \gamma^2\|\boldsymbol{u}\|_{L_2}^2 + 2\phi(\boldsymbol{x}_0) \Leftrightarrow \|\boldsymbol{y}_T\|_{L_2} \leqslant (\gamma^2\|\boldsymbol{u}\|_{L_2}^2 + 2\phi(\boldsymbol{x}_0))^{1/2}$$

根据对于 $a,b>0$ 有 $(a^2+b^2)^{1/2}\leqslant a+b$，若定义 $\beta=(2\phi(\boldsymbol{x}_0))^{1/2}$，则可得

$$\|\boldsymbol{y}_T\|_{L_2} \leqslant \gamma\|\boldsymbol{u}_T\|_{L_2} + \beta \tag{2.102}$$

(4) 严格输出无源系统

如果系统 $\Psi$ 关于 $\boldsymbol{Q}=-\varepsilon\boldsymbol{I}$、$\boldsymbol{R}=\boldsymbol{0}$ 和 $\boldsymbol{S}=\boldsymbol{I}/2$ 是耗散的，则称这个系统是严格输出无源的。在此情况下，将 $\boldsymbol{Q},\boldsymbol{R},\boldsymbol{S}$ 这些值代入式(2.99)中，得

$$-\varepsilon\langle \boldsymbol{y},\boldsymbol{y}\rangle_T + \langle \boldsymbol{y},\boldsymbol{u}\rangle_T \geqslant \phi(\boldsymbol{x}_1)-\phi(\boldsymbol{x}_0) \geqslant -\phi(\boldsymbol{x}_0)$$

或有

$$\int_0^T \boldsymbol{u}^{\mathrm{T}}\boldsymbol{y}\,\mathrm{d}t = \langle \boldsymbol{u},\boldsymbol{y}\rangle_T \geqslant \varepsilon\langle \boldsymbol{y},\boldsymbol{y}\rangle_T + \beta \tag{2.103}$$

(5) 非常严格的无源系统

如果系统 $\Psi$ 关于 $\boldsymbol{Q}=-\varepsilon\boldsymbol{I}$，$\boldsymbol{R}=-\delta\boldsymbol{I}$ 和 $\boldsymbol{S}=\boldsymbol{I}/2$ 是耗散的，则称这个系统是非常严格无源的。在此情况下，将 $\boldsymbol{Q},\boldsymbol{R},\boldsymbol{S}$ 这些值代入式(2.99)中，得

$$-\varepsilon\langle \boldsymbol{y},\boldsymbol{y}\rangle_T - \delta\langle \boldsymbol{u},\boldsymbol{u}\rangle_T + \langle \boldsymbol{y},\boldsymbol{u}\rangle_T \geqslant \phi(\boldsymbol{x}_1)-\phi(\boldsymbol{x}_0) \geqslant -\phi(\boldsymbol{x}_0) \stackrel{\text{def}}{=\!=} \beta$$

或有

$$\int_0^T \boldsymbol{u}^{\mathrm{T}}\boldsymbol{y}\,\mathrm{d}t = \langle \boldsymbol{u},\boldsymbol{y}\rangle_T \geqslant \delta\langle \boldsymbol{u},\boldsymbol{u}\rangle_T + \varepsilon\langle \boldsymbol{y},\boldsymbol{y}\rangle_T + \beta \tag{2.104}$$

上述五种情况的直接结果可概述为如下有用的引理。

**引理 2.3**　如果系统 $\Psi$ 是严格输出无源的，则它具有有限 $L_2$ 增益。

证明留给读者。

**例 2.14**　考虑图 2.14 所示的带摩擦的质量-弹簧系统。为简单起见，假定质量块 $m$ 与平面之间的摩擦为负，则质量弹簧系统的运动方程为

$$m\ddot{x} + \beta\dot{x} + kx = f$$

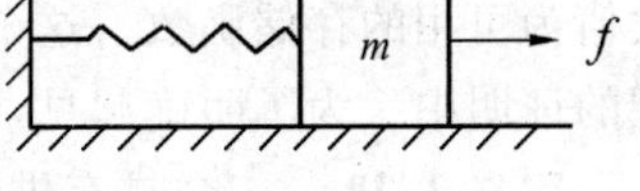


图 2.14　质量－弹簧系统

其中，$m$ 表示质量；$k$ 表示弹簧刚度；$\beta$ 表示弹簧的黏性摩擦系数；$f$ 表示外力。

定义状态变量 $x_1=x$，$\dot{x}_1=x_2$，假定希望的输出变量是速度 $x_2$，则得如下状态空间方程，即

$$\Psi:\begin{cases}\dot{x}_1 = x_2 \\ \dot{x}_2 = -\dfrac{k}{m}x_1 - \dfrac{\beta}{m}x_2 + \dfrac{f}{m} \\ y = x_2\end{cases}$$

为了研究这个系统的耗散性，现找出在任意给定的时刻系统中储存的总能量为

$$E = \frac{1}{2}kx_1^2 + \frac{1}{2}mx_2^2$$

其中，$mx_2^2/2$ 表示质量 $m$ 的动能，$kx_1^2/2$ 表示弹簧储存的势能。因为能量是正值，所以假定 $E$ 作为可能入选的存储函数，即

$$\phi \overset{\text{def}}{=\!=\!=} E = \frac{1}{2}mx_2^2 + \frac{1}{2}kx_1^2$$

因为 $\phi$ 对 $x_1$ 和 $x_2$ 是连续可微的，所以 $\phi$ 沿系统 $\Psi$ 的轨迹的导数为

$$\dot{\phi} = \frac{\partial \phi}{\partial x}\dot{x} = [kx_1, mx_2]\begin{bmatrix} x_2 \\ -\dfrac{k}{m}x_1 - \dfrac{\beta}{m}x_2 + \dfrac{f}{m}\end{bmatrix} = -\beta x_2^2 + x_2 f = -\beta y^2 + yf$$

因此有

$$\int_0^t \dot{\phi}\,\mathrm{d}t = E(t) \geqslant 0$$

于是，输出为 $\dot{x} = x_2$ 的质量-弹簧系统对供给率 $w(t) = yf - \beta y^2$ 是耗散的。显然这个供给率对应于 $\boldsymbol{Q} = -\beta, \boldsymbol{S} = 1/2, \boldsymbol{R} = \boldsymbol{0}$，据此知质量-弹簧系统 $\Psi$ 是严格输出无源的。

假定上述质量-弹簧系统中 $\beta = 0$，则

$$\phi \overset{\text{def}}{=\!=\!=} E = \frac{1}{2}kx_1^2 + \frac{1}{2}mx_2^2$$

于是有

$$\dot{\phi} = x_2 f = yf$$

同样有

$$\int_0^T \dot{\phi}\,\mathrm{d}t = E(t) \geqslant 0$$

这样，输出为 $\dot{x} = x_2$ 的质量－弹簧系统 $\Psi$ 对供给率 $w(t) = yf$ 是耗散的，这相应于 $\boldsymbol{Q} = \boldsymbol{0}$，$\boldsymbol{S} = 1/2, \boldsymbol{R} = \boldsymbol{0}$。这意味着系统 $\Psi$ 是无源的。

上面的例子对系统的无源性、耗散性和能量的关系给出了清晰的物理概念。现在要问，给定一个耗散系统，在任意给定的时刻从系统提取的能量的最大值是什么？Willems 称这个最大值为可用的存储函数。这个量的大小在耗散系统理论中起着重要的概念性作用，并用于定理的证明中。为了明确起见，现引入这一概念。

**定义 2.22** 一个具有供给率 $w$ 的动态系统 $\Psi$，其可用的存储函数 $\phi_a$ 定义为

$$\phi_a(\boldsymbol{x}) = \sup_{\substack{\boldsymbol{u}(\cdot) \\ T \geqslant 0}} -\int_0^T w(\boldsymbol{u}(t), \boldsymbol{y}(t))\,\mathrm{d}t, \quad \boldsymbol{x}(0) = \boldsymbol{x} \tag{2.105}$$

如定义所述，$\phi_a(\boldsymbol{x})$ 表示从 $t = 0$ 的初态开始能从系统 $\Psi$ 提取的最大能量。

下面介绍的定理，其重要性在于提供了一种方法，能根据可用的存储函数检验系统是不是耗散的。

**定理 2.24** 一个动态系统 $\Psi$ 相对于供给率 $w$ 为耗散的充要条件是，对所有 $\boldsymbol{x} \in X$，可用

存储函数

$$\phi_a(\boldsymbol{x})=\sup_{\substack{\boldsymbol{u}(\cdot)\\T\geqslant 0}}-\int_0^T w(\boldsymbol{u}(t),\boldsymbol{y}(t))\mathrm{d}t,\quad \boldsymbol{x}(0)=\boldsymbol{x} \tag{2.106}$$

是有限的。此外，如果 $\phi_a(\boldsymbol{x})$ 对所有的 $\boldsymbol{x}\in X$ 是有限的，则 $\phi_a$ 是一个存储函数，并且其他所有可能的存储函数 $\phi$ 应满足

$$\phi_a(\boldsymbol{x})\leqslant\phi(\boldsymbol{x}),\quad \forall\,\boldsymbol{x}\in X \tag{2.107}$$

**证明** 假设 $\phi_a$ 有限，显然 $\phi_a\geqslant 0$（在式(2.106)中取 $T=0$）。现在对于任意给定的 $\boldsymbol{u}^*$：$[t_0,t_1]\to\mathbf{R}^m$ 和相应的状态 $\boldsymbol{x}(t_1)$，比较 $\phi_a(\boldsymbol{x}(t_0))$ 与 $\phi_a(\boldsymbol{x}(t_1))-\int_{t_0}^{t_1}w(\boldsymbol{u}(t),\boldsymbol{y}(t))\mathrm{d}t$。因为在式(2.106)中，$\phi_a$ 是所有 $\boldsymbol{u}(\cdot)$ 的上确界，由此可立即得出

$$\phi_a(\boldsymbol{x}(t_0))\geqslant\phi_a(\boldsymbol{x}(t_1))-\int_{t_0}^{t_1}w(\boldsymbol{u}(t),\boldsymbol{y}(t))\mathrm{d}t \tag{2.108}$$

因此，$\phi_a$ 是一个存储函数，这就证明了系统 $\Psi$ 相对供给率 $w$ 耗散。

反之，设系统 $\Psi$ 耗散，则存在 $\phi\geqslant 0$，使得对所有的 $\boldsymbol{u}(\cdot)$，有

$$\phi(\boldsymbol{x}(0))+\int_0^T w(\boldsymbol{u}(t),\boldsymbol{y}(t))\mathrm{d}t\geqslant\phi(\boldsymbol{x}(T))\geqslant 0 \tag{2.109}$$

这表明

$$\phi(\boldsymbol{x}(0))\geqslant\sup\left[-\int_0^T w(\boldsymbol{u}(t),\boldsymbol{y}(t))\mathrm{d}t\right]=\phi_a(\boldsymbol{x}(0)) \tag{2.110}$$

这就证明了式(2.107)成立。证毕。

$\phi_a(\boldsymbol{x}(0))$ 的大小可解释为在初始条件为 $\boldsymbol{x}_0$ 时，能从系统中提取的能量，因此函数 $\phi_a$ 称为可用存储函数。上述定理说明，系统 $\Psi$ 是耗散的，当且仅当可以提取的最大能量在每一个初始条件下都是有限的。如果系统从某一初始条件到 $\boldsymbol{x}^*$ 可达，那么只要对 $\boldsymbol{x}^*$ 检验这个性质就可以了。

2. 耗散性的代数条件(Algebraic Condition for Dissipativity)

可用存储函数的概念和定理 2.24 从理论上说明了系统耗散性的条件，然而定理 2.24 并不实用。下文介绍的定理将提供一个系统耗散性的实用判断条件，特别是在一定的假设条件下，系统的耗散性可根据系统状态空间实现的系数来判断。此外，在线性系统无源的情况下，耗散性的判断事实上就是 Kalman-Yakubovich 引理。

现作如下假定。

① 假定在状态空间实现 $\Psi$(式(2.88))中，函数 $\boldsymbol{f}(\cdot,\cdot)$ 和 $\boldsymbol{h}(\cdot,\cdot)$ 是输入 $\boldsymbol{u}$ 的仿射函数，也即假定非线性系统为如下形式，即

$$\Psi:\begin{cases}\dot{\boldsymbol{x}}=\boldsymbol{f}(\boldsymbol{x})+\boldsymbol{g}(\boldsymbol{x})\boldsymbol{u}\\ \boldsymbol{y}=\boldsymbol{h}(\boldsymbol{x})+\boldsymbol{d}(\boldsymbol{x})\boldsymbol{u}\end{cases} \tag{2.111}$$

其中，$\boldsymbol{x}\in\mathbf{R}^n$；$\boldsymbol{u}\in\mathbf{R}^m$；$\boldsymbol{y}\in\mathbf{R}^p$。

② 假定系统(2.111)是可达的，即给定任意 $\boldsymbol{x}_1\in\mathbf{R}^n$，存在一个 $t_0\leqslant t_1$ 和一个输入 $\boldsymbol{u}\in U$，使得系统的状态能从 $t=0$ 的初态 $\boldsymbol{x}_0$，在 $t=t_1$ 时到达末态 $\boldsymbol{x}(t_1)=\boldsymbol{x}_1$。

③ 假定只要系统 $\Psi$ 关于形如式(2.95)的供给率是耗散的，可用存储函数 $\phi_a(\boldsymbol{x})$ 就是 $\boldsymbol{x}$ 的可微函数。

**定理 2.25** 若非线性系统(2.111)存在一个可微函数 $\phi:\mathbf{R}^n\to\mathbf{R}$ 和向量函数 $\boldsymbol{L}:\mathbf{R}^n\to\mathbf{R}^q$

以及矩阵函数 $\boldsymbol{W}:\mathbf{R}^n \to \mathbf{R}^{q\times m}$ 对所有 $\boldsymbol{x}$,满足如下充要条件,即

$$\left.\begin{aligned}&\phi(\boldsymbol{x})>0,\quad \forall\,\boldsymbol{x}\neq\boldsymbol{0},\quad \phi(0)=0\\&\frac{\partial\phi}{\partial\boldsymbol{x}^{\mathrm{T}}}\boldsymbol{f}(\boldsymbol{x})=\boldsymbol{h}^{\mathrm{T}}(\boldsymbol{x})\boldsymbol{Q}\boldsymbol{h}(\boldsymbol{x})-\boldsymbol{L}^{\mathrm{T}}(\boldsymbol{x})\boldsymbol{L}(\boldsymbol{x})\\&\frac{1}{2}\boldsymbol{g}^{\mathrm{T}}(\boldsymbol{x})\Big(\frac{\partial\phi}{\partial\boldsymbol{x}}\Big)^{\mathrm{T}}=\hat{\boldsymbol{S}}^{\mathrm{T}}\boldsymbol{h}(\boldsymbol{x})-\boldsymbol{W}^{\mathrm{T}}\boldsymbol{L}(\boldsymbol{x})\\&\hat{\boldsymbol{R}}=\boldsymbol{W}^{\mathrm{T}}\boldsymbol{W}\end{aligned}\right\}\tag{2.112}$$

则系统(2.111)$\Psi$ 是 QSR 耗散的(即对式(2.95) 给定的供给率是耗散的),其中

$$\left.\begin{aligned}&\hat{\boldsymbol{R}}=\boldsymbol{R}+\boldsymbol{d}^{\mathrm{T}}(\boldsymbol{x})\boldsymbol{S}+\boldsymbol{S}^{\mathrm{T}}\boldsymbol{d}(\boldsymbol{x})+\boldsymbol{d}^{\mathrm{T}}(\boldsymbol{x})\boldsymbol{Q}\boldsymbol{d}(\boldsymbol{x})\\&\hat{\boldsymbol{S}}(\boldsymbol{x})=\boldsymbol{Q}\boldsymbol{d}(\boldsymbol{x})+\boldsymbol{S}\\&\boldsymbol{R}\in\mathbf{R}^{m\times m},\quad \boldsymbol{Q}\in\mathbf{R}^{p\times p},\quad \boldsymbol{S}\in\mathbf{R}^{p\times m}\end{aligned}\right\}\tag{2.113}$$

**证明** 为了简单起见,假定系统 $\Psi$(2.111) 中的 $\boldsymbol{d}(\boldsymbol{x})=\boldsymbol{0}$,这符合大多数实际系统的情况。如此,则 $\hat{\boldsymbol{R}}=\boldsymbol{R}$,$\hat{\boldsymbol{S}}=\boldsymbol{S}$。现证充分性。设 $\boldsymbol{S}$,$\boldsymbol{L}$ 和 $\boldsymbol{W}$ 满足定理的充分条件,根据定义 2.20 的式(2.95),则有

$$w(\boldsymbol{u},\boldsymbol{y})=\boldsymbol{y}^{\mathrm{T}}\boldsymbol{Q}\boldsymbol{y}+\boldsymbol{u}^{\mathrm{T}}\boldsymbol{R}\boldsymbol{u}+2\boldsymbol{y}^{\mathrm{T}}\boldsymbol{S}\boldsymbol{u}=\boldsymbol{h}^{\mathrm{T}}\boldsymbol{Q}\boldsymbol{h}+\boldsymbol{u}^{\mathrm{T}}\boldsymbol{R}\boldsymbol{u}+2\boldsymbol{h}^{\mathrm{T}}\boldsymbol{S}\boldsymbol{u}=$$

(将式(2.111) 代入)

$$\left[\frac{\partial\phi}{\partial\boldsymbol{x}^{\mathrm{T}}}\boldsymbol{f}(\boldsymbol{x})+\boldsymbol{L}^{\mathrm{T}}\boldsymbol{L}\right]+\boldsymbol{u}^{\mathrm{T}}\boldsymbol{R}\boldsymbol{u}+2\boldsymbol{h}^{\mathrm{T}}\boldsymbol{S}\boldsymbol{u}=$$

$$\frac{\partial\phi}{\partial\boldsymbol{x}^{\mathrm{T}}}\boldsymbol{f}(\boldsymbol{x})+\boldsymbol{L}^{\mathrm{T}}\boldsymbol{L}+\boldsymbol{u}^{\mathrm{T}}\boldsymbol{R}\boldsymbol{u}+2\boldsymbol{u}^{\mathrm{T}}\boldsymbol{S}^{\mathrm{T}}\boldsymbol{h}=$$

(将式(2.112) 的第二式代入)

$$\frac{\partial\phi}{\partial\boldsymbol{x}^{\mathrm{T}}}\boldsymbol{f}(\boldsymbol{x})+\boldsymbol{L}^{\mathrm{T}}\boldsymbol{L}+\boldsymbol{u}^{\mathrm{T}}\boldsymbol{W}^{\mathrm{T}}\boldsymbol{W}\boldsymbol{u}+2\boldsymbol{u}^{\mathrm{T}}\left[\frac{1}{2}\boldsymbol{g}^{\mathrm{T}}(\boldsymbol{x})\Big(\frac{\partial\phi}{\partial\boldsymbol{x}}\Big)^{\mathrm{T}}+\boldsymbol{W}^{\mathrm{T}}\boldsymbol{L}\right]=$$

(将式(2.112) 的第三、四两式代入)

$$\frac{\partial\phi}{\partial\boldsymbol{x}^{\mathrm{T}}}[\boldsymbol{f}(\boldsymbol{x})+\boldsymbol{g}\boldsymbol{u}]+\boldsymbol{L}^{\mathrm{T}}\boldsymbol{L}+\boldsymbol{u}^{\mathrm{T}}\boldsymbol{W}^{\mathrm{T}}\boldsymbol{W}\boldsymbol{u}+2\boldsymbol{u}^{\mathrm{T}}\boldsymbol{W}^{\mathrm{T}}\boldsymbol{L}=$$

$$\frac{\partial\phi}{\partial\boldsymbol{x}^{\mathrm{T}}}\dot{\boldsymbol{x}}+(\boldsymbol{L}+\boldsymbol{W}\boldsymbol{u})^{\mathrm{T}}(\boldsymbol{L}+\boldsymbol{W}\boldsymbol{u})=\dot{\phi}+(\boldsymbol{L}+\boldsymbol{W}\boldsymbol{u})^{\mathrm{T}}(\boldsymbol{L}+\boldsymbol{W}\boldsymbol{u})\Rightarrow$$

$$\int_0^t w(t)\,\mathrm{d}t=\phi(\boldsymbol{x}(t))-\phi(\boldsymbol{x}_0)+\int_0^t(\boldsymbol{L}+\boldsymbol{W}\boldsymbol{u})^{\mathrm{T}}(\boldsymbol{L}+\boldsymbol{W}\boldsymbol{u})\,\mathrm{d}t\geqslant$$

$$\phi(\boldsymbol{x}(t))-\phi(\boldsymbol{x}_0)\tag{2.114}$$

且若取 $\boldsymbol{x}_0=\boldsymbol{0}$,上式即为

$$\int_0^t w(t)\,\mathrm{d}t\geqslant\phi(\boldsymbol{x}(t))\geqslant 0$$

于是根据定义 2.21 系统 $\Psi$(2.111) 是耗散的。

**必要性** 为证必要性,现证对于适当的向量函数 $\boldsymbol{L}$ 和矩阵函数 $\boldsymbol{W}$,定义 2.22 所确定的可用存储函数 $\phi_a$ 是方程(2.112) 的一个解。首先注意到,对任何状态 $\boldsymbol{x}_0$,存在一个控制输入 $\boldsymbol{u}\in U$,使 $t=t_{-1}$ 的任意初态 $\boldsymbol{x}(t_{-1})$ 在 $t=0$ 到达状态 $\boldsymbol{x}_0$。因为系统是耗散的,所以有

$$\int_{t_0}^{t_1}w(t)\,\mathrm{d}t=\phi(\boldsymbol{x}(t_1))-\phi(\boldsymbol{x}(t_0))\geqslant 0$$

特别地,有

$$\int_{t_{-1}}^{T} w(t)\mathrm{d}t = \int_{t_{-1}}^{0} w(t)\mathrm{d}t + \int_{0}^{T} w(t)\mathrm{d}t = \phi(\boldsymbol{x}(T)) - \phi(\boldsymbol{x}(t_{-1})) \geqslant 0$$

也即

$$\int_{0}^{T} w(t)\mathrm{d}t \geqslant - \int_{t_{-1}}^{0} w(t)\mathrm{d}t$$

上述不等式的右边只取决于 $\boldsymbol{x}_0$，其实是取决于可在 $[0,T]$ 上任意选定的控制输入 $\boldsymbol{u}$。因此存在一个有界函数 $C:\mathbf{R}^n \to \mathbf{R}$，使下式成立，即

$$\int_{0}^{T} w(t)\mathrm{d}t \geqslant C(\boldsymbol{x}_0) > -\infty$$

上式意味着 $\phi_a$ 有界。根据定理 2.24，可用存储函数 $\phi_a$ 本身也是一个存储函数，即

$$\int_{0}^{t} w(s)\mathrm{d}s \geqslant \phi_a(\boldsymbol{x}(t)) - \phi_a(\boldsymbol{x}_0), \quad \forall\, t \geqslant 0$$

因为根据定理的条件 $\phi_a$ 是可微的，上式就意味着可定义如下一个新的供给率

$$\boldsymbol{d}(\boldsymbol{x},\boldsymbol{u}) \overset{\text{def}}{=\!=\!=} w - \frac{\mathrm{d}\phi_a(\boldsymbol{x})}{\mathrm{d}t} \geqslant 0 \tag{2.115}$$

将式(2.111) 和式(2.95) 代入上式得

$$\boldsymbol{d}(\boldsymbol{x},\boldsymbol{u}) = -\frac{\mathrm{d}\phi_a(\boldsymbol{x})}{\mathrm{d}t} + w(\boldsymbol{u},\boldsymbol{y}) = -\frac{\partial \phi_a(\boldsymbol{x})}{\partial \boldsymbol{x}^{\mathrm{T}}}[\boldsymbol{f}(\boldsymbol{x}) + \boldsymbol{g}(\boldsymbol{x})\boldsymbol{u}] + \boldsymbol{y}^{\mathrm{T}}\boldsymbol{Q}\boldsymbol{y} + \boldsymbol{u}^{\mathrm{T}}\boldsymbol{R}\boldsymbol{u} + 2\boldsymbol{y}^{\mathrm{T}}\boldsymbol{S}\boldsymbol{u} =$$

$$-\frac{\partial \phi_a(\boldsymbol{x})}{\partial \boldsymbol{x}^{\mathrm{T}}}\boldsymbol{f}(\boldsymbol{x}) - \frac{\partial \phi_a(\boldsymbol{x})}{\partial \boldsymbol{x}^{\mathrm{T}}}\boldsymbol{g}(\boldsymbol{x})\boldsymbol{u} + \boldsymbol{h}^{\mathrm{T}}\boldsymbol{Q}\boldsymbol{h} + \boldsymbol{u}^{\mathrm{T}}\boldsymbol{R}\boldsymbol{u} + 2\boldsymbol{h}^{\mathrm{T}}\boldsymbol{S}\boldsymbol{u} \tag{2.116}$$

注意到 $\boldsymbol{d}(\boldsymbol{x},\boldsymbol{u})$ 具有性质：

(i) $\boldsymbol{d}(\boldsymbol{x},\boldsymbol{u}) \geqslant 0, \forall\, \boldsymbol{x},\boldsymbol{u}$；

(ii) $\boldsymbol{d}(\boldsymbol{x},\boldsymbol{u})$ 是 $\boldsymbol{x}$ 和 $\boldsymbol{u}$ 的二次函数，所以 $\boldsymbol{d}(\boldsymbol{x},\boldsymbol{u})$ 可分解为

$$\boldsymbol{d}(\boldsymbol{x},\boldsymbol{u}) = [\boldsymbol{L}(\boldsymbol{x}) + \boldsymbol{W}\boldsymbol{u}]^{\mathrm{T}}[\boldsymbol{L}(\boldsymbol{x}) + \boldsymbol{W}\boldsymbol{u}] = \boldsymbol{L}^{\mathrm{T}}\boldsymbol{L} + 2\boldsymbol{L}^{\mathrm{T}}\boldsymbol{W}\boldsymbol{u} + \boldsymbol{u}^{\mathrm{T}}\boldsymbol{W}^{\mathrm{T}}\boldsymbol{W}\boldsymbol{u} \tag{2.117}$$

结合上两式即得定理的必要条件成立

$$\boldsymbol{R} = \boldsymbol{W}^{\mathrm{T}}\boldsymbol{W}$$

$$\frac{\partial \phi_a}{\partial \boldsymbol{x}^{\mathrm{T}}}\boldsymbol{f} = \boldsymbol{h}^{\mathrm{T}}(\boldsymbol{x})\boldsymbol{Q}\boldsymbol{h}(\boldsymbol{x}) - \boldsymbol{L}^{\mathrm{T}}(\boldsymbol{x})\boldsymbol{L}(\boldsymbol{x})$$

$$\frac{1}{2}\boldsymbol{g}^{\mathrm{T}}(\boldsymbol{x})\left(\frac{\partial \phi_a}{\partial \boldsymbol{x}}\right)^{\mathrm{T}} = \boldsymbol{S}^{\mathrm{T}}\boldsymbol{h}(\boldsymbol{x}) - \boldsymbol{W}^{\mathrm{T}}\boldsymbol{L}(\boldsymbol{x})$$

证毕。由以上定理可得推论 2.1。

**推论 2.1**　若系统 $\Psi$：式(2.111) 关于供给率(2.95) 是耗散的，则必存在一个实函数 $\phi$ 满足 $\phi(\boldsymbol{x}) > 0, \forall\, \boldsymbol{x} \neq 0, \phi(0) = 0$，使得

$$\frac{\mathrm{d}\phi}{\mathrm{d}t} = -(\boldsymbol{L} + \boldsymbol{W}\boldsymbol{u})^{\mathrm{T}}(\boldsymbol{L} + \boldsymbol{W}\boldsymbol{u}) + w(\boldsymbol{u},\boldsymbol{y}) \tag{2.118}$$

下面考虑几个特殊情况。

(1) 无源系统

现考虑无源系统 $\Psi$：式(2.111)，其无源性供给率 $w(\boldsymbol{u},\boldsymbol{y}) = \boldsymbol{u}^{\mathrm{T}}\boldsymbol{y}$(即供给率式(2.95) 中的 $\boldsymbol{Q} = \boldsymbol{R} = \boldsymbol{0}, \boldsymbol{S} = \boldsymbol{I}/2$ 的情况，此处视 $m = p$)，且假定 $\boldsymbol{d}(\boldsymbol{x}) = \boldsymbol{0}$。在此情况下，根据定理2.25，非线性系统(2.111) 为无源的充要条件是

$$\left.\begin{aligned}&\frac{\partial\phi(\boldsymbol{x})}{\partial\boldsymbol{x}^{\mathrm{T}}}\boldsymbol{f}(\boldsymbol{x})=-\boldsymbol{L}^{\mathrm{T}}(\boldsymbol{x})\boldsymbol{L}(\boldsymbol{x})\\&\boldsymbol{g}^{\mathrm{T}}(\boldsymbol{x})\left(\frac{\partial\phi}{\partial\boldsymbol{x}}\right)=\boldsymbol{h}(\boldsymbol{x})\end{aligned}\right\}\tag{2.119}$$

或者等价地,有

$$\frac{\partial\phi(\boldsymbol{x})}{\partial\boldsymbol{x}^{\mathrm{T}}}\boldsymbol{f}(\boldsymbol{x})\leqslant 0,\quad \left(\frac{\partial\phi}{\partial\boldsymbol{x}}\right)^{\mathrm{T}}\boldsymbol{g}(\boldsymbol{x})=\boldsymbol{h}^{\mathrm{T}}(\boldsymbol{x})\tag{2.120}$$

此外,现假定系统 $\Psi$ 是线性的,则 $\boldsymbol{f}(\boldsymbol{x})=\boldsymbol{A}\boldsymbol{x},\boldsymbol{g}(\boldsymbol{x})=\boldsymbol{B},\boldsymbol{h}(\boldsymbol{x})=\boldsymbol{C}\boldsymbol{x}$。根据线性系统 Lyapunov 稳定性理论,定义存储函数 $\phi(\boldsymbol{x})=\boldsymbol{x}^{\mathrm{T}}\boldsymbol{P}\boldsymbol{x},\boldsymbol{P}=\boldsymbol{P}^{\mathrm{T}}\geqslant\boldsymbol{0}$,若取 $\boldsymbol{u}=\boldsymbol{0}$,则有

$$\frac{\partial\phi(\boldsymbol{x})}{\partial\boldsymbol{x}^{\mathrm{T}}}\boldsymbol{f}(\boldsymbol{x})=\boldsymbol{x}^{\mathrm{T}}[\boldsymbol{A}^{\mathrm{T}}\boldsymbol{P}+\boldsymbol{P}\boldsymbol{A}]\boldsymbol{x}$$

这表明,式(2.120)成立的充要条件为

$$\boldsymbol{A}^{\mathrm{T}}\boldsymbol{P}+\boldsymbol{P}\boldsymbol{A}\leqslant\boldsymbol{0},\quad \boldsymbol{B}^{\mathrm{T}}\boldsymbol{P}=\boldsymbol{C}^{\mathrm{T}}\tag{2.121}$$

因而,对于一个无源系统来说,定理 2.25 可以看作 Kalman-Yakubovich 引理在非线性系统条件下的一种形式。

(2) 严格输出无源系统

再考虑严格输出无源系统 $\Psi$:式(2.111),其严格输出无源性供给率 $w(\boldsymbol{u},\boldsymbol{y})=\boldsymbol{u}^{\mathrm{T}}\boldsymbol{y}-\varepsilon\boldsymbol{y}^{\mathrm{T}}\boldsymbol{y}$(即供给率式(2.95)中的 $\boldsymbol{Q}=-\varepsilon\boldsymbol{I},\boldsymbol{R}=\boldsymbol{0},\boldsymbol{S}=\boldsymbol{I}/2$ 的情况),且假定 $\boldsymbol{d}(\boldsymbol{x})=\boldsymbol{0}$。在这种情况下,根据定理2.25,非线性系统(2.111)为严格输出无源的充要条件是

$$\left.\begin{aligned}&\frac{\partial\phi(\boldsymbol{x})}{\partial\boldsymbol{x}^{\mathrm{T}}}\boldsymbol{f}(\boldsymbol{x})=-\varepsilon\boldsymbol{h}^{\mathrm{T}}(\boldsymbol{x})\boldsymbol{h}(\boldsymbol{x})-\boldsymbol{L}^{\mathrm{T}}(\boldsymbol{x})\boldsymbol{L}(\boldsymbol{x})\\&\boldsymbol{g}^{\mathrm{T}}(\boldsymbol{x})\left(\frac{\partial\phi}{\partial\boldsymbol{x}}\right)=\boldsymbol{h}(\boldsymbol{x})\end{aligned}\right\}\tag{2.122}$$

或者等价地,有

$$\left.\begin{aligned}&\frac{\partial\phi(\boldsymbol{x})}{\partial\boldsymbol{x}^{\mathrm{T}}}\boldsymbol{f}(\boldsymbol{x})\leqslant-\varepsilon\boldsymbol{h}^{\mathrm{T}}(\boldsymbol{x})\boldsymbol{h}(\boldsymbol{x})\\&\left(\frac{\partial\phi}{\partial\boldsymbol{x}}\right)^{\mathrm{T}}\boldsymbol{g}(\boldsymbol{x})=\boldsymbol{h}^{\mathrm{T}}(\boldsymbol{x})\end{aligned}\right\}\tag{2.123}$$

(3) 严格无源系统

最后考虑严格无源系统 $\Psi$:式(2.111),严格无源性供给率 $w(\boldsymbol{u},\boldsymbol{y})=\boldsymbol{u}^{\mathrm{T}}\boldsymbol{y}-\delta\boldsymbol{u}^{\mathrm{T}}\boldsymbol{u}$(即供给率式(2.95)中的 $\boldsymbol{Q}=\boldsymbol{0},\boldsymbol{R}=-\delta\boldsymbol{I},\boldsymbol{S}=I/2$ 的情况),且假定 $\boldsymbol{d}(\boldsymbol{x})=\boldsymbol{0}$。在这种情况下,根据定理 2.25,非线性系统 $\Psi$ 严格无源的充要条件是

$$\left.\begin{aligned}&\frac{\partial\phi(\boldsymbol{x})}{\partial\boldsymbol{x}^{\mathrm{T}}}\boldsymbol{f}(\boldsymbol{x})=-\boldsymbol{L}^{\mathrm{T}}(\boldsymbol{x})\boldsymbol{L}(\boldsymbol{x})\\&\boldsymbol{g}^{\mathrm{T}}(\boldsymbol{x})\left(\frac{\partial\phi}{\partial\boldsymbol{x}}\right)=\boldsymbol{h}(\boldsymbol{x})-2\boldsymbol{W}^{\mathrm{T}}\boldsymbol{L}\\&\hat{\boldsymbol{R}}=\boldsymbol{R}=\boldsymbol{W}^{\mathrm{T}}\boldsymbol{W}=-\delta\boldsymbol{I}\end{aligned}\right\}\tag{2.124}$$

因为 $\boldsymbol{W}^{\mathrm{T}}\boldsymbol{W}\geqslant 0,\delta>0$,所以式(2.124)中的第三式不可能满足。于是可知,形如式(2.111)$\boldsymbol{d}(\boldsymbol{x})=\boldsymbol{0}$ 非线性系统,不可能是严格无源的。

3. 耗散系统的稳定性(Stability of Dissipative Systems)

分析耗散系统的稳定性:假定存储函数 $\phi:\boldsymbol{X}\to\mathbf{R}^{+}$ 是可微的,且满足可微耗散不等式

(2.94)。下面介绍的定理考虑具有存储函数 $\phi$ 的系统 $\Psi$,假定非受控系统 $\Psi$(即 $\dot{\boldsymbol{x}}=\boldsymbol{f}(\boldsymbol{x},\boldsymbol{0})=\boldsymbol{0}$)的平衡点为 $\boldsymbol{x}_e$。

**定理 2.26**　设 $\Psi$ 为关于连续可微存储函数 $\phi:\boldsymbol{X}\to\mathbf{R}^+$ 的耗散动态系统,$\phi$ 满足可微耗散不等式(2.94),且假定如下条件成立:

(i) $\boldsymbol{x}_e$ 是存储函数 $\phi$ 的一个严格局部极小点

$$\phi(\boldsymbol{x}_e)<\phi(\boldsymbol{x}),\quad \forall\, \boldsymbol{x}_e \text{ 的邻域中的 } \boldsymbol{x}$$

(ii) 供给率 $w=w(\boldsymbol{u},\boldsymbol{y})$,使得

$$w(\boldsymbol{0},\boldsymbol{y})\leqslant 0,\quad \forall\, \boldsymbol{y}$$

在以上条件下,$\boldsymbol{x}_e$ 是非受控系统 $\dot{\boldsymbol{x}}=\boldsymbol{f}(\boldsymbol{x},\boldsymbol{0})$ 的一个稳定的平衡点。

**证明**　定义函数 $V\overset{\text{def}}{=\!=\!=}\phi(\boldsymbol{x})-\phi(\boldsymbol{x}_e)$。这个函数是连续可微的,且根据定理的条件(i)对 $\boldsymbol{x}_e$ 邻域的所有 $\boldsymbol{x}$ 是正定的。根据式(2.94)和定理的条件(ii)知,$V$ 沿系统 $\Psi$ 的轨迹的时间导数为

$$\dot{V}(\boldsymbol{x})=\frac{\partial\phi(\boldsymbol{x})}{\partial\boldsymbol{x}^{\mathrm{T}}}\boldsymbol{f}(\boldsymbol{x},\boldsymbol{u})=w(\boldsymbol{u},\boldsymbol{y})\leqslant 0$$

因此,根据 Lyapunov 稳定性定理知,系统稳定。证毕。

定理 2.26 的重要性不仅仅指出了耗散系统具有满足定理条件的平衡点的稳定性,而且也提醒我们利用存储函数 $\phi$ 作为构造 Lyapunov 函数的工具。重要的是,定理 2.26 在 Lyapunov 的意义上给出了耗散性和稳定性之间的关系。同时,定理 2.26 适用所讨论的一类耗散系统也包括作为特殊情况的 QSR 耗散系统。然而,QSR 耗散性质是系统的一种输入-输出特性。因此,系统的耗散性在有关系统输入-输出定理和 Lyapunov 意义上的稳定性之间提供了一个沟通的桥梁。

**推论 2.2**　在定理 2.26 的条件下,如果除 $\boldsymbol{x}(t)=\boldsymbol{x}_e$ 以外 $\dot{\boldsymbol{x}}=\boldsymbol{f}(\boldsymbol{x})$ 没有解满足 $w(\boldsymbol{0},\boldsymbol{y})=w(\boldsymbol{0},\boldsymbol{h}(\boldsymbol{x}))=\boldsymbol{0}$,则 $\boldsymbol{x}_e$ 就是系统的渐进稳定的平衡点。

**证明**　在推论的条件下,$\dot{V}(\boldsymbol{x})$ 严格为负,并且系统 $\Psi:\dot{\boldsymbol{x}}=\boldsymbol{f}(\boldsymbol{x}_e,\boldsymbol{0})$ 的所有轨迹当且仅当 $\boldsymbol{x}(t)=\boldsymbol{x}_e$ 时才有 $\dot{V}(\boldsymbol{x})=0$。于是根据 LaSalle 定理或推论 1.1 知,$\boldsymbol{x}_e$ 是系统渐进稳定的平衡点。

**定义 2.23**　若系统 $\Psi$(2.111)的状态空间实现,对它的任何一条轨迹当 $\boldsymbol{u}=\boldsymbol{0}$、$\boldsymbol{y}=\boldsymbol{0}$、$\forall\, t\geqslant 0$ 时隐含有 $\lim\limits_{t\to\infty}\boldsymbol{x}(t)=\boldsymbol{0}$,则称这个系统是零状态可检测的。

**定理 2.27**　设仿射非线性系统

$$\begin{cases}\dot{\boldsymbol{x}}=\boldsymbol{f}(\boldsymbol{x})+\boldsymbol{g}(\boldsymbol{x})\boldsymbol{u}\\ \boldsymbol{y}=\boldsymbol{h}(\boldsymbol{x})\end{cases}\tag{2.125}$$

关于供给率 $w(t)=\boldsymbol{y}^{\mathrm{T}}\boldsymbol{Q}\boldsymbol{y}+2\boldsymbol{y}^{\mathrm{T}}\boldsymbol{S}\boldsymbol{u}+\boldsymbol{u}^{\mathrm{T}}\boldsymbol{R}\boldsymbol{u}$ 是耗散的,且是零状态可检测的,则齐次系统 $\dot{\boldsymbol{x}}=\boldsymbol{f}(\boldsymbol{x})$。

(i) 当 $\boldsymbol{Q}\leqslant 0$ 时是 Lyapunov 稳定的;

(ii) 当 $\boldsymbol{Q}<0$ 时是渐进稳定的。

**证明**　根据定理 2.25 和推论 1.2,如果系统 $\Psi$ 是 QRS 耗散的,则存在 $\phi>0$,使得

$$\frac{\mathrm{d}\phi}{\mathrm{d}t}=-(\boldsymbol{L}+\boldsymbol{W}\boldsymbol{u})^{\mathrm{T}}(\boldsymbol{L}+\boldsymbol{W}\boldsymbol{u})+w(\boldsymbol{u},\boldsymbol{y})$$

并且,若选 $\boldsymbol{u}=\boldsymbol{0}$,则上式沿 $\dot{\boldsymbol{x}}=\boldsymbol{f}(\boldsymbol{x})$ 的轨迹有

$$\frac{\mathrm{d}\phi}{\mathrm{d}t}=-\boldsymbol{L}^{\mathrm{T}}\boldsymbol{L}+\boldsymbol{h}^{\mathrm{T}}(\boldsymbol{x})\boldsymbol{Q}\boldsymbol{h}(\boldsymbol{x})$$

对于 $\boldsymbol{Q}\leqslant \boldsymbol{0}$，在 $\boldsymbol{x}>\boldsymbol{0}$ 或 $\boldsymbol{x}\in \boldsymbol{x}=\boldsymbol{0}$ 的邻域，有 $\frac{\mathrm{d}\phi}{\mathrm{d}t}\leqslant 0$。于是根据 Lyapunov 稳定性理论知，系统稳定。若 $\boldsymbol{Q}<0$，根据系统为零状态可检测的条件有

$$\frac{\mathrm{d}\phi}{\mathrm{d}t}=0\Rightarrow \boldsymbol{h}^{\mathrm{T}}(\boldsymbol{x})\boldsymbol{Q}\boldsymbol{h}(\boldsymbol{x})\Leftrightarrow \boldsymbol{h}(\boldsymbol{x})=\boldsymbol{0}\Leftrightarrow \boldsymbol{x}=\boldsymbol{0}$$

表明系统渐进稳定。

根据定理 2.27 可直接导出如下推论，它也是前面讨论的五种特殊情况的稳定性结论。

**推论 2.3**　给定零状态可检测系统的状态空间表示为

$$\Psi:\begin{cases}\dot{\boldsymbol{x}}=\boldsymbol{f}(\boldsymbol{x})+\boldsymbol{g}(\boldsymbol{x})\boldsymbol{u}\\ \boldsymbol{y}=\boldsymbol{h}(\boldsymbol{x})+\boldsymbol{d}(\boldsymbol{x})\boldsymbol{u}\end{cases}\tag{2.126}$$

则有：

(i) 若系统 $\Psi$ 是无源的，则非受控系统 $\dot{\boldsymbol{x}}=\boldsymbol{f}(\boldsymbol{x})$ Lyapunov 稳定；

(ii) 若系统 $\Psi$ 是严格无源的，则非受控系统 $\dot{\boldsymbol{x}}=\boldsymbol{f}(\boldsymbol{x})$ Lyapunov 稳定；

(iii) 若系统 $\Psi$ 是有限增益稳定的，则非受控系统 $\dot{\boldsymbol{x}}=\boldsymbol{f}(\boldsymbol{x})$ 渐进稳定；

(iv) 若系统 $\Psi$ 是严格输出无源的，则非受控系统 $\dot{\boldsymbol{x}}=\boldsymbol{f}(\boldsymbol{x})$ 渐进稳定；

(v) 若系统 $\Psi$ 是非常严格无源的，则非受控系统 $\dot{\boldsymbol{x}}=\boldsymbol{f}(\boldsymbol{x})$ 渐进稳定。

现在讨论反馈连接的系统，研究不同形式的 QSR 耗散性在 Lyapunov 意义下闭环系统的稳定性能，将得出几个重要的结论。假定图 2.15 中的系统 $\Psi_1$ 和 $\Psi_2$ 的状态空间实现均有如下形式

$$\Psi_i:\begin{cases}\dot{\boldsymbol{x}}_i=\boldsymbol{f}_i(\boldsymbol{x}_i)+\boldsymbol{g}_i(\boldsymbol{x}_i)\boldsymbol{u}_i & \boldsymbol{u}\in \mathbf{R}^m,\boldsymbol{x}\in \mathbf{R}^n\\ \boldsymbol{y}_i=\boldsymbol{h}_i(\boldsymbol{x}_i)+\boldsymbol{d}_i(\boldsymbol{x}_i)\boldsymbol{u}_i & \boldsymbol{y}\in \mathbf{R}^m,i=1,2\end{cases}\tag{2.127}$$

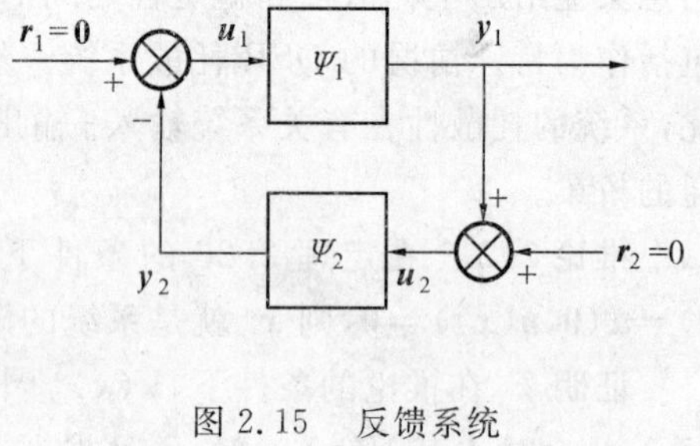


图 2.15　反馈系统

注意到 $\Psi_1$ 和 $\Psi_2$ 的输入与输出的个数均相等。

其次，对系统 $\Psi_1$ 和 $\Psi_2$ 还作如下假定：

(i) 系统 $\Psi_1$ 和 $\Psi_2$ 均是零状态可检测的；

(ii) 系统 $\Psi_1$ 和 $\Psi_2$ 均是完全可达，即对任意给定的 $\boldsymbol{x}_1$，存在一个 $t_0\leqslant t_1$ 和一个输入 $\boldsymbol{u}(\cdot)\in U\to \mathbf{R}^m$ 使得状态能从 $\boldsymbol{x}(t_0)=\boldsymbol{0}$ 到 $\boldsymbol{x}(t_1)=\boldsymbol{x}_1$。

**定理 2.28**　对于图 2.15 所示的反馈系统，假定子系统 $\Psi_1$ 和 $\Psi_2$ 分别对于供给率

$$w_i(\boldsymbol{u}_i,\boldsymbol{y}_i)=\boldsymbol{y}_i^{\mathrm{T}}\boldsymbol{Q}\boldsymbol{y}_i+2\boldsymbol{y}_i^{\mathrm{T}}\boldsymbol{Q}\boldsymbol{u}_i+\boldsymbol{u}_i^{\mathrm{T}}\boldsymbol{R}\boldsymbol{u}_i,\quad i=1,2\tag{2.128}$$

是耗散的，则闭环反馈系统是 Lyapunov 稳定（渐进稳定）的条件是矩阵

$$\hat{\boldsymbol{Q}}=\begin{bmatrix}\boldsymbol{Q}_1+\alpha\boldsymbol{R}_2 & -\boldsymbol{S}_1+\alpha\boldsymbol{S}_2^{\mathrm{T}}\\ -\boldsymbol{S}_1^{\mathrm{T}}+\alpha\boldsymbol{S}_2 & \boldsymbol{R}_1+\alpha\boldsymbol{Q}_2\end{bmatrix}\tag{2.129}$$

对 $\alpha>0$ 为负半定（负定）。

**证明**　考虑选 Lyapunov 函数为

$$\phi(x_1,x_2)=\phi_1(x_1)+\alpha\phi_2(x_2),\quad \alpha>0$$

其中，$\phi_1(x_1)$ 和 $\phi_2(x_2)$ 分别为系统 $\Psi_1$ 和 $\Psi_2$ 的存储函数，因此根据构造方法知 $\phi(x_1,x_2)$ 是正

定的。$\phi(x_1,x_2)$ 沿组合状态$[x_1,x_2]^{\mathrm{T}}$ 轨迹的导数为

$$\dot{\phi}=\dot{\phi}_1(x_1)+\alpha\dot{\phi}_2(x_2)\leqslant w_1(\boldsymbol{u}_1,\boldsymbol{y}_1)+\alpha w_2(\boldsymbol{u}_2,\boldsymbol{y}_2)=$$
$$(\boldsymbol{y}_1^{\mathrm{T}}\boldsymbol{Q}_1\boldsymbol{y}_1+2\boldsymbol{y}_1^{\mathrm{T}}\boldsymbol{S}_1\boldsymbol{u}_1+\boldsymbol{u}_1^{\mathrm{T}}\boldsymbol{R}_1\boldsymbol{u}_1)+\alpha(\boldsymbol{y}_2^{\mathrm{T}}\boldsymbol{Q}_2\boldsymbol{y}_2+2\boldsymbol{y}_2^{\mathrm{T}}\boldsymbol{S}_2\boldsymbol{u}_2+\boldsymbol{u}_2^{\mathrm{T}}\boldsymbol{R}_2\boldsymbol{u}_2) \tag{2.130}$$

将 $\boldsymbol{u}_1=-\boldsymbol{y}_2,\boldsymbol{u}_2=\boldsymbol{y}_1$ 代入式(2.130)，得

$$\dot{\phi}=[\boldsymbol{y}_1^{\mathrm{T}},\boldsymbol{y}_2^{\mathrm{T}}]\begin{bmatrix}\boldsymbol{Q}_1+\alpha\boldsymbol{R}_2 & -\boldsymbol{S}_1+\alpha\boldsymbol{S}_2^{\mathrm{T}}\\ -\boldsymbol{S}_1^{\mathrm{T}}+\alpha\boldsymbol{S}_2^{\mathrm{T}} & \boldsymbol{R}_1+\alpha\boldsymbol{Q}_2\end{bmatrix}\begin{bmatrix}\boldsymbol{y}_1\\ \boldsymbol{y}_2\end{bmatrix} \tag{2.131}$$

于是，根据 Lyapunov 稳定性理论知，定理的结论成立。证毕。

**推论 2.4**　本推论的已知条件与定理 2.28 相同。如此，则有

① 若系统 $\Psi_1$ 和 $\Psi_2$ 是无源的，则图 2.15 所示的反馈系统是 Lyapunov 稳定的。

② 若系统 $\Psi_1$ 和 $\Psi_2$ 是无源的，另外再加上如下条件中的一个，则图 2.15 所示的反馈系统是渐进稳定的。

(i) 系统 $\Psi_1$ 和 $\Psi_2$ 中的一个是非常严格无源的；

(ii) 系统 $\Psi_1$ 和 $\Psi_2$ 均是严格无源的；

(iii) 系统 $\Psi_1$ 和 $\Psi_2$ 均是严格输出无源的。

**证明**　若在式(2.129) 中取 $\alpha=1$，则有如下结论：

(a) 如果系统 $\Psi_1$ 和 $\Psi_2$ 均是无源的，则当 $\boldsymbol{Q}_i=\boldsymbol{0},\boldsymbol{R}_i=\boldsymbol{0},\boldsymbol{S}_i=\boldsymbol{I}/2(i=1,2)$ 时，$\hat{\boldsymbol{Q}}=\boldsymbol{0}$，根据定理 2.28，推论的结论 ① 自然成立。

(b1) 假定系统 $\Psi_1$ 是无源的，$\Psi_2$ 是非常严格无源的，则

$\psi_1$ 无源：$\boldsymbol{Q}_1=\boldsymbol{0},\boldsymbol{R}_1=\boldsymbol{0},\boldsymbol{S}_1=\boldsymbol{I}/2$；

$\psi_2$ 非常严格无源：$\boldsymbol{Q}_2=-\varepsilon_2\boldsymbol{I},\boldsymbol{R}_2=-\delta_2\boldsymbol{I},\boldsymbol{S}=\boldsymbol{I}/2$，

因此 $\hat{\boldsymbol{Q}}=\begin{bmatrix}-\delta_2\boldsymbol{I} & \boldsymbol{0}\\ \boldsymbol{0} & -\varepsilon_2\boldsymbol{I}\end{bmatrix}<\boldsymbol{0}$，根据定理 2.28，推论的结论 ② 中的(i) 成立。对于 $\Psi_2$ 无源，而 $\Psi_1$ 为严格无源的情况，结论完全类似。

(b2) 如果系统 $\Psi_1$ 和 $\Psi_2$ 均为严格无源的，则有 $\boldsymbol{Q}_i=-\varepsilon_i\boldsymbol{I},\boldsymbol{R}_i=-\delta_i\boldsymbol{I},\boldsymbol{S}_i=\boldsymbol{I}/2,i=1,2$。因此 $\hat{\boldsymbol{Q}}=\begin{bmatrix}-(\varepsilon_1+\delta_2)\boldsymbol{I} & \boldsymbol{0}\\ \boldsymbol{0} & -(\varepsilon_2+\delta_1)\boldsymbol{I}\end{bmatrix}<\boldsymbol{0}$，根据定理 2.28，推论的结论 ② 中的(ii) 成立。

(b3) 若系统 $\Psi_1$ 和 $\Psi_2$ 均是严格输出无源，则有 $\boldsymbol{Q}_i=-\varepsilon_i\boldsymbol{I},\boldsymbol{R}_i=\boldsymbol{0},\boldsymbol{S}_i=\boldsymbol{I}/2,i=1,2$。因此，$\hat{\boldsymbol{Q}}=\begin{bmatrix}-\varepsilon_1\boldsymbol{I} & \boldsymbol{0}\\ \boldsymbol{0} & -\varepsilon_2\boldsymbol{I}\end{bmatrix}<\boldsymbol{0}$，同样根据定理 2.28，推论的结论 ② 中的(iii) 成立。证毕。

当具有无源性条件的子系统构成闭环系统时，上述推论为判定闭环系统在 Lyapunov 意义下是否稳定或渐进稳定性方面具有重要作用。下面的推论纯属小增益定理的一个 Lyapunov 描述形式。

**推论 2.5**　本推论的条件与定理 2.28 相同，如果系统 $\Psi_1$ 和 $\Psi_2$ 分别具有增益 $\gamma_1$ 和 $\gamma_2$，且均为有限增益稳定，则图 2.15 的闭环反馈系统 Lyapunov 稳定(渐进稳定) 的条件是 $\gamma_1\gamma_2\leqslant 1(\gamma_1\gamma_2<1)$。

**证明**　在推论的假设下有 $\boldsymbol{Q}_i=-\boldsymbol{I}/2,\boldsymbol{R}_i=\gamma_i^2\boldsymbol{I}/2,\boldsymbol{S}_i=\boldsymbol{0}$。由式(2.129)，得

$$\hat{\boldsymbol{Q}}=\begin{bmatrix}(\alpha\gamma_2^2-1)\boldsymbol{I} & \boldsymbol{0}\\ \boldsymbol{0} & (\gamma_1^2-\alpha)\boldsymbol{I}\end{bmatrix}<\boldsymbol{0}$$

因此，$\hat{Q}$ 为负半定必须有 $\alpha\gamma_2^2 \leqslant 1$ 和 $\gamma_1^2 \leqslant \alpha$。如此，即得 $\gamma_1\gamma_2 \leqslant 1$。这即为推论结论成立的条件。若要求 $\hat{\boldsymbol{Q}} < \boldsymbol{0}$，则必须有 $\gamma_1\gamma_2 < 1$，这就是闭环系统渐进稳定的条件。证毕。

4. 非线性 $L_2$ 增益(Nonlinear $L_2$ Gain)

考虑如下仿射非线性系统

$$\Psi:\begin{cases}\dot{\boldsymbol{x}} = \boldsymbol{f}(\boldsymbol{x}) + \boldsymbol{g}(\boldsymbol{x})\boldsymbol{u} \\ \boldsymbol{y} = \boldsymbol{h}(\boldsymbol{x})\end{cases} \tag{2.132}$$

前面已经论及，如果系统 $\Psi$ 关于供给率 $w = (\gamma^2 \|\boldsymbol{u}\|^2 - \|\boldsymbol{y}\|^2)/2$ 是耗散的(见式(2.102))，则系统是具有有限增益 $\gamma$ 稳定的。假定相应于这个供给率的存储函数是可微的，则由可微耗散不等式(2.94)得

$$\dot{\phi}(t) = \frac{\partial\phi(\boldsymbol{x})}{\partial\boldsymbol{x}^{\mathrm{T}}}\dot{\boldsymbol{x}} \leqslant w(t) \leqslant \frac{1}{2}\gamma^2\|\boldsymbol{u}\|^2 - \frac{1}{2}\|\boldsymbol{y}\|^2 \leqslant 0 \tag{2.133}$$

将式(2.132)代入式(2.133)，则有

$$\frac{\partial\phi(\boldsymbol{x})}{\partial\boldsymbol{x}^{\mathrm{T}}}\boldsymbol{f}(\boldsymbol{x}) + \frac{\partial\phi(\boldsymbol{x})}{\partial\boldsymbol{x}^{\mathrm{T}}}\boldsymbol{g}(\boldsymbol{x})\boldsymbol{u} \leqslant w(t) \leqslant \frac{1}{2}\gamma^2\|\boldsymbol{u}\|^2 - \frac{1}{2}\|\boldsymbol{y}\|^2 \tag{2.134}$$

将式(2.134)左边作如下变动，得

$$\begin{aligned}\frac{\partial\phi(\boldsymbol{x})}{\partial\boldsymbol{x}^{\mathrm{T}}}\boldsymbol{f}(\boldsymbol{x}) + \frac{\partial\phi(\boldsymbol{x})}{\partial\boldsymbol{x}^{\mathrm{T}}}\boldsymbol{g}(\boldsymbol{x})\boldsymbol{u} = {} & \frac{\partial\phi(\boldsymbol{x})}{\partial\boldsymbol{x}^{\mathrm{T}}}\boldsymbol{f}(\boldsymbol{x}) + \frac{\partial\phi(\boldsymbol{x})}{\partial\boldsymbol{x}^{\mathrm{T}}}\boldsymbol{g}(\boldsymbol{x})\boldsymbol{u} + \frac{1}{2}\gamma^2\boldsymbol{u}^{\mathrm{T}}\boldsymbol{u} - \frac{1}{2}\gamma^2\boldsymbol{u}^{\mathrm{T}}\boldsymbol{u} + \\ & \frac{1}{2\gamma^2}\frac{\partial\phi}{\partial\boldsymbol{x}^{\mathrm{T}}}\boldsymbol{g}\boldsymbol{g}^{\mathrm{T}}\left(\frac{\partial\phi}{\partial\boldsymbol{x}^{\mathrm{T}}}\right)^{\mathrm{T}} - \frac{1}{2\gamma^2}\frac{\partial\phi}{\partial\boldsymbol{x}^{\mathrm{T}}}\boldsymbol{g}\boldsymbol{g}^{\mathrm{T}}\left(\frac{\partial\phi}{\partial\boldsymbol{x}^{\mathrm{T}}}\right)^{\mathrm{T}} = \\ & -\frac{1}{2}\gamma^2\left\|\boldsymbol{u} - \frac{1}{\gamma^2}\boldsymbol{g}^{\mathrm{T}}\left(\frac{\partial\phi}{\partial\boldsymbol{x}^{\mathrm{T}}}\right)^{\mathrm{T}}\right\|^2 + \frac{\partial\phi}{\partial\boldsymbol{x}^{\mathrm{T}}}\boldsymbol{f}(\boldsymbol{x}) + \\ & \frac{1}{2\gamma^2}\frac{\partial\phi}{\partial\boldsymbol{x}^{\mathrm{T}}}\boldsymbol{g}\boldsymbol{g}^{\mathrm{T}}\left(\frac{\partial\phi}{\partial\boldsymbol{x}^{\mathrm{T}}}\right)^{\mathrm{T}} + \frac{1}{2}\gamma\|\boldsymbol{u}\|^2\end{aligned} \tag{2.135}$$

将式(2.135)代入式(2.134)，得

$$-\frac{1}{2}\gamma^2\left\|\boldsymbol{u} - \frac{1}{\gamma^2}\boldsymbol{g}^{\mathrm{T}}\left(\frac{\partial\phi}{\partial\boldsymbol{x}^{\mathrm{T}}}\right)^{\mathrm{T}}\right\|^2 + \frac{\partial\phi}{\partial\boldsymbol{x}^{\mathrm{T}}}\boldsymbol{f}(\boldsymbol{x}) + \frac{1}{2\gamma^2}\frac{\partial\phi}{\partial\boldsymbol{x}^{\mathrm{T}}}\boldsymbol{g}\boldsymbol{g}^{\mathrm{T}}\left(\frac{\partial\phi}{\partial\boldsymbol{x}^{\mathrm{T}}}\right)^{\mathrm{T}} \leqslant -\frac{1}{2}\|\boldsymbol{y}\|^2$$

或等价地，有

$$\frac{\partial\phi}{\partial\boldsymbol{x}^{\mathrm{T}}}\boldsymbol{f}(\boldsymbol{x}) + \frac{1}{2\gamma^2}\frac{\partial\phi}{\partial\boldsymbol{x}^{\mathrm{T}}}\boldsymbol{g}\boldsymbol{g}^{\mathrm{T}}\left(\frac{\partial\phi}{\partial\boldsymbol{x}^{\mathrm{T}}}\right)^{\mathrm{T}} + \frac{1}{2}\|\boldsymbol{y}\|^2 \leqslant \frac{1}{2}\gamma^2\left\|\boldsymbol{u} - \frac{1}{\gamma^2}\boldsymbol{g}^{\mathrm{T}}\left(\frac{\partial\phi}{\partial\boldsymbol{x}^{\mathrm{T}}}\right)\right\|^2 \leqslant 0 \tag{2.136}$$

式(2.136)是一个重要的结果。根据这一结果，如果系统(2.132)是具有有限增益 $\gamma$ 稳定的，那么它必定满足如下所谓 Hamilton-Jacobi 不等式，即

$$H \xlongequal{\text{def}} \frac{\partial\phi(\boldsymbol{x})}{\partial\boldsymbol{x}^{\mathrm{T}}}\boldsymbol{f}(\boldsymbol{x}) + \frac{1}{2\gamma^2}\frac{\partial\phi(\boldsymbol{x})}{\partial\boldsymbol{x}^{\mathrm{T}}}\boldsymbol{g}(\boldsymbol{x})\boldsymbol{g}^{\mathrm{T}}(\boldsymbol{x})\left(\frac{\partial\phi}{\partial\boldsymbol{x}^{\mathrm{T}}}\right)^{\mathrm{T}} + \frac{1}{2}\|\boldsymbol{y}\|^2 \leqslant 0 \tag{2.137}$$

要找到一个函数 $\phi(\boldsymbol{x})$ 满足上述不等式，并使 $H$ 的最大值取极小是很困难的。常常将只能对某个 $\gamma$ 估计它的一个上界。可以先猜测一个函数 $\phi$，然后对某个 $\gamma$ 求解一个近似值。这一过程类似于寻找一个 Lyapunov 函数。系统 $\Psi$ 的 $L_2$ 增益的真值记为 $\gamma^*$，它以 $\gamma$ 为上界，即

$$0 \leqslant \gamma^* \leqslant \gamma \tag{2.138}$$

**例 2.15**　设有如下非线性仿射系统

$$\begin{cases}\dot{x}_1 = x_1^2 x_2 - 2x_1 x_2^2 - x_1^3 + \beta x_1 u, \quad \beta > 0 \\ \dot{x}_2 = -x_1^3 - x_2^3 + \beta x_2 u \\ y = x_1^2 + x_2^2\end{cases}$$

也即

$$\boldsymbol{f}(\boldsymbol{x})=\begin{bmatrix}x_1^2x_2-2x_1x_2^2-x_1^3\\ -x_1^3-x_2^3\end{bmatrix},\quad \boldsymbol{g}(\boldsymbol{x})=\begin{bmatrix}\beta x_1\\ \beta x_2\end{bmatrix},\quad \boldsymbol{h}(\boldsymbol{x})=(x_1^2+x_2^2),\quad \boldsymbol{x}=\begin{bmatrix}x_1\\ x_2\end{bmatrix}$$

为了估计系统的 $L_2$ 增益，考虑存储函数选为 $\phi(\boldsymbol{x})=(x_1^2+x_2^2)/2$。借助于该函数，可将 Hamilton-Jacobi 不等式(2.137) 中的各项计算为

(i) $\dfrac{\partial\phi}{\partial\boldsymbol{x}^{\mathrm{T}}}\boldsymbol{f}(\boldsymbol{x})=[x_1\quad x_2]\begin{bmatrix}x_1^2x_2-2x_1x_2^2-x_1^3\\ -x_1^3-x_2^3\end{bmatrix}=-(x_1^2+x_2^2)^2=-\|\boldsymbol{x}\|^4$

(ii) $\dfrac{\partial\phi}{\partial\boldsymbol{x}^{\mathrm{T}}}\boldsymbol{g}(\boldsymbol{x})=[x_1\quad x_2]\begin{bmatrix}\beta x_1\\ \beta x_2\end{bmatrix}=\beta(x_1^2+x_2^2)=\beta\|\boldsymbol{x}\|^2$

$\dfrac{1}{2\gamma^2}\dfrac{\partial\phi(\boldsymbol{x})}{\partial\boldsymbol{x}^{\mathrm{T}}}\boldsymbol{g}(\boldsymbol{x})\boldsymbol{g}^{\mathrm{T}}(\boldsymbol{x})\left(\dfrac{\partial\phi}{\partial\boldsymbol{x}^{\mathrm{T}}}\right)^{\mathrm{T}}=\dfrac{\beta^2}{2\gamma^2}\|\boldsymbol{x}\|^4$

(iii) $\dfrac{1}{2}\|\boldsymbol{y}\|^2=\dfrac{1}{2}(x_1^2+x_2^2)^2=\dfrac{1}{2}\|\boldsymbol{x}\|^4$

将上述计算结果代入式(2.137)，得

$$H=-\|\boldsymbol{x}\|^4+\frac{\beta^2}{2\gamma^2}\|\boldsymbol{x}\|^4+\frac{1}{2}\|\boldsymbol{x}\|^4$$

或得

$$\frac{\beta^2}{2\gamma^2}\leqslant\frac{1}{2}\Rightarrow\gamma\geqslant\beta$$

可见系统的 $L_2$ 增益 $\gamma\geqslant\beta$。

**线性时不变系统的 $L_2$ 增益**

将线性时不变系统作为一种特殊情况来考虑求解系统的 $L_2$ 增益问题。假定此时系统的动态方程为

$$\boldsymbol{\Psi}:\begin{cases}\dot{\boldsymbol{x}}=\boldsymbol{A}\boldsymbol{x}+\boldsymbol{B}\boldsymbol{u}\\ \boldsymbol{y}=\boldsymbol{C}\boldsymbol{x}\end{cases}\tag{2.139}$$

其中，$\boldsymbol{f}(\boldsymbol{x})=\boldsymbol{A}\boldsymbol{x}$，$\boldsymbol{g}(\boldsymbol{x})=\boldsymbol{B}$，$\boldsymbol{h}(\boldsymbol{x})=\boldsymbol{C}\boldsymbol{x}$。若取 $\phi(\boldsymbol{x})=\boldsymbol{x}^{\mathrm{T}}\boldsymbol{P}\boldsymbol{x}/2(\boldsymbol{P}=\boldsymbol{P}^{\mathrm{T}}>\boldsymbol{0})$，并将其代入式(2.137)，得

$$\boldsymbol{H}=\boldsymbol{x}^{\mathrm{T}}(\boldsymbol{P}\boldsymbol{A}+(\sqrt{2}\gamma)^{-2}\boldsymbol{P}\boldsymbol{B}\boldsymbol{B}^{\mathrm{T}}\boldsymbol{P}+2^{-1}\boldsymbol{C}^{\mathrm{T}}\boldsymbol{C})\boldsymbol{x}\leqslant\boldsymbol{0}\tag{2.140}$$

将式(2.140) 转置，得

$$\boldsymbol{H}^{\mathrm{T}}=\boldsymbol{x}^{\mathrm{T}}(\boldsymbol{A}^{\mathrm{T}}\boldsymbol{P}+(\sqrt{2}\gamma)^{-2}\boldsymbol{P}\boldsymbol{B}\boldsymbol{B}^{\mathrm{T}}\boldsymbol{P}+2^{-1}\boldsymbol{C}^{\mathrm{T}}\boldsymbol{C})\boldsymbol{x}\leqslant\boldsymbol{0}\tag{2.141}$$

将(2.140)、(2.141) 两式相加，得

$$\boldsymbol{H}+\boldsymbol{H}^{\mathrm{T}}=\boldsymbol{x}^{\mathrm{T}}(\boldsymbol{A}^{\mathrm{T}}\boldsymbol{P}+\boldsymbol{P}\boldsymbol{A}+\gamma^{-2}\boldsymbol{P}\boldsymbol{B}\boldsymbol{B}^{\mathrm{T}}\boldsymbol{P}+\boldsymbol{C}^{\mathrm{T}}\boldsymbol{C})\boldsymbol{x}\leqslant\boldsymbol{0}\tag{2.142}$$

因此，系统要具有一个小于或等于 $\gamma$ 的有限的 $L_2$ 增益，必须对某个 $\gamma>0$，使得如下矩阵 Riccati 不等式方程成立，即

$$\boldsymbol{A}^{\mathrm{T}}\boldsymbol{P}+\boldsymbol{P}\boldsymbol{A}+\gamma^{-2}\boldsymbol{P}\boldsymbol{B}\boldsymbol{B}^{\mathrm{T}}\boldsymbol{P}+\boldsymbol{C}^{\mathrm{T}}\boldsymbol{C}\leqslant\boldsymbol{0}\tag{2.143}$$

方程(2.143) 在线性控制论中起着十分重要的作用，它的求解在参考文献[12] 的第十二章中有详细的论述。可以证明，线性时不变系统具有小于或等于 $\gamma$ 的有限增益，其充要条件是如下矩阵 Riccati 方程

$$\boldsymbol{A}^{\mathrm{T}}\boldsymbol{P}+\boldsymbol{P}\boldsymbol{A}+\gamma^{-2}\boldsymbol{P}\boldsymbol{B}\boldsymbol{B}^{\mathrm{T}}\boldsymbol{P}+\boldsymbol{C}^{\mathrm{T}}\boldsymbol{C}=\boldsymbol{0}\tag{2.144}$$

有对称正定解 $\boldsymbol{P}$。

**严格输出无源系统的 $L_2$ 增益**

应当指出，严格输出无源系统也有一个有限的 $L_2$ 增益。现在讨论如何计算这个 $L_2$ 增益。考虑如下系统

$$\Psi:\begin{cases}\dot{\boldsymbol{x}}=\boldsymbol{f}(\boldsymbol{x})+\boldsymbol{g}(\boldsymbol{x})\boldsymbol{u}\\ \boldsymbol{y}=\boldsymbol{h}(\boldsymbol{x})\end{cases} \tag{2.145}$$

假定存在一个可微函数 $\phi(\boldsymbol{x})>0$，满足式(2.123)，即成立，有

$$\left.\begin{aligned}&\frac{\partial\phi(\boldsymbol{x})}{\partial\boldsymbol{x}^{\mathrm{T}}}\boldsymbol{f}(\boldsymbol{x})\leqslant-\varepsilon\boldsymbol{h}^{\mathrm{T}}(\boldsymbol{x})\boldsymbol{h}(\boldsymbol{x})\\ &\frac{\partial\phi(\boldsymbol{x})}{\partial\boldsymbol{x}^{\mathrm{T}}}\boldsymbol{g}(\boldsymbol{x})\leqslant\boldsymbol{h}^{\mathrm{T}}(\boldsymbol{x})\end{aligned}\right\}$$

上式表明，系统 $\Psi$ 是严格输出无源的。为了估计系统 $\Psi$ 的 $L_2$ 增益，现考虑解算 Hamilton-Jacobi 不等式(2.137)，即

$$H=\frac{\partial\phi}{\partial\boldsymbol{x}^{\mathrm{T}}}\boldsymbol{f}(\boldsymbol{x})+(\sqrt{2}\gamma)^{-2}\frac{\partial\phi}{\partial\boldsymbol{x}^{\mathrm{T}}}\boldsymbol{g}\boldsymbol{g}^{\mathrm{T}}\left(\frac{\partial\phi}{\partial\boldsymbol{x}^{\mathrm{T}}}\right)^{\mathrm{T}}+2^{-1}\|\boldsymbol{y}\|^{2}\leqslant 0 \tag{2.146}$$

若取 $\phi=k\phi_1(k>0)$，并将其和式(2.123)代入式(2.146)中，则得系统 $\Psi$ 具有小于或等于 $\gamma$ 的 $L_2$ 增益，其充要条件是如下方程成立，即

$$-k\varepsilon\boldsymbol{h}^{\mathrm{T}}(\boldsymbol{x})\boldsymbol{h}(\boldsymbol{x})+(\sqrt{2}\gamma)^{-2}k^{2}\boldsymbol{h}^{\mathrm{T}}(\boldsymbol{x})\boldsymbol{h}(\boldsymbol{x})+2^{-1}\boldsymbol{h}^{\mathrm{T}}(\boldsymbol{x})\boldsymbol{h}(\boldsymbol{x})\leqslant 0$$

将上式提出公共因子 $\boldsymbol{h}^{\mathrm{T}}(\boldsymbol{x})\boldsymbol{h}(\boldsymbol{x})$，解得

$$-k\varepsilon+(\sqrt{2}\gamma)^{-2}k^{2}+2^{-1}\leqslant 0\Leftrightarrow\gamma\geqslant k/\sqrt{2k\varepsilon-1}$$

选取 $k=1/\varepsilon$，则得系统 $L_2$ 增益的估计值为

$$\gamma\geqslant\varepsilon^{-1}$$

考虑图 2.16 所示的反馈系统，图中受控对象为 $\boldsymbol{P}$，要设计的是控制器 $\boldsymbol{C}$，设计的目的是要降低外部干扰 $\boldsymbol{d}$ 对 $\boldsymbol{e}_2$ 和 $\boldsymbol{y}_2$ 的影响。可将图 2.16 改成图 2.17 所示的标准广义受控问题的形式。在图2.17 中，$\boldsymbol{y}_2=\boldsymbol{e}_1$ 为控制器输入，$\boldsymbol{u}=\boldsymbol{y}_1$ 为控制器输出，$\boldsymbol{d}$ 为外干扰，$\boldsymbol{z}=[\boldsymbol{e}_2\quad\boldsymbol{y}_2]^{\mathrm{T}}$ 为受控输出。控制的目的有两点：

① 使闭环反馈系统稳定。

② 尽量降低外干扰信号对希望输出 $\boldsymbol{z}$ 的影响。在上述要求下，就是要找到一个稳定的控制器使闭环系统从 $\boldsymbol{d}\rightarrow\boldsymbol{z}$ 的 $L_2$ 增益取极小。对于线性时不变系统而言，$L_2$ 增益就是系统从 $\boldsymbol{d}$ 到 $\boldsymbol{z}$ 的转移函数矩阵的 $H_\infty$ 范数，控制器的设计是使 $H_\infty$ 范数最小。

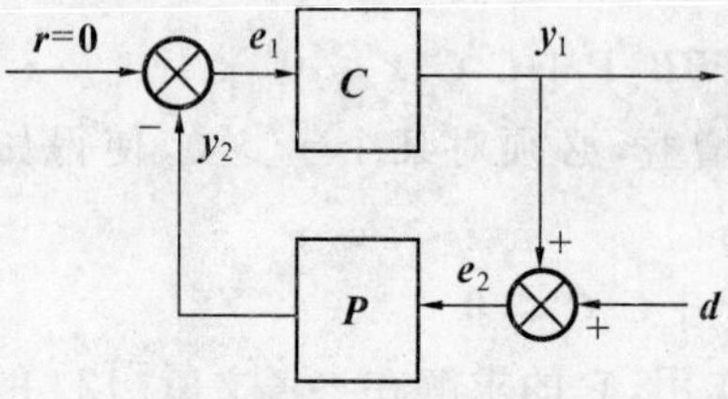


图 2.16　反馈系统

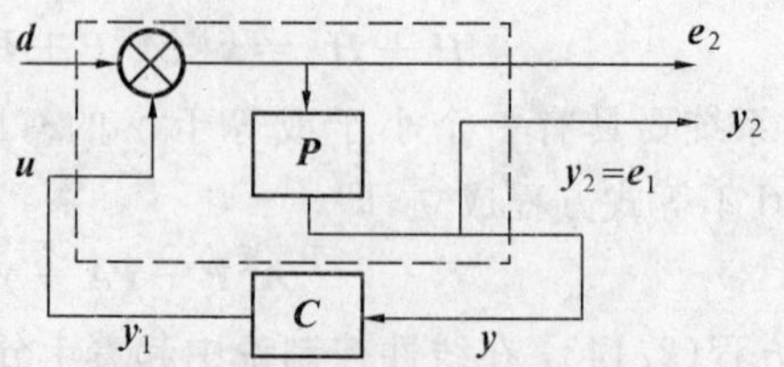


图 2.17　标准广义控制问题

类似地，也可以找一个稳定的控制器使闭环系统从 $\boldsymbol{d}\rightarrow\boldsymbol{z}$ 的 $L_\infty$ 增益取极小。对于线性系

统而言，$L_\infty$ 增益就是系统从 $\boldsymbol{d}$ 到 $\boldsymbol{z}$ 的转移函数矩阵的 $L_1$ 范数，控制器的设计就是使 $L_1$ 范数最小。

如果系统是非线性的，那么求解系统的非线性 $L_2$ 增益的控制器设计问题是很困难的事，设计只能寻求达到问题的次优解。首先给定一个希望的外干扰信号的衰减度，记为 $\gamma_1$，设计一个控制器 $\boldsymbol{C}_1$，使得从 $\boldsymbol{d}\to\boldsymbol{z}$ 的映射具有小于或等于 $\gamma_1$ 的 $L_2$ 增益。如果这样的控制器能设计得到，则另选 $\gamma_2<\gamma_1$，并再重新设计一个新的控制器 $\boldsymbol{C}_2$，使得从 $\boldsymbol{d}\to\boldsymbol{z}$ 的映射具有小于或等于 $\gamma_2$ 的 $L_2$ 增益。重复这一过程就可以得出一个能逼近最优点 $\gamma$（即 $\gamma$ 为最小）的控制器 $\boldsymbol{C}$。

下面将考虑通过状态反馈来实现 $L_2$ 增益最优问题的次优化，这一问题有时又称为全信息 $L_2$ 增益次优控制问题。设有如下状态空间实现的非线性系统 $\Psi$

$$\Psi:\begin{cases}\dot{\boldsymbol{x}}=\boldsymbol{a}(\boldsymbol{x})+\boldsymbol{b}(\boldsymbol{x})\boldsymbol{u}+\boldsymbol{g}(\boldsymbol{x})\boldsymbol{d} & \boldsymbol{u}\in\mathbf{R}^m,\boldsymbol{d}\in\mathbf{R}^r\\ \boldsymbol{y}=\boldsymbol{h}(\boldsymbol{x}) & \boldsymbol{x}\in\mathbf{R}^n,\boldsymbol{y}\in\mathbf{R}^n\\ \boldsymbol{z}=\begin{bmatrix}\boldsymbol{h}(\boldsymbol{x})\\ \boldsymbol{u}\end{bmatrix}\end{cases}\tag{2.147}$$

其中，$\boldsymbol{a}(\boldsymbol{x})$，$\boldsymbol{b}(\boldsymbol{x})$，$\boldsymbol{g}(\boldsymbol{x})$，$\boldsymbol{h}(\boldsymbol{x})$ 均假定为 $\boldsymbol{C}^k$ 类向量或矩阵函数，$k\geqslant 2$。现要求设计一状态反馈控制器

$$\boldsymbol{u}=-\boldsymbol{k}(\boldsymbol{x})\tag{2.148}$$

使闭环系统稳定，且要求系统从干扰 $\boldsymbol{d}$ 到希望输出 $\boldsymbol{z}$ 具有有限的 $L_2$ 增益 $\gamma$。

**定理 2.29**　方程(2.147)的闭环系统具有有限的 $L_2$ 增益小于等于 $\gamma$，且稳定的充要条件是如下 Hamilton-Jacobi 不等式

$$H=\frac{\partial\phi(\boldsymbol{x})}{\partial\boldsymbol{x}^{\mathrm{T}}}\boldsymbol{a}(\boldsymbol{x})+\frac{1}{2}\frac{\partial\phi(\boldsymbol{x})}{\partial\boldsymbol{x}^{\mathrm{T}}}\left[\frac{1}{\gamma^2}\boldsymbol{g}(\boldsymbol{x})\boldsymbol{g}^{\mathrm{T}}(\boldsymbol{x})-\boldsymbol{b}(\boldsymbol{x})\boldsymbol{b}^{\mathrm{T}}(\boldsymbol{x})\right]\left(\frac{\partial\phi(\boldsymbol{x})}{\partial\boldsymbol{x}^{\mathrm{T}}}\right)^{\mathrm{T}}+\frac{1}{2}\boldsymbol{h}^{\mathrm{T}}(\boldsymbol{x})\boldsymbol{h}(\boldsymbol{x})\leqslant 0\tag{2.149}$$

有一个解 $\phi(\boldsymbol{x})\geqslant 0$，且控制函数 $\boldsymbol{u}$ 为

$$\boldsymbol{u}=-\boldsymbol{k}(\boldsymbol{x})=-\boldsymbol{b}^{\mathrm{T}}(\boldsymbol{x})\left(\frac{\partial\phi(\boldsymbol{x})}{\partial\boldsymbol{x}^{\mathrm{T}}}\right)^{\mathrm{T}}(\boldsymbol{x})\tag{2.150}$$

**证明**　**充分性**　假定存在一个可微存储函数 $\phi(\boldsymbol{x})\geqslant 0$ 满足方程(2.149)，则

$$H=\frac{\partial\phi(\boldsymbol{x})}{\partial\boldsymbol{x}^{\mathrm{T}}}\boldsymbol{a}(\boldsymbol{x})+\frac{1}{2}\frac{\partial\phi(\boldsymbol{x})}{\partial\boldsymbol{x}^{\mathrm{T}}}\left[\frac{1}{\gamma^2}\boldsymbol{g}(\boldsymbol{x})\boldsymbol{g}^{\mathrm{T}}(\boldsymbol{x})-\boldsymbol{b}(\boldsymbol{x})\boldsymbol{b}^{\mathrm{T}}(\boldsymbol{x})\right]\left(\frac{\partial\phi(\boldsymbol{x})}{\partial\boldsymbol{x}^{\mathrm{T}}}\right)^{\mathrm{T}}+\frac{1}{2}\boldsymbol{h}^{\mathrm{T}}(\boldsymbol{x})\boldsymbol{h}(\boldsymbol{x})\leqslant 0$$

上式可进一步写成

$$\begin{aligned}H=&\frac{\partial\phi(\boldsymbol{x})}{\partial\boldsymbol{x}^{\mathrm{T}}}\left[\boldsymbol{a}(\boldsymbol{x})-\boldsymbol{b}(\boldsymbol{x})\boldsymbol{b}^{\mathrm{T}}(\boldsymbol{x})\left(\frac{\partial\phi(\boldsymbol{x})}{\partial\boldsymbol{x}^{\mathrm{T}}}\right)^{\mathrm{T}}\right]+\frac{1}{2\gamma^2}\frac{\partial\phi(\boldsymbol{x})}{\partial\boldsymbol{x}^{\mathrm{T}}}\boldsymbol{g}(\boldsymbol{x})\boldsymbol{g}^{\mathrm{T}}(\boldsymbol{x})\left(\frac{\partial\phi(\boldsymbol{x})}{\partial\boldsymbol{x}^{\mathrm{T}}}\right)^{\mathrm{T}}+\\&\frac{1}{2}\left[\boldsymbol{h}^{\mathrm{T}}(\boldsymbol{x})-\left(\frac{\partial\phi(\boldsymbol{x})}{\partial\boldsymbol{x}^{\mathrm{T}}}\right)\boldsymbol{b}(\boldsymbol{x})\right]\begin{bmatrix}\boldsymbol{h}(\boldsymbol{x})\\-\boldsymbol{b}^{\mathrm{T}}(\boldsymbol{x})\left(\frac{\partial\phi(\boldsymbol{x})}{\partial\boldsymbol{x}^{\mathrm{T}}}\right)^{\mathrm{T}}\end{bmatrix}\leqslant 0\end{aligned}$$

根据 Hamilton-Jacobi 不等式的推导过程知，上式对应于如下非线性系统

$$\begin{cases}\dot{\boldsymbol{x}}=\boldsymbol{a}(\boldsymbol{x})-\boldsymbol{b}(\boldsymbol{x})\boldsymbol{b}^{\mathrm{T}}(\boldsymbol{x})\left(\frac{\partial\phi(\boldsymbol{x})}{\partial\boldsymbol{x}^{\mathrm{T}}}\right)^{\mathrm{T}}+\boldsymbol{g}(\boldsymbol{x})\boldsymbol{d}\\ \boldsymbol{z}=\begin{bmatrix}\boldsymbol{h}(\boldsymbol{x})\\-\boldsymbol{b}^{\mathrm{T}}(\boldsymbol{x})\left(\frac{\partial\phi(\boldsymbol{x})}{\partial\boldsymbol{x}^{\mathrm{T}}}\right)^{\mathrm{T}}\end{bmatrix}=\hat{\boldsymbol{h}}(\boldsymbol{x})\end{cases}\tag{2.151}$$

具有有限增益$\gamma$稳定。而式(2.151)正是控制函数(2.150)与开环系统(2.147)构成的闭环系统。于是充分条件成立。

**必要性** 假定存在一个存储函数$\phi(\boldsymbol{x})\geqslant 0$,构成式(2.150)的控制函数。将式(2.150)代入开环非线性系统方程(2.147),得

$$\begin{cases}\dot{\boldsymbol{x}}=\boldsymbol{a}(\boldsymbol{x})-\boldsymbol{b}(\boldsymbol{x})\boldsymbol{b}^{\mathrm{T}}(\boldsymbol{x})\left(\dfrac{\partial\phi(\boldsymbol{x})}{\partial\boldsymbol{x}^{\mathrm{T}}}\right)^{\mathrm{T}}+\boldsymbol{g}(\boldsymbol{x})\boldsymbol{d}=\boldsymbol{f}(\boldsymbol{x})+\boldsymbol{g}(\boldsymbol{x})\boldsymbol{d}\\ \boldsymbol{z}=\begin{bmatrix}h(\boldsymbol{x})\\-\boldsymbol{b}^{\mathrm{T}}(\boldsymbol{x})\left(\dfrac{\partial\phi(\boldsymbol{x})}{\partial\boldsymbol{x}^{\mathrm{T}}}\right)^{\mathrm{T}}\end{bmatrix}=\hat{\boldsymbol{h}}(\boldsymbol{x})\end{cases}\tag{2.152}$$

根据前面的讨论知,系统(2.152)要具有有限增益$\gamma$稳定,必须存在一个存储函数$\phi(\boldsymbol{x})\geqslant 0$满足Hamilton-Jacobi不等式(2.137),即

$$H=\frac{\partial\phi(\boldsymbol{x})}{\partial\boldsymbol{x}^{\mathrm{T}}}\boldsymbol{f}(\boldsymbol{x})+\frac{1}{2\gamma^2}\frac{\partial\phi(\boldsymbol{x})}{\partial\boldsymbol{x}^{\mathrm{T}}}\boldsymbol{g}(\boldsymbol{x})\boldsymbol{g}^{\mathrm{T}}(\boldsymbol{x})\left(\frac{\partial\phi(\boldsymbol{x})}{\partial\boldsymbol{x}^{\mathrm{T}}}\right)^{\mathrm{T}}+\frac{1}{2}\hat{\boldsymbol{h}}^{\mathrm{T}}(\boldsymbol{x})\hat{\boldsymbol{h}}(\boldsymbol{x})\leqslant 0$$

进一步有

$$\begin{aligned}H=&\frac{\partial\phi(\boldsymbol{x})}{\partial\boldsymbol{x}^{\mathrm{T}}}\left[\boldsymbol{a}(\boldsymbol{x})-\boldsymbol{b}(\boldsymbol{x})\boldsymbol{b}^{\mathrm{T}}(\boldsymbol{x})\left(\frac{\partial\phi(\boldsymbol{x})}{\partial\boldsymbol{x}^{\mathrm{T}}}\right)^{\mathrm{T}}\right]+\frac{1}{2\gamma^2}\frac{\partial\phi(\boldsymbol{x})}{\partial\boldsymbol{x}^{\mathrm{T}}}\boldsymbol{g}(\boldsymbol{x})\boldsymbol{g}^{\mathrm{T}}(\boldsymbol{x})\left(\frac{\partial\phi(\boldsymbol{x})}{\partial\boldsymbol{x}^{\mathrm{T}}}\right)^{\mathrm{T}}+\\&\frac{1}{2}\left[\boldsymbol{h}^{\mathrm{T}}(\boldsymbol{x})-\left(\frac{\partial\phi(\boldsymbol{x})}{\partial\boldsymbol{x}^{\mathrm{T}}}\right)\boldsymbol{b}(\boldsymbol{x})\right]\begin{bmatrix}\boldsymbol{h}(\boldsymbol{x})\\-\boldsymbol{b}^{\mathrm{T}}(\boldsymbol{x})\left(\dfrac{\partial\phi(\boldsymbol{x})}{\partial\boldsymbol{x}^{\mathrm{T}}}\right)^{\mathrm{T}}\end{bmatrix}=\frac{\partial\phi(\boldsymbol{x})}{\partial\boldsymbol{x}^{\mathrm{T}}}\boldsymbol{a}(\boldsymbol{x})+\\&\frac{1}{2}\frac{\partial\phi(\boldsymbol{x})}{\partial\boldsymbol{x}^{\mathrm{T}}}\left[\frac{1}{\gamma^2}\boldsymbol{g}(\boldsymbol{x})\boldsymbol{g}^{\mathrm{T}}(\boldsymbol{x})-\boldsymbol{b}(\boldsymbol{x})\boldsymbol{b}^{\mathrm{T}}(\boldsymbol{x})\right]\left(\frac{\partial\phi(\boldsymbol{x})}{\partial\boldsymbol{x}^{\mathrm{T}}}\right)^{\mathrm{T}}+\frac{1}{2}\boldsymbol{h}^{\mathrm{T}}(\boldsymbol{x})\boldsymbol{h}(\boldsymbol{x})\leqslant 0\end{aligned}$$

上述最后一个不等式表明,定理条件的必要性成立。证毕。

## 2.3 非线性系统的反馈线性化
## (Feedback Linearization of Nonlinear Systems)

### 2.3.1 基于微分几何的数学工具(Mathematical Tools Based on Geometry)

本节中,只要写出$D\subset\mathbf{R}^n$,即假定$D$是$\mathbf{R}^n$中开的连通子集。一个向量场是一个向量函数$\boldsymbol{f}:D\subset\mathbf{R}^n\to\mathbf{R}^n$称之为一种映射,它确定$n$维空间中的一个$n$维向量向每一个点的映射。

1. Lie导数与Lie括号(Lie Derivative and Lie Bracket)

研究系统稳定性时,常常要求Lyapunov函数$V$沿系统$\dot{x}=\boldsymbol{f}(\boldsymbol{x})$轨迹的导数,即给定$V:D\subset\mathbf{R}$和$\dot{x}=\boldsymbol{f}(\boldsymbol{x})$,则有

$$\dot{V}=\frac{\partial V}{\partial\boldsymbol{x}^{\mathrm{T}}}\boldsymbol{f}(\boldsymbol{x})=\nabla V\cdot\boldsymbol{f}(\boldsymbol{x})=L_fV(\boldsymbol{x})$$

**定义2.24** 设有纯量函数$h:D\subset\mathbf{R}^n\to\mathbf{R}$和向量场$\boldsymbol{f}:D\subset\mathbf{R}^n\to\mathbf{R}^n$,函数$h$关于向量场$\boldsymbol{f}$的Lie导数定义为

$$L_fh(\boldsymbol{x})\xlongequal{\text{def}}\frac{\partial h}{\partial\boldsymbol{x}^{\mathrm{T}}}\boldsymbol{f}(\boldsymbol{x})\tag{2.153}$$

若需计算更高阶的导数,通常最好利用Lie导数的概念去计算。若给定两个向量场$\boldsymbol{f},\boldsymbol{g}$:

$D \subset \boldsymbol{R}^n \to \mathbf{R}^n$,则有

$$L_f h(\boldsymbol{x}) \overset{\text{def}}{=\!=\!=} \frac{\partial h}{\partial \boldsymbol{x}^{\mathrm{T}}} \boldsymbol{f}(\boldsymbol{x}), \quad L_g h(\boldsymbol{x}) = \frac{\partial h}{\partial \boldsymbol{x}^{\mathrm{T}}} \boldsymbol{g}(\boldsymbol{x})$$

$$L_g L_f h(\boldsymbol{x}) = L_g[L_f h(\boldsymbol{x})] = \frac{\partial (L_f h)}{\partial \boldsymbol{x}^{\mathrm{T}}} \boldsymbol{g}(\boldsymbol{x})$$

在 $\boldsymbol{f} = \boldsymbol{g}$ 的特殊情况下,有

$$L_g L_f h(\boldsymbol{x}) = L_f^2 h(\boldsymbol{x}) = \frac{\partial (L_f h)}{\partial \boldsymbol{x}^{\mathrm{T}}} \boldsymbol{f}(\boldsymbol{x})$$

**定义 2.25**　设有向量场 $\boldsymbol{f}, \boldsymbol{g}: D \subset \mathbf{R}^n \to \mathbf{R}^n$,则向量 $\boldsymbol{f}$ 和 $\boldsymbol{g}$ 的 Lie 括号记为$[\boldsymbol{f}, \boldsymbol{g}]$,定义为如下的向量场,即

$$[\boldsymbol{f}, \boldsymbol{g}](\boldsymbol{x}) \overset{\text{def}}{=\!=\!=} \frac{\partial \boldsymbol{g}}{\partial \boldsymbol{x}^{\mathrm{T}}} \boldsymbol{f}(\boldsymbol{x}) - \frac{\partial \boldsymbol{f}}{\partial \boldsymbol{x}^{\mathrm{T}}} \boldsymbol{g}(\boldsymbol{x}) \tag{2.154}$$

**引理 2.4**　若给定向量场 $\boldsymbol{f}_{1,2}: D \subset \mathbf{R}^n \to \mathbf{R}^n$,则 Lie 括号具有如下性质:

(i) 双线性性质

(a) $[\alpha_1 \boldsymbol{f}_1 + \alpha_2 \boldsymbol{f}_2, \boldsymbol{g}] = \alpha_1 [\boldsymbol{f}_1, \boldsymbol{g}] + \alpha_2 [\boldsymbol{f}_2, \boldsymbol{g}]$

(b) $[\boldsymbol{f}, \alpha_1 \boldsymbol{g}_1 + \alpha_2 \boldsymbol{g}_2] = \alpha_1 [\boldsymbol{f}, \boldsymbol{g}_1] + \alpha_2 [\boldsymbol{f}, \boldsymbol{g}_2]$

(ii) 反对称性

$$[\boldsymbol{f}, \boldsymbol{g}] = -[\boldsymbol{g}, \boldsymbol{f}]$$

(iii) Jacobi 恒等式

若给定向量场 $\boldsymbol{f}, \boldsymbol{g}$ 和实值函数 $h$,则得

$$L_{[f,g]} h = L_f L_g h(\boldsymbol{x}) - L_g L_f h(\boldsymbol{x})$$

其中,$L_{[f,g]} h$ 表示 $h$ 关于向量$[\boldsymbol{f}, \boldsymbol{g}]$ 的 Lie 导数。

若 $\boldsymbol{h}$ 和 $\boldsymbol{f}$、$\boldsymbol{g}$ 一样也是一个向量场,则

$$[\boldsymbol{f}, [\boldsymbol{g}, \boldsymbol{h}]] + [\boldsymbol{g}, [\boldsymbol{h}, \boldsymbol{f}]] + [\boldsymbol{h}, [\boldsymbol{f}, \boldsymbol{g}]] \equiv \boldsymbol{0}$$

(iv) 若向量场 $\boldsymbol{f}, \boldsymbol{g}$ 在坐标变换 $\boldsymbol{z} = \boldsymbol{T}(\boldsymbol{x})$ 下化为 $\tilde{\boldsymbol{f}}, \tilde{\boldsymbol{g}}$,即

$$\tilde{\boldsymbol{f}}(z) = \left[\frac{\partial \boldsymbol{T}}{\partial \boldsymbol{x}^{\mathrm{T}}} \boldsymbol{f}(\boldsymbol{x})\right]_{x = T^{-1}(z)}, \quad \tilde{\boldsymbol{g}}(\boldsymbol{x}) = \left[\frac{\partial \boldsymbol{T}}{\partial \boldsymbol{x}^{\mathrm{T}}} \boldsymbol{g}(\boldsymbol{x})\right]_{x = T^{-1}(z)}$$

则

$$[\tilde{\boldsymbol{f}}, \tilde{\boldsymbol{g}}](z) = \left[\frac{\partial \boldsymbol{T}}{\partial \boldsymbol{x}^{\mathrm{T}}} [\boldsymbol{f}, \boldsymbol{g}]\right]_{x = T^{-1}(z)}$$

(v) 若存在纯量函数 $\alpha(\boldsymbol{x}), \beta(\boldsymbol{x})$,则

$$[\alpha \boldsymbol{f}, \beta \boldsymbol{g}] = \alpha\beta [\boldsymbol{f}, \boldsymbol{g}] + \alpha L_f \beta \boldsymbol{g} - \beta L_g \alpha \boldsymbol{f}$$

**例 2.16**　设有向量 $\boldsymbol{f}, \boldsymbol{g}$ 为

$$\boldsymbol{f}(\boldsymbol{x}) = \begin{bmatrix} -x_2 \\ -x_1 - \mu(1 - x_1^2) x_2 \end{bmatrix}, \quad \boldsymbol{g}(\boldsymbol{x}) = \begin{bmatrix} x_1 \\ x_2 \end{bmatrix}$$

则有

$$[\boldsymbol{f}, \boldsymbol{g}](\boldsymbol{x}) = \frac{\partial \boldsymbol{g}}{\partial \boldsymbol{x}^{\mathrm{T}}} \boldsymbol{f}(\boldsymbol{x}) - \frac{\partial \boldsymbol{f}}{\partial \boldsymbol{x}^{\mathrm{T}}} \boldsymbol{g}(\boldsymbol{x}) = \begin{bmatrix} 1 & 0 \\ 0 & 1 \end{bmatrix} \begin{bmatrix} -x_2 \\ -x_1 - \mu(1 - x_1^2) x_2 \end{bmatrix} -$$

$$\begin{bmatrix} 0 & -1 \\ -1 + 2\mu x_1 x_2 & -\mu(1 - x_1^2) \end{bmatrix} \begin{bmatrix} x_1 \\ x_2 \end{bmatrix} = \begin{bmatrix} 0 \\ -2\mu x_1^2 x_2 \end{bmatrix}$$

以下公式在重复计算 Lie 括号时十分有用，即

$$[\boldsymbol{f},\boldsymbol{g}](\boldsymbol{x}) \overset{\text{def}}{=\!=} ad_{\boldsymbol{f}}\boldsymbol{g}(\boldsymbol{x})$$

$$ad_{\boldsymbol{f}}^{0}\boldsymbol{g}=\boldsymbol{g},\quad ad_{\boldsymbol{f}}^{i}\boldsymbol{g}=[\boldsymbol{f},ad_{\boldsymbol{f}}^{i-1}\boldsymbol{g}],\quad i=1,2,\cdots$$

因此

$$ad_{\boldsymbol{f}}^{1}\boldsymbol{g}=[\boldsymbol{f},ad_{\boldsymbol{f}}^{0}\boldsymbol{g}]=[\boldsymbol{f},\boldsymbol{g}],\quad ad_{\boldsymbol{f}}^{2}\boldsymbol{g}=[\boldsymbol{f},ad_{\boldsymbol{f}}^{1}\boldsymbol{g}]=[\boldsymbol{f},[\boldsymbol{f},\boldsymbol{g}]]$$

$$ad_{\boldsymbol{f}}^{3}\boldsymbol{g}=[\boldsymbol{f},ad_{\boldsymbol{f}}^{2}\boldsymbol{g}]=[\boldsymbol{f},[\boldsymbol{f},[\boldsymbol{f},\boldsymbol{g}]]]$$

2. 微分同胚(Diffeomorphism)

**定义 2.26** 若一个向量函数 $\boldsymbol{f}:D\subset\mathbf{R}^n\to\mathbf{R}^n$ 具有如下性质：

(i) $\boldsymbol{f}$ 在 $D$ 上连续可微；

(ii) 函数 $\boldsymbol{f}$ 的逆 $\boldsymbol{f}^{-1}(\boldsymbol{f}(\boldsymbol{x}))=\boldsymbol{x},\forall\,\boldsymbol{x}\in D$ 存在，且连续可微，则称函数 $\boldsymbol{f}$ 是 $D$ 上的一个微分同胚，或称局部微分同胚。

如果另外还有(i) $D=\mathbf{R}^n$，(ii) $\lim\limits_{x\to\infty}\|\boldsymbol{f}(\boldsymbol{x})\|=\infty$，则函数 $\boldsymbol{f}$ 称为全局微分同胚。

检验一个函数 $\boldsymbol{f}(\boldsymbol{x})$ 是否是局部微分同胚，如下引理是很有用的。

**引理 2.5** 设函数 $\boldsymbol{f}(\boldsymbol{x}):D\subset\mathbf{R}^n\to\mathbf{R}^n$ 是 $D$ 上连续可微的，如果 Jacobi 矩阵 $Df=\nabla\boldsymbol{f}$ 在点 $\boldsymbol{x}_0\in D$ 是非奇异的，则 $\boldsymbol{f}(\boldsymbol{x})$ 在一个子集 $\omega\subset D$ 中是一个微分同胚。

引理的结论是逆函数定理的直接结果，此处证略。

3. 坐标变换(Coordinate Transformations)

利用微分同胚，可以实现非线性系统的坐标变换。考虑如下仿射非线性系统的状态空间实现，即

$$\dot{\boldsymbol{x}}=\boldsymbol{f}(\boldsymbol{x})+\boldsymbol{g}(\boldsymbol{x})\boldsymbol{u}$$

可利用微分同胚 $\boldsymbol{z}=\boldsymbol{T}(\boldsymbol{x})$ 对其作坐标变换，有

$$\dot{\boldsymbol{z}}=\frac{\partial\boldsymbol{T}(\boldsymbol{x})}{\partial\boldsymbol{x}^{\mathrm{T}}}\dot{\boldsymbol{x}}=\frac{\partial\boldsymbol{T}(\boldsymbol{x})}{\partial\boldsymbol{x}^{\mathrm{T}}}[\boldsymbol{f}(\boldsymbol{x})+\boldsymbol{g}(\boldsymbol{x})\boldsymbol{u}]$$

若给定 $\boldsymbol{T}(\boldsymbol{x})$ 是一个微分同胚，则存在 $\boldsymbol{T}^{-1}$ 使变换后的坐标恢复到原来的状态空间实现的坐标，即知道坐标 $\boldsymbol{z}$，可得

$$\boldsymbol{x}=\boldsymbol{T}^{-1}(\boldsymbol{z})$$

**例 2.17** 设有如下状态空间实现的非线性系统

$$\dot{\boldsymbol{x}}=\begin{bmatrix}0\\x_1\\x_2-2x_1x_2+x_1^2\end{bmatrix}+\begin{bmatrix}1\\-2x_1\\4x_1x_2\end{bmatrix}\boldsymbol{u}$$

选取如下坐标变换

$$\boldsymbol{z}=\boldsymbol{T}(\boldsymbol{x})=\begin{bmatrix}x_1\\x_1^2+x_2\\x_2^2+x_3\end{bmatrix}\Rightarrow\frac{\partial\boldsymbol{T}(\boldsymbol{x})}{\partial\boldsymbol{x}^{\mathrm{T}}}=\begin{bmatrix}1&0&0\\2x_1&1&0\\0&2x_2&1\end{bmatrix}$$

因而有

$$\dot{\boldsymbol{z}}=\frac{\partial\boldsymbol{T}(\boldsymbol{x})}{\partial\boldsymbol{x}^{\mathrm{T}}}[\boldsymbol{f}(\boldsymbol{x})+\boldsymbol{g}(\boldsymbol{x})\boldsymbol{u}]=\begin{bmatrix}1&0&0\\2x_1&1&0\\0&2x_2&1\end{bmatrix}\left\{\begin{bmatrix}0\\x_1\\x_2-2x_1x_2+x_1^2\end{bmatrix}+\begin{bmatrix}1\\-2x_1\\4x_1x_2\end{bmatrix}\boldsymbol{u}\right\}=$$

$$\begin{bmatrix} 0 \\ x_1 \\ x_1^2 + x_2 \end{bmatrix} + \begin{bmatrix} 1 \\ 0 \\ 0 \end{bmatrix} \boldsymbol{u}$$

若取 $x_1 = z_1, x_2 = z_2 - z_1^2$ 代入上式，则得线性系统为

$$\dot{\boldsymbol{z}} = \begin{bmatrix} 0 \\ z_1 \\ z_2 \end{bmatrix} + \begin{bmatrix} 1 \\ 0 \\ 0 \end{bmatrix} \boldsymbol{u} = \begin{bmatrix} 0 & 0 & 0 \\ 1 & 0 & 0 \\ 0 & 1 & 0 \end{bmatrix} \begin{bmatrix} z_1 \\ z_2 \\ z_3 \end{bmatrix} + \begin{bmatrix} 1 \\ 0 \\ 0 \end{bmatrix} \boldsymbol{u}$$

4. 分布(Distribution)

给定 $\mathbf{R}^n$ 中向量的一个集合 $S = \{\boldsymbol{x}_1, \boldsymbol{x}_2, \cdots, \boldsymbol{x}_p\}$，这些向量的线性组合定义为一个新向量 $\boldsymbol{x} \in \mathbf{R}^n$，即给定实数 $\lambda_1, \lambda_2, \cdots, \lambda_p$，使

$$\boldsymbol{x} = \lambda_1 \boldsymbol{x}_1 + \lambda_2 \boldsymbol{x}_2 + \cdots + \lambda_p \boldsymbol{x}_p \in \mathbf{R}^n$$

$S$ 中所有向量的线性组合的集合产生 $\mathbf{R}^n$ 中的一个子空间 $M$，如前所述由 $S$ 张成，并记为 $\{S\} = \mathrm{span}\{\boldsymbol{x}_1, \boldsymbol{x}_2, \cdots, \boldsymbol{x}_p\}$，即

$$\mathrm{span}\{\boldsymbol{x}_1, \boldsymbol{x}_2, \cdots, \boldsymbol{x}_p\} = \{\boldsymbol{x} \in \mathbf{R}^n : \boldsymbol{x} = \lambda_1 \boldsymbol{x}_1 + \lambda_2 \boldsymbol{x}_2 + \cdots + \lambda_p \boldsymbol{x}_p, \lambda_i \in \mathbf{R}\}$$

分布的概念与这一概念稍微有关。

现考虑可微函数 $\boldsymbol{f}(x): D \subset \mathbf{R}^n \to \mathbf{R}^n$，这个向量函数可以理解为对每一个点 $\boldsymbol{x} \in D$ 配置了 $n$ 维向量 $\boldsymbol{f}(\boldsymbol{x})$ 的一个向量场。现考虑在 $D \subset \mathbf{R}^n$ 上的"$p$"向量场 $\boldsymbol{f}_1, \boldsymbol{f}_2, \cdots, \boldsymbol{f}_p$。在任何固定点 $\boldsymbol{x} \in D$，函数 $\boldsymbol{f}_i$ 产生向量 $\boldsymbol{f}_1(\boldsymbol{x}), \boldsymbol{f}_2(\boldsymbol{x}), \cdots, \boldsymbol{f}_p(\boldsymbol{x}) \in \mathbf{R}^n$，因此

$$\boldsymbol{\Delta}(\boldsymbol{x}) = \mathrm{span}\{\boldsymbol{f}_1(\boldsymbol{x}), \cdots, \boldsymbol{f}_p(\boldsymbol{x})\}$$

是 $\mathbf{R}^n$ 中的一个子空间。

**定义 2.27(分布)**　若给定一个开集 $D \subset \mathbf{R}^n$ 和一组光滑向量函数 $\boldsymbol{f}_1, \boldsymbol{f}_2, \cdots, \boldsymbol{f}_p : D \to \mathbf{R}^n$，则称一个光滑分布 $\boldsymbol{\Delta}$ 为配置由 $\boldsymbol{x} \in D$ 的值张成的子空间

$$\boldsymbol{\Delta} = \mathrm{span}\{\boldsymbol{f}_1, \boldsymbol{f}_2, \cdots, \boldsymbol{f}_p\}$$

记 $\boldsymbol{\Delta}(\boldsymbol{x})$ 为 $\boldsymbol{\Delta}$ 在点 $\boldsymbol{x}$ 的"值"。在点 $\boldsymbol{x} \in D$ 处的分布 $\boldsymbol{\Delta}(\boldsymbol{x})$ 的维数就是子空间 $\boldsymbol{\Delta}(\boldsymbol{x})$ 的维数，于是

$$\dim(\boldsymbol{\Delta}(\boldsymbol{x})) = \mathrm{rank}([\boldsymbol{f}_1(\boldsymbol{x}), \cdots, \boldsymbol{f}_p(\boldsymbol{x})])$$

即 $\boldsymbol{\Delta}(\boldsymbol{x})$ 的维数就是矩阵 $[\boldsymbol{f}_1(\boldsymbol{x}), \cdots, \boldsymbol{f}_p(\boldsymbol{x})]$ 的秩。

**定义 2.28**　如果存在一个整数，使

$$\dim(\boldsymbol{\Delta}(\boldsymbol{x})) = d, \quad \forall \boldsymbol{x} \in D$$

则定义在 $D \subset \mathbf{R}^n$ 上的分布 $\boldsymbol{\Delta}$ 就是非奇异的。如果这个条件不成立，则 $\boldsymbol{\Delta}$ 就是可变维数分布。

**定义 2.29**　如果存在 $x_0$ 的一个邻域 $D_0$，并且 $\boldsymbol{\Delta}$ 在 $D_0$ 上是非奇异的，则称 $D$ 中的点 $\boldsymbol{x}_0$ 是分布 $\boldsymbol{\Delta}$ 的一个正则点。$D$ 中不是正则点的每一个点称为奇异点。

**例 2.18**　设 $D = \{\boldsymbol{x} \in \mathbf{R}^2 : x_1 + x_2 \neq 0\}$，考虑分布 $\boldsymbol{\Delta} = \mathrm{span}\{\boldsymbol{f}_1, \boldsymbol{f}_2\}$，其中

$$\boldsymbol{f}_1 = \begin{bmatrix} 1 \\ 0 \end{bmatrix}, \quad \boldsymbol{f}_2 = \begin{bmatrix} 1 \\ x_1 + x_2 \end{bmatrix}$$

则有

$$\dim(\boldsymbol{\Delta}(\boldsymbol{x})) = \mathrm{rank}\left\{\begin{bmatrix} 1 & 1 \\ 0 & x_1 + x_2 \end{bmatrix}\right\}$$

除直线 $x_1 + x_2 = 0$ 上的点以外，无论 $\mathbf{R}^2$ 中的哪一点，$\boldsymbol{\Delta}$ 的维数均为 2。于是，$\boldsymbol{\Delta}$ 在 $D$ 上是

非奇异的，并且 $D$ 中的每一个点均是正则的。

**定义 2.30(对合分布)** 如果 $\boldsymbol{g}_1 \in \boldsymbol{\Delta}, \boldsymbol{g}_2 \in \boldsymbol{\Delta} \Rightarrow [g_1, g_2] \in \boldsymbol{\Delta}$，则称分布 $\boldsymbol{\Delta}$ 是一个对合分布。于是 $\boldsymbol{\Delta} = \mathrm{span}\{\boldsymbol{f}_1, \boldsymbol{f}_2, \cdots, \boldsymbol{f}_p\}$ 为对合分布的充要条件是

$$\mathrm{rank}\,\{[\boldsymbol{f}_1(\boldsymbol{x}), \boldsymbol{f}_2(\boldsymbol{x}), \cdots, \boldsymbol{f}_p(\boldsymbol{x})]\} \equiv \mathrm{rank}\,\{[\boldsymbol{f}_1(\boldsymbol{x}), \boldsymbol{f}_2(\boldsymbol{x}), \cdots, \boldsymbol{f}_p(\boldsymbol{x}), [\boldsymbol{f}_i, \boldsymbol{f}_j]]\}, \forall \boldsymbol{x} \text{ 和 } i, j$$

**例 2.19** 设 $D \in \mathbf{R}^3$ 且 $\boldsymbol{\Delta} = \mathrm{span}\{\boldsymbol{f}_1, \boldsymbol{f}_2\}$，其中 $\boldsymbol{f}_1 = [1, 0, x_1^2]^{\mathrm{T}}$，$\boldsymbol{f}_2 = [0, x_1, 1]^{\mathrm{T}}$，则可以证明，$\dim(\boldsymbol{\Delta}(\boldsymbol{x})) = 2, \forall \boldsymbol{x} \in D$。另一方面，有

$$[\boldsymbol{f}_1, \boldsymbol{f}_2] = \frac{\partial \boldsymbol{f}_2}{\partial \boldsymbol{x}^{\mathrm{T}}} \boldsymbol{f}_1 - \frac{\partial \boldsymbol{f}_1}{\partial \boldsymbol{x}^{\mathrm{T}}} \boldsymbol{f}_2 = [0 \quad 1 \quad 0]^{\mathrm{T}}$$

因而 $\boldsymbol{\Delta}$ 为对合的充要条件是

$$\mathrm{rank}\left(\begin{bmatrix} 1 & 0 \\ 0 & x_1 \\ x_1^2 & 1 \end{bmatrix}\right) = \mathrm{rank}\left(\begin{bmatrix} 1 & 0 & 0 \\ 0 & x_1 & 1 \\ x_1^2 & 1 & 0 \end{bmatrix}\right)$$

但这一条件并不成立，因为

$$\mathrm{rank}\left(\begin{bmatrix} 1 & 0 \\ 0 & x_1 \\ x_1^2 & 1 \end{bmatrix}\right) = 2, \quad \mathrm{rank}\left(\begin{bmatrix} 1 & 0 & 0 \\ 0 & x_1 & 1 \\ x_1^2 & 1 & 0 \end{bmatrix}\right) = 3$$

所以 $\boldsymbol{\Delta}$ 不是对合分布。

**定义 2.31(完全可积)** 一个 $D \subset \mathbf{R}^n$ 上线性独立的向量场 $\boldsymbol{f}_1, \cdots, \boldsymbol{f}_p$ 的集合，如果对每一个 $\boldsymbol{x}_0 \in D$ 存在 $\boldsymbol{x}_0$ 的一个邻域 $N$ 和 $n-p$ 个光滑实值函数 $h_1(x), h_2(x), \cdots, h_{n-p}(x)$ 满足如下偏微分方程，即

$$\frac{\partial h_j}{\partial \boldsymbol{x}^{\mathrm{T}}} \boldsymbol{f}_i(\boldsymbol{x}) = 0, \quad 1 \leqslant i \leqslant p, \quad 1 \leqslant j \leqslant n-p$$

且梯度 $\nabla h_j$ 是线性独立的，则称这个集合是完全可积的。

**定理 2.30(Frobenius 定理)** 设 $\boldsymbol{f}_1, \boldsymbol{f}_2, \cdots, \boldsymbol{f}_p$ 是一个线性独立向量场的集合，这个集合完全可积的充要条件为，它是对合的。

**证明** 请参阅参考文献[13]，这里略。

**例 2.20** 考虑如下偏微分方程组

$$2x_3 \frac{\partial h}{\partial x_1} - \frac{\partial h}{\partial x_2} = 0, \quad -x_1 \frac{\partial h}{\partial x_1} - 2x_2 \frac{\partial h}{\partial x_2} + x_3 \frac{\partial h}{\partial x_3} = 0$$

上式又可写成

$$\begin{bmatrix} \dfrac{\partial h}{\partial x_1} & \dfrac{\partial h}{\partial x_2} & \dfrac{\partial h}{\partial x_3} \end{bmatrix} \begin{bmatrix} 2x_3 & -x_1 \\ -1 & -2x_2 \\ 0 & x_3 \end{bmatrix} = 0 \quad \text{或} \quad \nabla h[\boldsymbol{f}_1, \boldsymbol{f}_2] = 0$$

为了确定偏微分方程组是否可解，或者等价地说，$[\boldsymbol{f}_1, \boldsymbol{f}_2]$ 是否完全可积，考虑如下分布 $\boldsymbol{\Delta}$

$$\boldsymbol{\Delta} = \mathrm{span}\left\{\begin{bmatrix} 2x_3 \\ -1 \\ 0 \end{bmatrix}, \begin{bmatrix} -x_1 \\ -2x_2 \\ x_3 \end{bmatrix}\right\}$$

可以验证，无论在集合 $D = [\boldsymbol{x} \in \mathbf{R}^3 : x_1^2 + x_2^2 \neq 0]$ 的任何地方，$\boldsymbol{\Delta}$ 的维数均为 2。现计算 Lie 括号为

$$[\boldsymbol{f}_1,\boldsymbol{f}_2]=[-4x_3\quad 2\quad 0]^{\mathrm{T}}$$

因而

$$[\boldsymbol{f}_1,\boldsymbol{f}_2,[\boldsymbol{f}_1,\boldsymbol{f}_2]]=\begin{bmatrix} 2x_3 & -x_1 & -4x_3 \\ -1 & -2x_2 & 2 \\ 0 & x_3 & 0 \end{bmatrix}$$

的秩对所有 $\boldsymbol{x}\in\mathbf{R}^3$ 均为 2。于是,分布 $\boldsymbol{\Delta}$ 是对合的,因而根据定理 2.30,向量场$[\boldsymbol{f}_1,\boldsymbol{f}_2]$ 在 $D$ 上是完全可积的。

### 2.3.2　输入状态线性化(Input-State Linearization)

考虑单输入-单输出的仿射非线性系统

$$\dot{\boldsymbol{x}}=\boldsymbol{f}(\boldsymbol{x})+\boldsymbol{g}(\boldsymbol{x})u,\quad \boldsymbol{y}=\boldsymbol{h}(\boldsymbol{x}),\quad \boldsymbol{x}\in\mathbf{R}^n \tag{2.155}$$

对于这个系统需要解决两个问题:

(i) 能否利用输入控制 $u$ 使式(2.155) 的状态方程线性化;

(ii) 对能线性化的系统可否找到一个控制输入 $u$ 使系统实现状态稳定。

**定义 2.32**　若形如式(2.155) 的非线性系统,存在一个微分同胚 $\boldsymbol{T}:D\subset\mathbf{R}^n\rightarrow\mathbf{R}^n$,并且确定如下坐标变换

$$\boldsymbol{z}=\boldsymbol{T}(\boldsymbol{x}) \tag{2.156}$$

和一个控制律

$$u=\phi(\boldsymbol{x})+\omega^{-1}(\boldsymbol{x})v \tag{2.157}$$

能将系统(2.155) 变换成如下线性状态空间形式,即

$$\dot{\boldsymbol{z}}=\boldsymbol{A}\boldsymbol{z}+\boldsymbol{b}v \tag{2.158}$$

则称非线性系统(2.155) 是可输入状态线性化的。

现在进一步详细讨论这一问题。假定系统(2.155) 经坐标变换(2.156) 化为如下形式,即

$$\dot{\boldsymbol{z}}=\boldsymbol{A}\boldsymbol{z}+\boldsymbol{b}\bar{\omega}(\boldsymbol{z})[u-\bar{\phi}(\boldsymbol{z})]=\boldsymbol{A}\boldsymbol{z}+\boldsymbol{b}\omega(\boldsymbol{x})[u-\phi(\boldsymbol{x})] \tag{2.159}$$

其中

$$\bar{\omega}(\boldsymbol{z})=\omega(\boldsymbol{T}^{-1}(\boldsymbol{z})),\quad \bar{\phi}(\boldsymbol{z})=\phi(\boldsymbol{T}^{-1}(\boldsymbol{z}))$$

如此,有

$$\dot{\boldsymbol{z}}=\frac{\partial\boldsymbol{T}}{\partial\boldsymbol{x}^{\mathrm{T}}}\dot{\boldsymbol{x}}=\frac{\partial\boldsymbol{T}}{\partial\boldsymbol{x}^{\mathrm{T}}}[\boldsymbol{f}(\boldsymbol{x})+\boldsymbol{g}(\boldsymbol{x})u] \tag{2.160}$$

将式(2.156) 和式(2.160) 代入式(2.159),则对所有的 $\boldsymbol{x}$ 和所关心的控制函数 $u$ 必须使下式成立,即

$$\frac{\partial\boldsymbol{T}}{\partial\boldsymbol{x}^{\mathrm{T}}}[\boldsymbol{f}(\boldsymbol{x})+\boldsymbol{g}(\boldsymbol{x})u]=\boldsymbol{A}\boldsymbol{T}(\boldsymbol{x})+\boldsymbol{b}\omega(\boldsymbol{x})[u-\phi(\boldsymbol{x})] \tag{2.161}$$

式(2.161) 成立的充要条件是

$$\frac{\partial\boldsymbol{T}}{\partial\boldsymbol{x}^{\mathrm{T}}}\boldsymbol{f}(\boldsymbol{x})=\boldsymbol{A}\boldsymbol{T}(\boldsymbol{x})-\boldsymbol{b}\omega(\boldsymbol{x})\phi(\boldsymbol{x}),\quad \frac{\partial\boldsymbol{T}}{\partial\boldsymbol{x}^{\mathrm{T}}}\boldsymbol{g}(\boldsymbol{x})=\boldsymbol{b}\omega(\boldsymbol{x}) \tag{2.162}$$

据此,可以得出结论,对于某个 $\phi,\omega,\boldsymbol{A}$ 和 $\boldsymbol{b}$ 满足式(2.162) 的任何坐标变换 $\boldsymbol{z}=\boldsymbol{T}(\boldsymbol{x})$ 均能将系统 $\dot{\boldsymbol{x}}=\boldsymbol{f}(\boldsymbol{x})+\boldsymbol{g}(\boldsymbol{x})u$ 变成

$$\dot{\boldsymbol{z}}=\boldsymbol{A}\boldsymbol{z}+\boldsymbol{b}\bar{\omega}(\boldsymbol{z})[u-\bar{\phi}(\boldsymbol{z})] \tag{2.163}$$

进而可以说，能将系统 $\dot{\boldsymbol{x}}=\boldsymbol{f}(\boldsymbol{x})+\boldsymbol{g}(\boldsymbol{x})u$ 变换成式(2.163)，任何坐标变换 $\boldsymbol{z}=\boldsymbol{T}(\boldsymbol{x})$ 必定也满足式(2.162)。

当选择坐标变换时，上述设计步骤允许考虑适当的自由度。我们的目的是将式(2.155)的非线性系统变换成式(2.159)，即

$$\dot{\boldsymbol{z}}=\boldsymbol{A}\boldsymbol{z}+\boldsymbol{b}\omega(\boldsymbol{x})[u-\phi(\boldsymbol{x})]$$

然而，在上式的状态空间实现中，矩阵 $\boldsymbol{A},\boldsymbol{b}$ 不是唯一的。假定上式中矩阵$(\boldsymbol{A},\boldsymbol{b})$ 形成可控对，不失一般性，假定$(\boldsymbol{A},\boldsymbol{b})$ 为如下可控标准形，即

$$\boldsymbol{A}_{\mathrm{c}}=\begin{bmatrix}0&1&0&\cdots&0&0\\0&0&1&\cdots&0&0\\\vdots&\vdots&\vdots&&\vdots&\vdots\\0&0&0&\cdots&0&1\\0&0&0&\cdots&0&0\end{bmatrix}_{n\times n},\quad \boldsymbol{b}_{\mathrm{c}}=\begin{bmatrix}0\\0\\\vdots\\1\end{bmatrix}_{n\times 1} \tag{2.164}$$

令
$$\boldsymbol{T}(\boldsymbol{x})=\begin{bmatrix}T_1(\boldsymbol{x})\\T_2(\boldsymbol{x})\\\vdots\\T_n(\boldsymbol{x})\end{bmatrix}_{n\times 1} \tag{2.165}$$

取 $\boldsymbol{A}=\boldsymbol{A}_{\mathrm{c}},\boldsymbol{b}=\boldsymbol{b}_{\mathrm{c}},\boldsymbol{z}=\boldsymbol{T}(\boldsymbol{x})$，则方程(2.162) 两式的右边变成

$$\boldsymbol{A}_{\mathrm{c}}\boldsymbol{T}(\boldsymbol{x})-\boldsymbol{b}_{\mathrm{c}}\omega(\boldsymbol{x})\phi(\boldsymbol{x})=\begin{bmatrix}T_2(\boldsymbol{x})\\T_3(\boldsymbol{x})\\\vdots\\T_n(\boldsymbol{x})\\-\phi(\boldsymbol{x})\omega(\boldsymbol{x})\end{bmatrix},\quad \boldsymbol{b}_{\mathrm{c}}\omega(\boldsymbol{x})=\begin{bmatrix}0\\0\\\vdots\\0\\\omega(\boldsymbol{x})\end{bmatrix} \tag{2.166}$$

将式(2.166) 代入式(2.162)，得

$$\frac{\partial T_1}{\partial \boldsymbol{x}^{\mathrm{T}}}\boldsymbol{f}(\boldsymbol{x})=T_2(\boldsymbol{x}),\frac{\partial T_2}{\partial \boldsymbol{x}^{\mathrm{T}}}\boldsymbol{f}(\boldsymbol{x})=T_3(\boldsymbol{x}),\cdots,\frac{\partial T_{n-1}}{\partial \boldsymbol{x}^{\mathrm{T}}}\boldsymbol{f}(\boldsymbol{x})=T_n(\boldsymbol{x}),\frac{\partial T_n}{\partial \boldsymbol{x}^{\mathrm{T}}}\boldsymbol{f}(\boldsymbol{x})=-\phi(\boldsymbol{x})\omega(\boldsymbol{x}) \tag{2.167}$$

$$\frac{\partial T_1}{\partial \boldsymbol{x}^{\mathrm{T}}}\boldsymbol{g}(\boldsymbol{x})=0,\frac{\partial T_2}{\partial \boldsymbol{x}^{\mathrm{T}}}\boldsymbol{g}(\boldsymbol{x})=0,\cdots,\frac{\partial T_{n-1}}{\partial \boldsymbol{x}^{\mathrm{T}}}\boldsymbol{g}(\boldsymbol{x})=0,\frac{\partial T_n}{\partial \boldsymbol{x}^{\mathrm{T}}}\boldsymbol{g}(\boldsymbol{x})=\omega(\boldsymbol{x})\neq 0 \tag{2.168}$$

因此，坐标变换 $\boldsymbol{T}$ 的各分量 $T_1,T_2,\cdots,T_n$ 必须使如下三个条件成立：

(i) $\dfrac{\partial T_i}{\partial \boldsymbol{x}^{\mathrm{T}}}\boldsymbol{g}(\boldsymbol{x})=0,\forall i=1,2,\cdots,n-1,\dfrac{\partial T_n}{\partial \boldsymbol{x}^{\mathrm{T}}}\boldsymbol{g}(\boldsymbol{x})\neq 0$；

(ii) $\dfrac{\partial T_i}{\partial \boldsymbol{x}^{\mathrm{T}}}\boldsymbol{f}(\boldsymbol{x})=T_{i+1},\forall i=1,2,\cdots,n-1$；

(iii) 函数 $\phi(\boldsymbol{x})$ 和 $\omega(\boldsymbol{x})$ 由下式确定

$$\omega(\boldsymbol{x})=\frac{\partial T_n}{\partial \boldsymbol{x}^{\mathrm{T}}}g(\boldsymbol{x}),\quad \phi(\boldsymbol{x})=-\left(\frac{\partial T_n}{\partial \boldsymbol{x}^{\mathrm{T}}}\boldsymbol{f}(\boldsymbol{x})\right)\Big/\left(\frac{\partial T_n}{\partial \boldsymbol{x}^{\mathrm{T}}}\boldsymbol{g}(\boldsymbol{x})\right)$$

**例 2.21** 设有如下仿射非线性系统

$$\dot{\boldsymbol{x}}=\begin{bmatrix}\mathrm{e}^{x_2}-1\\ax_1^2\end{bmatrix}+\begin{bmatrix}0\\1\end{bmatrix}u=\boldsymbol{f}(\boldsymbol{x})+\boldsymbol{g}(\boldsymbol{x})u$$

为了找到反馈线性化律，根据以上坐标变换必须满足的三个条件，取 $\boldsymbol{T}(\boldsymbol{x})=$

$[T_1(\boldsymbol{x})\quad T_2(\boldsymbol{x})]^{\mathrm{T}}$，使得下式成立，即

$$\frac{\partial T_1}{\partial \boldsymbol{x}^{\mathrm{T}}}\boldsymbol{g}(\boldsymbol{x})=0,\quad \frac{\partial T_2}{\partial \boldsymbol{x}^{\mathrm{T}}}\boldsymbol{g}(\boldsymbol{x})\neq 0;\quad \frac{\partial T_1}{\partial \boldsymbol{x}^{\mathrm{T}}}\boldsymbol{f}(\boldsymbol{x})=T_2(\boldsymbol{x}) \tag{2.169}$$

根据本例的情况，由式(2.169)中的第一式，可有

$$\frac{\partial T_1}{\partial \boldsymbol{x}^{\mathrm{T}}}\boldsymbol{g}(\boldsymbol{x})=\begin{bmatrix}\frac{\partial T_1}{\partial x_1} & \frac{\partial T_1}{\partial x_2}\end{bmatrix}\begin{bmatrix}0\\1\end{bmatrix}=\frac{\partial T_1}{\partial x_2}=0$$

这表明 $T_1=T_1(x_1)$ 与 $x_2$ 无关。由式(2.169)的第三式得

$$\frac{\partial T_1}{\partial \boldsymbol{x}^{\mathrm{T}}}\boldsymbol{f}(\boldsymbol{x})=\begin{bmatrix}\frac{\partial T_1}{\partial x_1} & \frac{\partial T_1}{\partial x_2}\end{bmatrix}\boldsymbol{f}(\boldsymbol{x})=\begin{bmatrix}\frac{\partial T_1}{\partial x_1} & 0\end{bmatrix}\begin{bmatrix}\mathrm{e}^{x_2}-1\\ ax_1^2\end{bmatrix}=\frac{\partial T_1}{\partial x_1}(\mathrm{e}^{x_2}-1)=T_2(\boldsymbol{x})$$

至此，坐标变换须满足的条件仅剩式(2.169)的第二式。经验证，必须有

$$\frac{\partial T_2}{\partial \boldsymbol{x}^{\mathrm{T}}}\boldsymbol{g}(\boldsymbol{x})=\begin{bmatrix}\frac{\partial T_2}{\partial x_1} & \frac{\partial T_2}{\partial x_2}\end{bmatrix}\begin{bmatrix}0\\1\end{bmatrix}=\frac{\partial T_2}{\partial x_2}=\frac{\partial}{\partial x_2}\left(\frac{\partial T_1}{\partial x_1}(\mathrm{e}^{x_2}-1)\right)\neq 0$$

只要$\frac{\partial T_1}{\partial x_1}\neq 0$，上式即可不为零。因此可选择 $T_1(\boldsymbol{x})=x_1$，从而得坐标变换为

$$\boldsymbol{T}=[x_1\quad \mathrm{e}^{x_2}-1]^{\mathrm{T}}$$

注意到，这个坐标变换将系统在 $\boldsymbol{x}$ 平面的原点平衡点映射到 $\boldsymbol{z}$ 平面的原点。而函数 $\omega(\boldsymbol{x})$ 和 $\phi(\boldsymbol{x})$ 可为

$$\omega(\boldsymbol{x})=\frac{\partial T_2}{\partial \boldsymbol{x}^{\mathrm{T}}}\boldsymbol{g}(\boldsymbol{x})=\mathrm{e}^{x_2},\quad \phi(\boldsymbol{x})=-\left(\frac{\partial T_2}{\partial \boldsymbol{x}^{\mathrm{T}}}\boldsymbol{f}(\boldsymbol{x})\right)\Big/\left(\frac{\partial T_2}{\partial \boldsymbol{x}^{\mathrm{T}}}\boldsymbol{g}(\boldsymbol{x})\right)=-ax_1^2$$

根据以上计算，易得 $\boldsymbol{z}$ 平面下的系统状态空间坐标和状态方程，即

$$\begin{cases}z_1=x_1\\ z_2=\mathrm{e}^{x_2}-1\end{cases}\qquad \begin{cases}\dot{z}_1=z_2\\ \dot{z}_2=az_1^2z_2+az_1^2+(z_2+1)u\end{cases}$$

由此，可有

$$\begin{bmatrix}\dot{z}_1\\ \dot{z}_2\end{bmatrix}=\begin{bmatrix}0 & 1\\ 0 & 0\end{bmatrix}\begin{bmatrix}z_1\\ z_2\end{bmatrix}+\begin{bmatrix}0\\1\end{bmatrix}(z_2+1)[u-(-az_1)^2]$$

于是得

$$\boldsymbol{A}=\boldsymbol{A}_{\mathrm{c}}=\begin{bmatrix}0 & 1\\ 0 & 0\end{bmatrix},\quad \boldsymbol{b}=\boldsymbol{b}_{\mathrm{c}}=\begin{bmatrix}0\\1\end{bmatrix},\quad \omega(\boldsymbol{z})=z_2+1,\quad \phi(\boldsymbol{x})=-az_1^2$$

为了能使变换后的系统稳定，可选 $u=\phi(\boldsymbol{z})+\frac{1}{\omega(\boldsymbol{x})}v=\frac{1}{z_2+1}[k_1\quad k_2]\begin{bmatrix}z_1\\ z_2\end{bmatrix}-az_1^2$，即可利用 $k_1,k_2$ 的设计，配置闭环系统的极点。

对于系统(2.155)，现在讨论在什么条件下，这个系统是可以通过输入状态反馈实现状态线性化的，即系统是输入状态可线性化的。

**定理 2.31**　系统(2.155)在 $D_0\subset D$ 上为输入状态可线性化的充要条件是如下条件成立：

(i) 向量场 $\{\boldsymbol{g}(\boldsymbol{x}),ad_f\boldsymbol{g}(\boldsymbol{x}),\cdots,ad_f^{n-1}\boldsymbol{g}(\boldsymbol{x})\}$ 在 $D_0$ 上是线性独立的。或等价地说，矩阵

$$\boldsymbol{U}=[\boldsymbol{g}(\boldsymbol{x}),ad_f\boldsymbol{g}(\boldsymbol{x}),\cdots,ad_f^{n-1}\boldsymbol{g}(\boldsymbol{x})]_{n\times n}$$

对所有 $\boldsymbol{x}\in D_0$ 有秩 $n$。

(ii) 分布 $\boldsymbol{\Delta}=\mathrm{span}\{\boldsymbol{g},ad_f g,\cdots,ad_f^{n-1}\boldsymbol{g}\}$ 在 $D_0$ 上是对合的。

**证明**　首先假定系统(2.155)是可输入状态线性化的。那么必须存在一个坐标变换 $\boldsymbol{z}=$

$\boldsymbol{T}(\boldsymbol{x})$ 能将系统(2.155) 化为系统 $\dot{\boldsymbol{z}}=\boldsymbol{A}\boldsymbol{z}+\boldsymbol{b}v$，且 $\boldsymbol{A}=\boldsymbol{A}_c,\boldsymbol{b}=\boldsymbol{b}_c$。根据前面的讨论，坐标变换 $\boldsymbol{z}=\boldsymbol{T}(\boldsymbol{x})$ 必满足式(2.167) 和式(2.168)。将式(2.167) 和式(2.168) 重写成

$$L_f T_i=T_{i+1},\quad i=1,2,\cdots,n-1;\quad L_f T_n=-\phi(\boldsymbol{x})\omega(\boldsymbol{x})$$

$$L_g T_1=L_g T_2=\cdots=L_g T_{n-1}=\boldsymbol{0},\quad L_g T_n\neq\boldsymbol{0}$$

利用 Jacobi 恒等式，有

$$\nabla T_1[\boldsymbol{f},\boldsymbol{g}]=\nabla(L_g T_1)\boldsymbol{f}-\nabla(L_f T_1)\boldsymbol{g}=\boldsymbol{0}-\nabla(T_2)\boldsymbol{g}=-L_g T_2=\boldsymbol{0}\tag{2.170}$$

或写成

$$\nabla T_1[\boldsymbol{f},\boldsymbol{g}]=\nabla T_1 ad_f\boldsymbol{g}=\boldsymbol{0}\tag{2.171}$$

类似地，有

$$\nabla T_1 ad_f^k\boldsymbol{g}=\boldsymbol{0},\quad k=0,1,\cdots,n-2\tag{2.172}$$

$$\nabla T_1 ad_f^{n-1}\boldsymbol{g}\neq\boldsymbol{0}\tag{2.173}$$

现在求证，向量场 $\boldsymbol{g},ad_f\boldsymbol{g},\cdots,ad_f^{n-1}\boldsymbol{g}$ 是线性独立的。为此，利用反证法。反设式(2.172) 成立，但 $\boldsymbol{g},ad_f\boldsymbol{g},\cdots,ad_f^{n-1}\boldsymbol{g}$ 不是线性独立的。那么，对于 $i\leqslant n-1$，存在纯量函数 $\lambda_1(\boldsymbol{x})$，$\lambda_2(\boldsymbol{x}),\cdots,\lambda_{n-1}(\boldsymbol{x})$，使

$$ad_f^i\boldsymbol{g}=\sum_{k=0}^{i-1}\lambda_k ad_f^k\boldsymbol{g}$$

即有

$$ad_f^{n-1}\boldsymbol{g}=\sum_{k=0}^{n-2}\lambda_k ad_f^k\boldsymbol{g}$$

考虑到式(2.172)，则有

$$\nabla T_1 ad_f^{n-1}\boldsymbol{g}=\sum_{k=0}^{n-2}\lambda_k\nabla T_1 ad_f^k\boldsymbol{g}=\boldsymbol{0}$$

上式与式(2.173) 相矛盾，这表明定理的条件(i) 成立，并且既是必要的，也是充分的。为了证明定理的条件(ii)，将式(2.172) 写成下式

$$\nabla T_1[\boldsymbol{g}(\boldsymbol{x}),ad_f\boldsymbol{g}(\boldsymbol{x}),\cdots,ad_f^{n-2}\boldsymbol{g}(\boldsymbol{x})]=\boldsymbol{0}\tag{2.174}$$

也即，存在 $\boldsymbol{T}_1$ 的偏导数使式(2.174) 成立。因此分布 $\boldsymbol{\Delta}$ 是完全可积的，并且根据定理 2.30(Frobenius 定理)$\boldsymbol{\Delta}$ 必定是对合的。这表明定理的条件(ii) 既是必要的，也是充分的。但还需证式(2.173) 成立。现在假定定理的条件(i) 和(ii) 成立。根据 Frobenius 定理，存在 $x_1(\boldsymbol{x})$ 使下式(即式(2.172)) 成立，即

$$L_g T_1(\boldsymbol{x})=L_{ad_f g}T_1(\boldsymbol{x})=\cdots=L_{ad_f^{n-2}g}T_1(\boldsymbol{x})=\boldsymbol{0}\tag{2.175}$$

考虑到 Jacobi 恒等式，这就意味着

$$L_g T_1(\boldsymbol{x})=L_g L_f T_1(\boldsymbol{x})=\cdots=L_g L_f^{n-2}T_1(\boldsymbol{x})=\boldsymbol{0}$$

但是由定理的条件(i) 成立，有

$$\nabla T_1(\boldsymbol{x})\boldsymbol{U}=\nabla T_1[\boldsymbol{g}(\boldsymbol{x}),ad_f\boldsymbol{g}(\boldsymbol{x}),\cdots,ad_f^{n-1}\boldsymbol{g}(\boldsymbol{x})]=[0,\cdots,0,L_{ad_f^{n-1}g}T_1(\boldsymbol{x})]$$

根据定理的条件(i)，矩阵 $\boldsymbol{U}=[\boldsymbol{g}(\boldsymbol{x}),ad_f\boldsymbol{g}(\boldsymbol{x}),\cdots,ad_f^{n-1}\boldsymbol{g}(\boldsymbol{x})]$ 的列在 $D_0$ 上是线性独立的，所以矩阵 $\boldsymbol{U}$ 为满秩，并且因为 $\nabla T_1(\boldsymbol{x})\neq 0$，因而

$$L_{ad_f^{n-1}g(x)}T_1(\boldsymbol{x})\neq\boldsymbol{0}$$

必是真的。根据 Jacobi 恒等式，这必成立，有

$$L_g L_f^{n-1}T_1(\boldsymbol{x})\neq\boldsymbol{0}$$

证毕。

**例 2.22**　考虑例 2.21 同一个系统

$$\dot{\boldsymbol{x}}=\begin{bmatrix}e^{x_2}-1\\ax_1^2\end{bmatrix}+\begin{bmatrix}0\\1\end{bmatrix}u=\boldsymbol{f}(\boldsymbol{x})+\boldsymbol{g}(\boldsymbol{x})u$$

是否满足定理 2.31 的两个条件，由系统状态空间实现有

$$ad_f\boldsymbol{g}=[\boldsymbol{f},\boldsymbol{g}]=\frac{\partial\boldsymbol{g}}{\partial\boldsymbol{x}^{\mathrm{T}}}\boldsymbol{f}-\frac{\partial\boldsymbol{f}}{\partial\boldsymbol{x}^{\mathrm{T}}}\boldsymbol{g}=\begin{bmatrix}e^{x_2}\\0\end{bmatrix}$$

因此，得

$$\{\boldsymbol{g},ad_f\boldsymbol{g}\}=\left\{\begin{bmatrix}0\\1\end{bmatrix}\begin{bmatrix}e^{x_2}\\0\end{bmatrix}\right\}$$

于是

$$\operatorname{rank}\boldsymbol{U}=\operatorname{rank}\begin{bmatrix}0&e^{x_2}\\1&0\end{bmatrix}=2,\quad\forall\,\boldsymbol{x}\in\mathbf{R}^2$$

也就是说，下式构成的分布

$$\boldsymbol{\Delta}=\operatorname{span}\{\boldsymbol{g}\}=\operatorname{span}\left\{\begin{bmatrix}0\\1\end{bmatrix}\right\}$$

在 $\mathbf{R}^3$ 中显然是对合的。因此，定理 2.31 中的两个条件成立。

对于线性定常系统 $\dot{\boldsymbol{x}}=\boldsymbol{A}\boldsymbol{x}+\boldsymbol{B}\boldsymbol{u}$，显然 $\boldsymbol{f}(\boldsymbol{x})=\boldsymbol{A}\boldsymbol{x}$，$\boldsymbol{g}(\boldsymbol{x})=\boldsymbol{B}$。于是有

$$ad_f^0\boldsymbol{g}(\boldsymbol{x})=\boldsymbol{B},ad_f\boldsymbol{g}(\boldsymbol{x})=\frac{\partial\boldsymbol{g}}{\partial\boldsymbol{x}}\boldsymbol{f}(\boldsymbol{x})-\frac{\partial\boldsymbol{f}}{\partial\boldsymbol{x}}\boldsymbol{g}(\boldsymbol{x})=-\boldsymbol{A}\boldsymbol{B},\cdots,ad_f^i\boldsymbol{g}(\boldsymbol{x})=(-1)^i\boldsymbol{A}^i\boldsymbol{B}$$

因此

$$\{ad_f^0\boldsymbol{g}(\boldsymbol{x}),ad_f\boldsymbol{g}(\boldsymbol{x}),\cdots,ad_f^{n-1}\boldsymbol{g}(\boldsymbol{x})\}=\{\boldsymbol{B},-\boldsymbol{A}\boldsymbol{B},\boldsymbol{A}^2\boldsymbol{B},\cdots,(-1)^{n-1}\boldsymbol{A}^{n-1}\boldsymbol{B}\}$$

因而向量 $\{ad_f^0\boldsymbol{g}(\boldsymbol{x}),ad_f\boldsymbol{g}(\boldsymbol{x}),\cdots,ad_f^{n-1}\boldsymbol{g}(\boldsymbol{x})\}$ 线性独立的充要条件是矩阵

$$\boldsymbol{U}=[\boldsymbol{B},\boldsymbol{A}\boldsymbol{B},\cdots,\boldsymbol{A}^{n-1}\boldsymbol{B}]$$

满秩。也即对于线性定常系统，定理 2.31 的条件(i) 就是线性定常系统完全可控。定理 2.31 中的条件(ii) 恒满足，因为此时构成分布 $\boldsymbol{\Delta}$ 的向量场是常值向量 $\boldsymbol{B}$，所以 $\boldsymbol{\Delta}$ 总是对合的。

### 2.3.3　输入-输出线性化(Input-Output Linearization)

1. 相对阶(Relative Degree)

考虑如下仿射非线性系统

$$\begin{cases}\dot{x}=\boldsymbol{f}(\boldsymbol{x})+\boldsymbol{g}(\boldsymbol{x})u & \boldsymbol{f},\boldsymbol{g}:D\subset\mathbf{R}^n\to\mathbf{R}^n\\ y=h(\boldsymbol{x}) & h:D\subset\mathbf{R}^n\to\mathbf{R}\end{cases}\tag{2.176}$$

将输出方程微分，得

$$\dot{y}=\frac{\partial h}{\partial\boldsymbol{x}^{\mathrm{T}}}\dot{x}=\frac{\partial h}{\partial\boldsymbol{x}^{\mathrm{T}}}\boldsymbol{f}(\boldsymbol{x})+\frac{\partial h}{\partial\boldsymbol{x}^{\mathrm{T}}}\boldsymbol{g}(\boldsymbol{x})u=L_fh(\boldsymbol{x})+L_gh(\boldsymbol{x})u$$

上式可能出现如下两种情况：

① $\dfrac{\partial h}{\partial\boldsymbol{x}^{\mathrm{T}}}\boldsymbol{g}\neq0\in D$。在此情况下，可定义控制律 $u$ 为

$$u=[-L_fh(\boldsymbol{x})+v]/L_gh(\boldsymbol{x})$$

将此 $u$ 代入 $\dot{y}$ 的表达式，就可得如下线性微分方程

$$\dot{y}=v$$

② $\frac{\partial h}{\partial \boldsymbol{x}^{\mathrm{T}}}\boldsymbol{g}=0\in D$。在此情况下，继续微分 $y$，直到出现控制函数 $u$ 的显式表示，即

$$\ddot{y}\overset{\mathrm{def}}{=\!=}\frac{\mathrm{d}}{\mathrm{d}t}\left[\frac{\partial h}{\partial \boldsymbol{x}^{\mathrm{T}}}\boldsymbol{f}(\boldsymbol{x})\right]=L_f^2h(\boldsymbol{x})+L_gL_fh(\boldsymbol{x})u$$

如果 $L_gL_fh(\boldsymbol{x})=0$，可以继续对 $y$ 进行微分，直到对于某个整数 $r\leqslant n$，使

$$y^{(r)}=L_f^rh(\boldsymbol{x})+L_gL_f^{(r-1)}h(\boldsymbol{x})u$$

且 $L_gL_f^{(r-1)}h(\boldsymbol{x})\neq 0$。如此，令

$$u=[-L_f^rh+v]/L_gL_f^{(r-1)}h(\boldsymbol{x})$$

则可得线性微分方程

$$y^{(r)}=v$$

获得上式线性微分方程需要对 $y$ 微分的次数，称为系统的相对阶，这是一个很重要的概念，可定义如下。

**定义 2.33** 对于(2.176)的仿射非线性系统，如果

$$L_gL_f^ih(\boldsymbol{x})=0,\quad \forall i,\quad 0\leqslant i<r-1,\quad \forall \boldsymbol{x}\in D_0$$

$$L_gL_f^{r-1}h(\boldsymbol{x})\neq 0,\quad \forall \boldsymbol{x}\in D_0$$

则系统(2.176)在域 $D_0\subset D$ 上具有相对阶 $r$。

注意到，如果 $r=n$，即如果相对阶等于系统状态的维数，那么若记 $h(\boldsymbol{x})=T_1(\boldsymbol{x})$，则有

$$\dot{y}=\frac{\partial T_1}{\partial \boldsymbol{x}^{\mathrm{T}}}[\boldsymbol{f}(\boldsymbol{x})+\boldsymbol{g}(\boldsymbol{x})u]$$

因为相对阶 $r=n$ 意味着$\frac{\partial T_1}{\partial \boldsymbol{x}^{\mathrm{T}}}\boldsymbol{g}(\boldsymbol{x})=0$，所以有

$$\dot{y}=\frac{\partial T_1}{\partial \boldsymbol{x}^{\mathrm{T}}}\boldsymbol{f}(\boldsymbol{x})\overset{\mathrm{def}}{=\!=}T_2(\boldsymbol{x})$$

$$y^{(2)}=\frac{\partial T_2}{\partial \boldsymbol{x}^{\mathrm{T}}}[\boldsymbol{f}(\boldsymbol{x})+\boldsymbol{g}(\boldsymbol{x})u],\quad \frac{\partial T_2}{\partial \boldsymbol{x}^{\mathrm{T}}}\boldsymbol{g}(\boldsymbol{x})=0\Rightarrow y^{(2)}=\frac{\partial T_2}{\partial \boldsymbol{x}^{\mathrm{T}}}\boldsymbol{f}(\boldsymbol{x})\overset{\mathrm{def}}{=\!=}T_3(\boldsymbol{x})$$

继续这一过程，直到

$$y^{(n)}=\frac{\partial T_n}{\partial \boldsymbol{x}^{\mathrm{T}}}\boldsymbol{f}(\boldsymbol{x})+\frac{\partial T_n}{\partial \boldsymbol{x}^{\mathrm{T}}}\boldsymbol{g}(\boldsymbol{x})u$$

因而，有

$$\frac{\partial T_1}{\partial \boldsymbol{x}^{\mathrm{T}}}\boldsymbol{g}(\boldsymbol{x})=0,\frac{\partial T_2}{\partial \boldsymbol{x}^{\mathrm{T}}}\boldsymbol{g}(\boldsymbol{x})=0,\cdots,\frac{\partial T_{n-1}}{\partial \boldsymbol{x}^{\mathrm{T}}}\boldsymbol{g}(\boldsymbol{x})=0,\frac{\partial T_n}{\partial \boldsymbol{x}^{\mathrm{T}}}\boldsymbol{g}(\boldsymbol{x})\neq 0$$

上式是输入-状态线性化的条件(2.168)。因此，如果系统的相对阶 $r$ 等于系统状态的维数 $n$，那么输入-输出线性化就成了输入状态线性化了。对单输入-单输出线性时不变系统，相对阶的定义与单输入-单输出非线性系统是一致的。

**例 2.23** 考虑如下单输入-单输出线性定常系统

$$\dot{\boldsymbol{x}}=\boldsymbol{A}\boldsymbol{x}+\boldsymbol{b}u,\quad y=\boldsymbol{C}\boldsymbol{x}$$

其中

$$
\boldsymbol{A}=\begin{bmatrix} 0 & 1 & 0 & \cdots & 0 \\ 0 & 0 & 1 & \cdots & 0 \\ \vdots & \vdots & \vdots & & \vdots \\ 0 & 0 & 0 & \cdots & 1 \\ -a_n & -a_{n-1} & -a_{n-2} & \cdots & -a_1 \end{bmatrix},\boldsymbol{b}=\begin{bmatrix} 0 \\ 0 \\ \vdots \\ 0 \\ 1 \end{bmatrix},\boldsymbol{C}=[\beta_0 \quad \beta_1 \quad \cdots \quad \beta_m \quad 0 \quad \cdots \quad 0]
$$

系统的传递函数为

$$
H(s)=\boldsymbol{C}(s\boldsymbol{I}-\boldsymbol{A})^{-1}\boldsymbol{b}=\frac{\beta_m s^m+\beta_{m-1}s^{m-1}+\cdots+\beta_1 s+\beta_0}{s^n+a_1 s^{n-1}+\cdots+a_{n-1}s+a_n}
$$

系统的相对阶为极点减去零点的个数 $r=n-m>0$。根据定义 2.33 求相对阶，有

$$
\dot{y}=\boldsymbol{C}\dot{\boldsymbol{x}}=\boldsymbol{C}\boldsymbol{A}\boldsymbol{x}+\boldsymbol{C}\boldsymbol{b}u
$$

$$
\boldsymbol{C}\boldsymbol{b}=[\beta_0 \quad \beta_1 \quad \cdots \quad \beta_m \quad 0 \quad \cdots \quad 0][0\ 0\ \cdots\ 0\ 1]^{\mathrm{T}}=\begin{cases}\beta_m & m=n-1 \\ 0 & \text{其他}\end{cases}
$$

因此，如果 $\boldsymbol{C}\boldsymbol{b}=\beta_m$，则得 $r=n-m=1$。假定不是这种情况，可连续对 $y$ 求导，直到 $\boldsymbol{C}\boldsymbol{A}^r\boldsymbol{b}\neq\boldsymbol{0}$ 为止，则得

$$
\begin{aligned}
\dot{y}&=\boldsymbol{C}\boldsymbol{A}\boldsymbol{x}+\boldsymbol{C}\boldsymbol{b}u \\
\ddot{y}&=\boldsymbol{C}\boldsymbol{A}^2\boldsymbol{x}+\boldsymbol{C}\boldsymbol{A}\boldsymbol{b}u \\
&\vdots \\
y^{(i)}&=\boldsymbol{C}\boldsymbol{A}^i\boldsymbol{x}+\boldsymbol{C}\boldsymbol{A}^{i-1}\boldsymbol{b}u \\
y^{(r)}&=\boldsymbol{C}\boldsymbol{A}^r\boldsymbol{x}+\boldsymbol{C}\boldsymbol{A}^{r-1}\boldsymbol{b}u,\quad \boldsymbol{C}\boldsymbol{A}^{r-1}\boldsymbol{b}\neq\boldsymbol{0},\quad r=n-m
\end{aligned}
$$

如此求得的 $r$ 值就是系统的相对阶，即系统极点减去零点的个数。

2. 零动态(The Zero Dynamics)

为了弄清什么是系统的零动态，现考虑如下三阶线性定常系统

$$
\begin{bmatrix}\dot{x}_1 \\ \dot{x}_2 \\ \dot{x}_3\end{bmatrix}=\begin{bmatrix} 0 & 1 & 0 \\ 0 & 0 & 1 \\ -a_3 & -a_2 & -a_1 \end{bmatrix}\begin{bmatrix}x_1 \\ x_2 \\ x_3\end{bmatrix}+\begin{bmatrix}0 \\ 0 \\ 1\end{bmatrix}u,\quad y=[\beta_0 \quad \beta_1 \quad 0]\begin{bmatrix}x_1 \\ x_2 \\ x_3\end{bmatrix} \tag{2.177}
$$

系统的传递函数为

$$
H(s)=\frac{\beta_1 s+\beta_0}{s^3+a_1 s^2+a_2 s+a_3} \tag{2.178}
$$

假定要设计一个控制函数 $u$，使输出 $y$ 跟踪希望的输出 $y_d$。利用上面讨论的输入-输出线性化方法，得

$$
\begin{aligned}
y&=\beta_0 x_1+\beta_1 x_2 \\
\dot{y}&=\beta_0\dot{x}_1+\beta_1\dot{x}_2=\beta_0 x_2+\beta_1 x_3 \\
\ddot{y}&=\beta_0\dot{x}_2+\beta_1\dot{x}_3=\beta_0 x_3+\beta_1(-a_3 x_1-a_2 x_2-a_1 x_3)+\beta_1 u
\end{aligned}
$$

由此得控制律为

$$
u=[a_3 x_1+a_2 x_2+a_1 x_3-\frac{\beta_0}{\beta_1}x_3)+\frac{1}{\beta_1}v
$$

将 $u$ 代入 $\ddot{y}$ 中得，$\ddot{y}=v$。因为控制的目的是为了实现对希望输出 $y_d$ 的跟踪，取跟踪误差 $e=y-y_d$，并选择新的控制 $v$ 为

$$
v=-k_1 e-k_2\dot{e}+\ddot{y}_d\Rightarrow u=[a_3 x_1+a_2 x_2+a_1 x_3-\frac{\beta_0}{\beta_1}x_3)+\frac{1}{\beta_1}[-k_1 e-k_2\dot{e}+\ddot{y}_d]
$$

将 $v$ 代入 $\ddot{y}=v$,得

$$\ddot{e}+k_2\dot{e}+k_1e=0 \tag{2.179}$$

适当选择 $k_1$ 和 $k_2$,可使闭环跟踪误差 $e$ 按指数稳定。这一结果表明,闭环系统跟踪误差的阶数与系统的相对阶相同。在本例中,相对阶 $r=2$,而原系统的状态空间实现是 $n=3$ 阶。因而,原系统的动态部分,在输入-输出线性化后化为 2 阶,从而有一个状态是不可观测的。为弄清为什么,现作如下说明。在设计阶段,根据输入-输出线性化原理,状态方程(2.177) 利用控制输入 $u$ 进行了处理。注意到这一控制律 $u$ 由状态反馈构成,因此设计阶段将状态系数阵 $\boldsymbol{A}$ 的特征值通过状态反馈重新定位。在设计结束,三维状态空间实现(2.177) 化为只剩下外部两维闭环微分方程描述的系统(2.179),因而丢失了系统可观测性。根据线性系统的基本概念知,如果在设计过程中,闭环状态空间实现的一个特征值与原系统的一个转移零点相同,因而产生出二阶外部微分方程(2.179),则原系统丢失了一个状态,从而也丢失了可观测性。为了得到系统的三维状态,可以考虑利用输出方程加以弥补,即

$$y=\beta_0x_1+\beta_1x_2=\beta_0x_1+\beta_1\dot{x}_1$$

由此得

$$\dot{x}_1=-\frac{\beta_0}{\beta_1}x_1+\frac{1}{\beta_1}y=\boldsymbol{A}_{id}x_1+\boldsymbol{b}_{id}y \tag{2.180}$$

式(2.180)可以用来获取系统的三维状态。的确,利用 $x_1$ 和 $e_1$,$e_2$ 作为"新"的状态变量就可以通过一对一的变换获知原系统状态变量 $x_1\sim x_3$ 的全部状态信息。这个不可观测的动力学部分称为内部动力学(内动态),并且在输入-输出线性化的理论与方法研究中起着十分重要的作用。注意到,方程(2.179) 中的输出 $y=e+y_d$,因为 $e$ 由输入-输出线性化控制律稳定的,且 $y_d$ 是希望的轨迹,所以 $y$ 是有界的。因此,由方程(2.180) 知,若在原点平衡点处保持一阶系统(2.180) 的 $\boldsymbol{A}_{id}$ 是指数稳定的,则 $x_1$ 也将是有界的。如前所述,如果方程(2.180) 的矩阵 $\boldsymbol{A}_{id}$ 的特征值在左半平面,则"内动态"是指数稳定的。当然,"内动态"的稳定性和外部跟踪误差的稳定性一样重要,因而输入-输出线性化方法的有效性取决于"内动态"的稳定性。还需注意到,"内动态"的传递函数为

$$H_{id}(s)=\frac{1}{\beta_0+\beta_1s}$$

将 $H_{id}(s)$ 与原三阶系统的传递函数(2.178)$H(s)$ 相比较发现,"内动态"传递函数包含一个极点,这个极点在 $s$ 平面上的位置恰好与 $H(s)$ 的零点相吻合,因而导致了系统可观测性的丢失。这意味着,若构成传递函数 $H_{id}(s)$ 极点的 $H(s)$ 的零点在 $s$ 的左半平面,则原系统的"内动态"就是指数稳定的。由于传递函数 $H(s)$ 全部零点均在左半平面,因而称为最小相位系统。

上述讨论以一个三维系统为例,然而所得到的结论却具有普遍意义,特别对于线性时不变系统,"内动态"的稳定性完全由原系统零点的位置决定。因此,"内动态"又称为系统的零动态。

3. 非线性系统的输入-输出线性化(Input-Output Linearization of Nonlinear System)

因为极点和零点的概念与传递函数密切相关,而传递函数仅适用于线性定常系统,所以需要将上面论述的结果推广到非线性系统中去,这是一项很有意义的事。

下面的讨论,不强调严格的证明,仍然讨论形如式(2.176) 的非线性系统

$$\dot{\boldsymbol{x}}=\boldsymbol{f}(\boldsymbol{x})+\boldsymbol{g}(\boldsymbol{x})u,\quad y=h(x)$$

假定系统(2.176)相对阶为 $r$,根据相对阶的定义 2.33,有

$$\left.\begin{aligned}&L_gL_f^ih(\boldsymbol{x})=0,\quad \forall i,0\leqslant i<r-1,\quad \forall \boldsymbol{x}\in D_0\\&L_gL_f^{r-1}h(\boldsymbol{x})\neq 0,\quad \forall \boldsymbol{x}\in D_0\end{aligned}\right\}\tag{2.181}$$

于是选择如下坐标变换

$$\boldsymbol{z}=\boldsymbol{T}(\boldsymbol{x})=\begin{bmatrix}\Psi_1(\boldsymbol{x})\\\Psi_2(\boldsymbol{x})\\\vdots\\\Psi_r(\boldsymbol{x})\\\hdashline\mu_1(\boldsymbol{x})\\\vdots\\\mu_{n-r}(x)\end{bmatrix}=\begin{bmatrix}h(\boldsymbol{x})\\L_fh(\boldsymbol{x})\\\vdots\\L_f^{r-1}h(\boldsymbol{x})\\\hdashline\mu_1(\boldsymbol{x})\\\vdots\\\mu_{n-r}(x)\end{bmatrix}\overset{\text{def}}{=\!=}\begin{bmatrix}\boldsymbol{\Psi}(\boldsymbol{x})\\\hdashline\mu(\boldsymbol{x})\end{bmatrix}=\begin{bmatrix}\boldsymbol{\xi}\\\boldsymbol{\eta}\end{bmatrix},\quad \boldsymbol{\xi}\in\mathbf{R}^r,\quad \boldsymbol{\eta}\in\mathbf{R}^{n-r}\tag{2.182}$$

坐标变换 $\boldsymbol{T}(\boldsymbol{x})$ 中的 $\mu_1(\boldsymbol{x}),\cdots,\mu_{n-r}(\boldsymbol{x})$ 为在 $\boldsymbol{x}\in D_0$ 中选择的光滑函数,并且有 $L_g\mu_i(\boldsymbol{x})=0$,$i=1,2,\cdots,n-r$。同时使 $\boldsymbol{T}(\boldsymbol{x})$ 为 $\boldsymbol{x}\in D_0$ 上的一个局部微分同胚,即使如下 Jacobi 矩阵

$$\frac{\partial\boldsymbol{T}(\boldsymbol{x})}{\partial\boldsymbol{x}^{\mathrm{T}}}=\frac{\partial}{\partial\boldsymbol{x}^{\mathrm{T}}}\begin{bmatrix}h(\boldsymbol{x})\\L_fh(\boldsymbol{x})\\\vdots\\L_f^{r-1}h(\boldsymbol{x})\\\hdashline\mu_1(\boldsymbol{x})\\\vdots\\\mu_{n-r}(\boldsymbol{x})\end{bmatrix}=\begin{bmatrix}\dfrac{\partial h(\boldsymbol{x})}{\partial x_1}&\dfrac{\partial h(\boldsymbol{x})}{\partial x_2}&\cdots&\dfrac{\partial h(\boldsymbol{x})}{\partial x_n}\\\vdots&\vdots&&\vdots\\\dfrac{\partial L_f^{r-1}h(\boldsymbol{x})}{\partial x_1}&\dfrac{\partial L_f^{r-1}h(\boldsymbol{x})}{\partial x_2}&\cdots&\dfrac{\partial L_f^{r-1}h(\boldsymbol{x})}{\partial x_n}\\\hdashline\dfrac{\partial\mu_1(\boldsymbol{x})}{\partial x_1}&\dfrac{\partial\mu_1(\boldsymbol{x})}{\partial x_2}&\cdots&\dfrac{\partial\mu_1(\boldsymbol{x})}{\partial x_n}\\\vdots&\vdots&&\vdots\\\dfrac{\partial\mu_{n-r}(\boldsymbol{x})}{\partial x_1}&\dfrac{\partial\mu_{n-r}(\boldsymbol{x})}{\partial x_2}&\cdots&\dfrac{\partial\mu_{n-r}(\boldsymbol{x})}{\partial x_n}\end{bmatrix}\tag{2.183}$$

为非奇异矩阵,于是有

$$\begin{cases}\dot{z}_1=\dfrac{\partial\Psi_1(\boldsymbol{x})}{\partial\boldsymbol{x}^{\mathrm{T}}}\dot{\boldsymbol{x}}=\dfrac{\partial h(\boldsymbol{x})}{\partial\boldsymbol{x}^{\mathrm{T}}}(\boldsymbol{f}(\boldsymbol{x})+\boldsymbol{g}(\boldsymbol{x})u)=L_fh(\boldsymbol{x})+L_gh(\boldsymbol{x})u=\\\qquad L_fh(\boldsymbol{x})=\Psi_2(\boldsymbol{x})=z_2\\\dot{z}_2=\dfrac{\partial\Psi_2(\boldsymbol{x})}{\partial\boldsymbol{x}^{\mathrm{T}}}\dot{\boldsymbol{x}}=\dfrac{\partial L_fh(\boldsymbol{x})}{\partial\boldsymbol{x}^{\mathrm{T}}}(\boldsymbol{f}(\boldsymbol{x})+\boldsymbol{g}(\boldsymbol{x})u)=L_f^2h(\boldsymbol{x})+L_gL_fh(\boldsymbol{x})u=\\\qquad L_f^2h(\boldsymbol{x})=\Psi_3(\boldsymbol{x})=z_3\\\qquad\vdots\\\dot{z}_{r-1}=\dfrac{\partial\Psi_{r-1}(\boldsymbol{x})}{\partial\boldsymbol{x}^{\mathrm{T}}}\dot{\boldsymbol{x}}=\dfrac{\partial L_f^{r-2}h(\boldsymbol{x})}{\partial\boldsymbol{x}^{\mathrm{T}}}(\boldsymbol{f}(\boldsymbol{x})+\boldsymbol{g}(\boldsymbol{x})u)=L_f^{r-1}h(\boldsymbol{x})+L_gL_f^{r-2}h(\boldsymbol{x})u=\\\qquad L_f^{r-1}h(\boldsymbol{x})=\Psi_r(\boldsymbol{x})=z_r\\\dot{z}_r=\dfrac{\partial\Psi_r(\boldsymbol{x})}{\partial\boldsymbol{x}^{\mathrm{T}}}\dot{\boldsymbol{x}}=\dfrac{\partial L_f^{r-1}h(\boldsymbol{x})}{\partial\boldsymbol{x}^{\mathrm{T}}}(\boldsymbol{f}(\boldsymbol{x})+\boldsymbol{g}(\boldsymbol{x})u)=L_f^rh(\boldsymbol{x})+L_gL_f^{r-1}h(\boldsymbol{x})u\overset{\text{def}}{=\!=}\\\qquad a(\boldsymbol{x})+b(\boldsymbol{x})u=\alpha(\boldsymbol{z})+\beta(\boldsymbol{z})u=a(\boldsymbol{T}^{-1}(\boldsymbol{z}))+\omega(\boldsymbol{T}^{-1}(\boldsymbol{z}))u\end{cases}\tag{2.184}$$

$$\begin{cases} \dot{z}_{r+1} = \dfrac{\partial \mu_1(\boldsymbol{x})}{\partial \boldsymbol{x}^{\mathrm{T}}}\dot{\boldsymbol{x}} = \dfrac{\partial \mu_1(\boldsymbol{x})}{\partial \boldsymbol{x}^{\mathrm{T}}}(\boldsymbol{f}(\boldsymbol{x}) + \boldsymbol{g}(\boldsymbol{x})u) = L_f\mu_1(\boldsymbol{x}) \\ \quad\vdots \\ \dot{z}_n = \dfrac{\partial \mu_{n-r}(\boldsymbol{x})}{\partial \boldsymbol{x}^{\mathrm{T}}}\dot{\boldsymbol{x}} = \dfrac{\partial \mu_{n-r}(\boldsymbol{x})}{\partial \boldsymbol{x}^{\mathrm{T}}}(\boldsymbol{f}(\boldsymbol{x}) + \boldsymbol{g}(\boldsymbol{x})u) = L_f\mu_{n-r}(\boldsymbol{x}) \end{cases} \tag{2.185}$$

经坐标变换 $\boldsymbol{z} = \boldsymbol{T}(\boldsymbol{x})$ 变换后,由式(2.184) 和式(2.185) 知,原系统(2.176) 变换成如下系统,即

$$\begin{cases} \begin{bmatrix} \dot{z}_1 \\ \dot{z}_2 \\ \vdots \\ \dot{z}_r \end{bmatrix} = \begin{bmatrix} 0 & 1 & 0 & \cdots & 0 \\ 0 & 0 & 1 & \cdots & 0 \\ \vdots & \vdots & \vdots & & \vdots \\ 0 & 0 & 0 & \cdots & 1 \\ 0 & 0 & 0 & \cdots & 0 \end{bmatrix} \begin{bmatrix} z_1 \\ z_2 \\ \vdots \\ z_r \end{bmatrix} + \begin{bmatrix} 0 \\ 0 \\ \vdots \\ 0 \\ 1 \end{bmatrix} (a(\boldsymbol{x}) + \omega(\boldsymbol{x})u) \\ \begin{bmatrix} \dot{z}_{r+1} \\ \vdots \\ \dot{z}_n \end{bmatrix} = \begin{bmatrix} L_f\mu_1(\boldsymbol{x}) \\ \vdots \\ L_f\mu_{n-r}(\boldsymbol{x}) \end{bmatrix}, \quad y = h(\boldsymbol{x}) = [1\ 0\ \cdots\ 0\ 0] \begin{bmatrix} z_1 \\ z_2 \\ \vdots \\ z_r \end{bmatrix} \end{cases} \tag{2.186}$$

式(2.186) 可简写成

$$\left.\begin{aligned} &\dot{\boldsymbol{z}}^1 = \boldsymbol{A}_c\boldsymbol{z}^1 + \boldsymbol{b}_c(a(\boldsymbol{x}) + \omega(\boldsymbol{x})u) = \boldsymbol{A}_c\boldsymbol{z}^1 + \boldsymbol{b}_c\omega(\boldsymbol{x})[u + \phi(\boldsymbol{x})] \\ &\dot{\boldsymbol{z}}^2 = \boldsymbol{q}(\boldsymbol{z}) \\ &y = \boldsymbol{C}_c\boldsymbol{z}^1 \end{aligned}\right\} \tag{2.187}$$

式中

$$\left.\begin{aligned} &\boldsymbol{z} = [\boldsymbol{z}^1 \quad \boldsymbol{z}^2]^{\mathrm{T}}, \boldsymbol{z}^1 = [z_1, z_2, \cdots, z_r]^{\mathrm{T}}, \boldsymbol{z}^2 = [z_{r+1}, \cdots, z_n]^{\mathrm{T}} \\ &\boldsymbol{A}_c = \begin{bmatrix} \boldsymbol{0} & \boldsymbol{I}_{r-1} \\ \boldsymbol{0} & \boldsymbol{0} \end{bmatrix}_{r\times r}, \boldsymbol{b}_c = \begin{bmatrix} 0 \\ \vdots \\ 1 \end{bmatrix}, \boldsymbol{C}_c = [1 \quad 0 \quad \cdots \quad 0]_{1\times r} \\ &\omega(\boldsymbol{x}) = L_gL_f^{r-1}h(\boldsymbol{x}), \quad \phi(\boldsymbol{x}) = \frac{L_f^rh(\boldsymbol{x})}{L_gL_f^{r-1}h(\boldsymbol{x})} \\ &\boldsymbol{q}(\boldsymbol{z}) = [L_f\mu_1(\boldsymbol{x}), \cdots, L_f\mu_{n-r}(\boldsymbol{x})]^{\mathrm{T}} \end{aligned}\right\}$$

由上可知,经过 $\boldsymbol{z} = \boldsymbol{T}(\boldsymbol{x})$ 的坐标变换,原系统(2.176) 化成了式(2.187) 的标准形。这一标准形将原系统(2.176) 的状态分成了两个部分状态 $\boldsymbol{z}^1$ 和 $\boldsymbol{z}^2$。它们具有如下特点:

(i) $\boldsymbol{z}^1$ 代表系统的外部动力学特性,可以选择如

$$u^* = -\phi(\boldsymbol{x}) + \omega^{-1}(\boldsymbol{x})v \tag{2.188}$$

使 $\boldsymbol{z}^1$ 的动态方程化为如下线性动态方程,即

$$\dot{\boldsymbol{z}}^1 = \boldsymbol{A}_c\boldsymbol{z}^1 + \boldsymbol{b}_cv, \quad y = \boldsymbol{C}_c\boldsymbol{z}^1$$

(ii) $\boldsymbol{z}^2$ 代表系统的内部动力学特性,也就是系统的零动态。如此系统(2.187) 考虑到式(2.188) 后可写成

$$\left.\begin{aligned} &\dot{\boldsymbol{z}}^1 = \boldsymbol{A}_c\boldsymbol{z}^1 + \boldsymbol{b}_cv, \quad y_c = \boldsymbol{C}_c\boldsymbol{z}^1 \\ &\dot{\boldsymbol{z}}^2 = \boldsymbol{q}(\boldsymbol{z}) \end{aligned}\right\} \tag{2.189}$$

状态 $\boldsymbol{z}^2$ 从输出方程 $y = \boldsymbol{C}_c\boldsymbol{z}^1$ 中是不可观测的。由上可见,系统的零动态的稳定性取决于方程

$\dot{z}^2 = \boldsymbol{q}(z)$ 稳定与否。

只要非线性系统是可输入-输出线性化的,则零动态的稳定性起着十分重要的作用。类似于线性系统的情况,零动态稳定的非线性系统也称为最小相位系统。于是输入-输出线性化问题可解,可以通过部分非线性项的相消达到。

$r=n$:即如果非线性系统的相对阶与系统状态的维数相等,并且非线性系统可以完全线性化,那么就可以通过输入-输出线性化方法将其化为完全的线性系统,并且是完全精确的反馈线性化。这时与输入-状态线性化相同。

$r<n$:即如果非线性系统的相对阶小于系统状态的维数,那么仅只能有 $r$ 维外部动力学可线性化。剩下的 $n-r$ 个状态量从输出方程中是不可观测的。内部动力学(内动态),也即零动态的稳定性完全决定着系统是否能成功地输入-输出线性化。如果零动态不是渐进稳定的,那么实际上就找不到一个控制律,使系统输入-输出线性化。

**例 2.24**　考虑如下仿射非线性系统

$$\dot{\boldsymbol{x}} = \begin{bmatrix} x_1x_2 - x_1^3 \\ x_1 \\ -x_3 \\ x_1^2 + x_2 \end{bmatrix} + \begin{bmatrix} 0 \\ 2+2x_3 \\ 1 \\ 0 \end{bmatrix} u \xlongequal{\text{def}} \boldsymbol{f}(\boldsymbol{x}) + \boldsymbol{g}(\boldsymbol{x})u, \quad y = x_4 = h(\boldsymbol{x})$$

首先确定系统的相对阶,即

$$L_g h(\boldsymbol{x}) = \frac{\partial h(\boldsymbol{x})}{\partial \boldsymbol{x}^{\mathrm{T}}} \boldsymbol{g}(\boldsymbol{x}) = [0\ 0\ 0\ 1]\,[0 \quad 2+2x_3 \quad 1 \quad 0]^{\mathrm{T}} = 0$$

$$\begin{aligned} L_g L_f h(\boldsymbol{x}) &= L_g\left(\frac{\partial h(\boldsymbol{x})}{\partial \boldsymbol{x}^{\mathrm{T}}} \boldsymbol{f}(\boldsymbol{x})\right) = \\ &L_g\{[0\ 0\ 0\ 1]\,[x_1x_2 - x_1^3 \quad x_1 \quad -x_3 \quad x_1^2 + x_2]^{\mathrm{T}}\} = \\ &\frac{\partial}{\partial \boldsymbol{x}^{\mathrm{T}}}(x_1^2 + x_2)\boldsymbol{g}(\boldsymbol{x}) = [2x_1 \quad 1 \quad 0 \quad 0][0 \quad 2+2x_3 \quad 1 \quad 0]^{\mathrm{T}} = \\ &2+2x_3 \neq 0, \quad x_3 \neq -1 \end{aligned}$$

表明系统在 $x_3 \neq -1$ 时有相对阶 $r=2$。于是,选择如下坐标变换

$$\boldsymbol{z} = \begin{bmatrix} z_1 \\ z_2 \\ z_3 \\ z_4 \end{bmatrix} = \boldsymbol{T}(\boldsymbol{x}) = \begin{bmatrix} h(\boldsymbol{x}) \\ L_f h(\boldsymbol{x}) \\ \mu_1(\boldsymbol{x}) \\ \mu_2(\boldsymbol{x}) \end{bmatrix} = \begin{bmatrix} x_4 \\ x_1^2 + x_2 \\ \mu_1(\boldsymbol{x}) \\ \mu_2(\boldsymbol{x}) \end{bmatrix}$$

为确定 $\mu_1(\boldsymbol{x})$ 和 $\mu_2(\boldsymbol{x})$,利用 $L_g\mu_i(\boldsymbol{x}) = 0, i=1,2$,得

$$\begin{bmatrix} \dfrac{\partial \mu_1}{\partial x_1} & \dfrac{\partial \mu_1}{\partial x_2} & \dfrac{\partial \mu_1}{\partial x_3} & \dfrac{\partial \mu_1}{\partial x_4} \end{bmatrix} \begin{bmatrix} 0 \\ 2+2x_3 \\ 1 \\ 0 \end{bmatrix} = 0 \Rightarrow \frac{\partial \mu_1}{\partial x_2}(2+2x_3) + \frac{\partial \mu_1}{\partial x_3} = 0$$

$$\begin{bmatrix} \dfrac{\partial \mu_2}{\partial x_1} & \dfrac{\partial \mu_2}{\partial x_2} & \dfrac{\partial \mu_2}{\partial x_3} & \dfrac{\partial \mu_2}{\partial x_4} \end{bmatrix} \begin{bmatrix} 0 \\ 2+2x_3 \\ 1 \\ 0 \end{bmatrix} = 0 \Rightarrow \frac{\partial \mu_2}{\partial x_2}(2+2x_3) + \frac{\partial \mu_2}{\partial x_3} = 0$$

解以上两个偏微分方程,得

$$\mu_1(\boldsymbol{x}) = x_2 - 2x_3 - x_3^2$$

$$\mu_2(\boldsymbol{x}) = x_1$$

于是,最终得坐标变换 $\boldsymbol{z} = \boldsymbol{T}(\boldsymbol{x})$ 为

$$\boldsymbol{z} = \begin{bmatrix} z_1 \\ z_2 \\ z_3 \\ z_4 \end{bmatrix} = \boldsymbol{T}(\boldsymbol{x}) = \begin{bmatrix} x_4 \\ x_1^2 + x_2 \\ x_2 - 2x_3 - x_3^2 \\ x_1 \end{bmatrix}$$

利用坐标变换,得

$$\dot{z}_1 = \frac{\partial h(\boldsymbol{x})}{\partial \boldsymbol{x}^{\mathrm{T}}}(\boldsymbol{f}(\boldsymbol{x}) + \boldsymbol{g}(\boldsymbol{x})u) = \frac{\partial h(\boldsymbol{x})}{\partial \boldsymbol{x}^{\mathrm{T}}}\boldsymbol{f}(\boldsymbol{x}) = x_1^2 + x_2 = z_2$$

$$\dot{z}_2 = \frac{\partial L_f h(\boldsymbol{x})}{\partial \boldsymbol{x}^{\mathrm{T}}}(\boldsymbol{f}(\boldsymbol{x}) + \boldsymbol{g}(\boldsymbol{x})u) = 2x_1^2(x_2 - x_1^2) + x_1 + 2(1 + x_3)u =$$

$$2z_4^2(z_2 - 2z_4^2) + z_4 + 2(1 + x_3)u$$

$$\dot{z}_3 = L_f\mu_1(\boldsymbol{x}) = \frac{\partial(x_2 - 2x_3 - x_3^2)}{\partial \boldsymbol{x}^{\mathrm{T}}}\boldsymbol{f}(\boldsymbol{x}) = x_1 + 2x_3 + x_3^2 = -z_3 + z_2 + z_4 - z_4^2$$

$$\dot{z}_4 = L_f\mu_2(\boldsymbol{x}) = \frac{\partial(\boldsymbol{x}_1)}{\partial \boldsymbol{x}^{\mathrm{T}}}\boldsymbol{f}(\boldsymbol{x}) = x_1x_2 - x_1^3 = z_2z_4 - 2z_4^2$$

$$y = h(x) = x_4 = z_1$$

于是有

$$\begin{bmatrix} \dot{z}_1 \\ \dot{z}_2 \end{bmatrix} = \begin{bmatrix} 0 & 1 \\ 0 & 0 \end{bmatrix}\begin{bmatrix} z_1 \\ z_2 \end{bmatrix} + \begin{bmatrix} 0 \\ 1 \end{bmatrix} 2(1 + x_3)\left[u + \frac{2x_1^2(x_2 - x_1^2) + x_1}{2(1 + x_3)}\right] \stackrel{\text{def}}{=\!=} \boldsymbol{A}_{\mathrm{c}}\boldsymbol{z}^1 + \boldsymbol{b}_{\mathrm{c}}\omega(\boldsymbol{x})[u + \phi(\boldsymbol{x})]$$

$$\begin{bmatrix} \dot{z}_3 \\ \dot{z}_4 \end{bmatrix} = \begin{bmatrix} -z_3 + z_2 + z_4 - z_4^2 \\ z_2z_4 - 2z_4^2 \end{bmatrix} = \boldsymbol{q}(\boldsymbol{z}), \quad \boldsymbol{z} = [\boldsymbol{z}^1 \quad \boldsymbol{z}^2]^{\mathrm{T}} = [[z_1 \quad z_2][z_3 \quad z_4]]^{\mathrm{T}}$$

$$y = [1 \quad 0]\begin{bmatrix} z_1 \\ z_2 \end{bmatrix} = \boldsymbol{C}_{\mathrm{c}}z^1$$

4. 非线性系统输入-输出线性化的条件(Conditions for Input-Output Linearization of Nonlinear System)

根据上面的讨论知道,实现非线性系统的输入-输出线性化必须存在一个坐标变换 $\boldsymbol{T}(\boldsymbol{x})$ 是 $\boldsymbol{x} \in D_0$ 上的一个局部微分同胚,才能将系统(2.176) 变换成式(2.187) 的线性化标准形。下述定理就给出了具有相对阶 $r < n$ 的非线性系统(2.176) 存在这种局部微分同胚变换的条件。

**定理 2.32** 给定非线性系统(2.176),假定它有相对阶 $r < n$, $\forall \boldsymbol{x} \in D_0 \subset D$,那么对于每一个 $\boldsymbol{x}_0 \in D_0$,存在 $\boldsymbol{x}_0$ 的一个邻域 $\Omega$ 和光滑函数 $\mu_1(\boldsymbol{x}), \cdots, \mu_{n-r}(\boldsymbol{x})$,使得:

(i) $L_g\mu_i(\boldsymbol{x}) = 0$, $\forall i, 1 \leqslant i < n - r$, $\forall \boldsymbol{x} \in \Omega$;

(ii) 坐标变换

$$z=\begin{bmatrix} z_1 \\ z_2 \\ \vdots \\ z_n \end{bmatrix}=T(x)=\begin{bmatrix} h(x) \\ L_f h(x) \\ \vdots \\ L_f^{r-1} h(x) \\ \hdashline \mu_1(x) \\ \vdots \\ \mu_{n-r}(x) \end{bmatrix}$$

是 $\Omega$ 上的一个微分同胚。

**证明**　为了证明定理的结论，先证明两个引理。

**引理 2.6**　如果给定的非线性系统(2.176) 在 $\Omega$ 上有相对阶 $r<n$，则有

$$L_{ad_f^j g} L_f^k h(x)=\begin{cases} 0 & 0 \leqslant j+k<r-1 \\ (-1)^j L_g L_f^{r-1} h(x) \neq 0 & j+k=r-1 \\ & \forall x \in \Omega, \quad \forall j \leqslant r-1, \quad k>0 \end{cases} \tag{2.190}$$

**证明**　利用数学归纳法证明。

① $j=0$：对于 $j=0$，式(2.190) 化为

$$L_g L_f^k h(x)=\begin{cases} 0 & 0 \leqslant k<r-1 \\ L_g L_f^{r-1} h(x) & k=r-1 \end{cases}$$

上式成立的根据是因为符合系统相对阶的定义。

② $j=i$：对于 $j=i$，假定下式成立，即

$$L_{ad_f^i g} L_f^k h(x)=\begin{cases} 0 & 0 \leqslant i+k<r-1 \\ (-1)^i L_g L_f^{r-1} h(x) \neq 0 & i+k=r-1 \end{cases} \tag{2.191}$$

以下证明，对于 $j=i+1$，式(2.191) 也必定成立。根据Jacobi恒等式，对任意光滑函数 $\lambda(x)$ 和任意光滑向量场 $f(x)$ 及 $\beta(x)$ 成立，有

$$L_{ad_f \beta} \lambda(x)=L_f L_\beta \lambda(x)-L_\beta L_f \lambda(x) \tag{2.192}$$

若定义

$$\lambda(x) \stackrel{\text{def}}{=\!=} L_f^k h(x), \quad \beta(x)=ad_f^i g$$

仿照公式(2.192)，则有

$$L_{ad_f^{i+1} g} L_f^k h(x)=L_{[f, ad_f^i g]} L_f^k h(x)=L_f L_{ad_f^i g} L_f^k h(x)-L_{ad_f^i g} L_f^{k+1} h(x)$$

对于上式，若 $i+1+k<r-1$，则根据式(2.191)，其中右边的第一项为零，第二项化为

$$-L_{ad_f^i g} L_f^{k+1} h(x)=\begin{cases} 0 & 0 \leqslant i+k+1<r-1 \\ (-1)^i L_g L_f^{r-1} h(x) & i+k+1=r-1 \end{cases}$$

这表明引理的结论成立。

**引理 2.7**　如果给定非线性系统(2.191) 在 $\Omega$ 上的相对阶为 $r$，则 $\nabla h(x), \nabla L_f h(x), \cdots, \nabla L_f^{r-1} h(x)$ 在 $\Omega$ 上是线性独立的。

**证明**　反证法。假定 $\nabla h(x), \nabla L_f h(x), \cdots, \nabla L_f^{r-1} h(x)$ 在 $\Omega$ 上不是线性独立的，那么必存在不全为零的光滑函数 $\alpha_1(x), \cdots, \alpha_r(x)$，使下式成立，即

$$\alpha_1(x) \nabla h(x)+\alpha_2(x) \nabla L_f h(x)+\cdots+\alpha_r(x) \nabla L_f^{r-1} h(x)=0 \tag{2.193}$$

用 $ad_f^0 g(x)=g(x)$ 向量右乘式(2.193) 两边，得

$$\alpha_1(\boldsymbol{x})L_gh(\boldsymbol{x})+\alpha_2(\boldsymbol{x})L_gL_fh(\boldsymbol{x})+\cdots+\alpha_r(\boldsymbol{x})L_gL_f^{r-1}h(\boldsymbol{x})=0 \tag{2.194}$$

根据引理的条件,系统有相对阶 $r$,故有

$$\begin{cases}L_gL_f^ih(\boldsymbol{x})=0, & \forall i,\quad 0\leqslant i<r-1\\ L_gL_f^{r-1}h(\boldsymbol{x})\neq 0, & i=r-1\end{cases}$$

因此,式(2.194) 化为

$$\alpha_r(\boldsymbol{x})L_gL_f^{r-1}h(\boldsymbol{x})=0$$

因为 $L_gL_f^{r-1}h(\boldsymbol{x})\neq 0$,故在 $\Omega$ 上必有 $\alpha_r(\boldsymbol{x})=0$。再利用 $ad_f\boldsymbol{g}$ 右乘式(2.193) 的两边,并考虑到 $\alpha_r(\boldsymbol{x})=0$,则得

$$\alpha_1(\boldsymbol{x})\nabla h(x)ad_f\boldsymbol{g}+\alpha_2(\boldsymbol{x})\nabla L_fh(\boldsymbol{x})ad_f\boldsymbol{g}+\cdots+\alpha_{r-1}(\boldsymbol{x})\nabla L_f^{r-2}h(\boldsymbol{x})ad_f\boldsymbol{g}=0 \tag{2.195}$$

对式(2.195) 中的最后一项,考虑 Jacobi 恒等式和相对阶为 $r$,则有

$$\begin{aligned}\alpha_{r-1}(\boldsymbol{x})\nabla L_f^{r-2}h(\boldsymbol{x})ad_f\boldsymbol{g}&=\alpha_{r-1}(\boldsymbol{x})L_{ad_fg}(L_f^{r-2}h(\boldsymbol{x}))=\\ &\alpha_{r-1}(\boldsymbol{x})(L_fL_g(L_f^{r-2}h(\boldsymbol{x}))-L_gL_f(L_f^{r-2}h(\boldsymbol{x})))=\\ &-\alpha_{r-1}(\boldsymbol{x})L_gL_f^{r-1}h(\boldsymbol{x})\end{aligned}$$

对于式(2.195),考虑到系统的相对阶为 $r$,除最后一项外,其余各项因乘积中均含 $L_gL_f^ih(\boldsymbol{x})$ 项,且 $i<r-1$,根据引理 2.6,均为零。于是式(2.195) 化为

$$-\alpha_{r-1}(\boldsymbol{x})L_gL_f^{r-1}h(\boldsymbol{x})=0$$

根据引理 2.6,上式中 $L_gL_f^{r-1}h(\boldsymbol{x})\neq 0$,因而必有 $\alpha_{r-1}(\boldsymbol{x})=0$。继续用 $ad_f^2\boldsymbol{g},\cdots,ad_f^{r-1}\boldsymbol{g}$ 分别右乘式(2.193) 的两边,可证 $\alpha_1,\cdots,\alpha_r$ 在 $\Omega$ 上均为零。这与反设矛盾,矛盾表明引理结论成立。

现在证明定理的结论。系统的单个向量 $\boldsymbol{g}(\boldsymbol{x})$ 显然是对合的,而 Frobenius 定理承认对于每一个 $\boldsymbol{x}_0\in D$ 存在 $\boldsymbol{x}_0$ 的邻域和 $n-1$ 个线性独立的平滑函数 $\mu_1(\boldsymbol{x}),\cdots,\mu_{n-r}(\boldsymbol{x})$,使得

$$L_g\mu_i(\boldsymbol{x})=0,\quad \forall i,\quad 1\leqslant i\leqslant n-r,\ \forall \boldsymbol{x}\in\Omega$$

还有,根据引理 2.7 $\nabla h(\boldsymbol{x}),\cdots,\nabla L_f^{n-2}h(\boldsymbol{x})$ 是线性独立的。因此,定义变换

$$\boldsymbol{T}(\boldsymbol{x})=\begin{bmatrix}h(\boldsymbol{x})\\ \vdots\\ L_f^{r-1}h(\boldsymbol{x})\\ \hdashline \mu_1(\boldsymbol{x})\\ \vdots\\ \mu_{n-r}(\boldsymbol{x})\end{bmatrix}$$

也就是说,对于 $\boldsymbol{T}(\boldsymbol{x})$ 中的前 $r$ 行,有

$$\nabla L_f^{r-1}h(\boldsymbol{x}_0)\notin\operatorname{span}\{\nabla\mu_1(\boldsymbol{x}),\cdots,\nabla\mu_{n-r}(\boldsymbol{x})\}\Rightarrow\operatorname{rank}\left\{\left[\frac{\partial\boldsymbol{T}(\boldsymbol{x})}{\partial\boldsymbol{x}}(\boldsymbol{x}_0)\right]\right\}=n$$

这就意味着 $\dfrac{\partial\boldsymbol{T}(\boldsymbol{x})}{\partial\boldsymbol{x}}(\boldsymbol{x}_0)$ 非奇异,因而 $\boldsymbol{T}(\boldsymbol{x})$ 是 $\boldsymbol{x}_0$ 邻域中的一个微分同胚。证毕。

5. 多变量非线性系统的输入-输出线性化(Input-Output Linearization of Multivariable Nonlinear System)

为了简单起见,以下仅讨论输入与输出个数相同的仿射非线性系统。考虑如下多变量仿射非线性系统

$$\begin{cases}\dot{\boldsymbol{x}}=\boldsymbol{f}(\boldsymbol{x})+\boldsymbol{g}(\boldsymbol{x})\boldsymbol{u}=\boldsymbol{f}(\boldsymbol{x})+\sum\limits_{i=1}^{m}\boldsymbol{g}_i(\boldsymbol{x})u_i, & \boldsymbol{f},\boldsymbol{g}_i\in D\subset\mathbf{R}^n\to\mathbf{R}^n\\ y_j=h_j(\boldsymbol{x}),\quad j=1,2,\cdots,m,\quad h_j\in D\subset\mathbf{R}^n\to\mathbf{R}\end{cases}\tag{2.196}$$

**定义 2.34**　给定 $\boldsymbol{x}_0\in X$，如果存在 $\boldsymbol{x}_0$ 的一个邻域 $D_0$ 及整数向量$(r_1,\cdots,r_m)$，使如下条件满足：

(i)$L_{\boldsymbol{g}_j}L_f^k h_i(\boldsymbol{x})=0,\quad \forall\,\boldsymbol{x}\in D_0,\quad 1\leqslant j,\quad i\leqslant m,\quad 0\leqslant k\leqslant r_i-2$　(2.197)

(ii) 矩阵(Falb-wolovich 矩阵)

$$\boldsymbol{A}(\boldsymbol{x})=\begin{bmatrix}L_{\boldsymbol{g}_1}L_f^{r_1-1}h_1(\boldsymbol{x}) & \cdots & L_{\boldsymbol{g}_m}L_f^{r_1-1}h_1(\boldsymbol{x})\\ L_{\boldsymbol{g}_1}L_f^{r_2-1}h_2(\boldsymbol{x}) & \cdots & L_{\boldsymbol{g}_m}L_f^{r_2-1}h_2(\boldsymbol{x})\\ \vdots & & \vdots\\ L_{\boldsymbol{g}_1}L_f^{r_m-1}h_m(\boldsymbol{x}) & \cdots & L_{\boldsymbol{g}_m}L_f^{r_m-1}h_m(\boldsymbol{x})\end{bmatrix}_{m\times m},\ \forall\,\boldsymbol{x}\in D_0\tag{2.198}$$

是非奇异的，则称系统(2.196)具有向量相对阶。条件(ii)也可改为 $\boldsymbol{A}(\boldsymbol{x}_0)$ 非奇异。

应当注意的是，如果选定某一个输出 $h_i(\boldsymbol{x})$ 和某个输入 $\mu_j$，则此单输入-单输出系统，当定义 2.34 的条件(i)和(ii)成立时，一定存在，且一般有大于或等于 $r_i$ 的相对阶。由 $\boldsymbol{A}(\boldsymbol{x})$ 的非奇异性可知，对原输出 $h_i(\boldsymbol{x})$，至少存在一个 $u_j$，使以 $u_j$ 为输入、$y_i=h_i(\boldsymbol{x})$ 为输出的非线性系统相对阶为 $r_i$。因为 $L_{\boldsymbol{g}_j}L_f^{r_i-1}h_i(\boldsymbol{x})$ 中至少存在一个 $j(1\leqslant j\leqslant m)$，使 $L_{\boldsymbol{g}_j}L_f^{r_i-1}h_i(\boldsymbol{x})\neq 0$，否则 $\boldsymbol{A}(\boldsymbol{x})$ 中的第 $i$ 行将全为零。从定义可见，多变量系统的向量相对阶存在的条件比单变量系统更为苛刻。多变量系统不存在向量相对阶的情况更易出现。

向量相对阶在多变量仿射非线性系统输入-输出线性化中起何种作用，下文将予以说明。设系统(2.196)具有向量相对阶$(r_1,r_2,\cdots,r_m)$，对 $y_i$ 求导$(1\leqslant i\leqslant m)$，得

$$\dot{y}_i=\frac{\partial h_i(\boldsymbol{x})}{\partial\boldsymbol{x}^{\mathrm{T}}}\dot{\boldsymbol{x}}=\frac{\partial h_i(\boldsymbol{x})}{\partial\boldsymbol{x}^{\mathrm{T}}}\boldsymbol{f}(\boldsymbol{x})+\sum_{j=1}^{m}\frac{\partial h_i(\boldsymbol{x})}{\partial\boldsymbol{x}^{\mathrm{T}}}\boldsymbol{g}_j(\boldsymbol{x})u_j=L_fh_i(\boldsymbol{x})+\sum_{j=1}^{m}L_{\boldsymbol{g}_j}h_i(\boldsymbol{x})u_j$$

如果 $r_i>1$，则 $L_{\boldsymbol{g}_j}h_i(\boldsymbol{x})=0,\forall\,j(1\leqslant j\leqslant m)$ 成立。于是有

$$\dot{y}_i=L_fh_i(\boldsymbol{x})$$

对于 $y_i$ 二阶导数，有

$$\ddot{y}_i=\frac{\partial(L_fh_i(\boldsymbol{x}))}{\partial\boldsymbol{x}^{\mathrm{T}}}\dot{\boldsymbol{x}}=\frac{\partial(L_fh_i(\boldsymbol{x}))}{\partial\boldsymbol{x}^{\mathrm{T}}}\boldsymbol{f}(\boldsymbol{x})+\sum_{j=1}^{m}\frac{\partial(L_fh_i(\boldsymbol{x}))}{\partial\boldsymbol{x}^{\mathrm{T}}}\boldsymbol{g}_j(\boldsymbol{x})u_j=$$

$$L_f^2h_i(\boldsymbol{x})+\sum_{j=1}^{m}L_{\boldsymbol{g}_j}L_fh_i(\boldsymbol{x})u_j$$

如果 $r_i>2$，则上式右边的第二项为零。于是有

$$\ddot{y}_i=L_f^2h_i(\boldsymbol{x})$$

类似地，有

$$\dddot{y}_i=L_f^3h_i(\boldsymbol{x}),\cdots,y_i^{(r_i-1)}=L_f^{r_i-1}h_i(\boldsymbol{x})$$

$$y_i^{(r_i)}=L_f^{r_i}h_i(\boldsymbol{x})+\sum_{j=1}^{m}L_{\boldsymbol{g}_j}L_f^{r_i-1}h_i(\boldsymbol{x})u_j$$

显然可有

$$y_1^{(r_1)}=L_f^{r_1}h_1(\boldsymbol{x})+\sum_{j=1}^{m}L_{\boldsymbol{g}_j}L_f^{r_1-1}h_1(\boldsymbol{x})u_j\overset{\text{def}}{=\!=}L_f^{r_1}h_1(\boldsymbol{x})+\boldsymbol{a}_1(\boldsymbol{x})\boldsymbol{u}$$

$$\vdots$$

$$y_m^{(r_m)}=L_f^{r_m}h_m(\boldsymbol{x})+\sum_{j=1}^{m}L_{\boldsymbol{g}_j}L_f^{r_m-1}h_m(\boldsymbol{x})u_j\overset{\text{def}}{=\!=}L_f^{r_m}h_m(\boldsymbol{x})+\boldsymbol{a}_m(\boldsymbol{x})\boldsymbol{u}$$

上式可以写成

$$\begin{bmatrix}y_1^{(r_1)}\\y_2^{(r_2)}\\\vdots\\y_m^{(r_m)}\end{bmatrix}=\begin{bmatrix}L_f^{r_1}h_1(\boldsymbol{x})\\L_f^{r_2}h_2(\boldsymbol{x})\\\vdots\\L_f^{r_m}h_m(\boldsymbol{x})\end{bmatrix}+\begin{bmatrix}a_1(\boldsymbol{x})\\a_2(\boldsymbol{x})\\\vdots\\a_m(\boldsymbol{x})\end{bmatrix}\boldsymbol{u}\overset{\text{def}}{=\!=}\boldsymbol{b}(\boldsymbol{x})+\boldsymbol{A}(\boldsymbol{x})\boldsymbol{u}$$

由相对阶的定义知，$\boldsymbol{A}(\boldsymbol{x})$ 非奇异。令 $\boldsymbol{u}=\boldsymbol{A}^{-1}(\boldsymbol{x})(-\boldsymbol{b}(\boldsymbol{x})+\boldsymbol{v})$，其中 $\boldsymbol{v}$ 为新的控制输入向量，则得

$$\begin{cases}y_j^{(i)}=L_f^ih_j, & i=1,2,\cdots,r_j-1;\quad j=1,\cdots,m\\y_j^{(r_j)}=v_j, & j=1,2,\cdots,m\end{cases}\tag{2.199}$$

如果行向量 $\{\nabla L_f^ih_j,i=0,1,\cdots,r_j-1;j=1,2,\cdots,m\}$ 是线性无关的，则 $\{L_f^ih_j,i=0,1,\cdots,r_j-1;j=1,2,\cdots,m\}$ 就可以组成局部坐标变换的一部分。

**定理 2.33** 如果系统(2.196)在点 $\boldsymbol{x}_0$ 具有向量相对阶 $(r_1,r_2,\cdots,r_m)$，则行向量组 $\nabla h_1(\boldsymbol{x}),\cdots,\nabla L_f^{r_1-1}h_1(\boldsymbol{x}),\cdots,\nabla h_m(\boldsymbol{x}),\cdots,\nabla L_f^{r_m-1}h_m(\boldsymbol{x})$ 在点 $\boldsymbol{x}_0$ 的邻域是线性独立的。

此定理是引理 2.7 的推广，读者可自行证明。

由此可得，局部坐标变换为

$$\boldsymbol{z}=\boldsymbol{T}(\boldsymbol{x})=\begin{bmatrix}h_1(\boldsymbol{x})\\L_fh_1(\boldsymbol{x})\\\vdots\\L_f^{r_1-1}h_1(\boldsymbol{x})\\\vdots\\h_m(\boldsymbol{x})\\L_fh_m(\boldsymbol{x})\\\vdots\\L_f^{r_m-1}h_m(\boldsymbol{x})\\\hdashline\mu_1(\boldsymbol{x})\\\vdots\\\mu_{n-r}(\boldsymbol{x})\end{bmatrix},\quad r_1+r_2+\cdots+r_m=r<n\tag{2.200}$$

其中，函数 $\mu_i(\boldsymbol{x}),i=1,2,\cdots,n-r$ 的选取希望满足

$$L_{\boldsymbol{g}_j}\mu_i(\boldsymbol{x})=0\qquad i=1,2,\cdots,n-r;\quad j=1,2,\cdots,m\tag{2.201}$$

并使 $\boldsymbol{T}(\boldsymbol{x})$ 成为 $\boldsymbol{x}_0\in D_0$ 上的一个局部微分同胚。利用式(2.200)的坐标变换，系统(2.200)可变成如下形式

$$\begin{bmatrix}\dot{z}^1_{r_11}\\ \dot{z}^1_{r_12}\\ \vdots\\ \dot{z}^1_{r_1r_1-1}\\ \dot{z}^1_{r_1r_1}\end{bmatrix}=\begin{bmatrix}0&1&0&\cdots&0\\0&0&1&\cdots&0\\ \vdots&\vdots&\vdots&&\vdots\\0&0&0&\cdots&1\\0&0&0&\cdots&0\end{bmatrix}\begin{bmatrix}z^1_{r_11}\\ z^1_{r_12}\\ \vdots\\ z^1_{r_1r_1-1}\\ z^1_{r_1r_1}\end{bmatrix}+\begin{bmatrix}0\\0\\ \vdots\\0\\1\end{bmatrix}\left[L_f^{r_1}h_1(\boldsymbol{x})+\sum_{j=1}^m L_{\boldsymbol{g}_j}L_f^{r_1-1}h_1(\boldsymbol{x})u_j\right]\xlongequal{\text{def}}$$

$$\boldsymbol{A}_{c_1}\boldsymbol{z}^1+\boldsymbol{b}_{c_1}\left[a_1(\boldsymbol{x})+\sum_{j=1}^m\omega_{1j}(\boldsymbol{x})u_j\right]$$

$$y_1=[1\quad 0\quad\cdots\quad 0]\boldsymbol{z}^1_{r_1}=\boldsymbol{c}_{c_1}\boldsymbol{z}^1_{r_1}$$

$$\begin{bmatrix}\dot{z}^1_{r_m1}\\ \dot{z}^1_{r_m2}\\ \vdots\\ \dot{z}^1_{r_mr_m-1}\\ \dot{z}^1_{r_mr_m}\end{bmatrix}=\begin{bmatrix}0&1&0&\cdots&0\\0&0&1&\cdots&0\\ \vdots&\vdots&\vdots&&\vdots\\0&0&0&\cdots&1\\0&0&0&\cdots&0\end{bmatrix}\begin{bmatrix}z^1_{r_m1}\\ z^1_{r_m2}\\ \vdots\\ z^1_{r_mr_m-1}\\ z^1_{r_mr_m}\end{bmatrix}+\begin{bmatrix}0\\0\\ \vdots\\0\\1\end{bmatrix}\left[L_f^{r_m}h_m(\boldsymbol{x})+\sum_{j=1}^m L_{\boldsymbol{g}_j}L_f^{r_m-1}h_m(\boldsymbol{x})u_j\right]\xlongequal{\text{def}}$$

$$\boldsymbol{A}_{cm_1}\boldsymbol{z}^m_{r_m}+\boldsymbol{b}_{cm_1}\left[a_m(\boldsymbol{x})+\sum_{j=1}^m\omega_{m_j}(\boldsymbol{x})u_j\right]$$

$$y_m=[1\quad 0\quad\cdots\quad 0]\boldsymbol{z}^1_{r_m}=\boldsymbol{c}_{cm}\boldsymbol{z}^1_{r_m}$$

$$\begin{bmatrix}\dot{z}^2_{r+1}\\ \vdots\\ \dot{z}^2_n\end{bmatrix}=\begin{bmatrix}L_f\mu_1(\boldsymbol{x})+\sum_{j=1}^m L_{\boldsymbol{g}_j}\mu_1(\boldsymbol{x})u_j\\ L_f\mu_2(\boldsymbol{x})+\sum_{j=1}^m L_{\boldsymbol{g}_j}\mu_2(\boldsymbol{x})u_j\\ \vdots\\ L_f\mu_{n-r}(\boldsymbol{x})+\sum_{j=1}^m L_{\boldsymbol{g}_j}\mu_{n-r}(\boldsymbol{x})u_j\end{bmatrix}\xlongequal{\text{def}}\boldsymbol{q}(\boldsymbol{z})+\boldsymbol{p}(\boldsymbol{z})\boldsymbol{u}$$

于是，上式可以写成

$$\begin{bmatrix}\dot{\boldsymbol{z}}^1_{r_1}\\ \dot{\boldsymbol{z}}^1_{r_2}\\ \vdots\\ \dot{\boldsymbol{z}}^1_{r_m}\end{bmatrix}=\begin{bmatrix}\boldsymbol{A}_{c_1}&&&\\&\boldsymbol{A}_{c_2}&&\\&&\ddots&\\&&&\boldsymbol{A}_{c_m}\end{bmatrix}\begin{bmatrix}\boldsymbol{z}^1_{r_1}\\ \boldsymbol{z}^1_{r_2}\\ \vdots\\ \boldsymbol{z}^1_{r_m}\end{bmatrix}+\begin{bmatrix}\boldsymbol{b}_{c_1}&&&\\&\boldsymbol{b}_{c_2}&&\\&&\ddots&\\&&&\boldsymbol{b}_{c_m}\end{bmatrix}\begin{bmatrix}a_1(\boldsymbol{x})+\sum_{j=1}^m\omega_{1j}(\boldsymbol{x})u_j\\ a_2(\boldsymbol{x})+\sum_{j=1}^m\omega_{2j}(\boldsymbol{x})u_j\\ \vdots\\ a_m(\boldsymbol{x})+\sum_{j=1}^m\omega_{mj}(\boldsymbol{x})u_j\end{bmatrix}\tag{2.202}$$

$$\begin{bmatrix}y_1\\ y_2\\ \vdots\\ y_m\end{bmatrix}=\begin{bmatrix}\boldsymbol{C}_{c_1}&&&\\&\boldsymbol{C}_{c_2}&&\\&&\ddots&\\&&&\boldsymbol{C}_{c_m}\end{bmatrix}\begin{bmatrix}\boldsymbol{z}^1\\ \boldsymbol{z}^2\\ \vdots\\ \boldsymbol{z}^m\end{bmatrix}\tag{2.203}$$

$$\begin{bmatrix} \dot{z}_{r+1}^2 \\ \vdots \\ \dot{z}_n^2 \end{bmatrix} = \boldsymbol{q}(\boldsymbol{z}) + \boldsymbol{p}(\boldsymbol{z})\boldsymbol{u} \tag{2.204}$$

在式(2.204)中，若式(2.201)的条件满足，则式(2.204)化为

$$\begin{bmatrix} \dot{z}_{r+1}^2 \\ \vdots \\ \dot{z}_n^2 \end{bmatrix} = \boldsymbol{q}(\boldsymbol{z}) \tag{2.205}$$

式(2.202)～(2.204)还可以简写成

$$\left.\begin{aligned} \dot{\boldsymbol{z}}^1 &= \boldsymbol{A}_c \boldsymbol{z}^1 + \boldsymbol{B}_c(\boldsymbol{a}(\boldsymbol{x}) + \boldsymbol{\omega}(\boldsymbol{x})\boldsymbol{u}) \\ \dot{\boldsymbol{z}}^2 &= \boldsymbol{q}(\boldsymbol{z}) + \boldsymbol{p}(\boldsymbol{z})\boldsymbol{u} \\ \boldsymbol{y} &= \boldsymbol{C}_c \boldsymbol{z}^1 \end{aligned}\right\} \tag{2.206}$$

若式(2.201)成立，则式(2.204)可写成

$$\dot{\boldsymbol{z}}^2 = \boldsymbol{q}(\boldsymbol{z}) \tag{2.207}$$

其中

$$\boldsymbol{A}_c = \begin{bmatrix} \boldsymbol{A}_{c_1} & & & \\ & \boldsymbol{A}_{c_2} & & \\ & & \ddots & \\ & & & \boldsymbol{A}_{c_m} \end{bmatrix}_{r\times r}, \quad \boldsymbol{B}_c = \begin{bmatrix} \boldsymbol{b}_{c_1} & & & \\ & \boldsymbol{b}_{c_2} & & \\ & & \ddots & \\ & & & \boldsymbol{b}_{c_m} \end{bmatrix}_{r\times m}, \quad \boldsymbol{b}_i = \begin{bmatrix} 0 \\ 0 \\ \vdots \\ 0 \\ 1 \end{bmatrix}_{r_i\times 1}$$

$$\boldsymbol{a}(\boldsymbol{x}) = \begin{bmatrix} a_1(\boldsymbol{x}) \\ a_2(\boldsymbol{x}) \\ \vdots \\ a_m(\boldsymbol{x}) \end{bmatrix} = \begin{bmatrix} L_f^{r_1} h_1(\boldsymbol{x}) \\ L_f^{r_2} h_2(\boldsymbol{x}) \\ \vdots \\ L_f^{r_m} h_m(\boldsymbol{x}) \end{bmatrix}_{m\times 1}, \quad \boldsymbol{\omega}(\boldsymbol{x}) = \begin{bmatrix} L_{g_1} L_f^{r_1-1} h_1(\boldsymbol{x}) & \cdots & L_{g_m} L_f^{r_1-1} h_1(\boldsymbol{x}) \\ \vdots & & \vdots \\ L_{g_1} L_f^{r_m-1} h_m(\boldsymbol{x}) & \cdots & L_{g_m} L_f^{r_m-1} h_m(\boldsymbol{x}) \end{bmatrix}_{m\times m}$$

$$\boldsymbol{q}(\boldsymbol{z}) = \begin{bmatrix} L_f\mu_1(\boldsymbol{x}) \\ L_f\mu_2(\boldsymbol{x}) \\ \vdots \\ L_f\mu_{n-r}(\boldsymbol{x}) \end{bmatrix}_{\substack{x=T^{-1}(z) \\ (n-r)\times 1}}, \quad \boldsymbol{p}(\boldsymbol{z}) = \begin{bmatrix} L_{g_1}\mu_1(\boldsymbol{x}) & \cdots & L_{g_m}\mu_1(\boldsymbol{x}) \\ \vdots & & \vdots \\ L_{g_1}\mu_{n-r}(\boldsymbol{x}) & \cdots & L_{g_m}\mu_{n-r}(\boldsymbol{x}) \end{bmatrix}_{\substack{x=T^{-1}(z) \\ (n-r)\times m}}$$

$$\boldsymbol{z}^1 = [z_{r_1 1}^1, \cdots, z_{r_1 r_1}^1, \cdots, z_{r_m 1}^1, \cdots, z_{r_m r_m}^1]^{\mathrm{T}}, \boldsymbol{z}^2 = [z_{r+1}^2, \cdots, z_n^2]^{\mathrm{T}}, r_1 + r_2 + \cdots + r_m = r < n$$

若方程(2.206)中的 $\boldsymbol{\omega}(\boldsymbol{x})$ 可逆，则可以选择控制函数 $\boldsymbol{u}$ 为

$$\boldsymbol{u} = \boldsymbol{\omega}^{-1}(\boldsymbol{x})(\boldsymbol{v}(\boldsymbol{x}) - \boldsymbol{a}(\boldsymbol{x})) \tag{2.208}$$

如此，若式(2.201)也成立，则系统(2.206)、(2.207)可化为

$$\left.\begin{aligned} \dot{\boldsymbol{z}}^1 &= \boldsymbol{A}_c \boldsymbol{z}^1 + \boldsymbol{B}_c \boldsymbol{v} \\ \dot{\boldsymbol{z}}^2 &= \boldsymbol{q}(\boldsymbol{z}) \\ \boldsymbol{y} &= \boldsymbol{C}_c \boldsymbol{z}^1 \end{aligned}\right\} \tag{2.209}$$

方程(2.209)的第二式就是系统(2.196)的零动态。应当指出，如果零动态 $\dot{\boldsymbol{z}}^2 = \boldsymbol{q}(\boldsymbol{z})$ 的零解是局部渐进稳定的，则系统(2.209)也是局部渐进可镇定的。

以上是针对向量相对阶 $r = \sum_{i=1}^{m} r_i < n$ 的情况讨论的。在这种情况下，只要找到一个变换

矩阵 $\boldsymbol{T}(\boldsymbol{x})$ 是 $\boldsymbol{x}_0 \in D_0$ 上的一个局部微分同胚，即可使非线性系统(2.196) 化为式(2.206)、式(2.207) 或者式(2.209) 的标准形式。对于向量相对阶 $r=\sum_{i=1}^{m} r_i = n$ 的情况，只要满足如下定理所指出的条件，就可使系统(2.196) 实现完全线性化，即系统的零动态维数为零，线性化方程(2.209) 中不出现方程其中的第二式。

**定理 2.34**　对于多变量仿射非线性系统(2.196)，向量场 $\boldsymbol{f},\boldsymbol{g}_1,\cdots,\boldsymbol{g}_m$ 及 $\boldsymbol{x}_0 \in X$，在 $\boldsymbol{x}_0$ 的邻域 $D_0$ 上有

$$\left.\begin{aligned} &L_{g_j} L_f^i h_i(\boldsymbol{x}) = 0 \\ &L_{g_j} L_f^{r_i-1} h_i(\boldsymbol{x}) \neq 0, \quad \forall i,j, 0 \leqslant i < r_i - 1, \quad 1 \leqslant j \leqslant m \\ &r = \sum_{i=1}^{m} r_i = n \end{aligned}\right\} \tag{2.210}$$

则系统(2.196) 可完全输入-输出线性化的充要条件是：

(i) 分布 $\boldsymbol{\Delta}_i = \mathrm{span}\{\boldsymbol{g}_1,\cdots,\boldsymbol{g}_m, ad_f\boldsymbol{g}_1,\cdots,ad_f\boldsymbol{g}_m,\cdots,ad_f^i\boldsymbol{g}_1,\cdots,ad_f^i\boldsymbol{g}_m\}$，$0 \leqslant i \leqslant n-1$ 是非奇异的；

(ii) $\dim \boldsymbol{\Delta}_{n-1} = n$；

(iii) $\boldsymbol{\Delta}_i$，$0 \leqslant i \leqslant n-2$ 是对合的。

## 2.4　非线性系统的 $H_\infty$ 控制

## ($H_\infty$ — Control of Nonlinear Systems)

### 2.4.1　状态反馈 $H_\infty$ 控制($H_\infty$-Control of Nonlinear Systems)

考虑如下仿射非线性系统

$$\begin{cases} \dot{\boldsymbol{x}} = \boldsymbol{f}(\boldsymbol{x}) + \boldsymbol{g}_1(\boldsymbol{x})\boldsymbol{w} + \boldsymbol{g}_2(\boldsymbol{x})\boldsymbol{u} \\ \boldsymbol{z} = \boldsymbol{h}_1(\boldsymbol{x}) + \boldsymbol{d}_{12}(\boldsymbol{x})\boldsymbol{u}, \boldsymbol{y} = \boldsymbol{h}_1(\boldsymbol{x}) \end{cases} \tag{2.211}$$

其中，$\boldsymbol{x} \in \mathbf{R}^n$ 为状态；$\boldsymbol{w} \in \mathbf{R}^{m_1}$ 为干扰输入；$\boldsymbol{u} \in \mathbf{R}^{m_2}$ 为控制输入；$\boldsymbol{y} \in \mathbf{R}^p$ 为可测输出；$\boldsymbol{z} \in \mathbf{R}^p$ 为评价信号；$\boldsymbol{f}(\boldsymbol{x}),\boldsymbol{g}_1(\boldsymbol{x}),\boldsymbol{g}_2(\boldsymbol{x}),\boldsymbol{h}_1(\boldsymbol{x}),\boldsymbol{d}_{12}(\boldsymbol{x})$ 均为 $D \subset \mathbf{R}^n$ 上相应维光滑函数向量或矩阵，并假设 $\boldsymbol{f}(\boldsymbol{x}_0) = \boldsymbol{0}, \boldsymbol{h}_1(\boldsymbol{x}_0) = \boldsymbol{0}$。

对于受控系统(2.211)，所谓状态反馈 $H_\infty$ 控制问题的提法是：给定 $\gamma > 0$，设计一个状态反馈控制器

$$\boldsymbol{u} = \boldsymbol{k}(\boldsymbol{x}), \quad \boldsymbol{k}(\boldsymbol{x}_0) = \boldsymbol{0} \tag{2.212}$$

使闭环系统的 $L_2$ 增益小于或等于 $\gamma$，且对应的闭环齐次系统(自治系统)($\boldsymbol{w} = \boldsymbol{0}$)

$$\dot{\boldsymbol{x}} = \boldsymbol{f}(\boldsymbol{x}) + \boldsymbol{g}_2(\boldsymbol{x})\boldsymbol{k}(\boldsymbol{x}), \quad \boldsymbol{z} = \boldsymbol{h}_1(\boldsymbol{x}) + \boldsymbol{d}_{12}(\boldsymbol{x})\boldsymbol{k}(\boldsymbol{x}) \tag{2.213}$$

渐进稳定。

**定义 2.35**　如果系统 $\Psi$：$\dot{\boldsymbol{x}} = \boldsymbol{f}(\boldsymbol{x}) + \boldsymbol{g}(\boldsymbol{x})\boldsymbol{u}, \boldsymbol{y} = \boldsymbol{h}(\boldsymbol{x})$，当 $\boldsymbol{u}(t) = \boldsymbol{0}, \boldsymbol{y}(t) = \boldsymbol{0}, \forall t \geqslant 0$ 隐含 $\boldsymbol{x}(t) = \boldsymbol{0}, \forall t \geqslant \boldsymbol{0}$，则称系统 $\Psi$ 是零状态可观测的。

**定理 2.35**　若系统(2.211) 满足如下假设条件：

A1. $\boldsymbol{d}_{12}^{\mathrm{T}}(\boldsymbol{x})[\boldsymbol{d}_{12}(\boldsymbol{x}) \quad \boldsymbol{h}_1(\boldsymbol{x})] = [\boldsymbol{I} \quad \boldsymbol{0}], \quad \forall \boldsymbol{x} \in D$；

A2. $\{\boldsymbol{f}(\boldsymbol{x}), \boldsymbol{h}_1(\boldsymbol{x})\}$ 为零状态可观测，

对于给定的 $\gamma>0$，如果存在充分可微的正定函数 $\phi(\boldsymbol{x})>0(\phi(\boldsymbol{x}_0)=0)$ 满足 Hamilton-Jacobi 不等式

$$\frac{\partial\phi}{\partial\boldsymbol{x}^{\mathrm{T}}}\boldsymbol{f}(\boldsymbol{x})+\frac{1}{2}\frac{\partial\phi}{\partial\boldsymbol{x}^{\mathrm{T}}}\left\{\frac{1}{\gamma^2}\boldsymbol{g}_1(\boldsymbol{x})\boldsymbol{g}_1^{\mathrm{T}}(\boldsymbol{x})-\boldsymbol{g}_2(\boldsymbol{x})\boldsymbol{g}_2^{\mathrm{T}}(\boldsymbol{x})\right\}\left(\frac{\partial\phi}{\partial\boldsymbol{x}^{\mathrm{T}}}\right)^{\mathrm{T}}+\frac{1}{2}\boldsymbol{h}_1^{\mathrm{T}}(\boldsymbol{x})\boldsymbol{h}_1(\boldsymbol{x})\leqslant 0,\forall\boldsymbol{x}\in D \tag{2.214}$$

则可设计 $H_\infty$ 状态反馈控制器

$$\boldsymbol{u}=\boldsymbol{a}(\boldsymbol{x})=-\boldsymbol{g}_2^{\mathrm{T}}(\boldsymbol{x})\left(\frac{\partial\phi(\boldsymbol{x})}{\partial\boldsymbol{x}^{\mathrm{T}}}\right)^{\mathrm{T}} \tag{2.215}$$

使仿射非线性系统(2.215) 的 $L_2$ 增益

$$\sup_{\|\boldsymbol{w}\|_{L_2}<\infty}\frac{\|\boldsymbol{z}\|_{L_2}}{\|\boldsymbol{w}\|_{L_2}}\leqslant\gamma,\quad\forall\boldsymbol{w}\in L_2[0,T] \tag{2.216}$$

并使闭环齐次系统(2.213) 渐进稳定。

**证明**　将状态反馈控制函数 $\boldsymbol{u}(\boldsymbol{x})$ 代入系统(2.211)，得闭环系统方程为

$$\left.\begin{aligned}\dot{\boldsymbol{x}}&=\boldsymbol{f}(\boldsymbol{x})-\boldsymbol{g}_2(\boldsymbol{x})\boldsymbol{g}_2^{\mathrm{T}}(\boldsymbol{x})\left(\frac{\partial\phi(\boldsymbol{x})}{\partial\boldsymbol{x}^{\mathrm{T}}}\right)^{\mathrm{T}}+\boldsymbol{g}_1(\boldsymbol{x})\boldsymbol{w}\overset{\mathrm{def}}{=\!=\!=}\boldsymbol{f}_b(\boldsymbol{x})+\boldsymbol{g}_1(\boldsymbol{x})\boldsymbol{w}\\ \boldsymbol{z}&=\boldsymbol{h}_1(\boldsymbol{x})-\boldsymbol{d}_{12}(\boldsymbol{x})\boldsymbol{g}_2^{\mathrm{T}}(\boldsymbol{x})\left(\frac{\partial\phi(\boldsymbol{x})}{\partial\boldsymbol{x}^{\mathrm{T}}}\right)^{\mathrm{T}}\overset{\mathrm{def}}{=\!=\!=}\boldsymbol{h}_b(\boldsymbol{x})\end{aligned}\right\} \tag{2.217}$$

根据定理 2.29，闭环系统(2.217) 具有有限的 $L_2$ 增益 $\gamma$ 稳定的充分条件是存在一个正定函数 $\phi(\boldsymbol{x})>0$，满足式(2.137)（或式(2.149)）的 Hamilton-Jacobi 的不等式

$$\frac{\partial\phi(x)}{\partial\boldsymbol{x}^{\mathrm{T}}}\boldsymbol{f}_b(\boldsymbol{x})+\frac{1}{2\gamma^2}\frac{\partial\phi(\boldsymbol{x})}{\partial\boldsymbol{x}^{\mathrm{T}}}\boldsymbol{g}_1(\boldsymbol{x})\boldsymbol{g}_1^{\mathrm{T}}(\boldsymbol{x})\left(\frac{\partial\phi(\boldsymbol{x})}{\partial\boldsymbol{x}^{\mathrm{T}}}\right)^{\mathrm{T}}+\frac{1}{2}\boldsymbol{h}_b^{\mathrm{T}}\boldsymbol{h}_b(\boldsymbol{x})\leqslant 0,\quad\forall\boldsymbol{x}\in D \tag{2.218}$$

将式(2.217) 中的 $\boldsymbol{f}_b(\boldsymbol{x})$ 和 $\boldsymbol{h}_b(\boldsymbol{x})$ 代入式(2.257)，并考虑到定理的假设 A1，则有

$$\frac{\partial\phi(\boldsymbol{x})}{\partial\boldsymbol{x}^{\mathrm{T}}}\boldsymbol{f}(\boldsymbol{x})+\frac{1}{2}\frac{\partial\phi(\boldsymbol{x})}{\partial\boldsymbol{x}^{\mathrm{T}}}\left\{\frac{1}{\gamma^2}\boldsymbol{g}_1(\boldsymbol{x})\boldsymbol{g}_1^{\mathrm{T}}(\boldsymbol{x})-\boldsymbol{g}_2(\boldsymbol{x})\boldsymbol{g}_2^{\mathrm{T}}(\boldsymbol{x})\right\}\left(\frac{\partial\phi(\boldsymbol{x})}{\partial\boldsymbol{x}^{\mathrm{T}}}\right)^{\mathrm{T}}+\frac{1}{2}\boldsymbol{h}_1^{\mathrm{T}}\boldsymbol{h}_1(\boldsymbol{x})\leqslant 0,\quad\forall\boldsymbol{x}\in D \tag{2.219}$$

式(2.219) 正是定理给定的条件，这表明闭环系统(2.217) 具有有限增益 $\gamma$ 稳定。其次，当 $\boldsymbol{w}=\boldsymbol{0}$ 时，有

$$\frac{\mathrm{d}\phi(\boldsymbol{x})}{\mathrm{d}t}=\frac{\partial\phi(\boldsymbol{x})}{\partial\boldsymbol{x}^{\mathrm{T}}}\boldsymbol{f}_b(\boldsymbol{x})=\frac{\partial\phi(\boldsymbol{x})}{\partial\boldsymbol{x}^{\mathrm{T}}}\boldsymbol{f}(\boldsymbol{x})-\frac{\partial\phi(\boldsymbol{x})}{\partial\boldsymbol{x}^{\mathrm{T}}}\boldsymbol{g}_2(\boldsymbol{x})\boldsymbol{g}_2^{\mathrm{T}}(\boldsymbol{x})\left(\frac{\partial\phi(\boldsymbol{x})}{\partial\boldsymbol{x}^{\mathrm{T}}}\right)^{\mathrm{T}}$$

将式(2.219) 代入上式，得

$$\frac{\mathrm{d}\phi(x)}{\mathrm{d}t}\leqslant-\frac{1}{2}\left\{\frac{\partial\phi(\boldsymbol{x})}{\partial\boldsymbol{x}^{\mathrm{T}}}\left[\frac{1}{\gamma^2}\boldsymbol{g}_1(\boldsymbol{x})\boldsymbol{g}_1^{\mathrm{T}}(\boldsymbol{x})+\boldsymbol{g}_2(\boldsymbol{x})\boldsymbol{g}_2^{\mathrm{T}}(\boldsymbol{x})\right]\left(\frac{\partial\phi(\boldsymbol{x})}{\partial\boldsymbol{x}^{\mathrm{T}}}\right)^{\mathrm{T}}+\frac{1}{2}\boldsymbol{h}_1^{\mathrm{T}}\boldsymbol{h}_1(\boldsymbol{x})\right\}\leqslant 0 \tag{2.220}$$

因为满足 $\dot{\phi}(\boldsymbol{x})=0$ 的轨迹 $\boldsymbol{x}(t)$，满足

$$\frac{\partial\phi(\boldsymbol{x})}{\partial\boldsymbol{x}^{\mathrm{T}}}\boldsymbol{g}_1(\boldsymbol{x})\boldsymbol{g}_1^{\mathrm{T}}(\boldsymbol{x})\left(\frac{\partial\phi(\boldsymbol{x})}{\partial\boldsymbol{x}^{\mathrm{T}}}\right)^{\mathrm{T}}\equiv 0,\quad\frac{\partial\phi(\boldsymbol{x})}{\partial\boldsymbol{x}^{\mathrm{T}}}\boldsymbol{g}_2(\boldsymbol{x})\boldsymbol{g}_2^{\mathrm{T}}(\boldsymbol{x})\left(\frac{\partial\phi(\boldsymbol{x})}{\partial\boldsymbol{x}^{\mathrm{T}}}\right)^{\mathrm{T}}\equiv 0,\quad\boldsymbol{h}_1(\boldsymbol{x})\equiv\boldsymbol{0}$$

同时，由于系统 $\{\boldsymbol{f}(\boldsymbol{x}),\boldsymbol{h}_1(\boldsymbol{x})\}$ 是零状态可观测的，可知，$\dot{\phi}(\boldsymbol{x})=0$，仅当 $\boldsymbol{x}(t)=\boldsymbol{x}_0$ 成立。所以根据 LaSalle 定理知，自治系统(2.213) 在 $\boldsymbol{x}(t_0)=\boldsymbol{x}_0$ 是渐进稳定的。自治系统(2.213) 的渐进

稳定性还可以根据系统(2.217)具有有限 $L_2$ 增益 $\gamma$ 稳定及零状态可观测由推论 2.3 直接得到。证毕。

### 2.4.2　输出反馈 $H_\infty$ 控制($H_\infty$-Control of Output Feedback)

考虑如下仿射非线性系统

$$\left.\begin{aligned}\dot{\boldsymbol{x}}&=\boldsymbol{f}(\boldsymbol{x})+\boldsymbol{g}_1(\boldsymbol{x})\boldsymbol{w}+\boldsymbol{g}_2(\boldsymbol{x})\boldsymbol{u}\\ \boldsymbol{z}&=\boldsymbol{h}_1(\boldsymbol{x})+\boldsymbol{d}_{12}(\boldsymbol{x})\boldsymbol{u}\\ \boldsymbol{y}&=\boldsymbol{h}_2(\boldsymbol{x})+\boldsymbol{d}_{21}(\boldsymbol{x})\boldsymbol{w}\end{aligned}\right\}\tag{2.221}$$

其中,$\boldsymbol{z}\in\mathbf{R}^{p1}$ 为评价信号;$\boldsymbol{y}\in\mathbf{R}^{p2}$ 为可测输出信号。其他信号定义如式(2.211)。$\boldsymbol{f}(\boldsymbol{x})$,$\boldsymbol{g}_1(\boldsymbol{x})$,$\boldsymbol{g}_2(\boldsymbol{x})$,$\boldsymbol{h}_1(\boldsymbol{x})$,$\boldsymbol{h}_2(\boldsymbol{x})$,$\boldsymbol{d}_{12}(\boldsymbol{x})$,$\boldsymbol{d}_{21}(\boldsymbol{x})$ 均为 $D\subset\mathbf{R}^n$ 上相应维光滑函数向量或矩阵,假设 $\boldsymbol{f}(\boldsymbol{x}_0)=\boldsymbol{0}$,$\boldsymbol{h}_1(\boldsymbol{x}_0)=\boldsymbol{0}$,$\boldsymbol{h}_2(\boldsymbol{x}_0)=\boldsymbol{0}$。

对于受控系统(2.221),所谓输出反馈 $H_\infty$ 控制问题的提法是:给定 $\gamma>0$,要求设计一个动态输出反馈系统

$$\dot{\boldsymbol{\xi}}=\boldsymbol{\eta}(\boldsymbol{\xi},\boldsymbol{y}),\quad \boldsymbol{u}=\boldsymbol{k}(\boldsymbol{\xi})\tag{2.222}$$

其中,$\boldsymbol{\xi}\in D\subset\mathbf{R}^n$ 为控制器的状态变量,$\boldsymbol{\eta}$ 和 $\boldsymbol{k}$ 分别为相应维连续可微函数向量,且满足 $\boldsymbol{\eta}(\boldsymbol{\xi}_0,\boldsymbol{0})=\boldsymbol{0}$,$\boldsymbol{k}(\boldsymbol{\xi}_0)=\boldsymbol{0}$。要求所设计的动态输出反馈控制函数 $\boldsymbol{u}$,使由式(2.221)和式(2.222)构成的闭环系统具有有限 $L_2$ 增益 $\gamma$,且当 $\boldsymbol{w}=\boldsymbol{0}$ 时,自由系统的平衡点($\boldsymbol{x}_0$,$\boldsymbol{\xi}_0$)是渐进稳定的。如果输出反馈控制系统(2.222)满足这种设计要求,则称它为非线性 $H_\infty$ 输出反馈控制器。

**定理 2.36**　假定系统(2.221)满足如下假设:

B1. $\boldsymbol{d}_{12}^{\mathrm{T}}(\boldsymbol{x})[\boldsymbol{d}_{12}(\boldsymbol{x}),\boldsymbol{h}_1(\boldsymbol{x})]=[\boldsymbol{I},\boldsymbol{0}]$;

B2. $\boldsymbol{d}_{21}(\boldsymbol{x})[\boldsymbol{d}_{21}^{\mathrm{T}}(\boldsymbol{x}),\boldsymbol{g}_1^{\mathrm{T}}(\boldsymbol{x})]=[\boldsymbol{I},\boldsymbol{0}]$;

B3. $\{\boldsymbol{f}(\boldsymbol{x}),\boldsymbol{h}_1(\boldsymbol{x})\}$ 是零状态可观测的,

对于给定的 $\gamma>0$,如果存在连续可微的正定函数 $\phi(\boldsymbol{x})>0$,$\forall\,\boldsymbol{x}\in D$,半正定函数 $\tilde{\phi}(\boldsymbol{x},\boldsymbol{\xi})\geqslant 0$,$\forall\,\boldsymbol{x}\in D$ 和常值矩阵 $\boldsymbol{G}_{n\times p_2}$ 满足如下三个条件:

(i) $\phi(\boldsymbol{x})$ 满足如下 Hamilton-Jacobi 不等式

$$\frac{\partial\phi(\boldsymbol{x})}{\partial\boldsymbol{x}^{\mathrm{T}}}\boldsymbol{f}(\boldsymbol{x})+\frac{1}{2}\frac{\partial\phi(\boldsymbol{x})}{\partial\boldsymbol{x}^{\mathrm{T}}}\left[\frac{1}{\gamma^2}\boldsymbol{g}_1(\boldsymbol{x})\boldsymbol{g}_1^{\mathrm{T}}(\boldsymbol{x})-\boldsymbol{g}_2(\boldsymbol{x})\boldsymbol{g}_2^{\mathrm{T}}(\boldsymbol{x})\right]\left(\frac{\partial\phi(\boldsymbol{x})}{\partial\boldsymbol{x}^{\mathrm{T}}}\right)^{\mathrm{T}}+\frac{1}{2}\boldsymbol{h}_1^{\mathrm{T}}(\boldsymbol{x})\boldsymbol{h}_1(\boldsymbol{x})\leqslant 0,\quad \boldsymbol{x}\in D\tag{2.223}$$

(ii) $\tilde{\phi}(\boldsymbol{x},\boldsymbol{\xi})$ 满足如下 Hamilton-Jacobi 不等式

$$\left[\frac{\partial\tilde{\phi}}{\partial\boldsymbol{x}^{\mathrm{T}}},\frac{\partial\tilde{\phi}}{\partial\boldsymbol{\xi}^{\mathrm{T}}}\right]\boldsymbol{f}_{\mathrm{e}}(\boldsymbol{x},\boldsymbol{\xi})+\frac{1}{2\gamma^2}\left[\frac{\partial\tilde{\phi}}{\partial\boldsymbol{x}^{\mathrm{T}}},\frac{\partial\tilde{\phi}}{\partial\boldsymbol{\xi}^{\mathrm{T}}}\right]\begin{bmatrix}\boldsymbol{g}_1(\boldsymbol{x})\boldsymbol{g}_1^{\mathrm{T}}(\boldsymbol{x}) & \boldsymbol{0}\\ \boldsymbol{0} & \boldsymbol{G}\boldsymbol{G}^{\mathrm{T}}\end{bmatrix}\begin{bmatrix}\left(\frac{\partial\tilde{\phi}}{\partial\boldsymbol{x}^{\mathrm{T}}}\right)^{\mathrm{T}}\\ \left(\frac{\partial\tilde{\phi}}{\partial\boldsymbol{\xi}^{\mathrm{T}}}\right)^{\mathrm{T}}\end{bmatrix}+\frac{1}{2}\boldsymbol{h}_{\mathrm{e}}^{\mathrm{T}}(\boldsymbol{x},\boldsymbol{\xi})\boldsymbol{h}_{\mathrm{e}}(\boldsymbol{x},\boldsymbol{\xi})\leqslant 0\tag{2.224}$$

(iii) 使如下定义的系统

$$\dot{\boldsymbol{\xi}}=\boldsymbol{f}(\boldsymbol{\xi})+\boldsymbol{g}_1(\boldsymbol{\xi})\boldsymbol{g}_1^{\mathrm{T}}(\boldsymbol{\xi})\left(\frac{\partial\phi(\boldsymbol{\xi})}{\partial\boldsymbol{\xi}^{\mathrm{T}}}\right)^{\mathrm{T}}-\boldsymbol{G}\boldsymbol{h}_2(\boldsymbol{\xi})\tag{2.225}$$

具有渐进稳定的平衡点 $\boldsymbol{\xi}_0=\boldsymbol{x}_0$。

如此,则非线性系统(2.221)的输出反馈 $H_\infty$ 控制器可设计成如下形式,即

$$\dot{\boldsymbol{\xi}}=\boldsymbol{f}(\boldsymbol{\xi})-\boldsymbol{g}_2(\boldsymbol{\xi})\boldsymbol{g}_2^{\mathrm{T}}(\boldsymbol{\xi})\left(\frac{\partial\phi(\boldsymbol{\xi})}{\partial\boldsymbol{\xi}^{\mathrm{T}}}\right)^{\mathrm{T}}+\frac{1}{\gamma^2}\boldsymbol{g}_1(\boldsymbol{\xi})\boldsymbol{g}_1^{\mathrm{T}}(\boldsymbol{\xi})\left(\frac{\partial\phi(\boldsymbol{\xi})}{\partial\boldsymbol{\xi}^{\mathrm{T}}}\right)^{\mathrm{T}}+\boldsymbol{G}(\boldsymbol{y}-\boldsymbol{h}_2(\boldsymbol{\xi})) \tag{2.226}$$

$$\boldsymbol{u}=-\boldsymbol{g}_2^{\mathrm{T}}(\boldsymbol{\xi})\left(\frac{\partial\phi(\boldsymbol{\xi})}{\partial\boldsymbol{\xi}^{\mathrm{T}}}\right)^{\mathrm{T}} \tag{2.227}$$

其中

$$\boldsymbol{f}_{\mathrm{e}}(\boldsymbol{x},\boldsymbol{\xi})=\begin{bmatrix}\boldsymbol{f}(\boldsymbol{x})-\boldsymbol{g}_2(\boldsymbol{x})\boldsymbol{g}_2^{\mathrm{T}}(\boldsymbol{\xi})\left(\dfrac{\partial\phi(\boldsymbol{\xi})}{\partial\boldsymbol{\xi}^{\mathrm{T}}}\right)^{\mathrm{T}}+\dfrac{1}{\gamma^2}\boldsymbol{g}_1(\boldsymbol{x})\boldsymbol{g}_1^{\mathrm{T}}(\boldsymbol{x})\left(\dfrac{\partial\phi(\boldsymbol{x})}{\partial\boldsymbol{x}^{\mathrm{T}}}\right)^{\mathrm{T}}\\ \boldsymbol{f}(\boldsymbol{\xi})-\boldsymbol{g}_2(\boldsymbol{\xi})\boldsymbol{g}_2^{\mathrm{T}}(\boldsymbol{\xi})\left(\dfrac{\partial\phi(\boldsymbol{\xi})}{\partial\boldsymbol{\xi}^{\mathrm{T}}}\right)^{\mathrm{T}}+\dfrac{1}{\gamma^2}\boldsymbol{g}_1(\boldsymbol{\xi})\boldsymbol{g}_1^{\mathrm{T}}(\boldsymbol{\xi})\left(\dfrac{\partial\phi(\boldsymbol{\xi})}{\partial\boldsymbol{\xi}^{\mathrm{T}}}\right)^{\mathrm{T}}+\boldsymbol{G}(\boldsymbol{h}_2(\boldsymbol{x})-\boldsymbol{h}_2(\boldsymbol{\xi}))\end{bmatrix} \tag{2.228}$$

$$\boldsymbol{h}_{\mathrm{e}}(\boldsymbol{x},\boldsymbol{\xi})=\boldsymbol{g}_2^{\mathrm{T}}(\boldsymbol{\xi})\left(\frac{\partial\phi(\boldsymbol{\xi})}{\partial\boldsymbol{\xi}^{\mathrm{T}}}\right)^{\mathrm{T}}-\boldsymbol{g}_2^{\mathrm{T}}(\boldsymbol{x})\left(\frac{\partial\phi(\boldsymbol{x})}{\partial\boldsymbol{x}^{\mathrm{T}}}\right)^{\mathrm{T}} \tag{2.229}$$

**证明** 将系统可设计的控制器(2.226)和式(2.227)代入系统(2.221),并构成如下闭环系统,即

$$\begin{cases}\begin{bmatrix}\dot{\boldsymbol{x}}\\ \dot{\boldsymbol{\xi}}\end{bmatrix}=\tilde{\boldsymbol{f}}(\boldsymbol{x},\boldsymbol{\xi})+\tilde{\boldsymbol{g}}(\boldsymbol{x},\boldsymbol{\xi})\boldsymbol{w}\\ \boldsymbol{z}=\tilde{\boldsymbol{h}}(\boldsymbol{x},\boldsymbol{\xi})\end{cases} \tag{2.230}$$

其中

$$\tilde{\boldsymbol{f}}(\boldsymbol{x},\boldsymbol{\xi})=\boldsymbol{f}_{\mathrm{e}}(\boldsymbol{x},\boldsymbol{\xi})+\begin{bmatrix}-\dfrac{1}{\gamma^2}\boldsymbol{g}_1(\boldsymbol{x})\boldsymbol{g}_1^{\mathrm{T}}(\boldsymbol{x})\left(\dfrac{\partial\phi(\boldsymbol{x})}{\partial\boldsymbol{x}^{\mathrm{T}}}\right)^{\mathrm{T}}\\ \boldsymbol{0}\end{bmatrix} \tag{2.231}$$

$$\tilde{\boldsymbol{g}}(\boldsymbol{x},\boldsymbol{\xi})=\begin{bmatrix}\boldsymbol{g}_1(\boldsymbol{x})\\ \boldsymbol{G}\boldsymbol{d}_{21}(\boldsymbol{x})\end{bmatrix},\quad \tilde{\boldsymbol{h}}(\boldsymbol{x},\boldsymbol{\xi})=\boldsymbol{h}_1(\boldsymbol{x})-\boldsymbol{d}_{12}(\boldsymbol{x})\boldsymbol{g}_2^{\mathrm{T}}(\boldsymbol{\xi})\left(\frac{\partial\phi(\boldsymbol{\xi})}{\partial\boldsymbol{\xi}^{\mathrm{T}}}\right)^{\mathrm{T}} \tag{2.232}$$

根据定理 2.29,闭环系统(2.230)具有有限 $L_2$ 增益 $\gamma$ 稳定的充要条件是存在一个存储函数 $\hat{\phi}(\boldsymbol{x},\boldsymbol{\xi})>0,\forall\,\boldsymbol{x},\boldsymbol{\xi}\in D$,使如下 Hamilton-Jacobi 不等式成立,即

$$\begin{bmatrix}\dfrac{\partial\hat{\phi}}{\partial\boldsymbol{x}^{\mathrm{T}}}&\dfrac{\partial\hat{\phi}}{\partial\boldsymbol{\xi}^{\mathrm{T}}}\end{bmatrix}\tilde{\boldsymbol{f}}(\boldsymbol{x},\boldsymbol{\xi})+\frac{1}{2\gamma^2}\begin{bmatrix}\dfrac{\partial\hat{\phi}}{\partial\boldsymbol{x}^{\mathrm{T}}}&\dfrac{\partial\hat{\phi}}{\partial\boldsymbol{\xi}^{\mathrm{T}}}\end{bmatrix}\tilde{\boldsymbol{g}}(\boldsymbol{x},\boldsymbol{\xi})\tilde{\boldsymbol{g}}^{\mathrm{T}}(\boldsymbol{x},\boldsymbol{\xi})\begin{bmatrix}\left(\dfrac{\partial\hat{\phi}}{\partial\boldsymbol{x}^{\mathrm{T}}}\right)^{\mathrm{T}}\\ \left(\dfrac{\partial\hat{\phi}}{\partial\boldsymbol{\xi}^{\mathrm{T}}}\right)^{\mathrm{T}}\end{bmatrix}+$$

$$\frac{1}{2}\tilde{\boldsymbol{h}}^{\mathrm{T}}(\boldsymbol{x},\boldsymbol{\xi})\tilde{\boldsymbol{h}}(\boldsymbol{x},\boldsymbol{\xi})\leqslant 0 \tag{2.233}$$

取 $\hat{\phi}(\boldsymbol{x},\boldsymbol{\xi})=\phi(\boldsymbol{x})+\tilde{\phi}(\boldsymbol{x},\boldsymbol{\xi})>0,\forall\,\boldsymbol{x}\in D$,则 $\hat{\phi}(\boldsymbol{x},\boldsymbol{\xi})=\phi(\boldsymbol{x})+\tilde{\phi}(\boldsymbol{x},\boldsymbol{\xi})$ 可满足方程(2.233)。事实上,将式(2.230)～(2.232)代入式(2.233),并考虑到定理的假设 B1 和 B2,经整理,得

$$\begin{bmatrix}\dfrac{\partial\hat{\phi}}{\partial\boldsymbol{x}^{\mathrm{T}}}&\dfrac{\partial\hat{\phi}}{\partial\boldsymbol{\xi}^{\mathrm{T}}}\end{bmatrix}\tilde{\boldsymbol{f}}(\boldsymbol{x},\boldsymbol{\xi})+\frac{1}{2\gamma^2}\begin{bmatrix}\dfrac{\partial\hat{\phi}}{\partial\boldsymbol{x}^{\mathrm{T}}},\dfrac{\partial\hat{\phi}}{\partial\boldsymbol{\xi}^{\mathrm{T}}}\end{bmatrix}\tilde{\boldsymbol{g}}(\boldsymbol{x},\boldsymbol{\xi})\tilde{\boldsymbol{g}}^{\mathrm{T}}(\boldsymbol{x},\boldsymbol{\xi})\begin{bmatrix}\left(\dfrac{\partial\hat{\phi}}{\partial\boldsymbol{x}^{\mathrm{T}}}\right)^{\mathrm{T}}\\ \left(\dfrac{\partial\hat{\phi}}{\partial\boldsymbol{\xi}^{\mathrm{T}}}\right)^{\mathrm{T}}\end{bmatrix}+\frac{1}{2}\tilde{\boldsymbol{h}}^{\mathrm{T}}(\boldsymbol{x},\boldsymbol{\xi})\tilde{\boldsymbol{h}}(\boldsymbol{x},\boldsymbol{\xi})=$$

$$\left\{\frac{\partial\phi(\boldsymbol{x})}{\partial\boldsymbol{x}^{\mathrm{T}}}\boldsymbol{f}(\boldsymbol{x})+\frac{1}{2}\cdot\frac{\partial\phi(\boldsymbol{x})}{\partial\boldsymbol{x}^{\mathrm{T}}}\left[\frac{1}{\gamma^2}\boldsymbol{g}_1(\boldsymbol{x})\boldsymbol{g}_1^{\mathrm{T}}(\boldsymbol{x})-\boldsymbol{g}_2(\boldsymbol{x})\boldsymbol{g}_2^{\mathrm{T}}(\boldsymbol{x})\right]\left(\frac{\partial\phi(\boldsymbol{x})}{\partial\boldsymbol{x}^{\mathrm{T}}}\right)^{\mathrm{T}}+\frac{1}{2}\boldsymbol{h}_1^{\mathrm{T}}(\boldsymbol{x})\boldsymbol{h}_1(\boldsymbol{x})\right\}+$$

$$\left\{\left[\frac{\partial\tilde{\phi}}{\partial\boldsymbol{x}^{\mathrm{T}}},\frac{\partial\tilde{\phi}}{\partial\boldsymbol{\xi}^{\mathrm{T}}}\right]\boldsymbol{f}_{\mathrm{e}}(\boldsymbol{x},\boldsymbol{\xi})+\frac{1}{2\gamma^2}\left[\frac{\partial\tilde{\phi}}{\partial\boldsymbol{x}^{\mathrm{T}}},\frac{\partial\tilde{\phi}}{\partial\boldsymbol{\xi}^{\mathrm{T}}}\right]\begin{bmatrix}\boldsymbol{g}_1(\boldsymbol{x})\boldsymbol{g}_1^{\mathrm{T}}(\boldsymbol{x}) & \boldsymbol{0}\\ \boldsymbol{0} & \boldsymbol{G}\boldsymbol{G}^{\mathrm{T}}\end{bmatrix}\begin{bmatrix}\left(\frac{\partial\tilde{\phi}}{\partial\boldsymbol{x}^{\mathrm{T}}}\right)^{\mathrm{T}}\\ \left(\frac{\partial\tilde{\phi}}{\partial\boldsymbol{\xi}^{\mathrm{T}}}\right)^{\mathrm{T}}\end{bmatrix}+\frac{1}{2}\boldsymbol{h}_{\mathrm{e}}^{\mathrm{T}}(\boldsymbol{x},\boldsymbol{\xi})\boldsymbol{h}_{\mathrm{e}}(\boldsymbol{x},\boldsymbol{\xi})\right\}\overset{\mathrm{def}}{=\!=}$$

$$\{W_1(\boldsymbol{x})\}+\{W_2(\boldsymbol{x},\boldsymbol{\xi})\} \tag{2.234}$$

其中,$W_1(\boldsymbol{x})$ 的表达式即为定理的条件(i) 式(2.223),$W_2(\boldsymbol{x},\boldsymbol{\xi})$ 的表达式即为定理的条件(ii) 式(2.224)。可见 $\hat{\phi}(\boldsymbol{x},\boldsymbol{\xi})=\phi(\boldsymbol{x})+\tilde{\phi}(\boldsymbol{x},\boldsymbol{\xi})$ 满足式(2.233),故闭环系统(2.230) 稳定,且具有小于或等于 $\gamma$ 的 $L_2$ 增益。

闭环系统(2.230) 对应的非受控系统($\boldsymbol{w}=\boldsymbol{0}$) 为

$$\begin{bmatrix}\dot{\boldsymbol{x}}\\ \dot{\boldsymbol{\xi}}\end{bmatrix}=\tilde{\boldsymbol{f}}(\boldsymbol{x},\boldsymbol{\xi}) \tag{2.235}$$

对于该系统,可以考查 $\mathrm{d}\hat{\phi}/\mathrm{d}t$ 的符号。于是,有

$$\frac{\mathrm{d}\hat{\phi}(\boldsymbol{x},\boldsymbol{\xi})}{\mathrm{d}t}=\frac{\partial\hat{\phi}}{\partial\boldsymbol{x}^{\mathrm{T}}}\dot{\boldsymbol{x}}+\frac{\partial\hat{\phi}}{\partial\boldsymbol{\xi}^{\mathrm{T}}}\dot{\boldsymbol{\xi}}=\left[\frac{\partial\hat{\phi}}{\partial\boldsymbol{x}^{\mathrm{T}}}\quad\frac{\partial\hat{\phi}}{\partial\boldsymbol{\xi}^{\mathrm{T}}}\right]\tilde{\boldsymbol{f}}(\boldsymbol{x},\boldsymbol{\xi}) \tag{2.236}$$

将式(2.233) 代入式(2.236),得

$$\frac{\mathrm{d}\hat{\phi}(\boldsymbol{x},\boldsymbol{\xi})}{\mathrm{d}t}\leqslant-\frac{1}{2\gamma^2}\left\|\tilde{\boldsymbol{g}}^{\mathrm{T}}(\boldsymbol{x},\boldsymbol{\xi})\begin{bmatrix}\left(\frac{\partial\hat{\phi}}{\partial\boldsymbol{x}^{\mathrm{T}}}\right)^{\mathrm{T}}\\ \left(\frac{\partial\hat{\phi}}{\partial\boldsymbol{\xi}^{\mathrm{T}}}\right)^{\mathrm{T}}\end{bmatrix}\right\|^2-\frac{1}{2}\|\tilde{\boldsymbol{h}}(\boldsymbol{x},\boldsymbol{\xi})\|^2=$$

$$-\frac{1}{2\gamma^2}\left\|\boldsymbol{g}_1^{\mathrm{T}}(\boldsymbol{x})\left(\frac{\partial\hat{\phi}(\boldsymbol{x})}{\partial\boldsymbol{x}^{\mathrm{T}}}\right)^{\mathrm{T}}\right\|^2-\frac{1}{2\gamma^2}\left\|\boldsymbol{d}_{21}^{\mathrm{T}}(\boldsymbol{x})\boldsymbol{G}^{\mathrm{T}}\left(\frac{\partial\hat{\phi}(\boldsymbol{x},\boldsymbol{\xi})}{\partial\boldsymbol{\xi}^{\mathrm{T}}}\right)^{\mathrm{T}}\right\|^2-$$

$$\frac{1}{2}\|\boldsymbol{h}_1(\boldsymbol{x})\|^2-\frac{1}{2}\left\|\boldsymbol{d}_{12}(\boldsymbol{x})\boldsymbol{g}_2^{\mathrm{T}}(\boldsymbol{\xi})\left(\frac{\partial\phi(\boldsymbol{\xi})}{\partial\boldsymbol{\xi}^{\mathrm{T}}}\right)^{\mathrm{T}}\right\|^2\leqslant 0 \tag{2.237}$$

所以使得 $\hat{\phi}(\boldsymbol{x},\boldsymbol{\xi})=0$ 轨迹满足

$$\boldsymbol{h}_1(\boldsymbol{x}(t))\equiv\boldsymbol{0},\quad \boldsymbol{u}(t)=-\boldsymbol{g}_2^{\mathrm{T}}(\boldsymbol{\xi}(t))\left(\frac{\partial\phi(\boldsymbol{\xi}(t))}{\partial\boldsymbol{\xi}^{\mathrm{T}}}\right)^{\mathrm{T}}\equiv\boldsymbol{0},\quad \forall t\geqslant 0 \tag{2.238}$$

即满足 $\dot{\hat{\phi}}(\boldsymbol{x},\boldsymbol{\xi})=0$ 的 $\boldsymbol{x}(t)$ 和 $\boldsymbol{\xi}(t)$ 满足

$$\dot{\boldsymbol{x}}=\boldsymbol{f}(\boldsymbol{x}) \tag{2.239}$$

$$\dot{\boldsymbol{\xi}}=\boldsymbol{f}(\boldsymbol{\xi})+\frac{1}{\gamma^2}\boldsymbol{g}_1(\boldsymbol{\xi})\boldsymbol{g}_1^{\mathrm{T}}(\boldsymbol{\xi})\left(\frac{\partial\phi(\boldsymbol{\xi})}{\partial\boldsymbol{\xi}^{\mathrm{T}}}\right)^{\mathrm{T}}+\boldsymbol{G}(\boldsymbol{h}_2(\boldsymbol{x})-\boldsymbol{h}_2(\boldsymbol{\xi})) \tag{2.240}$$

且 $\boldsymbol{h}_1(\boldsymbol{x}(t))\equiv\boldsymbol{0},\forall t\geqslant 0$。由定理的假设 B3 知

$$\boldsymbol{x}(t)\equiv\boldsymbol{x}_0,\quad \forall t\geqslant 0 \tag{2.241}$$

且由于 $\boldsymbol{h}_2(\boldsymbol{x}_0)=\boldsymbol{0}$,式(2.240) 等价于

$$\dot{\boldsymbol{\xi}}=\boldsymbol{f}(\boldsymbol{\xi})+\frac{1}{\gamma^2}\boldsymbol{g}_1(\boldsymbol{\xi})\boldsymbol{g}_1^{\mathrm{T}}(\boldsymbol{\xi})\left(\frac{\partial\phi(\boldsymbol{\xi})}{\partial\boldsymbol{\xi}^{\mathrm{T}}}\right)^{\mathrm{T}}-\boldsymbol{G}\boldsymbol{h}_2(\boldsymbol{\xi}) \tag{2.242}$$

故根据定理条件(iii)$\boldsymbol{\xi}_0 = \boldsymbol{x}_0$ 是系统(2.242) 的稳定的平衡点。于是,这表明$(\boldsymbol{x},\boldsymbol{\xi})=(\boldsymbol{x}_0,\boldsymbol{\xi}_0)$ 是非受控系统(2.239)、(2.240) 的最大不变集。因此,根据 LaSalle 定理,闭环系统(2.230) 渐进稳定。证毕。

系统(2.221) 和控制器(2.226)、(2.227) 构成的闭环反馈系统如图 2.18 所示,它与参考文献[12]中第八章所述线性系统的输出 $H_\infty$ 控制有许多类似之处,读者可参照第八章论述,类比图中各环节的作用和它的物理含义。

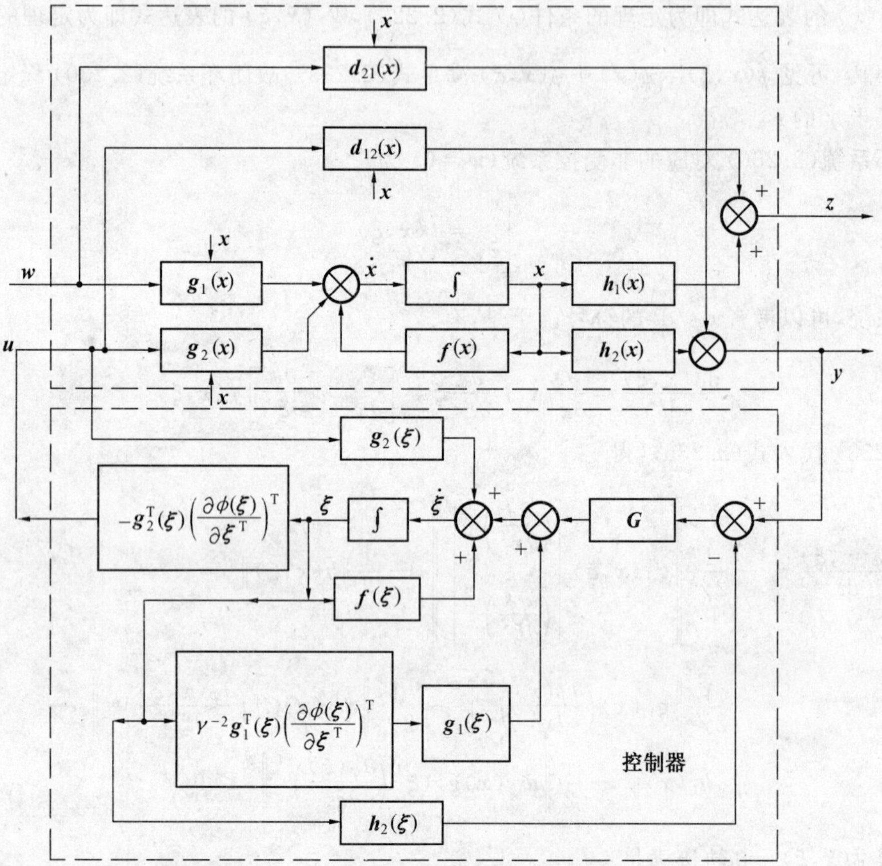


图 2.18　非线性系统输出反馈 $H_\infty$ 控制结构

## 2.4.3　非线性系统 $H_\infty$ 性能指标的鲁棒性(Robustness of $H_\infty$ Performance Index of Nonlinear Systems)

1. 基本定理(Basic Theory)

考虑如下具有不确定函数摄动的仿射非线性系统

$$\begin{cases}\dot{\boldsymbol{x}}=\boldsymbol{f}(\boldsymbol{x})+\Delta\boldsymbol{f}(\boldsymbol{x})+\boldsymbol{g}(\boldsymbol{x})\boldsymbol{w}\\ \boldsymbol{z}=\boldsymbol{h}(\boldsymbol{x})\end{cases}\tag{2.243}$$

其中,$\Delta\boldsymbol{f}(\boldsymbol{x})$ 为不确定摄动函数,其余与系统(2.221) 相同。$\Delta\boldsymbol{f}(\boldsymbol{x})$ 可以是建模误差,或受控对象的参数变动。当 $\Delta\boldsymbol{f}(\boldsymbol{x})=\boldsymbol{0}$ 时,称系统(2.243) 为标称系统,设 $\boldsymbol{f}(0)=\boldsymbol{0}$。

假设 $\Delta\boldsymbol{f}(\boldsymbol{x})$ 满足如下关系

$$\Delta \boldsymbol{f}(\boldsymbol{x})=\boldsymbol{e}_f(\boldsymbol{x})\delta_f(\boldsymbol{x}),\quad |\delta_f(\boldsymbol{x})|\leqslant \|\boldsymbol{m}_f(\boldsymbol{x})\|,\quad \forall \boldsymbol{x}\in D \tag{2.244}$$

其中，$\boldsymbol{e}_f(x)$ 为已知的光滑函数向量；$\delta_f(x)$ 为已知的光滑函数，且 $\delta_f(0)=0$；$\boldsymbol{m}_f(\boldsymbol{x})$ 为加权函数向量，它给出未知函数 $\delta_f$ 的增益的估值。即假设 $\Delta \boldsymbol{f}(\boldsymbol{x})$ 属于如下给定的集合

$$\Omega_f=\{\Delta \boldsymbol{f}(\boldsymbol{x})=\boldsymbol{e}_f(\boldsymbol{x})\delta_f(\boldsymbol{x})\mid \delta_f(0)=0,|\delta_f(\boldsymbol{x})|\leqslant \|\boldsymbol{m}_f(\boldsymbol{x})\|,\forall \boldsymbol{x}\in D\} \tag{2.245}$$

**定义 2.36**　若对任给的 $\Delta \boldsymbol{f}(\boldsymbol{x})\in\Omega_f$，系统(2.243)对应的非受控系统是渐进稳定的($\dot{\boldsymbol{x}}=\boldsymbol{f}(\boldsymbol{x})$ 渐进稳定)，并对任意 $T>0$，有

$$\|\boldsymbol{z}\|_T\leqslant\|\boldsymbol{w}\|_T,\quad \forall \boldsymbol{w}\in L_2[0,T] \tag{2.246}$$

则称系统(2.243)$H_\infty$ 性能指标具有鲁棒性。

由定义可知，具有不确定函数摄动的非线性系统(2.243)，如果 $H_\infty$ 性能指标具有鲁棒性，那么该系统不仅是渐进稳定的，同时，对于给定的任意属于有界函数集合 $\Omega_f$ 的摄动函数，系统(2.243) 的 $L_2$ 增益也小于或等于 1。

**定理 2.37**　若系统(2.246)对任意 $\Delta \boldsymbol{f}(\boldsymbol{x})\in\Omega_f$ 是零状态可观测的，且存在适当的纯量函数 $\lambda(\boldsymbol{x})>0,\forall \boldsymbol{x}\in D$，使如下 Hamilton-Jacobi 不等式成立，即

$$\frac{\partial\phi}{\partial\boldsymbol{x}^{\mathrm{T}}}\boldsymbol{f}(\boldsymbol{x})+\frac{1}{2}\frac{\partial\phi}{\partial\boldsymbol{x}^{\mathrm{T}}}[\boldsymbol{g}(\boldsymbol{x})\boldsymbol{g}^{\mathrm{T}}(\boldsymbol{x})+\lambda^2(\boldsymbol{x})\boldsymbol{e}_f(\boldsymbol{x})\boldsymbol{e}_f^{\mathrm{T}}(\boldsymbol{x})]\left(\frac{\partial\phi}{\partial\boldsymbol{x}^{\mathrm{T}}}\right)^{\mathrm{T}}+$$
$$\frac{1}{2}\left[\boldsymbol{h}^{\mathrm{T}}(\boldsymbol{x})\boldsymbol{h}(\boldsymbol{x})+\frac{1}{\lambda^2(\boldsymbol{x})}\boldsymbol{m}_f^{\mathrm{T}}(\boldsymbol{x})\boldsymbol{m}_f(\boldsymbol{x})\right]\leqslant 0 \tag{2.247}$$

且有连续可微的正定解 $\phi(\boldsymbol{x})>0,\forall \boldsymbol{x}\in D$，则系统(2.242) 的 $H_\infty$ 性能指标具有鲁棒性。

**证明**　假定存在$\lambda(\boldsymbol{x})>0$ 和 $\phi(\boldsymbol{x})>0$，使式(2.247) 成立，考虑到 $\Delta\boldsymbol{f}(\boldsymbol{x})=\boldsymbol{e}_f(\boldsymbol{x})\delta_f(\boldsymbol{x})$，则必有下式成立，即

$$\frac{\partial\phi}{\partial\boldsymbol{x}^{\mathrm{T}}}[\boldsymbol{f}(\boldsymbol{x})+\Delta\boldsymbol{f}(\boldsymbol{x})]+\frac{1}{2}\frac{\partial\phi}{\partial\boldsymbol{x}^{\mathrm{T}}}\boldsymbol{g}(\boldsymbol{x})\boldsymbol{g}^{\mathrm{T}}(\boldsymbol{x})\left(\frac{\partial\phi}{\partial\boldsymbol{x}^{\mathrm{T}}}\right)^{\mathrm{T}}+\frac{1}{2}\boldsymbol{h}^{\mathrm{T}}(\boldsymbol{x})\boldsymbol{h}(\boldsymbol{x})+$$
$$\frac{1}{2\lambda^2(\boldsymbol{x})}\boldsymbol{m}_f^{\mathrm{T}}(\boldsymbol{x})\boldsymbol{m}_f(\boldsymbol{x})-\frac{\partial\phi}{\partial\boldsymbol{x}^{\mathrm{T}}}\boldsymbol{e}_f(\boldsymbol{x})\delta_f(\boldsymbol{x})+\frac{\lambda^2(\boldsymbol{x})}{2}\frac{\partial\phi}{\partial\boldsymbol{x}^{\mathrm{T}}}\boldsymbol{e}_f^{\mathrm{T}}(\boldsymbol{x})\left(\frac{\partial\phi}{\partial\boldsymbol{x}^{\mathrm{T}}}\right)^{\mathrm{T}}\leqslant 0 \tag{2.248}$$

整理式(2.248)，得

$$\frac{\partial\phi}{\partial\boldsymbol{x}^{\mathrm{T}}}[\boldsymbol{f}(\boldsymbol{x})+\Delta\boldsymbol{f}(\boldsymbol{x})]+\frac{1}{2}\frac{\partial\phi}{\partial\boldsymbol{x}^{\mathrm{T}}}\boldsymbol{g}(\boldsymbol{x})\boldsymbol{g}^{\mathrm{T}}(\boldsymbol{x})\left(\frac{\partial\phi}{\partial\boldsymbol{x}^{\mathrm{T}}}\right)^{\mathrm{T}}+\frac{1}{2}\boldsymbol{h}^{\mathrm{T}}(\boldsymbol{x})\boldsymbol{h}(\boldsymbol{x})\leqslant$$
$$-\frac{1}{2}\left[\lambda(\boldsymbol{x})\frac{\partial\phi}{\partial\boldsymbol{x}^{\mathrm{T}}}\boldsymbol{e}_f(\boldsymbol{x})-\frac{1}{\lambda(\boldsymbol{x})}\delta_f(\boldsymbol{x})\right]\left[\lambda(\boldsymbol{x})\boldsymbol{e}_f^{\mathrm{T}}(\boldsymbol{x})\left(\frac{\partial\phi}{\partial\boldsymbol{x}^{\mathrm{T}}}\right)^{\mathrm{T}}-\frac{1}{\lambda(\boldsymbol{x})}\delta_f(\boldsymbol{x})\right]$$
$$-\frac{1}{2\lambda^2(\boldsymbol{x})}M(\boldsymbol{x}),\quad \forall\Delta\boldsymbol{f}\in\Omega_f$$

式中

$$M(\boldsymbol{x})=\boldsymbol{m}_f^{\mathrm{T}}(\boldsymbol{x})\boldsymbol{m}_f(\boldsymbol{x})-\delta_f(\boldsymbol{x})\delta_f(\boldsymbol{x})\geqslant 0,\quad \forall\Delta\boldsymbol{f}\in\Omega_f \tag{2.249}$$

所以由式(2.247) 及式(2.248) 得

$$\frac{\partial\phi}{\partial\boldsymbol{x}^{\mathrm{T}}}[\boldsymbol{f}(\boldsymbol{x})+\Delta\boldsymbol{f}(\boldsymbol{x})]+\frac{1}{2}\frac{\partial\phi}{\partial\boldsymbol{x}^{\mathrm{T}}}\boldsymbol{g}(\boldsymbol{x})\boldsymbol{g}^{\mathrm{T}}(\boldsymbol{x})\left(\frac{\partial\phi}{\partial\boldsymbol{x}^{\mathrm{T}}}\right)^{\mathrm{T}}+\frac{1}{2}\boldsymbol{h}^{\mathrm{T}}(\boldsymbol{x})\boldsymbol{h}(\boldsymbol{x})\leqslant 0,\quad \forall\Delta\boldsymbol{f}\in\Omega_f \tag{2.250}$$

根据定理 2.29 知，系统(2.243) 必为具有有限 $L_2$ 增益 $\gamma\leqslant 1$ 稳定，即对任意给定的 $\Delta\boldsymbol{f}(\boldsymbol{x})\in\Omega_f$，有

$$\|\boldsymbol{z}\|_T\leqslant\|\boldsymbol{w}\|_T,\quad \forall\boldsymbol{w}\in L_2[0,T]$$

成立，且系统(2.243) 稳定。其次，根据系统是零状态可观测的假定，对于具有有限 $L_2$ 增益 $\gamma$

稳定的系统，根据推论 2.3，系统(2.243) 的非受控系统

$$\dot{x} = f(x) + \Delta f(x), \quad \forall \Delta f \in \Omega_f$$

必渐进稳定。证毕。

应当指出，定理 2.37 中零状态可观测的条件并不是必需的，下述定理指出，无需零状态可观测条件，系统同样也能使 $H_\infty$ 性能指标具有鲁棒性。

**定理 2.38**　若存在适当的纯量 $\varepsilon > 0$ 和纯量函数 $\lambda(x) > 0, \forall x \in D$，使如下 Hamilton-Jacobi 不等式

$$\frac{\partial \phi}{\partial x^{\mathrm{T}}} f(x) + \frac{1}{2} \frac{\partial \phi}{\partial x^{\mathrm{T}}} [g(x) g^{\mathrm{T}}(x) + \lambda^2(x) e_f(x) e_f^{\mathrm{T}}(x)] \left(\frac{\partial \phi}{\partial x^{\mathrm{T}}}\right)^{\mathrm{T}} + \frac{1}{2}\left[h^{\mathrm{T}}(x) h(x) + \frac{1}{\lambda^2(x)} m_f^{\mathrm{T}}(x) m_f(x) + \varepsilon^2 x^{\mathrm{T}} x\right] \leqslant 0 \tag{2.251}$$

具有正定解 $\phi(x) > 0, \forall x \in D$，则系统(2.243) 的 $H_\infty$ 性能指标具有鲁棒性，并且对任意初态 $x(0)$，非受控系统 $\dot{x} = f(x) + \Delta f(x)$ 的响应 $x(t)$ 满足

$$\| x(t) \| \leqslant \alpha \| x(0) \| \mathrm{e}^{-\lambda t}, \quad \forall t \geqslant 0, \quad \forall \Delta f(x) \in \Omega_f \tag{2.252}$$

其中，$\alpha > 0, \lambda > 0$ 为常数。

**证明**　设存在 $\phi(x) > 0$ 满足 Hamilton-Jacobi 不等式(2.251)，所以由定理 2.29 知，系统(2.243) 必为具有有限 $L_2$ 增益 $\gamma \leqslant 1$ 稳定，即系统(2.243) 对任给的 $\Delta f(x) \in \Omega_f$，有

$$\| z \|_T \leqslant \| w \|_T, \quad \forall w \in L_2[0, T]$$

其次，对于非受控系统 $\dot{x} = f(x) + \Delta f(x), \Delta f(x) \in \Omega_f$，由式(2.251) 有

$$\begin{aligned}\frac{\mathrm{d}\phi}{\mathrm{d}t} = & \frac{\partial \phi}{\partial x^{\mathrm{T}}}[f(x) + \Delta f(x)] \leqslant -\frac{1}{2} \frac{\partial \phi}{\partial x^{\mathrm{T}}} g(x) g^{\mathrm{T}}(x) \left(\frac{\partial \phi}{\partial x^{\mathrm{T}}}\right)^{\mathrm{T}} - \frac{1}{2} h^{\mathrm{T}}(x) h(x) - \\ & \frac{1}{2}\left[\lambda(x) \frac{\partial \phi}{\partial x^{\mathrm{T}}} e_f(x) - \frac{1}{\lambda(x)} \delta_f(x)\right]\left[\lambda(x) e_f^{\mathrm{T}}(x)\left(\frac{\partial \phi}{\partial x^{\mathrm{T}}}\right)^{\mathrm{T}} - \frac{1}{\lambda(x)} \delta_f(x)\right] - \\ & \frac{1}{2\lambda^2(x)}[m_f^{\mathrm{T}}(x) m_f(x) - \delta_f(x) \delta_f(x)] - \frac{\varepsilon^2}{2} x^{\mathrm{T}} x \leqslant \\ & -\frac{\varepsilon^2}{2} \| x \|^2, \quad \forall x \in D, \quad \forall \Delta f(x) \in \Omega_f\end{aligned} \tag{2.253}$$

由此，根据定理 1.4 知，非受控系统 $\dot{x} = f(x) + \Delta f(x)$ 是按指数渐进稳定的。证毕。

2. 状态反馈控制的鲁棒性(Robustness of State Feedback Control)

考虑如下不确定仿射非线性系统

$$\begin{cases}\dot{x} = f(x) + \Delta f(x) + g_1(x) w + g_2(x) u, & \forall x \in D \\ z = h_1(x) + d_{12}(x) u, & \forall \Delta f(x) \in \Omega_f\end{cases} \tag{2.254}$$

式中，符号含义同式(2.211)。要求设计如下状态反馈控制律

$$u = k(x), \quad k(0) = 0 \tag{2.255}$$

使闭环系统具有有限 $L_2$ 增益 $\gamma \leqslant 1$，并使闭环齐次系统

$$\begin{cases}\dot{x} = f(x) + \Delta f(x) + g_2(x) k(x) \\ z = h_1(x) + d_{12}(x) k(x)\end{cases} \tag{2.256}$$

渐进稳定。

**定理 2.39**　假定系统(2.254) 满足如下条件：

C1. 对任意的 $\Delta f(x) \in \Omega_f, u = 0$ 时，系统(2.254) 是零状态可观测的；

C2. $\boldsymbol{d}_{12}^{\mathrm{T}}[\boldsymbol{d}_{12}(\boldsymbol{x})\quad \boldsymbol{h}_1(\boldsymbol{x})]=[\boldsymbol{I}\quad \boldsymbol{0}]$，

若存在适当的标量函数 $\lambda(\boldsymbol{x})>0$，使得如下 Hamilton-Jacobi 不等式

$$\frac{\partial\phi}{\partial\boldsymbol{x}^{\mathrm{T}}}\boldsymbol{f}(\boldsymbol{x})+\frac{1}{2}\frac{\partial\phi}{\partial\boldsymbol{x}^{\mathrm{T}}}[\boldsymbol{g}_1(\boldsymbol{x})\boldsymbol{g}_1^{\mathrm{T}}(\boldsymbol{x})+\lambda^2(\boldsymbol{x})\boldsymbol{e}_f(\boldsymbol{x})\boldsymbol{e}_f^{\mathrm{T}}(\boldsymbol{x})-\boldsymbol{g}_2(\boldsymbol{x})\boldsymbol{g}_2^{\mathrm{T}}(\boldsymbol{x})]\left(\frac{\partial\phi}{\partial\boldsymbol{x}^{\mathrm{T}}}\right)^{\mathrm{T}}+$$
$$\frac{1}{2}\left[\boldsymbol{h}_1^{\mathrm{T}}(\boldsymbol{x})\boldsymbol{h}_1(\boldsymbol{x})+\frac{1}{\lambda^2(\boldsymbol{x})}\boldsymbol{m}_f^{\mathrm{T}}(\boldsymbol{x})\boldsymbol{m}_f(\boldsymbol{x})\right]\leqslant 0,\quad \forall\,\boldsymbol{x}\in D \tag{2.257}$$

具有半正定解 $\phi(\boldsymbol{x})\geqslant 0(\phi(0)=0)$，且连续可微，则使闭环系统 $H_\infty$ 性能指标具有鲁棒性的状态反馈控制器由下式给定，即

$$\boldsymbol{u}=\boldsymbol{k}(\boldsymbol{x})=-\boldsymbol{g}_2^{\mathrm{T}}(\boldsymbol{x})\left(\frac{\partial\phi}{\partial\boldsymbol{x}^{\mathrm{T}}}\right)^{\mathrm{T}} \tag{2.258}$$

同时闭环齐次系统

$$\dot{\boldsymbol{x}}=\boldsymbol{f}(\boldsymbol{x})+\Delta\boldsymbol{f}(\boldsymbol{x})+\boldsymbol{g}_2(\boldsymbol{x})\boldsymbol{k}(\boldsymbol{x}),\quad \boldsymbol{z}=\boldsymbol{h}_1(\boldsymbol{x})+\boldsymbol{d}_{12}(\boldsymbol{x})\boldsymbol{k}(\boldsymbol{x})$$

渐进稳定。

**证明**　假定存在适当的标量函数 $\lambda(\boldsymbol{x})>0$ 和正半定函数 $\phi(\boldsymbol{x})\geqslant 0(V(0)=0)$，$\forall\,\boldsymbol{x}\in D$，使式(2.257) 的 Hamilton-Jacobi 不等式成立，即

$$\frac{\partial\phi}{\partial\boldsymbol{x}^{\mathrm{T}}}\boldsymbol{f}(\boldsymbol{x})+\frac{1}{2}\frac{\partial\phi}{\partial\boldsymbol{x}^{\mathrm{T}}}[\boldsymbol{g}_1(\boldsymbol{x})\boldsymbol{g}_1^{\mathrm{T}}(\boldsymbol{x})+\lambda^2(\boldsymbol{x})\boldsymbol{e}_f(\boldsymbol{x})\boldsymbol{e}_f^{\mathrm{T}}(\boldsymbol{x})-\boldsymbol{g}_2(\boldsymbol{x})\boldsymbol{g}_2^{\mathrm{T}}(\boldsymbol{x})]\left(\frac{\partial\phi}{\partial\boldsymbol{x}^{\mathrm{T}}}\right)^{\mathrm{T}}+$$
$$\frac{1}{2}\left[\boldsymbol{h}_1^{\mathrm{T}}(\boldsymbol{x})\boldsymbol{h}_1(\boldsymbol{x})+\frac{1}{\lambda^2(\boldsymbol{x})}\boldsymbol{m}_f^{\mathrm{T}}(\boldsymbol{x})\boldsymbol{m}_f(\boldsymbol{x})\right]\leqslant 0,\quad \forall\,\boldsymbol{x}\in D \tag{2.259}$$

整理上式，并考虑到定理的假设 C2，则有

$$\frac{\partial\phi}{\partial\boldsymbol{x}^{\mathrm{T}}}\left[\boldsymbol{f}(\boldsymbol{x})-\boldsymbol{g}_2(\boldsymbol{x})\boldsymbol{g}_2^{\mathrm{T}}(\boldsymbol{x})\left(\frac{\partial\phi}{\partial\boldsymbol{x}^{\mathrm{T}}}\right)^{\mathrm{T}}\right]+\frac{1}{2}\frac{\partial\phi}{\partial\boldsymbol{x}^{\mathrm{T}}}[\boldsymbol{g}_1(\boldsymbol{x})\boldsymbol{g}_1^{\mathrm{T}}(\boldsymbol{x})+\lambda^2(\boldsymbol{x})\boldsymbol{e}_f(\boldsymbol{x})\boldsymbol{e}_f^{\mathrm{T}}(\boldsymbol{x})]\left(\frac{\partial\phi}{\partial\boldsymbol{x}^{\mathrm{T}}}\right)^{\mathrm{T}}+$$
$$\frac{1}{2}\left[\boldsymbol{h}_1^{\mathrm{T}}(\boldsymbol{x})-\frac{\partial\phi}{\partial\boldsymbol{x}^{\mathrm{T}}}\boldsymbol{g}_2(\boldsymbol{x})\boldsymbol{d}_{12}^{\mathrm{T}}(\boldsymbol{x})\right]\left[\boldsymbol{h}_1(\boldsymbol{x})-\boldsymbol{d}_{12}(\boldsymbol{x})\boldsymbol{g}_2^{\mathrm{T}}(\boldsymbol{x})\left(\frac{\partial\phi}{\partial\boldsymbol{x}^{\mathrm{T}}}\right)^{\mathrm{T}}\right]+$$
$$\frac{1}{2\lambda^2(\boldsymbol{x})}\boldsymbol{m}_f^{\mathrm{T}}(\boldsymbol{x})\boldsymbol{m}_f(\boldsymbol{x})\leqslant 0 \tag{2.260}$$

由式(2.260)，考虑到定理的假设 C1，根据定理 2.37 的结论，它必定使如下系统

$$\begin{cases}\dot{\boldsymbol{x}}=\boldsymbol{f}(\boldsymbol{x})-\boldsymbol{g}_2(\boldsymbol{x})\boldsymbol{g}_2^{\mathrm{T}}(\boldsymbol{x})\left(\dfrac{\partial\phi}{\partial\boldsymbol{x}^{\mathrm{T}}}\right)^{\mathrm{T}}+\Delta\boldsymbol{f}(\boldsymbol{x})+\boldsymbol{g}_1(\boldsymbol{x})\boldsymbol{w}\\ \boldsymbol{z}=\boldsymbol{h}_1(\boldsymbol{x})-\boldsymbol{d}_{12}(\boldsymbol{x})\boldsymbol{g}_2^{\mathrm{T}}(x)\left(\dfrac{\partial\phi}{\partial\boldsymbol{x}^{\mathrm{T}}}\right)^{\mathrm{T}}\end{cases} \tag{2.261}$$

的 $H_\infty$ 性能指标具有鲁棒性。而系统(2.261) 正是开环系统(2.254) 和控制函数(2.258) 构成的闭环系统。于是可知，闭环系统(2.261) 具有有限增益 $\gamma\leqslant 1$ 的鲁棒性。其次，证明非受控系统

$$\dot{\boldsymbol{x}}=\boldsymbol{f}(\boldsymbol{x})-\boldsymbol{g}_2(\boldsymbol{x})\boldsymbol{g}_2^{\mathrm{T}}(\boldsymbol{x})\left(\frac{\partial\phi}{\partial\boldsymbol{x}^{\mathrm{T}}}\right)^{\mathrm{T}}+\Delta\boldsymbol{f}(\boldsymbol{x}) \tag{2.262}$$

是渐进稳定的。由式(2.260)，并考虑到 $\Delta\boldsymbol{f}(\boldsymbol{x})=\boldsymbol{e}_f(\boldsymbol{x})\delta_f(\boldsymbol{x})$，则有

$$\frac{\partial\phi}{\partial\boldsymbol{x}^{\mathrm{T}}}\left[\boldsymbol{f}(\boldsymbol{x})+\Delta\boldsymbol{f}(\boldsymbol{x})-\boldsymbol{g}_2(\boldsymbol{x})\boldsymbol{g}_2^{\mathrm{T}}(\boldsymbol{x})\left(\frac{\partial\phi}{\partial\boldsymbol{x}^{\mathrm{T}}}\right)^{\mathrm{T}}\right]+\frac{1}{2}\frac{\partial\phi}{\partial\boldsymbol{x}^{\mathrm{T}}}\boldsymbol{g}_1(\boldsymbol{x})\boldsymbol{g}_1^{\mathrm{T}}(\boldsymbol{x})\left(\frac{\partial\phi}{\partial\boldsymbol{x}^{\mathrm{T}}}\right)^{\mathrm{T}}+$$
$$\frac{1}{2}\left[\boldsymbol{h}_1^{\mathrm{T}}(\boldsymbol{x})-\frac{\partial\phi}{\partial\boldsymbol{x}^{\mathrm{T}}}\boldsymbol{g}_2(\boldsymbol{x})\boldsymbol{d}_{12}^{\mathrm{T}}(\boldsymbol{x})\right]\left[\boldsymbol{h}_1(\boldsymbol{x})-\boldsymbol{d}_{12}(\boldsymbol{x})\boldsymbol{g}_2^{\mathrm{T}}(\boldsymbol{x})\left(\frac{\partial\phi}{\partial\boldsymbol{x}^{\mathrm{T}}}\right)^{\mathrm{T}}\right]\leqslant$$

$$-\frac{1}{2}\frac{\partial\phi}{\partial\boldsymbol{x}^{\mathrm{T}}}\lambda^2(\boldsymbol{x})\boldsymbol{e}_f(\boldsymbol{x})\boldsymbol{e}_f^{\mathrm{T}}(\boldsymbol{x})\left(\frac{\partial\phi}{\partial\boldsymbol{x}^{\mathrm{T}}}\right)^{\mathrm{T}}+\frac{\partial\phi}{\partial\boldsymbol{x}^{\mathrm{T}}}\boldsymbol{e}_f(\boldsymbol{x})\delta_f(\boldsymbol{x})-\frac{1}{2\lambda^2(\boldsymbol{x})}\boldsymbol{m}_f^{\mathrm{T}}(\boldsymbol{x})\boldsymbol{m}_f(\boldsymbol{x})=$$

$$-\frac{1}{2}\left[\lambda(\boldsymbol{x})\frac{\partial\phi}{\partial\boldsymbol{x}^{\mathrm{T}}}\boldsymbol{e}_f(\boldsymbol{x})-\frac{1}{\lambda(\boldsymbol{x})}\delta_f(\boldsymbol{x})\right]\left[\lambda(\boldsymbol{x})\boldsymbol{e}_f^{\mathrm{T}}(\boldsymbol{x})\left(\frac{\partial\phi}{\partial\boldsymbol{x}^{\mathrm{T}}}\right)^{\mathrm{T}}-\frac{1}{\lambda(\boldsymbol{x})}\delta_f(\boldsymbol{x})\right]-$$

$$\frac{1}{2\lambda^2(\boldsymbol{x})}\left[\boldsymbol{m}_f^{\mathrm{T}}(\boldsymbol{x})\boldsymbol{m}_f(\boldsymbol{x})-\delta_f(\boldsymbol{x})\delta_f(\boldsymbol{x})\right]=-\frac{1}{2}\left\|\lambda(\boldsymbol{x})\boldsymbol{e}_f^{\mathrm{T}}(\boldsymbol{x})\left(\frac{\partial\phi}{\partial\boldsymbol{x}^{\mathrm{T}}}\right)^{\mathrm{T}}-\frac{1}{\lambda(\boldsymbol{x})}\delta_f(\boldsymbol{x})\right\|^2-$$

$$\frac{1}{2\lambda^2(\boldsymbol{x})}\left[\|\boldsymbol{m}_f(\boldsymbol{x})\|^2-\|\delta_f(\boldsymbol{x})\|^2\right]\leqslant 0 \tag{2.263}$$

式(2.263)最右边的不等式成立是因为 $\|\cdot\|^2\geqslant 0$，以及 $|\delta_f(\boldsymbol{x})|\leqslant\|\boldsymbol{m}_f(\boldsymbol{x})\|$ 所致。于是由式(2.263)和式(2.262)得

$$\frac{\mathrm{d}\phi(\boldsymbol{x})}{\mathrm{d}t}=\frac{\partial\phi}{\partial\boldsymbol{x}^{\mathrm{T}}}\left[\boldsymbol{f}(\boldsymbol{x})-\boldsymbol{g}_2(\boldsymbol{x})\boldsymbol{g}_2^{\mathrm{T}}(\boldsymbol{x})\left(\frac{\partial\phi}{\partial\boldsymbol{x}^{\mathrm{T}}}\right)^{\mathrm{T}}+\Delta\boldsymbol{f}(\boldsymbol{x})\right]\leqslant$$

$$-\frac{1}{2}\left\|\boldsymbol{g}_1^{\mathrm{T}}(\boldsymbol{x})\left(\frac{\partial\phi}{\partial\boldsymbol{x}^{\mathrm{T}}}\right)^{\mathrm{T}}\right\|^2-\frac{1}{2}\|\boldsymbol{h}_1(\boldsymbol{x})\|^2-\frac{1}{2}\left\|\boldsymbol{g}_2^{\mathrm{T}}(\boldsymbol{x})\left(\frac{\partial\phi}{\partial\boldsymbol{x}^{\mathrm{T}}}\right)^{\mathrm{T}}\right\|^2\leqslant 0$$

因此，满足 $\mathrm{d}\phi/\mathrm{d}t=0$ 的轨迹 $\boldsymbol{x}(t)$ 满足

$$\boldsymbol{h}_1(\boldsymbol{x})\equiv\boldsymbol{0},\quad \boldsymbol{u}=\boldsymbol{k}(\boldsymbol{x})=-g_2^{\mathrm{T}}(\boldsymbol{x})\left(\frac{\partial\phi}{\partial\boldsymbol{x}^{\mathrm{T}}}\right)^{\mathrm{T}}\equiv\boldsymbol{0}$$

及方程

$$\dot{\boldsymbol{x}}=\boldsymbol{f}(\boldsymbol{x})+\Delta\boldsymbol{f}(\boldsymbol{x})$$

由定理假设 C1 知，$\boldsymbol{x}(t)\equiv\boldsymbol{0}$。即系统(2.263)的平衡点 $\boldsymbol{x}(t)=\boldsymbol{0}$ 对任意的 $\Delta\boldsymbol{f}(\boldsymbol{x})\in\Omega_f$ 是渐进稳定的。证毕。

3. 输出反馈控制的鲁棒性(Robustness of Output Feedback Control)

考虑如下不确定仿射非线性系统

$$\begin{cases}\dot{\boldsymbol{x}}=\boldsymbol{f}(\boldsymbol{x})+\Delta\boldsymbol{f}(\boldsymbol{x})+\boldsymbol{g}_1(\boldsymbol{x})\boldsymbol{w}+[\boldsymbol{g}_2(\boldsymbol{x})+\Delta\boldsymbol{g}_2(\boldsymbol{x})]\boldsymbol{u}\\ \boldsymbol{z}=\boldsymbol{h}_2(\boldsymbol{x})+\boldsymbol{d}_{12}(\boldsymbol{x})\boldsymbol{u},\quad \boldsymbol{x}\in D\\ \boldsymbol{y}=\boldsymbol{h}_2(\boldsymbol{x})+\boldsymbol{d}_{21}(\boldsymbol{x})\boldsymbol{w}\end{cases} \tag{2.264}$$

其中，$\Delta\boldsymbol{f}(\boldsymbol{x})$ 和 $\Delta\boldsymbol{g}_2(\boldsymbol{x})$ 分别是不确定函数向量和不确定函数矩阵。假设 $\Delta\boldsymbol{f}(\boldsymbol{x})=\boldsymbol{e}_f(\boldsymbol{x})\delta_f(\boldsymbol{x})\in\Omega_f$，$\Delta\boldsymbol{g}_2(\boldsymbol{x})$ 属于如下定义的集合，即

$$\Omega_g=\{\Delta\boldsymbol{g}_2(\boldsymbol{x})\mid\Delta\boldsymbol{g}_2(\boldsymbol{x})=\boldsymbol{e}_g(\boldsymbol{x})\delta_g(\boldsymbol{x}),\delta_g(0)=0,|\delta_g(\boldsymbol{x})|^2\leqslant\|\boldsymbol{m}_g(\boldsymbol{x})\|^2,\forall\boldsymbol{x}\in D\} \tag{2.265}$$

式(2.264)中其他符号意义同(2.221)。对于受控系统(2.264)，要求设计如下输出反馈控制器

$$\begin{cases}\dot{\boldsymbol{\xi}}=\boldsymbol{f}_{\mathrm{c}}(\boldsymbol{\xi})+\boldsymbol{g}_{\mathrm{c}}(\boldsymbol{\xi})\boldsymbol{y}\\ \boldsymbol{u}=\boldsymbol{h}_{\mathrm{c}}(\boldsymbol{\xi})\end{cases} \tag{2.266}$$

使闭环系统对任意的 $\Delta\boldsymbol{f}(\boldsymbol{x})\in\Omega_f$ 和任意的 $\Delta\boldsymbol{g}_2(\boldsymbol{x})\in\Omega_g$，其 $H_\infty$ 性能指标具有鲁棒性。

**定理 2.40** 设受控系统(2.264)满足如下条件：

D1. 对任意的 $\Delta\boldsymbol{f}(\boldsymbol{x})\in\Omega_f$，当 $\boldsymbol{u}=\boldsymbol{0}$ 时，系统(2.264)是零状态可观测的。

D2. $\boldsymbol{d}_{12}^{\mathrm{T}}(\boldsymbol{x})[\boldsymbol{d}_{12}(\boldsymbol{x}),\boldsymbol{h}_1(\boldsymbol{x})]=[\boldsymbol{I},\boldsymbol{0}]$；

D3. $\boldsymbol{d}_{21}(\boldsymbol{x})[\boldsymbol{g}_1^{\mathrm{T}}(\boldsymbol{x}),\boldsymbol{d}_{21}^{\mathrm{T}}(\boldsymbol{x})]=[\boldsymbol{0},\boldsymbol{I}]$，

若存在适当的函数 $\lambda(\boldsymbol{x})$，函数向量 $\boldsymbol{m}_f(\boldsymbol{x},\boldsymbol{\xi})$，$\boldsymbol{\beta}(\boldsymbol{x},\boldsymbol{\xi})$，正定函数 $\phi(\boldsymbol{x})>0$，$\forall\boldsymbol{x}\in D$，半正定函

数 $\tilde{\phi}(\boldsymbol{x},\boldsymbol{\xi}) \geqslant 0, \forall \boldsymbol{x},\boldsymbol{\xi} \in D$ 和常值矩阵 $\boldsymbol{G} \in \mathbf{R}^{n\times p_2}$ 满足如下条件：

(i) $\phi(\boldsymbol{x})$ 满足如下 Hamilton-Jacobi 不等式

$$\frac{\partial \phi}{\partial \boldsymbol{x}^{\mathrm{T}}}\boldsymbol{f}(\boldsymbol{x}) + \frac{1}{2}\frac{\partial \phi}{\partial \boldsymbol{x}^{\mathrm{T}}}\left[\frac{1}{\gamma^2}\boldsymbol{g}_1(\boldsymbol{x})\boldsymbol{g}_1^{\mathrm{T}}(\boldsymbol{x}) + \lambda^2(\boldsymbol{x})\boldsymbol{\beta}(\boldsymbol{x},\boldsymbol{\xi})\boldsymbol{\beta}^{\mathrm{T}}(\boldsymbol{x},\boldsymbol{\xi}) - \boldsymbol{g}_2(\boldsymbol{x})\boldsymbol{g}_2^{\mathrm{T}}(\boldsymbol{x})\right]\left(\frac{\partial \phi}{\partial \boldsymbol{x}^{\mathrm{T}}}\right)^{\mathrm{T}} +$$
$$\frac{1}{2}\boldsymbol{h}_1^{\mathrm{T}}(\boldsymbol{x})\boldsymbol{h}_1(\boldsymbol{x}) \leqslant 0, \quad \boldsymbol{x},\boldsymbol{\xi} \in D \tag{2.267}$$

(ii) $\tilde{\phi}(\boldsymbol{x},\boldsymbol{\xi})$ 满足如下 Hamilton-Jacobi 不等式

$$\left[\frac{\partial \tilde{\phi}}{\partial \boldsymbol{x}^{\mathrm{T}}},\frac{\partial \tilde{\phi}}{\partial \boldsymbol{\xi}^{\mathrm{T}}}\right]\boldsymbol{f}_{\mathrm{e}}(\boldsymbol{x},\boldsymbol{\xi}) + \frac{1}{2}\left[\frac{\partial \tilde{\phi}}{\partial \boldsymbol{x}^{\mathrm{T}}},\frac{\partial \tilde{\phi}}{\partial \boldsymbol{\xi}^{\mathrm{T}}}\right]\begin{bmatrix}\frac{1}{\gamma^2}\boldsymbol{g}_1(\boldsymbol{x})\boldsymbol{g}_1^{\mathrm{T}}(\boldsymbol{x}) + \lambda^2(\boldsymbol{x})\boldsymbol{\beta}(\boldsymbol{x},\boldsymbol{\xi})\boldsymbol{\beta}^{\mathrm{T}}(\boldsymbol{x},\boldsymbol{\xi}) & \boldsymbol{0} \\ \boldsymbol{0} & \boldsymbol{G}\boldsymbol{G}^{\mathrm{T}}\end{bmatrix}\begin{bmatrix}\left(\frac{\partial \tilde{\phi}}{\partial \boldsymbol{x}^{\mathrm{T}}}\right)^{\mathrm{T}} \\ \left(\frac{\partial \tilde{\phi}}{\partial \boldsymbol{\xi}^{\mathrm{T}}}\right)^{\mathrm{T}}\end{bmatrix} +$$
$$\frac{1}{2}\boldsymbol{h}_{\mathrm{e}}^{\mathrm{T}}(\boldsymbol{x},\boldsymbol{\xi})\boldsymbol{h}_{\mathrm{e}}(\boldsymbol{x},\boldsymbol{\xi}) \leqslant 0, \quad \boldsymbol{x},\boldsymbol{\xi} \in D \tag{2.268}$$

(iii) 使闭环系统满足 $H_\infty$ 性能指标的输出反馈控制器设计成如下形式

$$\dot{\boldsymbol{\xi}} = \boldsymbol{f}_{\mathrm{c}}(\boldsymbol{\xi}) + \boldsymbol{G}\boldsymbol{y} = \boldsymbol{f}_{\mathrm{c}}(\boldsymbol{\xi}) + \boldsymbol{G}(\boldsymbol{h}_2(\boldsymbol{x}) + \boldsymbol{d}_{21}(\boldsymbol{x})\boldsymbol{w}) \tag{2.269}$$

$$\boldsymbol{u} = \boldsymbol{h}_2(\boldsymbol{\xi}) = -\boldsymbol{R}^{-1}(\boldsymbol{\xi})\boldsymbol{g}_2^{\mathrm{T}}(\boldsymbol{\xi})\left(\frac{\partial \phi(\boldsymbol{\xi})}{\partial \boldsymbol{\xi}^{\mathrm{T}}}\right)^{\mathrm{T}} \tag{2.270}$$

其中，$\boldsymbol{f}_{\mathrm{c}}(\boldsymbol{\xi}) \in \mathbf{R}^{l\times 1}$ 为控制器函数向量（$\boldsymbol{f}_{\mathrm{c}}(0) = \boldsymbol{0}$）；

$$\begin{bmatrix}\boldsymbol{\beta}(\boldsymbol{x},\boldsymbol{\xi}) \\ \boldsymbol{0}\end{bmatrix} = \tilde{\boldsymbol{e}}(\boldsymbol{x})\tilde{\delta}(\boldsymbol{x},\boldsymbol{\xi}) = \begin{bmatrix}\boldsymbol{e}_f(\boldsymbol{x}) & \boldsymbol{e}_g(\boldsymbol{x}) \\ \boldsymbol{0} & \boldsymbol{0}\end{bmatrix}\begin{bmatrix}\delta_f(\boldsymbol{x}) \\ -\delta_g(\boldsymbol{x})\boldsymbol{R}^{-1}(\boldsymbol{\xi})\boldsymbol{g}_2^{\mathrm{T}}(\boldsymbol{\xi})\left(\frac{\partial \phi(\boldsymbol{\xi})}{\partial \boldsymbol{\xi}^{\mathrm{T}}}\right)^{\mathrm{T}}\end{bmatrix} \tag{2.271}$$

$$\boldsymbol{h}_{\mathrm{e}}(\boldsymbol{x},\boldsymbol{\xi}) = \begin{bmatrix}\frac{1}{\lambda(\boldsymbol{x})}\boldsymbol{m}_f(\boldsymbol{x},\boldsymbol{\xi}) \\ \boldsymbol{R}^{-1}(\boldsymbol{\xi})\boldsymbol{g}_2^{\mathrm{T}}(\boldsymbol{\xi})\left(\frac{\partial \phi(\boldsymbol{\xi})}{\partial \boldsymbol{\xi}^{\mathrm{T}}}\right)^{\mathrm{T}} - \boldsymbol{g}_2^{\mathrm{T}}(\boldsymbol{x})\left(\frac{\partial \phi}{\partial \boldsymbol{x}^{\mathrm{T}}}\right)^{\mathrm{T}}\end{bmatrix} \tag{2.272}$$

$\boldsymbol{R}(\boldsymbol{\xi}) \in \mathbf{R}^{m_2\times m_2}$ 为对称正定函数矩阵，则系统(2.264) 在输出反馈控制器(2.270) 和(2.271) 的 $\boldsymbol{u}$ 控制下的 $H_\infty$ 性能指标（即 $L_2$ 增益 $\gamma$）具有鲁棒性。

**证明**　假定按定理的条件(iii) 已设计出使闭环系统具有 $H_\infty$ 性能指标的控制器(2.269) 和(2.270)。现将系统(2.264) 和控制器(2.269)、(2.270) 构成如下闭环系统

$$\begin{bmatrix}\dot{\boldsymbol{x}} \\ \dot{\boldsymbol{\xi}}\end{bmatrix} = \begin{bmatrix}\boldsymbol{f}(\boldsymbol{x}) - \boldsymbol{g}_2(\boldsymbol{x})\boldsymbol{R}^{-1}(\boldsymbol{\xi})\boldsymbol{g}_2^{\mathrm{T}}(\boldsymbol{\xi})\left(\frac{\partial \phi(\boldsymbol{\xi})}{\partial \boldsymbol{\xi}^{\mathrm{T}}}\right)^{\mathrm{T}} + \\ \frac{1}{\gamma^2}[\boldsymbol{g}_1(\boldsymbol{x})\boldsymbol{g}_1^{\mathrm{T}}(\boldsymbol{x}) + \lambda^2(\boldsymbol{x})\boldsymbol{\beta}(\boldsymbol{x},\boldsymbol{\xi})\boldsymbol{\beta}^{\mathrm{T}}(\boldsymbol{x},\boldsymbol{\xi})]\left(\frac{\partial \phi}{\partial \boldsymbol{\xi}^{\mathrm{T}}}\right)^{\mathrm{T}} \\ \boldsymbol{f}_{\mathrm{c}}(\boldsymbol{\xi}) - \boldsymbol{G}\boldsymbol{R}^{-1}(\boldsymbol{\xi})\boldsymbol{g}_2^{\mathrm{T}}(\boldsymbol{\xi})\left(\frac{\partial \phi}{\partial \boldsymbol{\xi}^{\mathrm{T}}}\right)^{\mathrm{T}}\end{bmatrix} +$$
$$\begin{bmatrix}-\frac{1}{\gamma^2}[\boldsymbol{g}_1(\boldsymbol{x})\boldsymbol{g}_1^{\mathrm{T}}(\boldsymbol{x}) + \lambda^2(\boldsymbol{x})\boldsymbol{\beta}(\boldsymbol{x},\boldsymbol{\xi})\boldsymbol{\beta}^{\mathrm{T}}(\boldsymbol{x},\boldsymbol{\xi})]\left(\frac{\partial \phi(\boldsymbol{\xi})}{\partial \boldsymbol{\xi}^{\mathrm{T}}}\right)^{\mathrm{T}} \\ \boldsymbol{0}\end{bmatrix} +$$
$$\begin{bmatrix}\boldsymbol{\beta}(\boldsymbol{x},\boldsymbol{\xi}) \\ \boldsymbol{0}\end{bmatrix} + \begin{bmatrix}\boldsymbol{g}_1(\boldsymbol{x}) \\ \boldsymbol{G}\boldsymbol{d}_{21}(\boldsymbol{x})\end{bmatrix}\boldsymbol{w} \overset{\mathrm{def}}{=\!=}$$
$$\tilde{\boldsymbol{f}}_{\mathrm{e}}(x,\xi) + \Delta\tilde{\boldsymbol{f}}_{\mathrm{e}}(\boldsymbol{x},\boldsymbol{\xi}) + \tilde{\boldsymbol{g}}(\boldsymbol{x})\boldsymbol{w} \tag{2.273}$$

$$z = \boldsymbol{h}_1(\boldsymbol{x}) - \boldsymbol{d}_{12}(\boldsymbol{x})\boldsymbol{R}^{-1}(\boldsymbol{\xi})\boldsymbol{g}_2^{\mathrm{T}}(\boldsymbol{\xi})\left(\frac{\partial\phi(\boldsymbol{\xi})}{\partial\boldsymbol{\xi}^{\mathrm{T}}}\right)^{\mathrm{T}} \stackrel{\text{def}}{=\!=\!=} \tilde{\boldsymbol{h}}(\boldsymbol{x},\boldsymbol{\xi}) \tag{2.274}$$

其中

$$\left\{\begin{aligned}
&\tilde{\boldsymbol{f}}_{\mathrm{e}}(\boldsymbol{x},\boldsymbol{\xi}) = \begin{bmatrix} \boldsymbol{f}(\boldsymbol{x}) - \boldsymbol{g}_2(\boldsymbol{x})\boldsymbol{R}^{-1}(\boldsymbol{\xi})\boldsymbol{g}_2^{\mathrm{T}}(\boldsymbol{\xi})\left(\frac{\partial\phi(\boldsymbol{\xi})}{\partial\boldsymbol{\xi}^{\mathrm{T}}}\right)^{\mathrm{T}} + \frac{1}{\gamma^2}[\boldsymbol{g}_1(\boldsymbol{x})\boldsymbol{g}_1^{\mathrm{T}}(\boldsymbol{x}) + \\ \lambda^2(\boldsymbol{x})\boldsymbol{\beta}(\boldsymbol{x},\boldsymbol{\xi})\boldsymbol{\beta}^{\mathrm{T}}(\boldsymbol{x},\boldsymbol{\xi})]\left(\frac{\partial\phi}{\partial\boldsymbol{\xi}^{\mathrm{T}}}\right)^{\mathrm{T}} \\ \boldsymbol{f}_{\mathrm{c}}(\boldsymbol{\xi}) - \boldsymbol{G}\boldsymbol{R}^{-1}(\boldsymbol{\xi})\boldsymbol{g}_2^{\mathrm{T}}(\boldsymbol{\xi})\left(\frac{\partial\phi(\boldsymbol{\xi})}{\partial\boldsymbol{\xi}^{\mathrm{T}}}\right)^{\mathrm{T}} \end{bmatrix} + \\
&\qquad\begin{bmatrix} -\frac{1}{\gamma^2}[\boldsymbol{g}_1(\boldsymbol{x})\boldsymbol{g}_1^{\mathrm{T}}(\boldsymbol{x}) + \lambda^2(\boldsymbol{x})\boldsymbol{\beta}(\boldsymbol{x},\boldsymbol{\xi})\boldsymbol{\beta}^{\mathrm{T}}(\boldsymbol{x},\boldsymbol{\xi})]\left(\frac{\partial\phi(\boldsymbol{\xi})}{\partial\boldsymbol{\xi}^{\mathrm{T}}}\right)^{\mathrm{T}} \\ \boldsymbol{0} \end{bmatrix} = \\
&\qquad\boldsymbol{f}_{\mathrm{e}}(\boldsymbol{x},\boldsymbol{\xi}) + \boldsymbol{f}_{\mathrm{e}1}(\boldsymbol{x},\boldsymbol{\xi}) \\
&\Delta\tilde{\boldsymbol{f}}_{\mathrm{e}}(\boldsymbol{x},\boldsymbol{\xi}) = \begin{bmatrix} \boldsymbol{\beta}(\boldsymbol{x},\boldsymbol{\xi}) \\ \boldsymbol{0} \end{bmatrix}, \quad \tilde{\boldsymbol{g}}(\boldsymbol{x}) = \begin{bmatrix} \boldsymbol{g}_1(\boldsymbol{x}) \\ \boldsymbol{G}\boldsymbol{d}_{21}(\boldsymbol{x}) \end{bmatrix} \\
&\boldsymbol{\beta}(\boldsymbol{x},\boldsymbol{\xi}) = \boldsymbol{e}_f(\boldsymbol{x})\delta_f(\boldsymbol{x}) - \boldsymbol{e}_g(\boldsymbol{x})\delta_g(\boldsymbol{x})\boldsymbol{R}^{-1}(\boldsymbol{\xi})\boldsymbol{g}_2^{\mathrm{T}}(\boldsymbol{\xi})\left(\frac{\partial\phi(\boldsymbol{\xi})}{\partial\boldsymbol{\xi}^{\mathrm{T}}}\right)^{\mathrm{T}}
\end{aligned}\right. \tag{2.275}$$

要使闭环系统(2.273) 和(2.274) 对任意的 $\Delta\tilde{\boldsymbol{f}}_{\mathrm{e}}(\boldsymbol{x},\boldsymbol{\xi})$ 所满足的 $H_\infty$ 性能指标具有鲁棒性,根据定理2.37,则必须存在连续可微的正定函数 $\hat{\phi}(\boldsymbol{x},\boldsymbol{\xi}) = \phi(\boldsymbol{x}) + \hat{\phi}(\boldsymbol{x},\boldsymbol{\xi}) > 0, \forall\, \boldsymbol{x},\boldsymbol{\xi} \in \boldsymbol{D}$,使式(2.247) 的 Hamilton-Jacobi 不等式成立

$$\begin{aligned}
&\begin{bmatrix} \frac{\partial\hat{\phi}}{\partial\boldsymbol{x}^{\mathrm{T}}} & \frac{\partial\hat{\phi}}{\partial\boldsymbol{\xi}^{\mathrm{T}}} \end{bmatrix}\tilde{\boldsymbol{f}}_{\mathrm{e}}(\boldsymbol{x},\boldsymbol{\xi}) + \frac{1}{2}\begin{bmatrix} \frac{\partial\hat{\phi}}{\partial\boldsymbol{x}^{\mathrm{T}}} & \frac{\partial\phi(\boldsymbol{\xi})}{\partial\boldsymbol{\xi}^{\mathrm{T}}} \end{bmatrix}\Bigg[\frac{1}{\gamma^2}\tilde{\boldsymbol{g}}(\boldsymbol{x})\tilde{\boldsymbol{g}}^{\mathrm{T}}(\boldsymbol{x}) + \\
&\qquad\lambda^2(\boldsymbol{x})\begin{bmatrix} \boldsymbol{\beta}(\boldsymbol{x},\boldsymbol{\xi}) \\ \boldsymbol{0} \end{bmatrix}[\boldsymbol{\beta}^{\mathrm{T}}(\boldsymbol{x},\boldsymbol{\xi}), \boldsymbol{0}]\Bigg]\begin{bmatrix} \left(\frac{\partial\hat{\phi}}{\partial\boldsymbol{x}^{\mathrm{T}}}\right)^{\mathrm{T}} \\ \left(\frac{\partial\hat{\phi}}{\partial\boldsymbol{\xi}^{\mathrm{T}}}\right)^{\mathrm{T}} \end{bmatrix} + \\
&\qquad\frac{1}{2}\left[\tilde{\boldsymbol{h}}^{\mathrm{T}}(\boldsymbol{x},\boldsymbol{\xi})\tilde{\boldsymbol{h}}(\boldsymbol{x},\boldsymbol{\xi}) + \frac{1}{\lambda^2(\boldsymbol{x})}\boldsymbol{m}_f^{\mathrm{T}}(\boldsymbol{x},\boldsymbol{\xi})\boldsymbol{m}_f(\boldsymbol{x},\boldsymbol{\xi})\right] \leqslant 0
\end{aligned} \tag{2.276}$$

其中,$\tilde{\boldsymbol{f}}_{\mathrm{e}}(\boldsymbol{x},\boldsymbol{\xi}), \Delta\tilde{\boldsymbol{f}}_{\mathrm{e}}(\boldsymbol{x},\boldsymbol{\xi}), \tilde{\boldsymbol{g}}(\boldsymbol{x}), \boldsymbol{\beta}(\boldsymbol{x},\boldsymbol{\xi})$ 如式(2.275);$\lambda(\boldsymbol{x}) \in \mathbf{R}, \boldsymbol{m}_f(\boldsymbol{x},\boldsymbol{\xi}) \in \mathbf{R}^n$ 分别为选定的适当的函数和函数向量。

为了证明式(2.276) 成立,现作进一步推导。由式(2.276),并考虑到定理的条件 D2 和 D3,则得

$$\begin{aligned}
&\left\{\begin{bmatrix} \frac{\partial\phi}{\partial\boldsymbol{x}^{\mathrm{T}}} & \boldsymbol{0} \end{bmatrix} + \begin{bmatrix} \frac{\partial\tilde{\phi}}{\partial\boldsymbol{x}^{\mathrm{T}}} & \frac{\partial\tilde{\phi}}{\partial\boldsymbol{\xi}^{\mathrm{T}}} \end{bmatrix}\right\}\{\boldsymbol{f}_{\mathrm{e}}(\boldsymbol{x},\boldsymbol{\xi}) + \boldsymbol{f}_{\mathrm{e}1}(\boldsymbol{x},\boldsymbol{\xi})\} + \frac{1}{2}\left\{\begin{bmatrix} \frac{\partial\phi}{\partial\boldsymbol{x}^{\mathrm{T}}} & \boldsymbol{0} \end{bmatrix} + \begin{bmatrix} \frac{\partial\tilde{\phi}}{\partial\boldsymbol{x}^{\mathrm{T}}} & \frac{\partial\tilde{\phi}}{\partial\boldsymbol{\xi}^{\mathrm{T}}} \end{bmatrix}\right\} \cdot \\
&\left\{\frac{1}{\gamma^2}\tilde{\boldsymbol{g}}_1(\boldsymbol{x})\tilde{\boldsymbol{g}}_1^{\mathrm{T}}(\boldsymbol{x}) + \lambda^2(\boldsymbol{x})\begin{bmatrix} \boldsymbol{\beta}(\boldsymbol{x},\boldsymbol{\xi}) \\ \boldsymbol{0} \end{bmatrix}[\boldsymbol{\beta}^{\mathrm{T}}(\boldsymbol{x},\boldsymbol{\xi})\ 0]\right\}\left\{\begin{bmatrix} \left(\frac{\partial\phi}{\partial\boldsymbol{x}^{\mathrm{T}}}\right)^{\mathrm{T}} \\ \boldsymbol{0} \end{bmatrix} + \begin{bmatrix} \left(\frac{\partial\tilde{\phi}}{\partial\boldsymbol{x}^{\mathrm{T}}}\right)^{\mathrm{T}} \\ \left(\frac{\partial\tilde{\phi}}{\partial\boldsymbol{\xi}^{\mathrm{T}}}\right) \end{bmatrix}\right\} + \\
&\frac{1}{2}\left[\tilde{\boldsymbol{h}}^{\mathrm{T}}(\boldsymbol{x},\boldsymbol{\xi})\tilde{\boldsymbol{h}}(\boldsymbol{x},\boldsymbol{\xi}) + \frac{1}{\lambda^2(\boldsymbol{x})}\boldsymbol{m}_f^{\mathrm{T}}(\boldsymbol{x},\boldsymbol{\xi})m_f(\boldsymbol{x},\boldsymbol{\xi})\right] =
\end{aligned}$$

$$\left\{\frac{\partial\phi}{\partial \boldsymbol{x}^{\mathrm{T}}}\boldsymbol{f}(\boldsymbol{x})+\frac{1}{2}\frac{\partial\phi}{\partial \boldsymbol{x}^{\mathrm{T}}}\left[\frac{1}{\gamma^2}\boldsymbol{g}_1^{\mathrm{T}}(\boldsymbol{x})\boldsymbol{g}_1(\boldsymbol{x})+\frac{1}{\gamma^2}\lambda^2(\boldsymbol{x})\boldsymbol{\beta}(\boldsymbol{x},\boldsymbol{\xi})\boldsymbol{\beta}^{\mathrm{T}}(\boldsymbol{x},\boldsymbol{\xi})-\boldsymbol{g}_2(\boldsymbol{x})\boldsymbol{g}_2^{\mathrm{T}}(\boldsymbol{x})\right]\left(\frac{\partial\phi}{\partial \boldsymbol{x}^{\mathrm{T}}}\right)^{\mathrm{T}}+\frac{1}{2}\boldsymbol{h}_1^{\mathrm{T}}(\boldsymbol{x})\boldsymbol{h}_1(\boldsymbol{x})\right\}+$$

$$\left\{\left[\frac{\partial\tilde{\phi}}{\partial \boldsymbol{x}^{\mathrm{T}}}\;\frac{\partial\tilde{\phi}}{\partial \boldsymbol{\xi}^{\mathrm{T}}}\right]\boldsymbol{f}_{\mathrm{e}}(\boldsymbol{x},\boldsymbol{\xi})+\frac{1}{2}\left[\frac{\partial\tilde{\phi}}{\partial \boldsymbol{x}^{\mathrm{T}}}\;\frac{\partial\tilde{\phi}}{\partial \boldsymbol{\xi}^{\mathrm{T}}}\right]\begin{bmatrix}\frac{1}{\gamma^2}\boldsymbol{g}_1(\boldsymbol{x})\boldsymbol{g}_1^{\mathrm{T}}(\boldsymbol{x})+\lambda^2(\boldsymbol{x})\boldsymbol{\beta}(\boldsymbol{x},\boldsymbol{\xi})\boldsymbol{\beta}^{\mathrm{T}}(\boldsymbol{x},\boldsymbol{\xi}) & \boldsymbol{0}\\ \boldsymbol{0} & \boldsymbol{G}\boldsymbol{G}^{\mathrm{T}}\end{bmatrix}\cdot\begin{bmatrix}\left(\frac{\partial\tilde{\phi}}{\partial \boldsymbol{x}^{\mathrm{T}}}\right)^{\mathrm{T}}\\ \left(\frac{\partial\tilde{\phi}}{\partial \boldsymbol{\xi}^{\mathrm{T}}}\right)^{\mathrm{T}}\end{bmatrix}+\frac{1}{2}\boldsymbol{h}_{\mathrm{e}}^{\mathrm{T}}(\boldsymbol{x},\boldsymbol{\xi})\boldsymbol{h}_{\mathrm{e}}(\boldsymbol{x},\boldsymbol{\xi})\right\}=\{W_1(\boldsymbol{x},\boldsymbol{\xi})\}+\{W_2(\boldsymbol{x},\boldsymbol{\xi})\}\leqslant 0 \tag{2.277}$$

其中

$$\begin{cases}\boldsymbol{f}_{\mathrm{e}}(\boldsymbol{x},\boldsymbol{\xi})=\begin{bmatrix}\boldsymbol{f}(\boldsymbol{x})-\boldsymbol{g}_2(\boldsymbol{x})\boldsymbol{R}^{-1}\boldsymbol{g}_2^{\mathrm{T}}(\boldsymbol{\xi})\left(\frac{\partial\phi(\boldsymbol{\xi})}{\partial\boldsymbol{\xi}^{\mathrm{T}}}\right)^{\mathrm{T}}+\frac{1}{\gamma^2}[\boldsymbol{g}_1(\boldsymbol{x})\boldsymbol{g}_1^{\mathrm{T}}(\boldsymbol{x})+\lambda^2(\boldsymbol{x})\boldsymbol{\beta}(\boldsymbol{x},\boldsymbol{\xi})\boldsymbol{\beta}^{\mathrm{T}}(\boldsymbol{x},\boldsymbol{\xi})]\left(\frac{\partial\phi(\boldsymbol{\xi})}{\partial\boldsymbol{\xi}^{\mathrm{T}}}\right)^{\mathrm{T}}\\ \boldsymbol{f}_{\mathrm{c}}(\boldsymbol{\xi})-\boldsymbol{G}\boldsymbol{R}^{-1}(\boldsymbol{\xi})\boldsymbol{g}_2^{\mathrm{T}}(\boldsymbol{\xi})\left(\frac{\partial\phi(\boldsymbol{\xi})}{\partial\boldsymbol{\xi}^{\mathrm{T}}}\right)^{\mathrm{T}}\end{bmatrix}\\ \boldsymbol{h}_{\mathrm{e}}(\boldsymbol{x},\boldsymbol{\xi})=\begin{bmatrix}\frac{1}{\lambda(\boldsymbol{x})}\boldsymbol{m}_f(\boldsymbol{x},\boldsymbol{\xi})\\ \boldsymbol{R}^{-1}(\boldsymbol{\xi})\boldsymbol{g}_2^{\mathrm{T}}(\boldsymbol{\xi})\left(\frac{\partial\phi(\boldsymbol{\xi})}{\partial\boldsymbol{\xi}^{\mathrm{T}}}\right)^{\mathrm{T}}-\boldsymbol{g}_2^{\mathrm{T}}(\boldsymbol{x})\left(\frac{\partial\phi}{\partial\boldsymbol{x}^{\mathrm{T}}}\right)^{\mathrm{T}}\end{bmatrix}\end{cases} \tag{2.278}$$

式(2.278)中$\{W_1(\boldsymbol{x},\boldsymbol{\xi})\}$和$\{W_2(\boldsymbol{x},\boldsymbol{\xi})\}$正是分别满足定理 2.40 条件(i)和(ii)的表达式。于是,式(2.277),也就是式(2.276)的 Hamilton-Jacobi 不等式成立。这表明,按定理 2.40 的条件(iii)设计的输出反馈控制器,能使闭环系统满足定理 2.40 的条件(i)和(ii),也就是说,能使闭环系统的 $H_\infty$ 性能指标具有鲁棒性。

其次,证明,当 $\boldsymbol{w}=\boldsymbol{0}$ 时,闭环系统(2.273)在平衡点 $\boldsymbol{x}=\boldsymbol{0}$ 具有鲁棒稳定性。由

$$\frac{\mathrm{d}\hat{\phi}}{\mathrm{d}t}=\left[\frac{\partial\hat{\phi}}{\partial\boldsymbol{x}^{\mathrm{T}}}\quad\frac{\partial\hat{\phi}}{\partial\boldsymbol{\xi}^{\mathrm{T}}}\right][\tilde{\boldsymbol{f}}_{\mathrm{e}}(\boldsymbol{x},\boldsymbol{\xi})+\Delta\tilde{\boldsymbol{f}}_{\mathrm{e}}(\boldsymbol{x},\boldsymbol{\xi})] \tag{2.279}$$

将式(2.276)代入上式,得

$$\frac{\mathrm{d}\hat{\phi}}{\mathrm{d}t}\leqslant-\frac{1}{2\gamma^2}\left\|\tilde{\boldsymbol{g}}^{\mathrm{T}}(\boldsymbol{x})\begin{bmatrix}\frac{\partial\hat{\phi}^{\mathrm{T}}}{\partial\boldsymbol{x}}\\ \frac{\partial\hat{\phi}^{\mathrm{T}}}{\partial\boldsymbol{\xi}}\end{bmatrix}\right\|-\frac{1}{2}\|\tilde{\boldsymbol{h}}(\boldsymbol{x},\boldsymbol{\xi})\|^2-\frac{1}{2\lambda^2(\boldsymbol{x})}\|\boldsymbol{m}_f(\boldsymbol{x},\boldsymbol{\xi})\|^2-\frac{\lambda^2(\boldsymbol{x})}{2}\left\|[\boldsymbol{\beta}^{\mathrm{T}}(\boldsymbol{x},\boldsymbol{\xi})\quad\boldsymbol{0}]\begin{bmatrix}\left(\frac{\partial\hat{\phi}}{\partial\boldsymbol{x}^{\mathrm{T}}}\right)^{\mathrm{T}}\\ \left(\frac{\partial\hat{\phi}}{\partial\boldsymbol{\xi}^{\mathrm{T}}}\right)^{\mathrm{T}}\end{bmatrix}\right\|^2\left(1-\frac{2}{\lambda^2(\boldsymbol{x})}\left\|[\boldsymbol{\beta}^{\mathrm{T}}(\boldsymbol{x},\boldsymbol{\xi})\quad\boldsymbol{0}]\begin{bmatrix}\left(\frac{\partial\hat{\phi}}{\partial\boldsymbol{x}^{\mathrm{T}}}\right)^{\mathrm{T}}\\ \left(\frac{\partial\hat{\phi}}{\partial\boldsymbol{\xi}^{\mathrm{T}}}\right)^{\mathrm{T}}\end{bmatrix}\right\|^{-1}\right)\leqslant 0 \tag{2.280}$$

适当选取$\lambda(\boldsymbol{x})$可确保上式小于等于 0 成立。由此,再考虑到定理 2.40 的假设 D1 可知,闭环系

统(2.274)在不受控($\boldsymbol{w}=\boldsymbol{0}$时)条件下是渐进稳定的。证毕。

### 2.4.4 非线性观测器(Nonlinear Observer)

1. 非线性系统的可观测性(Observability of Nonlinear Systems)

考虑如下单输入-单输出仿射非线性系统

$$\begin{cases}\dot{\boldsymbol{x}}=\boldsymbol{f}(\boldsymbol{x})+\boldsymbol{g}(\boldsymbol{x})u & \boldsymbol{f}:\mathbf{R}^n\to\mathbf{R}^n,\boldsymbol{g}:\mathbf{R}^n\to\mathbf{R}^n\\ y=h(\boldsymbol{x}) & h:\mathbf{R}^n\to\mathbf{R}\end{cases}\tag{2.281}$$

假定$\boldsymbol{f}(\boldsymbol{x}),\boldsymbol{g}(\boldsymbol{x})$为充分可微函数向量,且$h(0)=0$。记$\boldsymbol{x}_u(t,\boldsymbol{x}_0)$为$t$时刻由输入$\boldsymbol{u}$和初始状态$\boldsymbol{x}_0$引起的系统(2.281)的解。$y(\boldsymbol{x}_u(t,\boldsymbol{x}_0))$表示当状态$\boldsymbol{x}=\boldsymbol{x}_u(t,\boldsymbol{x}_0)$时的输出。显然

$$y(\boldsymbol{x}_u(t,\boldsymbol{x}_0))\equiv h(\boldsymbol{x}_u(t,\boldsymbol{x}_0))$$

**定义 2.37**　① 如果存在一个输入控制函数$u$,使得

$$y(\boldsymbol{x}_u(t,\boldsymbol{x}_0^1))\equiv y(\boldsymbol{x}_u(t,\boldsymbol{x}_0^2))$$

则称状态对$(\boldsymbol{x}_0^1,\boldsymbol{x}_0^2)$是可识别的。

② 如果系统(2.281)存在$\boldsymbol{x}_0$的一个邻域$D_0$,使得每一个状态$\boldsymbol{x}\neq\boldsymbol{x}_0\in\Omega$是与$\boldsymbol{x}_0$可识别的,则系统(2.281)可称为在$\boldsymbol{x}_0$是局部可观测的。如果在每一个$\boldsymbol{x}_0\in\mathbf{R}^n$均是局部可观测的,则称系统(2.281)是局部可观测的。

这就是说,如果存在一个输入控制$u\in\mathbf{R}$,使得

$$y(\boldsymbol{x}_u(t,\boldsymbol{x}_0^1))\equiv y(\boldsymbol{x}_u(t,\boldsymbol{x}_0^2)),\quad\forall t\in[0,t]\Leftrightarrow\boldsymbol{x}_0^1=\boldsymbol{x}_0^2$$

则系统(2.281)在邻域$D_0$是局部可观的。

在上述定义中不要求对所有的函数都必须是可识别的。非线性系统的可观测性和它的判断与线性系统情况相比有许多不同。现考虑如下非受控非线性系统

$$\begin{cases}\dot{\boldsymbol{x}}=\boldsymbol{f}(\boldsymbol{x}) & \boldsymbol{f}:\boldsymbol{R}^n\to\mathbf{R}^n\\ y=h(\boldsymbol{x}) & h:\mathbf{R}^n\to\boldsymbol{R}\end{cases}\tag{2.282}$$

要求获得在原点的一个邻域的可观测性条件。

**定理 2.41**　若对系统(2.282)有

$$\operatorname{rank}\left[\begin{bmatrix}\nabla h(\boldsymbol{x})\\ \vdots\\ \nabla L_f^{n-1}h(\boldsymbol{x})\end{bmatrix}\right]=n,\quad\forall\boldsymbol{x}\in D_0\tag{2.283}$$

则称系统(2.282)在包含原点的邻域$D_0\subset D$是局部可观测的。

**证明**　见参考文献[8]、[9]。

**例 2.25**　考虑线性定常系统$\dot{\boldsymbol{x}}=\boldsymbol{A}\boldsymbol{x},y=\boldsymbol{C}\boldsymbol{x}$。利用式(2.283)判据得

$$\nabla h(\boldsymbol{x})=\boldsymbol{C},\nabla L_fh(\boldsymbol{x})=\boldsymbol{C}\boldsymbol{A},\cdots,\nabla L_f^{n-1}h(\boldsymbol{x})=\boldsymbol{C}\boldsymbol{A}^{n-1}$$

于是

$$\operatorname{rank}\left[\begin{bmatrix}\nabla h(\boldsymbol{x})\\ \vdots\\ \nabla L_f^{n-1}h(\boldsymbol{x})\end{bmatrix}\right]=\operatorname{rank}\begin{bmatrix}\boldsymbol{C}\\ \boldsymbol{C}\boldsymbol{A}\\ \vdots\\ \boldsymbol{C}\boldsymbol{A}^{n-1}\end{bmatrix}$$

由此可见,系统的可观测性完全取决于式(2.283)秩的大小。若系统完全可观测,则式

(2.283) 应为满秩。这与线性系统理论的结论一致。

粗略地说，如果系统(2.281) 的线性化状态方程是可观测的，那么系统(2.282) 在原点的邻域是局部可观测的。当然，一个非线性系统的局部可观测，一般地并不意味着全局可观测。

线性时不变系统的可观测性与控制输入和输入系数矩阵 $\boldsymbol{B}$ 无关，这一性质是因为从 $\boldsymbol{x}_0 \to y$ 的映射是线性的。但非线性系统常常表现出奇异情况，它的输入使状态空间实现变得不可观，下例说明了这一点。

**例 2.26**　考虑如下状态空间实现系统

$$\begin{cases} \dot{x}_1 = x_2(1-u) \\ \dot{x}_2 = x_1 \\ y = x_1 \end{cases} \Rightarrow \begin{cases} \dot{x} = \begin{bmatrix} \dot{x}_1 \\ \dot{x}_2 \end{bmatrix} = \begin{bmatrix} x_2 \\ x_1 \end{bmatrix} + \begin{bmatrix} -x_2 \\ 0 \end{bmatrix} u \overset{\text{def}}{=\!=\!=} \boldsymbol{f}(\boldsymbol{x}) + \boldsymbol{g}(\boldsymbol{x})u \\ y = h(\boldsymbol{x}) = x_1 \end{cases}$$

若 $u=0$，则有

$$\text{rank}\ ([\nabla^{\mathrm{T}} h(\boldsymbol{x}), \nabla^{\mathrm{T}} L_f h(\boldsymbol{x})]^{\mathrm{T}}) = \text{rank}\{[1 \quad 0]^{\mathrm{T}}, [0 \quad 1]^{\mathrm{T}}\}^{\mathrm{T}} = 2$$

于是根据定义，系统在原点的邻域是局部可观测的。现在对同一个系统，令 $u=1$，则得如下系统

$$\begin{cases} \dot{x}_1 = 0 \\ \dot{x}_2 = x_1 \\ y = x_1 \end{cases}$$

这是一个线性系统。显然，这个系统是不可观测的。

2. 具有线性误差动力学特性的观测器(Observers with Linear Error Dynamics)

一个非线性系统，它的非线性状态的重构取决于受控对象的特征运动，往往比较复杂。为了简单起见，也限于篇幅，以下仅讨论两个特殊情况。

基于反馈线性化的讨论，一种令人感兴趣的非线性状态重构方法，可利用如下三个步骤实现：

(1) 找到一个坐标变换，使非线性系统的状态空间实现线性化。

(2) 对线性化的系统设计一个观测器。

(3) 利用第(1) 步的坐标变换的逆变换恢复到系统的原状态。

为了清晰起见，现以单输入-单输出非线性系统为例进行说明。给定系统为

$$\begin{cases} \dot{\boldsymbol{x}} = \boldsymbol{f}(\boldsymbol{x}) + \boldsymbol{g}(\boldsymbol{x}, u), \quad \boldsymbol{x} \in \mathbf{R}^n, u \in \mathbf{R} \\ y = h(\boldsymbol{x}), \quad y \in \mathbf{R} \end{cases} \tag{2.284}$$

假定存在一个微分同胚 $\boldsymbol{T}(\cdot)$ 满足如下关系

$$\boldsymbol{z} = \boldsymbol{T}(\boldsymbol{x}), \quad \boldsymbol{T}(0) = \boldsymbol{0}, \quad \boldsymbol{z} \in \mathbf{R}^n \tag{2.285}$$

并使系统(2.284) 经坐标变换后，系统新的状态空间实现表达式为

$$\begin{cases} \dot{\boldsymbol{z}} = \mathbf{A}_0 \boldsymbol{z} + \boldsymbol{\gamma}(y, u) \\ y = \mathbf{C}_0 \boldsymbol{z}, \quad y \in \mathbf{R} \end{cases} \tag{2.286}$$

其中

$$\boldsymbol{A}_0=\begin{bmatrix}0&0&\cdots&0&0\\1&0&\cdots&0&0\\0&1&\cdots&0&0\\\vdots&\vdots&&\vdots&\vdots\\0&0&\cdots&1&0\end{bmatrix},\quad \boldsymbol{C}_0=[0,\cdots,0,1],\quad \boldsymbol{\gamma}=\begin{bmatrix}\gamma_1(y,u)\\\gamma_2(y,u)\\\vdots\\\gamma_n(y,u)\end{bmatrix} \tag{2.287}$$

如此，在上述这些条件下，可以构造一个观测器。如下定理说明了这个问题。

**定理 2.42**　若系统(2.284)存在一个坐标变换(2.285)，通过该坐标变换能变成系统(2.286)，然后定义如下观测器系统

$$\dot{\hat{z}}=\boldsymbol{A}_0\hat{z}+\gamma(y,u)-\boldsymbol{K}(y-\hat{z}_n)\qquad \hat{z}\in\mathbf{R}^n \tag{2.288}$$

$$\hat{\boldsymbol{x}}=\boldsymbol{T}^{-1}(z) \tag{2.289}$$

并使$(\boldsymbol{A}_0+\boldsymbol{KC}_0)$的特征值位于左半平面，那么，当$t\to\infty$时，有$\hat{\boldsymbol{x}}\to\boldsymbol{x}_0$。

**证明**　令$\tilde{z}=z-\hat{z}$，$\tilde{x}=\boldsymbol{x}-\hat{x}$，则有

$$\dot{\tilde{z}}=\dot{z}-\dot{\hat{z}}=[A_0z+\boldsymbol{\gamma}(y,u)]-[A_0\hat{z}+\boldsymbol{\gamma}(y,u)-\boldsymbol{K}(y-\hat{z}_n)]=(\boldsymbol{A}_0+\boldsymbol{KC}_0)\tilde{z}$$

若$\mathrm{Re}\,\lambda(\boldsymbol{A}_0+\boldsymbol{KC}_0)<0$，则有$\lim\limits_{D\to\infty}\tilde{z}=0$。利用式(2.289)，得

$$\lim_{t\to\infty}\tilde{\boldsymbol{x}}=\lim_{t\to\infty}(\boldsymbol{x}-\hat{\boldsymbol{x}})=\lim_{t\to\infty}[\boldsymbol{T}^{-1}(\boldsymbol{z})-\boldsymbol{T}^{-1}(\boldsymbol{z}-\tilde{\boldsymbol{z}})]=\lim_{t\to\infty}\boldsymbol{T}^{-1}(\boldsymbol{z})-\lim_{t\to\infty}\boldsymbol{T}^{-1}(\boldsymbol{z}-\tilde{\boldsymbol{z}})=\boldsymbol{0}$$

证毕。

**例 2.27**　考虑如下非线性系统

$$\begin{cases}\dot{x}_1=x_2+2x_1^2\\\dot{x}_2=x_1x_2+x_1^3u\\y=x_1\end{cases}$$

选定坐标变换为

$$\begin{bmatrix}z_1\\z_2\end{bmatrix}=\begin{bmatrix}x_2-x_1^2/2\\x_1\end{bmatrix}$$

经坐标变换，原系统可化为如下新的状态空间形式

$$\begin{cases}\dot{z}_1=-2y^3+y^3u\\\dot{z}_2=z_1+5y^2/2\\y=z_2\end{cases}$$

对应于上式，有

$$\dot{\boldsymbol{z}}=\boldsymbol{A}_0\boldsymbol{z}+\boldsymbol{\gamma}(y,u),\quad y=\boldsymbol{C}_0\boldsymbol{z}$$

其中

$$\boldsymbol{A}_0=\begin{bmatrix}0&0\\1&0\end{bmatrix},\quad \boldsymbol{C}_0=[0\quad 1],\quad \boldsymbol{\gamma}(y,u)=\begin{bmatrix}-2y^3+y^3u\\5y^2/2\end{bmatrix}$$

根据定理2.42，现设计观测器为

$$\begin{bmatrix}\dot{\hat{z}}_1\\\dot{\hat{z}}_2\end{bmatrix}=\begin{bmatrix}0&0\\1&0\end{bmatrix}\begin{bmatrix}\hat{z}_1\\\hat{z}_2\end{bmatrix}+\begin{bmatrix}-2y^3+y^3u\\5y^2/2\end{bmatrix}+\begin{bmatrix}K_1\\K_2\end{bmatrix}(y-\hat{z}_2)$$

如此，则误差动力学方程为

$$\begin{bmatrix}\dot{\tilde{z}}_1\\ \dot{\tilde{z}}_2\end{bmatrix}=\begin{bmatrix}0 & -K_1\\ 1 & -K_2\end{bmatrix}\begin{bmatrix}\tilde{z}_1\\ \tilde{z}_2\end{bmatrix}$$

若取 $K_1, K_2 > 0$，则必有 $\lim\limits_{t\to\infty}\tilde{\boldsymbol{z}}=\boldsymbol{0}$。

不奇怪的是，正如在反馈线性化的情况，上述设计观测器的方法是指基于非线性特性完全相消的条件而成立的，因而是一种理想的建模情况。但一般情况下，理想建模是不可能的，因为系统参数不可能精确地获得。因此，一般而言，非线性特性期望的相消将不会出现，从而误差动力学方程将不会是线性的。结果将导致这种观测器设计方案对参数不确定不具有鲁棒性，并且观测器误差的收敛性在建模不确定存在的条件下得不到保证。

3. Lipschitz 系统(Lipschitz System)

上面所讨论的非线性系统观测器设计方法利用了反馈线性方法，应该说它属于微分几何的范畴。下面将证明，非线性系统观测器的设计也可以利用 Lyapunov 方法。为了简单起见，以下的讨论仅限于单输入-单输出的 Lipschitz 系统。

考虑如下系统

$$\begin{cases}\dot{\boldsymbol{x}}=\boldsymbol{A}\boldsymbol{x}+\boldsymbol{f}(\boldsymbol{x},u)\\ y=\boldsymbol{C}\boldsymbol{x}\end{cases}\tag{2.290}$$

式中，$\boldsymbol{A}\in\mathbf{R}^{n\times n}$；$\boldsymbol{C}\in\mathbf{R}^{1\times n}$；$\boldsymbol{f}:\mathbf{R}^n\times\mathbf{R}\to\mathbf{R}^n$ 对开集 $D\subset\mathbf{R}^n$ 上的 $\boldsymbol{x}$ 是 Lipschitz 的，即 $\boldsymbol{f}$ 满足如下条件

$$\|\boldsymbol{f}(\boldsymbol{x}_1,u^*)-\boldsymbol{f}(\boldsymbol{x}_2,u^*)\|\leqslant\gamma\|\boldsymbol{x}_1-\boldsymbol{x}_2\|,\quad\forall\boldsymbol{x}\in D\tag{2.291}$$

考虑设计如下观测器结构

$$\dot{\hat{\boldsymbol{x}}}=\boldsymbol{A}\hat{\boldsymbol{x}}+\boldsymbol{f}(\hat{\boldsymbol{x}},u)+\boldsymbol{L}(y-\boldsymbol{C}\hat{\boldsymbol{x}})\tag{2.292}$$

其中，$\boldsymbol{L}\in\mathbf{R}^{n\times 1}$ 为常矩阵。

**定理 2.43**　给定非线性系统(2.290)和相应的观测器(2.292)，若如下 Lyapunov 矩阵方程

$$\boldsymbol{P}(\boldsymbol{A}-\boldsymbol{L}\boldsymbol{C})+(\boldsymbol{A}-\boldsymbol{L}\boldsymbol{C})^{\mathrm{T}}\boldsymbol{P}=-\boldsymbol{Q}\tag{2.293}$$

对给定的 $\boldsymbol{Q}=\boldsymbol{Q}^{\mathrm{T}}>0$，存在解 $\boldsymbol{P}=\boldsymbol{P}^{\mathrm{T}}>0$，并满足

$$\gamma<\lambda_{\min}(\boldsymbol{Q})/2\lambda_{\max}(\boldsymbol{P})\tag{2.294}$$

则观测器误差 $\tilde{\boldsymbol{x}}=\boldsymbol{x}-\hat{\boldsymbol{x}}$ 是渐进稳定的。

**证明**　由式(2.290)和式(2.292)，有

$$\begin{aligned}\dot{\tilde{\boldsymbol{x}}}=\dot{\boldsymbol{x}}-\dot{\hat{\boldsymbol{x}}}=[\boldsymbol{A}\boldsymbol{x}+\boldsymbol{f}(\boldsymbol{x},u)]-[\boldsymbol{A}\hat{\boldsymbol{x}}+\boldsymbol{f}(\hat{\boldsymbol{x}},u)+\boldsymbol{L}(y-\boldsymbol{C}\hat{\boldsymbol{x}})]=\\ (\boldsymbol{A}-\boldsymbol{L}\boldsymbol{C})\tilde{\boldsymbol{x}}+\boldsymbol{f}(\boldsymbol{x},u)-\boldsymbol{f}(\hat{\boldsymbol{x}},u)\end{aligned}\tag{2.295}$$

为了证明 $\tilde{\boldsymbol{x}}$ 在原点具有渐进稳定的平衡点，现对误差系统(2.295)取 Lyapunov 函数为

$$V(\tilde{\boldsymbol{x}})=\tilde{\boldsymbol{x}}^{\mathrm{T}}\boldsymbol{P}\tilde{\boldsymbol{x}}>0$$

如此，考虑到方程(2.293)和(2.295)，则有

$$\dot{V}(\tilde{\boldsymbol{x}})=\dot{\tilde{\boldsymbol{x}}}^{\mathrm{T}}\boldsymbol{P}\tilde{\boldsymbol{x}}+\tilde{\boldsymbol{x}}^{\mathrm{T}}\boldsymbol{P}\dot{\tilde{\boldsymbol{x}}}=-\tilde{\boldsymbol{x}}^{\mathrm{T}}\boldsymbol{Q}\tilde{\boldsymbol{x}}+2\tilde{\boldsymbol{x}}^{\mathrm{T}}\boldsymbol{P}[\boldsymbol{f}(\tilde{\boldsymbol{x}}+\hat{\boldsymbol{x}},u)-\boldsymbol{f}(\hat{\boldsymbol{x}},u)]$$

考虑到式(2.291)，由上式第二项，得

$$\|2\tilde{\boldsymbol{x}}^{\mathrm{T}}\boldsymbol{P}[\boldsymbol{f}(\tilde{\boldsymbol{x}}+\hat{\boldsymbol{x}},u)-\boldsymbol{f}(\hat{\boldsymbol{x}},u)]\|\leqslant\|2\tilde{\boldsymbol{x}}^{\mathrm{T}}\boldsymbol{P}\|\cdot\|\boldsymbol{f}[(\tilde{\boldsymbol{x}}+\hat{\boldsymbol{x}}),u]-\boldsymbol{f}(\hat{\boldsymbol{x}},u)\|\leqslant$$

$$2\gamma\lambda_{\max}(\boldsymbol{P})\|\tilde{\boldsymbol{x}}\|^2$$

再由式(2.294)以及 $\|\tilde{\boldsymbol{x}}^{\mathrm{T}}\boldsymbol{Q}\tilde{\boldsymbol{x}}\| \geqslant \lambda_{\min}(\boldsymbol{Q})\|\tilde{\boldsymbol{x}}\|^2$ 知

$$\lambda_{\min}(\boldsymbol{Q})\|\tilde{\boldsymbol{x}}\|^2 > 2\gamma\lambda_{\max}(\boldsymbol{P})\|\tilde{\boldsymbol{x}}\|^2$$

因而由上式知，$\dot{V}(\tilde{x})$ 为负定。从而知，系统(2.295)渐进稳定。证毕。

**例 2.28**　给定如下系统

$$\begin{bmatrix}\dot{x}_1\\ \dot{x}_2\end{bmatrix}=\begin{bmatrix}0 & 1\\ 1 & 2\end{bmatrix}\begin{bmatrix}x_1\\ x_2\end{bmatrix}+\begin{bmatrix}0\\ x_2^2\end{bmatrix},\quad \boldsymbol{y}=\begin{bmatrix}1 & 0\end{bmatrix}\begin{bmatrix}x_1\\ x_2\end{bmatrix}$$

选定

$$\boldsymbol{L}=\begin{bmatrix}0 & 2\end{bmatrix}^{\mathrm{T}}$$

则有

$$\boldsymbol{A}-\boldsymbol{LC}=\begin{bmatrix}0 & 1\\ -1 & -2\end{bmatrix}$$

给定 $\boldsymbol{Q}=\boldsymbol{I}$，解 Lyapunov 方程

$$\boldsymbol{P}(\boldsymbol{A}-\boldsymbol{LC})+(\boldsymbol{A}-\boldsymbol{LC})^{\mathrm{T}}\boldsymbol{P}=-\boldsymbol{Q}$$

得

$$\boldsymbol{P}=\begin{bmatrix}1.5 & -0.5\\ -0.5 & 0.5\end{bmatrix}>0$$

由 $\boldsymbol{P}$ 得 $\lambda_{\min}(\boldsymbol{P})=0.292\,9$，$\lambda_{\max}(\boldsymbol{P})=1.707\,1$。现记

$$\boldsymbol{x}^1=[\xi_1\quad \xi_2]^{\mathrm{T}},\quad \boldsymbol{x}^2=[\mu_1\quad \mu_2]^{\mathrm{T}}$$

由 $\boldsymbol{f}(\boldsymbol{x},u)=[0\quad x_2^2]^{\mathrm{T}}$ 得

$$\begin{aligned}\|\boldsymbol{f}(\boldsymbol{x}^1)-\boldsymbol{f}(\boldsymbol{x}^2)\|_2 &=\sqrt{(\xi_2^2-\mu_2^2)^2}=|\xi_2^2-\mu_2^2|=\\ &|(\xi_2+\mu_2)(\xi_2-\mu_2)|\leqslant 2|\xi_2|\cdot|\xi_2-\mu_2|=2k|\xi_2-\mu_2|\leqslant\\ &2k\|\boldsymbol{x}^1-\boldsymbol{x}^2\|\end{aligned}$$

上式对 $|\xi_2|<k$ 的所有 $\boldsymbol{x}$ 均成立。因此 $\gamma=2k$，对 $\forall\,\boldsymbol{x}=[\xi_1\quad\xi_2]^{\mathrm{T}}:|\xi_2|<k$ 而言，$\boldsymbol{f}$ 是 Lipschitz 的。于是有

$$\gamma=2k<1/2\lambda_{\max}(\boldsymbol{P})\qquad 或\qquad k<1/6.828\,4$$

参数 $k$ 确定了观测器在状态空间中有效工作的区域。当然这一区域是矩阵 $\boldsymbol{P}$ 的函数，也是观测器增益 $\boldsymbol{L}$ 的函数。如何使这一区域变得最大并不是一件易事。

4.非线性分离原理(Nonlinear Separation Principle)

在线性系统中，利用观测器状态取代原系统的状态实现状态反馈控制，可以将观测器设计与状态反馈阵设计分开进行，而系统闭环状态的性能保持不变。但是，非线性系统不具有这种性质，如果非线性系统的状态反馈由观测器的估计状态代替，观测器若是指数稳定一般也不能保证闭环系统也稳定，下例可以说明这一点。

**例 2.29**　考虑如下系统

$$\dot{x}=-x+x^4+x^2\xi \tag{2.296}$$

$$\dot{\xi}=-k\xi+u,\quad k>0 \tag{2.297}$$

现用回馈递推(Backstepping)控制方法设计一个控制律。将 $\xi$ 看作式(2.296)的控制输入，选控制函数 $\phi_1(x)=-x^2$，由此得

$$\dot{x}=-x+x^4+x^2\phi_1(x)=-x$$

现定义误差状态变量

$$z=\xi-\phi_1(x)=\xi+x^2$$

在这个新变量下，系统(2.296) 和(2.297) 化为

$$\dot{x}=-x+x^2z \tag{2.298}$$

$$\dot{z}=\dot{\xi}-\dot{\phi}_1(x)=-k\xi+u+2x\dot{x}=-k\xi+u+2x(-x+x^4+x^2\xi)=$$
$$-k\xi+u+2x(-x+x^2z) \tag{2.299}$$

式(2.299) 的 Lyapunov 函数为

$$V(x,\xi)=\frac{1}{2}(x^2+z^2)$$

由此得

$$\dot{V}(x,\xi)=-x^2+z[x^3-k\xi+u+2x(-x+x^2z)]$$

取

$$u=-Cz-x^3+k\xi-2x(-x+x^2z),\quad C>0 \tag{2.300}$$

则有

$$\dot{V}(x,\xi)=-x^2-Cz^2$$

这意味着 $x=z=0$ 是如下系统

$$\begin{cases}\dot{x}=-x+x^2z\\ \dot{z}=-Cz-x^3\end{cases} \tag{2.301}$$

的全局渐进稳定的平衡点。当然，这一控制律的设计假定状态 $x$ 和 $\xi$ 两者均是可测量的。

现在假定仅 $x$ 可测量，还需设计一个降阶观测器来估计状态 $\xi$ 的值。假定观测器设计成下式

$$\dot{\hat{\xi}}=-k\hat{\xi}+u$$

令观测器状态误差为 $\tilde{\xi}=\xi-\hat{\xi}$，则得

$$\dot{\tilde{\xi}}=\dot{\xi}-\dot{\hat{\xi}}=-k\xi+u+k\hat{\xi}-u=-k\tilde{\xi}$$
$$\tilde{\xi}(t)=\tilde{\xi}(0)\mathrm{e}^{-kt}$$

上式表明观测器状态按指数律收敛于系统的状态 $\xi$。于是在控制律(2.300) 的 $u$ 中，用观测状态 $\hat{\xi}$ 取代原系统的状态 $\xi$，由式(2.298) 和式(2.299) 得

$$\dot{x}=-x+x^2z+x^2\tilde{\xi}$$

$$\dot{z}=-Cz-x^3+2x^3\tilde{\xi}$$

$$\dot{\tilde{\xi}}=-k\tilde{\xi}$$

尽管 $\tilde{\xi}(t)$ 以指数律收敛于零，但是上式中 $x^2\tilde{\xi}$ 和 $2x^3\tilde{\xi}$ 项的存在将对某些初始条件导致系统不稳定。为了看清此点，假定误差变量 $z\equiv 0$，于是由上式有

$$\dot{x}=-x+x^2\tilde{\xi}$$

$$\tilde{\xi}(t)=\tilde{\xi}(0)\mathrm{e}^{-kt}$$

对上式求解，得

$$x(t)=\frac{x_0(1+k)}{(1+k-\tilde{\xi}_0x_0)\mathrm{e}^t+\tilde{\xi}_0x_0\mathrm{e}^{-kt}}$$

上式意味着对任意初始条件 $\tilde{\xi}x_0>1+k$，状态 $x$ 就会在有限的时间内增长到无穷。

限于篇幅，更详细的内容就不再讨论了。有兴趣的读者可参阅有关文献。

**参考文献(References)**


[1] HORACIO J M. Nonlinear Control Systems, Analysis and Design[M]. New Jersey: John Wiley & Sons Inc., 2003.

[2] 冯纯伯，费树岷. 非线性控制系统分析与设计[M]. 北京：电子工业出版社，1998.

[3] 夏小华，高为炳. 非线性系统控制及解耦[M]. 北京：科学出版社，1993.

[4] Arjan Van der Schaft. 非线性控制中的 $L_2$ 增益和无源化方法[M]. 2版. 孙元章，刘前进，杨新林，译. 北京：清华大学出版社，2002.

[5] 申铁龙. $H_\infty$ 控制理论及应用[M]. 北京：清华大学出版社，1996.

[6] 吴敏，桂卫华. 现代鲁棒控制[M]. 武汉：中南工业大学出版社，1998.

[7] 黄琳. 稳定性与鲁棒性的理论基础[M]. 北京：科学出版社，2003.

[8] IOANNOU P, TAO G. Frequency Domain Conditions for Strictly Positive Real Function[J]. IEEE AC, 1987, 32(1): 53-54.

[9] MARINO R, TOMEI P. Nonlinear Control Design: Geometric, Adaptive and Robust[M]. New Jersey: Prentice-Hall, 1995.

[10] LASALLE J P, LEFSCHETZ S. Stability by Lyapunov's Direct Method[M]. New York: Academic Press, 1961.

[11] LASALLE J P. Some Extension of Lyapunov's Second Method[J]. IEE Trans. of Circuit Theory, 1960, 7(4): 520-527.

[12] 姜长生，孙隆和，吴庆宪，等. 系统理论与鲁棒控制[M]. 北京：航空工业出版社，1998.

[13] ISIDORI A. Nonlinear Control System[M]. New York: Springer-Verlag, 1999.

# 第3章 非线性系统的轨迹线性化控制 (Trajectory Linearization Control of Nonlinear Systems)

轨迹线性化控制(Trajectory Linearization Control, TLC)是一种新颖有效的非线性跟踪和解耦控制方法,自20世纪90年代建立起来以后得到快速发展。本章首先对轨迹线性化方法的设计思想、基础理论和实现方法做详细介绍,然后讨论了一种改进的轨迹线性化控制方法,最后给出基于轨迹线性化方法的非线性控制系统设计实例。

## 3.1 轨迹线性化控制的基本概念和提法 (Basic Concept and Statement of Trajectory Linearization Control)

轨迹线性化控制方法的设计思想来自对非线性输出跟踪控制问题的解决。考虑如下非线性系统描述:

$$\begin{aligned}\dot{\boldsymbol{\xi}}(t)&=\boldsymbol{f}(\boldsymbol{\xi}(t),\boldsymbol{\mu}(t),\boldsymbol{\theta}(t))\\ \boldsymbol{\eta}(t)&=\boldsymbol{h}(\boldsymbol{\xi}(t),\boldsymbol{\mu}(t),\boldsymbol{\theta}(t))\end{aligned}\tag{3.1}$$

其中$\boldsymbol{\xi}(t)\in\mathbf{R}^{n\times1}$,$\boldsymbol{\mu}(t)\in\mathbf{R}^{p\times1}$,$\boldsymbol{\eta}(t)\in\mathbf{R}^{m\times1}$,$\boldsymbol{\theta}(t)\in\mathbf{R}^{l\times1}$分别为系统的状态、控制输入、输出和时变参数向量。若记$\bar{\boldsymbol{\eta}}(t)$表示期望的系统标称(Nominal)输出,则非线性输出跟踪控制的目的是设计控制律$\boldsymbol{\mu}(t)$使得系统输出$\boldsymbol{\eta}(t)$能够跟踪上$\bar{\boldsymbol{\eta}}(t)$。

假设对于给定的标称输出$\bar{\boldsymbol{\eta}}(t)$,存在满足方程(3.1)的标称状态$\bar{\boldsymbol{\xi}}(t)$和标称输入$\bar{\boldsymbol{\mu}}(t)$:

$$\begin{aligned}\dot{\bar{\boldsymbol{\xi}}}(t)&=\boldsymbol{f}(\bar{\boldsymbol{\xi}}(t),\bar{\boldsymbol{\mu}}(t),\boldsymbol{\theta}(t))\\ \bar{\boldsymbol{\eta}}(t)&=\boldsymbol{h}(\bar{\boldsymbol{\xi}}(t),\bar{\boldsymbol{\mu}}(t),\boldsymbol{\theta}(t))\end{aligned}\tag{3.2}$$

那么定义状态误差、输出跟踪误差以及误差跟踪控制输入分别为

$$\begin{aligned}\boldsymbol{x}(t)&=\boldsymbol{\xi}(t)-\bar{\boldsymbol{\xi}}(t)\\ \boldsymbol{y}(t)&=\boldsymbol{\eta}(t)-\bar{\boldsymbol{\eta}}(t)\\ \boldsymbol{u}(t)&=\boldsymbol{\mu}(t)-\bar{\boldsymbol{\mu}}(t)\end{aligned}\tag{3.3}$$

则有非线性跟踪误差动力学方程为

$$\begin{aligned}\dot{\boldsymbol{x}}(t)&=\boldsymbol{f}(\bar{\boldsymbol{\xi}}(t)+\boldsymbol{x}(t),\bar{\boldsymbol{\mu}}(t)+\boldsymbol{u}(t),\boldsymbol{\theta}(t))-\boldsymbol{f}(\bar{\boldsymbol{\xi}}(t),\bar{\boldsymbol{\mu}}(t),\boldsymbol{\theta}(t))=\\ &\boldsymbol{F}(\bar{\boldsymbol{\xi}}(t),\bar{\boldsymbol{\mu}}(t),\boldsymbol{x}(t),\boldsymbol{u}(t),\boldsymbol{\theta}(t))\\ \boldsymbol{y}(t)&=\boldsymbol{h}(\bar{\boldsymbol{\xi}}(t)+\boldsymbol{x}(t),\bar{\boldsymbol{\mu}}(t)+\boldsymbol{u}(t),\boldsymbol{\theta}(t))-\boldsymbol{h}(\bar{\boldsymbol{\xi}}(t),\bar{\boldsymbol{\mu}}(t),\boldsymbol{\theta}(t))=\\ &\boldsymbol{H}(\bar{\boldsymbol{\xi}}(t),\bar{\boldsymbol{\mu}}(t),\boldsymbol{x}(t),\boldsymbol{u}(t),\boldsymbol{\theta}(t))\end{aligned}\tag{3.4}$$

由于$\bar{\boldsymbol{\xi}}(t)$和$\bar{\boldsymbol{\mu}}(t)$已知,它们与$\boldsymbol{\theta}(t)$可一同视为式(3.4)中的时变参数,同时若$\boldsymbol{u}(t)$采用状态反馈实现,则式(3.4)可改写成如下非线性时变系统形式:

$$\begin{aligned}\dot{\boldsymbol{x}}(t)&=\boldsymbol{F}(t,\boldsymbol{x}(t))\\\boldsymbol{y}(t)&=\boldsymbol{H}(t,\boldsymbol{x}(t))\end{aligned}\tag{3.5}$$

上述设计过程表明,原非线性系统跟踪问题变成一个沿着标称轨迹的非线性调节问题。所以渐进的跟踪控制可以利用一个 2 自由度的控制器组来实现:

(1) 一个动态的被控对象输入－输出逆映射,用以根据期望的系统输出值 $\bar{\boldsymbol{\eta}}$ 产生标称的控制输入 $\bar{\boldsymbol{\mu}}$,这是一个开环控制器;

(2) 一个跟踪误差动态的稳定调节器,用以产生能够稳定系统并使系统具有一定响应特性和鲁棒特性的控制输入 $\boldsymbol{u}$,这是一个闭环控制器,具体控制结构如图 3.1 所示。

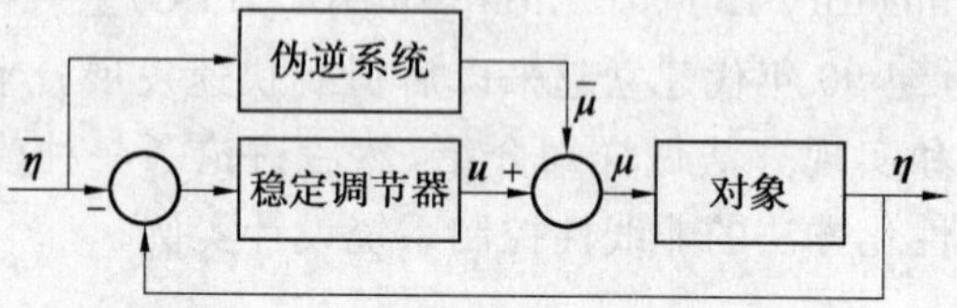


图 3.1　非线性跟踪控制系统结构图

虽然输出跟踪控制策略的设计思想简单,但实现起来却存在相当大的难度,设计难点在于:第一,如何根据期望的标称输出 $\bar{\boldsymbol{\eta}}$ 求得标称输入 $\bar{\boldsymbol{\mu}}$ 和标称系统状态 $\boldsymbol{\xi}$;第二,如何实现稳定调节律 $\boldsymbol{u}$,使得系统获得满意的控制性能。目前对于非线性时变系统(3.5),尚未具有通用形式的非线性调节律设计方法存在,因而在这两个难题中,后者更加难以解决,有必要通过适当简化加以解决。

若非线性时变系统(3.5) 可沿 $\bar{\boldsymbol{\xi}},\bar{\boldsymbol{\eta}}$ 近似线性化,则有如下线性时变系统:

$$\begin{aligned}\dot{\boldsymbol{x}}&=\boldsymbol{A}(t)\boldsymbol{x}+\boldsymbol{B}(t)\boldsymbol{u}\\\boldsymbol{y}&=\boldsymbol{C}(t)\boldsymbol{x}+\boldsymbol{D}(t)\boldsymbol{u}\end{aligned}\tag{3.6}$$

其中

$$\boldsymbol{A}(t)=\left.\frac{\partial \boldsymbol{f}}{\partial \boldsymbol{\xi}}\right|_{\bar{\xi},\bar{\eta}},\quad \boldsymbol{B}(t)=\left.\frac{\partial \boldsymbol{f}}{\partial \boldsymbol{\mu}}\right|_{\bar{\xi},\bar{\eta}}$$

$$\boldsymbol{C}(t)=\left.\frac{\partial \boldsymbol{h}}{\partial \boldsymbol{\xi}}\right|_{\bar{\xi},\bar{\eta}},\quad \boldsymbol{D}(t)=\left.\frac{\partial \boldsymbol{h}}{\partial \boldsymbol{\mu}}\right|_{\bar{\xi},\bar{\eta}}$$

根据非线性系统稳定性理论可知,若存在线性时变反馈控制律 $\boldsymbol{u}(t)$ 使得系统(3.6) 指数稳定,则非线性时变系统(3.5) 在平衡点 $\boldsymbol{x}(t)=0$ 亦是局部指数稳定的,由此可知系统(3.5) 的状态沿标称状态轨迹局部指数稳定。可见通过线性化处理,原有的非线性时变调节器设计问题简化成线性时变调节器设计问题,后者可以利用线性时变系统的相关理论加以解决,轨迹线性化控制方法的名称也由此得来。具体的系统结构如图 3.2 所示。

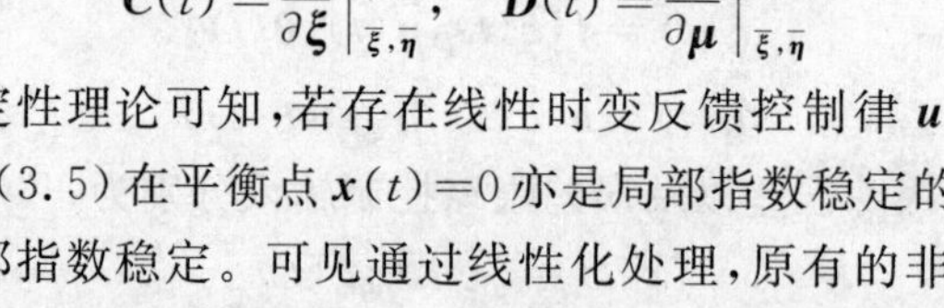

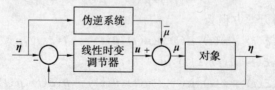

图 3.2　轨迹线性化控制方法结构图

## 3.2　轨迹线性化控制的理论基础

## (Theory Fundamentals of Trajectory Linearization Control)

轨迹线性化控制方法的真正确立得益于20世纪发展起来的线性时变系统稳定性理论和非线性系统微分几何理论的研究结果，本节将对轨迹线性化控制相关的理论基础做详细介绍。

### 3.2.1　线性时变系统稳定性理论(Stability Theory for Linear Time－Varying Systems)

从3.1节的分析中可以看出，轨迹线性化控制的反馈控制律设计实质等价于解决一个线性时变系统的综合问题，必须利用线性时变系统稳定性理论加以解决。

1. 线性时变系统理论基础

(1) 线性时变系统定义

**定义 3.1**　称一个系统 $\Sigma_x$ 为线性时变系统，当且仅当该系统的状态空间描述可以表示为

$$\dot{\boldsymbol{x}} = \boldsymbol{A}(t)\boldsymbol{x} + \boldsymbol{B}(t)\boldsymbol{u} \tag{3.7}$$

$$\boldsymbol{y} = \boldsymbol{C}(t)\boldsymbol{x} + \boldsymbol{D}(t)\boldsymbol{u} \tag{3.8}$$

其中 $\boldsymbol{x}(t) \in \mathbf{R}^{n\times 1}$ 为状态向量，$\boldsymbol{y}(t) \in \mathbf{R}^{m\times 1}$ 为输出向量，$\boldsymbol{u}(t) \in \mathbf{R}^{p\times 1}$ 为输入向量，矩阵 $\boldsymbol{A}(t) \in \mathbf{R}^{n\times n}$，$\boldsymbol{B}(t) \in \mathbf{R}^{n\times p}$，$\boldsymbol{C}(t) \in \mathbf{R}^{m\times n}$，$\boldsymbol{D}(t) \in \mathbf{R}^{m\times p}$ 为不依赖状态 $\boldsymbol{x}(t)$ 和输入 $\boldsymbol{u}(t)$ 的时变矩阵，分别被称为系统的状态系数矩阵、控制系数矩阵、输出系数矩阵和前馈系数矩阵，$t \in J$，$J$ 为时间定义区间。在本章随后各节的讨论中，总是假定上述矩阵的所有元在 $J$ 上为时间 $t$ 的连续有界实函数，对大多数实际物理系统，这一假设总是满足的。式(3.7) 也被称为系统的状态方程，式(3.8) 被称为系统的输出方程，它们也被合称为动态方程。

(2) 线性时变系统的运动分析

从数学的角度，运动分析的实质就是求解系统状态方程，以解析的形式或数值分析形式，建立系统状态跟随输入和初始状态的演化规律，特别是状态演化形态对系统结构和参数的依赖关系。对连续时间线性系统，运动分析归结为相对于给定初始状态 $\boldsymbol{x}_0$ 和输入向量 $\boldsymbol{u}(t)$，求解向量微分方程即状态方程：

$$\dot{\boldsymbol{x}} = \boldsymbol{A}(t)\boldsymbol{x} + \boldsymbol{B}(t)\boldsymbol{u}, \quad \boldsymbol{x}(t_0) = \boldsymbol{x}_0, \quad t \in J \tag{3.9}$$

为了确定方程(3.9) 的解，需首先研究如下齐次微分方程的解

$$\dot{\boldsymbol{x}} = \boldsymbol{A}(t)\boldsymbol{x}, \quad \boldsymbol{x}(t_0) = \boldsymbol{x}_0, \quad t \in J \tag{3.10}$$

**定义 3.2**　以方程(3.10) 的 $n$ 个线性无关解为列构成的矩阵

$$\boldsymbol{\Psi} = [\psi_1, \psi_2, \cdots, \psi_n] \tag{3.11}$$

称为式(3.10) 的基本解阵。

不难验证，式(3.10) 的基本解阵(3.11) 是下列矩阵微分方程的解

$$\dot{\boldsymbol{\Psi}}(t) = \boldsymbol{A}(t)\boldsymbol{\Psi}(t), \quad \boldsymbol{\Psi}(t_0) = \boldsymbol{E} \tag{3.12}$$

其中 $\boldsymbol{E}$ 为任意非奇异实常值矩阵。

**定义 3.3**　令 $\boldsymbol{\Psi}(t)$ 是方程(3.10)的基本解阵,则

$$\boldsymbol{\Phi}(t,t_0)=\boldsymbol{\Psi}(t)\boldsymbol{\Psi}^{-1}(t_0),\quad t,t_0\in J \tag{3.13}$$

称为方程(3.10)的状态转移矩阵。

线性时变系统的状态转移矩阵具有如下重要性质:

(Ⅰ)$\boldsymbol{\Phi}(t,t)=\boldsymbol{I}$

(Ⅱ)$\boldsymbol{\Phi}^{-1}(t,t_0)=\boldsymbol{\Phi}(t_0,t)$

(Ⅲ)$\boldsymbol{\Phi}(t_2,t_0)=\boldsymbol{\Phi}(t_2,t_1)\boldsymbol{\Phi}(t_1,t_0)$

(Ⅳ)$\dot{\boldsymbol{\Phi}}(t,t_0)=\boldsymbol{A}(t)\boldsymbol{\Phi}(t,t_0)$,$\boldsymbol{\Phi}(t_0,t_0)=\boldsymbol{I}$

(Ⅴ)设 $\dot{\boldsymbol{x}}=-\boldsymbol{A}^{\mathrm{T}}(t)\boldsymbol{x}$ 的状态转移矩阵为 $\boldsymbol{\Phi}^*(t,t_0)$,则

$$\boldsymbol{\Phi}^*(t,t_0)=[\boldsymbol{\Phi}^{\mathrm{T}}(t,t_0)]^{-1}$$

(Ⅵ)若 $\|\boldsymbol{A}(t)\|\leqslant k,\ \forall t\in(-\infty,\infty)$,$k$ 为有界常数,则

$$\|\boldsymbol{\Phi}(t,t_0)\|\leqslant \mathrm{e}^{k(t-t_0)},\quad \forall t>t_0$$

利用状态转移矩阵的性质,很容易求出非齐次状态方程(3.9)的解。由状态转移矩阵的性质(Ⅳ),并考虑到逆矩阵的求导公式,可得

$$\begin{aligned}\dot{\boldsymbol{\Phi}}(t_0,t)=[\dot{\boldsymbol{\Phi}}(t,t_0)]^{-1}=&-\boldsymbol{\Phi}^{-1}(t,t_0)\dot{\boldsymbol{\Phi}}(t,t_0)\boldsymbol{\Phi}^{-1}(t,t_0)=\\&-\boldsymbol{\Phi}^{-1}(t,t_0)\cdot\boldsymbol{A}(t)\boldsymbol{\Phi}(t,t_0)\cdot\boldsymbol{\Phi}^{-1}(t,t_0)=\\&-\boldsymbol{\Phi}(t_0,t)\boldsymbol{A}(t)\end{aligned}$$

以 $\boldsymbol{\Phi}(t_0,t)$ 左乘方程(3.9)的两边得

$$\boldsymbol{\Phi}(t_0,t)\dot{\boldsymbol{x}}-\boldsymbol{\Phi}(t_0,t)\boldsymbol{A}(t)\boldsymbol{x}=\boldsymbol{\Phi}(t_0,t)\boldsymbol{B}(t)\boldsymbol{u}(t)$$

考虑到上面两式的

$$\frac{\mathrm{d}}{\mathrm{d}t}[\boldsymbol{\Phi}(t_0,t)\boldsymbol{x}]=\boldsymbol{\Phi}(t_0,t)\boldsymbol{B}(t)\boldsymbol{u}(t)$$

将此式从 $t_0$ 到 $t$ 积分并考虑到初始条件 $\boldsymbol{\Phi}(t_0,t_0)=\boldsymbol{I}$,$\boldsymbol{x}(t_0)=\boldsymbol{x}_0$,则有

$$\boldsymbol{\Phi}(t_0,t)\boldsymbol{x}(t)-\boldsymbol{x}_0=\int_{t_0}^{t}\boldsymbol{\Phi}(t_0,\tau)\boldsymbol{B}(\tau)\boldsymbol{u}(\tau)\mathrm{d}\tau$$

再利用转移矩阵性质(Ⅱ)和(Ⅲ),得

$$\boldsymbol{x}(t)=\boldsymbol{\Phi}(t,t_0)\boldsymbol{x}_0+\int_{t_0}^{t}\boldsymbol{\Phi}(t,\tau)\boldsymbol{B}(\tau)\boldsymbol{u}(\tau)\mathrm{d}\tau \tag{3.14}$$

这就是非齐次状态方程(3.9)的解的表达式。它由两部分组成:前一项为初始状态 $\boldsymbol{x}_0$ 引起的响应,第二项为控制输入 $\boldsymbol{u}$ 引起的响应。其中

$$\boldsymbol{x}(t)=\boldsymbol{\Phi}(t,t_0)\boldsymbol{x}_0 \tag{3.15}$$

是齐次方程(3.10)的解,也是非齐次方程(3.9)在 $u\equiv 0$ 时的解,称为零输入状态响应。若 $\boldsymbol{x}_0\equiv 0$,则有

$$\boldsymbol{x}(t)=\int_{t_0}^{t}\boldsymbol{\Phi}(t,\tau)\boldsymbol{B}(\tau)\boldsymbol{u}(\tau)\mathrm{d}\tau \tag{3.16}$$

式(3.16)称为零状态响应。

根据系统的状态响应可以很方便地求得系统 $\Sigma_x$ 的输出为

$$\boldsymbol{y}(t)=\boldsymbol{C}(t)\boldsymbol{\Phi}(t,t_0)\boldsymbol{x}_0+\int_{t_0}^{t}\boldsymbol{C}(t)\boldsymbol{\Phi}(t,\tau)\boldsymbol{B}(\tau)\boldsymbol{u}(\tau)\mathrm{d}\tau+\boldsymbol{D}(t)\boldsymbol{u}(t) \tag{3.17}$$

若 $\boldsymbol{u} \equiv 0$,称为零输入输出响应为

$$\boldsymbol{y}(t)=\boldsymbol{C}(t)\boldsymbol{\Phi}(t,t_0)\boldsymbol{x}_0 \tag{3.18}$$

若 $\boldsymbol{x}(t_0) \equiv \boldsymbol{x}_0 \equiv 0$,则可得系统的零状态输出响应为

$$\boldsymbol{y}(t)=\int_{t_0}^{t}\boldsymbol{C}(t)\boldsymbol{\Phi}(t,\tau)\boldsymbol{B}(\tau)\boldsymbol{u}(\tau)\mathrm{d}\tau+\boldsymbol{D}(t)\boldsymbol{u}(t) \tag{3.19}$$

利用脉冲函数的采样性质,将上式改写成

$$\boldsymbol{y}(t)=\int_{t_0}^{t}[\boldsymbol{C}(t)\boldsymbol{\Phi}(t,\tau)\boldsymbol{B}(\tau)+\boldsymbol{D}(t)\boldsymbol{\delta}(t-\tau)]\boldsymbol{u}(\tau)\mathrm{d}\tau \tag{3.20}$$

其中矩阵

$$\boldsymbol{G}(t,\tau)=\boldsymbol{C}(t)\boldsymbol{\Phi}(t,\tau)\boldsymbol{B}(\tau)+\boldsymbol{D}(t)\boldsymbol{\delta}(t-\tau) \tag{3.21}$$

称为动态方程的脉冲响应矩阵。

**例 3.1**　确定动态方程

$$\dot{\boldsymbol{x}}=\begin{bmatrix}0 & \cos t\\0 & 0\end{bmatrix}\boldsymbol{x}+\begin{bmatrix}0\\1\end{bmatrix}\boldsymbol{u},\quad \boldsymbol{y}=\begin{bmatrix}1 & 0\\0 & 1\end{bmatrix}\boldsymbol{x}+\begin{bmatrix}1\\1\end{bmatrix}\boldsymbol{u}$$

的输出响应和脉冲响应矩阵。

首先求方程的基本解矩阵 $\boldsymbol{\Psi}(t)$。因为 $\boldsymbol{\Psi}(t)$ 满足

$$\dot{\boldsymbol{\Psi}}(t)=\boldsymbol{A}(t)\boldsymbol{\Psi}(t),\ \boldsymbol{\Psi}(t_0)=\boldsymbol{E}$$

取 $\boldsymbol{E}$ 为适维单位阵，则有

$$\begin{cases}\dot{\psi}_{11}=\psi_{21}\cos t & \psi_{11}(t_0)=1\\ \dot{\psi}_{21}=0 & \psi_{21}(t_0)=0\end{cases},\quad \begin{cases}\dot{\psi}_{12}=\psi_{22}\cos t & \psi_{12}(t_0)=0\\ \dot{\psi}_{22}=0 & \psi_{22}(t_0)=1\end{cases}$$

解此具有不同初始条件的两组微分方程,得

$$\psi_1(t)=\begin{bmatrix}\psi_{11}(t)\\ \psi_{21}(t)\end{bmatrix}=\begin{bmatrix}1\\0\end{bmatrix},\quad \psi_2(t)=\begin{bmatrix}\psi_{12}(t)\\ \psi_{22}(t)\end{bmatrix}=\begin{bmatrix}\sin t-\sin t_0\\1\end{bmatrix}$$

从而知方程的基本解阵 $\boldsymbol{\Psi}(t)$ 为

$$\boldsymbol{\Psi}(t)=[\psi_1(t)\quad \psi_2(t)]=\begin{bmatrix}1 & \sin t-\sin t_0\\0 & 1\end{bmatrix}$$

根据式(3.13) 定义,可得方程的状态转移矩阵为

$$\boldsymbol{\Phi}(t,t_0)=\boldsymbol{\Psi}(t)\boldsymbol{\Psi}^{-1}(t_0)=\begin{bmatrix}1 & \sin t-\sin t_0\\0 & 1\end{bmatrix}$$

再根据式(3.17) 得系统的输出响应为

$$\boldsymbol{y}(t)=\boldsymbol{C}(t)\boldsymbol{\Phi}(t,t_0)\boldsymbol{x}_0+\int_{t_0}^{t}\boldsymbol{C}(t)\boldsymbol{\Phi}(t,\tau)\boldsymbol{B}(\tau)\boldsymbol{u}(\tau)\mathrm{d}\tau+\boldsymbol{D}(t)\boldsymbol{u}(t)=$$

$$\begin{bmatrix}1 & \sin t-\sin t_0\\0 & 1\end{bmatrix}\boldsymbol{x}_0+\int_{t_0}^{t}\begin{bmatrix}\sin t-\sin\tau\\1\end{bmatrix}\boldsymbol{u}(\tau)\mathrm{d}\tau+\begin{bmatrix}1\\1\end{bmatrix}\boldsymbol{u}$$

又由式(3.20) 知，本例方程所代表的系统的脉冲响应矩阵为

$$\boldsymbol{G}(t,\tau)=\boldsymbol{C}(t)\boldsymbol{\Phi}(t,\tau)\boldsymbol{B}(\tau)+\boldsymbol{D}(t)\boldsymbol{\delta}(t-\tau)=$$

$$\begin{bmatrix}\sin t-\sin\tau\\1\end{bmatrix}+\begin{bmatrix}1\\1\end{bmatrix}\boldsymbol{\delta}(t-\tau)$$

(3) 线性时变系统的可控性及可控判据

**定义 3.4** 对连续时间线性时变系统(3.9)和指定初始时刻 $t_0 \in J$，如果存在一个时刻 $t_1 \in J, t_1 > t_0$，以及一个容许控制 $\boldsymbol{u}(t), t \in [t_0, t_1]$，使系统状态由 $x(t_0) = \boldsymbol{x}_0$ 转移到 $x(t_1) = 0$，则称非零状态 $\boldsymbol{x}_0$ 在时刻 $t_0$ 为可控；如果状态空间中所有非零状态在 $t_0 \in J$ 可控，则称系统(3.9)在时刻 $t_0$ 完全可控。

**定理 3.1** 对连续时间线性时变系统(3.9)，$\boldsymbol{\Phi}(\cdot, \cdot)$ 为状态转移矩阵，则系统在时刻 $t_0 \in J$ 完全可控的充分必要条件是，存在一个有限时刻 $t_1 \in J, t_1 > t_0$，使如下定义的格兰姆矩阵

$$\boldsymbol{W}_c(t_0, t_1) \triangleq \int_{t_0}^{t_1} \boldsymbol{\Phi}(t_0, t)\boldsymbol{B}(t)\boldsymbol{B}^{\mathrm{T}}(t)\boldsymbol{\Phi}^{\mathrm{T}}(t_0, t)\,\mathrm{d}t \tag{3.22}$$

为非奇异。

**证明** 充分性。已知 $\boldsymbol{W}_c(t_0, t_1)$ 非奇异，欲证系统完全可控。

采用构造性方法。由 $\boldsymbol{W}_c(t_0, t_1)$ 非奇异知，$\boldsymbol{W}_c^{-1}(t_0, t_1)$ 存在。于是，对任意非零初始状态 $\boldsymbol{x}_0$，都可以对应构造输入：

$$\boldsymbol{u}(t) = -\boldsymbol{B}^{\mathrm{T}}(t)\boldsymbol{\Phi}^{\mathrm{T}}(t_0, t)\boldsymbol{W}_c^{-1}(t_0, t_1)\boldsymbol{x}_0 \tag{3.23}$$

基于此，并利用状态运动表达式，可以导出

$$\begin{aligned} \boldsymbol{x}(t_1) &= \boldsymbol{\Phi}(t_1, t_0)\boldsymbol{x}_0 + \boldsymbol{\Phi}(t_1, t_0)\int_{t_0}^{t_1} \boldsymbol{\Phi}(t_0, \tau)\boldsymbol{B}(\tau)\boldsymbol{u}(\tau)\,\mathrm{d}\tau = \\ &\boldsymbol{\Phi}(t_1, t_0)\boldsymbol{x}_0 - \boldsymbol{\Phi}(t_1, t_0)\int_{t_0}^{t_1} \boldsymbol{\Phi}(t_0, \tau)\boldsymbol{B}(\tau)\boldsymbol{B}^{\mathrm{T}}(\tau)\boldsymbol{\Phi}^{\mathrm{T}}(t_0, \tau)\,\mathrm{d}\tau \boldsymbol{W}_c^{-1}(t_0, t_1)\boldsymbol{x}_0 = \\ &\boldsymbol{\Phi}(t_1, t_0)\boldsymbol{x}_0 - \boldsymbol{\Phi}(t_1, t_0)\boldsymbol{W}_c(t_0, t_1)\boldsymbol{W}_c^{-1}(t_0, t_1)\boldsymbol{x}_0 = 0 \end{aligned} \tag{3.24}$$

根据定义可知，系统完全可控。充分性得证。

必要性。已知系统完全可控，欲证 $\boldsymbol{W}_c(t_0, t_1)$ 非奇异。

采用反证法。反设 $\boldsymbol{W}_c(t_0, t_1)$ 奇异，即反设存在一个非零状态 $\boldsymbol{x}_0$ 使下式成立：

$$\begin{aligned} 0 = \boldsymbol{x}_0^{\mathrm{T}}\boldsymbol{W}_c(t_0, t_1)\boldsymbol{x}_0 &= \int_{t_0}^{t_1} \boldsymbol{x}_0^{\mathrm{T}}\boldsymbol{\Phi}(t_0, \tau)\boldsymbol{B}(\tau)\boldsymbol{B}^{\mathrm{T}}(\tau)\boldsymbol{\Phi}^{\mathrm{T}}(t_0, \tau)\boldsymbol{x}_0\,\mathrm{d}\tau = \\ &\int_{t_0}^{t_1} \| \boldsymbol{x}_0^{\mathrm{T}}\boldsymbol{\Phi}(t_0, \tau)\boldsymbol{B}(\tau) \|^2\,\mathrm{d}\tau \end{aligned} \tag{3.25}$$

基于此，可以导出

$$\boldsymbol{x}_0^{\mathrm{T}}\boldsymbol{\Phi}(t_0, \tau)\boldsymbol{B}(\tau) = 0 \tag{3.26}$$

另一方面，系统完全可控意味着，对状态 $\boldsymbol{x}_0$ 又可以得到

$$\boldsymbol{x}_0^{\mathrm{T}}\boldsymbol{x}_0 = -\int_{t_0}^{t_1} [\boldsymbol{x}_0^{\mathrm{T}}\boldsymbol{\Phi}(t_0, \tau)\boldsymbol{B}(\tau)]\,u(\tau)\,\mathrm{d}\tau = 0 \tag{3.27}$$

即有 $\boldsymbol{x}_0 = \boldsymbol{0}$。这表明，反设与已知条件矛盾。反设不成立，即 $\boldsymbol{W}_c(t_0, t_1)$ 非奇异。必要性得证。证毕。

尽管可控性格兰姆矩阵判据的形式简单，但由于时变系统状态转移矩阵求解上的困难，使在具体判别中的应用受到限制。所以，上述定理给出的意义主要在于理论分析中的应用。

**定理 3.2** 对 $n$ 维连续时间时变系统(3.9)，设 $\boldsymbol{A}(t)$ 和 $\boldsymbol{B}(t)$ 对 $t$ 为 $(n-1)$ 阶连续可微，再定义如下一组矩阵

$$\begin{aligned} \boldsymbol{M}_0(t) &= \boldsymbol{B}(t) \\ \boldsymbol{M}_1(t) &= -\boldsymbol{A}(t)\boldsymbol{M}_0(t) + \frac{\mathrm{d}}{\mathrm{d}t}\boldsymbol{M}_0(t) \\ \boldsymbol{M}_2(t) &= -\boldsymbol{A}(t)\boldsymbol{M}_1(t) + \frac{\mathrm{d}}{\mathrm{d}t}\boldsymbol{M}_1(t) \\ &\vdots \\ \boldsymbol{M}_{n-1}(t) &= -\boldsymbol{A}(t)\boldsymbol{M}_{n-2}(t) + \frac{\mathrm{d}}{\mathrm{d}t}\boldsymbol{M}_{n-2}(t) \end{aligned} \tag{3.28}$$

则系统在时刻 $t_0 \in J$ 完全可控的一个充分条件为，存在一个有限时刻 $t_1 \in J, t_1 > t_0$，使有

$$\operatorname{rank}[\boldsymbol{M}_0(t_1), \boldsymbol{M}_1(t_1), \cdots, \boldsymbol{M}_{n-1}(t_1)] = n \tag{3.29}$$

**证明**　为使证明思路更为清晰，分成如下 4 步进行证明

（Ⅰ）推证一个关系式。考虑到 $\boldsymbol{\Phi}(t_0,t_1)\boldsymbol{B}(t_1) = \boldsymbol{\Phi}(t_0,t_1)\boldsymbol{M}_0(t_1)$，并记

$$\frac{\partial}{\partial t_1}[\boldsymbol{\Phi}(t_0,t_1)\boldsymbol{B}(t_1)] = \left[\frac{\partial}{\partial t}(\boldsymbol{\Phi}(t_0,t)\boldsymbol{B}(t))\right]_{t=t_1} \tag{3.30}$$

可以得到

$$\left[\boldsymbol{\Phi}(t_0,t_1)\boldsymbol{B}(t_1), \frac{\partial}{\partial t_1}\boldsymbol{\Phi}(t_0,t_1)\boldsymbol{B}(t_1), \cdots, \frac{\partial^{n-1}}{\partial t_1^{n-1}}\boldsymbol{\Phi}(t_0,t_1)\boldsymbol{B}(t_1)\right] = \boldsymbol{\Phi}(t_0,t_1)[\boldsymbol{M}_0(t_1), \boldsymbol{M}_1(t_1), \cdots, \boldsymbol{M}_{n-1}(t_1)] \tag{3.31}$$

再由 $\boldsymbol{\Phi}(t_0,t_1)$ 非奇异，并利用式(3.29) 和式(3.31)，则可得到

$$\operatorname{rank}\left[\boldsymbol{\Phi}(t_0,t_1)\boldsymbol{B}(t_1), \frac{\partial}{\partial t_1}\boldsymbol{\Phi}(t_0,t_1)\boldsymbol{B}(t_1), \cdots, \frac{\partial^{n-1}}{\partial t_1^{n-1}}\boldsymbol{\Phi}(t_0,t_1)\boldsymbol{B}(t_1)\right] = n \tag{3.32}$$

（Ⅱ）对 $t_1 > t_0$，证明 $\boldsymbol{\Phi}(t_0,t)\boldsymbol{B}(t)$ 在 $[t_0,t_1]$ 上行线性无关。采用反证法。反设式(3.32) 成立，但是 $\boldsymbol{\Phi}(t_0,t)\boldsymbol{B}(t)$ 行线性相关，则存在 $1\times n$ 非零常向量 $\boldsymbol{\alpha}$ 使对所有 $t \in [t_0,t_1]$，下式成立：

$$\boldsymbol{\alpha}\boldsymbol{\Phi}(t_0,t)\boldsymbol{B}(t) = 0 \tag{3.33}$$

基于此，对所有 $t \in [t_0,t_1]$ 和 $k = 1,2,\cdots,n-1$，又有

$$\boldsymbol{\alpha}\frac{\partial^k}{\partial t^k}\boldsymbol{\Phi}(t_0,t)\boldsymbol{B}(t) = 0 \tag{3.34}$$

从而对所有 $t \in [t_0,t_1]$ 下式成立：

$$\boldsymbol{\alpha}\left[\boldsymbol{\Phi}(t_0,t_1)\boldsymbol{B}(t_1), \frac{\partial}{\partial t}\boldsymbol{\Phi}(t_0,t_1)\boldsymbol{B}(t_1), \cdots, \frac{\partial^{n-1}}{\partial t^{n-1}}\boldsymbol{\Phi}(t_0,t_1)\boldsymbol{B}(t_1)\right] = 0 \tag{3.35}$$

这意味着，对于所有 $t \in [t_0,t_1]$

$$\left[\boldsymbol{\Phi}(t_0,t_1)\boldsymbol{B}(t_1), \frac{\partial}{\partial t}\boldsymbol{\Phi}(t_0,t_1)\boldsymbol{B}(t_1), \cdots, \frac{\partial^{n-1}}{\partial t^{n-1}}\boldsymbol{\Phi}(t_0,t_1)\boldsymbol{B}(t_1)\right] \tag{3.36}$$

行线性相关。这和(I) 得出的结论矛盾。因而反设不成立，$\boldsymbol{\Phi}(t_0,t)\boldsymbol{B}(t)$ 对所有 $t \in [t_0,t_1]$ 行线性无关。

（Ⅲ）证明 $\boldsymbol{W}_c[t_0,t_1]$ 非奇异。采用反证法。反设 $\boldsymbol{W}_c[t_0,t_1]$ 奇异，则存在一个 $1\times n$ 的非零常向量 $\boldsymbol{\alpha}$，使得下式成立：

$$0 = \boldsymbol{\alpha}\boldsymbol{W}_c[t_0,t_1]\boldsymbol{\alpha}^{\mathrm{T}} = \int_{t_0}^{t_1}[\boldsymbol{\alpha}\boldsymbol{\Phi}(t_0,t)\boldsymbol{B}(t)][\boldsymbol{\alpha}\boldsymbol{\Phi}(t_0,t)\boldsymbol{B}(t)]^{\mathrm{T}}\mathrm{d}t = \int_{t_0}^{t_1}\|\boldsymbol{\alpha}\boldsymbol{\Phi}(t_0,t)\boldsymbol{B}(t)\|^2\mathrm{d}t \tag{3.37}$$

上述积分中被积函数为连续函数，且其对所有 $t \in [t_0, t_1]$ 为非负，由此又可以导出

$$\alpha \boldsymbol{\Phi}(t_0, t) \boldsymbol{B}(t) = 0, \quad t \in [t_0, t_1] \tag{3.38}$$

这和已知 $\boldsymbol{\Phi}(t_0, t)\boldsymbol{B}(t)$ 行线性无关相矛盾。因而反设不成立，即 $\boldsymbol{W}_c[t_0, t_1]$ 非奇异。

（Ⅳ）证明结论。由存在 $t_1 \in J, t_1 > t_0$，使 $\boldsymbol{W}_c[t_0, t_1]$ 非奇异，据格兰姆矩阵判据可知，系统在时刻 $t_0$ 完全可控。证明完成。

定理给出的可控性判据也称线性时变系统的秩判据，其特点是直接利用系数矩阵判别系统可控性，避免计算状态转移矩阵，运算过程简便，在具体判别中得到广泛应用。但秩判据只是充分性判据，其不足在于，如果判据条件不满足，不能由此导出系统不完全可控的结论。

**定义 3.5** 若记

$$\Delta_c = -\boldsymbol{A}(t) + \delta \tag{3.39}$$

其中 $\delta = \mathrm{d}/\mathrm{d}t$，则式(3.29)可改写成

$$\operatorname{rank} \boldsymbol{Q}_c(t) = \operatorname{rank}[\boldsymbol{B}(t_1), \Delta_c \boldsymbol{B}(t_1), \cdots, \Delta_c^{n-1} \boldsymbol{B}(t_1)] \tag{3.40}$$

称 $\Delta_c$ 为连续时间线性时变系统(3.9)的向量多项式微分算子(Vector Polynomial Differential Operator, VPDO)，称 $\boldsymbol{Q}_c(t)$ 为连续时间线性时变系统(3.9)的可控性矩阵。

**定义 3.6** 称连续时间线性时变系统(3.9)为一致完全可控，如果该系统对任意初始时刻 $t_0 \in J$ 均为完全可控，即系统的可控性与初始 $t_0$ 的选取无关。

根据定义 3.6，不加证明地给出如下定理。

**定理 3.3** 若连续时间线性时变系统(3.9)的可控性矩阵 $\boldsymbol{Q}_c(t)$ 在任意 $t \in J$ 上都有 $\operatorname{rank} \boldsymbol{Q}_c(t) = n$ 成立，则连续时间线性时变系统(3.9)为一致完全可控。

**例 3.2** 设有系统

$$\begin{bmatrix} \dot{x}_1 \\ \dot{x}_2 \end{bmatrix} = \begin{bmatrix} t & 1 \\ 0 & t \end{bmatrix} \begin{bmatrix} x_1 \\ x_2 \end{bmatrix} + \begin{bmatrix} 0 \\ 1 \end{bmatrix} u$$

根据式(3.29)有

$$\boldsymbol{M}_0(t) = \begin{bmatrix} 0 \\ 1 \end{bmatrix}$$

$$\boldsymbol{M}_1(t) = -\boldsymbol{A}(t)\boldsymbol{M}_0(t) + \frac{\mathrm{d}}{\mathrm{d}t}\boldsymbol{M}_0(t) = \begin{bmatrix} -1 \\ -t \end{bmatrix}$$

由此可知，矩阵

$$[\boldsymbol{M}_0(t), \boldsymbol{M}_1(t)] = \begin{bmatrix} 0 & -1 \\ 1 & -t \end{bmatrix}$$

对任何 $t$ 均满秩，故系统是一致完全可控的。

(4) 线性时变系统的等价性

**定义 3.7** 考虑如下线性变换

$$\boldsymbol{z}(t) = \boldsymbol{T}(t)\boldsymbol{x}(t) \tag{3.41}$$

其中 $\boldsymbol{T}(t)$ 为 $n \times n$ 可微矩阵函数。称线性变换为李亚普诺夫变换(Lyapunov Transformation)，如果 $\boldsymbol{T}(t)$ 满足下述条件：

(1) 对于所有 $t \geqslant t_0$，$\boldsymbol{T}(t)$ 及 $\dot{\boldsymbol{T}}(t)$ 连续并有界；

(2) 对于 $\varepsilon > 0$ 及所有 $t \geqslant t_0$，$\varepsilon < |\det \boldsymbol{T}(t)|$

系统 $\Sigma_x$ 经 $\boldsymbol{T}(t)$ 变化后化为如下线性时变系统 $\Sigma_z$：

$$\dot{\boldsymbol{z}}=\bar{\boldsymbol{A}}(t)\boldsymbol{z}+\bar{\boldsymbol{B}}(t)\boldsymbol{u} \tag{3.42}$$

$$\bar{\boldsymbol{y}}=\bar{\boldsymbol{C}}(t)\boldsymbol{z}+\bar{\boldsymbol{D}}(t)\boldsymbol{u} \tag{3.43}$$

其中

$$\begin{aligned}\bar{\boldsymbol{A}}(t)&=\boldsymbol{T}(t)\boldsymbol{A}(t)\boldsymbol{T}^{-1}(t)+\dot{\boldsymbol{T}}(t)\boldsymbol{T}^{-1}(t)\\ \bar{\boldsymbol{B}}(t)&=\boldsymbol{T}(t)\boldsymbol{B}(t)\\ \bar{\boldsymbol{C}}(t)&=\boldsymbol{C}(t)\boldsymbol{T}^{-1}(t)\\ \bar{\boldsymbol{D}}(t)&=\boldsymbol{D}(t)\end{aligned}$$

**定理 3.4**　对于线性时变系统 $\Sigma_x$ 和 $\Sigma_z$，它们的格兰姆矩阵的秩相等，即有

$$\operatorname{rank}\boldsymbol{W}_c(t_0,t_1)=\operatorname{rank}\bar{\boldsymbol{W}}_c(t_0,t_1) \tag{3.44}$$

**证明**　根据式(3.12)可知，系统(3.9)的基本解阵为 $\boldsymbol{\Psi}(t)$。现考虑 $\bar{\boldsymbol{\Psi}}(t)=\boldsymbol{T}(t)\boldsymbol{\Psi}(t)$，则有

$$\begin{aligned}\dot{\bar{\boldsymbol{\Psi}}}(t)=\frac{\mathrm{d}}{\mathrm{d}t}[\boldsymbol{T}(t)\boldsymbol{\Psi}(t)]=\dot{\boldsymbol{T}}(t)\boldsymbol{\Psi}(t)+\boldsymbol{T}(t)\dot{\boldsymbol{\Psi}}(t)=\\ [\dot{\boldsymbol{T}}(t)+\boldsymbol{T}(t)\boldsymbol{A}(t)]\boldsymbol{\Psi}(t)=\\ [\dot{\boldsymbol{T}}(t)+\boldsymbol{T}(t)\boldsymbol{A}(t)]\boldsymbol{T}^{-1}(t)\boldsymbol{T}(t)\boldsymbol{\Psi}(t)=\\ [\dot{\boldsymbol{T}}(t)\boldsymbol{T}^{-1}(t)+\boldsymbol{T}(t)\boldsymbol{A}(t)\boldsymbol{T}^{-1}(t)]\bar{\boldsymbol{\Psi}}(t)=\\ \bar{\boldsymbol{A}}(t)\bar{\boldsymbol{\Psi}}(t)\end{aligned} \tag{3.45}$$

由于 $\boldsymbol{T}(t)$ 非奇异，因而 $\bar{\boldsymbol{\Psi}}(t)$ 为系统(3.42)的基本解阵。由此可知系统(3.42)的状态转移矩阵 $\boldsymbol{\Phi}(t_0,t)$ 满足

$$\bar{\boldsymbol{\Phi}}(t_0,t)=\boldsymbol{T}(t)\boldsymbol{\Phi}(t_0,t)\boldsymbol{T}^{-1}(t_0) \tag{3.46}$$

再根据格兰姆矩阵定义，可以写出系统(3.42)的格兰姆矩阵为

$$\begin{aligned}\bar{\boldsymbol{W}}_c(t_0,t_1)=\int_{t_0}^{t_1}\bar{\boldsymbol{\Phi}}(t_0,t)\bar{\boldsymbol{B}}(t)\bar{\boldsymbol{B}}^{\mathrm{T}}(t)\bar{\boldsymbol{\Phi}}^{\mathrm{T}}(t_0,t)\mathrm{d}t=\\ \int_{t_0}^{t_1}\boldsymbol{T}(t_0)\boldsymbol{\Phi}(t_0,t)\boldsymbol{B}(t)\boldsymbol{B}^{\mathrm{T}}(t)\boldsymbol{\Phi}^{\mathrm{T}}(t_0,t)\boldsymbol{T}^{\mathrm{T}}(t_0)\mathrm{d}t=\\ \boldsymbol{T}(t_0)\int_{t_0}^{t_1}\boldsymbol{\Phi}(t_0,t)\boldsymbol{B}(t)\boldsymbol{B}^{\mathrm{T}}(t)\boldsymbol{\Phi}^{\mathrm{T}}(t_0,t)\mathrm{d}t\boldsymbol{T}^{\mathrm{T}}(t_0)=\\ \boldsymbol{T}(t_0)\boldsymbol{W}_c(t_0,t_1)\boldsymbol{T}^{\mathrm{T}}(t_0)\end{aligned} \tag{3.47}$$

因而有 $\operatorname{rank}\boldsymbol{W}_c(t_0,t_1)=\operatorname{rank}\bar{\boldsymbol{W}}_c(t_0,t_1)$ 成立。

本定理表明对线性时变系统做非奇异性线性变换，不改变线性时变系统的可控性，这也为利用非奇异线性变换进行系统分析与设计带来便利。

2. 微分代数谱理论基础

线性时变系统稳定性理论是线性系统理论研究中的重要部分，但由于线性时变系统要比线性时不变系统(Linear Time－Invariant, LTI)复杂得多，所以相关的研究成果远没有 LTI 系统丰富。一直以来，研究者致力于将LTI系统分析和综合中的常用概念，如零点、极点、特征值、极点配置等在LTV系统中推广，本小节将介绍一种基于Floquet的微分算子因式分解思想(Differential Operator Factorization)和 Lyapunov 谱理论(Lyapunov Spectral Theory)逐步建立起来的线性时变系统微分代数谱理论。

考虑如下 $n$ 阶标量线性时变微分方程

$$y^{(n)}+\alpha_n(t)y^{(n-1)}+\cdots+\alpha_2(t)\dot{y}+\alpha_1(t)y=0 \tag{3.48}$$

其中初始条件满足

$$y^{(k)}(t_0)=y_{k0},\quad k=0,1,\cdots,n$$

若定义如下标量多项式微分算子(Scalar Polynomial Differential Operator，SPDO)

$$D_\alpha=\delta^n+\alpha_n(t)\delta^{n-1}+\cdots+\alpha_2(t)\delta+\alpha_1(t) \tag{3.49}$$

其中 $\delta=\mathrm{d}/\mathrm{d}t$ 为微分算子，则式(3.48)可简记为 $D_\alpha\{y\}=0$。

根据 Floquet 提出的微分算子因式分解思想，可将 SPDO 分解为如下形式

$$D_\alpha=(\delta-\lambda_n(t))\cdots(\delta-\lambda_2(t))(\delta-\lambda_1(t)) \tag{3.50}$$

值得注意的是，虽然式(3.50)在形式上与线性时不变系统特征方程因式分解的形式极其相似，但由于式(3.50)不满足交换律，因而 $\lambda_1(t)$ 至 $\lambda_n(t)$ 在式中的出现顺序固定，这也是 SPDO 与线性时不变系统特征方程的最大不同。

下面以二阶 SPDO 为例引出微分代数谱理论中的一些重要概念。考虑如下二阶 SPDO

$$D_\alpha=\delta^2+\alpha_2(t)\delta+\alpha_1(t) \tag{3.51}$$

记 $\lambda_1(t)$，$\lambda_2(t)$ 为满足式(3.50)的标量函数，则有

$$\begin{aligned}D_\alpha&=(\delta-\lambda_2(t))(\delta-\lambda_1(t))=\\&\delta^2-\lambda_2(t)\delta-(\delta\lambda_1(t))+\lambda_2(t)\lambda_1(t)=\\&\delta^2-\lambda_2(t)\delta-(\dot{\lambda}_1(t)+\lambda_1(t)\delta)+\lambda_2(t)\lambda_1(t)=\\&\delta^2-(\lambda_1(t)+\lambda_2(t))\delta+(\lambda_2(t)\lambda_1(t)-\dot{\lambda}_1(t))\end{aligned} \tag{3.52}$$

对比式(3.51)和(3.52)可得

$$\alpha_1(t)=-\dot{\lambda}_1(t)+\lambda_2(t)\lambda_1(t) \tag{3.53}$$

$$\alpha_2(t)=-(\lambda_1(t)+\lambda_2(t)) \tag{3.54}$$

将式(3.54)代入式(3.53)并整理，可得

$$\Delta_1(\lambda_1(t))\triangleq\dot{\lambda}_1(t)+\lambda_1^2(t)+\alpha_2(t)\lambda_1(t)+\alpha_1(t)=0 \tag{3.55}$$

$$\Delta_2(\lambda_1(t),\lambda_2(t))\triangleq\alpha_2(t)+\lambda_1(t)+\lambda_2(t)=0 \tag{3.56}$$

对于式(3.55)表示的方程，若存在两个相互无关的解，则记该非线性微分方程的解为 $\lambda_{11}(t)$，$\lambda_{12}(t)$。当上述分析过程推广至 $n$ 阶系统时，可以给出如下定义：

**定义 3.8**　称满足式(3.50)的标量函数 $\lambda_k(t)$，$k=1,\cdots,n$ 为 $D_\alpha$ 的 SD 特征值(Series D－Eigenvalue)；称集合 $\{\lambda_k(t)\}_{k=1}^{n}$ 为 $D_\alpha$ 的 SD 谱(Series D－Spectrum)；称方程组 $\Delta_i(\lambda_1(t),\lambda_2(t),\cdots,\lambda_i(t))=0$，$i=1,\cdots,n$ 为 $D_\alpha$ 的 SD 特征方程组；称第一个 SD 特征方程 $\Delta_1(\cdot)=0$ 为 $D_\alpha$ 的 PD 特征方程(Parallel D－Characteristic Equation)；称 PD 特征方程的 $n$ 个特解为 $D_\alpha$ 的 PD 特征值；称 $n$ 维参数向量族 $\{\rho_k(t)=\lambda_{1,k}(t)\}_{k=1}^{n}$ 为 $D_\alpha$ 的 PD 谱(Parallel D－Spectrum)。

**定义 3.9**　令 $\boldsymbol{A}_c(t)$ 表示 $D_\alpha$ 的伴随矩阵

$$\boldsymbol{A}_c(t)=\begin{bmatrix}0&1&0&\cdots&0\\0&0&1&\cdots&0\\\vdots&\vdots&\vdots&&\vdots\\0&0&0&\cdots&1\\-\alpha_1(t)&-\alpha_2(t)&-\alpha_3(t)&\cdots&-\alpha_n(t)\end{bmatrix} \tag{3.57}$$

则称矩阵

$$\boldsymbol{\Gamma}(t)=\begin{bmatrix}\lambda_1(t) & 1 & 0 & \cdots & 0 & 0\\ 0 & \lambda_2(t) & 1 & \cdots & 0 & 0\\ \vdots & \vdots & \vdots & & \vdots & \vdots\\ 0 & 0 & 0 & \cdots & \lambda_{n-1}(t) & 1\\ 0 & 0 & 0 & \cdots & 0 & \lambda_n(t)\end{bmatrix} \tag{3.58}$$

为 $D_a$ 和 $\boldsymbol{A}_c(t)$ 的串行谱标准型(Series Spectral Canonical Form)。称对角矩阵

$$\boldsymbol{\Upsilon}(t)=\mathrm{diag}\{\rho_1(t),\rho_2(t),\cdots,\rho_n(t)\} \tag{3.59}$$

为 $D_a$ 和 $\boldsymbol{A}_c(t)$ 的并行谱标准型(Parallel Spectral Canonical Form)。

**定义 3.10** 令 $\{y_i\}_{i=1}^n$ 表示 $D_a\{y\}=0$ 的任意基本解集,那么关于 $\{y_i\}_{i=1}^n$ 的 Wronskian 矩阵定义为

$$\boldsymbol{W}(t)=\begin{bmatrix}y_1(t) & y_2(t) & \cdots & y_n(t)\\ \dot{y}_1(t) & \dot{y}_2(t) & \cdots & \dot{y}_n(t)\\ \vdots & \vdots & & \vdots\\ y_1^{(n-1)}(t) & y_2^{(n-1)}(t) & \cdots & y_n^{(n-1)}(t)\end{bmatrix} \tag{3.60}$$

记对角阵

$$\boldsymbol{D}(t)=\mathrm{diag}\{y_1(t),y_2(t),\cdots,y_n(t)\} \tag{3.61}$$

则有

$$\boldsymbol{W}\boldsymbol{D}^{-1}=\boldsymbol{V}(\rho_1,\rho_2,\cdots,\rho_n)=\begin{bmatrix}1 & 1 & \cdots & 1\\ D_{\rho_1}\{1\} & D_{\rho_2}\{1\} & \cdots & D_{\rho_n}\{1\}\\ \vdots & \vdots & & \vdots\\ D_{\rho_1}^{n-1}\{1\} & D_{\rho_2}^{n-1}\{1\} & \cdots & D_{\rho_n}^{n-1}\{1\}\end{bmatrix} \tag{3.62}$$

其中 $D_{\rho_i}=(\delta+\rho_i)$,$D_{\rho_i}^k=D_{\rho_i}D_{\rho_i}^{k-1}$,$k=1,\cdots,n$,称矩阵 $\boldsymbol{V}(t)$ 为 $D_a$ 的标准形态矩阵(Modal Canonical Matrix)。$\boldsymbol{V}(t)$ 的列向量 $\boldsymbol{v}_i(t)$,$i=1,\cdots,n$ 满足

$$\boldsymbol{A}_c(t)\boldsymbol{v}_i(t)-\rho_i(t)\boldsymbol{v}_i(t)=\dot{\boldsymbol{v}}_i(t) \tag{3.63}$$

$\boldsymbol{U}(t)=\boldsymbol{V}^{-1}(t)$ 的行向量 $\boldsymbol{u}_i^{\mathrm{T}}(t)$ 满足

$$\boldsymbol{u}_i^{\mathrm{T}}(t)\boldsymbol{A}_c(t)-\rho_i(t)\boldsymbol{u}_i(t)=\dot{\boldsymbol{u}}_i(t) \tag{3.64}$$

因此,$\boldsymbol{v}_i(t)$ 和 $\boldsymbol{u}_i^{\mathrm{T}}(t)$ 分别被称为 $D_a$ 关于 $\rho_i(t)$ 的列 PD 特征向量和行 PD 特征向量。

**定义 3.11** 如果式(3.49)中所有系数 $\alpha_i(t)$,$i=1,\cdots,n$ 在除可数的有限不连续点之外均具有任意阶导数,则称 $D_a$ 为严格定义(Well-defined)的 SPDO;如果 $\{\rho_k(t)\}_{k=1}^n$ 无有限时间奇异性,则称 $\{\rho_k(t)\}_{k=1}^n$ 为严格定义的 PD 谱。

**定义 3.12** 令 $\sigma(t):J\to\mathbf{R}$ 在 $J=[t_0,\infty)$ 上局部可积,则在 $J$ 上 $\sigma$ 的广义均值(Extended Mean)定义为

$$\mathrm{em}\{\sigma(t)\}\triangleq\limsup_{T\to\infty}\frac{1}{T}\int_{t_0}^{t_0+T}\sigma(t)\mathrm{d}t \tag{3.65}$$

**定理 3.5** 对于严格定义的标量多项式微分算子 $D_a$ 和在 $J=[T_0,\infty)$ 上具有严格定义性质的 PD 谱 $\{\rho_k(t)\}_{k=1}^n$。令 $\boldsymbol{v}_k(t)$,$\boldsymbol{u}_k^{\mathrm{T}}(t)$ 分别表示与 $\rho_k(t)$ 相关的列 PD 特征向量和行 PD 特征向量,那么线性时变系统 $D_a\{y\}=0$ 的零解对所有的 $t_0\geqslant T_0$ 一致渐进稳定,当且仅当

(1) 存在 $0 < c_k \leqslant \infty$ 使得

$$\operatorname*{em}_{t\in I}(\operatorname{Re}\rho_k(t)) = -c_k < 0 \tag{3.66}$$

(2) 存在 $h_k > 0$ 及 $0 < d_k < c_k$ 对所有的 $t \geqslant t_0 \geqslant T_0$ 都有

$$\| \boldsymbol{v}_k(t)\boldsymbol{u}_k^{\mathrm{T}}(t_0) \| < h_k \mathrm{e}^{d_k(t-t_0)} \tag{3.67}$$

证明该定理需要用到如下三个引理,首先不加证明地给出引理 3.1。

**引理 3.1** 令 $D_a$ 为 $J=[T_0,\infty)$ 上严格定义的 $n$ 阶标量多项式微分算子,$\boldsymbol{W}(t)$ 为相应的 Wronskian 矩阵。则 $D_a\{y\}=0$ 的零解在 $J$ 上一致渐进稳定等价于 $D_a\{y\}=0$ 的零解在 $J$ 上指数稳定,即对于所有的 $t \geqslant t_0 \geqslant T_0$,存在 $b=b(T_0)>0, a=a(T_0)>0$ 使得不等式 $\| \boldsymbol{W}(t)\boldsymbol{W}^{-1}(t_0) \| \leqslant b\mathrm{e}^{a(t-t_0)}$ 成立。

**引理 3.2** 令 $\rho(t)$ 为 $J=[T_0,\infty)$ 上局部可积的复数函数,记为

$$\rho(t) = \sigma(t) + \mathrm{j}\omega(t), \quad \sigma(t),\omega(t) \in \mathbf{R} \tag{3.68}$$

则

$$\operatorname*{em}_{t\in I}\{\sigma(t)\} = c, \quad -\infty \leqslant c < \infty \tag{3.69}$$

当且仅当存在 $b>0, a>c$ 使得下式成立

$$\left| \mathrm{e}^{\int_{t_0}^{t}\rho(\tau)\mathrm{d}\tau} \right| < b\mathrm{e}^{a(t-t_0)}, \quad t \geqslant t_0 \geqslant T_0 \tag{3.70}$$

**证明** 充分性。根据不等式(3.70),有

$$\left| \mathrm{e}^{\int_{t_0}^{t}\rho(\tau)\mathrm{d}\tau} \right| = \mathrm{e}^{\int_{t_0}^{t}\sigma(\tau)\mathrm{d}\tau} < b\mathrm{e}^{a(t-t_0)}, \quad t \geqslant t_0 \geqslant T_0 \tag{3.71}$$

对上式两边取对数,可得

$$\int_{t_0}^{t}\sigma(\tau)\mathrm{d}\tau < a(t-t_0) + \ln b, \quad t \geqslant t_0 \geqslant T_0 \tag{3.72}$$

则特别的

$$\operatorname*{em}_{t\in J}\{\sigma(t)\} = \limsup_{T\to\infty}\frac{1}{T}\int_{t_0}^{t_0+T}\sigma(\tau)\mathrm{d}\tau = c < a \tag{3.73}$$

必要性。根据式(3.69),任取 $\varepsilon>0$,可以找到 $T_1>0$ 使得

$$\int_{t_0}^{t_0+T}\sigma(\tau)\mathrm{d}\tau < aT, \quad T \geqslant T_1, t_0 \geqslant T_0 \tag{3.74}$$

成立,其中 $a=c+\varepsilon$。令

$$b = \max_{0\leqslant T\leqslant T_1}\mathrm{e}^{\int_{T_0}^{T_0+T}\sigma(\tau)\mathrm{d}\tau} \tag{3.75}$$

则

$$\left| \mathrm{e}^{\int_{t_0}^{t}\rho(\tau)\mathrm{d}\tau} \right| = \mathrm{e}^{\int_{t_0}^{t}\sigma(\tau)\mathrm{d}\tau} < b\mathrm{e}^{a(t-t_0)}, \quad t \geqslant t_0 \geqslant T_0 \tag{3.76}$$

证毕。

**引理 3.3** 令 $D_a$ 表示 $n$ 阶严格定义的 SPDO,$\{\rho_k(t)\}_{k=1}^{n}$ 为严格定义的 PD 谱。再令 $\boldsymbol{v}_k(t)$、$\boldsymbol{u}_k^{\mathrm{T}}(t)$ 分别表示与 $\rho_k(t)$ 相关的列 PD 特征向量和行 PD 特征向量。定义矩阵

$$\boldsymbol{V}(t) = [\boldsymbol{v}_1(t), \boldsymbol{v}_2(t), \cdots, \boldsymbol{v}_n(t)] \tag{3.77}$$

$$\boldsymbol{U}(t) = [\boldsymbol{u}_1(t), \boldsymbol{u}_2(t), \cdots, \boldsymbol{u}_n(t)] \tag{3.78}$$

则对于任意给定的 $D_a$ 的 Wronskian 矩阵 $\boldsymbol{W}(t)$,存在常数 $r_k, k=1,2,\cdots,n$ 使得式

$$W(t)W^{-1}(t_0)=V(t)Y(t,t_0)U(t_0) \tag{3.79}$$

成立，其中

$$Y(t,t_0)=\operatorname{diag}[r_1y_1(t,t_0),r_2y_2(t,t_0),\cdots,r_ny_n(t,t_0)]$$

$$y_k(t,t_0)=e^{\int_{t_0}^{t}\rho_k(\tau)d\tau}\neq 0,\quad t\geqslant t_0\geqslant T_0$$

**证明**　令 $W(t)$ 表示 $D_a$ 的 Wronskian 矩阵，取

$$Y(t,t_1)=\operatorname{diag}[e^{\int_{t_1}^{t}\rho_1(\tau)d\tau},e^{\int_{t_1}^{t}\rho_2(\tau)d\tau},\cdots,e^{\int_{t_1}^{t}\rho_n(\tau)d\tau}] \tag{3.80}$$

其中 $t_1$ 任选。则

$$\widetilde{V}(t)=W(t)Y^{-1}(t) \tag{3.81}$$

为 $D_a$ 的一个标准模态矩阵，它的第 $k$ 列向量 $\widetilde{v}_k(t)$ 为关于 $\rho_k(t)$ 的列 PD 特征向量。记 $\widetilde{V}(t)$ 的逆为 $\widetilde{U}(t)=\widetilde{V}^{-1}(t)$，则 $\widetilde{U}(t)$ 的第 $k$ 行向量 $\widetilde{u}_k^{T}(t)$ 为关于 $\rho_k(t)$ 的行 PD 特征向量。由于任一 PD 特征向量均可张成一维向量空间，则对于给定的列 PD 特征向量可以改写成 $v_k(t)=p_k\widetilde{v}_k(t)$，对于给定的行 PD 特征向量可改写成 $u_k(t)=q_k\widetilde{u}_k(t)$，其中 $p_k,q_k$ 为常数。取 $r_k=(p_kq_k)^{-1}$，则有上述引理成立。

基于上述引理，现证定理 3.5 如下：

充分性。考虑式(3.66) 和式(3.67) 成立。令 $V(t),U(t)$ 及 $Y(t,t_0)$ 如引理 3.3 中定义。根据引理 3.2 和引理 3.3，存在常数 $r_k,b_k>0,0<d_k<a_k<c_k$，使得

$$\begin{aligned}\|W(t)W^{-1}(t_0)\| &= \|V(t)Y(t,t_0)U(t_0)\| = \\ &\left\|\sum_{k=1}^{n}v_k(t)r_ke^{\int_{t_0}^{t}\rho_k(\tau)d\tau}u_k^{T}(t_0)\right\|\leqslant \\ &\sum_{k=1}^{n}\|v_k(t)u_k^{T}(t_0)\|\left|r_ke^{\int_{t_0}^{t}\rho_k(\tau)d\tau}\right|\leqslant \\ &\sum_{k=1}^{n}h_ke^{d_k(t-t_0)}|r_k|b_ke^{-a_k(t-t_0)}= \\ &\sum_{k=1}^{n}h_k|r_k|b_ke^{-(a_k-d_k)(t-t_0)}\leqslant \\ &be^{-a(t-t_0)},\quad t\geqslant t_0\geqslant T_0\end{aligned} \tag{3.82}$$

成立，其中 $a=\min|d_k-a_k|$，$b=\sum_{k=1}^{n}h_k|r_k|b_k$。根据引理 3.1，$D_a\{y\}=0$ 的零解在 $I$ 上一致渐进稳定。

必要性。假设 $D_a\{y\}=0$ 的零解在 $J=[t_0,\infty)$ 上一致渐进稳定。令 $\{\rho_k(t)\}_{k=1}^{n}$ 为 $D_a$ 的严格定义的 PD 谱，$W(t)=W(y_1(t),y_2(t),\cdots,y_n(t))$ 表示相应的 Wronskian 矩阵，其中

$$y_k(t,t_0)=e^{\int_{t_0}^{t}\rho_k(\tau)d\tau},\quad t\geqslant t_0\geqslant T_0 \tag{3.83}$$

再令相应的标准形态矩阵 $V(t)=V(\rho_1(t),\rho_2(t),\cdots,\rho_n(t))$，并令 $U(t)=V^{-1}(t)$，则 $V(t)$ 的第 $k$ 个列向量 $v_k(t)$ 及 $U(t)$ 的第 $k$ 个行向量 $u_k^{T}(t)$ 分别为关于 $\rho_k(t)$ 的线性无关的列 PD 特征向量和行 PD 特征向量。根据引理 3.1 可得

$$\|W(t)W^{-1}(t_0)\| = \left\|\sum_{k=1}^{n}v_k(t)e^{\int_{t_0}^{t}\rho_k(\tau)d\tau}u_k^{T}(t_0)\right\|\leqslant$$

$$be^{-a(t-t_0)}, \quad t \geqslant t_0 \geqslant T_0 \tag{3.84}$$

其中 $a,b>0$。既然 $\{y_k(t,t_0)\}_{k=1}^{n}$，$\{\boldsymbol{v}_k(t)\}_{k=1}^{n}$，$\{\boldsymbol{u}_k^{\mathrm{T}}(t)\}_{k=1}^{n}$ 均为线性无关的集合，那么对于任意 $k=1,2,\cdots,n$ 有不等式

$$|y_k(t,t_0)| = |e^{\int_{t_0}^{t}\rho_k(\tau)d\tau}| = e^{\int_{t_0}^{t}\mathrm{Re}\rho_k(\tau)d\tau} \leqslant r_k e^{-a_k(t-t_0)}, \quad t \geqslant t_0 \geqslant T_0 \tag{3.85}$$

成立，其中 $r_k>0$，$a_k \geqslant a > 0$。同时有不等式

$$\| \boldsymbol{v}_k(t)\boldsymbol{u}_k^{\mathrm{T}}(t_0) \| e^{\int_{t_0}^{t}\mathrm{Re}\rho_k(\tau)d\tau} \leqslant be^{-a(t-t_0)}, \quad t \geqslant t_0 \geqslant T_0 \tag{3.86}$$

成立。根据引理 3.2 可知，不等式(3.85) 表明定理 3.5 中条件(i) 成立。

为推出定理条件(ii)，重写不等式(3.86) 如下

$$\| \boldsymbol{v}_k(t)\boldsymbol{u}_k^{\mathrm{T}}(t_0) \| \leqslant be^{-\int_{t_0}^{t}(a+\mathrm{Re}\rho_k(\tau))\,d\tau}, \; t \geqslant t_0 \geqslant T_0 \tag{3.87}$$

既然

$$\underset{t\in I}{\mathrm{em}}\{-(a+\mathrm{Re}\rho_k(t))\} = -a + c_k > 0 \tag{3.88}$$

根据引理 3.2，存在 $h_k>0$，$d_k>0$ 使得

$$c_k > d_k > c_k - a > 0 \tag{3.89}$$

因而有定理条件(ii) 成立。证毕。

下述定理将建立起 PD 特征值与 $D_a$ 系数之间的联系：

**定理 3.6** 令 $D_a$ 表示 $n$ 阶严格定义的 SPDO，$\{\rho_k(t)\}_{k=1}^{n}$ 为严格定义的 PD 谱。定义 $\boldsymbol{V}_{n+1}(\rho_1,\rho_2,\cdots,\rho_n,\rho)$ 为 $D_a$ 增广的 $(n+1)\times(n+1)$ 标准模态矩阵，满足：

$$\boldsymbol{V}_{n+1}(\rho_1,\rho_2,\cdots,\rho_n,\rho) = \left[\begin{array}{ccc:c} & & & 1 \\ & \boldsymbol{V}_n(\rho_1,\rho_2,\cdots,\rho_n) & & \rho \\ & & & D_\rho\{\rho\} \\ & & & \vdots \\ D_{\rho_1}^{n-1}\{\rho_1\} & \cdots & D_{\rho_n}^{n-1}\{\rho_n\} & D_\rho^{n-1}\{\rho\} \end{array}\right] \tag{3.90}$$

其中 $\rho$ 为 $D_a$ 的任意 PD 特征值。则 $D_a$ 的系数 $\alpha_k(t)$ 可由下式计算

$$\alpha_k(t) = \frac{\tilde{v}_{k,n+1}}{\det\boldsymbol{V}_n(\rho_1,\rho_2,\cdots,\rho_n)} \tag{3.91}$$

其中 $\tilde{v}_{k,n+1}$ 表示关于 $\boldsymbol{V}_{n+1}(\rho_1,\rho_2,\cdots,\rho_n,\rho)$ 最后一列元素 $v_{k,n+1}$ 的代数余子式。

**证明** 根据式(3.60) 至式(3.62) 可知，$\{y_k(t)\}_{k=1}^{n}$ 线性无关，因而有 $\det\boldsymbol{V}_n(\rho_1,\rho_2,\cdots,\rho_n)\neq 0$。$\rho$ 为 $D_a$ 的 PD 特征值，则 $y=e^{\int\rho(t)dt}$ 是 $\{y_k(t)=e^{\int\rho_k(t)dt}\}_{k=1}^{n}$ 的线性组合，且 $y$ 满足 $D_a\{y\}=0$。

令 $\boldsymbol{W}_{n+1}(t)$ 表示 $\{y_1,y_2,\cdots,y_n,y\}$ 的 Wronskian 矩阵，则可知

$$0 \equiv \det\boldsymbol{W}_{n+1}(y_1,y_2,\cdots,y_n,y) =$$
$$\det\boldsymbol{V}_n(\rho_1,\rho_2,\cdots,\rho_n,\rho)\cdot e^{\int\rho(t)dt}\cdot\prod_{k=1}^{n}y_k \tag{3.92}$$

式(3.92) 两边同除 $\prod_{k=1}^{n}y_k$，然后将 $\det\boldsymbol{V}_{n+1}(\rho_1,\rho_2,\cdots,\rho_n,\rho)$ 沿最后一列展开，根据

$$y_i^{(k)}(t) = D_{\rho_i}^{k-1}\{\rho_i\}\,e^{\int\rho_i(t)dt} \tag{3.93}$$

可以求得

$$y^{(n)}+\sum_{k=1}^{n}\frac{\widetilde{v}_{k,n+1}}{\det\mathbf{V}_n(\rho_1,\rho_2,\cdots,\rho_n)}y^{(k-1)}=0 \tag{3.94}$$

对比式(3.48)可求得 $D_a$ 的系数 $\alpha_k(t)$ 满足式(3.91),证毕。

**例 3.3** 工程应用中常常面对的是二阶系统及相应的二阶 SPDO,如果系统综合时选择期望的 PD 特征值由 $\rho_1(t)$ 和 $\rho_2(t)$ 表示,不难写出相应的列 PD 特征向量为

$$\boldsymbol{v}_1(t)=\begin{bmatrix}1\\ \rho_1(t)\end{bmatrix}$$

$$\boldsymbol{v}_2(t)=\begin{bmatrix}1\\ \rho_2(t)\end{bmatrix}$$

行 PD 特征向量为

$$\boldsymbol{u}_1^{\mathrm{T}}(t)=\begin{bmatrix}\dfrac{\rho_2(t)}{\rho_2(t)-\rho_1(t)} & \dfrac{-1}{\rho_2(t)-\rho_1(t)}\end{bmatrix}$$

$$\boldsymbol{u}_2^{\mathrm{T}}(t)=\begin{bmatrix}\dfrac{-\rho_2(t)}{\rho_2(t)-\rho_1(t)} & \dfrac{1}{\rho_2(t)-\rho_1(t)}\end{bmatrix}$$

SPDO 系数 $\alpha_1(t),\alpha_2(t)$ 可以表示为

$$\alpha_1(t)=\rho_1(t)\rho_2(t)+\frac{\rho_1(t)\dot{\rho}_2(t)-\rho_2(t)\dot{\rho}_1(t)}{\rho_2(t)-\rho_1(t)}$$

$$\alpha_2(t)=-\rho_1(t)-\rho_2(t)-\frac{\dot{\rho}_2(t)-\dot{\rho}_1(t)}{\rho_2(t)-\rho_1(t)}$$

工程设计中往往习惯于利用系统阻尼和带宽的概念来刻画二阶系统的性质,同样,若进一步取 PD 特征值为如下形式:

$$\rho_{1,2}(t)=\begin{cases}-(\zeta\pm \mathrm{j}\sqrt{1-\zeta^2})\,\omega_n(t) & 0<|\zeta|<1\\ -\omega_n(t),\ -\omega_n(t)+\dfrac{\omega_n(t)}{\int\omega_n(t)\mathrm{d}t} & |\zeta|=1\\ -(\zeta\pm\sqrt{\zeta^2-1})\,\omega_n(t) & |\zeta|>1\end{cases}$$

则称式中 $\zeta$ 为常值阻尼,$\omega_n(t)$ 为时变带宽。那么此时相应求得

$$\alpha_1(t)=\omega_n^2(t)$$

$$\alpha_2(t)=2\zeta\omega_n(t)-\frac{\dot{\omega}_n(t)}{\omega_n(t)}$$

可见线性时不变系统的阻尼和带宽概念是这里时变系统阻尼和带宽概念的特例。

3. 线性时变系统 PD 谱配置

利用上一小节的微分代数谱理论可以解决本章提出的线性时变系统综合问题。

(1) 单输入情形

**定理 3.7** 对于单输入 $n$ 维线性时变受控系统:

$$\dot{\boldsymbol{x}}=\boldsymbol{A}(t)\boldsymbol{x}+\boldsymbol{b}(t)u \tag{3.95}$$

式中,$\boldsymbol{x}(t)\in\mathbf{R}^{n\times 1}$ 为状态向量;$u(t)$ 为标量,表示控制输入;矩阵 $\boldsymbol{A}(t)\in\mathbf{R}^{n\times n}$,$\boldsymbol{B}(t)\in\mathbf{R}^{n\times 1}$;$t\in J$,$J$ 为时间定义区间。若 $\{\boldsymbol{A}(t),\boldsymbol{b}(t)\}$ 一致可控,则利用状态反馈 $u(t)=\boldsymbol{K}(t)\boldsymbol{x}(t)$,系统的全部 PD 特征值能够任意配置,其中 $\boldsymbol{K}(t)$ 为待设计的时变增益矩阵。

**证明** 由于系统(3.95)一致可控,则存在如下非奇异可控矩阵:

$$\boldsymbol{Q}_{\mathrm{c}}(t)=[\boldsymbol{b}_1(t),\boldsymbol{b}_2(t),\boldsymbol{b}_3(t),\cdots,\boldsymbol{b}_{n-1}(t),\boldsymbol{b}_n(t)] \tag{3.96}$$

其中

$$\boldsymbol{b}_1(t)=\boldsymbol{b}(t)$$

$$\boldsymbol{b}_i(t)=\boldsymbol{A}(t)\boldsymbol{b}_{i-1}(t)-\frac{\mathrm{d}}{\mathrm{d}t}\boldsymbol{b}_{i-1}(t),\quad i=2,3,\cdots,n$$

由于 $\boldsymbol{Q}_{\mathrm{c}}(t)$ 非奇异,可以写出它的逆为

$$\boldsymbol{Q}_{\mathrm{c}}^{-1}(t)=\begin{bmatrix}\tilde{\boldsymbol{b}}_1(t)\\\tilde{\boldsymbol{b}}_2(t)\\\vdots\\\tilde{\boldsymbol{b}}_n(t)\end{bmatrix} \tag{3.97}$$

令 $\boldsymbol{T}_0(t)=\tilde{\boldsymbol{b}}_n(t)$,则有如下关系式成立:

$$\boldsymbol{T}_0(t)\tilde{\boldsymbol{b}}_i(t)=\begin{cases}0, & i=1,2,\cdots,n-1\\1, & i=n\end{cases} \tag{3.98}$$

定义变量

$$c(t)=\boldsymbol{T}_0(t)\boldsymbol{x}(t) \tag{3.99}$$

及如下迭代关系

$$\boldsymbol{T}_i(t)=\dot{\boldsymbol{T}}_{i-1}(t)+\boldsymbol{T}_{i-1}(t)\boldsymbol{A}(t),\quad i=1,2,\cdots,n \tag{3.100}$$

不难求得

$$\begin{aligned}\dot{c}(t)&=\boldsymbol{T}_1(t)\boldsymbol{x}(t)\\\ddot{c}(t)&=\boldsymbol{T}_2(t)\boldsymbol{x}(t)\\&\vdots\\c^{(n-1)}(t)&=\boldsymbol{T}_{n-1}(t)\boldsymbol{x}(t)\\c^{(n)}(t)&=\boldsymbol{T}_n(t)\boldsymbol{x}(t)+\boldsymbol{T}_{n-1}(t)\boldsymbol{b}(t)\boldsymbol{u}(t)\end{aligned} \tag{3.101}$$

其中 $\boldsymbol{T}_n(t)$ 可由 $\boldsymbol{T}_0,\boldsymbol{T}_1,\cdots,\boldsymbol{T}_{n-1}$ 线性表示,$\boldsymbol{T}_{n-1}(t)\boldsymbol{b}(t)=1$。则重写 $c^{(n)}(t)$ 为

$$c^{(n)}(t)=[-\alpha_1(t)\boldsymbol{T}_0(t)-\cdots-\alpha_n(t)\boldsymbol{T}_{n-1}(t)]\boldsymbol{x}(t)+u(t) \tag{3.102}$$

其中 $\alpha_i(t)$ 为线性相关系数。

事实上若定义

$$\boldsymbol{z}(t)=\begin{bmatrix}c(t)\\\dot{c}(t)\\\vdots\\c^{(n-1)}(t)\end{bmatrix},\quad \boldsymbol{T}(t)=\begin{bmatrix}\boldsymbol{T}_0(t)\\\boldsymbol{T}_1(t)\\\vdots\\\boldsymbol{T}_{n-1}(t)\end{bmatrix} \tag{3.103}$$

则系统 $\{\boldsymbol{A}(t),\boldsymbol{b}(t)\}$ 在定义(3.41)作用下转换成满足式(3.42)的如下标准型:

$$\bar{\boldsymbol{A}}(t)=\begin{bmatrix}0&1&0&\cdots&0\\0&0&1&\cdots&0\\\vdots&\vdots&\vdots&&\vdots\\0&0&0&\cdots&1\\-\alpha_1(t)&-\alpha_2(t)&-\alpha_3(t)&\cdots&-\alpha_n(t)\end{bmatrix},\quad \bar{\boldsymbol{b}}(t)=\begin{bmatrix}0\\\vdots\\0\\1\end{bmatrix} \tag{3.104}$$

若期望的闭环系统 PD 谱给定，则根据定理 3.6 可以计算出相应的 SPDO 系数。为便于区分，这里记为 $\beta_i(t), i=1,2,\cdots,n$。构造反馈矩阵 $\bar{\boldsymbol{K}}$：

$$\bar{\boldsymbol{K}}=\left[\alpha_1(t)-\beta_1(t) \quad \cdots \quad \alpha_n(t)-\beta_n(t)\right] \tag{3.105}$$

则有

$$\bar{\boldsymbol{A}}(t)+\bar{\boldsymbol{b}}(t)\bar{\boldsymbol{K}}(t)=\begin{bmatrix} 0 & 1 & 0 & \cdots & 0 \\ 0 & 0 & 1 & \cdots & 0 \\ \vdots & \vdots & \vdots & & \vdots \\ 0 & 0 & 0 & \cdots & 1 \\ -\beta_1(t) & -\beta_2(t) & -\beta_3(t) & \cdots & -\beta_n(t) \end{bmatrix} \tag{3.106}$$

若期望 $\bar{\boldsymbol{A}}(t)+\bar{\boldsymbol{b}}(t)\bar{\boldsymbol{K}}(t)$ 指数稳定，则只需在选择闭环系统 PD 谱时满足定理 3.5 即可。不难求得原系统反馈阵 $\boldsymbol{K}(t)$ 为

$$\boldsymbol{K}(t)=\bar{\boldsymbol{K}}(t)\boldsymbol{T}(t) \tag{3.107}$$

证毕。

**例 3.4**　给定线性时变系统如下

$$\dot{\boldsymbol{x}}(t)=\begin{bmatrix} 0 & 0 & -\sin t \\ 0 & 0 & \cos t \\ \cos t & \sin t & 0 \end{bmatrix}\boldsymbol{x}(t)+\begin{bmatrix} \cos t \\ \sin t \\ 0 \end{bmatrix}u(t)$$

再指定期望的闭环 PD 谱为：$\{\rho_i(t)\}_{i=1}^{3}=\{-5-\mathrm{e}^{-t},-6-\mathrm{e}^{-t},-7-\mathrm{e}^{-t}\}$。计算满足 PD 谱配置要求的状态反馈阵 $\boldsymbol{K}(t)$。

Step 1. 计算可控性矩阵 $\boldsymbol{Q}_{\mathrm{c}}(t)$ 和它的逆 $\boldsymbol{Q}_{\mathrm{c}}^{-1}(t)$

$$\boldsymbol{Q}_{\mathrm{c}}(t)=\begin{bmatrix} \cos t & \sin t & -\sin t-\cos t \\ \sin t & -\cos t & \cos t-\sin t \\ 0 & 1 & 0 \end{bmatrix}$$

$$\boldsymbol{Q}_{\mathrm{c}}^{-1}(t)=\begin{bmatrix} \cos t-\sin t & \cos t+\sin t & 1 \\ 0 & 0 & 1 \\ -\sin t & \cos t & 1 \end{bmatrix}$$

Step 2. 求解 $\boldsymbol{T}_i, i=0,1,2,3$

$$\boldsymbol{T}_0(t)=\left[-\sin t \quad \cos t \quad 1\right]$$

$$\boldsymbol{T}_1(t)=\left[0 \quad 0 \quad 1\right]$$

$$\boldsymbol{T}_2(t)=\left[\cos t \quad \sin t \quad 0\right]$$

$$\boldsymbol{T}_3(t)=\left[-\sin t \quad \cos t \quad 0\right]=\boldsymbol{T}_0(t)-\boldsymbol{T}_1(t)$$

Step 3. 根据期望的 PD 特征值，求解相应的 SPDO 系数 $\beta_i(t), i=1,2,3$

$$\beta_1(t)=210+\mathrm{e}^{-3t}+15\mathrm{e}^{-2t}+90\mathrm{e}^{-t}$$

$$\beta_2(t)=107+3\mathrm{e}^{-2t}+33\mathrm{e}^{-t}$$

$$\beta_3(t)=18+3\mathrm{e}^{-t}$$

Step 4. 求解状态反馈阵 $\boldsymbol{K}(t)$

$$\boldsymbol{K}(t)=\left[k_1(t) \quad k_2(t) \quad k_3(t)\right]$$

其中

$$k_1(t)=(18+3e^{-t})\cos t-(211+e^{-3t}+15e^{-2t}+90e^{-t})\sin t$$
$$k_2(t)=(211+e^{-3t}+15e^{-2t}+90e^{-t})\cos t+(18+3e^{-t})\sin t$$
$$k_3(t)=317+e^{-3t}+18e^{-2t}+123e^{-t}$$

(2) 多输入情形

**定理 3.8** 对于多输入 $n$ 维线性时变受控系统：

$$\dot{\boldsymbol{x}}=\boldsymbol{A}(t)\boldsymbol{x}+\boldsymbol{B}(t)u \tag{3.108}$$

式中，$\boldsymbol{x}(t)\in\mathbf{R}^{n\times1}$ 为状态向量；$u(t)\in\mathbf{R}^{p\times1}$ 为标量，表示控制输入；矩阵 $\boldsymbol{A}(t)\in\mathbf{R}^{n\times n}$，$\boldsymbol{B}(t)\in\mathbf{R}^{n\times p}$；$t\in J$，$J$ 为时间定义区间。若 $\{\boldsymbol{A}(t),\boldsymbol{B}(t)\}$ 一致可控且 $\mathrm{rank}\{\boldsymbol{B}(t)\}=p$，则利用状态反馈 $u(t)=\boldsymbol{K}(t)\boldsymbol{x}(t)$，系统的全部 PD 特征值能够任意配置。

**证明** 记系统(3.108)的可控矩阵为

$$\begin{aligned}\boldsymbol{Q}_c(t)=&[B_1(t)\mid B_2(t),B_3(t),\cdots,B_{n-1}(t),B_n(t)]\in\mathbf{R}^{n\times np}=\\&[b_{11}(t),b_{21}(t),\cdots,b_{p1}(t),\cdots,b_{1n}(t),b_{2n}(t),\cdots,b_{pn}(t)]\end{aligned} \tag{3.109}$$

其中

$$\boldsymbol{B}_1(t)=\boldsymbol{B}(t)$$
$$\boldsymbol{B}_i(t)=\boldsymbol{A}(t)\boldsymbol{B}_{i-1}(t)-\frac{\mathrm{d}}{\mathrm{d}t}\boldsymbol{B}_{i-1}(t),\quad i=2,3,\cdots,n$$

$\boldsymbol{b}_{ji}$ 表示 $\boldsymbol{B}_i(t)$ 的第 $j$ 个列向量，$j=1,\cdots,p$

由于 $\{\boldsymbol{A}(t),\boldsymbol{B}(t)\}$ 一致可控，因而可从 $\boldsymbol{Q}_c(t)$ 中由左至右依次选择 $n$ 个线性无关的列向量，将它们按字典顺序(Lexicographic Ordering)排列，构成如下非奇异矩阵 $\tilde{\boldsymbol{Q}}_c(t)$：

$$\tilde{\boldsymbol{Q}}_c(t)=[b_{11}(t),b_{21}(t),\cdots,b_{r_11}(t),b_{12}(t),b_{22}(t),\cdots,b_{r_22}(t),\cdots,b_{1p}(t),b_{2p}(t),\cdots,b_{r_pp}(t)]$$

称 $r_1,r_2,\cdots,r_p$ 为可控性索引，且它们满足 $\sum_{i=1}^{p}r_i=n$。

$$\tilde{\boldsymbol{Q}}_c^{-1}(t)=\begin{bmatrix}\tilde{b}_{11}(t)\\\vdots\\\tilde{b}_{r_11}(t)\\\tilde{b}_{12}(t)\\\vdots\\\tilde{b}_{r_22}(t)\\\vdots\\\tilde{b}_{1p}(t)\\\vdots\\\tilde{b}_{r_pp}(t)\end{bmatrix}\begin{matrix}\\\\\\\\\to\boldsymbol{T}_{0,1}(t)\\\\\\\to\boldsymbol{T}_{0,2}(t)\\\\\\\to\boldsymbol{T}_{0,p}(t)\\\\\end{matrix} \tag{3.110}$$

若令

$$s_i=\sum_{i=1}^{p}r_i \tag{3.111}$$

即 $s_1=r_1,s_2=r_1+r_2,\cdots,s_p=n$，令 $s_0=1$。则 $\boldsymbol{T}_{0,i}(t)$ 表示矩阵 $\tilde{\boldsymbol{Q}}_c^{-1}(t)$ 的第 $s_i$ 行，

$$\boldsymbol{T}_{0i}(t)\tilde{b}_{r_i i}(t)=\begin{cases}0, & \text{其他}\\ 1, & i=1,2,\cdots,p\end{cases} \tag{3.112}$$

类似单输入情况，对于每一个 $i=1,2,\cdots,p$，定义

$$c_i(t)=\boldsymbol{T}_{0,i}(t)\boldsymbol{x}(t) \tag{3.113}$$

及如下迭代关系

$$\boldsymbol{T}_{ki}(t)=\dot{\boldsymbol{T}}_{k-1,i}(t)+\boldsymbol{T}_{k-1,i}(t)\boldsymbol{A}(t),\quad j=1,2,\cdots,r_i \tag{3.114}$$

不难求得

$$\begin{aligned}\dot{c}_i(t)&=\boldsymbol{T}_{1,i}(t)\boldsymbol{x}(t)\\ \ddot{c}_i(t)&=\boldsymbol{T}_{2,i}(t)\boldsymbol{x}(t)\\ &\vdots\\ c^{(r_i-1)}(t)&=\boldsymbol{T}_{r_i-1,i}(t)\boldsymbol{x}(t)\\ c^{(r_i)}(t)&=\boldsymbol{T}_{r_i,i}(t)\boldsymbol{x}(t)+\boldsymbol{T}_{r_i-1,i}(t)\boldsymbol{B}(t)\boldsymbol{u}(t)\end{aligned} \tag{3.115}$$

其中 $\boldsymbol{T}_{r_i,i}(t)$ 可由 $\boldsymbol{T}_{k,i}(t),i=1,2,\cdots,p,k=0,2,\cdots,r_i-1$ 线性表示。$\boldsymbol{T}_{r_i-1,i}(t)\boldsymbol{B}(t)$ 为 $1\times p$ 的行向量，其前 $i-1$ 个元素为 0，第 $i$ 个元素为 1，其余 $p-i$ 个元素为关于时间 $t$ 的函数。$c^{(r_i)}(t)$ 重新写为

$$\begin{aligned}c^{(r_i)}(t)=&[-\alpha_{1,i}(t)\boldsymbol{T}_{0,i}(t)-\alpha_{2,i}(t)\boldsymbol{T}_{1,i}(t)-\cdots-\alpha_{n,i}(t)\boldsymbol{T}_{r_p-1,p}(t)]\boldsymbol{x}(t)+\\ &[0\ \cdots\ 0\ 1\ *\ \cdots\ *]u(t)\end{aligned} \tag{3.116}$$

同样的，若定义

$$\boldsymbol{z}(t)=\begin{bmatrix}c_1(t)\\ \vdots\\ c_1^{(r_1-1)}(t)\\ c_2(t)\\ \vdots\\ c_2^{(r_2-1)}(t)\\ \vdots\\ c_p(t)\\ \vdots\\ c_p^{(r_p-1)}(t)\end{bmatrix},\quad \boldsymbol{T}(t)=\begin{bmatrix}\boldsymbol{T}_{01}(t)\\ \vdots\\ \boldsymbol{T}_{r_1-1,1}(t)\\ \boldsymbol{T}_{02}(t)\\ \vdots\\ \boldsymbol{T}_{r_2-1,2}(t)\\ \vdots\\ \boldsymbol{T}_{0,p}(t)\\ \vdots\\ \boldsymbol{T}_{r_p-1,p}(t)\end{bmatrix} \tag{3.117}$$

则系统 $\{\boldsymbol{A}(t),\boldsymbol{B}(t)\}$ 可转换成如下标准型：

$$\bar{\boldsymbol{A}}(t)=\begin{bmatrix}\bar{\boldsymbol{A}}_{11}(t) & \bar{\boldsymbol{A}}_{12}(t) & \cdots & \bar{\boldsymbol{A}}_{1p}(t)\\ \bar{\boldsymbol{A}}_{21}(t) & \bar{\boldsymbol{A}}_{22}(t) & \cdots & \bar{\boldsymbol{A}}_{2p}(t)\\ \vdots & \vdots & & \vdots\\ \bar{\boldsymbol{A}}_{p1}(t) & \bar{\boldsymbol{A}}_{p2}(t) & \cdots & \bar{\boldsymbol{A}}_{pp}(t)\end{bmatrix},\bar{\boldsymbol{B}}(t)=\begin{bmatrix}0\\ \vdots\\ 0\\ \boldsymbol{T}_{r_1-1,1}(t)\boldsymbol{B}(t)\\ 0\\ \vdots\\ 0\\ \boldsymbol{T}_{r_2-1,2}(t)\boldsymbol{B}(t)\\ 0\\ \vdots\\ \boldsymbol{T}_{r_p-1,p}(t)\boldsymbol{B}(t)\end{bmatrix}=\begin{bmatrix}0 & 0 & 0 & \cdots & 0\\ \vdots & \vdots & \vdots & & \vdots\\ 0 & 0 & 0 & \cdots & 0\\ 1 & * & * & \cdots & *\\ 0 & 0 & 0 & \cdots & 0\\ \vdots & \vdots & \vdots & & \vdots\\ 0 & 0 & 0 & \cdots & 0\\ 0 & 1 & * & \cdots & *\\ 0 & 0 & 0 & \cdots & 0\\ \vdots & \vdots & \vdots & & \vdots\\ 0 & 0 & 0 & \cdots & 1\end{bmatrix}\tag{3.118}$$

其中

$$\boldsymbol{A}_{ii}(t)=\begin{bmatrix}0 & 1 & \cdots & 0 & 0\\ 0 & 0 & & \vdots & 0\\ \vdots & \vdots & \cdots & 1 & \vdots\\ 0 & 0 & \cdots & 0 & 1\\ -\alpha_{s_{i-1}+1,i}(t) & -\alpha_{s_{i-1}+2,i}(t) & \cdots & -\alpha_{s_{i-1}+n_i-1,i}(t) & -\alpha_{s_i,i}(t)\end{bmatrix}$$

$$\boldsymbol{A}_{ij}(t)=\begin{bmatrix}0 & 0 & \cdots & 0 & 0\\ 0 & 0 & \cdots & 0 & 0\\ \vdots & \vdots & & \vdots & \vdots\\ 0 & 0 & \cdots & 0 & 0\\ -\alpha_{s_{j-1}+1,i}(t) & -\alpha_{s_{j-1}+2,i}(t) & \cdots & -\alpha_{s_{j-1}+n_j-1,i}(t) & -\alpha_{s_j,i}(t)\end{bmatrix}$$

$$i,j=1,2,\cdots,p,j\neq i$$

定义 $p\times p$ 矩阵 $\boldsymbol{B}^*(t)$ 为

$$\boldsymbol{B}^*(t)=\begin{bmatrix}\boldsymbol{T}_{r_1-1,1}(t)\boldsymbol{B}(t)\\ \vdots\\ \boldsymbol{T}_{r_p-1,p}(t)\boldsymbol{B}(t)\end{bmatrix}\tag{3.119}$$

由于 $\boldsymbol{B}^*(t)$ 为上三角阵，且对角元均为 1，因而可逆。

根据标准型对角阵个数和维数，将期望的闭环系统 PD 谱划分成 $p$ 组，然后根据定理 3.6 分别计算出相应的 SPDO 系数，不妨记它们为

$(\beta_{11}(t),\beta_{21}(t),\cdots,\beta_{s_1 1}(t))$，

$(\beta_{s_1+1,2}(t),\beta_{s_1+2,2}(t),\cdots,\beta_{s_2,2}(t))$，

$\vdots$

$(\beta_{s_{p-1}+1,p}(t),\beta_{s_{p-1}+2,p}(t),\cdots,\beta_{s_p,p}(t))$。

构造反馈矩阵 $\bar{\boldsymbol{K}}$：

$$\bar{\boldsymbol{K}}=\boldsymbol{B}^{*-1}(t)\left\{\begin{bmatrix}\alpha_{1,1}(t) & \alpha_{2,1}(t) & \cdots & \alpha_{n,1}(t)\\ \vdots & \vdots & & \vdots\\ \alpha_{1,p}(t) & \alpha_{2,p}(t) & \cdots & \alpha_{n,p}(t)\end{bmatrix}-\begin{bmatrix}\beta_{1,1}(t) & \cdots & \beta_{s_1,1}(t) & 0 & \cdots & 0\\ \vdots & & \vdots & \vdots & & \vdots\\ 0 & \cdots & 0 & \beta_{s_{p-1}+1,p}(t) & \cdots & \beta_{s_p,p}(t)\end{bmatrix}\right\} \tag{3.120}$$

则有

$$\bar{\boldsymbol{A}}(t)+\bar{\boldsymbol{B}}(t)\bar{\boldsymbol{K}}(t)=\begin{bmatrix}A_1(t) & 0 & \cdots & 0\\ 0 & A_2(t) & \cdots & \vdots\\ \vdots & \vdots & & 0\\ 0 & 0 & \cdots & A_p(t)\end{bmatrix} \tag{3.121}$$

其中

$$\boldsymbol{A}_i(t)=\begin{bmatrix}0 & 1 & \cdots & 0 & 0\\ \vdots & \vdots & & \vdots & \vdots\\ 0 & 0 & \cdots & 1 & 0\\ 0 & 0 & \cdots & 0 & 1\\ -\beta_{s_{i-1}+1,i}(t) & -\beta_{s_{i-1}+2,i}(t) & \cdots & -\beta_{s_{i-1}+n_i-1,i}(t) & -\beta_{s_i,i}(t)\end{bmatrix}$$

利用式(3.107)，可求得原系统反馈阵 $\boldsymbol{K}(t)$。证毕。

**例 3.5**　给定线性时变系统如下

$$\dot{\boldsymbol{x}}(t)=\begin{bmatrix}e^{-2t} & 2 & 0\\ 0 & 2 & e^{-3t}\\ e^{-t} & 0 & 3\end{bmatrix}\boldsymbol{x}(t)+\begin{bmatrix}0 & 0\\ 1 & e^{-t}\\ 0 & 0.5\end{bmatrix}\boldsymbol{u}(t)$$

再指定期望的闭环 PD 谱为：$\{\rho_i(t)\}_{i=1}^{3}=\{-5-e^{-t},-6-e^{-t},-7-e^{-t}\}$。计算满足 PD 谱配置要求的状态反馈阵 $\boldsymbol{K}(t)$。

Step 1. 计算 $\boldsymbol{Q}_c(t)$、$\tilde{\boldsymbol{Q}}_c(t)$ 及 $\tilde{\boldsymbol{Q}}_c^{-1}(t)$。根据式(3.109)定义

$$\boldsymbol{Q}_c(t)=[\boldsymbol{B}_1(t)\mid\boldsymbol{B}_2(t)\mid\boldsymbol{B}_3(t)]$$

其中

$$\boldsymbol{B}_1(t)=\boldsymbol{B}(t)$$

$$\boldsymbol{B}_2(t)=\begin{bmatrix}2 & 2e^{-t}\\ 2 & 0.5e^{-3t}+3e^{-t}\\ 0 & 1.5\end{bmatrix}$$

$$\boldsymbol{B}_3(t)=\begin{bmatrix}4+2e^{-2t} & 3e^{-3t}+8e^{-t}\\ 2 & 4e^{-3t}+9e^{-t}\\ 2e^{-t} & 4.5+2e^{-2t}\end{bmatrix}$$

可控索引 $r_1=2,r_2=1$，因而求得

$$\tilde{\boldsymbol{Q}}_c(t)=\begin{bmatrix}0 & 2 & 0\\ 1 & 2 & e^{-t}\\ 0 & 0 & 0.5\end{bmatrix},\quad \tilde{\boldsymbol{Q}}_c^{-1}(t)=\begin{bmatrix}-1 & 1 & -2e^{-t}\\ 0.5 & 0 & 0\\ 0 & 0 & 2\end{bmatrix}$$

Step 2. 求解 $\boldsymbol{T}_{k,i}(t)$ 和 $\boldsymbol{B}^*(t)$

$$\boldsymbol{T}_{0,1}(t)=[0.5 \quad 0 \quad 0]$$
$$\boldsymbol{T}_{1,1}(t)=[0.5\mathrm{e}^{-2t} \quad 1 \quad 0]$$
$$\boldsymbol{T}_{2,1}(t)=[0.5\mathrm{e}^{-4t}-\mathrm{e}^{-2t} \quad 2+\mathrm{e}^{-2t} \quad \mathrm{e}^{-3t}]$$
$$\boldsymbol{T}_{0,2}(t)=[0 \quad 0 \quad 2]$$
$$\boldsymbol{T}_{1,2}(t)=[2\mathrm{e}^{-t} \quad 0 \quad 6]$$

其中 $\boldsymbol{T}_{2,1}(t),\boldsymbol{T}_{1,2}(t)$ 亦可写成

$$\begin{bmatrix}\boldsymbol{T}_{2,1}(t)\\ \boldsymbol{T}_{1,2}(t)\end{bmatrix}=\begin{bmatrix}-4\mathrm{e}^{-2t} & 2+\mathrm{e}^{-2t} & 0.5\mathrm{e}^{-3t}\\ -4\mathrm{e}^{-t} & 0 & 3\end{bmatrix}\begin{bmatrix}\boldsymbol{T}_{0,1}(t)\\ \boldsymbol{T}_{1,1}(t)\\ \boldsymbol{T}_{0,2}(t)\end{bmatrix}$$

根据式(3.119)求得 $\boldsymbol{B}^*(t)$ 为

$$\boldsymbol{B}^*(t)=\begin{bmatrix}\boldsymbol{T}_{r_1-1,1}(t)\boldsymbol{B}(t)\\ \vdots\\ \boldsymbol{T}_{r_p-1,p}(t)\boldsymbol{B}(t)\end{bmatrix}=\begin{bmatrix}1 & \mathrm{e}^{-t}\\ 0 & 1\end{bmatrix}$$

Step 3. 根据期望的 PD 特征值,求解相应的 SPDO 系数

$$\beta_{1,1}(t)=30+\mathrm{e}^{-2t}+10\mathrm{e}^{-t}$$
$$\beta_{2,1}(t)=11+2\mathrm{e}^{-t}$$
$$\beta_{1,2}(t)=7+\mathrm{e}^{-t}$$

Step 4. 求解状态反馈阵 $\boldsymbol{K}(t)$

$$\boldsymbol{K}(t)=\begin{bmatrix}k_{11}(t) & k_{12}(t) & k_{13}(t)\\ k_{21}(t) & k_{22}(t) & k_{23}(t)\end{bmatrix}$$

其中

$$k_{11}(t)=15+0.5\mathrm{e}^{-4t}+\mathrm{e}^{-3t}+5\mathrm{e}^{-2t}+5\mathrm{e}^{-t}$$
$$k_{12}(t)=13+\mathrm{e}^{-2t}+2\mathrm{e}^{-t}$$
$$k_{13}(t)=\mathrm{e}^{-3t}$$
$$k_{21}(t)=2\mathrm{e}^{-t}$$
$$k_{22}(t)=0$$
$$k_{23}(t)=20+2\mathrm{e}^{-t}$$

### 3.2.2 稳定和因果的伪逆(Stable and Causal Pseudo-Inversion)

系统求逆问题是控制理论研究和控制系统设计中的常见问题,在轨迹线性化控制方法中更成为实现整个控制算法的前提和基础。本小节即对轨迹线性化控制方法如何实现开环伪逆控制控制器加以介绍。

不失一般性,考虑如下单输入－单输出仿射非线性系统:

$$\begin{aligned}\dot{\boldsymbol{\xi}}&=\boldsymbol{f}(\boldsymbol{\xi})+\boldsymbol{g}(\boldsymbol{\xi})\boldsymbol{\mu}\\ \boldsymbol{\eta}&=\boldsymbol{h}(\boldsymbol{\xi})\end{aligned} \tag{3.122}$$

其中 $\boldsymbol{f}(\boldsymbol{\xi}),\boldsymbol{g}(\boldsymbol{\xi}),\boldsymbol{h}(\boldsymbol{\xi})$ 为光滑向量域。假设系统(3.122)具有 $r$ 阶严格定义的相对阶,则有

$$\begin{aligned}\boldsymbol{\eta}^{(k)} &= L_f^k\boldsymbol{h}(\xi) + L_g L_f^{k-1}\boldsymbol{h}(\xi)\mu, \quad L_g L_f^{k-1}\boldsymbol{h}(\xi) \equiv 0, \quad k=1,2,\cdots,r-1 \\ \boldsymbol{\eta}^{(r)} &= L_f^r\boldsymbol{h}(\xi) + L_g L_f^{r-1}\boldsymbol{h}(\xi)\boldsymbol{\mu}, \quad L_g L_f^{r-1}\boldsymbol{h}(\xi) \neq 0\end{aligned} \tag{3.123}$$

若定义向量 $\boldsymbol{z}=[\boldsymbol{\zeta}_1^{\mathrm{T}},\boldsymbol{\zeta}_2^{\mathrm{T}}]^{\mathrm{T}}$，其中

$$\boldsymbol{\zeta}_1 = \begin{bmatrix} z_1 \\ z_2 \\ \vdots \\ z_r \end{bmatrix} = \begin{bmatrix} \eta \\ \dot{\eta} \\ \vdots \\ \eta^{(r-1)} \end{bmatrix}, \quad \boldsymbol{\zeta}_2 = \begin{bmatrix} z_{r+1} \\ \vdots \\ z_n \end{bmatrix} \tag{3.124}$$

则根据非线性系统反馈线性化相关理论，可以找到一个非线性状态变换 $z=\boldsymbol{\Phi}(\xi)$ 使得

$$\begin{aligned}\dot{z} &= \frac{\partial \boldsymbol{\Phi}}{\partial \xi}\dot{\xi} = \begin{bmatrix} \dot{\boldsymbol{\zeta}}_1 \\ \dot{\boldsymbol{\zeta}}_2 \end{bmatrix} \\ \boldsymbol{\eta} &= z_1\end{aligned} \tag{3.125}$$

其中

$$\dot{\boldsymbol{\zeta}}_1 = \begin{bmatrix} \dot{z}_1 \\ \dot{z}_2 \\ \vdots \\ \dot{z}_{r-1} \\ \dot{z}_r \end{bmatrix} = \begin{bmatrix} z_2 \\ z_3 \\ \vdots \\ z_r \\ L_f^r\boldsymbol{h}(\boldsymbol{\Phi}^{-1}(z)) \end{bmatrix} + \begin{bmatrix} 0 \\ 0 \\ \vdots \\ 0 \\ L_g L_f^{r-1}\boldsymbol{h}(\boldsymbol{\Phi}^{-1}(z)) \end{bmatrix}\mu \tag{3.126}$$

$$\alpha(\xi,\eta) \triangleq L_f{}^r\boldsymbol{h}(\boldsymbol{\Phi}^{-1}(\xi,\eta))$$

$$\dot{\boldsymbol{\zeta}}_2 = \begin{bmatrix} \dot{z}_{r+1} \\ \vdots \\ \dot{z}_n \end{bmatrix} = \boldsymbol{\Psi}(z) = \boldsymbol{\Psi}(\boldsymbol{\zeta}_1,\boldsymbol{\zeta}_2) \tag{3.127}$$

$$\begin{aligned}\beta(\xi,\eta) &\triangleq L_g L_f{}^{r-1}\boldsymbol{h}(\boldsymbol{\Phi}^{-1}(\xi,\eta)) \\ \alpha_\eta(\xi,\eta) &\triangleq L_f\varphi_\eta(\boldsymbol{\Phi}^{-1}(\xi,\eta)) \\ \beta_\eta(\xi,\eta) &\triangleq L_g\varphi_\eta(\boldsymbol{\Phi}^{-1}(\xi,\eta))\end{aligned}$$

式(3.126)被称为系统(3.122)的非线性相位标准型(Nonlinear Phase Canonical Form)，式(3.127)被称为 $n-r$ 维子流形，特别当 $\boldsymbol{\zeta}_1=\boldsymbol{0}$ 时，式(3.127)改写为

$$\dot{\boldsymbol{\zeta}}_2 = \boldsymbol{\Psi}(0,\boldsymbol{\zeta}_2) \tag{3.128}$$

式(3.128)被称为系统(3.122)的零动态。当零动态渐进稳定时，系统(3.122)被称为最小相位系统；反之，当零动态不稳定时，系统(3.122)被称为非最小相位系统。

定义

$$\tau(\boldsymbol{\xi}) = \frac{1}{L_g L_f^{r-1}h(\boldsymbol{\xi})} \tag{3.129}$$

则从 $\bar{\boldsymbol{\eta}}^{(r)}$ 至 $\bar{\boldsymbol{\mu}}$ 的逆输入输出映射为

$$\begin{aligned}\bar{\boldsymbol{\mu}} &= -\tau(\bar{\boldsymbol{\xi}})L_f^r h(\bar{\boldsymbol{\xi}}) + \tau(\bar{\boldsymbol{\xi}})\bar{\boldsymbol{\eta}}^{(r)} = \\ &\psi(\bar{\boldsymbol{\xi}}) + \tau(\bar{\boldsymbol{\xi}})\bar{\boldsymbol{\eta}}^{(r)}\end{aligned} \tag{3.130}$$

将式(3.130) 代入(3.122) 得到

$$\dot{\bar{\boldsymbol{\xi}}} = \boldsymbol{f}(\bar{\boldsymbol{\xi}}) + g(\bar{\boldsymbol{\xi}})\left[\psi(\bar{\boldsymbol{\xi}}) + \tau(\bar{\boldsymbol{\xi}})\bar{\boldsymbol{\eta}}^{(r)}\right] =$$
$$\varphi(\bar{\boldsymbol{\xi}}) + \gamma(\bar{\boldsymbol{\xi}})\bar{\boldsymbol{\eta}}^{(r)} \tag{3.131}$$

式(3.130) 和式(3.131) 构成的标称逆系统包含了 $r$ 个积分器和系统(3.122) 的零动态，具体如图 3.3 所示：

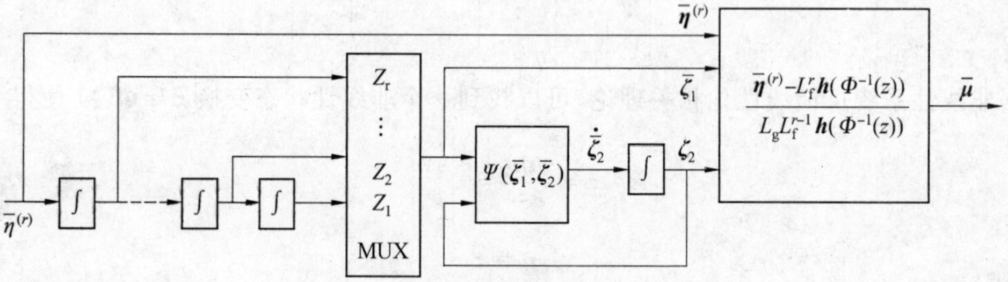


图 3.3　标称逆映射 $\bar{\boldsymbol{\eta}}^{(r)} \to \bar{\boldsymbol{\mu}}$

为了保证由式(3.130) 和式(3.131) 构成的标称逆系统是有界输入有界输出(Bounded Input Bounded Output，BIBO) 稳定的，原点 $\xi=0$ 必须(局部) 指数稳定，或至少为一致渐进稳定的，因而对(3.131) 需作进一步的镇定处理。镇定问题分两种情况考虑。第一种情况假设系统(3.122) 的零动态一致渐进稳定，若令

$$\hat{\boldsymbol{\eta}}^{(r)}(\xi, \bar{\boldsymbol{\eta}}) = -\sum_{k=1}^{r} a_k z_k + a_1 \bar{\boldsymbol{\eta}} =$$
$$-\sum_{k=1}^{r} a_k L_f^{k-1} \boldsymbol{h}(\xi) + a_1 \bar{\boldsymbol{\eta}} \tag{3.132}$$

则能够得到稳定的系统(3.122) 伪逆 $\bar{\boldsymbol{\eta}} \to \hat{\boldsymbol{\mu}}$，具体如下

$$\boldsymbol{\xi} = \left[\boldsymbol{f}(\xi) - \boldsymbol{\tau}(\xi) \sum_{k=0}^{r} a_{k+1} L_f^k \boldsymbol{h}(\xi) \boldsymbol{g}(\xi)\right] + a_1 \boldsymbol{\tau}(\xi) \boldsymbol{g}(\xi) \bar{\boldsymbol{\eta}} \tag{3.133}$$

$$\hat{\boldsymbol{\mu}} = -\boldsymbol{\tau}(\xi) \sum_{k=0}^{r} a_{k+1} L_f^k \boldsymbol{h}(\xi) \boldsymbol{g}(\xi) + a_1 \boldsymbol{\tau}(\xi) \bar{\boldsymbol{\eta}} \tag{3.134}$$

需设计 $a_1, a_2, \cdots, a_{r+1}$ 使得 $\sum_{k=0}^{r} a_{k+1} s^k$ 为 Hurwitz 多项式，其中 $a_{r+1}=1$。图 3.4 给出系统(3.122) 为最小相位系统时的伪逆系统结构图。

第二种情况考虑系统(3.122) 为非最小相位系统。令

$$\hat{\boldsymbol{\eta}}^{(r)}(\xi, \bar{\boldsymbol{\eta}}) = k_1(\xi) - \sum_{k=1}^{r} a_k L_f^{k-1} \boldsymbol{h}(\xi) + k_2(\bar{\boldsymbol{\eta}}) \tag{3.135}$$

其中 $k_1(\xi)$ 用于稳定逆系统中的不稳定模态，$k_2(\bar{\boldsymbol{\eta}})$ 补偿伪同一(Pseudo-Identity) 过程中的放大增益。则相应的伪逆系统表示如下

$$\dot{\boldsymbol{\xi}} = \left\{\boldsymbol{f}(\xi) + \tau(\xi)\left[k_1(\xi) - \sum_{k=0}^{r} a_{k+1} L_f^k \boldsymbol{h}(\xi)\right] \boldsymbol{g}(\xi)\right\} + \tau(\xi) \boldsymbol{g}(\xi) k_2(\bar{\boldsymbol{\eta}}) \tag{3.136}$$

$$\hat{\boldsymbol{\mu}} = \tau(\xi)\left[k_1(\xi) - \sum_{k=0}^{r} a_{k+1} L_f^k \boldsymbol{h}(\xi)\right] + \tau(\xi) k_2(\bar{\boldsymbol{\eta}}) \tag{3.137}$$

图 3.5 给出系统(3.122) 为非最小相位系统时的伪逆系统结构图。

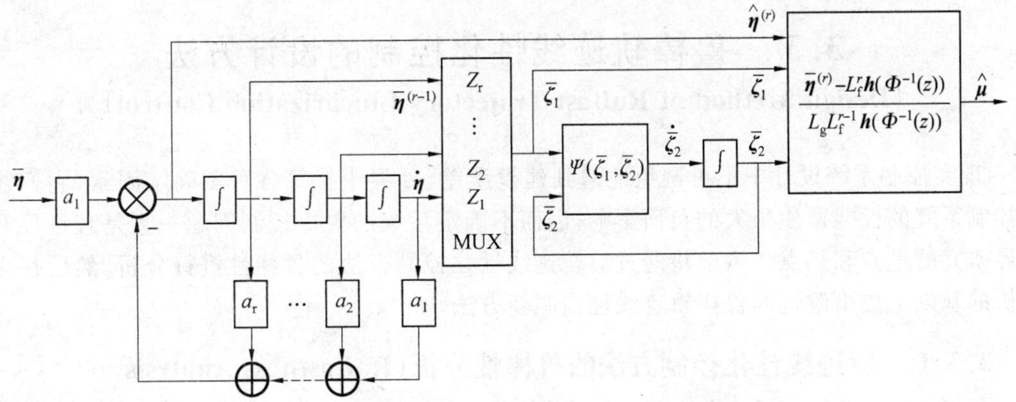


图 3.4　伪逆映射 $\bar{\boldsymbol{\eta}} \rightarrow \hat{\boldsymbol{\mu}}$(最小相位系统)

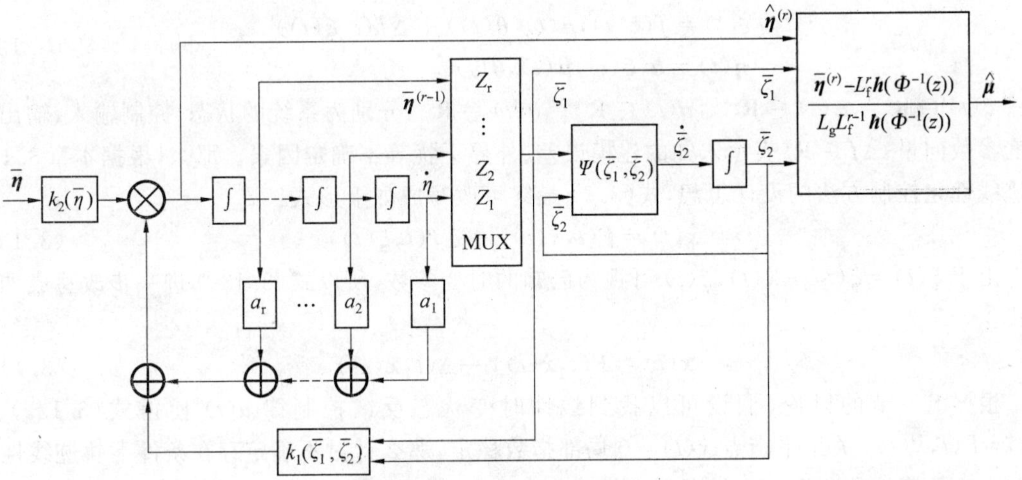


图 3.5　伪逆映射 $\bar{\boldsymbol{\eta}} \rightarrow \hat{\boldsymbol{\mu}}$(非最小相位系统)

在前述两种情况下,逆系统都采用状态反馈稳定,而状态反馈不改变逆系统的零动态,因此伪逆系统可以“抵消”对象动态。如果对象零动态是一致渐进稳定的,则对象逆系统动态由式(3.132)实现,相应的伪恒等式包括了由 $\sum_{k=0}^{r} a_{k+1} s^k$ 定义的极点(或当 $a_{k+1}$ 为时变函数时,相应 SPDO $\sum_{k=0}^{r} a_{k+1}(t)\delta^k$ 的 PD 特征值)。而当对象零动态不是一致渐进稳定时,相应的伪恒等式中包含了不稳定的对象零动态,则对象逆系统动态由式(3.135)实现。

稳定逆系统的目标是使整个系统满足小信号 BIBO 稳定,这对于实现整个闭环系统指数稳定或至少一致渐进稳定是非常重要的。但获得全局稳定也是不必要的,只要使系统的稳定域能够包括期望的标称轨迹即可,因而伪逆系统的设计目标是使误差

$$\| \hat{\boldsymbol{\mu}} - \bar{\boldsymbol{\mu}} \| \simeq \boldsymbol{\tau}(\xi) \| \hat{\boldsymbol{\eta}}^{(r)} - \bar{\boldsymbol{\eta}}^{(r)} \|$$

最小。

## 3.3 鲁棒轨迹线性化控制的设计方法
## (Design Method of Robust Trajectory Linearization Control)

现实控制系统设计中不可避免地遇到建模误差、外界干扰等各种不确定因素,它们往往对控制系统的性能产生很大的负面影响,因而不确定系统的鲁棒控制问题一直是理论界和工程界研究的重点和热点。本节将通过对轨迹线性化控制方法的鲁棒性进行分析,然后在理论分析的基础上提出改进的鲁棒轨迹线性控制新方法。

### 3.3.1 轨迹线性化控制方法的鲁棒性分析(Robustness Analysis of Trajectory Linearization Control Method)

考虑如下不确定非线性系统:

$$\begin{aligned}\dot{\boldsymbol{\xi}}(t)&=\boldsymbol{f}(\boldsymbol{\xi}(t),\boldsymbol{\mu}(t),\boldsymbol{\theta}(t))+\Delta\boldsymbol{f}(t,\boldsymbol{\xi}(t))\\ \boldsymbol{\eta}(t)&=\boldsymbol{h}(\boldsymbol{\xi}(t),\boldsymbol{\mu}(t),\boldsymbol{\theta}(t))\end{aligned}\tag{3.138}$$

其中 $\boldsymbol{\xi}(t)\in\mathbf{R}^{n\times 1}$,$\boldsymbol{\mu}(t)\in\mathbf{R}^{p\times 1}$,$\boldsymbol{\eta}(t)\in\mathbf{R}^{m\times 1}$,$\boldsymbol{\theta}(t)\in\mathbf{R}^{l\times 1}$ 分别为系统的状态、控制输入、输出和时变参数向量,$\Delta\boldsymbol{f}\in\mathbf{R}^n$ 表示未知的建模误差、外界干扰等不确定因素。那么,根据本章3.1节轨迹线性化控制方法的设计思想,式(3.5)最终可改写成如下形式:

$$\dot{\boldsymbol{x}}(t)=\boldsymbol{F}(t,\boldsymbol{x}(t))+\Delta\boldsymbol{f}(t,\boldsymbol{\xi}(t))\tag{3.139}$$

由于 $\boldsymbol{\xi}(t)=\bar{\boldsymbol{\xi}}(t)+\boldsymbol{x}(t)$,$\bar{\boldsymbol{\xi}}(t)$ 可视为已知的时变参数,所以式(3.139)进一步改写成如下形式:

$$\dot{\boldsymbol{x}}(t)=\boldsymbol{F}(t,\boldsymbol{x}(t))+\Delta(t,\boldsymbol{x}(t))\tag{3.140}$$

根据上一节的讨论,假设可以找到线性时变状态反馈控制律 $\boldsymbol{u}(t)$ 使得式(3.139)中 $\dot{\boldsymbol{x}}(t)=F(t,\boldsymbol{x}(t))$ 关于平衡点 $\boldsymbol{x}(t)=0$ 局部指数稳定,那么针对不确定存在条件下轨迹线性化控制方法鲁棒性的分析可由如下引理得到。

**引理3.4** 对于非线性系统(3.140),$\boldsymbol{F}:[0,\infty)\times D_x\to\mathbf{R}^n$ 和 $\Delta:[0,\infty)\times D_x\to\mathbf{R}^n$ 在 $[0,\infty)\times D_x$ 上对 $t$ 是分段连续的,对 $\boldsymbol{x}$ 是局部 Lipschitz 的,其中 $D_x=\{\boldsymbol{x}\in\mathbf{R}^n\mid\|x\|<r\}$。系统(3.140)称为标称系统 $\dot{\boldsymbol{x}}(t)=\boldsymbol{F}(t,\boldsymbol{x}(t))$ 的扰动系统。若 $\Delta(t,\boldsymbol{0})=\boldsymbol{0}$,$\boldsymbol{x}=\boldsymbol{0}$ 为标称系统的一个平衡点,$V(t,\boldsymbol{x})$ 为 Lyapunov 函数,对所有的 $(t,\boldsymbol{x})\in[0,\infty)\times D_x$ 和正常数 $c_1,c_2,c_3,c_4$ 满足

$$c_1\|\boldsymbol{x}\|^a\leqslant V(t,\boldsymbol{x})\leqslant c_2\|\boldsymbol{x}\|^a\tag{3.141}$$

$$\frac{\partial V}{\partial t}+\frac{\partial V}{\partial\boldsymbol{x}}\boldsymbol{F}(t,\boldsymbol{x})\leqslant -c_3\|\boldsymbol{x}\|^a\tag{3.142}$$

$$\left\|\frac{\partial V}{\partial\boldsymbol{x}}\right\|\leqslant c_4\|\boldsymbol{x}\|\tag{3.143}$$

若扰动项满足

$$\|\Delta(t,\boldsymbol{x})\|\leqslant\gamma\|\boldsymbol{x}\|,\quad\forall t\geqslant 0,\forall\boldsymbol{x}\in D_x\tag{3.144}$$

其中 $\gamma$ 为非负常数,并且满足

$$\gamma<\frac{c_3}{c_4}\tag{3.145}$$

那么 $\boldsymbol{x}=\mathbf{0}$ 是扰动系统(3.140) 的一个指数稳定平衡点。

更一般的情况,若 $\Delta(t,\mathbf{0})\neq\mathbf{0}$,原点 $\boldsymbol{x}=\mathbf{0}$ 就可能不是扰动系统(3.140) 的平衡点,此时不能再把原点作为一个平衡点来研究其稳定性,也不应该期望在 $t\to\infty$ 时扰动系统(3.140) 的解趋于原点。如果 $\Delta(t,\mathbf{0})$ 在某种意义下很小,则最好的结果是 $\boldsymbol{x}(t)$ 最终收敛到一个很小的界。

**引理 3.5**　$\boldsymbol{x}=\mathbf{0}$ 为标称系统 $\dot{\boldsymbol{x}}(t)=\boldsymbol{F}(t,\boldsymbol{x}(t))$ 的一个指数稳定平衡点,$V(t,\boldsymbol{x})$ 是标称系统在 $[0,\infty)\times D_x$ 上满足式(3.141) ～ 式(3.143) 的 Lyapunov 函数,其中 $D_x=\{\boldsymbol{x}\in\mathbf{R}^n \mid \|\boldsymbol{x}\|<r\}$。假设对于所有的 $t\geqslant 0$ 和 $\boldsymbol{x}\in D_x$ 及正常数 $\theta<1$,扰动项 $\Delta(t,\boldsymbol{x})$ 满足

$$\|\Delta(t,\boldsymbol{x})\|\leqslant\delta<\frac{c_3}{c_4}\sqrt{\frac{c_1}{c_2}}\theta r \tag{3.146}$$

则对于所有的 $\|\boldsymbol{x}(t_0)\|<\sqrt{c_1/c_2}\,r$,扰动系统(3.140) 的解满足

$$\|\boldsymbol{x}(t)\|<k\mathrm{e}^{-\gamma(t-t_0)}\|\boldsymbol{x}(t_0)\|,\quad \forall\, t_0\leqslant t<t_0+T \tag{3.147}$$

且

$$\|\boldsymbol{x}(t)\|<b,\quad \forall\, t\geqslant t_0+T \tag{3.148}$$

其中 $T$ 有限

$$k=\sqrt{\frac{c_2}{c_1}},\quad \gamma=\frac{(1-\theta)c_3}{c_2},\quad b=\frac{c_4}{c_3}\sqrt{\frac{c_2}{c_1}}\,\frac{\delta}{\theta} \tag{3.149}$$

根据上述引理可知,由于 $\dot{\boldsymbol{x}}=\boldsymbol{F}(t,\boldsymbol{x})$ 指数稳定,所以在 $\|\Delta\|$ 不大时,轨迹线性化控制方法能够对系统中存在的不确定具有本质上的鲁棒性。然而,另一方面由于线性化的处理,这种指数稳定仅仅是局部的,显然随着 $\|\Delta\|$ 的增大,轨迹线性化控制方法的控制性能将不断降低直至失效。因此,有必要进一步研究改进和提高轨迹线性化控制方法控制性能的途径,使其更加适应实际应用中的严格要求。

### 3.3.2　鲁棒轨迹线性化控制方法(Robust Trajectory Linearization Control Method)

不失一般性,考虑如下非线性不确定多输入多输出系统

$$\begin{aligned}\dot{\boldsymbol{\xi}}&=\boldsymbol{f}(\boldsymbol{\xi})+\boldsymbol{g}_1(\boldsymbol{\xi})\boldsymbol{\mu}+\boldsymbol{g}_2(\boldsymbol{\xi})\Delta\\ \boldsymbol{\eta}&=\boldsymbol{h}(\boldsymbol{\xi})\end{aligned} \tag{3.150}$$

其中,$\boldsymbol{\xi}\in\mathbf{R}^{n\times1}$ 表示系统状态;$\boldsymbol{\mu}\in\mathbf{R}^{p\times1}$ 表示控制输入;$\boldsymbol{f}\in\mathbf{R}^{n\times1}$,$\boldsymbol{g}_1$,$\boldsymbol{g}_2\in\mathbf{R}^{n\times p}$,$\boldsymbol{h}\in\mathbf{R}^m$ 光滑有界;$\Delta\in\mathbf{R}^p$ 表示未知的建模误差、外界干扰等不确定因素。

**假设 3.1**　在 $\boldsymbol{\xi}$ 定义域上,存在范数有界的非奇异矩阵 $\boldsymbol{g}_0(\boldsymbol{\xi})\in\mathbf{R}^{p\times p}$ 使得下式成立:

$$\boldsymbol{g}_1(\boldsymbol{\xi})\boldsymbol{g}_0(\boldsymbol{\xi})=\boldsymbol{g}_2(\boldsymbol{\xi}) \tag{3.151}$$

不确定非线性系统控制问题研究中,一种非常直观的设计思想是通过对系统中不确定因素的有效估计,然后利用估计值设计补偿控制律来提高原有控制器的控制性能。那么,若假设 $\hat{\Delta}$ 表示 $\Delta$ 的估计值,则可以考虑如下控制策略:

$$\boldsymbol{\mu}=\bar{\boldsymbol{\mu}}+\boldsymbol{u}-\boldsymbol{u}_{\text{com}} \tag{3.152}$$

其中 $\boldsymbol{u}_{\text{com}}$ 为基于 $\hat{\Delta}$ 设计的补偿控制律,满足

$$\boldsymbol{u}_{\text{com}}=\boldsymbol{g}_0(\boldsymbol{\xi})\hat{\Delta} \tag{3.153}$$

既然式(3.151) 成立,则将新的控制策略(3.152) 和(3.153) 代入(3.140),可得

$$\dot{\boldsymbol{x}} = \boldsymbol{f}(\boldsymbol{\xi}) + \boldsymbol{g}_1(\boldsymbol{\xi})(\bar{\boldsymbol{\mu}} + \boldsymbol{u} - \boldsymbol{u}_{\text{com}}) + \boldsymbol{g}_2(\boldsymbol{\xi})\Delta - \boldsymbol{f}(\bar{\boldsymbol{\xi}}) - \boldsymbol{g}_1(\bar{\boldsymbol{\xi}})\bar{\boldsymbol{\mu}} =$$
$$\boldsymbol{f}(\boldsymbol{\xi}) + \boldsymbol{g}_1(\boldsymbol{\xi})(\bar{\boldsymbol{\mu}} + \boldsymbol{u}) - \boldsymbol{f}(\bar{\boldsymbol{\xi}}) - \boldsymbol{g}_1(\bar{\boldsymbol{\xi}})\bar{\boldsymbol{\mu}} - \boldsymbol{g}_1(\boldsymbol{\xi})\boldsymbol{u}_{\text{com}} + \boldsymbol{g}_2(\boldsymbol{\xi})\Delta =$$
$$\boldsymbol{F}(t,\boldsymbol{x}) + \boldsymbol{g}_2(\boldsymbol{\xi})(\Delta - \hat{\Delta}) \tag{3.154}$$

显然，如果$\hat{\Delta}$能够正确估计出$\Delta$，则可以设计补偿控制律$\boldsymbol{u}_{\text{com}}$抵消不确定因素$\Delta$的影响，从而达到提高轨迹线性化控制方法控制性能的目的。新改进的鲁棒轨迹线性化控制方法结构如图 3.6 所示。

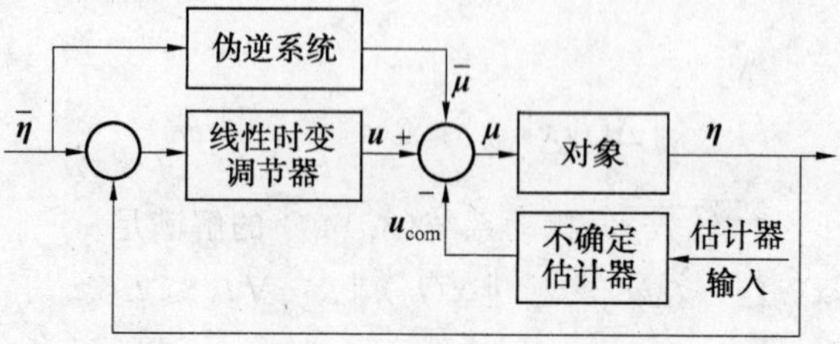


图 3.6　鲁棒轨迹线性化控制方法结构图

本章中，不确定估计器采用非线性干扰观测器实现：

$$\begin{cases} \hat{\Delta} = \boldsymbol{z} + \boldsymbol{\varphi}(\boldsymbol{\xi}) \\ \dot{\boldsymbol{z}} = -\boldsymbol{l}(\boldsymbol{\xi})\boldsymbol{g}_2(\boldsymbol{\xi})[\boldsymbol{z} + \boldsymbol{\varphi}(\boldsymbol{\xi})] - \boldsymbol{l}(\boldsymbol{\xi})[\boldsymbol{f}(\boldsymbol{\xi}) + \boldsymbol{g}_1(\boldsymbol{\xi})\boldsymbol{\mu}] \end{cases} \tag{3.155}$$

其中$\boldsymbol{z} \in \mathbf{R}^p$表示非线性干扰观测器的内部状态；$\boldsymbol{\varphi}(\boldsymbol{\xi}) \in \mathbf{R}^p$表示待设计的非线性函数向量；$\boldsymbol{l}(\boldsymbol{\xi}) \in \mathbf{R}^{p\times n}$表示非线性干扰观测器增益矩阵且满足

$$\boldsymbol{l}(\boldsymbol{\xi}) = \frac{\partial \boldsymbol{\varphi}(\boldsymbol{\xi})}{\partial \boldsymbol{\xi}} \tag{3.156}$$

现定义观测误差为

$$\boldsymbol{e}_\Delta = \Delta - \hat{\Delta} \tag{3.157}$$

由于缺乏$\Delta$的先验知识，不妨假设$\dot{\Delta} \approx 0$成立，其含义为相对于观测器动态来说，未知干扰变化较慢。因此观测器误差动态特性为

$$\dot{\boldsymbol{e}}_\Delta = \dot{\Delta} - \dot{\hat{\Delta}} \approx -\dot{\hat{\Delta}} \tag{3.158}$$

将式(3.150)、式(3.155)和式(3.156)代入式(3.158)得

$$\dot{\boldsymbol{e}}_\Delta \approx -\dot{\hat{\Delta}} = -\dot{\boldsymbol{z}} - \frac{\partial \boldsymbol{\varphi}(\boldsymbol{\xi})}{\partial \boldsymbol{\xi}}\dot{\boldsymbol{\xi}} = -\dot{\boldsymbol{z}} - \boldsymbol{l}(\boldsymbol{\xi})\dot{\boldsymbol{\xi}} =$$
$$\boldsymbol{l}(\boldsymbol{\xi})\boldsymbol{g}_2(\boldsymbol{\xi})[\boldsymbol{z} + \boldsymbol{\varphi}(\boldsymbol{\xi})] + \boldsymbol{l}(\boldsymbol{\xi})[\boldsymbol{f}(\boldsymbol{\xi}) + \boldsymbol{g}_1(\boldsymbol{\xi})\boldsymbol{\mu}] -$$
$$\boldsymbol{l}(\boldsymbol{\xi})[\boldsymbol{f}(\boldsymbol{\xi}) + \boldsymbol{g}_1(\boldsymbol{\xi})\boldsymbol{\mu} + \boldsymbol{g}_2(\boldsymbol{\xi})\Delta] =$$
$$-\boldsymbol{l}(\boldsymbol{\xi})\boldsymbol{g}_2(\boldsymbol{\xi})\boldsymbol{e}_\Delta \tag{3.159}$$

考虑到系统状态$\boldsymbol{\xi}$可视为式(3.159)中的时变参数，因此式(3.159)简记为

$$\dot{\boldsymbol{e}}_\Delta(t) = \boldsymbol{F}_\Delta(t, \boldsymbol{e}_\Delta) \tag{3.160}$$

对于式(3.154)和式(3.160)作如下假设：

**假设 3.2**　$\boldsymbol{x} = \boldsymbol{0}$为无扰系统$\dot{\boldsymbol{x}} = \boldsymbol{F}(t,\boldsymbol{x})$的孤立平衡点，$F\colon [0,\infty) \times D_x \to \mathbf{R}^n$，$D_x = \{\boldsymbol{x} \in \mathbf{R}^n \mid \|\boldsymbol{x}\| < r\}$连续可微，存在标称控制律$\bar{\boldsymbol{\mu}}$和线性时变反馈控制律$\boldsymbol{u}$使得$\dot{\boldsymbol{x}} = \boldsymbol{F}(t,\boldsymbol{x})$

局部指数稳定。

**假设 3.3**　$\boldsymbol{e}_\Delta=\mathbf{0}$ 为干扰观测误差动态 $\dot{\boldsymbol{e}}_\Delta(t)=\boldsymbol{F}_\Delta(t,\boldsymbol{e}_\Delta)$ 的孤立平衡点，$\boldsymbol{F}_\Delta:[0,\infty)\times D_\Delta\to\mathbf{R}^n$，$D_\Delta=\{\boldsymbol{e}_\Delta\in\mathbf{R}^n\mid\|\boldsymbol{e}_\Delta\|<\infty\}$，存在非线性函数向量 $\boldsymbol{\varphi}(\boldsymbol{\xi})$ 使得 $\dot{\boldsymbol{e}}_\Delta(t)=\boldsymbol{F}_\Delta(t,\boldsymbol{e}_\Delta)$ 对于任意 $\boldsymbol{\xi}\in\mathbf{R}^n$ 全局指数稳定。

**定理 3.9**　对于由式(3.138)和式(3.155)构成的增广系统，若假设 3.1，3.2，3.3 成立，且系统状态误差初始值 $\boldsymbol{x}_0$ 和干扰观测估计误差初始值 $\boldsymbol{e}_{\Delta 0}$ 满足：$\|\boldsymbol{x}_0\|<r$，$\|\boldsymbol{e}_{\Delta 0}\|<r_\Delta$，其中 $r_\Delta$ 为给定标量(能够为任意大)，则有

$$\begin{aligned}&\lim_{t\to\infty}\boldsymbol{x}(t)\to 0\\&\lim_{t\to\infty}\boldsymbol{e}_\Delta(t)\to 0\end{aligned}\tag{3.161}$$

成立。

**证明**　根据假设 3.2，存在 Lyapunov 函数 $V_x(t,\boldsymbol{x})$ 满足

$$c_1\|\boldsymbol{x}\|^2\leqslant V_x(t,\boldsymbol{x})\leqslant c_2\|\boldsymbol{x}\|^2\tag{3.162}$$

$$\frac{\partial V_x}{\partial t}+\frac{\partial V_x}{\partial\boldsymbol{x}}\boldsymbol{F}(t,\boldsymbol{x})\leqslant -c_3\|\boldsymbol{x}\|^2\tag{3.163}$$

$$\left\|\frac{\partial V_x}{\partial\boldsymbol{x}}\right\|\leqslant c_4\|\boldsymbol{x}\|\tag{3.164}$$

其中 $c_1,c_2,c_3,c_4$ 为正常数。

再由假设 3.3 成立可知，存在 Lyapunov 函数 $V_\Delta(t,\boldsymbol{e}_\Delta)$ 满足

$$\gamma_1\|\boldsymbol{e}_\Delta\|^2\leqslant V_\Delta(t,\boldsymbol{e}_\Delta)\leqslant\gamma_2\|\boldsymbol{e}_\Delta\|^2\tag{3.165}$$

$$\frac{\partial V_\Delta}{\partial t}+\frac{\partial V_\Delta}{\partial\boldsymbol{e}_\Delta}\boldsymbol{F}_\Delta(t,\boldsymbol{e}_\Delta)\leqslant -\gamma_3\|\boldsymbol{e}_\Delta\|^2\tag{3.166}$$

$$\left\|\frac{\partial V_\Delta}{\partial\boldsymbol{e}_\Delta}\right\|\leqslant\gamma_4\|\boldsymbol{e}_\Delta\|\tag{3.167}$$

其中 $\gamma_1,\gamma_2,\gamma_3,\gamma_4$ 为正常数。

那么对于闭环增广系统

$$\begin{cases}\dot{\boldsymbol{x}}=\boldsymbol{F}(t,\boldsymbol{x})+\boldsymbol{g}_2(\boldsymbol{\xi})(\Delta-\hat{\Delta})\\ \dot{\boldsymbol{e}}_\Delta=\boldsymbol{F}_\Delta(t,\boldsymbol{e}_\Delta)\end{cases}\tag{3.168}$$

定义如下二次型函数

$$V=V_x+\rho V_\Delta\tag{3.169}$$

其中 $\rho$ 为任意大正数。

令 $V$ 对时间 $t$ 求导可得

$$\dot{V}=\frac{\partial V_x}{\partial t}+\frac{\partial V_x}{\partial\boldsymbol{x}}\dot{\boldsymbol{x}}+\rho\left(\frac{\partial V_\Delta}{\partial t}+\frac{\partial V_\Delta}{\partial\boldsymbol{e}_\Delta}\dot{e}_\Delta\right)\tag{3.170}$$

代入式(3.168)，整理得

$$\dot{V}=\frac{\partial V_x}{\partial t}+\frac{\partial V_x}{\partial\boldsymbol{x}}\boldsymbol{F}(t,\boldsymbol{x})+\frac{\partial V_x}{\partial\boldsymbol{x}}\boldsymbol{g}_2(\boldsymbol{\xi})\boldsymbol{e}_\Delta+\rho\frac{\partial V_\Delta}{\partial t}+\rho\frac{\partial V_\Delta}{\partial\boldsymbol{e}_\Delta}\boldsymbol{F}_\Delta(t,\boldsymbol{e}_\Delta)\tag{3.171}$$

因为 $\boldsymbol{g}_2(\boldsymbol{\xi})$ 光滑有界，不妨记 $\|\boldsymbol{g}_2(\boldsymbol{\xi})\|\leqslant\sigma$，$\sigma>0$，那么有

$$\dot{V}\leqslant -c_3\|\boldsymbol{x}\|^2+\left\|\frac{\partial V_x}{\partial\boldsymbol{x}}\right\|\|\boldsymbol{g}_2(\boldsymbol{\xi})\|\|\boldsymbol{e}_\Delta\|-\gamma_3\rho\|\boldsymbol{e}_\Delta\|^2\tag{3.172}$$

$$\begin{aligned}\dot{V} \leqslant & -c_3\|\boldsymbol{x}\|^2+c_4\sigma\|\boldsymbol{x}\|\|\boldsymbol{e}_\Delta\|-\gamma_3\rho\|\boldsymbol{e}_\Delta\|^2= \\ & -c_3\left(\|\boldsymbol{x}\|-\frac{c_4}{2c_3}\sigma\|\boldsymbol{e}_\Delta\|\right)^2+\frac{c_4^2}{4c_3}\sigma^2\|\boldsymbol{e}_\Delta\|^2-\gamma_3\rho\|\boldsymbol{e}_\Delta\|^2= \\ & -c_3\left(\|\boldsymbol{x}\|-\frac{c_4}{2c_3}\sigma\|\boldsymbol{e}_\Delta\|\right)^2-\left(\gamma_3\rho-\frac{c_4^2}{4c_3}\sigma^2\right)\|\boldsymbol{e}_\Delta\|^2\leqslant \\ & -\left(\gamma_3\rho-\frac{c_4^2}{4c_3}\sigma^2\right)\|\boldsymbol{e}_\Delta\|^2\end{aligned} \tag{3.173}$$

当选择 $\rho$ 充分大时，有 $\dot{V}<0$ 成立，所以有 $\lim\limits_{t\to\infty}\boldsymbol{x}(t)\to 0$，$\lim\limits_{t\to\infty}\boldsymbol{e}_\Delta(t)\to 0$ 成立。证毕。

整个鲁棒轨迹线性化控制器的设计步骤如下：

(1) 在假设 $\Delta=0$ 条件下，基于 TLC 方法设计标称输入 $\bar{\boldsymbol{\mu}}$ 以及 LTV 反馈控制律 $\boldsymbol{u}$ 使得 $\dot{\boldsymbol{x}}=\boldsymbol{F}(t,\boldsymbol{x})$ 局部指数稳定并满足一定性能指标的要求。

(2) 设计 $\boldsymbol{\varphi}(\boldsymbol{\xi})$ 保证观测器误差动态特性(3.159) 关于任意 $\boldsymbol{\xi}\in\mathbf{R}^n$ 全局指数稳定。

(3) 实现非线性干扰观测器(3.155)，并利用其输出 $\hat{\Delta}$ 设计补偿控制律 $\boldsymbol{u}_{\text{com}}$ 抵消不确定项 $\Delta$ 的影响，使得整个系统获得更好的控制性能。

### 3.3.3　设计实例(Design Example)

考虑如下单输入单输出不确定非线性系统：

$$\begin{aligned}\dot{z}&=-\frac{\sin(4\pi z)}{4\pi z^2+1}+(2+\cos(7z))\mu+\Delta \\ \eta&=z\end{aligned} \tag{3.174}$$

按照前面给出的鲁棒轨迹线性化控制器设计步骤，首先令 $\Delta=0$，那么既然 $\eta=z$ 且系统相对阶为 1，则可以求得标称控制输入为

$$\bar{\mu}=\frac{1}{2+\cos(7\bar{z})}\left[\dot{\bar{z}}+\frac{\sin(4\pi\bar{z})}{4\pi\bar{z}^2+1}\right] \tag{3.175}$$

为了保证系统的因果特性，$\dot{\bar{z}}$ 将由标称指令 $\bar{z}$ 经过下列伪微分器求得

$$G(s)=\frac{10s}{s+10} \tag{3.176}$$

在实现轨迹线性化控制器的过程中，可以通过定义增广的系统状态向量，使控制系统获得更好的控制性能，具体定义如下：

$$\boldsymbol{\xi}=\begin{bmatrix}\xi_1\\ \xi_2\end{bmatrix}=\begin{bmatrix}\int z\mathrm{d}t\\ z\end{bmatrix},\quad \bar{\boldsymbol{\xi}}=\begin{bmatrix}\bar{\xi}_1\\ \bar{\xi}_2\end{bmatrix}=\begin{bmatrix}\int \bar{z}\mathrm{d}t\\ \bar{z}\end{bmatrix} \tag{3.177}$$

则原系统(3.174) 的增广形式为

$$\begin{aligned}\dot{\boldsymbol{\xi}}&=\boldsymbol{f}(\boldsymbol{\xi})+\boldsymbol{g}_1(\boldsymbol{\xi})\boldsymbol{\mu} \\ \boldsymbol{\eta}&=\xi_2\end{aligned} \tag{3.178}$$

其中

$$\boldsymbol{f}=\left[\xi_2\quad -\frac{\sin(4\pi\xi_2)}{4\pi\xi_2^2+1}\right]^{\mathrm{T}}$$

$$\boldsymbol{g}_1 = [0 \quad 2+\cos(7\xi_2)]^{\mathrm{T}}$$

定义状态误差 $\boldsymbol{x}=\boldsymbol{\xi}-\bar{\boldsymbol{\xi}}$ 并将式(3.178)在 $\bar{\xi},\bar{\mu}$ 近似线性化可得 $\boldsymbol{A}(t)$,$\boldsymbol{B}(t)$ 分别为

$$\boldsymbol{A}(t)=\begin{bmatrix}0 & 1\\ 0 & a_{22}\end{bmatrix},\quad \boldsymbol{B}(t)=\begin{bmatrix}0\\ b_2\end{bmatrix} \tag{3.179}$$

其中

$$a_{22}=-\frac{4\pi\cos(4\pi\bar{\xi}_2)}{(4\pi\bar{\xi}_2^2+1)}+\frac{8\pi\bar{\xi}_2\sin(4\pi\bar{\xi}_2)}{(4\pi\bar{\xi}_2^2+1)^2}-7\sin(7\bar{\xi}_2)\bar{\mu}$$

$$b_2=2+\cos(7\bar{\xi}_2)$$

若期望的闭环系统响应特性为

$$\mathbf{A}_{\mathrm{c}}=\begin{bmatrix}0 & 1\\ -\beta_1(t) & -\beta_2(t)\end{bmatrix} \tag{3.180}$$

其中时变参数 $\tau_i(t)$,$i=1,2$ 由 DAST 相关理论求得

$$\begin{cases}\beta_1(t)=\omega_n^2(t)\\ \beta_2(t)=2\zeta\omega_n(t)-\dot{\omega}_n(t)/\omega_n(t)\end{cases} \tag{3.181}$$

相应的时变增益矩阵为

$$\mathbf{K}(t)=\frac{1}{b_2}[-\beta_1(t) \quad -\beta_2(t)-a_{22}] \tag{3.182}$$

那么总的控制输入为

$$\mu=\bar{\mu}+\boldsymbol{K}(t)\boldsymbol{x}(t) \tag{3.183}$$

取闭环系统阻尼 $\zeta=0.7$,时变带宽 $\omega_n(t)=4$,系统初始值 $z_0=0.1$。图 3.7 给出了参考轨迹分别为 $\bar{\boldsymbol{\eta}}=0.3\sin(t/2)+0.5\cos(t)$ 和经过 $2/(s+2)$ 滤波的方波信号时的仿真曲线,可见闭环系统在 $\Delta=0$ 条件下具有良好的响应性能。

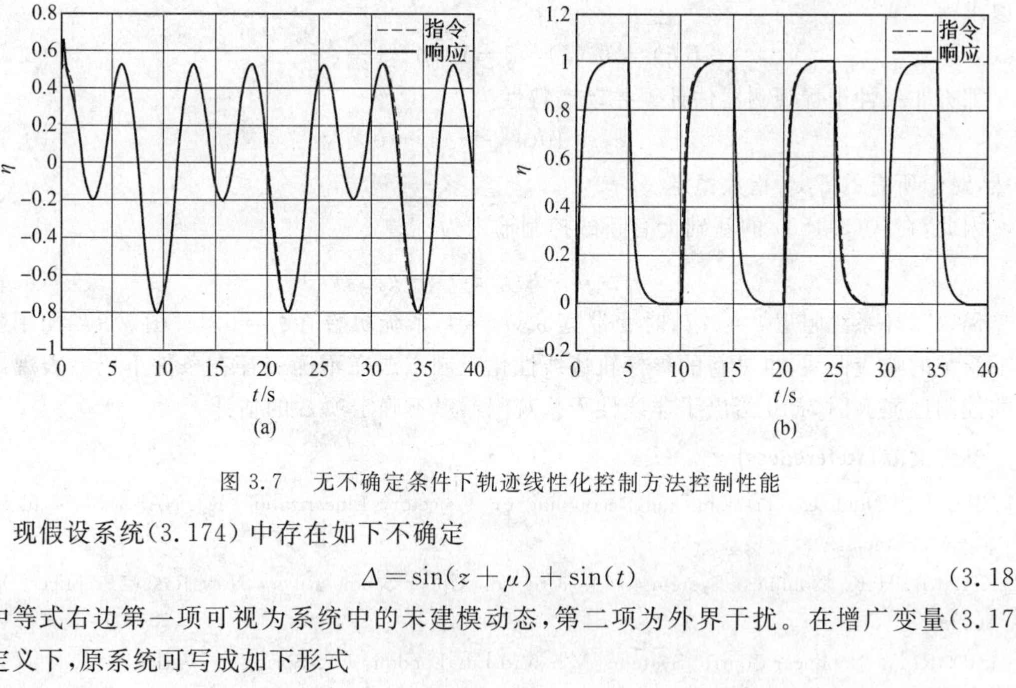


图 3.7　无不确定条件下轨迹线性化控制方法控制性能

现假设系统(3.174)中存在如下不确定

$$\Delta=\sin(z+\mu)+\sin(t) \tag{3.184}$$

其中等式右边第一项可视为系统中的未建模动态,第二项为外界干扰。在增广变量(3.177)的定义下,原系统可写成如下形式

$$\begin{aligned} \dot{\boldsymbol{\xi}} &= \boldsymbol{f}(\boldsymbol{\xi}) + \boldsymbol{g}_1(\boldsymbol{\xi})\mu + \boldsymbol{g}_2(\boldsymbol{\xi})\Delta \\ \boldsymbol{y} &= \xi_2 \end{aligned} \tag{3.185}$$

其中 $\boldsymbol{g}_2 = [0 \quad 1]^{\mathrm{T}}$。仍令控制输入为式(3.183)，图 3.8 给出了相同控制参数和初始条件下系统的响应曲线，此时轨迹线性化控制方法的控制性能大大下降，在图 3.8(b) 中已经发散。

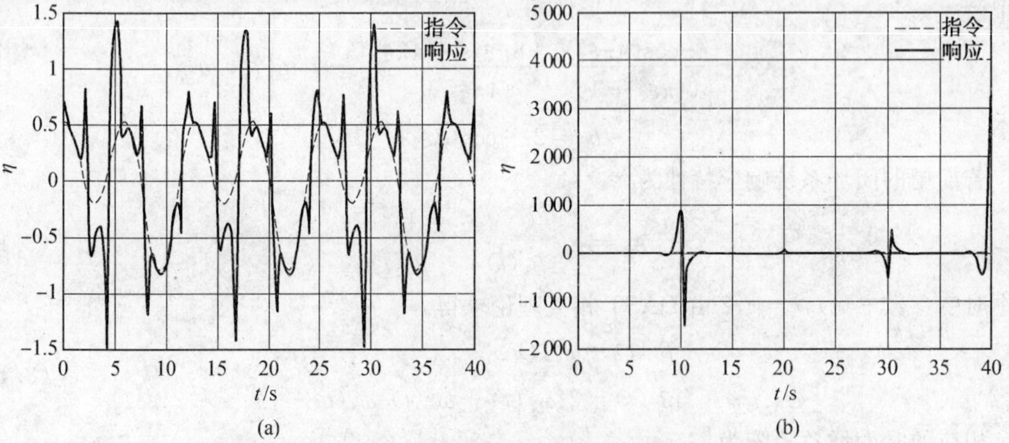


图 3.8　不确定条件下轨迹线性化控制方法控制性能

为了克服不确定因素对系统性能的影响，可以考虑采用改进的鲁棒轨迹线性化控制方法。根据 $\boldsymbol{g}_1(\boldsymbol{\xi})$，$\boldsymbol{g}_2(\boldsymbol{\xi})$ 的形式，不难求得

$$\boldsymbol{g}_0 = \frac{1}{2 + \cos(7\xi_2)} \tag{3.186}$$

以满足假设 3.1 的要求。取

$$\varphi(\boldsymbol{\xi}) = 10(\xi_2 + \xi_2^3/3) \tag{3.187}$$

可以求得

$$\boldsymbol{l}(\boldsymbol{\xi}) = \partial\varphi(\boldsymbol{\xi})/\partial\boldsymbol{\xi} = 10[0 \quad 1 + \xi_2^2] \tag{3.188}$$

那么非线性干扰观测器估计误差动态特性为

$$\dot{\boldsymbol{e}}_\Delta + 10(1 + \xi_2^2)\boldsymbol{e}_\Delta = 0 \tag{3.189}$$

显然，对于所有的 $\boldsymbol{\xi}$，$\boldsymbol{e}_\Delta$ 指数稳定。

因此，在式(3.183) 的基础上有新的控制输入为

$$\mu = \bar{\mu} + \boldsymbol{K}(t)\boldsymbol{x}(t) - \boldsymbol{g}_0\hat{\Delta} \tag{3.190}$$

仍取闭环系统阻尼 $\zeta = 0.7$，时变带宽 $\omega_n(t) = 4$，系统初始值 $\xi_0 = 0.1$。图 3.9 给出了新策略下系统的响应曲线，可见新的鲁棒轨迹线性化控制方法在不确定存在条件下仍能表现出优异的控制性能。图 3.10 给出了非线性干扰观测器对不确定项 $\Delta$ 的估计。

**参考文献(References)**

[1] ZHU J J. Nonlinear Tracking and Decoupling by Trajectory Linearization[R]. NASA Marshall Space Flight Center, 1998.

[2] KHALIL H K. Nonlinear Systems[M]. 3 rd Ed. Upper Saddle River, New Jersey: Prentice－Hall, 2002.

[3] ISIDORI A. Nonlinear Control Systems[M]. 3 rd Ed. London, UK: Springer－Verlag, 1995.

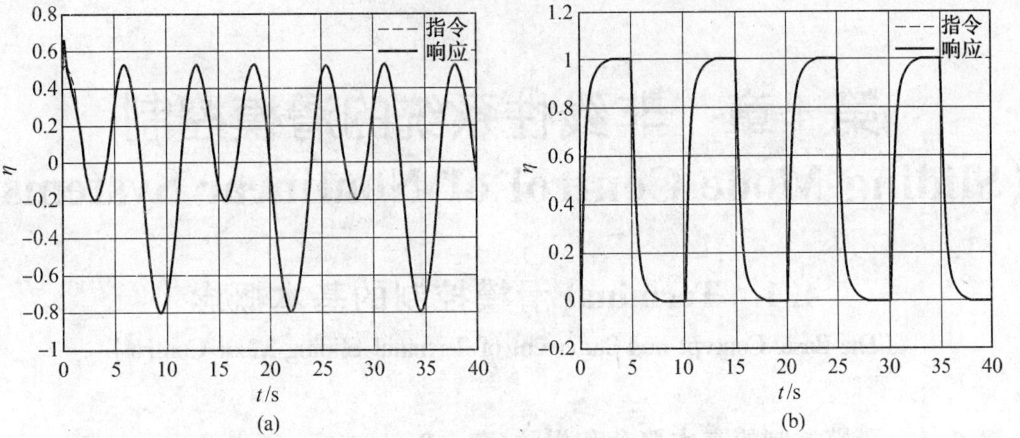


图 3.9　鲁棒轨迹线性化控制方法控制性能

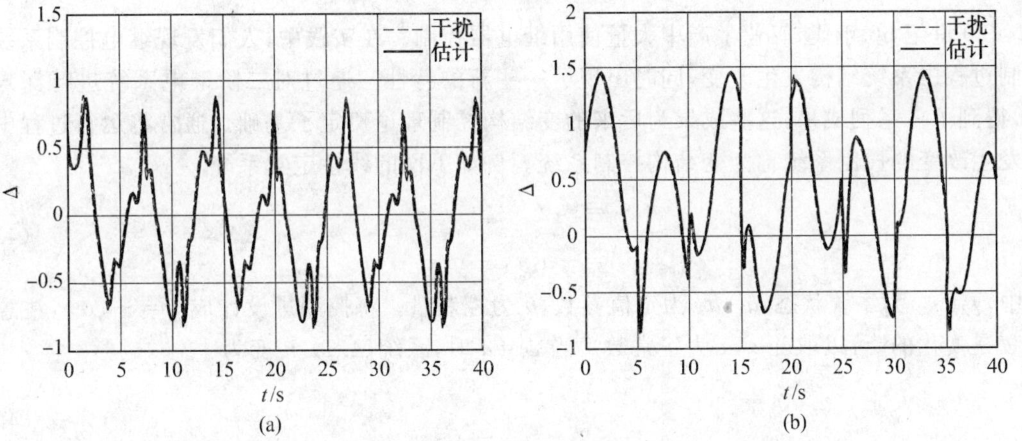


图 3.10　非线性干扰观测器对系统中不确定因素的估计

[4] ZHU J and JOHNSON C D. Unified Canonical Forms for Matrices Over a Differential Ring[J]. Linear Algebra and its Applications, 1991, 147: 201－248.

[5] ZHU J J. A Unified Spectral Theory for Linear Time－varying Systems－Progress and Challenges[J]. In: Proceedings of 34th IEEE Conference on Decision & Control, New Orleans: IEEE, 1995: 2540－2546.

[6] ZHU J J. A Necessary and Sufficient Stability Criterion for Linear Time－varying Systems[J]. In: Proceedings of the 28th Southeastern Symposium on System Theory[C], 1996: 115－119.

[7] ZHU J J. PD－spectral Theory for Multivariable Linear Time－varying Systems[J]. In: Proceedings of the 36th Conf. on Decision & Control, San Diego: IEEE, 1997: 3908－3913.

[8] 郑大钟. 线性系统理论[M]. 2 版. 北京:清华大学出版社,2002.

[9] 姜长生,孙隆和,吴庆宪,等. 系统理论与鲁棒控制[M]. 北京:航空工业出版社,1998.

[10] LEE H C, and CHOI J W. Ackermann－like Eigenvalue Assignment Formulae for Linear Time－varying Systems[J]. IEE Proceeding of Control Theory and Applications, 2005, 152(4): 427－434.

[11] 朱亮. 空天飞行器不确定非线性鲁棒控制[D]. 南京航空航天大学博士论文,2006.

# 第 4 章 非线性系统的滑模控制 (Sliding Mode Control of Nonlinear Systems)

## 4.1 Terminal 滑模控制的基本概念 (The Basic Concept and Statement of Terminal Sliding Mode Control)

### 4.1.1 滑模控制的基本概念和提法(The Basic Concept and Statement of Sliding Mode Control)

20 世纪 60 年代,工业生产中大量使用继电器控制。在实践中,人们发现继电控制系统在控制过程中系统结构发生改变,同时出现了一些新的特性。通过对二阶继电系统进行深入研究,得到了一系列成果,这些成果为后来的变结构控制理论奠定了基础。通常将运行过程中结构发生改变的控制系统称为变结构控制系统。例如下面的线性定常系统

$$\begin{cases} \dot{x}_1 = x_2 \\ \dot{x}_2 = -a_1 x_1 - a_2 x_2 + u \end{cases} \tag{4.1}$$

其中,$x_1$,$x_2$ 为系统状态,$a_1$,$a_2$ 为定值参数,$u$ 为控制量。将控制量设计成 $u = -\psi x_1$,注意参数 $\psi$ 是变化的,可以取 $\pm a$,$a$ 为正常数。当 $\psi = a$ 时,系统(4.1) 转变为

$$\begin{cases} \dot{x}_1 = x_2 \\ \dot{x}_2 = -a_1 x_1 - a_2 x_2 + a x_1 \end{cases} \tag{4.2}$$

当 $a_1$ 为负数,且 $a$ 满足二阶方程根与系数关系的适当条件时,系统特征方程有一正一负实根,则系统(4.2) 的原点为鞍点,如图 4.1 所示。当 $\psi = -a$ 时,系统(4.2) 转变为

$$\begin{cases} \dot{x}_1 = x_2 \\ \dot{x}_2 = -a_1 x_1 - a_2 x_2 - a x_1 \end{cases} \tag{4.3}$$

其特征方程有对称复数根,则系统(4.2) 的原点为不稳定焦点,如图 4.2 所示。

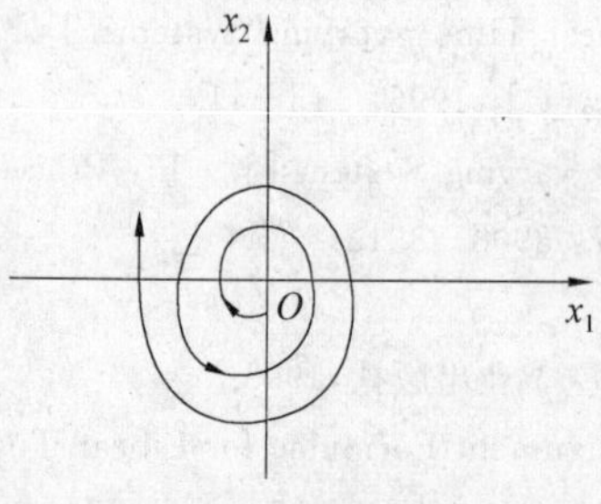


图 4.1 $\psi = a$ 时系统(4.1) 的相图

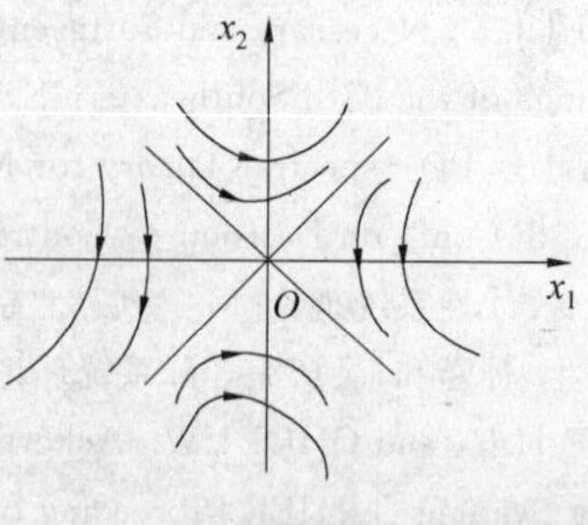


图 4.2 $\psi = -a$ 时系统(4.1) 的相图

从上面的例子可以看出,系统(4.1) 在控制量作用下结构发生了改变,分别为系统(4.2)、

(4.3)，而这两种结构都是不稳定的。下面设计适当的切换控制，可以将系统(4.1) 根据一定的条件进行切换，达到稳定闭环系统的目的。若按如下规律改变系统结构

$$\psi=\begin{cases}a, & s>0\\ -a, & s<0\end{cases} \tag{4.4}$$

其中 $s=x_2+cx_1=0, c>0$，表示位于 $x_1$ 轴和图 4.2 的渐进线之间的一条直线，如图 4.3 所示。

根据控制是否切换，将相平面分成 $\phi_1,\phi_2,\phi_3,\phi_4$ 四个部分。显然在 $\phi_1$ 区间，系统轨迹按图 4.2 所示的规律运动，而进入 $\phi_2$ 区间，由于控制的切换改变了系统结构，则此时系统轨迹按图 4.1 所示的规律运动，一直运动到 $s=0$ 这条直线。$\phi_3,\phi_4$ 区间的情况也类似。换而言之，从相平面上任何点出发的系统轨迹都会碰到直线 $s=0$，并且不再离开。因为即使状态轨迹离开该直线，也又会引起控制的切换，还是会回到 $s=0$。将状态轨迹运动到 $s=0$，并且不再离开，称为进入该直线。

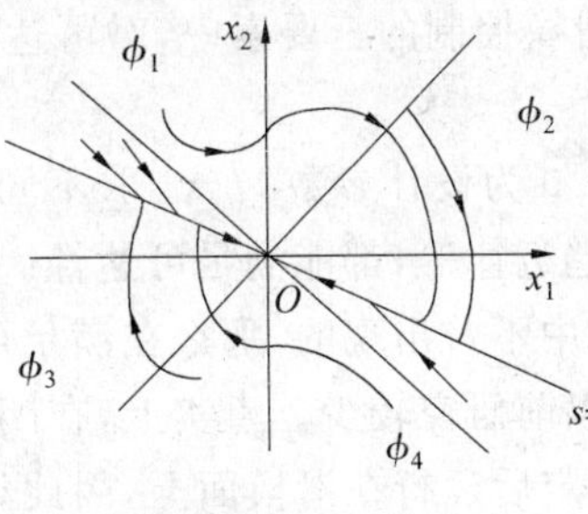


图 4.3　切换控制下系统(4.1) 的相图

进入该直线后，将沿着这条直线收敛到原点，并且运动规律已经确定，即

$$s=x_2+cx_1=0 \tag{4.5}$$

解式(4.5)，可得 $s=0$ 上，系统轨迹的运动为

$$x_1(t)=x_1(0)\mathrm{e}^{-ct} \tag{4.6}$$

其中，$x_1(0)$ 为 $x_1$ 的初始值。式(4.5) 表明，当 $t\to\infty$ 时，$x_1(t)\to 0$，即渐进稳定。

从上面的分析可以看出，通过采用适当的切换控制改变系统结构，使原来不稳定的系统稳定了，并且产生了新的轨迹 $s=0$。该轨迹具有独特的性质，即系统状态都会进入该直线，且不再离开，随后沿该直线收敛到原点。我们将这种 $s=0$ 上的运动称为滑模运动。注意，系统在 $x_1$ 轴上控制并不发生切换，因为 $\psi$ 改变符号的同时，$x_1$ 也改变，导致控制并不改变。有了上面的分析，可以给出滑模变结构控制的定义。

对于控制系统

$$\dot{\boldsymbol{x}}=\boldsymbol{f}(\boldsymbol{x},\boldsymbol{u},t) \tag{4.7}$$

其中 $\boldsymbol{x}\in\mathbf{R}^n, \boldsymbol{u}\in\mathbf{R}^m$。通过确定切换函数 $s(\boldsymbol{x})$，并设计滑模变结构控制律

$$\boldsymbol{u}=\begin{cases}\boldsymbol{u}^+, & s(\boldsymbol{x})>0\\ \boldsymbol{u}^-, & s(\boldsymbol{x})<0\end{cases} \tag{4.8}$$

变结构体现在 $\boldsymbol{u}^+\neq\boldsymbol{u}^-$，而滑模控制体现在必须出现新的轨迹 $s(\boldsymbol{x})=0$，且是滑模运动。注意，并不是所有的变结构切换控制都会产生滑模运动。这样的控制系统称为滑模变结构控制系统，或滑模控制系统。

变结构控制理论不是一种分析方法，而是一种综合方法，其重点是系统的设计。需要解决的设计问题有两个，一是选取切换函数 $s(\boldsymbol{x})$，或者是选取滑动面 $s(\boldsymbol{x})=0$；另一是求取控制律 $\boldsymbol{u}^+,\boldsymbol{u}^-$。滑模控制系统的设计目标有三个，也就是通常所说的滑模控制的三要素：

① 所有系统轨迹能在有限时间内到达切换面，即可达性；

② 切换面上存在滑动面，即存在性；

③ 滑动面上的运动稳定，且具有良好的动态品质，即稳定性。

显然，一旦滑模面选定，其上的性质也就确定，然后设计控制律保证系统轨迹能够到达滑

模面，就完成了滑模控制系统的设计。关于滑模控制系统设计的具体例子可以参见相关文献。

### 4.1.2 Terminal 滑模控制的基本概念和提法(The Basic Concept and Statement of Terminal Sliding Mode Control)

在滑模控制的三要素中，对可达性已经进行了深入的研究。达到条件可以表示如下

$$\dot{s}=-\varepsilon\cdot\mathrm{sign}(s)-f(s) \tag{4.9}$$

其中，$\varepsilon>0$ 为设计参数，$f(s)$ 取不同的值，可以得到不同的趋近律，如等速趋近律、指数趋近律、幂次趋近律等，都能满足可达性。对于存在性，如果设计的切换函数 $\boldsymbol{s}(\boldsymbol{x})$ 是新的轨迹，即以前系统中不曾出现的，那么在满足可达性条件下，存在性也得到满足。对于第三个要素，即稳定性，以前研究较少。事实上，在闭环系统轨迹中，达到滑模面之前的运动时间很短，而且闭环系统稳定后运行在滑模面上，因此相对于滑模面上的运动，到达阶段的运动是不重要的。滑模面上的系统性质理应重点研究。

通常的滑模控制中，常常设计形如式(4.5)的滑模面。这样的滑模面的优点显而易见，设计简单，参数少，而且运动规律易于掌握。如果是多变量系统，式(4.5)就应该改写为

$$s=x_n+c_{n-1}x_{n-1}+\cdots+c_1x_1=0 \tag{4.10}$$

根据经典控制理论可知，只要满足 $c_i>0(i=1,2,\cdots,n-1)$，则该滑模面稳定。如果将式(4.5)的参数取为 $x_1(0)=0.1,c=3$，则 $x_1(t)$ 的轨迹如图 4.4 所示。

由图 4.4 可知，$x_1(t)$ 经过 2 s 左右的时间收敛到$10^{-3}$ 数量级，但是从理论上看，只有 $t\to\infty$，$x_1(t)\to 0$。对于通常控制而言，$x_1(t)$ 的响应速度可以接受。但是，在一些场合需要更快的响应速度，更高的控制精度，因而需要设计新的滑模面，从而获得更好性质。

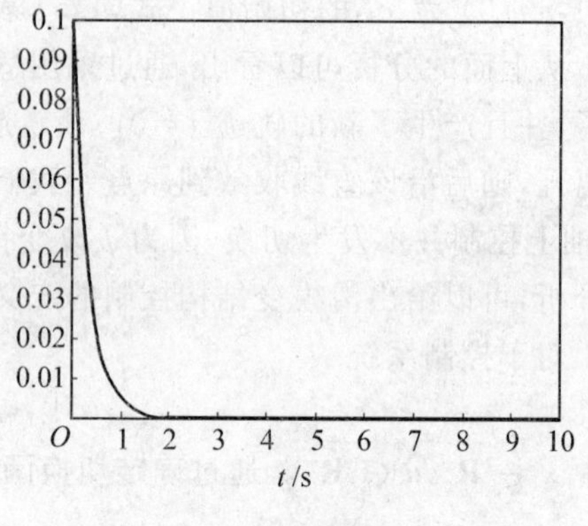

图 4.4 $x_1(t)$ 的轨迹

通过引入神经网络中最终吸引子(Terminal Attractor)概念，设计非线性的 Terminal 滑模面，使跟踪误差在有限时间内收敛到平衡零点。一阶 Terminal 滑模面定义如下：

$$s=\dot{x}+\beta x^{q/p}=0 \tag{4.11}$$

其中 $x\in\mathbf{R}$ 为状态变量，$\beta>0$，$p,q$ 为正奇数，且 $p>q$。下面解微分方程(4.11)。将式(4.11)两端除以 $x^{q/p}$ 可得

$$x^{-q/p}\frac{\mathrm{d}x}{\mathrm{d}t}=-\beta \tag{4.12}$$

令 $y=x^{1-q/p}$，则$\dfrac{\mathrm{d}y}{\mathrm{d}t}=\dfrac{p-q}{p}x^{-q/p}\dfrac{\mathrm{d}x}{\mathrm{d}t}$，代入式(4.12)有

$$\frac{\mathrm{d}y}{\mathrm{d}t}=-\frac{p-q}{p}\beta \tag{4.13}$$

式(4.13)的通解可以写为 $y=\int_0^t\left(-\dfrac{p-q}{p}\beta\right)\mathrm{d}\tau+C$。而当 $t=0$ 时，$C=y(0)$，于是式(4.13)的通解为

$$y = -\frac{p-q}{p}\beta t\bigg|_0^t + y(0) \tag{4.14}$$

注意到 $x=0$ 时，$y=0$，再设此时 $t=t_s$，则式(4.14) 可以改写为

$$-\frac{p-q}{p}\beta t_s + y(0) = 0 \tag{4.15}$$

从而可以解出

$$t_s = \frac{p}{\beta(p-q)}\ |x(0)|^{(p-q)/p} \tag{4.16}$$

即为状态 $x$ 收敛到零的时间。由此可见，Terminal 滑模面具有有限时间收敛特性，而不是传统的渐进收敛，因而在收敛速度上比传统滑模面(4.5) 更快。

将式(4.11) 写成

$$\dot{x} = -\beta x^{q/p} \tag{4.17}$$

上式即为 Terminal 滑模面的动态方程。对式(4.17) 求 $x$ 的偏导数可得

$$J = \frac{\partial \dot{x}}{\partial x} = -\frac{\beta q}{p x^{(p-q)/p}} \tag{4.18}$$

由式(4.18) 可知，当 $x \to 0$ 时，$J \to -\infty$。可以把 $J$ 看成动态系统(4.17) 的特征值，式(4.18) 表明，在 $x=0$ 附近，动态系统(4.17) 具有无穷大的收敛速度，而且随 $|x|$ 的减小，收敛速度越来越大。正是由于具有这样独特的特性，才使得 Terminal 滑模面能在有限时间内收敛到零。系统(4.5) 的特征值是常数 $C$，因而渐进稳定，自然不具备有限时间收敛特性。如果将式(4.11) 中的参数取为 $x_1(0)=0.1$，$\beta=3$，$q/p=3/5$，则 $x_1(t)$ 的轨迹如图 4.5 所示。

由图 4.5 可知，$x_1(t)$ 经过 0.5 s 左右的时间收敛到$10^{-3}$ 数量级，要比普通滑模面的收敛速度快得多。

图 4.5　$x_1(t)$ 的轨迹

应当注意，在 $x=0$ 处，$J$ 奇异，因而 Lipschitz 条件不再满足，破坏了微分方程解的存在性和唯一性条件。新的特性正是建立在对旧特性的破坏之上，如果不破坏 Lipschitz 条件，系统的暂态解是不可能与响应的稳态常量解相交，因而理论上到达平衡点的时间为无穷大。这种破坏与建立的辩证关系，正是非线性本质特性的反映，如大家熟知的混沌的产生、分形的出现，都是这种关系的体现。最后需要说明，最终吸引子不仅仅只具有数学上的意义，从物理学角度看，最终吸引子正是能量累积产生的效果，如刚体的折断，两极放电等。

继续分析式(4.18)，当 $|x|$ 较大时，$|J|$ 较小，这表明此时动态系统(4.17) 的特征值的绝对值较小，即系统的收敛速度较慢。为了解决该情况，可以设计另一种快速 Terminal 滑模面

$$s = \dot{x} + \alpha x + \beta x^{q/p} = 0 \tag{4.19}$$

其中 $x \in \mathbf{R}$ 为状态变量，$\alpha, \beta > 0$，$p, q$ 为正奇数，且 $p > q$。可以将式(4.19) 改写成

$$\dot{x} = -\alpha x - \beta x^{q/p} \tag{4.20}$$

可以看出，式(4.20) 的右端比式(4.17) 的右端多出了 $-\alpha x$ 项。当 $x$ 远离平衡原点时，$\alpha x$ 起主要作用，保证 $x$ 具有很快的收敛速度；当接近平衡原点时，两式起主要作用的项都是 $\beta x^{q/p}$，

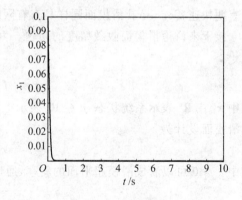

保证状态的有限时间收敛特性。

进一步，由式(4.19)可得

$$x^{-q/p}\frac{dx}{dt}+\alpha x^{\frac{1-q}{p}}=-\beta \tag{4.21}$$

令 $y=x^{\frac{1-q}{p}}$，则 $\frac{dy}{dt}=\frac{p-q}{p}x^{-q/p}\frac{dx}{dt}$，将式(4.21)代入此式，可得

$$\frac{dy}{dt}+\frac{p-q}{p}\alpha y=-\frac{p-q}{p}\beta \tag{4.22}$$

由于式(4.22)的通解为 $y=e^{-\int_0^t\frac{p-q}{p}\alpha dt}\left(\int_0^t-\frac{p-q}{p}\beta e^{\int_0^t\frac{p-q}{p}\alpha dt}dt+C\right)$，且 $t=0$ 时，$C=y(0)$，于是式(4.22)的通解为

$$\begin{aligned}y&=e^{-\frac{p-q}{p}\alpha t}\left(-\frac{p-q}{p}\beta\frac{p}{(p-q)\alpha}e^{\frac{p-q}{p}\alpha t}\Big|_0^t+y(0)\right)=\\&-\frac{\beta}{\alpha}+\frac{\beta}{\alpha}e^{-\frac{p-q}{p}\alpha t}+y(0)e^{-\frac{p-q}{p}\alpha t}\end{aligned} \tag{4.23}$$

注意到 $x=0$ 时，$y=0$，假设此时 $t=t_s$，则式(4.23)改写为

$$\frac{\beta}{\alpha}e^{-\frac{p-q}{p}\alpha t_s}+y(0)e^{-\frac{p-q}{p}\alpha t_s}=\frac{\beta}{\alpha} \tag{4.24}$$

从而可以解出

$$t_s=\frac{p}{\alpha(p-q)}\ln\frac{\alpha x(0)^{(p-q)/p}+\beta}{\beta} \tag{4.25}$$

这表明快速 Terminal 滑模面同样具有有限时间收敛特性，收敛时间为 $t_s$。

接下来讨论滑模面收敛精度的问题。为了便于说明问题，考虑如下一类非线性系统

$$\begin{aligned}\dot{\boldsymbol{x}}_1&=\boldsymbol{x}_2\\\dot{\boldsymbol{x}}_2&=\boldsymbol{f}(\boldsymbol{x})+\boldsymbol{g}(\boldsymbol{x})\boldsymbol{u}\end{aligned} \tag{4.26}$$

其中 $\boldsymbol{x}_1\in\mathbf{R}^n$ 表示系统状态，$\boldsymbol{u}\in\mathbf{R}^n$ 表示控制输入，$\boldsymbol{f}\in\mathbf{R}^n$，$\boldsymbol{g}\in\mathbf{R}^{n\times n}$，并假设 $\boldsymbol{g}$ 可逆。通常线性滑模面设计为

$$\boldsymbol{s}_1=c\boldsymbol{x}_1+\boldsymbol{x}_2=0 \tag{4.27}$$

其中 $c>0$ 可以看成滑模超平面的斜率，通过解微分方程可以求出式(4.27)的解为

$$\boldsymbol{x}_1=\boldsymbol{x}_1(0)e^{-ct} \tag{4.28}$$

显然 $\boldsymbol{x}_1$ 渐进收敛到零。且随着时间 $t$ 的增加，$\boldsymbol{x}_1$ 的收敛速度越来越慢。

Terminal 滑模面设计为

$$\boldsymbol{s}_2=c\boldsymbol{x}_1^{\ p/q}+\boldsymbol{x}_2=0 \tag{4.29}$$

其中，$q>p$ 且都为正整数。同样可以得到状态的解为

$$\boldsymbol{x}_1=\sqrt[q/(q-p)]{-c(1-p/q)t+|\boldsymbol{x}_1(0)|^{1-p/q}} \tag{4.30}$$

比较式(4.28)、(4.30)可知：在 Terminal 滑模面上，状态 $\boldsymbol{x}_1$ 可以在有限时间 $t_r$ 内收敛到零，因而当 $t\geqslant t_r$，其控制精度比线性滑模面高。

在实际控制系统中，滑模面只能收敛到零的小邻域。下面讨论在滑模面的邻域内，滑模面参数与精度的关系。首先定义如下的区域

$$\Lambda=\{\boldsymbol{s}:\|\boldsymbol{s}\|\leqslant\varphi\} \tag{4.31}$$

对于普通滑模面(4.27),定义如下 Lyapunov 函数

$$V_1 = \frac{1}{2}\boldsymbol{x}_1^{\mathrm{T}}\boldsymbol{x}_1 \tag{4.32}$$

对式(4.32)两边求时间的微分可得

$$\begin{aligned}\dot{V}_1 = \boldsymbol{x}_1^{\mathrm{T}}\dot{\boldsymbol{x}}_1 = \boldsymbol{x}_1^{\mathrm{T}}(\boldsymbol{s}_1 - c\boldsymbol{x}_1) \leqslant \\ \|\boldsymbol{x}_1\|(\|\boldsymbol{s}_1\| - c\|\boldsymbol{x}_1\|) \leqslant \\ \|\boldsymbol{x}_1\|(\varphi - c\|\boldsymbol{x}_1\|)\end{aligned} \tag{4.33}$$

由式(4.33)可知,当 $\|\boldsymbol{x}_1\| > \varphi/c$ 时,有 $\dot{V}_1 < 0$,因此,$\boldsymbol{x}_1$ 将最终收敛到

$$\Lambda_1 = \{\boldsymbol{x}_1 : \|\boldsymbol{x}_1\| \leqslant \varphi/c\} \tag{4.34}$$

又因为

$$\|\boldsymbol{x}_2\| = \|\boldsymbol{s}_1 - c\boldsymbol{x}_1\| \leqslant \|\boldsymbol{s}_1\| + \|c\boldsymbol{x}_1\| \leqslant 2\varphi \tag{4.35}$$

知 $\boldsymbol{x}_2$ 的收敛区域为

$$\Delta_1 = \{\boldsymbol{x}_2 : \|\boldsymbol{x}_2\| \leqslant 2\varphi\} \tag{4.36}$$

对于 Terminal 滑模面式(4.29),定义如下的 Lyapunov 函数

$$\dot{V}_2 = \boldsymbol{x}_1^{\mathrm{T}}\dot{\boldsymbol{x}}_1 = \boldsymbol{x}_1^{\mathrm{T}}(\boldsymbol{s}_2 - c\boldsymbol{x}_1^{\ p/q}) \leqslant \|\boldsymbol{x}_1\|(\|\boldsymbol{s}_2\| - c\|\boldsymbol{x}_1^{\ p/q}\|) \leqslant \|\boldsymbol{x}_1\|(\varphi - c\|\boldsymbol{x}_1^{\ p/q}\|) \tag{4.37}$$

不妨将 $\|\cdot\|$ 定义为 $\|\cdot\|_\infty$,那么由式(4.37)可知,当 $\|\boldsymbol{x}_1\| > (\varphi/c)^{q/p}$ 时,有 $\dot{V}_2 < 0$。因此,$\boldsymbol{x}_1$最终收敛到

$$\Lambda_2 = \{\boldsymbol{x}_1 : \|\boldsymbol{x}_1\| \leqslant (\varphi/c)^{q/p}\} \tag{4.38}$$

又因为

$$\|\boldsymbol{x}_2\| = \|\boldsymbol{s}_1 - c\boldsymbol{x}_1^{\ p/q}\| \leqslant \|\boldsymbol{s}_1\| + \|c\boldsymbol{x}_1^{\ p/q}\| \leqslant 2\varphi \tag{4.39}$$

可知 $\boldsymbol{x}_2$ 的收敛区域为

$$\Delta_2 = \{\boldsymbol{x}_2 : \|\boldsymbol{x}_2\| \leqslant 2\varphi\} \tag{4.40}$$

由区域 $\Lambda_2$,$\Lambda_1$ 的表达式可知,状态的收敛精度与滑模面的斜率成正比,即斜率越大,精度越高。再注意到在设计中有 $c > \varphi$,$p/q < 1$,因此,区域 $\Lambda_2$ 将比 $\Lambda_1$ 小得多。例如,当 $c = 10$,$\varphi = 1$,$p/q = 1/3$ 时,有 $\Lambda_1 = \{\boldsymbol{x}_1 : \|\boldsymbol{x}_1\| \leqslant 0.1\}$,$\Lambda_2 = \{\boldsymbol{x}_1 : \|\boldsymbol{x}_1\| \leqslant 0.000\,1\}$。由此可以看出,Terminal 滑模面的收敛精度比相同条件下的普通滑模面高得多。此外滑模面的厚度 $\varphi$ 与抖振密切相关,即 $\varphi$ 越小,越容易产生抖振。在普通滑模面设计中为了提高精度,需要将 $\varphi$ 设计得很小,这样就容易产生抖振。而在 Terminal 滑模面设计中,要获得与普通滑模面相同的收敛精度,可以选取较大的 $\varphi$,这样能有效削弱抖振。这是 Terminal 滑模控制的又一优点。

由于 Terminal 滑模控制引入了非线性项,因而带来了一系列独特特性。Terminal 滑模控制最突出的优点是可以使系统状态在有限时间内收敛至平衡点,而不是普通滑模控制在线性滑模面条件下的渐进收敛,使系统的响应速度优于普通滑模。同时,Terminal 滑模控制的控制精度要高于同等条件下普通滑模控制的控制精度。此外,相对于线性滑模面,由 Terminal 滑模得到的控制器增益降低了。

## 4.2　Terminal 滑模控制系统的稳定性
## (Stability of Terminal Sliding Mode Control Systems)

考虑如下一类仿射非线性系统

$$\dot{\boldsymbol{x}}=\boldsymbol{f}(\boldsymbol{x})+\boldsymbol{g}(\boldsymbol{x})\boldsymbol{u} \tag{4.41}$$

其中,$\boldsymbol{x}\in\mathbf{R}^n$ 为状态变量;$\boldsymbol{u}\in\mathbf{R}^m$ 为控制量;$\boldsymbol{g}(\boldsymbol{x})\in\mathbf{R}^{n\times m}$ 为控制增益矩阵,且假设其伪逆存在表示为 $\boldsymbol{g}(\boldsymbol{x})^{-1}$。Terminal 滑模控制系统设计的步骤如下:

(1) 设计合适的 Terminal 滑模面,且具有良好的性质;

(2) 设计适当的控制律保证所有轨迹能到达 Terminal 滑模面,且闭环系统稳定。

按照上述要求设计如下的快速 Terminal 滑模面

$$\boldsymbol{s}=\boldsymbol{x}+\int_0^t(\alpha\boldsymbol{x}+\beta\boldsymbol{x}^{q/p})\mathrm{d}t=0 \tag{4.42}$$

其中 $\boldsymbol{x}^{q/p}=[x_1^{q/p},x_2^{q/p},\cdots,x_n^{q/p}]^{\mathrm{T}}$,$\alpha,\beta>0$ 为设计参数。对式(4.42)求微分可得

$$\dot{\boldsymbol{x}}+\alpha\boldsymbol{x}+\beta\boldsymbol{x}^{q/p}=0 \tag{4.43}$$

式(4.43)为标准的Terminal滑模面,所以状态 $\boldsymbol{x}$ 将在有限时间 $\dfrac{p}{\alpha(p-q)}\ln\dfrac{\alpha x_1(0)^{(p-q)/p}+\beta}{\beta}$, $\dfrac{p}{\alpha(p-q)}\ln\dfrac{\alpha x_2(0)^{(p-q)/p}+\beta}{\beta},\cdots,\dfrac{p}{\alpha(p-q)}\ln\dfrac{\alpha x_n(0)^{(p-q)/p}+\beta}{\beta}$ 内收敛到零。为了求取控制律,对式(4.41)选取如下 Lyapunov 函数

$$V=\boldsymbol{s}^{\mathrm{T}}\boldsymbol{s} \tag{4.44}$$

将式(4.44)沿式(4.41)求时间的微分可得

$$\dot{V}=\boldsymbol{s}^{\mathrm{T}}\dot{\boldsymbol{s}}=\boldsymbol{s}^{\mathrm{T}}(\dot{\boldsymbol{x}}+\alpha\boldsymbol{x}+\beta\boldsymbol{x}^{q/p})=\boldsymbol{s}^{\mathrm{T}}(f(\boldsymbol{x})+g(\boldsymbol{x})\boldsymbol{u}+\alpha\boldsymbol{x}+\beta\boldsymbol{x}^{q/p}) \tag{4.45}$$

根据 Lyapunov 稳定性理论可知,如果 $\dot{V}<0$ 则 Terminal 滑模面 $\boldsymbol{s}=0$ 可达。于是选取如下的控制律

$$\boldsymbol{u}=\boldsymbol{g}(\boldsymbol{x})^{-1}(-\boldsymbol{f}(\boldsymbol{x})-\alpha\boldsymbol{x}-\beta\boldsymbol{x}^{q/p}-k\cdot\mathrm{sign}(\boldsymbol{s})) \tag{4.46}$$

其中,$k>0$ 为设计参数,$\mathrm{sign}(\boldsymbol{s})=[\mathrm{sign}(s_1),\mathrm{sign}(s_2),\cdots,\mathrm{sign}(s_n)]^{\mathrm{T}}$。将式(4.46)代入式(4.45)可得

$$\dot{V}=-k\cdot\|\boldsymbol{s}\| \tag{4.47}$$

显然当 $\boldsymbol{s}\neq0$ 时,$\dot{V}<0$,满足Lyapunov稳定性条件。由此可知系统(4.41)在控制律(4.46)的作用下Terminal滑模面(4.42)可达,而一旦到达Terminal滑模面,系统状态将在有限时间内收敛到零。

Terminal 对于二阶以下系统设计非常方便,在处理高阶系统时需要采取新的设计方法。下面以一个高阶系统为例,进行分析。考虑

$$\begin{aligned}\dot{x}_1&=x_2\\&\vdots\\\dot{x}_{n-1}&=x_n\\\dot{x}_n&=f(\boldsymbol{x})+g(\boldsymbol{x})u\end{aligned} \tag{4.48}$$

其中 $\boldsymbol{x}=(x_1,x_2,\cdots,x_n)^{\mathrm{T}}$ 为系统可测状态变量，$f(\boldsymbol{x})$，$g(\boldsymbol{x})$ 为已知的非零光滑函数，且 $g(\boldsymbol{x})$ 可逆(不可逆时也可解决，此处不专门讨论)。控制任务是设计 Terminal 滑模面，使系统状态在有限时间内收敛到平衡零点；控制量 $u$ 使 Terminal 滑模面可达。注意，Terminal 滑模面 (4.19) 是非线性的，因而不能像线性滑模面(4.5) 那样改写为(4.10)。为此，设计如下递归滑模面

$$\begin{aligned}
s_0 &= x_1 \\
s_1 &= \dot{s}_0 + a_0 s_0 + b_0 s_0^{q_0/p_0} = 0 \\
s_2 &= \dot{s}_1 + a_1 s_1 + b_1 s_1^{q_1/p_1} = 0 \\
&\vdots \\
s_{n-1} &= \dot{s}_{n-2} + a_{n-2} s_{n-2} + b_{n-2} s_{n-2}^{q_{n-2}/p_{n-2}} = 0
\end{aligned} \tag{4.49}$$

其中，$a_i,b_i>0$，$p_i>q_i(i=0,1,\cdots,n-2)$ 且为正奇数。由式(4.49) 知

$$s_i = \dot{s}_{i-1} + a_{i-1}s_{i-1} + b_{i-1}s_{i-1}^{q_{i-1}/p_{i-1}} \quad (i=n-1,\cdots,2,1) \tag{4.50}$$

则 $s_i$ 的 $k$ 阶导数为

$$s_i^{(k)} = s_{i-1}^{(k+1)} + a_{i-1}s_{i-1}^{(k)} + b_{i-1}\frac{\mathrm{d}^k}{\mathrm{d}t^k}s_{i-1}^{q_{i-1}/p_{i-1}} \quad (i=n-1,\cdots,2,1) \tag{4.51}$$

那么，根据式(4.49) 和(4.51)，可以得到

$$\begin{aligned}
\dot{s}_{n-1} &= s_0^{(n)} + \left[\sum_{i=0}^{n-2}a_i s_i^{(n-i-1)} + \sum_{i=0}^{n-2}b_i\frac{\mathrm{d}^{n-i-1}}{\mathrm{d}t^{n-i-1}}s_i^{q_i/p_i}\right] = \\
&\dot{x}_n + \left[\sum_{i=0}^{n-2}a_i s_i^{(n-i-1)} + \sum_{i=0}^{n-2}b_i\frac{\mathrm{d}^{n-i-1}}{\mathrm{d}t^{n-i-1}}s_i^{q_i/p_i}\right] = \\
&f(\boldsymbol{x}) + g(\boldsymbol{x})u + \left[\sum_{i=0}^{n-2}a_i s_i^{(n-i-1)} + \sum_{i=0}^{n-2}b_i\frac{\mathrm{d}^{n-i-1}}{\mathrm{d}t^{n-i-1}}s_i^{q_i/p_i}\right]
\end{aligned} \tag{4.52}$$

为了求取控制律，定义式(4.48) 的 Lyapunov 函数如下

$$V = \frac{1}{2}s_{n-1}^2 \tag{4.53}$$

对上式两端求时间的微分有

$$\dot{V} = s_{n-1}\dot{s}_{n-1} = s_{n-1}\left(f(\boldsymbol{x}) + g(\boldsymbol{x})u + \left[\sum_{i=0}^{n-2}a_i s_i^{(n-i-1)} + \sum_{i=0}^{n-2}b_i\frac{\mathrm{d}^{n-i-1}}{\mathrm{d}t^{n-i-1}}s_i^{q_i/p_i}\right]\right) \tag{4.54}$$

根据 Lyapunov 稳定性理论，为了使 Terminal 滑模面 $s_{n-1}=0$ 可达，必须 $\dot{V}<0$，由此可以设计控制律

$$u = \frac{-\left[\sum_{i=0}^{n-2}a_i s_i^{(n-i-1)} + \sum_{i=0}^{n-2}b_i\frac{\mathrm{d}^{n-i-1}}{\mathrm{d}t^{n-i-1}}s_i^{q_i/p_i} + \varphi s_{n-1} + \gamma\,|s_{n-1}|^{q/p}\mathrm{sign}(s_{n-1})\right] - f(\boldsymbol{x})}{g(\boldsymbol{x})} \tag{4.55}$$

其中 $\varphi,\gamma>0$，$p,q$ 为正奇数，且 $p>q$。将控制律(4.55) 代入式(4.54) 可得

$$\dot{V} = -\varphi s_{n-1}^2 - \gamma\,|s_{n-1}|^{q/p+1} \tag{4.56}$$

显然 $\dot{V}$ 负定，则 $s_{n-1}=0$ 在 $T_{n-1}$ 时间内可达，再根据 Terminal 滑模面的性质 $s_{n-2}$ 将在有限时间 $T_{n-2}$ 内收敛到零。以此类推，经过有限时间 $T$ 后，$s_i(i=0,1,\cdots,n-1)$ 全部收敛到零，且 $T=\sum_{i=0}^{n-1}T_i$。

由上述证明过程可知，各个 Terminal 滑模面的收敛是依次进行的。换而言之，只有当 $s_i$ 收敛到零以后，$s_{i-1}$ 才成为 Terminal 吸引子。而在 $s_i$ 收敛到零之前，$s_{i-1},\cdots,s_0$ 都不是 Terminal 吸引子，因而其动态规律不是我们所期望的。从这个角度看，Terminal 滑模控制在处理高阶系统时并不是特别合适。Terminal 滑模控制的稳定性证明能否用传统的 Lyapunov 方法需要继续深入研究。

Terminal 滑模面(4.11) 通过引入最终吸引子非线性项来获得有限时间收敛特性。除此以外，还出现了其他形式的 Terminal 滑模面。下面介绍另一种带补偿函数的 Terminal 滑模面，它同样具有有限时间收敛特性，而且可以保证闭环系统在 $t=0$ 时刻即位于滑模面上，从而消除了普通滑模控制的到达阶段，也即具有所谓的全程鲁棒性。

考虑如下一类 $n$ 阶 MIMO 非线性不确定系统

$$\boldsymbol{y}^{(n)}=\boldsymbol{f}(\boldsymbol{y}^{(n-1)},\cdots,\dot{\boldsymbol{y}},\boldsymbol{y})+\boldsymbol{b}(\boldsymbol{y}^{(n-1)},\cdots,\dot{\boldsymbol{y}},\boldsymbol{y})\boldsymbol{u} \tag{4.57}$$

其中 $\boldsymbol{y}\in\mathbf{R}^m,\boldsymbol{u}\in\mathbf{R}^m$ 分别为系统的输出、控制输入，$\boldsymbol{b}\in\mathbf{R}^{m\times m}$。为了方便设计，令 $\boldsymbol{y}=\boldsymbol{x}_1,\dot{\boldsymbol{y}}=\boldsymbol{x}_2,\cdots,\boldsymbol{y}^{(n-1)}=\boldsymbol{x}_n$ 则式(4.57) 改写为

$$\begin{aligned}\dot{\boldsymbol{x}}_1&=\boldsymbol{x}_2\\&\vdots\\\dot{\boldsymbol{x}}_n&=\boldsymbol{f}(\boldsymbol{x})+\boldsymbol{b}(\boldsymbol{x})\boldsymbol{u}\end{aligned} \tag{4.58}$$

其中，$\boldsymbol{x}=(\boldsymbol{x}_1^{\mathrm{T}},\cdots,\boldsymbol{x}_n^{\mathrm{T}})^{\mathrm{T}}$。Terminal 滑模控制的任务是设计控制律 $\boldsymbol{u}$ 使得 $\boldsymbol{x}$ 在有限时间内跟踪给定的 $\boldsymbol{x}_d$，跟踪误差定义为 $\boldsymbol{e}=\boldsymbol{x}_1-\boldsymbol{x}_d=(e_1,e_2,\cdots,e_m)^{\mathrm{T}},\boldsymbol{x}_d=(\boldsymbol{x}_{1d}^{\mathrm{T}},\cdots,\boldsymbol{x}_{md}^{\mathrm{T}})^{\mathrm{T}}$。Terminal 滑模面设计成如下形式：

$$\sigma(\boldsymbol{e},t)=\boldsymbol{CE}-\boldsymbol{CW}(t)=0 \tag{4.59}$$

其中 $\boldsymbol{E}=[\boldsymbol{e}^{\mathrm{T}},\dot{\boldsymbol{e}}^{\mathrm{T}},\cdots,(\boldsymbol{e}^{(n-1)})^{\mathrm{T}}]^{\mathrm{T}}$；$\boldsymbol{C}=[c_1,c_2,\cdots,c_n]$，$c_i=\mathrm{diag}[c_{i1},c_{i2},\cdots,c_{im}]$，$c_{ij}(i=1,2,\cdots,n,j=1,2,\cdots,m)$ 为正常数；$\boldsymbol{W}(t)=[\boldsymbol{p}^{\mathrm{T}},\dot{\boldsymbol{p}}^{\mathrm{T}},\cdots,(\boldsymbol{p}^{(n-1)})^{\mathrm{T}}]^{\mathrm{T}}$，$\boldsymbol{p}=[p_1(t),p_2(t),\cdots,p_m(t)]^{\mathrm{T}}$ 是设计的时变补偿函数，$p_i(t)(i=1,2,\cdots,m)$ 满足假设 4.1。为了简单起见，以后用 $\sigma$ 表示 $\sigma(\boldsymbol{e},t)$。

**假设 4.1**　$p_i(t):\mathbf{R}_+\rightarrow\mathbf{R}$，$p_i(t)\in C^n[0,+\infty)$，$\dot{p}_i(t),\cdots,p_i^{(n)}(t)\in L^\infty$，对于某个常数 $T>0$，$p_i(t)$ 是时间段 $[0,T]$ 上的有界函数。且 $p_i(0)=e_i(0)$，$\dot{p}_i(0)=\dot{e}_i(0)$，$\cdots$，$p_i^{(n)}(0)=e_i^{(n)}(0)$，$i=1,2,\cdots,m$。时变函数 $p_i(t)$ 可以选取为

$$p_i(t)=\begin{cases}\displaystyle\sum_{k=0}^{n}\frac{1}{k!}e_i(0)^{(k)}t^k+\sum_{j=0}^{n}\Big(\sum_{l=0}^{n}\frac{a_{jl}}{(T)^{j-l+n+1}}e_i(0)^{(l)}\Big)t^{j+n+1}, & 0\leqslant t\leqslant T\\ 0, & t>T\end{cases} \tag{4.60}$$

其中参数 $a_{jl}$ 可以根据假设 4.1 求取。为了简单起见，以三阶系统为例，给出求解方法。令

$$p_i(t)=\begin{cases}e_i(0)+\dot{e}_i(0)t+\frac{1}{2}\ddot{e}_i(0)t^2+\frac{1}{6}\dddot{e}_i(0)t^3+\\ [\frac{a_{00}}{T^4}e_i(0)+\frac{a_{01}}{T^3}\dot{e}_i(0)+\frac{a_{02}}{T^2}\ddot{e}_i(0)+\frac{a_{03}}{T}\dddot{e}_i(0)]t^4+\\ [\frac{a_{10}}{T^5}e_i(0)+\frac{a_{11}}{T^4}\dot{e}_i(0)+\frac{a_{12}}{T^3}\ddot{e}_i(0)+\frac{a_{13}}{T^2}\dddot{e}_i(0)]t^5+\\ [\frac{a_{20}}{T^6}e_i(0)+\frac{a_{21}}{T^5}\dot{e}_i(0)+\frac{a_{22}}{T^4}\ddot{e}_i(0)+\frac{a_{23}}{T^3}\dddot{e}_i(0)]t^6+\\ [\frac{a_{30}}{T^7}e_i(0)+\frac{a_{31}}{T^6}\dot{e}_i(0)+\frac{a_{32}}{T^5}\ddot{e}_i(0)+\frac{a_{33}}{T^4}\dddot{e}_i(0)]t^7,\quad 0\leqslant t\leqslant T\\ 0,\quad t>T\end{cases}\tag{4.61}$$

根据假设 4.1 $p_i(t)$ 在 $t=T$ 时刻是三阶可微的函数，因此有

$$\begin{cases}1+a_{00}+a_{10}+a_{20}+a_{30}=0\\ 4a_{00}+5a_{10}+6a_{20}+7a_{30}=0\\ 12a_{00}+20a_{10}+30a_{20}+42a_{30}=0\\ 24a_{00}+60a_{10}+120a_{20}+21a_{30}=0\end{cases}\quad \begin{cases}1+a_{01}+a_{11}+a_{21}+a_{31}=0\\ 1+4a_{01}+5a_{11}+6a_{21}+7a_{31}=0\\ 12a_{01}+20a_{11}+30a_{21}+42a_{31}=0\\ 24a_{01}+60a_{11}+120a_{21}+21a_{31}=0\end{cases}$$

$$\begin{cases}\frac{1}{2}+a_{02}+a_{12}+a_{22}+a_{32}=0\\ 1+4a_{02}+5a_{12}+6a_{22}+7a_{32}=0\\ 1+12a_{02}+20a_{12}+30a_{22}+42a_{32}=0\\ 24a_{02}+60a_{12}+120a_{22}+210a_{32}=0\end{cases}\quad \begin{cases}\frac{1}{6}+a_{03}+a_{13}+a_{23}+a_{33}=0\\ \frac{1}{2}+4a_{03}+5a_{13}+6a_{23}+7a_{33}=0\\ 1+12a_{03}+20a_{13}+30a_{23}+42a_{33}=0\\ 1+24a_{03}+60a_{13}+120a_{23}+21a_{33}=0\end{cases}$$

从上面的方程组很容易解出 $a_{ij}\ (i,j=0,1,2,3)$ 的值为

$$\begin{cases}a_{00}=-35\\ a_{10}=84\\ a_{20}=-70\\ a_{30}=20\end{cases}\begin{cases}a_{01}=-20\\ a_{11}=45\\ a_{21}=-36\\ a_{31}=10\end{cases}\begin{cases}a_{02}=-5\\ a_{12}=10\\ a_{22}=-7.5\\ a_{32}=2\end{cases}\begin{cases}a_{03}=-\frac{2}{3}\\ a_{13}=1\\ a_{23}=-\frac{2}{3}\\ a_{33}=\frac{1}{6}\end{cases}$$

尽管随着阶数的增加，方程数也增加，例如，$n$ 阶系统需要求解 $n+1$ 个方程，但由于方程都是一次的，而且是离线进行，因此很容易求解。

从理论上看，常数 $T$ 可以任意设计。由后面分析可知，$T$ 实际上是误差收敛到零的时间。也就是说，可以通过设计，保证误差在任意短的有限时间内收敛到零。尽管实际的系统总是受到各种物理条件的约束，误差不可能在无限短的时间内收敛到零，但在充分利用系统资源的情况下，可以保证其在有限时间内收敛到零，这将大大提高系统的跟踪或镇定速度。该优点对于快动态系统来说，显得尤为重要。当然，在获得有限时间收敛特性的同时，需要付出额外代价即函数 $p_i(t)$ 的设计与构建。

接下来分析带补偿函数 Terminal 滑模控制的稳定性。对系统(4.58)，选取如下 Lyanupov 函数

$$V=\frac{1}{2}\sigma^{\mathrm{T}}\sigma\tag{4.62}$$

对 $V$ 求时间的微分可得

$$\dot{V}=\sigma^{\mathrm{T}}\dot{\sigma}=\sigma^{\mathrm{T}}(C_n(f(\boldsymbol{x})+\boldsymbol{b}(\boldsymbol{x})\boldsymbol{u}-\boldsymbol{x}_d^{(n)}-\boldsymbol{p}^{(n)})+\sum_{k=1}^{n-1}C_k(\boldsymbol{e}^{(k)}-\boldsymbol{p}^{(k)})) \tag{4.63}$$

根据 Lyanupov 稳定性理论，为了满足 $\dot{V}$ 负定，设计控制律如下

$$\boldsymbol{u}=-\boldsymbol{b}(\boldsymbol{x})^{-1}[\boldsymbol{f}(\boldsymbol{x})-\boldsymbol{x}_d{}^{(n)}-\boldsymbol{p}^{(n)}+C_n^{-1}\sum_{k=1}^{n-1}C_k(\boldsymbol{e}^{(k)}-\boldsymbol{p}(t)^{(k)})]-\boldsymbol{Kb}(\boldsymbol{x})^{-1}\frac{C_n^T\sigma(e,t)}{\|C_n^T\sigma(e,t)\|} \tag{4.64}$$

其中 $\boldsymbol{K}=\mathrm{diag}(k_1,k_2,\cdots,k_m)$，$k_i>0(i=1,2,\cdots,m)$ 为设计的参数矩阵。将式(4.64) 带入式(4.63) 可得

$$\dot{V}=-\boldsymbol{K}\|C_n^T\sigma(\boldsymbol{e},t)\| \tag{4.65}$$

由于 $V$ 正定，$\dot{V}$ 负定，因此滑模面可达。根据假设 4.1 和滑模面(4.59) 可知

$$\sigma(\boldsymbol{e},0)=0 \tag{4.66}$$

这意味着系统轨迹在初始时刻位于滑模面上，再根据式(4.65) 可知，一旦到达滑模面就不再脱离，一直在滑模面上运动，即 $\sigma(e,t)\equiv 0$。这表明闭环系统消除了传统滑模控制的到达过程，从而具有全程鲁棒性。

根据式(4.59) 可知

$$\sigma(\boldsymbol{e},t)\equiv \boldsymbol{CE}-\boldsymbol{CW}(t)\equiv 0 \tag{4.67}$$

即 $\boldsymbol{E}\equiv\boldsymbol{W}(t)$，$\boldsymbol{e}\equiv\boldsymbol{p}$，再由假设 4.1 可知 $\boldsymbol{p}=\boldsymbol{0}(\forall t>T)$，从而 $\boldsymbol{e}=\boldsymbol{0}(\forall t>T)$。这表明跟踪误差在有限时间内收敛到零。由式(4.61) 确定的滑模面的一阶导数连续，有利于提高系统的控制品质。

## 4.3 非线性系统 Terminal 滑模控制的设计和实例 (The Design and Example of Terminal Sliding Mode Control of Nonlinear Systems)

### 4.3.1 Terminal 滑模控制的设计实例和仿真(The Designing Example and Simulation of Terminal Sliding Mode Control)

4.2 节分析了理想系统 Terminal 滑模控制的稳定性，得到了各个滑模面都在有限时间内收敛到平衡零点的结论。对于实际系统而言，总是存在各种干扰和摄动，仅靠 Terminal 滑模控制自身的鲁棒性不足以获得好的性质。现在控制理论一个重要的研究方向是如何快速有效消除干扰的影响。本节将研究系统受到干扰后，设计鲁棒自适应 Terminal 滑模控制。考虑如下系统

$$\begin{aligned}
\dot{x}_1&=x_2\\
&\vdots\\
\dot{x}_{n-1}&=x_n\\
\dot{x}_n&=f(\boldsymbol{x})+\Delta f(\boldsymbol{x})+g(\boldsymbol{x})u+d(t)\\
y&=x_1
\end{aligned} \tag{4.68}$$

其中 $\Delta f(\boldsymbol{x})$，$d(t)$ 分别表示系统的未知不确定和外部干扰，其他各项的含义同式(4.48)。由于系统(4.68)中存在干扰和不确定，会导致状态的运动轨迹与设计的出现偏离，所以需要结合其他鲁棒自适应控制方法，设计闭环控制系统，使闭环系统对干扰和不确定具有不变性。控制任务是在干扰和不确定存在情况下，系统输出 $y$ 能跟踪给定 $y_d$。

改写式(4.68)状态方程的最后一项

$$\dot{x}_n = f(\boldsymbol{x}) + g(\boldsymbol{x})u + \Phi(\boldsymbol{x},t) \tag{4.69}$$

其中，$\Phi(\boldsymbol{x},t) = \Delta f(\boldsymbol{x}) + d(t)$ 称为复合干扰。设计思路如下，首先设计模糊干扰观测器，以消除复合干扰的影响，然后将系统(4.68)作为理想系统处理，只须在闭环控制律中增加对复合干扰的补偿项。

**假设 4.2**　$\boldsymbol{x}$ 位于某个紧集 $\boldsymbol{M}_x$，则复合干扰 $\Phi(\boldsymbol{x},t)$ 的最优参数向量定义为

$$\boldsymbol{\theta}^* = \arg\min_{\hat{\boldsymbol{\theta}}\in \boldsymbol{M}_\theta}\left[\sup_{x\in \boldsymbol{M}_x}\left|\Phi(\boldsymbol{x},t) - \hat{\Phi}(\boldsymbol{x}\,|\,\hat{\boldsymbol{\theta}})\right|\right] \tag{4.70}$$

并认为最优参数向量 $\boldsymbol{\theta}^*$ 位于某个凸集内

$$\boldsymbol{M}_\theta = \left\{\boldsymbol{\theta}\,\middle|\,\|\boldsymbol{\theta}\| \leqslant m_\theta\right\} \tag{4.71}$$

其中，$m_\theta$ 为设计参数。接下来利用模糊逻辑系统的逼近特性对综合干扰进行逼近。

考虑如下一类由 IF－THEN 规则构成的模糊系统：

$$R^i\text{:If } x_1 \text{ is } A_1^i \text{ and}\cdots\text{and } x_n \text{ is } A_n^i \text{ then } y \text{ is } y^i \tag{4.72}$$

实现由输入 $\boldsymbol{x}=(x_1,x_2,\cdots,x_n)^{\mathrm{T}}$ 到输出变量 $y$ 的映射。其中，$A_1^i,A_2^i,\cdots,A_n^i$ 是模糊变量，$y^i$ 表示输出变量。对模糊系统采用乘积推理、单点模糊化、重心法去模糊，则其输出可以表示成

$$y(\boldsymbol{x}) = \frac{\sum_{i=1}^{r} y^i\left(\sum_{j=1}^{n}\mu_{A_j^i}(x_j)\right)}{\sum_{j=1}^{n}\mu_{A_j^i}(x_j)} = \hat{\boldsymbol{\theta}}^{\mathrm{T}}\boldsymbol{\xi}(\boldsymbol{x}) \tag{4.73}$$

其中，$\mu_{A_j^i}(x_j)$ 表示模糊变量 $x_j$ 的隶属度函数值，$r$ 表示模糊规则数，$\hat{\boldsymbol{\theta}}^{\mathrm{T}}$ 表示可调参数向量，$\boldsymbol{\xi}(\boldsymbol{x})$ 表示模糊基函数向量。已经证明了模糊逻辑系统(4.73)可以以任意精度逼近紧集上的连续非线性函数，即

$$\Phi(\boldsymbol{x},t) = \hat{\Phi}(\boldsymbol{x}\,|\,\boldsymbol{\theta}^*) + \varepsilon(\boldsymbol{x}) = \boldsymbol{\theta}^{*\mathrm{T}}\boldsymbol{\xi}(\boldsymbol{x}) + \varepsilon(\boldsymbol{x}),\quad |\varepsilon(\boldsymbol{x})| \leqslant \bar{\varepsilon} \tag{4.74}$$

其中 $\bar{\varepsilon}$ 表示逼近误差上界，可以通过增加模糊规则数使其任意小。

为了得到 $\hat{\boldsymbol{\theta}}$ 的调节律，构建如下 $x_n$ 的观测器动态系统

$$\dot{\mu} = -\sigma\mu + p(\boldsymbol{x},\hat{\boldsymbol{\theta}}) \tag{4.75}$$

其中 $p(\boldsymbol{x},\hat{\boldsymbol{\theta}}) = \sigma x_n + f(\boldsymbol{x}) + g(\boldsymbol{x})u + \hat{\Phi}(\boldsymbol{x}\,|\,\hat{\boldsymbol{\theta}})$，$\hat{\Phi}(\boldsymbol{x}\,|\,\hat{\boldsymbol{\theta}}) = \hat{\boldsymbol{\theta}}^{\mathrm{T}}\boldsymbol{\xi}(\boldsymbol{x})$ 是对 $\hat{\Phi}(\boldsymbol{x}\,|\,\boldsymbol{\theta}^*)$ 的逼近，$\sigma>0$ 为设计参数，$f(\boldsymbol{x})$，$g(\boldsymbol{x})$，$u$ 分别为式(4.66)中的系统函数、控制增益函数和控制量。定义一个新的变量干扰观测误差 $\zeta = x_n - \mu$。则由式(4.69)、(4.75)可得

$$\dot{\zeta} = -\sigma\zeta + \tilde{\boldsymbol{\theta}}^{\mathrm{T}}\boldsymbol{\xi}(\boldsymbol{x}) + \varepsilon(\boldsymbol{x}) \tag{4.76}$$

其中 $\tilde{\boldsymbol{\theta}} = \boldsymbol{\theta}^* - \hat{\boldsymbol{\theta}}$，$\hat{\boldsymbol{\theta}}$ 的调节律由式(4.75)给出。由式(4.76)可知当 $\zeta\to 0$(即 $\mu\to x_n$)且 $\dot{\zeta}\to 0$

时，$\tilde{\boldsymbol{\theta}}^{\mathrm{T}}\boldsymbol{\xi}(\boldsymbol{x})+\varepsilon(\boldsymbol{x})\to 0$，即 $\hat{\Phi}(\boldsymbol{x}|\boldsymbol{\theta})\to\hat{\Phi}(\boldsymbol{x}|\boldsymbol{\theta}^{*})$，这意味着实现了对复合干扰的逼近，从而可以在闭环控制系统的设计中设计补偿项在线消除复合干扰的影响，以实现控制任务。

$$\dot{\hat{\boldsymbol{\theta}}}=\mathrm{Proj}[\kappa\zeta\boldsymbol{\xi}(\boldsymbol{x})]=\kappa\zeta\boldsymbol{\xi}(\boldsymbol{x})-I_{\theta}\kappa\frac{\zeta\hat{\boldsymbol{\theta}}^{\mathrm{T}}\boldsymbol{\xi}(\boldsymbol{x})}{\|\hat{\boldsymbol{\theta}}\|^{2}}\hat{\boldsymbol{\theta}} \tag{4.77}$$

其中

$$I_{\theta}=\begin{cases}0, & \text{如果 } \|\hat{\boldsymbol{\theta}}\|<m_{\boldsymbol{\theta}}\text{，或者 }\|\hat{\boldsymbol{\theta}}\|=m_{\boldsymbol{\theta}}\text{ 且}\zeta\hat{\boldsymbol{\theta}}^{\mathrm{T}}\boldsymbol{\xi}(\boldsymbol{x})\leqslant 0\\ 1, & \text{如果 }\|\hat{\boldsymbol{\theta}}\|=m_{\boldsymbol{\theta}}\text{ 且 }\zeta\hat{\boldsymbol{\theta}}^{\mathrm{T}}\boldsymbol{\xi}(\boldsymbol{x})>0\end{cases} \tag{4.78}$$

下面证明干扰观测误差 $\zeta$ 一致最终有界(Uniformly Ultimately Bounded, UUB)，且最终界可以任意小。

定义式(4.76)系统的 Lyapunov 函数为

$$V=\frac{1}{2}\zeta^{2}+\frac{1}{2\kappa}\tilde{\boldsymbol{\theta}}^{\mathrm{T}}\tilde{\boldsymbol{\theta}} \tag{4.79}$$

对式(4.79)两端求时间的导数，注意到 $\dot{\tilde{\boldsymbol{\theta}}}=-\dot{\hat{\boldsymbol{\theta}}}$，并将式(4.76)、(4.77)代入可得

$$\begin{aligned}\dot{V}=&\zeta\dot{\zeta}+\frac{1}{\kappa}\tilde{\boldsymbol{\theta}}^{\mathrm{T}}\dot{\tilde{\boldsymbol{\theta}}}=\\&\zeta(-\sigma\zeta+\tilde{\boldsymbol{\theta}}^{\mathrm{T}}\boldsymbol{\xi}(\boldsymbol{x})+\varepsilon(\boldsymbol{x}))-\tilde{\boldsymbol{\theta}}^{\mathrm{T}}\frac{1}{\kappa}\mathrm{Proj}[\kappa\zeta\boldsymbol{\xi}(\boldsymbol{x})]=\\&-\sigma\zeta^{2}+\tilde{\boldsymbol{\theta}}^{\mathrm{T}}(\zeta\boldsymbol{\xi}(\boldsymbol{x})-\mathrm{Proj}[\zeta\boldsymbol{\xi}(\boldsymbol{x})])+\zeta\varepsilon(\boldsymbol{x})=\\&-\sigma\zeta^{2}+\tilde{\boldsymbol{\theta}}^{\mathrm{T}}I_{\boldsymbol{\theta}}\frac{\zeta\hat{\boldsymbol{\theta}}^{\mathrm{T}}\boldsymbol{\xi}(\boldsymbol{x})}{\|\hat{\boldsymbol{\theta}}\|^{2}}\hat{\boldsymbol{\theta}}+\zeta\varepsilon(\boldsymbol{x})\end{aligned} \tag{4.80}$$

注意到

$$\begin{aligned}\tilde{\boldsymbol{\theta}}^{\mathrm{T}}\hat{\boldsymbol{\theta}}=\boldsymbol{\theta}^{*\mathrm{T}}\hat{\boldsymbol{\theta}}-\hat{\boldsymbol{\theta}}^{\mathrm{T}}\hat{\boldsymbol{\theta}}\leqslant&\\ &\frac{1}{2}(\|\boldsymbol{\theta}^{*}\|^{2}+\|\hat{\boldsymbol{\theta}}\|^{2})-\|\hat{\boldsymbol{\theta}}\|^{2}\leqslant\\ &\frac{1}{2}(\|\boldsymbol{\theta}^{*}\|^{2}-m_{\boldsymbol{\theta}}{}^{2})\leqslant 0\end{aligned} \tag{4.81}$$

再考虑到式(4.77)，则

$$\tilde{\boldsymbol{\theta}}^{\mathrm{T}}I_{\boldsymbol{\theta}}\frac{\zeta\hat{\boldsymbol{\theta}}^{\mathrm{T}}\boldsymbol{\xi}(\boldsymbol{x})}{\|\hat{\boldsymbol{\theta}}\|^{2}}\hat{\boldsymbol{\theta}}=0\quad\text{或}\quad\tilde{\boldsymbol{\theta}}^{\mathrm{T}}I_{\boldsymbol{\theta}}\frac{\zeta\hat{\boldsymbol{\theta}}^{\mathrm{T}}\boldsymbol{\xi}(\boldsymbol{x})}{\|\hat{\boldsymbol{\theta}}\|^{2}}\hat{\boldsymbol{\theta}}<0 \tag{4.82}$$

于是式(4.80)可以写为

$$\begin{aligned}\dot{V}\leqslant&-\sigma\zeta^{2}+\zeta\varepsilon(\boldsymbol{x})=\\&-\sigma\zeta^{2}+\zeta\varepsilon(\boldsymbol{x})+\left(\frac{\sigma}{2}\zeta^{2}+\frac{1}{2\sigma}\varepsilon^{2}(\boldsymbol{x})\right)-\left(\frac{\sigma}{2}\zeta^{2}+\frac{1}{2\sigma}\varepsilon^{2}(\boldsymbol{x})\right)=\\&-\frac{\sigma}{2}\zeta^{2}+\frac{1}{2\sigma}\varepsilon^{2}(\boldsymbol{x})-(\zeta-\varepsilon(\boldsymbol{x}))^{2}\leqslant\\&-\frac{\sigma}{2}\zeta^{2}+\frac{1}{2\sigma}\varepsilon^{2}(\boldsymbol{x})\end{aligned} \tag{4.83}$$

因而，当 $|\zeta| > \bar{\varepsilon}/\sigma$ 时，$\dot{V} < 0$。显然，投影算法式(4.75)使得 $\hat{\boldsymbol{\theta}}$ 有界，即 $\tilde{\boldsymbol{\theta}}$ 有界，所以 $\zeta$ 是一致最终有界。采用与上面类似的方法，可以得出最终界为（不妨假设 $\frac{1}{2} > \frac{1}{2\kappa}$）

$$B = \bar{\varepsilon}\sqrt{\kappa}/\sigma \tag{4.84}$$

上面证明了 $\zeta$ 是一致最终有界，不能趋向于零。事实上，如果 $\varepsilon(\boldsymbol{x}) \in L_2$，那么将式(4.83)两端从 $[0, T]$ 积分，可得

$$\int_0^T \zeta^2 \mathrm{d}t \leqslant \frac{2}{\sigma}[V(0) - V(T)] + \frac{1}{\sigma^2}\int_0^T \varepsilon^2(\boldsymbol{x}, u)\mathrm{d}t \tag{4.85}$$

这意味着 $\zeta \in L_2$。由上述证明过程知 $\zeta \in L_\infty$，再由式(4.76)知 $\dot{\zeta} \in L_\infty$，根据 Barbalat 引理可得

$$\lim_{t\to\infty} |\zeta| = 0 \tag{4.86}$$

注意到式(4.84)中，$\bar{\varepsilon}$ 可以任意小（根据模糊逻辑系统的逼近能力），因此如果将 $\sigma$ 选得足够大，同样能保证最终界足够小。

一致最终有界特性是符合工程实践的。实际系统不可能使误差完全消除，与零的接近程度取决于测量、检测的仪器精度。比如通常认为到达滑模态，实际上是进入滑模面的一个小邻域。只要能够保证上界足够小，那么就可以获得与渐进稳定相同的跟踪效果。从上述证明过程可以看出，要完全消除外部干扰和内部摄动的影响，必须经过足够长的时间调节或者称为学习，当掌握全部干扰的特性后，才能达到完全逼近，这就是渐进稳定。如果要追求逼近的快速性，即对学习时间进行限制，则必然牺牲逼近精度，这就是一致最终有界。

上面设计模糊干扰观测器实现了对系统中综合干扰的在线逼近，接下来求取系统(4.68)的 Terminal 滑模控制律。同样，对系统(4.68)设计递归滑模面如下

$$\begin{aligned}
&s_0 = x_1 \\
&s_1 = \dot{s}_0 + a_0 s_0 + b_0 s_0^{q_0/p_0} = 0 \\
&s_2 = \dot{s}_1 + a_1 s_1 + b_1 s_1^{q_1/p_1} = 0 \\
&\vdots \\
&s_{n-1} = \dot{s}_{n-2} + a_{n-2} s_{n-2} + b_{n-2} s_{n-2}^{q_{n-2}/p_{n-2}} = 0
\end{aligned} \tag{4.87}$$

其中，$a_i, b_i > 0$，$p_i > q_i (i = 0, 1, \cdots, n-2)$ 且为正奇数。采用与式(4.54)类似的方法，考虑式(4.68)、式(4.74)，可以得到

$$\begin{aligned}
\dot{s}_{n-1} &= s_0^{(n)} + \Big[\sum_{i=0}^{n-2} a_i s_i^{(n-i-1)} + \sum_{i=0}^{n-2} b_i \frac{\mathrm{d}^{n-i-1}}{\mathrm{d}t^{n-i-1}} s_i^{q_i/p_i}\Big] = \\
&\dot{\boldsymbol{x}}_n + \Big[\sum_{i=0}^{n-2} a_i s_i^{(n-i-1)} + \sum_{i=0}^{n-2} b_i \frac{\mathrm{d}^{n-i-1}}{\mathrm{d}t^{n-i-1}} s_i^{q_i/p_i}\Big] = \\
&f(\boldsymbol{x}) + g(\boldsymbol{x})u + \Phi(\boldsymbol{x}, t) + \Big[\sum_{i=0}^{n-2} a_i s_i^{(n-i-1)} + \sum_{i=0}^{n-2} b_i \frac{\mathrm{d}^{n-i-1}}{\mathrm{d}t^{n-i-1}} s_i^{q_i/p_i}\Big] = \\
&f(\boldsymbol{x}) + g(\boldsymbol{x})u + \hat{\Phi}(\boldsymbol{x}|\boldsymbol{\theta}^*) + \varepsilon(\boldsymbol{x}) + \Big[\sum_{i=0}^{n-2} a_i s_i^{(n-i-1)} + \sum_{i=0}^{n-2} b_i \frac{\mathrm{d}^{n-i-1}}{\mathrm{d}t^{n-i-1}} s_i^{q_i/p_i}\Big]
\end{aligned} \tag{4.88}$$

**引理 4.1**　假设连续函数 $v(t)$ 满足微分不等式

$$\dot{v}(t) \leqslant -av(t) - bv^{q/p}(t), \quad \forall t \geqslant t_0 \tag{4.89}$$

其中 $a,b>0$，$p,q$ 为正奇数，$t_0$ 为初始时刻。则 $v(t)$ 将在有限时间 $t_r$ 内收敛到零，且

$$t_r = t_0 + \frac{p}{a(p-q)}\ln\frac{av(t_0)^{(p-q)/p}+b}{b} \tag{4.90}$$

系统(4.68)的 Lyapunov 函数定义如下

$$V_{n-1} = \frac{1}{2}s_{n-1}^2 \tag{4.91}$$

对式(4.91)两端求时间的导数，并考虑式(4.86)有

$$\dot{V}_{n-1} = s_{n-1}\dot{s}_{n-1} = \\ s_{n-1}(f(\boldsymbol{x}) + g(\boldsymbol{x})u + [\sum_{i=0}^{n-2}a_i s_i^{(n-i-1)} + \sum_{i=0}^{n-2}b_i\frac{\mathrm{d}^{n-i-1}}{\mathrm{d}t^{n-i-1}}s_i^{q_i/p_i}] + \hat{\Phi}(\boldsymbol{x}|\boldsymbol{\theta}^*) + \varepsilon) \tag{4.92}$$

为了使 Terminal 滑模面 $s_{n-1}$ 可达，设计如下的控制律

$$u = \frac{-[\sum_{i=0}^{n-2}a_i s_i^{(n-i-1)} + \sum_{i=0}^{n-2}b_i\frac{\mathrm{d}^{n-i-1}}{\mathrm{d}t^{n-i-1}}s_i^{q_i/p_i} + \varphi s_{n-1} + \gamma|s_{n-1}|^{q/p}\mathrm{sign}(s_{n-1})] - f(\boldsymbol{x}) - \hat{\Phi}(\boldsymbol{x}|\hat{\boldsymbol{\theta}})}{g(\boldsymbol{x})} \tag{4.93}$$

其中 $\hat{\Phi}(\boldsymbol{x}|\hat{\boldsymbol{\theta}})$ 是对 $\hat{\Phi}(\boldsymbol{x}|\boldsymbol{\theta}^*)$ 的自适应逼近，可调参数 $\hat{\boldsymbol{\theta}}$ 的自适应律由式(4.77)给出，其余各参数同式(4.55)。比较式(4.93)、(4.55)，两式仅仅相差一个对复合干扰的逼近项，由前面的证明知，模糊干扰观测器能够实现对复合干扰的逼近，因此两种控制律下应该有类似的结果。将式(4.93)代入式(4.92)可得

$$\begin{aligned}\dot{V}_{n-1} &= s_{n-1}(\boldsymbol{f}(\boldsymbol{x}) + \boldsymbol{g}(\boldsymbol{x})u + [\sum_{i=0}^{n-2}a_i s_i^{(n-i-1)} + \sum_{i=0}^{n-2}b_i\frac{\mathrm{d}^{n-i-1}}{\mathrm{d}t^{n-i-1}}s_i^{q_i/p_i}] + \hat{\Phi}(\boldsymbol{x}|\boldsymbol{\theta}^*) + \varepsilon) = \\ &s_{n-1}(-\varphi s_{n-1} - \gamma|s_{n-1}|^{q/p}\mathrm{sign}(s_{n-1}) + \boldsymbol{\theta}^{*\mathrm{T}}\boldsymbol{\xi} - \hat{\boldsymbol{\theta}}^{\mathrm{T}}\boldsymbol{\xi} + \varepsilon) = \\ &s_{n-1}(-\varphi s_{n-1} - \gamma|s_{n-1}|^{q/p}\mathrm{sign}(s_{n-1}) + \tilde{\boldsymbol{\theta}}^{\mathrm{T}}\boldsymbol{\xi} + \varepsilon) = \\ &-\varphi s_{n-1}{}^2 - (\gamma - \frac{\tilde{\boldsymbol{\theta}}^{\mathrm{T}}\boldsymbol{\xi} + \varepsilon}{s_{n-1}^{q/p}})s_{n-1}^{q/p+1} \leqslant \\ &-\varphi s_{n-1}{}^2 - (\gamma - \frac{|\tilde{\boldsymbol{\theta}}^{\mathrm{T}}\boldsymbol{\xi} + \varepsilon|}{s_{n-1}^{q/p}})s_{n-1}^{q/p+1}\end{aligned} \tag{4.94}$$

如果选择

$$\gamma - \frac{|\tilde{\boldsymbol{\theta}}^{\mathrm{T}}\boldsymbol{\xi} + \varepsilon|}{s_{n-1}^{q/p}} \geqslant \underline{\gamma} > 0 \tag{4.95}$$

即

$$s_{n-1} \geqslant (\frac{|\tilde{\boldsymbol{\theta}}^{\mathrm{T}}\boldsymbol{\xi} + \varepsilon|}{\gamma - \underline{\gamma}})^{p/q} \tag{4.96}$$

那么式(4.94)可以改写成

$$\dot{V}_{n-1} \leqslant -2\varphi V_{n-1} - \underline{\gamma}2^{(q/2p+1/2)}V_{n-1}^{(q/2p+1/2)} \tag{4.97}$$

根据引理 4.1，$V_{n-1}$ 将在有限时间 $t_{n-1}$ 内收敛到区域 $H_{n-1}$。

$$t_{n-1}=T_r+\frac{1}{\varphi(1-\rho)}\ln\frac{2\varphi V(T_r)^{(1-\rho)/2}+2^{(\rho+1)/2}\underline{\gamma}}{2^{(\rho+1)/2}\underline{\gamma}} \tag{4.98}$$

$$H_{n-1}=\left\{s_{n-1}\,\middle|\,|s_{n-1}|\leqslant\left(\frac{|\tilde{\boldsymbol{\theta}}^{\mathrm{T}}\boldsymbol{\xi}+\varepsilon|}{\gamma-\underline{\gamma}}\right)^{1/\rho}\right\} \tag{4.99}$$

其中 $\rho=p/q$。由模糊逻辑系统的逼近能力知 $|\varepsilon|$ 可以任意小。由前述，$\tilde{\boldsymbol{\theta}}^{\mathrm{T}}\boldsymbol{\xi}$ 在式(4.77) 所示的自适应律下，将很快收敛到非常小的值，于是 $|\tilde{\boldsymbol{\theta}}^{\mathrm{T}}\boldsymbol{\xi}+\varepsilon|\ll 1$。可以选择参数使得 $\gamma-\underline{\gamma}>1$，那么 $H_{n-1}$ 将是非常小的区域。这里给出一个直观的例子，取 $\gamma=5$，$\underline{\gamma}=3.9$，$\tilde{\boldsymbol{\theta}}^{\mathrm{T}}\boldsymbol{\xi}=0.01$，$\varepsilon=0.001$，$\rho=1/3$，则可以计算出 $|s_{n-1}|<10^{-6}$。注意 $\gamma$ 的取值如果再大一个数量级，相应的 $H_{n-1}$ 还可以降低一个数量级，这充分说明本控制方案的精度足以满足工程需要。另一方面，滑模控制在实际应用中都要采用各种消除或降低抖振的措施，边界层方法是最常用的。控制律(4.93) 中的表达式 $\gamma|s_{n-1}|^{q/p}\mathrm{sign}(s_{n-1})$ 与边界层方法非常类似，但要注意，一方面该项对符号函数进行柔化，因而没有抖振；另一方面该控制律收敛速度更快，可以明确给出收敛时间界限。

下面简单证明 $s_{n-2}$ 在有限时间内收敛到小区域。定义系统(4.68) 的 Lyapunov 函数为

$$V_{n-2}=\frac{1}{2}s_{n-2}^2 \tag{4.100}$$

对式(4.100) 求时间的导数，并代入式(4.88) 可得

$$\begin{aligned}\dot{V}_{n-2}&=s_{n-2}(-a_{n-2}s_{n-2}-b_{n-2}s_{n-2}^{q_{n-2}/p_{n-2}})=\\&-a_{n-2}s_{n-2}^2-\left(b_{n-2}-\frac{s_{n-1}}{s_{n-2}^{q_{n-2}/p_{n-2}}}\right)s_{n-2}^{q_{n-2}/p_{n-2}+1}\leqslant\\&-a_{n-2}s_{n-2}^2-\left(b_{n-2}-\frac{|s_{n-1}|}{s_{n-2}^{q_{n-2}/p_{n-2}}}\right)s_{n-2}^{q_{n-2}/p_{n-2}+1}\end{aligned} \tag{4.101}$$

注意到经过 $t_{n-1}$ 时间后，$s_{n-1}$ 收敛到区域 $H_{n-1}$，因此条件

$$b_{n-2}-\frac{|s_{n-1}|}{s_{n-2}^{q_{n-2}/p_{n-2}}}\geqslant\underline{b}_{n-2}>0 \tag{4.102}$$

容易满足。则可以得出 $s_{n-2}$ 在有限时间 $t_{n-2}$ 内收敛到区域 $H_{n-2}$，且

$$t_{n-2}=t_{n-1}+\frac{1}{a_{n-2}(1-\rho_{n-2})}\ln\frac{2a_{n-2}V(t_{n-1})^{(1-\rho_{n-2})/2}+2^{(\rho_{n-2}+1)/2}\underline{b}_{n-2}}{2^{(\rho_{n-2}+1)/2}\underline{b}_{n-2}} \tag{4.103}$$

$$H_{n-2}=\{s_{n-2}\,|\,|s_{n-2}|\leqslant(|s_{n-1}|/(b_{n-2}-\underline{b}_{n-2}))^{1/\rho_{n-2}}\} \tag{4.104}$$

然后采用完全类似的推导，可以证明定义 $s_i(i=0,1,\cdots,n-3)$ 均在有限时间内收敛到各自的区域。

理想系统和受扰系统的性能从理论上看存在差异，一个在有限时间内收敛到零，另一个在有限时间内收敛到一个小区域。但正如前面的分析，两者在工程上是一致的，且收敛时间可以解析给出表达式。

下面看一个倒立摆的仿真例子，其表达式如下

$$\begin{aligned}&\dot{x}_1=x_2\\&\dot{x}_2=\frac{mlx_2^2\sin x_1\cos x_1-(M+m)g\sin x_1}{ml\cos^2x_1-4/3l(M+m)}+\frac{-\cos x_1}{ml\cos^2x_1-4/3l(M+m)}u+d\end{aligned} \tag{4.105}$$

其中，$x_1$ 为倒立摆与垂直方向的夹角 $\theta$；$M$ 为小车的质量；$m$ 为摆的质量；$g$ 为重力加速度；$l$ 为摆长的一半；$u$ 为作用在小车上的控制力；$d$ 为外部干扰。

控制目的是在扰动作用下，倒立摆的两个状态能够稳定。系统参数如下：$M=1$ kg，$m=0.1$ kg，$l=0.5$ m，$g=9.8$ m/s$^2$，外扰为幅值是 1，频率为 $6\pi(\mathrm{s}^{-1})$ 的方波信号。观测器系统设计参数 $\sigma=10$，自适应模糊系统学习参数 $\kappa=500$，每个状态选取 7 个模糊语言变量，其隶属度函数为

$$\mu_{A_j^1}(x_j)=1/\{1+\exp(5(x_j+0.6))\}$$

$$\mu_{A_j^2}(x_j)=\exp\{-(x_j+0.4)^2\}$$

$$\mu_{A_j^3}(x_j)=\exp\{-(x_j+0.2)^2\}$$

$$\mu_{A_j^4}(x_j)=\exp\{-x_j^2\}$$

$$\mu_{A_j^5}(x_j)=\exp\{-(x_j-0.2)^2\}$$

$$\mu_{A_j^6}(x_j)=\exp\{-(x_j-0.4)^2\}$$

$$\mu_{A_j^7}(x_j)=1/\{1+\exp(-5(x_j-0.6))\}$$

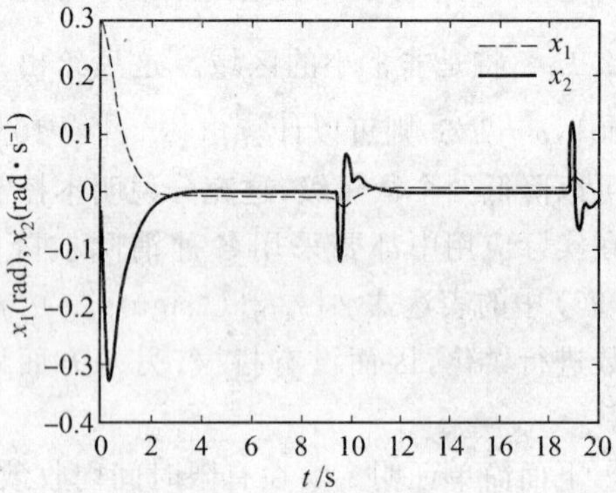


图 4.6　状态镇定情况

$j=1,2$。Terminal 滑模面参数为 $a_0=b_0=5$，$\frac{q_0}{p_0}=\frac{3}{5}$。控制器参数 $\gamma=5$，$\frac{q}{p}=\frac{3}{5}$。仿真结果如图 4.6 ~ 4.8 所示。

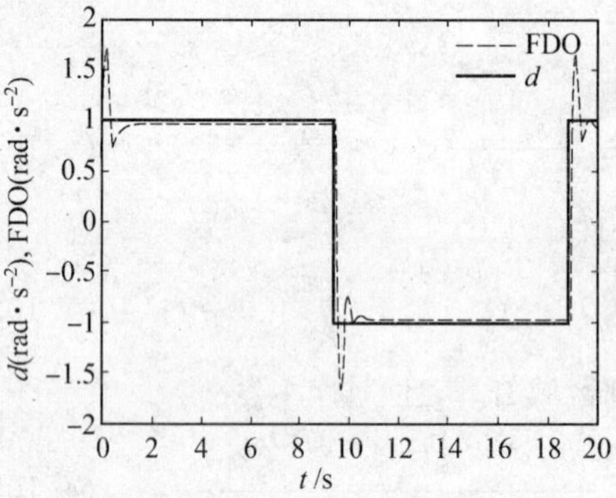


图 4.7　干扰逼近情况

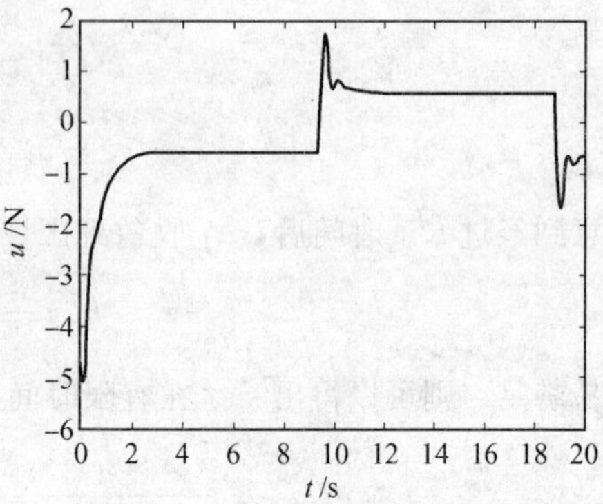


图 4.8　控制量的变化曲线

从图 4.6 可以看出，除了在干扰突然变化的地方外，状态都能很好镇定。图 4.7 显示干扰观测器能够较好逼近外部干扰。图 4.8 显示控制量较平滑，没有抖振现象。

### 4.3.2　带补偿函数 Terminal 滑模控制的设计实例和仿真研究 (The Designing Actual Example and Simulation of Terminal Sliding Mode Control with Compensation Function)

在 4.2 节中，研究了带补偿函数 Terminal 滑模控制的稳定性，同样是对理想系统进行的分析。为了使该控制方法能够在实际中应用，接下来针对受扰系统设计带补偿函数 Terminal 滑模控制方案。考虑如下系统

$$\begin{aligned} \dot{x}_1 &= x_2 \\ &\vdots \\ \dot{x}_{n-1} &= x_n \\ \dot{x}_n &= f(\boldsymbol{x}) + \Delta f(\boldsymbol{x}) + g(\boldsymbol{x})u + d(t) \end{aligned} \tag{4.106}$$

式中各项含义同式(4.68),假设状态可测。控制任务为保证系统状态 $x_i$ 跟踪给定信号 $x_{id}(i=1,2,\cdots,n)$。假设

$$|\Delta f(\boldsymbol{x})| \leqslant \eta_1, \quad |d(t)| \leqslant \eta_2 \tag{4.107}$$

其中 $\eta_1,\eta_2$ 为正常数。将 Terminal 滑模面设计成如下形式:

$$\sigma = \boldsymbol{Ce} - \boldsymbol{Cp}(t) = 0 \tag{4.108}$$

其中 $\boldsymbol{e}=[e_1,e_2,\cdots,e_n]^{\mathrm{T}}$,$e_i = x_i - x_{id}$,$\boldsymbol{C}=[c_1,c_2,\cdots,c_n]$,$c_i$ 为正常数,$i=1,2,\cdots,n$。$\boldsymbol{p}(t)=[p(t),\dot{p}(t),\cdots,p(t)^{(n-1)}]^{\mathrm{T}}$,是设计的时变补偿函数,且 $\boldsymbol{p}(t)$ 满足假设 4.1。为了求取控制律,系统(4.106)的 Lyapunov 函数选取为

$$V = \frac{1}{2}\sigma^2 \tag{4.109}$$

对上式两端求时间的微分

$$\begin{aligned} \dot{V} = \sigma\dot{\sigma} = \\ &\sigma[c_1\dot{e}_1 + c_2\dot{e}_2 + \cdots + c_{n-1}\dot{e}_{n-1} + c_n\dot{e}_n - (c_1\dot{p}(t) + c_2\ddot{p}(t) + \cdots + c_n p(t)^{(n)})] = \\ &\sigma[c_1 e_2 + c_2 e_3 + \cdots + c_{n-1}e_n - (c_1\dot{p}(t) + c_2\ddot{p}(t) + \cdots + c_n p(t)^{(n)}) + \\ &c_n(f(\boldsymbol{x}) + \Delta f(\boldsymbol{x}) + g(\boldsymbol{x})u + d(t)) - c_n\dot{x}_{nd}] \end{aligned} \tag{4.110}$$

为了保证 $\dot{V}$ 负定,可以选取控制律如下

$$\begin{aligned} u = \frac{c_n^{-1}}{g(\boldsymbol{x})}[&-(c_1e_2 + c_2e_3 + \cdots + c_{n-1}e_n) + c_n\dot{x}_{nd} + (c_1\dot{p}(t) + c_2\ddot{p}(t) + \cdots + c_n p(t)^{(n)}) - \\ &f(\boldsymbol{x}) - c_n(\eta_1 + \eta_2 + K)\operatorname{sign}(\sigma)] \end{aligned} \tag{4.111}$$

将式(4.111)代入式(4.110)可得

$$\begin{aligned} \dot{V} = c_n\sigma[\Delta f(\boldsymbol{x}) + d(t) - (\eta_1 + \eta_2 + K)\operatorname{sign}(\sigma)] \leqslant \\ c_n(|\Delta f(\boldsymbol{x})| + |d(t)|)|\sigma| - c_n(\eta_1 + \eta_2 + K)|\sigma| \leqslant \\ -c_n K|\sigma| \end{aligned} \tag{4.112}$$

显然 $\dot{V}$ 负定,因此 Terminal 滑模面可达,且系统一旦到达滑模面就一直沿事先设计的轨迹运动。注意到根据假设 4.1,$\sigma(0) = \boldsymbol{Cx}(0) - \boldsymbol{Cp}(0) = 0$,而由前面的结论可知系统一旦进入滑模面就不再离开,因此 $\sigma(t) \equiv 0, \forall t \geqslant 0$。也即闭环系统不存在传统的到达阶段,从而具有全程鲁棒性。这是带补偿函数 Terminal 滑模控制最重要、最突出的特点。

对系统(4.106)的干扰所作假设非常简单,仅仅给出上界,并且此上界已知。干扰的存在会影响滑模面的设计,没有必要对干扰问题做更深入的研究。干扰未知时,如对 $n$ 阶系统而言,补偿函数应该满足假设 4.1 中的条件 $p_i(0)=e_i(0)$,$\dot{p}_i(0)=\dot{e}_i(0)$,$\cdots$,$p_i^{(n)}(0)=e_i^{(n)}(0)$。在状态可测情况下,前 $n$ 个都容易满足,但最后一个难以满足。根据(4.66)的最后一项可以看出,由于扰动存在使得 $x^{(n)}(0)$ 不能精确获得,从而不能精确得到 $e_i^{(n)}(0)$,进而难以设计 $p_i(0)$(设计中需要利用 $e_i^{(n)}(0)$)。在这种情况下,就很难保证闭环系统在初始时刻就位于滑模

面，即又产生了到达阶段。因此，带补偿函数的Terminal滑模控制要求系统不受扰，对工程实施带来很大困难，对该方法的应用需要做更深入的研究。

下面对带补偿函数的Terminal滑模控制进行仿真研究，说明该方法对有界扰动系统的控制效果。例子如下

$$\dot{x}_1 = x_2$$

$$\dot{x}_2 = 10x_1 + x_2 + 15\frac{\sin(2\pi x_1)}{3x_1 x_2}\cos(5x_1 + 4\pi x_2) + [5 + \sin(x_1 + x_2 - 10)]u + 0.5\sin(x_1 + x_2) \tag{4.113}$$

其中 $0.5\sin(x_1 + x_2)$ 为扰动项，显然满足 $|0.5\sin(x_1 + x_2)| \leqslant 0.5$，给定跟踪信号为 $\sin(\pi t)$。设计滑模面为

$$\sigma = \dot{e} + 10e(t) - \dot{p}(t) - 10p(t) = 0 \tag{4.114}$$

$$p_i(t) = \begin{cases} e_i(0) + \dot{e}_i(0)t + \frac{1}{2}\ddot{e}_i(0)t^2 + \\ [\frac{a_{00}}{T^3}e_i(0) + \frac{a_{01}}{T^2}\dot{e}_i(0) + \frac{a_{02}}{T}\ddot{e}_i(0)]t^3 + \\ [\frac{a_{10}}{T^4}e_i(0) + \frac{a_{11}}{T^3}\dot{e}_i(0) + \frac{a_{12}}{T^2}\ddot{e}_i(0)]t^4 + \\ [\frac{a_{20}}{T^5}e_i(0) + \frac{a_{21}}{T^4}\dot{e}_i(0) + \frac{a_{22}}{T^3}\ddot{e}_i(0)]t^5, \quad 0 \leqslant t \leqslant T \\ 0, \quad t > T \end{cases} \tag{4.115}$$

通过解3个三元一次方程组，可以求出参数

$$\begin{cases} a_{00} = -10 \\ a_{10} = 15 \\ a_{20} = -6 \end{cases} \quad \begin{cases} a_{01} = -6 \\ a_{11} = 8 \\ a_{21} = -3 \end{cases} \quad \begin{cases} a_{02} = -1.5 \\ a_{12} = 1.5 \\ a_{22} = -0.5 \end{cases} \tag{4.116}$$

$T = 1$ s，$\eta_1 = 0.5$，$K = 1$。仿真结果如图4.9～4.11所示。

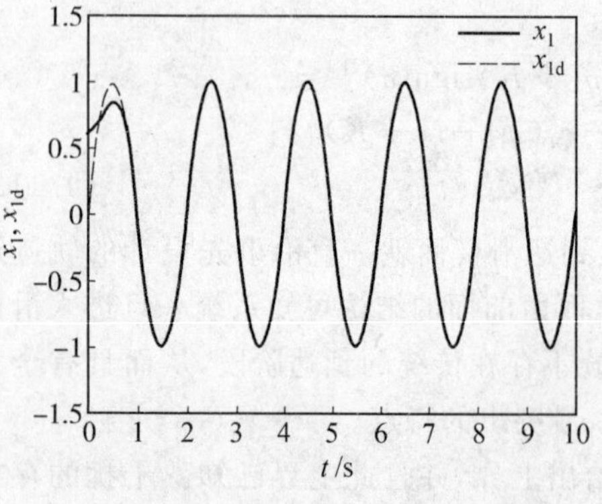


图4.9 状态 $x_1$ 的跟踪曲线

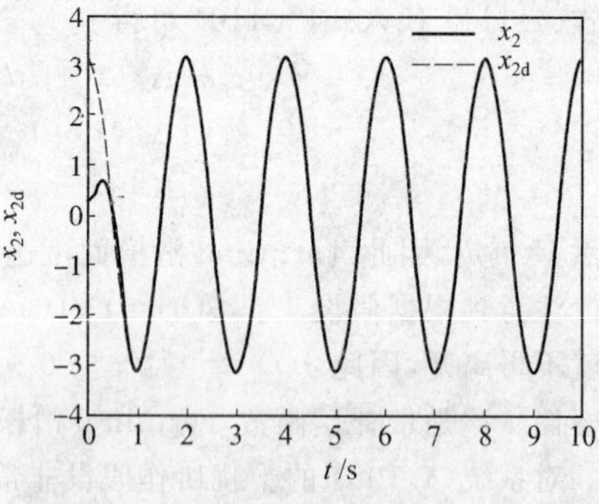


图4.10 状态 $x_2$ 的跟踪曲线

从图4.9、4.10可以看出两个状态的跟踪速度很快，在1 s左右即完成，这个时间正是预先设定的。从图4.11可以清楚看出，切换函数从初始时刻就等于零，即系统一开始就位于滑模面上，不存在到达阶段。仿真效果充分证明了设计方法的有效性。

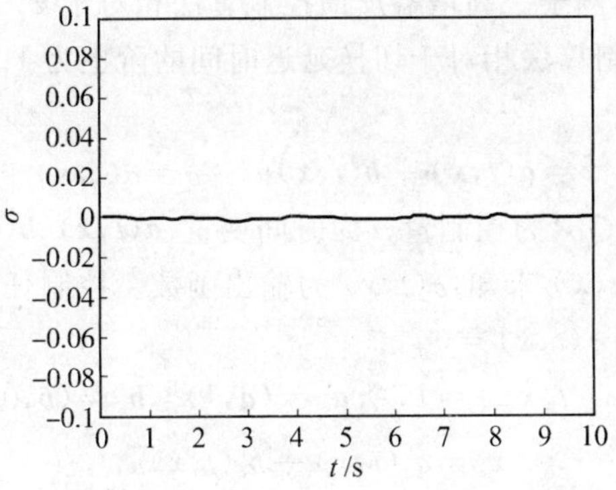


图 4.11　Terminal 滑模面的变化曲线

# 4.4　非线性系统高阶滑模控制与 Terminal 滑模控制
## (Higher Order Sliding Mode Control and Terminal Sliding Mode Control of Nonlinear Systems)

设计滑模控制律时，为了保证滑模面的可达性，通常需要设计不连续的控制量。如式(4.93)中出现的 $\gamma\,|s_{n-1}|^{q/p}\mathrm{sign}(s_{n-1})$ 项，式(4.111)中的 $K\mathrm{sign}(\sigma)$ 项。其中 $\gamma\,|s_{n-1}|^{q/p}\mathrm{sign}(s_{n-1})$ 项是对 $\gamma\mathrm{sign}(s_{n-1})$ 的连续化，当 $q/p=0$ 时 $\gamma\,|s_{n-1}|^{q/p}\mathrm{sign}(s_{n-1})$ 就变成继电切换项 $\gamma\mathrm{sign}(s_{n-1})$；当 $q/p=1$ 时 $\gamma\,|s_{n-1}|^{q/p}\mathrm{sign}(s_{n-1})$ 就变成普通的线性项 $\gamma s_{n-1}$。连续化的目的是为了减少滑模控制中的抖振现象，但由于用连续控制替代不连续控制，从而不能严格保证滑模面的存在性，因而牺牲了滑模面的控制精度。是否能在为了不牺牲滑模面精度的前提下，减少或者消除抖振现象？高阶滑模(High-order Sliding Mode)是一种新型滑模控制方法，其突出优点是可以减小或消除抖振现象，并且滑模面的精度比普通滑模高。

从 4.1 节可知，滑模控制要求设计控制律，保证滑模面 $\sigma=0$ 可达，而且系统轨迹一旦到达滑模面，就不再离开，随后一直在 $\sigma=0$ 上运动，将该运动称为理想滑模运动。事实上，理想滑模运动产生的条件是控制以理想的切换方式工作，即切换的频率无限大，显然该条件在实际控制中得不到满足。因而，实际的滑动运动是理想滑动面的邻域，称为真实滑动，也称为滑动带。

**定义 4.1**　集合 $(t,\boldsymbol{x}(t,\varepsilon))$ 代表初始条件为 $(t_0,\boldsymbol{x}(t_0))$ 的一类轨迹，其中 $\varepsilon$ 用来区分轨迹。如果存在 $t_1\geqslant t_0$，使得在每个时间段 $[t',t'']$ $(t'\geqslant t_1)$ 都有 $\sigma(t,\boldsymbol{x}(t,\varepsilon))$ 一致趋于零，同时 $\varepsilon$ 趋于零，则将该类轨迹称为 $\sigma(t,\boldsymbol{x}(t,\varepsilon))=0$ 的真实滑模族。在 $[t_0,t_1]$ 时间间隔内的运动称为暂态过程；在 $[t_1,\infty)$ 时间间隔内的运动称为稳态过程。

**定义 4.2**　如果一种控制算法依赖于参数 $\varepsilon\in R^l$，且当 $\varepsilon\to 0$ 时该算法使系统产生真实滑模运动，则称该算法为 $\sigma(t,\boldsymbol{x}(t,\varepsilon))=0$ 的真实滑模算法。

**定义 4.3**　令 $\gamma(\varepsilon)$ 为实值函数，且当 $\varepsilon\to 0$ 时 $\gamma(\varepsilon)\to 0$。如果对任意初始条件和任何时间间隔 $[T_1,T_2]$ 都存在一个常数 $C$，稳态过程满足

$$|\sigma(t,\boldsymbol{x}(t,\varepsilon))|\leqslant C\,|\gamma(\varepsilon)|^r \tag{4.117}$$

则称真实滑模算法相对于 $\gamma(\varepsilon)$ 的阶为 $r$。

可以给出两个阶的具体例子。高增益反馈控制算法相对于 $k^{-1}$ 的阶为 1,其中 $k$ 为增益。对于普通滑模而言,真实控制算法相对于切换延迟时间的阶也为 1。

考虑如下一类动态系统

$$\dot{\boldsymbol{x}}=\boldsymbol{a}(t,\boldsymbol{x})+\boldsymbol{b}(t,\boldsymbol{x})u,\quad \sigma=\sigma(t,\boldsymbol{x}) \tag{4.118}$$

其中,$\boldsymbol{x}\in\mathbf{R}^n$ 为状态变量;$u\in\mathbf{R}$ 为控制量;$t$ 为时间变量;$\boldsymbol{a}(t,\boldsymbol{x})$,$\boldsymbol{b}(t,\boldsymbol{x})$ 为光滑向量函数;$\sigma(t,\boldsymbol{x})$ 为光滑函数。$\boldsymbol{a}(t,\boldsymbol{x})$,$\boldsymbol{b}(t,\boldsymbol{x})$ 未知,$\sigma(t,\boldsymbol{x})$ 为输出函数。控制任务是设计控制量 $u$ 使得系统能够在有限时间内收敛到 $\sigma(t,\boldsymbol{x})=0$。

定义两个辅助变量 $x_{n+1}=t,\dot{x}_{n+1}=1$,令 $\boldsymbol{a}_e=(\boldsymbol{a},1)^{\mathrm{T}}$,$\boldsymbol{b}_e=(\boldsymbol{b},0)^{\mathrm{T}}$,则系统(4.118) 扩展为

$$\dot{\boldsymbol{x}}_e=\boldsymbol{a}_e(t,\boldsymbol{x})+\boldsymbol{b}_e(t,\boldsymbol{x})u \tag{4.119}$$

其中 $\boldsymbol{x}_e=(\boldsymbol{x},x_{n+1})^{\mathrm{T}}$。如果 Lie 导数 $L_{b_e}\sigma,L_{b_e}L_{a_e}\sigma,\cdots,L_{b_e}L_{a_e}^{r-2}$ 在某个给定点的邻域内等于零而 $L_{b_e}L_{a_e}^{r-1}$ 在该点不为零,则称(4.119) 的相对阶为 $r$。从另一个角度可以简单理解为,所谓相对阶 $r$ 是指对 $\sigma(t,\boldsymbol{x})$ 一直求 $n$ 阶微分直到控制量 $u$ 显式出现在表达式中,这时的阶数 $n(=r)$ 即为相对阶。假设 $\sigma,\dot{\sigma},\cdots,\sigma^{(r-1)}$ 都是连续函数,$\sigma^{(r)}$ 不连续,且集合

$$\sigma=\dot{\sigma}=\cdots=\sigma^{(r-1)}=0 \tag{4.120}$$

非空,则称在该集合上的运动为 $r$ 阶滑模运动。对通常意义的滑模控制而言,$\sigma$ 连续而 $\dot{\sigma}$ 不连续,所以也称为 1 阶滑模。2 阶滑模运动的轨迹如图 4.12 所示。如果 $\sigma,\dot{\sigma},\cdots,\sigma^{(r-1)}$ 满足

$$\operatorname{rank}[\nabla\sigma,\nabla\dot{\sigma},\cdots,\nabla\sigma^{(r-1)}]=r \tag{4.121}$$

则称(4.121) 为 $r$ 阶滑动正则条件。在此情况下,$r$ 阶滑动集合 $\sigma=\dot{\sigma}=\cdots=\sigma^{(r-1)}=0$ 是一个微分流形。

容易得到

$$\sigma^{(r)}=h(t,\boldsymbol{x})+g(t,\boldsymbol{x})u \tag{4.122}$$

其中 $h(t,\boldsymbol{x})=L_{a_e}^{r}\sigma,g(t,\boldsymbol{x})=L_{b_e}L_{a_e}^{r-1}\sigma=\dfrac{\partial}{\partial u}\sigma^{(r)}$。

如果令 $u=0$,则 $h(t,\boldsymbol{x})$ 是 $\sigma$ 的 $r$ 阶全微分。换而言之,未知函数 $h(t,\boldsymbol{x})$,$g(t,\boldsymbol{x})$ 可以采用系统的输入输出关系表述。系统(4.118) 的不确定性将影响对其进行简化或者转化为某些标准形式,因此为了对系统进行设计,式(4.121) 的存在性非常重要。

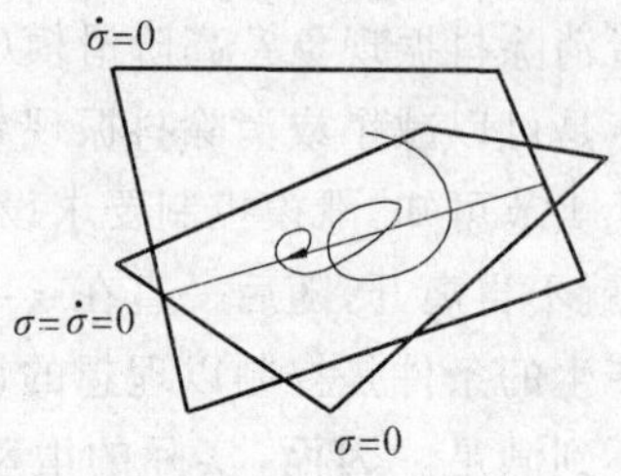

图 4.12　2 阶滑模运动的示意图

**命题 4.1**　如果正则条件(4.121) 成立,$r$ 阶滑动流形(4.122) 非空,则 $\sigma$ 的 $r$ 阶滑动模态存在的充要条件是流形(4.120) 的 Filippov 向量场与其切空间的交集非空。

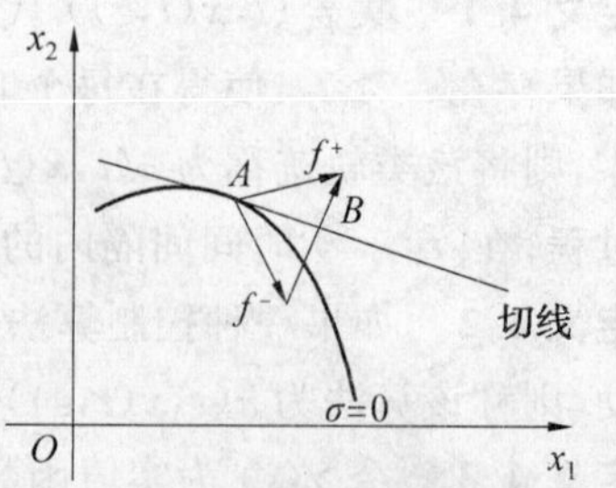

图 4.13　滑模运动存在条件示意图

关于命题 4.1 证明过程及 Filippov 理论,有兴趣的读者可以参阅相关资料。这里仅以 1 阶滑模为例从直观上给出解释。从图 4.13 可以看出,滑模面上的 $A$ 点引出的两条速度矢量 $f^+$,$f^-$ 端点的连线即为 $A$ 点的 Filippov 向量,当该向量与过 $A$ 点的切线相交,交点为 $B$,则保证滑模面存

在。

**命题 4.2**　系统(4.118)相对 $\sigma$ 的相对阶为 $r$, $u=U(t,\boldsymbol{x})$ 为不连续控制，且在 $(t_0,\boldsymbol{x}_0)$ 附近的 $r$ 阶滑动点的任一邻域上取值范围都为 $(-\infty,-K]\cup[K,\infty)$，那么对于足够大的 $K$，可以保证 $(t_0,\boldsymbol{x}_0)$ 的某些邻域内存在 $r$ 阶滑动模态。

通常采用的 $u=-K\operatorname{sign}(\sigma)$ 控制满足命题4.2，但是不能保证 $r$ 阶滑动模态的稳定性。现在需要设计新的不连续反馈控制，保证系统(4.118)出现 $r$ 阶滑动模态，且能够在有限时间内收敛到该模态上。新的控制律应该和传统 1 阶滑模的继电器控制律有相同的形式。假设系统(4.122)中的 $g,h$ 有界，即存在 $K_M,K_m,C>0$，满足

$$0<K_m\leqslant\frac{\partial}{\partial u}\sigma^{(r)}\leqslant K_M,\quad |\sigma^{(r)}|_{u=0}\leqslant C \tag{4.123}$$

下面讨论相对阶 $r=1,2$ 的情况。当 $r=1$ 时，对 $\sigma$ 求微分

$$\dot{\sigma}(t,\boldsymbol{x},u)=\sigma'_t(t,\boldsymbol{x})+\boldsymbol{\sigma}'_x(t,\boldsymbol{x})\boldsymbol{a}(t,\boldsymbol{x})+\boldsymbol{\sigma}'_x(t,\boldsymbol{x})\boldsymbol{b}(t,\boldsymbol{x})u \tag{4.124}$$

控制律用继电器形式的控制 $u=-\alpha\operatorname{sign}(\sigma)$ 可以解决，其中 $\alpha>C/K_m$。注意 $h=\dot{\sigma}|_{u=0}=\sigma'_t(t,\boldsymbol{x})+\boldsymbol{\sigma}'_x(t,\boldsymbol{x})\boldsymbol{a}(t,\boldsymbol{x})$, $g=\boldsymbol{\sigma}'_x(t,\boldsymbol{x})\boldsymbol{b}$。已经证明了1阶真实滑模的精度正比于采样时间间隔。

当 $r=2$ 时直接给出几种控制律的形式，一种扭曲算法如下

$$u=-(r_1\operatorname{sign}\sigma+r_2\operatorname{sign}\dot{\sigma}),\quad r_1>r_2>0 \tag{4.125}$$

其中 $(r_1+r_2)K_m-C>(r_1-r_2)K_M+C$, $(r_1-r_2)K_m>C$。另一种控制器形式可以表示为

$$u=-\alpha\operatorname{sign}(\dot{\sigma}+\lambda\,|\sigma|^{1/2}\operatorname{sign}\sigma) \tag{4.126}$$

其中 $\alpha,\lambda>0$, $\alpha K_m-C>\lambda^2/2$。控制器(4.124)的形式与Terminal滑模控制很相似。所谓的次优控制器的形式如下

$$u=-r_1\operatorname{sign}(\sigma-\sigma^*/2)+r_2\operatorname{sign}\sigma^* \tag{4.127}$$

其中 $r_1>r_2>0$, $2[(r_1+r_2)K_m-C]>(r_1-r_2)K_M+C$, $(r_1-r_2)K_m>C$, $\sigma^*$ 是最接近 $\dot{\sigma}$ 为零时刻的 $\sigma$ 的值。$\sigma^*$ 的初始值为 0。

**定理 4.1**　系统(4.118)在控制器(4.125)～(4.127)的作用下将在有限时间内收敛到 2 阶滑模面 $\dot{\sigma}=\sigma=0$，且收敛时间是初始条件的有界函数。

如果测量时间间隔为定值 $\tau$，则在 $t_i$ 时刻有 $\sigma_i=\sigma(t_i,\boldsymbol{x}(t_i))$, $\Delta\sigma_i=\sigma_i-\sigma_{i-1}$。用 $\sigma_i,\Delta\sigma_i$ 代替(4.123)中的 $\sigma,\dot{\sigma}$ 就得到离散采样时刻的控制器表达式。

**定理 4.2**　采用(4.125)～(4.127)的离散控制器，则滑模面精度满足不等式 $|\sigma|<\mu_0\tau^2$, $|\dot{\sigma}|<\mu_1\tau\,(\mu_0,\mu_1>0)$。

下面将简单证明定理 4.2.

**引理 4.2**　对某个定义在长度为 $\tau$ 的区间 $[a,b]$ 上的实值函数 $\omega(t)\in C^k$，存在 $\Gamma>0$ 和定义域内的某个点 $t_1$，满足

$$|\omega^{(k)}(t_1)|\leqslant\Gamma\sup_{t\in[a,b]}|\omega(t)|\tau^{-k} \tag{4.128}$$

证明引理 4.2。分别对函数 $\omega(t),\omega'(t),\cdots,\omega^{(k-1)}(t)$ 在区间 $[a,b]$ 上用Lagrange微分中值定理，则分别存在 $\xi_1,\xi_2,\cdots,\xi_r\in[a,b]$，使得

$$\omega^{(n)}(\xi_n)=\frac{\omega^{(n-1)}(b)-\omega^{(n-1)}(a)}{b-a}=[\omega^{(n-1)}(b)-\omega^{(n-1)}(a)]\tau^{-1},\quad n=1,2,\cdots,k \tag{4.129}$$

函数 $\omega(t),\omega'(t),\cdots,\omega^{(k-1)}(t)$ 在区间 $[a,b]$ 上的连续性得知，存在常数 $C_n>0(n=1,2,\cdots,k)$，使得下式成立

$$|\omega^{(n-1)}(b)-\omega^{(n-1)}(a)|\leqslant C_n|\omega^{(n-1)}(\xi_{n-1})| \tag{4.130}$$

于是

$$\begin{aligned}|\omega^{(k)}(\xi_k)|=&\left|\frac{\omega^{(k-1)}(b)-\omega^{(k-1)}(a)}{b-a}\right|=|[\omega^{(k-1)}(b)-\omega^{(k-1)}(a)]|\cdot\tau^{-1}\leqslant\\&C_nC_{n-1}\cdots C_1|\omega(b)-\omega(a)|\cdot\tau^{-k}\leqslant\\&\Gamma\sup_{t\in[a,b]}|\omega(t)|\tau^{-k}\end{aligned} \tag{4.131}$$

用 $t_1$ 代换 $\xi_k$ 即得证引理 4.2。为了证明定理 4.2，考虑如下积分恒等式

$$\sigma^{(l-1)}(t)=\sigma^{(l-1)}(t_0)+\int_{t_0}^{t}\sigma^{(l)}(s)\mathrm{d}s \tag{4.132}$$

其中 $t_0$ 为引理 4.2 中与 $\sigma^{(l-1)}$ 对应的点，$[t_0,t]\in[a,b]$，$[a,b]$ 是系统稳定后的某个长度为 $\tau$ 的时间段。对式(4.132)使用积分中值定理可得

$$\sigma^{(l-1)}(t)=\sigma^{(l-1)}(t_0)+\sigma^{(l)}(\xi)(t-t_0) \tag{4.133}$$

再对 $\sigma^{(l-1)}(t_0)$ 使用引理 4.2 可得

$$\begin{aligned}|\sigma^{(l-1)}(t)|\leqslant&\Gamma\sup_{t\in[a,b]}|\sigma(t)|\tau^{-(l-1)}+|\sigma^{(l)}(\xi)|(t-t_0)\leqslant\\&\Gamma\sup_{t\in[a,b]}|\sigma(t)|\tau^{-(l-1)}+|\sigma^{(l)}(\xi)|\tau=\\&(\Gamma\sup_{t\in[a,b]}|\sigma(t)|\tau^{-l}+|\sigma^{(l)}(\xi)|)\tau=\\&C_{l-1}\tau\end{aligned} \tag{4.134}$$

再根据下面的积分恒等式

$$\sigma^{(l-2)}(t)=\sigma^{(l-2)}(t_1)+\sigma^{(l-1)}(\xi)(t-t_1) \tag{4.135}$$

考虑到积分中值定理、引理 4.2 及(4.134)式

$$\begin{aligned}|\sigma^{(l-2)}(t)|\leqslant&\Gamma\sup_{t\in[a,b]}|\sigma(t)|\tau^{-(l-2)}+|\sigma^{(l-1)}(\xi_1)|(t-t_1)\leqslant\\&\Gamma\sup_{t\in[a,b]}|\sigma(t)|\tau^{-(l-2)}+|\sigma^{(l-1)}(\xi_1)|\tau\leqslant\\&\Gamma\sup_{t\in[a,b]}|\sigma(t)|\tau^{-(l-2)}+C_{l-1}\tau^2\leqslant\\&(\Gamma\sup_{t\in[a,b]}|\sigma(t)|\tau^{-l}+C_{l-1})\tau^2=\\&C_{l-2}\tau^2\end{aligned} \tag{4.136}$$

以此类推，有 $|\sigma^{(l-3)}(t)|\leqslant C_{l-3}\tau^3,\cdots,|\sigma^{(1)}(t)|\leqslant C_1\tau^{l-1}$。$|\sigma(t)|\leqslant C_0\tau^l$ 则可由定义 4.3 直接得到。定理 4.2 证毕。

上述控制器(4.125)～(4.127)也可以应用在相对阶为 1 的情况下，且可以提高滑动面的精度，消除抖振现象。事实上，令 $u=\varphi(\sigma,\dot{\sigma})$ 为(4.125)～(4.127)中的某一种，可以采用如下形式的控制器代替 $u=-\mathrm{sign}(\sigma)$

$$\dot{u}=\begin{cases}-u, & |u|>1\\ \varphi(\sigma,\dot{\sigma}), & |u|\leqslant 1\end{cases} \tag{4.137}$$

接下来考虑 $r$ 阶滑模控制器的构造。假设正整数 $p\geqslant r$，于是可以构造下面的式子

$$N_{1,r}=|\sigma|^{(r-1)/r}$$
$$N_{i,r}=(|\sigma|^{p/r}+|\dot{\sigma}|^{p/(r-1)}+\cdots+|\sigma^{(i-1)}|^{p/(r-i+1)})^{(r-i)/p},\quad i=1,2,\cdots,r-1$$
$$N_{r-1,r}=(|\sigma|^{p/r}+|\dot{\sigma}|^{p/(r-1)}+\cdots+|\sigma^{(r-2)}|^{p/2})^{1/p} \tag{4.138}$$
$$\varphi_{0,r}=\sigma$$
$$\varphi_{1,r}=\dot{\sigma}+\beta_1 N_{1,r}\operatorname{sign}(\sigma)$$
$$\varphi_{i,r}=\sigma^{(i)}+\beta_i N_{i,r}\operatorname{sign}(\varphi_{i-1,r}),\quad i=1,\cdots,2,r-1$$

其中 $\beta_1,\cdots,\beta_{r-1}>0$ 为设计参数。设计高阶滑模控制器时需要用到 $\varphi_{i,r}$。

**定理 4.3**　系统(4.118) 相对于 $\sigma$ 的相对阶为 $r$，且条件(4.123) 成立，那么正确选取参数 $\beta_1,\cdots,\beta_{r-1},\alpha$，控制器

$$u=-\alpha\operatorname{sign}(\varphi_{r-1,r}(\sigma,\dot{\sigma},\cdots,\sigma^{(r-1)})) \tag{4.139}$$

将使闭环系统产生 $r$ 阶滑模运动，并保证任何初始运动都在有限时间内进入该滑模区域。

控制器(4.139) 的设计思想如下：首先在不连续集合(4.139)(记为 $\Gamma$) 的光滑部分建立一个 1 阶滑模面 $\varphi_{r-1,r}=0$，接着产生另一个 1 阶滑模面 $\varphi_{r-2,r}=0$。但前一个滑模面 $\varphi_{r-1,r}=0$ 将在后一个 $\varphi_{r-2,r}=0$ 出现的时刻消失，然后系统在 $\Gamma$ 的某个满足 $\varphi_{r-2,r}=0$ 的子集运动，直到在有限时间内进入子集 $\varphi_{r-3,r}=0$，以此类推，当系统轨迹接近 $r$ 阶滑模集时，集合 $\Gamma$ 在 $\sigma,\dot{\sigma},\cdots,\sigma^{(r-1)}$ 坐标下退化成坐标原点，如图 4.14 所示。

下面将证明定理 4.3。如果微分包含 $\dot{\xi}\in\Xi(\xi),\xi\in\mathbf{R}^m$ 满足以下三个条件则称为 Filippov 包含

① $\Xi(\xi)$ 为非空闭的凸集；

② $\Xi(\xi)\subset\{\nu\in\mathbf{R}^m\mid\|\nu\|\leqslant\rho(\xi)\}$，其中 $\rho(\xi)$ 为连续函数；

③ 当 $\xi'\to\xi$ 时，$\Xi(\xi')$ 与 $\Xi(\xi)$ 之间的距离趋向零。

任何一个微分包含的解都是满足此包含的绝对连续函数，右端不连续的微分方程都可以等效为某个 Filippov 包含。一个微分包含 $\dot{\xi}\in\Xi(\xi)$ 的轨迹是点集 $\{(\xi,\dot{\xi})\in\mathbf{R}^m\times\mathbf{R}^m\mid\dot{\xi}\in\Xi(\xi)\}$。如果任一 $\dot{\xi}\in\Xi'(\xi)$ 的轨迹与 $\dot{\xi}\in\Xi(\xi)$ 的轨迹相距不超过 $\varepsilon$，则称微分包含 $\dot{\xi}\in\Xi'(\xi)$ 与 Filippov 包含 $\dot{\xi}\in\Xi(\xi)$ 在某些区域为 $\varepsilon$ 接近。当 $\varepsilon\to 0$ 时，在某个紧区域内，$\dot{\xi}\in\Xi'(\xi)$ 的解在任意有限时间间隔内趋向 $\dot{\xi}\in\Xi(\xi)$ 的解。作为特殊情况，$\xi^{(m)}\in\Xi(\xi,\dot{\xi},\cdots,\xi^{(m-1)}),\xi\in\mathbf{R}$ 的轨迹是 $\mathbf{R}^m\times\mathbf{R}$ 上的集合。如果微分包含 $\xi^{(m)}\in\Xi'(\xi,\dot{\xi},\cdots,\xi^{(m-1)}),\xi\in\mathbf{R}$ 是包含 $\xi^{(m)}\in\Xi(\xi,\dot{\xi},\cdots,\xi^{(m-1)}),\xi\in\mathbf{R}$ 的闭 $\varepsilon$ 邻域，则称其为 $\varepsilon$ 膨胀包含，也是一个 Filippov 包含。相应地，一个 $\varepsilon$ 膨胀微分方程是相应 Filippov 包含的 $\varepsilon$ 邻域。

考虑系统(4.118) 在控制(4.139) 下的轨迹

$$\sigma^{(r)}=L_{a_e}^r\sigma+u\frac{\partial}{\partial u}\sigma^{(r)} \tag{4.140}$$

根据条件(4.123) 可得到微分包含

$$\sigma^{(r)}\in[-C,C]+[K_m,K_M]u \tag{4.141}$$

可以用来代替(4.140)。给定点 $P$，$N$ 为任意 0 测度的点集，$O$ 为 $N$ 的邻域，如果点 $p\in O/N$ 在逼近 $P$ 的过程中某个函数至少存在两个不同的有限值，则称 $P$ 为该函数的不连续点。令 $\Gamma$ 为不连续集合 $\operatorname{sign}(\varphi_{r-1,r}(\sigma,\dot{\sigma},\cdots,\sigma^{(r-1)}))$ 的闭包，也即为控制(4.139) 的闭包。

**引理 4.3**　集合 $\Gamma$ 将以 $(\sigma,\dot{\sigma},\cdots,\sigma^{(r-1)})$ 为基构成的空间分成两个连通的部分 $\varphi_{r-1,r}(\sigma,$

$\dot{\sigma},\cdots,\sigma^{(r-1)}) > 0$ 和 $\varphi_{r-1,r}(\sigma,\dot{\sigma},\cdots,\sigma^{(r-1)}) < 0$,任何连接此两部分的曲线都与 $\Gamma$ 有非空交集。

由于该引理的证明涉及较多专业数学知识,这里仅以图示的形式给出直观的解释,有兴趣的读者可以参考文献[7]。图 4.15 中 $\Omega_i^+$ 与 $\Omega_i^-$ 是被集合 $\Gamma$ 划分成的两部分,从图示可以直观看出两个区域的点相连一定与 $\Gamma$ 相交。

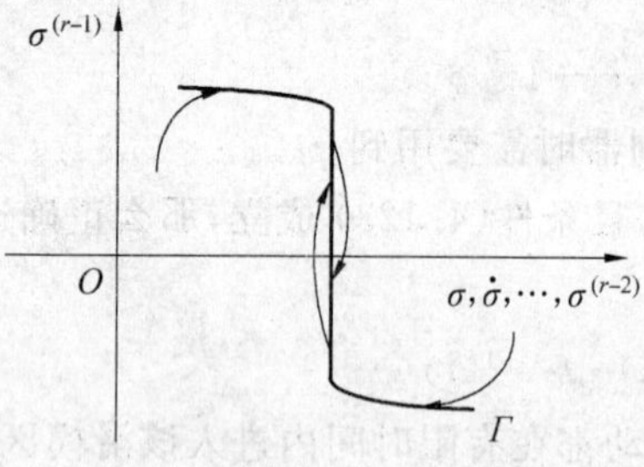


图 4.14　$r$ 阶滑模控制器设计的示意图

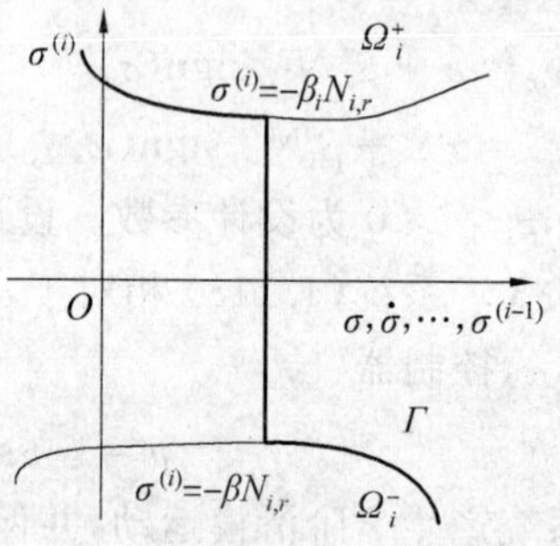


图 4.15　$r$ 维空间经 $\Gamma$ 划分的示意图

考虑变换 $G_v:(t,\sigma,\dot{\sigma},\cdots,\sigma^{(r-1)}) \mapsto (vt, v^r\sigma, v^{r-1}\dot{\sigma},\cdots, v\sigma^{(r-1)})$,可以验证微分包含(4.141)及(4.139)都对 $G_v(v>0)$ 具有不变性。该不变性指的是如果某命题在满足 $\bigcup_{v\geqslant 0} G_v E = \mathbf{R}^r$ 的集合 $E$ 上成立,则在整个区间上也成立。该推理称为"同态推理"。

**引理 4.4**　如果(4.139)中的 $\alpha$ 足够大,则任一(4.141)的轨迹都在有限时间内到达 $\Gamma$。

**证明**　容易验证在不发生切换时,任意从原点的任意小邻域出发的轨迹将在有限时间内穿越区间 $|\sigma^{(r-1)}| \leqslant \beta_{r-1} N_{r-1,r}$。根据引理 4.3,该轨迹将与 $\Gamma$ 相交。

**引理 4.5**　当 $\alpha$ 足够大时,$\varphi_{r-1,r}$ 的连续点集上将产生 1 阶滑模,相应地,通过选择(4.138)中的 $\beta_j$,任一微分方程 $\varphi_{i,r}=0(i=1,\cdots,r-1)$ 会使连续点集 $\xi_{i-1}$ 的流形 $\sigma^{(i-1)}=\xi_{i-1}(\sigma,\dot{\sigma},\cdots,\sigma^{(i-2)})$ 上产生 1 阶滑模。其中 $\xi_i = -\beta_i N_{i,r}\operatorname{sign}(\varphi_{i-1,r}), i=1,\cdots,r-1$。

**引理 4.6**　按引理 4.5 中的要求选择 $\beta_j$,则存在坐标原点 $\sigma=\dot{\sigma}=\cdots=\sigma^{(r-1)}=0$ 的邻域 $O$ 和 $\varepsilon>0$,$\varphi_{i,r}=0(i=1,\cdots,r-1)$ 的每一个 $\varepsilon$ 微分膨胀方程使得所有从 $O$ 出发的轨迹,都能在有限时间内进入 $\Gamma_{i-1}$ 的 $\varepsilon$ 邻域。$\Gamma_{i-1}$ 是 $\Gamma$ 的子集。

**引理 4.7**　当 $\alpha$ 足够大时,微分包含(4.141)的轨迹在 $t_0$ 时刻从 $\Gamma$ 出发后将在有限时间 $t_1$ 内重新回到 $\Gamma$ 内,且时间间隔 $t_1-t_0$ 和在此期间的最大坐标偏移满足

$$
\begin{aligned}
& t_1 - t_0 \leqslant c_0 \alpha^{-1} N_{r-1,r}(\sigma(t_0),\dot{\sigma}(t_0),\cdots,\sigma^{(r-2)}(t_0)) \\
& |\Delta\sigma_i^{r-j}| \leqslant c_j \alpha^{-1} N_{r-1,r}(\sigma(t_0),\dot{\sigma}(t_0),\cdots,\sigma^{(r-2)}(t_0))^j, \quad j=1,\cdots,r
\end{aligned}
\tag{4.142}
$$

其中 $c_j>0, j=0,1,\cdots,r$。

**引理 4.8**　当 $\alpha$ 足够大时,微分包含(4.141)的轨迹将在有限时间内进入 $\Gamma$ 的邻域,并停留在其中,当 $\alpha\to\infty$ 时,该邻域退化为 $\Gamma$。

**引理 4.9**　当 $\alpha$ 足够大时,存在 $\eta_1>1$,任何从 $M(1)$ 出发的微分包含(4.141)的轨迹都不会离开 $M(\eta_1)$,其中

$$
M(\eta) = \{\sigma,\dot{\sigma},\cdots,\sigma^{(r-1)} \mid N_{r-1,r}(\sigma,\dot{\sigma},\cdots,\sigma^{(r-1)}) \leqslant \eta\} \tag{4.143}
$$

**引理 4.10**　当 $\alpha$ 足够大时存在 $\eta_2<1, T>0$,任何从 $M(1)$ 出发的微分包含(4.141)的轨迹将在 $T$ 时间内进入 $M(\eta_2)$,并停留在其中。

由于微分包含(4.141)对映射 $G_\upsilon:(t,\sigma,\dot{\sigma},\cdots,\sigma^{(r-1)})\mapsto(\upsilon t,\upsilon^r\sigma,\upsilon^{r-1}\dot{\sigma},\cdots,\upsilon\sigma^{(r-1)})$ 具有不变性。因此，在时间 $T$ 内，轨迹从 $M(1)$ 进入 $M(\eta_2)$，随后在 $\eta_2 T$ 时间内进入 $M(\eta_2^2)$，继续在 $\eta_2^2 T$ 时间内进入 $M(\eta_2^3)$，以此类推，所有从 $M(1)$ 出发的轨迹将在时间 $T\sum_{j=1}^{\infty}\eta^j<\infty$ 到达坐标原点，并停留在其中。再根据同态原理，从 $M(c)$，$c>0$ 出发的轨迹也能在有限时间内到达坐标原点。定理 4.3 证毕。

从定理 4.3 的证明可以看出，参数 $\beta_1,\beta_2,\cdots,\beta_{r-1}$ 应该足够大，$\alpha$ 也要根据 $C,K_m,K_M$ 的数据进行设计。通常情况下上述参数的选择的方法很多。当 $r\leqslant 4$ 时，(4.138) 中 $p$ 是 $1,2,\cdots,r$ 的最小公倍数。当 $r=1$，就是通常的继电器控制 $u=-\alpha\operatorname{sign}\sigma$；当 $r=2$，根据(4.138)

$$u=-\alpha\operatorname{sign}(\dot{\sigma}+|\sigma|^{1/2}\operatorname{sign}\sigma)\tag{4.144}$$

当 $r=3$

$$u=-\alpha\operatorname{sign}(\ddot{\sigma}+2(|\dot{\sigma}|^3+|\sigma|^2)^{1/6}\operatorname{sign}(\dot{\sigma}+|\sigma|^{2/3}\operatorname{sign}\sigma))\tag{4.145}$$

当 $r=4$

$$\begin{aligned}u=&-\alpha\operatorname{sign}(\dddot{\sigma}+3(|\ddot{\sigma}|^6+|\dot{\sigma}|^4+|\sigma|^3)^{1/12}\cdot\\&\operatorname{sign}(\ddot{\sigma}+(|\dot{\sigma}|^4+|\sigma|^3)^{1/6}\operatorname{sign}(\dot{\sigma}+0.5|\sigma|^{3/4}\operatorname{sign}\sigma)))\end{aligned}\tag{4.146}$$

从控制器的形式可以看出，设计中不需要考虑系统的具体形式，即不管系统具有怎样的不确定，匹配或者不匹配的，都能保证闭环系统获得很好性能。这种鲁棒性比普通滑模只对匹配干扰具有鲁棒性更进一步。

设采样时间常数为 $\tau>0$，考虑控制器

$$u(t)=-\alpha\operatorname{sign}(\Delta\sigma_i^{(r-2)}+\beta_{r-1}\tau N_{r-1,r}(\sigma_i,\dot{\sigma}_i,\cdots,\sigma_i^{(r-1)})\operatorname{sign}(\varphi_{r-2,r}(\sigma_i,\dot{\sigma}_i,\cdots,\sigma_i^{(r-1)})))\tag{4.147}$$

其中 $\sigma_i^{(j)}=\sigma_i^{(j)}(t_i,x(t_i))$，$\Delta\sigma_i^{(r-2)}=\sigma_i^{(r-2)}-\sigma_{i-1}^{(r-2)}$，$t\in[t_i,t_{i+1})$，$t_i$ 为某个测量时刻。

**定理 4.4**　闭环系统(4.123)在控制器(4.147)的作用下在有限时间内收敛到区域

$$|\sigma|<a_0\tau^r,|\dot{\sigma}|<a_1\tau^{r-1},\cdots,|\sigma^{(r-1)}|a_{r-1}\tau\tag{4.148}$$

收敛时间是初始条件的函数，其值可以通过增加(4.138)中 $\beta_i$ 的值来减小，也可以采用 $\lambda^{-j}\sigma^{(j)}$ 代替 $\sigma^{(j)}$ 等方法缩短收敛时间。

上面对相对阶 $r=n$ 的情况进行了证明和控制器设计。但实际系统中总会出现相对阶小于系统阶的情况，此时可以采用构造辅助变量的方法解决。当相对阶 $k<r=n$，$n$ 为系统的阶数，可以利用控制 $u$ 的微分 $\dot{u},\ddot{u},\cdots,u^{(r-k-1)}$ 构造辅助变量，将 $u^{(r-k)}$ 作为新的控制输入来解决。经过这种处理后，新系统的相对阶 $r=n$，此时控制量 $u$ 是 $r-k-1$ 阶光滑函数。当 $k=r-1$ 时该函数是 Lipschitz 的，当 $k=r$ 时该函数是有界切换函数。采用上述方法也可以消除抖振。

应用控制律(4.139)时需要 $\dot{\sigma},\cdots,\sigma^{(r-1)}$ 是可量测的，但很多情况下不能直接得到这些信号，因为微分信号容易受到干扰，也不能仅仅根据 $\sigma$ 的值来计算 $\dot{\sigma},\cdots,\sigma^{(r-1)}$。下面将利用一种鲁棒信号发生器求取 $\dot{\sigma},\cdots,\sigma^{(r-1)}$。

定义在 $[0,\infty)$ 上的输入信号 $f(t)$ 由干扰信号和基信号 $f_0(t)$ 组成，其中未知干扰信号的 Lebesgue 测度有界，基信号 $f_0(t)$ 的 $n$ 阶微分具有 Lipschitz 常数为 $L>0$。接下来要在没有噪声情况下设计实时鲁棒微分器估计 $\dot{f}_0(t),\ddot{f}_0(t),\cdots,f_0^{(n)}(t)$。首先介绍一种微分器，采用记号 $D_{n-1}(f(t),L)$ 表示 $n-1$ 阶微分信号发生器，其输出 $D_{n-1}^i(i=0,1,\cdots,n-1)$ 即为 $f_0(t)$，

$\dot{f}_0(t),\ddot{f}_0(t),\cdots,f_0^{(n-1)}(t)$ 的估计。那么 $n$ 阶微分信号发生器 $D_n(f(t),L)$ 的输出 $z_i=D_n^i(i=0,1,\cdots,n)$ 即为 $f_0(t),\dot{f}_0(t),\ddot{f}_0(t),\cdots,f_0^{(n)}(t)$ 的估计,其表达式如下

$$\begin{aligned}&\dot{z}_0=\nu,\nu=-\lambda_0\ |z_0-f(t)|^{n/(n+1)}\operatorname{sign}(z_0-f(t))+z_1\\&z_1=D_n^0(\nu,L),\cdots,z_n=D_{n-1}^{n-1}(\nu,L)\end{aligned}\tag{4.149}$$

显然当 $n=0$ 时,(4.149) 就退化为

$$D_0(f(t),L):\dot{z}_0=-\lambda_0\operatorname{sign}(z_0-f(t))\tag{4.150}$$

当 $n=1$ 时,(4.149) 成为 1 阶微分信号发生器

$$\begin{aligned}&\dot{z}_0=\nu,\nu=-\lambda_0\ |z_0-f(t)|^{1/2}\operatorname{sign}(z_0-f(t))+z_1\\&z_1=-\lambda_1\operatorname{sign}(z_0-f(t))\end{aligned}\tag{4.151}$$

在式(4.151) 的基础上可以设计另一类新的微分器。令 $\tilde{D}_{n-1}(f(t),L)(n\geqslant1)$ 是新的 $n-1$ 阶微分器,注意 $\tilde{D}_1(f(t),L)$ 与 $D_1(f(t),L)$ 等价,都与式(4.151) 相一致,则该微分器可以表示为

$$\begin{aligned}&\dot{z}_0=\nu,\nu=-\lambda_0\ |z_0-f(t)|^{n/(n+1)}\operatorname{sign}(z_0-f(t))+z_1+w_0\\&z_1=\tilde{D}_n^0(\nu,L),\cdots,z_n=\tilde{D}_{n-1}^{n-1}(\nu,L)\end{aligned}\tag{4.152}$$

相应地,按(4.152) 设计的 2 阶微分器为

$$\begin{aligned}\dot{z}_0=\nu_0,\nu_0=-\lambda_0\ |z_0-f(t)|^{2/3}&\operatorname{sign}(z_0-f(t))+z_1+w_0\\w_0=-\alpha_0\ |z_0-\nu_0|^{1/2}&\operatorname{sign}(z_1-\nu_0)+w_1\\\dot{w}_1=-\alpha_0\operatorname{sign}&(z_1-\nu_0),z_2=w_1\end{aligned}\tag{4.153}$$

类似的,如果再以(4.153) 为基础,又可以设计一种新的微分器。按上述规律构造的微分器数是无穷的。

微分器(4.152) 的具体形式如下

$$\begin{aligned}&\dot{z}_0=\nu_0,\nu_0=-\lambda_0\ |z_0-f(t)|^{n/(n+1)}\operatorname{sign}(z_0-f(t))+z_1\\&\dot{z}_1=\nu_1,\nu_1=-\lambda_1\ |z_1-\nu_0|^{(n-1)/n}\operatorname{sign}(z_1-\nu_0)+z_2\\&\qquad\vdots\\&\dot{z}_{n-1}=\nu_{n-1},\nu_{n-1}=-\lambda_{n-1}\ |z_{n-1}-\nu_{n-2}|^{1/2}\operatorname{sign}(z_{n-1}-\nu_{n-2})+z_n\\&\dot{z}_n=-\lambda_{n-1}\operatorname{sign}(z_n-\nu_{n-1})\end{aligned}\tag{4.154}$$

**定理 4.5**　正确选择式(4.154) 的参数,不考虑噪声的影响,则经过有限时间的暂态后,下面的式子成立

$$z_0=f_0(t),\quad z_i=v_{i-1}=f_0^{(i)}(t),\quad i=1,2,\cdots,n\tag{4.155}$$

**证明**　令

$$\begin{aligned}\sigma_0 &= z_0 - f_0(t)\\ \sigma_1 &= z_1 - \dot{f}_0(t)\\ &\vdots\\ \sigma_n &= z_n - f_0^{(n)}(t)\\ \xi &= f(t) - f_0(t)\end{aligned} \tag{4.156}$$

将式(4.154)改写成

$$\dot{\sigma}_0 = -\lambda_0\,|\sigma_0+\xi|^{n/(n+1)}\operatorname{sign}(\sigma_0+\xi)+\sigma_1 \tag{4.157}$$

$$\begin{aligned}\dot{\sigma}_1 &= -\lambda_1\,|\sigma_1-\dot{\sigma}_0|^{(n-1)/n}\operatorname{sign}(\sigma_1-\dot{\sigma}_0)+\sigma_2\\ &\vdots\\ \dot{\sigma}_{n-1} &= -\lambda_{n-1}\,|\sigma_{n-1}-\dot{\sigma}_{n-2}|^{1/2}\operatorname{sign}(\sigma_{n-1}-\dot{\sigma}_{n-2})+\sigma_n\\ \dot{\sigma}_n &\in -\lambda_n\operatorname{sign}(\sigma_n-\dot{\sigma}_{n-1})+[-L,L]\end{aligned} \tag{4.158}$$

其中 $\xi\in[-\varepsilon,\varepsilon]$ 是 Lebesgue 可测的噪声函数。从(4.157)、(4.158)可以看出，两式中没有关于直接出现输入基信号 $f_0(t)$ 的任何信息。显然当 $\varepsilon=0$ 时，上述两式关于变换 $G_\eta$ 同态

$$G_\eta:(t,\sigma_i,\xi,\varepsilon)\mapsto(\eta t,\eta^{n-i+1}\sigma_i,\eta^{n+1}\xi,\eta^{n+1}\varepsilon) \tag{4.159}$$

**引理 4.11** 令 $\xi_\delta$ 满足 $\int_t^{t+\delta}|\xi_\delta|\leqslant K, K>0$，$\delta$ 为任意小的正数。那么对于任意的 $0<S_i<S'_i, i=0,\cdots,n$，从 $|\sigma_i|<S_i$ 出发的(4.157)、(4.158)的轨迹在时间区间 $\delta$ 内不会离开 $|\sigma_i|<S'_i$。

**证明** 选择 $S_{Mi}$ 满足 $S_i<S'_i<S_{Mi}, i=0,\cdots,n$，则

$$|\dot{\sigma}_0|\leqslant\lambda_0\,\big|\,|\xi|+|\sigma_0|\,\big|^{n/(n+1)}+|\sigma_1|\leqslant\lambda_0\,|\xi|^{n/(n+1)}+\lambda_0 S_{M0}{}^{n/(n+1)}+S_{M1} \tag{4.160}$$

由 Hölder 不等式可得

$$\int|\dot{\sigma}_0|\,\mathrm{d}t\leqslant\lambda_0\delta^{1/(n+1)}\left(\int|\xi|\,\mathrm{d}t\right)^{n/(n+1)}+\delta(\lambda_0 S_{M0}{}^{n/(n+1)}+S_{M1}) \tag{4.161}$$

由于 $\delta$ 任意小，有 $|\sigma_0|\leqslant S'_0$。式(4.158)中，$\dot{\sigma}_0$ 作为输入噪声，而其满足引理 4.11，因此按完全相同的方法可得 $|\sigma_1|\leqslant S'_1$。以此类推，$|\sigma_i|\leqslant S'_i, i=1,2,\cdots,n$。证毕。

**引理 4.12** 如果对于某些 $S_i<S'_i, i=0,\cdots,n, \xi=0$，从 $|\sigma_i|<S'_i$ 出发的式(4.157)、(4.158)的轨迹在时间 $T$ 内进入 $|\sigma_i|<S_i$ 内，则式(4.157)、(4.158)是有限时间稳定的。

由于式(4.157)、(4.158)对于同态变换(4.159)具有不变性。如果从 $|\sigma_i|<S'_i$ 出发的轨迹在时间 $T$ 内进入 $|\sigma_i|<S_i$，则从 $|\sigma_i|<S_i$ 出发的轨迹在时间 $\eta T$ 内进入区域 $|\sigma_i|<\eta S_i$，其中 $\eta<1$。以此类推，可以得出从 $|\sigma_i|<S_i$ 出发的轨迹在有限时间 $T\sum_{k=1}^{\infty}\eta^k<\infty$ 内进入原点。

**引理 4.13** 对于任意数集 $S_i>0, i=0,\cdots,n$ 存在 $\boldsymbol{\Sigma}_i>S_i, k_i>0, T>0, \varepsilon_M\geqslant0$，且 $\xi\in[-\varepsilon,\varepsilon], \varepsilon\leqslant\varepsilon_M$，使得任意从 $|\sigma_i|<S_i$ 出发的式(4.157)、(4.158)的轨迹在时间 $T$ 内进入区域 $|\sigma_i|<k_i\varepsilon^{n-i+1}$，不再离开，且在运动过程中不离开 $|\sigma_i|<\boldsymbol{\Sigma}_i$。

**证明** 首先考虑 $\varepsilon_M=0$ 的情形，选择一些较大的区域 $|\sigma_i|<S'_i, S_i<S'_i, i=0,\cdots,n$，令 $\boldsymbol{\Sigma}_i>S'_i$ 是引理 4.13 中的给出的参数，可以验证在任意短的时间内，(4.157)的轨迹进入 $|\sigma_0|<(q\boldsymbol{\Sigma}_1/\lambda_0)^{(n+1)/n}$，其中 $q>1$，$\lambda_0$ 足够大，在此时间间隔内 $\dot{\sigma}_0$ 不改变符号。因此，$\int|\dot{\sigma}_0|\,\mathrm{d}t\leqslant$

$S_0{}'$。注意到 $-\dot{\sigma}_0$ 在式(4.158)的第一个式子中是作为干扰项出现的，且满足引理 4.11，则 $|\sigma_i| < S'_i$ 成立。正确选择 $q$，可以由(4.157)知 $|\dot{\sigma}_0| \leqslant 3\boldsymbol{\Sigma}_1$ 得以满足。对式(4.157)求微分

$$\ddot{\sigma}_0 = -\lambda_0 \ |\sigma_0|^{-1/(n+1)}\dot{\sigma}_0 + \dot{\sigma}_1 \tag{4.162}$$

再根据式(4.158)，$|\dot{\sigma}_1| \leqslant 4\lambda_1\boldsymbol{\Sigma}_1 + \boldsymbol{\Sigma}_2$ 成立。因而，在足够小的时间段内，$\lambda_0$ 足够大时有 $|\dot{\sigma}_0| \leqslant \lambda_0^{-1}(4\lambda_1\boldsymbol{\Sigma}_1 + \boldsymbol{\Sigma}_2)(q\boldsymbol{\Sigma}_1/\lambda_0)^{1/n}$。该不等式右端可以任意小，因此根据引理 4.12 可知引理 4.13 成立。即此时 $\sigma_i$ 为有限时间收敛。

当 $\varepsilon_M > 0$ 时，根据微分包含解的连续相关性可知，当 $\varepsilon_M$ 足够小时所有轨迹将在有限时间内进入原点的小邻域。此邻域随 $\varepsilon_M$ 的变化而变化，根据同态性，即可得证引理 4.13。

定理 4.5 正是引理 4.13 当 $\varepsilon_M = 0$ 时的结论。因此定理 4.5 证毕。

**定理 4.6** 假设输入噪声 $|f(t) - f_0(t)| \leqslant \varepsilon$，则在经过有限时间后，下面的式子成立

$$\begin{aligned} &|z_i - f_0^{(i)}(t)| \leqslant \mu_i\varepsilon^{(n-i+1)/(n+1)} \quad (i = 0,1,2,\cdots,n) \\ &|\nu_i - f_0^{(i+1)}(t)| \leqslant k_i\varepsilon^{(n-i)/(n+1)} \quad (i = 0,1,2,\cdots,n-1) \end{aligned} \tag{4.163}$$

其中 $\mu_i, k_i > 0$。

定理 4.6 的证明根据引理 4.13 和变换 $G_\eta$ 即可得到。

上述两种微分器适合分离原理。只要输入信号的高阶微分有界，就可以应用该微分器。注意微分器的暂态过程可以通过参数设计使其任意短，并且不存在峰值现象。至此，不仅给出了高阶滑模的控制器设计方法，也给出了滑模面的高阶微分的信号发生器。

最后看一个四轮小车仿真例子。模型如下

$$\begin{aligned} &\dot{x} = v\cos\varphi, \quad \dot{y} = v\sin\varphi \\ &\dot{\varphi} = (v/l)\tan\theta, \quad \dot{\theta} = u \end{aligned} \tag{4.164}$$

其中，$x, y$ 是后面车轴中点的坐标，$\varphi$ 是方向角，$v$ 是纵向速率，$l$ 是前后两个车轴之间的距离，$\theta$ 是转向角，如图 4.16 所示。

控制任务是让小车从给定初始位置出发，跟踪给定的轨迹 $y = g(x)$，假设 $x, y, g(x)$ 是可测的。注意，真实的控制量是 $\theta$，但这里采用 $\dot{\theta} = u$ 作为新的控制量，可以消除抖振现象。定义

$$\sigma = y - g(x) \tag{4.165}$$

初始条件 $x(0) = y(0) = \varphi(0) = \theta(0) = 0$，$g(x) = 10\sin(0.05x) + 5$，$l = 5$ m，$v = 10$ m/s。显然系统的相对阶为 3，可以设计 3 阶滑模控制。但根据已有结果看，控制量依然存在抖振现象。因此为了获得光滑控制，将相对阶增加 1，引入虚拟控制 $\dot{u}$，于是将设计 4 阶滑模控制。为了应用控制律，首先采用如下 3 阶微分信号发生器对 $\sigma$ 的各阶微分进行估计。

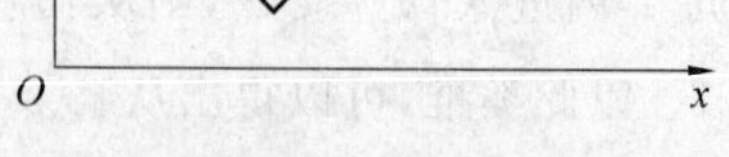

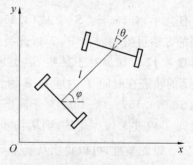

图 4.16 小车示意图

$$
\begin{aligned}
\dot{z}_0 &= v_0, v_0 = -25\,|z_0-\sigma|^{3/4}\operatorname{sign}(z_0-\sigma)+z_1 \\
\dot{z}_1 &= v_1, v_1 = -25\,|z_1-v_0|^{2/3}\operatorname{sign}(z_1-v_0)+z_2 \\
\dot{z}_2 &= v_2, v_2 = -33\,|z_2-v_1|^{1/2}\operatorname{sign}(z_2-v_1)+z_3 \\
\dot{z}_3 &= -500\operatorname{sign}(z_3-v_2)
\end{aligned}
\tag{4.166}
$$

控制器如下

$$
\begin{gathered}
u=0,\quad 0\leqslant t<0.5 \\
u=-0.23\operatorname{sign}(z_3+3(z_2^6+z_1^4+|z_0|^3)^{1/12}\operatorname{sign}(z_2+(z_1^4+|z_0|^3)^{1/6}\operatorname{sign}(z_1+0.5|z_0|^{3/4}\operatorname{sign} z_0))), \\
t\geqslant 0.5
\end{gathered}
\tag{4.167}
$$

在 $t=0.5$ 前不加控制是为了让微分信号发生器收敛，然后就可以采用它的输出来构建控制器。采用时间 $\tau=10^{-3}$，仿真结果如图 4.17 ~ 4.22 示。

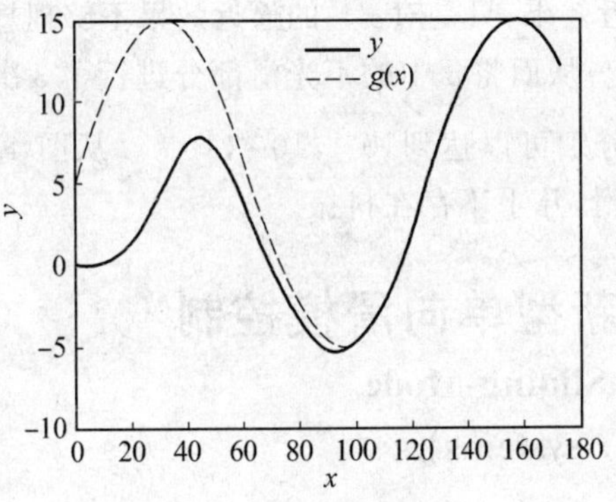


图 4.17　跟踪曲线图

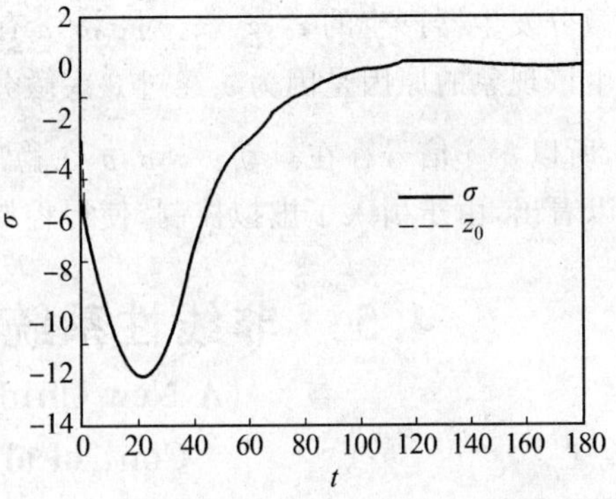


图 4.18　微分器对 $\sigma$ 的估计

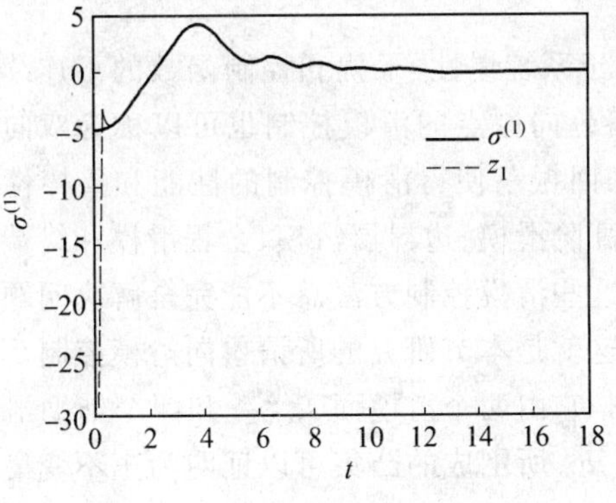


图 4.19　微分器对 $\sigma^{(1)}$ 的估计

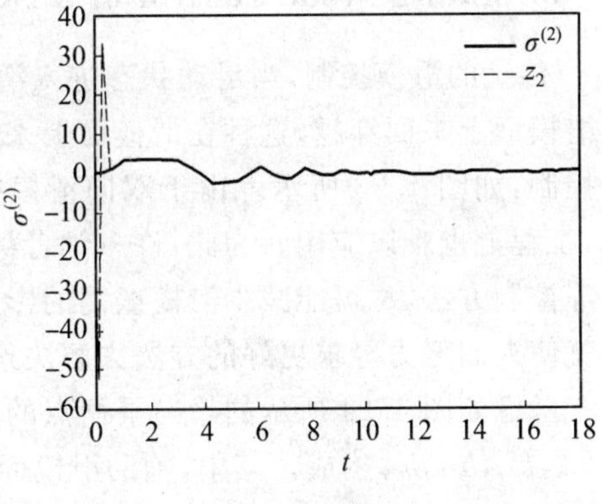


图 4.20　微分器对 $\sigma^{(2)}$ 的估计

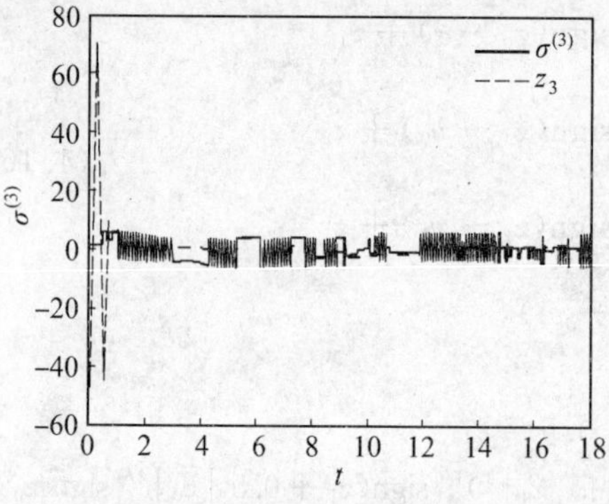


图 4.21 微分器对 $\sigma^{(3)}$ 的估计

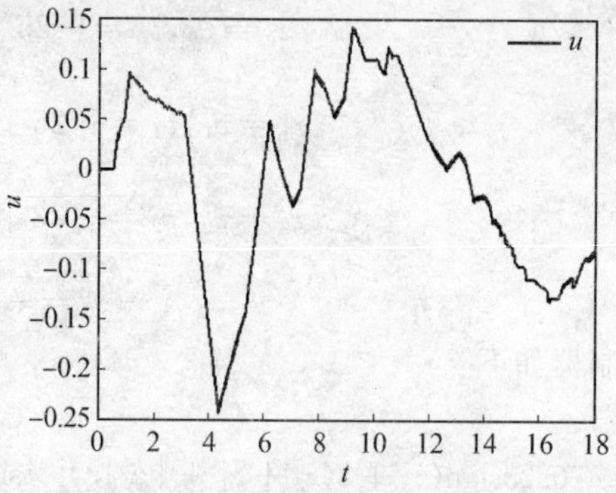


图 4.22 控制量变化曲线

从图 4.17 可以看出，$y$ 对给定轨迹 $g(\boldsymbol{x})$ 的跟踪速度精度很高。从图 4.18 ~ 4.21 可以看出微分发生器产生的 $z_0, z_1, z_2$ 对 $\sigma, \dot{\sigma}, \ddot{\sigma}$ 有很好的逼近效果，只是对 $\sigma^{(3)}$ 的逼近效果不够理想。产生该现象的原因是因为 $\sigma$ 经过 3 次微分后得到 $\sigma^{(3)}$，从而将 $\sigma$ 中的不光滑部分进行了 3 次放大，所以 $\sigma^{(3)}$ 信号存在抖动。$\sigma, \dot{\sigma}, \ddot{\sigma}$ 在稳态后，精度分别可以达到 $10^{-4}, 10^{-3}, 10^{-2}$。从图 4.22 可以看出，由于引入了虚拟控制，使得控制量比较光滑，几乎不存在抖振。

## 4.5 非线性系统的一种新型单向滑模控制
## (A New Unidirectional Sliding Mode Control of Nonlinear systems)

### 4.5.1 新型单向滑模控制的基本概念和提法(The Basic Concept and Statement of Sliding Mode Control of a New Unidirectional Sliding Mode Control )

传统的滑模控制，当滑动状态进入滑模面时，由于系统惯性、干扰和控制函数的不连续会在滑模面上来回穿越，这种在滑模面上来回穿越最终趋向原点的滑模控制也可以称为双向滑模控制，如图 4.23 所示。由于双向滑模控制这种来回振荡使得滑模控制的性能和鲁棒性变差，工程上也难以应用。为此，许多学者深入研究了高阶滑模、边界层滑模、全程滑模和终端滑模等控制方法，尽可能减少滑模振荡的影响。但是，这些滑模控制方法总不能完全解决问题。这就使人们努力寻求更好的方法去解决这个问题。这就是本节研究的所谓单向滑模控制。

考虑如图 4.24 所示的趋向平衡点的滑模示意图，它由两个滑模面 $s_{1i}, s_{2i}$ 和四个辅助滑模面 $h_{0i}, h_{1i}, h_{2i}, h_{3i}$ 构成。其中，辅助滑模面 $h_{0i}, h_{1i}, h_{2i}, h_{3i}$ 所围成的凸集可以证明为正不变集。这意味着，如果滑动状态的初始点不在这个凸集内部，在趋近过程中，滑动状态点总会进入凸集内部，并不会再超出这个区域。在凸集内部，滑动状态在两个滑模面和四个辅助滑模面共同作用下，直接趋向平衡点(原点)，满足一定条件下，不会在滑模面上来回穿越，产生振荡。因此，可以将这种滑模控制称为单向滑模控制。

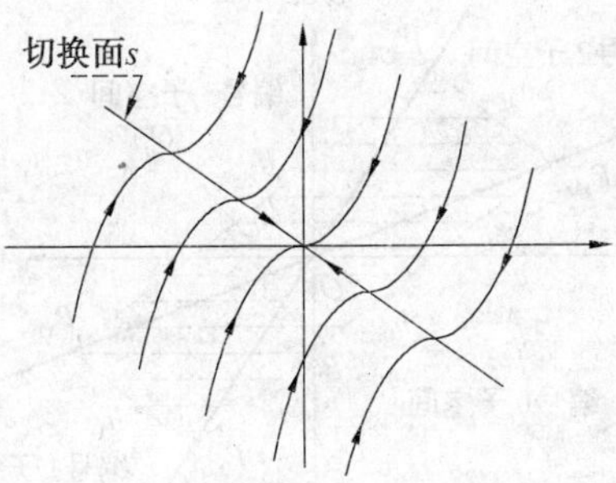


图 4.23　传统滑模趋近平衡点的示意图

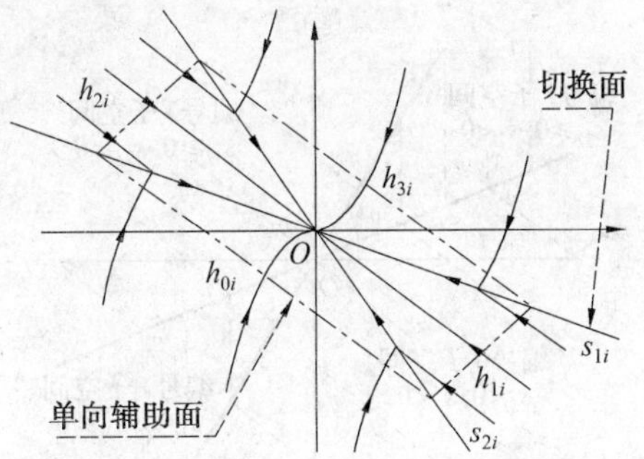


图 4.24　单向滑模控制的趋近示意图

## 4.5.2　单向滑模控制的系统设计和理论证明(System Design and Theory Proved of Unidirectional Sliding Mode Control)

为简单起见,考虑下式所示的非线性系统

$$\dot{\boldsymbol{x}} = \boldsymbol{f}(\boldsymbol{x}) + \boldsymbol{g}(\boldsymbol{x})\boldsymbol{u} \tag{4.168}$$

其中,$\boldsymbol{f}(\boldsymbol{x}) \in \mathbf{R}^n$;$\boldsymbol{g}(\boldsymbol{x}) \in \mathbf{R}^{n\times n}$,并且 $\boldsymbol{f}(\boldsymbol{x})$ 和 $\boldsymbol{g}(\boldsymbol{x})$ 中的元素均是连续的,$\boldsymbol{x} = [x_1, \cdots, x_n]^{\mathrm{T}} \in \mathbf{R}^n$ 表示系统状态,同时 $\boldsymbol{u} \in \mathbf{R}^n$ 表示控制输入,$\boldsymbol{g}(\boldsymbol{x})$ 为可逆矩阵。对系统(4.168),单向滑模控制的设计按如下步骤进行。

**步骤 1**:首先,设计稳定的滑模面,即

$$\begin{cases} \boldsymbol{s}_1(x) = \boldsymbol{x} + \xi_1 \int \boldsymbol{x} = 0 \\ \boldsymbol{s}_2(x) = \boldsymbol{x} + \xi_2 \int \boldsymbol{x} = 0 \end{cases} \tag{4.169}$$

其中,$\xi_1 = \mathrm{diag}\{\xi_{11}, \cdots, \xi_{1n}\}$,$\xi_2 = \mathrm{diag}\{\xi_{21}, \cdots, \xi_{2n}\}$,$\boldsymbol{s}_1(\boldsymbol{x}) = [s_{11}, \cdots, s_{1n}]^{\mathrm{T}}$,

$\boldsymbol{s}_2(\boldsymbol{x}) = [s_{21}, \cdots, s_{2n}]^{\mathrm{T}}$,$\xi_{1i} > \xi_{2i} > 0, i \in \{1, \cdots, n\}$。为简便起见,使用 $\int \boldsymbol{x}$ 代表 $\int_0^t \boldsymbol{x}(\tau)\mathrm{d}\tau$。条件 $\xi_{1i} > 0, \xi_{2i} > 0$ 是用于保证切换面 $s_{1i}(\boldsymbol{x}), s_{2i}(\boldsymbol{x})$ 是稳定的。条件 $\xi_{1i} > \xi_{2i}$ 是用于避免 $s_{1i}(\boldsymbol{x}), s_{2i}(\boldsymbol{x})$ 的重合。

$s_{1i}, s_{2i}$ 划分为编号 $0_i \sim 3_i$ 子空间的 4 个子空间。

**步骤 2**:如图 4.25 所示,基于切换面 $s_{1i}, s_{2i}$ 整个状态空间可以被划分为编号 $0_i \sim 3_i$ 四个子空间。在图 4.26 中的切换面 $s_{1i}, s_{2i}$ 上,取合适的点 $P_{s1i+}, P_{s1i-}, P_{s2i+}, P_{s2i-}$,使得原点包含在凸集 $P_{s1i+}P_{s1i-}P_{s2i+}P_{s2i-}$ 内部。由此可知

$$\begin{cases} s_{1i}(P_{s1i+}) = 0; s_{1i}(P_{s1i-}) = 0 \\ s_{2i}(P_{s2i+}) = 0; s_{2i}(P_{s2i-}) = 0 \end{cases} \tag{4.170}$$

在图 4.26 中的直线 $P_{s1i-}P_{s2i-}, P_{s1i+}P_{s2i-}, P_{s1i-}P_{s2i+}, P_{s1i+}P_{s2i+}$ 被称为单向辅助滑模面 $h_{0i}, h_{1i}, h_{2i}, h_{3i}$。其直线方程表示为

$$h_{ki} = \omega_{ki1} x_i + \omega_{ki2} \int x_i + m_i \tag{4.171}$$

其中,$\omega_{ki1}, \omega_{ki2}$ 的第一个下标 $k$ 表示单向辅助滑模面所在子空间的编号,第二个下标 $i$ 表示系统状态的编号,第三个下标表示式(4.171)中的第一个系数和第二个系数。$k \in \{0,1,2,3\}$,$\omega_{ki1} \neq 0$ 为实数,$m_i > 0$。将单向辅助滑模面 $h_{0i}, h_{1i}, h_{2i}, h_{3i}$ 所围成的凸集称为

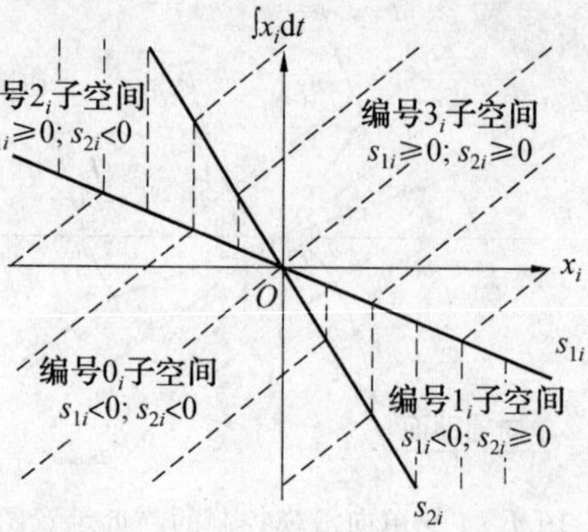


图 4.25　整个状态空间被切换面

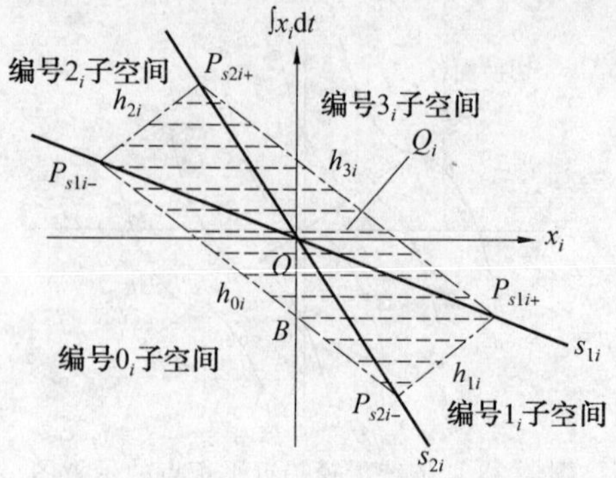


图 4.26　单向辅助滑模面 $h_{0i}, h_{1i}, h_{2i}, h_{3i}$

$$Q_i = \left\{ (x_i, \int x_i) \mid h_{ki} \geqslant 0, k=0,1,2,3 \right\}$$

如果控制输入采用如式(4.175)所示的控制器,则该凸集 $Q_i$ 可以被证明为正不变集,这部分的证明将在定理 4.7 中给出。这里需要注意的是,单向辅助滑模面对稳定性没有要求,因此即使不稳定的面也可以作为单向辅助滑模面设计控制器。实际上,正不变集 $Q_i$ 在单向辅助滑模面控制中起类似"陷阱"的作用。这意味着一旦状态进入这个凸集,它就不会再出来了。

**步骤** 3:为了简便,现介绍一个新的概念 —— 当前单向辅助滑模面。顾名思义,当前单向辅助滑模面是指状态所在的当前子空间所对应的单向辅助滑模面。其公式表述为

$$h_i = \omega_{i1} x_i + \omega_{i2} \int x_i + m_i, \quad i=1,\cdots,n \tag{4.172}$$

其中

$$\omega_{i1} = \begin{cases} \omega_{0i1} & s_{1i} < 0, s_{2i} < 0 \\ \omega_{1i1} & s_{1i} < 0, s_{2i} \geqslant 0 \\ \omega_{2i1} & s_{1i} \geqslant 0, s_{2i} < 0 \\ \omega_{3i1} & s_{1i} \geqslant 0, s_{2i} \geqslant 0 \end{cases}, \quad \omega_{i2} = \begin{cases} \omega_{0i2} & s_{1i} < 0, s_{2i} < 0 \\ \omega_{1i2} & s_{1i} < 0, s_{2i} \geqslant 0 \\ \omega_{2i2} & s_{1i} \geqslant 0, s_{2i} < 0 \\ \omega_{3i2} & s_{1i} \geqslant 0, s_{2i} \geqslant 0 \end{cases}$$

可以将式(4.172)中的当前单向辅助滑模面写成一个紧凑的形式,即

$$\boldsymbol{h} = \Omega_1 \cdot \boldsymbol{x} + \Omega_2 \cdot \int \boldsymbol{x} + \boldsymbol{m} \tag{4.173}$$

其中

$\boldsymbol{h} = [h_1, \cdots, h_n]^{\mathrm{T}}, \Omega_1 = \mathrm{diag}\{\omega_{11}, \cdots, \omega_{n1}\}, \Omega_2 = \mathrm{diag}\{\omega_{12}, \cdots, \omega_{n2}\}, \boldsymbol{m} = [m_1, \cdots, m_n]^{\mathrm{T}}$

**步骤** 4:对于非线性系统(4.168)的单向辅助滑模面控制器 $u$ 可由下面解式得到

$$\dot{h} = \Omega_1 \cdot (\boldsymbol{f}(\boldsymbol{x}) + \boldsymbol{g}(\boldsymbol{x})u) + \Omega_2 \cdot x = \boldsymbol{N} \tag{4.174}$$

其中 $\boldsymbol{N}$ 是相对于原点的趋近率,$\boldsymbol{N} = [N_1, \cdots, N_n]^{\mathrm{T}}, N_i \geqslant 0, i=1,\cdots,n$,当$(x_i, \int x_i) \neq (0,0)$时,$N_i > 0$。稳定性证明将在定理 4.7 中给出。

与传统滑模的到达条件不同,单向辅助滑模面控制的稳定性由单向辅助滑模面的导数 $n_i$ 大于零以及切换面 $s_{1i}, s_{2i}$ 的稳定性来保证。因此,对于非线性系统(4.168)的单向辅助滑模面控制器为

$$u = \boldsymbol{g}(\boldsymbol{x})^{-1}(-\boldsymbol{f}(\boldsymbol{x}) + \Omega_1^{-1} \cdot \boldsymbol{N} - \Omega_1^{-1} \cdot \Omega_2 \cdot \boldsymbol{x}) \tag{4.175}$$

**定义 4.4**　对于系统(4.168)，初始状态 $x_i(t_0) \in Q_i$。若存在控制 $u$ 使得 $x_i(t) \in Q_i, t > t_0$，则称集合 $Q_i$ 是 $x_i$ 的正不变集。

易知本文中集合 $Q_i$ 是凸集，其中：$Q_i = \left\{(x_i, \int x_i) \mid h_{ki} \geqslant 0, k=0,1,2,3\right\}, i=1,\cdots,n$。如图 4.27 所示，点 $P(t) \notin Q_i$ 时，若点 $P(t)$ 位于编号 $k_i, i \in \{1,\cdots,n\}$ 子空间，则 $h_{ki}(P(t)) < 0$。

**引理 4.14**　考虑位于第 $k_i(k \in \{0,1,2,3\}, i \in \{1,\cdots,n\})$ 子空间的点 $P=(x,y)=(x_i, \int x_i)$，如图 4.28 所示。点 $P_{s1i\pm}, P_{s2i\pm} \in \{P_{s1i+}, P_{s1i-}, P_{s2i+}, P_{s2i-}\}$ 构成编号 $k_i$ 子空间的单向辅助滑模面

$$h_{ki} = \omega_{ki1} x_i + \omega_{ki2} \int x_i + m_i, \quad m_i > 0 \tag{4.176}$$

则对于点 $P$ 有 $m_i - h_{ki}(P) \geqslant 0$，并且当 $h_{ki}(P) = m_i$ 时，有 $P=(0,0)$。

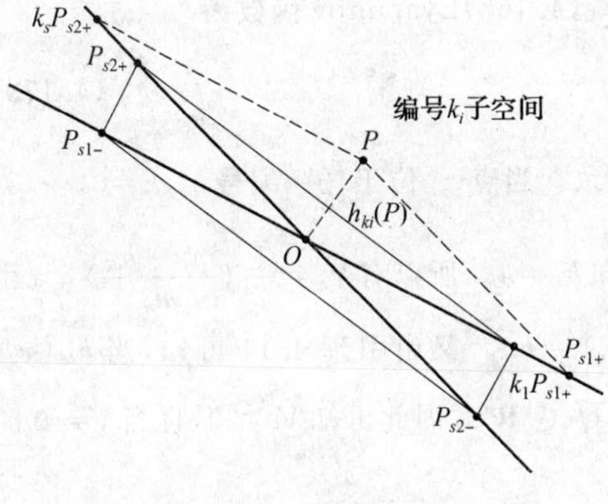


图 4.27　编号 $k_i$ 子空间点 $P$ 的坐标

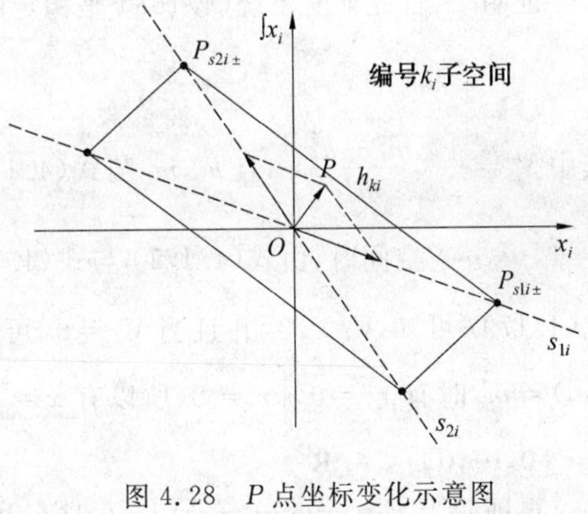


图 4.28　$P$ 点坐标变化示意图

**证明**　因为点 $P_{s1i\pm}=(x_1,y_1), P_{s2i\pm}=(x_2,y_2)$ 构成单向辅助滑模面 $h_{ki}$，所以点 $P_{s1i\pm}, P_{s2i\pm}$ 在单向辅助滑模面 $h_{ki}$ 上。因此有

$$\begin{aligned} h_{ki}(P_{s1i\pm}) &= \omega_{ki1} x_1 + \omega_{ki2} y_1 + m_i = 0 \\ h_{ki}(P_{s2i\pm}) &= \omega_{ki1} x_2 + \omega_{ki2} y_2 + m_i = 0 \end{aligned} \tag{4.177}$$

由于点 $P$ 位于第 $k_i$ 子空间，由图 4.28 可知

$$\overrightarrow{OP} = k_1 \overrightarrow{OP}_{s1i\pm} + k_2 \overrightarrow{OP}_{s2i\pm}, \quad k_1 \geqslant 0, k_2 \geqslant 0$$

由此，点 $P$ 的坐标可变换为

$$P=(x,y)=(k_1 \cdot x_1 + k_2 \cdot x_2, k_1 \cdot y_1 + k_2 \cdot y_2)$$

将其代入式(4.176)，可得

$$h_{ki}(P) = k_1(\omega_{ki1} x_1 + \omega_{ki2} y_1 + m_i) + k_2(\omega_{ki1} x_2 + \omega_{ki2} y_2 + m_i) - (k_1 + k_2) m_i + m_i \tag{4.178}$$

将式(4.177)代入式(4.178)，得

$$m_i - h_{ki}(P) = (k_1 + k_2) m_i$$

又因为 $k_1 \geqslant 0, k_2 \geqslant 0, m_i > 0$，所以有

$$m_i - h_{ki}(P) \geqslant 0$$

当 $h_{ki}(P) = m_i$ 时，由 $(k_1 + k_2) m_i = m_i - h_{ki}(P), k_1 \geqslant 0, k_2 \geqslant 0, m_i > 0$ 可知必有 $k_1 = 0, k_2 =$

0。又因为

$$P=(x,y)=(k_1x_1+k_2x_2,k_1y_1+k_2y_2)$$

所以有 $P=(0,0)$，即 $P$ 为坐标原点。引理证毕。

**定理 4.7**　考虑非线性系统(4.168)，如果步骤 1 中的切换面是稳定的并且步骤 4 中的趋近律 $N_i \geqslant 0$，则式(4.175)所示的控制器能够保证闭环系统的稳定。且如果

$$P(t_0)=(x_i(t_0),\int_0^{t_0} x_i(\tau)\mathrm{d}\tau) \in Q_i$$

则对于所有 $t \geqslant t_0$，有

$$P(t)=(x_i(t),\int_0^{t} x_i(\tau)\mathrm{d}\tau) \in Q_i$$

即 $Q_i=\left\{(x_i,\int x_i)\,|\,h_{ki} \geqslant 0,k=0,1,2,3\right\}$，$i=1,\cdots,n$ 构成正不变集。

**证明**　首先证明系统(4.168)是稳定的，取系统(4.168)Lyapunov 函数为

$$V=\sum_{i=1}^{n} V_i \tag{4.179}$$

其中 $V_i=\frac{1}{2}\left(\frac{m_i-h_i}{m_i}\right)^2$，且 $h_i,m_i$ 与式(4.172)中一致。当点 $x_i$ 位于任一编号 $k_i,k=0,\cdots,3$，$i=1,\cdots,n$ 子空间时，由式(4.171)与式(4.172)可知 $h_i=h_{ki}$，所以有 $V_i=\frac{1}{2}\left(\frac{m_i-h_{ki}}{m_i}\right)^2$。由式(4.179)可知，$V_i \geqslant 0$，并且当 $V_i=0$，可得 $h_{ki}(x_i)=m_i$。又由引理 4.14 可知，当 $h_{ki}(x_i,\int x_i)=m_i$ 时有 $x_i=0,\int x_i=0$，所以有 $\boldsymbol{x}=[0,\cdots,0]^{\mathrm{T}} \in \mathbf{R}^n$。因此可知 $V \geqslant 0$，且当 $V=0$ 时 $\boldsymbol{x}=[0,\cdots,0]^{\mathrm{T}}, \in \mathbf{R}^n$。

再证明当 $\boldsymbol{x}=[x_1,\cdots,x_n]^{\mathrm{T}} \neq 0$ 时有 $\dot{V}<0$。对于式(4.179)求导可得

$$\dot{V}=\sum_{i=1}^{n} \dot{V}_i \tag{4.180}$$

其中 $\dot{V}_i=-\frac{m_i-h_{ki}}{m_i^2}\dot{h}_{ki}$。由引理 4.14 可知点 $x_i$ 位于编号 $k_i$ 子空间时，有 $m_i-h_{ki} \geqslant 0$。又因为引理 4.14 中当 $h_{ki}=m_i$ 时有 $x_i=0$，所以当由 $x_i \neq 0$ 时有 $m_i-h_{ki}>0$。由式(4.174)可知 $\dot{h}_i=N_i \geqslant 0$，当 $x_i \neq 0$ 时，$N_i>0$。当点 $x_i$ 位于编号 $k_i$ 子空间时，$h_i=h_{ki}$，因此有当 $x_i \neq 0$ 时 $\dot{h}_{ki}>0$。由上可知 $\dot{V}_i \leqslant 0$ 且当 $x_i \neq 0$ 时有 $\dot{V}_i<0$。因为当 $\boldsymbol{x} \neq 0$ 时，必有至少一个 $x_i \neq 0$。并且由式(4.180)函数 $\dot{V}$ 是函数 $\dot{V}_i$ 的累加，因此当 $\boldsymbol{x} \neq 0$ 时有 $\dot{V}<0$。

当状态 $x_i$ 在切换面 $s_{1i},s_{2i}$ 上运动时，因为在切换面上的滑动模态是稳定的，所以状态 $x_i$ 可以沿着切换面收敛至原点。同时因为状态 $x_i$ 在整个运动过程中需要满足 $\dot{V}<0$，所以此时状态 $x_i$ 在切换面上运动的同时也需要满足 $\dot{V}<0$。由此可见，系统(4.168)渐进稳定。

为了证明 Lyapunov 函数 $V$ 是各个子空间的公共 Lyapunov 函数 $V$，现证明 Lyapunov 函数 $V$ 是连续函数。考虑函数 $V_i=\frac{1}{2}\left(\frac{m_i-h_i(x_i)}{m_i}\right)^2$。如图 4.29 所示，点 $P$ 是状态 $x_i$ 在编号 $k_i$ 与编号 $j_i,j,k \in \{0,1,2,3\},j \neq k$ 子空间之间切换的切换点。

当状态 $x_i$ 位于编号 $k_i$ 子空间时有 $V_i=V_{ki}=\frac{1}{2}\left(\frac{m_i-h_{ki}}{m_i}\right)^2$

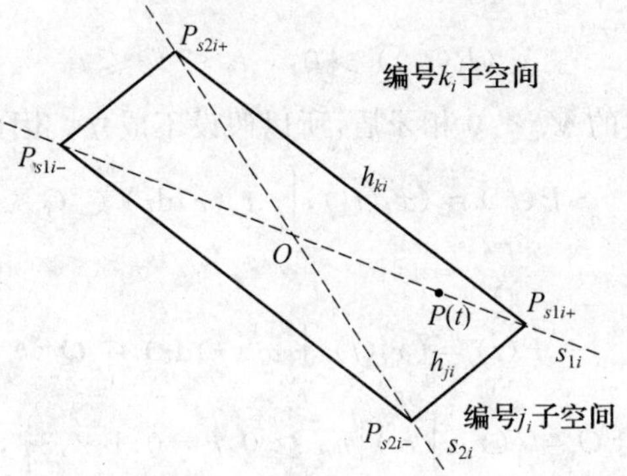


图 4.29　点 $P$ 在编号 $k_i$ 与编号 $j_i$ 子空间之间切换

当状态 $x_i$ 位于编号 $j_i$ 子空间时有 $V_i = V_{ji} = \frac{1}{2}\left(\frac{m_i - h_{ji}}{m_i}\right)^2$

如图 4.29 中所示，点 $P$ 位于射线$\overrightarrow{OP}_{s1i+}$ 上，所以有

$$\overrightarrow{OP} = \lambda\, \overrightarrow{OP}_{s1i+},\quad \lambda > 0 \tag{4.181}$$

假设 $P_{s1i+}$ 的坐标为 $P_{s1i+} = (x_i, y_i)$，则点 $P$ 的坐标为 $P = (\lambda x_i, \lambda y_i)$。因为点 $P_{s1i+}$ 位于辅助面 $h_{ki}(x_i)$ 与 $h_{ji}(x_i)$ 上，所以由式(4.171) 可知

$$\begin{aligned} h_{ki}(P_{s1i+}) &= \omega_{ki1} x_i + \omega_{ki2} y_i + m_i = 0 \\ h_{ji}(P_{s1i+}) &= \omega_{ji1} x_i + \omega_{ji2} y_i + m_i = 0 \end{aligned} \tag{4.182}$$

将点 $P$ 的坐标代入 $h_{ki}$ 与 $h_{ji}$ 可知

$$\begin{aligned} h_{ki}(P) &= \lambda(\omega_{ki1} x_i + \omega_{ki2} y_i + m_i) - \lambda m_i + m_i \\ h_{ji}(P) &= \lambda(\omega_{ji1} x_i + \omega_{ji2} y_i + m_i) - \lambda m_i + m_i \end{aligned} \tag{4.183}$$

将式(4.182) 代入式(4.183) 可知 $h_{ki}(P) = h_{ji}(P)$，因此有 $V_{ki} = V_{ji}$。所以函数 $V_i$ 在图 4.29 中编号 $k_i$ 与编号 $j_i$ 子空间之间切换时是连续的。同理，在其他子空间切换时，函数 $V_i$ 也是连续的。由此可知函数 $V_i$ 是连续的，进而可知 Lyapunov 函数 $V$ 是连续的。

其次，证明集合 $Q_i = \left\{(x_i, \int x_i) \mid h_{ki} \geqslant 0, k = 0,1,2,3\right\}$ 构成正不变集。运用反证法进行证明。假设存在连续轨迹 $P(t) = (x_i(t), \int x_i)$，当 $t = t_0$ 时有点 $P(t_0) \in Q_i$，当 $t = t_1 > t_0$ 时有 $P(t_1) \notin Q_i$。

因为点 $P(t_0) \in Q_i = \left\{(x_i, \int x_i) \mid h_{ki} \geqslant 0, k = 0,1,2,3\right\}$，所以当状态 $x_i$ 位于编号 $k_i$ 子空间时有 $V_i(P(t_0)) = \frac{1}{2}\left(\frac{m_i - h_i}{m_i}\right)^2 = \frac{1}{2}\left(\frac{m_i - h_{ki}}{m_i}\right)^2$。由引理 4.14 可知 $h_{ki}(P) \leqslant m_i$。因此对于 $P(t_0) \in Q_i$ 有 $0 \leqslant h_{ki}(P(t_0)) \leqslant m_i$。所以可得

$$V_i(P(t_0)) = \frac{1}{2}\left(\frac{m_i - h_i}{m_i}\right)^2 = \frac{1}{2}\left(\frac{m_i - h_{ki}}{m_i}\right)^2 \leqslant \frac{1}{2} \tag{4.184}$$

设点 $P(t_1)$ 所在的子空间编号为 $j_i$，由定义 4.4 可知 $h_{ji}(P(t_1)) < 0$，因此有

$$V_i(P(t_1)) = \frac{1}{2}\left(\frac{m_i - h_i}{m_i}\right)^2 = \frac{1}{2}\left(\frac{m_i - h_{j_i}}{m_i}\right)^2 > \frac{1}{2} \tag{4.185}$$

由式(4.184) 与式(4.185) 可知 $V_i(P(t_0)) < V_i(P(t_1))$，$t_0 < t_1$。又因为函数 $V_i$ 是连续

的，则存在

$$\dot{V}_i(P(t_2)) > 0,\quad t_0 \leqslant t_2 \leqslant t_1$$

与稳定性证明中得出的 $\dot{V}_i < 0$ 相矛盾，所以假设不成立。因此如果

$$P(t_0) = (x_i(t_0), \int_0^{t_0} x_i(\tau)\mathrm{d}\tau) \in Q_i$$

则对于所有 $t \geqslant t_0$，有

$$P(t) = (x_i(t), \int_0^{t} x_i(\tau)\mathrm{d}\tau) \in Q_i$$

由定义 4.4 可知，集合 $Q_i = \left\{(x_i, \int x_i) \,|\, h_{ki} \geqslant 0, k = 0,1,2,3\right\}, i = 1,\cdots,n$ 构成正不变集。这表明，系统运动状态一旦进入该集合就不会再出来[见文 13]。由此定理 4.7 证毕。

应当强调指出，并不是所有的具有辅助滑模面的滑模控制都可以去除任何非线性系统的抖振，它需要满足一定的充分条件，才会成为去除一类非线性系统抖振的单向滑模控制，这类非线性系统是指具有连续可微的非线性系统。

**命题 4.3** 如果式(4.172)中的单向辅助滑模面满足如下条件：

$$\omega_{1i1} < 0,\quad \omega_{2i1} > 0,\quad i = 1,\cdots,n \tag{4.186}$$

其中 $\omega_{1i1}, \omega_{2i1}$ 的第一个下标表示子空间的编号，第二个下标 $i$ 表示系统状态的编号，第三个下标表示式(4.172)中的第一个系数。则一定存在这样一个趋近律 $\boldsymbol{N} = [N_1,\cdots,N_n]^{\mathrm{T}}, N_i \geqslant 0, i = 1,\cdots,n$ 能够使向量 $\Omega_1^{-1}\boldsymbol{N} - \Omega_1^{-1}\Omega_2\boldsymbol{x}$ 中的每一个元素都是连续的，也就能保证式(4.175)的单向滑模控制器的控制函数是连续的，并且 $N_i$ 当且仅当在原点处为 0。对于连续的非线性系统，必然能够使得系统的运动也是连续的。对于单向滑模控制就不会使系统出现在滑模面上来回穿越的抖振。

为了推导去抖振单向滑模控制存在的充分条件，需要引理 4.15 和引理 4.16 的预备知识。

**引理 4.15** 如式(4.172)中所示，当状态运动至编号 $0_i$ 和 $3_i$ 子空间时，对应的当前单向辅助滑模面可写为

$$h_i = \begin{cases} h_{0i} = \omega_{0i1}x_i + \omega_{0i2}\int x_i + m_i & s_{1i} < 0, s_{2i} < 0 \\ h_{3i} = \omega_{3i1}x_i + \omega_{3i2}\int x_i + m_i & s_{1i} \geqslant 0, s_{2i} \geqslant 0 \end{cases}, i = 1,\cdots,n, m_i > 0 \tag{4.187}$$

如前面设计步骤 1 中所示，切换面 $s_{1i}, s_{2i}$ 满足 $\xi_{1i} > \xi_{2i} > 0, i \in \{1,\cdots,n\}$，则有

$$\omega_{0i1} > 0, \omega_{0i2} > 0, \omega_{3i1} < 0, \omega_{3i2} < 0$$

**证明** 在前面的讨论中，曾提出去抖振单向滑模控制器存在的充分条件为 $\omega_{1i1} < 0$，$\omega_{2i1} > 0$。然而这个条件仅仅用来约束单向辅助滑模面 $h_{1i}, h_{2i}$，在证明的过程中同样需要约束单向辅助滑模面 $h_{0i}, h_{3i}$ 的条件。这个约束单向辅助滑模面 $h_{0i}, h_{3i}$ 的条件是隐藏在设计过程中的，因此引理 4.15 的目的就是将这个条件提取出来。

因为有切换面 $s_{1i}, s_{2i}$ 满足 $\xi_{1i} > \xi_{2i} > 0$，所以可知切换面 $s_{1i}, s_{2i}$ 位于第二和第四象限。如图 4.30 所示，单向辅助滑模面 $h_{0i}$ 是由分别位于第二和第四象限的点 $P_{s1i-}$ 与点 $P_{s2i-}$ 确定的，则在单向辅助滑模面 $h_{0i}$ 上有点 $A = (a,0)$ 和点 $B = (0,b)$，其中 $a < 0, b < 0$。因为点 $A$ 和点 $B$ 满足

$$\begin{aligned} h_{0i}(A) &= \omega_{0i1}\cdot a+\omega_{0i2}\cdot 0+m_i=0 \\ h_{0i}(B) &= \omega_{0i1}\cdot 0+\omega_{0i2}\cdot b+m_i=0 \end{aligned},\ m_i>0 \tag{4.188}$$

由式(4.188)可知系数 $\omega_{0i1}$ 和 $\omega_{0i2}$ 可表示为

$$\omega_{0i1}=-m_i/a,\quad \omega_{0i2}=-m_i/b \tag{4.189}$$

又因为 $a<0,b<0,m_i>0$，则可知 $\omega_{0i1}>0,\omega_{0i2}>0$。同样可证 $\omega_{3i1}<0,\omega_{3i2}<0$。引理证毕。

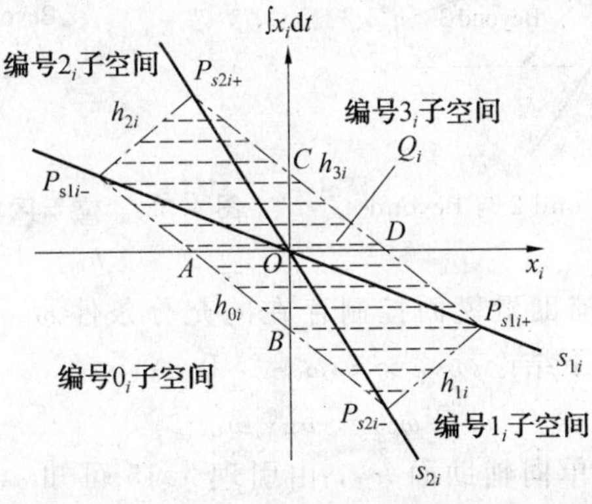


图 4.30　凸集 $Q_i$

**引理 4.16**　如果式(4.172)中的系数 $\omega_{1i1},\omega_{2i1}$ 满足条件 $\omega_{1i1}<0,\omega_{2i1}>0$，则有下列结论成立

$$\omega_{0i1}^{-1}\omega_{0i2}-\omega_{1i1}^{-1}\omega_{1i2}>0,\quad \omega_{2i1}^{-1}\omega_{2i2}-\omega_{3i1}^{-1}\omega_{3i2}<0$$

**证明**　这是为证明去抖振单向滑模控制器存在的充分条件 $\omega_{1i1}<0,\omega_{2i1}>0$ 而准备的。同样，引理 4.16 的目的是将隐藏于设计过程中的性质提取出来。如图 4.31 所示，单向辅助面 $h_{1i}$ 只可能位于区域 Area 1，Beyond 2 与 Beyond 3 中的一个里面。因此，引理 4.16 的证明部分将围绕这 3 个区域分别讨论。

由式(4.171)可知，单向辅助滑模面 $h_{1i}$ 的公式为

$$h_{1i}=\omega_{1i1}x_i+\omega_{1i2}\int x_i+m_i \tag{4.190}$$

对于位于区域 Beyond 2 中的单向辅助滑模面 $h_{1i}$，如图 4.32 所示，如果单向辅助滑模面 $h_{1i}$ 位于区域 Beyond 2 中，则 $h_{1i}$ 上存在点 $E=(x_i,\int x_i)=(e,0),e<0$。将点 $E$ 的坐标代入式(4.190)，则有 $\omega_{1i1}=-m_i/e>0$。然而根据去抖振单向滑模控制器存在的充分条件可知，这里滑模控制不产生抖振的条件 $\omega_{1i1}<0$ 在位于区域 Beyond 2 中不存在。因此在区域 Beyond 2 中的单向辅助滑模面 $h_{1i}$ 这里不予考虑。对于位于区域 Beyond 3 中的单向辅助滑模面 $h_{1i}$，如图 4.33 所示，如果单向辅助滑模面 $h_{1i}$ 位于区域 Beyond 3 中，则 $h_{1i}$ 上存在点 $F=(0,f),f<0$。将点 $F$ 的坐标代入式(4.190)，则有 $\omega_{1i2}=-m_i/f>0$。由此知 $\omega_{1i2}>0$。

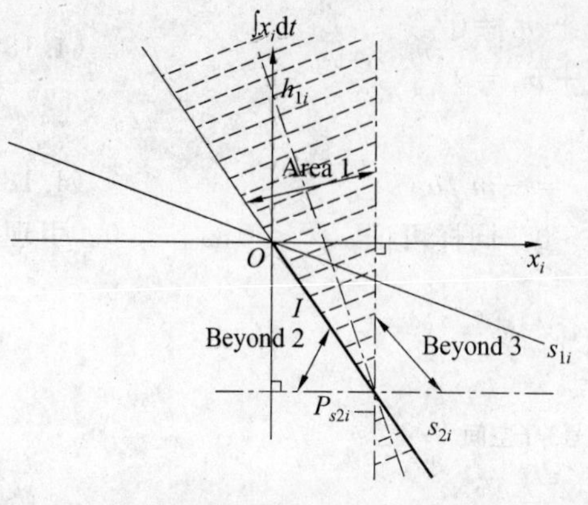


图 4.31　位于区域 Area 1，Beyond 2 与 Beyond 3 中的单向辅助面 $h_{1i}$

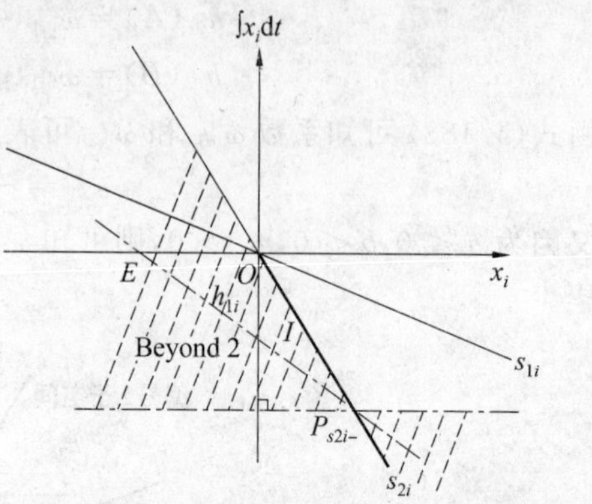


图 4.32　位于区域 Beyond 2 中的单向辅助面 $h_{1i}$

由此，考虑去抖振单向辅助滑模面控制存在的充分条件 $\omega_{1i1}<0$ 和引理 4.15 的结论 $\omega_{0i1}>0$，$\omega_{0i2}>0$，所以有以下结论：$\omega_{0i1}>0$，$\omega_{0i2}>0$，$\omega_{1i1}<0$，$\omega_{1i2}>0$。据此可得

$$\omega_{0i1}^{-1}\omega_{0i2}-\omega_{1i1}^{-1}\omega_{1i2}>0 \tag{4.191}$$

对于位于区域 Area 1 中的单向辅助面 $h_{1i}$，由引理 4.15 可知 $\omega_{0i1}>0$，$\omega_{0i2}>0$。又由式(4.171) 可知公式 $h_{0i}=0$ 和 $h_{1i}=0$ 可以转换为斜率表示形式，即

$$\int x_i=-(\omega_{0i1}/\omega_{0i2})x_i-m_i/\omega_{0i2}$$

$$\int x_i=-(\omega_{1i1}/\omega_{1i2})x_i-m_i/\omega_{1i2}$$

因此，$h_{0i}=0$ 的斜率表示为 $-\omega_{0i1}\omega_{0i2}^{-1}<0$；$h_{1i}=0$ 的斜率表示为 $-\omega_{1i1}\omega_{1i2}^{-1}$。由图 4.34 中可知，单向辅助滑模面 $h_{0i}=0$ 位于区域 Area 1 的下方。这意味着区域 Area 1 中的单向辅助滑模面 $h_{1i}=0$ 的斜率要比单向辅助滑模面 $h_{0i}=0$ 的斜率更小。因此有

$$-\omega_{1i1}\omega_{1i2}^{-1}<-\omega_{0i1}\omega_{0i2}^{-1}<0 \tag{4.192}$$

对式(4.192) 取倒数可知

$$0>-\omega_{1i1}^{-1}\omega_{1i2}>-\omega_{0i1}^{-1}\omega_{0i2} \tag{4.193}$$

因此有

$$\omega_{0i1}^{-1}\omega_{0i2}-\omega_{1i1}^{-1}\omega_{1i2}>0 \tag{4.194}$$

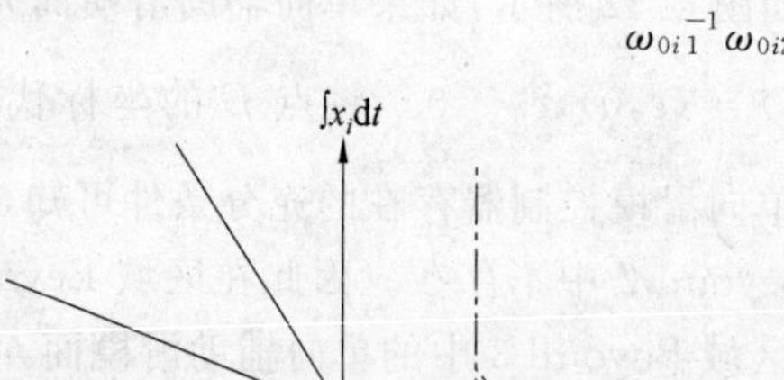


图 4.33　位于区域 Beyond 3 中的单向辅助面 $h_{1i}$

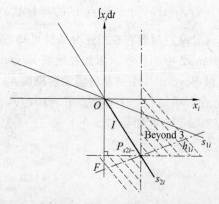

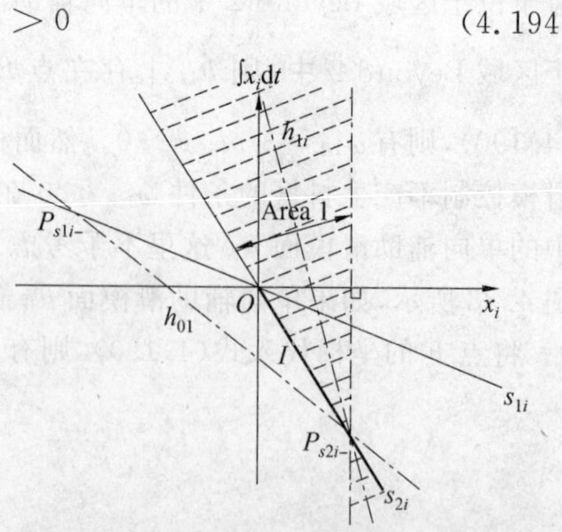


图 4.34　位于区域 Area 1 中的单向辅助面 $h_{1i}$

综合单向辅助面 $h_{1i}$ 分别位于区域 Area 1, Beyond 2 和 Beyond 3 时的讨论可知,若系数 $\omega_{1i1},\omega_{2i1}$ 满足条件 $\omega_{1i1}<0,\omega_{2i1}>0$,则有 $\omega_{0i1}^{-1}\omega_{0i2}-\omega_{1i1}^{-1}\omega_{1i2}>0$。类似的,若系数 $\omega_{1i1},\omega_{2i1}$ 满足条件 $\omega_{1i1}<0,\omega_{2i1}>0$,则有 $\omega_{2i1}^{-1}\omega_{2i2}-\omega_{3i1}^{-1}\omega_{3i2}<0$。引理证毕。

**定理 4.8**　如式(4.169) 中所示,切换面设计为

$$\begin{cases} s_1(\boldsymbol{x})=\boldsymbol{x}+\xi_1\int\boldsymbol{x}=0 \\ s_2(\boldsymbol{x})=\boldsymbol{x}+\xi_2\int\boldsymbol{x}=0 \end{cases}\tag{4.195}$$

其中

$$\xi_1=\mathrm{diag}\{\xi_{11},\cdots,\xi_{1n}\},\quad \xi_2=\mathrm{diag}\{\xi_{21},\cdots,\xi_{2n}\},\quad s_1(\boldsymbol{x})=[s_{11},\cdots,s_{1n}]^{\mathrm{T}}$$
$$s_2(\boldsymbol{x})=[s_{21},\cdots,s_{2n}]^{\mathrm{T}},\quad \xi_{1i}>\xi_{2i}>0,\quad i\in\{1,\cdots,n\}$$

若式(4.172) 中的系数满足

$$\omega_{1i1}<0,\quad \omega_{2i1}>0,\quad i=1,\cdots,n$$

则一定存在趋近律 $\boldsymbol{N}=[N_1,\cdots,N_n]^{\mathrm{T}},N_i\geqslant 0,i=1,\cdots,n$ 可以保证式(4.175) 所示单向滑模控制器是连续的,且当 $(x_i,\int x_i)\neq(0,0)$ 时,$N_i>0$。

**证明**　在证明之前,需要对这一证明作一个总体的阐述。定理 4.8 的目的是设计一个如式(4.175) 中所示的去抖振单向滑模控制器。关键在于如果设计一个合适趋近律 $\boldsymbol{N}=[N_1,\cdots,N_n]^{\mathrm{T}}$ 以保证控制器输入连续。

如图 4.35 所示,将切换面 $s_{1i},s_{2i}$ 上划分为射线 Ⅰ,Ⅱ,Ⅲ,Ⅳ,其中射线 $\overrightarrow{OP_{s2i-}}$ 为 Ⅰ,射线 $\overrightarrow{OP_{s1i+}}$ 为 Ⅱ,射线 $\overrightarrow{OP_{s2i+}}$ 为 Ⅲ,射线 $\overrightarrow{OP_{s1i-}}$ 为 Ⅳ。如图中所示,趋近律 $N_i,i\in\{1,\cdots,n\}$ 定义为

$$N_i=\begin{cases} N_{0i}(x_i) & 在编号\ 0_i\ 子空间 \\ N_{1i}(x_i) & 在编号\ 1_i\ 子空间 \\ N_{2i}(x_i) & 在编号\ 2_i\ 子空间 \\ N_{3i}(x_i) & 在编号\ 3_i\ 子空间 \end{cases}\tag{4.196}$$

其中趋近律 $N_i\geqslant 0$ 需要设计使 $\Omega_1^{-1}\boldsymbol{N}-\Omega_1^{-1}\Omega_2\boldsymbol{x}$ 为连续函数,同时 $N_i$ 还需要满足当 $(x_i,\int x_i)\neq(0,0)$ 时 $N_i>0$。这里给出 $N_i$ 的一种可行设计,并用其证明充分条件 $\omega_{1i1}<0,\omega_{2i1}>0$, $i=1,\cdots,n$ 成立。

第一部分证明如何保证在切换面 $s_{1i},s_{2i}$ 上 $\omega_{i1}^{-1}N_i-\omega_{i1}^{-1}\omega_{i2}x_i$ 是连续的。图 4.35 中所示的 $N_{\mathrm{I}i+},N_{\mathrm{I}i-},N_{\mathrm{II}i+},N_{\mathrm{II}i-},N_{\mathrm{III}i+},N_{\mathrm{III}i-},N_{\mathrm{IV}i+},N_{\mathrm{IV}i-}$ 是当系统状态在切换面上运动时,趋近律 $N_i$ 所对应的函数。这些函数用于保证 $\omega_{i1}^{-1}N_i-\omega_{i1}^{-1}\omega_{i2}x_i$ 在切换面上是连续的。整个设计过程分为 4 个部分。

当系统状态在射线 Ⅰ 上运动时,趋近律 $N_{\mathrm{I}i-}$ 和 $N_{\mathrm{I}i+}$ 设计如下:

$$N_{\mathrm{I}i+}=\frac{1}{2}\omega_{0i1}(\omega_{0i1}^{-1}\omega_{0i2}-\omega_{1i1}^{-1}\omega_{1i2})x_i$$
$$N_{\mathrm{I}i-}=\frac{1}{2}(-\omega_{1i1})(\omega_{0i1}^{-1}\omega_{0i2}-\omega_{1i1}^{-1}\omega_{1i2})x_i\tag{4.197}$$

由引理 4.15 和引理 4.16 可知 $\omega_{0i1}>0,\omega_{0i1}^{-1}\cdot\omega_{0i2}-\omega_{1i1}^{-1}\cdot\omega_{1i2}>0$。在图 4.36 中,因为射线

Ⅰ 位于第四象限,则有 $x_i \geqslant 0$。由此可知 $N_{\mathrm{I}i+} \geqslant 0$,且当切换面上 $(x_i, \int x_i) \neq (0,0)$ 时 $N_{\mathrm{I}i+} > 0$。由条件 $\omega_{1i1} < 0, \omega_{2i1} > 0$ 和引理 4.16 可知 $\omega_{1i1} < 0, \omega_{0i1}^{-1}\omega_{0i2} - \omega_{1i1}^{-1}\omega_{1i2} > 0$。

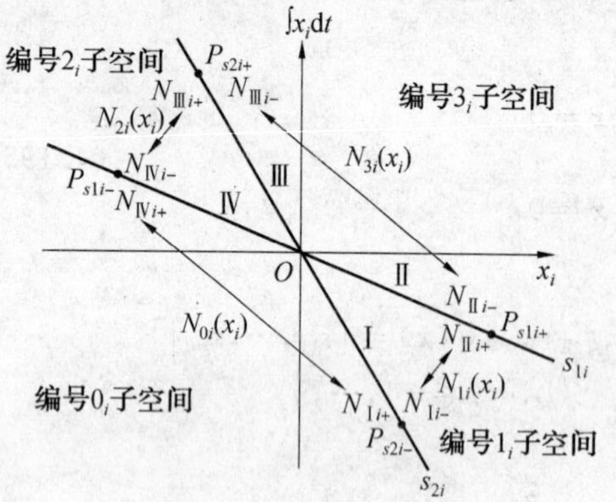


图 4.35　趋近律 $N_i$

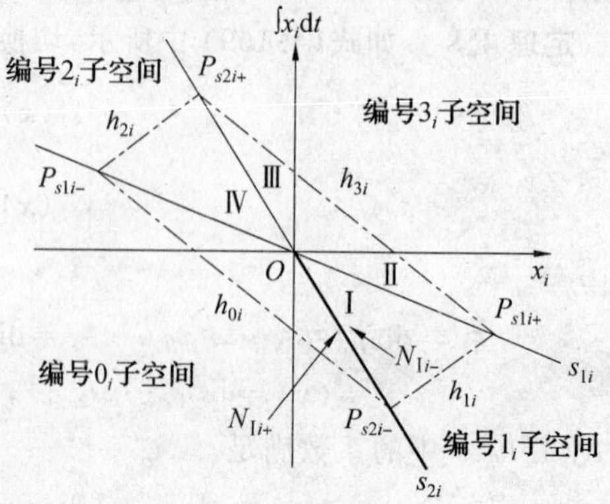


图 4.36　在射线 Ⅰ 上的趋近律 $N_{\mathrm{I}i-}$ 和 $N_{\mathrm{I}i+}$

因为射线 Ⅰ 位于第四象限,则有 $x_i \geqslant 0$。由此可知 $N_{\mathrm{I}i-} \geqslant 0$,且当切换面上 $(x_i, \int x_i) \neq (0,0)$ 时 $N_{\mathrm{I}i-} > 0$。

趋近律 $N_{\mathrm{I}i+} \geqslant 0, N_{\mathrm{I}i-} \geqslant 0$ 用于保证系统符合定理 4.7 中的稳定条件 $N_i \geqslant 0$。同时 $\omega_{i1}^{-1}N_i - \omega_{i1}^{-1}\omega_{i2}x_i$ 在射线 Ⅰ 上连续性的证明如下。

由式(4.197)可得

$$\omega_{0i1}^{-1}N_{\mathrm{I}i+} - \omega_{0i1}^{-1}\omega_{0i2}x_i = \omega_{1i1}^{-1}N_{\mathrm{I}i-} - \omega_{1i1}^{-1}\omega_{1i2}x_i \tag{4.198}$$

因为 $N_{\mathrm{I}i-}$ 和 $N_{\mathrm{I}i+}$ 是趋近律 $N_i$ 在射线 Ⅰ 上运动时所对应的函数,所以 $\omega_{i1}^{-1}N_i - \omega_{i1}^{-1}\omega_{i2}x_i$ 在射线 Ⅰ 上连续。

当系统状态在射线 Ⅱ 上运动时,如图 4.37 所示,将趋近律 $N_{\mathrm{II}i-}$ 和 $N_{\mathrm{II}i+}$ 设计如下:

$$N_{\mathrm{II}i+} = (-\omega_{1i1})\left[-\frac{1}{2}(\omega_{1i1}^{-1}\omega_{1i2} - \omega_{3i1}^{-1}\omega_{3i2})x_i + \frac{3}{2}\left|(\omega_{1i1}^{-1}\omega_{1i2} - \omega_{3i1}^{-1}\omega_{3i2})x_i\right|\right]$$

$$N_{\mathrm{II}i-} = (-\omega_{3i1})\left[\frac{1}{2}(\omega_{1i1}^{-1}\omega_{1i2} - \omega_{3i1}^{-1}\omega_{3i2})x_i + \frac{3}{2}\left|(\omega_{1i1}^{-1}\omega_{1i2} - \omega_{3i1}^{-1}\omega_{3i2})x_i\right|\right] \tag{4.199}$$

其中 $|\cdot|$ 表示绝对值(下同)。将条件 $\omega_{1i1} < 0$ 和引理 4.15 的 $\omega_{3i1} < 0$,代入式(4.199),且当切换面上 $(x_i, \int x_i) \neq (0,0)$ 时,有 $N_{\mathrm{II}i+} > 0, N_{\mathrm{II}i-} > 0$。同样趋近率 $N_{\mathrm{II}i+} \geqslant 0, N_{\mathrm{II}i-} \geqslant 0$ 用于保证系统符合定理 4.7 稳定条件 $N_i \geqslant 0$。同时 $\omega_{i1}^{-1}N_i - \omega_{i1}^{-1}\omega_{i2}x_i$ 在射线 Ⅱ 上连续性的证明如下。由式(4.199)可得

$$\omega_{1i1}^{-1}N_{\mathrm{II}i+} - \omega_{1i1}^{-1}\omega_{1i2}x_i = \omega_{3i1}^{-1}N_{\mathrm{II}i-} - \omega_{3i1}^{-1}\omega_{3i2}x_i \tag{4.200}$$

因为 $N_{\mathrm{II}i-}$ 和 $N_{\mathrm{II}i+}$ 是趋近律 $N_i$ 在射线 Ⅱ 上运动时所对应的函数,所以 $\omega_{i1}^{-1}N_i - \omega_{i1}^{-1}\omega_{i2}x_i$ 在射线 Ⅱ 上连续。

当系统状态在射线 Ⅲ 上运动时,如图 4.38 所示,将趋近律 $N_{\mathrm{III}i-}$ 和 $N_{\mathrm{III}i+}$ 设计如下:

$$N_{\mathrm{III}i+} = \frac{1}{2}\omega_{2i1}(\omega_{2i1}^{-1}\omega_{2i2} - \omega_{3i1}^{-1}\omega_{3i2})x_i$$

$$N_{\mathrm{III}i-} = \frac{1}{2}(-\omega_{3i1})(\omega_{2i1}^{-1}\omega_{2i2} - \omega_{3i1}^{-1}\omega_{3i2})x_i \tag{4.201}$$

由引理 4.15 和引理 4.16 可知 $\omega_{3i1}<0$，$\omega_{2i1}^{-1}\omega_{2i2}-\omega_{3i1}^{-1}\omega_{3i2}<0$。因为射线 Ⅲ 位于第二象限，则有 $x_i\leqslant 0$。由此可知 $N_{Ⅲi-}\geqslant 0$，且当切换面上 $(x_i,\int x_i)\neq(0,0)$ 时 $N_{Ⅲi-}>0$。

由条件 $\omega_{1i1}<0,\omega_{2i1}>0$ 和引理 4.16 可知 $\omega_{2i1}>0$，$\omega_{2i1}^{-1}\omega_{2i2}-\omega_{3i1}^{-1}\omega_{3i2}<0$。因为射线 Ⅲ 位于第二象限，则有 $x_i\leqslant 0$。由此可知 $N_{Ⅲi+}\geqslant 0$，且当切换面上 $(x_i,\int x_i)\neq(0,0)$ 时 $N_{Ⅲi+}>0$。趋近律 $N_{Ⅲi-}\geqslant 0,N_{Ⅲi+}\geqslant 0$ 用于保证系统符合定理 4.7 中的稳定条件 $N_i\geqslant 0$。同时 $\omega_{i1}^{-1}N_i-\omega_{i1}^{-1}\omega_{i2}x_i$ 在射线 Ⅲ 上连续性的证明如下。由式(4.201)可得

$$\omega_{3i1}^{-1}N_{Ⅲi-}-\omega_{3i1}^{-1}\omega_{3i2}x_i=\omega_{2i1}^{-1}N_{Ⅲi+}-\omega_{2i1}^{-1}\omega_{2i2}x_i \tag{4.202}$$

因为 $N_{Ⅲi-}$ 和 $N_{Ⅲi+}$ 是趋近律 $N_i$ 在射线 Ⅲ 上运动时所对应的函数，所以 $\omega_{i1}^{-1}N_i-\omega_{i1}^{-1}\omega_{i2}x_i$ 在射线 Ⅲ 上连续。

当系统状态在射线 Ⅳ 上运动时，如图 4.39 所示，将趋近律 $N_{Ⅳi-}$ 和 $N_{Ⅳi+}$ 设计如下：

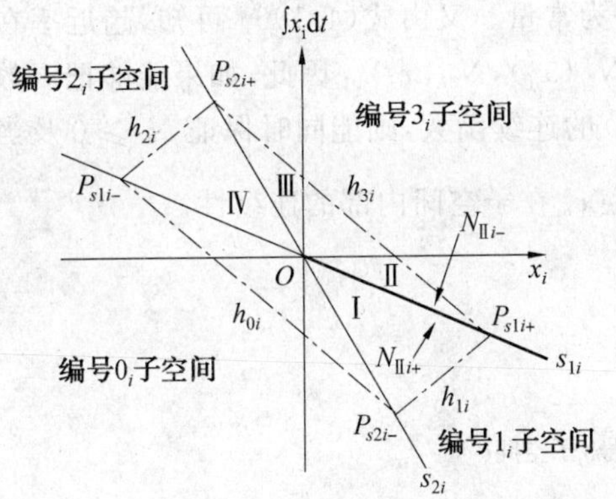


图 4.37　射线 Ⅱ 上的趋近率 $N_{Ⅱi-}$ 和 $N_{Ⅱi+}$

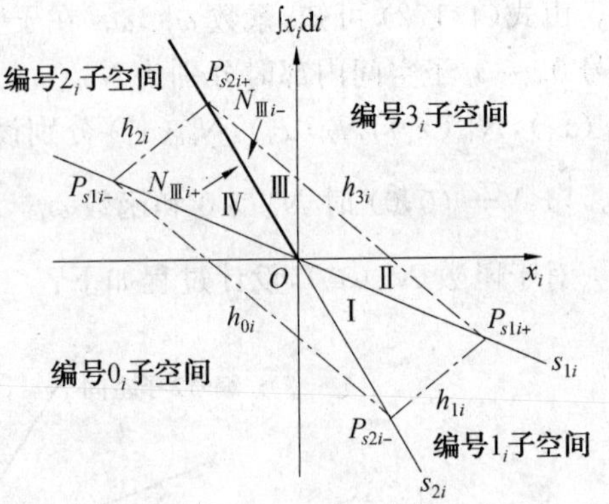


图 4.38　在射线 Ⅲ 上的趋近律 $N_{Ⅲi-}$ 和 $N_{Ⅲi+}$

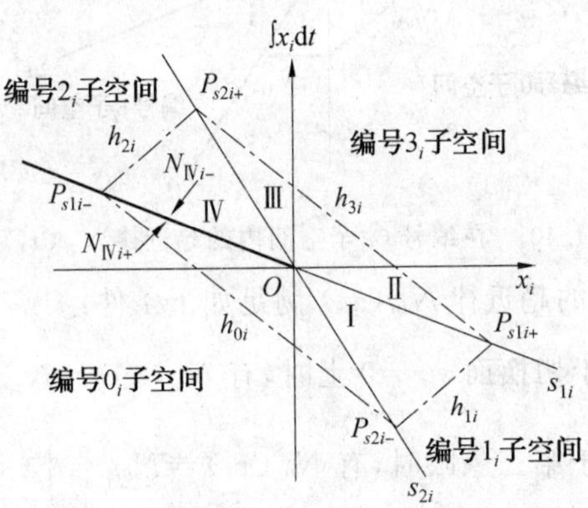


图 4.39　在射线 Ⅳ 上的趋近律 $N_{Ⅳi-}$ 和 $N_{Ⅳi+}$

$$N_{Ⅳi-}=\omega_{2i1}\left[\frac{1}{2}(\omega_{2i1}^{-1}\omega_{2i2}-\omega_{0i1}^{-1}\omega_{0i2})x_i+\frac{3}{2}\left|(\omega_{2i1}^{-1}\omega_{2i2}-\omega_{0i1}^{-1}\omega_{0i2})x_i\right|\right]$$

$$N_{Ⅳi+}=\omega_{0i1}\left[-\frac{1}{2}(\omega_{2i1}^{-1}\omega_{2i2}-\omega_{0i1}^{-1}\omega_{0i2})x_i+\frac{3}{2}\left|(\omega_{2i1}^{-1}\omega_{2i2}-\omega_{0i1}^{-1}\omega_{0i2})x_i\right|\right] \tag{4.203}$$

由条件 $\omega_{1i1}<0,\omega_{2i1}>0$ 和引理 4.15 可知 $\omega_{2i1}>0$，$\omega_{0i1}>0$。将其代入式(4.203)可知

$N_{\mathrm{IV}i-}\geqslant 0, N_{\mathrm{IV}i+}\geqslant 0$ 且当切换面上$(x_i,\int x_i)\neq(0,0)$时 $N_{\mathrm{IV}i-}>0, N_{\mathrm{IV}i+}>0$。同样趋近律 $N_{\mathrm{IV}i-}\geqslant 0, N_{\mathrm{IV}i+}\geqslant 0$ 用于保证系统符合定理 4.7 中的稳定条件 $N_i\geqslant 0$。同时 $\omega_{i1}^{-1}N_i-\omega_{i1}^{-1}\omega_{i2}x_i$ 在射线 Ⅳ 上连续性的证明如下。由式(4.203)可得

$$\omega_{2i1}^{-1}N_{\mathrm{IV}i-}-\omega_{2i1}^{-1}\omega_{2i2}x_i=\omega_{0i1}^{-1}N_{\mathrm{IV}i+}-\omega_{0i1}^{-1}\omega_{0i2}x_i \tag{4.204}$$

因为 $N_{\mathrm{IV}i-}$ 和 $N_{\mathrm{IV}i+}$ 是趋近律 $N_i$ 在射线 Ⅳ 上运动时所对应的函数，所以 $\omega_{i1}^{-1}N_i-\omega_{i1}^{-1}\omega_{i2}x_i$ 在射线 Ⅳ 上连续。

由上述讨论可知，函数 $\omega_{i1}^{-1}N_i-\omega_{i1}^{-1}\omega_{i2}x_i$ 在切换面 $s_{1i}, s_{2i}$ 上是连续的，注意到当切换面上$(x_i,\int x_i)\neq(0,0)$时，$N_{\mathrm{I}i+}, N_{\mathrm{I}i-}, N_{\mathrm{II}i+}, N_{\mathrm{II}i-}, N_{\mathrm{III}i+}, N_{\mathrm{III}i-}, N_{\mathrm{IV}i+}, N_{\mathrm{IV}i-}$ 不等于零，所以在切换面 $s_{1i}, s_{2i}$ 上的趋近速度能够得到保证。

第二部分证明如何保证 $\omega_{i1}^{-1}N_i-\omega_{i1}^{-1}\omega_{i2}x_i$ 在编号 $0_i\sim 3_i$ 子空间中是连续的，如图 4.40 所示。由式(4.172)可知，系数 $\omega_{i1}, \omega_{i2}$ 在子空间内部时为常量。又由式(4.196)可知，趋近率在编号 $0_i\sim 3_i$ 子空间内部时分别为 $N_{0i}(x_i), N_{1i}(x_i), N_{2i}(x_i), N_{3i}(x_i)$。因此，如果能够把函数 $N_{0i}(x_i), N_{1i}(x_i), N_{2i}(x_i), N_{3i}(x_i)$ 分别设计为大于 0 的连续函数，则能同时保证 $N_i\geqslant 0$ 及当$(x_i,\int x_i)\neq(0,0)$时 $N_i>0$ 和函数 $\omega_{i1}^{-1}N_i-\omega_{i1}^{-1}\omega_{i2}x_i$ 在子空间内部的连续性。

对于函数 $N_{0i}(x_i)$，设计过程如下：

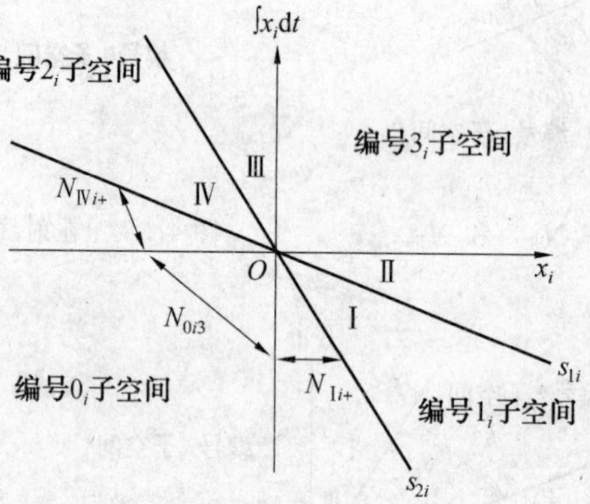


图 4.40　在编号 $0_i$ 子空间内的趋近律 $N_{0i}(x_i)$

希望在编号 $0_i$ 子空间内的趋近律 $N_{0i}(x_i)$ 满足如下条件：

(1) 当状态$(x_i,\int x_i)$位于切换面 $s_{1i}=0$ 上时，有 $N_{0i}(x_i)=N_{\mathrm{IV}i+}$。

(2) 当状态$(x_i,\int x_i)$位于第三象限时，有 $N_{0i}(x_i)=N_{0i3}=|x_i|+\left|\int x_i\right|$。

(3) 当状态$(x_i,\int x_i)$位于切换面 $s_{2i}=0$ 上时，有 $N_{0i}(x_i)=N_{\mathrm{I}i+}$。

(4) 函数 $N_{0i}(x_i)\geqslant 0$ 在编号 $0_i$ 子空间是连续的，且当$(x_i,\int x_i)\neq(0,0)$时 $N_{0i}(x_i)>0$。

实际上，$N_{0i3}\geqslant 0$ 可以根据实际系统要求自行设计。趋近律 $N_{0i}(x_i)$ 设计为如下形式：

$$N_{0i}(x_i)=\begin{cases}\lambda_{\mathrm{IV}i+}N_{\mathrm{IV}i+}+\lambda_{0i-}N_{0i3} & x_i<0,\int x_i\geqslant 0,s_{1i}<0,s_{2i}<0\\ N_{0i3} & x_i<0,\int x_i<0,s_{1i}<0,s_{2i}<0\\ \lambda_{\mathrm{I}i+}N_{\mathrm{I}i+}+\lambda_{0i+}N_{0i3} & x_i\geqslant 0,\int x_i<0,s_{1i}<0,s_{2i}<0\end{cases}\tag{4.205}$$

其中 $\lambda_{\mathrm{IV}i+}=\left|(\xi_{1i}\int x_i)/x_i\right|,\lambda_{0i-}=1-\lambda_{\mathrm{IV}i+},\lambda_{\mathrm{I}i+}=\left|x_i/(\xi_{2i}\int x_i)\right|,\lambda_{0i+}=1-\lambda_{\mathrm{I}i+}$。

当状态 $x_i$ 位于切换面 $s_{1i}=0$ 上时，由式(4.195)可知 $\lambda_{\mathrm{IV}i+}=1,\lambda_{0i-}=0$。将 $\lambda_{\mathrm{IV}i+}=1,\lambda_{0i-}=0$ 代入式(4.205)可知，当状态 $x_i$ 位于切换面 $s_{1i}=0$ 上时 $N_{0i}(x_i)=N_{\mathrm{IV}i+}$。因此，式(4.205)满足条件(1)。

当状态 $x_i$ 位于切换面 $s_{2i}=0$ 上时，由式(4.195)可知 $\lambda_{\mathrm{I}i+}=1,\lambda_{0i+}=0$。将 $\lambda_{\mathrm{I}i+}=1,\lambda_{0i+}=0$ 代入式(4.205)可知，当状态 $x_i$ 位于切换面 $s_{2i}=0$ 上时 $N_{0i}(x_i)=N_{\mathrm{I}i+}$。因此，式(4.205)满足条件(3)。

当 $(x_i,\int x_i)$ 位于第三象限时，由式(4.205)可知，$N_{0i}(x_i)=N_{0i3}=|x_i|+\left|\int x_i\right|$。因此，式(4.205)满足条件(2)。

当 $s_{1i}=x_i+\xi_{1i}\int x_i<0,x_i<0,\int x_i\geqslant 0$ 时，可知 $0\leqslant\lambda_{\mathrm{IV}i+}\leqslant 1,0\leqslant\lambda_{0i-}\leqslant 1$。

当 $s_{2i}=x_i+\xi_{2i}\int x_i<0,x_i\geqslant 0,\int x_i<0$ 时，可知 $0\leqslant\lambda_{\mathrm{I}i+}\leqslant 1$；$0\leqslant\lambda_{0i+}\leqslant 1$。

由第一部分证明可知 $N_{\mathrm{IV}i+}\geqslant 0$；$N_{\mathrm{I}i+}\geqslant 0$ 且当切换面上 $(x_i,\int x_i)\neq(0,0)$ 时 $N_{\mathrm{IV}i+}>0$；$N_{\mathrm{I}i+}>0$。由 $N_{0i3}=|x_i|+\left|\int x_i\right|\geqslant 0$ 可知当 $(x_i,\int x_i)\neq(0,0)$ 时 $N_{0i3}>0$。所以有，在编号 $0_i$ 子空间中 $N_{0i}(x_i)\geqslant 0$，当 $(x_i,\int x_i)\neq(0,0)$ 时 $N_{0i}(x_i)>0$。

当状态 $(x_i,\int x_i)$ 位于 $x$ 轴 $\int x_i=0$ 时有 $\lambda_{\mathrm{IV}i+}N_{\mathrm{IV}i+}+\lambda_{0i-}N_{0i3}=N_{0i3}$。

当状态 $(x_i,\int x_i)$ 位于 $y$ 轴 $x_i=0$ 时有 $\lambda_{\mathrm{I}i+}N_{\mathrm{I}i+}+\lambda_{0i+}N_{0i3}=N_{0i3}$。

因此在编号 $0_i$ 子空间中 $N_{0i}(x_i)$ 连续，则式(4.205)满足条件(4)。

对于函数 $N_{1i}(x_i)$，设计过程如下：

希望在编号 $1_i$ 子空间内的趋近率 $N_{1i}(x_i)$ 满足如下条件(见图 4.41)：

(1) 当状态 $(x_i,\int x_i)$ 位于切换面 $s_{1i}=0$ 上时，有 $N_{1i}(x_i)=N_{\mathrm{II}i+}$。

(2) 当状态 $(x_i,\int x_i)$ 位于切换面 $s_{2i}=0$ 上时，有 $N_{1i}(x_i)=N_{\mathrm{I}i-}$。

(3) 函数 $N_{1i}(x_i)\geqslant 0$ 在编号 $1_i$ 子空间是连续的，且当 $(x_i,\int x_i)\neq(0,0)$ 时 $N_{1i}(x_i)>0$。

趋近率 $N_{1i}(x_i)$ 设计为如下形式：

$$N_{1i}(x_i)=\lambda_{\mathrm{II}i+}N_{\mathrm{II}i+}+\lambda_{\mathrm{I}i-}N_{\mathrm{I}i-},\quad s_{1i}<0,\quad s_{2i}\geqslant 0\tag{4.206}$$

其中 $\lambda_{\mathrm{II}i+}=1-\left|\left(\left|\int x_i/x_i\right|-1/\xi_{1i}\right)/(1/\xi_{2i}-1/\xi_{1i})\right|,\lambda_{\mathrm{I}i-}=1-\lambda_{\mathrm{II}i+}$。

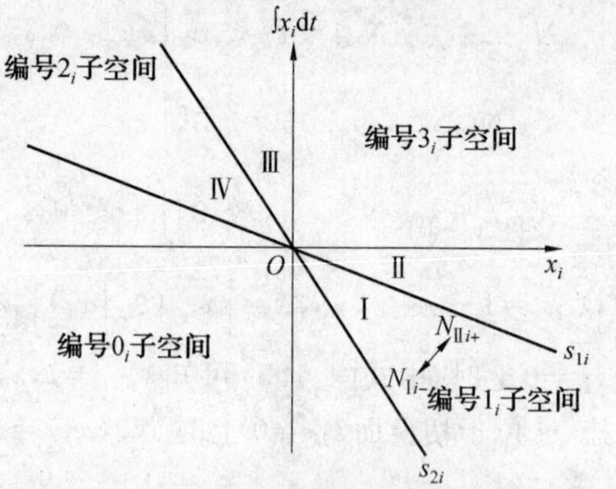


图 4.41 在编号 $1_i$ 子空间内的趋近率 $N_{1i}(x_i)$

当状态 $x_i$ 位于切换面 $s_{1i}=0$ 上时，由式(4.195) 可知 $\lambda_{\mathrm{II}i+}=1,\lambda_{\mathrm{I}i-}=0$。将 $\lambda_{\mathrm{II}i+}=1$，$\lambda_{\mathrm{I}i-}=0$ 代入式(4.206) 可知当状态 $x_i$ 位于切换面 $s_{1i}=0$ 上时 $N_{1i}(x_i)=N_{\mathrm{II}i+}$。因此，式(4.206) 满足条件(1)。

当状态 $x_i$ 位于切换面 $s_{2i}=0$ 上时，由式(4.195) 可知，$\lambda_{\mathrm{II}i+}=0,\lambda_{\mathrm{I}i-}=1$。将 $\lambda_{\mathrm{II}i+}=0$，$\lambda_{\mathrm{I}i-}=1$ 代入式(4.206) 可知，当状态 $x_i$ 位于切换面 $s_{2i}=0$ 上时 $N_{1i}(x_i)=N_{\mathrm{I}i-}$。因此，式(4.206) 满足条件(2)。

因为编号 $1_i$ 子空间位于第四象限，所以可知 $x_i\geqslant 0$。由 $s_{1i}=x_i+\xi_{1i}\int x_i<0,s_{2i}=x_i+\xi_{2i}\int x_i\geqslant 0,x_i\geqslant 0$ 与假设 $\xi_{1i}>\xi_{2i}>0$ 可知在编号 $1_i$ 子空间中 $0\leqslant\lambda_{\mathrm{II}i+}\leqslant 1,0\leqslant\lambda_{\mathrm{I}i-}\leqslant 1$。由第一部分证明可知 $N_{\mathrm{II}i+}\geqslant 0,N_{\mathrm{I}i-}\geqslant 0$，当切换面上 $(x_i,\int x_i)\neq(0,0)$ 时，$N_{\mathrm{II}i+}>0,N_{\mathrm{I}i-}>0$，可知在编号 $1_i$ 子空间中 $N_{1i}(x_i)\geqslant 0$，并且当 $(x_i,\int x_i)\neq(0,0)$ 时，$N_{1i}(x_i)>0$。从式(4.206) 可知，函数 $N_{1i}(x_i)\geqslant 0$ 在编号 $1_i$ 子空间是连续的。因此，式(4.206) 满足条件(3)。

类似地，趋近律 $N_{3i}(x_i),N_{2i}(x_i)$ 设计如下：

$$N_{3i}(x_i)=\begin{cases}\lambda_{\mathrm{III}i-}N_{\mathrm{III}i-}+\lambda_{3i-}N_{3i3} & x_i<0,\int x_i\geqslant 0,s_{1i}\geqslant 0,s_{2i}\geqslant 0\\ N_{3i3} & x_i\geqslant 0,\int x_i\geqslant 0,s_{1i}\geqslant 0,s_{2i}\geqslant 0\\ \lambda_{\mathrm{II}i-}N_{\mathrm{II}i-}+\lambda_{3i+}N_{3i3} & x_i\geqslant 0,\int x_i<0,s_{1i}\geqslant 0,s_{2i}\geqslant 0\end{cases}\tag{4.207}$$

其中

$$N_{3i3}=|x_i|+\left|\int x_i\right|,\quad \lambda_{\mathrm{III}i-}=\left|x_i/(\xi_{2i}\int x_i)\right|$$

$$\lambda_{3i-}=1-\lambda_{\mathrm{III}i-},\quad \lambda_{\mathrm{II}i-}=\left|(\xi_{1i}\int x_i)/x_i\right|,\quad \lambda_{3i+}=1-\lambda_{\mathrm{II}i-}$$

$$N_{2i}(x_i)=\lambda_{\mathrm{IV}i-}N_{\mathrm{IV}i-}+\lambda_{\mathrm{III}i+}N_{\mathrm{III}i+}s_{1i}>0,\quad s_{2i}<0\tag{4.208}$$

其中 $\lambda_{\mathrm{IV}i-}=1-\left|\left(\left|\int x_i/x_i\right|-1/\xi_{1i}\right)/(1/\xi_{2i}-1/\xi_{1i})\right|,\quad \lambda_{\mathrm{III}i+}=1-\lambda_{\mathrm{IV}i-}$

趋近律 $N_{3i}(x_i),N_{2i}(x_i)$ 可以保证函数 $\omega_{i1}^{-1}N_i-\omega_{i1}^{-1}\omega_{i2}x_i$ 在编号 $2_i$ 和 $3_i$ 子空间是连续的，并

且当$(x_i,\int x_i)\neq(0,0)$时，$N_{3i}(x_i)>0$，$N_{2i}(x_i)>0$。证明部分省略。

第三部分证明$\omega_{i1}^{-1}N_i-\omega_{i1}^{-1}\omega_{i2}x_i$可以推出式(4.175)中单向滑模控制器是连续的，并且$N_i$满足$N_i\geqslant 0$，当$(x_i,\int x_i)\neq(0,0)$时$N_i>0$。

由第一部分证明和第二部分证明可知，函数$\omega_{i1}^{-1}N_i-\omega_{i1}^{-1}\omega_{i2}x_i$在编号$0_i\sim 3_i$子空间与切换面$s_{1i}=0$，$s_{2i}=0$上都是连续的。因此，式(4.196)中的趋近律可以保证$\omega_{i1}^{-1}N_i-\omega_{i1}^{-1}\omega_{i2}x_i$ $(i=1,\cdots,n)$在整个状态空间都是连续的，并且当$(x_i,\int x_i)\neq(0,0)$时$N_i>0$。由式(4.173)可知

$$\boldsymbol{\Omega}_1^{-1}\boldsymbol{N}-\boldsymbol{\Omega}_1^{-1}\boldsymbol{\Omega}_2\boldsymbol{x}=[\omega_{11}^{-1}N_1-\omega_{11}^{-1}\omega_{12}x_1,\cdots,\omega_{n1}^{-1}N_n-\omega_{n1}^{-1}\omega_{n2}x_n]^{\mathrm{T}} \tag{4.209}$$

因此，向量$\boldsymbol{\Omega}_1^{-1}\boldsymbol{N}-\boldsymbol{\Omega}_1^{-1}\boldsymbol{\Omega}_2\boldsymbol{x}$中的元素都是连续的。又因为式(4.175)中$\boldsymbol{f}(\boldsymbol{x})$和$\boldsymbol{g}(\boldsymbol{x})$都是连续的，所以式(4.196)中的趋近律可以保证式(4.175)所示的单向滑模控制器是连续的，且当$(x_i,\int x_i)\neq(0,0)$时，$N_i>0$。由此，定理4.8证毕。

注意到定理4.8中的趋近律$\boldsymbol{N}$并不是唯一解。任何可以保证函数$\omega_{i1}^{-1}N_i-\omega_{i1}^{-1}\omega_{i2}x_i$，$i=1,\cdots,n$连续性的趋近律$\boldsymbol{N}\geqslant\boldsymbol{0}$，都可以用于设计去抖振单向滑模控制器。

### 4.5.3　例子(Example)

考虑如下非线性系统：

$$\dot{\boldsymbol{x}}=\boldsymbol{f}(\boldsymbol{x})+\boldsymbol{g}(\boldsymbol{x})\boldsymbol{u} \tag{4.210}$$

其中$\boldsymbol{x}=[x_1,x_2]^{\mathrm{T}}$，$\boldsymbol{f}(\boldsymbol{x})=\begin{bmatrix}-2x_1+2x_1x_2+2\sin x_2\\ -x_2\cos x_1\end{bmatrix}$，$\boldsymbol{g}(\boldsymbol{x})=\begin{bmatrix}1&0\\0&1\end{bmatrix}$，$\boldsymbol{u}=\begin{bmatrix}u_1\\u_2\end{bmatrix}$。

取初始值为$x_1(0)=0.45$；$x_2(0)=-0.45$。

当采用传统滑模控制器时，设计过程如下。选取如下所示的切换面：

$$\boldsymbol{s}=\boldsymbol{x}+0.5\int\boldsymbol{x}$$

其中$\boldsymbol{s}=[s_1,s_2]^{\mathrm{T}}$。选取符号函数作为趋近律：

$$\dot{\boldsymbol{s}}=-0.5\mathrm{sign}(\boldsymbol{s})$$

不考虑系统存在惯性会造成系统状态运动的滞后，则可得如下理想的滑模控制器：

$$\boldsymbol{u}=(\boldsymbol{g}(\boldsymbol{x}))^{-1}(-\boldsymbol{f}(\boldsymbol{x})-0.5\boldsymbol{x}-0.5\mathrm{sign}(\boldsymbol{s}))$$

由于控制函数是理想的滑模控制函数，系统运动状态几乎不存在抖振。系统状态在$x_1$，$x_2$平面上的运动轨迹如图4.42所示。

由于系统存在惯性会造成系统状态运动的迟后，从而使得包含系统状态的控制函数也产生迟后，也即相当于用迟后的状态反馈进行控制。假设这种惯性迟后相当于在控制器中引入时滞$\tau=0.02$ s，于是控制函数可以表示为

$$\boldsymbol{u}=(\boldsymbol{g}(\boldsymbol{x}(t-\tau)))^{-1}(-\boldsymbol{f}(\boldsymbol{x}(t-\tau))-0.5\boldsymbol{x}(t-\tau)-0.5\mathrm{sign}(\boldsymbol{s}(\boldsymbol{x}(t-\tau)))) \tag{4.211}$$

由式(4.211)可见，控制函数不仅是不连续的，而且包含了系统的惯性延时，使得控制函数的不连续更严重。将式(4.211)代入系统(4.210)，可得系统在$x_1$，$x_2$平面上的运动轨迹(见图4.43)。

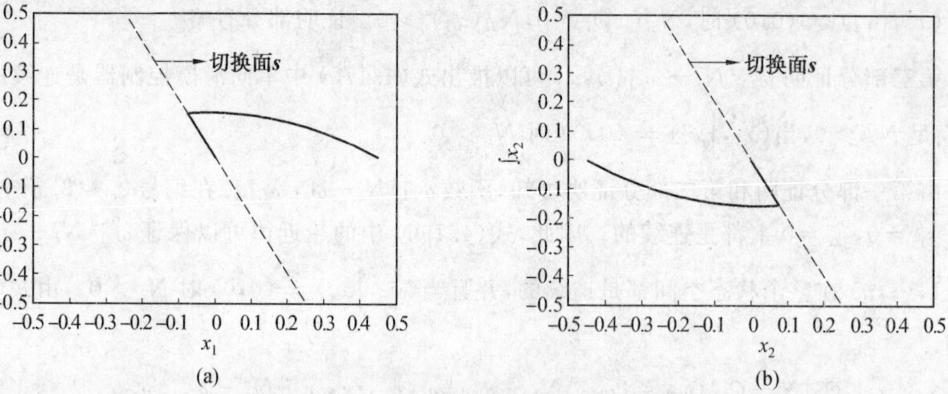


图 4.42　采用符号函数趋近律的传统滑模控制下系统运动轨迹

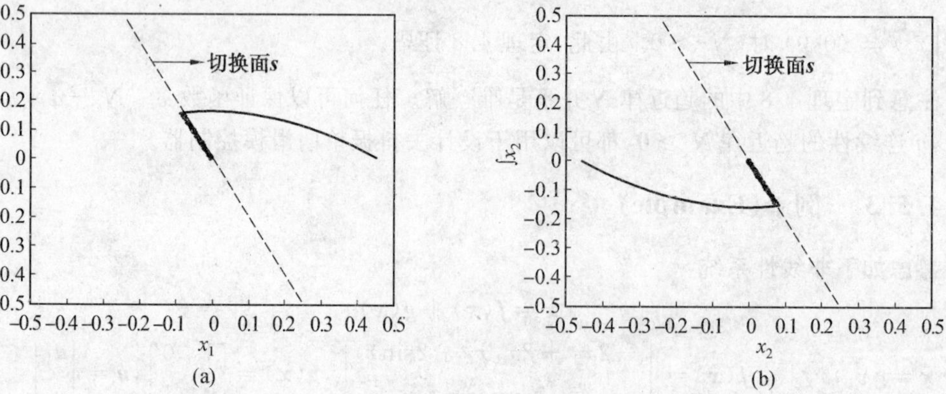


图 4.43　采用符号函数趋近律同时考虑系统惯性的传统滑模控制下系统运动轨迹

由于以上原因,系统运动产生了抖振。图 4.43 中显示了系统存在很明显的抖振现象。为了改善这种现象,一种比较简单的方法是采用饱和函数代替符号函数作为趋近律减少系统的抖振。于是趋近律可选择为

$$\dot{\boldsymbol{s}}=-0.5\cdot\text{sat}(\boldsymbol{s})$$

则式(4.211)改进为式(4.212)

$$\boldsymbol{u}=(\boldsymbol{g}(\boldsymbol{x}(t-\tau)))^{-1}(-\boldsymbol{f}(\boldsymbol{x}(t-\tau))-0.5\boldsymbol{x}(t-\tau)-0.5\text{sat}(\boldsymbol{s}(\boldsymbol{x}(t-\tau))))\quad(4.212)$$

将式(4.212)代入系统(4.210),可得系统在 $x_1,x_2$ 平面上的运动轨迹(见图 4.44)。

如图 4.44 所示,饱和函数趋近律消去了运动轨迹中的抖振现象。但是这里要注意的是,采用饱和函数趋近律去除抖振是有代价的:在趋近滑模面的过程中,趋近速度在不断地减小,也就是说状态永远不会到达滑模面上。这是人们不希望看到的。除了饱和函数趋近律以外,还存在着许多如高阶滑模、Terminal 滑模、变边界层滑模、全局滑模、超螺旋算法等去除抖振的方法,但是这些方法都需要付出各自不同的代价,才能达到去除抖振的效果。因此,在实际应用当中,需要一种少付出、去除滑模抖振的方法。由此研究去抖振的单向辅助面滑模控制器的设计。

首先,考虑存在抖振的单向辅助面滑模控制器的设计。

切换面 $s_{1i},s_{2i},i=1,2$ 设计如下:

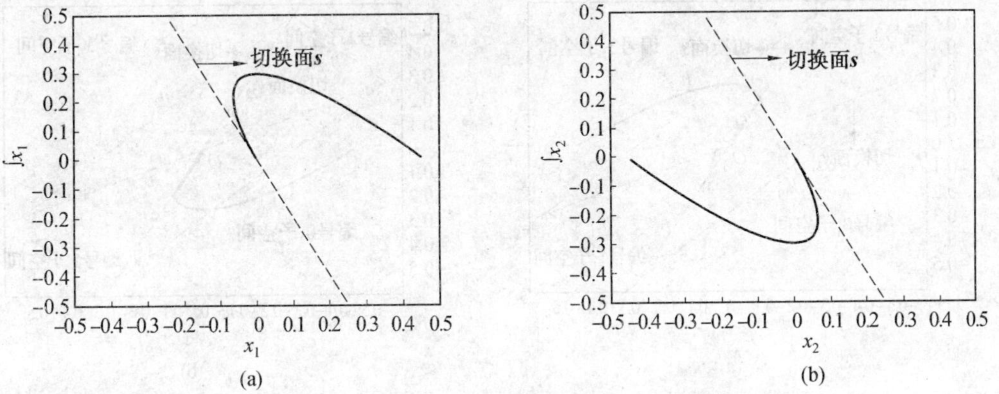


图 4.44　采用饱和函数趋近律同时考虑系统惯性的传统滑模控制下系统的运动轨迹

$$\begin{aligned} s_{1i} &= x_i + 2\int x_i \\ s_{2i} &= x_i + 0.5\int x_i \end{aligned} \tag{4.213}$$

在切换面上取点$\begin{cases} P_{s1i+} = (0.55, -0.275), P_{s1i-} = (-0.55, 0.275) \\ P_{s2i+} = (-0.275, 0.55), P_{s2i-} = (0.275, -0.55) \end{cases}$可设计当前单向辅助面为

$$h_i = \omega_{i1} x_i + \omega_{i2}\int x_i + m_i \tag{4.214}$$

其中

$$\omega_{i1} = \begin{cases} \omega_{0i1} = 1/0.275 & s_{1i} < 0, s_{2i} < 0 \\ \omega_{1i1} = -1/0.875 & s_{1i} < 0, s_{2i} \geqslant 0 \\ \omega_{2i1} = 1/0.875 & s_{1i} \geqslant 0, s_{2i} < 0 \\ \omega_{3i1} = -1/0.275 & s_{1i} \geqslant 0, s_{2i} \geqslant 0 \end{cases}, \ \omega_{i2} = \begin{cases} \omega_{0i2} = 1/0.275 & s_{1i} < 0, s_{2i} < 0 \\ \omega_{1i2} = 1/0.875 & s_{1i} < 0, s_{2i} \geqslant 0 \\ \omega_{2i2} = -1/0.875 & s_{1i} \geqslant 0, s_{2i} < 0 \\ \omega_{3i2} = -1/0.275 & s_{1i} \geqslant 0, s_{2i} \geqslant 0 \end{cases}, m_i = 1$$

直线 $P_{s1i-}P_{s2i-}, P_{s1i+}P_{s2i-}, P_{s1i-}P_{s2i+}, P_{s1i+}P_{s2i+}$ 被称为单向辅助面 $h_{0i}, h_{1i}, h_{2i}, h_{3i}$。对于非线性系统(4.210) 的单向辅助面滑模控制器如下：

$$\boldsymbol{u} = (\boldsymbol{g}(\boldsymbol{x}))^{-1}(-\boldsymbol{f}(\boldsymbol{x}) + \Omega_1^{-1}\boldsymbol{N} - \Omega_1^{-1}\Omega_2\boldsymbol{x})$$

其中 $\Omega_1 = \mathrm{diag}\{\omega_{11}, \omega_{21}\}, \Omega_2 = \mathrm{diag}\{\omega_{12}, \omega_{22}\}, \boldsymbol{N} = [0.5, 0.5]^{\mathrm{T}}$。当控制器中考虑系统惯性造成的迟后时，则控制器可取为

$$\boldsymbol{u} = (\boldsymbol{g}(\boldsymbol{x}(t-\tau)))^{-1}(-\boldsymbol{f}(\boldsymbol{x}(t-\tau)) + \Omega_1^{-1}(t-\tau)\boldsymbol{N} - \Omega_1^{-1}(t-\tau)\Omega_2(t-\tau)\boldsymbol{x}(t-\tau)) \tag{4.215}$$

式中 $\tau$ 取为 0.02 s。将式(4.215) 代入系统(4.210)，可得系统在 $x_1, x_2$ 平面上的运动轨迹如图 4.45 所示。

由于采用的趋近律是固定值，并且同时考虑系统惯性迟后，所以图 4.45 中也存在很明显的抖振现象。为了消除其中的抖振，需要对于式(4.215) 中的趋近率 $\boldsymbol{N}$ 进行改进。式(4.214) 满足定理 4.8 中的去抖振条件 $\omega_{1i1} < 0, \omega_{2i1} > 0$，因此根据定理 4.8 设计趋近律 $N_i(t)$ 如下：

$$N_i(t) = \begin{cases} N_{0i}(x_i) & s_{1i} < 0, s_{2i} < 0 \\ N_{1i}(x_i) & s_{1i} < 0, s_{2i} \geqslant 0 \\ N_{2i}(x_i) & s_{1i} \geqslant 0, s_{2i} < 0 \\ N_{3i}(x_i) & s_{1i} \geqslant 0, s_{2i} \geqslant 0 \end{cases} \tag{4.216}$$

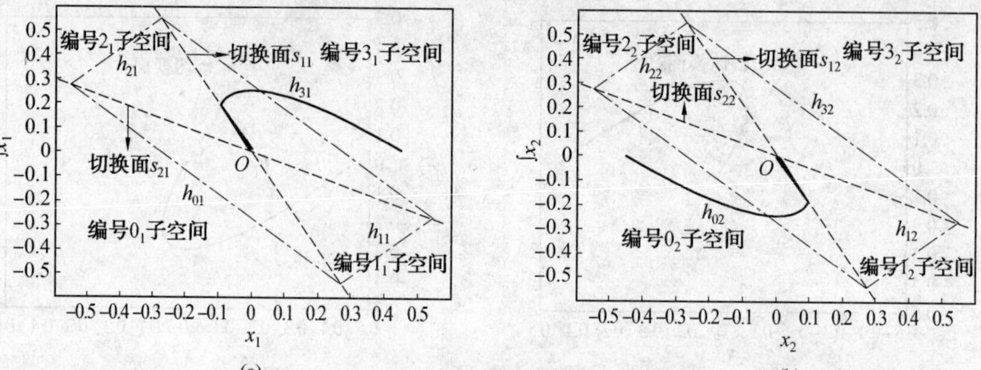


(a)　　　　　　　　　　　　　　　　(b)

图 4.45　采用固定值趋近律同时考虑系统惯性的单向辅助面滑模控制下系统的运动轨迹

其中 $N_{0i}(x_i)=\begin{cases}\lambda_{\mathrm{IV}i+}N_{\mathrm{IV}i+}+\lambda_{0i-}N_{0i3} & x_i<0,\int x_i\geqslant 0,s_{1i}<0,s_{2i}<0\\ N_{0i3} & x_i<0,\int x_i<0,s_{1i}<0,s_{2i}<0\\ \lambda_{\mathrm{I}i+}N_{\mathrm{I}i+}+\lambda_{0i+}N_{0i3} & x_i\geqslant 0,\int x_i<0,s_{1i}<0,s_{2i}<0\end{cases}$

$N_{1i}(x_i)=\lambda_{\mathrm{II}i+}N_{\mathrm{II}i+}+\lambda_{\mathrm{I}i-}N_{\mathrm{I}i-},\quad s_{1i}<0,s_{2i}\geqslant 0$

$N_{2i}(x_i)=\lambda_{\mathrm{IV}i-}N_{\mathrm{IV}i-}+\lambda_{\mathrm{III}i+}N_{\mathrm{III}i+},\quad s_{1i}\geqslant 0,s_{2i}<0$

$N_{3i}(x_i)=\begin{cases}\lambda_{\mathrm{III}i-}N_{\mathrm{III}i-}+\lambda_{3i-}N_{3i3} & x_i<0,\int x_i\geqslant 0,s_{1i}\geqslant 0,s_{2i}\geqslant 0\\ N_{3i3} & x_i\geqslant 0,\int x_i\geqslant 0,s_{1i}\geqslant 0,s_{2i}\geqslant 0\\ \lambda_{\mathrm{II}i-}N_{\mathrm{II}i-}+\lambda_{3i+}N_{3i3} & x_i\geqslant 0,\int x_i<0,s_{1i}\geqslant 0,s_{2i}\geqslant 0\end{cases}$

$\lambda_{\mathrm{IV}i+}=\left|2\left(\int x_i\right)/x_i\right|,\quad \lambda_{0i-}=1-\lambda_{\mathrm{IV}i+},\quad \lambda_{\mathrm{I}i+}=\left|x_i/\left(0.5\int x_i\right)\right|,\quad \lambda_{0i+}=1-\lambda_{\mathrm{I}i+}$

$\lambda_{\mathrm{II}i+}=1-\left|\left(\left|\int x_i/x_i\right|-0.5\right)/1.5\right|,\quad \lambda_{\mathrm{I}i-}=1-\lambda_{\mathrm{II}i+}$

$\lambda_{\mathrm{IV}i-}=1-\left|\left(\left|\int x_i/x_i\right|-0.5\right)/1.5\right|,\quad \lambda_{\mathrm{III}i+}=1-\lambda_{\mathrm{IV}i-}$

$\lambda_{\mathrm{III}i-}=\left|x_i/\left(0.5\int x_i\right)\right|,\quad \lambda_{3i-}=1-\lambda_{\mathrm{III}i+},\quad \lambda_{\mathrm{II}i-}=\left|2\left(\int x_i\right)/x_i\right|,\quad \lambda_{3i+}=1-\lambda_{\mathrm{II}i-}$

$N_{0i3}=N_{3i3}=|x_i|+\left|\int x_i\right|$

$N_{\mathrm{I}i+}=(1/0.275)x_i,\quad N_{\mathrm{I}i-}=(1/0.875)x_i,$

$N_{\mathrm{II}i+}=(4/0.875)x_i,\quad N_{\mathrm{II}i-}=(2/0.275)x_i$

$N_{\mathrm{III}i+}=(-1/0.875)x_i,\quad N_{\mathrm{III}i-}=(-1/0.275)x_i,$

$N_{\mathrm{IV}i+}=(-2/0.275)x_i,\quad N_{\mathrm{IV}i-}=(-4/0.875)x_i$

对于非线性系统(4.210)的含滞后 $\tau$ 的单向辅助面滑模控制器如下：

$$\boldsymbol{u}=(\boldsymbol{g}(\boldsymbol{x}(t-\tau)))^{-1}(-\boldsymbol{f}(\boldsymbol{x}(t-\tau))+\Omega_1^{-1}(t-\tau)\boldsymbol{N}(t-\tau)-\Omega_1^{-1}(t-\tau)\Omega_2(t-\tau)\boldsymbol{x}(t-\tau))\tag{4.217}$$

其中

$$\Omega_1(t-\tau)=\mathrm{diag}\{\omega_{11}(t-\tau),\omega_{21}(t-\tau)\},\quad \Omega_2(t-\tau)=\mathrm{diag}\{\omega_{12}(t-\tau),\omega_{22}(t-\tau)\}$$

$$\boldsymbol{N}(t-\tau)=[N_1(t-\tau),N_2(t-\tau)]^{\mathrm{T}}$$

将式(4.216)作为趋近律代入式(4.217),可得系统(4.210)在 $x_1,x_2$ 平面上的运动轨迹(见图 4.46)。

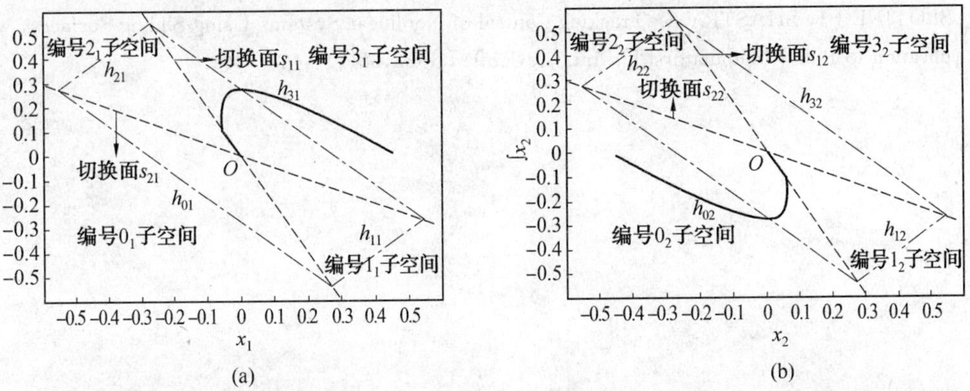


图 4.46　考虑系统惯性采用去抖振趋近律的单向辅助面滑模控制下的系统运动轨迹

如图 4.46 所示,去抖振趋近律去除了运动轨迹中的抖振现象,并且没有出现图 4.44 中的离切换面越来越近,但是始终到不了切换面的情况。在两个切换面和四个辅助滑模面的共同作用下,系统状态会直接趋向于平衡点,并不会在切换面上来回穿越,产生震荡。同时注意到式(4.216)所示趋近率仅在原点处为零,因此状态位于切换面附近时,趋近速度得到了保证。因为单向辅助面滑模控制不需要状态的导数,对系统也没有特殊的要求,所以该方法与其他滑模控制方法相比,具有优越性。

## 参考文献(References)

[1] 高为炳. 变结构控制理论基础 [M]. 北京:科学出版社,1990.

[2] PARK K B. Terminal Sliding Mode Control of Second-Order Nonlinear Uncertain Systems [J]. Int. J. Robust Nonlinear Control, 1999, 9:769—780.

[3] CHOI S B, Moving Switching Surface for Robust Control of Second Order Variable Structure System[J]. Int. J. Contr., 1993, 38 (1): 229—245.

[4] SLOTINE J J. Tracking Control of Nonlinear System Using Sliding Surface with Application to Robust Manipulators[J]. Int. J. Contr., 1983, 38(3):465—492.

[5] MAN Z H, PAPLINSKI A P, WU H R. A Robust MIMO Terminal Sliding Mode Control Scheme for Rigid Robot Manipulators [J]. IEEE Transaction on Automatic Control, 1994, 39:2464—2469.

[6] 黄国勇. 基于 Terminal 滑模的空天飞行器再入鲁棒自适应控制[D]. 南京:南京航空航天大学,2007.

[7] LEVANT A. Sliding Order and Sliding Accuracy in Sliding Mode Control [J]. International Journal of Control, 1993,58(6), 1247—1263.

[8] LEVANT A, LELA A. Integral High-order Sliding Modes[J]. IEEE Transaction on Automatic Control, 2007, 52(7):1278—1283.

[9] LEVANTA. High-order Sliding Modes, Differentiation and Output-Feedback Control [J]. International Journal of Control, 2003, 76(9):924—941.

[10] LEVANT A. Robust Exact Differentiation Via Sliding Mode Technique[J]. Automatica, 1998, 34:379

−384.

[11] LEVANT A. Higher Order Sliding Modes and Arbitrary-order Exact Robust Differentiation [C]. Proceedings of the European Control Conference, Porto, Portugal, 2001, 996−1001.

[12] 傅健，吴庆宪，姜长生.连续非线性系统的滑模鲁棒正不变集控制[J]. 自动化学报，2011,37(11):1395−1401.

[13] BLANCHINI F. Set Invariance in Control[J]. Automatica, 1999, 35(11): 1747−1767.

[14] SLOTINE J J, SHASTRY S. Tracking Control of Nonlinear Systems Using Sliding Surfaces, with Application to Robot Maipulators[J]. Int. J. Contr., 1983,38(2): 465−492.

# 第 5 章　非线性系统的鲁棒预测控制
# (Robust Predictive Control of Nonlinear Systems)

预测控制是 20 世纪 70 年代在工业实践过程中发展起来的一种新型的优化控制算法，它的主要特征是预测模型、滚动优化和反馈校正，预测控制方法对复杂工业过程控制产生了深刻影响。然而实际工业过程存在种种不确定因素，因此预测控制的鲁棒性研究变得十分必要且具有实际意义。本章将着重介绍非线性系统的鲁棒预测控制理论，并结合模糊控制方法对模糊预测控制系统的设计及应用进行介绍。

## 5.1　非线性系统鲁棒预测控制的基本概念
## (The Basic Concept of Robust Predictive Control of Nonlinear Systems)

### 5.1.1　非线性系统的预测控制(Predictive Control of Nonlinear Systems)

考虑如下一类非线性系统：

$$\dot{\boldsymbol{x}}(t) = \boldsymbol{f}(\boldsymbol{x}(t), \boldsymbol{u}(t)) \tag{5.1}$$

其中，$\boldsymbol{x}(t) \in \mathbf{R}^n$，$\boldsymbol{u}(t) \in \mathbf{R}^m$ 分别为系统的状态变量和控制输入变量。$\boldsymbol{f}(\boldsymbol{x}(t), \boldsymbol{u}(t))$ 是连续函数，且 $\boldsymbol{f}(0,0) = \boldsymbol{0}$。

在当前采样时刻，定义系统的预测性能指标为

$$J(\boldsymbol{x}(t), \boldsymbol{u}, T) = \int_t^{t+T} F(\boldsymbol{x}(\tau), \boldsymbol{u}(\tau))\mathrm{d}\tau \tag{5.2}$$

$$\boldsymbol{x}(\tau) \in \boldsymbol{X}, \quad \boldsymbol{u}(\tau) \in \boldsymbol{U}, \quad t \leqslant \tau \leqslant t + T \tag{5.3}$$

其中，$\boldsymbol{X}$ 为状态变量 $\boldsymbol{x}$ 的约束集合；$\boldsymbol{U}$ 为控制变量 $\boldsymbol{u}$ 的约束集合；$F(\boldsymbol{x}(\tau), \boldsymbol{u}(\tau)) \geqslant 0$ 为一个给定的正定函数；$T$ 为预测时间。

根据系统性能指标(5.2)，预测控制方法通过在线优化计算的方法，选取控制量 $\boldsymbol{u}(t)$ 的优化序列 $\boldsymbol{U}(t)$，使得性能指标(5.2) 能取得最优，并将优化序列 $\boldsymbol{U}(t)$ 中的当前最优控制量 $\boldsymbol{u}^*(t)$ 作用于被控系统。到了下一个采样时刻，重新优化计算性能指标(5.2)，从而实现滚动优化的控制策略，使得被控系统有着良好的控制性能。预测控制原理图如图 5.1 所示。

早期的预测控制算法在设计过程中并没有考虑模型的不确定性，或者将系统的不确定性简单地假设为叠加干扰，且在预测时域内保持不变。然而工业过程控制中不确定环境是不可避免的，被控系统总会受到各种未知的不确定性的影响，这些主要包括系统模型和参数的不确定性、外界干扰的多样性和复杂性、系统结构和参数的未知变化等等。因此，预测控制方法的鲁棒性研究有着重要的理论意义和实际意义。

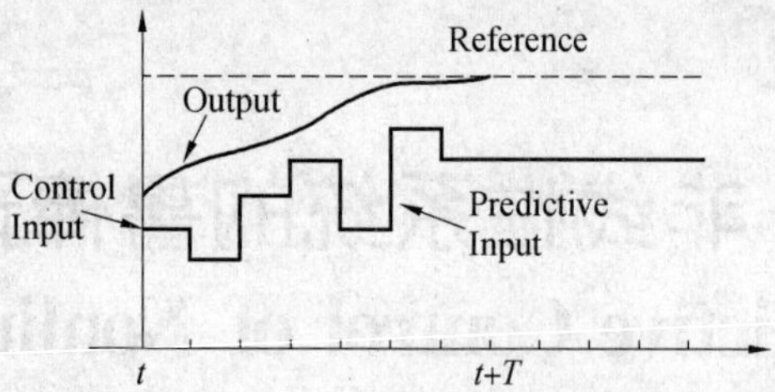


图 5.1 预测控制原理图

### 5.1.2 非线性系统的鲁棒预测控制(Robust Predictive Control of Nonlinear Systems)

鲁棒控制是解决非线性不确定系统的稳定性和有效控制问题的主要方法,一般来说,在设计鲁棒预测控制律时,通常将不确定性的描述显式地包含在约束优化问题中,然后对其进行优化求解。

**定义 5.1** 在 $t$ 时刻,初始条件为 $\boldsymbol{x}(t)$ 的非线性鲁棒预测控制问题可描述为

$$\min_{u\in U} J(\boldsymbol{x}(t),\boldsymbol{u},\boldsymbol{w},T) \tag{5.4}$$

其中

$$J(\boldsymbol{x}(t),\boldsymbol{u},\boldsymbol{w},T)=\int_t^{t+T}F(\boldsymbol{x}(\tau),\boldsymbol{u}(\tau),\boldsymbol{w})\mathrm{d}\tau \tag{5.5}$$

$$\text{s. t. } \dot{\boldsymbol{x}}(t)=\boldsymbol{f}(\boldsymbol{x}(t),\boldsymbol{w})+\boldsymbol{g}(\boldsymbol{x}(t),\boldsymbol{w})\boldsymbol{u}(t) \tag{5.6}$$

$$\boldsymbol{x}(\tau)\in\boldsymbol{X},\quad \boldsymbol{u}(\tau)\in\boldsymbol{U},\quad t\leqslant\tau\leqslant t+T \tag{5.7}$$

$\boldsymbol{w}\in\boldsymbol{W}$ 为系统的不确定性,$\boldsymbol{W}$ 为所有不确定性的集合。$T>0$ 为预测控制的预测时域,当 $T\to\infty$ 时,称为无限时域的预测控制方法,反之,则称为有限时域的预测控制方法。

**定义 5.2** 若被控对象采用离散形式的状态方程描述,则相应的,在 $k$ 时刻初始条件为 $\boldsymbol{x}(k)$ 的非线性离散鲁棒预测控制问题可表示为

$$\min_{u\in U} J(\boldsymbol{x}(k),\boldsymbol{u},\boldsymbol{w},N_p) \tag{5.8}$$

其中

$$J(\boldsymbol{x}(k),\boldsymbol{u},\boldsymbol{w},N_p)=\sum_{i=0}^{N_p}[F(\boldsymbol{x}(k+i|k),\boldsymbol{u}(k+i|k),\boldsymbol{w})] \tag{5.9}$$

$$\text{s. t. } \boldsymbol{x}(k+1|k)=\boldsymbol{f}(\boldsymbol{x}(k|k),\boldsymbol{w})+\boldsymbol{g}(\boldsymbol{x}(k|k),\boldsymbol{w})\boldsymbol{u}(k|k) \tag{5.10}$$

$$\boldsymbol{x}(k+i|k)\in\boldsymbol{X},\quad \boldsymbol{u}(k+i|k)\in\boldsymbol{U},\quad 0\leqslant i\leqslant N_p \tag{5.11}$$

对于鲁棒预测控制而言,重要的是其预测系统未来的动态特性,以及在不确定性存在的条件下,采用何种控制算法来保证闭环系统的控制性能。因此,非线性鲁棒预测控制问题的表述形式可以是时间连续或离散的。

## 5.2 基于 LMI 的鲁棒预测控制
## (Robust Predictive Control Based on LMI)

### 5.2.1 基于 LMI 的鲁棒预测控制律设计(The Design of Robust Predictive Control Law Based on LMI)

近年来,随着线性矩阵不等式(LMI) 被广泛应用于求解系统和控制中的一些问题,LMI

也被引入预测控制算法的研究，并越来越受到人们的注意和重视。

若使用状态空间模型来描述被控系统，其模型不确定性可以通过凸多面体来描述，即被控对象工作在多个操作点，且在每个操作点都可以用一个线性模型来近似：

$$\boldsymbol{x}(k+1)=\boldsymbol{A}(k)\boldsymbol{x}(k)+\boldsymbol{B}(k)\boldsymbol{u}(k) \tag{5.12}$$

$$\boldsymbol{y}(k)=\boldsymbol{C}(k)\boldsymbol{x}(k) \tag{5.13}$$

其中，$\boldsymbol{x}(k)\in\mathbf{R}^n$，$\boldsymbol{u}(k)\in\mathbf{R}^m$，$\boldsymbol{y}(k)\in\mathbf{R}^p$ 分别为系统的状态变量、输入变量和输出变量；$\boldsymbol{A}(k)$，$\boldsymbol{B}(k)$ 为相应维数的矩阵。

**定义 5.3**　系统不确定

$$[\boldsymbol{A}(k),\boldsymbol{B}(k)]\in\Omega,\Omega=\mathrm{Co}\{[A_1,B_1],[A_2,B_2],\cdots,[A_L,B_L]\}$$

Co 指由其中元素形成的凸包，$[A_i,B_i]$ 是 $\Omega$ 的所有顶点，则称 $\Omega$ 为凸多面体。即存在标量 $\lambda_i\geqslant 0$，使得对 $\forall k>0$，有

$$\boldsymbol{A}(k)=\sum_{i=1}^{L}\lambda_i\boldsymbol{A}_i,\qquad \boldsymbol{B}(k)=\sum_{i=1}^{L}\lambda_i\boldsymbol{B}_i \tag{5.14}$$

$$\sum_{i=1}^{L}\lambda_i=1,\quad \lambda_i\geqslant 0,\quad i=1,\cdots,L \tag{5.15}$$

考虑上述时变不确定系统，其鲁棒预测控制算法可以描述为：

在采样时刻 $k$，若系统状态完全可测，将预测控制算法的优化问题转化为 min－max 优化问题，即在不确定集的最坏情况下求解预测控制律，使得预测性能指标极小，即

$$\min_{\boldsymbol{U}(k)}\ \max_{[\boldsymbol{A}(k+i),\boldsymbol{B}(k+i)]\in\Omega} J(k) \tag{5.16}$$

其中

$$J(k)=\sum_{i=0}^{\infty}[\boldsymbol{x}^{\mathrm{T}}(k+i|k)\boldsymbol{Q}_1\boldsymbol{x}(k+i|k)+\boldsymbol{u}^{\mathrm{T}}(k+i|k)\boldsymbol{R}\boldsymbol{u}(k+i|k)] \tag{5.17}$$

式中，$\boldsymbol{Q}_1$，$\boldsymbol{R}$ 为给定的正定对称权值矩阵；$\boldsymbol{x}(k+i|k)$ 和 $\boldsymbol{u}(k+i|k)$ 分别表示为在 $k$ 时刻对 $k+i$ 时刻系统状态和系统输入的预测值。若上述 min－max 优化问题有解，即存在优化序列 $\boldsymbol{U}(k)$ 为

$$\boldsymbol{U}(k)=[\boldsymbol{u}^*(k|k),\boldsymbol{u}^*(k+1|k),\cdots,\boldsymbol{u}^*(\infty|k)] \tag{5.18}$$

那么，取当前时刻的优化控制律 $\boldsymbol{u}^*(k|k)$ 作用于被控系统，到下一采样时刻 $k+1$，重新进行优化计算。

为了能够利用 LMI 对上述 min－max 优化问题进行求解，这里引入一个二次函数

$$V(\boldsymbol{x}(k|k))=\boldsymbol{x}^{\mathrm{T}}(k|k)\boldsymbol{P}\boldsymbol{x}(k|k),\quad \boldsymbol{P}=\boldsymbol{P}^{\mathrm{T}}>0 \tag{5.19}$$

显然，若 $\boldsymbol{x}(\infty|k)=0$，则 $V(\boldsymbol{x}(\infty|k))=0$。

假设在采样时刻 $k$ 以及 $i\geqslant 0$，函数 $V(\boldsymbol{x})$ 满足如下鲁棒不等式约束条件：

$$V(\boldsymbol{x}(k+i+1|k))-V(\boldsymbol{x}(k+i|k))\leqslant-[\boldsymbol{x}^{\mathrm{T}}(k+i|k)\boldsymbol{Q}_1\boldsymbol{x}(k+i|k)+\boldsymbol{u}^{\mathrm{T}}(k+i|k)\boldsymbol{R}\boldsymbol{u}(k+i|k)] \tag{5.20}$$

那么，当闭环系统稳定时，有 $\boldsymbol{x}(\infty|k)=0$，$V(\infty|k)=0$。

将式(5.20) 两端从 $i=0$ 到 $i=\infty$ 分别相加，则有

$$-V(\boldsymbol{x}(k|k))\leqslant -J(k) \tag{5.21}$$

即

$$\max_{[\boldsymbol{A}(k+i),\boldsymbol{B}(k+i)]\in\Omega} J(k)\leqslant V(\boldsymbol{x}(k|k)) \tag{5.22}$$

根据式(5.22)，可以看出 $V(\boldsymbol{x}(k|k))$ 实质是指标函数 $J(k)$ 的一个上确界，因此，在采样时刻 $k$，求解鲁棒预测控制律问题即可转化为对上界函数 $V(\boldsymbol{x}(k|k))$ 求解最优，即在满足约束条件(5.20)的情况下有

$$\min_{U(k)} V(\boldsymbol{x}(k|k)) \tag{5.23}$$

至此，通过上述分析，可以得出如下结论，即定理 5.1 和定理 5.2。在给出定理 5.1 之前，不加证明地引入了众所周知的 Schur 补引理。

**引理 5.1 (Schur 补引理)**　若如下矩阵不等式成立

$$\begin{bmatrix} \boldsymbol{S}_{11} & \boldsymbol{S}_{12} \\ \boldsymbol{S}_{12}^{\mathrm{T}} & \boldsymbol{S}_{22} \end{bmatrix} < 0 \tag{5.24}$$

其中 $\boldsymbol{S}_{11}$ 和 $\boldsymbol{S}_{22}$ 为对称矩阵，则有如下结论成立：

(1) $\boldsymbol{S}_{11} < 0, \boldsymbol{S}_{22} - \boldsymbol{S}_{12}^{\mathrm{T}} \boldsymbol{S}_{11}^{-1} \boldsymbol{S}_{12} < 0$　　(5.25)

(2) $\boldsymbol{S}_{22} < 0, \boldsymbol{S}_{11} - \boldsymbol{S}_{12} \boldsymbol{S}_{22}^{-1} \boldsymbol{S}_{12}^{\mathrm{T}} < 0$　　(5.26)

**定理 5.1**　考虑形如式(5.12)～(5.13)的凸多面体不确定系统，$\boldsymbol{x}(k|k)$ 是在当前 $k$ 时刻的状态变量，如果存在状态反馈预测控制律

$$\boldsymbol{u}(k+i|k) = \boldsymbol{F}\boldsymbol{x}(k+i|k) \tag{5.27}$$

则 $\boldsymbol{F} = \boldsymbol{Y}\boldsymbol{Q}^{-1}, \boldsymbol{Q} > 0$，其中 $\boldsymbol{Y}, \boldsymbol{Q}$ 是下述 LMI 问题的最优解：

$$\min_{\gamma,\boldsymbol{Q},\boldsymbol{Y}} \gamma \tag{5.28}$$

$$\text{s.t.} \begin{bmatrix} \boldsymbol{1} & \boldsymbol{x}(k|k)^{\mathrm{T}} \\ \boldsymbol{x}(k|k) & \boldsymbol{Q} \end{bmatrix} \geqslant 0 \tag{5.29}$$

$$\begin{bmatrix} \boldsymbol{Q} & \boldsymbol{Q}\boldsymbol{A}_j^{\mathrm{T}} + \boldsymbol{Y}^{\mathrm{T}}\boldsymbol{B}_j^{\mathrm{T}} & \boldsymbol{Q}\boldsymbol{Q}_1^{1/2} & \boldsymbol{Y}^{\mathrm{T}}\boldsymbol{R}^{1/2} \\ \boldsymbol{A}_j\boldsymbol{Q} + \boldsymbol{B}_j\boldsymbol{Y} & \boldsymbol{Q} & \boldsymbol{0} & \boldsymbol{0} \\ \boldsymbol{Q}_1^{1/2}\boldsymbol{Q} & \boldsymbol{0} & \gamma\boldsymbol{I} & \boldsymbol{0} \\ \boldsymbol{R}^{1/2}\boldsymbol{Y} & \boldsymbol{0} & \boldsymbol{0} & \gamma\boldsymbol{I} \end{bmatrix} \geqslant 0 \tag{5.30}$$

$$\forall j = 1, \cdots, L$$

**证明**　式(5.23)等价于如下优化命题：

$$\boldsymbol{x}(k|k)^{\mathrm{T}}\boldsymbol{P}\boldsymbol{x}(k|k) \leqslant \gamma \tag{5.31}$$

令 $\boldsymbol{Q} = \gamma\boldsymbol{P}^{-1}$，则

$$\boldsymbol{x}(k|k)^{\mathrm{T}}\boldsymbol{Q}^{-1}\boldsymbol{x}(k|k) \leqslant 1 \tag{5.32}$$

根据引理 5.1 上述问题进一步转化为

$$\min_{\gamma,\boldsymbol{Q},\boldsymbol{Y}} \gamma \tag{5.33}$$

$$\text{s.t.} \begin{bmatrix} \boldsymbol{1} & \boldsymbol{x}(k|k)^{\mathrm{T}} \\ \boldsymbol{x}(k|k) & \boldsymbol{Q} \end{bmatrix} \geqslant 0 \tag{5.34}$$

将状态反馈预测控制律代入式(5.20)，并化简得

$$(\boldsymbol{A}(k+i) + \boldsymbol{B}(k+i)\boldsymbol{F})^{\mathrm{T}}\boldsymbol{P}(\boldsymbol{A}(k+i) + \boldsymbol{B}(k+i)\boldsymbol{F}) - \boldsymbol{P} + \boldsymbol{F}^{\mathrm{T}}\boldsymbol{R}\boldsymbol{F} + \boldsymbol{Q}_1 \leqslant 0 \tag{5.35}$$

将 $\boldsymbol{P} = \gamma\boldsymbol{Q}^{-1}$ 代入上式，得

$$(\boldsymbol{A}(k+i) + \boldsymbol{B}(k+i)\boldsymbol{F})^{\mathrm{T}}\boldsymbol{Q}^{-1}(\boldsymbol{A}(k+i) + \boldsymbol{B}(k+i)\boldsymbol{F}) - \boldsymbol{Q}^{-1} + \boldsymbol{F}^{\mathrm{T}}\boldsymbol{R}^{1/2}\gamma^{-1}\boldsymbol{R}^{1/2}\boldsymbol{F} + \boldsymbol{Q}_1{}^{1/2}\gamma^{-1}\boldsymbol{Q}_1{}^{1/2} \leqslant 0 \tag{5.36}$$

即

$$\begin{aligned}&\boldsymbol{Q}^{-1}-(\boldsymbol{A}(k+i)+\boldsymbol{B}(k+i)\boldsymbol{F})^{\mathrm{T}}\boldsymbol{Q}^{-1}(\boldsymbol{A}(k+i)+\boldsymbol{B}(k+i)\boldsymbol{F})-\\&\boldsymbol{F}^{\mathrm{T}}\boldsymbol{R}^{1/2}\gamma^{-1}\boldsymbol{R}^{1/2}\boldsymbol{F}-\boldsymbol{Q}_1{}^{1/2}\gamma^{-1}\boldsymbol{Q}_1{}^{1/2}\geqslant 0\end{aligned}\tag{5.37}$$

根据引理 5.1 可得

$$\begin{bmatrix}\boldsymbol{Q}^{-1}-(\boldsymbol{A}(k+i)+\boldsymbol{B}(k+i)\boldsymbol{F})^{\mathrm{T}}\boldsymbol{Q}^{-1}(\boldsymbol{A}(k+i)+\boldsymbol{B}(k+i)\boldsymbol{F})-\boldsymbol{F}^{\mathrm{T}}\boldsymbol{R}^{1/2}\gamma^{-1}\boldsymbol{R}^{1/2}\boldsymbol{F} & \boldsymbol{Q}_1{}^{1/2}\\ \boldsymbol{Q}_1{}^{1/2} & \gamma\boldsymbol{I}\end{bmatrix}\geqslant 0\tag{5.38}$$

进一步整理可得

$$\begin{bmatrix}\boldsymbol{Q}^{-1} & \boldsymbol{A}^{\mathrm{T}}(k+i)+\boldsymbol{F}^{\mathrm{T}}\boldsymbol{B}^{\mathrm{T}}(k+i) & \boldsymbol{Q}_1^{1/2} & \boldsymbol{F}^{\mathrm{T}}\boldsymbol{R}^{1/2}\\ \boldsymbol{A}(k+i)+\boldsymbol{B}(k+i)\boldsymbol{F} & \boldsymbol{Q} & \boldsymbol{0} & \boldsymbol{0}\\ \boldsymbol{Q}_1^{1/2} & \boldsymbol{0} & \gamma\boldsymbol{I} & \boldsymbol{0}\\ \boldsymbol{R}^{1/2}\boldsymbol{F} & \boldsymbol{0} & \boldsymbol{0} & \gamma\boldsymbol{I}\end{bmatrix}\geqslant 0\tag{5.39}$$

在不等式(5.39)的两边分别左乘和右乘正定矩阵 $\mathrm{diag}(\boldsymbol{Q},\boldsymbol{I},\boldsymbol{I},\boldsymbol{I})$，则有

$$\begin{bmatrix}\boldsymbol{Q} & \boldsymbol{Q}\boldsymbol{A}^{\mathrm{T}}(k+i)+\boldsymbol{Y}^{\mathrm{T}}\boldsymbol{B}^{\mathrm{T}}(k+i) & \boldsymbol{Q}\boldsymbol{Q}_1^{1/2} & \boldsymbol{Y}^{\mathrm{T}}\boldsymbol{R}^{1/2}\\ \boldsymbol{A}(k+i)\boldsymbol{Q}+\boldsymbol{B}(k+i)\boldsymbol{Y} & \boldsymbol{Q} & \boldsymbol{0} & \boldsymbol{0}\\ \boldsymbol{Q}_1^{1/2}\boldsymbol{Q} & \boldsymbol{0} & \gamma\boldsymbol{I} & \boldsymbol{0}\\ \boldsymbol{R}^{1/2}\boldsymbol{Y} & \boldsymbol{0} & \boldsymbol{0} & \gamma\boldsymbol{I}\end{bmatrix}\geqslant 0\tag{5.40}$$

$$\forall j=1,\cdots,L$$

考虑到

$$[\boldsymbol{A}(k+i)\quad \boldsymbol{B}(k+i)]=\sum_{j=1}^{L}\lambda_j(k+i)[\boldsymbol{A}_j\quad \boldsymbol{B}_j]\tag{5.41}$$

其中，$\lambda_j(k+i)\geqslant 0$，$\sum_{j=1}^{L}\lambda_j(k+i)=1$。

因此，式(5.41)成立等价于下列矩阵不等式成立：

$$\begin{bmatrix}\boldsymbol{Q} & \boldsymbol{Q}\boldsymbol{A}_j^{\mathrm{T}}+\boldsymbol{Y}^{\mathrm{T}}\boldsymbol{B}_j^{\mathrm{T}} & \boldsymbol{Q}\boldsymbol{Q}_1^{1/2} & \boldsymbol{Y}^{\mathrm{T}}\boldsymbol{R}^{1/2}\\ \boldsymbol{A}_j\boldsymbol{Q}+\boldsymbol{B}_j\boldsymbol{Y} & \boldsymbol{Q} & \boldsymbol{0} & \boldsymbol{0}\\ \boldsymbol{Q}_1^{1/2}\boldsymbol{Q} & \boldsymbol{0} & \gamma\boldsymbol{I} & \boldsymbol{0}\\ \boldsymbol{R}^{1/2}\boldsymbol{Y} & \boldsymbol{0} & \boldsymbol{0} & \gamma\boldsymbol{I}\end{bmatrix}\geqslant 0\tag{5.42}$$

证毕。

**定理 5.2**　定理 5.1 所得的状态反馈预测控制律(5.27)能使得闭环系统渐进稳定。

**证明**　要证明闭环系统渐进稳定，只要证明存在关于状态的正定 Lyapunov 二次函数，随着时刻的增长而单调递减。显然，可建立如下 Lyapunov 函数：

$$V(\boldsymbol{x}(k|k))=\boldsymbol{x}^{\mathrm{T}}(k|k)\boldsymbol{P}\boldsymbol{x}(k|k)\tag{5.43}$$

其中，$\boldsymbol{P}$ 是由定理 5.1 所得的 $k$ 时刻的最优解，由凸规划的特性得到 $\boldsymbol{P}$ 是唯一的。根据定理 5.1 的证明过程，类似于式(5.35)的推导步骤可知：

$$\boldsymbol{x}^{\mathrm{T}}(k+1|k)\boldsymbol{P}\boldsymbol{x}(k+1|k)<\boldsymbol{x}^{\mathrm{T}}(k|k)\boldsymbol{P}\boldsymbol{x}(k|k),\quad \boldsymbol{x}(k|k)\neq 0\tag{5.44}$$

以此类推，可得 Lyapunov 函数(5.43)单调递减，因此闭环系统渐进稳定，证毕。

**例 5.1**　考虑如下多面体不确定系统：

$$\boldsymbol{x}(k+1)=\begin{bmatrix}1 & 0.1\\ 1+0.5a(k) & 1\end{bmatrix}\boldsymbol{x}(k)+\begin{bmatrix}1\\0\end{bmatrix}\boldsymbol{u}(k)\tag{5.45}$$

其中 $\| a(k) \| = \| \sin(k) \| \leqslant 1$ 是不确定参数，系统采样时间为 0.01，系统状态变量的初始值为 $\boldsymbol{x}_0 = [1.5 \quad -1]^{\mathrm{T}}$。

根据定义 5.3，有

$$\boldsymbol{A}_1 = \begin{bmatrix} 1 & 0.1 \\ 0.5 & 1 \end{bmatrix}, \quad \boldsymbol{A}_2 = \begin{bmatrix} 1 & 0.1 \\ 1.5 & 1 \end{bmatrix}, \quad \boldsymbol{B}_1 = \boldsymbol{B}_2 = \begin{bmatrix} 1 \\ 0 \end{bmatrix} \tag{5.46}$$

选取加权矩阵 $\boldsymbol{Q}_1 = \boldsymbol{I}, \boldsymbol{R} = \boldsymbol{I}$。

根据定理 5.1 计算控制量 $\boldsymbol{u} = \boldsymbol{F}\boldsymbol{x}$，其中控制增益阵 $\boldsymbol{F}$ 由矩阵不等式(5.28)～(5.30)给出，闭环系统的响应曲线如图 5.2 所示。

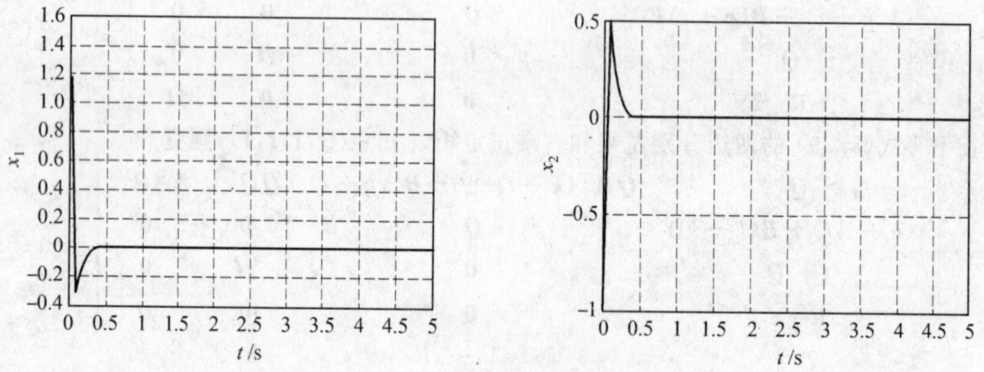


图 5.2　系统状态变量的响应曲线

### 5.2.2　输入变量和输出变量的约束(The Constraints of Input and Output Variable)

在定理 5.1 和 5.2 的讨论中，没有考虑系统中可能存在的约束条件。事实上，系统的物理量不可能是无限取值的，因此在鲁棒预测控制中，需要对系统的输入和输出加以约束，这一问题同样可以利用 LMI 来予以解决。

(1) 输入约束

系统(5.12)～(5.13)的输入约束一般可通过欧氏范数来表示，即

$$\| \boldsymbol{u}(k+i|k) \|_2 \leqslant a_1 \tag{5.47}$$

则

$$\max_{i\geqslant 0} \| \boldsymbol{u}(k+i|k) \|_2^2 = \max_{i\geqslant 0} \| \boldsymbol{F}\boldsymbol{x}(k+i|k) \|_2^2 \leqslant \max_{x\in \varepsilon_\Omega} \| \boldsymbol{Y}\boldsymbol{Q}^{-1}\boldsymbol{x} \|_2^2 \tag{5.48}$$

令 $\boldsymbol{z} = \boldsymbol{Q}^{-\frac{1}{2}}\boldsymbol{x}$，输入变量的约束可转化为

$$\max_{i\geqslant 0} \| \boldsymbol{u}(k+i|k) \|_2^2 = \max_{x\in \varepsilon_\Omega} \| \boldsymbol{Y}\boldsymbol{Q}^{-1}\boldsymbol{x} \|_2^2 = \max_{z^{\mathrm{T}}z\leqslant 1} \| \boldsymbol{Y}\boldsymbol{Q}^{-\frac{1}{2}}\boldsymbol{z} \|_2^2 = \lambda_{\max}(\boldsymbol{Q}^{-\frac{1}{2}}\boldsymbol{Y}^{\mathrm{T}}\boldsymbol{Y}\boldsymbol{Q}^{-\frac{1}{2}}) \leqslant a_1 \tag{5.49}$$

根据引理 5.1，式(5.49)可转化为如下等价矩阵不等式：

$$\begin{bmatrix} a_1\boldsymbol{I} & \boldsymbol{Y} \\ \boldsymbol{Y}^{\mathrm{T}} & \boldsymbol{Q} \end{bmatrix} \geqslant 0 \tag{5.50}$$

因为由式(5.49)得 $\lambda_{\max}(\boldsymbol{Q}^{-\frac{1}{2}}\boldsymbol{Y}^{\mathrm{T}}\boldsymbol{Y}\boldsymbol{Q}^{-\frac{1}{2}}) \leqslant a_1$，即矩阵 $\boldsymbol{Q}^{-\frac{1}{2}}\boldsymbol{Y}^{\mathrm{T}}\boldsymbol{Y}\boldsymbol{Q}^{-\frac{1}{2}}$ 的所有特征值 $\lambda_1 \leqslant \lambda_2 \leqslant \cdots \leqslant \lambda_n \leqslant \lambda_{\max} \leqslant a_1$，因此根据矩阵理论有

$$\boldsymbol{Q}^{-\frac{1}{2}}\boldsymbol{Y}^{\mathrm{T}}\boldsymbol{Y}\boldsymbol{Q}^{-\frac{1}{2}} \leqslant a_1\boldsymbol{I}$$

即
$$a_1\boldsymbol{I}-\boldsymbol{Q}^{-\frac{1}{2}}\boldsymbol{Y}^{\mathrm{T}}\boldsymbol{Y}\boldsymbol{Q}^{-\frac{1}{2}}\geqslant 0$$

根据引理 5.1 得

$$\begin{bmatrix} a_1\boldsymbol{I} & \boldsymbol{Y}\boldsymbol{Q}^{-\frac{1}{2}} \\ \boldsymbol{Q}^{-\frac{1}{2}}\boldsymbol{Y}^{\mathrm{T}} & \boldsymbol{I} \end{bmatrix}\geqslant 0$$

在上述矩阵不等式的两边分别左乘和右乘正定矩阵 $\mathrm{diag}(\boldsymbol{I},\boldsymbol{Q}^{\frac{1}{2}})$ 即可得式(5.50)。

(2) 输出约束

系统输出约束条件 $\|\boldsymbol{y}(k+i|k)\|_2\leqslant a_2$ 也可以进行相应的转化：

$$\|\boldsymbol{y}(k+i|k)\|_2\leqslant a_2,\quad \forall i=1,\cdots,\infty\Leftrightarrow$$

$$\begin{bmatrix} a_2\boldsymbol{I} & \boldsymbol{C}_l\boldsymbol{A}_i\boldsymbol{Q}+\boldsymbol{C}_j\boldsymbol{B}_l\boldsymbol{Y} \\ \boldsymbol{Q}\boldsymbol{A}_l^{\mathrm{T}}\boldsymbol{C}_j^{\mathrm{T}}+\boldsymbol{Y}^{\mathrm{T}}\boldsymbol{B}_l^{\mathrm{T}}\boldsymbol{C}_j^{\mathrm{T}} & \boldsymbol{Q} \end{bmatrix}\geqslant 0,\quad \forall j,l=1,\cdots,L \tag{5.51}$$

其证明过程类似输入约束的推导步骤，这里省略。

## 5.3　基于 T－S 模糊模型的鲁棒预测控制
## (Robust Predictive Control Based on T－S Fuzzy Model)

利用凸多面体描述系统的模型不确定性，虽然在一定程度上能够使得预测控制算法的鲁棒性得到提高，但是对实际的非线性系统而言，如何找到一个合适的凸多面体不确定模型也是较为困难的。

模糊系统是一种以模糊集合化、模糊语言变量以及模糊逻辑推理为基础的非线性系统，已经证明，模糊控制技术是解决许多实际控制问题的一种有效方法，其设计不依赖于对象的精确数学模型，适合于具有高度非线性、不确定等特性的复杂系统。

### 5.3.1　T－S 模糊模型(T－S Fuzzy Model)

从原理上来说，T－S模糊模型是由线性方程或线性动态方程构成的，这使得 T－S模型的建模非常简单。它的本质在于可以把一个整体的非线性动态模型看成多个局部线性模型的逼近，如果选择足够多的模糊规则，T－S 模糊模型就可以以任意精度逼近一个复杂的非线性动态模型。

一般采用如下的 If－Then 模糊规则建立 T－S 模糊系统：

$$\boldsymbol{R}^l:\text{If } x_1(k) \text{ is } M_1^l \text{ and } x_2(k) \text{ is } M_2^l \text{ and}\cdots\text{and } x_n(k) \text{ is } M_n^l$$
$$\text{Then } \boldsymbol{x}(k+1)=\boldsymbol{A}_l\boldsymbol{x}(k)+\boldsymbol{B}_l\boldsymbol{u}(k),\quad l=1,2,\cdots,L \tag{5.52}$$

其中，$x_i(k)$ 是系统的状态变量($i=1,2,\cdots n$)；$L$ 为模糊规则数；$M_i^l$ 是状态变量对应的模糊集合；$(\boldsymbol{A}_l,\boldsymbol{B}_l)$ 称为 T－S 模糊系统的局部线性模型。

**定义 5.4**　若 T－S模糊系统采用形如式(5.52)的模糊规则，则 T－S模糊系统的输出可以表示为

$$\boldsymbol{x}(k+1)=\sum_{l=1}^{L}\mu_l(\boldsymbol{x}(k))[\boldsymbol{A}_l\boldsymbol{x}(k)+\boldsymbol{B}_l\boldsymbol{u}(k)]=\boldsymbol{A}(k)\boldsymbol{x}(k)+\boldsymbol{B}(k)\boldsymbol{u}(k) \tag{5.53}$$

其中

$$A(k)=\sum_{l=1}^{L}\mu_l(x(k))A_l,\quad B(k)=\sum_{l=1}^{L}\mu_l(x(k))B_l \tag{5.54}$$

$\mu_l(x(k))$ 为模糊系统第 $i$ 条规则的权值函数,定义为

$$\mu_l(x(k))\triangleq\frac{\prod_{j=1}^{n}M_j^n(x(k))}{\sum_{l=1}^{L}\prod_{j=1}^{n}M_j^n(x(k))} \tag{5.55}$$

$M_j^n(x(k))$ 称为 $x(k)$ 在模糊集 $M_i^l$ 上的隶属函数,模糊系统的权值函数 $\mu_l(x(k))$ 满足如下条件:

$$\mu_l(x(k))\geqslant 0,\quad \sum_{l=1}^{L}\mu_l(x(k))=1 \tag{5.56}$$

### 5.3.2 基于T－S模糊模型的鲁棒预测控制器设计(The Design of Robust Predictive Controller Based on T－S Fuzzy Model)

考虑如下多变量非线性不确定系统:

$$x(k+1)=f(x(k))+g(x(k))u(k) \tag{5.57}$$

$$y(k)=Cx(k) \tag{5.58}$$

其中 $x(k)\in\mathbf{R}^n$, $u(k)\in\mathbf{R}^m$, $y(k)\in\mathbf{R}^p$ 是系统的状态、输入和输出;$f(x(k))$, $g(x(k))$ 为未知或部分未知的非线性向量函数和矩阵函数,$f(x(k))\in\mathbf{R}^n$,且 $f(0)=\mathbf{0}$, $g(x(k))\in\mathbf{R}^{n\times m}$。

根据定义5.4,在一个任意大的紧子空间 $\varphi\in\mathbf{R}^n$ 中,非线性不确定系统(5.57)～(5.58)可以用T－S模糊模型进行模糊逼近:

$$x(k+1)=A(k)x(k)+B(k)u(k)+\tilde{f}(x,u) \tag{5.59}$$

$$y(k)=Cx(k) \tag{5.60}$$

其中 $A(k)$, $B(k)$ 为式(5.54)定义的矩阵函数。不确定项 $\tilde{f}(x(k),u(k))$ 定义为

$$\tilde{f}(x(k),u(k))=\Delta A(k)x(k)+\Delta B(k)u(k) \tag{5.61}$$

表示模糊建模误差以及系统参数的不确定性,且满足如下扇区界:

$$\tilde{f}^{\mathrm{T}}(x(k),u(k))\tilde{f}(x(k),u(k))\leqslant\mu^2\begin{bmatrix}x^{\mathrm{T}}(k) & u^{\mathrm{T}}(k)\end{bmatrix}\begin{bmatrix}x(k)\\ u(k)\end{bmatrix} \tag{5.62}$$

式中 $\mu=\max\{\bar{\mu}_A\quad\bar{\mu}_B\}^{\frac{1}{\sqrt{2}}}$, $\bar{\mu}_A$ 和 $\bar{\mu}_B$ 满足

$$\|\Delta A(k)\|\leqslant\bar{\mu}_A,\quad \|\Delta B(k)\|\leqslant\bar{\mu}_B \tag{5.63}$$

其中 $\|\cdot\|$ 表示矩阵范数。

利用T－S模糊模型,原有的非线性不确定系统就转化为多个局部线性模型,从而可以借助LMI来设计鲁棒预测控制律。

在采样时刻 $k$,定义系统的性能指标:

$$\max_{[A(k+i),B(k+i)]\in\Omega} J(k) \tag{5.64}$$

其中,$J(k)=\sum_{i=0}^{\infty}[x^{\mathrm{T}}(k+i|k)Q_1x(k+i|k)+u^{\mathrm{T}}(k+i|k)Ru(k+i|k)]$,$x(k+i|k)$ 和 $u(k+i|k)$ 分别指在 $k$ 时刻对 $k+i$ 时刻状态预测值和输入预测值,分别简记为 $x_k(i)$ 和 $u_k(i)$。

同样,这里引入一个二次函数:

$$V(\boldsymbol{x}(k|k)) = \boldsymbol{x}^{\mathrm{T}}(k|k)\boldsymbol{P}\boldsymbol{x}(k|k), \quad \boldsymbol{P} = \boldsymbol{P}^{\mathrm{T}} > \boldsymbol{0} \tag{5.65}$$

$V(\boldsymbol{x}(k|k))$ 满足如下不等式条件：

$$V(\boldsymbol{x}_k(i+1)) - V(\boldsymbol{x}_k(i)) \leqslant -\left[\boldsymbol{x}_k^{\mathrm{T}}(i)\boldsymbol{Q}_1\boldsymbol{x}_k(i) + \boldsymbol{u}_k^{\mathrm{T}}(i)\boldsymbol{R}\boldsymbol{u}_k(i)\right] \tag{5.66}$$

类似于前一节的处理方法，将式(5.66)两端从 $i=0$ 到 $i=\infty$ 分别相加，则有

$$\max_{[\boldsymbol{A}(k),\boldsymbol{B}(k)]\in\Omega} J(k) \leqslant V(\boldsymbol{x}(k|k)) \tag{5.67}$$

即二次函数 $V(\boldsymbol{x}(k|k))$ 为指标函数 $J(k)$ 的一个上界值。

令

$$\boldsymbol{U}(k) = [\boldsymbol{u}(k|k), \boldsymbol{u}(k+1|k), \cdots, \boldsymbol{u}(\infty|k)] \tag{5.68}$$

根据上述理论分析，鲁棒预测控制问题可转化为

$$\min_{\boldsymbol{U}(k)} V(\boldsymbol{x}(k|k)) \tag{5.69}$$

**引理 5.2**　存在对称矩阵 $\boldsymbol{H} > \boldsymbol{0}$，使得对于满足 $\boldsymbol{\pi}^{\mathrm{T}}\boldsymbol{\pi} \leqslant \gamma^2\boldsymbol{\xi}^{\mathrm{T}}\boldsymbol{\xi}$ 的所有 $\boldsymbol{\xi} \neq \boldsymbol{0}$ 和 $\boldsymbol{\pi}$，

$$[\boldsymbol{\xi}^{\mathrm{T}} \quad \boldsymbol{\pi}^{\mathrm{T}}]\begin{bmatrix} \boldsymbol{M}^{\mathrm{T}}\boldsymbol{H} + \boldsymbol{H}\boldsymbol{M} & \boldsymbol{H}\boldsymbol{N} \\ \boldsymbol{N}^{\mathrm{T}}\boldsymbol{H} & 0 \end{bmatrix}\begin{bmatrix} \boldsymbol{\xi} \\ \boldsymbol{\pi} \end{bmatrix} \leqslant \boldsymbol{0} \tag{5.70}$$

成立，当且仅当存在标量 $\tau \geqslant 0$，使得

$$\begin{bmatrix} \boldsymbol{M}^{\mathrm{T}}\boldsymbol{H} + \boldsymbol{H}\boldsymbol{M} + \tau\gamma^2\boldsymbol{I} & \boldsymbol{H}\boldsymbol{N} \\ \boldsymbol{N}^{\mathrm{T}}\boldsymbol{H} & -\tau\boldsymbol{I} \end{bmatrix} \leqslant \boldsymbol{0} \tag{5.71}$$

**定理 5.3**　对于非线性不确定系统(5.57)～(5.58)，采用形如式(5.59)～(5.60)的 T－S 模糊模型进行模糊逼近，若存在状态反馈控制律

$$\boldsymbol{u}_k(i) = \boldsymbol{F}\boldsymbol{x}_k(i) \tag{5.72}$$

使得采样时刻 $k$ 的二次函数 $V(\boldsymbol{x}(k|k))$ 取得最小，则闭环系统渐进稳定，并有 $\boldsymbol{F} = \boldsymbol{Y}\boldsymbol{Q}^{-1}$，$\boldsymbol{Q} > \boldsymbol{0}$，其中 $\boldsymbol{Y}$ 和 $\boldsymbol{Q}$ 是下述 LMI 问题的最优解

$$\min_{\gamma,\boldsymbol{Q},\boldsymbol{Y}} \gamma \tag{5.73}$$

$$\text{s.t.} \begin{bmatrix} \boldsymbol{1} & \boldsymbol{x}(k|k)^{\mathrm{T}} \\ \boldsymbol{x}(k|k) & \boldsymbol{Q} \end{bmatrix} \geqslant 0 \tag{5.74}$$

$$\begin{bmatrix} \boldsymbol{Q} & \boldsymbol{Q}\boldsymbol{A}_j^{\mathrm{T}} + \boldsymbol{Y}^{\mathrm{T}}\boldsymbol{B}_j^{\mathrm{T}} & \boldsymbol{Q}\boldsymbol{Q}_1^{1/2} & \boldsymbol{Y}^{\mathrm{T}}\boldsymbol{R}^{1/2} & \mu\boldsymbol{Q} & \mu\boldsymbol{Y}^{\mathrm{T}} \\ \boldsymbol{A}_j\boldsymbol{Q} + \boldsymbol{B}_j\boldsymbol{Y} & \boldsymbol{Q} - \gamma\boldsymbol{I} & \boldsymbol{0} & \boldsymbol{0} & \boldsymbol{0} & \boldsymbol{0} \\ \boldsymbol{Q}_1^{1/2}\boldsymbol{Q} & \boldsymbol{0} & \gamma\boldsymbol{I} & \boldsymbol{0} & \boldsymbol{0} & \boldsymbol{0} \\ \boldsymbol{R}^{1/2}\boldsymbol{Y} & \boldsymbol{0} & \boldsymbol{0} & \gamma\boldsymbol{I} & \boldsymbol{0} & \boldsymbol{0} \\ \mu\boldsymbol{Q} & \boldsymbol{0} & \boldsymbol{0} & \boldsymbol{0} & \gamma\boldsymbol{I} & \boldsymbol{0} \\ \mu\boldsymbol{Y} & \boldsymbol{0} & \boldsymbol{0} & \boldsymbol{0} & \boldsymbol{0} & \gamma\boldsymbol{I} \end{bmatrix} \geqslant \boldsymbol{0} \tag{5.75}$$

$$\forall j = 1, \cdots, L$$

**证明**　极小化二次函数 $V(\boldsymbol{x}(k)) = \boldsymbol{x}^{\mathrm{T}}(k)\boldsymbol{P}\boldsymbol{x}(k)$ 等价于

$$\min_{\gamma,\boldsymbol{Q},\boldsymbol{Y}} \gamma \tag{5.76}$$

$$\text{s.t.}\ \boldsymbol{x}(k|k)^{\mathrm{T}}\boldsymbol{P}\boldsymbol{x}(k|k) \leqslant \gamma \tag{5.77}$$

令 $\boldsymbol{Q} = \gamma\boldsymbol{P}^{-1}$，并根据引理 5.1 有

$$\boldsymbol{x}(k|k)^{\mathrm{T}}\boldsymbol{Q}^{-1}\boldsymbol{x}(k|k) \leqslant 1 \tag{5.78}$$

即

$$\min_{\gamma,\boldsymbol{Q},\boldsymbol{Y}} \gamma \tag{5.79}$$

$$\text{s.t.}\begin{bmatrix}1 & \boldsymbol{x}(k|k)^{\mathrm{T}}\\ \boldsymbol{x}(k|k) & \boldsymbol{Q}\end{bmatrix}\geqslant 0 \tag{5.80}$$

将式(5.59)和控制律(5.72)代入式(5.66),有

$$\begin{aligned}&V(\boldsymbol{x}_k(i+1))-V(\boldsymbol{x}_k(i))+\boldsymbol{x}_k^{\mathrm{T}}(i)\boldsymbol{Q}_1\boldsymbol{x}_k(i)+\boldsymbol{u}_k^{\mathrm{T}}(i)\boldsymbol{R}\boldsymbol{u}_k(i)=\\&(\bar{\boldsymbol{A}}_k(i)\boldsymbol{x}_k(i)+\tilde{\boldsymbol{f}}(\boldsymbol{x}_k(i),\boldsymbol{u}_k(i)))^{\mathrm{T}}\boldsymbol{P}(\bar{\boldsymbol{A}}_k(i)\boldsymbol{x}_k(i)+\tilde{\boldsymbol{f}}(\boldsymbol{x}_k(i),\boldsymbol{u}_k(i)))+\\&\boldsymbol{x}_k^{\mathrm{T}}(i)(\boldsymbol{Q}_1+\boldsymbol{F}^{\mathrm{T}}\boldsymbol{R}\boldsymbol{F}-\boldsymbol{P})\boldsymbol{x}_k(i)\leqslant 0\end{aligned} \tag{5.81}$$

其中

$$\bar{\boldsymbol{A}}_k(i)=(\boldsymbol{A}(k+i)+\boldsymbol{B}(k+i)\boldsymbol{F}) \tag{5.82}$$

式(5.81)可以改写为如下矩阵不等式形式:

$$\begin{bmatrix}\boldsymbol{x}_k^{\mathrm{T}}(i) & \tilde{\boldsymbol{f}}^{\mathrm{T}}(\boldsymbol{x},\boldsymbol{u})\end{bmatrix}\begin{bmatrix}\boldsymbol{A}_{11} & \bar{\boldsymbol{A}}_k^{\mathrm{T}}(i)\boldsymbol{P}\\ \boldsymbol{P}\bar{\boldsymbol{A}}_k(i) & \boldsymbol{P}\end{bmatrix}\begin{bmatrix}\boldsymbol{x}_k(i)\\ \tilde{\boldsymbol{f}}(\boldsymbol{x},\boldsymbol{u})\end{bmatrix}\leqslant\boldsymbol{0} \tag{5.83}$$

其中

$$\boldsymbol{A}_{11}=\bar{\boldsymbol{A}}_k^{\mathrm{T}}(i)\boldsymbol{P}\bar{\boldsymbol{A}}_k(i)-\boldsymbol{P}+\boldsymbol{Q}_1+\boldsymbol{F}^{\mathrm{T}}\boldsymbol{R}\boldsymbol{F} \tag{5.84}$$

式(5.62)等价于

$$\begin{bmatrix}\boldsymbol{x}_k^{\mathrm{T}}(i) & \tilde{\boldsymbol{f}}^{\mathrm{T}}(\boldsymbol{x},\boldsymbol{u})\end{bmatrix}\begin{bmatrix}-\mu^2(\boldsymbol{I}_n+\boldsymbol{F}^{\mathrm{T}}\boldsymbol{F}) & \boldsymbol{0}\\ \boldsymbol{0} & \boldsymbol{I}_n\end{bmatrix}\begin{bmatrix}\boldsymbol{x}_k(i)\\ \tilde{\boldsymbol{f}}(\boldsymbol{x},\boldsymbol{u})\end{bmatrix}\leqslant\boldsymbol{0} \tag{5.85}$$

根据引理 5.2 得,若式(5.83)～(5.85)成立,则 $\exists\tau\geqslant 0$,使得

$$\begin{bmatrix}\boldsymbol{A}_{11}+\tau\mu^2(\boldsymbol{I}_n+\boldsymbol{F}^{\mathrm{T}}\boldsymbol{F}) & \bar{\boldsymbol{A}}_k^{\mathrm{T}}(i)\boldsymbol{P}\\ \boldsymbol{P}\bar{\boldsymbol{A}}_k(i) & \boldsymbol{P}-\tau\boldsymbol{I}_n\end{bmatrix}\leqslant\boldsymbol{0} \tag{5.86}$$

令 $\tau=1$,式(5.86)可以写成

$$\begin{bmatrix}\bar{\boldsymbol{A}}_k^{\mathrm{T}}(i)\boldsymbol{P}\bar{\boldsymbol{A}}_k(i)-\boldsymbol{P}+\boldsymbol{Q}_1+\boldsymbol{F}^{\mathrm{T}}\boldsymbol{R}\boldsymbol{F}+\mu^2(\boldsymbol{I}_n+\boldsymbol{F}^{\mathrm{T}}\boldsymbol{F}) & \bar{\boldsymbol{A}}_k^{\mathrm{T}}(i)\boldsymbol{P}\\ \boldsymbol{P}\bar{\boldsymbol{A}}_k(i) & \boldsymbol{P}-\boldsymbol{I}_n\end{bmatrix}\leqslant\boldsymbol{0} \tag{5.87}$$

令 $\boldsymbol{P}=\gamma\boldsymbol{Q}^{-1}$,式(5.87)等价于

$$\begin{bmatrix}\bar{\boldsymbol{A}}_k^{\mathrm{T}}(i)\boldsymbol{Q}^{-1}\bar{\boldsymbol{A}}_k(i)-\boldsymbol{Q}^{-1}+\dfrac{1}{\gamma}\boldsymbol{Q}_1+\dfrac{1}{\gamma}\boldsymbol{F}^{\mathrm{T}}\boldsymbol{R}\boldsymbol{F}+\dfrac{1}{\gamma}\mu^2(\boldsymbol{I}_n+\boldsymbol{F}^{\mathrm{T}}\boldsymbol{F}) & \bar{\boldsymbol{A}}_k^{\mathrm{T}}(i)\boldsymbol{Q}^{-1}\\ \boldsymbol{Q}^{-1}\bar{\boldsymbol{A}}_k(i) & \dfrac{1}{\gamma}\boldsymbol{I}_n-\boldsymbol{Q}^{-1}\end{bmatrix}\leqslant\boldsymbol{0} \tag{5.88}$$

即

$$\begin{bmatrix}\boldsymbol{Q}^{-1}-\bar{\boldsymbol{A}}_k^{\mathrm{T}}(i)\boldsymbol{Q}^{-1}\bar{\boldsymbol{A}}_k(i)-\dfrac{1}{\gamma}\boldsymbol{Q}_1-\dfrac{1}{\gamma}\boldsymbol{F}^{\mathrm{T}}\boldsymbol{R}\boldsymbol{F}-\dfrac{1}{\gamma}\mu^2(\boldsymbol{I}_n+\boldsymbol{F}^{\mathrm{T}}\boldsymbol{F}) & \bar{\boldsymbol{A}}_k^{\mathrm{T}}(i)\boldsymbol{Q}^{-1}\\ \boldsymbol{Q}^{-1}\bar{\boldsymbol{A}}_k(i) & \boldsymbol{Q}^{-1}-\dfrac{1}{\gamma}\boldsymbol{I}_n\end{bmatrix}\geqslant\boldsymbol{0} \tag{5.89}$$

由引理 5.1,利用矩阵运算可将式(5.89)展开为

$$\begin{bmatrix} \boldsymbol{Q}^{-1}-\frac{1}{\gamma}\boldsymbol{Q}_1-\frac{1}{\gamma}\boldsymbol{F}^{\mathrm{T}}\boldsymbol{R}\boldsymbol{F}-\frac{1}{\gamma}\mu^2(\boldsymbol{I}_n+\boldsymbol{F}^{\mathrm{T}}\boldsymbol{F}) & \bar{\boldsymbol{A}}_k^{\mathrm{T}}(i) & \bar{\boldsymbol{A}}_k^{\mathrm{T}}(i)\boldsymbol{Q}^{-1} \\ \bar{\boldsymbol{A}}_k(i) & \boldsymbol{Q} & \boldsymbol{0} \\ \boldsymbol{Q}^{-1}\bar{\boldsymbol{A}}_k(i) & \boldsymbol{0} & \boldsymbol{Q}^{-1}-\frac{1}{\gamma}\boldsymbol{I}_n \end{bmatrix} \geqslant \boldsymbol{0} \tag{5.90}$$

以此类推，并在式的两边分别左乘和右乘矩阵 diag$(\boldsymbol{Q},\boldsymbol{I},\boldsymbol{I},\boldsymbol{I},\boldsymbol{I},\boldsymbol{I})$，经整理得

$$\begin{bmatrix} \boldsymbol{Q} & \boldsymbol{Q}\bar{\boldsymbol{A}}_k^{\mathrm{T}}(i) & \boldsymbol{Q}\boldsymbol{Q}_1^{1/2} & \boldsymbol{Y}^{\mathrm{T}}\boldsymbol{R}^{1/2} & \mu\boldsymbol{Q} & \mu\boldsymbol{Y}^{\mathrm{T}} \\ \bar{\boldsymbol{A}}_k(i)\boldsymbol{Q} & \boldsymbol{Q}-\gamma\boldsymbol{I} & \boldsymbol{0} & \boldsymbol{0} & \boldsymbol{0} & \boldsymbol{0} \\ \boldsymbol{Q}_1^{1/2}\boldsymbol{Q} & \boldsymbol{0} & \gamma\boldsymbol{I} & \boldsymbol{0} & \boldsymbol{0} & \boldsymbol{0} \\ \boldsymbol{R}^{1/2}\boldsymbol{Y} & \boldsymbol{0} & \boldsymbol{0} & \gamma\boldsymbol{I} & \boldsymbol{0} & \boldsymbol{0} \\ \mu\boldsymbol{Q} & \boldsymbol{0} & \boldsymbol{0} & \boldsymbol{0} & \gamma\boldsymbol{I} & \boldsymbol{0} \\ \mu\boldsymbol{Y} & \boldsymbol{0} & \boldsymbol{0} & \boldsymbol{0} & \boldsymbol{0} & \gamma\boldsymbol{I} \end{bmatrix} \geqslant \boldsymbol{0} \tag{5.91}$$

因式(5.82)对$[\boldsymbol{A}(k+i)\quad \boldsymbol{B}(k+i)]$是仿射形式的，因此，式(5.91)成立等价于

$$\begin{bmatrix} \boldsymbol{Q} & \boldsymbol{Q}\boldsymbol{A}_j^{\mathrm{T}}+\boldsymbol{Y}^{\mathrm{T}}\boldsymbol{B}_j^{\mathrm{T}} & \boldsymbol{Q}\boldsymbol{Q}_1^{1/2} & \boldsymbol{Y}^{\mathrm{T}}\boldsymbol{R}^{1/2} & \mu\boldsymbol{Q} & \mu\boldsymbol{Y}^{\mathrm{T}} \\ \boldsymbol{A}_j\boldsymbol{Q}+\boldsymbol{B}_j\boldsymbol{Y} & \boldsymbol{Q}-\gamma\boldsymbol{I} & \boldsymbol{0} & \boldsymbol{0} & \boldsymbol{0} & \boldsymbol{0} \\ \boldsymbol{Q}_1^{1/2}\boldsymbol{Q} & \boldsymbol{0} & \gamma\boldsymbol{I} & \boldsymbol{0} & \boldsymbol{0} & \boldsymbol{0} \\ \boldsymbol{R}^{1/2}\boldsymbol{Y} & \boldsymbol{0} & \boldsymbol{0} & \gamma\boldsymbol{I} & \boldsymbol{0} & \boldsymbol{0} \\ \mu\boldsymbol{Q} & \boldsymbol{0} & \boldsymbol{0} & \boldsymbol{0} & \gamma\boldsymbol{I} & \boldsymbol{0} \\ \mu\boldsymbol{Y} & \boldsymbol{0} & \boldsymbol{0} & \boldsymbol{0} & \boldsymbol{0} & \gamma\boldsymbol{I} \end{bmatrix} \geqslant \boldsymbol{0} \tag{5.92}$$

由式(5.65)可知，二次函数 $V(\boldsymbol{x}(k))$ 随着时间的增加而单调递减，若将其选择为 Lyapunov 函数，则若预测控制律(5.72)存在，矩阵不等式(5.92)有解，则闭环系统渐进稳定。证毕。

**例 5.2**　考虑如下非线性不确定系统

$$x_1(k+1)=x_1(k)+\left[f_1(x_1(k),x_2(k))+\left(\frac{1}{\lambda}-1\right)x_1(k)\right]\Delta T \tag{5.93}$$

$$x_2(k+1)=x_2(k)+\left[f_2(x_1(k),x_2(k))+\left(\frac{1}{\lambda}-1\right)x_2(k)+\beta\boldsymbol{u}(k)\right]\Delta T \tag{5.94}$$

式中

$$f_1(x_1(k),x_2(k))=-\frac{1}{\lambda}x_1(k)+D_a(1-x_1(k))\exp\left(\frac{x_2(k)}{1+\frac{x_2(k)}{r_0}}\right) \tag{5.95}$$

$$f_2(x_1(k),x_2(k))=-\left(\frac{1}{\lambda}+\beta\right)x_2(k)+HD_a(1-x_1(k))\exp\left(\frac{x_2(k)}{1+\frac{x_2(k)}{r_0}}\right) \tag{5.96}$$

其中具体参数为 $\lambda=0.8, H=8, D_a=0.072, \Delta T=0.02, r_0=20$ 和 $\beta=0.3$。经验证，$[0.055\,108\quad 0.331\,54]$为上述非线性不确定系统的平衡点。

定义如下模糊规则：

Rule 1: If $x_2$ is about 0.886 2, Then $\boldsymbol{x}(k+1)=\boldsymbol{A}_1\boldsymbol{x}(k)+\boldsymbol{B}_1\boldsymbol{u}(k), \boldsymbol{y}(k)=\boldsymbol{C}\boldsymbol{x}(k)$

Rule 2: If $x_2$ is about 2.752 0, Then $\boldsymbol{x}(k+1)=\boldsymbol{A}_2\boldsymbol{x}(k)+\boldsymbol{B}_2\boldsymbol{u}(k), \boldsymbol{y}(k)=\boldsymbol{C}\boldsymbol{x}(k)$

Rule 3: If $x_2$ is about 4.705 2, Then $\boldsymbol{x}(k+1)=\boldsymbol{A}_3\boldsymbol{x}(k)+\boldsymbol{B}_3\boldsymbol{u}(k), \boldsymbol{y}(k)=\boldsymbol{C}\boldsymbol{x}(k)$

式中矩阵为

$$\boldsymbol{A}_1=\begin{bmatrix}9.716\,4\times10^{-1} & 3.796\,4\times10^{-3}\\ -2.691\,5\times10^{-2} & 9.993\times10^{-1}\end{bmatrix},\boldsymbol{A}_2=\begin{bmatrix}9.588\,2\times10^{-1} & 5.879\,3\times10^{-3}\\ -1.294\,4\times10^{-2} & 1.016\,0\end{bmatrix}$$

$$\boldsymbol{A}_3=\begin{bmatrix}9.100\,4\times10^{-1} & 1.380\,5\times10^{-3}\\ -5.196\,5\times10^{-2} & 1.079\,4\end{bmatrix},\boldsymbol{B}_1=\boldsymbol{B}_2=\boldsymbol{B}_3=\begin{bmatrix}0\\ 6\times10^{-3}\end{bmatrix}$$

模糊模型的不确定可以处理成

$$\tilde{\boldsymbol{f}}(\boldsymbol{x}(k),\boldsymbol{u}(k))=\begin{bmatrix}5\times10^{-3} & 0\\ 0 & 5\times10^{-3}\end{bmatrix}\begin{bmatrix}x_1(k)\\ x_2(k)\end{bmatrix} \tag{5.97}$$

即 $\|\tilde{\boldsymbol{f}}(\boldsymbol{x}(k),\boldsymbol{u}(k))\|\leqslant\mu\|\boldsymbol{x}(k)\|,\mu=8\times10^{-2}$。

T－S 模糊系统的隶属度函数如图 5.3 所示。

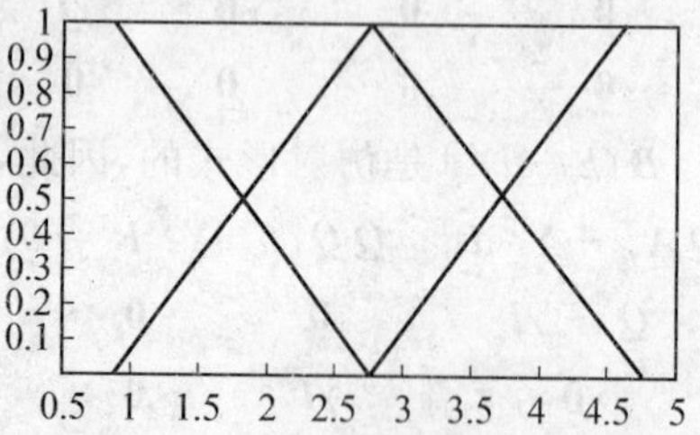

图 5.3　T－S 模糊系统的隶属度函数

系统性能指标(5.64)中的权值矩阵选择为

$$\boldsymbol{Q}_1=0.1\,\boldsymbol{I}_{2\times2},\quad \boldsymbol{R}=0.01 \tag{5.98}$$

系统的初始状态为：$\boldsymbol{x}(0)=[0.3\quad 2.5]^{\mathrm{T}}$。

根据定理 5.3 设计鲁棒预测控制律 $\boldsymbol{u}=\boldsymbol{F}\boldsymbol{x}$，其中控制增益阵 $\boldsymbol{F}$ 由矩阵不等式(5.73)～(5.75)给出并进行仿真验证，其仿真结果如图 5.4、图 5.5 所示。

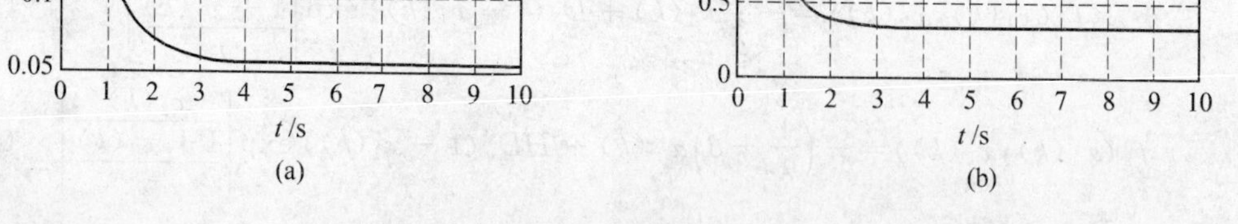

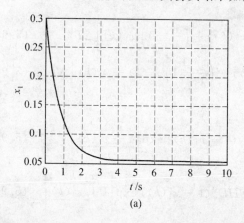

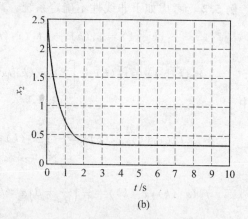

图 5.4　系统状态变量的响应曲线

当被控系统的状态空间方程可以通过凸多面体或者 T－S 模糊系统来表述时，利用 LMI 这一工具，即可将求解鲁棒预测控制律问题转化为对性能指标上界函数求最优的问题，这样就可以很方便地求解出非线性鲁棒预测控制律。但这类方法计算量大，对于复杂系统，求解 LMI 问题较难。

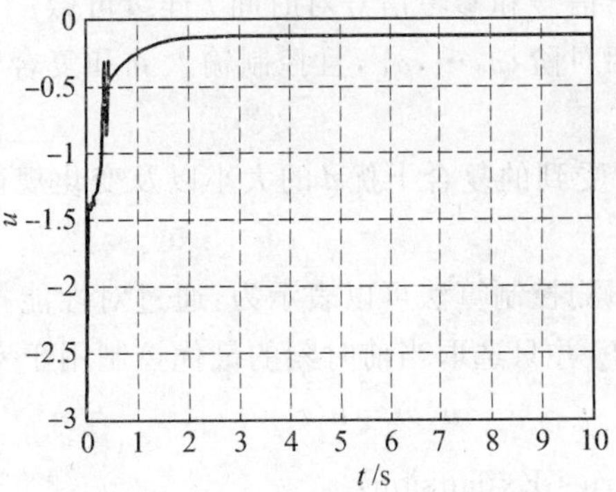


图 5.5　系统控制变量的曲线

## 5.4　模糊自适应鲁棒预测控制
## (Fuzzy Adaptive Robust Predictive Control)

预测控制算法是在线优化的过程，对于那些复杂的工业过程来说，这也意味着控制系统需要耗费较长的计算时间，所以早期的预测控制算法大多应用于加热炉、反应釜等慢时变系统。随着工业化过程的不断发展，预测控制方法也遇到了新的问题，一方面，系统维数的增加使得优化问题的可行性越来越困难，比如，对于一个 5 维的被控系统来说，利用 5.2 节的设计方法，有可能无法找到鲁棒预测控制律的可行解；另一方面，航空、航天等应用领域要求控制系统能够适应高速快时变的运行环境，因此对预测控制的实时性提出了更高的要求。

为此，本节结合模糊逼近理论，介绍一种基于泰勒展开的非线性预测控制方法，在减少计算量的同时，保证闭环系统具有较强的鲁棒性。

### 5.4.1　基于泰勒展开的非线性预测控制方法(Nonlinear Predictive Control Method Based on Talyor Series Expansion)

考虑如下形式的一类不确定非线性连续系统：

$$\dot{\boldsymbol{x}}=\boldsymbol{f}(\boldsymbol{x})+\boldsymbol{g}_1(\boldsymbol{x})\boldsymbol{u}+\boldsymbol{g}_2(\boldsymbol{x})\boldsymbol{d} \tag{5.99}$$

$$\boldsymbol{y}=\boldsymbol{h}(\boldsymbol{x}) \tag{5.100}$$

其中，$\boldsymbol{x}\in\mathbf{R}^n$ 表示系统状态；$\boldsymbol{u}\in\mathbf{R}^m$ 表示控制输入；$\boldsymbol{f}\in\mathbf{R}^n$，$\boldsymbol{g}_1$，$\boldsymbol{g}_2\in\mathbf{R}^{n\times m}$，$\boldsymbol{h}\in\mathbf{R}^m$ 为光滑有界函数；$\boldsymbol{d}\in\mathbf{R}^m$ 为系统所受的外部干扰和系统不确定组成的动态变量。

定义如下预测控制性能指标：

$$J=\frac{1}{2}\int_0^T \boldsymbol{e}^T(t+\tau)\boldsymbol{e}(t+\tau)\mathrm{d}\tau \tag{5.101}$$

其中

$$\boldsymbol{e}(t+\tau)=\boldsymbol{y}(t+\tau)-\boldsymbol{y}_r(t+\tau) \tag{5.102}$$

$\boldsymbol{y}(t+\tau)$ 为预测时间段的预测输出，$\boldsymbol{y}_r(t+\tau)$ 为预测时间段的期望输出。

在设计控制器之前对系统(5.99) ~ (5.100) 作如下假设：

**假设 5.1**　系统零动态稳定，所有状态可测。

**假设 5.2** 系统的输出信号和参考信号对时间 $t$ 连续可微。

**假设 5.3** 系统具有相对阶 $\{\rho,\cdots,\rho\}$，且控制输入 $\boldsymbol{u}$ 和复合干扰 $\boldsymbol{d}$ 具有相同的向量相对阶。

**假设 5.4** 由于系统所受到的复合干扰 $\boldsymbol{d}$ 的大小以及变化规律无法测量，因此假设 $\boldsymbol{d}$ 的高阶导数 $\dot{\boldsymbol{d}},\cdots,\boldsymbol{d}^{(r)}$ 均为零。

因此，对于上述系统，预测控制算法可以表示为：通过对性能指标(5.101)求最优，得到最优控制 $\boldsymbol{u}(t+\tau)$，$0\leqslant\tau\leqslant T$，并只选取当前时刻的最优控制用于实际控制：

$$\boldsymbol{u}(t)=\boldsymbol{u}(t+\tau)\big|_{\tau=0} \tag{5.103}$$

1. 泰勒展开(Talyor Series Expansion)

将系统(5.99)～(5.100)的输出 $\boldsymbol{y}$ 求导至 $\rho$ 次，则有

$$\dot{\boldsymbol{y}}=L_f\boldsymbol{h}(\boldsymbol{x}) \tag{5.104}$$

$$\vdots$$

$$\boldsymbol{y}^{(\rho-1)}=L_f^{\rho-1}\boldsymbol{h}(\boldsymbol{x}) \tag{5.105}$$

$$\boldsymbol{y}^{(\rho)}=L_f^{\rho}\boldsymbol{h}(\boldsymbol{x})+L_{g_1}L_f^{\rho-1}\boldsymbol{h}(\boldsymbol{x})u+L_{g_2}L_f^{\rho-1}\boldsymbol{h}(\boldsymbol{x})\boldsymbol{d} \tag{5.106}$$

$L_f^i\boldsymbol{h}(x)$ 为输出 $\boldsymbol{y}$ 沿 $\boldsymbol{f}(\boldsymbol{x})$ 的第 $i$ 阶 Lie 导数向量

$$L_f^i\boldsymbol{h}(x)=\begin{bmatrix}L_f^ih_1(\boldsymbol{x}) & L_f^ih_2(\boldsymbol{x}) & \cdots & L_f^ih_m(\boldsymbol{x})\end{bmatrix}^{\mathrm{T}}$$

取控制矢量 $\boldsymbol{u}$ 的控制阶为 $r$，系统输出 $\boldsymbol{y}$ 继续对时间 $t$ 微分，得

$$\boldsymbol{y}^{(\rho+1)}=L_f^{\rho+1}\boldsymbol{h}(\boldsymbol{x})+\boldsymbol{p}_{11}(\boldsymbol{u},\boldsymbol{x},\boldsymbol{d})+L_gL_f^{\rho}\boldsymbol{h}(\boldsymbol{x})\dot{\boldsymbol{u}} \tag{5.107}$$

其中

$$\boldsymbol{p}_{11}(\boldsymbol{u},\boldsymbol{x},\boldsymbol{d})=L_{g_1}L_f^{\rho}\boldsymbol{h}(\boldsymbol{x})\boldsymbol{u}+L_{g_2}L_f^{\rho}\boldsymbol{h}(\boldsymbol{x})\boldsymbol{d}+\frac{\mathrm{d}L_{g_1}L_f^{\rho-1}\boldsymbol{h}(\boldsymbol{x})}{\mathrm{d}\boldsymbol{x}}(\boldsymbol{f}(\boldsymbol{x})+\boldsymbol{g}_1(\boldsymbol{x})\boldsymbol{u}+\boldsymbol{g}_2(\boldsymbol{x})\boldsymbol{d})\boldsymbol{u}+\frac{\mathrm{d}L_{g_2}L_f^{\rho-1}\boldsymbol{h}(\boldsymbol{x})}{\mathrm{d}\boldsymbol{x}}(\boldsymbol{f}(\boldsymbol{x})+\boldsymbol{g}_1(\boldsymbol{x})\boldsymbol{u}+\boldsymbol{g}_2(\boldsymbol{x})\boldsymbol{d})\boldsymbol{d} \tag{5.108}$$

类似将系统输出 $\boldsymbol{y}$ 微分至 $\rho+r$ 次：

$$\boldsymbol{y}^{(\rho+r)}=L_f^{\rho+r}\boldsymbol{h}(\boldsymbol{x})+\boldsymbol{p}_{r1}(\boldsymbol{u},\boldsymbol{x},\boldsymbol{d})+\boldsymbol{p}_{r2}(\dot{\boldsymbol{u}},\boldsymbol{u},\boldsymbol{x},\boldsymbol{d})+\cdots+\boldsymbol{p}_{rr}(\boldsymbol{u}^{(r-1)},\cdots,\boldsymbol{u},\boldsymbol{x},\boldsymbol{d})+L_{g_1}L_f^{\rho-1}\boldsymbol{h}(\boldsymbol{x})\boldsymbol{u}^{(r)} \tag{5.109}$$

其中，$\boldsymbol{p}_{r1},\cdots,\boldsymbol{p}_{rr}$ 是关于 $\boldsymbol{u},\dot{\boldsymbol{u}},\cdots,\boldsymbol{u}^{(r-1)}$ 复杂非线性函数。

在滚动预测时域内，利用 Taylor 级数可近似将第 $i$ 个输出 $\boldsymbol{y}_i(t+\tau)$ 表示为

$$\boldsymbol{y}_i(t+\tau)=\boldsymbol{y}_i(t)+\tau\dot{\boldsymbol{y}}_i(t)+\cdots+\frac{\tau^{\rho+r}}{(\rho+r)!}\boldsymbol{y}_i^{(\rho+r)}(t) \tag{5.110}$$

因此，在任一时刻 $\tau$，系统(5.99)～(5.100)的输出可以表示为

$$\boldsymbol{y}(t+\tau)=\begin{bmatrix}y_1(t+\tau)\\ y_2(t+\tau)\\ \vdots\\ y_m(t+\tau)\end{bmatrix}=\begin{bmatrix}\boldsymbol{\Gamma}_\rho(\tau) & \boldsymbol{\Gamma}_r(\tau)\end{bmatrix}\bar{\boldsymbol{Y}}(t) \tag{5.111}$$

其中，$\boldsymbol{\Gamma}_\rho(\tau)=\begin{bmatrix}\boldsymbol{I} & \bar{\boldsymbol{\tau}} & \cdots & \dfrac{\bar{\boldsymbol{\tau}}^{\rho-1}}{(\rho-1)!}\end{bmatrix}$，$\boldsymbol{\Gamma}_r(\tau)=\begin{bmatrix}\dfrac{\bar{\boldsymbol{\tau}}^{\rho}}{\rho!} & \cdots & \dfrac{\bar{\boldsymbol{\tau}}^{\rho+r}}{(\rho+r)!}\end{bmatrix}$，

$\bar{\boldsymbol{\tau}}=\mathrm{diag}\{\tau\ \ \cdots\ \ \tau\}\in\mathbf{R}^{m\times m}$。

$$\bar{\boldsymbol{Y}}(t)=\begin{bmatrix}\bar{\boldsymbol{Y}}_{\rho}(t)\\ \bar{\boldsymbol{Y}}_{r}(t)\end{bmatrix},\quad \bar{\boldsymbol{Y}}_{\rho}(t)=\begin{bmatrix}\boldsymbol{y}_1(t)\\ \boldsymbol{y}_2(t)\\ \vdots\\ \boldsymbol{y}_m(t)\\ \dot{\boldsymbol{y}}_1(t)\\ \vdots\\ \boldsymbol{y}_m^{[\rho-1]}(t)\end{bmatrix},\quad \bar{\boldsymbol{Y}}_{r}(t)=\begin{bmatrix}\boldsymbol{y}_1^{(\rho)}(t)\\ \boldsymbol{y}_2^{(\rho)}(t)\\ \vdots\\ \boldsymbol{y}_m^{(\rho)}(t)\\ \boldsymbol{y}_1^{(\rho+1)}(t)\\ \vdots\\ \boldsymbol{y}_m^{(\rho+r)}(t)\end{bmatrix} \tag{5.112}$$

同理,参考轨迹 $\boldsymbol{y}_r(t+\tau)$ 也可以表示为

$$\boldsymbol{y}_r(t+\tau)=\begin{bmatrix}\boldsymbol{y}_{r1}(t+\tau)\\ \boldsymbol{y}_{r2}(t+\tau)\\ \vdots\\ \boldsymbol{y}_{rm}(t+\tau)\end{bmatrix}=[\boldsymbol{\Gamma}_{\rho}(\tau)\quad \boldsymbol{\Gamma}_{r}(\tau)]\bar{\boldsymbol{Y}}_r(t) \tag{5.113}$$

其中

$$\bar{\boldsymbol{Y}}_r(t)=\begin{bmatrix}\bar{\boldsymbol{Y}}_{r\rho}(t)\\ \bar{\boldsymbol{Y}}_{rr}(t)\end{bmatrix},\quad \bar{\boldsymbol{Y}}_{r\rho}(t)=\begin{bmatrix}\boldsymbol{y}_{r1}(t)\\ \boldsymbol{y}_{r2}(t)\\ \vdots\\ \boldsymbol{y}_{rm}(t)\\ \dot{\boldsymbol{y}}_{r1}(t)\\ \vdots\\ \boldsymbol{y}_{rm}^{(\rho-1)}(t)\end{bmatrix},\quad \bar{\boldsymbol{Y}}_{rr}(t)=\begin{bmatrix}\boldsymbol{y}_{r1}^{(\rho)}(t)\\ \boldsymbol{y}_{r2}^{(\rho)}(t)\\ \vdots\\ \boldsymbol{y}_{rm}^{(\rho)}(t)\\ \boldsymbol{y}_{r1}^{(\rho+1)}(t)\\ \vdots\\ \boldsymbol{y}_{rm}^{(\rho+r)}(t)\end{bmatrix} \tag{5.114}$$

取滚动控制信号的泰勒级数逼近为

$$\boldsymbol{u}(t+\tau)=\boldsymbol{u}(t)+\tau\dot{\boldsymbol{u}}(t)+\cdots+\frac{\tau^r}{r!}\boldsymbol{u}^{(r)}(t) \tag{5.115}$$

因此,预测误差可以写为

$$\boldsymbol{e}(t+\tau)=\boldsymbol{y}(t+\tau)-\boldsymbol{y}_r(t+\tau)=[\boldsymbol{\Gamma}_{\rho}(\tau)\quad \boldsymbol{\Gamma}_{r}(\tau)](\bar{\boldsymbol{Y}}(t)-\bar{\boldsymbol{Y}}_r(t)) \tag{5.116}$$

2. 基于泰勒展开的非线性预测控制(Nonlinear Predictive Controller Based on Talyor Series Expansion)

根据式(5.114)~(5.116),可将性能指标(5.101)改写为

$$J=\frac{1}{2}\int_0^T(\bar{Y}(t)-\bar{Y}_r(t))^{\mathrm{T}}\begin{bmatrix}\boldsymbol{\Gamma}_{\rho}^{\mathrm{T}}(\tau)\\ \boldsymbol{\Gamma}_{r}^{\mathrm{T}}(\tau)\end{bmatrix}[\boldsymbol{\Gamma}_{\rho}(\tau)\quad \boldsymbol{\Gamma}_{r}(\tau)](\bar{Y}(t)-\bar{Y}_r(t))\mathrm{d}\tau=$$
$$\frac{1}{2}(\bar{Y}(t)-\bar{Y}_r(t))^{\mathrm{T}}\bar{\boldsymbol{\Gamma}}(\bar{Y}(t)-\bar{Y}_r(t)) \tag{5.117}$$

其中,矩阵

$$\bar{\boldsymbol{\Gamma}}=\int_0^T\boldsymbol{\Gamma}^{\mathrm{T}}(\tau)\boldsymbol{\Gamma}(\tau)\mathrm{d}\tau=\begin{bmatrix}\bar{\boldsymbol{\Gamma}}_{\rho\rho} & \bar{\boldsymbol{\Gamma}}_{\rho r}\\ \bar{\boldsymbol{\Gamma}}_{\rho r}^{T} & \bar{\boldsymbol{\Gamma}}_{rr}\end{bmatrix} \tag{5.118}$$

$$\boldsymbol{\Gamma}(\tau)=[\boldsymbol{\Gamma}_{\rho}(\tau)\quad \boldsymbol{\Gamma}_{r}(\tau)],\quad \bar{\boldsymbol{\Gamma}}_{\rho\rho}\in\mathbf{R}^{m\rho\times m\rho},\quad \bar{\boldsymbol{\Gamma}}_{\rho r}\in\mathbf{R}^{m\rho\times m(r+1)},\quad \bar{\boldsymbol{\Gamma}}_{rr}\in\mathbf{R}^{m(r+1)\times m(r+1)}$$

**定理 5.4** 对于非线性不确定系统(5.99)~(5.100),在满足假设(5.1)~(5.4)的条件下,若取非线性预测控制律为式(5.119),则可使得闭环系统跟踪性能指标(5.101)取得最优:

$$\boldsymbol{u}=-\boldsymbol{G}^{-1}(\boldsymbol{x})(\boldsymbol{K}\boldsymbol{M}_\rho+\boldsymbol{F}(\boldsymbol{x})-\boldsymbol{Y}_r^{(\rho)}+\boldsymbol{D}(\boldsymbol{x}))\tag{5.119}$$

其中 $\boldsymbol{G}(\boldsymbol{x})=\begin{bmatrix}L_{g_{11}}L_f^{\rho-1}h_1(\boldsymbol{x}) & \cdots & L_{g_{1m}}L_f^{\rho-1}h_1(\boldsymbol{x})\\ L_{g_{11}}L_f^{\rho-1}h_2(\boldsymbol{x}) & \cdots & L_{g_{1m}}L_f^{\rho-1}h_2(\boldsymbol{x})\\ \vdots & & \vdots\\ L_{g_{11}}L_f^{\rho-1}h_m(\boldsymbol{x}) & \cdots & L_{g_{1m}}L_f^{\rho-1}h_m(\boldsymbol{x})\end{bmatrix}$，$\boldsymbol{F}(\boldsymbol{x})=\begin{bmatrix}L_f^{\rho}h_1(\boldsymbol{x})\\ \vdots\\ L_f^{\rho}h_m(\boldsymbol{x})\end{bmatrix}$，$\boldsymbol{Y}_r^{(\rho)}=\begin{bmatrix}y_{r_1}^{(\rho)}(\boldsymbol{x})\\ \vdots\\ y_{r_m}^{(\rho)}(\boldsymbol{x})\end{bmatrix}$

$$\boldsymbol{D}(\boldsymbol{x})=\begin{bmatrix}L_{g_{21}}L_f^{\rho-1}h_1(\boldsymbol{x}) & \cdots & L_{g_{2m}}L_f^{\rho-1}h_1(\boldsymbol{x})\\ L_{g_{21}}L_f^{\rho-1}h_2(\boldsymbol{x}) & \cdots & L_{g_{2m}}L_f^{\rho-1}h_2(\boldsymbol{x})\\ \vdots & & \vdots\\ L_{g_{21}}L_f^{\rho-1}h_m(\boldsymbol{x}) & \cdots & L_{g_{2m}}L_f^{\rho-1}h_m(\boldsymbol{x})\end{bmatrix}\boldsymbol{d},\ \boldsymbol{M}_\rho=\begin{bmatrix}y(\boldsymbol{x})-y_r(\boldsymbol{x})\\ \dot{y}(\boldsymbol{x})-\dot{y}_r(\boldsymbol{x})\\ \vdots\\ L_f^{(\rho-1)}h(\boldsymbol{x})-y_r^{(\rho-1)}(\boldsymbol{x})\end{bmatrix}\tag{5.120}$$

$\boldsymbol{K}\in\mathbf{R}^{m\times m\rho}$ 由矩阵 $\bar{\boldsymbol{\Gamma}}_{rr}^{-1}$，$\bar{\boldsymbol{\Gamma}}_{\rho r}^{\mathrm{T}}$ 的前 $m$ 行确定。矩阵 $\bar{\boldsymbol{\Gamma}}_{rr}$、$\bar{\boldsymbol{\Gamma}}_{\rho r}$ 定义如下：

$$\bar{\boldsymbol{\Gamma}}_{rr}=\begin{bmatrix}\bar{\boldsymbol{\Gamma}}_{(\rho+1,\rho+1)} & \cdots & \bar{\boldsymbol{\Gamma}}_{(\rho+1,\rho+r+1)}\\ \vdots & & \vdots\\ \bar{\boldsymbol{\Gamma}}_{(\rho+r+1,\rho+1)} & \cdots & \bar{\boldsymbol{\Gamma}}_{(\rho+r+1,\rho+r+1)}\end{bmatrix}\tag{5.121}$$

$$\bar{\boldsymbol{\Gamma}}_{\rho r}=\begin{bmatrix}\bar{\boldsymbol{\Gamma}}_{(1,\rho+1)} & \cdots & \bar{\boldsymbol{\Gamma}}_{(1,\rho+r+1)}\\ \vdots & & \vdots\\ \bar{\boldsymbol{\Gamma}}_{(\rho,\rho+1)} & \cdots & \bar{\boldsymbol{\Gamma}}_{(\rho,\rho+r+1)}\end{bmatrix}\tag{5.122}$$

$$\bar{\boldsymbol{\Gamma}}_{(i,j)}=\frac{\bar{T}^{i+j-1}}{(i-1)!\ (j-1)!\ (i+j-1)}\tag{5.123}$$

其中 $i,j=1,\cdots,\rho+r+1$，$\bar{T}=\mathrm{diag}(T,\cdots,T)\in\mathbf{R}^{m\times m}$。

**证明**　使得式(5.117)取得最优的必要条件为

$$\frac{\partial J}{\partial\hat{\boldsymbol{u}}}=0\tag{5.124}$$

式中 $\hat{\boldsymbol{u}}=\begin{bmatrix}\boldsymbol{u}^{\mathrm{T}} & \dot{\boldsymbol{u}}(t)^{\mathrm{T}} & \ddot{\boldsymbol{u}}(t)^{\mathrm{T}} & \cdots & \boldsymbol{u}^{(r)}(t)^{\mathrm{T}}\end{bmatrix}^{\mathrm{T}}$。

根据式(5.117)，将必要条件(5.124)改写为

$$\left(\frac{\partial H(\hat{\boldsymbol{u}})}{\partial\hat{\boldsymbol{u}}}\right)^{\mathrm{T}}\begin{bmatrix}\bar{\boldsymbol{\Gamma}}_{\rho r}^{\mathrm{T}} & \bar{\boldsymbol{\Gamma}}_{rr}\end{bmatrix}\boldsymbol{M}+\left(\frac{\partial H(\hat{\boldsymbol{u}})}{\partial\hat{\boldsymbol{u}}}\right)^{\mathrm{T}}\bar{\boldsymbol{\Gamma}}_{rr}H(\hat{\boldsymbol{u}})=0\tag{5.125}$$

其中
$$H(\hat{\boldsymbol{u}})=\begin{bmatrix}L_{g_1}L_f^{\rho-1}\boldsymbol{h}(\boldsymbol{x})\boldsymbol{u}+L_{g_2}L_f^{\rho-1}\boldsymbol{h}(\boldsymbol{x})\boldsymbol{d}\\ \boldsymbol{p}_{11}(\boldsymbol{u},\boldsymbol{x},\boldsymbol{d})+L_{g_1}L_f^{\rho}\boldsymbol{h}(\boldsymbol{x})\dot{\boldsymbol{u}}\\ \vdots\\ \boldsymbol{p}_{r2}(\dot{\boldsymbol{u}},\boldsymbol{u},\boldsymbol{x},\boldsymbol{d})+\cdots+\\ \boldsymbol{p}_{rr}(\boldsymbol{u}^{(r-1)},\cdots,\boldsymbol{u},\boldsymbol{x},\boldsymbol{d})+\\ L_{g_1}L_f^{\rho-1}\boldsymbol{h}(\boldsymbol{x})\boldsymbol{u}^{(r)}\end{bmatrix},$$

$$
\boldsymbol{M}=\begin{bmatrix} \boldsymbol{y}(t)-\boldsymbol{y}_r(t) \\ L_f\boldsymbol{h}(\boldsymbol{x})-\dot{\boldsymbol{y}}_r(t) \\ \vdots \\ L_f^{\rho-1}\boldsymbol{h}(\boldsymbol{x})-\boldsymbol{y}_r^{(\rho-1)}(t) \\ \vdots \end{bmatrix} \in \mathbf{R}^{m(\rho+r+1)\times 1} \tag{5.126}
$$

注意到 $\bar{\boldsymbol{\Gamma}}_{rr}$ 正定，且 $\dfrac{\partial H(\hat{\boldsymbol{u}})}{\partial \hat{\boldsymbol{u}}}$ 为可逆阵，可作如下推导：

$$
H(\hat{\boldsymbol{u}})=\left[-\bar{\boldsymbol{\Gamma}}_{rr}^{-1}\bar{\boldsymbol{\Gamma}}_{\rho r}^{\mathrm{T}} \quad \boldsymbol{I}_{m(r+1)\times m(r+1)}\right]\boldsymbol{M} \tag{5.127}
$$

则根据式(5.125)的前 $m$ 个方程可得

$$
L_{g_1}L_f^{\rho-1}\boldsymbol{h}(\boldsymbol{x})\boldsymbol{u}+\boldsymbol{K}\boldsymbol{M}_\rho+L_f^\rho\boldsymbol{h}(\boldsymbol{x})+L_{g_2}L_f^{\rho-1}\boldsymbol{h}(\boldsymbol{x})\boldsymbol{d}-\boldsymbol{Y}_r^{(\rho)}=0 \tag{5.128}
$$

因此预测控制律为

$$
\boldsymbol{u}=-\boldsymbol{G}^{-1}(\boldsymbol{x})(\boldsymbol{K}\boldsymbol{M}_\rho+\boldsymbol{F}(\boldsymbol{x})-\boldsymbol{Y}_r^{(\rho)}+\boldsymbol{D}(\boldsymbol{x})) \tag{5.129}
$$

证毕。

根据上述分析，通过 Taylor 展开，使得非线性预测控制方法的计算量大大减低，可以满足快时变系统的实时性要求。但需要注意的是，由于外界干扰和建模误差等无法预知，所以非线性预测控制律(5.119)实际上是一个理想控制器，必须寻找其他的控制方法来解决这一问题。

### 5.4.2 非线性模糊自适应预测控制(Nonlinear Fuzzy Adaptive Predictive Control)

考虑如下非线性鲁棒预测控制策略：

$$
\boldsymbol{u}=\bar{\boldsymbol{u}}+\boldsymbol{u}_f+\boldsymbol{u}_r \tag{5.130}
$$

其中 $\bar{\boldsymbol{u}}$ 称为系统的标称输入，$\boldsymbol{u}_f$ 为基于模糊逼近系统设计的补偿控制律，$\boldsymbol{u}_r$ 为鲁棒控制项，用来抑制模糊系统逼近误差的影响：

$$
\bar{\boldsymbol{u}}=-\boldsymbol{G}^{-1}(\boldsymbol{x})(\boldsymbol{K}\boldsymbol{M}_\rho+\boldsymbol{F}(\boldsymbol{x})-\boldsymbol{Y}_r^{(\rho)}) \tag{5.131}
$$

$$
\boldsymbol{u}_f=-\boldsymbol{G}^{-1}(\boldsymbol{x})\boldsymbol{v}_f \tag{5.132}
$$

$$
\boldsymbol{u}_r=-\boldsymbol{G}^{-1}(\boldsymbol{x})\,\boldsymbol{v}_r \tag{5.133}
$$

其中，$\boldsymbol{v}_f$ 为模糊系统的输出，用于实现对复合扰动 $\boldsymbol{D}(\boldsymbol{x})$ 的估计，$\boldsymbol{v}_f$，$\boldsymbol{v}_r$ 的具体形式在后面的分析中给出。

整个闭环系统控制律的设计内容包括：

(1) 在假设 $\boldsymbol{d}=\boldsymbol{0}$ 条件下，基于非线性预测控制方法设计标称输入 $\bar{\boldsymbol{u}}$ 以满足一定性能指标的要求。

(2) 设计模糊控制系统，使得模糊输出 $\boldsymbol{v}_f$ 逼近复合干扰 $\boldsymbol{D}(\boldsymbol{x})$。

(3) 设计鲁棒控制输入 $\boldsymbol{v}_r$，用以克服逼近误差的影响，并使整个系统获得更好的控制性能。

系统控制框图如图 5.6 所示。

1. 模糊逼近理论(Theory of Fuzzy Approximation)

考虑如下 If－Then 规则构成的模糊系统，其中第 $l$ 条规则为

$$
\boldsymbol{R}^l\text{: If } x_1 \text{ is } A_1^i \text{ and } x_2 \text{ is } A_2^i \text{ and} \cdots \text{and } x_n \text{ is } A_n^i\text{, Then } \boldsymbol{z} \text{ is } z^i \tag{5.134}
$$

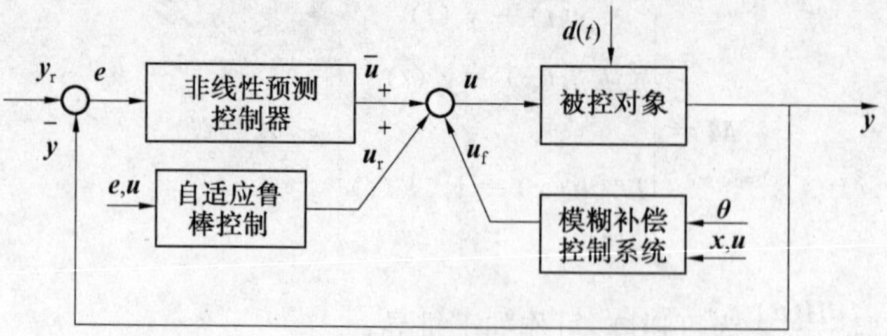


图 5.6　非线性直接自适应预测控制的结构图

实现由输入 $\boldsymbol{x}=(x_1,x_2,\cdots,x_n)^{\mathrm{T}}$ 到输出变量 $z$ 的映射。其中，$A_1^i,A_2^i,\cdots,A_n^i$ 是输入变量对应的模糊集，$z^i$ 表示输出变量。如果对模糊系统采用乘积推理、单点模糊化、重心法去模糊，则其输出可以表示成

$$\boldsymbol{z}(\boldsymbol{x})=\frac{\sum_{i=1}^{l} z^i\left(\prod_{j=1}^{n}\mu_{A_j^i}(x_j)\right)}{\sum_{i=1}^{l}\prod_{j=1}^{n}\mu_{A_j^i}(x_j)}=\boldsymbol{\varphi}^{\mathrm{T}}(\boldsymbol{x})\boldsymbol{\theta} \tag{5.135}$$

其中，$\mu_{A_j^i}(x_j)$ 表示模糊变量 $x_j$ 的隶属度函数值；$l$ 表示模糊规则数；$\boldsymbol{\theta}$ 表示可调模糊权值参数向量；$\boldsymbol{\varphi}(\boldsymbol{x})$ 表示模糊系统的基函数向量。

根据式(5.135)，用来逼近复合干扰 $\boldsymbol{D}(\boldsymbol{x})$ 的模糊系统的输出可以表示为

$$\boldsymbol{v}_f=\boldsymbol{\varphi}^{\mathrm{T}}(\boldsymbol{x})\boldsymbol{\theta} \tag{5.136}$$

其中，$\boldsymbol{\varphi}(\boldsymbol{x})=\mathrm{diag}(\varphi_1^{\mathrm{T}}(\boldsymbol{x}),\cdots,\varphi_m^{\mathrm{T}}(\boldsymbol{x}))\in\mathbf{R}^{L\times m}$ 为模糊系统的基函数；$L=l_1+\cdots+l_m$ 为模糊规则数；向量 $\boldsymbol{\varphi}_i(\boldsymbol{x})=[\varphi_i^1(\boldsymbol{x}),\cdots,\varphi_i^{l_i}(\boldsymbol{x})]^{\mathrm{T}}\in\mathbf{R}^{l_i}$，其中元素 $\varphi_i^k(\boldsymbol{x})(k=1,\cdots,l_i)$ 定义为

$$\varphi_i^k(\boldsymbol{x})=\frac{\prod_{j=1}^{n}\mu_{A_j^k}(x_j)}{\sum_{k=1}^{l_i}\left(\prod_{j=1}^{n}\mu_{A_j^k}(x_j)\right)} \tag{5.137}$$

其中隶属度函数采用高斯函数形式，即

$$\mu_{A_j^k}(x_j)=a_j^k\exp[-((x_j-b_j^k)/c_j^k)^2] \tag{5.138}$$

$\boldsymbol{\theta}=[\boldsymbol{\theta}_1^{\mathrm{T}},\cdots,\boldsymbol{\theta}_m^{\mathrm{T}}]^{\mathrm{T}}\in\mathbf{R}^L$ 为可调权值向量，$\boldsymbol{\theta}_i=[\theta_i^1,\cdots,\theta_i^{l_i}]^{\mathrm{T}}\in\mathbf{R}^{l_i},i=1,\cdots,m$。

**假设 5.5**　对于紧集 $\Omega_x$ 内任意给定的 $\boldsymbol{x}$，存在模糊系统的最优权值向量 $\boldsymbol{\theta}^*$，即

$$\boldsymbol{\theta}^*=\arg\min_{\boldsymbol{\theta}\in\Omega_\theta}\left[\sup_{x\in\Omega_x}\|\boldsymbol{D}(\boldsymbol{x})-\boldsymbol{\varphi}^{\mathrm{T}}(\boldsymbol{x})\boldsymbol{\theta}\|\right] \tag{5.139}$$

并且最优权值向量 $\boldsymbol{\theta}^*$ 在凸区域内满足

$$\Omega_{\boldsymbol{\theta}}=\{\boldsymbol{\theta}\mid\|\boldsymbol{\theta}\|\leqslant\boldsymbol{M}_0\} \tag{5.140}$$

其中参数 $\boldsymbol{M}_0>0$。

根据以上假设条件，可知最优权值 $\boldsymbol{\theta}^*$ 范数有界，即 $\|\boldsymbol{\theta}^*\|\leqslant\bar{\boldsymbol{\theta}}$，其中 $\bar{\boldsymbol{\theta}}>\boldsymbol{0}$。因此可定义模糊系统的逼近误差 $\boldsymbol{\varepsilon}$ 为

$$\boldsymbol{D}(\boldsymbol{x})=\boldsymbol{\varphi}^{\mathrm{T}}(\boldsymbol{x})\boldsymbol{\theta}^*+\boldsymbol{\varepsilon},\ \|\boldsymbol{\varepsilon}\|\leqslant\bar{\varepsilon} \tag{5.141}$$

其中 $\bar{\varepsilon}$ 为逼近误差 $\boldsymbol{\varepsilon}$ 的上界，不妨设 $\bar{\varepsilon}\leqslant\psi$，定义估计误差为

$$\tilde{\psi}=\psi-\hat{\psi} \tag{5.142}$$

其中 $\hat{\boldsymbol{\psi}}$ 为 $\psi$ 的估计值。

2. 稳定性分析(Analysis of Stability)

将控制律(5.130)代入 $\boldsymbol{y}^{(\rho)}$ 的表达式,可得

$$\boldsymbol{y}^{(\rho)}(t)=-\boldsymbol{K}\boldsymbol{M}_{\rho}+\boldsymbol{Y}_r^{(\rho)}-\boldsymbol{v}_f-\boldsymbol{v}_r+\boldsymbol{D}(\boldsymbol{x}) \tag{5.143}$$

记 $\boldsymbol{K}=[K_0\quad K_1\quad \cdots\quad K_{\rho-1}]\in \mathbf{R}^{m\times m\rho}$,其中 $\boldsymbol{K}_i\in \mathbf{R}^{m\times m}$,$i=0,1,\cdots,\rho-1$,则由上式可得

$$\begin{aligned}\boldsymbol{e}^{(\rho)}(t)=\boldsymbol{y}^{(\rho)}(t)-\boldsymbol{Y}_r^{(\rho)}=-\boldsymbol{K}\boldsymbol{M}_{\rho}+\boldsymbol{D}(\boldsymbol{x})-\boldsymbol{v}_f-\boldsymbol{v}_r=\\ [K_0\quad K_1\quad \cdots\quad K_{\rho-1}][\boldsymbol{e}(t)\quad \boldsymbol{e}^{(1)}(t)\quad \cdots\quad \boldsymbol{e}^{(\rho-1)}(t)]^{\mathrm{T}}+\boldsymbol{D}(\boldsymbol{x})-\boldsymbol{v}_f-\boldsymbol{v}_r\end{aligned} \tag{5.144}$$

即

$$\boldsymbol{e}^{(\rho)}(t)+K_{\rho-1}\boldsymbol{e}^{(\rho-1)}(t)+\cdots+K_0\boldsymbol{e}(t)-\boldsymbol{D}(\boldsymbol{x})+\boldsymbol{v}_f+\boldsymbol{v}_r=0 \tag{5.145}$$

这里,$\boldsymbol{K}$ 的取值由预测时域 $T$、相对阶 $\rho$ 以及控制阶 $r$ 决定,须选择合适的参数使矩阵多项式

$$\boldsymbol{h}(S)=S^{\rho}+K_{\rho-1}S^{\rho-1}+\cdots+K_0 \tag{5.146}$$

的 $m$ 个元素均为 Hurwitz 多项式。

取 $\hat{\boldsymbol{e}}=[\boldsymbol{e}(t)\quad \boldsymbol{e}^{(1)}(t)\quad \cdots\quad \boldsymbol{e}^{(\rho-1)}(t)]^{\mathrm{T}}$,则整个系统误差方程可写成

$$\dot{\hat{\boldsymbol{e}}}=\boldsymbol{A}\hat{\boldsymbol{e}}+\boldsymbol{B}(\boldsymbol{\varphi}^{\mathrm{T}}(\boldsymbol{x})\tilde{\boldsymbol{\theta}}+\boldsymbol{\varepsilon}-\boldsymbol{v}_r) \tag{5.147}$$

其中,

$$\boldsymbol{A}=\begin{bmatrix}\mathbf{0} & \boldsymbol{I}_m & \mathbf{0} & \cdots & \mathbf{0}\\ \mathbf{0} & \mathbf{0} & \boldsymbol{I}_m & \cdots & \mathbf{0}\\ \vdots & \vdots & \vdots & & \vdots\\ \mathbf{0} & \mathbf{0} & \mathbf{0} & \cdots & \boldsymbol{I}_m\\ -\boldsymbol{K}_0 & -\boldsymbol{K}_1 & -\boldsymbol{K}_2 & \cdots & -\boldsymbol{K}_{\rho-1}\end{bmatrix}\in \mathbf{R}^{m\rho\times m\rho},\boldsymbol{B}=\begin{bmatrix}\mathbf{0}\\ \mathbf{0}\\ \vdots\\ \mathbf{0}\\ \boldsymbol{I}_m\end{bmatrix}\in \mathbf{R}^{m\rho\times m},\boldsymbol{I}_m \text{ 为 } m \text{ 维单位阵},$$

$\tilde{\boldsymbol{\theta}}=\boldsymbol{\theta}^*-\boldsymbol{\theta}$ 为权值误差向量。

**引理 5.3**　对于任意的 $c>0$ 和 $z\in \mathbf{R}$,有下列不等式成立

$$0<|z|-z\tanh(z/c)\leqslant \zeta c \tag{5.148}$$

其中,$\zeta$ 是满足 $\zeta=\mathrm{e}^{-(\zeta+1)}$ 的常数,即 $\zeta=0.278\,5$。

**推论 5.1**　对于任意的 $c>0$ 和 $\boldsymbol{z}\in \mathbf{R}^m$,有下列不等式成立:

$$0<\|\boldsymbol{z}\|-\boldsymbol{z}^{\mathrm{T}}\tanh(\boldsymbol{z}/c)\leqslant m\zeta c \tag{5.149}$$

其中 $\|\cdot\|$ 为 2－范数,$\zeta$ 是满足 $\zeta=\mathrm{e}^{-(\zeta+1)}$ 的常数。

**证明**　由式(5.148)可得

$$0<|z_1|-z_1\tanh(z_1/c)\leqslant \zeta c,\cdots,0<|z_m|-z_m\tanh(z_m/c)\leqslant \zeta c \tag{5.150}$$

将式(5.150)中的 $m$ 个不等式相加,有

$$|z_1|+\cdots+|z_m|-(z_1\tanh(z_1/c)+\cdots+z_m\tanh(z_m/c))\leqslant m\zeta c \tag{5.151}$$

则

$$\|\boldsymbol{z}\|_1-\boldsymbol{z}^{\mathrm{T}}\tanh(\boldsymbol{z}/c)\leqslant m\zeta c \tag{5.152}$$

再考虑到 $\|\boldsymbol{z}\|\leqslant\|\boldsymbol{z}\|_1$,因此推论(5.149)成立。

**定理 5.5**　对非线性不确定系统(5.99)～(5.100),如果满足假设条件 5.1～5.4,通过选择合适的预测时域 $T$ 和控制阶 $r$,考虑形如式(5.130)的控制器,则在模糊系统(5.136)和如

下鲁棒控制器作用下：

$$v_r = \hat{\psi}\tanh(\hat{\psi}s/\delta) \tag{5.153}$$

其中，$s = \boldsymbol{B}^{\mathrm{T}}\boldsymbol{P}\widehat{\boldsymbol{e}}$，$\delta$ 为控制器设计参数。自适应模糊控制器的输出最终一致逼近复合干扰，闭环系统所有信号一致最终有界。其中控制器参数自适应律为

$$\dot{\boldsymbol{\theta}} = \lambda_\theta(\boldsymbol{\varphi}(\boldsymbol{x})s - K_\theta\boldsymbol{\theta}) \tag{5.154}$$

$$\dot{\hat{\psi}} = \lambda_\psi(\|\boldsymbol{s}\| - K_\psi\hat{\psi}) \tag{5.155}$$

其中，$\lambda_\theta$ 和 $\lambda_\psi$ 为自学习率；$K_\theta$ 和 $K_\psi$ 为设计参数。且对于给定的 $\tau > \sqrt{2c_2/(\lambda_{\max}(\boldsymbol{P})c_1)}$，存在时间 $T > 0$，使得对 $t \geqslant t_0 + T$，有 $\|\widehat{\boldsymbol{e}}\| \leqslant \tau$。其中

$$c_1 = \min(\lambda_{\min}(\boldsymbol{Q})/\lambda_{\max}(\boldsymbol{P}), \lambda_\theta K_\theta, \lambda_\psi K_\psi) \tag{5.156}$$

$$c_2 = \frac{K_\theta}{2}\bar{\boldsymbol{\theta}}^2 + \frac{K_\psi}{2}\psi^2 + m\zeta\delta \tag{5.157}$$

**证明**　定义如下闭环系统的增广误差向量：

$$\Xi = \begin{bmatrix}\widehat{\boldsymbol{e}}^{\mathrm{T}} & \widetilde{\boldsymbol{\theta}}^{\mathrm{T}} & \widetilde{\psi}\end{bmatrix}^{\mathrm{T}} \in D_\Xi \tag{5.158}$$

以及 Lyapunov 函数

$$V(\Xi) = \Xi^{\mathrm{T}}\bar{\boldsymbol{P}}\Xi \tag{5.159}$$

其中 $D_\Xi = D_{\widehat{e}} \times D_{\widetilde{\theta}} \times D_{\widetilde{\psi}}$ 为增广误差的定义域，权值矩阵 $\bar{\boldsymbol{P}}$ 为

$$\bar{\boldsymbol{P}} = \frac{1}{2}\begin{bmatrix}\boldsymbol{P} & 0 & 0\\ 0 & \lambda_\theta^{-1}\boldsymbol{I}_\theta & 0\\ 0 & 0 & \lambda_\psi^{-1}\end{bmatrix} \tag{5.160}$$

其中矩阵 $\boldsymbol{P} = \mathrm{diag}(\boldsymbol{P}_1, \cdots, \boldsymbol{P}_m) \in \mathbf{R}^{m\rho\times m\rho}$，$\boldsymbol{P}_i$ 为满足下列等式的正定对称阵：

$$\boldsymbol{P}_i\boldsymbol{A}_i + \boldsymbol{A}_i{}^{\mathrm{T}}\boldsymbol{P}_i = -\boldsymbol{Q}_i, \quad \boldsymbol{Q}_i = \boldsymbol{Q}_i{}^{\mathrm{T}} > \boldsymbol{0} \tag{5.161}$$

$\boldsymbol{Q}_i$ 为控制器设计参数，$\lambda_{\boldsymbol{\theta}}, \lambda_{\boldsymbol{\psi}} > 0$，$\boldsymbol{I}_\theta$ 为适当维数的单位阵。

将式(5.159) 定义的 Lyapunov 函数沿着系统轨迹对时间 $t$ 求导：

$$\dot{V} = \frac{1}{2}(\dot{\widehat{\boldsymbol{e}}}^{\mathrm{T}}\boldsymbol{P}\widehat{\boldsymbol{e}} + \widehat{\boldsymbol{e}}^{\mathrm{T}}\boldsymbol{P}\dot{\widehat{\boldsymbol{e}}}) + \frac{1}{\lambda_\theta}\widetilde{\boldsymbol{\theta}}^{\mathrm{T}}\dot{\widetilde{\boldsymbol{\theta}}} + \frac{1}{\lambda_{\boldsymbol{\psi}}}\widetilde{\psi}\dot{\widetilde{\psi}} \tag{5.162}$$

根据式(5.147) 得

$$\dot{V} = \frac{1}{2}\widehat{\boldsymbol{e}}^{\mathrm{T}}(\boldsymbol{PA} + \boldsymbol{A}^{\mathrm{T}}\boldsymbol{P})\widehat{\boldsymbol{e}} + \widehat{\boldsymbol{e}}^{\mathrm{T}}\boldsymbol{PB}(\boldsymbol{\varphi}^{\mathrm{T}}(\boldsymbol{x})\widetilde{\boldsymbol{\theta}} + \varepsilon - \boldsymbol{v}_r) - \frac{1}{\lambda_{\boldsymbol{\theta}}}\widetilde{\boldsymbol{\theta}}^{\mathrm{T}}\dot{\boldsymbol{\theta}} - \frac{1}{\lambda_{\boldsymbol{\psi}}}\widetilde{\psi}\dot{\psi} \tag{5.163}$$

代入式(5.161) 并整理得

$$\begin{aligned}\dot{V} \leqslant & -\frac{1}{2}\lambda_{\min}(\boldsymbol{Q})\|\widehat{\boldsymbol{e}}\|^2 + \left\{\widetilde{\boldsymbol{\theta}}^{\mathrm{T}}\boldsymbol{\varphi}(\boldsymbol{x})\,\boldsymbol{s}^{\mathrm{T}} - \frac{1}{\lambda}\widetilde{\boldsymbol{\theta}}^{\mathrm{T}}\dot{\boldsymbol{\theta}}\right\} + \left\{\boldsymbol{s}^{\mathrm{T}}(\varepsilon - \boldsymbol{v}_r) - \frac{1}{\lambda_\psi}\widetilde{\psi}\dot{\psi}\right\} = \\ & -\frac{1}{2}\lambda_{\min}(Q)\|\widehat{\boldsymbol{e}}\|^2 + \left\{\widetilde{\boldsymbol{\theta}}^{\mathrm{T}}\boldsymbol{\varphi}(\boldsymbol{x})\,\boldsymbol{s}^{\mathrm{T}} - \frac{1}{\lambda}\widetilde{\boldsymbol{\theta}}^{\mathrm{T}}\dot{\boldsymbol{\theta}}\right\} + \left\{\boldsymbol{s}^{\mathrm{T}}(\varepsilon - \hat{\psi}\tanh(\hat{\psi}\boldsymbol{s}/\delta)) - \frac{1}{\lambda_\psi}\widetilde{\psi}\dot{\psi}\right\}\end{aligned} \tag{5.164}$$

代入自适应律(5.154) 和(5.155) 得

$$\dot{V} \leqslant -\frac{1}{2}\lambda_{\min}(\boldsymbol{Q})\|\widehat{\boldsymbol{e}}\|^2 + K_{\boldsymbol{\theta}}\widetilde{\boldsymbol{\theta}}^{\mathrm{T}}(\boldsymbol{\theta}^* - \widetilde{\boldsymbol{\theta}}) + K_\psi\widetilde{\psi}(\psi - \widetilde{\psi}) + \hat{\psi}\|\boldsymbol{s}\| - \boldsymbol{s}^{\mathrm{T}}\hat{\psi}\tanh(\hat{\psi}\boldsymbol{s}/\delta) \tag{5.165}$$

根据推论 5.1 有

$$-\boldsymbol{s}^{\mathrm{T}}\hat{\psi}\tanh(\hat{\psi}\boldsymbol{s}/\delta) \leqslant -|\hat{\psi}|\,\|\boldsymbol{s}\| + m\zeta\delta \tag{5.166}$$

并考虑如下不等式成立

$$\tilde{\boldsymbol{\theta}}^{\mathrm{T}}(\boldsymbol{\theta}^{*}-\tilde{\boldsymbol{\theta}}) \leqslant \|\tilde{\boldsymbol{\theta}}\|\bar{\boldsymbol{\theta}} - \|\tilde{\boldsymbol{\theta}}\|^{2} \leqslant \frac{1}{2}(\|\tilde{\boldsymbol{\theta}}\|^{2}+\bar{\boldsymbol{\theta}}^{2}) - \|\tilde{\boldsymbol{\theta}}\|^{2} = \frac{1}{2}(\bar{\boldsymbol{\theta}}^{2}-\|\tilde{\boldsymbol{\theta}}\|^{2}) \tag{5.167}$$

$$\tilde{\psi}(\psi-\tilde{\psi}) \leqslant \|\tilde{\psi}\|\psi - \|\tilde{\psi}\|^{2} \leqslant \frac{1}{2}(\|\tilde{\psi}\|^{2}+\psi^{2}) - \|\tilde{\psi}\|^{2} = \frac{1}{2}(\psi^{2}-\|\tilde{\psi}\|^{2}) \tag{5.168}$$

则有

$$\begin{aligned}\dot{V} &\leqslant -\frac{1}{2}\lambda_{\min}(\boldsymbol{Q})\,\|\overset{\frown}{\boldsymbol{e}}\|^{2} - \frac{K_{\theta}}{2}\|\tilde{\boldsymbol{\theta}}\|^{2} - \frac{K_{\psi}}{2}\|\tilde{\psi}\|^{2} + \frac{K_{\theta}}{2}\bar{\theta}^{2} + \frac{K_{\psi}}{2}\psi^{2} + m\zeta\delta = \\ &\quad -\frac{1}{2}\lambda_{\min}(\boldsymbol{Q})\,\|\overset{\frown}{\boldsymbol{e}}\|^{2} - \frac{K_{\theta}}{2}\|\tilde{\boldsymbol{\theta}}\|^{2} - \frac{K_{\psi}}{2}\|\tilde{\psi}\|^{2} + c_{2}\end{aligned} \tag{5.169}$$

当下列条件之一成立时，有 $\dot{V}<0$。

$$\|\overset{\frown}{\boldsymbol{e}}\| > \sqrt{\frac{2c_{2}}{\lambda_{\min}(\boldsymbol{Q})}},\quad \|\tilde{\boldsymbol{\theta}}\| > \sqrt{\frac{2c_{2}}{K_{\theta}}},\quad \|\tilde{\psi}\| > \sqrt{\frac{2c_{2}}{K_{\psi}}} \tag{5.170}$$

根据 Lyapunov 理论可知，闭环系统的增广误差信号 $\Xi$ 一致最终有界。式(5.169) 可以写成

$$\dot{V} \leqslant -c_{1}V + c_{2} \tag{5.171}$$

将式(5.171) 两边从 $t_0$ 到 $t$ 进行积分可得

$$V(t) \leqslant \frac{c_{2}}{c_{1}} + \left(V(t_{0}) - \frac{c_{2}}{c_{1}}\right)\mathrm{e}^{-c_{1}(t-t_{0})} \tag{5.172}$$

因此，对于任意给定的 $\tau > \sqrt{2c_{2}/(\lambda_{\max}(\boldsymbol{P})c_{1})}$，存在时间 $T>0$，使得对所有的 $t=t_{0}+T$，有 $\|\overset{\frown}{\boldsymbol{e}}\| \leqslant \tau$。证毕。

**例 5.3**　考虑如下一类高超声速飞行器的仿真模型，假设该飞行器做高超声速巡航飞行，飞行高度为 33.528 km，飞行速度 7 马赫，其纵向动态特性表示为

$$\dot{\alpha} = q - \frac{1}{mV}(L + T\sin(\alpha) - mg) \tag{5.173}$$

$$\dot{q} = \boldsymbol{M}_{yy}/\boldsymbol{I}_{yy} \tag{5.174}$$

其中，$L=\frac{1}{2}\rho V^{2}SC_{L}$，$C_{L}=c_{1}\alpha$

$\boldsymbol{M}_{yy}=\frac{1}{2}\rho V^{2}S\bar{c}[C_{M}(\alpha)+C_{M}(q)+C_{M}(\delta)]$，$C_{M}(\alpha)=c_{2}(-6\,565\alpha^{2}+6\,857\alpha-1)$

$C_{M}(q)=c_{3}q(-6.83\alpha^{2}+0.303\alpha-0.23)$，$C_{M}(\delta)=c_{4}(\delta-\alpha)$

$c_{1}=(0.493+1.91/M)$，$c_{2}=10^{-4}(0.06-\mathrm{e}^{-M/3})$

$c_{3}=\frac{\bar{c}}{2V}(-0.025M+1.37)$，$c_{4}=0.029\,2$

$\alpha,q,M,T$ 和 $\delta$ 分别表示飞行器的迎角、俯仰角速度、马赫数、发动机推力和升降舵偏转角。

状态变量 $\boldsymbol{x}$ 取为 $[\alpha\quad q]^{\mathrm{T}}$，初始状态 $\alpha_{0}=0°$，$q_{0}=0$ rad/s。$\delta$ 为控制变量，输出变量为飞行

器的迎角 $\alpha$。飞行器迎角参考指令：

$$\alpha_c=\begin{cases}4^\circ & (0\leqslant t\leqslant 6\ \mathrm{s})\\ 6^\circ & (6<t\leqslant 15\ \mathrm{s})\end{cases} \tag{5.175}$$

假设飞行器气动参数 $C_L$ 和 $C_M(q)$ 各存在 10% 的不确定，同时在 $q$ 通道上存在扰动力矩：

$$d=1\times 10^5\cos(t)+2\times 10^5\sin(0.5t)\quad \mathrm{N\cdot m} \tag{5.176}$$

经计算，系统的相对阶 $\rho=2$，选择控制阶 $r=0$，预测时间 $T=0.8$ s，则式(5.119)中的增益阵为

$$\boldsymbol{K}=\begin{bmatrix}\dfrac{10}{3T^2} & \dfrac{5}{2T}\end{bmatrix} \tag{5.177}$$

Hurwitz 矩阵多项式(5.146)成立。

$\boldsymbol{x}$ 每个变量采用 7 个模糊语言变量：{负大，负中，负小，零，正小，正中，正大}，对应的隶属函数为

$$\mu_{A_j^i}(x_j)=\exp\{-(x_j-\mu_i)^2\} \tag{5.178}$$

$i=1,\cdots,7$，$j=1,2$，$\mu_i=-0.3,-0.2,-0.1,0,0.1,0.2,0.3$，这里使用 14 条模糊规则来逼近未知函数。其他参数为：$\boldsymbol{Q}=5\boldsymbol{I}_{2\times 2}$，$\lambda_F=0.7$，$\lambda_G=0.5$，$K_F=0.5$，$K_G=0.1$，$\gamma=2$，模糊系统的初始权值为 $\boldsymbol{\theta}_{F_0}=0$，$\boldsymbol{\theta}_{G_0}=0.1\boldsymbol{I}_{14\times 1}$。

此时的控制律表达式为

$$\delta=-\frac{5.2\times\boldsymbol{e}+3.125\times\dot{\boldsymbol{e}}-\ddot{\alpha}+\boldsymbol{v}_f+\boldsymbol{v}_r}{1.990\ 6} \tag{5.179}$$

其中，$\boldsymbol{v}_f$，$\boldsymbol{v}_r$ 分别为模糊系统和鲁棒控制器。

系统的仿真曲线如图 5.7 ～ 5.9 所示，图 5.7 为飞行器迎角响应曲线，在被控对象存在未知函数的情况下，根据本文算法设计的模糊预测控制律依然能使得空天飞行器的姿态角 $\alpha$ 很好地跟踪指令信号，系统动态效果良好。图 5.8 为飞行器俯仰角速度的响应曲线。图 5.9 为飞行器升降舵的响应曲线。

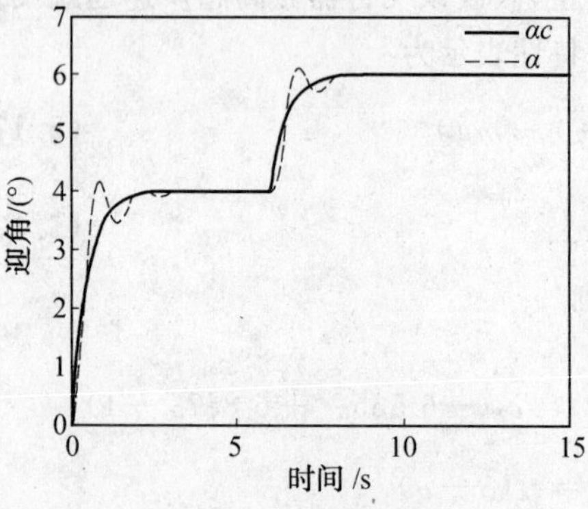


图 5.7　迎角 $\alpha$ 的响应曲线

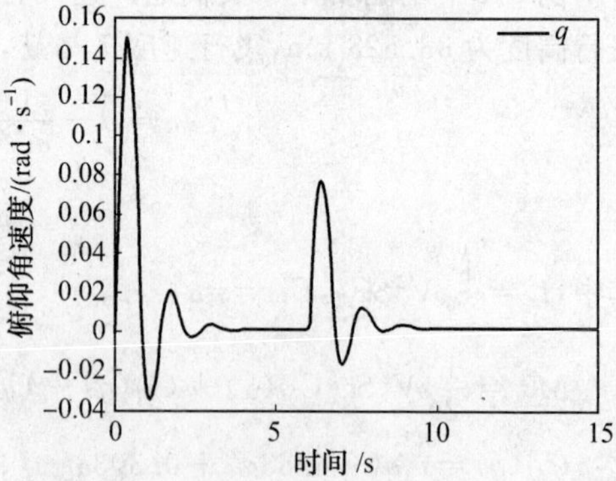


图 5.8　俯仰角速度 $q$ 的响应曲线

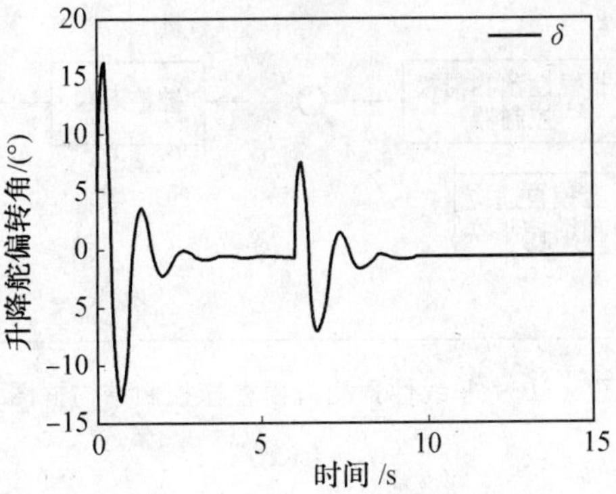


图 5.9　升降舵 $\delta$ 的响应曲线

## 5.5　预测滑模控制
## (Predictive Sliding Mode Control)

复杂非线性系统大都具有非线性、不稳定、不确定、受扰等特点，单一的控制方法很难获得满意的效果，因此现代控制理论的思想都是相互影响、相互促进的。对于非线性预测控制方法而言，性能指标的选取显得至关重要，通过选择不同的变量作为系统的二次性能指标，实现的控制目的也就各不相同，这不仅使得预测控制方法设计的灵活性大大增加，也为预测控制和其他鲁棒控制方法相结合提供了可能。

### 5.5.1　预测滑模控制(Predictive Sliding Mode Control)

滑模控制(Sliding Mode Control，SMC)是非线性控制的一种重要方法，本书第 4 章已有论述。SMC 不需要被控对象的精确数学模型，只需知道模型中参数变化范围即可设计不连续的控制器。通过设计不连续的控制器，迫使系统产生滑动模态运动。一旦进入滑动面，系统对不确定及干扰具有强鲁棒性。同时由于设计简单，易于实现，SMC 一直以来都是非线性鲁棒控制方法的研究热点。

因此，如果为非线性不确定系统构造滑模面，并结合非线性预测控制方法设计出预测滑模控制律，迫使系统进入滑模面产生滑动模态运动，那么所设计的控制系统对系统不确定和外界扰动具有强鲁棒性，同时也具备连续预测控制优化的特点。下面就此问题给出具体的分析。

不确定和外界干扰下的系统描述可以表述如下：

$$\dot{\boldsymbol{x}}=\boldsymbol{f}(\boldsymbol{x})+\Delta\boldsymbol{f}(\boldsymbol{x})+(\boldsymbol{g}(\boldsymbol{x})+\Delta\boldsymbol{g}(\boldsymbol{x}))\boldsymbol{u}+\boldsymbol{d} \tag{5.180}$$

$$\boldsymbol{y}=\boldsymbol{h}(\boldsymbol{x}) \tag{5.181}$$

其中，$\boldsymbol{x}\in\mathbf{R}^n$ 表示系统状态；$\boldsymbol{u}\in\mathbf{R}^m$ 表示控制输入；$\boldsymbol{f}\in\mathbf{R}^n$，$\boldsymbol{g}\in\mathbf{R}^{n\times m}$，$\boldsymbol{h}\in\mathbf{R}^m$ 为光滑有界函数；$\Delta\boldsymbol{f}(\boldsymbol{x})$ 和 $\Delta\boldsymbol{g}(\boldsymbol{x})$ 为不确定项；$\boldsymbol{d}\in\mathbf{R}^n$ 为外界干扰。

上述系统满足假设条件 5.1～5.4，系统的控制结构框图如图 5.10 所示。图中控制器 $\boldsymbol{u}_p$，$\boldsymbol{u}_v$ 的具体表达形式在后面的分析中给出。

首先考虑如下标称非线性系统：

$$\dot{\boldsymbol{x}}=\boldsymbol{f}(\boldsymbol{x})+\boldsymbol{g}(\boldsymbol{x})\boldsymbol{u} \tag{5.182}$$

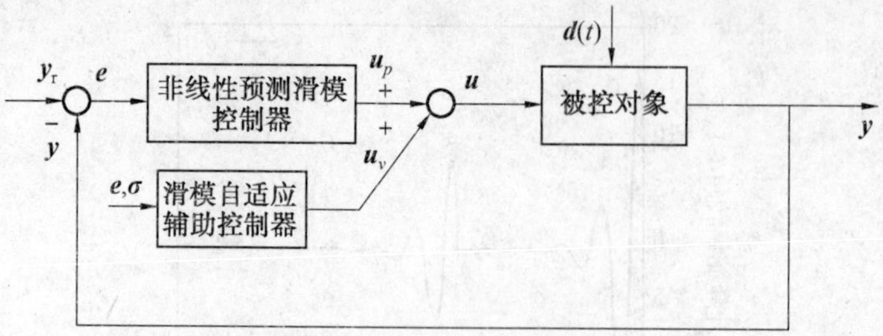


图 5.10　非线性预测滑模鲁棒控制结构框图

$$\boldsymbol{y}=\boldsymbol{h}(\boldsymbol{x}) \tag{5.183}$$

假设系统的向量相对阶为$\{\rho,\rho,\cdots,\rho\}$，将系统输出 $y$ 求导至 $\rho$ 次，则有

$$\dot{\boldsymbol{y}}=L_f\boldsymbol{h}(\boldsymbol{x}) \tag{5.184}$$

$$\vdots$$

$$\boldsymbol{y}^{(\rho-1)}=L_f^{\rho-1}\boldsymbol{h}(\boldsymbol{x}) \tag{5.185}$$

$$\boldsymbol{y}^{(\rho)}=L_f^{\rho}\boldsymbol{h}(\boldsymbol{x})+L_gL_f^{\rho-1}\boldsymbol{h}(\boldsymbol{x})\boldsymbol{u} \tag{5.186}$$

其中，$L_f^i\boldsymbol{h}(\boldsymbol{x})(i=1,\cdots,\rho)$ 为 $\boldsymbol{y}$ 沿 $\boldsymbol{f}(\boldsymbol{x})$ 的第 $i$ 阶 Lie 导数向量；$L_gL_f^{i-1}\boldsymbol{h}(\boldsymbol{x})$ 为 $L_f^{i-1}\boldsymbol{h}(\boldsymbol{x})$ 沿 $\boldsymbol{g}(\boldsymbol{x})$ 的 Lie 导数向量。

针对非线性系统(5.182) ～ (5.183)，定义如下滑模面：

$$\sigma_i=e_i^{(\rho-1)}+k_{i,\rho-1}e_i^{(\rho-2)}+\cdots+k_{i,0}\int_0^t e_i\mathrm{d}\tau \tag{5.187}$$

其中，$e_i=\boldsymbol{y}_i-\boldsymbol{y}_{ri}(i=1,\cdots,m)$ 为系统的跟踪误差；$\boldsymbol{y}_{ri}$ 为某一光滑参考轨迹；$k_{i,j}(j=1,\cdots,\rho-1)$ 为滑模面设计参数，为使得当滑模面 $\sigma_i=0$ 时，$e_i$ 收敛于 0，应使 $k_{i,j}$ 能够保证下列多项式对应的特征根为具有负实部的特征根

$$p_i(\lambda)=\lambda_i^{(\rho)}+k_{i,\rho-1}\lambda_i^{(\rho-1)}+\cdots+k_{i,0}\lambda_i \tag{5.188}$$

令 $\boldsymbol{\sigma}=[\sigma_1,\sigma_2,\cdots,\sigma_m]^{\mathrm{T}}$，并将滑模面 $\sigma_i$ 沿着系统的轨迹求导得

$$\dot{\boldsymbol{\sigma}}=L_f^{\rho}\boldsymbol{h}(\boldsymbol{x})+L_gL_f^{\rho-1}\boldsymbol{h}(\boldsymbol{x})\boldsymbol{u}-\boldsymbol{Y}_r^{(\rho)}+\boldsymbol{Z} \tag{5.189}$$

其中

$$\boldsymbol{Y}_r^{(\rho)}=\begin{bmatrix}y_{r1}^{(\rho)}\\y_{r2}^{(\rho)}\\\vdots\\y_{rm}^{(\rho)}\end{bmatrix},\quad \boldsymbol{Z}=\begin{bmatrix}z_1\\z_2\\\vdots\\z_m\end{bmatrix},\quad z_i=k_{i,\rho-1}e_i^{(\rho-1)}+\cdots+k_{i,0}e_i \tag{5.190}$$

考虑如下预测滑模性能指标：

$$\boldsymbol{J}(\boldsymbol{x},\boldsymbol{u},t)=\frac{1}{2}[\boldsymbol{\sigma}^{\mathrm{T}}(t+T)\boldsymbol{Q}\boldsymbol{\sigma}(t+T)+\boldsymbol{u}^{\mathrm{T}}(t)\boldsymbol{R}\boldsymbol{u}(t)] \tag{5.191}$$

其中 $\boldsymbol{Q},\boldsymbol{R}$ 为正定对称权值矩阵，$T>0$ 为一小正数。则根据式(5.189)，$\boldsymbol{\sigma}(t+T)$ 的预测值可以表示为

$$\boldsymbol{\sigma}(t+T)\approx\boldsymbol{\sigma}(t)+T\dot{\boldsymbol{\sigma}}(t)=\boldsymbol{\sigma}(t)+T(\boldsymbol{F}(\boldsymbol{x})+\boldsymbol{G}(\boldsymbol{x})\boldsymbol{u}-\boldsymbol{Y}_r^{(\rho)}+\boldsymbol{Z}) \tag{5.192}$$

其中函数 $\boldsymbol{F}(\boldsymbol{x}),\boldsymbol{G}(\boldsymbol{x})$ 的定义见定理 5.4。

求解预测控制问题

$$\min_u \boldsymbol{J}(\boldsymbol{x},\boldsymbol{u},t) \tag{5.193}$$

将性能指标 $\boldsymbol{J}$ 对控制量 $\boldsymbol{u}$ 求偏导：

$$\begin{aligned}\frac{\partial \boldsymbol{J}}{\partial \boldsymbol{u}}=&\left(\frac{\partial \boldsymbol{\sigma}(t+T)}{\partial \boldsymbol{u}}\right)^{\mathrm{T}}\boldsymbol{Q}\boldsymbol{\sigma}(t+T)+\boldsymbol{R}\boldsymbol{u}=\\&T\boldsymbol{G}(\boldsymbol{x})^{\mathrm{T}}\boldsymbol{Q}(\boldsymbol{\sigma}(t)+T(\boldsymbol{F}(x)+\boldsymbol{G}(\boldsymbol{x})\boldsymbol{u}-\boldsymbol{Y}_r^{(\rho)}+\boldsymbol{Z}))+\boldsymbol{R}\boldsymbol{u}=\\&T\boldsymbol{G}(\boldsymbol{x})^{\mathrm{T}}\boldsymbol{Q}\boldsymbol{\sigma}(t)+T^2\boldsymbol{G}(\boldsymbol{x})^{\mathrm{T}}\boldsymbol{Q}(\boldsymbol{F}(\boldsymbol{x})-\boldsymbol{Y}_r^{(\rho)}+\boldsymbol{Z})+(\boldsymbol{R}+T^2\boldsymbol{G}(\boldsymbol{x})^{\mathrm{T}}\boldsymbol{Q}\boldsymbol{G}(\boldsymbol{x}))\boldsymbol{u}\end{aligned}\tag{5.194}$$

由 $\frac{\partial \boldsymbol{J}}{\partial \boldsymbol{u}}=0$ 可得预测滑模控制律为

$$\boldsymbol{u}=-T(\boldsymbol{R}+T^2\boldsymbol{G}^{\mathrm{T}}(\boldsymbol{x})\boldsymbol{Q}\boldsymbol{G}(\boldsymbol{x}))^{-1}\boldsymbol{G}^{\mathrm{T}}(\boldsymbol{x})\boldsymbol{Q}[\sigma+T(\boldsymbol{F}(\boldsymbol{x})+\boldsymbol{Z}-\boldsymbol{Y}_r^{(\rho)})]\tag{5.195}$$

值得注意的是，预测滑模控制律(5.195)是基于标称模型(5.182)～(5.183)而得到的，当参数发生摄动时很难保证不确定系统的鲁棒性，为此需利用滑模变结构辅助控制律对其进行改进，此时的控制律由两部分组成，即

$$\boldsymbol{u}=\boldsymbol{u}_p+\boldsymbol{u}_v\tag{5.196}$$

其中 $\boldsymbol{u}_p$ 仍取式(5.195)定义的预测滑模控制律，$\boldsymbol{u}_v$ 为滑模变结构辅助控制律，见后面的分析。

根据不确定系统(5.180)～(5.181)，将滑模面 $\boldsymbol{\sigma}$ 沿着系统轨迹重新求导：

$$\begin{aligned}\dot{\boldsymbol{\sigma}}=&\boldsymbol{e}^{(\rho)}+k_{\rho-1}\boldsymbol{e}^{(\rho-1)}+\cdots+k_0\boldsymbol{e}=\\&y^{(\rho)}-y_r^{(\rho)}+k_{\rho-1}\boldsymbol{e}^{(\rho-1)}+\cdots+k_0\boldsymbol{e}=\\&\boldsymbol{F}(\boldsymbol{x})+\Delta\boldsymbol{F}(\boldsymbol{x})+(\boldsymbol{G}(\boldsymbol{x})+\Delta\boldsymbol{G}(\boldsymbol{x}))(\boldsymbol{u}_p+\boldsymbol{u}_v)+\boldsymbol{D}(\boldsymbol{x})-y_r^{(\rho)}+\boldsymbol{Z}\end{aligned}\tag{5.197}$$

其中 $\Delta\boldsymbol{F}(\boldsymbol{x})$，$\Delta\boldsymbol{G}(\boldsymbol{x})$ 为不确定项 $\Delta\boldsymbol{f}(\boldsymbol{x})$ 和 $\Delta\boldsymbol{g}(\boldsymbol{x})$ 引起的系统偏差，$\boldsymbol{D}(\boldsymbol{x})=L_f^{\rho-1}\boldsymbol{h}(\boldsymbol{x})d$，$\Delta\boldsymbol{G}(\boldsymbol{x})$ 满足

$$\Delta\boldsymbol{G}(\boldsymbol{x})=\lambda\boldsymbol{G}(\boldsymbol{x}),\quad|\lambda|<1\tag{5.198}$$

则有

$$|\Delta\boldsymbol{G}(\boldsymbol{x})\boldsymbol{G}^{-1}(\boldsymbol{x})|<1\tag{5.199}$$

令 $\Delta\boldsymbol{G}(\boldsymbol{x})\boldsymbol{G}^{-1}(\boldsymbol{x})=r_0$，$|r_0|<1$。

利用广义滑模存在条件 $\boldsymbol{\sigma}^{\mathrm{T}}\dot{\boldsymbol{\sigma}}\leqslant 0$，通过求解如下不等式组可得滑模辅助控制律 $\boldsymbol{u}_v$ 的具体表达式为

$$\begin{cases}\dot{\boldsymbol{\sigma}}=\boldsymbol{H}(\boldsymbol{x},\boldsymbol{u}_v)<0, & \boldsymbol{\sigma}>\boldsymbol{0}\\\dot{\boldsymbol{\sigma}}=\boldsymbol{H}(\boldsymbol{x},\boldsymbol{u}_v)>0, & \boldsymbol{\sigma}<\boldsymbol{0}\end{cases}\tag{5.200}$$

其中 $\boldsymbol{H}(\boldsymbol{x},\boldsymbol{u}_v)$ 为式(5.197)的简写表达式，通常来说，求解非线性方程组(5.200)较为困难，因此做一些简化，令权值矩阵 $\boldsymbol{R}=\boldsymbol{0}$，表示不对控制变量 $\boldsymbol{u}$ 加权运算，且构造如下滑模辅助控制律 $\boldsymbol{u}_v$

$$\boldsymbol{u}_v=-\boldsymbol{G}^{-1}(\boldsymbol{x})\varphi\operatorname{sign}(\boldsymbol{\sigma})\tag{5.201}$$

其中 $\varphi$ 为滑模面设计参数，具体形式在下文中给出。则有

$$\begin{aligned}\dot{\boldsymbol{\sigma}}(t)=&\boldsymbol{F}(\boldsymbol{x})+\Delta\boldsymbol{F}(\boldsymbol{x})-(\boldsymbol{G}(\boldsymbol{x})+\Delta\boldsymbol{G}(\boldsymbol{x}))T^{-1}\boldsymbol{G}^{-1}(\boldsymbol{x})[\boldsymbol{\sigma}+T(\boldsymbol{F}(\boldsymbol{x})+\boldsymbol{Z}-\boldsymbol{Y}_r^{(\rho)})]-\\&(\boldsymbol{G}(\boldsymbol{x})+\Delta\boldsymbol{G}(\boldsymbol{x}))\boldsymbol{G}^{-1}(\boldsymbol{x})\varphi\operatorname{sign}(\boldsymbol{\sigma})+\boldsymbol{D}(\boldsymbol{x})-y_r^{(\rho)}+\boldsymbol{Z}=\\&-T^{-1}(\boldsymbol{I}+\Delta\boldsymbol{G}(\boldsymbol{x})\boldsymbol{G}^{-1}(\boldsymbol{x}))\boldsymbol{\sigma}-(\boldsymbol{I}+\Delta\boldsymbol{G}(\boldsymbol{x})\boldsymbol{G}^{-1}(\boldsymbol{x}))\varphi\operatorname{sign}(\boldsymbol{\sigma})+\boldsymbol{\eta}\end{aligned}\tag{5.202}$$

其中

$$\boldsymbol{\eta}=\Delta\boldsymbol{F}(\boldsymbol{x})+\boldsymbol{D}(\boldsymbol{x})-\Delta\boldsymbol{G}(\boldsymbol{x})\boldsymbol{G}^{-1}(\boldsymbol{x})(\boldsymbol{F}(\boldsymbol{x})+\boldsymbol{Z}-\boldsymbol{Y}_r^{(\rho)})\tag{5.203}$$

则当

$$\phi \geqslant -T^{-1}\|\boldsymbol{\sigma}\| + \frac{1}{1-r_0}\boldsymbol{\eta}\mathrm{sign}(\boldsymbol{\sigma}) \tag{5.204}$$

有 $\boldsymbol{\sigma}^{\mathrm{T}}\dot{\boldsymbol{\sigma}} \leqslant 0$ 成立。因此若取 $\phi > \frac{1}{1-r_0}\|\boldsymbol{\eta}\|$，即可知道 $\varphi$ 满足广义滑模条件，即存在有限时间 $t_s$，当 $t > t_s$ 时，滑模面 $\boldsymbol{\sigma}$ 将被限制在区域 $B_{\boldsymbol{\sigma}}$ 内。

$$B_\sigma = \left\{\boldsymbol{\sigma} \mid \|\boldsymbol{\sigma}\| \leqslant \boldsymbol{\varphi}, \boldsymbol{\varphi} > \frac{1}{1-r_0}\|\boldsymbol{\eta}\|\right\} \tag{5.205}$$

值得注意的是，式(5.201)中的滑模辅助控制律 $\boldsymbol{u}_v$ 需知道 $\Delta\boldsymbol{F}(\boldsymbol{x})$，$\Delta\boldsymbol{G}(\boldsymbol{x})$ 和 $\boldsymbol{D}(\boldsymbol{x})$ 的最大变化范围。对于非线性不确定系统而言，如果系统不确定和干扰上界是未知的，为了保证系统的稳定性，可以把这个界取得非常大，然而这样做就使得控制器设计的保守性大大增加，也势必带来高频抖振的问题。因此，设计具有自适应能力的预测滑模控制系统更符合实际控制的要求。

### 5.5.2　基于预测滑模控制的非线性鲁棒自适应控制(Nonlinear Robust Adaptive Control Based on Predictive Sliding Mode Control)

令 $\boldsymbol{\sigma} = [\sigma_1, \sigma_2, \cdots, \sigma_m]^{\mathrm{T}}$，仍考虑如下滑模面：

$$\sigma_i = e_i^{(\rho-1)} + k_{i,\rho-1}e_i^{(\rho-2)} + \cdots + k_{i,0}\int_0^t e_i\mathrm{d}\tau \tag{5.206}$$

其中 $e_i = \boldsymbol{y}_i - \boldsymbol{y}_{ri}(i=1,\cdots,m)$ 为系统的跟踪误差，$\boldsymbol{y}_{ri}$ 为某一光滑参考轨迹。$k_{i,j}(j=1,\cdots,\rho-1)$ 为滑模面设计参数，$k_{i,j}$ 满足如下 Hurwitz 多项式：

$$p_i(\lambda) = \lambda_i^{(\rho)} + k_{i,\rho-1}\lambda_i^{(\rho-1)} + \cdots + k_{i,0}\lambda_i \tag{5.207}$$

将滑模面对时间 $t$ 求导，得

$$\dot{\boldsymbol{\sigma}}(t) = \boldsymbol{F}(\boldsymbol{x}) + \Delta\boldsymbol{F}(\boldsymbol{x}) + (\boldsymbol{G}(\boldsymbol{x}) + \Delta\boldsymbol{G}(\boldsymbol{x}))\boldsymbol{u} + \boldsymbol{D}(\boldsymbol{x}) - \boldsymbol{y}_r^{(\rho)} + \boldsymbol{Z} \tag{5.208}$$

为了设计方便，令 $\boldsymbol{\Phi}(\boldsymbol{x},\boldsymbol{u},t) = \Delta\boldsymbol{F}(\boldsymbol{x}) + \Delta\boldsymbol{G}(\boldsymbol{x})\boldsymbol{u} + \boldsymbol{D}(\boldsymbol{x})$，称之为复合干扰。则上式可以写成

$$\dot{\boldsymbol{\sigma}}(t) = \boldsymbol{F}(\boldsymbol{x}) + \boldsymbol{G}(\boldsymbol{x})\boldsymbol{u} - \boldsymbol{y}_r^{(\rho)} + \boldsymbol{Z} + \boldsymbol{\Phi}(\boldsymbol{x},\boldsymbol{u},t) \tag{5.209}$$

为了抑制复合干扰 $\boldsymbol{\Phi}(\boldsymbol{x},\boldsymbol{u},t)$ 的影响，本节考虑利用模糊自适应系统的一致逼近能力，对其进行在线逼近和控制。

考虑如下 If－Then 规则构成的模糊系统，其中第 $l$ 条规则为

$$R^l\text{: If } x_1 \text{ is } A_1^i \text{ and } x_2 \text{ is } A_2^i \text{ and} \cdots \text{and } x_n \text{ is } A_n^i\text{, Then } \boldsymbol{y} \text{ is } \boldsymbol{y}^i \tag{5.210}$$

实现由输入 $\boldsymbol{x} = (x_1, x_2, \cdots, x_n)^{\mathrm{T}}$ 到输出变量 $\boldsymbol{y}$ 的映射。其中，$A_1^i, A_2^i, \cdots, A_n^i$ 是输入变量对应的模糊集，$\boldsymbol{y}^i$ 表示输出变量。则模糊系统的输出可以表示成

$$\boldsymbol{y}(\boldsymbol{x}) = \frac{\sum_{i=1}^{l}\boldsymbol{y}^i\left(\prod_{j=1}^{n}\mu_{A_j^i}(x_j)\right)}{\sum_{i=1}^{l}\prod_{j=1}^{n}\mu_{A_j^i}(x_j)} = \boldsymbol{\varphi}^{\mathrm{T}}(\boldsymbol{x})\boldsymbol{\theta} \tag{5.211}$$

其中，$\mu_{A_j^i}(x_j)$ 表示模糊变量 $x_j$ 的隶属度函数值；$l$ 表示模糊规则数；$\boldsymbol{\theta}$ 表示可调模糊权值参数向量，$\boldsymbol{\varphi}(\boldsymbol{x})$ 表示模糊系统的基函数向量。

根据式(5.211)，用来逼近复合干扰 $\boldsymbol{\Phi}(\boldsymbol{x},\boldsymbol{u},t)$ 的模糊系统可以表示为

$$\hat{\boldsymbol{\Phi}}(\boldsymbol{x},\boldsymbol{u},t) = \boldsymbol{\varphi}^{\mathrm{T}}(\boldsymbol{x})\boldsymbol{\theta} \tag{5.212}$$

其中，$\boldsymbol{\varphi}(\boldsymbol{x})=\mathrm{diag}(\boldsymbol{\varphi}_1^{\mathrm{T}}(\boldsymbol{x}),\cdots,\boldsymbol{\varphi}_m^{\mathrm{T}}(\boldsymbol{x}))\in\mathbf{R}^{L\times m}$ 为模糊系统的基函数；$L=l_1+\cdots+l_m$ 为模糊规则数；向量 $\boldsymbol{\varphi}_i(\boldsymbol{x})=[\varphi_i^1(\boldsymbol{x}),\cdots,\varphi_i^{l_i}(\boldsymbol{x})]^{\mathrm{T}}\in\mathbf{R}^{l_i}$，其中元素 $\varphi_i^k(\boldsymbol{x})(k=1,\cdots,l_i)$ 定义为

$$\varphi_i^k(\boldsymbol{x})=\frac{\prod\limits_{j=1}^{n}\mu_{A_j^k}(x_j)}{\sum\limits_{k=1}^{l_i}\left(\prod\limits_{j=1}^{n}\mu_{A_j^k}(x_j)\right)} \tag{5.213}$$

其中隶属度函数采用高斯函数形式，即

$$\mu_{A_j^k}(x_j)=a_j^k\exp[-((x_j-b_j^k)/c_j^k)^2] \tag{5.214}$$

$\boldsymbol{\theta}=[\theta_1^{\mathrm{T}},\cdots,\theta_m^{\mathrm{T}}]^{\mathrm{T}}\in\mathbf{R}^L$ 为可调权值向量，$\boldsymbol{\theta}_i=[\theta_i^1,\cdots,\theta_i^{l_i}]^{\mathrm{T}}\in\mathbf{R}^{l_i}$，$i=1,\cdots,m$。

**假设 5.6**　对于紧集 $\Omega_x$ 内任意给定的 $\boldsymbol{x}$，存在模糊系统的最优权值向量 $\boldsymbol{\theta}^*$ 为

$$\boldsymbol{\theta}^*=\arg\min_{\boldsymbol{\theta}\in\Omega_\theta}[\sup_{x\in\Omega_x}\|\boldsymbol{\Phi}-\boldsymbol{\varphi}^{\mathrm{T}}(\boldsymbol{x})\boldsymbol{\theta}\|] \tag{5.215}$$

并且最优权值向量 $\boldsymbol{\theta}^*$ 在凸区域内，即

$$\Omega_\theta=\{\boldsymbol{\theta}\,|\,\|\boldsymbol{\theta}\|\leqslant\boldsymbol{M}_0\} \tag{5.216}$$

其中参数 $\boldsymbol{M}_0>\mathbf{0}$。

根据以上假设条件，可知最优权值 $\boldsymbol{\theta}^*$ 范数有界，即 $\|\boldsymbol{\theta}^*\|\leqslant\bar{\boldsymbol{\theta}}$，其中 $\bar{\boldsymbol{\theta}}>\mathbf{0}$。因此可定义模糊系统的逼近误差 $\boldsymbol{\varepsilon}$ 为

$$\boldsymbol{\varepsilon}=\boldsymbol{\Phi}(\boldsymbol{x},\boldsymbol{u},t)-\boldsymbol{\varphi}^{\mathrm{T}}(\boldsymbol{x})\boldsymbol{\theta}^*,\quad\|\boldsymbol{\varepsilon}\|\leqslant\bar{\varepsilon} \tag{5.217}$$

其中 $\bar{\varepsilon}$ 为逼近误差 $\boldsymbol{\varepsilon}$ 的上界，不妨设 $\bar{\varepsilon}\leqslant\psi$。

于是基于预测滑模控制的非线性鲁棒自适应控制律可以表示为

$$\boldsymbol{u}=\boldsymbol{u}_p+\boldsymbol{u}_v \tag{5.218}$$

其中 $\boldsymbol{u}_p$ 仍取式(5.195)定义的预测滑模控制律，$\boldsymbol{u}_v$ 为滑模自适应辅助控制律。

$$\boldsymbol{u}_p=-T^{-1}\boldsymbol{G}^{-1}(\boldsymbol{x})[\boldsymbol{\sigma}+T(\boldsymbol{F}(\boldsymbol{x})+\boldsymbol{Z}-\boldsymbol{Y}_r^{(\rho)})] \tag{5.219}$$

$$\boldsymbol{u}_v=-\boldsymbol{G}^{-1}(\boldsymbol{x})(\hat{\boldsymbol{\Phi}}(\boldsymbol{x},\boldsymbol{u},t)+\phi\,\mathrm{sign}(\boldsymbol{\sigma})) \tag{5.220}$$

其中 $\phi>0$ 为设计参数。

将控制律(5.218)～(5.220)代入式(5.209)，得

$$\begin{aligned}\dot{\boldsymbol{\sigma}}(t)=&-T^{-1}\boldsymbol{\sigma}+\boldsymbol{\Phi}(\boldsymbol{x},\boldsymbol{u},t)-\boldsymbol{\varphi}^{\mathrm{T}}(\boldsymbol{x})\boldsymbol{\theta}-\phi\,\mathrm{sign}(\boldsymbol{\sigma})=\\&-T^{-1}\boldsymbol{\sigma}+\boldsymbol{\varphi}^{\mathrm{T}}(\boldsymbol{x})\tilde{\boldsymbol{\theta}}+\boldsymbol{\varepsilon}-\phi\,\mathrm{sign}(\boldsymbol{\sigma})\end{aligned} \tag{5.221}$$

其中 $\tilde{\boldsymbol{\theta}}$ 为权值误差向量，

$$\tilde{\boldsymbol{\theta}}=\boldsymbol{\theta}^*-\boldsymbol{\theta} \tag{5.222}$$

**定理 5.6**　对非线性不确定系统(5.180)～(5.181)，若采用控制器(5.218)～(5.220)，控制器参数自适应律为

$$\dot{\boldsymbol{\theta}}=\lambda_\theta\boldsymbol{\varphi}(\boldsymbol{x})\boldsymbol{\sigma} \tag{5.223}$$

其中 $\lambda_\theta$ 为模糊系统自学习律，则当控制器参数取 $\phi>\psi$ 时，闭环系统所有信号一致最终有界，且跟踪误差将渐进收敛到零。

**证明**　定义如下增广误差向量

$$\Xi=[\boldsymbol{\sigma}^{\mathrm{T}}\quad\tilde{\boldsymbol{\theta}}^{\mathrm{T}}]^{\mathrm{T}}\in D_\Xi \tag{5.224}$$

及稳定性分析所需的 Lyapunov 函数：

$$V(\Xi)=\Xi^{\mathrm{T}}\bar{\boldsymbol{P}}\Xi \tag{5.225}$$

其中 $D_{\Xi}=D_{\sigma}\times D_{\tilde{\theta}}$ 为增广误差的定义域，权值矩阵 $\bar{\boldsymbol{P}}$ 为

$$\bar{\boldsymbol{P}}=\frac{1}{2}\begin{bmatrix}\boldsymbol{I}_{\sigma} & \boldsymbol{0}\\ \boldsymbol{0} & \lambda_{\theta}^{-1}\boldsymbol{I}_{\theta}\end{bmatrix} \tag{5.226}$$

$\lambda_{\theta}>0$，$\boldsymbol{I}_{\sigma}$ 和 $\boldsymbol{I}_{\theta}$ 为适当维数的单位阵。

将式(5.225)定义的 Lyapunov 函数沿着系统轨迹对时间 $t$ 进行求导，可得

$$\dot{V}=\boldsymbol{\sigma}^{\mathrm{T}}\dot{\boldsymbol{\sigma}}+\frac{1}{\lambda_{\theta}}\tilde{\boldsymbol{\theta}}^{\mathrm{T}}\dot{\tilde{\boldsymbol{\theta}}} \tag{5.227}$$

根据式(5.221)得

$$\begin{aligned}\dot{V}=&\boldsymbol{\sigma}^{\mathrm{T}}(-T^{-1}\boldsymbol{\sigma}+\boldsymbol{\Phi}(\boldsymbol{x},\boldsymbol{u},t)-\boldsymbol{\varphi}^{\mathrm{T}}(\boldsymbol{x})\boldsymbol{\theta}-\phi\,\mathrm{sign}(\boldsymbol{\sigma}))-\frac{1}{\lambda_{\theta}}\tilde{\boldsymbol{\theta}}^{\mathrm{T}}\dot{\boldsymbol{\theta}}=\\ &-T^{-1}\boldsymbol{\sigma}^{\mathrm{T}}\boldsymbol{\sigma}+\boldsymbol{\sigma}^{\mathrm{T}}(\boldsymbol{\varphi}^{\mathrm{T}}(\boldsymbol{x})\tilde{\boldsymbol{\theta}}+\boldsymbol{\varepsilon}-\phi\,\mathrm{sign}(\boldsymbol{\sigma}))-\frac{1}{\lambda_{\theta}}\tilde{\boldsymbol{\theta}}^{\mathrm{T}}\dot{\boldsymbol{\theta}}\leqslant\\ &-T^{-1}\boldsymbol{\sigma}^{\mathrm{T}}\boldsymbol{\sigma}-\|\boldsymbol{\sigma}\|(\phi-\psi)+\left(\boldsymbol{\sigma}^{\mathrm{T}}\boldsymbol{\varphi}^{\mathrm{T}}(\boldsymbol{x})\tilde{\boldsymbol{\theta}}-\frac{1}{\lambda_{\theta}}\tilde{\boldsymbol{\theta}}^{\mathrm{T}}\dot{\boldsymbol{\theta}}\right)\end{aligned} \tag{5.228}$$

由参数自适应律(5.223)：

$$\boldsymbol{\sigma}^{\mathrm{T}}\boldsymbol{\varphi}^{\mathrm{T}}(\boldsymbol{x})\tilde{\boldsymbol{\theta}}-\frac{1}{\lambda_{\theta}}\tilde{\boldsymbol{\theta}}^{\mathrm{T}}\dot{\boldsymbol{\theta}}=\tilde{\boldsymbol{\theta}}^{\mathrm{T}}(\boldsymbol{\varphi}(\boldsymbol{x})\boldsymbol{\sigma}-\frac{1}{\lambda_{\theta}}\dot{\boldsymbol{\theta}})=0 \tag{5.229}$$

综合式(5.227)～(5.229)有

$$\dot{V}\leqslant-T^{-1}\boldsymbol{\sigma}^{\mathrm{T}}\boldsymbol{\sigma}-\|\boldsymbol{\sigma}\|(\phi-\psi) \tag{5.230}$$

因此，当取 $\phi>\psi$ 时，有 $\dot{V}<0$。

由上式可知，滑模面 $\boldsymbol{\sigma}$ 是有界的，根据滑模面的定义，则当 $e_i(0)$ 有界时，$e_i(t)$ 也是有界的，而一旦到达滑模面，由式(5.200)可知，系统跟踪误差将在有限时间内收敛到零。证毕。

根据定理5.6，控制律(5.220)只需估计出模糊逼近误差的上界 $\psi$，因此控制器的保守性大大降低。

为了降低开关函数 $\mathrm{sign}(\boldsymbol{\sigma})$ 对系统的影响，可以用下式进行替换：

$$\mathrm{sign}(\boldsymbol{\sigma})\approx\frac{\boldsymbol{\sigma}}{\delta+|\boldsymbol{\sigma}|} \tag{5.231}$$

其中，$\delta$ 为任意小的正数。

**例5.4** 考虑如下一级倒立摆的数学模型：

$$\begin{aligned}\dot{x}_1&=x_2\\ \dot{x}_2&=\frac{mlx_2^2\sin x_1\cos x_1-(M+m)g\sin x_1}{ml\cos^2x_1-4/3l(M+m)}+\frac{-\cos x_1}{ml\cos^2x_1-4/3l(M+m)}u+d\end{aligned} \tag{5.232}$$

其中，$x_1$ 为摆与垂直方向的夹角 $\theta$；$x_2$ 为摆与垂直方向夹角的角速度 $\dot{\theta}$；$M$ 为小车的质量；$m$ 为摆的质量；$g$ 为重力加速度；$l$ 为摆长的一半；$u$ 为作用在小车上的控制力；$d$ 为外部干扰。

控制目的是在扰动作用下，模糊系统能够逼近未知的扰动，使得倒立摆的两个状态能够镇定。系统参数如下：$M=1\ \mathrm{kg}$，$m=0.1\ \mathrm{kg}$，$l=0.5\ \mathrm{m}$，$g=9.8\ \mathrm{m/s^2}$。外部干扰为 $d=(0.1\cos(t)+0.2\sin(0.5t))\mathrm{N\cdot m}$。

经验证，上述系统的相对阶为 $\rho=2$。

定义如下滑模面：

$$\boldsymbol{\sigma}=x_2+k_2x_1+k_1\int x_1\mathrm{d}t \tag{5.233}$$

其中参数 $k_1=10, k_2=7$。

系统每个状态选取 5 个模糊语言变量，对应的隶属度函数分别为

$$\begin{aligned}
&\mu_{A_j^1}(x_j)=1/\{1+\exp(5(x_j+0.6))\}\\
&\mu_{A_j^2}(x_j)=\exp\{-(x_j+0.3)^2\}\\
&\mu_{A_j^3}(x_j)=\exp\{-x_j^2\}\\
&\mu_{A_j^4}(x_j)=\exp\{-(x_j-0.3)^2\}\\
&\mu_{A_j^5}(x_j)=1/\{1+\exp(-5(x_j-0.6))\}
\end{aligned} \tag{5.234}$$

$j=1,2$。模糊系统自适应参数选择为 $\lambda_\theta=0.7$，仿真结果如图 5.11～5.12 所示。辅助控制律参数选择为 $\varphi=0.05°$。

此时的控制变量为

$$\boldsymbol{u}=\boldsymbol{u}_p+\boldsymbol{u}_v$$

$$\boldsymbol{u}_p=\frac{10\boldsymbol{\sigma}}{\dfrac{\cos x_1}{(0.05\cos^2 x_1-0.733)}}-\frac{0.05x_2^2\sin x_1\cos x_1-10.78\sin x_1}{0.05\cos^2 x_1-0.733}-7x_2-10x_1 \tag{5.235}$$

$$\boldsymbol{u}_v=-\frac{(\boldsymbol{\Phi}+0.05\mathrm{sign}(\boldsymbol{\sigma}))}{\dfrac{\cos x_1}{(0.05\cos^2 x_1-0.733)}} \tag{5.236}$$

其中，$\boldsymbol{\Phi}$ 为模糊系统的输出。

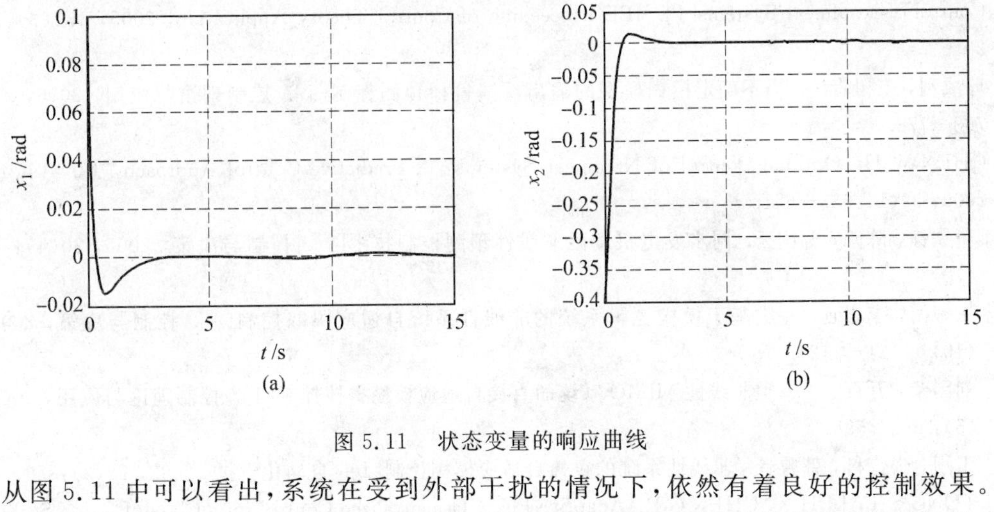


图 5.11　状态变量的响应曲线

从图 5.11 中可以看出，系统在受到外部干扰的情况下，依然有着良好的控制效果。图 5.12 给出了系统控制变量 $\boldsymbol{u}$ 的曲线，预测滑模控制的高频抖振问题也得到了有效的抑制。

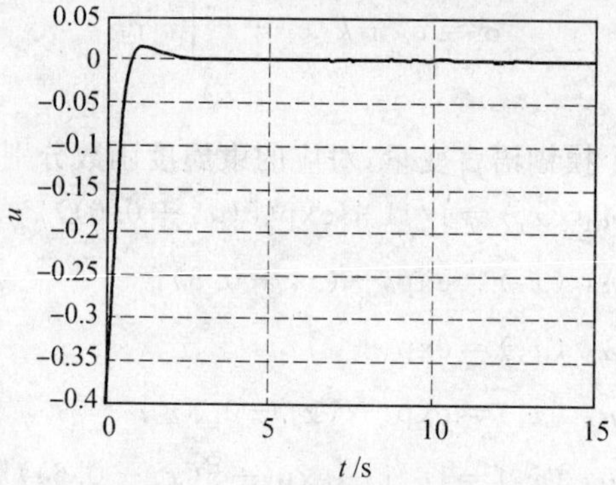


图 5.12 控制变量的曲线

## 参考文献(References)


[1] 舒迪前. 预测控制系统及其应用[M]. 北京:机械工业出版社，1995.

[2] CUTLER C R, RAMAKER B L. Dynamic Matrix Control-A Computer Control Algorithmic[C]. Proc. of JACC. San Franciso, 1980, 13(6):1451—1464.

[3] 徐立鸿，冯纯伯. 论广义预测控制[J]. 控制与决策，1992,(7)4:241—246.

[4] 慈春令，侯培国. 采用加权控制律的自适应广义预测极点配置控制器[J]. 控制理论与应用，1994，11(3):303—308.

[5] 李亚东，李少远. 基于 LMI 的多模型鲁棒预测控制[J]. 控制理论与应用，2002,19(6):829—832.

[6] MAYURESLI V K, BALAKRISHNAN V, MANFRED M. Robust Constrained Model Predictive Control Using Linear Matrix Inequalities [J]. Automatica ,1996 ,32(10):1361—1379.

[7] CASAVOLA A, FAMULARO D, FRANZE G. Norm-bounded Robust MPC Strategies for Constrained Control of Nonlinear Systems[J]. IEE Proceeding of Control Theory Application, 2005, 152(3):285—295.

[8] 苏成利，王树青. 一类不确定模糊模型的输出反馈鲁棒预测控制[J]. 控制理论与应用，2006，23(5):768—778.

[9] CHEN W H. Optimal Control of Nonlinear Systems: A Predictive Control Approach [J]. Automatic, 2003, 39(1):633—641.

[10] 蒋铁铮，陈陈，曹国云. 同步发电机励磁非线性预测控制技术[J]. 控制与决策，2005，20(4)：467—470.

[11] 王银河，李志远. 一类基于模糊逻辑系统的非线性系统自适应跟踪控制[J]. 控制与决策，2004，19(10)：1121—1124.

[12] 刘国荣，万百五. 一类非线性 MIMO 系统的直接自适应模糊鲁棒控制[J]. 控制理论与应用，2002，19(5)：693—698.

[13] 丁刚，张曾科，韩曾晋. 非线性系统的鲁棒自适应模糊控制[J]. 自动化学报，2002，28(3):356—362.

[14] TONG S T, LI H X, CHEN G R. Adaptive Fuzzy Decentralized Control for a Class of Large-Scale Nonlinear Systems[J]. IEEE Transactions on Systems, Man and Cybernetics-Part B: Cybernetics, 2004, 34(1): 770—775.

[15] LI H X, TONG S C. A Hybrid Adaptive Fuzzy Control for a Class of Nonlinear MIMO Systems[J]. IEEE Transactions on Fuzzy Systems, 2003, 11(1): 24—34.

[16] UTKIM V I. Variable Structure Systems With Sliding Modes[J]. IEEE Transactions Automatic Control, 1977, 22(2):212—222.

# 第 6 章　非线性系统的模糊控制 (Fuzzy Control of Nonlinear Systems)

模糊控制(Fuzzy Control)是以模糊集合理论为基础的一种新兴的控制手段,它是模糊系统理论和模糊技术与自动控制技术相结合的产物。自从模糊理论诞生以来,它产生了许多探索性甚至是突破性的研究与应用成果,同时,这一方法也逐步成为人们思考问题的重要方法论。模糊控制实质上是一种非线性控制,从属于智能控制的范畴,近 20 多年来,模糊控制不论从理论上还是技术上都有了长足的进步,成为非线性控制领域中一个非常活跃而又硕果累累的分支。

## 6.1　非线性系统的模糊控制方法 (Fuzzy Control Methods of Nonlinear Systems)

模糊控制的两个主要问题在于,改进稳态控制精度和提高智能水平与适应能力。在实际应用中,往往是将模糊控制或模糊推理的思想与其他相对成熟的控制理论或方法结合起来,发挥各自的长处,从而获得理想的控制效果。由于模糊规则和语言很容易被人们广泛接受,加上模糊化技术在微处理器和计算机中能很方便地实现,所以这种结合展现出强大的生命力和良好的效果。

针对模糊控制的改进大致可分为模糊复合控制、自适应和自学习模糊控制以及模糊控制与智能化方法的结合等三个方面。

1. 模糊复合控制(Fuzzy Hybrid Control)

模糊复合控制主要有 Fuzzy－PID 复合控制、模糊－线性复合控制、史密斯－模糊控制器、三维模糊控制器、多变量模糊控制等。这里我们以 Fuzzy－PID 为代表,分析一下模糊控制的优势。

采用 T－S 模型的模糊规则一般为

$$\begin{aligned}&\text{Rule } i\text{: If } e \text{ is } M_{i1},\ ie \text{ is } M_{i2},\ de \text{ is } M_{i3},\\&\text{Then } u^i = b_0^i + b_1^i e + b_2^i \int e + b_3^i \dot{e}\end{aligned} \tag{6.1}$$

取特殊情况 $b_0^i = 0$。假设当前输出偏差为 $e$,由规则 $R_i$ 可得输出为

$$u^i = b_1^i e + b_2^i \int e + b_3^i \dot{e} \tag{6.2}$$

假设共有 $r$ 条规则,选取极小蕴含关系及加权输出方法,可得 Fuzzy－PID 控制器输出为

$$u = \frac{\sum_{i=1}^{r} \mu_i u^i}{\sum_{i=1}^{r} \mu_i} \tag{6.3}$$

式中,加权系数为

$$\mu_i = \min\left[\boldsymbol{M}_{i1}(e), \boldsymbol{M}_{i2}\left(\int e\right), \boldsymbol{M}_{i3}(\dot{e})\right] \tag{6.4}$$

记 $h_i = \mu_i / \sum_{i=1}^{r} \mu_i$,称之为相对加权系数,展开式(6.3)得

$$u = \sum_{i=1}^{r} h_i u^i = \sum_{i=1}^{r} \left[h_i\left(b_1^i e + b_2^i \int e + b_3^i \dot{e}\right)\right] \tag{6.5}$$

整理可得

$$u = \left(\sum_{i=1}^{r} h_i b_1^i\right) e + \left(\sum_{i=1}^{r} h_i b_2^i\right) \int e + \left(\sum_{i=1}^{r} h_i b_3^i\right) \dot{e} \tag{6.6}$$

由于常见 PID 的控制形式为

$$u_{\mathrm{PID}} = K_p e + K_i \int e + K_d \dot{e} \tag{6.7}$$

对比(6.6) 和式(6.7),可得 Fuzzy－PID 控制器对应于 PID 控制器的 3 个参数为

$$K_{Fp} = \sum_{i=1}^{r} h_i b_1^i, \quad K_{Fi} = \sum_{i=1}^{r} h_i b_2^i, \quad K_{Fd} = \sum_{i=1}^{r} h_i b_3^i \tag{6.8}$$

可简记

$$u = K_{Fp} e + K_{Fi} \int e + K_{Fd} \dot{e} \tag{6.9}$$

同 PID 控制器的 3 个参数 $K_p, K_i, K_d$ 相比,$K_{Fp}, K_{Fi}, K_{Fd}$ 具有更广泛的意义。$K_p, K_i, K_d$ 在一般控制中是常数(在较复杂或时变系统,这 3 个参数可定位分段常数),但 $K_{Fp}, K_{Fi}, K_{Fd}$ 却是变量。从式(6.8) 可知 $K_{Fp}, K_{Fi}, K_{Fd}$ 是 $e, \int e, \dot{e}$ 的函数,即上述 3 个参数可以记为

$$K_{Fp} = f_1\left(e, \int e, \dot{e}\right), \quad K_{Fi} = f_2\left(e, \int e, \dot{e}\right), \quad K_{Fd} = f_3\left(e, \int e, \dot{e}\right) \tag{6.10}$$

由此可以看出,Fuzzy－PID 控制器可看作是一种变参数的 PID 控制器,由于隶属度函数一般是非线性的,上式中 $f_1, f_2, f_3$ 均为非线性映射。因此 Fuzzy－PID 控制器是一种非线性控制器。另外,从式(6.2) 分析可知,只有一条规则的 Fuzzy－PID 控制器实际上就是一般意义的 PID 控制器。如果 $r=1$,则 $h_1=1$,由式(6.8) 可得控制器输出为

$$u = b_1^1 e + b_2^1 \int e + b_3^1 \dot{e} \tag{6.11}$$

结果与式(6.7) 相同,即单个规则的 Fuzzy－PID 控制器就是 PID 控制器。再由式(6.3) 分析可知,多条规则的 Fuzzy－PID 模糊控制器是多个 PID 控制器的复合作用,只是在不同的状态下,由单个规则所确定的 PID 控制器具有不同的加权因子。因此,Fuzzy－PID 控制器也可看作一种复合 PID 控制器。

$$u = F(u^1, u^2, \cdots, u^N), \quad u^i = b_1^i e + b_2^i \int e + b_3^{i\,1} e \tag{6.12}$$

**例 6.1**　考虑二阶系统 $G_p = [(s+2)(s+3)]^{-1}$,采用模糊 PID 控制器的系统闭环结构图如图 6.1 所示。

选取如下 8 条模糊规则:

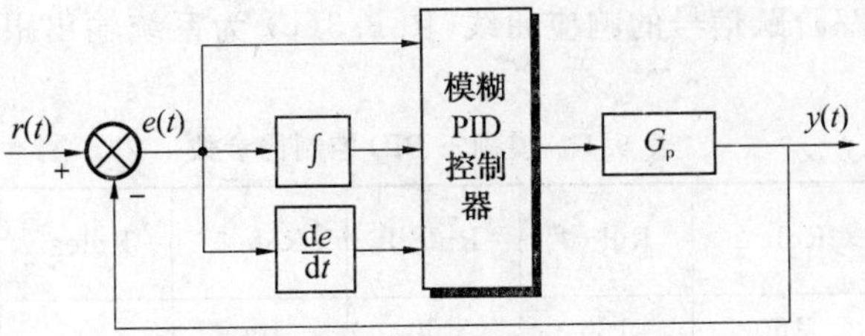


图 6.1　模糊 PID 控制系统原理框图

Rule 1：If $e$ is $N$, $ie$ is $N$, $de$ is $N$

$$\text{Then } u^1 = b_1^1 e + b_2^1 \int e + b_3^1 \dot{e}$$

Rule 2：If $e$ is $N$, $ie$ is $N$, $de$ is $P$

$$\text{Then } u^2 = b_1^2 e + b_2^2 \int e + b_3^2 \dot{e}$$

Rule 3：If $e$ is $N$, $ie$ is $P$, $de$ is $N$

$$\text{Then } u^3 = b_1^3 e + b_2^3 \int e + b_3^3 \dot{e}$$

Rule 4：If $e$ is $N$, $ie$ is $P$, $de$ is $P$

$$\text{Then } u^4 = b_1^4 e + b_2^4 \int e + b_3^4 \dot{e}$$

Rule 5：If $e$ is $P$, $ie$ is $N$, $de$ is $N$

$$\text{Then } u^5 = b_1^5 e + b_2^5 \int e + b_3^5 \dot{e}$$

Rule 6：If $e$ is $P$, $ie$ is $N$, $de$ is $P$

$$\text{Then } u^6 = b_1^6 e + b_2^6 \int e + b_3^6 \dot{e}$$

Rule 7：If $e$ is $P$, $ie$ is $P$, $de$ is $N$

$$\text{Then } u^7 = b_1^7 e + b_2^7 \int e + b_3^7 \dot{e}$$

Rule 8：If $e$ is $P$, $ie$ is $P$, $de$ is $P$

$$\text{Then } u^8 = b_1^8 e + b_2^8 \int e + b_3^8 \dot{e}$$

$e$, $ie$, $de$ 的隶属度函数如图 6.2 所示。

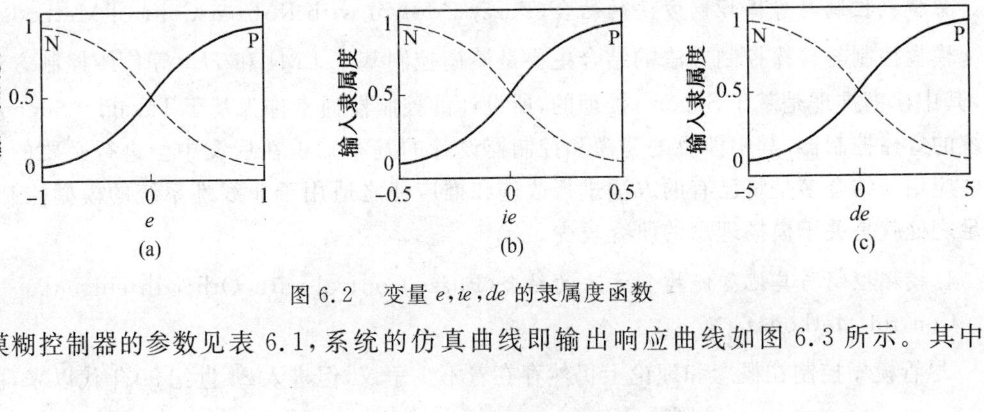


图 6.2　变量 $e$, $ie$, $de$ 的隶属度函数

模糊控制器的参数见表 6.1，系统的仿真曲线即输出响应曲线如图 6.3 所示。其中图

6.3(a) 为系统输出跟踪阶跃信号的响应曲线，图 6.3(b) 为系统输出跟踪正弦信号的响应曲线。

**表 6.1　模糊－PID 控制器参数**

| 规则<br>参数 | Rule 1 | Rule 2 | Rule 3 | Rule 4 | Rule 5 | Rule 6 | Rule 7 | Rule 8 |
|---|---|---|---|---|---|---|---|---|
| $b_1$ | 160 | 160 | 160 | 160 | 100 | 100 | 100 | 100 |
| $b_2$ | 30 | 30 | 10 | 10 | 30 | 30 | 10 | 10 |
| $b_3$ | 50 | 30 | 50 | 30 | 50 | 30 | 50 | 30 |

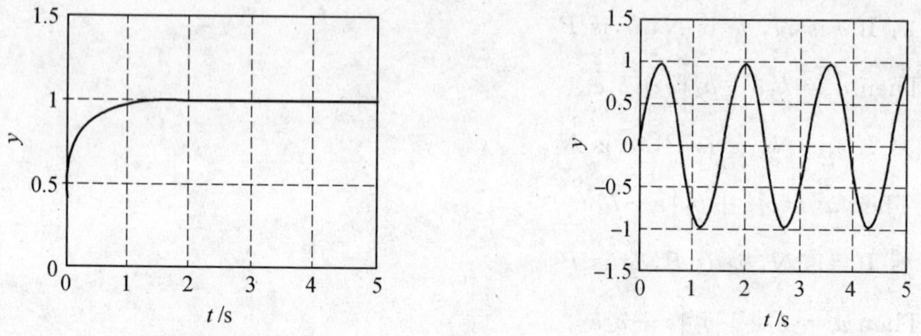

(a) 跟踪阶跃信号　　(b) 跟踪正弦信号

图 6.3　系统输出响应曲线

由图 6.3 可以看出，在模糊 PID 控制器的作用下，系统输出可有效跟踪参考信号，说明了作为一种非线性控制器，模糊 PID 控制的可实现性和有效性。这里只给出了一个线性系统的模糊 PID 控制实例，感兴趣的读者也可以将其拓展以实现非线性系统的跟踪控制。模糊 PID 方法简单有效，可有效应对传统 PID 参数的固定性，因此在工程设计中应用较多。但由于需要专家经验建立模糊规则，在难以获得专家经验的时候应用容易受限。

2. 自适应和自学习模糊控制(Adaptive and Self-learning Fuzzy Control)

自适应和自学习模糊控制主要有自校正模糊控制、参数自调整模糊控制、模型参考自适应模糊控制、自学习模糊控制、自组织模糊控制等。由于自适应模糊控制在后文中会进行充分的说明，因此在这里不再详述。

3. 模糊控制与鲁棒控制方法的结合(Fuzzy Control with Robust Control Methods)

模糊控制与鲁棒控制方法的结合主要是模糊控制基于 LMI 和 $H_\infty$ 等鲁棒控制方法的结合，其中模糊推理是基于 Sugeno 推理的，所设计的控制器通常称为基于 Takagi－Sugeno 模糊系统的鲁棒控制器，其中涉及的建模和控制器设计的基本知识在后文中会进行必要的介绍。这些应用与结合多是将已有的方法进行改进和推广使之适用于非线性系统的模糊控制问题，不足之处就是关于模糊理念的研究较少。

4. 模糊控制与其他智能控制方法的结合(Fuzzy Control with Other Intelligent Control Methods)

尽管模糊控制在概念和理论上仍然存在着不少争议，但进入 20 世纪 90 年代以来，由于国际上许多著名学者的参与,以及大量工程应用上取得的成功,尤其是对无法用经典与现代控制理论建立精确数学模型的复杂系统特别显得成绩非凡,因而导致了更为广泛深入的研究,事实上模糊控制已作为智能控制的一个重要分支确定了下来。目前比较前沿的主要研究方向有专家模糊控制、基于神经网络的模糊控制、模糊预测控制、模糊变结构方法、模糊系统建模及参数辨识、模糊模式识别等。

## 6.2　非线性系统的模糊建模
## (Fuzzy Modeling of Nonlinear Systems)

根据推理方法的不同,模糊推理通常可分为Mamdani推理和Sugeno推理。基于Sugeno推理的 T－S 模糊系统在数学分析方面,明显优于 Mamdani 推理,近年来发展较快。目前来讲,各种类型的 Mamdani 和 T－S 模糊系统都被证明是万能函数逼近器,它们能以任意高的逼近精度一直逼近定义在闭定义域 $D$ 上的任意连续函数,这为模糊控制系统的分析和设计奠定了一个坚实的理论基础。本节将着重讨论 T－S 模糊系统的万能逼近特性以及非线性系统 T－S 模糊建模和训练的基本方法。

### 6.2.1　T－S 模糊系统的逼近特性(Approximating Characteristics of T－S Fuzzy Systems)

T－S模糊系统建模的基本思想是运用一系列的模糊规则,局部线性子系统及相应的模糊权值,逼近复杂的、未建模的非线性系统,所建立的模糊系统可基于 Lyapunov 方法分析其稳定性,进而得到满足设计指标的模糊控制器,目前广泛适用于呈现出明显非线性、参数不确定性及干扰未知等非线性系统的实际控制问题。

T－S 模糊系统一般定义为

$$\begin{aligned}&\text{Rule } i\text{: If } z_1 \text{ is } \boldsymbol{M}_{i1} \text{ and } z_2 \text{ is } \boldsymbol{M}_{i2} \text{ and} \cdots \text{and } z_n \text{ is } \boldsymbol{M}_{in}\\&\text{Then } y_{\text{TS}i} = f_{\text{TS}i}(z_1, z_2, \cdots, z_n), \quad i = 1,2,\cdots,r\end{aligned} \tag{6.13}$$

式中,$z_j\,(j=1,2,\cdots,n)$ 为前件输入变量,$\boldsymbol{M}_{ij}$ 为模糊子集,$r$ 为模糊规则总数,$f_{\text{TS}i}(\cdot)$ 为线性或非线性函数。如果 $f_{\text{TS}i}(\cdot)$ 采用非线性函数,例如高次多项式函数或更复杂的非线性函数,选择它的函数结构和参数是极为困难的。从数学上分析这类 T－S 模糊系统将带来许多不便,因此在大量的理论研究和实际应用中,都采用线性函数,我们称之为线性 T－S 模糊系统。

线性 T－S 模糊系统又分为简化线性 T－S 模糊系统和典型 T－S 模糊系统,但是由于简化线性 T－S 模糊系统的限制条件较多,在实际应用中仍有一定的局限性。为此,这里着重讨论典型 T－S 模糊系统的通用逼近性。

典型 T－S 模糊系统一般定义为

$$\begin{aligned}&\text{Rule } i\text{:}\\&\text{If } z_1 \text{ is } \boldsymbol{M}_{i1} \text{ and } z_2 \text{ is } \boldsymbol{M}_{i2} \text{ and } \cdots \text{ and } z_n \text{ is } \boldsymbol{M}_{in}\\&\text{Then } f_{\text{TS}i} = p_{i0} + \sum_{j=1}^{n} p_{ij} z_j, \quad i = 1,2,\cdots,r\end{aligned} \tag{6.14}$$

对典型的T－S模糊系统,不失一般性,对每一个输入变量 $z_j\,(j=1,2,\cdots,n)$ 定义 $n_j$ 个模糊子集,从而规则总数为 $r=\prod_{j=1}^{n} n_j$。式(6.14)所给出的第 $i$ 条模糊规则的激活度为 $\mu_i(z)=\prod_{j=1}^{n}\mu_{M_{ij}}(z_j)$。易得,典型T－S模糊系统的输出为

$$f_{\mathrm{TS}}(z)=\frac{\sum_{i=1}^{r}\left[\mu_i(z)\left(\sum_{j=0}^{n}p_{ij}z_j\right)\right]}{\sum_{i=1}^{r}\mu_i(z)} \tag{6.15}$$

其中 $z=(z_1,z_2,\cdots,z_n)^{\mathrm{T}}$,并且令 $z_0=1$。典型的T－S模糊系统构成如图6.4所示。

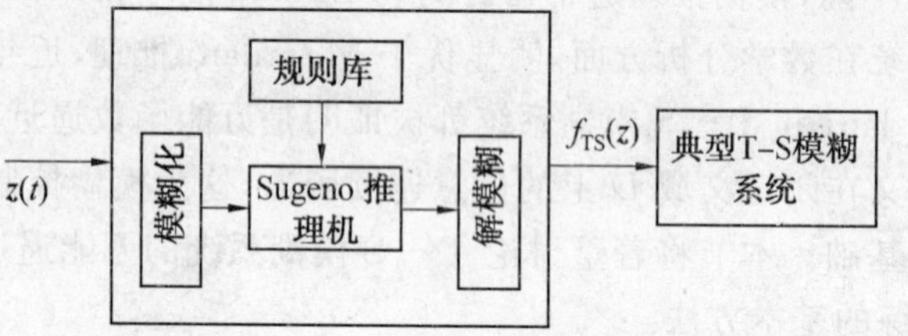


图6.4　典型的T－S模糊系统构成

设输入变量 $z_j\,(j=1,2,\cdots,n)$ 的第 $k_j$ 个模糊子集的中心点位于 $C^j_{k_j}$,$k_j=1,\cdots,n_j$,并且有 $C^j_1<C^j_2<\cdots<C^j_{n_j}$。不失一般性,设每个中心点处的隶属度为1。对每个输入变量 $z_j\,(j=1,2,\cdots,n)$ 定义模糊分割间距

$$D^j_{k_j}=C^j_{k_j}-C^j_{k_j-1},\quad k_j=1,2,\cdots,n_j+1 \tag{6.16}$$

其中 $C^j_0$,$C^j_{n_j+1}$ 分别为论域的左右边界。在此基础上可以对每个输入变量 $z_j\,(j=1,2,\cdots,n)$ 定义最大模糊分割间距

$$D^j_{\max}=\max_{k_j=1}^{n_j+1}D^j_{k_j} \tag{6.17}$$

在 $C^n$ 上定义的 $q$ 次 $n$ 元多项式函数可写为

$$P_q(z)=\sum_{d_1=0}^{m_1}\sum_{d_2=0}^{m_2}\cdots\sum_{d_n=0}^{m_n}\beta_{d_1d_2\cdots d_n}z_1^{d_1}z_2^{d_2}\cdots z_n^{d_n} \tag{6.18}$$

其中 $\sum_{j=1}^{n}m_j=q$,$z=(z_1,z_2,\cdots,z_n)^{\mathrm{T}}$。

**定义6.1**　称论域 $U$ 上的一组模糊集 $M_j\,(j=1,2,\cdots,n)$ 是一致(Consistent)的,如果对那些 $z_0\in U$ 存在 $M_k\,(k\in\{1,2,\cdots,n\})$ 使得 $\mu_{M_k}(z_0)=1$,且对任意 $j=1,2,\cdots,n$,以及 $j\neq k$,都有 $\mu_{M_j}(z_0)=0$。

**假设6.1**　典型T－S模糊系统的每一个输入变量的模糊子集都是一致的。

**假设6.2**　典型T－S模糊系统采用的隶属函数都是连续且分段可微的。

事实上,已知的几乎所有理论研究和实际应用中所选取的隶属函数都是连续且分段可微的。

**定义6.2**　称一组模糊集 $M_j\,(j=1,2,\cdots,n)$ 在论域 $U$ 上是交叠(Overlapped)的,如果对任意 $j=2,3,\cdots,n$,有 $C_{j-1}\leqslant \inf S(M_j)\leqslant \sup S(M_{j-1})\leqslant C_j$,其中 $C_j$ 为模糊集 $M_j$ 的中心点,$j=1,2,\cdots,n$,$S(\cdot)$ 为模糊集的支撑(Support)集,即 $S(M)=\{z\mid \mu_M(z)>0,z\in U\}$。

容易验证，如果论域 $U$ 上的一组模糊集 $\boldsymbol{M}_j\,(j=1,2,\cdots,n)$ 是交叠的，则对任意 $j,k=1,2,\cdots,n,j\neq k,\boldsymbol{M}_j(C_k)=0$。并且对任意 $z\in U$，它至多对两个相邻模糊集 $\boldsymbol{M}_k,\boldsymbol{M}_{k+1}$ 的隶属度大于零，且此时必有 $C_k\leqslant z\leqslant C_{k+1},k=1,2,\cdots,n-1$。

下面给出典型 T－S 模糊系统的通用逼近性的基本引理及定理。

**引理 6.1**　典型 T－S 模糊系统能够以任意精度一致逼近 $C^n$ 上的 $q$ 次 $n$ 元多项式函数 $P_q(z)$，即 $\forall\varepsilon>0$，存在典型 T－S 模糊系统使得

$$\| f_{\mathrm{TS}}(\boldsymbol{z})-P_q(\boldsymbol{z})\|_\infty<\varepsilon \tag{6.19}$$

其中无穷范数 $\|\cdot\|_\infty$ 的定义为：对任意定义在紧致集 $U\subset\mathbf{R}^n$ 上的函数 $a(\boldsymbol{z})$，$\|a(\boldsymbol{z})\|_\infty=\sup\limits_{z\in U}|a(\boldsymbol{z})|$。（限于篇幅，引理 6.1 的证明请参见文献[3]）

考查典型 T－S 模糊系统的任意第 $i$ 条模糊规则，$i=1,2,\cdots,r$，根据假设 6.2，典型 T－S 模糊系统采用的隶属函数都是连续且分段可微的，因此第 $i$ 条模糊规则的激活度 $\mu_i(\boldsymbol{z})=\prod\limits_{j=1}^{n}\mu_{M_{ij}}(z_j)$ 为连续且分段可微函数。当采用重心法解模糊时，对任意输入矢量 $\boldsymbol{z}$，都有 $\sum\limits_{i=1}^{r}\mu_i(\boldsymbol{z})>0$，因此由式(6.15)可知，式(6.19)所给出的 $f_{\mathrm{TS}}(\cdot)$ 也是连续且分段可微函数。

由于 $f_{\mathrm{TS}}(\cdot)$ 是连续且分段可微函数，因此在 $f_{\mathrm{TS}}(\cdot)$ 的所有可微点上 $f_{\mathrm{TS}}(\cdot)$ 的偏导数存在且有界。

通常情况下，要求 $\max\limits_{j=1}^{n}D_{\max}^j$ 充分小，意味着要求每一个 $D_{\max}^j$ 充分小，易得

$$D_{\max}^j\geqslant\frac{|\max(z_j)-\min(z_j)|}{n_j+1} \tag{6.20}$$

其中等号当且仅当 $z_j$ 采用均匀分布的模糊子集，且 $C_1^j<C_2^j<\cdots<C_{n_j}^j$ 时成立。从而 $\min\limits_{j=1}^{n}n_j$ 充分大，即每个输入变量的模糊分割数充分多，是 $\max\limits_{j=1}^{n}D_{\max}^j$ 充分小的必要条件。

**定理 6.1**　典型 T－S 模糊系统能够以任意精度一致逼近紧致集 $U\subset\mathbf{R}^n$ 上的任意连续实函数 $f(\boldsymbol{z})$，即 $\forall\varepsilon>0$，存在典型 T－S 模糊系统使得

$$\| f_{\mathrm{TS}}(\boldsymbol{z})-f(\boldsymbol{z})\|_\infty<\varepsilon \tag{6.21}$$

其中 $\boldsymbol{z}=(z_1,z_2,\cdots,z_n)^{\mathrm{T}}$。（限于篇幅，定理 6.1 的证明请参见文献[3]）

**定理 6.2**　如果典型 T－S 模糊系统的每一个输入变量都定义 $n_0$ 个均匀分布且交叠的模糊子集，则对任意给定连续实函数 $f(\boldsymbol{z})$ 和逼近误差 $\varepsilon>0$，存在典型 T－S 模糊系统，使得当

$$n_0>\sqrt{\frac{1}{2(\varepsilon-\varepsilon_1)}\cdot\sum_{j=1}^{n}\sum_{k=1}^{n}\left\|\frac{\partial^2P_q}{\partial z_j\partial z_k}\right\|_\infty}-1 \tag{6.22}$$

时，有 $\|f_{\mathrm{TS}}(\boldsymbol{z})-f(\boldsymbol{z})\|_\infty<\varepsilon$ 其中 $0<\varepsilon_1<\varepsilon$，且有 $\|f(\boldsymbol{z})-P_q(\boldsymbol{z})\|_\infty<\varepsilon_1$。（限于篇幅，引理 6.2 的证明请参见文献[3]）

一般来讲，T－S 模糊系统的函数逼近性能要好于 Mamdani 模糊系统。为方便理解，可将 T－S 模糊系统看成用许多块有不同倾斜方向的超平面而拟合一个光滑曲面，因此其函数逼近性能要优于仅用水平超平面进行拟合的 Mamdani 模糊系统。定理 6.2 从数学上给出了解答。由于 $P_q(\boldsymbol{z})$ 的各二阶偏微分均是有限的数，因此当 $\varepsilon$ 充分小时，T－S 模糊系统一致逼近时需要的模糊子集数 $n_0\propto1/\sqrt{(\varepsilon-\varepsilon_1)}$，而对于 Mamdani 模糊系统，$n_0\propto1/(\varepsilon-\varepsilon_1)$，因此，与

Mamdani 模糊系统比较，对于同样给定的定义在紧致集上的连续实函数和一致逼近精度 $\varepsilon$，T－S 模糊系统每个输入变量所需的模糊子集数要少得多，从模糊系统的实现上来看，这就意味着更小的系统规模和更快的正向推理速度和学习速度。

以上所给出的逼近性理论较抽象，为便于读者理解，我们称这类理论为模糊万能逼近存在性理论，概括如下。

模糊万能逼近存在性理论：一般 $n$ 维模糊系统 $\boldsymbol{F}_{\text{ts}}(\boldsymbol{x})$（$\boldsymbol{x}$ 是 $n$ 维输入变量，$\boldsymbol{x}\in\Theta$），总能以任意高的逼近精度一致逼近定义在闭定义域 $D$ 上的任意连续函数 $\boldsymbol{f}(\boldsymbol{x})$，即给定一个在定义域 $D$ 上的任意连续函数 $\boldsymbol{f}(\boldsymbol{x})$ 和任意的逼近精度 $\varepsilon$，总存在一个模糊系统 $\boldsymbol{F}_{\text{ts}}(\boldsymbol{x})$，使满足

$$\max_{x\in\Theta}\|\boldsymbol{F}_{\text{ts}}(\boldsymbol{x})-\boldsymbol{f}(\boldsymbol{x})\|\leqslant\varepsilon \tag{6.23}$$

这里给出了 T－S 模糊系统可以逼近非线性系统的基本理论，下面将讨论针对非线性系统如何建立 T－S 模糊模型的一般方法。

### 6.2.2　T－S 模糊模型的求取 (Calculation of T－S Fuzzy Model)

考虑如下非线性系统

$$\dot{\boldsymbol{x}}=\boldsymbol{F}(\boldsymbol{x},\boldsymbol{u})=\boldsymbol{f}(\boldsymbol{x})+\boldsymbol{g}(\boldsymbol{x})\boldsymbol{u} \tag{6.24}$$

其中，$\boldsymbol{x}\in\mathbf{R}^n$ 为状态变量；$\boldsymbol{u}\in\mathbf{R}^p$ 是输入变量；$\boldsymbol{F}(\cdot)$，$\boldsymbol{f}(\cdot)$，$\boldsymbol{g}(\cdot)$ 是光滑的非线性函数。

T－S 模糊模型是通过一系列的模糊规则，局部线性子系统及相应的模糊权值，逼近复杂的、未建模的非线性系统。每一个模糊规则下都包含有一个线性子系统，因此 T－S 模糊模型也可看作是各个线性子系统在模糊空间的特殊组合。令第 $i$ 条模糊规则描述为

Plant Rule $i$：

If $z_1(t)$ is $M_{i1}$ and $z_2$ is $M_{i2}$ and…and $z_n(t)$ is $M_{in}$　　　　(6.25)

Then $\dot{\boldsymbol{x}}(t)=\boldsymbol{A}_i\boldsymbol{x}(t)+\boldsymbol{B}_i\boldsymbol{u}(t)$，　$i=1,2,\cdots,r$

其中，$\boldsymbol{z}$ 为前件模糊变量；$\boldsymbol{x}(t)\in\mathbf{R}^n$ 为状态向量；$\boldsymbol{u}(t)\in\mathbf{R}^m$ 为控制向量；$r$ 为模糊规则数；$\boldsymbol{A}_i$，$\boldsymbol{B}_i$ 为第 $i$ 个子系统适当维数的常数矩阵。 定义模糊权值：

$$h_i[\boldsymbol{z}(t)]\triangleq\frac{\prod_{j=1}^{n}M_{ij}[z_j(t)]}{\sum_{i=1}^{r}\prod_{j=1}^{n}M_{ij}[z_j(t)]},\quad i=1,\cdots,r \tag{6.26}$$

其中，$M_{ij}[z_j(t)]$ 为 $z_j(t)$ 在第 $i$ 条模糊规则下对应的隶属度，且有 $0\leqslant h_i(z)\leqslant 1$，$\sum_{i=1}^{r}h_i(z)=1$。

若采用重心法解模糊，则基于模糊规则(6.25) 的 T－S 模糊动态系统可表示为

$$\dot{\boldsymbol{x}}(t)=\sum_{i=1}^{r}h_i(\boldsymbol{z})[\boldsymbol{A}_i\boldsymbol{x}(t)+\boldsymbol{B}_i\boldsymbol{u}(t)] \tag{6.27}$$

由此可以看出，一个非线性系统在一定的模糊规则下，可以看成是多个局部线性模型的模糊逼近。通常情况下，模糊规则由专家经验确定。一旦确定了模糊规则，各线性子系统的参数矩阵($\boldsymbol{A}_i$，$\boldsymbol{B}_i$) 的求取即成了 T－S 模糊建模的关键。下面分别给出平衡点和非平衡点附近的参数矩阵($\boldsymbol{A}_i$，$\boldsymbol{B}_i$) 的求取方法。

1. 平衡点附近的线性化模型

假设($\boldsymbol{x}_0$，$\boldsymbol{u}_0$) 是函数 $\boldsymbol{F}(\boldsymbol{x},\boldsymbol{u})$ 的平衡点，即满足

$$\boldsymbol{F}(\boldsymbol{x}_0,\boldsymbol{u}_0)=0 \tag{6.28}$$

函数 $\boldsymbol{F}(\boldsymbol{x},\boldsymbol{u})$ 在平衡点 $(\boldsymbol{x}_0,\boldsymbol{u}_0)$ 的线性模型可用泰勒级数展开法,并忽略高次项得

$$\delta\dot{\boldsymbol{x}}=\boldsymbol{A}\delta\boldsymbol{x}+\boldsymbol{B}\delta\boldsymbol{u} \tag{6.29}$$

其中 $\delta\boldsymbol{x}=\boldsymbol{x}-\boldsymbol{x}_0$, $\delta\boldsymbol{u}=\boldsymbol{u}-\boldsymbol{u}_0$, $\boldsymbol{A}=\left.\dfrac{\partial\boldsymbol{F}(\cdot)}{\partial\boldsymbol{x}}\right|_{(\boldsymbol{x}_0,\boldsymbol{u}_0)}$, $\boldsymbol{B}=\left.\dfrac{\partial\boldsymbol{F}(\cdot)}{\partial\boldsymbol{u}}\right|_{(\boldsymbol{x}_0,\boldsymbol{u}_0)}$。式(6.29) 所表示的线性模型属于增量形式,不具有一般性。但由于 $\dfrac{\mathrm{d}\boldsymbol{x}_0}{\mathrm{d}t}=0$,因此由式(6.29) 可得

$$\dot{\boldsymbol{x}}=\boldsymbol{A}\boldsymbol{x}+\boldsymbol{B}\boldsymbol{u}-(\boldsymbol{A}\boldsymbol{x}_0+\boldsymbol{B}\boldsymbol{u}_0) \tag{6.30}$$

为函数 $\boldsymbol{F}(\boldsymbol{x},\boldsymbol{u})$ 在平衡点 $(\boldsymbol{x}_0,\boldsymbol{u}_0)$ 的局部线性模型。若 $(\boldsymbol{x}_0,\boldsymbol{u}_0)=(0,0)$,局部线性模型可进一步简化为

$$\dot{\boldsymbol{x}}=\boldsymbol{A}\boldsymbol{x}+\boldsymbol{B}\boldsymbol{u} \tag{6.31}$$

当非线性系统 $\boldsymbol{F}(\boldsymbol{x},\boldsymbol{u})$ 存在有多个平衡点时,则采用上述方法可得到非线性系统 $\boldsymbol{F}(\boldsymbol{x},\boldsymbol{u})$ 在各平衡点附近的局部线性系统子模型,为下文建立非线性系统的 T－S 模糊模型奠定基础。

2. 非平衡点附近的线性化模型

若 $(\boldsymbol{x}_0,\boldsymbol{u}_0)$ 不是系统 $\boldsymbol{F}(\boldsymbol{x},\boldsymbol{u})$ 的平衡点,且 $(\boldsymbol{x}_0,\boldsymbol{u}_0)\neq(\boldsymbol{0},\boldsymbol{0})$,则前面所述的方法不适用。为此,考虑如下线性化方案。

首先,在工作点 $\boldsymbol{x}_0$ 附近找到非线性函数 $\boldsymbol{F}(\boldsymbol{x},\boldsymbol{u})$ 的近似模型,即存在 $\boldsymbol{A}$,$\boldsymbol{B}$ 阵使得在 $\boldsymbol{x}_0$ 的论域范围内有

$$\boldsymbol{f}(\boldsymbol{x})+\boldsymbol{g}(\boldsymbol{x})\boldsymbol{u}\approx\boldsymbol{A}\boldsymbol{x}+\boldsymbol{B}\boldsymbol{u},\quad\forall\boldsymbol{u} \tag{6.32}$$

由于 $\boldsymbol{u}$ 是任意的,则有

$$\boldsymbol{f}(\boldsymbol{x}_0)+\boldsymbol{g}(\boldsymbol{x}_0)\boldsymbol{u}\approx\boldsymbol{A}\boldsymbol{x}_0+\boldsymbol{B}\boldsymbol{u},\quad\forall\boldsymbol{u} \tag{6.33}$$

根据 $\boldsymbol{u}$ 的任意性,则有

$$\boldsymbol{g}(\boldsymbol{x}_0)=\boldsymbol{B} \tag{6.34}$$

其次,为使式(6.32) 成立,则应该存在常数阵 $\boldsymbol{A}$ 使得在 $\boldsymbol{x}_0$ 附近满足

$$\boldsymbol{f}(\boldsymbol{x})\approx\boldsymbol{A}\boldsymbol{x} \tag{6.35}$$

则有

$$\boldsymbol{f}(\boldsymbol{x}_0)=\boldsymbol{A}\boldsymbol{x}_0 \tag{6.36}$$

令 $\boldsymbol{a}_l^{\mathrm{T}}$ 表示 $\boldsymbol{A}$ 阵的第 $l$ 行,则式(6.35) 和式(6.36) 可分别表示为

$$\boldsymbol{f}_l(\boldsymbol{x})\approx\boldsymbol{a}_l^{\mathrm{T}}\boldsymbol{x},\quad l=1,2,\cdots,n \tag{6.37}$$

$$\boldsymbol{f}_l(\boldsymbol{x}_0)=\boldsymbol{a}_l^{\mathrm{T}}\boldsymbol{x}_0,\quad l=1,2,\cdots,n \tag{6.38}$$

其中 $\boldsymbol{f}_l$ 是 $\boldsymbol{f}(\cdot)$ 中的第 $l$ 个元素。将式 $\boldsymbol{f}_l(\boldsymbol{x})$ 在 $\boldsymbol{x}_0$ 处泰勒级数展开,并忽略高次项得

$$\boldsymbol{f}_l(\boldsymbol{x}_0)+\nabla^{\mathrm{T}}\boldsymbol{f}_l(\boldsymbol{x}_0)(\boldsymbol{x}-\boldsymbol{x}_0)\approx\boldsymbol{a}_l^{\mathrm{T}}\boldsymbol{x} \tag{6.39}$$

其中 $\nabla$ 表示梯度。将式(6.38) 代入式(6.39) 得

$$\nabla^{\mathrm{T}}\boldsymbol{f}_l(\boldsymbol{x}_0)(\boldsymbol{x}-\boldsymbol{x}_0)\approx\boldsymbol{a}_l^{\mathrm{T}}(\boldsymbol{x}-\boldsymbol{x}_0) \tag{6.40}$$

线性化的目的是找到 $\boldsymbol{a}_l$ 近似 $\nabla\boldsymbol{f}_l(\boldsymbol{x}_0)$。取如下性能指标:

$$E=\frac{1}{2}\parallel\nabla\boldsymbol{f}_l(\boldsymbol{x}_0)-\boldsymbol{a}_l\parallel_2^2 \tag{6.41}$$

现在的目的是在 $\boldsymbol{f}_l(\boldsymbol{x}_0)=\boldsymbol{a}_l^{\mathrm{T}}\boldsymbol{x}_0$ 约束条件下极小化式(6.41)。引入拉格朗日乘子 $\lambda$,考虑约束

(6.38)，则根据极小值原理，有

$$E=\frac{1}{2}\ \|\nabla \boldsymbol{f}_l(\boldsymbol{x}_0)-\boldsymbol{a}_l\|_2^2+\lambda[\boldsymbol{a}_l^{\mathrm{T}}\boldsymbol{x}_0-\boldsymbol{f}_l(\boldsymbol{x}_0)] \tag{6.42}$$

将式(6.42)对 $\boldsymbol{a}_l$ 求导有

$$\frac{\partial E}{\partial \boldsymbol{a}_l}=\boldsymbol{a}_l-\nabla \boldsymbol{f}_l(\boldsymbol{x}_0)+\lambda \boldsymbol{x}_0 \tag{6.43}$$

根据极小值原理，式(6.42)存在极值的条件为

$$\frac{\partial E}{\partial \boldsymbol{a}_l}=\boldsymbol{a}_l-\nabla \boldsymbol{f}_l(\boldsymbol{x}_0)+\lambda \boldsymbol{x}_0=0 \tag{6.44}$$

将式(6.44)两边同乘以 $\boldsymbol{x}_0^{\mathrm{T}}$，得

$$\boldsymbol{x}_0^{\mathrm{T}}\boldsymbol{a}_l-\boldsymbol{x}_0^{\mathrm{T}}\nabla \boldsymbol{f}_l(\boldsymbol{x}_0)+\lambda\|\boldsymbol{x}_0\|_2^2=0 \tag{6.45}$$

由式(6.38)和式(6.45)得

$$\lambda=\frac{\boldsymbol{x}_0^{\mathrm{T}}\nabla \boldsymbol{f}_l(\boldsymbol{x}_0)-\boldsymbol{f}_l(\boldsymbol{x}_0)}{\|\boldsymbol{x}_0\|_2^2} \tag{6.46}$$

将式(6.46)代入式(6.45)得

$$\boldsymbol{a}_l=\nabla \boldsymbol{f}_l(\boldsymbol{x}_0)+\frac{\boldsymbol{f}_l(\boldsymbol{x}_0)-\boldsymbol{x}_0^{\mathrm{T}}\nabla \boldsymbol{f}_l(\boldsymbol{x}_0)}{\|\boldsymbol{x}_0\|_2^2}\boldsymbol{x}_0,\quad \forall \boldsymbol{x}_0\neq \boldsymbol{0} \tag{6.47}$$

以上给出了 T－S 模糊建模时线性子系统的求取方法，下面给出具体实例进行说明。

**例 6.2**　考虑图 6.5 所示的小车倒立摆系统。

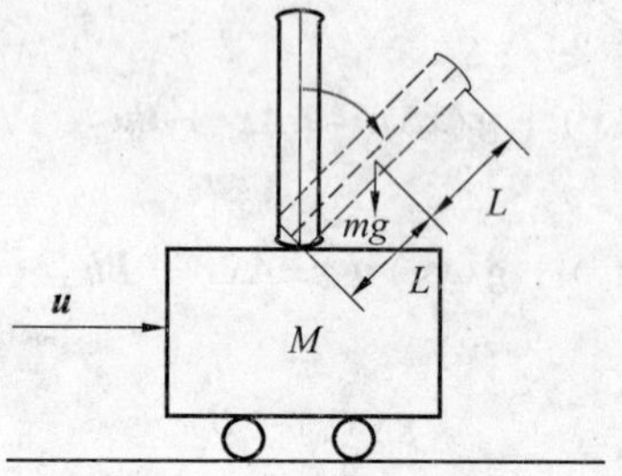


图 6.5　倒立摆系统

倒立摆的非线性动力学方程为

$$\dot{x}_1=x_2$$

$$\dot{x}_2=\frac{g\sin x_1-mLx_2^2\sin x_1\cos x_1-\cos x_1\boldsymbol{u}(t)}{L[4/3-m\cos^2 x_1/(m+M)]}$$

其中 $g=9.8\ \mathrm{m/s^2}$ 为重力加速度；$M=1$ kg 为小车质量；$m=0.2$ kg 为摆杆质量；$L=0.3$ m 为摆杆的长度；$x_1,x_2$ 分别为摆杆与垂直方向的夹角和摆杆的角速度；$\boldsymbol{u}$ 为作用在小车上的力(单位为 N)。为建立该系统的 T－S 模糊模型，采用如下两条规则：

Rule1：if $x_1$ is about 0，then $\dot{\boldsymbol{x}}=A_1\boldsymbol{x}+B_1\boldsymbol{u}$

Rule2：if $x_1$ is about $\pm\frac{\pi}{2}$，then $\dot{\boldsymbol{x}}=\boldsymbol{A}_2\boldsymbol{x}+\boldsymbol{B}_2\boldsymbol{u}$

假设在两条规则中都有 $x_2=0$，并注意到 $x_1=\pm\pi/2$ 时系统不可控，故取 $x_1=(88/180)\pi$。

Step 1：求解第 1 个线性子系统参数矩阵 $\boldsymbol{A}_1,\boldsymbol{B}_1$，即求在工作点 $\boldsymbol{x}=(0,0)^{\mathrm{T}}$ 附近的线性化

模型。注意到 $\boldsymbol{x}=(0,0)^{\mathrm{T}}$ 为系统的平衡状态，且满足 $\boldsymbol{x}_0=\boldsymbol{0},\boldsymbol{u}_0=\boldsymbol{0}$，因此由式(6.29)按泰勒级数展开，忽略高次项得

$$\boldsymbol{A}_1=\begin{bmatrix}0 & 1\\ 28 & 0\end{bmatrix},\quad \boldsymbol{B}_1=\begin{bmatrix}0\\ -2.8571\end{bmatrix}$$

Step 2:求解第 2 个线性子系统参数矩阵 $\boldsymbol{A}_2,\boldsymbol{B}_2$，即求在工作点 $\boldsymbol{x}=(\pm\pi/2,0)^{\mathrm{T}}$ 附近的线性化模型。

由式(6.34)可得 $\boldsymbol{B}_2=\begin{bmatrix}0\\ -0.087\end{bmatrix}$。然后计算 $\boldsymbol{A}_2$ 阵，先求 $\boldsymbol{a}_1^{\mathrm{T}}$，即 $\boldsymbol{A}_2$ 的第一行。

因为 $\boldsymbol{f}_1(\boldsymbol{x})=x_2$，所以有 $\nabla\boldsymbol{f}_1=[0\quad 1]^{\mathrm{T}}$。由式(6.47)及 $\boldsymbol{x}_0=[(88/180)\pi\quad 0]$，得

$$\boldsymbol{a}_1^{\mathrm{T}}=\nabla^{\mathrm{T}}\boldsymbol{f}_1(\boldsymbol{x}_0)+[0\quad 0]=[0\quad 1]$$

同理，可得

$$\boldsymbol{a}_2^{\mathrm{T}}=[15.944\quad 0]$$

则有

$$\boldsymbol{A}_2=\begin{bmatrix}0 & 1\\ 15.844 & 0\end{bmatrix},\quad \boldsymbol{B}_2=\begin{bmatrix}0\\ -0.087\end{bmatrix}$$

Step 3:取隶属度函数为

$$M_{11}(x_1)=\frac{1-1/(1+\exp(-7(x_1-\pi/4)))}{1+\exp(-7(x_1-\pi/4))}$$

$$M_{21}(x_1)=1-M_{11}(x_1)$$

则有 $h_1=M_{11},h_2=M_{21}$，因此倒立摆系统的全局模糊模型为

$$\dot{\boldsymbol{x}}=(h_1\boldsymbol{A}_1+h_2\boldsymbol{A}_2)\boldsymbol{x}+(h_1\boldsymbol{B}_1+h_2\boldsymbol{B}_2)\boldsymbol{u}$$

当设计者取更为密集的隶属度曲线和更多的模糊规则数，可以获得更高精度的逼近效果，但高精度的逼近效果却不一定能带来高精度的控制效果，尤其对于复杂非线性系统来讲，过多的模糊规则会导致系统运行时间长，维数快速膨胀，控制器难以实现等问题，因此这里选用较少的模糊规则来体现非线性系统的基本动态特性，也为后文设计控制器带来一定的余度，同样的处理方法已应用于 T－S 模糊控制系统设计中。

### 6.2.3 基于 L－M 算法的模糊训练(Fuzzy Training Based on L－M Algorithm)

根据专家经验建立的模糊逼近对象，虽然基本上反映了非线性动态特性，但由于模糊子系统参数一旦确定后，不再变更，而实际运行时，非线性模型本身的参数一旦发生变化，那么已建立的模糊逼近对象将无法适应此类变化，这将大大影响控制效果。引入优化训练算法可在线调整模糊逼近器，提高逼近精度，适应系统模型参数的变化。Levenberg－Marquardt 算法简称 L－M 算法，是一种著名的寻优算法，尤其在神经网络的批处理训练中通常被认为是最好的算法之一，无论从训练精度到训练速率上都优于梯度法、高斯－牛顿法等算法。L－M 算法与梯度法、高斯－牛顿法的主要区别在于迭代算法不同，并且由于 L－M 算法较其他两种算法优势明显，因此下文着重介绍 L－M 标准算法和改进算法。

类似于神经网络，基于模糊系统的万能逼近特性，L－M 算法还可用于 T－S 模糊系统训练，使其不过分依赖于专家经验，有效逼近复杂非线性系统及函数，且各线性多项式参数及模糊隶属度函数的参数均可在线调节，大大提高了训练时的收敛速率，但需要考虑采用标准 L－

M算法时Jacobi矩阵奇异给辨识带来的问题和影响。

1.训练方案

基于L－M算法的T－S模糊在线逼近方案如图6.6所示，其中采用输入输出的采样数据$(\boldsymbol{x}(i),\boldsymbol{y}(i))$的信息，基于T－S模糊理论来构建模糊逼近器$F_{ts}$，逼近器参数$\theta_0$可在线调节(其中$i=1,2,\cdots,M$，$M$是最大采样数)。

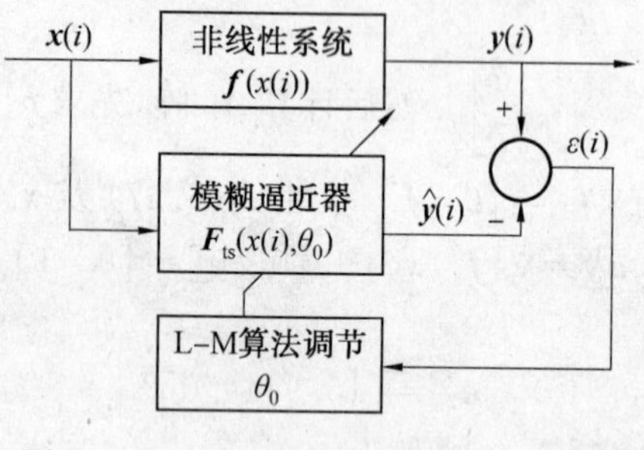


图6.6 L－M算法模糊在线逼近方案

由图6.6可以看出，模糊逼近器$\hat{\boldsymbol{y}}=\boldsymbol{F}_{ts}(\boldsymbol{x},\theta_0)$在线逼近非线性系统$\boldsymbol{y}=\boldsymbol{f}(\boldsymbol{x})$，根据逼近误差$\varepsilon$的信息，通过L－M算法实时调节逼近器权值参数$\theta_0$，达到调节模糊逼近器的目的。若逼近效果较差，可反复迭代，直到达到所要求的逼近精度。

基于T－S模糊系统的逼近器可表示为

$$\hat{\boldsymbol{y}}=\boldsymbol{F}_{ts}(\boldsymbol{x},\boldsymbol{\theta}_0)=\frac{\sum_{i=1}^{r}\mu_i(\boldsymbol{x})p_i(\boldsymbol{x})}{\sum_{i=1}^{r}\mu_i(\boldsymbol{x})},\quad \boldsymbol{x}=[x_1,\cdots,x_n]^{\mathrm{T}} \tag{6.48}$$

其中，$\hat{\boldsymbol{y}}=\boldsymbol{F}_{ts}(\boldsymbol{x},\boldsymbol{\theta}_0)$为模糊逼近输出；$p_i(\boldsymbol{x})$为后件函数，采用线性多项式表示，$p_i(\boldsymbol{x})=a_{i,0}+a_{i,1}x_1+\cdots+a_{i,n}x_n$；$\mu_i(\boldsymbol{x})=\prod_{j=1}^{n}\exp\left(-\frac{1}{2}\left(\frac{x_j-c_j^i}{\sigma_j^i}\right)^2\right)$为组成T－S模糊系统的第$i$个模糊规则的模糊权值函数；$c_j^i$，$\sigma_j^i$分别表示第$i$个模糊规则下$x_j$的隶属度函数的中心和宽度。模糊规则定义如下：

$$\begin{aligned}&\text{Rule } i\text{: If } x_1(t) \text{ is } \boldsymbol{M}_{i1} \text{ and}\cdots\text{and} x_n(t) \text{ is } \boldsymbol{M}_{in}\\&\text{Then } \hat{y}_i(t)=p_i(\boldsymbol{x}),\quad i=1,2,\cdots,r\end{aligned} \tag{6.49}$$

其中，$\boldsymbol{M}_{ij}=\exp\left(-\frac{1}{2}\left(\frac{x_j-c_j^i}{\sigma_j^i}\right)^2\right)$为高斯函数，表示$x_j$在第$i$个模糊规则下对应的隶属度；$\hat{y}_i$为第$i$个模糊规则的输出。

若有如下定义：

$$h_j=\frac{\mu_j(\boldsymbol{x})}{\sum_{i=1}^{r}\mu_i(\boldsymbol{x})},\quad j=1,2,\cdots,r \tag{6.50}$$

$$\begin{aligned}\varphi(\boldsymbol{x})=[&h_1(\boldsymbol{x}),h_2(\boldsymbol{x}),\cdots,h_r(\boldsymbol{x}),x_1h_1(\boldsymbol{x}),x_1h_2(\boldsymbol{x}),\cdots,\\&x_1h_r(\boldsymbol{x}),\cdots,x_nh_1(\boldsymbol{x}),x_nh_2(\boldsymbol{x}),\cdots,x_nh_r(\boldsymbol{x})]^{\mathrm{T}}\end{aligned} \tag{6.51}$$

$$\boldsymbol{\theta}_0=[a_{1,0},a_{2,0},a_{r,0},a_{1,1},a_{2,1},\cdots,a_{r,1},\cdots,a_{1,n},a_{2,n},\cdots,a_{r,n}]^{\mathrm{T}} \tag{6.52}$$

则T－S模糊系统可表示为

$$\boldsymbol{F}_{ts}(\boldsymbol{x},\boldsymbol{\theta}_0)=\boldsymbol{\theta}_0{}^{\mathrm{T}}\varphi(\boldsymbol{x}) \tag{6.53}$$

若要求隶属度函数的中心和宽度均可在线调节，则定义参数 $\boldsymbol{\theta}\in\mathbf{R}^p$ 如下：

$$\boldsymbol{\theta}=[c_1^1,\cdots,c_n^r,\sigma_1^1,\cdots,\sigma_n^r,\ a_{1,0},a_{2,0},\cdots,\ a_{r,0},a_{1,1},a_{2,1},\cdots,a_{r,1},\cdots,a_{1,n},a_{2,n},\cdots,a_{r,n}]^{\mathrm{T}} \tag{6.54}$$

2. 基于标准 L－M 算法的模糊训练

在标准 L－M 算法中，逼近误差可定义为

$$\boldsymbol{\varepsilon}(\boldsymbol{\theta})=[\boldsymbol{\varepsilon}_1,\boldsymbol{\varepsilon}_2,\cdots,\boldsymbol{\varepsilon}_M]^{\mathrm{T}} \tag{6.55}$$

其中 $\varepsilon(i):\mathbf{R}^n\rightarrow\mathbf{R}^M(i=1,\cdots,M)$ 是连续可微函数。通常假设当迭代次数 $k\rightarrow\infty$ 时，$\boldsymbol{\varepsilon}(\boldsymbol{\theta})=\mathbf{0}$，解集非空，记为 $\Theta^*$，在所有情况下，$\|\cdot\|$ 表示向量的2范数。式(6.55)中的 $i$ 在 $(1,M)$ 之间取值，其中 $M$ 表示逼近对象 $y$ 的数据采样点的个数。

性能指标函数定义为

$$J(\boldsymbol{\theta})=\frac{1}{2}\sum_{i=1}^{M}\boldsymbol{\varepsilon}(i)^{\mathrm{T}}\boldsymbol{\varepsilon}(i)=\frac{1}{2}\sum_{i=1}^{M}\boldsymbol{\varepsilon}_i{}^{\mathrm{T}}\boldsymbol{\varepsilon}_i=\frac{1}{2}\boldsymbol{\varepsilon}(\boldsymbol{\theta})^{\mathrm{T}}\boldsymbol{\varepsilon}(\boldsymbol{\theta}) \tag{6.56}$$

迭代求解参数 $\boldsymbol{\theta}$ 的修正公式如下：

$$\Delta\boldsymbol{\theta}^k=-(\boldsymbol{\Gamma}(\boldsymbol{\theta}^k)^{\mathrm{T}}\boldsymbol{\Gamma}(\boldsymbol{\theta}^k)+\boldsymbol{\Lambda}^k)^{-1}\boldsymbol{\Gamma}(\boldsymbol{\theta}^k)^{\mathrm{T}}\boldsymbol{\varepsilon}(\boldsymbol{\theta}^k) \tag{6.57}$$

其中，$k$ 为迭代次数，且均处于字母上标位置，本章通用，请注意避免与上下标 $i,j$ 混淆；$\boldsymbol{\Lambda}^k=\lambda^k\boldsymbol{I}\in\mathbf{R}^{p\times p}$ 是对角正定阵，以保证 $(\boldsymbol{\Gamma}(\boldsymbol{\theta}^k)^{\mathrm{T}}\boldsymbol{\Gamma}(\boldsymbol{\theta}^k)+\boldsymbol{\Lambda}^k)$ 正定且可逆，$\boldsymbol{\Gamma}(\boldsymbol{\theta}^k)$ 是 Jacobi 矩阵。

训练的目标是当迭代数 $k\rightarrow\infty$ 时，$\boldsymbol{y}\rightarrow\hat{\boldsymbol{y}}$。采用标准 L－M 算法训练 T－S 模糊系统时，逼近误差可写为

$$\boldsymbol{\varepsilon}_i=\boldsymbol{\varepsilon}(i)=\boldsymbol{y}(i)-\hat{\boldsymbol{y}}(i) \tag{6.58}$$

其中误差向量 $\boldsymbol{\varepsilon}$ 是参数 $\boldsymbol{\theta}$ 的函数(见式(6.55))，参数 $\boldsymbol{\theta}$ 包含了模糊系统(6.48)的所有权值。权值增量 $\Delta\boldsymbol{\theta}$ 可由式(6.57)得到。用于模糊系统训练时，Jacobi 矩阵 $\boldsymbol{\Gamma}(\boldsymbol{\theta}^k)$ 定义如下：

$$\boldsymbol{\Gamma}(\theta^k)=\boldsymbol{\Gamma}^k=\begin{bmatrix}\dfrac{\partial\varepsilon_1}{\partial\theta_1} & \cdots & \dfrac{\partial\varepsilon_1}{\partial\theta_p}\\ \vdots & & \vdots\\ \dfrac{\partial\varepsilon_M}{\partial\theta_1} & \cdots & \dfrac{\partial\varepsilon_M}{\partial\theta_p}\end{bmatrix} \tag{6.59}$$

其中 $\dfrac{\partial\boldsymbol{\varepsilon}_i}{\partial\boldsymbol{\theta}_j}=\dfrac{\partial}{\partial\boldsymbol{\theta}_j}(\boldsymbol{y}(i)-\boldsymbol{F}_{ts}(\boldsymbol{x}(i),\boldsymbol{\theta}))=-\dfrac{\partial}{\partial\theta_j}\boldsymbol{F}_{ts}(\boldsymbol{x}(i),\boldsymbol{\theta})$，而 $\dfrac{\partial}{\partial\theta_j}\boldsymbol{F}_{ts}(\boldsymbol{x}(i),\boldsymbol{\theta})$ 的计算如下所示，为区别下标 $i,j$，引入新的下标 $i^*,j^*$ $(i^*=1,\cdots,M;\ j^*=1,\cdots,r)$：

$$\frac{\partial}{\partial c_1^{j^*}}\boldsymbol{F}_{ts}(\boldsymbol{x}(i^*),\boldsymbol{\theta})=\frac{\partial}{\partial c_1^{j^*}}\left[\frac{\sum\limits_{i=1}^{r}p_i(\boldsymbol{x}(i^*))\mu_i(\boldsymbol{x}(i^*))}{\sum\limits_{i=1}^{R}\mu_i(\boldsymbol{x}(i^*))}\right]=$$

$$\frac{\left(\sum\limits_{i=1}^{r}\mu_i(\boldsymbol{x}(i^*))\right)\left(p_{j^*}(\boldsymbol{x}(i^*))\dfrac{\partial}{\partial c_1^{j^*}}\mu_{j^*}(\boldsymbol{x}(i^*))\right)}{\left(\sum\limits_{i=1}^{r}\mu_i(\boldsymbol{x}(i^*))\right)^2}-$$

$$\frac{\left(\sum_{i=1}^{r} p_i(\boldsymbol{x}(i^*))\mu_i(\boldsymbol{x}(i^*))\right)\left(\frac{\partial}{\partial c_1^{j^*}}\mu_{j^*}(\boldsymbol{x}(i^*))\right)}{\left(\sum_{i=1}^{r}\mu_i(\boldsymbol{x}(i^*))\right)^2}=$$

$$\left[\frac{p_{j^*}(\boldsymbol{x}(i^*))-\boldsymbol{F}_{\mathrm{ts}}(\boldsymbol{x}(i^*),\theta)}{\sum_{i=1}^{r}\mu_i(\boldsymbol{x}(i^*))}\right]\frac{\partial}{\partial c_1^{j^*}}\mu_{j^*}(\boldsymbol{x}(i^*))=$$

$$\left[\frac{p_{j^*}(\boldsymbol{x}(i^*))-\boldsymbol{F}_{\mathrm{ts}}(\boldsymbol{x}(i^*),\boldsymbol{\theta})}{\sum_{i=1}^{r}\mu_i(\boldsymbol{x}(i^*))}\right]\mu_{j^*}(\boldsymbol{x}(i^*))\frac{(x_1(i^*)-c_1^{j^*})}{(\sigma_1^{j^*})^2} \tag{6.60}$$

同理,可得 $\boldsymbol{F}_{\mathrm{ts}}(\boldsymbol{x}(i^*),\boldsymbol{\theta})$ 对参数 $\boldsymbol{\theta}$ 其余分量的偏导数,鉴于篇幅,以下仅给出 $\boldsymbol{F}_{\mathrm{ts}}(\cdot)$ 对 $\sigma_1^{j^*},a_{j^*,0},a_{j^*,1}$ 的偏导表达。

$$\frac{\partial}{\partial\sigma_1^{j^*}}\boldsymbol{F}_{\mathrm{ts}}(\boldsymbol{x}(i^*),\boldsymbol{\theta})=\left[\frac{p_{j^*}(\boldsymbol{x}(i^*))-\boldsymbol{F}_{\mathrm{ts}}(\boldsymbol{x}(i^*),\boldsymbol{\theta})}{\sum_{i=1}^{r}\mu_i(\boldsymbol{x}(i^*))}\right]\mu_{j^*}(\boldsymbol{x}(i^*))\frac{(x_1(i^*)-c_1^{j^*})^2}{(\sigma_1^{j^*})^3} \tag{6.61}$$

$$\frac{\partial}{\partial a_{j^*,0}}\boldsymbol{F}_{\mathrm{ts}}(\boldsymbol{x}(i^*),\boldsymbol{\theta})=\frac{\partial}{\partial a_{j^*,0}}(p_{j^*}(\boldsymbol{x}(i^*))h_{j^*}(\boldsymbol{x}(i^*)))=h_{j^*}(\boldsymbol{x}(i^*)) \tag{6.62}$$

$$\frac{\partial}{\partial a_{j^*,1}}\boldsymbol{F}_{\mathrm{ts}}(\boldsymbol{x}(i^*),\theta)=x_1(i^*)h_{j^*}(\boldsymbol{x}(i^*)) \tag{6.63}$$

至此,得到了 Jacobi 矩阵 $\boldsymbol{\Gamma}(\boldsymbol{\theta})$ 中各元素的表达式,标准 L－M 算法即可以对 T－S 模糊系统进行训练。

基于标准 L－M 算法的 T－S 模糊训练过程可由如下伪码实现:

(1) 产生训练数据 $(\boldsymbol{x}(i),\boldsymbol{y}(i))(i=1,2,\cdots,M)$。

(2) 初始化参数向量 $\boldsymbol{\theta}_0,\boldsymbol{\theta}$。

(3) 定义最大迭代次数,然后开始迭代循环。

(a) 检查隶属度函数中心 $c_j^i$ 和隶属度宽度 $\sigma_j^i(i=1,2,\cdots,r;j=1,2,\cdots,n)$ 是否在规定范围内,若超出范围,进行适当修正。

(b) 构造标准 L－M 算法迭代公式(6.57) 的向量 $\boldsymbol{\varepsilon}(\boldsymbol{\theta})$ 和 Jacobi 矩阵 $\boldsymbol{\Gamma}(\boldsymbol{\theta})$。

(c) 计算 $k+1$ 次的权值向量 $\boldsymbol{\theta}^{k+1}$。

(c1) 由式(6.57) 得到权值增量 $\Delta\boldsymbol{\theta}^k$。

(c2) $\boldsymbol{\theta}^{k+1}=\boldsymbol{\theta}^k+\Delta\boldsymbol{\theta}^k$。

(4) 当达到精度要求时,停止循环。

虽然梯度法和高斯－牛顿法不是我们的重点,但是需要说明的是,只要是收敛的迭代算法均可以用于神经网络和模糊系统的训练中。关于神经网络的训练读者可能比较熟悉,其实原理是一样的,用于训练神经网络的算法同样也可用于训练模糊系统。为方便感兴趣的读者进行比较和学习,这里分别给出梯度法和高斯－牛顿法的迭代公式。同样考虑由式(6.56) 表示的性能指标函数。

梯度法的迭代公式为

$$\Delta\boldsymbol{\theta}^k = -\lambda^k \left.\frac{\partial J(\boldsymbol{\theta})}{\partial \boldsymbol{\theta}}\right|_{\boldsymbol{\theta}=\boldsymbol{\theta}^k} \tag{6.64}$$

其中，$\frac{\partial J(\boldsymbol{\theta})}{\partial \boldsymbol{\theta}}$ 表示性能指标函数 $J(\boldsymbol{\theta})$ 的梯度；$\lambda^k$ 为迭代步长。

高斯－牛顿法的迭代公式为

$$\Delta\boldsymbol{\theta}^k = -(\boldsymbol{\Gamma}(\boldsymbol{\theta}^k)^{\mathrm{T}}\boldsymbol{\Gamma}(\boldsymbol{\theta}^k))^{-1}\boldsymbol{\Gamma}(\boldsymbol{\theta}^k)^{\mathrm{T}}\varepsilon(\boldsymbol{\theta}^k) \tag{6.65}$$

式中各变量的定义同式(6.57)，与式(6.57) L－M算法的区别仅在于少了对角阵 $\boldsymbol{\Lambda}^k$ 一项。很明显，若没有 $\boldsymbol{\Lambda}^k$，式(6.65) 中的 $(\boldsymbol{\Gamma}(\boldsymbol{\theta}^k)^{\mathrm{T}}\boldsymbol{\Gamma}(\boldsymbol{\theta}^k))$ 一旦陷入奇异，算法就不能继续迭代。因此在L－M算法中加入了对角阵 $\boldsymbol{\Lambda}^k$ 一项，以避免 $(\boldsymbol{\Gamma}(\boldsymbol{\theta}^k)^{\mathrm{T}}\boldsymbol{\Gamma}(\boldsymbol{\theta}^k))$ 奇异，同时由于 $\boldsymbol{\Lambda}^k=\lambda^k\boldsymbol{I}$，通过调节 $\lambda^k$，可改变算法的收敛速度。

采用梯度法和高斯－牛顿法进行模糊系统建模训练与采用L－M算法的原理基本一致，只是在构造迭代公式所需的变量时有所不同。毋庸置疑的是，L－M算法收敛的速度明显较梯度法、高斯－牛顿法要快，但它需要构造的参量也较多，因此设计者可根据具体情况选择相应的、最合适的算法进行训练。

**例 6.3**　考虑非线性函数 $y=f(x)=\cos(0.5x)+\sin x$ 在区间 $[-6,6]$ 的模糊模型训练。

(1) 通过分析可知，只有变量 $x$ 是非线性函数 $f(x)$ 的非线性关键变量，那么 $\boldsymbol{\theta}_0$ 的维数为 $2r$，其初始值选为 $0_{(2r,1)}$，同时将模糊规则数 $r$ 定为 11。

(2) 由于 $x$ 的取值范围均在 $(-6,6)$ 之间，故限制 $x$ 的隶属度函数的中心在此范围内，而隶属度函数的宽度限制在 $(0.1,1)$ 之间，具体采用投影算法实现，并给定各隶属度函数的中心和宽度的初始值分别为 $-5$ 和 0.5。

按照标准L－M算法训练模糊系统的伪码步骤编写Matlab软件的M文件，进行训练，仿真图如图6.7所示，其中圆圈代表非线性函数的采样点，实线代表模糊逼近曲线。

由图6.7可以看出，经过6次迭代后，模糊逼近曲线与数据采样点已完全吻合，有效验证了基于L－M算法的模糊系统的训练效果。事实上，这一点对于我们推广模糊控制研究工作也是非常重要的，因为以前模糊控制的研究经常受到专家经验的限制，需要制定如例6.2所示的模糊规则、隶属度函数等，而在本实例中可以看到，实际训练时，只需给出相应参数的初始值，其余工作均交给训练算法完成，几乎不依赖任何专家经验。另外需要指出的是，选择不同的初始值会对训练的次数产生一定的影响，即选择适当的初始值可有效减少训练次数。

### 3. 改进的L－M算法

采用标准的L－M算法进行模糊系统训练虽说可以取得满意的训练效果，但也存在一定的缺陷：其一，占用内存过大，每次迭代均需保存一个很大的Jacobi矩阵；其二，采用标准的L－M算法，在训练过程中误差可能会发生剧烈振荡，有时甚至会严重影响到逼近精度。

为了弥补标准L－M算法的缺陷，可以引入局部误差界的定义对标准的L－M迭代算法进行修正。这是因为，研究表明L－M算法要求最优解处的Jacobi矩阵非奇异，这一条件往往过强，引入局部误差界的定义，可以弱化此条件。

标准L－M算法中将 $\lambda^k$ 定义为步长，且取为常数。通常情况下 $\lambda^k$ 越小，算法收敛越快。在这里，考虑在局部误差界条件下，选取 $\lambda^k$ 为逼近误差的函数，根据逼近效果实时调节步长，以进一步改善L－M算法的收敛速率。为此，先给出局部误差界的定义。

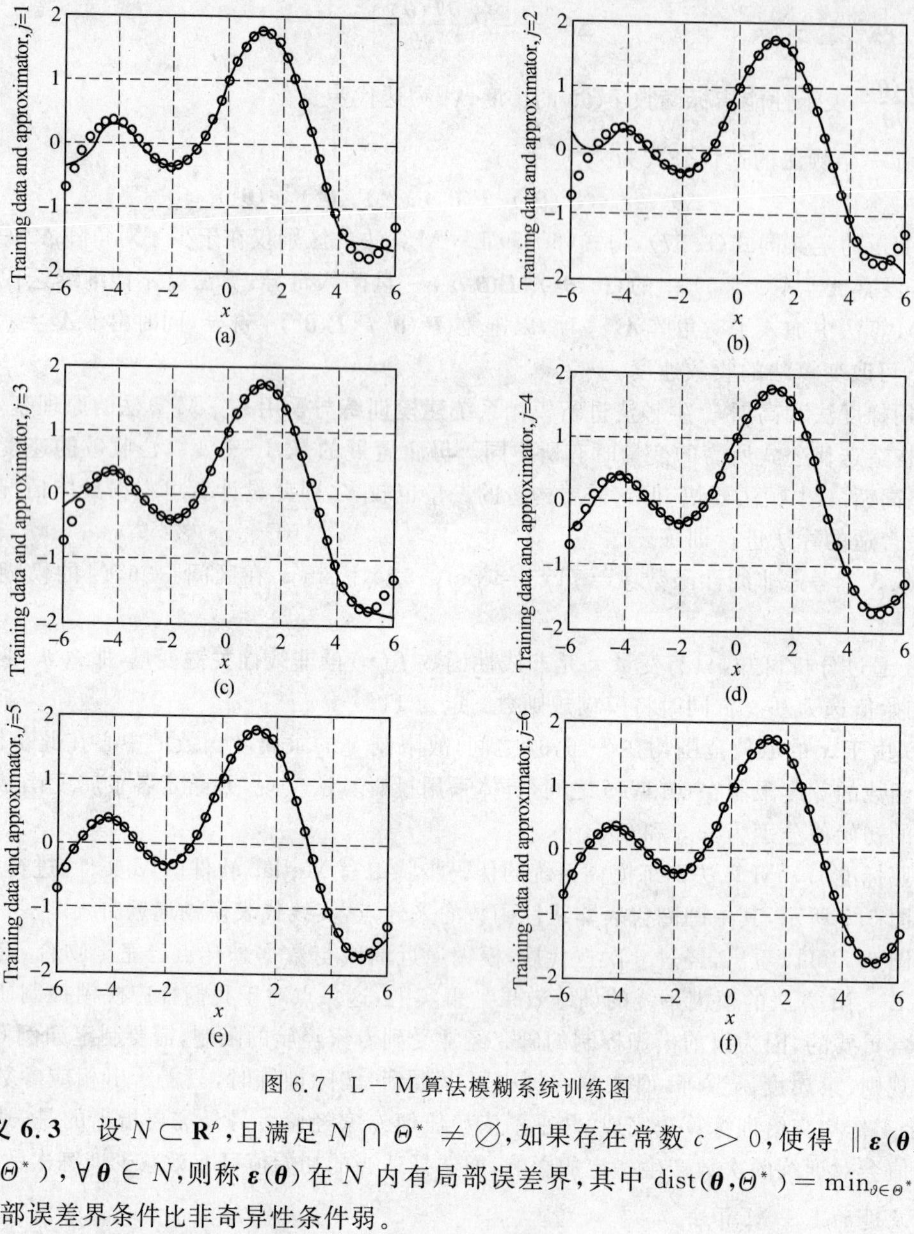


图 6.7　L－M 算法模糊系统训练图

**定义 6.3**　设 $N \subset \mathbf{R}^p$，且满足 $N \cap \Theta^* \neq \varnothing$，如果存在常数 $c>0$，使得 $\|\boldsymbol{\varepsilon}(\boldsymbol{\theta})\| \geqslant c\,\mathrm{dist}(\boldsymbol{\theta},\Theta^*)$，$\forall \boldsymbol{\theta} \in N$，则称 $\boldsymbol{\varepsilon}(\boldsymbol{\theta})$ 在 $N$ 内有局部误差界，其中 $\mathrm{dist}(\boldsymbol{\theta},\Theta^*)=\min_{\vartheta\in\Theta^*}\|\boldsymbol{\theta}-\vartheta\|$。局部误差界条件比非奇异性条件弱。

给出如下表达的改进 L－M 算法，每一次迭代计算：

$$\begin{cases}\boldsymbol{\theta}^{k+1}=\boldsymbol{\theta}^k+\Delta\boldsymbol{\theta}^k \\ \Delta\boldsymbol{\theta}^k=-((\boldsymbol{\Gamma}^k)^{\mathrm{T}}\boldsymbol{\Gamma}^k+\lambda^k\boldsymbol{I})^{-1}(\boldsymbol{\Gamma}^k)^{\mathrm{T}}\boldsymbol{\varepsilon}^k\end{cases} \tag{6.66}$$

其中迭代步长 $\lambda^k$ 定义为

$$\lambda^k=\begin{cases}\|\boldsymbol{\varepsilon}(\boldsymbol{\theta}^k)\|^{-2}=\|\boldsymbol{\varepsilon}^k\|^{-2}, & \|\boldsymbol{\theta}^k-\bar{\boldsymbol{\theta}}^k\|\geqslant 1 \\ \|\boldsymbol{\varepsilon}(\boldsymbol{\theta}^k)\|^{2}=\|\boldsymbol{\varepsilon}^k\|^{2}, & \|\boldsymbol{\theta}^k-\bar{\boldsymbol{\theta}}^k\|<1\end{cases} \tag{6.67}$$

对每一个 $k$，定义

$$\eta^k:\mathbf{R}^n\rightarrow\mathbf{R},\ \eta^k(\Delta\boldsymbol{\theta}^k)=\|\boldsymbol{\Gamma}^k\cdot\Delta\boldsymbol{\theta}^k+\boldsymbol{\varepsilon}^k\|^2+\lambda^k\|\Delta\boldsymbol{\theta}^k\|^2 \tag{6.68}$$

考虑最小化问题：

$$\min_{\Delta\boldsymbol{\theta}\in\mathbf{R}^n}\eta^k(\Delta\boldsymbol{\theta}) \tag{6.69}$$

式(6.69)的最优条件为式(6.66)。而 $\eta^k(\cdot)$ 为严格凸函数，故式(6.66)等价于(6.69)。下面给出式(6.66)在式(6.67)约束下二阶收敛的假设条件。

**假设 6.3**　对某个 $\boldsymbol{\theta}^*\in\Theta^*$，如下假设成立：

(a) 存在常数 $b\in(0,\infty)$ 和 $c_1\in(0,\infty)$，使得

$$\|\boldsymbol{\Gamma}(\boldsymbol{\vartheta})(\boldsymbol{\theta}-\boldsymbol{\vartheta})-(\boldsymbol{\varepsilon}(\boldsymbol{\theta})-\boldsymbol{\varepsilon}(\boldsymbol{\vartheta}))\|\leqslant c_1\|\boldsymbol{\vartheta}-\boldsymbol{\theta}\|^2 \tag{6.70}$$

$$\forall\boldsymbol{\theta},\boldsymbol{\vartheta}\in N(\boldsymbol{\theta}^*,b)=\{\boldsymbol{\theta}\in\mathbf{R}^p\mid\|\boldsymbol{\theta}-\boldsymbol{\theta}^*\|\leqslant b\} \tag{6.71}$$

(b) $\|\boldsymbol{\varepsilon}(\boldsymbol{\theta})\|$ 在 $N(\boldsymbol{\theta}^*,b)$ 内有局部误差界，即存在常数 $c_2\in(0,\infty)$ 使得

$$\|\boldsymbol{\varepsilon}(\boldsymbol{\theta})\|\geqslant c_2\operatorname{dist}(\boldsymbol{\theta},\Theta^*),\quad\forall\boldsymbol{\theta}\in N(\boldsymbol{\theta}^*,b) \tag{6.72}$$

假设 6.3(a) 成立的前提条件是 $\boldsymbol{\varepsilon}(\boldsymbol{\theta})$ 是连续可微且 $\boldsymbol{\Gamma}(\boldsymbol{\theta})$ 是 Lipshitz 连续的。

若假设 6.3(a) 成立，则存在一个正实常数 $L$ 使得

$$\|\boldsymbol{\varepsilon}(\boldsymbol{\theta})-\boldsymbol{\varepsilon}(\boldsymbol{\vartheta})\leqslant \boldsymbol{L}\|\boldsymbol{\theta}-\boldsymbol{\vartheta}\|\quad\forall\boldsymbol{\theta},\boldsymbol{\vartheta}\in N(\boldsymbol{\theta}^*,b) \tag{6.73}$$

记 $\bar{\boldsymbol{\theta}}^k$ 为解集 $\Theta^*$ 中离 $\boldsymbol{\theta}^k$ 距离最短的点，即

$$\|\boldsymbol{\theta}^k-\bar{\boldsymbol{\theta}}^k\|=\operatorname{dist}(\boldsymbol{\theta}^k,\Theta^*),\quad\bar{\boldsymbol{\theta}}^k\in\Theta^* \tag{6.74}$$

**定理 6.3**　若假设 6.3 成立，且 $\boldsymbol{\theta}^k\in N\left(\boldsymbol{\theta}^*,\dfrac{b}{2}\right)=\left\{\boldsymbol{\theta}\in\mathbf{R}^p\mid\|\boldsymbol{\theta}-\boldsymbol{\theta}^*\|\leqslant\dfrac{b}{2}\right\}$，则存在常数 $s_1,s_2,s_3,s_4$ 使得

$$\|\Delta\boldsymbol{\theta}^k\|\leqslant\begin{cases}s_1\|\boldsymbol{\theta}^k-\bar{\boldsymbol{\theta}}^k\|, & \|\boldsymbol{\theta}^k-\bar{\boldsymbol{\theta}}^k\|\geqslant 1\\ s_2\|\boldsymbol{\theta}^k-\bar{\boldsymbol{\theta}}^k\|, & \|\boldsymbol{\theta}^k-\bar{\boldsymbol{\theta}}^k\|<1\end{cases} \tag{6.75}$$

$$\|\boldsymbol{\Gamma}^k\Delta\boldsymbol{\theta}^k+\varepsilon(\boldsymbol{\theta}^k)\|\leqslant\begin{cases}s_3\|\boldsymbol{\theta}^k-\bar{\boldsymbol{\theta}}^k\|^2, & \|\boldsymbol{\theta}^k-\bar{\boldsymbol{\theta}}^k\|\geqslant 1\\ s_4\|\boldsymbol{\theta}^k-\bar{\boldsymbol{\theta}}^k\|^2, & \|\boldsymbol{\theta}^k-\bar{\boldsymbol{\theta}}^k\|<1\end{cases} \tag{6.76}$$

**证明**　由于 $\Delta\boldsymbol{\theta}^k$ 为最小化问题(6.69)的解，则有

$$\eta^k(\Delta\boldsymbol{\theta}^k)\leqslant\eta^k(\bar{\boldsymbol{\theta}}^k-\boldsymbol{\theta}^k) \tag{6.77}$$

而且，由于 $\boldsymbol{\theta}^k\in N\left(\boldsymbol{\theta}^*,\dfrac{b}{2}\right)$，可得

$$\|\bar{\boldsymbol{\theta}}^k-\boldsymbol{\theta}^*\|\leqslant\|\bar{\boldsymbol{\theta}}^k-\boldsymbol{\theta}^k\|+\|\boldsymbol{\theta}^*-\boldsymbol{\theta}^k\|\leqslant\|\boldsymbol{\theta}^*-\boldsymbol{\theta}^k\|+\|\boldsymbol{\theta}^*-\boldsymbol{\theta}^k\|\leqslant b \tag{6.78}$$

因此 $\bar{\boldsymbol{\theta}}^k\in N(\boldsymbol{\theta}^*,b)$。再由 $\eta^k(\cdot)$ 的定义，不等式(6.77)和假设 6.3(a) 可得

$$\|\Delta\boldsymbol{\theta}^k\|^2\leqslant\frac{1}{\lambda^k}\eta^k(\Delta\boldsymbol{\theta}^k)\leqslant\frac{1}{\lambda^k}\eta^k(\bar{\boldsymbol{\theta}}^k-\boldsymbol{\theta}^k)=$$

$$\frac{1}{\lambda^k}(\|\boldsymbol{\varepsilon}(\boldsymbol{\theta}^k)+\boldsymbol{\Gamma}(\bar{\boldsymbol{\theta}}^k-\boldsymbol{\theta}^k)\|^2+\lambda^k\|\bar{\boldsymbol{\theta}}^k-\boldsymbol{\theta}^k\|^2)=$$

$$\frac{1}{\lambda^k}(\|\boldsymbol{\varepsilon}(\boldsymbol{\theta}^k)-\underbrace{\boldsymbol{\varepsilon}(\bar{\boldsymbol{\theta}}^k)}_{=0}-\boldsymbol{\Gamma}(\boldsymbol{\theta}^k-\bar{\boldsymbol{\theta}}^k)\|^2+\lambda^k\|\bar{\boldsymbol{\theta}}^k-\boldsymbol{\theta}^k\|^2)\leqslant$$

$$\frac{1}{\lambda^k}(c_1^2 \|\boldsymbol{\theta}^k-\bar{\boldsymbol{\theta}}^k\|^4+\lambda^k \|\boldsymbol{\theta}^k-\bar{\boldsymbol{\theta}}^k\|^2)\leqslant$$

$$\left(\frac{c_1^2\|\boldsymbol{\theta}^k-\bar{\boldsymbol{\theta}}^k\|^2}{\lambda^k}+1\right)\|\boldsymbol{\theta}^k-\bar{\boldsymbol{\theta}}^k\|^2 \tag{6.79}$$

因为

$$\lambda^k=\begin{cases}\|\boldsymbol{\varepsilon}^k\|^{-2}=\|\boldsymbol{\varepsilon}(\boldsymbol{\theta}^k)-\boldsymbol{\varepsilon}(\bar{\boldsymbol{\theta}}^k)\|^{-2}\geqslant L^{-2}\|\boldsymbol{\theta}^k-\bar{\boldsymbol{\theta}}^k\|^{-2},\|\boldsymbol{\theta}^k-\bar{\boldsymbol{\theta}}^k\|\geqslant 1\\ \|\boldsymbol{\varepsilon}^k\|^2=\|\boldsymbol{\varepsilon}(\boldsymbol{\theta}^k)-\boldsymbol{\varepsilon}(\bar{\boldsymbol{\theta}}^k)\|^2\geqslant c_2^2\|\boldsymbol{\theta}^k-\bar{\boldsymbol{\theta}}^k\|^2,\|\boldsymbol{\theta}^k-\bar{\boldsymbol{\theta}}^k\|<1\end{cases} \tag{6.80}$$

则

$$\|\Delta\boldsymbol{\theta}^k\|^2\leqslant\begin{cases}(c_1^2L^2\|\boldsymbol{\theta}^k-\bar{\boldsymbol{\theta}}^k\|^4+1)\|\boldsymbol{\theta}^k-\bar{\boldsymbol{\theta}}^k\|^2,\|\boldsymbol{\theta}^k-\bar{\boldsymbol{\theta}}^k\|\geqslant 1\\ \dfrac{c_1^2+c_2^2}{c_2^2}\|\boldsymbol{\theta}^k-\bar{\boldsymbol{\theta}}^k\|^2,\|\boldsymbol{\theta}^k-\bar{\boldsymbol{\theta}}^k\|<1\end{cases} \tag{6.81}$$

又由于 $\boldsymbol{\theta}^k\in N\left(\boldsymbol{\theta}^*,\dfrac{b}{2}\right)$，则

$$\|\boldsymbol{\theta}^k-\bar{\boldsymbol{\theta}}^k\|\leqslant\|\boldsymbol{\theta}^k-\boldsymbol{\theta}^*\|\leqslant\frac{b}{2} \tag{6.82}$$

那么

$$\|\Delta\boldsymbol{\theta}^k\|\leqslant\begin{cases}\dfrac{\sqrt{c_1^2L^2b^4+16}}{4}\|\boldsymbol{\theta}^k-\bar{\boldsymbol{\theta}}^k\|,\|\boldsymbol{\theta}^k-\bar{\boldsymbol{\theta}}^k\|\geqslant 1\\ \dfrac{\sqrt{c_1^2+c_2^2}}{c_2}\|\boldsymbol{\theta}^k-\bar{\boldsymbol{\theta}}^k\|,\|\boldsymbol{\theta}^k-\bar{\boldsymbol{\theta}}^k\|<1\end{cases} \tag{6.83}$$

记 $s_1=\dfrac{\sqrt{c_1^2L^2b^4+16}}{4}$，$s_2=\dfrac{\sqrt{c_1^2+c_2^2}}{c_2}$，即得第一个不等式成立。

下面证第二个不等式：

$$\|\boldsymbol{\Gamma}^k\Delta\boldsymbol{\theta}^k+\boldsymbol{\varepsilon}(\boldsymbol{\theta}^k)\|^2\leqslant\eta^k(\Delta\boldsymbol{\theta}^k)\leqslant$$
$$\eta^k(\bar{\boldsymbol{\theta}}^k-\boldsymbol{\theta}^k)\leqslant$$
$$c_1^2\|\boldsymbol{\theta}^k-\bar{\boldsymbol{\theta}}^k\|^4+\lambda^k\|\boldsymbol{\theta}^k-\bar{\boldsymbol{\theta}}^k\|^2 \tag{6.84}$$

又

$$\lambda^k=\begin{cases}\|\boldsymbol{\varepsilon}^k\|^{-2}\leqslant c_2^{-2}\|\boldsymbol{\theta}^k-\bar{\boldsymbol{\theta}}^k\|^{-2},\|\boldsymbol{\theta}^k-\bar{\boldsymbol{\theta}}^k\|\geqslant 1\\ \|\boldsymbol{\varepsilon}^k\|^2\leqslant L^2\|\boldsymbol{\theta}^k-\bar{\boldsymbol{\theta}}^k\|^2,\|\boldsymbol{\theta}^k-\bar{\boldsymbol{\theta}}^k\|<1\end{cases} \tag{6.85}$$

经 Lipshitz 条件(6.72)和式(6.85)，我们有

$$\|\boldsymbol{\Gamma}^k\Delta\boldsymbol{\theta}^k+\boldsymbol{\varepsilon}(\boldsymbol{\theta}^k)\|\leqslant\begin{cases}\sqrt{c_1^2+c_2^{-2}}\ \|\boldsymbol{\theta}^k-\bar{\boldsymbol{\theta}}^k\|^2,\|\boldsymbol{\theta}^k-\bar{\boldsymbol{\theta}}^k\|\geqslant 1\\ \sqrt{c_1^2+L^2}\ \|\boldsymbol{\theta}^k-\bar{\boldsymbol{\theta}}^k\|^2,\|\boldsymbol{\theta}^k-\bar{\boldsymbol{\theta}}^k\|<1\end{cases} \tag{6.86}$$

记 $s_3=\sqrt{c_1^2+c_2^{-2}}$，$s_4=\sqrt{c_1^2+L^2}$，即得第二个不等式成立。证毕。

下面证当迭代点充分靠近 $\boldsymbol{\theta}^*$ 时，$\mathrm{dist}(\boldsymbol{\theta}^k,\Theta^*)$ 收敛于 0。

**定理 6.4**　若 $\boldsymbol{\theta}^{k+1},\boldsymbol{\theta}^{k}\in N\left(\boldsymbol{\theta}^{*},\frac{b}{2}\right)$，则存在常数 $s_5,s_6$ 使得

$$\operatorname{dist}(\boldsymbol{\theta}^{k+1},\Theta^{*})\leqslant\begin{cases}s_5\operatorname{dist}(\boldsymbol{\theta}^{k},\Theta^{*})^2, \|\boldsymbol{\theta}^{k}-\bar{\boldsymbol{\theta}}^{k}\|\geqslant 1\\ s_6\operatorname{dist}(\boldsymbol{\theta}^{k},\Theta^{*})^2, \|\boldsymbol{\theta}^{k}-\bar{\boldsymbol{\theta}}^{k}\|<1\end{cases}\tag{6.87}$$

**证明**　由于 $\boldsymbol{\theta}^{k+1},\boldsymbol{\theta}^{k}\in N\left(\boldsymbol{\theta}^{*},\frac{b}{2}\right)$，且 $\boldsymbol{\theta}^{k+1}=\boldsymbol{\theta}^{k}+\Delta\boldsymbol{\theta}^{k}$，则由假设 6.3 和定理 6.3 可得

$$\begin{aligned}c_2\operatorname{dist}(\boldsymbol{\theta}^{k+1},\Theta^{*})=c_2\operatorname{dist}(\boldsymbol{\theta}^{k}+\Delta\boldsymbol{\theta}^{k},\Theta^{*})\leqslant\\ \|\boldsymbol{\varepsilon}(\boldsymbol{\theta}^{k}+\Delta\boldsymbol{\theta}^{k})\|\leqslant\\ \|\boldsymbol{\Gamma}^{k}\Delta\boldsymbol{\theta}^{k}+\boldsymbol{\varepsilon}^{k}\|+c_1\|\Delta\boldsymbol{\theta}^{k}\|^2\end{aligned}\tag{6.88}$$

将式(6.82) 和式(6.86) 代入上式，可得

$$c_2\operatorname{dist}(\boldsymbol{\theta}^{k+1},\Theta^{*})\leqslant\begin{cases}\left(\dfrac{16\sqrt{c_1^2+c_2^{-2}}+c_1(c_1^2L^2b^4+16)}{16}\right)\operatorname{dist}(\boldsymbol{\theta}^{k},\Theta^{*})^2, \|\boldsymbol{\theta}^{k}-\bar{\boldsymbol{\theta}}^{k}\|\geqslant 1\\ \left(\dfrac{c_2^2\sqrt{c_1^2+L^2}+c_1(c_1^2+c_2^2)}{c_2^2}\right)\operatorname{dist}(\boldsymbol{\theta}^{k},\Theta^{*})^2, \|\boldsymbol{\theta}^{k}-\bar{\boldsymbol{\theta}}^{k}\|<1\end{cases}\tag{6.89}$$

记 $s_5=\dfrac{16\sqrt{c_1^2+c_2^{-2}}+c_1(c_1^2L^2b^4+16)}{16c_2}$，$s_6=\dfrac{c_2^2\sqrt{c_1^2+L^2}+c_1(c_1^2+c_2^2)}{c_2^3}$，即得式(6.87) 成立。证毕。

由定理 6.4 可知，若对于任意的 $k$，$\boldsymbol{\theta}^{k}\in N\left(\boldsymbol{\theta}^{*},\frac{b}{2}\right)$，则有当 $k\to\infty$ 时，$\operatorname{dist}(\boldsymbol{\theta}^{k},\Theta^{*})$ 二阶收敛于 0。

在实际训练中 $\|\boldsymbol{\theta}^{k}-\bar{\boldsymbol{\theta}}^{k}\|$ 是否大于 1，这个条件是很难判断的，通常情况下，可分别利用式(6.72) 和式(6.73)，合适选择 $c_2$ 和 $L$，将上述条件转化为判断 $\|\boldsymbol{\varepsilon}^{k}\|$ 是否大于 1。

4. 基于改进 L－M 算法的 T－S 模糊系统训练

前面分析了改进的 L－M 参数迭代算法的二阶收敛性，下面将算法推广，用于 T－S 模糊系统建模训练。训练思路基本与标准 L－M 算法的一致，伪码的实现前面部分完全相同，只需在第(3) 步的(b) 之后补充对迭代步长 $\lambda^k$ 的选择，如下：

(a) 根据参数 $\boldsymbol{\varepsilon}(\boldsymbol{\theta})$ 的不同取值选择相应的迭代步长 $\lambda^k$。

If $\|\boldsymbol{\varepsilon}(\boldsymbol{\theta})\|\geqslant 1$ Then

$$\lambda^k=\|\boldsymbol{\varepsilon}(\boldsymbol{\theta})\|^{-2}$$

Else

$$\lambda^k=\|\boldsymbol{\varepsilon}(\boldsymbol{\theta})\|^{2}$$

End If

(b) 计算 $k+1$ 次的权值向量 $\boldsymbol{\theta}^{k+1}$。

(c1) 由式(6.11)、(6.12) 得到权值增量 $\Delta\boldsymbol{\theta}^{k}$。

(b2) $\boldsymbol{\theta}^{k+1}=\boldsymbol{\theta}^{k}+\Delta\boldsymbol{\theta}^{k}$。

(c) 当达到精度要求时，停止循环。

**例 6.4**　考虑非线性函数 $\boldsymbol{y}=\boldsymbol{f}(\boldsymbol{x})=\cos(0.5\boldsymbol{x})+\sin\boldsymbol{x}$ 在区间 $[-6,6]$ 的模糊建模。

(1) 同例 6.3 的分析可知，设 $\boldsymbol{\theta}_0$ 的维数为 $2r$，其初始值选为 $0_{(2r,1)}$，同时将模糊规则数 $r$ 定为 11。

(2) 限制隶属度函数的中心在区间 $[-6,6]$ 内，且隶属度函数的宽度限制在 $(0.1,1)$ 之间，并给定隶属度函数的中心和宽度的初始值分别为 $-5$ 和 0.5。

按照改进的 L－M 算法训练模糊系统的伪码步骤编写 Matlab 软件的 M 文件，进行训练，仿真图如图 6.8 所示，其中圆圈代表非线性函数的采样点，实线代表模糊逼近曲线。

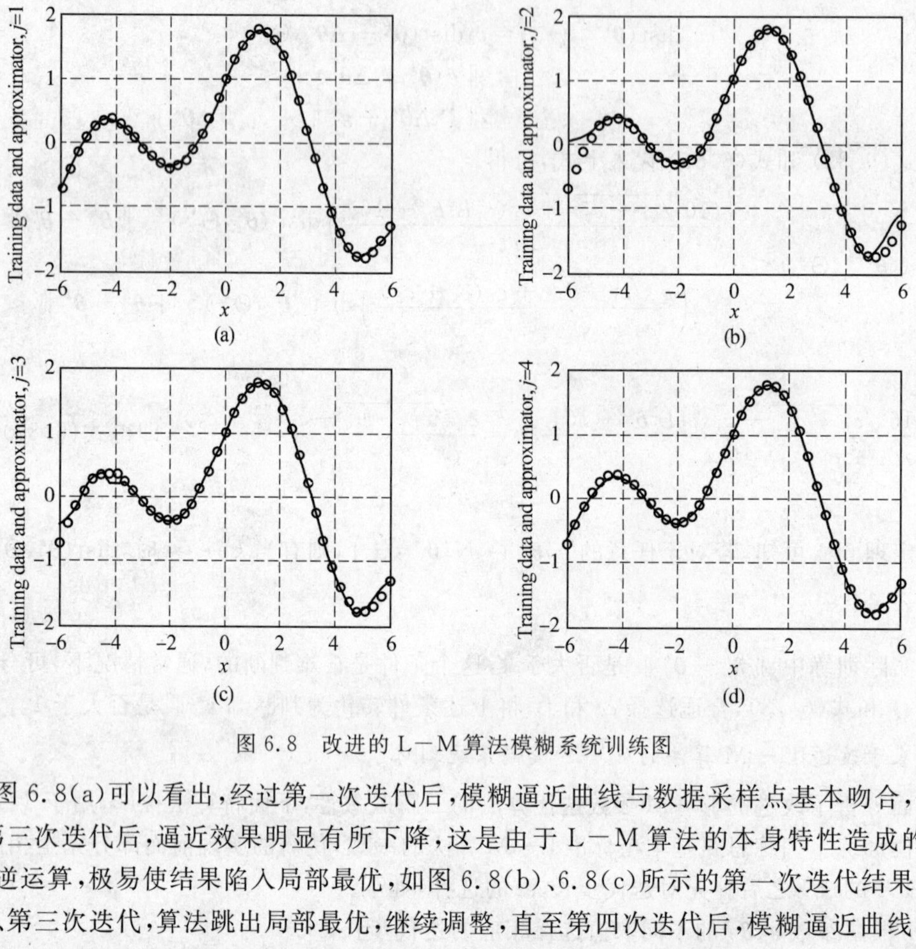


图 6.8　改进的 L－M 算法模糊系统训练图

由图 6.8(a)可以看出，经过第一次迭代后，模糊逼近曲线与数据采样点基本吻合，但在第二次、第三次迭代后，逼近效果明显有所下降，这是由于 L－M 算法的本身特性造成的，因为引入求逆运算，极易使结果陷入局部最优，如图 6.8(b)、6.8(c)所示的第一次迭代结果。经过第二次、第三次迭代，算法跳出局部最优，继续调整，直至第四次迭代后，模糊逼近曲线与数据采样点重新吻合，实现了设计目的。与标准 L－M 算法相比，迭代次数明显减少，收敛速度加快，这对于复杂系统的建模极为关键。这是由于现代科技的发展，被控对象越来越复杂，人们总是无法精确得到被控对象的数学模型，而数学模型又是设计控制器的重要参考。因此，快速估计被控对象的模型参数，对于设计控制器尤为重要。

采用改进的 L－M 算法训练 T－S 模糊系统，可在线调节各线性系统参数及模糊隶属度函数的参数，使得系统建模时，不过分依赖于专家经验，大大提高了 T－S 模糊系统逼近复杂非线性系统的收敛速率。在标准的 L－M 算法的基础上，本节根据迭代参数取值的不同区间，分别定义了各区间的迭代步长 $\lambda^k$，理论分析了改进的 L－M 算法的二阶收敛性，并将其应用于训练 T－S 模糊系统逼近非线性动态系统，与标准 L－M 算法相比，在保证精度的同时，收敛速率明显加快。仿真结果表明，所提算法不仅可有效提高 L－M 算法训练 T－S 模糊系统的收敛速率，并为基于 L－M 算法的网络训练及方程求解等问题拓展了一种新的思路。

本节给出了 T－S 模糊建模的基本方法，需要提醒做控制研究的读者的是，建立 T－S 模型不是为了辨识非线性系统，因为一个好的控制方法不应受控于被控对象。这里建立 T－S 模糊模型是为了后面几节设计模糊控制器的需要。通常在实际的控制问题中，我们无法直接或者准确获得系统的精确模型，而控制器的设计又依赖于系统参数。因此，建立准确的 T－S 模糊模型，获得系统参数的逼近值，对于设计非线性系统的 T－S 模糊控制器是十分关键的基础步骤。

## 6.3　非线性系统模糊控制器设计及稳定性分析

## (Fuzzy Controller Design and Stability Analysis for Nonlinear Systems)

在前一节里主要阐述了非线性系统 T－S 模糊建模的方法，在本节，主要针对其中的局部线性子系统的模糊逼近方法讲述控制器设计和稳定性分析的基本方法。

### 6.3.1　模糊镇定控制器设计(Fuzzy Stabilizing Controller Design)

控制一般可分为两大类问题：镇定和跟踪。镇定控制可以实现被控系统的状态稳定，而跟踪控制主要是实现被控系统的状态或者输出跟踪参考信号。这里先介绍模糊镇定控制器的设计方法。

假设系统状态可测，且模糊系统(6.27)局部能控，即 $(\boldsymbol{A}_i,\boldsymbol{B}_i)_{i=1,2,\cdots,r}$ 为可控对。针对系统(6.27)，根据并行分配补偿 (PDC) 设计模糊控制器，控制规则如下：

$$\begin{aligned}&\text{Controller Rule } i\text{: If } z_1(t) \text{ is } M_{i1} \text{ and}\cdots\text{and } z_n(t) \text{ is } M_{in},\\ &\text{Then } \boldsymbol{u}(t)=\boldsymbol{K}_i\boldsymbol{x}(t)\quad (i=1,2,\cdots,r)\end{aligned}\tag{6.90}$$

则整个系统的控制器可表述为

$$\boldsymbol{u}(t)=\sum_{i=1}^{r}h_i[\boldsymbol{z}(t)]\boldsymbol{K}_i\boldsymbol{x}(t)\tag{6.91}$$

由式(6.91) 可以看出整个系统的控制实质上是非线性的状态反馈，即根据局部的状态反馈通过模糊加权来进行设计的。

整个闭环系统表达式如下：

$$\dot{\boldsymbol{x}}(t)=\sum_{i=1}^{r}\sum_{j=1}^{r}h_i[\boldsymbol{z}(t)]h_j[\boldsymbol{z}(t)](\boldsymbol{A}_i+\boldsymbol{B}_i\boldsymbol{K}_j)\boldsymbol{x}(t)\tag{6.92}$$

为保证整个闭环系统(6.92) 的全局渐进稳定性，给出如下定理。

**定理 6.5**　对于 $i,j=1,2,\cdots,r$，针对式(6.27) 所描述的模糊系统，若存在矩阵 $\boldsymbol{K}_j$，一个公共的对称正定阵 $\boldsymbol{P}$ 满足

$$(\boldsymbol{A}_i+\boldsymbol{B}_i\boldsymbol{K}_j)^{\mathrm{T}}\boldsymbol{P}+\boldsymbol{P}(\boldsymbol{A}_i+\boldsymbol{B}_i\boldsymbol{K}_j)<0,\quad \forall i,j=1,2,\cdots,r\tag{6.93}$$

则系统(6.92) 在其平衡状态是全局渐进稳定的，式(6.91) 为闭环系统的镇定控制器。

**证明**　若定义闭环系统的 Lyapunov 函数为 $V(\boldsymbol{x})=\boldsymbol{x}^{\mathrm{T}}\boldsymbol{P}\boldsymbol{x}$，其中 $\boldsymbol{P}>0$ 为对称正定阵，则有

$$\dot{V}(\boldsymbol{x})=\sum_{i=1}^{r}\sum_{j=1}^{r}h_ih_j\boldsymbol{x}^{\mathrm{T}}[(\boldsymbol{A}_i+\boldsymbol{B}_i\boldsymbol{K}_j)^{\mathrm{T}}\boldsymbol{P}+\boldsymbol{P}(\boldsymbol{A}_i+\boldsymbol{B}_i\boldsymbol{K}_j)]\boldsymbol{x}\tag{6.94}$$

当式(6.93)成立时,有$\dot{V}(\boldsymbol{x})<0$,则闭环系统渐进稳定。证毕。

需要说明的是,这里只是证明了模糊逼近后的闭环模糊系统的稳定性,而不是原非线性系统的稳定性。但是在精度要求不是很高的情况下,通常认为模糊系统(6.27)在一定程度上可代表原非线性系统(6.24)。那么所设计的模糊控制器(6.91)若能镇定模糊系统(6.27),则控制器(6.91)同样可以镇定原非线性系统(6.24)。事实上,很多实际情况都证明了此点。另外,后文的例题6.5也给出的控制器的设计和仿真结果进一步说明了这个问题。但不可否认的是,当模糊逼近系统与原非线性系统偏差较大时,基于模糊逼近系统设计的模糊控制器必然会使得针对原非线性系统的控制性能下降甚至失效,此时应考虑自适应控制方案或者采用适当的方法进行控制补偿。

由于式(6.93)成立只是闭环系统(6.92)渐进稳定的充分条件。因此,当找不到公共正定对称阵$\boldsymbol{P}$,并不能说明系统是不稳定的。若设计者选择的模糊规则数过大,求解公共正定对称阵$\boldsymbol{P}$的难度也会加大。因此在建立T－S模糊模型时,应合理划分模糊空间,尽量减少模糊规则数,增加$\boldsymbol{P}$的可解性。

定理6.5给出的条件,需要计算$r^2$个不等式来寻找矩阵$\boldsymbol{P}$。由于式(6.92)还可以写为

$$\dot{\boldsymbol{x}}(t)=\sum_{i=1}^{r}\sum_{j=1}^{r}h_i(z)h_j(z)\boldsymbol{G}_{ii}\boldsymbol{x}(t)+2\sum_{j=1}^{r}\sum_{i=1}^{j-1}h_i(z)h_j(z)\frac{\boldsymbol{G}_{ij}+\boldsymbol{G}_{ji}}{2}\boldsymbol{x}(t) \tag{6.95}$$

其中$\boldsymbol{G}_{ij}=\boldsymbol{A}_i+\boldsymbol{B}_i\boldsymbol{K}_j$。

为减少不等式计算的个数,给出如下推论。

**推论6.1** 对于$i,j=1,2,\cdots,r$,针对式(6.27)所描述的模糊系统,若矩阵$\boldsymbol{K}_j$,一个公共的对称正定阵$\boldsymbol{P}$满足

$$\boldsymbol{G}_{ii}{}^{\mathrm{T}}\boldsymbol{P}+\boldsymbol{P}\boldsymbol{G}_{ii}<0,\quad \forall i=1,2,\cdots,r \tag{6.96}$$

$$(\boldsymbol{G}_{ij}+\boldsymbol{G}_{ji})^{\mathrm{T}}\boldsymbol{P}+\boldsymbol{P}(\boldsymbol{G}_{ij}+\boldsymbol{G}_{ji})<0,\quad \forall i<j\ (i,j=1,2,\cdots,r) \tag{6.97}$$

则系统(6.92)在其平衡状态是全局渐进稳定的,式(6.91)为闭环系统的镇定控制器。

**证明** 若定义闭环系统的Lyapunov函数为$V(\boldsymbol{x})=\boldsymbol{x}^{\mathrm{T}}\boldsymbol{P}\boldsymbol{x}$,其中$\boldsymbol{P}>0$为对称正定阵,则有

$$\begin{aligned}\dot{V}(\boldsymbol{x})=&\sum_{i=1}^{r}h_ih_i\boldsymbol{x}^{\mathrm{T}}[\boldsymbol{G}_{ii}{}^{\mathrm{T}}\boldsymbol{P}+\boldsymbol{P}\boldsymbol{G}_{ii}]\boldsymbol{x}+\\&2\sum_{j=1}^{r}\sum_{i=1}^{j-1}h_ih_j\boldsymbol{x}^{\mathrm{T}}\left[\frac{(\boldsymbol{G}_{ij}+\boldsymbol{G}_{ji})^{\mathrm{T}}}{2}\boldsymbol{P}+\boldsymbol{P}\frac{(\boldsymbol{G}_{ij}+\boldsymbol{G}_{ji})}{2}\right]\boldsymbol{x}\end{aligned} \tag{6.98}$$

当式(6.96)和式(6.97)成立时,有$\dot{V}(\boldsymbol{x})<0$,则闭环系统渐进稳定。

经过处理,推论6.1只需要计算$\frac{r(r+1)}{2}$个不等式,较定理6.5中的$r^2$个不等式有明显的减少。

仔细观察,发现定理6.5和推论6.1中均包含两个未知矩阵$\boldsymbol{K}_j$和$\boldsymbol{P}$,为便于采用LMI工具箱求解,需要进一步进行必要的处理。

首先,先给出定理6.5中式(6.93)的LMI描述。将式(6.93)分别左乘和右乘$\boldsymbol{P}^{-1}$,并记$\boldsymbol{X}=\boldsymbol{P}^{-1}$,$\boldsymbol{N}_j=\boldsymbol{K}_j\boldsymbol{X}$,则式(6.93)可整理为

$$\boldsymbol{X}\boldsymbol{A}_i{}^{\mathrm{T}}+\boldsymbol{A}_i\boldsymbol{X}+\boldsymbol{B}_i\boldsymbol{N}_j+\boldsymbol{N}_j{}^{\mathrm{T}}\boldsymbol{B}_i{}^{\mathrm{T}}<0,\quad \forall i,j=1,2,\cdots,r \tag{6.99}$$

式(6.99)的未知矩阵为$\boldsymbol{N}_j$和$\boldsymbol{X}$,通过LMI工具箱可得到$\boldsymbol{N}_j$和$\boldsymbol{X}$的可行解,则有公共正定对

称阵 $\boldsymbol{P}=\boldsymbol{X}^{-1}$，控制增益阵 $\boldsymbol{K}_j=\boldsymbol{N}_j\boldsymbol{X}^{-1}$。

同理可得推论 6.1 的 LMI 描述

$$\boldsymbol{X}\boldsymbol{A}_i^{\mathrm{T}}+\boldsymbol{A}_i\boldsymbol{X}+\boldsymbol{B}_i\boldsymbol{N}_i+\boldsymbol{N}_i^{\mathrm{T}}\boldsymbol{B}_i^{\mathrm{T}}<0,\quad \forall i=1,2,\cdots,r \tag{6.100}$$

$$(\boldsymbol{A}_i\boldsymbol{X}+\boldsymbol{A}_j\boldsymbol{X}+\boldsymbol{B}_i\boldsymbol{N}_j+\boldsymbol{B}_j\boldsymbol{N}_i)^{\mathrm{T}}+(\boldsymbol{A}_i\boldsymbol{X}+\boldsymbol{A}_j\boldsymbol{X}+\boldsymbol{B}_i\boldsymbol{N}_j+\boldsymbol{B}_j\boldsymbol{N}_i)<0,\quad \forall i<j\leqslant r \tag{6.101}$$

定理 6.5 和推论 6.1 是 T－S 模糊模型和不等式结合证明闭环系统渐进稳定的基本理论。近年来，在此基础上发展了很多关于 T－S 模糊理论和 LMI 结合的控制方法和理论。由于这方面的文献非常多，而且基本原理相近，因此这里不再赘述，请感兴趣的读者自行查阅。

**例 6.5**　针对例 6.2 所建立的倒立摆 T－S 模糊系统模型设计模糊镇定控制器。

根据式(6.90)的描述，设计控制规则如下：

$$\text{Rule1: if } x_1 \text{ is about } 0\text{, then } \boldsymbol{u}(t)=\boldsymbol{K}_1\boldsymbol{x}$$

$$\text{Rule2: if } x_1 \text{ is about } \pm\frac{\pi}{2}\text{, then } \boldsymbol{u}(t)=\boldsymbol{K}_2\boldsymbol{x}$$

解模糊化后的控制器为

$$\boldsymbol{u}=(h_1\boldsymbol{K}_1+h_2\boldsymbol{K}_2)\,\boldsymbol{x}$$

由式(6.100)及(6.101)，应用 Matlab 的 LMI 工具，可得

$$\boldsymbol{P}=\begin{bmatrix}130.0111 & 30.1315\\ 30.1315 & 7.3551\end{bmatrix},\ \boldsymbol{K}_1=[165.6763\quad 36.5461],\ \boldsymbol{K}_2=[330.4391\quad 73.5377]$$

控制效果如图 6.9 所示，其中初始条件选为 $\boldsymbol{x}(\boldsymbol{0})=[10^\circ\quad 0]^{\mathrm{T}}$。

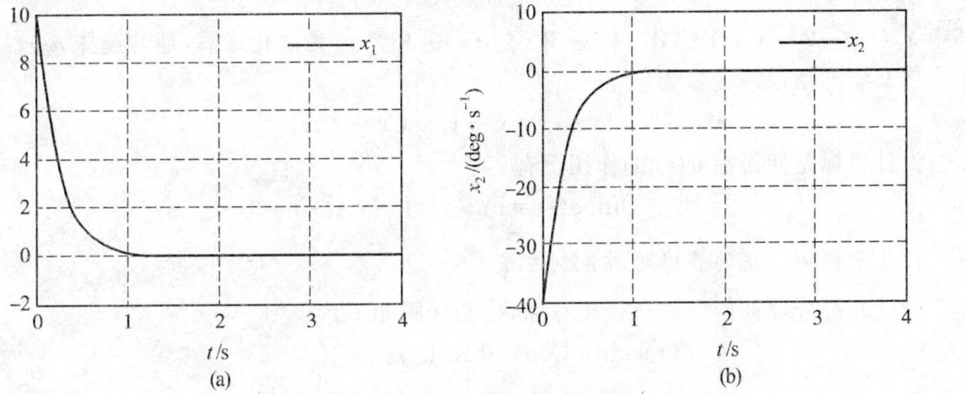


图 6.9　倒立摆模糊控制效果

由图 6.9 可以看出，在模糊控制器 $\boldsymbol{u}=(h_1\boldsymbol{K}_1+h_2\boldsymbol{K}_2)\,\boldsymbol{x}$ 的作用下，倒立摆的摆角及角速率都能较快地稳定。这说明，所设计的 T－S 模糊控制器可以实现对非线性系统－倒立摆的有效控制。

## 6.3.2　模糊跟踪控制器设计(Fuzzy Tracking Controller Design)

T－S 模糊理论自提出以来取得了不少研究成果，但多为镇定问题。但镇定只是 ASV 这类复杂系统控制的基本要求，如何实现系统在鲁棒稳定的同时跟踪预定的轨迹一直以来都是控制的难点。

借鉴线性系统前馈控制的思想，引入模糊前馈，可以考虑如下一种模糊鲁棒跟踪控制律的

设计方案,无需考虑增广,有效降低控制器的阶数。

考虑如下被控系统

$$\begin{aligned}\dot{\boldsymbol{x}}(t)&=\boldsymbol{f}(\boldsymbol{x}(t))+\boldsymbol{g}(\boldsymbol{x}(t))\boldsymbol{u}(t)+\boldsymbol{\varphi}(\boldsymbol{x}(t),t)\\\boldsymbol{y}(t)&=\boldsymbol{C}\boldsymbol{x}(t)\end{aligned}\tag{6.102}$$

其中 $\boldsymbol{\varphi}(\boldsymbol{x}(t),t)$ 是 $n$ 维有界连续可微向量函数,表示系统的不确定性,其余函数及变量定义同式(6.24)。

基于 T－S 模糊理论,上式这类存在不确定的非线性动态系统可由如下模糊规则描述:

Plant Rule $i$:

$$\begin{cases}\text{If } z_1(t) \text{ is } \boldsymbol{M}_{i1} \text{ and} \cdots \text{and } z_n(t) \text{ is } \boldsymbol{M}_{in}\\\text{Then } \dot{\boldsymbol{x}}(t)=\boldsymbol{A}_i\boldsymbol{x}(t)+\boldsymbol{B}_i\boldsymbol{u}(t)+\boldsymbol{\varphi}(\boldsymbol{x}(t),t), \quad i=1,2,\cdots,r\end{cases}\tag{6.103}$$

采用重心法解模糊,则基于模糊规则(6.103)的 T－S 模糊非线性动态系统可表示为

$$\begin{aligned}\dot{\boldsymbol{x}}(t)&=\boldsymbol{\varphi}(\boldsymbol{x}(t),t)+\sum_{i=1}^{r}h_i(\boldsymbol{z})(\boldsymbol{A}_i\boldsymbol{x}(t)+\boldsymbol{B}_i\boldsymbol{u}(t))\\\boldsymbol{y}(t)&=\boldsymbol{C}\boldsymbol{x}(t)\end{aligned}\tag{6.104}$$

假设由式(6.104)所确定的各线性子系统能控,控制的目的是设计鲁棒跟踪控制律 $\boldsymbol{u}(t)$ 使得姿态动态系统的输出姿态角 $\boldsymbol{y}(t)$ 跟踪姿态角命令指令 $\boldsymbol{y}_r(t)$,$\boldsymbol{y}_r(t)$ 可由下述参考模型生成:

$$\dot{\boldsymbol{x}}_r(t)=\boldsymbol{A}_r\boldsymbol{x}_r(t),\ \boldsymbol{x}_r(0)=\boldsymbol{x}_{r0}\tag{6.105}$$

$$\boldsymbol{y}_r(t)=\boldsymbol{C}_r\boldsymbol{x}_r(t)\tag{6.106}$$

其中 $\boldsymbol{x}_r(t)\in\mathbf{R}^{n_r}$,$\boldsymbol{y}_r(t)\in\mathbf{R}^{q}$,$\boldsymbol{A}_r\in\mathbf{R}^{n_r\times n_r}$,$\boldsymbol{C}_r\in\mathbf{R}^{q\times n_r}$。为简化运算,通常选择 $n_r<n$。

定义姿态角误差变量为

$$\boldsymbol{e}(t)=\boldsymbol{y}-\boldsymbol{y}_r=\boldsymbol{C}\boldsymbol{x}-\boldsymbol{C}_r\boldsymbol{x}_r\tag{6.107}$$

设计目标是使得在 $\boldsymbol{u}(t)$ 的作用下有

$$\lim_{t\to\infty}\boldsymbol{e}(t)=\lim_{t\to\infty}(\boldsymbol{y}(t)-\boldsymbol{y}_r(t))=0\tag{6.108}$$

1. 基于模糊前馈的鲁棒跟踪控制方案

设计并行分配补偿模糊鲁棒跟踪律,控制规则如下:

$$\begin{aligned}&\text{Tracking Control Rule } j:\\&\text{If } z_1(t) \text{ is } \boldsymbol{M}_{j1} \text{ and} \cdots \text{and } z_n(t) \text{ is } \boldsymbol{M}_{jn}\\&\text{Then } \boldsymbol{u}(t)=\boldsymbol{H}_j\boldsymbol{x}_r(t)+\delta\boldsymbol{u}, \quad j=1,2,\cdots,r\end{aligned}\tag{6.109}$$

其中 $\boldsymbol{H}_j\in\mathbf{R}^{q\times n_r}$ 是需要确定的实常数矩阵,则闭环系统的模糊控制器可写为

$$\boldsymbol{u}(t)=\sum_{j=1}^{r}h_j(\boldsymbol{z})\boldsymbol{H}_j\boldsymbol{x}_r(t)+\delta\boldsymbol{u}\tag{6.110}$$

并假设存在实常数矩阵 $\boldsymbol{G}\in\mathbf{R}^{n\times n_r}$,使得

$$\boldsymbol{x}(t)=\boldsymbol{G}\boldsymbol{x}_r(t)+\delta\boldsymbol{x}\tag{6.111}$$

并定义

$$\boldsymbol{y}(t)=\boldsymbol{y}_r(t)+\delta\boldsymbol{y}\tag{6.112}$$

其中 $\delta\boldsymbol{u}$,$\delta\boldsymbol{x}$,$\boldsymbol{\delta}y$ 分别是被控对象偏离理想跟踪的控制、状态以及输出偏差。将式(6.110)、式(6.111)、式(6.105)代入式(6.104)中,经整理得

$$\delta\dot{\boldsymbol{x}}=\boldsymbol{\varphi}(\boldsymbol{x}(t),t)+\sum_{i=1}^{r}\sum_{j=1}^{r}h_ih_j[(\boldsymbol{A}_i\boldsymbol{G}+\boldsymbol{B}_i\boldsymbol{H}_j-\boldsymbol{G}\boldsymbol{A}_r)\boldsymbol{x}_r+\boldsymbol{A}_i\delta\boldsymbol{x}+\boldsymbol{B}_i\delta\boldsymbol{u}] \tag{6.113}$$

将式(6.104)、式(6.106)、式(6.110)、式(6.111)代入式(6.112)中，得

$$\delta\boldsymbol{y}=\boldsymbol{C}\delta\boldsymbol{x}+(\boldsymbol{C}\boldsymbol{G}-\boldsymbol{C}_r)\boldsymbol{x}_r \tag{6.114}$$

为证明系统(6.104)在控制器(6.110)的作用下 $\boldsymbol{y}(t)$ 跟踪姿态角命令指令 $\boldsymbol{y}_r(t)$，先给出如下假设。

**假设 6.4**　存在已知常数矩阵 $\boldsymbol{\Phi}\in\mathbf{R}^{n\times n}$，使得 $\|\boldsymbol{\varphi}(\boldsymbol{x}(t),t)\|\leqslant\|\boldsymbol{\Phi}\delta\boldsymbol{x}(t)\|$，即不确定 $\boldsymbol{\varphi}(\boldsymbol{x}(t),t)$ 范数有界，$\|\cdot\|$ 表示向量的 2 范数。

基于以上分析，给出如下定理。

**定理 6.6**　若假设 6.4 成立，对于 $i,j=1,2,\cdots,r$，存在实矩阵 $\boldsymbol{G},\boldsymbol{H}_j$ 满足

$$\boldsymbol{A}_i\boldsymbol{G}+\boldsymbol{B}_i\boldsymbol{H}_j=\boldsymbol{G}\boldsymbol{A}_r \tag{6.115}$$

$$\boldsymbol{C}\boldsymbol{G}=\boldsymbol{C}_r \tag{6.116}$$

且针对给定的常数 $\lambda>0$，存在对称正定实矩阵 $\boldsymbol{P}$、实矩阵 $\boldsymbol{K}_j$ 使得如下不等式成立

$$\begin{bmatrix}\bar{\boldsymbol{A}}_{ij}^{\mathrm{T}}\boldsymbol{P}+\boldsymbol{P}\bar{\boldsymbol{A}}_{ij}+\dfrac{1}{\lambda^2}\boldsymbol{\Phi}^{\mathrm{T}}\boldsymbol{\Phi} & \boldsymbol{P}\\ \boldsymbol{P} & -\dfrac{1}{\lambda^2}\boldsymbol{I}\end{bmatrix}<0 \tag{6.117}$$

则 $\delta\boldsymbol{u}=\sum_{j=1}^{r}h_j(\boldsymbol{z})\boldsymbol{K}_j\delta\boldsymbol{x}$ 为系统(6.113)的鲁棒镇定控制律，模糊控制器(6.110)可使系统输出 $\boldsymbol{y}(t)$ 渐进跟踪参考输出 $\boldsymbol{y}_r(t)$，其中 $\bar{\boldsymbol{A}}_{ij}=\boldsymbol{A}_i+\boldsymbol{B}_i\boldsymbol{K}_j$。

**证明**　式(6.115)、式(6.116)是 Lyapunov 型代数矩阵方程，通过求解可得出 $\boldsymbol{G},\boldsymbol{H}_j$ 的解。将式(6.115)、式(6.116)代入式(6.113)、式(6.114)，可导出

$$\delta\dot{\boldsymbol{x}}=\boldsymbol{\varphi}(\boldsymbol{x}(t),t)+\sum_{i=1}^{r}h_i(\boldsymbol{A}_i\delta\boldsymbol{x}+\boldsymbol{B}_i\delta\boldsymbol{u}) \tag{6.118}$$

$$\delta\boldsymbol{y}=\boldsymbol{C}\delta\boldsymbol{x} \tag{6.119}$$

式(6.118)、式(6.119)描述了被控对象输出偏离参考模型输出的动力学模型。

设计系统(6.118)的模糊状态反馈控制器为

$$\delta\boldsymbol{u}=\sum_{j=1}^{r}h_j(\boldsymbol{z})\boldsymbol{K}_j\delta\boldsymbol{x} \tag{6.120}$$

则系统(6.118)在模糊控制器(6.120)作用下的闭环系统可描述为

$$\delta\dot{\boldsymbol{x}}=\boldsymbol{\varphi}(\boldsymbol{x}(t),t)+\sum_{i=1}^{r}\sum_{j=1}^{r}h_ih_j(\boldsymbol{A}_i+\boldsymbol{B}_i\boldsymbol{K}_j)\delta\boldsymbol{x} \tag{6.121}$$

若存在对称正定实矩阵 $\boldsymbol{P}$，选取如下形式的 Lyapunov 函数

$$V(t)=\delta\boldsymbol{x}^{\mathrm{T}}\boldsymbol{P}\delta\boldsymbol{x}+\int_0^t\left(\left\|\frac{1}{\lambda}\boldsymbol{\Phi}\delta\boldsymbol{x}(\tau)\right\|^2-\left\|\frac{1}{\lambda}\boldsymbol{\varphi}(\boldsymbol{x}(\tau),\tau)\right\|^2\right)\mathrm{d}\tau \tag{6.122}$$

则式(6.122)对时间 $t$ 的导数为

$$\dot{V}(t)=\delta\dot{\boldsymbol{x}}^{\mathrm{T}}\boldsymbol{P}\delta\boldsymbol{x}+\delta\boldsymbol{x}^{\mathrm{T}}\boldsymbol{P}\delta\dot{\boldsymbol{x}}+\left\|\frac{1}{\lambda}\boldsymbol{\Phi}\delta\boldsymbol{x}(t)\right\|^2-\left\|\frac{1}{\lambda}\boldsymbol{\varphi}(\boldsymbol{x}(t),t)\right\|^2=$$

$$\sum_{i=1}^{r}\sum_{j=1}^{r}h_ih_j\delta\boldsymbol{x}^{\mathrm{T}}(\bar{\boldsymbol{A}}_{ij}^{\mathrm{T}}\boldsymbol{P}+\boldsymbol{P}\bar{\boldsymbol{A}}_{ij})\delta\boldsymbol{x}+$$

$$2\delta x^{\mathrm{T}}P\varphi(x(t),t)-\left\|\frac{1}{\lambda}\varphi(x(t),t)\right\|^2+\left\|\frac{1}{\lambda}\Phi\delta x(t)\right\|^2=$$

$$\sum_{i=1}^{r}\sum_{j=1}^{r}h_ih_j\begin{bmatrix}\delta x\\ \varphi(x(t),t)\end{bmatrix}^{\mathrm{T}}\begin{bmatrix}\bar{A}_{ij}^{\mathrm{T}}P+P\bar{A}_{ij}+\frac{1}{\lambda^2}\Phi^{\mathrm{T}}\Phi & P\\ P & -\frac{1}{\lambda^2}I\end{bmatrix}\begin{bmatrix}\delta x\\ \varphi(x(t),t)\end{bmatrix} \tag{6.123}$$

由条件(6.117)成立，可得 $\dot{V}(t)<0$，即有当 $t\to\infty$ 时，$\delta x(t)\to 0$，再由式(6.119)知，$\delta y(t)\to 0$，即$(y(t)-y_r(t))\to 0$，从而实现对参考输出 $y_r(t)$ 的渐进跟踪。证毕。

由式(6.111)知 $\delta x=x-Gx_r$，将 $\delta x=x-Gx_r$ 代入式(6.120)得

$$\delta u=\sum_{j=1}^{r}h_j\cdot(K_jx-K_jGx_r)$$

再将其代入(6.110)，整理可得

$$u(t)=u_0(t)+u_{\mathrm{f}}(t) \tag{6.124}$$

其中，$u_0(t)=\sum_{j=1}^{r}h_j(z)K_jx$ 为模糊镇定反馈控制律，$K_j$ 为镇定反馈控制增益；$u_{\mathrm{f}}(t)=\sum_{j=1}^{r}h_j(z)K_{rj}x_r$ 为模糊跟踪前馈控制律，$K_{rj}=H_j-K_jG$ 为前馈控制增益。

为方便控制器的设计，控制规则(6.109)还可改写为：

Tracking Control Rule $j$：

If $z_1(t)$ is $M_{j1}$ and…and $z_n(t)$ is $M_{jn}$ (6.125)

Then $u(t)=K_jx(t)+K_{rj}x_r(t)$，  $j=1,2,\cdots,r$

相应的模糊前馈加反馈控制方案如图6.10所示，图中 $u_0$，$u_{\mathrm{f}}$ 的定义同式(6.124)。

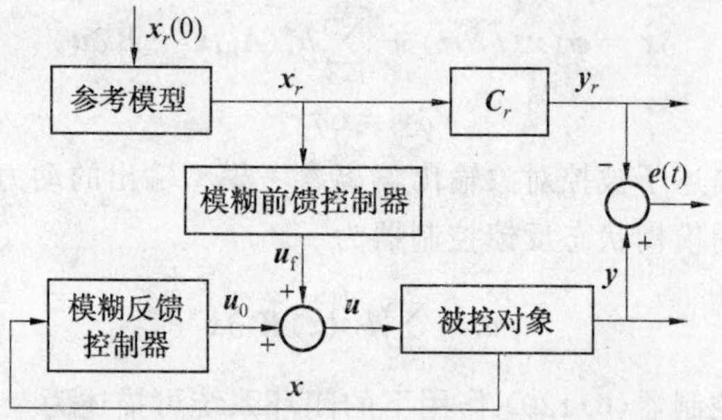


图6.10 模糊前馈加反馈控制方案

由定理6.6可知，当条件(6.115)、(6.116)满足时，需设计模糊状态反馈控制器(6.120)使得当 $t\to\infty$ 时，$\delta x(t)\to 0$，方能实现输出渐进跟踪，即需考查方程(6.118)、(6.119)，研究 $\delta x(t)$ 的镇定问题。

通常情况下，若参考系统中 $C_r$ 的阶数小于姿态动态系统中 $C$ 的阶数，那么由式(6.116)可知，$G$ 有无穷多个解，设计者应根据各线性子系统的特点求解各自满足条件的矩阵 $G$，即 $G$ 不必是所有子系统的公共解。

由前面的分析可知，只要找到满足不等式(6.117)的 $K_j$ 使系统(6.118)稳定，且存在满足条件(6.115)、(6.116)的$(G,H_j)$，就可求得式(6.124)的前馈控制增益 $K_{rj}$。

2. 模糊状态反馈增益计算

从上述讨论中知道，控制器由参考模型系统状态前馈和被控对象状态反馈两部分构成。矩阵 $\boldsymbol{G},\boldsymbol{H}_j$ 可通过解(6.115)、(6.116) 方程得到，而矩阵 $\boldsymbol{K}_j$ 满足不等式(6.117)。由于式(6.117) 是非线性矩阵不等式，很难求解，因此下面着重讨论基于 LMI 的模糊状态反馈增益 $\boldsymbol{K}_j$ 的计算问题，给出如下定理。

**定理 6.7**　对于 $i,j=1,2,\cdots,r$，若存在对称正定实矩阵 $\boldsymbol{X}$、实矩阵 $\boldsymbol{W}_j$，使得如下线性矩阵不等式成立

$$\boldsymbol{\psi}_{ii}<0(i=1,\cdots,r);\quad \boldsymbol{\psi}_{ij}+\boldsymbol{\psi}_{ji}<0(1\leqslant i<j\leqslant r) \tag{6.126}$$

其中

$$\boldsymbol{\psi}_{ij}=\begin{bmatrix}\boldsymbol{X}\boldsymbol{A}_i^{\mathrm{T}}+\boldsymbol{A}_i\boldsymbol{X}+\boldsymbol{W}_j{}^{\mathrm{T}}\boldsymbol{B}_i^{\mathrm{T}}+\boldsymbol{B}_i\boldsymbol{W}_j+\lambda^2\boldsymbol{I} & \boldsymbol{X}\boldsymbol{\Phi}^{\mathrm{T}}\\ \boldsymbol{\Phi}\boldsymbol{X} & -\lambda^2\boldsymbol{I}\end{bmatrix}$$

则由式(6.126) 的可行解 $\boldsymbol{W}_j,\boldsymbol{X}$ 可得满足不等式(6.117) 的反馈控制增益 $\boldsymbol{K}_j=\boldsymbol{W}_j\boldsymbol{X}^{-1}$。

**证明**　对式(6.117) 分别左乘和右乘矩阵

$$\begin{bmatrix}\boldsymbol{P}^{-1} & \boldsymbol{0}\\ \boldsymbol{0} & \boldsymbol{I}\end{bmatrix} \tag{6.127}$$

记 $\boldsymbol{X}=\boldsymbol{P}^{-1}$，可得

$$\begin{bmatrix}\boldsymbol{X}\bar{\boldsymbol{A}}_{ij}^{\mathrm{T}}+\bar{\boldsymbol{A}}_{ij}\boldsymbol{X}+\frac{1}{\lambda^2}\boldsymbol{X}\boldsymbol{\Phi}^{\mathrm{T}}\boldsymbol{\Phi}\boldsymbol{X} & \boldsymbol{I}\\ \boldsymbol{I} & -\frac{1}{\lambda^2}\boldsymbol{I}\end{bmatrix}<0 \tag{6.128}$$

应用 Schur 补引理，上式可化为

$$\boldsymbol{X}\bar{\boldsymbol{A}}_{ij}^{\mathrm{T}}+\bar{\boldsymbol{A}}_{ij}\boldsymbol{X}+\frac{1}{\lambda^2}\boldsymbol{X}\boldsymbol{\Phi}^{\mathrm{T}}\boldsymbol{\Phi}X+\lambda^2\boldsymbol{I}<0 \tag{6.129}$$

将

$$\bar{\boldsymbol{A}}_{ij}=\boldsymbol{A}_i+\boldsymbol{B}_i\boldsymbol{K}_j,\quad i,j=1,\cdots,r \tag{6.130}$$

带入式(6.129)，并记 $\boldsymbol{W}_j=\boldsymbol{K}_j\boldsymbol{X}$ 及应用 Schur 补引理，可得 $\boldsymbol{\psi}_{ij}<0(i,j=1,\cdots,r)$ 成立。应用 T－S模糊系统二次稳定的条件，$\boldsymbol{\psi}_{ij}<0(i,j=1,\cdots,r)$ 成立等价于 $\boldsymbol{\psi}_{ii}<0(i=1,\cdots,r)$；$\boldsymbol{\psi}_{ij}+\boldsymbol{\psi}_{ji}<0(1\leqslant i<j\leqslant r)$ 成立，即式(6.126) 成立。应用 Matlab 工具求解不等式(6.126) 得到 $\boldsymbol{W}_j,\boldsymbol{X}$ 的可行解，此时反馈控制增益 $\boldsymbol{K}_j=\boldsymbol{W}_j\boldsymbol{X}^{-1}$。证毕。

**例 6.6**　考虑如下高度复杂的非线性系统：

$$\begin{aligned}
\dot{x}_1&=0.9x_1\sin x_2+\left(1+\frac{0.5x_1\cos x_2}{1+x_1^2}\right)u_1+\left(0.5+\frac{x_2+\cos x_3}{1+x_1^2+x_2^2}\right)u_2+\varphi_1\\
\dot{x}_2&=\frac{x_1x_3}{1+x_3^2}-0.5(2+2\cos x_1)x_2+\frac{\sin x_3}{1+x_1^2+x_2^2}u_1+0.5(1+\cos x_3)u_2+\varphi_2\\
\dot{x}_3&=\frac{x_1\sin x_2}{1+x_1^2}-0.4(1+\sin x_1)x_3+(2+\sin 2x_1)u_2+\varphi_3\\
\boldsymbol{y}&=x_1
\end{aligned} \tag{6.131}$$

其中，$\varphi_1,\varphi_2,\varphi_3$ 表示系统的不确定。假设系统(6.131) 的每个状态都有两个关联的模糊集合

$\{x_i = 0\}$ 和 $\left\{x_i = \frac{\pi}{2}\right\}$，相应的隶属度函数定义如下：

$$M_{x_i=0} = \left(1 - \frac{1}{1+\exp(6-8x_1)}\right)\left(\frac{1}{1+\exp(-6-8x_1)}\right), \quad M_{x_i=\frac{\pi}{2}} = 1 - M_{x_i=0}$$

采用组合原理，共得到8条模糊规则，所有的$(\boldsymbol{A}_i, \boldsymbol{B}_i)$可通过8条模糊规则轻易得到。$\boldsymbol{\Phi}$可由设计者根据实际情况选取，在这里取：

$$\boldsymbol{\Phi} = \begin{bmatrix} 0.3 & 0.1 & 0.3 \\ 0.1 & 0.1 & 0.1 \\ 0.3 & 0.1 & 0.3 \end{bmatrix}$$

由定理 6.7 求解线性矩阵不等式(6.126)，可得镇定反馈控制增益及模糊反馈控制器。若跟踪正弦信号，则选取 $\boldsymbol{A}_r = \begin{bmatrix} 0 & 1 \\ -1 & 0 \end{bmatrix}$，$\boldsymbol{C}_r = [1 \quad 0]$，由式(6.115)、(6.116)求解合适的$(\boldsymbol{G}, \boldsymbol{H}_j)$，可得前馈控制增益及模糊前馈控制器，此时闭环系统的模糊鲁棒跟踪控制器如式(6.124)所示。假设参考信号为 $0.4\sin t$，系统初值为 $\boldsymbol{x}(0) = [0.8, 0.6, -0.6]^{\mathrm{T}}$，系统的跟踪曲线、跟踪误差及状态响应的仿真结果如图 6.11 所示。

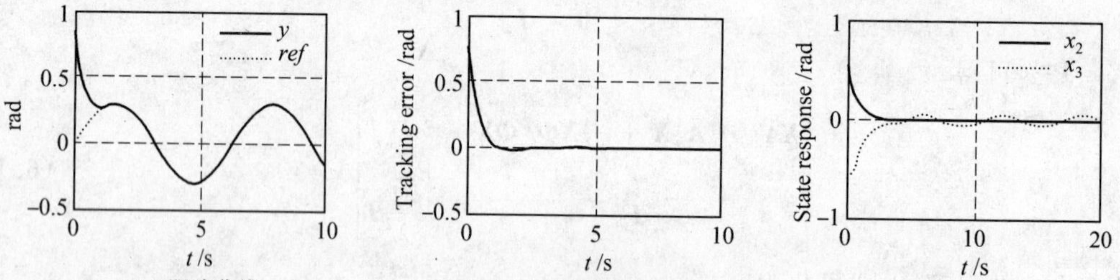


(a) 跟踪曲线　　(b) 跟踪误差　　(c) 状态响应

图 6.11　基于模糊鲁棒跟踪控制的正弦信号跟踪仿真图

若跟踪定常信号，则选取 $\boldsymbol{A}_r = \boldsymbol{0}$，$\boldsymbol{C}_r = \boldsymbol{1}$，其余设计步骤同前。

## 6.4　非线性系统的模糊自适应控制器设计

## (Fuzzy Adaptive Controller Design for Nonlinear Systems)

针对复杂的非线性动态，若外部环境复杂，参数变化剧烈。虽然基本模糊控制方法取得了很好的控制效果，但由于未对模糊逼近对象进行在线调整，当实际运行中参数剧烈变化时，控制效果也会明显下降。

模糊自适应控制可以根据被控过程的特性和系统参数的变化，自动生成或调整模糊控制器的规则和参数，达到控制目的。这类模糊控制器在实现人的控制策略基础上，又进一步将人的学习和适应能力引入控制器，使模糊控制具有更高的智能性，同时也较大地增强了对环境变化的适应能力。模糊自适应控制可分为直接自适应模糊控制和间接自适应模糊控制两种。图 6.12 和图 6.13 分别给出了直接自适应、间接自适应模糊控制结构框图。

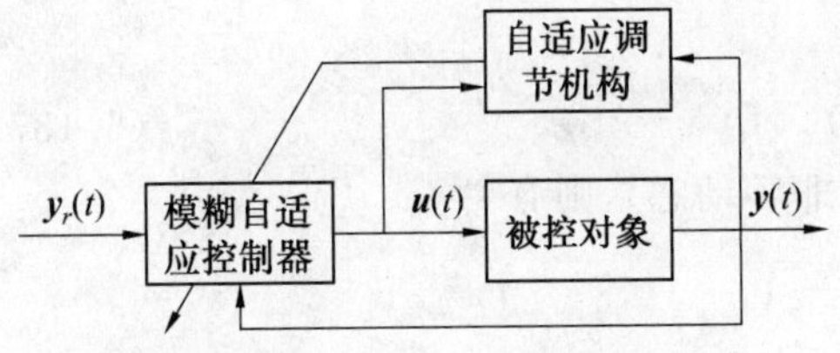


图 6.12　直接自适应模糊控制结构图

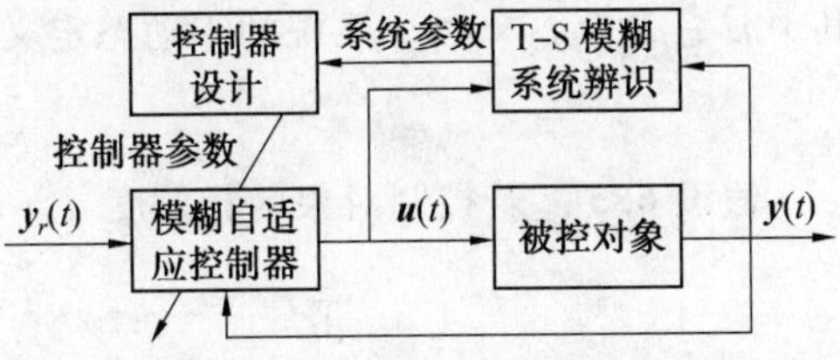


图 6.13　间接自适应模糊控制结构图

这两种控制方案均可以实现对被控对象的有效控制，但两者控制效果并无好坏之分，只有是否适合具体情况的差别。其中由于模糊间接自适应的解释性更强，便于理解，故获得了更多的青睐。因此，下文主要以模糊间接控制为主要介绍内容。

间接自适应模糊控制的设计思路为，首先采用模糊系统逼近被控对象的未建模动态，并设计自适应律调节模糊辨识参数，然后基于 Lyapunov 稳定性理论得出自适应控制器，使得系统所有信号一致最终有界，实现系统输出 $\boldsymbol{y}(t)$ 渐进跟踪期望输出 $\boldsymbol{y}_r(t)$。

### 6.4.1　SISO 间接模糊自适应控制器设计(SISO Indirect Fuzzy Adaptive Controller Design)

1. 问题描述

考虑如下形式的 SISO 非线性系统：

$$\dot{x}(t)=\boldsymbol{f}(\boldsymbol{x})+\boldsymbol{g}(\boldsymbol{x})u(t) \tag{6.132}$$

$$y(t)=h(\boldsymbol{x}) \tag{6.133}$$

其中，$\boldsymbol{x}(t)=[x_1,\cdots,x_n]^{\mathrm{T}}$，$u(t)\in\mathbf{R}$ 和 $y(t)\in\mathbf{R}$ 分别是系统的状态向量、输入和输出变量，函数 $\boldsymbol{f}(\boldsymbol{x})$，$\boldsymbol{g}(\boldsymbol{x})$ 和 $h(\boldsymbol{x})$ 连续可微光滑，控制目的是设计控制器 $u(t)$，使得系统输出 $y(t)$ 渐进跟踪期望输出 $y_r(t)$。

假设系统具有强相对度 $d$，即 $L_gh(\boldsymbol{x})=L_gL_fh(\boldsymbol{x})=\cdots=L_gL_f^{d-2}h(\boldsymbol{x})=0$，且 $L_gL_f^{d-1}h(\boldsymbol{x})$ 对于所有的 $\boldsymbol{x}$ 非零有界，那么

$$\begin{aligned}
\dot{\xi}_1&=\xi_2=L_fh(\boldsymbol{x})\\
&\vdots\\
\dot{\xi}_{d-1}&=\xi_d=L_f^{d-1}h(\boldsymbol{x})\\
\dot{\xi}_d&=L_f^dh(\boldsymbol{x})+L_gL_f^{d-1}h(\boldsymbol{x})u
\end{aligned} \tag{6.134}$$

其中 $\xi_1=y$，$y$ 的 $d$ 阶导数还可写为

$$y^{(d)}=(\alpha_k(t)+\alpha(\boldsymbol{x}))+(\beta_k(t)+\beta(\boldsymbol{x}))u \tag{6.135}$$

为合理设计控制器，先给出如下定义和假设。

**定义 6.4**　具有相对阶 $d$，形如式(6.132)的控制对象可表示为如下的标准形

$$\begin{aligned}
\dot{\xi}_1&=\xi_2,\\
&\vdots\\
\dot{\xi}_{d-1}&=\xi_d\\
\dot{\xi}_d&=\alpha(\xi,\kappa)+\beta(\xi,\kappa)u\\
\dot{\kappa}&=\chi(\xi,\kappa)
\end{aligned} \tag{6.136}$$

其中 $\kappa \in \mathbf{R}^{n-d}$，$y=\xi_1$。系统的零动态定义为

$$\dot{\kappa}=\chi(0,\kappa) \tag{6.137}$$

**假设 6.5** 若控制对象的相对度 $d=n$(即属于非零动态)，则有

$$\begin{aligned}&\frac{\mathrm{d}}{\mathrm{d}t}x_i=x_{i+1}, \quad i=1,\cdots,n-1\\&\frac{\mathrm{d}}{\mathrm{d}t}x_n=(\alpha_k(t)+\alpha(\boldsymbol{x}))+(\beta_k(t)+\beta(\boldsymbol{x}))\boldsymbol{u}\end{aligned} \tag{6.138}$$

其中 $y=x_1$，$\alpha_k(t)$ 和 $\beta_k(t)$ 是系统的已知动态或已知的时变参量，$\alpha(\boldsymbol{x})$ 和 $\beta(\boldsymbol{x})$ 是系统的未建模动态，并假定控制增益 $\beta_k(t)+\beta(\boldsymbol{x})$ 严格正定，且全局非零有界，即存在某实数 $\beta_0>0$，使得 $\beta_k(t)+\beta(\boldsymbol{x})\geqslant\beta_0>0$，同时 $x_1,\cdots,x_n$ 可测量。

**假设 6.6** 若控制对象的相对度 $d$ 满足 $1\leqslant d<n$，即属于零动态指数吸引，那么存在 $\beta_0>0$，使得 $\beta_k(t)+\beta(\boldsymbol{x})\geqslant\beta_0>0$，且系统的输出 $y,\cdots,y^{(d-1)}$ 是可测量的。

这里考虑的控制对象可以是非零动态的(即 $n=d$)，也可以是零动态指数吸引的(即 $1\leqslant d<n$)。

若 $\beta_k(t)+\beta(\boldsymbol{x})<0$，分析过程虽然稍有不同但基本类似，在此不再详述。

由假设 6.5 可以看出，若参考输入和其各阶导数以及跟踪误差和其各阶导数有界，则系统状态有界；由假设 6.6 可以看出，若输出有界，则状态有界。

**假设 6.7** 给定 $\boldsymbol{y}^{(d)}=(\alpha_k(t)+\alpha(\boldsymbol{x}))+(\beta_k(t)+\beta(\boldsymbol{x}))\boldsymbol{u}$，若要求 $\beta_k(t)=0,t\geqslant0$，则对于所有的 $\boldsymbol{x}\in S_x$(其中 $S_x\subseteq\mathbf{R}^n$ 为系统的状态空间)，存在大于零的常数 $\beta_0$ 和 $\beta_1$ 使得 $0<\beta_0\leqslant\beta(\boldsymbol{x})\leqslant\beta_1<\infty$，存在函数 $\bar{\beta}(\boldsymbol{x})\geqslant0$ 使得 $|\dot{\beta}(\boldsymbol{x})|=|(\partial\beta/\partial\boldsymbol{x})\dot{\boldsymbol{x}}|\leqslant\bar{\beta}(\boldsymbol{x})$。

**假设 6.8** 期望输出及其各阶导数 $y_r,\cdots,y_r^{(d)}$ 是可测量且有界的。

2. 控制器设计及稳定性证明

当采用T－S模糊系统逼近系统未建模动态 $\alpha(\boldsymbol{x})$ 和 $\beta(\boldsymbol{x})$ 时，$\alpha(\boldsymbol{x})$ 和 $\beta(\boldsymbol{x})$ 的估计函数可表示为

$$\hat{\alpha}(\boldsymbol{x})=\boldsymbol{\theta}_\alpha^{\mathrm{T}}\boldsymbol{\varphi}_\alpha(\boldsymbol{x}) \tag{6.139}$$

$$\hat{\beta}(\boldsymbol{x})=\boldsymbol{\theta}_\beta^{\mathrm{T}}\boldsymbol{\varphi}_\beta(\boldsymbol{x}) \tag{6.140}$$

其中，$\boldsymbol{\theta}_\alpha$ 和 $\boldsymbol{\theta}_\beta$ 是参数向量；$\boldsymbol{\varphi}_\alpha(\boldsymbol{x})$ 和 $\boldsymbol{\varphi}_\beta(\boldsymbol{x})$ 是模糊基函数，通过设计自适应律调节 $\boldsymbol{\theta}_\alpha$ 和 $\boldsymbol{\theta}_\beta$，使 $\hat{\alpha}(\boldsymbol{x})$ 和 $\hat{\beta}(\boldsymbol{x})$ 不断逼近 $\alpha(\boldsymbol{x})$ 和 $\beta(\boldsymbol{x})$。假设参数向量 $\boldsymbol{\theta}_\alpha$ 和 $\boldsymbol{\theta}_\beta$ 分别属于紧集 $\Omega_\alpha$ 和 $\Omega_\beta$，并定义子空间 $S_x\subseteq\mathbf{R}^n$，且 $\boldsymbol{x}\in S_x$。定义

$$\alpha(\boldsymbol{x})=\boldsymbol{\theta}_\alpha^{*\mathrm{T}}\boldsymbol{\varphi}_\alpha(\boldsymbol{x})+w_\alpha(\boldsymbol{x}) \tag{6.141}$$

$$\beta(\boldsymbol{x})=\boldsymbol{\theta}_\beta^{*\mathrm{T}}\boldsymbol{\varphi}_\beta(\boldsymbol{x})+w_\beta(\boldsymbol{x}) \tag{6.142}$$

其中

$$\boldsymbol{\theta}_\alpha^*=\arg\min_{\boldsymbol{\theta}_\alpha\in\Omega_\alpha}(\sup_{x\in S_x}|\boldsymbol{\theta}_\alpha^{\mathrm{T}}\boldsymbol{\varphi}_\alpha(\boldsymbol{x})-\alpha(\boldsymbol{x})|) \tag{6.143}$$

$$\boldsymbol{\theta}_\beta^*=\arg\min_{\boldsymbol{\theta}_\beta\in\Omega_\beta}(\sup_{x\in S_x}|\boldsymbol{\theta}_\beta^{\mathrm{T}}\boldsymbol{\varphi}_\beta(\boldsymbol{x})-\beta(\boldsymbol{x})|) \tag{6.144}$$

为理想参数，通常将其取为常数，且有如下假设成立。

**假设 6.9** 理想逼近参数 $\boldsymbol{\theta}_\alpha^*$，$\boldsymbol{\theta}_\beta^*$ 有界，即满足 $\|\boldsymbol{\theta}_\alpha^*\|\leqslant M_\alpha$，$\|\boldsymbol{\theta}_\beta^*\|\leqslant M_\beta$，$M_\alpha$，$M_\beta$ 是已知的正实数。

$w_\alpha(\boldsymbol{x})$ 和 $w_\beta(\boldsymbol{x})$ 为模糊系统逼近误差，并假设

$$W_\alpha(\boldsymbol{x}) \geqslant |w_\alpha(\boldsymbol{x})|, \quad W_\beta(\boldsymbol{x}) \geqslant |w_\beta(\boldsymbol{x})| \tag{6.145}$$

其中 $W_\alpha(\boldsymbol{x})$ 和 $W_\beta(\boldsymbol{x})$ 称为误差界。参数逼近误差定义为

$$\tilde{\boldsymbol{\theta}}_\alpha(t) = \boldsymbol{\theta}_\alpha(t) - \boldsymbol{\theta}_\alpha^* \tag{6.146}$$

$$\tilde{\boldsymbol{\theta}}_\beta(t) = \boldsymbol{\theta}_\beta(t) - \boldsymbol{\theta}_\beta^* \tag{6.147}$$

跟踪误差定义为

$$e(t) = y_r(t) - y(t) \tag{6.148}$$

考虑如下自适应控制律

$$u = u_{\mathrm{ce}} + u_{\mathrm{si}} \tag{6.149}$$

其中，$u_{\mathrm{ce}}$ 为确定性等价控制项；$u_{\mathrm{si}}$ 为滑模控制项，其具体表达式将在后文的设计中给出。

确定性等价控制定义为

$$u_{\mathrm{ce}} = \frac{1}{\beta_k(t) + \hat{\beta}(\boldsymbol{x})}\{-[\alpha_k(t) + \hat{\alpha}(\boldsymbol{x})] + v(t)\} \tag{6.150}$$

其中，$v(t) = y_r^{(d)} + \gamma e_s + \bar{e}_s$，$\gamma > 0$ 为设计参数，且假设 $\beta_k(t) + \hat{\beta}(\boldsymbol{x})$ 非零；$e_s$ 为跟踪误差 $e$ 的度量，定义为

$$e_s = \boldsymbol{K}^{\mathrm{T}}[e, \dot{e}, \cdots, e^{(d-1)}]^{\mathrm{T}} \tag{6.151}$$

其中 $\boldsymbol{K} = [k_0, k_1, \cdots, k_{d-2}, 1]^{\mathrm{T}}$，$\boldsymbol{K}$ 的取值应使 $L(s) = s^{d-1} + k_{d-2}s^{d-2} + \cdots + k_1 s + k_0$ 的根均在左半平面，且定义 $\bar{e}_s = \dot{e}_s(t) - e^{(d)}(t)$。控制目标是当 $t \to \infty$ 时，$e_s \to 0$，通过分析可知，此时 $e(t) \to 0$，即 $y(t) \to y_r(t)$。此时模糊自适应控制方案如图 6.14 所示。

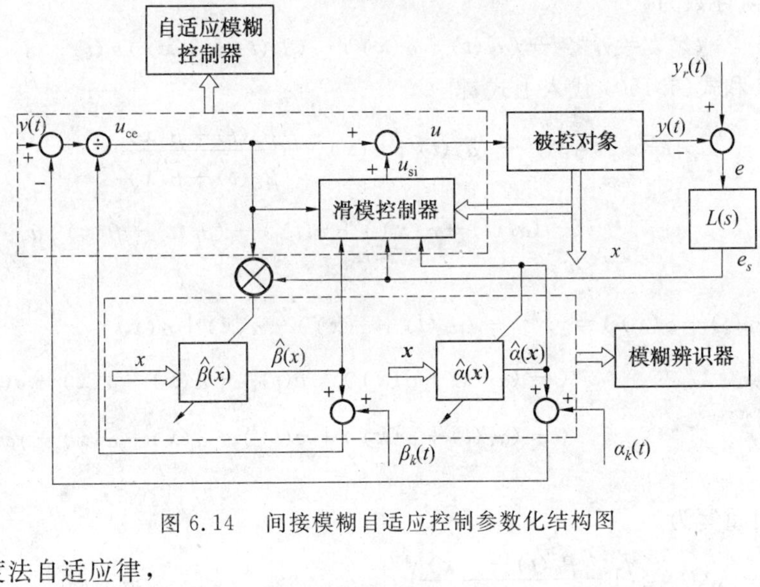


图 6.14　间接模糊自适应控制参数化结构图

考虑梯度法自适应律，

$$\dot{\boldsymbol{\theta}}_\alpha = -\eta_\alpha \boldsymbol{\varphi}_\alpha(\boldsymbol{x}) e_s \tag{6.152}$$

$$\dot{\boldsymbol{\theta}}_\beta = -\eta_\beta \boldsymbol{\varphi}_\beta(\boldsymbol{x}) e_s u_{\mathrm{ce}} \tag{6.153}$$

其中 $\eta_\alpha, \eta_\beta > 0$ 为设计参数。

**定理 6.8**　对系统(6.132)、(6.133)，假设 6.5～6.9 成立，若采用控制器(6.149)，以及参

数自适应律(6.152) 和(6.153),则有如下结论成立:

(1) 输入信号 $u$, $u_{\rm ce}$, $u_{\rm si}$ 是有界的;

(2) 参数 $\boldsymbol{\theta}_\alpha(t)$ 和 $\boldsymbol{\theta}_\beta(t)$ 是有界的;

(3) 跟踪误差 $e$ 将收敛到原点的小区域内。

限于篇幅,证明请见文献[9]。

为了加快参数收敛速度,改善控制效果,可考虑如下参数自适应律:

$$\dot{\boldsymbol{\theta}}_\alpha = -(\boldsymbol{\varphi}_\alpha(\boldsymbol{x})\boldsymbol{\varphi}_\alpha^{\rm T}(\boldsymbol{x}) + \eta_\alpha \boldsymbol{I})^{-1}\boldsymbol{\varphi}_\alpha(\boldsymbol{x})e_s \tag{6.154}$$

$$\dot{\boldsymbol{\theta}}_\beta = -(u_{\rm ce}^2\boldsymbol{\varphi}_\beta(\boldsymbol{x})\boldsymbol{\varphi}_\beta^{\rm T}(\boldsymbol{x}) + \eta_\beta \boldsymbol{I})^{-1}\boldsymbol{\varphi}_\beta(\boldsymbol{x})u_{\rm ce}e_s \tag{6.155}$$

其中 $\eta_\alpha, \eta_\beta > 0$ 为设计参数。

**定理6.9** 对系统(6.132)、(6.133),假设6.5~6.9成立,若采用控制器(6.149),以及参数自适应律(6.154) 和(6.155),则有如下结论成立:

(1) 输入信号 $u$, $u_{\rm ce}$, $u_{\rm si}$ 是有界的;

(2) 参数 $\boldsymbol{\theta}_\alpha(t)$ 和 $\boldsymbol{\theta}_\beta(t)$ 是有界的;

(3) 跟踪误差 $e$ 将收敛到原点的小区域内。

**证明** 考虑如下的 Lyapunov 函数

$$V = \frac{1}{2}e_s^2 + \frac{1}{2}\eta_\alpha\tilde{\boldsymbol{\theta}}_\alpha^{\rm T}\tilde{\boldsymbol{\theta}}_\alpha + \frac{1}{2}\eta_\beta\tilde{\boldsymbol{\theta}}_\beta^{\rm T}\tilde{\boldsymbol{\theta}}_\beta \tag{6.156}$$

其中 $\eta_\alpha > 0, \eta_\beta > 0$ 为设计参数。式(6.156) 对时间的导数为

$$\dot{V} = e_s\dot{e}_s + \eta_\alpha\tilde{\boldsymbol{\theta}}_\alpha^{\rm T}\dot{\tilde{\boldsymbol{\theta}}}_\alpha + \eta_\beta\tilde{\boldsymbol{\theta}}_\beta^{\rm T}\dot{\tilde{\boldsymbol{\theta}}}_\beta \tag{6.157}$$

跟踪误差的 $d$ 阶导数为

$$e^{(d)} = y_r^{(d)} - (\alpha_k(t) + \alpha(\boldsymbol{x})) - (\beta_k(t) + \beta(\boldsymbol{x}))u(t) \tag{6.158}$$

将 $u = u_{\rm ce} + u_{\rm si}$ 和式(6.150) 代入上式,得

$$\begin{aligned} e^{(d)} = {} & y_r^{(d)} - (\alpha_k(t) + \alpha(\boldsymbol{x})) - \frac{\beta_k(t) + \beta(\boldsymbol{x})}{\beta_k(t) + \hat{\beta}(\boldsymbol{x})} \cdot \\ & (-(\alpha_k(t) + \hat{\alpha}(\boldsymbol{x})) + v(t)) - (\beta_k(t) + \beta(\boldsymbol{x}))u_{\rm si} \end{aligned} \tag{6.159}$$

又

$$\begin{aligned} y_r^{(d)} - (\alpha_k(t) + \alpha(\boldsymbol{x})) = {} & y_r^{(d)} - (\alpha_k(t) + \hat{\alpha}(\boldsymbol{x})) - \alpha(\boldsymbol{x}) + \hat{\alpha}(\boldsymbol{x}) = \\ & (-(\alpha_k(t) + \hat{\alpha}(\boldsymbol{x})) + v(t)) - \alpha(\boldsymbol{x}) + \hat{\alpha}(\boldsymbol{x}) - v(t) + y_r^{(d)} = \\ & (-(\alpha_k(t) + \hat{\alpha}(\boldsymbol{x})) + v(t)) - \alpha(\boldsymbol{x}) + \hat{\alpha}(\boldsymbol{x}) - \gamma e_s - \bar{e}_s \end{aligned} \tag{6.160}$$

则式(6.159) 可重写为

$$\begin{aligned} e^{(d)} = {} & \left(1 - \frac{\beta_k(t) + \beta(\boldsymbol{x})}{\beta_k(t) + \hat{\beta}(\boldsymbol{x})}\right)(-(\alpha_k(t) + \hat{\alpha}(\boldsymbol{x})) + v(t)) - \\ & \alpha(\boldsymbol{x}) + \hat{\alpha}(\boldsymbol{x}) - \gamma e_s - \bar{e}_s - (\beta_k(t) + \beta(\boldsymbol{x}))u_{\rm si} = \\ & (\hat{\alpha}(\boldsymbol{x}) - \alpha(\boldsymbol{x})) + (\hat{\beta}(\boldsymbol{x}) - \beta(\boldsymbol{x}))u_{\rm ce} - \gamma e_s - \bar{e}_s - (\beta_k(t) + \beta(\boldsymbol{x}))u_{\rm si} \end{aligned} \tag{6.161}$$

又 $\bar{e}_s = \dot{e}_s - e^{(d)}$，则

$$\dot{e}_s = -\gamma e_s + (\hat{\alpha}(\boldsymbol{x}) - \alpha(\boldsymbol{x})) + (\hat{\beta}(\boldsymbol{x}) - \beta(\boldsymbol{x}))u_{\mathrm{ce}} - (\beta_k(t) + \beta(\boldsymbol{x}))u_{\mathrm{si}} \tag{6.162}$$

由于理想逼近参数 $\boldsymbol{\theta}_\alpha^*$，$\boldsymbol{\theta}_\beta^*$ 为常数，则有 $\dot{\tilde{\boldsymbol{\theta}}}_\alpha = \dot{\boldsymbol{\theta}}_\alpha$，$\dot{\tilde{\boldsymbol{\theta}}}_\beta = \dot{\boldsymbol{\theta}}_\beta$，将自适应律(6.154)、(6.155)及式(6.162)代入式(6.157)，有

$$\begin{aligned}
\dot{V} = & -\gamma e_s^2 + (\tilde{\boldsymbol{\theta}}_\alpha^{\mathrm{T}}\boldsymbol{\varphi}_\alpha(\boldsymbol{x}) - w_\alpha(\boldsymbol{x}) + \tilde{\boldsymbol{\theta}}_\beta^{\mathrm{T}}\boldsymbol{\varphi}_\beta(\boldsymbol{x})u_{\mathrm{ce}} - w_\beta(\boldsymbol{x})u_{\mathrm{ce}})e_s - \\
& (\beta_k(t) + \beta(\boldsymbol{x}))u_{\mathrm{si}}e_s - \eta_\alpha\tilde{\boldsymbol{\theta}}_\alpha^{\mathrm{T}}(\boldsymbol{\varphi}_\alpha(\boldsymbol{x})\boldsymbol{\varphi}_\alpha^{\mathrm{T}}(\boldsymbol{x}) + \eta_\alpha \boldsymbol{I})^{-1}\boldsymbol{\varphi}_\alpha(\boldsymbol{x})e_s - \\
& \eta_\beta\tilde{\boldsymbol{\theta}}_\beta^{\mathrm{T}}(u_{\mathrm{ce}}^2\boldsymbol{\varphi}_\beta(\boldsymbol{x})\boldsymbol{\varphi}_\beta^{\mathrm{T}}(\boldsymbol{x}) + \eta_\beta\boldsymbol{I})^{-1}\boldsymbol{\varphi}_\beta(\boldsymbol{x})u_{\mathrm{ce}}e_s = \\
& -\gamma e_s^2 - (w_\alpha(\boldsymbol{x}) + w_\beta(\boldsymbol{x})u_{\mathrm{ce}})e_s - (\beta_k(t) + \beta(\boldsymbol{x}))u_{\mathrm{si}}e_s + \\
& \tilde{\boldsymbol{\theta}}_\alpha^{\mathrm{T}}(\boldsymbol{I} - \eta_\alpha(\boldsymbol{\varphi}_\alpha(\boldsymbol{x})\boldsymbol{\varphi}_\alpha^{\mathrm{T}}(\boldsymbol{x}) + \eta_\alpha\boldsymbol{I})^{-1})\boldsymbol{\varphi}_\alpha(\boldsymbol{x})e_s + \\
& \tilde{\boldsymbol{\theta}}_\beta^{\mathrm{T}}(\boldsymbol{I} - \eta_\beta(u_{\mathrm{ce}}^2\boldsymbol{\varphi}_\beta(\boldsymbol{x})\boldsymbol{\varphi}_\beta^{\mathrm{T}}(\boldsymbol{x}) + \eta_\beta\boldsymbol{I})^{-1})\boldsymbol{\varphi}_\beta(\boldsymbol{x})u_{\mathrm{ce}}e_s
\end{aligned} \tag{6.163}$$

为确保上式小于等于零，定义滑模控制 $u_{\mathrm{si}}$ 为

$$u_{\mathrm{si}} = \frac{(W_\alpha(\boldsymbol{x}) + W_\beta(\boldsymbol{x})\,|u_{\mathrm{ce}}|)}{\beta_0}\mathrm{sign}(e_s) \tag{6.164}$$

其中

$$\mathrm{sign}(e_s) = \begin{cases} 1 & e_s > 0 \\ -1 & e_s < 0 \end{cases} \tag{6.165}$$

由于

$$-(w_\alpha(\boldsymbol{x}) + w_\beta(\boldsymbol{x})u_{\mathrm{ce}})e_s \leqslant (|w_\alpha(\boldsymbol{x})| + |w_\beta(\boldsymbol{x})u_{\mathrm{ce}}|)\,|e_s| \tag{6.166}$$

$$\frac{(\beta_k(t) + \beta(\boldsymbol{x}))}{\beta_0} \geqslant 1 \tag{6.167}$$

则有

$$\begin{aligned}
\dot{V} \leqslant & -\gamma e_s^2 + |w_\alpha(\boldsymbol{x})|\,|e_s| + |w_\beta(\boldsymbol{x})u_{\mathrm{ce}}|\,|e_s| - \\
& e_s\mathrm{sign}(e_s)W_\alpha(\boldsymbol{x}) - e_s\mathrm{sign}(e_s)W_\beta(\boldsymbol{x})\,|u_{\mathrm{ce}}| + \\
& \tilde{\boldsymbol{\theta}}_\alpha^{\mathrm{T}}(\boldsymbol{I} - \eta_\alpha(\boldsymbol{\varphi}_\alpha(\boldsymbol{x})\boldsymbol{\varphi}_\alpha^{\mathrm{T}}(\boldsymbol{x}) + \eta_\alpha\boldsymbol{I})^{-1})\boldsymbol{\varphi}_\alpha(\boldsymbol{x})e_s + \\
& \tilde{\boldsymbol{\theta}}_\beta^{\mathrm{T}}(\boldsymbol{I} - \eta_\beta(u_{\mathrm{ce}}^2\boldsymbol{\varphi}_\beta(\boldsymbol{x})\boldsymbol{\varphi}_\beta^{\mathrm{T}}(\boldsymbol{x}) + \eta_\beta\boldsymbol{I})^{-1})\boldsymbol{\varphi}_\beta(\boldsymbol{x})u_{\mathrm{ce}}e_s
\end{aligned} \tag{6.168}$$

因 $|e_s| = e_s\mathrm{sign}(e_s)$（除 $e_s = 0$ 外），又 $|w_\alpha(\boldsymbol{x})| \leqslant W_\alpha(\boldsymbol{x})$，$|w_\beta(\boldsymbol{x})| \leqslant W_\beta(\boldsymbol{x})$，则有

$$|w_\alpha(\boldsymbol{x})|\,|e_s| - e_s\mathrm{sign}(e_s)W_\alpha(\boldsymbol{x}) = |e_s|(|w_\alpha(\boldsymbol{x})| - W_\alpha(\boldsymbol{x})) \leqslant 0 \tag{6.169}$$

$$|w_\beta(\boldsymbol{x})u_{\mathrm{ce}}|\,|e_s| - e_s\mathrm{sign}(e_s)W_\beta(\boldsymbol{x})\,|u_{\mathrm{ce}}| = |e_s|(|w_\beta(\boldsymbol{x})u_{\mathrm{ce}}| - W_\beta(\boldsymbol{x})\,|u_{\mathrm{ce}}|) \leqslant 0 \tag{6.170}$$

若设计 $\eta_\alpha \geqslant 10^2\max[|\varphi_{\alpha mn}|]_{m,n=1,\cdots,l_\alpha}$，其中 $[\varphi_{\alpha mn}]_{m,n=1,\cdots,l_\alpha} = \varphi_\alpha(\boldsymbol{x})\varphi_\alpha^{\mathrm{T}}(\boldsymbol{x})$，$\varphi_\alpha(\boldsymbol{x}) \in \mathbf{R}^{l_\alpha \times 1}$，则有

$$(\boldsymbol{I} - \eta_\alpha(\boldsymbol{\varphi}_\alpha(\boldsymbol{x})\boldsymbol{\varphi}_\alpha^{\mathrm{T}}(\boldsymbol{x}) + \eta_\alpha\boldsymbol{I})^{-1}) \doteq 0 \tag{6.171}$$

同理，若设计 $\eta_\beta \geqslant 10^2\max[|\varphi_{\beta mn}|]_{m,n=1,\cdots,l_\beta}$，其中 $[\varphi_{\beta mn}]_{m,n=1,\cdots,l_\beta} = u_{\mathrm{ce}}^2\varphi_\beta(\boldsymbol{x})\varphi_\beta^{\mathrm{T}}(\boldsymbol{x})$，$\varphi_\beta(\boldsymbol{x}) \in \mathbf{R}^{l_\beta \times 1}$，则有

$$(\boldsymbol{I} - \eta_\beta(u_{\mathrm{ce}}^2\boldsymbol{\varphi}_\beta(\boldsymbol{x})\boldsymbol{\varphi}_\beta^{\mathrm{T}}(\boldsymbol{x}) + \eta_\beta\boldsymbol{I})^{-1}) \doteq 0 \tag{6.172}$$

此时，式(6.168)可写为

$$\dot{V} \leqslant -\gamma e_s^2$$

因为 $\gamma e_s^2 \geqslant 0$，故证明了跟踪误差度量 $e_s$ 和参数误差 $\tilde{\boldsymbol{\theta}}_\alpha$，$\tilde{\boldsymbol{\theta}}_\beta$ 均关于时间 $t$ 是非增的。由于 $V$ 正定，$\dot{V} \leqslant -\gamma e_s^2$，故 $e_s$ 有界，又 $y_r$ 及其导数 $\dot{y}_r, \cdots, y_r^{(d-1)}$ 有界，则 $y, \dot{y}, \cdots, y^{(d-1)}$ 有界。

从前面的分析，可以得出如下结论：

(1) 由假设 6.5 ～ 6.6 可知，若 $e_s$ 和 $y_r$ 及其导数 $\dot{y}_r, \cdots, y_r^{(d-1)}$ 有界或 $y, \dot{y}, \cdots, y^{(d-1)}$ 有界，则状态 $\boldsymbol{x}$ 有界，又 $\hat{\alpha}(\boldsymbol{x})$，$\alpha_k(t)$，$\hat{\beta}(\boldsymbol{x})$，$\beta_k(t)$ 有界，则 $u_{ce}$，$u_{si}$ 有界，即 $u$ 有界；

(2) 由于 $V$ 正定，$\dot{V} \leqslant -\gamma e_s^2$，故 $\boldsymbol{\theta}_\alpha$，$\boldsymbol{\theta}_\beta$ 有界；

(3) 由于

$$\int_0^\infty \gamma e_s^2 \leqslant -\int_0^\infty \dot{V} \mathrm{d}t = V(0) - V(\infty) \tag{6.173}$$

这表明 $e_s \in L_2 \left( L_2 = \left\{ z(t) : \int_0^\infty z^2(t)\,\mathrm{d}t < \infty \right\} \right)$，因此 $V(0)$ 和 $V(\infty)$ 是有界的。由式(6.162)知 $\dot{e}_s$ 有界，又 $e_s$ 有界，$e_s \in L_2$，由 Barbalat's 引理知，$\lim_{t \to \infty} e_s(t) = 0$。证毕。

为保证参数 $\boldsymbol{\theta}_\alpha \in \Omega_\alpha$，$\boldsymbol{\theta}_\beta \in \Omega_\beta$，设计如下算法对式(6.134)和式(6.135)进行修正：

$$\dot{\boldsymbol{\theta}}_\alpha = \begin{cases} 0 & \text{otherwise} \\ -(\boldsymbol{\varphi}_\alpha(\boldsymbol{x})\boldsymbol{\varphi}_\alpha^{\mathrm{T}}(\boldsymbol{x}) + \eta_\alpha \boldsymbol{I})^{-1} \varphi_\alpha(\boldsymbol{x}) e_s & \text{if } \|\boldsymbol{\theta}_\alpha\| < M_\alpha \end{cases} \tag{6.174}$$

$$\dot{\boldsymbol{\theta}}_\beta = \begin{cases} 0 & \text{otherwise} \\ -(u_{ce}^2 \boldsymbol{\varphi}_\beta(\boldsymbol{x})\boldsymbol{\varphi}_\beta^{\mathrm{T}}(\boldsymbol{x}) + \eta_\beta \boldsymbol{I})^{-1} \boldsymbol{\varphi}_\beta(\boldsymbol{x}) u_{ce} e_s & \text{if } \|\boldsymbol{\theta}_\beta\| < M_\beta \end{cases} \tag{6.175}$$

另外，设计参数 $\gamma$ 取值越大，$V \to 0$ 的速度越快，跟踪误差收敛越快。

**例 6.7** 为验证新型自适应算法的有效性，考虑飞机机翼摇滚的调节问题，其非线性动态特性可描述为：

$$\begin{aligned} \dot{x}_1 &= x_2 \\ \dot{x}_2 &= a_1 x_1 + a_2 x_2 + a_3 x_3^2 + a_4 x_1^2 x_2 + a_5 x_1 x_2^2 + b x_3 \\ \dot{x}_3 &= -\frac{1}{\tau} x_3 + \frac{1}{\tau} u \\ y &= x_1 \end{aligned}$$

其中，$x_1$ 为滚转角；$x_2$ 为滚转角速率；$x_3$ 为作动器输出；$u$ 为作动器的控制输入；$\tau$ 为副翼时间常数。各参数取值为 $a_1 = -0.014\,9$，$a_2 = 0.041\,5$，$a_3 = 0.016\,7$，$a_4 = -0.065\,8$，$a_5 = 0.085\,8$，$b = 1.5$，$\tau = \dfrac{1}{15}$。

假设参考信号 $y_r(t) = 0$，且 $y, \dot{y}, \ddot{y}$ 可测，系统状态的初始值为 $\boldsymbol{x}(0) = [0.4, 0, 0]^{\mathrm{T}}$。系统的相对度 $d = 3$，假设 $\alpha_k = \beta_k = 0$，选择 $\beta_0 = 10$，$k_0 = 100$，$k_1 = 20$，$\gamma = 2$，设定自适应增益 $\eta_\alpha = \eta_\beta = 20$。假设 $\alpha(\boldsymbol{x})$，$\beta(\boldsymbol{x})$ 未知，采用 T－S 模糊理论进行逼近。由于只有 $x_1$，$x_2$ 是系统非线性的关键变量，故当选定 $x_1$，$x_2$ 隶属度函数的中心都为 $-2, 0, 2$，宽度为 2 时，采用组合原则可得到 9 条模糊规则。图 6.15 ～ 图 6.18 分别给出了改进自适应算法与梯度自适应算法的仿真对比图。

从图 6.15 可以看出，改进的算法与梯度自适应算法一样，同样具有满意的跟踪效果。但从图 6.16 中，我们则看到，改进后的算法对于 $x_3$ 的响应曲线影响较大，与梯度法自适应相比，振荡明显减弱，这对于飞行器的控制是非常重要的，因为过大的振荡很容易引起飞行灾难。从图 6.17 和图 6.18 可以看到，改进后的算法明显加快了参数 $\boldsymbol{\theta}_\alpha$，$\boldsymbol{\theta}_\beta$ 的收敛速率，验证了算法的

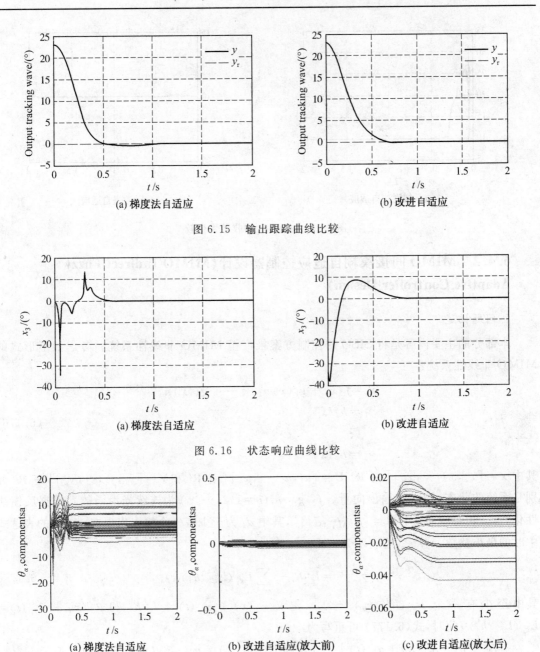

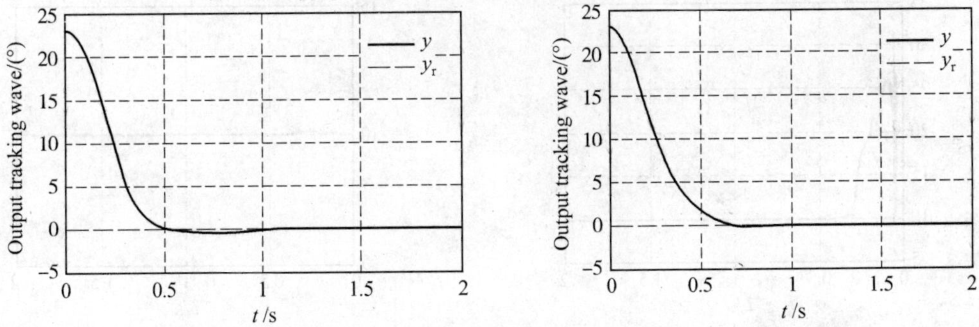


(a) 梯度法自适应　　(b) 改进自适应

图 6.15　输出跟踪曲线比较

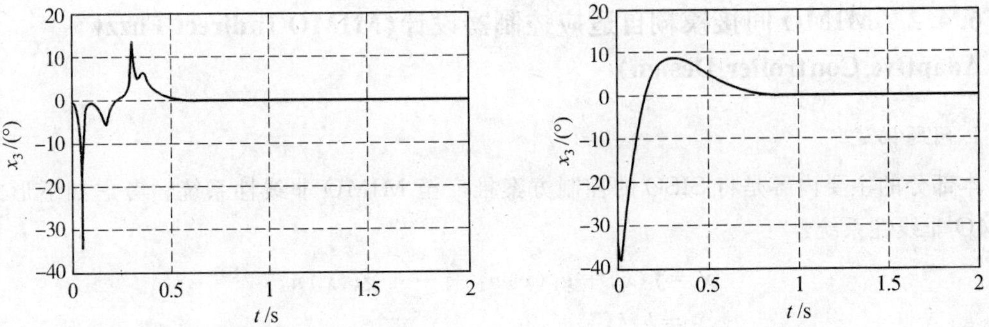


(a) 梯度法自适应　　(b) 改进自适应

图 6.16　状态响应曲线比较

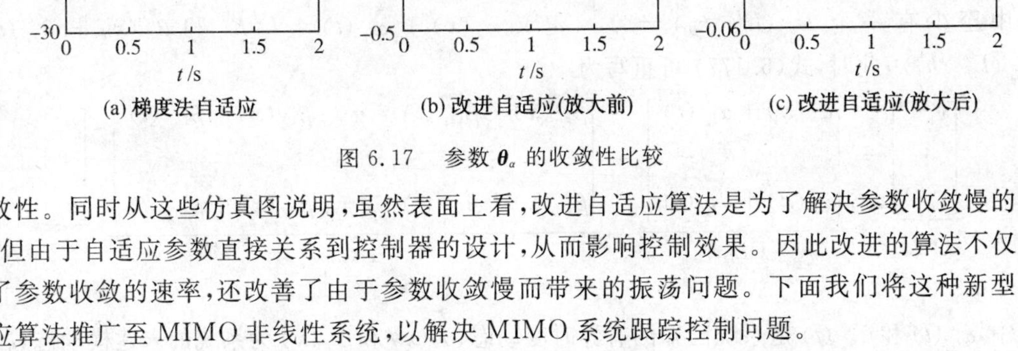


(a) 梯度法自适应　　(b) 改进自适应(放大前)　　(c) 改进自适应(放大后)

图 6.17　参数 $\boldsymbol{\theta}_\alpha$ 的收敛性比较

有效性。同时从这些仿真图说明,虽然表面上看,改进自适应算法是为了解决参数收敛慢的问题,但由于自适应参数直接关系到控制器的设计,从而影响控制效果。因此改进的算法不仅加快了参数收敛的速率,还改善了由于参数收敛慢而带来的振荡问题。下面我们将这种新型自适应算法推广至 MIMO 非线性系统,以解决 MIMO 系统跟踪控制问题。

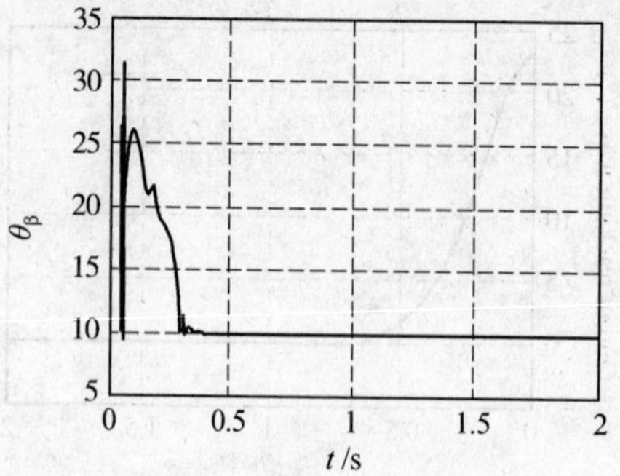

(a) 梯度法自适应

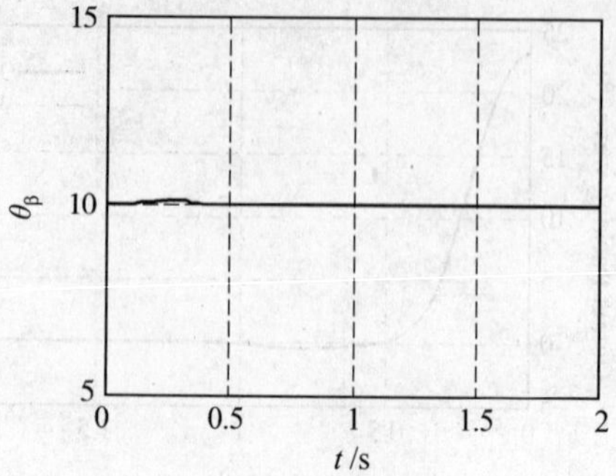

(b) 改进自适应

图 6.18 参数 $\boldsymbol{\theta}_\beta$ 的收敛性比较

### 6.4.2 MIMO 间接模糊自适应控制器设计(MIMO Indirect Fuzzy Adaptive Controller Design)

1. 问题描述

本部分的主要内容是将 SISO 的控制方案推广至 MIMO 非线性系统。考虑如下形式的 MIMO 非线性系统:

$$\begin{aligned}&\dot{\boldsymbol{x}}=\boldsymbol{f}(\boldsymbol{x})+\boldsymbol{g}_1(\boldsymbol{x})u_1+\cdots+\boldsymbol{g}_p(\boldsymbol{x})u_p\\&y_1=h_1(\boldsymbol{x})\\&\quad\vdots\\&y_p=h_p(\boldsymbol{x})\end{aligned}\tag{6.176}$$

其中 $\boldsymbol{x}=[x_1,x_2,\cdots,x_n]^{\mathrm{T}}\in\mathbf{R}^n$,$\boldsymbol{U}=[u_1,u_2,\cdots,u_p]^{\mathrm{T}}\in\mathbf{R}^p$ 和 $\boldsymbol{Y}=[y_1,y_2,\cdots,y_p]^{\mathrm{T}}\in\mathbf{R}^p$ 分别是系统的状态、输入和输出向量。$\boldsymbol{f}$, $\boldsymbol{g}_i$, $h_i(i=1,2,\cdots,p)$ 为连续光滑函数。根据反馈线性化,定义相对度向量为 $\boldsymbol{d}=[d_1,\cdots,d_p]^{\mathrm{T}}$,其中 $d_i$ 为至少有一个输入出现在 $y_i^{(d_i)}$ 的表达式中时的最小整数。$\boldsymbol{y}_i^{(d_i)}$ 可表示为

$$\boldsymbol{y}_i^{(d_i)}=L_f^{d_i}h_i+\sum_{j=1}^{p}L_{g_j}(L_f^{d_i-1}h_i)u_j\tag{6.177}$$

其中至少有一个 $L_{g_j}(L_f^{d_i-1}h_i)\neq0$。定义 $\alpha_i(\boldsymbol{x})+\alpha_{i_k}(t)=L_f^{d_i}h_i$ 和 $\beta_{ij}(\boldsymbol{x})+\beta_{ij_k}(t)=L_{g_j}(L_f^{d_i-1}h_i)$,此时,式(6.177)可重写为

$$\underbrace{\begin{bmatrix}\boldsymbol{y}_1^{(d_1)}\\\vdots\\\boldsymbol{y}_p^{(d_p)}\end{bmatrix}}_{\boldsymbol{Y}(t)}=\underbrace{\begin{bmatrix}\alpha_1(\boldsymbol{x})+\alpha_{1_k}(t)\\\vdots\\\alpha_p(\boldsymbol{x})+\alpha_{p_k}(t)\end{bmatrix}}_{\boldsymbol{A}(\boldsymbol{x},t)}+\underbrace{\begin{bmatrix}\beta_{11}(\boldsymbol{x})+\beta_{11_k}(t)&\cdots&\beta_{1p}(\boldsymbol{x})+\beta_{1p_k}(t)\\\vdots&&\vdots\\\beta_{p1}(\boldsymbol{x})+\beta_{p1_k}(t)&\cdots&\beta_{pp}(\boldsymbol{x})+\beta_{pp_k}(t)\end{bmatrix}}_{\boldsymbol{B}(\boldsymbol{x},t)}\underbrace{\begin{bmatrix}u_1\\\vdots\\u_p\end{bmatrix}}_{\boldsymbol{U}(t)}\tag{6.178}$$

其中,$\alpha_{i_k}(t)$ 和 $\beta_{ij_k}(t)$ 是系统已知的有界时变动态;$\alpha_i(\boldsymbol{x})$ 和 $\beta_{ij}(\boldsymbol{x})$ 为系统的未建模动态,$i,j=1,\cdots,p$。仔细观察式(6.176)、式(6.178)可以发现,该设计方案只适合于输出 $\boldsymbol{Y}$ 的维数等于输入 $\boldsymbol{U}$ 的维数(维数都为 $p$),即式(6.178)中的 $\boldsymbol{B}(\boldsymbol{x},t)$ 是方阵。

为合理设计控制器,先给出如下假设:

**假设 6.10**　矩阵 $\boldsymbol{B}(\boldsymbol{x},t)$ 非奇异，即对于所有的 $\boldsymbol{x}\in S_x, t\geqslant 0, \boldsymbol{B}^{-1}$ 存在且范数有界，等价于

$$\sigma_p(\boldsymbol{B})\geqslant\sigma_{\min}>0 \tag{6.179}$$

$$\|\boldsymbol{B}\|_2=\sigma_1(\boldsymbol{B})\leqslant\sigma_{\max}<\infty \tag{6.180}$$

其中，$\sigma_p(\boldsymbol{B})$ 和 $\sigma_1(\boldsymbol{B})$ 分别为矩阵 $\boldsymbol{B}$ 的最小和最大奇异值。

式(6.179)、式(6.180)旨在为了保证矩阵 $\boldsymbol{B}^{-1}$ 存在且有界。

**假设 6.11**　控制系统存在一个广义相对度向量 $\boldsymbol{d}=[d_1,\cdots,d_p]^{\mathrm{T}}$，被控系统是零动态指数吸引的，系统的输出 $y_i,\cdots,y_i^{(d_i-1)}$ 是可测量的，期望输出及其各阶导数 $y_{r_i},\cdots,y_{r_i}^{(d_i)}$ 是可测量和有界的($i=1,\cdots,p$)。

2. 控制器设计及稳定性证明

对于 $i,j=1,\cdots,p$，类似于 SISO 情形，采用 T－S 模糊系统建模，有如下表达：

$$\alpha_i(\boldsymbol{x})=\boldsymbol{\theta}_{\alpha_i}^{*\mathrm{T}}\boldsymbol{\varphi}_{\alpha_i}(\boldsymbol{x})+w_{\alpha_i}(\boldsymbol{x}) \tag{6.181}$$

$$\beta_{ij}(\boldsymbol{x})=\boldsymbol{\theta}_{\beta_{ij}}^{*\mathrm{T}}\boldsymbol{\varphi}_{\beta_{ij}}(\boldsymbol{x})+w_{\beta_{ij}}(\boldsymbol{x}) \tag{6.182}$$

其中

$$\boldsymbol{\theta}_{\alpha_i}^{*}=\arg\min_{\theta_{\alpha_i}\in\Omega_{\alpha_i}}\left[\sup_{x\in S_x}\left|\boldsymbol{\theta}_{\alpha_i}^{\mathrm{T}}\boldsymbol{\varphi}_{\alpha_i}(\boldsymbol{x})-\alpha_i(\boldsymbol{x})\right|\right] \tag{6.183}$$

$$\boldsymbol{\theta}_{\beta_{ij}}^{*}=\arg\min_{\theta_{\beta_{ij}}\in\Omega_{\beta_{ij}}}\left[\sup_{x\in S_x}\left|\boldsymbol{\theta}_{\beta_{ij}}^{\mathrm{T}}\boldsymbol{\varphi}_{\beta_{ij}}(\boldsymbol{x})-\beta_{ij}(\boldsymbol{x})\right|\right] \tag{6.184}$$

且有 $|w_{\alpha_i}(\boldsymbol{x})|\leqslant W_{\alpha_i}(\boldsymbol{x})$，$|w_{\beta_{ij}}(\boldsymbol{x})|\leqslant W_{\beta_{ij}}(\boldsymbol{x})$，其中 $W_{\alpha_i}(\boldsymbol{x})$ 和 $W_{\beta_{ij}}(\boldsymbol{x})$ 是已知的界函数。

**假设 6.12**　理想逼近参数 $\boldsymbol{\theta}_{\alpha_i}^*,\boldsymbol{\theta}_{\beta_{ij}}^*$ 有界，即满足 $\|\boldsymbol{\theta}_{\alpha_i}^*\|\leqslant M_{\alpha_i}$，$\|\boldsymbol{\theta}_{\beta_{ij}}^*\|\leqslant M_{\beta_{ij}}$，$M_{\alpha_i}, M_{\beta_{ij}}$ 是已知的正实数。

通常情况下，我们希望 $W_{\alpha_i}(\boldsymbol{x})$ 和 $W_{\beta_{ij}}(\boldsymbol{x})$ 能充分小，此时采用最优参数的模糊系统即可充分逼近被控对象。紧集 $S_x, \Omega_{\alpha_i}, \Omega_{\beta_{ij}}$ 的定义与 SISO 类似。$\alpha_i(\boldsymbol{x})$ 和 $\beta_{ij}(\boldsymbol{x})$ 的模糊系统估计值为

$$\hat{\alpha}_i(\boldsymbol{x})=\boldsymbol{\theta}_{\alpha_i}^{\mathrm{T}}\boldsymbol{\varphi}_{\alpha_i}(\boldsymbol{x}) \tag{6.185}$$

$$\hat{\beta}_{ij}(\boldsymbol{x})=\boldsymbol{\theta}_{\beta_{ij}}^{\mathrm{T}}\boldsymbol{\varphi}_{\beta_{ij}}(\boldsymbol{x}) \tag{6.186}$$

其中 $\boldsymbol{\theta}_{\alpha_i}$ 和 $\boldsymbol{\theta}_{\beta_{ij}}$ 为自适应律需要调整的参数，以改善模糊系统的逼近度，$\boldsymbol{\varphi}_{\alpha_i}(\boldsymbol{x})$ 和 $\boldsymbol{\varphi}_{\beta_{ij}}(\boldsymbol{x})$ 是相应的模糊基函数。参数误差定义为

$$\tilde{\theta}_{\alpha_i}=\theta_{\alpha_i}-\boldsymbol{\theta}_{\alpha_i}^*,\quad \tilde{\theta}_{\beta_{ij}}=\theta_{\beta_{ij}}-\boldsymbol{\theta}_{\beta_{ij}}^*$$

定义跟踪误差为 $e_i=y_{r_i}-y_i$，跟踪误差度量 $e_{s_i}=\boldsymbol{K}_i^{\mathrm{T}}[e_i,\dot{e}_i,\cdots,e_i^{(d_i-1)}]^{\mathrm{T}}$，其中 $\boldsymbol{K}_i=[k_0^i,k_1^i,\cdots,k_{d_i-2}^i,1]^{\mathrm{T}}$，各元素的取值应使 $L_i(s)=s^{d_i-1}+k_{d_i-2}^i s^{d_i-2}+\cdots+k_1^i s+k_0^i$ 的根均在左半平面，且定义 $\bar{e}_{s_i}=\dot{e}_{s_i}(t)-e_i^{(d_i)}(t)$。

考虑如下的控制器结构：

$$\boldsymbol{U}=\boldsymbol{U}_{\mathrm{ce}}+\boldsymbol{U}_s \tag{6.187}$$

其中 $\boldsymbol{U}_{\mathrm{ce}}=[u_{\mathrm{ce}_1},u_{\mathrm{ce}_2},\cdots,u_{\mathrm{ce}_p}]^{\mathrm{T}}$ 是确定性等价控制项，$\boldsymbol{U}_s=[u_{s_1},u_{s_2},\cdots,u_{s_p}]^{\mathrm{T}}$ 是滑模控制项。定义矩阵 $\hat{\boldsymbol{B}}(\boldsymbol{x},t)=[\hat{\beta}_{ij}(\boldsymbol{x})+\beta_{ij_k}(t)]$，$i,j=1,\cdots,p$。$\hat{\boldsymbol{B}}(\boldsymbol{x},t)$ 是未知矩阵 $\boldsymbol{B}(\boldsymbol{x},t)$ 的模糊逼近矩阵，且假设对于所有的 $\boldsymbol{x}\in S_x$ 和 $t\geqslant 0$，$\hat{\boldsymbol{B}}^{-1}(\boldsymbol{x},t)$ 存在且有界，令 $[b_{ij}(\boldsymbol{x},t)]_{i,j=1,\cdots,p}=\hat{\boldsymbol{B}}^{-1}(\boldsymbol{x},t)$。若对于紧集 $\Omega_{\beta_{ij}}$ 及 $\boldsymbol{x}\in S_x$，使得

$$\sigma_p(\hat{\boldsymbol{B}}) \geqslant \sigma_{\min} \tag{6.188}$$

$$\sigma_p(\hat{\boldsymbol{B}}) \leqslant \sigma_{\max} \tag{6.189}$$

那么只要 $\theta_{\beta_{ij}} \in \Omega_{\beta_{ij}}$，即可保证 $\hat{\boldsymbol{B}}^{-1}(\boldsymbol{x},t)$ 存在。

确定性等价控制 $\boldsymbol{U}_{ce}$ 定义如下：

$$\boldsymbol{U}_{ce} = \hat{\boldsymbol{B}}^{-1}(\boldsymbol{x},t)(-\hat{\mathbf{A}}(\boldsymbol{x},t) + \boldsymbol{\nu}(t)) \tag{6.190}$$

其中 $\hat{\mathbf{A}}(\boldsymbol{x},t) = [\hat{\alpha}_1(\boldsymbol{x}) + \alpha_{1_k}(t), \cdots, \hat{\alpha}_p(\boldsymbol{x}) + \alpha_{p_k}(t)]^{\mathrm{T}}$，$\boldsymbol{\nu}(t) = [v_1(t), \cdots, v_p(t)]^{\mathrm{T}}$，$\boldsymbol{\nu}(t)$ 中各分量的表达式为

$$v_i(t) = \boldsymbol{y}_{r_i}^{(d_i)} + \gamma_i e_{s_i} + \bar{e}_{s_i} \tag{6.191}$$

其中 $\gamma_i > 0$ 是设计参数。控制 $\boldsymbol{U}_{ce}$ 的各分量表达式为

$$u_{ce_i} = \sum_{j=1}^{p} b_{ij}(\boldsymbol{x},t)[-(\hat{\alpha}_j(\boldsymbol{x}) + \alpha_{j_k}(t)) + \nu_j] =$$

$$\sum_{j=1}^{p} b_{ij}(\boldsymbol{x},t)[-(\hat{\alpha}_j(\boldsymbol{x}) + \alpha_{j_k}(t)) + \boldsymbol{y}_{r_j}^{(d_j)} + \gamma_j e_{s_j} + \bar{e}_{s_j}] \tag{6.192}$$

滑模控制 $\boldsymbol{U}_s$ 的分量 $u_{s_i}$ 定义为

$$u_{s_i} = \sum_{j=1}^{p} b_{ij}\,\mathrm{sign}(e_{s_j})\left[W_{\alpha_j}(\boldsymbol{x}) + U^{\max}(\boldsymbol{x})\sum_{l=1}^{p} W_{\beta_{jl}}(\boldsymbol{x})\right] \tag{6.193}$$

其中 $U^{\max}(\boldsymbol{x}) > 0$ 是界函数。此时可得，控制器 $\boldsymbol{U}$ 的各分量为

$$u_i = u_{ce_i} + u_{s_i} \quad (i = 1, \cdots, p)$$

定义

$$a_i(\boldsymbol{x}) = \sum_{j=1}^{p} |b_{ij}(\boldsymbol{x},t)|[|\hat{\alpha}_j(\boldsymbol{x})| + |\alpha_{j_k}(t)| + |\boldsymbol{y}_{r_j}^{(d_j)}| + \gamma_j |e_{s_j}| + |\bar{e}_{s_j}|] \tag{6.194}$$

$$c_i(\boldsymbol{x}) = \sum_{j=1}^{p} |b_{ij}(\boldsymbol{x},t)|\left(W_{\alpha_j}(\boldsymbol{x}) + \sum_{l=1}^{p} W_{\beta_{jl}}(\boldsymbol{x})\right) \tag{6.195}$$

对式(6.192)、(6.193)分别取绝对值，并运用三角不等式，可得

$$|u_i| \leqslant |u_{ce_i}| + |u_{s_i}| \leqslant a_i(\boldsymbol{x}) + U^{\max}(\boldsymbol{x})c_i(\boldsymbol{x}) \tag{6.196}$$

**假设 6.13**　由式(6.181)～(6.184)知，对于所有的 $\boldsymbol{x} \in S_x \subseteq \mathbf{R}^n$，$W_{\alpha_i}(\boldsymbol{x}) \in L_\infty$，$W_{\beta_{ij}}(\boldsymbol{x}) \in L_\infty$。且假设 $W_{\alpha_i}(\boldsymbol{x})$，$W_{\beta_{ij}}(\boldsymbol{x})$ 充分小，使得对于所有的 $\boldsymbol{x} \in S_x$，都有 $0 \leqslant c_i(\boldsymbol{x}) < 1$，$i = 1, \cdots, p$。

若令

$$U^{\max}(\boldsymbol{x}) \geqslant \max_{i=1,\cdots,p}\left[\frac{a_i(\boldsymbol{x})}{1 - c_i(\boldsymbol{x})}\right] \tag{6.197}$$

则有 $a_i(\boldsymbol{x}) + U^{\max}(\boldsymbol{x})c_i(\boldsymbol{x}) \leqslant U^{\max}(\boldsymbol{x})$，即 $|u_i| \leqslant U^{\max}(\boldsymbol{x})$。

由式(6.188)，有 $|b_{ij}(\boldsymbol{x},t)| \leqslant \|\hat{\boldsymbol{B}}^{-1}(\boldsymbol{x},t)\|_2 \leqslant \dfrac{1}{\sigma_{\min}}$，且只要假设 6.13 成立，则有 $|u_i| \leqslant U^{\max}(\boldsymbol{x})$，$i = 1, \cdots, p$。

自适应律类似于 SISO 情形，取为

$$\dot{\boldsymbol{\theta}}_{\alpha_i} = -(\boldsymbol{\varphi}_{\alpha_i}(\boldsymbol{x})\boldsymbol{\varphi}_{\alpha_i}^{\mathrm{T}}(\boldsymbol{x}) + \eta_{\alpha_i}\boldsymbol{I})^{-1}\boldsymbol{\varphi}_{\alpha_i}(\boldsymbol{x})e_{s_i} \tag{6.198}$$

$$\dot{\boldsymbol{\theta}}_{\beta_{ij}} = -(u_j^2\boldsymbol{\varphi}_{\beta_{ij}}(\boldsymbol{x})\boldsymbol{\varphi}_{\beta_{ij}}^{\mathrm{T}}(\boldsymbol{x}) + \eta_{\beta_{ij}}\boldsymbol{I})^{-1}\boldsymbol{\varphi}_{\beta_{ij}}(\boldsymbol{x})u_j e_{s_i} \tag{6.199}$$

其中 $\eta_{\alpha_i} > 0, \eta_{\beta_{ij}} > 0$ 为设计参数。基于以上分析，我们可以得出如下定理。

**定理 6.10**　针对系统(6.176)，假设 6.10～6.13 均成立，若采用控制器(6.187)和自适应律(6.198)、(6.199)，可得如下结论成立：

(1) 控制输入 $\boldsymbol{U}$ 有界，即 $u_i, u_{ce_i}, u_{s_i} \in L_\infty, i=1,\cdots,p$；

(2) 跟踪误差信号 $e_i$ 一致最终有界，即 $\lim\limits_{t\to\infty} e_i = 0 (i=1,\cdots,p)$。

**证明**　考虑如下的 Lyapunov 函数：

$$V=\frac{1}{2}\sum_{i=1}^{p}e_{s_i}^2+\frac{1}{2}\sum_{i=1}^{p}\eta_{\alpha_i}\tilde{\boldsymbol{\theta}}_{\alpha_i}^{\mathrm{T}}\tilde{\boldsymbol{\theta}}_{\alpha_i}+\frac{1}{2}\sum_{i=1}^{p}\sum_{j=1}^{p}\eta_{\beta_{ij}}\tilde{\boldsymbol{\theta}}_{\beta_{ij}}^{\mathrm{T}}\tilde{\boldsymbol{\theta}}_{\beta_{ij}} \tag{6.200}$$

式(6.200)对时间的导数为

$$\dot{V}=\sum_{i=1}^{p}e_{s_i}\dot{e}_{s_i}+\sum_{i=1}^{p}\eta_{\alpha_i}\tilde{\boldsymbol{\theta}}_{\alpha_i}^{\mathrm{T}}\dot{\tilde{\boldsymbol{\theta}}}_{\alpha_i}+\sum_{i=1}^{p}\sum_{j=1}^{p}\eta_{\beta_{ij}}\tilde{\boldsymbol{\theta}}_{\beta_{ij}}^{\mathrm{T}}\dot{\tilde{\boldsymbol{\theta}}}_{\beta_{ij}} \tag{6.201}$$

结合 SISO 的分析，易得

$$\begin{aligned}\dot{e}_{s_i}=&-\gamma_i e_{s_i}+(\hat{\alpha}_i(\boldsymbol{x})-\alpha_i(\boldsymbol{x}))+\sum_{j=1}^{p}(\hat{\beta}_{ij}(\boldsymbol{x})-\beta_{ij}(\boldsymbol{x}))u_j-\\&W_{\alpha_i}(\boldsymbol{x})\operatorname{sign}e_{s_i}-\operatorname{sign}e_{s_i}\sum_{j=1}^{p}U^{\max}W_{\beta_{ij}}(\boldsymbol{x})\end{aligned} \tag{6.202}$$

将式(6.198)、式(6.199)、式(6.202)代入式(6.201)，得

$$\begin{aligned}\dot{V}=&\sum_{i=1}^{p}e_{s_i}\dot{e}_{s_i}+\sum_{i=1}^{p}\eta_{\alpha_i}\tilde{\boldsymbol{\theta}}_{\alpha_i}^{\mathrm{T}}\dot{\tilde{\boldsymbol{\theta}}}_{\alpha_i}+\sum_{i=1}^{p}\sum_{j=1}^{p}\eta_{\beta_{ij}}\tilde{\boldsymbol{\theta}}_{\beta_{ij}}^{\mathrm{T}}\dot{\tilde{\boldsymbol{\theta}}}_{\beta_{ij}}=\\&\sum_{i=1}^{p}e_{s_i}(-\gamma_i e_{s_i}+(\hat{\alpha}_i(\boldsymbol{x})-\alpha_i(\boldsymbol{x})))+\sum_{i=1}^{p}e_{s_i}\sum_{j=1}^{p}(\hat{\beta}_{ij}(\boldsymbol{x})-\beta_{ij}(\boldsymbol{x}))u_j-\\&\sum_{i=1}^{p}e_{s_i}\operatorname{sign}e_{s_i}W_{\alpha_i}(\boldsymbol{x})-\sum_{i=1}^{p}e_{s_i}\operatorname{sign}e_{s_i}\sum_{j=1}^{p}U^{\max}(\boldsymbol{x})W_{\beta_{ij}}(\boldsymbol{x})-\\&\sum_{i=1}^{p}\eta_{\alpha_i}\tilde{\boldsymbol{\theta}}_{\alpha_i}^{\mathrm{T}}(\boldsymbol{\varphi}_{\alpha_i}(\boldsymbol{x})\boldsymbol{\varphi}_{\alpha_i}^{\mathrm{T}}(\boldsymbol{x})+\eta_{\alpha_i}\boldsymbol{I})^{-1}\boldsymbol{\varphi}_{\alpha_i}(\boldsymbol{x})e_{s_i}-\\&\sum_{i=1}^{p}\sum_{j=1}^{p}\eta_{\beta_{ij}}\tilde{\boldsymbol{\theta}}_{\beta_{ij}}^{\mathrm{T}}(u_j^2\boldsymbol{\varphi}_{\beta_{ij}}(\boldsymbol{x})\boldsymbol{\varphi}_{\beta_{ij}}^{\mathrm{T}}(\boldsymbol{x})+\eta_{\beta_{ij}}\boldsymbol{I})^{-1}\boldsymbol{\varphi}_{\beta_{ij}}(\boldsymbol{x})u_j e_{s_i}=\\&\sum_{i=1}^{p}\sum_{j=1}^{p}e_{s_i}(-\gamma_i e_{s_i}-(w_{\alpha_i}(\boldsymbol{x})+w_{\beta_{ij}}(\boldsymbol{x})u_j)-\operatorname{sign}e_{s_i}(W_{\alpha_i}(\boldsymbol{x})+U^{\max}W_{\beta_{ij}}(\boldsymbol{x})))+\\&\sum_{i=1}^{p}(\tilde{\boldsymbol{\theta}}_{\alpha_i}^{\mathrm{T}}(\boldsymbol{I}-\eta_{\alpha_i}(\boldsymbol{\varphi}_{\alpha_i}(\boldsymbol{x})\boldsymbol{\varphi}_{\alpha_i}^{\mathrm{T}}(\boldsymbol{x})+\eta_{\alpha_i}\boldsymbol{I})^{-1})\boldsymbol{\varphi}_{\alpha_i}(\boldsymbol{x})e_{s_i})+\\&\sum_{i=1}^{p}\sum_{j=1}^{p}(\tilde{\boldsymbol{\theta}}_{\beta_{ij}}^{\mathrm{T}}(\boldsymbol{I}-\eta_{\beta_{ij}}(u_j^2\boldsymbol{\varphi}_{\beta_{ij}}(\boldsymbol{x})\boldsymbol{\varphi}_{\beta_{ij}}^{\mathrm{T}}(\boldsymbol{x})+\eta_{\beta_{ij}}\boldsymbol{I})^{-1})\boldsymbol{\varphi}_{\beta_{ij}}(\boldsymbol{x})u_j e_{s_i})\end{aligned} \tag{6.203}$$

由于

$$-(w_{\alpha_i}(\boldsymbol{x})+w_{\beta_{ij}}(\boldsymbol{x})u_j)e_{s_i}\leqslant(|w_{\alpha_i}(\boldsymbol{x})|+|w_{\beta_{ij}}(\boldsymbol{x})u_j|)|e_{s_i}| \tag{6.204}$$

则有

$$\begin{aligned}\dot{V}\leqslant&\sum_{i=1}^{p}\sum_{j=1}^{p}(-\gamma_i e_{s_i}^2+|w_{\alpha_i}(\boldsymbol{x})||e_{s_i}|+|w_{\beta_{ij}}(\boldsymbol{x})||u_j||e_{s_i}|)-\\&\sum_{i=1}^{p}\sum_{j=1}^{p}e_{s_i}\operatorname{sign}e_{s_i}(W_{\alpha_i}(\boldsymbol{x})+U^{\max}W_{\beta_{ij}}(\boldsymbol{x}))+\end{aligned}$$

$$\sum_{i=1}^{p}(\tilde{\boldsymbol{\theta}}_{\alpha_i}^{\mathrm{T}}(\boldsymbol{I}-\eta_{\alpha_i}(\boldsymbol{\varphi}_{\alpha_i}(\boldsymbol{x})\boldsymbol{\varphi}_{\alpha_i}^{\mathrm{T}}(\boldsymbol{x})+\eta_{\alpha_i}\boldsymbol{I})^{-1})\boldsymbol{\varphi}_{\alpha_i}(\boldsymbol{x})e_{s_i})+$$
$$\sum_{i=1}^{p}\sum_{j=1}^{p}(\tilde{\boldsymbol{\theta}}_{\beta_{ij}}^{\mathrm{T}}(\boldsymbol{I}-\eta_{\beta_{ij}}(u_j^2\boldsymbol{\varphi}_{\beta_{ij}}(\boldsymbol{x})\boldsymbol{\varphi}_{\beta_{ij}}^{\mathrm{T}}(\boldsymbol{x})+\eta_{\beta_{ij}}\boldsymbol{I})^{-1})\boldsymbol{\varphi}_{\beta_{ij}}(\boldsymbol{x})u_je_{s_i})\quad(6.205)$$

因 $|e_{s_i}|=e_{s_i}\,\mathrm{sign}\,e_{s_i}$（除 $e_{s_i}=0$ 外），又 $|w_{\alpha_i}(\boldsymbol{x})|\leqslant W_{\alpha_i}(\boldsymbol{x})$，$|w_{\beta_{ij}}(\boldsymbol{x})|\leqslant W_{\beta_{ij}}(\boldsymbol{x})$，则有

$$|w_{\alpha_i}(\boldsymbol{x})||e_{s_i}|-e_{s_i}\,\mathrm{sign}\,e_{s_i}W_{\alpha_i}(\boldsymbol{x})=|e_{s_i}|(|w_{\alpha_i}(\boldsymbol{x})|-W_{\alpha_i}(\boldsymbol{x}))\leqslant 0\quad(6.206)$$

$$|e_{s_i}||u_j||w_{\beta_{ij}}(\boldsymbol{x})|-e_{s_i}\,\mathrm{sign}\,e_{s_i}U^{\max}W_{\beta_{ij}}(\boldsymbol{x})=|e_{s_i}|(|u_j||w_{\beta_{ij}}(\boldsymbol{x})|-U^{\max}W_{\beta_{ij}}(\boldsymbol{x}))\leqslant 0\quad(6.207)$$

若设计 $\eta_{\alpha_i}\geqslant 10^2\max[|\varphi_{\alpha_i mn}|]_{m,n=1,\cdots,l_{\alpha_i}}$，其中 $[\varphi_{\alpha_i mn}]_{m,n=1,\cdots,l_{\alpha_i}}=\varphi_{\alpha_i}(\boldsymbol{x})\varphi_{\alpha_i}^{\mathrm{T}}(\boldsymbol{x})$，$\varphi_{\alpha_i}(\boldsymbol{x})\in\mathbf{R}^{l_{\alpha_i}\times 1}$，则有

$$(\boldsymbol{I}-\eta_{\alpha_i}(\boldsymbol{\varphi}_{\alpha_i}(\boldsymbol{x})\boldsymbol{\varphi}_{\alpha_i}^{\mathrm{T}}(\boldsymbol{x})+\eta_{\alpha_i}\boldsymbol{I})^{-1})\doteq 0\quad(6.208)$$

同理，若设计 $\eta_{\beta_{ij}}\geqslant 10^2\max[|\varphi_{\beta_{ij}mn}|]_{m,n=1,\cdots,l_{\beta_{ij}}}$，其中 $[\varphi_{\beta_{ij}mn}]_{m,n=1,\cdots,l_{\beta_{ij}}}=u_j^2\boldsymbol{\varphi}_{\beta_{ij}}(\boldsymbol{x})\boldsymbol{\varphi}_{\beta_{ij}}^{\mathrm{T}}(\boldsymbol{x})$，$\boldsymbol{\varphi}_{\beta_{ij}}(\boldsymbol{x})\in\mathbf{R}^{l_{\beta_{ij}}\times 1}$，则有

$$(\boldsymbol{I}-\eta_{\beta_{ij}}(u_j^2\boldsymbol{\varphi}_{\beta_{ij}}(\boldsymbol{x})\boldsymbol{\varphi}_{\beta_{ij}}^{\mathrm{T}}(\boldsymbol{x})+\eta_{\beta_{ij}}\boldsymbol{I})^{-1})\doteq 0\quad(6.209)$$

此时，式(6.205)可写为

$$\dot{V}\leqslant-\sum_{i=1}^{p}\gamma_ie_{s_i}^2\quad(6.210)$$

因为 $\gamma_ie_{s_i}^2\geqslant 0$，故证明了跟踪误差度量 $e_{s_i}$ 和参数误差 $\tilde{\theta}_{\alpha_i}$，$\tilde{\theta}_{\beta_{ij}}$ 均关于时间 $t$ 是非增的。由于 $V$ 正定，$\dot{V}\leqslant-\sum_{i=1}^{p}\gamma_ie_{s_i}^2$，故 $e_{s_i}$，$\theta_{\alpha_i}$，$\theta_{\beta_{ij}}$ 有界，又 $y_{r_i}$ 及其导数 $\dot{y}_{r_i},\cdots,y_{r_i}^{(d_i-1)}$ 有界，则 $y_i,\dot{y}_i,\cdots,y_i^{(d_i-1)}$ 有界。

从前面的分析，可以得出如下结论：

(1) 由于 $U^{\max}(\boldsymbol{x})\in L_\infty$，又 $|u_i|\leqslant U^{\max}(\boldsymbol{x})$，控制输入 $\boldsymbol{U}$ 有界，即 $u_i,u_{\mathrm{ce}_i},u_{s_i}\in L_\infty$，$i=1,\cdots,p$；

(2) 由于

$$\int_0^\infty\sum_{i=1}^{p}\gamma_ie_{s_i}^2\mathrm{d}t\leqslant-\int_0^\infty\dot{V}\mathrm{d}t=V(0)-V(\infty)<\infty$$

这表明 $e_{s_i}\in L_2$，$i=1,\cdots,p$，因此 $V_i(0)$，$V_i(\infty)\in L_\infty$。由式(6.200)知 $\dot{e}_{s_i}\in L_\infty$ 有界，又 $e_{s_i}\in L_\infty$，$e_{s_i}\in L_2$，由 Barbalat 引理知，$\lim_{t\to\infty}e_{s_i}=0$，即 $\lim_{t\to\infty}e_i=0$。证毕。

同 SISO 情形，为保证参数 $\theta_{\alpha_i}\in\Omega_{\alpha_i}$，$\theta_{\beta_{ij}}\in\Omega_{\beta_{ij}}$，设计如下算法对式(6.198)、(6.199)进行修正：

$$\dot{\theta}_{\alpha_i}=\begin{cases}0 & \text{otherwise}\\ -(\boldsymbol{\varphi}_{\alpha_i}(\boldsymbol{x})\boldsymbol{\varphi}_{\alpha_i}^{\mathrm{T}}(\boldsymbol{x})+\eta_{\alpha_i}\boldsymbol{I})^{-1}\boldsymbol{\varphi}_{\alpha_i}(\boldsymbol{x})e_{s_i} & \text{if } \|\boldsymbol{\theta}_{\alpha_i}\|<M_{\alpha_i}\end{cases}\quad(6.211)$$

$$\dot{\theta}_{\beta_{ij}}=\begin{cases}0 & \text{otherwise}\\ -(u_j^2\boldsymbol{\varphi}_{\beta_{ij}}(\boldsymbol{x})\boldsymbol{\varphi}_{\beta_{ij}}^{\mathrm{T}}(\boldsymbol{x})+\eta_{\beta_{ij}}\boldsymbol{I})^{-1}\boldsymbol{\varphi}_{\beta_{ij}}(\boldsymbol{x})u_je_{s_i} & \text{if } \|\boldsymbol{\theta}_{\beta_{ij}}\|<M_{\beta_{ij}}\end{cases}\quad(6.212)$$

以上给出了 MIMO 系统的模糊自适应控制器设计的一种方案。由于该方案是前文 SISO 模糊自适应控制方案的推广，因此也具有快速跟踪、平滑过渡的特点，尤其适用于对稳定性、快速性要求较高的控制问题。

**参考文献(References)**

[1] TAKAGI T, SUGENO M. Fuzzy Identification of Systems and Its Applications to Modeling and Control [J]. IEEE Transaction on Systems, Man and Cybernetics, 1985, 15(1):116－132.

[2] WANG L X. Universal Approximation by Hierarchical Fuzzy Systems [J]. Fuzzy Sets and Systems, 1998, 93(3):223－230.

[3] 曾珂,徐文立,张乃尧. 典型 T－S 模糊系统是通用逼近器[J]. 控制理论与应用,2001, 18(2):294－297.

[4] BOYD S, GHAOUI L E, FERON E, et al. Linear Matrix Inequalities in Systems and Control Theory [M]. Philadelphia, PA: SIAM, 1994.

[5] PETERSEN I R. A Stabilization Algorithm for a Class of Uncertain Linear Systems [J]. Systems & Control Letters, 1987, 8(2):351－357.

[6] 杨涤,冯文剑,吴瑶华. 用前馈加反馈控制实现输出跟踪[J]. 宇航学报, 1990, 10(1):84－90.

[7] 姜长生,吴庆宪,陈文华. 现代鲁棒控制基础[M]. 哈尔滨:哈尔滨工业大学出版社,2005.

[8] YAMASHITA N, FUKUSHIMA M. On the Rate of the Convergence of the Levenberg－Marquardt Method [J]. Computing, 2001, 15:239－249.

[9] PASSINO K M. Biomimicry for Optimization, Control and Automation [M]. Springer－Verlag, London, UK, 2005.

[10] IOANNOU P A, KOKOTOVIC P. Instability Analysis and Improvement of Robustness of Adaptive Control [J]. Automatica, 1984, 20(5): 583－594.

# 第7章 时滞系统的鲁棒控制
# （Robust Control of Time Delay Systems）

时滞系统在实际工程问题中是普遍存在的，如通信系统、生物系统、化工过程以及电力系统中均存在时滞。时滞的存在使得系统的分析与综合变得更加复杂和困难，同时时滞的存在也往往导致系统不稳定和系统性能变差。此外，系统中不确定性的引入，更准确地描述了模型和实际对象之间的不一致性，更真实地反映了系统参数变动和干扰的存在性。因此，不确定时滞系统的研究具有十分重要的理论意义和实际应用价值，引起了极大关注。

本章将分别针对状态时滞和控制时滞的不同情形，并假设系统的不确定具有时变范数有界，且不需要满足匹配条件的情况下，研究基于线性矩阵不等式（LMI）方法，分别推导无记忆和有记忆鲁棒 $H_\infty$ 控制器设计的充分条件，达到不确定时滞系统的有效控制。

## 7.1 时滞系统稳定性基本定理和鲁棒控制的提法 (Basic Concept of Time Delay Systems Stability and Statement of Robust Control)

### 7.1.1 时滞系统稳定性基本定理(Basic Theorem of Time Delay Systems Stability)

1. 一般时滞系统的稳定性

考虑时滞泛函微分方程

$$\dot{\boldsymbol{x}}(t)=\boldsymbol{f}(t,\boldsymbol{x}_t),\quad t\geqslant t_0 \tag{7.1}$$
$$\boldsymbol{x}_{t_0}(\theta)=\boldsymbol{\varphi}(\theta),\quad \forall\theta\in[-d,0]$$

其中 $\boldsymbol{x}_t(\cdot)$ 表示对给定的 $t\geqslant t_0$

$$\boldsymbol{x}_t(\theta)=\boldsymbol{x}(t+\theta),\quad \forall\theta\in[-d,0]$$

**引理 7.1**(Lyapunov－Krasovskii **稳定性定理**)　考虑方程(7.1)，设存在连续函数 $V(t,\boldsymbol{x}_t)$ 满足：

(1) $V_1(\|\boldsymbol{x}(t)\|)\leqslant V(t,\boldsymbol{x}_t)\leqslant V_2(\|\boldsymbol{x}_t\|_c)$；

(2) $\dot{V}(t,\boldsymbol{x}_t)\leqslant -V_3(\|\boldsymbol{x}(t)\|)$。

其中 $\dot{V}(t,\boldsymbol{x}_t)$ 表示 $V(t,\boldsymbol{x}_t)$ 沿方程(7.1)的解轨迹的时间导数，$V_i(\cdot)$，$i=1,2,3$ 表示连续非减标量函数，且具有如下性质

$$V_i(\cdot)>0,\quad \forall\boldsymbol{x}\neq 0;\quad V_i(0)=0,\quad i=1,2,3,$$
$$\lim_{s\to\infty}V_1(s)=\infty$$
$$\|\boldsymbol{\varphi}\|_c=\max_{-d\leqslant\theta\leqslant 0}\|\boldsymbol{\varphi}(\theta)\|$$

则方程(7.1)的零解是一致渐进稳定的。其中函数 $V(t,\boldsymbol{x}_t)$ 称为 Lyapunov－Krasovskii 函

数。

**注意**　条件(1) 意味着函数 $V(t,\boldsymbol{x}_t)$ 是正定的。

2. 中立型时滞系统的稳定性

考虑如下中立型微分方程(NFDE)

$$\frac{\mathrm{d}}{\mathrm{d}t}\boldsymbol{D}(\boldsymbol{x}_t)=\boldsymbol{f}(t,\boldsymbol{x}_t) \tag{7.2}$$

$$x(t_0+\theta)=\varphi(\theta),\ \forall\,\theta\in[-\tau,0];\ (t_0,\varphi)\in\mathbf{R}^+\times C_{n,\tau} \tag{7.3}$$

其中 $C_{n,\tau}=C([-\tau,0],\mathbf{R}^n)$ 表示将区间 $[-\tau,0]$ 映射到 $\mathbf{R}^n$ 的连续向量值函数构成的 Banach 空间;差分算子 $D:C_{n,\tau}\to\mathbf{R}^n$, $D(\boldsymbol{\varphi})=\boldsymbol{\varphi}(0)-C\boldsymbol{\varphi}(-\tau)$, $\boldsymbol{x}(t)\in\mathbf{R}^n$, $\boldsymbol{f}(t,\mathbf{0})\equiv\mathbf{0}$。

**定义 7.1**　称差分算子 $D$: $D(\boldsymbol{\varphi})=\boldsymbol{\varphi}(0)-C\boldsymbol{\varphi}(-\tau)$ 是稳定的,如果相应的齐次差分方程

$$Dy_t=0,\quad t\geqslant 0 \tag{7.4}$$

的零解是一致渐进稳定的。

**注意**　在本章中由于差分算子 $D$ 具体如下表示

$$D\boldsymbol{x}_t=\boldsymbol{x}(t)-\boldsymbol{A}_d\boldsymbol{x}(t-d)$$

所以算子 $D$ 的稳定性是指 $\lambda(\boldsymbol{A}_d)<1$,即要求矩阵 $\boldsymbol{A}_d$ 的特征根都在单位圆内。

**引理 7.2 (Hale and Lunel)**　假设 $D$ 是稳定的,$f:\mathbf{R}\times C_{n,\tau}\to\mathbf{R}^n$,且把 $\mathbf{R}\times(C_{n,\tau}$ 中的有界集)映入 $\mathbf{R}^n$ 中的有界集。$u(s)$, $v(s)$ 及 $w(s)$ 是单调非减的非负连续函数,对于 $s>0$,有 $u(s)$, $v(s)>0$,且 $u(0)=v(0)=0$。如果有连续泛函 $V:\mathbf{R}\times C_{n,\tau}\to\mathbf{R}$ 使得

(i) $u(\|D(\boldsymbol{\varphi})\|)\leqslant V(t,\boldsymbol{\varphi})\leqslant v(\|\boldsymbol{\varphi}\|_c)$;

(ii) $\dot{V}(t_0,\boldsymbol{\varphi})\leqslant -w(\|D(\boldsymbol{\varphi})\|)$。

则 NFDE(7.2) ~ (7.3) 的零解 $\boldsymbol{x}=\mathbf{0}$ 是一致稳定的;如果当 $s\to\infty$ 时 $u(s)\to\infty$,则 NFDE (7.2) ~(7.3) 的解一致有界;如果对 $s>0$, $w(s)>0$,则 NFDE 的零解 $\boldsymbol{x}=\mathbf{0}$ 是一致渐进稳定的。此外,如果 $\dot{V}(t_0,\boldsymbol{\varphi})\leqslant -w(\|D(\boldsymbol{\varphi})\|)$ 换成 $\dot{V}(t_0,\boldsymbol{\varphi})\leqslant -w(\|\boldsymbol{\varphi}(0)\|)$,上述结论也同样成立。

**注意**　差分算子 $D(\boldsymbol{\varphi})$ 的性质对 NFDE 的性态起决定性作用。

### 7.1.2　鲁棒性基本概念(Basic Concept of Robustness)

所谓"鲁棒性",是指控制系统在一定(结构,大小)的参数摄动下,维持某些性能的特性。根据对性能的不同定义,可分为稳定鲁棒性和性能鲁棒性。以闭环系统的鲁棒性作为目标设计得到的固定控制器称为鲁棒控制器。

由于本章主要使用时域方法研究用状态空间描述的线性不确定时滞系统,因此下面重点介绍状态空间描述的系统参数不确定模型。

考虑如下的不确定时滞系统

$$\dot{\boldsymbol{x}}(t)=(\boldsymbol{A}+\Delta\boldsymbol{A}(t))\boldsymbol{x}(t)+(\boldsymbol{A}_1+\Delta\boldsymbol{A}_1(t))\boldsymbol{x}(t-h(t))+(\boldsymbol{B}+\Delta\boldsymbol{B}(t))\boldsymbol{u}(t)$$

有以下几种不确定模型被广泛采用。

(1) 范数有界结构不确定,此时 $\Delta\boldsymbol{A}(t)$, $\Delta\boldsymbol{A}_1(t)$ 和 $\Delta\boldsymbol{B}(t)$ 可表示成

$$[\Delta\boldsymbol{A}(t)\quad\Delta\boldsymbol{A}_1(t)\quad\Delta\boldsymbol{B}(t)]=\boldsymbol{DF}(t)[\boldsymbol{E}\quad\boldsymbol{E}_1\quad\boldsymbol{E}_2]$$

其中,$\boldsymbol{D}$, $\boldsymbol{E}$, $\boldsymbol{E}_1$ 和 $\boldsymbol{E}_2$ 是具有适当维数的已知常数矩阵,$\boldsymbol{F}(t)$ 是具有 Lebesgue 可测元的不确定

矩阵，且满足 $\boldsymbol{F}^{\mathrm{T}}(t)\boldsymbol{F}(t)\leqslant\boldsymbol{I}$。

(2) 匹配不确定，此时 $\Delta\boldsymbol{A}(t)$，$\Delta\boldsymbol{A}_1(t)$ 和 $\Delta\boldsymbol{B}(t)$ 可表示成

$$\Delta\boldsymbol{A}(t)=\boldsymbol{BD}(t),\quad \Delta\boldsymbol{A}_1(t)=\boldsymbol{BE}_1(t),\quad \Delta\boldsymbol{B}(t)=\boldsymbol{BE}(t)$$

其中，$\boldsymbol{D}(t)$、$\boldsymbol{E}_1(t)$ 和 $\boldsymbol{E}(t)$ 为连续矩阵函数。

(3) 秩 1 型不确定性，此时 $\Delta\boldsymbol{A}(t)$，$\Delta\boldsymbol{A}_1(t)$ 和 $\Delta\boldsymbol{B}(t)$ 可表示成

$$\Delta\boldsymbol{A}(t)=\sum_{i=1}^{k}\alpha_i(t)\boldsymbol{A}_i,\quad \Delta\boldsymbol{A}_1(t)=\sum_{i=1}^{k}\beta_i(t)\boldsymbol{B}_i,\quad \Delta\boldsymbol{B}(t)=\sum_{i=1}^{k}\gamma_i(t)\boldsymbol{C}_i$$

其中，$\boldsymbol{A}_i=\boldsymbol{d}_i\boldsymbol{e}_i^{\mathrm{T}}$，$\boldsymbol{B}_i=\boldsymbol{f}_i\boldsymbol{g}_i^{\mathrm{T}}$，$\boldsymbol{C}=\boldsymbol{h}_i\boldsymbol{k}_i^{\mathrm{T}}$，$\boldsymbol{d}_i$，$\boldsymbol{e}_i$，$\boldsymbol{f}_i$，$\boldsymbol{g}_i$，$\boldsymbol{h}_i$ 和 $\boldsymbol{k}_i$ 均为已知的 $n$ 维实向量；$\alpha_i(t)$，$\beta_i(t)$，$\gamma_i(t)$ 是有界的实标量函数，其是 Lebesgue 可测的且满足

$$|\alpha_i(t)|\leqslant a_i,\ |\beta_i(t)|\leqslant b_i,\ |\gamma_i(t)|\leqslant c_i,\quad a_i\geqslant 0,b_i\geqslant 0,c_i\geqslant 0,i=1,2,\cdots,m$$

其中，$a_i$，$b_i$，$c_i$ 为确定的标量。

(4) 范数有界不确定性，此时 $\Delta\boldsymbol{A}(t)$，$\Delta\boldsymbol{A}_1(t)$ 和 $\Delta\boldsymbol{B}(t)$ 可表示成

$$\|\Delta\boldsymbol{A}(t)\|\leqslant\alpha,\quad \|\Delta\boldsymbol{A}_1(t)\|\leqslant\beta,\quad \|\Delta\boldsymbol{B}(t)\|\leqslant\gamma$$

其中，$\alpha$，$\beta$，$\gamma$ 是确定的标量。

(5) 凸多面体不确定性，此时 $\Delta\boldsymbol{A}(t)$，$\Delta\boldsymbol{A}_1(t)$ 和 $\Delta\boldsymbol{B}(t)$ 可表示成

$$\Delta\boldsymbol{A}(t)=\sum_{i=1}^{k}\alpha_i(t)\boldsymbol{E}_i,\quad \Delta\boldsymbol{A}_1(t)=\sum_{i=1}^{k}\beta_i(t)\boldsymbol{F}_i,\quad \Delta\boldsymbol{B}(t)=\sum_{i=1}^{k}\gamma_i(t)\boldsymbol{G}_i$$

其中，$\boldsymbol{E}_i$，$\boldsymbol{F}_i$，$\boldsymbol{G}_i$ 是已知的实矩阵；$\alpha_i(t)$，$\beta_i(t)$，$\gamma_i(t)$ 是有界的实标量函数，且满足

$$\sum_{i=1}^{m}\alpha_i(t)=1,\ \sum_{i=1}^{m}\beta_i(t)=1,\ \sum_{i=1}^{m}\gamma_i(t)=1,\quad \alpha_i(t)\geqslant 0,\beta_i(t)\geqslant 0,\gamma_i(t)\geqslant 0$$

在本章中，主要针对于范数有界结构不确定性讨论有关的稳定性结论。

## 7.2　时滞系统的 $H_\infty$ 稳定性分析与控制设计

## ($H_\infty$ Stability Analysis and Robust Control of Time-Delay Systems)

本节就非线性不确定时滞系统，分别从时滞无关(Delay－Independent)、时滞相关(Delay－Dependent) 状态反馈控制以及记忆与无记忆复合状态反馈控制三个方面研究了该类时滞系统的基于 LMI 是否有可行解的鲁棒 $H_\infty$ 镇定的充分条件，最后通过 MATLAB 的 LMI 工具箱说明所提出方法的有效性。

### 7.2.1　非线性不确定时滞系统的时滞无关鲁棒 $H_\infty$ 控制(Delay－Independent Robust $H_\infty$ Control of Nonlinear Uncertainty Time-Delay Systems)

1. 预备知识

首先回顾有关 $H_\infty$ 可解的概念，然后对文中所涉及的一些符号说明如下：

设 $\boldsymbol{M}$ 和 $\boldsymbol{N}$ 是对称矩阵，记号 $\boldsymbol{M}<\boldsymbol{N}$(或 $\boldsymbol{M}>\boldsymbol{N}$) 表示矩阵 $\boldsymbol{M}-\boldsymbol{N}$ 是负定的(或正定的)，$L_2[0,\infty)$ 表示 $[0,\infty)$ 上平方可积的函数空间，$\|\cdot\|_2$ 表示通常的 $L_2$ 范数，$\boldsymbol{I}$ 表示适当维数的单位矩阵。

考虑由下列状态空间模型描述的非线性系统

$$\begin{aligned}\dot{\boldsymbol{x}} &= \boldsymbol{f}(\boldsymbol{x}) + \boldsymbol{g}(\boldsymbol{x})\boldsymbol{w} \\ \boldsymbol{z} &= \boldsymbol{h}(\boldsymbol{x})\end{aligned} \tag{7.5}$$

其中,$\boldsymbol{x}(t) \in \mathbf{R}^n$ 是状态;$\boldsymbol{w} \in \mathbf{R}^m$ 是平方可积的扰动输入,即 $\boldsymbol{w} \in L_2[0,\infty)$;$\boldsymbol{z} \in \mathbf{R}^p$ 是控制输出变量;$\boldsymbol{f}(\boldsymbol{x})$,$\boldsymbol{h}(\boldsymbol{x})$ 和 $\boldsymbol{g}(\boldsymbol{x})$ 分别是充分可微的函数向量和函数矩阵。

**定义 7.2**　非线性系统(7.5) 是 $H_\infty$ 可解的是指:

(1) 系统(7.5) 对应的标称系统

$$\begin{aligned}\dot{\boldsymbol{x}} &= \boldsymbol{f}(\boldsymbol{x}) \\ \boldsymbol{z} &= \boldsymbol{h}(\boldsymbol{x})\end{aligned}$$

是渐进稳定的。

(2) 在零初始条件的假设下,控制输出 $z$ 满足

$$\| \boldsymbol{z} \|_2 < \gamma \| \boldsymbol{w} \|_2$$

**注意**　如果非线性系统(7.5) 是 $H_\infty$ 可解的,也称非线性系统(7.5) 是稳定的且具有 $H_\infty$ 扰动衰减度 $\gamma$。对于线性时滞系统也做这样的约定。

如果系统(7.5) 退化成一个线性系统

$$\begin{cases}\dot{\boldsymbol{x}} = \boldsymbol{A}\boldsymbol{x} + \boldsymbol{B}\boldsymbol{w}, \\ \boldsymbol{z} = \boldsymbol{C}\boldsymbol{x},\end{cases} \tag{7.6}$$

其中,$\boldsymbol{A}$,$\boldsymbol{B}$,$\boldsymbol{C}$ 是具有适当维数的已知常值阵,那么条件(1) 和(2) 将分别变成

(1) $\boldsymbol{A}$ 是稳定阵。

(2) $\| P(s) \|_\infty < \gamma$。

这里 $P(s) = \boldsymbol{C}(s\boldsymbol{I} - \boldsymbol{A})^{-1}\boldsymbol{B}$ 表示由 $\boldsymbol{w}$ 到 $z$ 的传递函数。

2. 模型描述

考虑系统

$$\dot{\boldsymbol{x}}(t) = \boldsymbol{A}\boldsymbol{x}(t) + \boldsymbol{f}_1(\boldsymbol{x}(t),t) + \boldsymbol{A}_d\boldsymbol{x}(t-d(t)) + \boldsymbol{f}_{1d}(\boldsymbol{x}(t-d(t)),t) + \boldsymbol{B}_1\boldsymbol{w}(t) + \boldsymbol{B}_2\boldsymbol{u}(t) \tag{7.7}$$

$$\boldsymbol{z}(t) = \boldsymbol{C}\boldsymbol{x}(t) + \boldsymbol{D}\boldsymbol{u}(t) \tag{7.8}$$

$$\boldsymbol{x}(t) = \boldsymbol{\psi}(t), \quad t \in [-\tau, 0] \tag{7.9}$$

其中,$\boldsymbol{x}(t) \in \mathbf{R}^n$ 为状态向量;$\boldsymbol{u}(t) \in \mathbf{R}^m$ 为控制输入向量;$\boldsymbol{w}(t) \in \mathbf{R}^p$ 为属于 $L_2[0,+\infty)$ 空间的干扰输入向量;$\boldsymbol{z}(t) \in \mathbf{R}^r$ 为被控输出向量;$\boldsymbol{A}$,$\boldsymbol{A}_d$,$\boldsymbol{B}_1$,$\boldsymbol{B}_2$ 为已知且具有适当维数的常值矩阵;$d(t)$ 为时变时滞,满足:$0 < d(t) < \infty$,$0 < \dot{d}(t) < \beta$。$\boldsymbol{\psi}(t)$ 为连续的向量值初始函数,$\boldsymbol{f}_1$ 和 $\boldsymbol{f}_{1d}$ 均为 $n$ 维连续可微向量函数,且满足如下范数有界条件:

$$\| \boldsymbol{f}_1(\boldsymbol{x}(t),t) \| \leqslant \| \boldsymbol{W}_1\boldsymbol{x}(t) \| \tag{7.10}$$

$$\| \boldsymbol{f}_{1d}(\boldsymbol{x}(t-d(t)),t) \| \leqslant \| \boldsymbol{W}_{1d}\boldsymbol{x}(t-d(t)) \| \tag{7.11}$$

**假设**　令 $\boldsymbol{w}(t) = \boldsymbol{0}$,$\boldsymbol{u}(t) = \boldsymbol{0}$,则自由系统(7.7) 在满足式(7.10)、式(7.11),以及式(7.9) 的初始条件下有解。

事实上,式(7.10)、式(7.11) 隐含 $\boldsymbol{f}_1(\boldsymbol{0},t) = \boldsymbol{0}$,$\boldsymbol{f}_{1d}(\boldsymbol{0},t) = \boldsymbol{0}$,即 $\boldsymbol{x}(t) = \boldsymbol{0}$ 为自由系统的一个平衡点。

本节的目的是对被控系统(7.7) ～ (7.9),考虑状态反馈控制律

$$\boldsymbol{u}(t) = K\boldsymbol{x}(t) \tag{7.12}$$

使得闭环系统对于所有满足式(7.10)、式(7.11)的 $\boldsymbol{f}_1$ 和 $\boldsymbol{f}_{1d}$ 有:

(1) 内稳定(即 $\boldsymbol{w}(t)=\boldsymbol{0}$ 时系统零解渐进稳定);

(2) 对于任意 $T>0$ 和任意 $\boldsymbol{w}(\cdot)\in L_2[0,T]$,都有 $\|\boldsymbol{z}\|_T\leqslant\gamma\|\boldsymbol{w}\|_T$.

下面的定义给出了系统(7.7)~(7.9)的鲁棒稳定和鲁棒性能的概念。

**定义 7.3** 系统(7.7),(7.8)是鲁棒稳定的,当 $\boldsymbol{u}(t)=\boldsymbol{0}$ 和 $\boldsymbol{w}(t)\equiv\boldsymbol{0}$ 时,系统(7.7)~(7.8)所确定的平衡点 $\boldsymbol{x}(t)=\boldsymbol{0}$ 对所容许的非线性不确定性 $\boldsymbol{f}_1,\boldsymbol{f}_{1d}$ 是渐进稳定的。

**定义 7.4** 对于给定常数 $\gamma>0$,系统(7.7)~(7.9)的非受迫系统($\boldsymbol{u}(t)=\boldsymbol{0}$)是鲁棒稳定的,且具有 $H_\infty$ 干扰抑制度 $\gamma$,如果此系统在定义 7.3 意义下是鲁棒稳定的,且在零初始条件下,对任意的非零 $\boldsymbol{w}(t)\in L_2$ 和所容许的不确定性 $\boldsymbol{f}_1,\boldsymbol{f}_{1d}$,有 $\|\boldsymbol{z}\|_2<\gamma\|\boldsymbol{w}\|_2$。

接下来处理下面的鲁棒控制问题:

(1) 鲁棒镇定。对系统(7.7)寻找一个状态反馈控制律 $\boldsymbol{u}(t)=\boldsymbol{K}\boldsymbol{x}(t)$,使得闭环系统是鲁棒稳定的,此时称系统(7.7)是鲁棒可镇定的。

(2) 鲁棒 $H_\infty$ 控制。对系统(7.7)~(7.9)给定常数 $\gamma>0$,寻找一个状态反馈控制律 $\boldsymbol{u}(t)=\boldsymbol{K}\boldsymbol{x}(t)$,使得闭环系统是鲁棒稳定的,且具有 $H_\infty$ 干扰抑制度 $\gamma$,此时称系统(7.7)~(7.8)是鲁棒可镇定的,且具有 $H_\infty$ 干扰抑制度 $\gamma$。

接下来将利用 LMI 技术来解决上面的问题。

3. 鲁棒镇定

首先,考虑系统(7.7)~(7.8)的非受迫自由系统的稳定性分析问题。

**定理 7.1** 考虑如下非受迫自由系统,即

$$\begin{cases}\dot{\boldsymbol{x}}(t)=\boldsymbol{A}\boldsymbol{x}(t)+\boldsymbol{f}_1(\boldsymbol{x}(t),t)+\boldsymbol{A}_d\boldsymbol{x}(t-d(t))+\boldsymbol{f}_{1d}(\boldsymbol{x}(t-d(t)),t)\\ \boldsymbol{x}(t)=\psi(t),\quad t\in[-\tau,0]\end{cases}\tag{7.13}$$

如果存在适当的正数 $\lambda_1,\lambda_{1d}$ 使得下列 LMI 存在适当的正定对称解 $\boldsymbol{P},\boldsymbol{S}$,

$$\boldsymbol{N}=\begin{bmatrix}\boldsymbol{A}^{\mathrm{T}}\boldsymbol{P}+\boldsymbol{P}\boldsymbol{A}+\boldsymbol{S} & \boldsymbol{P}\boldsymbol{A}_d & \boldsymbol{P}\boldsymbol{B}_s & \dfrac{1}{\lambda_1}\boldsymbol{W}_1^{\mathrm{T}} & \boldsymbol{0}\\ * & -(1-\beta)\boldsymbol{S} & \boldsymbol{0} & \boldsymbol{0} & \dfrac{1}{\lambda_{1d}}\boldsymbol{W}_{1d}^{\mathrm{T}}\\ * & * & -\boldsymbol{I} & \boldsymbol{0} & \boldsymbol{0}\\ * & * & * & -\boldsymbol{I} & \boldsymbol{0}\\ * & * & * & * & -\boldsymbol{I}\end{bmatrix}<\boldsymbol{0}\tag{7.14}$$

则系统(7.13)是渐进稳定的,其中,"*"部分由对称性可得,$\boldsymbol{B}_s=[\lambda_1\boldsymbol{I},\lambda_{1d}\boldsymbol{I}]$。

**证明** 选取 Lyapunov 函数

$$\begin{aligned}V(\boldsymbol{x}_t)=&\boldsymbol{x}^{\mathrm{T}}(t)\boldsymbol{P}\boldsymbol{x}(t)+\int_{t-d(t)}^{t}\boldsymbol{x}^{\mathrm{T}}(\tau)\boldsymbol{S}\boldsymbol{x}(\tau)\mathrm{d}\tau+\\&\int_0^t\left[\left\|\frac{1}{\lambda_1}\boldsymbol{W}_1\boldsymbol{x}(\tau)\right\|^2-\left\|\frac{1}{\lambda_1}\boldsymbol{f}_1(\boldsymbol{x}(\tau),\tau)\right\|^2\right]\mathrm{d}\tau+\\&\int_0^t\left[\left\|\frac{1}{\lambda_{1d}}\boldsymbol{W}_{1d}\boldsymbol{x}(\tau-d(\tau))\right\|^2-\left\|\frac{1}{\lambda_{1d}}\boldsymbol{f}_{1d}(\boldsymbol{x}(\tau-d(\tau)),\tau)\right\|^2\right]\mathrm{d}\tau\end{aligned}$$

其中,$\boldsymbol{x}_t(\theta)=\boldsymbol{x}(t+\theta),\theta\in[-\tau,0]$。

对 $V(\boldsymbol{x}_t)$ 沿系统(3.9)的轨迹求导,得

$$\frac{\mathrm{d}}{\mathrm{d}t}V(\boldsymbol{x}_t)=\dot{\boldsymbol{x}}(t)\boldsymbol{P}\boldsymbol{x}(t)+\boldsymbol{x}(t)\boldsymbol{P}\dot{\boldsymbol{x}}(t)+\boldsymbol{x}^{\mathrm{T}}(t)\boldsymbol{S}\boldsymbol{x}(t)-(1-\dot{d}(t))\boldsymbol{x}^{\mathrm{T}}(t-d(t))\boldsymbol{S}\boldsymbol{x}(t-d(t))+$$

$$\frac{1}{\lambda_1{}^2}\|\boldsymbol{W}_1\boldsymbol{x}(t)\|^2-\frac{1}{\lambda_1{}^2}\|\boldsymbol{f}_1(\boldsymbol{x}(t),t)\|^2+$$

$$\frac{1}{\lambda_{1d}{}^2}\|\boldsymbol{W}_{1d}\boldsymbol{x}(t-d(t))\|^2-\frac{1}{\lambda_{1d}{}^2}\|\boldsymbol{f}_{1d}(\boldsymbol{x}(t-d(t)),t)\|^2\leqslant$$

$$\boldsymbol{x}^{\mathrm{T}}(\boldsymbol{P}\boldsymbol{A}+\boldsymbol{A}^{\mathrm{T}}\boldsymbol{P})\boldsymbol{x}+2\boldsymbol{x}^{\mathrm{T}}\boldsymbol{P}(\boldsymbol{f}_1+\boldsymbol{A}_d\boldsymbol{x}_d+\boldsymbol{f}_{1d})+\boldsymbol{T}_1+\boldsymbol{T}_2+\boldsymbol{T}_3\leqslant$$

$$\boldsymbol{x}^{\mathrm{T}}(\boldsymbol{P}\boldsymbol{A}+\boldsymbol{A}^{\mathrm{T}}\boldsymbol{P})\boldsymbol{x}+2\boldsymbol{x}^{\mathrm{T}}\boldsymbol{P}\boldsymbol{A}_d\boldsymbol{x}_d+2\boldsymbol{x}^{\mathrm{T}}\boldsymbol{P}\boldsymbol{B}_s\bar{\boldsymbol{f}}-\|\bar{\boldsymbol{f}}\|^2+$$

$$\frac{1}{\lambda_1{}^2}\|\boldsymbol{W}_1\boldsymbol{x}(t)\|^2+\frac{1}{\lambda_{1d}{}^2}\|\boldsymbol{W}_{1d}\boldsymbol{x}(t-d(t))\|^2+\boldsymbol{T}_3=$$

$$[\boldsymbol{x}^{\mathrm{T}}\boldsymbol{x}_d{}^{\mathrm{T}}\bar{\boldsymbol{f}}^{\mathrm{T}}]\bar{\boldsymbol{N}}[\boldsymbol{x}^{\mathrm{T}}\boldsymbol{x}_d{}^{\mathrm{T}}\bar{\boldsymbol{f}}^{\mathrm{T}}]^{\mathrm{T}}$$

其中，
$$\bar{\boldsymbol{N}}=\begin{bmatrix}\boldsymbol{P}\boldsymbol{A}+\boldsymbol{A}^{\mathrm{T}}\boldsymbol{P}+\boldsymbol{S}+\frac{1}{\lambda_1^2}\boldsymbol{W}_1^{\mathrm{T}}\boldsymbol{W}_1 & \boldsymbol{P}\boldsymbol{A}_d & \boldsymbol{P}\boldsymbol{B}_s\\ \boldsymbol{A}_d^{\mathrm{T}}\boldsymbol{P} & -(1-\beta)\boldsymbol{S}+\frac{1}{\lambda_{1d}{}^2}\boldsymbol{W}_{1d}^{\mathrm{T}}\boldsymbol{W}_{1d} & \boldsymbol{0}\\ \boldsymbol{B}_s^{\mathrm{T}}\boldsymbol{P} & \boldsymbol{0} & -\boldsymbol{I}\end{bmatrix}$$

$$\boldsymbol{T}_1=\frac{1}{\lambda_1{}^2}\|\boldsymbol{W}_1\boldsymbol{x}(t)\|^2-\frac{1}{\lambda_1{}^2}\|\boldsymbol{f}_1(\boldsymbol{x}(t),t)\|^2$$

$$\boldsymbol{T}_2=\frac{1}{\lambda_{1d}{}^2}\|\boldsymbol{W}_{1d}\boldsymbol{x}(t-d(t))\|^2-\frac{1}{\lambda_{1d}{}^2}\|\boldsymbol{f}_{1d}(\boldsymbol{x}(t-d(t)),t)\|^2$$

$$\boldsymbol{T}_3=\boldsymbol{x}^{\mathrm{T}}(t)\boldsymbol{S}\boldsymbol{x}(t)-(1-\beta)\boldsymbol{x}^{\mathrm{T}}(t-d(t))\boldsymbol{S}\boldsymbol{x}(t-d(t))$$

$$\bar{\boldsymbol{f}}^{\mathrm{T}}=[\frac{1}{\lambda_1}\boldsymbol{f}_1{}^{\mathrm{T}},\frac{1}{\lambda_{1d}}\boldsymbol{f}_{1d}]$$

因此，根据定理 7.1 的条件式(7.14)及 Schur 补引理，可得$\frac{\mathrm{d}}{\mathrm{d}t}V(\boldsymbol{x}_t)<0$。根据 Lyapunov 稳定性理论，自由系统是渐进稳定的。证毕。

下面给出系统(7.7)、(7.9)鲁棒镇定问题的解。

考虑系统(7.7)、(7.9)，当 $w(t)=\boldsymbol{0}$，系统变为

$$\begin{cases}\dot{\boldsymbol{x}}(t)=\bar{A}\boldsymbol{x}(t)+\boldsymbol{f}_1(\boldsymbol{x}(t),t)+\boldsymbol{A}_d\boldsymbol{x}(t-d(t))+\boldsymbol{f}_{1d}(\boldsymbol{x}(t-d(t)),t)\\ \boldsymbol{x}(t)=\psi(t),\quad t\in[-\tau,0]\end{cases}\tag{7.15}$$

其中 $\bar{A}=\boldsymbol{A}+\boldsymbol{B}_2\boldsymbol{K}$。

**定理 7.2**　对于系统(7.15)，如果存在适当的正数 $\lambda_1,\lambda_{1d}$，使得存在适当的正定矩阵 $\boldsymbol{P},\boldsymbol{S}$ 和适当维数的矩阵 $\boldsymbol{K}$ 使下列 LMI 成立

$$\boldsymbol{M}_H=\begin{bmatrix}(\boldsymbol{A}+\boldsymbol{B}_2\boldsymbol{K})^{\mathrm{T}}\boldsymbol{P}+\boldsymbol{P}(\boldsymbol{A}+\boldsymbol{B}_2\boldsymbol{K})+\boldsymbol{S} & \boldsymbol{P}\boldsymbol{A}_d & \boldsymbol{P}\boldsymbol{B}_s & \frac{1}{\lambda_1}\boldsymbol{W}_1^{\mathrm{T}} & \boldsymbol{0}\\ * & -(1-\beta)\boldsymbol{S} & \boldsymbol{0} & \boldsymbol{0} & \frac{1}{\lambda_{1d}}\boldsymbol{W}_{1d}^{\mathrm{T}}\\ * & * & -\boldsymbol{I} & \boldsymbol{0} & \boldsymbol{0}\\ * & * & * & -\boldsymbol{I} & \boldsymbol{0}\\ * & * & * & * & -\boldsymbol{I}\end{bmatrix}<\boldsymbol{0}$$

则闭环系统(7.15)是渐进稳定的。

**证明**　证明的过程类似于定理 7.1 的推导,此处从略。

4. 鲁棒 $H_\infty$ 控制

这一节将为系统(7.7) ~ (7.9) 设计一个时滞独立状态反馈鲁棒 $H_\infty$ 控制器。

**定理 7.3**　对系统(7.7) ~ (7.9) 和给定的常数 $\gamma > 0$,如果存在适当的正数 $\lambda_1, \lambda_{1d}$,对称正定矩阵 $\boldsymbol{Q},\boldsymbol{R}$ 和适当维数的矩阵 $\boldsymbol{M}$,使得下列 LMI

$$\begin{bmatrix} (\boldsymbol{AQ}+\boldsymbol{B}_2\boldsymbol{M})^{\mathrm{T}}+(\boldsymbol{AQ}+\boldsymbol{B}_2\boldsymbol{M}) & \boldsymbol{A}_d\boldsymbol{R} & \boldsymbol{B}_1 & \boldsymbol{B}_s & (\boldsymbol{CQ}+\boldsymbol{DM})^{\mathrm{T}} & \frac{1}{\lambda_1}\boldsymbol{QW}_1^{\mathrm{T}} & \boldsymbol{0} & \boldsymbol{Q} \\ \boldsymbol{RA}_d^{\mathrm{T}} & -(1-\beta)\boldsymbol{R} & \boldsymbol{0} & \boldsymbol{0} & \boldsymbol{0} & \boldsymbol{0} & \frac{1}{\lambda_{1d}}\boldsymbol{RW}_{1d} & \boldsymbol{0} \\ \boldsymbol{B}_1^{\mathrm{T}} & \boldsymbol{0} & -\gamma^2\boldsymbol{I} & \boldsymbol{0} & \boldsymbol{0} & \boldsymbol{0} & \boldsymbol{0} & \boldsymbol{0} \\ \boldsymbol{B}_s^{\mathrm{T}} & \boldsymbol{0} & \boldsymbol{0} & -\boldsymbol{I} & \boldsymbol{0} & \boldsymbol{0} & \boldsymbol{0} & \boldsymbol{0} \\ \boldsymbol{CQ}+\boldsymbol{DM} & \boldsymbol{0} & \boldsymbol{0} & \boldsymbol{0} & -\boldsymbol{I} & \boldsymbol{0} & \boldsymbol{0} & \boldsymbol{0} \\ \frac{1}{\lambda_1}\boldsymbol{W}_1\boldsymbol{Q} & \boldsymbol{0} & \boldsymbol{0} & \boldsymbol{0} & \boldsymbol{0} & -\boldsymbol{I} & \boldsymbol{0} & \boldsymbol{0} \\ \boldsymbol{0} & \frac{1}{\lambda_{1d}}\boldsymbol{W}_{1d}^{\mathrm{T}}\boldsymbol{R} & \boldsymbol{0} & \boldsymbol{0} & \boldsymbol{0} & \boldsymbol{0} & -\boldsymbol{I} & \boldsymbol{0} \\ \boldsymbol{Q} & \boldsymbol{0} & \boldsymbol{0} & \boldsymbol{0} & \boldsymbol{0} & \boldsymbol{0} & \boldsymbol{0} & -\boldsymbol{R} \end{bmatrix} < 0$$

成立,那么,对于所有容许的非线性不确定性式(7.10)、(7.11),使系统(7.7) ~ (7.9) 鲁棒渐进稳定,且具有 $H_\infty$ 干扰抑制度 $\gamma$ 的无记忆状态反馈控制器为

$$\boldsymbol{u}(t)=\boldsymbol{MQ}^{-1}\boldsymbol{x}(t) \tag{7.16}$$

**证明**　取如下 Lyapunov 函数

$$\begin{aligned} V(\boldsymbol{x}_t)=&\boldsymbol{x}^{\mathrm{T}}(t)\boldsymbol{Px}(t)+\int_{t-d(t)}^{t}\boldsymbol{x}^{\mathrm{T}}(\tau)\boldsymbol{Sx}(\tau)\mathrm{d}\tau+ \\ &\int_0^t(\|\boldsymbol{p}(\tau)\|^2-\|\boldsymbol{q}(\tau)\|^2)\mathrm{d}\tau+ \\ &\int_0^t(\|\boldsymbol{z}(\tau)\|^2-\gamma^2\|\boldsymbol{w}(\tau)\|^2)\mathrm{d}\tau \end{aligned}$$

其中,$\boldsymbol{q}^{\mathrm{T}}=[\frac{1}{\lambda_1}\boldsymbol{f}_1^{\mathrm{T}}\ \frac{1}{\lambda_{1d}}\boldsymbol{f}_{1d}^{\mathrm{T}}]$,$\boldsymbol{p}^{\mathrm{T}}=[\frac{1}{\lambda_1}\boldsymbol{x}^{\mathrm{T}}\boldsymbol{W}_1^{\mathrm{T}}\ \frac{1}{\lambda_{1d}}\boldsymbol{x}_d^{\mathrm{T}}\boldsymbol{W}_{1d}^{\mathrm{T}}]$

显然,如果 $V(\boldsymbol{x}_t)\leqslant 0$,那么 $\|\boldsymbol{z}(\tau)\|^2\leqslant\gamma^2\|\boldsymbol{w}(\tau)\|^2$

因为 $V(0)=0$,只需要证明 $\dot{V}(\boldsymbol{x}_t)\leqslant 0$

$$\begin{aligned} \dot{V}(\boldsymbol{x}_t)\leqslant&\boldsymbol{x}^{\mathrm{T}}(\boldsymbol{P}\bar{\boldsymbol{A}}+\bar{\boldsymbol{A}}^{\mathrm{T}}\boldsymbol{P})\boldsymbol{x}+2\boldsymbol{x}^{\mathrm{T}}\boldsymbol{P}(\boldsymbol{A}_d\boldsymbol{x}_d+\boldsymbol{B}_1\boldsymbol{w})+ \\ &2\boldsymbol{x}^{\mathrm{T}}\boldsymbol{PB}_s\boldsymbol{q}+\boldsymbol{T}_3+\|\boldsymbol{p}\|^2+\|\boldsymbol{z}\|^2-\gamma^2\|\boldsymbol{w}\|^2-\|\boldsymbol{q}\|^2= \\ &[\boldsymbol{x}^{\mathrm{T}}\boldsymbol{x}_d^{\mathrm{T}}\boldsymbol{w}^{\mathrm{T}}\boldsymbol{q}^{\mathrm{T}}]\boldsymbol{M}_H[\boldsymbol{x}^{\mathrm{T}}\boldsymbol{x}_d^{\mathrm{T}}\boldsymbol{w}^{\mathrm{T}}\boldsymbol{q}^{\mathrm{T}}]^{\mathrm{T}} \end{aligned}$$

其中

$$\boldsymbol{M}_H=\begin{bmatrix} \bar{\boldsymbol{A}}^{\mathrm{T}}\boldsymbol{P}+\boldsymbol{P}\bar{\boldsymbol{A}}+\boldsymbol{S}+\bar{\boldsymbol{C}}^{\mathrm{T}}\bar{\boldsymbol{C}}+\frac{1}{\lambda_1^2}\boldsymbol{W}_1^{\mathrm{T}}\boldsymbol{W}_1 & \boldsymbol{PA}_d & \boldsymbol{PB}_1 & \boldsymbol{PB}_s \\ \boldsymbol{A}_d^{\mathrm{T}}\boldsymbol{P} & -(1-\beta)\boldsymbol{S}+\frac{1}{\lambda_{1d}^2}\boldsymbol{W}_{1d}^{\mathrm{T}}\boldsymbol{W}_{1d} & \boldsymbol{0} & \boldsymbol{0} \\ \boldsymbol{B}_1^{\mathrm{T}}\boldsymbol{P} & \boldsymbol{0} & -\gamma^2\boldsymbol{I} & \boldsymbol{0} \\ \boldsymbol{B}_s{}^{\mathrm{T}}\boldsymbol{P} & \boldsymbol{0} & \boldsymbol{0} & -\boldsymbol{I} \end{bmatrix}$$

$$\bar{\boldsymbol{A}}=\boldsymbol{A}+\boldsymbol{B}_2\boldsymbol{K},\quad \bar{\boldsymbol{C}}=\boldsymbol{C}+\boldsymbol{D}\boldsymbol{K}$$

由 schur 补定理,很容易得证,

$\boldsymbol{M}_H<\boldsymbol{0}\Leftrightarrow$

$$\begin{bmatrix} (\boldsymbol{A}+\boldsymbol{B}_2\boldsymbol{K})^{\mathrm{T}}\boldsymbol{P}+\boldsymbol{P}(\boldsymbol{A}+\boldsymbol{B}_2\boldsymbol{K})+\boldsymbol{S} & \boldsymbol{P}\boldsymbol{A}_d & \boldsymbol{P}\boldsymbol{B}_1 & \boldsymbol{P}\boldsymbol{B}_s & (\boldsymbol{C}+\boldsymbol{D}\boldsymbol{K})^{\mathrm{T}} & \frac{1}{\lambda_1}\boldsymbol{W}_1^{\mathrm{T}} & \boldsymbol{0} \\ \boldsymbol{A}_d^{\mathrm{T}}\boldsymbol{P} & -(1-\beta)\boldsymbol{S} & \boldsymbol{0} & \boldsymbol{0} & \boldsymbol{0} & \boldsymbol{0} & \frac{1}{\lambda_{1d}}\boldsymbol{W}_{1d}^{\mathrm{T}} \\ \boldsymbol{B}_1^{\mathrm{T}}\boldsymbol{P} & \boldsymbol{0} & -\gamma^2\boldsymbol{I} & \boldsymbol{0} & \boldsymbol{0} & \boldsymbol{0} & \boldsymbol{0} \\ \boldsymbol{B}_s^{\mathrm{T}}\boldsymbol{P} & \boldsymbol{0} & \boldsymbol{0} & -\boldsymbol{I} & \boldsymbol{0} & \boldsymbol{0} & \boldsymbol{0} \\ (\boldsymbol{C}+\boldsymbol{D}\boldsymbol{K}) & \boldsymbol{0} & \boldsymbol{0} & \boldsymbol{0} & -\boldsymbol{I} & \boldsymbol{0} & \boldsymbol{0} \\ \frac{1}{\lambda_1}\boldsymbol{W}_1 & \boldsymbol{0} & \boldsymbol{0} & \boldsymbol{0} & \boldsymbol{0} & -\boldsymbol{I} & \boldsymbol{0} \\ \boldsymbol{0} & \frac{1}{\lambda_{1d}}\boldsymbol{W}_{1d}^{\mathrm{T}} & \boldsymbol{0} & \boldsymbol{0} & \boldsymbol{0} & \boldsymbol{0} & -\boldsymbol{I} \end{bmatrix}<\boldsymbol{0}$$

在上面的不等式两边同时左右乘以 $\mathrm{diag}[\boldsymbol{P}^{-1},\boldsymbol{S}^{-1},\boldsymbol{I},\boldsymbol{I},\boldsymbol{I},\boldsymbol{I},\boldsymbol{I}]$,且令 $\boldsymbol{P}^{-1}=\boldsymbol{Q},\boldsymbol{K}\boldsymbol{Q}=\boldsymbol{M},\boldsymbol{S}^{-1}=\boldsymbol{R}$,则上面不等式化为

$$\begin{bmatrix} (\boldsymbol{A}\boldsymbol{Q}+\boldsymbol{B}_2\boldsymbol{M})^{\mathrm{T}} & \boldsymbol{A}_d\boldsymbol{R} & \boldsymbol{B}_1 & \boldsymbol{B}_s & (\boldsymbol{C}\boldsymbol{Q}+\boldsymbol{D}\boldsymbol{M})^{\mathrm{T}} & \frac{1}{\lambda_1}\boldsymbol{Q}\boldsymbol{W}_1^{\mathrm{T}} & \boldsymbol{0} & \boldsymbol{Q} \\ \boldsymbol{R}\boldsymbol{A}_d^{\mathrm{T}} & -(1-\beta)\boldsymbol{R} & \boldsymbol{0} & \boldsymbol{0} & \boldsymbol{0} & \boldsymbol{0} & \frac{1}{\lambda_{1d}}\boldsymbol{W}_{1d} & \boldsymbol{0} \\ \boldsymbol{B}_1^{\mathrm{T}} & \boldsymbol{0} & -\gamma^2\boldsymbol{I} & \boldsymbol{0} & \boldsymbol{0} & \boldsymbol{0} & \boldsymbol{0} & \boldsymbol{0} \\ \boldsymbol{B}_s^{\mathrm{T}} & \boldsymbol{0} & \boldsymbol{0} & -\boldsymbol{I} & \boldsymbol{0} & \boldsymbol{0} & \boldsymbol{0} & \boldsymbol{0} \\ (\boldsymbol{C}\boldsymbol{Q}+\boldsymbol{D}\boldsymbol{M}) & \boldsymbol{0} & \boldsymbol{0} & \boldsymbol{0} & -\boldsymbol{I} & \boldsymbol{0} & \boldsymbol{0} & \boldsymbol{0} \\ \frac{1}{\lambda_1}\boldsymbol{W}_1\boldsymbol{Q} & \boldsymbol{0} & \boldsymbol{0} & \boldsymbol{0} & \boldsymbol{0} & -\boldsymbol{I} & \boldsymbol{0} & \boldsymbol{0} \\ 0 & \frac{1}{\lambda_{1d}}\boldsymbol{W}_{1d}^{\mathrm{T}} & \boldsymbol{0} & \boldsymbol{0} & \boldsymbol{0} & \boldsymbol{0} & -\boldsymbol{I} & \boldsymbol{0} \\ \boldsymbol{Q} & \boldsymbol{0} & \boldsymbol{0} & \boldsymbol{0} & \boldsymbol{0} & \boldsymbol{0} & \boldsymbol{0} & -\boldsymbol{R} \end{bmatrix}<\boldsymbol{0}$$

至此,定理得证。

5. 数值例子

考虑形如式(7.7)～(7.9)的时滞系统。

**例 7.1** $\boldsymbol{A}=\begin{bmatrix}-4 & 1\\ 0 & -5\end{bmatrix},\boldsymbol{A}_d=\begin{bmatrix}0.1 & 0\\ 0 & 0.5\end{bmatrix},\boldsymbol{B}_1=\begin{bmatrix}0.1\\ 0.1\end{bmatrix},\boldsymbol{B}_2=\begin{bmatrix}0\\ 1\end{bmatrix},$

$$\boldsymbol{C}=[0.1,0.1],\boldsymbol{D}=0.5,\boldsymbol{f}_1=\begin{bmatrix}\sin x_1(t)\\ \sin x_2(t)\end{bmatrix},\boldsymbol{f}_{1d}=\begin{bmatrix}\sin x_1(t-0.5)\\ \sin x_2(t-0.5)\end{bmatrix}$$

取 $\lambda_1=\lambda_{1d}=1$,初始值 $x_1(0)=-0.5,x_2(0)=0.9$,求解定理 7.3 中的 LMI,可求出 $\boldsymbol{K}=[-0.419\,2,-2.005\,5]$,此时控制器为 $u=-0.419\,2x_1-2.005\,5x_2$,此时最小干扰抑制度 $\gamma_{\min}=0.055\,2$。

**例 7.2** $\boldsymbol{A}=\begin{bmatrix}-5 & -1\\ 0 & -4\end{bmatrix},\boldsymbol{A}_d=\begin{bmatrix}0.1 & 0\\ 0 & 0.2\end{bmatrix},\boldsymbol{B}_1=\begin{bmatrix}1\\ 0\end{bmatrix},\boldsymbol{B}_2=\begin{bmatrix}0\\ 1\end{bmatrix},\boldsymbol{C}=[0,1],\boldsymbol{D}=1$

$$\boldsymbol{f}_1=\begin{bmatrix}\sin x_1(t)\\ \sin x_2(t)\end{bmatrix},\boldsymbol{f}_{1d}=\begin{bmatrix}\sin x_1(t-d(t))\\ \sin x_2(t-d(t))\end{bmatrix},d(t)=0.3+0.1*\sin(t),\beta=0.1$$

取 $\lambda_1=\lambda_{1d}=1$，初始值 $x_1(0)=-0.5$，$x_2(0)=0.9$，求解定理 7.3 中的 LMI，可求出 $\boldsymbol{K}=[0.042\ 5, -1.450\ 8]$，此时控制器为 $u=0.042\ 5x_1-1.450\ 8x_2$，此时最小干扰抑制度 $\gamma_{\min}=0.328\ 0$。

系统在控制器(7.16)下的响应曲线如图 7.1～图 7.4 所示。

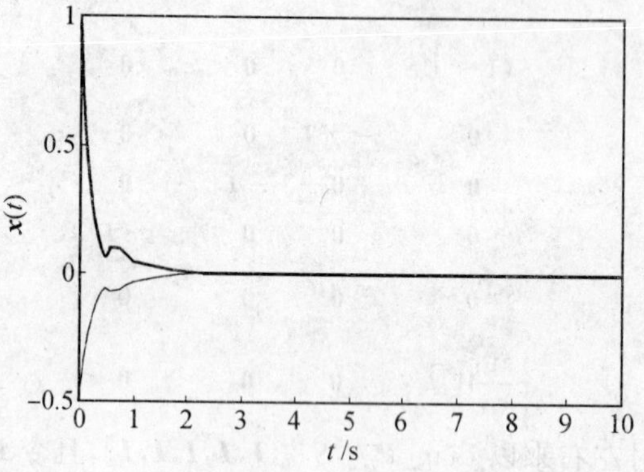


图 7.1　例 7.1 在控制器(7.16)下 $\boldsymbol{w}=\boldsymbol{0}$ 的状态响应曲线

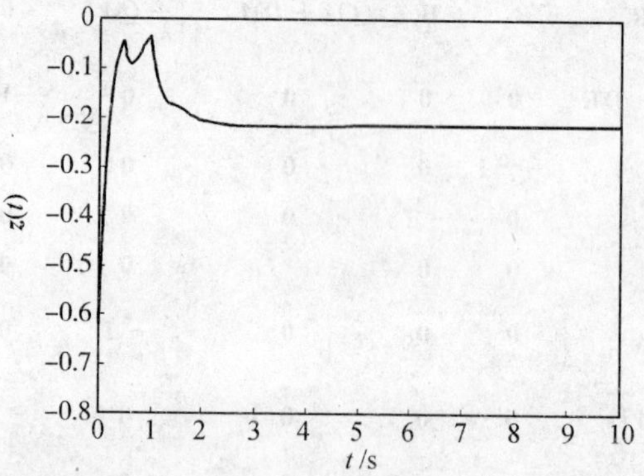


图 7.2　例 7.1 在控制器(7.16)下 $\boldsymbol{w}$ 为单位阶跃干扰下可控输出 $z(t)$ 的响应曲线

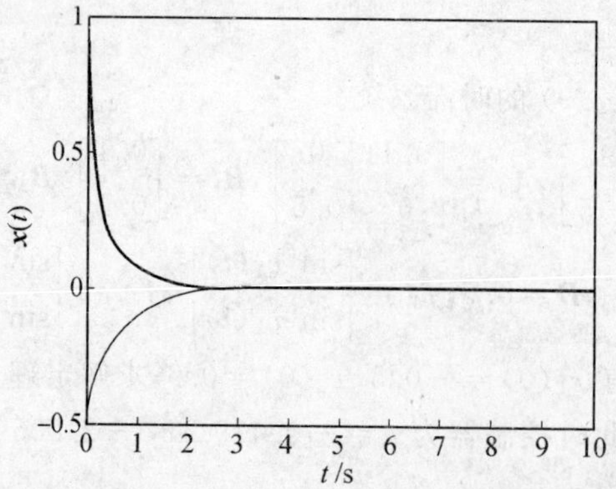


图 7.3　例 7.2 在控制器(7.16)下 $\boldsymbol{w}=\boldsymbol{0}$ 时的状态响应曲线

从图 7.1～图 7.2 可以看到，尽管系统在非线性不确定性或外部干扰的影响下具有一定程度的波动，但由于所设计的控制器具有较强的鲁棒性，因而系统在很短的时间内即可达到稳定。

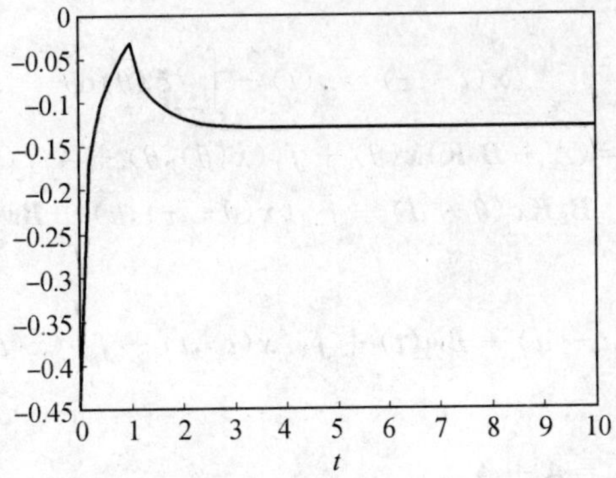


图 7.4　例 7.2 在控制器(7.16) 下 $w$ 为单位阶跃干扰下可控输出 $z(t)$ 的响应曲线

### 7.2.2　具有输入时滞的非线性不确定系统的时滞相关鲁棒 $H_\infty$ 控制 (Delay-Dependent Robust $H_\infty$ Control of Nonlinear Uncertainty Systems with Input Delay)

本节基于选取的适当形式的 Lyapunov 函数，给出了非线性不确定时滞系统的时滞相关型鲁棒 $H_\infty$ 状态反馈控制器设计方案，其中考虑的状态时滞和输入时滞不相等。最后通过具体示例说明了所给出的控制器设计方案的有效性。

1. 问题的提出

考虑如下带有输入时滞的非线性不确定线性系统

$$\dot{\boldsymbol{x}}(t)=\boldsymbol{A}\boldsymbol{x}(t)+\boldsymbol{f}_1(\boldsymbol{x}(t),t)+\boldsymbol{A}_d\boldsymbol{x}(t-\tau)+\boldsymbol{f}_{1d}(\boldsymbol{x}(t-\tau),t)+\boldsymbol{B}\boldsymbol{w}(t)+\boldsymbol{B}_1\boldsymbol{u}(t)+\boldsymbol{B}_2\boldsymbol{u}(t-d) \tag{7.17}$$

$$\boldsymbol{z}(t)=\boldsymbol{C}\boldsymbol{x}(t) \tag{7.18}$$

$$\boldsymbol{x}(t)=\varphi(t),\quad t\in[-\tau,0] \tag{7.19}$$

其中，$\boldsymbol{x}(t)\in\mathbf{R}^n$ 为状态向量；$\boldsymbol{u}(t)\in\mathbf{R}^m$ 为控制输入；$\boldsymbol{z}(t)\in\mathbf{R}^r$ 为可控输出；$\boldsymbol{A},\boldsymbol{A}_d,\boldsymbol{B},\boldsymbol{B}_1,\boldsymbol{B}_2$ 为具有适当维数的常值矩阵；$\tau$ 为状态时滞常数；$d$ 为输入时滞常数；$\varphi(t)$ 为连续的向量值初始函数；$\boldsymbol{f}_1$ 和 $\boldsymbol{f}_{1d}$ 均为 $n$ 维连续可微向量函数，且满足如下范数有界条件：

$$\|\boldsymbol{f}_1(\boldsymbol{x}(t),t)\|\leqslant\|\boldsymbol{W}_1\boldsymbol{x}(t)\| \tag{7.20}$$

$$\|\boldsymbol{f}_{1d}(\boldsymbol{x}(t-\tau),t)\|\leqslant\|\boldsymbol{W}_{1d}\boldsymbol{x}(t-\tau)\| \tag{7.21}$$

**假设**　令 $\boldsymbol{w}(t)=\boldsymbol{0},\boldsymbol{u}(t)=\boldsymbol{0}$，则自由系统(7.17) 在满足(7.20)、(7.21) 式以及(7.19) 的初始条件下有解。

事实上，式(7.20)、式(7.21) 隐含 $\boldsymbol{f}_1(0,t)=\boldsymbol{0},\boldsymbol{f}_{1d}(0,t)=\boldsymbol{0}$，即 $\boldsymbol{x}(t)=\boldsymbol{0}$ 为自由系统的一个平衡点。

本节的主要目的就是对给定的常数 $\gamma>0$，寻找一个时滞相关型状态反馈控制：

$$\boldsymbol{u}(t)=\boldsymbol{K}\boldsymbol{x}(t) \tag{7.22}$$

使得式(7.17) 和(7.22) 的闭环系统

$$\dot{\boldsymbol{x}}(t)=(\boldsymbol{A}+\boldsymbol{B}_1\boldsymbol{K})\boldsymbol{x}(t)+\boldsymbol{A}_d\boldsymbol{x}(t-\tau)+\boldsymbol{B}_2\boldsymbol{K}\boldsymbol{x}(t-d)+\boldsymbol{B}\boldsymbol{w}(t)+\boldsymbol{f}_1(\boldsymbol{x}(t),t)+\boldsymbol{f}_{1d}(\boldsymbol{x}(t-\tau),t) \tag{7.23}$$

是鲁棒渐进稳定的，且 $H_\infty$ 性能指标小于给定的界 $\gamma$。

根据

$$x(t-\tau)=x(t)-\int_{t-\tau}^{t}\xi(\theta)\mathrm{d}\theta$$

其中

$$\xi(\theta)=(A+B_1K)x(\theta)+f_1(x(\theta),\theta)+A_dx(\theta-\tau)+B_2Kx(\theta-d)+f_{1d}(x(\theta-\tau),\theta)+Bw(\theta)$$

式(7.23)可转化为

$$\dot{x}(t)=\bar{A}x(t)+B_2Kx(t-d)+Bw(t)+f_1(x(t),t)+f_{1d}(x(t-\tau),t)-A_d\int_{t-\tau}^{t}\xi(\theta)\mathrm{d}\theta \tag{7.24}$$

其中 $\bar{A}=(A+B_1K)+A_d=\tilde{A}+A_d$。

2. 主要结果

对于时滞系统(7.17)～(7.19)的鲁棒可镇定性问题，有如下主要结论。

**定理 7.4**　对于非线性不确定线性时滞系统(7.17)～(7.19)，如果存在矩阵 $K$，正定矩阵 $P$、$Q_1$、$Q_2$、$R>0$，以及非零常数 $\lambda_1,\lambda_{1d}$，使得如下矩阵不等式成立

$$\begin{bmatrix} M_{11} & M_{12} & M_{13} & M_{14} \\ M_{12}^{\mathrm{T}} & M_{22} & \tau A_d^{\mathrm{T}}R^{-1}B_2K & \tau A_d^{\mathrm{T}}R^{-1}B_s \\ M_{13}^{\mathrm{T}} & \tau K^{\mathrm{T}}B_2^{\mathrm{T}}R^{-1}A_d & M_{33} & \tau K^{\mathrm{T}}B_2^{\mathrm{T}}R^{-1}B_s \\ M_{14}^{\mathrm{T}} & \tau B_s^{\mathrm{T}}R^{-1}A_d & \tau B_s^{\mathrm{T}}R^{-1}B_2K & -I+\tau B_s^{\mathrm{T}}R^{-1}B_s \end{bmatrix}<\mathbf{0} \tag{7.25}$$

其中

$$M_{11}=P\bar{A}+\bar{A}^{\mathrm{T}}P+\tau\tilde{A}^{\mathrm{T}}R^{-1}\tilde{A}+\tau PA_dRA_d^{\mathrm{T}}P+Q_1+Q_2+\frac{1}{\lambda_1^2}W_1^{\mathrm{T}}W_1$$

$$M_{12}=\tau(A+B_1K)^{\mathrm{T}}R^{-1}A_d$$

$$M_{13}=\tau(A+B_1K)^{\mathrm{T}}R^{-1}B_2K+PB_2K$$

$$M_{14}=\tau(A+B_1K)^{\mathrm{T}}R^{-1}B_s+PB_s$$

$$M_{22}=-Q_1+\frac{1}{\lambda_{1d}^2}W_{1d}^{\mathrm{T}}W_{1d}+\tau A_d^{\mathrm{T}}R^{-1}A_d$$

$$M_{33}=-Q_2+\tau K^{\mathrm{T}}B_2^{\mathrm{T}}R^{-1}B_2K$$

$$B_s=[\lambda_1 I,\lambda_{1d}I]$$

则时滞系统式(7.17)～(7.19)是鲁棒可镇定的。

**证明**　对于系统式(7.24)，取 Lyapunov 函数为

$$V(x(t),t)=x^{\mathrm{T}}(t)Px(t)+\int_{t-\tau}^{t}x^{\mathrm{T}}(s)Q_1x(s)\mathrm{d}s+\int_{t-d}^{t}x^{\mathrm{T}}(s)Q_2x(s)\mathrm{d}s+\int_{-\tau}^{0}\mathrm{d}s\int_{t+s}^{t}\xi^{\mathrm{T}}(\theta)R^{-1}\xi(\theta)\mathrm{d}\theta+\int_0^t\left[\left\|\frac{1}{\lambda_1}W_1x(s)\right\|^2-\left\|\frac{1}{\lambda_1}f_1(x(s),s)\right\|^2\right]\mathrm{d}s+\int_0^t\left[\left\|\frac{1}{\lambda_{1d}}W_{1d}x(s-\tau)\right\|^2-\left\|\frac{1}{\lambda_{1d}}f_{1d}(x(s-\tau),s)\right\|^2\right]\mathrm{d}s$$

求 $V(x(t),t)$ 沿闭环系统(7.24)的导数

$$\dot{V}(x(t),t)=\dot{x}(t)Px(t)+x(t)P\dot{x}(t)+x^{\mathrm{T}}(t)Q_1x(t)-x^{\mathrm{T}}(t-\tau)Q_1x(t-\tau)+x^{\mathrm{T}}(t)Q_2x(t)-x^{\mathrm{T}}(t-d)Q_2x(t-d)+\frac{1}{\lambda_1^{\ 2}}\|W_1x(t)\|^2-\frac{1}{\lambda_1^{\ 2}}\|f_1(x(t),t)\|^2+$$

$$\frac{1}{\lambda_{1d}{}^2}\|W_{1d}x(t-\tau)\|^2-\frac{1}{\lambda_{1d}{}^2}\|f_{1d}(x(t-\tau),t)\|^2+$$

$$\tau\xi^{\mathrm{T}}(t)R^{-1}\xi(t)-\int_{t-\tau}^{t}\xi^{\mathrm{T}}(\theta)R^{-1}\xi(\theta)\mathrm{d}\theta=$$

$$x^{\mathrm{T}}(t)(P\bar{A}+\bar{A}^{\mathrm{T}}P)x(t)+2x^{\mathrm{T}}(t)P(f_1(x(t),t)+f_{1d}(x(t-\tau),t))+$$

$$2x^{\mathrm{T}}(t)PBw(t)+2x^{\mathrm{T}}(t)PB_2Kx(t-d)-2x^{\mathrm{T}}(t)PA_d\int_{t-\tau}^{t}\xi(\theta)\mathrm{d}\theta+$$

$$x^{\mathrm{T}}(t)Q_1x(t)-x^{\mathrm{T}}(t-\tau)Q_1x(t-\tau)+$$

$$x^{\mathrm{T}}(t)Q_2x(t)-x^{\mathrm{T}}(t-d)Q_2x(t-d)+\frac{1}{\lambda_1{}^2}\|W_1x(t)\|^2-$$

$$\frac{1}{\lambda_1{}^2}\|f_1(x(t),t)\|^2+\frac{1}{\lambda_{1d}{}^2}\|W_{1d}x(t-\tau)\|^2-\frac{1}{\lambda_{1d}{}^2}\|f_{1d}(x(t-\tau),t)\|^2+$$

$$\tau\xi^{\mathrm{T}}(t)R^{-1}\xi(t)-\int_{t-\tau}^{t}\xi^{\mathrm{T}}(\theta)R^{-1}\xi(\theta)\mathrm{d}\theta$$

又
$$-2x^{\mathrm{T}}(t)PA_d\int_{t-\tau}^{t}\xi(\theta)\mathrm{d}\theta\leqslant\tau x^{\mathrm{T}}(t)PA_dRA_d^{\mathrm{T}}Px(t)+\int_{t-\tau}^{t}\xi^{\mathrm{T}}(\theta)R^{-1}\xi(\theta)\mathrm{d}\theta$$

所以

$$\dot{V}\leqslant\tilde{x}^{\mathrm{T}}(t)M\tilde{x}(t)$$

其中
$$\tilde{x}(t)=\begin{bmatrix}x^{\mathrm{T}}(t) & x^{\mathrm{T}}(t-\tau) & x^{\mathrm{T}}(t-d) & \bar{f}^{\mathrm{T}} & w^{\mathrm{T}}(t)\end{bmatrix}^{\mathrm{T}}$$

$$\bar{f}^{\mathrm{T}}=[\frac{1}{\lambda_1}(f_1(x(t),t))^{\mathrm{T}},\frac{1}{\lambda_{1d}}(f_{1d}(x(t-\tau),t))^{\mathrm{T}}]$$

$$M=\begin{bmatrix}M_{11} & M_{12} & M_{13} & M_{14} & M_{15}\\ M_{12}^{\mathrm{T}} & M_{22} & \tau A_d^{\mathrm{T}}R^{-1}B_2K & \tau A_d^{\mathrm{T}}R^{-1}B_s & \tau A_d^{\mathrm{T}}R^{-1}B\\ M_{13}^{\mathrm{T}} & \tau K^{\mathrm{T}}B_2^{\mathrm{T}}R^{-1}A_d & M_{33} & \tau K^{\mathrm{T}}B_2^{\mathrm{T}}R^{-1}B_s & \tau K^{\mathrm{T}}B_2^{\mathrm{T}}R^{-1}B\\ M_{14}^{\mathrm{T}} & \tau B_s^{\mathrm{T}}R^{-1}A_d & \tau B_s^{\mathrm{T}}R^{-1}B_2K & -I+\tau B_s^{\mathrm{T}}R^{-1}B_s & \tau B_s^{\mathrm{T}}R^{-1}B\\ M_{15}^{\mathrm{T}} & \tau B^{\mathrm{T}}R^{-1}A_d & \tau B^{\mathrm{T}}R^{-1}B_2K & \tau B^{\mathrm{T}}R^{-1}B_s & \tau B^{\mathrm{T}}R^{-1}B\end{bmatrix}\tag{7.26}$$

$M_{11}$、$M_{12}$、$M_{13}$、$M_{14}$、$M_{22}$ 和 $M_{33}$ 同定理 1 所设，

$$M_{15}=\tau(A+B_1K)^{\mathrm{T}}R^{-1}B+PB$$

因而根据上面的推导过程可以看出，当 $w(t)=\mathbf{0}$ 且矩阵不等式(7.25) 成立时有 $\dot{V}<0$，这时系统式(7.24) 是渐进稳定的，因而时滞系统式(7.17) ～ (7.19) 是鲁棒可镇定的。

为了研究系统式(7.24) 的 $H_\infty$ 特性，令初始值 $\varphi(t)=\mathbf{0}$，则对 $\forall T>0$ 有

$$J_T=\int_0^T(z^{\mathrm{T}}z-\gamma^2w^{\mathrm{T}}w)\mathrm{d}t\leqslant$$

$$\int_0^T(z^{\mathrm{T}}z-\gamma^2w^{\mathrm{T}}w+\dot{V}(x_t))\mathrm{d}t\leqslant\int_0^T\tilde{x}^{\mathrm{T}}(t)\tilde{M}\tilde{x}(t)\mathrm{d}t$$

其中 $\tilde{M}=M+\mathrm{diag}(C^{\mathrm{T}}C,\mathbf{0},\mathbf{0},-\gamma^2I)$。故当 $\tilde{M}<\mathbf{0}$ 时可得 $J_T<0$，且当 $\tilde{M}<\mathbf{0}$ 时，同时也能保证矩阵不等式(7.25) 成立，由此可得如下结论。

**定理 7.5**　对于非线性不确定线性时滞系统式(7.17) ～ (7.19)，如果存在矩阵 $K$，对称正定阵 $P$、$Q_1$、$Q_2$、$R>\mathbf{0}$ 及非零常数 $\lambda_1$，$\lambda_{1d}$ 和正常数 $\gamma>0$ 使得线性矩阵不等式 $\tilde{M}<\mathbf{0}$ 成立，则时滞系统式(7.17) ～ (7.19) 是鲁棒可镇定的，且 $H_\infty$ 性能指标小于给定的界 $\gamma$。

为了求解矩阵不等式 $\tilde{\boldsymbol{M}} < \boldsymbol{0}$,由 Schur 引理可知,只需求解如下矩阵不等式即可

$$\begin{bmatrix} (1,1) & \boldsymbol{0} & \boldsymbol{PB}_2\boldsymbol{K} & \boldsymbol{PB}_s & \boldsymbol{PB} & \tau\,(\boldsymbol{A}+\boldsymbol{B}_1\boldsymbol{K})^{\mathrm{T}} & \tau\boldsymbol{PA}_d \\ * & -\boldsymbol{Q}_1+\frac{1}{\lambda_{1d}^2}\boldsymbol{W}_{1d}^{\mathrm{T}}\boldsymbol{W}_{1d} & \boldsymbol{0} & \boldsymbol{0} & \boldsymbol{0} & \tau\boldsymbol{A}_d^{\mathrm{T}} & \boldsymbol{0} \\ * & * & -\boldsymbol{Q}_2 & \boldsymbol{0} & \boldsymbol{0} & \tau\boldsymbol{K}^{\mathrm{T}}\boldsymbol{B}_2^{\mathrm{T}} & \boldsymbol{0} \\ * & * & * & -\boldsymbol{I} & \boldsymbol{0} & \tau\boldsymbol{B}_s^{\mathrm{T}} & \boldsymbol{0} \\ * & * & * & * & -\gamma^2\boldsymbol{I} & \tau\boldsymbol{B}^{\mathrm{T}} & \boldsymbol{0} \\ * & * & * & * & * & -\tau\boldsymbol{R} & \boldsymbol{0} \\ * & * & * & * & * & * & -\tau\boldsymbol{P} \end{bmatrix} < \boldsymbol{0} \quad (7.27)$$

其中

$$\boldsymbol{R} \leqslant \boldsymbol{P}^{-1}$$

$$(1,1) = \boldsymbol{P}\bar{\boldsymbol{A}} + \bar{\boldsymbol{A}}^{\mathrm{T}}\boldsymbol{P} + \boldsymbol{Q}_1 + \boldsymbol{Q}_2 + \frac{1}{\lambda_1^2}\boldsymbol{W}_1^{\mathrm{T}}\boldsymbol{W}_1 + \boldsymbol{C}^{\mathrm{T}}\boldsymbol{C}$$

在上述不等式(7.27)的两端同时乘以对角矩阵 $\mathrm{diag}\{\boldsymbol{X},\boldsymbol{X},\boldsymbol{X},\boldsymbol{I},\boldsymbol{I},\boldsymbol{I},\boldsymbol{X}\}$,并利用 Schur 补引理可得矩阵不等式(7.27)等价于如下矩阵不等式(7.29),其中 $\boldsymbol{X}=\boldsymbol{P}^{-1}$,$\boldsymbol{Y}=\boldsymbol{KX}$,$\tilde{\boldsymbol{Q}}_1=\boldsymbol{XQ}_1\boldsymbol{X}$,$\tilde{\boldsymbol{Q}}_2=\boldsymbol{XQ}_2\boldsymbol{X}$,$\boldsymbol{X}$ 与 $\boldsymbol{R}$ 满足

$$\boldsymbol{R} \leqslant \boldsymbol{X} \quad (7.28)$$

$$\begin{bmatrix} \boldsymbol{\psi}_{11} & \boldsymbol{0} & \boldsymbol{B}_2\boldsymbol{Y} & \boldsymbol{B}_s & \boldsymbol{B} & \tau\,(\boldsymbol{AX}+\boldsymbol{B}_1\boldsymbol{Y})^{\mathrm{T}} & \tau\boldsymbol{A}_d\boldsymbol{X} & \frac{1}{\lambda_1}\boldsymbol{W}_1^{\mathrm{T}} & \boldsymbol{0} & \boldsymbol{XC}^{\mathrm{T}} \\ * & -\tilde{\boldsymbol{Q}}_1 & \boldsymbol{0} & \boldsymbol{0} & \boldsymbol{0} & \tau\,(\boldsymbol{A}_d\boldsymbol{X})^{\mathrm{T}} & \boldsymbol{0} & \boldsymbol{0} & \frac{1}{\lambda_{1d}}\boldsymbol{W}_{1d}^{\mathrm{T}} & \boldsymbol{0} \\ * & * & -\tilde{\boldsymbol{Q}}_2 & \boldsymbol{0} & \boldsymbol{0} & \tau\,(\boldsymbol{B}_2\boldsymbol{Y})^{\mathrm{T}} & \boldsymbol{0} & \boldsymbol{0} & \boldsymbol{0} & \boldsymbol{0} \\ * & * & * & -\boldsymbol{I} & \boldsymbol{0} & \tau\boldsymbol{B}_s^{\mathrm{T}} & \boldsymbol{0} & \boldsymbol{0} & \boldsymbol{0} & \boldsymbol{0} \\ * & * & * & * & -\gamma^2\boldsymbol{I} & \tau\boldsymbol{B}^{\mathrm{T}} & \boldsymbol{0} & \boldsymbol{0} & \boldsymbol{0} & \boldsymbol{0} \\ * & * & * & * & * & -\tau\boldsymbol{R} & \boldsymbol{0} & \boldsymbol{0} & \boldsymbol{0} & \boldsymbol{0} \\ * & * & * & * & * & * & -\tau\boldsymbol{X} & \boldsymbol{0} & \boldsymbol{0} & \boldsymbol{0} \\ * & * & * & * & * & * & * & -\boldsymbol{I} & \boldsymbol{0} & \boldsymbol{0} \\ * & * & * & * & * & * & * & * & -\boldsymbol{I} & \boldsymbol{0} \\ * & * & * & * & * & * & * & * & * & -\boldsymbol{I} \end{bmatrix} < \boldsymbol{0} \quad (7.29)$$

$$\boldsymbol{\psi}_{11} = (\boldsymbol{A}+\boldsymbol{A}_d)\boldsymbol{X} + (\boldsymbol{A}+\boldsymbol{A}_d)^{\mathrm{T}}\boldsymbol{X} + \boldsymbol{B}_1 Y + \boldsymbol{Y}^{\mathrm{T}}\boldsymbol{B}_1^{\mathrm{T}} + \tilde{\boldsymbol{Q}}_1 + \tilde{\boldsymbol{Q}}_2$$

由此可得如下结论:

**推论 7.1** 对于不确定线性时滞系统式(7.17) ~ (7.19),如果存在矩阵 $\boldsymbol{Y}$,正定阵 $\boldsymbol{X},\tilde{\boldsymbol{Q}}_1,\tilde{\boldsymbol{Q}}_2,\boldsymbol{R} > \boldsymbol{0}$ 及常数 $\gamma > 0$ 使得线性矩阵不等式(7.28) 与(7.29) 成立,则时滞系统式(7.17) ~ (7.19) 是鲁棒可镇定的,且 $H_\infty$ 性能指标小于给定的界 $\gamma$。这时控制器增益矩阵可取为 $\boldsymbol{K}=\boldsymbol{YX}^{-1}$。

3. 数值算例

**例 7.3** 考虑下面方程表示的时滞不确定性系统

$$\begin{cases}\dot{\boldsymbol{x}}(t)=\boldsymbol{A}\boldsymbol{x}(t)+\boldsymbol{A}_d(t-\tau)+\boldsymbol{f}_1(\boldsymbol{x}(t),t)+\boldsymbol{f}_{1d}(\boldsymbol{x}(t-\tau),t)+\boldsymbol{B}\boldsymbol{w}+\boldsymbol{B}_1\boldsymbol{u}(t)+\boldsymbol{B}_2\boldsymbol{u}(t-d)\\ \boldsymbol{z}(t)=\boldsymbol{C}\boldsymbol{x}(t)\end{cases}$$

$$\boldsymbol{A}=\begin{bmatrix}-4 & 1\\ 0 & -5\end{bmatrix},\boldsymbol{A}_d=\begin{bmatrix}0.1 & 0\\ 0 & 0.5\end{bmatrix},\boldsymbol{B}=\begin{bmatrix}0.1\\ 0.1\end{bmatrix},\boldsymbol{B}_1=\begin{bmatrix}0\\ 1\end{bmatrix},\boldsymbol{B}_2=\begin{bmatrix}1\\ 0\end{bmatrix}$$

$$\boldsymbol{C}=[0.1,0.1],\quad \tau=0.3,\ d=2$$

$$\boldsymbol{f}_1=\begin{bmatrix}\sin x_1(t)\\ \sin x_2(t)\end{bmatrix},\quad \boldsymbol{f}_{1d}=\begin{bmatrix}\sin x_1(t-0.3)\\ \sin x_2(t-0.3)\end{bmatrix}$$

取 $\lambda_1=\lambda_{1d}=\gamma=1$，求解定理 7.5 中的 LMIs(7.28) 和(7.29)。

可求出

$$\boldsymbol{X}=\begin{bmatrix}142.0608 & -19.0179\\ -19.0179 & 35.3256\end{bmatrix},\quad \boldsymbol{Y}=[-8.6440\quad 51.1463]$$

$$\tilde{\boldsymbol{Q}}_1=\begin{bmatrix}71.0159 & -20.4931\\ -20.4931 & 26.5082\end{bmatrix},\quad \tilde{\boldsymbol{Q}}_2=\begin{bmatrix}54.8808 & -12.6588\\ -12.6588 & 14.4306\end{bmatrix}$$

$$\boldsymbol{K}=[0.1433,1.5250]$$

从而可得所求的无记忆的状态时滞相关状态反馈 $H_\infty$ 控制器为

$$\boldsymbol{u}(t)=\boldsymbol{Y}\boldsymbol{X}^{-1}\boldsymbol{x}(t)=[0.1433\quad 1.5250]\,\boldsymbol{x}(t)$$

取初始值 $x_1(0)=-0.5, x_2(0)=0.9, \boldsymbol{w}(t)=\sin\dfrac{t}{1+t^2}$ 进行仿真，得系统在控制器(7.22)下的状态响应曲线如图 7.5 ~ 7.6 所示。从图可以看出，尽管系统状态在外部干扰的影响下具有一定程度的波动，但由于所设计的控制器具有很强的鲁棒性，因而系统在很短的时间内即可达到稳定。

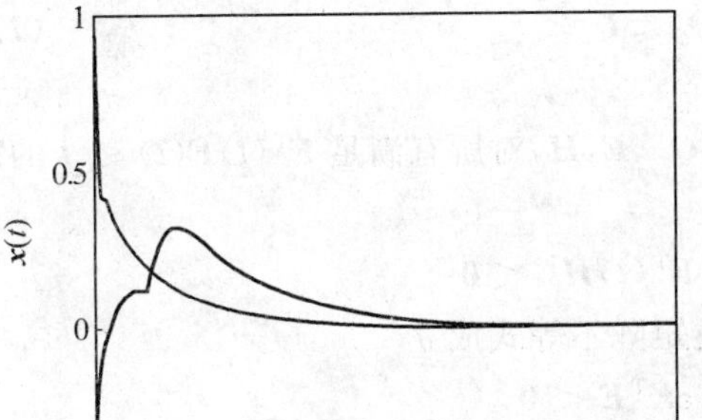


图 7.5　$\boldsymbol{w}(t)=\sin\dfrac{t}{1+t^2}$ 时的闭环状态 $\boldsymbol{x}(t)$ 轨迹

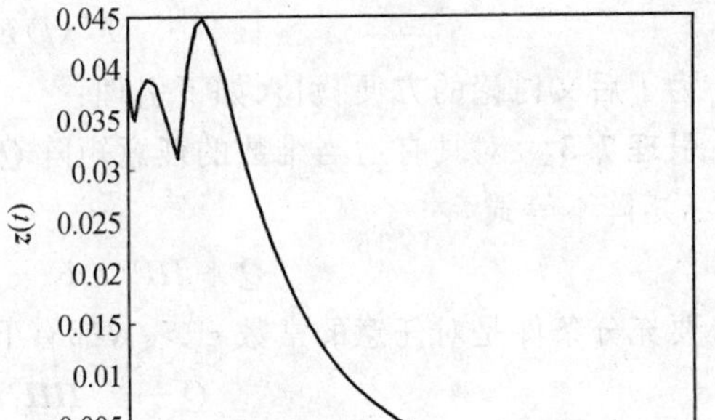


图 7.6　可控输出 $z(t)$ 的时间响应曲线

## 7.3　不确定中立型时滞系统的稳定性分析与控制 (Stability Analysis and Control for Uncertain Neutral Time Delay Systems)

中立型时滞系统的稳定性判据主要可以分为两类：时滞相关稳定性判据和时滞无关稳定

性判据。由于时滞相关稳定性判据中包含了时滞的相关信息，因此保守性要比时滞无关判据弱。在时滞相关稳定性分析中，通常要构造出合适的 Lyapunov 函数，并利用模型变换方法来实现系统原模型的转换。目前，时滞相关稳定性判据主要围绕增大时滞范围、减弱结论中的保守性而展开，根据判据中是否包含时滞导数的信息，时滞相关稳定性判据又可以分为时滞导数相关稳定性判据和时滞导数无关稳定性判据两种。大家知道，时滞系统的稳定性不仅与时滞的大小有关，而且与时滞导数的大小有关，并且稳定性的程度与二者是成反比关系的，然而，在现有文献中，往往要求时滞导数 $\dot{\tau}(t)<1$，这就大大限制了结论的应用范围，为克服这一缺点，利用一种自由权矩阵法，得到了允许时滞导数 $\dot{\tau}(t)\geqslant 1$ 的稳定性判据，也就是只要时滞导数 $\dot{\tau}(t)\leqslant d$，即只要时滞导数有界，这里讨论的结论就成立。

### 7.3.1 不确定中立型时滞系统的稳定性分析(Stability Analysis for Uncertain Neutral Time Delay Systems)

1. 问题的表述和准备

考虑如下的中立型不确定时滞系统

$$\begin{aligned}&\dot{\boldsymbol{x}}(t)-\boldsymbol{C}\dot{\boldsymbol{x}}(t-r)=(\boldsymbol{A}+\Delta\boldsymbol{A}(t))\boldsymbol{x}(t)+(\boldsymbol{A}_d+\Delta\boldsymbol{A}_d(t))\boldsymbol{x}(t-\tau(t))\\&\boldsymbol{x}(t)=\boldsymbol{\varphi}(t),\quad \forall t\in[-\tau_{\mathrm{m}},0]\end{aligned}\tag{7.30}$$

式中，$\boldsymbol{x}(t)\in\mathbf{R}^n$ 为状态变量；$\boldsymbol{\varphi}(t),t\in[-\tau_{\mathrm{m}},0]$ 为初始向量函数；$0\leqslant\tau(t)\leqslant\tau$ 为有界时滞且满足 $\dot{\tau}(t)\leqslant d$；$\boldsymbol{C},\boldsymbol{A},\boldsymbol{A}_d\in\mathbf{R}^{n\times n}$ 为相应维数的实常数矩阵；$\tau_{\mathrm{m}}=\max\{r,\sup\{\tau(t),t\in\boldsymbol{R}^+\}\}$；$\Delta\boldsymbol{A}(t),\Delta\boldsymbol{A}_d(t)$ 为时变不确定矩阵，且具有如下形式

$$[\Delta\boldsymbol{A}(t)\ \Delta\boldsymbol{A}_d(t)]=\boldsymbol{E}\boldsymbol{F}(t)[\boldsymbol{H}_1\ \boldsymbol{H}_2]\tag{7.31}$$

其中 $\boldsymbol{E},\boldsymbol{H}_1,\boldsymbol{H}_2$ 为具有适当维数的实常数矩阵，并且对任意的 $t$，$\boldsymbol{F}(t)$ 都满足

$$\boldsymbol{F}^{\mathrm{T}}(t)\boldsymbol{F}(t)\leqslant\boldsymbol{I}\tag{7.32}$$

为了后文讨论的方便，引入如下引理：

**引理 7.3** 对具有适当维数的任意矩阵 $\boldsymbol{Q}=\boldsymbol{Q}^{\mathrm{T}},\boldsymbol{E},\boldsymbol{H}$，对所有满足 $\boldsymbol{F}^{\mathrm{T}}(t)\boldsymbol{F}(t)\leqslant\boldsymbol{I}$ 的矩阵 $\boldsymbol{F}(t)$，矩阵不等式

$$\boldsymbol{Q}+\boldsymbol{H}\boldsymbol{F}(t)\boldsymbol{E}+\boldsymbol{E}^{\mathrm{T}}\boldsymbol{F}^{\mathrm{T}}(t)\boldsymbol{H}^{\mathrm{T}}<\boldsymbol{0}$$

的必要充分条件是对任意的常数 $\varepsilon>0$，都有下述矩阵不等式成立

$$\boldsymbol{Q}+\varepsilon^{-1}\boldsymbol{H}\boldsymbol{H}^{\mathrm{T}}+\varepsilon\boldsymbol{E}^{\mathrm{T}}\boldsymbol{E}<\boldsymbol{0}$$

**引理 7.4** 对任意的实对称正定矩阵 $\boldsymbol{W}\in\mathbf{R}^{n\times n}$，正常数 $\gamma>0$，向量函数 $\dot{\boldsymbol{x}}:[-\gamma,0]\to\mathbf{R}^n$，使得下面的积分有定义，则有下述矩阵不等式成立

$$-\gamma\int_{-\gamma}^{0}\dot{\boldsymbol{x}}^{\mathrm{T}}(t+s)\boldsymbol{W}\dot{\boldsymbol{x}}(t+s)\mathrm{d}s\leqslant\begin{bmatrix}\boldsymbol{x}(t)\\\boldsymbol{x}(t-\gamma)\end{bmatrix}^{\mathrm{T}}\begin{bmatrix}-\boldsymbol{W}&\boldsymbol{W}\\\boldsymbol{W}&-\boldsymbol{W}\end{bmatrix}\begin{bmatrix}\boldsymbol{x}(t)\\\boldsymbol{x}(t-\gamma)\end{bmatrix}$$

**注意** 在本节中，定义算子 $\boldsymbol{D}(\boldsymbol{x}_t)=\boldsymbol{x}(t)-\boldsymbol{C}\boldsymbol{x}(t-r)$，同时假设 $|\lambda_i(\boldsymbol{C})|<1(i=1,2,\cdots,n)$ 成立。

2. 主要结论

**定理 7.6** 不确定时滞系统(7.30)一致渐进稳定的充分条件是存在正定矩阵 $\boldsymbol{P}>\boldsymbol{0},\boldsymbol{Q}>\boldsymbol{0},\boldsymbol{R}>\boldsymbol{0},\boldsymbol{S}>\boldsymbol{0},\boldsymbol{T}>\boldsymbol{0}$ 和矩阵 $\boldsymbol{P}_i(i=1,2,3,4,5)$ 及正常数 $\varepsilon>0$，使得下面的线性矩阵不等式成立

$$\begin{bmatrix} \boldsymbol{\Omega}+\widetilde{\boldsymbol{\Omega}}+\varepsilon\boldsymbol{\Omega}_2^{\mathrm{T}}\boldsymbol{\Omega}_2 & \boldsymbol{\Omega}_1 \\ * & -\varepsilon\boldsymbol{I} \end{bmatrix}<\boldsymbol{0} \tag{7.33}$$

其中

$$\boldsymbol{\Omega}=\begin{bmatrix} \boldsymbol{PA}+\boldsymbol{A}^{\mathrm{T}}\boldsymbol{P}+\boldsymbol{P}_1^{\mathrm{T}}\boldsymbol{A}+\boldsymbol{A}^{\mathrm{T}}\boldsymbol{P}_1 & -\boldsymbol{P}_1^{\mathrm{T}}+\boldsymbol{A}^{\mathrm{T}}\boldsymbol{P}_2 & \boldsymbol{PA}_d+\boldsymbol{P}_1^{\mathrm{T}}\boldsymbol{A}_d+\boldsymbol{A}^{\mathrm{T}}\boldsymbol{P}_3 & -\boldsymbol{A}^{\mathrm{T}}\boldsymbol{PC}+\boldsymbol{A}^{\mathrm{T}}\boldsymbol{P}_4 & \boldsymbol{P}_1^{\mathrm{T}}\boldsymbol{C}+\boldsymbol{A}^{\mathrm{T}}\boldsymbol{P}_5 \\ * & -\boldsymbol{P}_2-\boldsymbol{P}_2^{\mathrm{T}} & \boldsymbol{P}_2^{\mathrm{T}}\boldsymbol{A}_d-\boldsymbol{P}_3 & -\boldsymbol{P}_4 & \boldsymbol{P}_2^{\mathrm{T}}C-\boldsymbol{P}_5 \\ * & * & \boldsymbol{P}_3^{\mathrm{T}}\boldsymbol{A}_d+\boldsymbol{A}_d^{\mathrm{T}}\boldsymbol{P}_3 & -\boldsymbol{A}_d^{\mathrm{T}}\boldsymbol{PC}+\boldsymbol{A}_d^{\mathrm{T}}\boldsymbol{P}_4 & \boldsymbol{P}_3^{\mathrm{T}}\boldsymbol{C}+\boldsymbol{A}_d^{\mathrm{T}}\boldsymbol{P}_5 \\ * & * & * & 0 & \boldsymbol{P}_4^{\mathrm{T}}\boldsymbol{C} \\ * & * & * & * & \boldsymbol{P}_5^{\mathrm{T}}\boldsymbol{C}+\boldsymbol{C}^{\mathrm{T}}\boldsymbol{P}_5 \end{bmatrix}$$

$$\widetilde{\boldsymbol{\Omega}}=\begin{bmatrix} \boldsymbol{T}+\boldsymbol{Q}-\tau_{\mathrm{m}}^{-2}\boldsymbol{R} & \boldsymbol{0} & \tau_{\mathrm{m}}^{-2}\boldsymbol{R} & \boldsymbol{0} & \boldsymbol{0} \\ \boldsymbol{0} & \boldsymbol{S}+\boldsymbol{R} & \boldsymbol{0} & \boldsymbol{0} & \boldsymbol{0} \\ \tau_{\mathrm{m}}^{-2}\boldsymbol{R} & \boldsymbol{0} & (d-1)\boldsymbol{Q}-\tau_{\mathrm{m}}^{-2}\boldsymbol{R} & \boldsymbol{0} & \boldsymbol{0} \\ \boldsymbol{0} & \boldsymbol{0} & \boldsymbol{0} & -\boldsymbol{T} & \boldsymbol{0} \\ \boldsymbol{0} & \boldsymbol{0} & \boldsymbol{0} & \boldsymbol{0} & -\boldsymbol{S} \end{bmatrix}$$

$$\boldsymbol{\Omega}_1=[\boldsymbol{E}^{\mathrm{T}}(\boldsymbol{P}+\boldsymbol{P}_1)\quad \boldsymbol{E}^{\mathrm{T}}\boldsymbol{P}_2\quad \boldsymbol{E}^{\mathrm{T}}\boldsymbol{P}_3\quad \boldsymbol{E}^{\mathrm{T}}(-\boldsymbol{PC}+\boldsymbol{P}_4)\quad \boldsymbol{E}^{\mathrm{T}}\boldsymbol{P}_5]^{\mathrm{T}}$$

$$\boldsymbol{\Omega}_2=[\boldsymbol{H}_1\quad \boldsymbol{0}\quad \boldsymbol{H}_2\quad \boldsymbol{0}\quad \boldsymbol{0}]$$

**说明 1**　文中“ * ”表示对称矩阵中相应位置矩阵的转置，即用$\begin{bmatrix} \boldsymbol{X} & \boldsymbol{Y} \\ * & \boldsymbol{Z} \end{bmatrix}$表示$\begin{bmatrix} \boldsymbol{X} & \boldsymbol{Y} \\ \boldsymbol{Y}^{\mathrm{T}} & \boldsymbol{Z} \end{bmatrix}$。

**证明**　选取一个 Lyapunov 函数

$$V(t)=V_1+V_2+V_3+V_4+V_5,$$

其中

$$V_1=\boldsymbol{D}^{\mathrm{T}}(\boldsymbol{x}_t)\boldsymbol{PD}(\boldsymbol{x}_t)$$

$$V_2=\int_{t-\tau(t)}^{t}\boldsymbol{x}^{\mathrm{T}}(s)\boldsymbol{Qx}(s)\mathrm{d}s$$

$$V_3=\frac{1}{\tau_{\mathrm{m}}}\int_{-\tau_{\mathrm{m}}}^{0}\int_{t+\theta}^{t}\dot{\boldsymbol{x}}^{\mathrm{T}}(s)\boldsymbol{R}\dot{\boldsymbol{x}}(s)\mathrm{d}s\mathrm{d}\theta$$

$$V_4=\int_{t-r}^{t}\dot{\boldsymbol{x}}^{\mathrm{T}}(s)\boldsymbol{S}\dot{\boldsymbol{x}}(s)\mathrm{d}s$$

$$V_5=\int_{t-r}^{t}\boldsymbol{x}^{\mathrm{T}}(s)\boldsymbol{Tx}(s)\mathrm{d}s$$

不难证明

$$V(t)\geqslant\lambda_{\min}(\boldsymbol{P})\,\|\boldsymbol{D}(\boldsymbol{x}_t)\|$$

其中 $\lambda_{\min}(\boldsymbol{P})$ 表示矩阵 $\boldsymbol{P}$ 的最小特征值。

对 $V(t)$ 沿式(7.30) 对 $t$ 求导，得

$$\dot{V}(t)=\dot{V}_1+\dot{V}_2+\dot{V}_3+\dot{V}_4+\dot{V}_5 \tag{7.34}$$

式中

$$\begin{aligned}\dot{V}_1=\;&2\boldsymbol{D}^{\mathrm{T}}(\boldsymbol{x}_t)\boldsymbol{P}\dot{\boldsymbol{D}}(\boldsymbol{x}_t)+2[\boldsymbol{x}^{\mathrm{T}}(t)\boldsymbol{P}_1^{\mathrm{T}}+\dot{\boldsymbol{x}}^{\mathrm{T}}(t)\boldsymbol{P}_2^{\mathrm{T}}+\boldsymbol{x}^{\mathrm{T}}(t-\tau(t))\boldsymbol{P}_3^{\mathrm{T}}+\boldsymbol{x}^{\mathrm{T}}(t-r)\boldsymbol{P}_4^{\mathrm{T}}+\dot{\boldsymbol{x}}^{\mathrm{T}}(t-r)\boldsymbol{P}_5^{\mathrm{T}}]\times\\ &[(\boldsymbol{A}+\Delta\boldsymbol{A}(t))\boldsymbol{x}(t)+(\boldsymbol{A}_d+\Delta\boldsymbol{A}_d(t))\boldsymbol{x}(t-\tau(t))-\dot{\boldsymbol{x}}(t)+\boldsymbol{C}\dot{\boldsymbol{x}}(t-r)]=\\ &\boldsymbol{\xi}^{\mathrm{T}}(t)(\boldsymbol{\Omega}+\boldsymbol{\Omega}_1\boldsymbol{F}(t)\boldsymbol{\Omega}_2+\boldsymbol{\Omega}_2^{\mathrm{T}}\boldsymbol{F}^{\mathrm{T}}(t)\boldsymbol{\Omega}_1^{\mathrm{T}})\boldsymbol{\xi}(t)\end{aligned}$$

其中

$$\boldsymbol{\xi}(t)=[\boldsymbol{x}^{\mathrm{T}}(t)\quad \dot{\boldsymbol{x}}^{\mathrm{T}}(t)\quad \boldsymbol{x}^{\mathrm{T}}(t-\tau(t))\quad \boldsymbol{x}^{\mathrm{T}}(t-r)\quad \dot{\boldsymbol{x}}^{\mathrm{T}}(t-r)]^{\mathrm{T}}$$

由式(7.31)、(7.32)及引理7.3知

$$\boldsymbol{\Omega}+\boldsymbol{\Omega}_1\boldsymbol{F}(t)\boldsymbol{\Omega}_2+\boldsymbol{\Omega}_2^{\mathrm{T}}\boldsymbol{F}^{\mathrm{T}}(t)\boldsymbol{\Omega}_1^{\mathrm{T}}\leqslant\boldsymbol{\Omega}+\varepsilon^{-1}\boldsymbol{\Omega}_1\boldsymbol{\Omega}_1^{\mathrm{T}}+\varepsilon\boldsymbol{\Omega}_2^{\mathrm{T}}\boldsymbol{\Omega}_2$$

因此

$$\dot{V}_1\leqslant\boldsymbol{\xi}^{\mathrm{T}}(t)(\boldsymbol{\Omega}+\varepsilon^{-1}\boldsymbol{\Omega}_1\boldsymbol{\Omega}_1^{\mathrm{T}}+\varepsilon\boldsymbol{\Omega}_2^{\mathrm{T}}\boldsymbol{\Omega}_2)\boldsymbol{\xi}(t)\tag{7.35}$$

$$\begin{aligned}\dot{V}_2=&\boldsymbol{x}^{\mathrm{T}}(t)\boldsymbol{Q}\boldsymbol{x}(t)-(1-\dot{\tau}(t))\boldsymbol{x}^{\mathrm{T}}(t-\tau(t))\boldsymbol{Q}\boldsymbol{x}(t-\tau(t))\leqslant\\&\boldsymbol{\xi}^{\mathrm{T}}(t)\mathrm{diag}\{\boldsymbol{Q},\boldsymbol{0},(d-1)\boldsymbol{Q},\boldsymbol{0},\boldsymbol{0}\}\boldsymbol{\xi}(t)\end{aligned}\tag{7.36}$$

$$\dot{V}_3=\dot{\boldsymbol{x}}^{\mathrm{T}}(t)\boldsymbol{R}\dot{\boldsymbol{x}}(t)-\frac{1}{\tau_{\mathrm{m}}}\int_{t-\tau_{\mathrm{m}}}^{t}\dot{\boldsymbol{x}}^{\mathrm{T}}(s)\boldsymbol{R}\dot{\boldsymbol{x}}(s)\mathrm{d}s\leqslant\dot{\boldsymbol{x}}^{\mathrm{T}}(t)\boldsymbol{R}\dot{\boldsymbol{x}}(t)-\frac{\tau(t)}{\tau_{\mathrm{m}}^2}\int_{t-\tau(t)}^{t}\dot{\boldsymbol{x}}^{\mathrm{T}}(s)\boldsymbol{R}\dot{\boldsymbol{x}}(s)\mathrm{d}s$$

由引理7.4知

$$-\tau(t)\int_{t-\tau(t)}^{t}\dot{\boldsymbol{x}}^{\mathrm{T}}(s)\boldsymbol{R}\dot{\boldsymbol{x}}(s)\mathrm{d}s\leqslant\begin{bmatrix}\boldsymbol{x}(t)\\\boldsymbol{x}(t-\tau(t))\end{bmatrix}^{\mathrm{T}}\begin{bmatrix}-\boldsymbol{R}&\boldsymbol{R}\\\boldsymbol{R}&-\boldsymbol{R}\end{bmatrix}\begin{bmatrix}\boldsymbol{x}(t)\\\boldsymbol{x}(t-\tau(t))\end{bmatrix}$$

因此

$$\dot{V}_3\leqslant\boldsymbol{\xi}^{\mathrm{T}}(t)\begin{bmatrix}-\tau_{\mathrm{m}}^{-2}\boldsymbol{R}&\boldsymbol{0}&\tau_{\mathrm{m}}^{-2}\boldsymbol{R}&\boldsymbol{0}&\boldsymbol{0}\\\boldsymbol{0}&\boldsymbol{R}&\boldsymbol{0}&\boldsymbol{0}&\boldsymbol{0}\\\tau_{\mathrm{m}}^{-2}\boldsymbol{R}&\boldsymbol{0}&-\tau_{\mathrm{m}}^{-2}\boldsymbol{R}&\boldsymbol{0}&\boldsymbol{0}\\\boldsymbol{0}&\boldsymbol{0}&\boldsymbol{0}&\boldsymbol{0}&\boldsymbol{0}\\\boldsymbol{0}&\boldsymbol{0}&\boldsymbol{0}&\boldsymbol{0}&\boldsymbol{0}\end{bmatrix}\boldsymbol{\xi}(t)\tag{7.37}$$

$$\dot{V}_4=\dot{\boldsymbol{x}}^{\mathrm{T}}(t)\boldsymbol{S}\dot{\boldsymbol{x}}(t)-\dot{\boldsymbol{x}}^{\mathrm{T}}(t-r)\boldsymbol{S}\dot{\boldsymbol{x}}(t-r)\tag{7.38}$$

$$\dot{V}_5=\boldsymbol{x}^{\mathrm{T}}(t)\boldsymbol{T}\boldsymbol{x}(t)-\boldsymbol{x}^{\mathrm{T}}(t-r)\boldsymbol{T}\boldsymbol{x}(t-r)\tag{7.39}$$

将式(7.35)～(7.39)代入式(7.34)得

$$\dot{V}(t)=\dot{V}_1+\dot{V}_2+\dot{V}_3+\dot{V}_4+\dot{V}_5\leqslant\boldsymbol{\xi}^{\mathrm{T}}(t)(\boldsymbol{\Omega}+\widetilde{\boldsymbol{\Omega}}+\varepsilon^{-1}\boldsymbol{\Omega}_1\boldsymbol{\Omega}_1^{\mathrm{T}}+\varepsilon\boldsymbol{\Omega}_2^{\mathrm{T}}\boldsymbol{\Omega}_2)\boldsymbol{\xi}(t)$$

由Schur补理知，$\dot{V}(t)<0$的一个充分条件是式(7.33)成立，即若式(7.33)成立，则系统(7.30)是一致渐进稳定的。证明完毕。

**注意** 在时滞相关稳定性判据中，只有基于Lyapunov－Razumikhin稳定性理论的判据才可以处理时滞导数$\dot{\tau}(t)\geqslant1$的情况，而基于Lyapunov－Krasovskii稳定性理论的判据，大多要求时滞导数$\dot{\tau}(t)<1$，而在定理7.6中，基于Lyapunov－Krasovskii稳定性理论，得到了对所有时滞导数$\dot{\tau}(t)\in\mathbf{R}$都成立的稳定性判据，与其他允许时滞导数$\dot{\tau}(t)\geqslant1$的判据相比，这里所给判据只需要求解一个矩阵不等式，减弱了结论的保守性。此外，在式(7.33)中，如果令$d=0$，便得到常时滞系统的稳定性判据。

**注意** 在系统(7.30)中，如果时滞$\tau(t)$不可导或者虽然可导但不知道其导数取值范围，可以构造一个类似于定理7.6中的Lyapunov函数(其中不包括$V_2$项)，类似于定理7.6的证明，从而可以得到一个时滞导数无关的稳定性判据：

**推论7.2** 不确定时滞系统(7.30)一致渐进稳定的充分条件是存在正定矩阵$\boldsymbol{P}>\boldsymbol{0},\boldsymbol{R}>\boldsymbol{0}$和矩阵$\boldsymbol{P}_i(i=1,2,3)$及常数$\varepsilon>0$，使得下面的线性矩阵不等式成立

$$\begin{bmatrix}\boldsymbol{\Omega}+\widetilde{\boldsymbol{\Omega}}+\varepsilon\boldsymbol{\Omega}_2^{\mathrm{T}}\boldsymbol{\Omega}_2&\boldsymbol{\Omega}_1\\\boldsymbol{\Omega}_1^{\mathrm{T}}&-\varepsilon\boldsymbol{I}\end{bmatrix}<\boldsymbol{0}$$

式中，$\widetilde{\boldsymbol{\Omega}}=\begin{bmatrix} \boldsymbol{T}-\tau_{\mathrm{m}}^{-2}\boldsymbol{R} & \boldsymbol{0} & \tau_{\mathrm{m}}^{-2}\boldsymbol{R} & \boldsymbol{0} & \boldsymbol{0} \\ \boldsymbol{0} & \boldsymbol{S}+\boldsymbol{R} & \boldsymbol{0} & \boldsymbol{0} & \boldsymbol{0} \\ \tau_{\mathrm{m}}^{-2}\boldsymbol{R} & \boldsymbol{0} & -\tau_{\mathrm{m}}^{-2}\boldsymbol{R} & \boldsymbol{0} & \boldsymbol{0} \\ \boldsymbol{0} & \boldsymbol{0} & \boldsymbol{0} & -\boldsymbol{T} & \boldsymbol{0} \\ \boldsymbol{0} & \boldsymbol{0} & \boldsymbol{0} & \boldsymbol{0} & -\boldsymbol{S} \end{bmatrix}$，$\boldsymbol{\Omega},\boldsymbol{\Omega}_1,\boldsymbol{\Omega}_2$ 见定理 7.6。

**注意**　在系统(7.30)中，如果不包含不确定项，可以得到如下的稳定性判据。

**推论 7.3**　在系统(7.30)中，如果 $\Delta\boldsymbol{A}(t)=\Delta\boldsymbol{B}(t)\equiv\boldsymbol{0}$，则系统(7.30)一致渐进稳定的充分条件是存在正定矩阵 $\boldsymbol{P}>\boldsymbol{0},\boldsymbol{R}>\boldsymbol{0}$ 和矩阵 $\boldsymbol{P}_i(i=1,2,3,4,5)$，使得下面的线性矩阵不等式成立

$$\begin{bmatrix} \boldsymbol{PA}+\boldsymbol{A}^{\mathrm{T}}\boldsymbol{P}+\boldsymbol{P}_1^{\mathrm{T}}\boldsymbol{A}+\boldsymbol{A}^{\mathrm{T}}\boldsymbol{P}_1+\boldsymbol{T}-\tau_{\mathrm{m}}^{-2}\boldsymbol{R} & -\boldsymbol{P}_1^{\mathrm{T}}+\boldsymbol{A}^{\mathrm{T}}\boldsymbol{P}_2 & \tau_{\mathrm{m}}^{-2}\boldsymbol{R}+\boldsymbol{PA}_d+\boldsymbol{P}_1^{\mathrm{T}}\boldsymbol{A}_d+\boldsymbol{A}^{\mathrm{T}}\boldsymbol{P}_3 & -\boldsymbol{A}^{\mathrm{T}}\boldsymbol{PC}+\boldsymbol{A}^{\mathrm{T}}\boldsymbol{P}_4 & \boldsymbol{P}_1^{\mathrm{T}}\boldsymbol{C}+\boldsymbol{A}^{\mathrm{T}}\boldsymbol{P}_5 \\ * & \boldsymbol{S}+\boldsymbol{R}-\boldsymbol{P}_2-\boldsymbol{P}_2^{\mathrm{T}} & \boldsymbol{P}_2^{\mathrm{T}}\boldsymbol{A}_d-\boldsymbol{P}_3 & -\boldsymbol{P}_4 & \boldsymbol{P}_2^{\mathrm{T}}\boldsymbol{C}-\boldsymbol{P}_5 \\ * & * & -\tau_{\mathrm{m}}^{-2}\boldsymbol{R}+\boldsymbol{P}_3^{\mathrm{T}}\boldsymbol{A}_d+\boldsymbol{A}_d^{\mathrm{T}}\boldsymbol{P}_3 & -\boldsymbol{A}_d^{\mathrm{T}}\boldsymbol{PC}+\boldsymbol{A}_d^{\mathrm{T}}\boldsymbol{P}_4 & \boldsymbol{P}_3^{\mathrm{T}}\boldsymbol{C}+\boldsymbol{A}_d^{\mathrm{T}}\boldsymbol{P}_5 \\ * & * & * & \boldsymbol{0} & \boldsymbol{P}_4^{\mathrm{T}}\boldsymbol{C} \\ * & * & * & * & \boldsymbol{P}_5^{\mathrm{T}}\boldsymbol{C}+\boldsymbol{C}^{\mathrm{T}}\boldsymbol{P}_5 \end{bmatrix}<\boldsymbol{0}$$

**证明**　证明过程可参阅定理 7.6。

3. 数值算例

**例 7.4**　考虑如下形式的中立型时滞系统的稳定性问题：

$$\dot{\boldsymbol{x}}(t)-\begin{pmatrix} c & 0 \\ 0 & c \end{pmatrix}\dot{\boldsymbol{x}}(t-r)=\begin{bmatrix} -2+\delta_1 & 0 \\ 0 & -1+\delta_2 \end{bmatrix}\boldsymbol{x}(t)+\begin{bmatrix} -1+\gamma_1 & 0 \\ -1 & -1+\gamma_2 \end{bmatrix}\boldsymbol{x}(t-\tau(t)) \tag{7.40}$$

其中，$0\leqslant|c|<1$ 和 $\delta_1,\delta_2,\gamma_1,\gamma_2$ 是未知的参数并且满足

$$|\delta_1|\leqslant 1.6,\quad |\delta_2|\leqslant 0.05,\quad |\gamma_1|\leqslant 0.1,\quad |\gamma_2|\leqslant 0.3$$

针对上面的系统模型，写成系统(7.33)的形式，即

$$\boldsymbol{A}=\begin{bmatrix} -2 & 0 \\ 0 & -1 \end{bmatrix},\boldsymbol{A}_d=\begin{bmatrix} -1 & 0 \\ -1 & -1 \end{bmatrix},\boldsymbol{H}_1=\begin{bmatrix} 1.6 & 0 \\ 0 & 0.05 \end{bmatrix},\boldsymbol{H}_2=\begin{bmatrix} 0.1 & 0 \\ 0 & 0.5 \end{bmatrix},$$

$$\boldsymbol{E}=\begin{bmatrix} 1 & 0 \\ 0 & 1 \end{bmatrix},\boldsymbol{C}=\begin{bmatrix} c & 0 \\ 0 & c \end{bmatrix}$$

利用 Matlab 中的 LMI 工具箱，求得保持系统(7.40)稳定的最大时滞值 $\tau_{\mathrm{m}}$ 见表 7.1，为便于比较，表 7.1 中也给出了利用其他方法求得的最大时滞值。

**表 7.1　各种不同方法求得的最大时滞值**

| 方法 | $\tau(\tau'(t)=0)$ | $\tau(d=0.5)$ | $\tau(d=0.7)$ | $\tau(d=0.9)$ | $\tau(d=1.5)$ |
|---|---|---|---|---|---|
| Kim | 0.241 2 | 0.18 | 0.14 | 0.06 | — |
| Qing－Long Han | 1.03 | 0.5 | 0.29 | 0.08 | — |
| This paper | 1.14 | 0.924 | 0.819 | 0.695 | 0.627 |

**说明** 2　表中“—”表示相应文献所给方法不适用于该情况。

从表 7.1 中可以看出其结果好于已有文献的结果，并且当时滞导数 $d\geqslant 1$ 时，求得最大时滞值为 0.627。

当 $d=0.1$ 时,对于各种 $c$ 值的最大时滞值 $\tau_m$ 见表 7.2。

表 7.2 各种不同 c 值求得的最大时滞值

| $\|c\|$ | 0.0 | 0.1 | 0.2 | 0.3 | 0.4 | 0.5 | 0.6 | 0.7 | 0.8 |
|---|---|---|---|---|---|---|---|---|---|
| $\tau_m$ | 1.106 | 0.858 | 0.65 | 0.478 | 0.337 | 0.224 | 0.133 | 0.06 | 007 |

当 $c=0.1$ 时,对于各种 $d$ 值的最大时滞值 $\tau_m$ 见表 7.3。

表 7.3 $c=0.1$ 针对不同 d 值求得的最大时滞值

| $d$ | 0.0 | 0.1 | 0.2 | 0.3 | 0.4 | 0.5 | 0.6 | 0.7 | 0.8 |
|---|---|---|---|---|---|---|---|---|---|
| $\tau_m$ | 0.885 | 0.858 | 0.83 | 0.8 | 0.77 | 0.73 | 0.7 | 0.66 | 0.63 |

**说明** 3 表 7.2 中的数据表明,当 $d=0.1$ 时,随着 $|c|$ 增加,最大时滞 $\tau_m$ 在减小;表 7.3 中的数据表明,当 $c=0.1$ 时,随着 $d$ 增加,最大时滞 $\tau_m$ 在减小。

本节主要考虑了中立型不确定系统的鲁棒稳定性问题,优点之处在于只要 $\dot{\tau}(t)\leqslant d$,但是不需要 $0<d<1$ 的情况下,给出了该系统的渐进稳定性准则。最后通过 Matlab 中的 LMI 工具箱,数值算例说明了该准则的正确性和有效性。

### 7.3.2 不确定中立型时滞系统的鲁棒容错控制(Robust Fault－Tolerant Control for Uncertain Neutral Time-Delay Systems)

1. 问题的描述

考虑如下不确定中立型时滞系统

$$\dot{\boldsymbol{x}}(t)=(\boldsymbol{A}+\Delta\boldsymbol{A}(t))\boldsymbol{x}(t)+(\boldsymbol{A}_h+\Delta\boldsymbol{A}_h(t))\boldsymbol{x}(t-h)+\boldsymbol{A}_d\dot{\boldsymbol{x}}(t-d)+(\boldsymbol{B}+\Delta\boldsymbol{B}(t))\boldsymbol{u}(t) \tag{7.41}$$

其中,$\boldsymbol{x}(t)\in\mathbf{R}^n$ 为状态向量;$\boldsymbol{u}(t)\in\mathbf{R}^m$ 为控制输入;$\boldsymbol{A},\boldsymbol{A}_h,\boldsymbol{A}_d,\boldsymbol{B}$ 为具有适当维数的常值矩阵;$h,d$ 为正的时滞常数;$\Delta\boldsymbol{A}(t),\Delta\boldsymbol{A}_h(t)$ 和 $\Delta\boldsymbol{B}(t)$ 为系统的不确定性,且有如下形式:

$$\Delta\boldsymbol{A}(t)=\boldsymbol{D}_1\boldsymbol{H}_1(t)\boldsymbol{E}_1,\quad \Delta\boldsymbol{A}_h(t)=\boldsymbol{D}_2\boldsymbol{H}_2(t)\boldsymbol{E}_2,\quad \Delta\boldsymbol{B}(t)=\boldsymbol{D}_3\boldsymbol{H}_3(t)\boldsymbol{E}_3$$

其中,$\boldsymbol{D}_1,\boldsymbol{D}_2,\boldsymbol{D}_3,\boldsymbol{E}_1,\boldsymbol{E}_2,\boldsymbol{E}_3$ 为适当维数的常数矩阵;$\boldsymbol{H}_1(t),\boldsymbol{H}_2(t),\boldsymbol{H}_3(t)$ 表示未知的时变实值连续矩阵函数,其元素 Lebegue 可测,并且

$$\boldsymbol{H}_i^{\mathrm{T}}(t)\boldsymbol{H}_i\leqslant\boldsymbol{I},\quad i=1,2,3$$

系统的初始条件为

$$\boldsymbol{x}(t)=\varphi(t),\quad t\in[-\tau\quad 0]$$

其中,$\varphi(t)$ 在 $[-\tau\quad 0]$ 上是连续函数,$\tau=\max\{h,d\}$。

假设 $(\boldsymbol{A},\boldsymbol{B})$ 可控,采用如下的状态反馈控制律

$$\boldsymbol{u}(t)=\boldsymbol{K}\boldsymbol{x}(t) \tag{7.42}$$

考虑到传感器的可能失效,引入开关阵 $\boldsymbol{F}$,并把它放在状态反馈增益阵 $\boldsymbol{K}$ 和状态 $\boldsymbol{x}(t)$ 之间,其形式为

$$\boldsymbol{F}=\mathrm{diag}(\boldsymbol{f}_1,\boldsymbol{f}_2,\cdots,\boldsymbol{f}_n) \tag{7.43}$$

其中

$$f_i=\begin{cases}1 & 第\ i\ 个传感器正常\\ \alpha(0<\alpha<1) & 第\ i\ 个传感器部分失效,\quad i=1,2,\cdots,n\\ 0 & 第\ i\ 个传感器失效\end{cases} \tag{7.44}$$

用 $\Omega$ 表示所有可能的 $\boldsymbol{F}$ 的集合，将传感器失效矩阵式(7.43) 放在状态反馈增益阵 $\boldsymbol{K}$ 和状态 $\boldsymbol{x}(t)$ 之间，由此构成闭环系统为

$$\dot{\boldsymbol{x}}(t)=[\boldsymbol{A}+\Delta\boldsymbol{A}(t)+(\boldsymbol{B}+\Delta\boldsymbol{B}(t))\boldsymbol{KF}]\boldsymbol{x}(t)+(\boldsymbol{A}_h+\Delta\boldsymbol{A}_h(t))\boldsymbol{x}(t-h)+\boldsymbol{A}_d\dot{\boldsymbol{x}}(t-d) \tag{7.45}$$

本节的目的是对所有可能的传感器失效故障 $\boldsymbol{F}\in\Omega$，寻求状态反馈控制器(7.42)，使得闭环系统(7.45) 都是渐进稳定的。

2. 主要结果

**定理 7.7**　对任意的传感器故障 $\boldsymbol{F}\in\Omega$ 以及正的标量 $\varepsilon_1$，如果均存在相同的适当维数的正定对称矩阵 $\boldsymbol{P}>\boldsymbol{0},\boldsymbol{Q}_1>\boldsymbol{0},\boldsymbol{Q}_2>\boldsymbol{0}$ 和正数 $\gamma>0$，满足如下的线性矩阵不等式组(LMIs) 式(7.46) 和式(7.47)

$$\begin{bmatrix}\boldsymbol{T} & \boldsymbol{M} & \boldsymbol{PA}_h & (\boldsymbol{PA}+\boldsymbol{Q}_1+\boldsymbol{Q}_2)\boldsymbol{A}_d & \boldsymbol{0} & \boldsymbol{F}^{\mathrm{T}}\boldsymbol{N}\\ * & -\boldsymbol{J}_1 & \boldsymbol{0} & \boldsymbol{0} & \boldsymbol{0} & \boldsymbol{0}\\ * & * & -(\boldsymbol{Q}_1-\varepsilon_4^{-1}\boldsymbol{E}_2\boldsymbol{E}_2^{\mathrm{T}}) & \boldsymbol{0} & \boldsymbol{0} & \boldsymbol{0}\\ * & * & * & -\boldsymbol{W} & \boldsymbol{A}_d^{\mathrm{T}}\boldsymbol{F}^{\mathrm{T}}\boldsymbol{N} & \boldsymbol{0}\\ * & * & * & * & -\boldsymbol{J}_2 & \boldsymbol{0}\\ * & * & * & * & * & -\boldsymbol{J}_3\end{bmatrix}<\boldsymbol{0} \tag{7.46}$$

其中

$$\boldsymbol{W}=\boldsymbol{Q}_2-\boldsymbol{A}_d^{\mathrm{T}}(\boldsymbol{Q}_1+\boldsymbol{Q}_2+\varepsilon_5^{-1}\boldsymbol{E}_1^{\mathrm{T}}\boldsymbol{E}_1)\boldsymbol{A}_d>\boldsymbol{0} \tag{7.47}$$

$$\boldsymbol{T}=\boldsymbol{PA}+\boldsymbol{A}^{\mathrm{T}}\boldsymbol{P}+\varepsilon_1^{-1}\boldsymbol{E}_1^{\mathrm{T}}\boldsymbol{E}_1+\boldsymbol{Q}_1+\boldsymbol{Q}_1$$

$$\boldsymbol{M}=\left[\sqrt{\varepsilon_1+\varepsilon_5}\,\boldsymbol{PD}_1\quad \sqrt{\varepsilon_2+\varepsilon_6}\,\boldsymbol{PB}\quad \sqrt{\varepsilon_3+\varepsilon_7}\,\boldsymbol{PD}_3\quad \sqrt{\varepsilon_4}\,\boldsymbol{PD}_2\right]$$

$$\boldsymbol{N}=[\boldsymbol{PB}\quad \boldsymbol{PBE}_3^{\mathrm{T}}]$$

$$\boldsymbol{J}_1=\mathrm{diag}(\boldsymbol{I},\quad \boldsymbol{I},\quad \boldsymbol{I},\quad \boldsymbol{I})$$

$$\boldsymbol{J}_2=\mathrm{diag}(\varepsilon_6\gamma^2\boldsymbol{I},\quad \varepsilon_7\gamma^2\boldsymbol{I})$$

$$\boldsymbol{J}_3=\mathrm{diag}(\varepsilon_2\gamma^2\boldsymbol{I},\quad \varepsilon_3\gamma^2\boldsymbol{I})$$

**注意**　(*) 部分由对称性可得。

则当传感器失效时闭环系统(7.45) 仍渐进稳定，且状态反馈增益阵为

$$\boldsymbol{K}=-\frac{1}{\gamma}\boldsymbol{B}^{\mathrm{T}}\boldsymbol{P}$$

**证明**　对任意的传感器故障矩阵 $\boldsymbol{F}\in\Omega$，对于闭环系统(7.45)，选取 Lyapunov 函数为

$$V(x)=\boldsymbol{\gamma}^{\mathrm{T}}(t)\boldsymbol{P}\boldsymbol{\gamma}(t)+\int_{t-h}^{t}\boldsymbol{x}^{\mathrm{T}}(s)\boldsymbol{Q}_1\boldsymbol{x}(s)\mathrm{d}s+\int_{t-d}^{t}\boldsymbol{x}^{\mathrm{T}}(s)\boldsymbol{Q}_2\boldsymbol{x}(s)\mathrm{d}s \tag{7.48}$$

其中

$$\boldsymbol{\gamma}(t)=\boldsymbol{x}(t)-\boldsymbol{A}_d\boldsymbol{x}(t-d)$$

由式(7.47) 容易得到

$$\boldsymbol{A}_d^{\mathrm{T}}\boldsymbol{Q}_2\boldsymbol{A}_d-\boldsymbol{Q}_2<\boldsymbol{0}$$

所以，算子 $\boldsymbol{\gamma}(t)$ 是稳定的。

以下为了描述的简单，分别记 $\boldsymbol{x}(t),\boldsymbol{x}(t-h),\boldsymbol{x}(t-d),\boldsymbol{\gamma}(t)$ 为 $\boldsymbol{x},\boldsymbol{x}_h,\boldsymbol{x}_d,\boldsymbol{\gamma}$。

则式(7.48)沿闭环系统(7.45)对时间的导数为

$$\begin{aligned}\dot{V}(\boldsymbol{x})=&2\boldsymbol{\gamma}^{\mathrm{T}}\boldsymbol{P}[\boldsymbol{A}+\Delta\boldsymbol{A}(t)+(\boldsymbol{B}+\Delta\boldsymbol{B}(t))\boldsymbol{KF}]\boldsymbol{x}+2\boldsymbol{\gamma}^{\mathrm{T}}\boldsymbol{P}(\boldsymbol{A}_h+\Delta\boldsymbol{A}_h(t))\boldsymbol{x}_h+\\&\boldsymbol{x}^{\mathrm{T}}\boldsymbol{Q}_1\boldsymbol{x}-\boldsymbol{x}_h^{\mathrm{T}}\boldsymbol{Q}_1\boldsymbol{x}_h+\boldsymbol{x}^{\mathrm{T}}\boldsymbol{Q}_2\boldsymbol{x}-\boldsymbol{x}_d^{\mathrm{T}}\boldsymbol{Q}_2\boldsymbol{x}_d=\\&2\boldsymbol{\gamma}^{\mathrm{T}}\boldsymbol{P}[\boldsymbol{A}+\Delta\boldsymbol{A}(t)+(\boldsymbol{B}+\Delta\boldsymbol{B}(t))\boldsymbol{KF}](\boldsymbol{\gamma}+\boldsymbol{A}_d\boldsymbol{x}_d)+2\boldsymbol{\gamma}^{\mathrm{T}}\boldsymbol{P}(\boldsymbol{A}_h+\Delta\boldsymbol{A}_h(t))\boldsymbol{x}_h+\\&[\boldsymbol{\gamma}+\boldsymbol{A}_d\boldsymbol{x}_d]^{\mathrm{T}}(\boldsymbol{Q}_1+\boldsymbol{Q}_2)[\boldsymbol{\gamma}+\boldsymbol{A}_d\boldsymbol{x}_d]-\boldsymbol{x}_h^{\mathrm{T}}\boldsymbol{Q}_1\boldsymbol{x}_h-\boldsymbol{x}_d^{\mathrm{T}}\boldsymbol{Q}_2\boldsymbol{x}_d\end{aligned}$$

应用不等式放大技巧和 Schur 补引理，有

$$2\boldsymbol{\gamma}^{\mathrm{T}}\boldsymbol{P}\Delta\boldsymbol{A}\boldsymbol{\gamma}\leqslant\boldsymbol{\gamma}^{\mathrm{T}}(\varepsilon_1\boldsymbol{PD}_1\boldsymbol{D}_1^{\mathrm{T}}\boldsymbol{P}+\varepsilon_1^{-1}\boldsymbol{E}_1^{\mathrm{T}}\boldsymbol{E}_1)\boldsymbol{\gamma}$$

$$\boldsymbol{\gamma}^{\mathrm{T}}(\boldsymbol{PBKF}+\boldsymbol{F}^{\mathrm{T}}\boldsymbol{K}^{\mathrm{T}}\boldsymbol{B}^{\mathrm{T}}\boldsymbol{P})\boldsymbol{\gamma}\leqslant\boldsymbol{\gamma}^{\mathrm{T}}(\varepsilon_2\boldsymbol{PBB}^{\mathrm{T}}\boldsymbol{P}+\varepsilon_2^{-1}\boldsymbol{F}^{\mathrm{T}}\boldsymbol{K}^{\mathrm{T}}\boldsymbol{KF})\boldsymbol{\gamma}$$

$$2\boldsymbol{\gamma}^{\mathrm{T}}\boldsymbol{P}\Delta\boldsymbol{BKF}\boldsymbol{\gamma}\leqslant\boldsymbol{\gamma}^{\mathrm{T}}(\varepsilon_3\boldsymbol{PD}_3\boldsymbol{D}_3^{\mathrm{T}}\boldsymbol{P}+\varepsilon_3^{-1}\boldsymbol{F}^{\mathrm{T}}\boldsymbol{K}^{\mathrm{T}}\boldsymbol{E}_3^{\mathrm{T}}\boldsymbol{E}_3\boldsymbol{KF})\boldsymbol{\gamma}$$

$$2\boldsymbol{\gamma}^{\mathrm{T}}\boldsymbol{P}\Delta\boldsymbol{A}_h\boldsymbol{x}_h\leqslant\varepsilon_4\boldsymbol{\gamma}^{\mathrm{T}}\boldsymbol{PD}_2\boldsymbol{D}_2^{\mathrm{T}}\boldsymbol{P}\boldsymbol{\gamma}+\varepsilon_4^{-1}\boldsymbol{x}_h^{\mathrm{T}}\boldsymbol{E}_2^{\mathrm{T}}\boldsymbol{E}_2\boldsymbol{x}_h$$

$$2\boldsymbol{\gamma}^{\mathrm{T}}\boldsymbol{P}\Delta\boldsymbol{A}\boldsymbol{A}_d\boldsymbol{x}_d\leqslant\varepsilon_5\boldsymbol{\gamma}^{\mathrm{T}}\boldsymbol{PD}_1\boldsymbol{D}_1^{\mathrm{T}}\boldsymbol{P}\boldsymbol{\gamma}+\varepsilon_5^{-1}\boldsymbol{x}_d^{\mathrm{T}}\boldsymbol{A}_d^{\mathrm{T}}\boldsymbol{E}_1^{\mathrm{T}}\boldsymbol{E}_1\boldsymbol{A}_d\boldsymbol{x}_d$$

$$\begin{aligned}2\boldsymbol{\gamma}^{\mathrm{T}}\boldsymbol{P}(\boldsymbol{A}+\boldsymbol{BKF})\boldsymbol{A}_d\boldsymbol{x}_d=&2\boldsymbol{\gamma}^{\mathrm{T}}\boldsymbol{PA}\boldsymbol{A}_d\boldsymbol{x}_d+2\boldsymbol{\gamma}^{\mathrm{T}}\boldsymbol{PBKF}\boldsymbol{A}_d\boldsymbol{x}_d\leqslant\\&2\boldsymbol{\gamma}^{\mathrm{T}}\boldsymbol{PA}\boldsymbol{A}_d\boldsymbol{x}_d+\varepsilon_6\boldsymbol{\gamma}^{\mathrm{T}}\boldsymbol{PBB}^{\mathrm{T}}\boldsymbol{P}\boldsymbol{\gamma}+\\&\varepsilon_6^{-1}\boldsymbol{x}_d^{\mathrm{T}}\boldsymbol{A}_d^{\mathrm{T}}\boldsymbol{F}^{\mathrm{T}}\boldsymbol{K}^{\mathrm{T}}\boldsymbol{KF}\boldsymbol{A}_d\boldsymbol{x}_d\end{aligned}$$

$$2\boldsymbol{\gamma}^{\mathrm{T}}\boldsymbol{P}\Delta\boldsymbol{BKF}\boldsymbol{A}_d\boldsymbol{x}_d=\varepsilon_7\boldsymbol{\gamma}^{\mathrm{T}}\boldsymbol{PD}_3\boldsymbol{D}_3^{\mathrm{T}}\boldsymbol{P}\boldsymbol{\gamma}+\varepsilon_7^{-1}\boldsymbol{x}_d^{\mathrm{T}}\boldsymbol{A}_d^{\mathrm{T}}\boldsymbol{F}^{\mathrm{T}}\boldsymbol{K}^{\mathrm{T}}\boldsymbol{E}_3^{\mathrm{T}}\boldsymbol{E}_3\boldsymbol{KF}\boldsymbol{A}_d\boldsymbol{x}_d$$

所以

$$\dot{V}(\boldsymbol{x})\leqslant[\boldsymbol{\gamma}^{\mathrm{T}}\quad\boldsymbol{x}_h^{\mathrm{T}}\quad\boldsymbol{x}_d^{\mathrm{T}}]E\,[\boldsymbol{\gamma}^{\mathrm{T}}\quad\boldsymbol{x}_h^{\mathrm{T}}\quad\boldsymbol{x}_d^{\mathrm{T}}]^{\mathrm{T}}$$

其中

$$\boldsymbol{E}=\begin{bmatrix}\boldsymbol{\varphi}_{11}&\boldsymbol{PA}_h&(\boldsymbol{PA}+\boldsymbol{Q}_1+\boldsymbol{Q}_2)\boldsymbol{A}_d\\\boldsymbol{A}_h^{\mathrm{T}}\boldsymbol{P}&\varepsilon_4^{-1}\boldsymbol{E}_2^{\mathrm{T}}\boldsymbol{E}_2-\boldsymbol{Q}_1&\boldsymbol{0}\\\boldsymbol{A}_d^{\mathrm{T}}(\boldsymbol{A}^{\mathrm{T}}\boldsymbol{P}+\boldsymbol{Q}_1+\boldsymbol{Q}_2)&\boldsymbol{0}&\boldsymbol{\varphi}_{33}\end{bmatrix}$$

$$\begin{aligned}\boldsymbol{\varphi}_{11}=&\boldsymbol{PA}+\boldsymbol{A}^{\mathrm{T}}\boldsymbol{P}+(\varepsilon_1+\varepsilon_5)\boldsymbol{PD}_1\boldsymbol{D}_1^{\mathrm{T}}\boldsymbol{P}+(\varepsilon_2+\varepsilon_6)\boldsymbol{PBB}^{\mathrm{T}}\boldsymbol{P}+(\varepsilon_3+\varepsilon_7)\boldsymbol{PD}_3\boldsymbol{D}_3^{\mathrm{T}}\boldsymbol{P}+\\&\varepsilon_4\boldsymbol{PD}_2\boldsymbol{D}_2^{\mathrm{T}}\boldsymbol{P}+\varepsilon_1^{-1}\boldsymbol{E}_1^{\mathrm{T}}\boldsymbol{E}_1+\varepsilon_2^{-1}\boldsymbol{F}^{\mathrm{T}}\boldsymbol{K}^{\mathrm{T}}\boldsymbol{KF}+\varepsilon_3^{-1}\boldsymbol{F}^{\mathrm{T}}\boldsymbol{K}^{\mathrm{T}}\boldsymbol{E}_3^{\mathrm{T}}\boldsymbol{E}_3\boldsymbol{KF}+\boldsymbol{Q}_1+\boldsymbol{Q}_2\\\boldsymbol{\varphi}_{33}=&\varepsilon_5^{-1}\boldsymbol{A}_d^{\mathrm{T}}\boldsymbol{E}_1^{\mathrm{T}}\boldsymbol{E}_1\boldsymbol{A}_d+\varepsilon_6^{-1}\boldsymbol{A}_d^{\mathrm{T}}\boldsymbol{F}^{\mathrm{T}}\boldsymbol{K}^{\mathrm{T}}\boldsymbol{KF}\boldsymbol{A}_d+\varepsilon_7^{-1}\boldsymbol{A}_d^{\mathrm{T}}\boldsymbol{F}^{\mathrm{T}}\boldsymbol{K}^{\mathrm{T}}\boldsymbol{E}_3^{\mathrm{T}}\boldsymbol{E}_3\boldsymbol{KF}\boldsymbol{A}_d+\\&\boldsymbol{A}_d^{\mathrm{T}}(\boldsymbol{Q}_1+\boldsymbol{Q}_2)\boldsymbol{A}_d-\boldsymbol{Q}_2\end{aligned}$$

令 $\boldsymbol{K}=-\dfrac{1}{\gamma}\boldsymbol{B}^{\mathrm{T}}\boldsymbol{P}$，由 Schur 补定理，很容易得证 $\boldsymbol{E}<\boldsymbol{0}$ 与线性矩阵不等式组(7.46)和式(7.47)等价，定理得证。

3. 算例仿真

考虑中立型不确定时滞系统(7.41)，其中

$$\boldsymbol{A}=\begin{bmatrix}0&1\\-2&-3\end{bmatrix},\boldsymbol{B}=\begin{bmatrix}0.7&0.3\\-0.5&0.6\end{bmatrix},\boldsymbol{A}_h=\begin{bmatrix}0&0.1\\-0.1&-0.3\end{bmatrix},\boldsymbol{A}_d=\begin{bmatrix}-0.5&-0.27\\0.5&0\end{bmatrix}$$

$$\boldsymbol{D}_1=\boldsymbol{D}_2=\boldsymbol{D}_3=0.1\boldsymbol{I},E_1=0.1\boldsymbol{I},\boldsymbol{E}_2=0.2\boldsymbol{I},\boldsymbol{E}_3=\begin{bmatrix}0.1&0.2\\0.2&0.1\end{bmatrix},$$

$$\boldsymbol{H}_1(t)=\boldsymbol{H}_2(t)=\boldsymbol{H}_3(t)=\sin(t)\boldsymbol{I},h=1,d=2$$

考虑传感器故障，矩阵 $\boldsymbol{F}_0=\mathrm{diag}(1,1)$ 表示传感器正常情况，矩阵 $\boldsymbol{F}_1=\mathrm{diag}(0,1)$ 和 $\boldsymbol{F}_2=$

diag(1,0) 分别表示传感器 $x_1$，$x_2$ 发生故障.

由定理 7.7，求解由矩阵 $\boldsymbol{F}_0$，$\boldsymbol{F}_1$ 和 $\boldsymbol{F}_2$ 构成的线性矩阵不等式组(LMIs) 式(6.12) 和 (6.13)，取 $\varepsilon_1=\varepsilon_2=\varepsilon_3=\varepsilon_4=\varepsilon_5=\varepsilon_6=\varepsilon_7=\gamma=1$，通过应用 Matlab 中的 LMI 工具箱，可得

$$\boldsymbol{P}=\begin{bmatrix}0.1215 & 0.0913\\0.0913 & 0.1655\end{bmatrix},\boldsymbol{Q}_1=\begin{bmatrix}0.0993 & 0.1315\\0.1315 & 0.1882\end{bmatrix},\boldsymbol{Q}_2=\begin{bmatrix}0.2009 & 0.1724\\0.1724 & 0.2924\end{bmatrix}$$

因此，状态反馈矩阵 $\boldsymbol{K}=\begin{bmatrix}-0.0394 & 0.0189\\-0.0912 & -0.1267\end{bmatrix}$。

图 7.7 和图 7.8 是初始条件为 $\boldsymbol{x}(0)=[1\quad -0.7]^{\mathrm{T}}$ 时的仿真结果。在图 7.7 和图 7.8 中，把传感器正常时系统的响应和传感器发生各种故障时系统的响应全部画了出来，每个图都有三个状态曲线，但从图上可以看出，它们基本上重合在了一起，并且，仿真结果表明系统在含有传感器故障时仍具有渐进稳定性，说明所提出的方法是有效的。

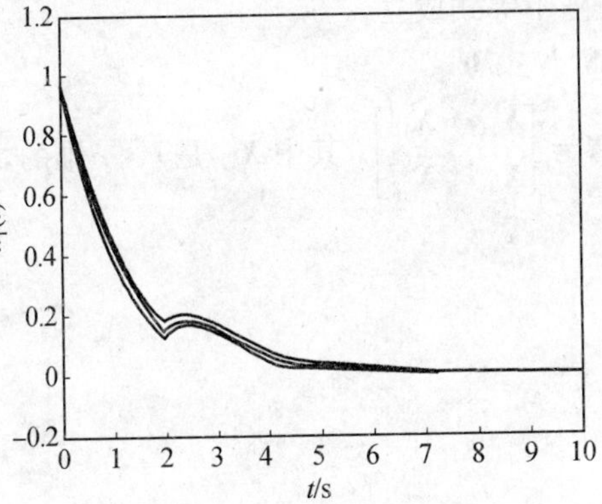


图 7.7　状态 $x_1$ 的响应曲线

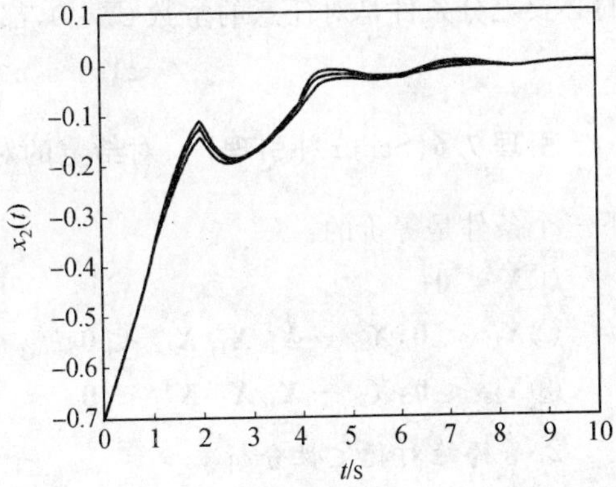


图 7.8　状态 $x_2$ 的响应曲线

本小节考虑了同时含建模不确定性和传感器失效的中立时滞系统的鲁棒镇定控制器设计方法，由于最后给出的控制器增益矩阵的设计依赖于线性矩阵不等式组(LMIs) 是否有可行解，所以可借助于 Matlab 中的 LMI 工具箱很容易得到求解，避免了任何的参数调整，从最后的仿真结果图也表明了本方法的有效性。另外，本节结果也可类推到执行器故障的中立型时滞系统上去。

### 7.3.3　不确定 Lurie 系统的鲁棒绝对稳定性判据(Criteria of Robust Absolute Stability for a Class of Time-Delay Uncertain Lurie Systems)

本节利用 Lyapunov－Krasovskii 函数方法，并结合线性矩阵不等式(LMI) 的相关推导技巧，对一类具有范数有界时变时滞不确定性的 Lurie 型控制系统鲁棒绝对稳定性进行讨论，给出其鲁棒绝对稳定性的判别充分条件，所得结果以 LMI 的形式给出，并给出算例验证所得判别条件的有效性。

1. 问题的描述与准备

对于一般的 Lurie 控制系统

$$\dot{\boldsymbol{x}}(t)=\boldsymbol{A}\boldsymbol{x}(t)+\boldsymbol{b}\boldsymbol{f}(\sigma(t))$$
$$\boldsymbol{\sigma}(t)=\boldsymbol{c}^{\mathrm{T}}\boldsymbol{x}(t)$$

$$f(\cdot) \in \boldsymbol{K}[0,k] \text{ 或 } \boldsymbol{K}[0,k) \text{ 或 } \boldsymbol{K}[0,\infty)$$

其中 $\boldsymbol{K}[0,k]=\{\boldsymbol{f}(\cdot)\mid \boldsymbol{f}(0)=\boldsymbol{0},\boldsymbol{0}<\boldsymbol{\sigma f}(\boldsymbol{\sigma})\leqslant k\boldsymbol{\sigma}^2,\boldsymbol{\sigma}\neq\boldsymbol{0},f\text{ 连续}\}$；

$$\boldsymbol{K}[0,k)=\{\boldsymbol{f}(\cdot)\mid \boldsymbol{f}(0)=\boldsymbol{0},\boldsymbol{0}<\boldsymbol{\sigma f}(\boldsymbol{\sigma})<k\boldsymbol{\sigma}^2,\boldsymbol{\sigma}\neq\boldsymbol{0},f\text{ 连续}\};$$

$$\boldsymbol{K}[0,\infty)=\{\boldsymbol{f}(\cdot)\mid \boldsymbol{f}(0)=\boldsymbol{0},\boldsymbol{0}<\boldsymbol{\sigma f}(\boldsymbol{\sigma}),\boldsymbol{\sigma}\neq\boldsymbol{0},f\text{ 连续}\};$$

该系统的绝对稳定性定义如下：

**定义7.5** 若对任意 $\boldsymbol{f}(\cdot)\in\boldsymbol{K}[0,k]$ 或 $\boldsymbol{K}[0,k)$ 或 $\boldsymbol{K}[0,\infty)$，Lurie控制系统是全局渐进稳定的，则称此系统是绝对稳定的。

为了后面讨论的方便，引入如下引理：

**引理7.5** 对具有适当维数的任意矩阵 $\boldsymbol{Y}=\boldsymbol{Y}^{\mathrm{T}},\boldsymbol{M},\boldsymbol{N}$，对所有满足 $\boldsymbol{F}^{\mathrm{T}}(t)\boldsymbol{F}(t)\leqslant\rho^2\boldsymbol{I}$ 的矩阵 $\boldsymbol{F}(t)$，矩阵不等式

$$\boldsymbol{Y}+\boldsymbol{MF}(t)\boldsymbol{N}+\boldsymbol{N}^{\mathrm{T}}\boldsymbol{F}^{\mathrm{T}}(t)\boldsymbol{M}^{\mathrm{T}}<\boldsymbol{0}$$

的必要充分条件是对任意的常数 $\varepsilon>0$，都有下述矩阵不等式成立

$$\varepsilon\boldsymbol{Y}+\varepsilon^2\rho^2\boldsymbol{MM}^{\mathrm{T}}+\boldsymbol{N}^{\mathrm{T}}\boldsymbol{N}<\boldsymbol{0}$$

**引理7.6(Schur补引理)** 对给定的对称矩阵 $\boldsymbol{X}=\begin{bmatrix}\boldsymbol{X}_{11} & \boldsymbol{X}_{12}\\ \boldsymbol{X}_{21} & \boldsymbol{X}_{22}\end{bmatrix}$，其中 $\boldsymbol{X}_{11}$ 是 $r\times r$ 维的，以下三个条件是等价的：

①$\boldsymbol{X}<\boldsymbol{0}$；

②$\boldsymbol{X}_{11}<\boldsymbol{0},\boldsymbol{X}_{22}-\boldsymbol{X}_{12}^{\mathrm{T}}\boldsymbol{X}_{11}^{-1}\boldsymbol{X}_{12}<\boldsymbol{0}$；

③$\boldsymbol{X}_{22}<\boldsymbol{0},\boldsymbol{X}_{11}-\boldsymbol{X}_{12}\boldsymbol{X}_{22}^{-1}\boldsymbol{X}_{12}^{\mathrm{T}}<\boldsymbol{0}$。

2. 鲁棒绝对稳定性分析

考虑如下具有不确定参数的时滞 Lurie 系统

$$\begin{aligned}&\dot{\boldsymbol{x}}(t)=(\boldsymbol{A}+\Delta\boldsymbol{A}(t))\boldsymbol{x}(t)+(\boldsymbol{A}_d+\Delta\boldsymbol{A}_d(t))\boldsymbol{x}(t-\tau(t))+(\boldsymbol{b}+\Delta\boldsymbol{b}(t))\boldsymbol{f}(\boldsymbol{\sigma}(t))\\&\boldsymbol{\sigma}(t)=\boldsymbol{c}^{\mathrm{T}}\boldsymbol{x}(t),\boldsymbol{f}(\cdot)\in\boldsymbol{K}[0,\infty)\end{aligned}\tag{7.49}$$

式中 $\boldsymbol{x}(t)\in\mathbf{R}^n$ 为状态变量；$\boldsymbol{\varphi}(t),t\in[-\tau_{\mathrm{m}},0]$ 为初始向量函数；$0\leqslant\tau(t)\leqslant\tau$ 为有界时滞且满足 $\dot{\tau}(t)\leqslant d<1$，$\boldsymbol{c},\boldsymbol{A},\boldsymbol{b},\boldsymbol{A}_d\in\boldsymbol{R}^{n\times n}$ 为相应维数的实常数矩阵；$\Delta\boldsymbol{A}(t),\Delta\boldsymbol{A}_d(t),\Delta\boldsymbol{b}(t)$ 为时变不确定矩阵，且具有如下形式

$$[\Delta\boldsymbol{A}(t)\quad\Delta\boldsymbol{A}_d(t)\quad\Delta\boldsymbol{b}]=\boldsymbol{EF}(t)[\boldsymbol{H}_1\quad\boldsymbol{H}_2\quad\boldsymbol{H}_3]\tag{7.50}$$

其中 $\boldsymbol{E},\boldsymbol{H}_1,\boldsymbol{H}_2$ 为具有适当维数的实常数矩阵，并且对任意的 $t,\boldsymbol{F}(t)$ 都满足

$$\boldsymbol{F}^{\mathrm{T}}(t)\boldsymbol{F}(t)\leqslant\rho^2\boldsymbol{I}\tag{7.51}$$

**定理7.8** 如果存在适当的正数 $\alpha,\beta,\varepsilon$，及适当的对称正定矩阵 $\boldsymbol{P},\boldsymbol{Q}$ 和适当维数的矩阵 $\boldsymbol{K}$ 使如下线性矩阵不等式成立：

$$\begin{bmatrix}\boldsymbol{PA}+\boldsymbol{A}^{\mathrm{T}}\boldsymbol{P}+\boldsymbol{Q}+\frac{1}{\varepsilon}\boldsymbol{H}_1^{\mathrm{T}}\boldsymbol{H}_1 & \boldsymbol{PA}_d+\frac{1}{\varepsilon}\boldsymbol{H}_1^{\mathrm{T}}\boldsymbol{H}_2 & \boldsymbol{Pb}+\alpha\boldsymbol{A}^{\mathrm{T}}\boldsymbol{c}+\beta\boldsymbol{c}+\frac{1}{\varepsilon}\boldsymbol{H}_1^{\mathrm{T}}\boldsymbol{H}_3 & \rho\boldsymbol{PE}\\ * & -(1-d)\boldsymbol{Q}+\frac{1}{\varepsilon}\boldsymbol{H}_2^{\mathrm{T}}\boldsymbol{H}_2 & \alpha\boldsymbol{A}_d{}^{\mathrm{T}}\boldsymbol{c}+\frac{1}{\varepsilon}\boldsymbol{H}_2^{\mathrm{T}}\boldsymbol{H}_3 & \boldsymbol{0}\\ * & * & \alpha\cdot\boldsymbol{c}^{\mathrm{T}}\boldsymbol{b}+\alpha\cdot\boldsymbol{b}^{\mathrm{T}}\boldsymbol{c}+\frac{1}{\varepsilon}\boldsymbol{H}_3^{\mathrm{T}}\boldsymbol{H}_3 & \rho\alpha\boldsymbol{c}^{\mathrm{T}}\boldsymbol{E}\\ * & * & * & -\frac{1}{\varepsilon}\boldsymbol{I}\end{bmatrix}<\boldsymbol{0}$$

(7.52)

则不确定时滞 Lurie 系统(7.49)是鲁棒绝对稳定的。

**证明**　选取 Lyapunov 函数

$$V(\boldsymbol{x}(t),t)=\boldsymbol{x}^{\mathrm{T}}(t)\boldsymbol{P}\boldsymbol{x}(t)+\int_{t-\tau(t)}^{t}\boldsymbol{x}^{\mathrm{T}}(s)\boldsymbol{Q}\boldsymbol{x}(s)\mathrm{d}s+2\alpha\int_{0}^{\sigma(t)}\boldsymbol{f}(s)\mathrm{d}s$$

其中 $\boldsymbol{P}>\boldsymbol{0},\boldsymbol{Q}>\boldsymbol{0}$ 为对称正定矩阵,$\alpha>0,\beta>0$ 为两正实数,则 Lyapunov 函数沿系统(7.49)的导数为

$$\begin{aligned}\dot V(\boldsymbol{x}(t),t)=&\ 2\boldsymbol{x}^{\mathrm{T}}(t)\boldsymbol{P}\dot{\boldsymbol{x}}(t)+\boldsymbol{x}^{\mathrm{T}}(t)\boldsymbol{Q}\boldsymbol{x}(t)-(1-\dot\tau(t))\boldsymbol{x}^{\mathrm{T}}(t-\tau(t))\boldsymbol{Q}\boldsymbol{x}(t-\tau(t))+\alpha\dot{\boldsymbol{\sigma}}(t)\boldsymbol{f}(\boldsymbol{\sigma}(t))\leqslant\\ &2\boldsymbol{x}^{\mathrm{T}}(t)\boldsymbol{P}[(\boldsymbol{A}+\Delta\boldsymbol{A}(t))\boldsymbol{x}(t)+(\boldsymbol{A}_d+\Delta\boldsymbol{A}_d(t))\boldsymbol{x}(t-\tau(t))+(\boldsymbol{b}+\Delta\boldsymbol{b}(t))\boldsymbol{f}(\boldsymbol{\sigma}(t))]+\\ &\boldsymbol{x}^{\mathrm{T}}(t)\boldsymbol{Q}\boldsymbol{x}(t)-(1-d)\boldsymbol{x}^{\mathrm{T}}(t-\tau(t))\boldsymbol{Q}\boldsymbol{x}(t-\tau(t))+\\ &2\alpha\boldsymbol{c}^{\mathrm{T}}[(A+\Delta\boldsymbol{A}(t))\boldsymbol{x}(t)+(\boldsymbol{A}_d+\Delta\boldsymbol{A}_d(t))\boldsymbol{x}(t-\tau(t))+(\boldsymbol{b}+\Delta\boldsymbol{b}(t))\boldsymbol{f}(\boldsymbol{\sigma}(t))]\boldsymbol{f}(\boldsymbol{\sigma}(t))+\\ &2\beta\boldsymbol{c}^{\mathrm{T}}\boldsymbol{x}(t)\boldsymbol{f}(\boldsymbol{\sigma}(t))-2\beta\boldsymbol{\sigma}(t)\boldsymbol{f}(\boldsymbol{\sigma}(t))<\\ &[\boldsymbol{x}^{\mathrm{T}}(t)\quad \boldsymbol{x}^{\mathrm{T}}(t-\tau(t))\quad \boldsymbol{f}(\boldsymbol{\sigma}(t))]\boldsymbol{Y}[\boldsymbol{x}(t)\quad \boldsymbol{x}(t-\tau(t))\quad \boldsymbol{f}(\boldsymbol{\sigma}(t))]\end{aligned}$$

其中

$$\boldsymbol{Y}=\begin{bmatrix}\boldsymbol{P}(\boldsymbol{A}+\Delta\boldsymbol{A})+(\boldsymbol{A}+\Delta\boldsymbol{A})^{\mathrm{T}}\boldsymbol{P}+\boldsymbol{Q} & \boldsymbol{P}(\boldsymbol{A}_d+\Delta\boldsymbol{A}_d) & \boldsymbol{P}(\boldsymbol{b}+\Delta\boldsymbol{b})+\alpha(\boldsymbol{A}+\Delta\boldsymbol{A})^{\mathrm{T}}\boldsymbol{c}+\beta\boldsymbol{c}\\ * & -(1-d)\boldsymbol{Q} & \alpha(\boldsymbol{A}_d+\Delta\boldsymbol{A}_d)^{\mathrm{T}}\boldsymbol{c}\\ * & * & \alpha\boldsymbol{c}^{\mathrm{T}}(\boldsymbol{b}+\Delta\boldsymbol{b}(t))+\alpha(\boldsymbol{b}+\Delta\boldsymbol{b}(t))^{\mathrm{T}}\boldsymbol{c}\end{bmatrix}$$

则 $\dot V(\boldsymbol{x}(t),t)<0$ 的充分条件是 $\boldsymbol{Y}<\boldsymbol{0}$,而

$$\boldsymbol{Y}=\begin{bmatrix}\boldsymbol{P}\boldsymbol{A}+\boldsymbol{A}^{\mathrm{T}}\boldsymbol{P}+\boldsymbol{Q} & \boldsymbol{P}\boldsymbol{A}_d & \boldsymbol{P}\boldsymbol{b}+\alpha\boldsymbol{A}^{\mathrm{T}}\boldsymbol{c}+\beta\boldsymbol{c}\\ * & -(1-d)\boldsymbol{Q} & \alpha\boldsymbol{A}_d{}^{\mathrm{T}}\boldsymbol{c}\\ * & * & \alpha\boldsymbol{c}^{\mathrm{T}}\boldsymbol{b}+\alpha\boldsymbol{b}^{\mathrm{T}}\boldsymbol{c}\end{bmatrix}+$$

$$\begin{bmatrix}\boldsymbol{P}\Delta\boldsymbol{A}+\Delta\boldsymbol{A}^{\mathrm{T}}\boldsymbol{P} & \boldsymbol{P}\Delta\boldsymbol{A}_d & \boldsymbol{P}\Delta\boldsymbol{b}+\alpha\Delta\boldsymbol{A}^{\mathrm{T}}\boldsymbol{c}\\ * & 0 & \alpha\Delta\boldsymbol{A}_d{}^{\mathrm{T}}\boldsymbol{c}\\ * & * & \alpha\boldsymbol{c}^{\mathrm{T}}\Delta\boldsymbol{b}+\alpha\Delta\boldsymbol{b}^{\mathrm{T}}\boldsymbol{c}\end{bmatrix}\triangleq$$

$$\boldsymbol{Y}_0+\begin{bmatrix}\boldsymbol{P}\boldsymbol{E}\boldsymbol{F}(t)\boldsymbol{H}_1+\boldsymbol{H}_1^{\mathrm{T}}\boldsymbol{F}^{\mathrm{T}}(t)\boldsymbol{E}^{\mathrm{T}}\boldsymbol{P} & \boldsymbol{P}\boldsymbol{E}\boldsymbol{F}(t)\boldsymbol{H}_2 & \boldsymbol{P}\boldsymbol{E}\boldsymbol{F}(t)\boldsymbol{H}_3+\alpha\boldsymbol{H}_1^{\mathrm{T}}\boldsymbol{F}^{\mathrm{T}}(t)\boldsymbol{E}^{\mathrm{T}}\boldsymbol{c}\\ * & \boldsymbol{0} & \alpha\boldsymbol{H}_2^{\mathrm{T}}\boldsymbol{F}^{\mathrm{T}}(t)\boldsymbol{E}^{\mathrm{T}}\boldsymbol{c}\\ * & * & \alpha\boldsymbol{c}^{\mathrm{T}}\boldsymbol{E}\boldsymbol{F}(t)\boldsymbol{H}_3+\alpha\boldsymbol{H}_3^{\mathrm{T}}\boldsymbol{F}^{\mathrm{T}}(t)\boldsymbol{E}^{\mathrm{T}}\boldsymbol{c}\end{bmatrix}=$$

$$\boldsymbol{Y}_0+\begin{bmatrix}\boldsymbol{P}\boldsymbol{E}\\ \boldsymbol{0}\\ \alpha\boldsymbol{c}^{\mathrm{T}}\boldsymbol{E}\end{bmatrix}\boldsymbol{F}(t)[\boldsymbol{H}_1\quad \boldsymbol{H}_2\quad \boldsymbol{H}_3]+[\boldsymbol{H}_1\quad \boldsymbol{H}_2\quad \boldsymbol{H}_3]^{\mathrm{T}}\boldsymbol{F}(t)\begin{bmatrix}\boldsymbol{P}\boldsymbol{E}\\ \boldsymbol{0}\\ \alpha\boldsymbol{c}^{\mathrm{T}}\boldsymbol{E}\end{bmatrix}^{\mathrm{T}}$$

其中

$$\boldsymbol{Y}_0=\begin{bmatrix}\boldsymbol{P}\boldsymbol{A}+\boldsymbol{A}^{\mathrm{T}}\boldsymbol{P}+\boldsymbol{Q} & \boldsymbol{P}\boldsymbol{A}_d & \boldsymbol{P}\boldsymbol{b}+\alpha\boldsymbol{A}^{\mathrm{T}}\boldsymbol{c}+\beta\boldsymbol{c}\\ * & -(1-d)\boldsymbol{Q} & \alpha\boldsymbol{A}_d^{\mathrm{T}}\boldsymbol{c}\\ * & * & \alpha\boldsymbol{c}^{\mathrm{T}}\boldsymbol{b}+\alpha\boldsymbol{b}^{\mathrm{T}}\boldsymbol{c}\end{bmatrix}$$

由引理 7.5,$\boldsymbol{Y}<\boldsymbol{0}$ 当且仅当存在实数 $\varepsilon>0$,使得

$$\varepsilon\boldsymbol{Y}_0+\varepsilon^2\rho^2\begin{bmatrix}\boldsymbol{P}\boldsymbol{E}\\ \boldsymbol{0}\\ \alpha\boldsymbol{c}^{\mathrm{T}}\boldsymbol{E}\end{bmatrix}\begin{bmatrix}\boldsymbol{P}\boldsymbol{E}\\ \boldsymbol{0}\\ \alpha\boldsymbol{c}^{\mathrm{T}}\boldsymbol{E}\end{bmatrix}^{\mathrm{T}}+[\boldsymbol{H}_1\quad \boldsymbol{H}_2\quad \boldsymbol{H}_3]^{\mathrm{T}}[\boldsymbol{H}_1\quad \boldsymbol{H}_2\quad \boldsymbol{H}_3]<\boldsymbol{0}$$

即
$$\begin{bmatrix} \varepsilon(\boldsymbol{PA}+\boldsymbol{A}^{\mathrm{T}}\boldsymbol{P}+\boldsymbol{Q})+\boldsymbol{H}_1^{\mathrm{T}}\boldsymbol{H}_1 & \varepsilon\boldsymbol{PA}_d+\boldsymbol{H}_1^{\mathrm{T}}\boldsymbol{H}_2 & \varepsilon(\boldsymbol{Pb}+\alpha\boldsymbol{A}^{\mathrm{T}}\boldsymbol{c}+\beta\boldsymbol{c})+\boldsymbol{H}_1^{\mathrm{T}}\boldsymbol{H}_3 \\ * & -(1-d)\varepsilon\boldsymbol{Q}+\boldsymbol{H}_2^{\mathrm{T}}\boldsymbol{H}_2 & \alpha\varepsilon\boldsymbol{A}_d^{\mathrm{T}}\boldsymbol{c}+\boldsymbol{H}_2^{\mathrm{T}}\boldsymbol{H}_3 \\ * & * & \varepsilon(\alpha\boldsymbol{c}^{\mathrm{T}}\boldsymbol{b}+\alpha\boldsymbol{b}^{\mathrm{T}}\boldsymbol{c})+\boldsymbol{H}_3^{\mathrm{T}}\boldsymbol{H}_3 \end{bmatrix}+$$
$$\begin{bmatrix} \varepsilon\rho\boldsymbol{PE} \\ \boldsymbol{0} \\ \varepsilon\rho\alpha\boldsymbol{c}^{\mathrm{T}}\boldsymbol{E} \end{bmatrix}\begin{bmatrix} \varepsilon\rho\boldsymbol{PE} \\ \boldsymbol{0} \\ \varepsilon\rho\alpha\boldsymbol{c}^{\mathrm{T}}\boldsymbol{E} \end{bmatrix}^{\mathrm{T}}<\boldsymbol{0}$$

再由引理 7.6,上述不等式成立当且仅当
$$\begin{bmatrix} \varepsilon(\boldsymbol{PA}+\boldsymbol{A}^{\mathrm{T}}\boldsymbol{P}+\boldsymbol{Q})+\boldsymbol{H}_1^{\mathrm{T}}\boldsymbol{H}_1 & \varepsilon\boldsymbol{PA}_d+\boldsymbol{H}_1^{\mathrm{T}}\boldsymbol{H}_2 & \varepsilon(\boldsymbol{Pb}+\alpha\boldsymbol{A}^{\mathrm{T}}\boldsymbol{c}+\beta\boldsymbol{c})+\boldsymbol{H}_1^{\mathrm{T}}\boldsymbol{H}_3 & \varepsilon\rho\boldsymbol{PE} \\ * & -(1-d)\varepsilon\boldsymbol{Q}+\boldsymbol{H}_2^{\mathrm{T}}\boldsymbol{H}_2 & \alpha\varepsilon\boldsymbol{A}_d^{\mathrm{T}}\boldsymbol{c}+\boldsymbol{H}_2^{\mathrm{T}}\boldsymbol{H}_3 & \boldsymbol{0} \\ * & * & \varepsilon(\alpha\boldsymbol{c}^{\mathrm{T}}\boldsymbol{b}+\alpha\boldsymbol{b}^{\mathrm{T}}\boldsymbol{c})+\boldsymbol{H}_3^{\mathrm{T}}\boldsymbol{H}_3 & \varepsilon\rho\alpha\boldsymbol{c}^{\mathrm{T}}\boldsymbol{E} \\ * & * & * & -\boldsymbol{I} \end{bmatrix}<\boldsymbol{0}$$

即 LMI(7.52) 成立.

**推论 7.4**　若所讨论的系统(7.49) 中不含有不确定性矩阵,即 $\Delta\boldsymbol{A}(t)=0,\Delta\boldsymbol{A}_d(t)=\boldsymbol{0}$, $\Delta\boldsymbol{b}(t)=\boldsymbol{0}$,则定理 7.8 中的 LMI(7.52) 成为
$$\begin{bmatrix} \boldsymbol{PA}+\boldsymbol{A}^{\mathrm{T}}\boldsymbol{P}+\boldsymbol{Q} & \boldsymbol{PA}_d & \boldsymbol{Pb}+\alpha\boldsymbol{A}^{\mathrm{T}}\boldsymbol{c}+\beta\boldsymbol{c} \\ * & -(1-d)\boldsymbol{Q} & \alpha\boldsymbol{A}_d{}^{\mathrm{T}}\boldsymbol{c} \\ * & * & \alpha\boldsymbol{c}^{\mathrm{T}}\boldsymbol{b}+\alpha\boldsymbol{b}^{\mathrm{T}}\boldsymbol{c} \end{bmatrix}<\boldsymbol{0} \tag{7.53}$$

此 LMI 存在解 $\boldsymbol{P}>\boldsymbol{0},\alpha>0,\beta>0$ 是相应的 Lurie 控制系统鲁棒绝对稳定的充分条件。

**定理 7.9**　假设系统(7.49) 中矩阵 $\boldsymbol{A}$ 是稳定的,且 $\boldsymbol{f}(\cdot)\in\boldsymbol{K}[0,k)$,若存在正定对称矩阵 $\boldsymbol{P}>\boldsymbol{0},\boldsymbol{Q}>\boldsymbol{0}$ 及正数 $\alpha>0,\beta>0,\varepsilon>0$ 满足以下 LMI
$$\begin{bmatrix} \boldsymbol{PA}+\boldsymbol{A}^{\mathrm{T}}\boldsymbol{P}+\boldsymbol{Q}+\frac{1}{\varepsilon}\boldsymbol{H}_1^{\mathrm{T}}\boldsymbol{H}_1 & \boldsymbol{PA}_d+\frac{1}{\varepsilon}\boldsymbol{H}_1^{\mathrm{T}}\boldsymbol{H}_2 & \boldsymbol{Pb}+\alpha\boldsymbol{A}^{\mathrm{T}}\boldsymbol{c}+\beta\boldsymbol{c}+\frac{1}{\varepsilon}\boldsymbol{H}_1^{\mathrm{T}}\boldsymbol{H}_3 & \rho\boldsymbol{PE} \\ * & -(1-d)\boldsymbol{Q}+\frac{1}{\varepsilon}\boldsymbol{H}_2^{\mathrm{T}}\boldsymbol{H}_2 & \alpha\boldsymbol{A}_d{}^{\mathrm{T}}\boldsymbol{c}+\frac{1}{\varepsilon}\boldsymbol{H}_2^{\mathrm{T}}\boldsymbol{H}_3 & \boldsymbol{0} \\ * & * & \alpha\boldsymbol{c}^{\mathrm{T}}\boldsymbol{b}+\alpha\boldsymbol{b}^{\mathrm{T}}\boldsymbol{c}-\frac{2\beta}{k}+\frac{1}{\varepsilon}\boldsymbol{H}_3^{\mathrm{T}}\boldsymbol{H}_3 & \rho\alpha\boldsymbol{c}^{\mathrm{T}}\boldsymbol{E} \\ * & * & * & -\frac{1}{\varepsilon}\boldsymbol{I} \end{bmatrix}<\boldsymbol{0} \tag{7.54}$$

则不确定 Lurie 控制系统(7.49) 是鲁棒绝对稳定的。

**证明**　在定理 7.8 的证明中,在 $\dot{V}(\boldsymbol{x}(t))$ 中加、减项
$$2\beta\boldsymbol{f}(\boldsymbol{\sigma}(t))\left[\boldsymbol{\sigma}(t)-\frac{1}{k}\boldsymbol{f}(\boldsymbol{\sigma}(t))\right]$$
可类似地推得不等式(7.53)。

3. 算例验证

设在系统(7.49) 中,系统矩阵为
$$\boldsymbol{A}=\begin{bmatrix} -2 & 1 \\ -1 & -4 \end{bmatrix},\boldsymbol{A}_d=\begin{bmatrix} -0.2 & -0.5 \\ 0.5 & -0.2 \end{bmatrix},\boldsymbol{b}=\begin{bmatrix} 0.2 \\ 0.3 \end{bmatrix}$$
$$\sigma(t)=-0.6x_1(t)-0.8x_2(t),\Delta\boldsymbol{A}(t)=\boldsymbol{0},\Delta\boldsymbol{A}_d(t)=\boldsymbol{0},\Delta\boldsymbol{b}(t)=\boldsymbol{0}$$

解 LMI(7.53) 得

$$\boldsymbol{P}=\begin{bmatrix}0.5222 & -0.0421\\ -0.0421 & 0.2947\end{bmatrix},\boldsymbol{Q}=\begin{bmatrix}1.0864 & 1.1368\\ -0.0124 & 1.1368\end{bmatrix},\alpha=0.4363,\beta=1.4224$$

故此时系统(7.49)是绝对稳定的。

又若在系统(7.49)中,设 $\Delta\boldsymbol{A}(t)=\boldsymbol{EF}(t)\boldsymbol{H}_1,\Delta\boldsymbol{A}_d(t)=\boldsymbol{EF}(t)\boldsymbol{H}_2,\Delta\boldsymbol{b}(t)=\boldsymbol{EF}(t)\boldsymbol{H}_3$ 且

$$\boldsymbol{E}=\begin{bmatrix}0.1 & 0\\ 0 & 1\end{bmatrix},\boldsymbol{H}_1=\begin{bmatrix}1 & 1\\ 0 & 0\end{bmatrix},\boldsymbol{H}_2=\begin{bmatrix}0.3 & 0\\ 0 & 0.2\end{bmatrix},\boldsymbol{H}_3=\begin{bmatrix}0\\ 1\end{bmatrix},\rho=1$$

由 LMI(7.52)解得

$$\boldsymbol{P}=\begin{bmatrix}3.1267 & 0.0705\\ 0.0705 & 4.2899\end{bmatrix},\boldsymbol{Q}=\begin{bmatrix}6.1435 & -0.1258\\ -0.1258 & 6.9736\end{bmatrix},$$

$$\alpha=0.2278,\beta=1.5621,\varepsilon=\frac{1}{0.0273}=36.6300$$

故此时不确定系统(7.49)是鲁棒绝对稳定的。

由此算例可知文中给出的判别方法是有效的,且利用 Matlab 易于求解。

本节通过构造一个适当的 Lyapunov－Krasovskii 函数,利用线性矩阵不等式得到了一类具有结构不确定参数的不确定时滞 Lurie 控制系统绝对稳定的充分条件,且所得充分条件以 LMI 的形式给出,并用适当的算例加以验证,说明本文的结果是有效的,且是易于验证的,因为可以利用 Matlab 工具箱来求解,避免了许多繁琐的计算。

## 7.4　时滞系统对时滞参数的自适应控制
## (Adaptive Control of Time-Delay Systems to Time-Delay Parameters)

对时滞系统的自适应控制(对时滞参数自适应除外),与通常的线性、非线性系统没有本质的区别,这里就不再赘述。显然,在时滞对系统影响较大,即如下系统

$$\begin{cases}\dot{\boldsymbol{x}}(t)=\boldsymbol{A}_0\boldsymbol{x}(t)+\boldsymbol{A}_1\boldsymbol{x}(t-\tau_1)+\boldsymbol{B}_1\boldsymbol{w}(t)+\boldsymbol{B}_2\boldsymbol{u}(t-\tau_2), & t>0\\ \boldsymbol{z}(t)=\boldsymbol{Cx}(t)+\boldsymbol{Du}(t)\\ \boldsymbol{x}(t)=\boldsymbol{\varphi}(t),\forall t\in[-\tau,0],\tau=\max\{\tau_i\}\end{cases}\tag{7.55}$$

中,$\boldsymbol{A}_1$ 的值对系统的影响不能被忽略时,采用带记忆的控制方式对时滞项进行补偿是自然的想法,即对系统(7.55),改无记忆控制

$$\boldsymbol{u}(t)=\boldsymbol{Kx}(t)\tag{7.56}$$

为带记忆控制

$$\boldsymbol{u}(t)=\boldsymbol{K}_1\boldsymbol{x}(t)+\boldsymbol{K}_2\boldsymbol{x}(t-\tau_1)\tag{7.57}$$

这样可以对(7.55)中的时滞项 $\boldsymbol{A}_1$ 进行补偿。但是,这需要对时滞参数 $\tau_1$ 精确已知,否则无法取到信号 $\boldsymbol{x}(t-\tau_1)$。通常,很多实际情况下时滞参数是难以精确已知或测量到的(更多的情况是知道时滞参数的上下界),这就给实现带记忆控制、时滞相关型判据造成了困难。目前很多针对时滞参数不确定的时滞系统的研究只是找出稳定界,而控制只能采取无记忆控制。

一般来说,对带记忆的控制器设计,已有用时滞参数估计值来代替原来的未知时滞量,实现了对未知时滞参数的带记忆控制。然而这种控制器的有效性与时滞参数估计的准确程度有关,具有一定的局限性。

### 7.4.1 带输入时滞的线性时滞系统对未知时滞参数的自适应 $H_\infty$ 控制 (Adaptive $H_\infty$ Control for a Class of Linear Time-Delay Systems with Input Delay)

1. 问题的提出

本节研究如下两种时滞系统:

$$\begin{cases}\dot{\boldsymbol{x}}(t)=\boldsymbol{A}\boldsymbol{x}(t)+\boldsymbol{A}_1\boldsymbol{x}(t-\tau_1)+\boldsymbol{B}_1\boldsymbol{w}(t)+\boldsymbol{B}_2\boldsymbol{u}(t-\tau_2)\\ \bar{\boldsymbol{z}}(t)=\boldsymbol{C}\boldsymbol{x}(t)+\boldsymbol{D}\boldsymbol{u}(t)\\ \boldsymbol{x}(t)=\boldsymbol{\varphi}(t),\quad \forall t\in[-\tau_1,0]\end{cases}\tag{7.58}$$

其中 $\boldsymbol{x}(t)\in\mathbf{R}^n$ 是状态向量;$\boldsymbol{w}(t)\in\mathbf{R}^{n_1}$ 为干扰输入向量;$\boldsymbol{u}(t)\in\mathbf{R}^{n_2}$ 为控制输入向量;$\bar{\boldsymbol{z}}(t)\in\mathbf{R}^{n_3}$ 为系统的性能输出;$\boldsymbol{A},\boldsymbol{A}_1,\boldsymbol{B}_1,\boldsymbol{B}_2,\boldsymbol{C},\boldsymbol{D}$ 为具有相应适当维数的矩阵;$\tau_1>0$ 为系统状态时滞常数;$\tau_2>0$ 为系统受控输入时滞常数($\tau_2$ 与 $\tau_1$ 不一定相等)且 $\tau_1,\tau_2$ 中至少有一个参数未知;$\varphi$ 为系统初始状态函数。这里假设 $\tau_1$ 未知,但有已知上界 $\tau_1^*$,下界 $\tau_{1*}$。另一种时滞系统:

$$\begin{cases}\dot{\boldsymbol{x}}(t)=\boldsymbol{A}\boldsymbol{x}(t)+\sum\limits_{i=1}^{l}\boldsymbol{A}_i\boldsymbol{x}(t-\tau_i)+\sum\limits_{j=1}^{l}\boldsymbol{G}_j(\boldsymbol{x}(t-\tau_j),t)+\boldsymbol{B}_2\boldsymbol{u}(t-\tau_{l+1})+\boldsymbol{B}_1\boldsymbol{w}(t)\\ \bar{\boldsymbol{z}}(t)=\boldsymbol{C}\boldsymbol{x}(t)+\boldsymbol{D}\boldsymbol{u}(t)\\ \boldsymbol{x}(t)=\boldsymbol{\varphi}(t),\quad \forall t\in[-\tau,0],\tau=\max\limits_{i=1,\cdots,l+1}\{\tau_i\}\end{cases}\tag{7.59}$$

**假设 7.1** $(\boldsymbol{A},\boldsymbol{B}_2)$ 可镇定。

**假设 7.2** 存在已知的连续有界的向量函数 $\boldsymbol{\delta}_j(\boldsymbol{x}(t-\tau_j),t)\in\mathbf{R}^{n_2}$,使得非线性项可表示为 $\boldsymbol{G}_j(\boldsymbol{x}(t-\tau_j),t)=\boldsymbol{B}_2\boldsymbol{\delta}_j(\boldsymbol{x}(t-\tau_j),t)$,上界为 $\|\boldsymbol{\delta}_j(\boldsymbol{x}(t-\tau_j),t)\|\leqslant\alpha_j\|\boldsymbol{x}(t-\tau_j)\|$,其中 $\alpha_j\geqslant 0,j=1,\cdots,l$,为已知的正常数。该假设中的上界不等式隐含着 $\boldsymbol{\delta}_j(0,t)=\mathbf{0},j=1,\cdots,l,\forall t$,即 $\boldsymbol{x}(t)=0$ 为自治系统($\boldsymbol{u}(t)=0$) 的一个平衡点。

其中 $\boldsymbol{x}(t)\in\mathbf{R}^n,\boldsymbol{w}(t)\in\mathbf{R}^{n_1},\boldsymbol{u}(t)\in\mathbf{R}^{n_2},\bar{\boldsymbol{z}}(t)\in\mathbf{R}^{n_3}$ 定义与式(7.58)中相同,$\boldsymbol{A},\boldsymbol{A}_i,\boldsymbol{B}_1,\boldsymbol{B}_2,\boldsymbol{C},\boldsymbol{D}$ 为具有相应适当维数的矩阵,$\tau_i\geqslant 0,i=1,\cdots,l$ 为系统状态时滞常数,$\tau_{l+1}$ 为系统未知的输入时滞常数,但有已知上界最大值记为 $\tau_{l+1}^*$,下界记为 $\tau_{l+1*}$ 并能找到正常数 $\bar{\tau}_{l+1}>0$ 使得 $0\leqslant\tau_{l+1}^*-\tau_{l+1}\leqslant\bar{\tau}_{l+1}$ 成立,$\underline{\tau}_{l+1}>0$ 使得 $0<\underline{\tau}_{l+1}\leqslant\bar{\tau}_{l+1}^*-\tau_{l+1}$ 成立。$\boldsymbol{G}_j(\boldsymbol{x}(t-\tau_j),t)$ 为 $n$ 维非线性向量函数,$\boldsymbol{\varphi}$ 为系统初始状态函数。

对于系统(7.58)研究的目的是:在系统状态 $\boldsymbol{x}$ 是可测的假定下,对于给定的常数 $\gamma>0$,如何设计一个带记忆的时滞相关型状态反馈控制器

$$\boldsymbol{u}(t)=\boldsymbol{K}_1\boldsymbol{x}(t)+\boldsymbol{K}_2\boldsymbol{x}(t-\hat{\tau}_1)\tag{7.60}$$

使得系统(7.58)是内部稳定的,且满足 $\|\bar{\boldsymbol{z}}\|_2<\gamma\|\boldsymbol{w}\|_2$(这里 $\|\cdot\|_2$ 是 $L_2$ 范数)。其中 $\hat{\tau}_1(t)$ 为 $\tau_1$ 的估计值,满足 $\dot{\hat{\tau}}_1(t)\leqslant 0$,并定出对未知时滞参数 $\tau_1$ 的自适应律。

对于系统(7.59)研究的目的是:对于给定的常数 $m>0$,如何设计一个带记忆的时滞相关

型状态反馈控制器

$$u(t)=K_1x(t)+\sum_{i=1}^{l}K_{i+1}x(t-\tau_i)+K_{l+2}x(t-\hat{\tau}_{l+1}(t)) \tag{7.61}$$

其中，$\hat{\tau}_{l+1}(t)$ 为 $\tau_{l+1}$ 的估计值，$\tau_{l+1}(t)\leqslant 0,K_i,i=1,\cdots,l+2$ 为待求矩阵，使得系统(7.59)是渐进稳定的，且满足 $\|z\|_2<m\|w\|_2$（这里 $\|\cdot\|_2$ 是 $L_2$ 范数)，并定出未知参数 $\tau_l$ 的自适应律。

2. 主要结果

对于系统(7.58)，根据式(7.58)和式(7.60)可得闭环系统状态方程为

$$\begin{cases}\dot{x}(t)=Ax(t)+A_1x(t-\tau_1)+B_1w(t)+B_2K_1x(t-\tau_2)+B_2K_2x(t-\tau_2-\hat{\tau}_1(t-\tau_2))\\ \bar{z}(t)=(C+DK_1)x(t)+DK_2x(t-\hat{\tau}_1)\\ x(t)=\varphi(t),\quad \forall t\in[-\tau,0],\tau=\tau_2+\tau_1^*\end{cases} \tag{7.62}$$

采用“descriptor form”方法：令 $y(t)=Ax(t)+A_1x(t-\tau_1)+B_1w(t),z=B_2K_1x(t-\tau_2)$，并用 $x(t-\tau_i)=x(t)-\int_{t-\tau_i}^{t}\dot{x}(s)\mathrm{d}s$ 代入，则可得

$$y+z=(A+A_1+B_2K)x(t)+B_1w(t)-\sum_{i=1}^{3}\bar{A}_i\int_{t-\tau_i}^{t}(y(s)+z(s))\mathrm{d}s \tag{7.63}$$

其中，$K=K_1+K_2,\tau_3=\hat{\tau}_1(t-\tau_2)+\tau_2,\bar{A}_1=A_1,\bar{A}_2=B_2K_1,\bar{A}_3=B_2K_2$，对于系统(7.62)，取 Lyapunov－Krasovskii 函数为

$$V(x_t,w_t)=V_1(x_t,w_t)+\sum_{i=1}^{3}\int_{-\tau_i}^{0}\int_{t+\theta}^{t}(y(s)+z(s))^{\mathrm{T}}\bar{A}_i^{\mathrm{T}}Q_i^{-1}\bar{A}_i(y(s)+z(s))\mathrm{d}s\mathrm{d}\theta+\frac{\bar{\gamma}}{2}(\tau_1-\hat{\tau}_1(t-\tau_2))^2 \tag{7.64}$$

其中 $V_1(x_t,w_t)=x^{\mathrm{T}}Px,P,Q_i>0,i=1,\cdots,3$ 为正定矩阵，$\bar{\gamma}$ 为一正常数。

**引理 7.7**　对于任意适当维数的矩阵 $X,Y$，有

$$X^{\mathrm{T}}Y+Y^{\mathrm{T}}X\leqslant \alpha X^{\mathrm{T}}X+\frac{1}{\alpha}Y^{\mathrm{T}}Y,\quad \forall \alpha>0 \tag{7.65}$$

与

$$X^{\mathrm{T}}Y+Y^{\mathrm{T}}X\leqslant X^{\mathrm{T}}PX+Y^{\mathrm{T}}P^{-1}Y,\quad \forall P>0 \tag{7.66}$$

计算 $V_1(x_t,w_t)$ 沿系统(7.63)的导数为

$$\begin{aligned}\dot{V}_1(x_t,w_t)=2x^{\mathrm{T}}P(y+z)=&\\ &2\begin{bmatrix}x^{\mathrm{T}} & (y+z)^{\mathrm{T}}\end{bmatrix}\begin{bmatrix}P & P_1\\ 0 & P_2\end{bmatrix}\begin{bmatrix}y+z\\ 0\end{bmatrix}=\\ &2\begin{bmatrix}x^{\mathrm{T}} & (y+z)^{\mathrm{T}}\end{bmatrix}\begin{bmatrix}P & P_1\\ 0 & P_2\end{bmatrix}\left\{\begin{bmatrix}y+z\\ \bar{A}x-(y+z)+B_1w\end{bmatrix}-\right.\\ &\left.\sum_{i=1}^{3}\begin{bmatrix}0\\ \bar{A}_i\end{bmatrix}\int_{t-\tau_i}^{t}(y(s)+z(s))\mathrm{d}s\right\}\end{aligned} \tag{7.67}$$

其中 $\bar{A}=A+A_1+B_2K$，令 $E=\begin{bmatrix} I & 0 \\ 0 & 0 \end{bmatrix}$，$\bar{P}=\begin{bmatrix} P & P_1 \\ 0 & P_2 \end{bmatrix}$，且 $P_1,P_2$ 满足 $E\bar{P}^{\mathrm{T}}=\bar{P}E$。考虑到 $\dot{\hat{\tau}}_1(t)\leqslant 0$，因此 $V(x_t,w_t)$ 沿系统(7.63)的导数为

$$\dot{V}(x_t,w_t)\leqslant \dot{V}_1(x_t,w_t)+\sum_{i=1}^{3}\Big\{\int_{-\tau_i}^{0}[(y(t)+z(t))^{\mathrm{T}}\bar{A}_i^{\mathrm{T}}Q_i^{-1}\bar{A}_i(y(t)+z(t))-(y(t+\theta)+z(t+\theta))^{\mathrm{T}}$$

$$\bar{A}_i^{\mathrm{T}}Q_i^{-1}\bar{A}_i(y(t+\theta)+z(t+\theta))]\mathrm{d}\theta-\bar{\gamma}(\tau_1-\hat{\tau}_1(t-\tau_2))\,\dot{\hat{\tau}}_1(t-\tau_2)$$

由引理 7.7 并利用 $\eta_i(t)=-2\int_{t-\tau_i}^{t}[x^{\mathrm{T}}\quad (y+z)^{\mathrm{T}}]\bar{P}\begin{bmatrix} 0 \\ I \end{bmatrix}\bar{A}_i(y(s)+z(s))\mathrm{d}s$，可得

$$\eta_i\leqslant \tau_i[x^{\mathrm{T}}\quad (y+z)^{\mathrm{T}}]\bar{P}\begin{bmatrix} 0 \\ I \end{bmatrix}R_i[0\quad I]\bar{P}^{\mathrm{T}}\begin{bmatrix} x \\ y+z \end{bmatrix}+$$

$$\int_{t-\tau_i}^{t}(y(s)+z(s))^{\mathrm{T}}\bar{A}_i^{\mathrm{T}}R_i^{-1}\bar{A}_i(y(s)+z(s))\mathrm{d}s \tag{7.68}$$

取 $\tau_4=\tau_1+\tau_2$，$\hat{\tau}_1(t-\tau_2)-\tau_1=\tau_3-\tau_4$，且

$$[x^{\mathrm{T}}\quad (y+z)^{\mathrm{T}}]\bar{P}\begin{bmatrix} 0 \\ I \end{bmatrix}R_3[0\quad I]\bar{P}^{\mathrm{T}}\begin{bmatrix} x \\ y+z \end{bmatrix}=x^{\mathrm{T}}P_1R_3P_1^{\mathrm{T}}x+2x^{\mathrm{T}}P_1R_3P_2^{\mathrm{T}}(y+z)+y^{\mathrm{T}}P_2R_3P_2^{\mathrm{T}}y+$$

$$2y^{\mathrm{T}}P_2R_3P_2^{\mathrm{T}}z+z^{\mathrm{T}}P_2R_3P_2^{\mathrm{T}}z \tag{7.69}$$

其中 $R_i$，$i=1,\cdots,3$，为任一 $n$ 维正定矩阵，取正定矩阵 $R_i=Q_i$，$i=1,\cdots,3$，由式(7.67)、式(7.69)可得

$$\dot{V}(x_t,w_t)\leqslant \tilde{x}^{\mathrm{T}}\Xi\tilde{x}+(\hat{\tau}_1(t-\tau_2)-\tau_1)[\gamma\,\dot{\hat{\tau}}_1(t-\tau_2)+z^{\mathrm{T}}P_2R_3P_2^{\mathrm{T}}z] \tag{7.70}$$

其中

$$\tilde{x}=[x^{\mathrm{T}}\quad y^{\mathrm{T}}\quad z^{\mathrm{T}}\quad w^{\mathrm{T}}]^{\mathrm{T}},\quad \Xi=\begin{bmatrix} \Xi_{11} & \Xi_{12} & \Xi_{13} & P_1B_1 \\ * & \Xi_{22} & \Xi_{23} & P_2B_1 \\ * & * & \Xi_{33} & P_2B_1 \\ * & * & * & 0 \end{bmatrix},$$

$$\Xi_{11}=P_1\bar{A}+\bar{A}^{\mathrm{T}}P_1+\sum_{i=1}^{3}\tau_iP_1R_iP_1^{\mathrm{T}},\quad \Xi_{12}=\Xi_{13}=P-P_1+\bar{A}^{\mathrm{T}}P_2+\sum_{i=1}^{3}\tau_iP_1R_iP_2^{\mathrm{T}},$$

$$\Xi_{33}=-P_2-P_2^{\mathrm{T}}+\sum_{i=1}^{3}\tau_i\bar{A}_i^{\mathrm{T}}Q_i^{-1}\bar{A}_i+\sum_{i=1}^{2}\tau_iP_2R_iP_2^{\mathrm{T}}+\tau_4P_2R_2P_2^{\mathrm{T}},$$

$$\Xi_{22}=\Xi_{23}=-P_2-P_2^{\mathrm{T}}+\sum_{i=1}^{3}\tau_i\bar{A}_i^{\mathrm{T}}Q_i^{-1}\bar{A}_i+\sum_{i=1}^{3}\tau_iP_2R_iP_2^{\mathrm{T}},$$

为研究系统(7.58)的 $H_\infty$ 特性，令初始值 $\varphi(t)=0$，$\forall t\geqslant 0$，则对 $T>0$ 及给定的常数 $\gamma>0$，有

$$J_T=\int_0^T(\bar{z}^{\mathrm{T}}\bar{z}-m^2w^{\mathrm{T}}w)\mathrm{d}t\leqslant\int_0^T(\bar{z}^{\mathrm{T}}\bar{z}-\gamma^2w^{\mathrm{T}}w+\dot{V}(x_t,w_t))\mathrm{d}t=$$

$$\int_0^T\{[(C+DK_1)x(t)+DK_2x(t-\hat{\tau}_1(t))]^{\mathrm{T}}[(C+DK_1)x(t)+DK_2x(t-\hat{\tau}_1(t))]-$$

$$-\gamma^2w^{\mathrm{T}}w+\dot{\bar{V}}(x_t,w_t)\}\mathrm{d}t\leqslant$$

$$\int_0^T\bar{x}^{\mathrm{T}}(t)\tilde{\Xi}\bar{x}(t)\mathrm{d}t \tag{7.71}$$

其中 $\bar{x}^{\mathrm{T}}=\begin{bmatrix}x^{\mathrm{T}} & x(t-\hat{\tau}_1(t))^{\mathrm{T}} & y^{\mathrm{T}} & z^{\mathrm{T}} & w^{\mathrm{T}}\end{bmatrix}$，且 $\bar{V}=V+\int_{t-\hat{\tau}_1(t)}^{t}x^{\mathrm{T}}(s)Sx(s)\mathrm{d}s$，考虑到 $\dot{\hat{\tau}}_1(t)\leqslant 0$，可得 $\dot{\bar{V}}\leqslant\dot{V}+x^{\mathrm{T}}(t)Sx(t)-x^{\mathrm{T}}(t-\hat{\tau}_1(t))Sx(t-\hat{\tau}_1(t))$，显然 $\forall\tau_1$，有 $\tau_1^*\geqslant\hat{\tau}_1(t)\geqslant\tau_1\geqslant\tau_{1*}$ 则有 $\tilde{\Xi}=S(\tau_1)\leqslant S'(\tau_1=\tau_1^*)$。$\tilde{\Xi}<\mathbf{0}$ 时可得 $J_T<0$，由于 $\tau_3^*=\tau_1^*+\tau_2=\tau_4^*$，因此 $y,z$ 在 $\tilde{\Xi}<\mathbf{0}$ 中所对应的各项相同，故将 $\tilde{\Xi}<\mathbf{0}$ 还原为二次型时 $y+z$ 可归为一项，不等式的阶数可减一，由 Schur 补引理化简后可得 $\tilde{\Xi}<\mathbf{0}$ 等价于一维数为 $8n$ 的不等式 $\hat{\Xi}<\mathbf{0}$，再对 $\hat{\Xi}<\mathbf{0}$ 式两边同乘以矩阵 $\mathrm{diag}(X_1\ \ \cdots\ \ X_8)$，其中 $X_1=P_1^{-1}$，$X_2=X=P^{-1}$，$X_3=Y=P_2^{-1}$，$X_j=I$，$j=4,\cdots,8$。由于式(7.67)中只要求 $P_1$，$P_2$ 满足 $E\bar{P}^{\mathrm{T}}=\bar{P}E$，而没有其他限制，又考虑到要兼顾保守性和运算简便，可令 $P_1=\frac{n_1}{n_2}P$，$P_2=\frac{1}{n_2}P$，即 $X=\frac{n_1}{n_2}X_1=\frac{1}{n_2}Y$，其中 $n_1$，$n_2$ 为正常数，可得 $\hat{\Xi}<\mathbf{0}$ 等价于如下不等式

$$\bar{\Xi}=\begin{bmatrix}\bar{\Xi}_1 & \bar{\Xi}_2 & \cdots & \bar{\Xi}_5\\ \bar{\Xi}_2^{\mathrm{T}} & \Gamma_1 & \cdots & \mathbf{0}\\ \vdots & \vdots & & \vdots\\ \bar{\Xi}_5^{\mathrm{T}} & \mathbf{0} & \cdots & \Gamma_4\end{bmatrix}<\mathbf{0}\tag{7.72}$$

其中 $\bar{\Xi}_1=\begin{bmatrix}\bar{\Sigma}_1 & \mathbf{0} & \bar{\Sigma}_2 & B_1\\ \mathbf{0} & -\bar{S} & \mathbf{0} & \mathbf{0}\\ \bar{\Sigma}_2^{\mathrm{T}} & \mathbf{0} & \bar{\Sigma}_3 & B_1\\ B_1^{\mathrm{T}} & \mathbf{0} & B_1^{\mathrm{T}} & -\gamma^2 I\end{bmatrix}$，$\bar{\Xi}_2^{\mathrm{T}}=[\mathbf{0}\ \ \mathbf{0}\ \ n_2A_1X\ \ \mathbf{0}]$，

$$\bar{\Xi}_3^{\mathrm{T}}=[\mathbf{0}\ \ \mathbf{0}\ \ n_2B_2U_1\ \ \mathbf{0}]$$

$$\bar{\Xi}_4^{\mathrm{T}}=[\mathbf{0}\ \ \mathbf{0}\ \ n_2B_2U_2\ \ \mathbf{0}],\quad \Gamma_1=-(\tau_1^*)^{-1}Q_1,\quad \Gamma_2=-\tau_2^{-1}Q_2,\quad \Gamma_3=-(\tau_1^*+\tau_2)^{-1}Q_3$$

$$\bar{\Xi}_5^{\mathrm{T}}=[n_2/n_1(CX+DU_1)\ \ DU_2\ \ \mathbf{0}_1\ \ \cdots\ \ \mathbf{0}_5],\quad \Gamma_4=-I$$

$$\bar{\Xi}_1=\frac{n_2}{n_1}(A+A_1)X+\frac{n_2}{n_1}\sum_{i=1}^{2}B_2U_i+\frac{n_2}{n_1}X(A+A_1)^{\mathrm{T}}+\frac{n_2}{n_1}\sum_{i=1}^{2}(B_2U_i)^{\mathrm{T}}+\tau_1^*Q_1+\tau_2Q_2+(\tau_1^*+\tau_2)Q_3+(\frac{n_2}{n_1})2\bar{S}$$

$$\bar{\Xi}_2=\frac{n_2}{n_1}(n_2-n_1)X+\frac{n_2}{n_1}X(A+A_1)^{\mathrm{T}}+\frac{n_2}{n_1}\sum_{i=1}^{2}(B_2U_i)^{\mathrm{T}}+\tau_1^*Q_1+\tau_2Q_2+(\tau_1^*+\tau_2)Q_3$$

$$\bar{\Xi}_3=-2n_2X+\tau_1^*Q_1+\tau_2Q_2+(\tau_1^*+\tau_2)Q_3$$

$$U_1=K_1X,\quad U_2=K_2X,\quad \bar{S}=XSX$$

于是，根据以上推导可得如下结论：

**定理 7.10**　对于带输入时滞且状态时滞参数 $\tau_1$ 未知的线性时滞闭环系统(7.58)。如果存在矩阵 $U_1$，$U_2$，正定矩阵 $X$，$Q_i$，$i=1,\cdots,3$，$\bar{S}$，及正常数 $n_1$，$n_2$，使得线性矩阵不等式 (7.72) 成立，可取形如(7.60)的带记忆的状态反馈控制器，且对 $\tau_1$ 的自适应律可取为

$$\dot{\hat{\tau}}_1=-\frac{1}{\gamma}z\ (t+\tau_2)^{\mathrm{T}}\boldsymbol{P}_2\boldsymbol{R}_3\boldsymbol{P}_2^{\mathrm{T}}z(t+\tau_2) \tag{7.73}$$

选定的常数使得 $\tau_1$ 的估计值 $\hat{\tau}_1(t)$ 满足 $\tau_1^*\geqslant\hat{\tau}_1(t)\geqslant\tau_1\geqslant\tau_{1*}$，$\forall t\geqslant0$，则闭环线性时滞系统(7.62) 是渐进可镇定的，且 $H_\infty$ 性能指标小于给定的界 $\gamma$。反馈增益矩阵及各未知矩阵可这样算得：$\boldsymbol{K}_1=\boldsymbol{U}_1\boldsymbol{X}^{-1}$，$\boldsymbol{K}_2=\boldsymbol{U}_2\boldsymbol{X}^{-1}$。

**证明** 根据以上推导我们可以看出，若取自适应律式(7.73)，且当 $\Xi<\mathbf{0}$ 时系统是可镇定的，进一步，当 $w(t)=\mathbf{0}$ 时，有 $\dot{V}(t)=\dot{V}(x_t,0)<0$，这时时滞系统(7.58) 是内部渐进稳定的。如果存在矩阵 $\boldsymbol{U}_1,\boldsymbol{U}_2$，正定矩阵 $\boldsymbol{X},\boldsymbol{Q}_i,i=1,\cdots,3,\bar{\boldsymbol{S}}$，及正常数 $n_1,n_2$，使得线性矩阵不等式(7.72) 成立，且对 $\tau_1$ 的自适应律可取为式(7.73) 时则 $\hat{\Xi}<\mathbf{0}$，线性时滞系统(7.58) 是可镇定的(由 Schur 补引理可知 $\tilde{\Xi}<\mathbf{0}$ 包含着 $\Xi<\mathbf{0}$ 的解)，且 $H_\infty$ 性能指标小于给定的界 $\gamma$。用 Matlab 软件中的 LMI 工具箱可算得矩阵 $\boldsymbol{U}_i$，正定矩阵 $\boldsymbol{X}$，即可算得 $\boldsymbol{K}_i=\boldsymbol{U}_i\boldsymbol{X}^{-1}$，$i=1,2$，$\boldsymbol{P}=\boldsymbol{X}^{-1}=\frac{n_2}{n_1}\boldsymbol{P}_1=n_2\boldsymbol{P}_2$，由 $\bar{\boldsymbol{S}}=\boldsymbol{XSX}$ 可得 $\boldsymbol{S}=\boldsymbol{P}\bar{\boldsymbol{S}}\boldsymbol{P}$。根据以上推导可以看出余下只需证明 $\gamma>0$ 的存在性。

如果闭环系统(7.62) 是内部稳定的，则根据 $\boldsymbol{x}(t)\to0(t\to\infty)$ 以及式(7.73) 可得 $\dot{\hat{\tau}}_1(t)\to0(t\to\infty)$，也即当系统稳定 $\hat{\tau}_1(t)$ 变化率趋于零，且由式(7.73) 可知 $\dot{\hat{\tau}}_1(t)\leqslant0$，因此 $\hat{\tau}_1(t)$ 一直下降直至系统稳定，此时其值也达到稳态值，也即 $\lim\limits_{t\to\infty}\hat{\tau}_1(t)=\tau_\infty$ 存在以及

$$\tau_\infty=\hat{\tau}_1(0)-\frac{1}{\gamma}\int_0^{+\infty}z\ (t+\tau_2)^{\mathrm{T}}\boldsymbol{P}_2\boldsymbol{R}_3\boldsymbol{P}_2^{\mathrm{T}}z(t+\tau_2)\mathrm{d}t=\hat{\tau}_1(0)-\frac{1}{\gamma}N(\varphi) \tag{7.74}$$

因为 $\boldsymbol{x}(t)\to0,\dot{\boldsymbol{x}}\to0(t\to\infty)$，故存在正常数 $\overline{\boldsymbol{M}},\lambda$，使 $\|z(t+\tau_2)\|^2<\overline{\boldsymbol{M}}\mathrm{e}^{-\lambda t}$，$\forall t\geqslant0$，$\overline{\boldsymbol{M}}$ 是由系统参数确定的常数且与系统的初始函数 $\varphi$ 的选取有关，故可得

$$N(\varphi)=\int_0^{+\infty}z\ (t+\tau_2)^{\mathrm{T}}\boldsymbol{P}_2\boldsymbol{R}_3\boldsymbol{P}_2^{\mathrm{T}}z(t+\tau_2)\mathrm{d}t\leqslant\lambda_{\max}(\boldsymbol{P}_2\boldsymbol{R}_3\boldsymbol{P}_2^{\mathrm{T}})\ \frac{\overline{\boldsymbol{M}}}{\lambda} \tag{7.75}$$

因此 $N(\varphi)$ 是可估计的。由式(7.74) 如果选取 $\bar{\gamma}^{-1}\leqslant\max\limits_{\varphi\in C_R[-\tau,0]}\{(\hat{\tau}_1(0)-\tau_1)/N(\varphi)\}$，则有 $\tau_\infty\geqslant\tau_1>0$(而 $\hat{\tau}_1(t)$ 始终下降，因此 $\hat{\tau}_1(t)>0$)。这就表明正常数 $\bar{\gamma}>0$ 是存在的，且可以从给定的系统及定义在有界集合上的初始函数来进行估计。证毕。

**注意** 从式(7.68)～(7.69) 可以看出，为与 $\bar{\gamma}(\tau_1-\hat{\tau}_1(t-\tau_2))\dot{\hat{\tau}}_1(t-\tau_2)$ 结合得到适当形式的自适应律，是通过交叉项整体放大后的系数来得到 $\hat{\tau}_1(t-\tau_2)-\tau_1=\tau_3-\tau_4$，而不是利用二次型的交叉项反复放大而得到的，故所得结论的保守性要较大些。

**注意** 由于 $z$ 是 $\boldsymbol{x}(t-\tau_2)$ 之前的项，因此 $z(t+\tau_2)$ 是可测量的，同时在对未知参数 $\tau_1$ 引入自适应律时，前面我们假设 $\hat{\tau}_1(t)\geqslant\tau_1$，尽管 $\tau_1$ 未知但在实际应用中以先令 $\hat{\tau}_1(0)=\tau_1^*$，在正常数 $\bar{\gamma}>0$ 的选取中有 $\bar{\gamma}^{-1}\leqslant\max\limits_{\varphi\in C_R[-\tau,0]}\{(\hat{\tau}_1(0)-\tau_1)/N(\varphi)\}$，但 $\tau_1$ 是未知的，而 $\{(\hat{\tau}_1(0)-\tau_1)/N(\varphi)\}\leqslant\{(\hat{\tau}_1(0)-\tau_{1*})/N(\varphi)\}$，因此在求 $\gamma$ 的估计值时可以取 $\bar{\gamma}^{-1}=\max\limits_{\varphi\in C_R[-\tau,0]}\{(\hat{\tau}_1(0)-$

$\tau_{1*})/N(\varphi)\}$。因此自适应律(7.71)是可实现的。

**注意**　在求解矩阵不等式(7.72)时,为简单起见,可令 $n_1=1$(或其他正值),而用搜索法求解 $n_2$,即对 $n_2$ 设一初值,每经过一微小变化(如 0.01 为一间隔变化),直至式(7.72)有可行解为止。

### 7.4.2　带未知输入时滞的多时滞系统对时滞参数的自适应 $H_\infty$ 控制 (Adaptive $H_\infty$ Control for a Class of Nonlinear Time-Delay Systems with Uncertain Input Delay)

对于系统(7.59),根据式(7.59)和(7.61)可得闭环系统状态方程为

$$\begin{cases}\dot{\boldsymbol{x}}(t)=\boldsymbol{A}\boldsymbol{x}(t)+\sum\limits_{i=1}^{l}\boldsymbol{A}_i\boldsymbol{x}(t-\tau_i)+\sum\limits_{j=1}^{l}\boldsymbol{G}_j(\boldsymbol{x}(t-\tau_j),t)+\boldsymbol{B}_1\boldsymbol{w}(t)+\boldsymbol{B}_2\boldsymbol{K}_1\boldsymbol{x}(t-\tau_{l+1})+\\ \qquad\boldsymbol{B}_2\sum\limits_{i=1}^{l}\boldsymbol{K}_{i+1}\boldsymbol{x}(t-\tau_{l+1}-\tau_i)+\boldsymbol{B}_2\boldsymbol{K}_{l+2}\boldsymbol{x}(t-\tau_{l+1}-\hat{\tau}_{l+1}(t-\tau_{l+1}))\\ \bar{\boldsymbol{z}}(t)=(\boldsymbol{C}+\boldsymbol{D}\boldsymbol{K}_1)\boldsymbol{x}(t)+\boldsymbol{D}\sum\limits_{i=1}^{l}\boldsymbol{K}_{i+1}\boldsymbol{x}(t-\tau_i)+\boldsymbol{D}\boldsymbol{K}_{l+2}\boldsymbol{x}(t-\hat{\tau}_{l+1})\\ \boldsymbol{x}(t)=\boldsymbol{\varphi}(t),\quad\forall t\in[-\tau,0],\tau=\max\limits_{i=1,\cdots,l+1}\{\tau_i\}+\tau_{l+1}^{*}\end{cases}\tag{7.76}$$

同样用"descriptor form"的方法,把 $\dot{\boldsymbol{x}}$ 分成 $\boldsymbol{x}(t-\tau_{l+1})$ 之后的项 $\boldsymbol{y}$ 及 $\boldsymbol{x}(t-\tau_{l+1})$ 之前的项 $\boldsymbol{z}$ 两部分,令

$$\begin{aligned}\boldsymbol{y}(t)&=\boldsymbol{A}\boldsymbol{x}(t)+\sum_{i=1}^{l}\boldsymbol{A}_i\boldsymbol{x}(t-\tau_i)+\boldsymbol{B}_1\boldsymbol{w}(t)+\sum_{j=1}^{l}\boldsymbol{G}_j(\boldsymbol{x}(t-\tau_j),t)\\ \boldsymbol{z}(t)&=\boldsymbol{B}_2\boldsymbol{K}_1\boldsymbol{x}(t-\tau_{l+1})+\boldsymbol{B}_2\sum_{i=1}^{l}\boldsymbol{K}_{i+1}\boldsymbol{x}(t-\tau_{l+1}-\tau_i)+\\ &\quad\boldsymbol{B}_2\boldsymbol{K}_{l+2}\boldsymbol{x}(t-\tau_{l+1}-\hat{\tau}_{l+1}(t-\tau_{l+1}))\end{aligned}\tag{7.77}$$

对于系统(7.77),并取系统的 Lyapunov－Krasovskii 函数为

$$\begin{aligned}V(\boldsymbol{x}_t,\boldsymbol{w}_t)=&V_1(t)+\sum_{i=1}^{2l+2}\int_{-\tau_i}^{0}\int_{t+\theta}^{t}(\boldsymbol{y}(s)+\boldsymbol{z}(s))^{\mathrm{T}}\bar{\boldsymbol{A}}_i^{\mathrm{T}}\boldsymbol{Q}_i^{-1}\bar{\boldsymbol{A}}_i(\boldsymbol{y}(s)+\boldsymbol{z}(s))\mathrm{d}s\mathrm{d}\theta+\\ &\frac{\bar{\gamma}}{2}(\tau_{l+1}-\hat{\tau}_{l+1}(t-\tau_{l+1}))^2\end{aligned}\tag{7.78}$$

其中,$\tau_{l+1+i}=\tau_{l+1}+\tau_i,i=1,\cdots,l,\tau_{2l+2}=\tau_{l+1}+\hat{\tau}_{l+1}(t-\tau_{l+1}),\bar{\boldsymbol{A}}_i=\boldsymbol{A}_i,\bar{\boldsymbol{A}}_{l+i}=\boldsymbol{B}_2\boldsymbol{K}_i,i=1,2,\cdots,l+2,\boldsymbol{K}=\sum\limits_{i=1}^{l+2}\boldsymbol{K}_i,V_1(t)=\boldsymbol{x}^{\mathrm{T}}\boldsymbol{P}\boldsymbol{x}$,$\bar{\gamma}$ 为一正常数,$\boldsymbol{P}>\boldsymbol{0},\boldsymbol{Q}_i>\boldsymbol{0},i=1,2,\cdots,2l+2$。$V_1(t)$ 沿系统(7.77)的导数为

$$\begin{aligned}\dot{V}_1(t)=&2\boldsymbol{x}^{\mathrm{T}}\boldsymbol{P}(\boldsymbol{y}+\boldsymbol{z})=2[\boldsymbol{x}^{\mathrm{T}}\quad(\boldsymbol{y}+\boldsymbol{z})^{\mathrm{T}}]\begin{bmatrix}\boldsymbol{P}&\boldsymbol{P}_1\\\boldsymbol{0}&\boldsymbol{P}_2\end{bmatrix}\begin{bmatrix}\boldsymbol{y}+\boldsymbol{z}\\\boldsymbol{0}\end{bmatrix}=\\ &2[\boldsymbol{x}^{\mathrm{T}}\quad(\boldsymbol{y}+\boldsymbol{z})^{\mathrm{T}}]\begin{bmatrix}\boldsymbol{P}&\boldsymbol{P}_1\\\boldsymbol{0}&\boldsymbol{P}_2\end{bmatrix}\left\{\begin{bmatrix}\boldsymbol{y}+\boldsymbol{z}\\\bar{\boldsymbol{A}}\boldsymbol{x}-\boldsymbol{y}-\boldsymbol{z}+\boldsymbol{B}_1\boldsymbol{w}\end{bmatrix}-\sum_{i=1}^{2l+2}\begin{bmatrix}\boldsymbol{0}\\\bar{\boldsymbol{A}}_i\end{bmatrix}\int_{t-\tau_i}^{t}(\boldsymbol{y}(s)+\boldsymbol{z}(s))\mathrm{d}s+\right.\end{aligned}$$

$$\sum_{j=1}^{l}\begin{bmatrix}\mathbf{0}\\ \mathbf{G}_j(\mathbf{x}(t-\tau_j),t)\end{bmatrix}\Big\}=$$

$$2[\mathbf{x}^{\mathrm{T}}\quad(\mathbf{y}+\mathbf{z})^{\mathrm{T}}]\begin{bmatrix}\mathbf{P} & \mathbf{P}_1\\ \mathbf{0} & \mathbf{P}_2\end{bmatrix}\begin{bmatrix}\mathbf{y}+\mathbf{z}\\ \bar{\mathbf{A}}\mathbf{x}-\mathbf{y}-\mathbf{z}+\mathbf{B}_1\mathbf{w}\end{bmatrix}-\sum_{i=1}^{2l+2}\eta_i+\sum_{j=1}^{l}\rho_j \tag{7.79}$$

其中 $\bar{\mathbf{A}}=\mathbf{A}+\sum_{i=1}^{2l+2}\bar{\mathbf{A}}_i+\mathbf{B}_2\mathbf{K}$，令 $\mathbf{E}=\begin{bmatrix}\mathbf{I} & \mathbf{0}\\ \mathbf{0} & \mathbf{0}\end{bmatrix}$，$\bar{\mathbf{P}}=\begin{bmatrix}\mathbf{P} & \mathbf{P}_1\\ \mathbf{0} & \mathbf{P}_2\end{bmatrix}$，且 $\mathbf{P}_1,\mathbf{P}_2$ 满足 $\mathbf{E}\bar{\mathbf{P}}^{\mathrm{T}}=\bar{\mathbf{P}}\mathbf{E}$。

后面的推导类似，只是多了非线性的部分的处理。同样由引理 7.7 有

$$\rho_j=2[\mathbf{x}^{\mathrm{T}}\quad(\mathbf{y}+\mathbf{z})^{\mathrm{T}}]\bar{\mathbf{P}}\begin{bmatrix}\mathbf{0}\\ \mathbf{G}_j(\mathbf{x}(t-\tau_j),t)\end{bmatrix}\leqslant$$

$$[\mathbf{x}^{\mathrm{T}}\quad(\mathbf{y}+\mathbf{z})^{\mathrm{T}}]\bar{\mathbf{P}}\begin{bmatrix}\mathbf{0}\\ \mathbf{I}\end{bmatrix}\mathbf{T}_j[\mathbf{0}\quad\mathbf{I}]\bar{\mathbf{P}}^{\mathrm{T}}\begin{bmatrix}\mathbf{x}\\ \mathbf{y}+\mathbf{z}\end{bmatrix}+\mathbf{G}_j^{\mathrm{T}}(\mathbf{x}(t-\tau_j),t)\mathbf{T}_j^{-1}\mathbf{G}_j(\mathbf{x}(t-\tau_j),t)\leqslant$$

$$[\mathbf{x}^{\mathrm{T}}\quad(\mathbf{y}+\mathbf{z})^{\mathrm{T}}]\bar{\mathbf{P}}\begin{bmatrix}\mathbf{0}\\ \mathbf{I}\end{bmatrix}\mathbf{T}_j[\mathbf{0}\quad\mathbf{I}]\bar{\mathbf{P}}^{\mathrm{T}}\begin{bmatrix}\mathbf{x}\\ \mathbf{y}+\mathbf{z}\end{bmatrix}+\lambda_{\max}(\mathbf{B}_2^{\mathrm{T}}\mathbf{T}_j^{-1}\mathbf{B}_2)\alpha_j^2\mathbf{x}(t-\tau_j)^{\mathrm{T}}\mathbf{x}(t-\tau_j) \tag{7.80}$$

其中 $\mathbf{T}_j,j=1,\cdots,l$ 为维数为 $n$ 的正定矩阵。若取正定矩阵 $\mathbf{T}_j=\tilde{\gamma}\mathbf{I}_n,j=1,\cdots,l$，则经类似的推导，可得：

**定理 7.11** 对于带未知输入时滞参数 $\tau_{l+1}$ 的非线性时滞系统(7.59)，如果存在矩阵 $\mathbf{U}_i$，$i=1,\cdots,l+2$，正定矩阵 $\mathbf{X},\mathbf{Q}_i,i=1,\cdots,2l+2,\bar{\mathbf{S}}_i,i=1,\cdots,l+1$，及正常数 $\bar{\gamma},n_1,n_2$，使得线性矩阵不等式(7.82)成立，对 $\tau_{l+1}$ 的自适应律可取为

$$\dot{\hat{\tau}}_{l+1}(t)=-\frac{1}{\gamma}\mathbf{z}(t+\tau_{l+1})^{\mathrm{T}}\mathbf{P}_2\mathbf{Q}_{2l+2}\mathbf{P}_2^{\mathrm{T}}\mathbf{z}(t+\tau_{l+1}) \tag{7.81}$$

选定的常数使得 $\tau_{l+1}$ 的估计值 $\hat{\tau}_{l+1}(t)$ 满足 $\tau_{l+1}^{*}\geqslant\hat{\tau}_{l+1}(t)\geqslant\tau_{l+1}\geqslant\tau_{l+1*},\forall t\geqslant 0$，则非线性时滞系统(7.59)是可镇定的，且 $H_\infty$ 性能指标小于给定的界 $m$。控制器取为式(7.61)，反馈增益矩阵为 $\mathbf{K}_j=\mathbf{U}_j\mathbf{X}^{-1},j=1,\cdots,l+2$。而用来估算 $\bar{\gamma}$ 的式子(7.74)、(7.75)中的 $\mathbf{Q}_3$ 变为 $\mathbf{Q}_{2l+2}$。其中

$$\breve{\Xi}=\begin{bmatrix}\bar{\Xi}_1 & \bar{\Xi}_2 & \cdots & \bar{\Xi}_{3l+4}\\ \bar{\Xi}_2^{\mathrm{T}} & \mathbf{M}_1 & & \\ \vdots & \vdots & & \vdots\\ \bar{\Xi}_{3l+4}^{\mathrm{T}} & & \cdots & \mathbf{M}_{3l+3}\end{bmatrix}<\mathbf{0} \tag{7.82}$$

其中，$\bar{\Xi}_{i+1}^{\mathrm{T}}=[\mathbf{0}_1\quad\cdots\quad\mathbf{0}_{l+2}\quad n_2\mathbf{A}_i\mathbf{X}\quad\mathbf{0}_1\quad\cdots\quad\mathbf{0}_i]$，$\mathbf{M}_i=-\tau_i^{-1}\mathbf{Q}_i,i=1,\cdots,l$，

$\bar{\Xi}_{l+i+1}^{\mathrm{T}}=[\mathbf{0}_1\quad\cdots\quad\mathbf{0}_{l+2}\quad n_2\mathbf{B}_2\mathbf{U}_i\quad\mathbf{0}_1\quad\cdots\quad\mathbf{0}_{l+i}]$，$\mathbf{M}_{l+i}=-(\tau_{l+i}^{*})^{-1}\mathbf{Q}_{l+i},i=1,\cdots,l+2$，

$\bar{\Xi}_{2l+4}^{\mathrm{T}}=[n_2/n_1(\mathbf{CX}+\mathbf{DU}_1)\quad\mathbf{DU}_2\quad\cdots\quad\mathbf{DU}_{l+2}\quad\mathbf{0}_1\quad\cdots\quad\mathbf{0}_{2l+4}]$，$\mathbf{M}_{2l+3}=-\mathbf{I}_n$，

$\bar{\Xi}_{2l+4+i}^{\mathrm{T}}=[\mathbf{0}_1\quad\cdots\quad\mathbf{0}_i\quad\mathbf{X}\quad\mathbf{0}_1\quad\cdots\quad\mathbf{0}_{3l+6}]$，$\mathbf{M}_{2l+3+i}=-\tilde{\gamma}(\lambda_{\max}(\mathbf{B}_2^{\mathrm{T}}\mathbf{B}_2)\alpha_i^2)^{-1}\mathbf{I}_n,i=1,\cdots,l$

$$\overline{\Xi}_1=\begin{bmatrix}\widetilde{\boldsymbol{\Sigma}}_1 & \boldsymbol{0}_1 & \cdots & \boldsymbol{0}_{l+1} & \widetilde{\boldsymbol{\Sigma}}_2 & \boldsymbol{B}_1\\ \boldsymbol{0}_1 & -\overline{\boldsymbol{S}}_1 & \cdots & \boldsymbol{0} & \boldsymbol{0} & \boldsymbol{0}_1\\ \vdots & \vdots & & \vdots & \vdots & \vdots\\ \boldsymbol{0}_{l+1} & \boldsymbol{0} & \cdots & -\overline{\boldsymbol{S}}_{l+1} & \boldsymbol{0} & \boldsymbol{0}_{l+1}\\ \widetilde{\boldsymbol{\Sigma}}_2^{\mathrm{T}} & \boldsymbol{0} & \cdots & \boldsymbol{0} & \widetilde{\boldsymbol{\Sigma}}_3 & \boldsymbol{B}_1\\ \boldsymbol{B}_1^{\mathrm{T}} & \boldsymbol{0}_1 & \cdots & \boldsymbol{0}_{l+1} & \boldsymbol{B}_1^{\mathrm{T}} & -m^2\boldsymbol{I}\end{bmatrix},$$

$$\widetilde{\boldsymbol{\Sigma}}_1=\frac{n_2}{n_1}(\boldsymbol{A}+\sum_{i=1}^{l}\boldsymbol{A}_i)\boldsymbol{X}+\frac{n_2}{n_1}\sum_{i=1}^{l+2}\boldsymbol{B}_2\boldsymbol{U}_i+\frac{n_2}{n_1}\boldsymbol{X}(\boldsymbol{A}+\sum_{i=1}^{l}\boldsymbol{A}_i)^{\mathrm{T}}+\frac{n_2}{n_1}\sum_{i=1}^{l+2}(\boldsymbol{B}_2\boldsymbol{U}_i)^{\mathrm{T}}+$$
$$\sum_{i=1}^{l}\tau_i\boldsymbol{Q}_i+\sum_{i=l+1}^{2l+2}\tau_i^{*}\boldsymbol{Q}_i+(\frac{n_2}{n_1})^2\sum_{i=1}^{l+1}\overline{\boldsymbol{S}}_i+l\widetilde{\gamma}$$

$$\widetilde{\boldsymbol{\Sigma}}_2=\frac{n_2}{n_1}(n_2-n_1)\boldsymbol{X}+\frac{n_2}{n_1}\boldsymbol{X}(\boldsymbol{A}+\sum_{i=1}^{l}\boldsymbol{A}_i)^{\mathrm{T}}+\frac{n_2}{n_1}\sum_{i=1}^{l+2}(\boldsymbol{B}_2\boldsymbol{U}_i)^{\mathrm{T}}+$$
$$\sum_{i=1}^{l}\tau_i\boldsymbol{Q}_i+\sum_{i=l+1}^{2l+2}\tau_i^{*}\boldsymbol{Q}_i+l\widetilde{\gamma}$$

$$\widetilde{\boldsymbol{\Sigma}}_3=\sum_{i=1}^{l}\tau_i\boldsymbol{Q}_i+\sum_{i=l+1}^{2l+2}\tau_i^{*}\boldsymbol{Q}_i-2n_2\boldsymbol{X}+l\widetilde{\gamma},\quad \boldsymbol{U}_i=\boldsymbol{K}_i\boldsymbol{X},i=1,\cdots,l+2,\overline{\boldsymbol{S}}_i=\boldsymbol{X}\boldsymbol{S}_i\boldsymbol{X},$$
$$\tau_{l+1+i}^{*}=\tau_{l+1}^{*}+\tau_i,i=1,\cdots,l$$

当非线性环节包含未知参数 $\tau_{l+1}$ 时,即系统状态为

$$\begin{cases}\dot{\boldsymbol{x}}(t)=\boldsymbol{A}\boldsymbol{x}(t)+\sum\limits_{i=1}^{l}\boldsymbol{A}_i\boldsymbol{x}(t-\tau_i)+\sum\limits_{j=1}^{l+1}\boldsymbol{G}_j(\boldsymbol{x}(t-\tau_j),t)+\boldsymbol{B}_2\boldsymbol{u}(t-\tau_{l+1})+\boldsymbol{B}_1\boldsymbol{w}(t)\\ \overline{\boldsymbol{z}}(t)=\boldsymbol{C}\boldsymbol{x}(t)+\boldsymbol{D}\boldsymbol{u}(t)\\ \boldsymbol{x}(t)=\boldsymbol{\varphi}(t),\quad \forall t\in[-\tau,0],\tau=\max\limits_{i=1,\cdots,l+1}\{\tau_i\}\end{cases}\tag{7.83}$$

如 $\boldsymbol{G}_{l+1}(\boldsymbol{x}(t-\tau_{l+1}),t)=\boldsymbol{G}_{l+1}(\boldsymbol{x}(t-\tau_{l+1}))$ 只和 $\boldsymbol{x}(t-\tau_{l+1})$ 有关,则(7.77) 中 $\boldsymbol{z}$ 变为

$$\boldsymbol{z}=\boldsymbol{B}_2\boldsymbol{K}_1\boldsymbol{x}(t-\tau_{l+1})+\boldsymbol{B}_2\sum_{i=1}^{l}\boldsymbol{K}_{i+1}\boldsymbol{x}(t-\tau_{l+1}-\tau_i)+\boldsymbol{B}_2\boldsymbol{K}_{l+2}\boldsymbol{x}(t-\tau_{l+1}-\hat{\tau}_{l+1}(t-\tau_{l+1}))+$$
$$\boldsymbol{G}_{l+1}(\boldsymbol{x}(t-\tau_{l+1}))$$

此时式(7.80) 中可取 $\boldsymbol{T}_{l+1}^{-1}=\widehat{\gamma}(\hat{\tau}_{l+1}-\tau_{l+1})\boldsymbol{I}_n$,其中 $\widehat{\gamma}$ 为一正常数,式(7.80) 中的系数为 $l\widetilde{\gamma}$ 的部分再加上系数为$[\widehat{\gamma}(\hat{\tau}_{l+1}-\tau_{l+1})]^{-1}$ 的相应部分(在式(7.82) 的 $\widetilde{\boldsymbol{\Sigma}}_1$ 中放大为$(\widehat{\gamma}\underline{\tau}_{l+1})^{-1}$),这样式(7.81) 中加上 $-\|\boldsymbol{G}_{l+1}(\boldsymbol{x}(t))\|^2$,即可以少放大一次非线性项

$$\boldsymbol{G}_j^{\mathrm{T}}(\boldsymbol{x}(t-\tau_j),t)\boldsymbol{T}_j^{-1}\boldsymbol{G}_j(\boldsymbol{x}(t-\tau_j),t)$$

其余证明过程与定理 7.11 一样。如果 $\boldsymbol{G}_{l+1}(\boldsymbol{x}(t-\tau_{l+1}),t)$ 还是时变的,则式(7.77) 中 $\boldsymbol{z}$ 不变,但式(7.78) 中多一项:

$$\begin{aligned}\boldsymbol{G}_{l+1}^{\mathrm{T}}(\boldsymbol{x}(t-\tau_{l+1}),t)\boldsymbol{G}_{l+1}(\boldsymbol{x}(t-\tau_{l+1}),t)&=\delta_{l+1}(\boldsymbol{x}(t-\tau_{l+1}),t)^{\mathrm{T}}\boldsymbol{B}_2^{\mathrm{T}}\boldsymbol{B}_2\delta_{l+1}(\boldsymbol{x}(t-\tau_{l+1}),t)\leqslant\\ &\lambda_{\max}(\boldsymbol{B}_2^{\mathrm{T}}\boldsymbol{B}_2)\|\delta_{l+1}(\boldsymbol{x}(t-\tau_{l+1}),t)\|^2\leqslant\\ &\lambda_{\max}(\boldsymbol{B}_2^{\mathrm{T}}\boldsymbol{B}_2)\alpha_{l+1}^2\|\boldsymbol{x}(t-\tau_{l+1})\|^2\end{aligned}$$

因此相应地取

$$\bar{V}=V+\sum_{i=1}^{l+1}\int_{t-\tau_i}^{t}\boldsymbol{x}^{\mathrm{T}}(s)\boldsymbol{S}_i\boldsymbol{x}(s)\mathrm{d}s+\int_{t-\hat{\tau}_{l+1}(t)}^{t}\boldsymbol{x}^{\mathrm{T}}(s)\boldsymbol{S}_{l+2}\boldsymbol{x}(s)\mathrm{d}s$$

及相应的可令 $\tilde{\boldsymbol{x}}^{\mathrm{T}}=\begin{bmatrix}\boldsymbol{x}^{\mathrm{T}} & \boldsymbol{x}^{\mathrm{T}}(t-\tau_1) & \cdots & \boldsymbol{x}^{\mathrm{T}}(t-\tau_{l+1}) & \boldsymbol{x}^{\mathrm{T}}(t-\hat{\tau}_{l+1}(t)) & \boldsymbol{y}^{\mathrm{T}} & \boldsymbol{w}^{\mathrm{T}}\end{bmatrix}$，由定理 7.11 可得如下推论：

**推论 7.5**　对于系统(7.83)，定理 7.10 仍然成立，除了 $\bar{\boldsymbol{S}}_i$ 的个数增加至 $l+2$，如

$$\boldsymbol{G}_{l+1}(\boldsymbol{x}(t-\tau_{l+1}),t)=\boldsymbol{G}_{l+1}(\boldsymbol{x}(t-\tau_{l+1}))$$

则最后要求解的 LMI(7.82) 中 $\tilde{\boldsymbol{\Sigma}}_1$ 中的 $l\tilde{\gamma}$ 变为 $l\tilde{\gamma}+(\widehat{\gamma\underline{\tau}_{l+1}})^{-1}$，其余项不变，对 $\tau_{l+1}$ 的自适应律由式(7.81) 变为

$$\dot{\tau}_{l+1}(t)=-\frac{1}{\gamma}\boldsymbol{z}\,(t+\tau_{l+1})^{\mathrm{T}}\boldsymbol{P}_2\boldsymbol{Q}_{2l+2}\boldsymbol{P}_2^{\mathrm{T}}\boldsymbol{z}(t+\tau_{l+1})-\frac{\hat{\gamma}}{\gamma}\,\|\,\boldsymbol{G}_{l+1}(\boldsymbol{x}(t))\,\|^2 \tag{7.84}$$

为求得 $\bar{\gamma}$，由假设 7.2 可知式(7.75) 中 $\boldsymbol{N}(\varphi)$ 需加上

$$\hat{\gamma}\int_0^{+\infty}\|\,\boldsymbol{G}_{l+1}(\boldsymbol{x}(t))\,\|^2\mathrm{d}t=\hat{\gamma}\int_0^{+\infty}\|\,\boldsymbol{B}_2\delta_{l+1}(\boldsymbol{x}(t))\,\|^2\mathrm{d}t\leqslant\hat{\gamma}\lambda_{\max}(\boldsymbol{B}_2^{\mathrm{T}}\boldsymbol{B}_2)\alpha_{l+1}^2$$

如 $\boldsymbol{G}_{l+1}(\boldsymbol{x}(t-\tau_{l+1}),t)$ 还和当前时刻 $t$ 有关，则最后要求的 LMI 由式(7.82) 变为

$$\boldsymbol{\Gamma}=\begin{bmatrix}\breve{\Xi} & \boldsymbol{\Gamma}_1\\ \boldsymbol{\Gamma}_1^{\mathrm{T}} & \boldsymbol{\Gamma}_2\end{bmatrix}<\boldsymbol{0} \tag{7.85}$$

其中 $\boldsymbol{\Gamma}_2=-\hat{\gamma}/(\lambda_{\max}(\boldsymbol{B}_2^{\mathrm{T}}\boldsymbol{B}_2)\alpha_{l+1}^2)\boldsymbol{I}_n$，$\breve{\Xi}$ 中的 $\bar{\Xi}_1$ 增加对应于 $\boldsymbol{x}^{\mathrm{T}}(t-\tau_{l+1})$ 的一维，

$\boldsymbol{\Gamma}_1^{\mathrm{T}}=[\boldsymbol{0}_1\ \ \cdots\ \ \boldsymbol{0}_{l+1}\ \ \boldsymbol{X}\ \ \boldsymbol{0}_1\ \ \cdots\ \ \boldsymbol{0}_{3l+6}]$，其余证明过程与定理 7.11 的一样，这里不再赘述。

**注意**　当状态时滞参数 $\tau_i, i=1,\cdots,l$ 未知而输入时滞常数 $\tau_{l+1}$ 已知时，状态反馈控制器为 $\boldsymbol{u}=\boldsymbol{K}_1\boldsymbol{x}(t)+\sum_{i=1}^{l}\boldsymbol{K}_{i+1}\boldsymbol{x}(t-\hat{\tau}_i)$，而当状态时滞参数 $\tau_i, i=1,\cdots,l$ 与输入时滞常数 $\tau_{l+1}$ 均未知时，状态反馈控制器为 $\boldsymbol{u}=\boldsymbol{K}_1\boldsymbol{x}(t)+\sum_{i=1}^{l}\boldsymbol{K}_{i+1}\boldsymbol{x}(t-\hat{\tau}_i)+\boldsymbol{K}_{l+2}\boldsymbol{x}(t-\hat{\tau}_{l+1})$。这时要采用多参数的自适应律，而这里又加入了非线性环节，如(7.59) 中定义的非线性项的上界未知，情况将更加复杂。

### 7.4.3　设计实例(Design Example)

**仿真示例 1**　考虑与式(7.58) 相符的时滞系统：$\boldsymbol{A}=\begin{bmatrix}0 & 0\\ 0 & 1\end{bmatrix}$，$\boldsymbol{A}_1=\begin{bmatrix}-1 & -1\\ 0 & -0.9\end{bmatrix}$，$\boldsymbol{B}_1=\begin{bmatrix}0.2\\ 0.2\end{bmatrix}$，$\boldsymbol{B}_2=\begin{bmatrix}0\\ 1\end{bmatrix}$，$\tau_2=0.8$，$\tau_1^*=0.4$，$\tau_1=0.3$，$\tau_{1*}=0.2$，$\boldsymbol{C}=[0\ \ 1]$，$\boldsymbol{D}=0.1$，取 $\gamma=0.9$，其中 $\tau_1$ 未知。把这些数据代入 LMI(7.72) 中，令 $n_1=1$，$n_2=0.1$ 按时间间隔(0.01) 变化，直到 LMI(7.72) 有可行解：

$$\boldsymbol{P}=\begin{bmatrix}3.542\,8\times10^{-7} & 0.000\,1\\ 0.000\,1 & 2.553\,2\end{bmatrix},\quad \boldsymbol{K}_1=[0.000\,1\ \ -0.646\,9]$$

$$\boldsymbol{K}_2 = 1.0 \times 10^{-4} * [-0.000\,8 \quad -0.454\,2],$$

$$\boldsymbol{Q}_3 = \begin{bmatrix} 820\,770 & -0.000\,0 \\ -0.000\,0 & 6.394\,9 \times 10^{-5} \end{bmatrix}$$

此时 $n_2 = 0.69$。取

$$\hat{\tau}_2(0) = \tau_2^* = 0.4, \quad \begin{bmatrix} \varphi_1(t) \\ \varphi_2(t) \end{bmatrix} = \begin{bmatrix} 2\sin[4\pi(t-\tau)/\tau] \\ -3\cos[4\pi(t-\tau)/\tau] \end{bmatrix}$$

可得 $\overline{\boldsymbol{M}} = \| \boldsymbol{z} \|_{t=0} = \| \dot{\boldsymbol{x}} - \boldsymbol{y} \|_{t=0} = 0.953\,2$，取 $\lambda = 0.002\,4$，则由式(7.75)可估算出 $N(\varphi) = 0.345\,4$，因此可取 $\bar{\gamma}^{-1} = \max\limits_{\varphi \in C_R[-\tau,0]} \{(\hat{\tau}_1(0) - \tau_{1*})/N(\varphi)\} = 0.579\,1$ 即 $\bar{\gamma} = 1.726\,8$。仿真所得系统状态 $\boldsymbol{x}(t)$ 和参数估计 $\hat{\tau}_1(t)$ 分别如图 7.9(a)、7.9(b) 所示。

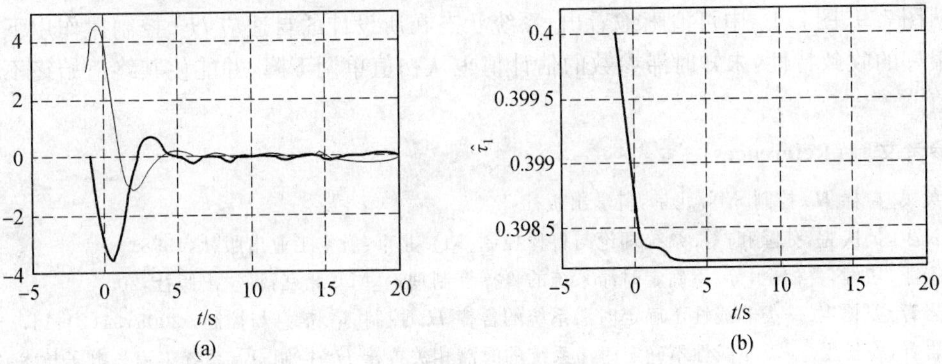


图 7.9　系统状态和参数估计

**仿真示例 2**　考虑与式(7.59)相符的时滞系统：$\tau_1 = 0.4$，$\boldsymbol{A} = \begin{bmatrix} 0 & 0 \\ 0 & 1 \end{bmatrix}$，$\boldsymbol{A}_1 = \begin{bmatrix} -1 & -1 \\ 0 & -0.9 \end{bmatrix}$，$\boldsymbol{B}_1 = \begin{bmatrix} 0.2 \\ 0.2 \end{bmatrix}$，$\boldsymbol{B}_2 = \begin{bmatrix} 0 \\ 0.1 \end{bmatrix}$，$\tau_2 = 0.8$，$\tau_2^* = 0.999$，$\tau_{2*} = 0.6$，$\boldsymbol{C} = [0 \quad 1]$，$\boldsymbol{D} = 0.1$，$\boldsymbol{G}(\boldsymbol{x}(t-\tau_1)) = \sqrt{|x_1(t-\tau_1)x_2(t-\tau_1)|} \leqslant 0.447\,2\boldsymbol{B}_2 \| \boldsymbol{x}(t-\tau_1) \|$，其中 $l=1$，$\tau_2$ 未知。取 $m = 1.6$，把这些数据代入 LMI (7.72)，令 $n_1 = 1$，$n_2 = 0.1$ 按时间间隔(0.01) 变化直到 LMI (7.72) 有可行解：

$$\boldsymbol{P} = \begin{bmatrix} 0.130\,1 & 0.013\,0 \\ 0.013\,0 & 2.189\,6 \end{bmatrix}, \boldsymbol{K}_1 = [0.018\,1 \quad -5.336\,7], \boldsymbol{K}_2 = [-0.000\,2 \quad -0.001\,7],$$

$$\boldsymbol{K}_3 = 1.0 \times 10^{-3} * [-0.041\,7 \quad -6\,755], \bar{\gamma} = 0.016\,7, \boldsymbol{Q}_4 = \begin{bmatrix} 0.022\,0 & 0.000\,3 \\ 0.000\,3 & 0.000\,1 \end{bmatrix},$$

此时 $n_2 = 0.71$。取 $\hat{\tau}_2(0) = \tau_2^* = 0.999$，$\begin{bmatrix} \varphi_1(t) \\ \varphi_2(t) \end{bmatrix} = \begin{bmatrix} 2\sin[4\pi(t-\tau)/\tau] \\ -3\cos[4\pi(t-\tau)/\tau] \end{bmatrix}$，可得

$$\overline{\boldsymbol{M}} = \| \boldsymbol{z} \|_{t=0} = \| \dot{\boldsymbol{x}} - \boldsymbol{y} \|_{t=0} = 1.222\,2$$

取 $\lambda = 0.072\,9$，则由式(7.75)可估算出 $N(\varphi) = 0.015\,6$，因此可取 $\bar{\gamma}^{-1} = \max\limits_{\varphi \in C_R[-\tau,0]} \{(\hat{\tau}_2(0) - \tau_{2*})/N(\varphi)\} = 25.575\,4$ 即 $\bar{\gamma} = 0.039\,1$。仿真所得系统状态 $\boldsymbol{x}(t)$ 和参数估计 $\hat{\tau}_2(t)$ 分别如图 7.10(a)、7.10(b) 所示。

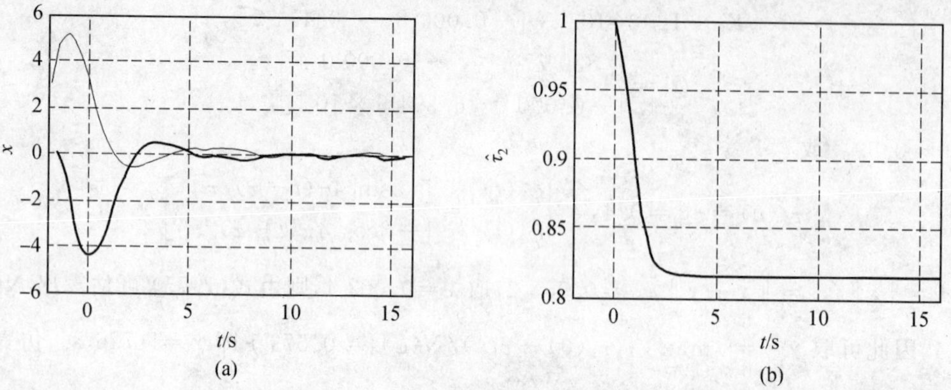


图 7.10　系统状态和参数估计

从图 7.9、图 7.10 中可清晰地看出，系统状态在所设计的自适应 $H_\infty$ 控制律作用下最终得到了很好的收敛特性，未知时滞参数的估计值也从初值单调下降，并能使其终值始终不小于其真实值。

**参考文献(References)**


[1] 贾英民. 鲁棒 $\boldsymbol{H}_\infty$ 控制[M]. 北京：科学出版社，2007.

[2] 姜长生，吴庆宪，孙隆和，等. 系统理论与鲁棒控制[M]. 北京：航空工业出版社，1998.

[3] 苏宏业，褚健，鲁仁全，等. 不确定时滞系统的鲁棒控制理论[M]. 北京：科学出版社，2007.

[4] 王岩青，姜长生. 一类非线性不确定时滞系统的鲁棒 $H_\infty$ 控制[J]. 信息与控制，2005，34(2)：147－151.

[5] 王岩青，姜长生. 一类非线性不确定时滞系统的时滞相关鲁棒 $H_\infty$ 控制[J]. 系统工程与电子技术，2005，27(12)：2079－2082.

[6] 王岩青，姜长生. 一类具有输入时滞的非线性不确定系统的时滞相关鲁棒 $H_\infty$ 控制[J]. 南京航空航天大学学报，2007，39(2)：159－163.

[7] 王岩青，姜长生. 传感器失效不确定中立型时滞系统的鲁棒容错控制[J]. 解放军理工大学学报(自然科学版)，2006，7(2)：133－136.

[8] 王岩青，钱承山，姜长生. 中立型不确定变时滞系统的一个时滞相关鲁棒稳定性判据[J]. 山东大学学报(工学版)，2008，38(1)：116－120.

[9] 柴琳，费树岷，辛云冰. 一类带未知输入时滞的多时滞非线性系统的对时滞参数的自适应 $H_\infty$ 控制[J]. 自动化学报，2006，32(2)：237－245.

[10] 柴琳，程明，费树岷，等. 一类混合时滞系统对时滞参数的自适应控制[J]. 东南大学学报(自然科学版)，2008，38(A02)，90－95.

[11] 柴琳. 时滞系统 $H_\infty$ 控制与自适应控制的研究[D]. 南京：东南大学自动化学院，2007.

# 第 8 章　切换线性和非线性系统的控制（The Control of Switched Linear and Nonlinear Systems）

在自然界和工程实际中，许多被控对象在不同工况下系统的参数或结构会产生变化，实际系统往往具有“非线性”、“多层次”、“强耦合”、“无穷维”、“随机性”、“不确定性”等多种复杂特性的组合，传统的控制算法无能为力，复杂性科学因此应运而生。而混杂系统是很多实际系统的抽象，主要用于对复杂大系统的描述、分析及控制。切换系统是一类特殊而又重要的混杂系统，是目前系统理论研究的一个重要的前沿方向。

## 8.1　切换系统基本概念和切换线性系统的描述（The Basic Concept of Switched Systems and the Description of Switched Linear Systems）

### 8.1.1　切换系统基本概念（The Basic Concept of Switched Systems）

1. 切换信号分类

对于如下切换系统

$$\begin{cases}\dot{\boldsymbol{x}}(t)=\boldsymbol{f}_{\sigma}(\boldsymbol{x}(t))\\ \boldsymbol{y}(t)=h_{\sigma}(\boldsymbol{x}(t))\end{cases}\tag{8.1}$$

如果它的子系统 $\{\boldsymbol{f}_i,h_i\}$，$i\in\mathbf{N}=\{1,2,\cdots,N\}$，$N<\infty$ 是给定的，则切换系统(8.1)的性能将完全取决于切换信号 $\sigma$。众所周知，针对同一个切换系统，执行不同的切换信号将可能产生完全不同的系统行为，从而切换信号的设计在切换系统的综合中起到举足轻重的作用。

通常切换信号是一个逐段常数的函数，它可以依赖于时间、它本身的过去值、系统的状态变量、输出变量或系统的外部信号等，其一般表达形式如下：

$$\sigma(t)=S([t_0,t^-),\sigma([t_0,t^-)),\boldsymbol{x}([t_0,t^-)),\boldsymbol{y}([t_0,t^-)),\boldsymbol{\omega}([t_0,t^-))),\quad t\geqslant t_0$$

这里 $t_0$ 表示系统运行的初始时刻，$\omega$ 表示系统外部设备所产生的信号或系统的外部干扰信号等。现主要讨论仅依赖于瞬时过去值的切换信号，即

$$\sigma(t^+)=S(t,\sigma(t^-),\boldsymbol{x}(t),\boldsymbol{y}(t),\boldsymbol{\omega}(t)),\quad t\geqslant t_0\tag{8.2}$$

2. 切换路径

**定义 8.1**　若某切换信号 $\sigma$ 仅是依赖于时间的函数，即 $\sigma(\cdot):[t_0,t_1)\mapsto\mathbf{N}$，则称它为切换路径，记为 $\boldsymbol{\theta}(t)$。

由定义 8.1 可知，切换路径与系统的初始状态无关而只与初始时间相关，即切换路径关于系统的初始状态是一致的。

**定义 8.2** 设 $\theta_1(t)$ 和 $\theta_2(t)$ 是两个定义在 $[t_0,t_1)$ 上的切换路径，如集合

$$\{t\in[t_0,t_1)\ \ \theta_1(t)\neq\theta_2(t)\}$$

是零测度集，则称 $\theta_1(t)$ 和 $\theta_2(t)$ 在 $[t_0,t_1)$ 上是不可区分的。

根据定义 8.2，对同一个切换系统，两个不可区分的切换路径能生成相同的系统动态，即该切换系统在两个不可区分的切换路径的作用之下的系统行为是相同的，所以可将两个不可区分的切换路径视为同一个切换路径。

(1) 时间驱动的切换律

**定义 8.3** 若某切换信号 $\sigma$ 只依赖于时间和它本身的过去值，即

$$\sigma(t^+)=S(t,\sigma(t^-))$$

则称这类切换信号为时间驱动的切换律。

显然，时间驱动的切换律与系统的初始状态和输出变量无关。注意到，切换路径是一个取值于有限集 $\mathbf{N}$ 的分段常值时变函数，而时间驱动的切换律是由二元函数 $S(\cdot,\cdot):\mathbf{R}\times\mathbf{N}\mapsto\mathbf{N}$ 来确定的。

(2) 事件驱动的切换律

**定义 8.4** 称由下列式子表达的切换信号为事件驱动的切换律

$$\sigma(t^+)=S(\sigma(t^-),\boldsymbol{x}(t),\boldsymbol{y}(t),\boldsymbol{\omega}(t)),\quad t\geqslant t_0 \tag{8.3}$$

特别地，若某切换信号 $\sigma$ 只依赖于它本身的过去值和系统的状态，即 $\sigma(t^+)=S(\sigma(t^-),\boldsymbol{x}(t))$，则称为状态反馈切换律。同样地，若某切换信号 $\sigma$ 只依赖于它本身的过去值和系统的输出，即 $\sigma(t^+)=S(\sigma(t^-),\boldsymbol{y}(t))$，则称为输出反馈切换律；若某切换信号 $\sigma$ 依赖于它本身的过去值、系统的输出和系统的外部信号 $\boldsymbol{\omega}(t)$，即 $\sigma(t^+)=S(\sigma(t^-),\boldsymbol{y}(t),\boldsymbol{\omega}(t))$，则称为动态输出反馈切换律。

注意到，定义 8.4 中所提到的事件包含切换规则、系统的状态变化范围、系统的输出范围或系统外部的信号等。

给定区间 $[t_0,t_1)$，$t_1>t_0$ 和初始状态 $\boldsymbol{x}_0$，对于下列切换控制系统

$$\begin{cases}\dot{\boldsymbol{x}}(t)=\boldsymbol{f}_\sigma(\boldsymbol{x}(t),\boldsymbol{u}(t))\\ \boldsymbol{y}(t)=h_\sigma(\boldsymbol{x}(t))\end{cases} \tag{8.4}$$

如果存在系统(8.4)的一个状态轨迹 $\boldsymbol{x}:[t_0,t_1)\mapsto\mathbf{R}^n\ (\boldsymbol{x}(t_0)=\boldsymbol{x}_0)$，使得对于所有的 $t\in[t_0,t_1)$，有

$$\begin{cases}\dot{\boldsymbol{x}}(t)=\boldsymbol{f}_{\boldsymbol{\theta}(t)}(\boldsymbol{x}(t),\boldsymbol{u}(t))\\ \boldsymbol{y}(t)=h_{\boldsymbol{\theta}(t)}(\boldsymbol{x}(t))\\ \boldsymbol{\theta}(t^+)=S(\boldsymbol{\theta}(t^-),\boldsymbol{x}(t),\boldsymbol{y}(t),\boldsymbol{\omega}(t))\end{cases}$$

则称 $\boldsymbol{\theta}(t)$ 是由事件驱动切换律(8.3)关于系统(8.4)在 $\boldsymbol{x}_0$ 处所生成的切换路径。

(3) 纯状态(输出)反馈切换律

**定义 8.5** 若某切换信号 $\sigma$ 只依赖于系统的状态变量，即 $\sigma(t^+)=S(\boldsymbol{x}(t))$，则称这类切换信号为纯状态反馈切换律(也称切换规则)。

类似地，若切换信号 $\sigma$ 只依赖于系统的输出，即 $\sigma(t^+)=S(\boldsymbol{y}(t))$，则称这类切换信号为纯输出反馈切换律。

所设计的切换律(切换规则)主要是纯状态反馈切换律。为了进一步理解纯状态反馈切

换规则，给出下列例子来说明。

**例 8.1**　对于下列切换线性系统

$$\dot{\boldsymbol{x}}(t)=\boldsymbol{A}_{\sigma}\boldsymbol{x}(t),\sigma(\cdot):[t_0,\infty)\mapsto\mathbf{N} \tag{8.5}$$

如果存在 $N$ 个常数 $\alpha_i\in[0,1]$ 满足 $\sum_{i=1}^{N}\alpha_i=1$，使得矩阵 $\sum_{i=1}^{N}\alpha_i\boldsymbol{A}_i$ 是稳定的，那么可设计如下的纯状态反馈切换律来确保系统(8.5) 在平衡点 $\boldsymbol{x}=\boldsymbol{0}$ 处是渐进稳定的。

$$\sigma=\arg\min\{\boldsymbol{x}^{\mathrm{T}}(t)(\boldsymbol{A}_1^{\mathrm{T}}\boldsymbol{P}+\boldsymbol{P}\boldsymbol{A}_1)\boldsymbol{x}(t),\cdots,\boldsymbol{x}^{\mathrm{T}}(t)(\boldsymbol{A}_N^{\mathrm{T}}\boldsymbol{P}+\boldsymbol{P}\boldsymbol{A}_N)\boldsymbol{x}(t)\} \tag{8.6}$$

式中，矩阵 $\boldsymbol{P}$ 是 $\left(\sum_{i=1}^{N}\alpha_i\boldsymbol{A}_i\right)^{\mathrm{T}}\boldsymbol{P}+\boldsymbol{P}\left(\sum_{i=1}^{N}\boldsymbol{\alpha}_i\boldsymbol{A}_i\right)=-\boldsymbol{I}$ 的对称正定解。从而由初始状态 $\boldsymbol{x}(t_0)=\boldsymbol{x}_0$ 出发，纯状态反馈切换律(8.6) 生成的切换序列(切换序列将在后面讨论) 如下：

$$\sigma(t_0)=\arg\min\{\boldsymbol{x}_0^{\mathrm{T}}(\boldsymbol{A}_1^{\mathrm{T}}\boldsymbol{P}+\boldsymbol{P}\boldsymbol{A}_1)\boldsymbol{x}_0,\cdots,\boldsymbol{x}_0^{\mathrm{T}}(\boldsymbol{A}_N^{\mathrm{T}}\boldsymbol{P}+\boldsymbol{P}\boldsymbol{A}_N)\boldsymbol{x}_0\}$$

$$t_1=\inf\{t\geqslant t_0;\arg\min_{k\in\mathbf{N}}\{\boldsymbol{x}^{\mathrm{T}}(t)[\boldsymbol{A}_k^{\mathrm{T}}\boldsymbol{P}+\boldsymbol{P}\boldsymbol{A}_k]\boldsymbol{x}(t)\}\neq\sigma(t_0)\}$$

$$\sigma(t_1)=\arg\min\{\boldsymbol{x}^{\mathrm{T}}(t_1)(\boldsymbol{A}_1^{\mathrm{T}}\boldsymbol{P}+\boldsymbol{P}\boldsymbol{A}_1)\boldsymbol{x}(t_1),\cdots,\boldsymbol{x}^{\mathrm{T}}(t_1)(\boldsymbol{A}_N^{\mathrm{T}}\boldsymbol{P}+\boldsymbol{P}\boldsymbol{A}_N)\boldsymbol{x}(t_1)\}$$

$$\vdots$$

$$t_i=\inf\{t\geqslant t_{i-1};\arg\min_{k\in\mathbf{N}}\{\boldsymbol{x}^{\mathrm{T}}(t)[\boldsymbol{A}_k^{\mathrm{T}}\boldsymbol{P}+\boldsymbol{P}\boldsymbol{A}_k]\boldsymbol{x}(t)\}\neq\sigma(t_{i-1})\}$$

$$\sigma(t_i)=\arg\min\{\boldsymbol{x}^{\mathrm{T}}(t_i)(\boldsymbol{A}_1^{\mathrm{T}}\boldsymbol{P}+\boldsymbol{P}\boldsymbol{A}_1)\boldsymbol{x}(t_i),\cdots,\boldsymbol{x}^{\mathrm{T}}(t_i)(\boldsymbol{A}_N^{\mathrm{T}}\boldsymbol{P}+\boldsymbol{P}\boldsymbol{A}_N)\boldsymbol{x}(t_i)\}$$

$$\vdots$$

### 8.1.2　切换信号的良定性和切换系统的适定性(The Well－Definiteness of Switched Signal and the Well－posedness of Switched Systems)

**定义 8.6**　对于定义在 $[t_0,t_1)$，$t_1>t_0$ 上的切换路径 $\boldsymbol{\theta}(t)$，如果 $\forall s\in[t_0,t_1)$，有 $\lim_{t\to s^+}\boldsymbol{\theta}(t)$ $(\lim_{t\to t_0^+}\boldsymbol{\theta}(t)=\theta(t_0))$ 和 $\lim_{t\to s^-}\boldsymbol{\theta}(t)$ 存在，且在 $[t_0,t_1)$ 上的任意有限长度子区间上只有有限次跳跃，即对于任意的 $t'\in[t_0,t_1)$，集合 $\{s\in[t_0,t']\ \lim_{t\to s^-}\boldsymbol{\theta}(t)\neq\lim_{t\to s^+}\boldsymbol{\theta}(t)\}$ 为有限集，则称切换路径 $\boldsymbol{\theta}(t)$ 在 $[t_0,t_1)$ 上是良定的。

显然，产生齐诺现象 (Zeno Phenomenon)(抖颤(Chattering)) 的切换律是不良定的。

根据定义 8.6，给出一般切换信号的良定性概念。

**定义 8.7**　对于给定的切换系统 $\boldsymbol{\Sigma}$ 且假设 $\sigma$ 为该系统的切换信号。如果 $\sigma$ 在 $[t_0,t_1)$，$t_1>t_0$ 上关于初态 $\boldsymbol{x}_0$ 有定义且生成良定的切换路径，则称 $\sigma$ 关于切换系统 $\boldsymbol{\Sigma}$ 和初始状态 $\boldsymbol{x}_0$ 在 $[t_0,t_1)$ 上是良定的。如果对于任意的 $\boldsymbol{x}_0\in\mathbf{R}^n$，$\sigma$ 关于切换系统 $\boldsymbol{\Sigma}$ 和初始状态 $\boldsymbol{x}_0$ 在 $[t_0,t_1)$ 上是良定的，则称 $\sigma$ 关于切换系统 $\boldsymbol{\Sigma}$ 在 $[t_0,t_1)$ 上是良定的。如果对于任意的 $\boldsymbol{x}_0\in\mathbf{R}^n$ 和任意的 $t'\in[t_0,t_1)$，$-\infty<t_0<t_1\leqslant\infty$，$\sigma$ 关于初始状态 $\boldsymbol{x}_0$ 在区间 $[t_0,t')$ 上是良定的，则称 $\sigma$ 是完全良定的。

下面引入切换系统的适定性概念。

**定义 8.8**　称一个切换系统 $\boldsymbol{\Sigma}$ 关于初始状态 $\boldsymbol{x}_0$ 和切换信号 $\sigma$ 在 $[t_0,t_1)$ 上是适定的，如果

① 切换信号 $\sigma$ 关于切换系统 $\boldsymbol{\Sigma}$ 和初始状态 $\boldsymbol{x}_0$ 在 $[t_0,t_1)$ 上是良定的；

② 在初始条件 $\boldsymbol{x}(t_0)=\boldsymbol{x}_0$ 下，切换系统 $\boldsymbol{\Sigma}$ 在 $[t_0,t_1)$ 上的解存在且唯一。

类似地，如果对于任意的 $\boldsymbol{x}_0\in\mathbf{R}^n$ 和任意的 $t'\in[t_0,t_1)$，$-\infty<t_0<t_1\leqslant\infty$，切换系统

$\boldsymbol{\Sigma}$ 关于初始状态 $\boldsymbol{x}_0$ 和切换信号 $\sigma$ 在 $[t_0, t')$ 上是适定的，则称切换系统 $\boldsymbol{\Sigma}$ 关于切换信号 $\sigma$ 是适定的。

本章中所讨论的切换信号和切换系统分别是良定的和适定的。

### 8.1.3　切换序列(Switched Sequence)

对于在 $[t_0, t_1)$ 上的切换路径 $\theta$，它在 $[t_0, t_1)$ 上的任意有限长度子区间上只有有限个跳跃时刻 $s$，即

$$s \in \{t \in (t_0, t_1) \quad \lim_{r \to t^-} \theta(r) \neq \lim_{r \to t^+} \theta(r)\}$$

称这些跳跃时刻 $s \in [t_0, t_1)$ 为切换时间。假设 $s_1, s_2, \cdots, s_l$ 是切换路径 $\theta$ 在 $[t_0, t_1)$ 上的切换时间，即 $t_0 < s_1 < s_2 < \cdots < s_l < t_1$，这里 $l$ 是正整数(当 $t_1 = +\infty$ 时，$l$ 可能是无穷大)。设 $s_0 = t_0$，则称序列 $\{s_i\}_{i=0}^{l} = \{s_0, s_1, \cdots, s_l\}$ 为切换路径 $\theta$ 在 $[t_0, t_1)$ 上的切换时间序列。类似地，称指标序列 $\{\theta(s_i^+)\}_{i=0}^{l} = \{\theta(s_0^+), \theta(s_1^+), \cdots, \theta(s_l^+)\}$，$\theta(s_i^+) \in \mathbf{N}$ 为切换路径 $\theta$ 在 $[t_0, t_1)$ 上的切换指标序列；二元序列 $\{(s_0, \theta(s_0^+)), (s_1, \theta(s_1^+)), \cdots, (s_l, \theta(s_l^+))\}$ 为切换路径 $\theta$ 在 $[t_0, t_1)$ 上的切换序列。

注意到，切换序列 $\{(s_0, n_0), (s_1, n_1), \cdots, (s_l, n_l)\}$ 可通过下列关系唯一地确定一个切换路径：

$$\theta(t) = \begin{cases} n_0, & t \in [t_0, s_1) \\ n_1, & t \in [s_1, s_2) \\ \vdots \\ n_l, & t \in [s_l, t_1) \end{cases}$$

设 $h_i = s_{i+1} - s_i$，$i = 0, 1, \cdots, l-1$ 且 $h_l = t_1 - s_l$，则称二元序列

$$\{(h_0, \theta(s_0^+)), (h_1, \theta(s_1^+)), \cdots, (h_l, \theta(s_l^+))\}$$

为切换路径 $\theta$ 在 $[t_0, t_1)$ 上的切换持续序列(Switching Duration Sequence)。明显地，切换序列能唯一地确定一个切换持续序列，反之亦然。

对于切换信号的切换(时间、指标、持续)序列，可通过由该切换信号所生成的切换路径来定义。假设切换信号 $\sigma$ 关于初始条件 $\boldsymbol{x}_0$ 在 $[t_0, t_1)$ 上是良定的且生成切换路径 $\theta$，则 $\sigma$ 关于初始条件 $\boldsymbol{x}_0$ 在 $[t_0, t_1)$ 上的切换(时间、指标、持续)序列就定义为切换路径 $\theta$ 相应的切换(时间、指标、持续)序列。我们一般用 $\{\boldsymbol{x}_0, (s_0, n_0), (s_1, n_1), \cdots, (s_l, n_l)\}$ 表示具有初始条件 $\boldsymbol{x}_0$ 的切换序列。

应该注意到这样的事实：一个良定的切换律总是关于给定的初始条件生成唯一的切换路径(在不可区分的切换路径的意义之下)；当初始条件不同时其生成的切换路径也不同，从而产生不同的切换序列。这恰恰就是切换动态系统与非切换的时变动态系统的本质区别之所在。下面提供一个例子来阐述。

**例 8.2**　对于切换线性系统 $\dot{\boldsymbol{x}}(t) = \boldsymbol{A}_\sigma \boldsymbol{x}(t)$，$\sigma \in \{1, 2\}$，其中

$$\boldsymbol{A}_1 = \begin{pmatrix} 1 & 0 \\ 0 & -2 \end{pmatrix}, \quad \boldsymbol{A}_2 = \begin{pmatrix} -2 & 0 \\ 0 & 1 \end{pmatrix}$$

设计纯状态反馈切换律为 $\sigma(t) = \arg\min\{\boldsymbol{x}^{\mathrm{T}}(t)\boldsymbol{A}_1\boldsymbol{x}(t), \boldsymbol{x}^{\mathrm{T}}(t)\boldsymbol{A}_2\boldsymbol{x}(t)\}$。若系统的初态为 $\boldsymbol{x}(t_0) = \boldsymbol{x}_0 = (a \quad 0)^{\mathrm{T}}$，$a \neq 0$，则子系统 $\dot{\boldsymbol{x}}(t) = \boldsymbol{A}_1\boldsymbol{x}(t)$ 和 $\dot{\boldsymbol{x}}(t) = \boldsymbol{A}_2\boldsymbol{x}(t)$ 的解分别为 $\boldsymbol{x}(t) =$

$(ae^t \quad 0)^{\mathrm{T}}$ 和 $\boldsymbol{x}(t)=(ae^{-2t} \quad 0)^{\mathrm{T}}$，从而所设计的纯状态反馈切换律生成的切换序列为 $\{\boldsymbol{x}_0,(t_0,2)\}$；若系统的初态为 $\boldsymbol{x}(t_0)=\boldsymbol{x}_0=(0 \quad b)^{\mathrm{T}}, b\neq 0$，此时两个子系统的解分别为 $\boldsymbol{x}(t)=(0 \quad be^{-2t})^{\mathrm{T}}$ 和 $\boldsymbol{x}(t)=(0 \quad be^t)^{\mathrm{T}}$，则生成的切换序列为 $\{\boldsymbol{x}_0,(t_0,1)\}$；若系统的初态为 $\boldsymbol{x}(t_0)=\boldsymbol{x}_0=(a \quad b)^{\mathrm{T}}, ab\neq 0$，则两个子系统的解分别为 $\boldsymbol{x}(t)=(ae^t \quad be^{-2t})^{\mathrm{T}}$ 和 $\boldsymbol{x}(t)=(ae^{-2t} \quad be^t)^{\mathrm{T}}$，此时生成的切换序列为无穷序列。

最后我们给出切换信号的切换驻留时间(Switching Dwell Time)的定义。

**定义 8.9**　对于一个切换信号中任两个相邻的切换时间 $t_i$ 和 $t_{i+1}$，如果 $t_{i+1}-t_i=\tau$，则称该切换信号具有切换驻留时间 $\tau$。

明显地，具有正的切换驻留时间的任意切换信号都是良定的，但反之未必，比如切换路径

$$\boldsymbol{\theta}(t)=\begin{cases}1, t\in[m-\dfrac{1}{m}, m+\dfrac{1}{m}), m\text{ 为自然数}\\ 2,\text{其他}\end{cases}$$

在$[0,\infty)$ 上是良定的，但它却没有正的切换驻留时间。

### 8.1.4　Lyapunov 稳定性(Lyapunov Stability)

1. Lyapunov 稳定性的定义

考查由微分方程

$$\dot{\boldsymbol{x}}=\boldsymbol{f}(\boldsymbol{x},t) \tag{8.7}$$

描述的非线性系统。式中，$\boldsymbol{x}\in\mathbf{R}^n$ 为系统状态向量；$t\in\mathbf{R}$ 为表示时间的参量；$\boldsymbol{f}(\boldsymbol{x},t)\in\mathbf{R}^n$ 为有界连续的向量函数。

系统(8.7)的平衡点，是指满足 $\boldsymbol{f}(\boldsymbol{x}^*,t)=0$ 的状态 $\boldsymbol{x}^*$。不失一般性，以下假设系统(8.7)的平衡点为 $\boldsymbol{x}^*=\mathbf{0}$，并记方程式(8.7)对应于初始条件 $\boldsymbol{x}_0=\boldsymbol{x}(t_0)$ 的解为

$$\boldsymbol{x}(t)=\varphi(t;\boldsymbol{x}_0,t_0) \tag{8.8}$$

显然，对于平衡点 $\boldsymbol{x}^*=\mathbf{0}$，有 $\varphi(t_0;0,t_0)=0$。

**定义 8.10**　如果对于任意给定的 $\varepsilon>0$ 及初始时刻 $t_0\geqslant 0$，存在一个常数 $\delta=\delta(\varepsilon,t_0)>0$，使得对任意满足 $\|\boldsymbol{x}_0\|<\delta$ 的初始条件 $\boldsymbol{x}_0$，方程(8.8)的解 $\varphi(t;\boldsymbol{x}_0,t_0)$ 满足

$$\|\varphi(t;\boldsymbol{x}_0,t_0)\|\leqslant\varepsilon,\quad \forall t\geqslant t_0 \tag{8.9}$$

则称系统(8.7)的平衡点 $\boldsymbol{x}^*=\mathbf{0}$ 是 Lyapunov 意义下稳定的，简称稳定。

**定义 8.11**　如果在上述定义中，$\delta=\delta(\varepsilon)$ 与初始时刻 $t_0$ 无关，则称 $\boldsymbol{x}^*=\mathbf{0}$ 是一致稳定的。

**定义 8.12**　如果系统(8.7)的平衡点 $\boldsymbol{x}^*=\mathbf{0}$ 是稳定的，且有

$$\lim_{t\to\infty}\|\varphi(t;\boldsymbol{x}_0,t_0)\|=0$$

则称系统(8.7)在平衡点 $\mathbf{x}^*=\mathbf{0}$ 是渐进稳定的。

2. Lyapunov 稳定性基本定理

设不受外力作用的系统运动方程和平衡状态如下

$$\begin{cases}\dot{\boldsymbol{x}}=\boldsymbol{f}(\boldsymbol{x})\\ \boldsymbol{x}^*=\mathbf{0}\end{cases} \tag{8.10}$$

**定理 8.1**　如果可以找到单值标量函数 $V(\boldsymbol{x})$，$V(\boldsymbol{x})$ 沿着系统(8.10)的导数存在，而且 $V(\boldsymbol{x})$ 及其导数满足下列条件

(1)$V(\boldsymbol{x})>0(\boldsymbol{x}\neq\boldsymbol{0})$，即 $V(\boldsymbol{x})$ 是正定的；

(2)$\dot{V}(\boldsymbol{x})<0$，即 $\dot{V}(\boldsymbol{x})$ 是负定的。

则平衡点 $\boldsymbol{x}^*=\boldsymbol{0}$ 是渐进稳定的，并称 $V(\boldsymbol{x})$ 是系统(8.10)的一个 Lyapunov 函数。

3. 切换系统的 Lyapunov 稳定性

考虑如下切换系统：

$$\dot{\boldsymbol{x}}=\boldsymbol{f}_{\sigma(t)}(\boldsymbol{x}) \tag{8.11}$$

式中，$\boldsymbol{x}\in\mathbf{R}^n$ 为系统的状态；$\sigma(\cdot):[0,\infty)\mapsto\mathbf{N}$ 表示逐段常数的切换信号。

为了研究切换动态系统(8.11)的稳定性，首先引入系统(8.11)的 $N$ 个子系统 $\boldsymbol{\Sigma}_i:\dot{\boldsymbol{x}}=\boldsymbol{f}_i(x),i\in\mathbf{N}$ 的能量衰减域概念。

**定义 8.13**　对于单值标量函数 $V(\boldsymbol{x})>0$ 和 $i\in\mathbf{N}$，若存在区域 $\Omega_i\subseteq\mathbf{R}^n$，使 $\forall\,\boldsymbol{x}\in\Omega_i,\boldsymbol{x}(t)$ 在系统 $\boldsymbol{\Sigma}_i$ 的作用下有 $\dot{V}(\boldsymbol{x})<0$，则称 $\Omega_i$ 为子系统 $\boldsymbol{\Sigma}_i$ 对 $V(\boldsymbol{x})$ 的能量衰减域。事实上，子系统 $\boldsymbol{\Sigma}_i$ 对 $V(\boldsymbol{x})$ 的能量衰减域 $\Omega_i$ 可表示为

$$\Omega_i=\left\{\boldsymbol{x}\in\mathbf{R}^n\,\middle|\,\frac{\partial V}{\partial\boldsymbol{x}}\boldsymbol{f}_i(\boldsymbol{x})<0\right\}$$

**引理 8.1**　如果可以找到单值正定标量函数 $V(\boldsymbol{x})$，$V(\boldsymbol{x})$ 沿着各个子系统的导数存在，且各个子系统对 $V(\boldsymbol{x})$ 的能量衰减域覆盖整个状态空间，即 $\mathbf{R}^n\subseteq\bigcup_{i=1}^{N}\Omega_i$，则存在切换规则 $\sigma$ 使得切换系统(8.11)渐进稳定的。这时切换规则可取为

$$\sigma(t)=\arg\min\left\{\frac{\partial V}{\partial\boldsymbol{x}}\boldsymbol{f}_1(\boldsymbol{x}),\frac{\partial V}{\partial\boldsymbol{x}}\boldsymbol{f}_2(\boldsymbol{x}),\cdots,\frac{\partial V}{\partial\boldsymbol{x}}\boldsymbol{f}_N(\boldsymbol{x})\right\}$$

特别地，对于切换线性系统，即 $\boldsymbol{f}_\sigma(\boldsymbol{x})=\boldsymbol{A}_\sigma\boldsymbol{x}$（$\boldsymbol{A}_i(i\in\mathbf{N})$ 为相应维数的已知常数矩阵），如果存在 $N$ 个实数 $\alpha_i\geqslant 0$ 且 $\sum_{i=1}^{N}\alpha_i=1$，使得矩阵 $\sum_{i=1}^{N}\alpha_i\boldsymbol{A}_i$ 是稳定的，则有如下结果：

**引理 8.2**　对于任意给定的 $N$ 个实数 $\alpha_i\geqslant 0$ 且 $\sum_{i=1}^{N}\alpha_i=1$，若存在正定对称矩阵 $\boldsymbol{P}\in\mathbf{R}^{n\times n}$ 满足 $\sum_{i=1}^{N}\alpha_i(\boldsymbol{A}_i^{\mathrm{T}}\boldsymbol{P}+\boldsymbol{P}\boldsymbol{A}_i)<0$，则存在切换规则 $\sigma$ 可保证切换线性系统 $\dot{\boldsymbol{x}}=\boldsymbol{A}_{\sigma(t)}\boldsymbol{x}$ 渐进稳定。此时切换规则可取为

$$\sigma(t)=\arg\min_{i\in\mathbf{N}}\{\boldsymbol{x}^{\mathrm{T}}(\boldsymbol{A}_i^{\mathrm{T}}\boldsymbol{P}+\boldsymbol{P}\boldsymbol{A}_i)\boldsymbol{x}\}$$

### 8.1.5　切换线性系统的描述(Description of Switched Linear Systems)

一般来说，切换线性系统是由一系列的子线性系统及在子线性系统之间产生切换的规则组成。由前文可知，对于同一个切换系统，采用不同的切换规则将产生不同的系统行为，从而导致了不同的系统性能。比如，如果将不恰当的切换规则执行于由两个稳定的子系统所组成的切换系统，则整个切换系统在此切换规则的作用之下是不稳定的；反过来，针对由两个不稳定的子系统所组成的切换系统如果执行恰当的切换规则，则整个切换系统在此切换规则的作用之下是稳定的。因此，选取一个适当的切换规则使得切换系统达到某种系统性能要求是一个重要而有意义的。

本节在上述研究的基础上，研究一类由任意有限多个线性子系统构成的切换系统的状态反馈和动态输出反馈 $H_\infty$ 控制问题。主要研究下列两个切换线性系统的 $H_\infty$ 干扰抑制状态反

馈和动态输出反馈可切换镇定问题。

$$\begin{cases}\dot{\boldsymbol{x}}(t)=\boldsymbol{A}_{\sigma(t)}\boldsymbol{x}(t)+\boldsymbol{B}_{1\sigma(t)}\boldsymbol{\omega}(t)+\boldsymbol{B}_{2\sigma(t)}\boldsymbol{u}(t)\\ \boldsymbol{z}(t)=\boldsymbol{C}_{\sigma(t)}\boldsymbol{x}(t)+\boldsymbol{D}_{\sigma(t)}\boldsymbol{u}(t)\end{cases} \tag{8.12}$$

和

$$\begin{cases}\dot{\boldsymbol{x}}(t)=\boldsymbol{A}_{\sigma(t)}\boldsymbol{x}(t)+\boldsymbol{B}_{1\sigma(t)}\boldsymbol{\omega}(t)+\boldsymbol{B}_{2\sigma(t)}\boldsymbol{u}(t)\\ \boldsymbol{z}(t)=\boldsymbol{C}_{1\sigma(t)}\boldsymbol{x}(t)+\boldsymbol{D}_{\sigma(t)}\boldsymbol{u}(t)\\ \boldsymbol{y}(t)=\boldsymbol{C}_{2\sigma(t)}\boldsymbol{x}(t)\end{cases} \tag{8.13}$$

其中，$\boldsymbol{x}\in\mathbf{R}^n$ 表示系统的状态；$\boldsymbol{u}\in\mathbf{R}^m$ 表示连续控制输入；$\boldsymbol{z}\in\mathbf{R}^q$ 表示受控输出；$\boldsymbol{y}\in\mathbf{R}^l$ 表示系统的量测输出；$\boldsymbol{\omega}\in\mathbf{R}^p$ 表示外部干扰且 $\boldsymbol{\omega}\in L_2[0,T]$，$L_2[0,T]$（$0\leqslant T<\infty$）表示在区间 $[0,T]$ 上的平方可积的函数全体，记

$$\|\boldsymbol{\omega}\|_{L_2[0,T]}=\left(\int_0^T\boldsymbol{\omega}^{\mathrm{T}}(t)\boldsymbol{\omega}(t)\mathrm{d}t\right)^{\frac{1}{2}},\quad\forall\boldsymbol{\omega}\in L_2[0,T]$$

$\sigma(\cdot):[0,+\infty)\to\{1,2,\cdots,N\}\stackrel{\text{def}}{=}\mathbf{N}$ 表示分段常值切换信号，$\sigma(t)=i$ 表示在时刻 $t$ 时切换系统的第 $i$ 个子系统被激活。$\boldsymbol{A}_i,\boldsymbol{B}_{1i},\boldsymbol{B}_{2i},\boldsymbol{C}_i,\boldsymbol{C}_{1i},\boldsymbol{C}_{2i}$ 和 $\boldsymbol{D}_i$（$i\in\mathbf{N}$）为系统相应维数的已知常数矩阵。

控制的目标是，针对切换线性系统(8.12)和(8.13)分别设计状态反馈控制器和动态输出反馈控制器以及对应的切换规则 $\sigma(t)$，使得相应的闭环系统是具有 $H_\infty$ 干扰抑制水平 $\gamma$（$\gamma>0$）可切换镇定的。为了清楚地描述这一控制目标，引入如下定义。

**定义 8.14**　对于任意给定的常数 $\gamma>0$，系统(4.12)、系统(4.13)是具有 $H_\infty$ 干扰抑制水平 $\gamma$ 状态反馈（或动态输出反馈）可切换镇定的，如果存在状态反馈控制器 $\boldsymbol{u}(t)=\boldsymbol{K}_{\sigma(t)}\boldsymbol{x}(t)$（或动态输出反馈控制器 $\boldsymbol{U}(s)=\boldsymbol{K}_{\sigma(t)}(s)\boldsymbol{Y}(s)$（$\boldsymbol{U}(s)$、$\boldsymbol{Y}(s)$ 分别为 $\boldsymbol{u}(t)$、$\boldsymbol{y}(t)$ 的拉普拉斯变换））和对应的切换规则 $\sigma(t)$，使得相应的闭环系统满足：

(1) 当外部扰动输入 $\boldsymbol{\omega}\equiv\mathbf{0}$ 时，闭环系统的零点是渐进稳定的；

(2) 在系统的初始状态 $\boldsymbol{x}(0)=\mathbf{0}$（或 $\boldsymbol{\xi}(0)=\mathbf{0}$）之下，下面不等式对于所有非零的 $\boldsymbol{\omega}\in L_2[0,T]$，$0\leqslant T<\infty$ 都成立

$$\|\boldsymbol{z}\|_{L_2[0,T]}<\gamma\|\boldsymbol{\omega}\|_{L_2[0,T]}$$

## 8.2　状态反馈 $H_\infty$ 控制
## ($H_\infty$ Control of State Feedback)

本节主要研究切换线性系统(8.12)的状态反馈 $H_\infty$ 控制问题，主要控制目标是，设计一个状态反馈控制器 $\boldsymbol{u}(t)=\boldsymbol{K}_{\sigma(t)}\boldsymbol{x}(t)$ 和相应的切换规则 $\sigma(t)$，使得切换线性系统(8.12)对应的闭环系统是具有 $H_\infty$ 干扰抑制水平 $\gamma$ 状态反馈可切换镇定的。

结合状态反馈控制器 $\boldsymbol{u}(t)=\boldsymbol{K}_{\sigma(t)}\boldsymbol{x}(t)$、切换线性系统(8.12)和切换规则 $\sigma(t)$，则相应的闭环系统可写为

$$\begin{cases}\dot{\boldsymbol{x}}(t)=\boldsymbol{A}_{c\sigma(t)}\boldsymbol{x}(t)+\boldsymbol{B}_{1\sigma(t)}\boldsymbol{\omega}(t)\\ \boldsymbol{z}(t)=\boldsymbol{C}_{c\sigma(t)}\boldsymbol{x}(t)\end{cases} \tag{8.14}$$

这里

$$A_{c\sigma(t)} = A_{\sigma(t)} + B_{2\sigma(t)} K_{\sigma(t)}, \quad C_{c\sigma(t)} = C_{\sigma(t)} + D_{\sigma(t)} K_{\sigma(t)}$$

下面，先用矩阵不等式方法给出系统(8.12)具有 $H_\infty$ 干扰抑制水平 $\gamma$ 状态反馈可切换镇定的充分条件，然后将该条件等价地转化为线性矩阵不等式。

### 8.2.1 矩阵不等式方法(Matrix Inequality Method)

**定理 8.2** 对于任意给定的常数 $\gamma > 0$，切换线性系统(8.12)是具有 $H_\infty$ 干扰抑制水平 $\gamma$ 状态反馈可切换镇定的，如果存在对称正定矩阵 $P \in \mathbf{R}^{n\times n}$，和 $N$ 个满足 $\alpha_i \geqslant 0\ (i \in \mathbf{N}) \alpha_i \geqslant 0 (i \in \mathbf{N})$ 且 $\sum_{i=1}^{N} \alpha_i = 1$ 的实数 $\alpha_i$，使得下列矩阵不等式成立。

$$\begin{bmatrix} A_c^{\mathrm{T}} P + P A_c & \gamma^{-1} P B_1 & C_c^{\mathrm{T}} \\ \gamma^{-1} B_1^{\mathrm{T}} P & -I & 0 \\ C_c & 0 & -I \end{bmatrix} < 0 \tag{8.15}$$

其中

$$A_c = A + B_2 K, C_c = C + DK, A = \sum_{i=1}^{N} \alpha_i A_i, K = [K_1^{\mathrm{T}}, K_2^{\mathrm{T}}, \cdots, K_N^{\mathrm{T}}]^{\mathrm{T}},$$

$$B_1 = \left[\sqrt{\alpha_1} B_{11}, \sqrt{\alpha_2} B_{12}, \cdots, \sqrt{\alpha_N} B_{1N}\right], B_2 = [\alpha_1 B_{21}, \alpha_2 B_{22}, \cdots, \alpha_N B_{2N}],$$

$$C = \left[\sqrt{\alpha_1} C_1^{\mathrm{T}}, \sqrt{\alpha_2} C_2^{\mathrm{T}}, \cdots, \sqrt{\alpha_N} C_N^{\mathrm{T}}\right]^{\mathrm{T}}, D = \mathrm{diag}\left\{\sqrt{\alpha_1} D_1, \sqrt{\alpha_2} D_2, \cdots, \sqrt{\alpha_N} D_N\right\}$$

在这种情况下，状态反馈子控制器增益矩阵和切换规则分别取为

$$K = [K_1^{\mathrm{T}}, K_2^{\mathrm{T}}, \cdots, K_N^{\mathrm{T}}]^{\mathrm{T}} \tag{8.16}$$

$$\sigma(t) = \arg \min_{i \in \mathbf{N}} \{ x^{\mathrm{T}} (A_{ci}^{\mathrm{T}} P + P A_{ci} + \gamma^{-2} P B_{1i} B_{1i}^{\mathrm{T}} P + C_{ci}^{\mathrm{T}} C_{ci}) x \} \tag{8.17}$$

根据定理 8.1，很容易得到结论。

### 8.2.2 线性矩阵不等式方法(Linear Matrix Inequality Method)

**定理 8.3** 对于任意给定的常数 $\gamma > 0$，切换线性系统(8.1)是具有 $H_\infty$ 干扰抑制水平 $\gamma$ 状态反馈可切换镇定的，如果存在对称正定的矩阵 $X \in \mathbf{R}^{n\times n}$，矩阵 $W$ 和 $N$ 个满足 $\alpha_i \geqslant 0 (i \in \mathbf{N})$ 且 $\sum_{i=1}^{N} \alpha_i = 1$ 的实数 $\alpha_i$，使得下列线性矩阵不等式成立：

$$\begin{bmatrix} AX + B_2 W + (AX + B_2 W)^{\mathrm{T}} & B_1 & (CX + DW)^{\mathrm{T}} \\ B_1^{\mathrm{T}} & -\gamma I & 0 \\ CX + DW & 0 & -\gamma I \end{bmatrix} < 0 \tag{8.18}$$

式中，$A, B_1, B_2, C, D$ 与定理 8.2 中所定义的矩阵相同，$W = [W_1^{\mathrm{T}}, W_2^{\mathrm{T}}, \cdots, W_N^{\mathrm{T}}]^{\mathrm{T}}$。

在这种情况下，状态反馈子控制器增益矩阵和切换规则分别取为

$$K = W X^{-1}, K = [K_1^{\mathrm{T}}, K_2^{\mathrm{T}}, \cdots, K_N^{\mathrm{T}}]^{\mathrm{T}} \tag{8.19}$$

$$\begin{aligned} \sigma(t) = \arg \min_{i \in \mathbf{N}} \{ & x^{\mathrm{T}} [(A_i + B_{2i} K_i)^{\mathrm{T}} P + P(A_i + B_{2i} K_i) + \\ & \gamma^{-2} P B_{1i} B_{1i}^{\mathrm{T}} P + (C_i + D_i K_i)^{\mathrm{T}} (C_i + D_i K_i)] x \} \end{aligned} \tag{8.20}$$

式中，$P = \gamma X^{-1}$。

**证明** 只需证明(8.18)与(8.20)、(8.19)与(8.16)以及(8.20)与(8.17)等价即可。将式(8.18)分别左乘和右乘 $\mathrm{diag}\{Y, I, I\}$，然后记 $Y = X^{-1}$，并由式(8.19)得到，式(8.18)等价于

下式

$$\begin{bmatrix} (\boldsymbol{A}+\boldsymbol{B}_2\boldsymbol{K})^{\mathrm{T}}\boldsymbol{Y}+\boldsymbol{Y}(\boldsymbol{A}+\boldsymbol{B}_2\boldsymbol{K}) & \boldsymbol{Y}\boldsymbol{B}_1 & (\boldsymbol{C}+\boldsymbol{D}\boldsymbol{K})^{\mathrm{T}} \\ \boldsymbol{B}_1^{\mathrm{T}}\boldsymbol{Y} & -\gamma\boldsymbol{I} & \boldsymbol{0} \\ \boldsymbol{C}+\boldsymbol{D}\boldsymbol{K} & \boldsymbol{0} & -\gamma\boldsymbol{I} \end{bmatrix} < \boldsymbol{0}$$

然后将上式分别左乘和右乘 $\mathrm{diag}\{\gamma^{\frac{1}{2}}\boldsymbol{I},\gamma^{\frac{1}{2}}\boldsymbol{I},\gamma^{-\frac{1}{2}}\boldsymbol{I}\}$，并记 $\boldsymbol{P}=\gamma\boldsymbol{Y}$，化简后结果如下

$$\begin{bmatrix} (\boldsymbol{A}+\boldsymbol{B}_2\boldsymbol{K})^{\mathrm{T}}\boldsymbol{P}+\boldsymbol{P}(\boldsymbol{A}+\boldsymbol{B}_2\boldsymbol{K}) & \boldsymbol{P}\boldsymbol{B}_1 & (\boldsymbol{C}+\boldsymbol{D}\boldsymbol{K})^{\mathrm{T}} \\ \boldsymbol{B}_1^{\mathrm{T}}\boldsymbol{P} & -\gamma^2\boldsymbol{I} & \boldsymbol{0} \\ \boldsymbol{C}+\boldsymbol{D}\boldsymbol{K} & \boldsymbol{0} & -\boldsymbol{I} \end{bmatrix} < \boldsymbol{0} \tag{8.21}$$

由定理 8.2 中 $\boldsymbol{A}_c$，$\boldsymbol{C}_c$ 的定义，式(8.21) 与式(8.20) 等价，由于证明过程步步可逆，故式(8.18) 与(8.20) 等价。进一步由变换关系可以推导出(8.19) 与(8.21) 以及(8.20) 与(8.17) 等价，定理 8.3 得证。

从定理 8.3 可看出：

(1) 通过切换规则，整个状态空间上的每个点都有适当的子系统和子控制器使闭环系统是具有 $H_\infty$ 干扰抑制水平 $\gamma$ 状态反馈可切换镇定的，而并不要求每个子系统在整个状态空间上都具有 $H_\infty$ 干扰抑制水平 $\gamma$ 状态反馈可切换镇定，甚至也不要求每个子系统稳定。

(2) 上述定理克服了切换线性系统的每一个子系统从控制输入与受控输出的增益矩阵都是列满秩的限制，即去掉了在研究 $H_\infty$ 控制问题中的常规假设：$\boldsymbol{D}_i^{\mathrm{T}}[\boldsymbol{C}_i \quad \boldsymbol{D}_i]=[\boldsymbol{0} \quad \boldsymbol{I}]$，$i\in\mathbf{N}$。

根据定理 8.3，可将求解线性切换系统(8.12) 的状态反馈 $H_\infty$ 控制问题转化为以下等价问题：

$\min\lambda$

s. t.：(1)$\lambda>0$；

(2)$\alpha_i\geqslant 0$；

(3)$\sum_{i=1}^{N}\alpha_i=1$；

(4)$\boldsymbol{X}>\boldsymbol{0}$；

(5) $\begin{bmatrix} \boldsymbol{A}\boldsymbol{X}+\boldsymbol{B}_2\boldsymbol{W}+(\boldsymbol{A}\boldsymbol{X}+\boldsymbol{B}_2\boldsymbol{W})^{\mathrm{T}} & \boldsymbol{B}_1 & (\boldsymbol{C}\boldsymbol{X}+\boldsymbol{D}\boldsymbol{W})^{\mathrm{T}} \\ \boldsymbol{B}_1^{\mathrm{T}} & -\gamma\boldsymbol{I} & \boldsymbol{0} \\ \boldsymbol{C}\boldsymbol{X}+\boldsymbol{D}\boldsymbol{W} & \boldsymbol{0} & -\gamma\boldsymbol{I} \end{bmatrix} < -\lambda\boldsymbol{I}$

上述优化问题的约束条件(5) 是关于变量 $\boldsymbol{W}$，$\boldsymbol{X}$ 和 $\alpha_i$ 的非线性不等式，求解比较困难。但若 $\alpha_i$ 已知，则约束条件(5) 是关于变量 $\boldsymbol{W}$ 和 $\boldsymbol{X}$ 的线性矩阵不等式，有成熟的软件包可以求解。在求解式(8.12) 所描述的切换系统的状态反馈 $H_\infty$ 控制问题时，并不一定要对上述优化问题解得最优的 $\lambda$，只要求 $\lambda$，$\boldsymbol{W}$，$\boldsymbol{X}$ 和 $\alpha_i$ 满足约束(1) ~ (5) 即可。为便于计算，可先随机产生满足约束(2) 和(3) 的 $\alpha_i$，将其代入约束(5)，解 LMI 问题即可。

根据以上得到的切换线性系统(8.12) 具有 $H_\infty$ 干扰抑制水平 $\gamma$ 状态反馈可切换镇定的充分条件，可以按以下的步骤设计所需要的状态反馈控制器增益矩阵 $\boldsymbol{K}$。

步骤 1：随机产生满足约束的 $\alpha_i$；

步骤 2：利用 Matlab 中的 LMI 工具箱，求取满足定理 8.3 条件式(8.18) 的矩阵 $\boldsymbol{W}$ 和对称正定矩阵 $\boldsymbol{X}$；

步骤3：将解得的矩阵$\boldsymbol{W}$和可逆矩阵$\boldsymbol{X}$代入式(8.19)，可求取状态反馈控制增益矩阵$\boldsymbol{K}$。

## 8.3　动态输出反馈 $H_\infty$ 控制
## ($H_\infty$ Control of Dynamical Output Feedback)

本节主要研究切换线性系统(8.13)的动态输出反馈$H_\infty$控制问题。控制目标是，设计一个动态输出反馈控制器$\boldsymbol{U}(s)=\boldsymbol{K}_{\sigma(t)}(s)\boldsymbol{Y}(s)$和相应的切换规则$\sigma(t)$，使得系统(8.13)对应的闭环系统是具有$H_\infty$干扰抑制水平$\gamma$动态输出反馈可切换镇定的。

对于系统(8.13)，构造如下形式的切换动态输出反馈控制器：

$$\begin{cases}\dot{\tilde{\boldsymbol{x}}}(t)=\boldsymbol{A}_{\boldsymbol{K}_{\sigma(t)}}\tilde{\boldsymbol{x}}(t)+\boldsymbol{B}_{\boldsymbol{K}_{\sigma(t)}}\boldsymbol{y}(t)\\ \boldsymbol{u}(t)=\boldsymbol{C}_{\boldsymbol{K}_{\sigma(t)}}\tilde{\boldsymbol{x}}(t)+\boldsymbol{D}_{\boldsymbol{K}_{\sigma(t)}}\boldsymbol{y}(t)\end{cases}\tag{8.22}$$

其中，$\tilde{\boldsymbol{x}}\in\mathbf{R}^n$是控制器的状态；$\boldsymbol{A}_{\boldsymbol{K}_{\sigma(t)}}$，$\boldsymbol{B}_{\boldsymbol{K}_{\sigma(t)}}$，$\boldsymbol{C}_{\boldsymbol{K}_{\sigma(t)}}$和$\boldsymbol{D}_{\boldsymbol{K}_{\sigma(t)}}$是待确定的动态输出反馈控制器增益矩阵。将切换动态输出反馈控制器(8.22)代入(8.13)中，得到下列系统：

$$\begin{cases}\dot{\boldsymbol{\xi}}=\boldsymbol{A}_{c\sigma(t)}\boldsymbol{\xi}+\boldsymbol{B}_{c\sigma(t)}\boldsymbol{\omega}\\ \boldsymbol{z}=\boldsymbol{C}_{c\sigma(t)}\boldsymbol{\xi}\end{cases}\tag{8.23}$$

式中

$$\boldsymbol{\xi}=\begin{bmatrix}\boldsymbol{x}\\ \tilde{\boldsymbol{x}}\end{bmatrix},\boldsymbol{A}_{c\sigma(t)}=\boldsymbol{A}^o_{\sigma(t)}+\boldsymbol{B}^o_{2\sigma(t)}\boldsymbol{K}_{\sigma(t)}\boldsymbol{C}^o_{2\sigma(t)},\boldsymbol{B}_{c\sigma(t)}=\boldsymbol{B}^o_{1\sigma(t)},\boldsymbol{C}_{c\sigma(t)}=\boldsymbol{C}^o_{1\sigma(t)}+\boldsymbol{D}^o_{\sigma(t)}\boldsymbol{K}_{\sigma(t)}\boldsymbol{C}^o_{2\sigma(t)},$$

$$\boldsymbol{C}^o_{1\sigma(t)}=[\boldsymbol{C}_{1\sigma(t)}\quad\boldsymbol{0}],\boldsymbol{D}^o_{\sigma(t)}=[\boldsymbol{0}\quad\boldsymbol{D}_{\sigma(t)}],\boldsymbol{A}^o_{\sigma(t)}=\begin{bmatrix}\boldsymbol{A}_{\sigma(t)}&\boldsymbol{0}\\ \boldsymbol{0}&\boldsymbol{0}\end{bmatrix},\boldsymbol{B}^o_{1\sigma(t)}=\begin{bmatrix}\boldsymbol{B}_{1\sigma(t)}\\ \boldsymbol{0}\end{bmatrix},$$

$$\boldsymbol{B}^o_{2\sigma(t)}=\begin{bmatrix}\boldsymbol{0}&\boldsymbol{B}_{2\sigma(t)}\\ \boldsymbol{I}&\boldsymbol{0}\end{bmatrix},\boldsymbol{C}^o_{2\sigma(t)}=\begin{bmatrix}\boldsymbol{0}&\boldsymbol{I}\\ \boldsymbol{C}_{2\sigma(t)}&\boldsymbol{0}\end{bmatrix},\boldsymbol{K}_{\sigma(t)}=\begin{bmatrix}\boldsymbol{A}_{\boldsymbol{K}_{\sigma(t)}}&\boldsymbol{B}_{\boldsymbol{K}_{\sigma(t)}}\\ \boldsymbol{C}_{\boldsymbol{K}_{\sigma(t)}}&\boldsymbol{D}_{\boldsymbol{K}_{\sigma(t)}}\end{bmatrix}$$

从而本节的目标变为，设计切换规则$\sigma(t)$且寻找控制器增益矩阵$\boldsymbol{A}_{\boldsymbol{K}_i}$，$\boldsymbol{B}_{\boldsymbol{K}_i}$，$\boldsymbol{C}_{\boldsymbol{K}_i}$和$\boldsymbol{D}_{\boldsymbol{K}_i}$($i\in\mathbf{N}$)，使得系统(8.23)是具有$H_\infty$扰动抑制水平$\gamma$可切换镇定的。

下面，先用矩阵不等式方法给出系统(8.13)具有$H_\infty$干扰抑制水平$\gamma$动态输出反馈可切换镇定的充分条件，然后将该条件等价地转化为线性矩阵不等式形式。

### 8.3.1　矩阵不等式方法(Matrix Inequality Method)

**定理 8.4**　对于任意给定的常数$\gamma>0$，切换线性系统(8.13)是具有$H_\infty$干扰抑制水平$\gamma$动态输出反馈可切换镇定的，如果存在对称正定矩阵$\boldsymbol{X}_c\in\mathbf{R}^{2n\times2n}$和$N$个满足$\alpha_i\geqslant0$($i\in\mathbf{N}$)且$\sum_{i=1}^{N}\alpha_i=1$的实数$\alpha_i$，使得下列矩阵不等式成立：

$$\begin{bmatrix}\boldsymbol{A}_c^{\mathrm{T}}\boldsymbol{X}_c+\boldsymbol{X}_c\boldsymbol{A}_c&\boldsymbol{X}_c\boldsymbol{B}_c&\boldsymbol{C}_c^{\mathrm{T}}\\ \boldsymbol{B}_c^{\mathrm{T}}\boldsymbol{X}_c&-\gamma\boldsymbol{I}&\boldsymbol{0}\\ \boldsymbol{C}_c&\boldsymbol{0}&-\gamma\boldsymbol{I}\end{bmatrix}<\boldsymbol{0}\tag{8.24}$$

其中

$$\boldsymbol{A}_c=\boldsymbol{A}^o+\boldsymbol{B}_2^o\boldsymbol{K}\boldsymbol{C}_2^o,\boldsymbol{B}_c=\boldsymbol{B}_1^o,\boldsymbol{C}_c=\boldsymbol{C}_1^o+\boldsymbol{D}^o\boldsymbol{K}\boldsymbol{C}_2^o,\boldsymbol{A}^o=\sum_{i=1}^{N}\alpha_i\boldsymbol{A}_i^o,$$

$$\boldsymbol{B}_1^o=\left[\sqrt{\alpha_1}\,\boldsymbol{B}_{11}^o,\sqrt{\alpha_2}\,\boldsymbol{B}_{12}^o,\cdots,\sqrt{\alpha_N}\,\boldsymbol{B}_{1N}^o\right],\boldsymbol{B}_2^o=\left[\alpha_1\boldsymbol{B}_{21}^o,\alpha_2\boldsymbol{B}_{22}^o,\cdots,\alpha_N\boldsymbol{B}_{2N}^o\right],$$

$$\boldsymbol{C}_1^o=\left[\sqrt{\alpha_1}\,(\boldsymbol{C}_{11}^o)^{\mathrm{T}},\sqrt{\alpha_2}\,(\boldsymbol{C}_{12}^o)^{\mathrm{T}},\cdots,\sqrt{\alpha_N}\,(\boldsymbol{C}_{1N}^o)^{\mathrm{T}}\right]^{\mathrm{T}},\boldsymbol{C}_2^o=\left[(\boldsymbol{C}_{21}^o)^{\mathrm{T}},(\boldsymbol{C}_{22}^o)^{\mathrm{T}},\cdots,(\boldsymbol{C}_{2N}^o)^{\mathrm{T}}\right]^{\mathrm{T}},$$

$$\boldsymbol{D}^o=\mathrm{diag}\left\{\sqrt{\alpha_1}\,\boldsymbol{D}_1^o,\sqrt{\alpha_2}\,\boldsymbol{D}_2^o,\cdots,\sqrt{\alpha_N}\,\boldsymbol{D}_N^o\right\},\boldsymbol{K}=\mathrm{diag}\{\boldsymbol{K}_1,\boldsymbol{K}_2,\cdots,\boldsymbol{K}_N\}.$$

在这种情况下，动态输出反馈子控制器增益矩阵和切换规则分别取为

$$\boldsymbol{K}=\mathrm{diag}\{\boldsymbol{K}_1,\boldsymbol{K}_2,\cdots,\boldsymbol{K}_N\},\boldsymbol{K}_i=\begin{bmatrix}\boldsymbol{A}_{\boldsymbol{K}_i} & \boldsymbol{B}_{\boldsymbol{K}_i}\\ \boldsymbol{C}_{\boldsymbol{K}_i} & \boldsymbol{D}_{\boldsymbol{K}_i}\end{bmatrix},\quad i\in\mathbf{N} \tag{8.25}$$

$$\sigma(t)=\arg\min_{i\in\mathbf{N}}\{\boldsymbol{\xi}^{\mathrm{T}}(\boldsymbol{A}_{ci}^{\mathrm{T}}\boldsymbol{P}_c+\boldsymbol{P}_c\boldsymbol{A}_{ci}+\gamma^{-2}\boldsymbol{P}_c\boldsymbol{B}_{ci}\boldsymbol{B}_{ci}^{\mathrm{T}}\boldsymbol{P}_c+\boldsymbol{C}_{ci}^{\mathrm{T}}\boldsymbol{C}_{ci})\boldsymbol{\xi}\} \tag{8.26}$$

其中，$\boldsymbol{P}_c=\gamma\boldsymbol{X}_c$。同样根据定理 8.1，很容易得到结论。

## 8.3.2　线性矩阵不等式方法(Linear Matrix Inequality Method)

在矩阵不等式(8.24)中，矩阵变量 $\boldsymbol{X}_c$ 和控制器增益矩阵 $\boldsymbol{A}_{\boldsymbol{K}_i},\boldsymbol{B}_{\boldsymbol{K}_i},\boldsymbol{C}_{\boldsymbol{K}_i},\boldsymbol{D}_{\boldsymbol{K}_i}$ 以非线性的方式出现，难以简单地直接应用状态反馈控制情形中的变量替换方法来处理。本节将采用一种基于 LMI 处理的输出反馈 $H_\infty$ 控制器设计的消元法，将(8.24)化为更加容易处理的线性矩阵不等式。在给出结论之前，先对上节的结果进行一些等价变换，并引入几个引理。

将定理 8.4 中定义的各矩阵代入(8.24)中，同时定义如下矩阵：

$$\boldsymbol{H}_{\boldsymbol{X}_c}=\begin{bmatrix}(\boldsymbol{A}^o)^{\mathrm{T}}\boldsymbol{X}_c+\boldsymbol{X}_c\boldsymbol{A}^o & \boldsymbol{X}_c\boldsymbol{B}_1^o & (\boldsymbol{C}_1^o)^{\mathrm{T}}\\ (\boldsymbol{B}_1^o)^{\mathrm{T}}\boldsymbol{X}_c & -\gamma\boldsymbol{I} & \boldsymbol{0}\\ \boldsymbol{C}_1^o & \boldsymbol{0} & -\gamma\boldsymbol{I}\end{bmatrix} \tag{8.27}$$

$$\boldsymbol{T}_{\boldsymbol{X}_c}=\begin{bmatrix}\boldsymbol{X}_c^{-1}(\boldsymbol{A}^o)^{\mathrm{T}}+\boldsymbol{A}^o\boldsymbol{X}_c^{-1} & \boldsymbol{B}_1^o & \boldsymbol{X}_c^{-1}(\boldsymbol{C}_1^o)^{\mathrm{T}}\\ (\boldsymbol{B}_1^o)^{\mathrm{T}} & -\gamma\boldsymbol{I} & \boldsymbol{0}\\ \boldsymbol{C}_1^o\boldsymbol{X}_c^{-1} & \boldsymbol{0} & -\gamma\boldsymbol{I}\end{bmatrix} \tag{8.28}$$

则矩阵不等式(8.24)与下列矩阵不等式等价：

$$\boldsymbol{H}_{\boldsymbol{X}_c}+\boldsymbol{P}_{\boldsymbol{X}_c}^{\mathrm{T}}\boldsymbol{K}\boldsymbol{Q}+\boldsymbol{Q}^{\mathrm{T}}\boldsymbol{K}^{\mathrm{T}}\boldsymbol{P}_{\boldsymbol{X}_c}<\boldsymbol{0} \tag{8.29}$$

式中，$\boldsymbol{P}_{\boldsymbol{X}_c}=\left[(\boldsymbol{B}_2^o)^{\mathrm{T}}\boldsymbol{X}_c\quad \boldsymbol{0}\quad (\boldsymbol{D}^o)^{\mathrm{T}}\right],\boldsymbol{Q}=\left[\boldsymbol{C}_2^o\quad \boldsymbol{0}\quad \boldsymbol{0}\right]$。

在给出主要结果之前，先引入下面的引理。

**引理 8.3**　假定矩阵 $\boldsymbol{X}_c>\boldsymbol{0}$，定义矩阵 $\boldsymbol{P}=\left[(\boldsymbol{B}_2^o)^{\mathrm{T}}\quad \boldsymbol{0}\quad (\boldsymbol{D}^o)^{\mathrm{T}}\right]$，$\boldsymbol{H}_{\boldsymbol{X}_c}$、$\boldsymbol{T}_{\boldsymbol{X}_c}$ 和 $\boldsymbol{P}_{\boldsymbol{X}_c}$ 分别由式(8.27)、(8.28)和(8.29)所定义，则 $\boldsymbol{P}_{\boldsymbol{X}_c}^{\perp\mathrm{T}}\boldsymbol{H}_{\boldsymbol{X}_c}\boldsymbol{P}_{\boldsymbol{X}_c}^{\perp}<\boldsymbol{0}\Leftrightarrow\boldsymbol{P}^{\perp\mathrm{T}}\boldsymbol{T}_{\boldsymbol{X}_c}\boldsymbol{P}^{\perp}<\boldsymbol{0}$。

**证明**　注意到 $\boldsymbol{P}_{\boldsymbol{X}_c}=\boldsymbol{P}\boldsymbol{S},\boldsymbol{S}=\mathrm{diag}\{\boldsymbol{X}_c,\boldsymbol{I},\boldsymbol{I}\}$，再进一步结合 $\boldsymbol{P}_{\boldsymbol{X}_c}^{\perp}$ 和 $\boldsymbol{P}^{\perp}$ 的定义得 $\boldsymbol{P}_{\boldsymbol{X}_c}^{\perp}=\boldsymbol{S}^{-1}\boldsymbol{P}^{\perp}$。从而由 $(\boldsymbol{S}^{-1})^{\mathrm{T}}\boldsymbol{H}_{\boldsymbol{X}_c}\boldsymbol{S}^{-1}=\boldsymbol{T}_{\boldsymbol{X}_c}$，得 $\boldsymbol{P}_{\boldsymbol{X}_c}^{\perp\mathrm{T}}\boldsymbol{H}_{\boldsymbol{X}_c}\boldsymbol{P}_{\boldsymbol{X}_c}^{\perp}<\boldsymbol{0}\Leftrightarrow\boldsymbol{P}^{\perp\mathrm{T}}(\boldsymbol{S}^{-1})^{\mathrm{T}}\boldsymbol{H}_{\boldsymbol{X}_c}\boldsymbol{S}^{-1}\boldsymbol{P}^{\perp}<\boldsymbol{0}\Leftrightarrow\boldsymbol{P}^{\perp\mathrm{T}}\boldsymbol{T}_{\boldsymbol{X}_c}\boldsymbol{P}^{\perp}<\boldsymbol{0}$，即引理结论成立。

**引理 8.4**　设 $\boldsymbol{X},\boldsymbol{Y}\in\mathbf{R}^{n\times n}$ 是给定的对称正定阵，$r$ 是一个正整数，则存在矩阵 $\boldsymbol{X}_2,\boldsymbol{Y}_2\in\mathbf{R}^{n\times r}$ 和对称矩阵 $\boldsymbol{X}_3,\boldsymbol{Y}_3\in\mathbf{R}^{r\times r}$，满足

$$\begin{bmatrix}\boldsymbol{X} & \boldsymbol{X}_2\\ \boldsymbol{X}_2^{\mathrm{T}} & \boldsymbol{X}_3\end{bmatrix}>\boldsymbol{0},\quad \begin{bmatrix}\boldsymbol{X} & \boldsymbol{X}_2\\ \boldsymbol{X}_2^{\mathrm{T}} & \boldsymbol{X}_3\end{bmatrix}^{-1}=\begin{bmatrix}\boldsymbol{Y} & \boldsymbol{Y}_2\\ \boldsymbol{Y}_2^{\mathrm{T}} & \boldsymbol{Y}_3\end{bmatrix}$$

当且仅当

$$\begin{bmatrix} X & I \\ I & Y \end{bmatrix} \geqslant 0, \quad \text{rank}\begin{bmatrix} X & I \\ I & Y \end{bmatrix} \leqslant n + r$$

为证明本引理的结论，不加证明地引入如下引理：

**引理** 设$\boldsymbol{\Gamma}$，$\boldsymbol{\Psi}$和$\boldsymbol{\Phi}$是任意给定的适当维数的矩阵，且$\boldsymbol{\Phi}$是对称的，$\boldsymbol{\Gamma}^{\perp}$和$\boldsymbol{\Psi}^{\perp}$分别表示以$\boldsymbol{\Gamma}$和$\boldsymbol{\Psi}$的核空间的任意一组基向量作为列向量构成的矩阵，若存在适当维数的矩阵$\boldsymbol{\Lambda}$，使得下列不等式成立

$$\boldsymbol{\Phi} + \boldsymbol{\Gamma}^{\mathrm{T}}\boldsymbol{\Lambda}^{\mathrm{T}}\boldsymbol{\Psi} + \boldsymbol{\Psi}^{\mathrm{T}}\boldsymbol{\Lambda}\boldsymbol{\Gamma} < 0$$

则上述矩阵不等式对于矩阵$\boldsymbol{\Lambda}$是可解的，当且仅当

$$\begin{cases} \boldsymbol{\Gamma}^{\perp\mathrm{T}}\boldsymbol{\Phi}\boldsymbol{\Gamma}^{\perp} < 0 \\ \boldsymbol{\Psi}^{\perp\mathrm{T}}\boldsymbol{\Phi}\boldsymbol{\Psi}^{\perp} < 0 \end{cases}$$

由此引理可得出，式(8.29)与下列矩阵不等式等价

$$\boldsymbol{Q}^{\perp\mathrm{T}}\boldsymbol{H}_{X_c}\boldsymbol{Q}^{\perp} < 0, \quad \boldsymbol{P}_{X_c}^{\perp\mathrm{T}}\boldsymbol{H}_{X_c}\boldsymbol{P}_{X_c}^{\perp} < 0 \tag{8.30}$$

这样，具有两个矩阵变量$\boldsymbol{X}_c$和$\boldsymbol{K}$的矩阵不等式(8.29)的可行性问题等价地转化成了两个只含有一个矩阵变量$\boldsymbol{X}_c$的矩阵不等式的可行性问题，消去了矩阵变量$\boldsymbol{K}$。

在式(8.30)的第二个矩阵不等式中，矩阵变量$\boldsymbol{X}_c$不仅出现在$\boldsymbol{H}_{X_c}$中，也出现在$\boldsymbol{P}_{X_c}^{\perp}$中，因此式(8.30)的第二个矩阵不等式并不是一个线性矩阵不等式，从而难以直接应用求解线性矩阵不等式的方法来求解该矩阵不等式。根据引理8.3，式(8.30)与下列矩阵不等式等价：

$$\boldsymbol{Q}^{\perp\mathrm{T}}\boldsymbol{H}_{X_c}\boldsymbol{Q}^{\perp} < 0, \quad \boldsymbol{P}^{\perp\mathrm{T}}\boldsymbol{T}_{X_c}\boldsymbol{P}^{\perp} < 0 \tag{8.31}$$

**定理 8.5** 对于任意给定的常数$\gamma > 0$，切换线性系统(8.13)是具有$H_\infty$干扰抑制水平$\gamma$动态输出反馈可切换镇定的，如果存在对称正定矩阵$\boldsymbol{X} \in \mathbf{R}^{n\times n}$，$\boldsymbol{Y} \in \mathbf{R}^{n\times n}$和$N$个满足$\alpha_i \geqslant 0$ $(i \in \mathbf{N})$且$\sum_{i=1}^{N}\alpha_i = 1$的实数$\alpha_i$，使得下列三个线性矩阵不等式同时成立：

$$\begin{bmatrix} \boldsymbol{X} & \boldsymbol{I} \\ \boldsymbol{I} & \boldsymbol{Y} \end{bmatrix} \geqslant 0 \tag{8.32a}$$

$$\begin{bmatrix} \boldsymbol{C}_2^{\perp} & \boldsymbol{0} \\ \boldsymbol{0} & \boldsymbol{I} \\ \boldsymbol{0} & \boldsymbol{I} \end{bmatrix}^{\mathrm{T}} \begin{bmatrix} \boldsymbol{A}^{\mathrm{T}}\boldsymbol{X} + \boldsymbol{X}\boldsymbol{A} & \boldsymbol{X}\boldsymbol{B}_1 & \boldsymbol{C}_1^{\mathrm{T}} \\ \boldsymbol{B}_1^{\mathrm{T}}\boldsymbol{X} & -\gamma\boldsymbol{I} & \boldsymbol{0} \\ \boldsymbol{C}_1 & \boldsymbol{0} & -\gamma\boldsymbol{I} \end{bmatrix} \begin{bmatrix} \boldsymbol{C}_2^{\perp} & \boldsymbol{0} \\ \boldsymbol{0} & \boldsymbol{I} \\ \boldsymbol{0} & \boldsymbol{I} \end{bmatrix} < 0 \tag{8.32b}$$

$$\begin{bmatrix} \boldsymbol{B}_2^{\mathrm{T}\perp} & \boldsymbol{0} \\ \boldsymbol{D}^{\mathrm{T}\perp} & \boldsymbol{0} \\ \boldsymbol{0} & \boldsymbol{I} \end{bmatrix}^{\mathrm{T}} \begin{bmatrix} \boldsymbol{Y}\boldsymbol{A}^{\mathrm{T}} + \boldsymbol{A}\boldsymbol{Y} & \boldsymbol{Y}\boldsymbol{C}_1^{\mathrm{T}} & \boldsymbol{B}_1 \\ \boldsymbol{C}_1\boldsymbol{Y} & -\gamma\boldsymbol{I} & \boldsymbol{0} \\ \boldsymbol{B}_1^{\mathrm{T}} & \boldsymbol{0} & -\gamma\boldsymbol{I} \end{bmatrix} \begin{bmatrix} \boldsymbol{B}_2^{\mathrm{T}\perp} & \boldsymbol{0} \\ \boldsymbol{D}^{\mathrm{T}\perp} & \boldsymbol{0} \\ \boldsymbol{0} & \boldsymbol{I} \end{bmatrix} < 0 \tag{8.32c}$$

式中

$$\boldsymbol{A} = \sum_{i=1}^{N}\alpha_i\boldsymbol{A}_i, \boldsymbol{B}_1 = \left[\sqrt{\alpha_1}\boldsymbol{B}_{11}, \sqrt{\alpha_2}\boldsymbol{B}_{12}, \cdots, \sqrt{\alpha_N}\boldsymbol{B}_{1N}\right],$$

$$\boldsymbol{B}_2 = [\alpha_1\boldsymbol{B}_{21}, \alpha_2\boldsymbol{B}_{22}, \cdots, \alpha_N\boldsymbol{B}_{2N}], \boldsymbol{C}_1 = \left[\sqrt{\alpha_1}\boldsymbol{C}_{11}^{\mathrm{T}}, \sqrt{\alpha_2}\boldsymbol{C}_{12}^{\mathrm{T}}, \cdots, \sqrt{\alpha_N}\boldsymbol{C}_{1N}^{\mathrm{T}}\right]^{\mathrm{T}}$$

$$\boldsymbol{C}_2 = [\boldsymbol{C}_{21}^{\mathrm{T}}, \boldsymbol{C}_{22}^{\mathrm{T}}, \cdots, \boldsymbol{C}_{2N}^{\mathrm{T}}]^{\mathrm{T}}, \boldsymbol{D} = \mathrm{diag}\left\{\sqrt{\alpha_1}\boldsymbol{D}_1, \sqrt{\alpha_2}\boldsymbol{D}_2, \cdots, \sqrt{\alpha_N}\boldsymbol{D}_N\right\}$$

在这种情况下，动态输出反馈子控制器增益矩阵仍为式(8.30)，切换规则可取为

$$\begin{aligned} \sigma(t) = \arg\min_{i\in\mathbf{N}}\{&\boldsymbol{\xi}^{\mathrm{T}}[(\boldsymbol{A}_i + \boldsymbol{B}_{2i}\boldsymbol{K}_i\boldsymbol{C}_{2i})^{\mathrm{T}}\boldsymbol{P}_c + \boldsymbol{P}_c(\boldsymbol{A}_i + \boldsymbol{B}_{2i}\boldsymbol{K}_i\boldsymbol{C}_{2i}) + \\ &\gamma^{-2}\boldsymbol{P}_c\boldsymbol{B}_{1i}\boldsymbol{B}_{1i}^{\mathrm{T}}\boldsymbol{P}_c + (\boldsymbol{C}_i + \boldsymbol{D}_i\boldsymbol{K}_i\boldsymbol{C}_{2i})^{\mathrm{T}}(\boldsymbol{C}_i + \boldsymbol{D}_i\boldsymbol{K}_i\boldsymbol{C}_{2i})]\boldsymbol{\xi}\} \end{aligned} \tag{8.33}$$

其中，$\boldsymbol{P}_c=\gamma\boldsymbol{X}_c$。

**证明**　分别将矩阵 $\boldsymbol{X}_c$ 和 $\boldsymbol{X}_c^{-1}$ 做如下的分解

$$\boldsymbol{X}_c=\begin{bmatrix}\boldsymbol{X} & \boldsymbol{X}_2\\ \boldsymbol{X}_2^{\mathrm{T}} & \boldsymbol{X}_3\end{bmatrix},\quad \boldsymbol{X}_c^{-1}=\begin{bmatrix}\boldsymbol{Y} & \boldsymbol{Y}_2\\ \boldsymbol{Y}_2^{\mathrm{T}} & \boldsymbol{Y}_3\end{bmatrix}$$

其中，$\boldsymbol{X},\boldsymbol{Y}\in\mathbf{R}^{n\times n}$ 为对称正定的矩阵，$\boldsymbol{X}_2\in\mathbf{R}^{n\times n_k}$ 且 $\boldsymbol{X}_2\boldsymbol{X}_2^{\mathrm{T}}=\boldsymbol{X}-\boldsymbol{Y}^{-1}$。

由前文的讨论可知，定理 8.4 的条件不等式(8.29) 成立的充分必要条件是(8.31) 成立。我们只证明 $\boldsymbol{P}^{\perp\mathrm{T}}\boldsymbol{T}_{\boldsymbol{X}_c}\boldsymbol{P}^{\perp}<\mathbf{0}$ 等价于矩阵不等式(8.32c)。$\boldsymbol{Q}^{\perp\mathrm{T}}\boldsymbol{H}_{\boldsymbol{X}_c}\boldsymbol{Q}^{\perp}<\mathbf{0}$ 和矩阵不等式(8.32b) 的等价性可以类似地得到。

根据矩阵 $\boldsymbol{X}_c,\boldsymbol{A}^o,\boldsymbol{B}_1^o$ 和 $\boldsymbol{C}_1^o$ 的定义，可以得到

$$\boldsymbol{T}_{\boldsymbol{X}_c}=\begin{bmatrix}\boldsymbol{Y}\boldsymbol{A}^{\mathrm{T}}+\boldsymbol{A}\boldsymbol{Y} & \boldsymbol{A}\boldsymbol{Y}_2 & \boldsymbol{B}_1 & \boldsymbol{Y}\boldsymbol{C}_1^{\mathrm{T}}\\ \boldsymbol{Y}_2^{\mathrm{T}}\boldsymbol{A}^{\mathrm{T}} & \mathbf{0} & \mathbf{0} & \boldsymbol{Y}_2^{\mathrm{T}}\boldsymbol{C}_1^{\mathrm{T}}\\ \boldsymbol{B}_1^{\mathrm{T}} & \mathbf{0} & -\gamma\boldsymbol{I} & \mathbf{0}\\ \boldsymbol{C}_1\boldsymbol{Y} & \boldsymbol{C}_1\boldsymbol{Y}_2 & \mathbf{0} & -\gamma\boldsymbol{I}\end{bmatrix}$$

另一方面在矩阵 $\boldsymbol{P}$ 的定义中，代入矩阵 $(\boldsymbol{B}_2^o)^{\mathrm{T}}$ 和 $(\boldsymbol{D}^o)^{\mathrm{T}}$ 的表达式，可以得到

$$\boldsymbol{P}=\begin{bmatrix}\mathbf{0} & \boldsymbol{I} & \mathbf{0} & \mathbf{0}\\ \boldsymbol{B}_2^{\mathrm{T}} & \mathbf{0} & \mathbf{0} & \boldsymbol{D}^{\mathrm{T}}\end{bmatrix}$$

因此，$\boldsymbol{P}^{\perp}=\begin{bmatrix}\boldsymbol{B}_2^{\mathrm{T}\perp} & \mathbf{0}\\ \mathbf{0} & \mathbf{0}\\ \mathbf{0} & \boldsymbol{I}\\ \boldsymbol{D}^{\mathrm{T}\perp} & \mathbf{0}\end{bmatrix}$。

注意到 $\boldsymbol{P}^{\perp}$ 的分块矩阵中的第二行完全为零，利用分块矩阵的运算可以得到 $\boldsymbol{P}^{\perp\mathrm{T}}\boldsymbol{T}_{\boldsymbol{X}_c}\boldsymbol{P}^{\perp}<\mathbf{0}$，$\boldsymbol{P}^{\perp\mathrm{T}}\boldsymbol{T}_{\boldsymbol{X}_c}\boldsymbol{P}^{\perp}<\mathbf{0}$ 等价于

$$\begin{bmatrix}\boldsymbol{B}_2^{\mathrm{T}\perp} & \mathbf{0}\\ \mathbf{0} & \boldsymbol{I}\\ \boldsymbol{D}^{\mathrm{T}\perp} & \mathbf{0}\end{bmatrix}^{\mathrm{T}}\begin{bmatrix}\boldsymbol{Y}\boldsymbol{A}^{\mathrm{T}}+\boldsymbol{A}\boldsymbol{Y} & \boldsymbol{B}_1 & \boldsymbol{Y}\boldsymbol{C}_1^{\mathrm{T}}\\ \boldsymbol{B}_1^{\mathrm{T}} & -\gamma\boldsymbol{I} & \mathbf{0}\\ \boldsymbol{C}_1\boldsymbol{Y} & \mathbf{0} & -\gamma\boldsymbol{I}\end{bmatrix}\begin{bmatrix}\boldsymbol{B}_2^{\mathrm{T}\perp} & \mathbf{0}\\ \mathbf{0} & \boldsymbol{I}\\ \boldsymbol{D}^{\mathrm{T}\perp} & \mathbf{0}\end{bmatrix}<\mathbf{0}$$

利用 $\begin{bmatrix}\boldsymbol{B}_2^{\mathrm{T}\perp} & \mathbf{0}\\ \mathbf{0} & \boldsymbol{I}\\ \boldsymbol{D}^{\mathrm{T}\perp} & \mathbf{0}\end{bmatrix}=\begin{bmatrix}\boldsymbol{I} & \mathbf{0} & \mathbf{0}\\ \mathbf{0} & \mathbf{0} & \boldsymbol{I}\\ \mathbf{0} & \boldsymbol{I} & \mathbf{0}\end{bmatrix}\begin{bmatrix}\boldsymbol{B}_2^{\mathrm{T}\perp} & \mathbf{0}\\ \boldsymbol{D}^{\mathrm{T}\perp} & \mathbf{0}\\ \mathbf{0} & \boldsymbol{I}\end{bmatrix}$，即可推出 $\boldsymbol{P}^{\perp\mathrm{T}}\boldsymbol{T}_{\boldsymbol{X}_c}\boldsymbol{P}^{\perp}<\mathbf{0}$ 等价于线性矩阵不等式(8.32c)。另外，由引理 8.4，线性矩阵不等式(8.32a) 的可行解 $\boldsymbol{X}$ 和 $\boldsymbol{Y}$ 可以保证 $\boldsymbol{X}_c$ 是对称正定的矩阵。所以由上面所证明的等价关系和定理 8.4，定理 8.5 结论成立。

根据以上得到的切换线性系统(8.13) 具有 $H_\infty$ 干扰抑制水平 $\gamma$ 动态输出反馈可切换镇定的条件，可以按以下的步骤设计所需要的动态输出反馈控制器增益矩阵 $\boldsymbol{K}$。

步骤 1：求取满足定理 8.5 条件式(8.32) 的矩阵 $\boldsymbol{X}$ 和 $\boldsymbol{Y}$；

步骤 2：求满足 $\boldsymbol{X}-\boldsymbol{Y}^{-1}=\boldsymbol{X}_2\boldsymbol{X}_2^{\mathrm{T}}$ 的矩阵 $\boldsymbol{X}_2\in\mathbf{R}^{n\times n_k}$，其中 $n_k$ 可以选成是矩阵 $\boldsymbol{X}-\boldsymbol{Y}^{-1}$ 的秩。可以采用奇异值分解的方法得到这样的矩阵 $\boldsymbol{X}_2$，然后用矩阵 $\boldsymbol{X}$ 和 $\boldsymbol{X}_2$ 构造

$$\boldsymbol{X}_c=\begin{bmatrix}\boldsymbol{X} & \boldsymbol{X}_2^{\mathrm{T}}\\ \boldsymbol{X}_2 & \boldsymbol{I}\end{bmatrix}$$

步骤 3：给定 $\alpha_i$，将求得的矩阵 $\boldsymbol{X}_c$ 代入到矩阵不等式(8.29) 中，就会得到只包含矩阵变量

$K$ 的一个线性矩阵不等式，从而应用求解线性矩阵不等式的工具可以求取动态输出反馈控制增益矩阵 $K$。

**例 8.3**　考虑由 2 个不稳定子系统组成的切换系统(8.12)，$i\in\{1,2\}$，参数如下：

$A_1=\begin{bmatrix}1&2&0\\3&-1&1\\0&2&0\end{bmatrix}$，$A_2=\begin{bmatrix}0&0&-2\\1&0&9\\0&1&0\end{bmatrix}$，$B_{11}=\begin{bmatrix}0.3\\-0.1\\-1\end{bmatrix}$，$B_{12}=\begin{bmatrix}0.4\\-0.1\\-1\end{bmatrix}$，$B_{21}=\begin{bmatrix}-1\\0.7\\0.1\end{bmatrix}$，$B_{22}=\begin{bmatrix}-1\\0.8\\0.2\end{bmatrix}$，$C_1=[-1\ \ 2\ \ 1]$，$C_2=[2\ \ 1\ \ 1]$，$D_1=0$，$D_2=1$。取 $\alpha_1=0.9$，$\alpha_2=0.1$，$H_\infty$ 指标 $\gamma=1$，初始状态 $x(0)=[1\ \ -2\ \ 3]^{\mathrm T}$。根据定理 8.3，由 Matlab 中的 LMI 工具箱，求得 $X$，$W$ 的一个可行解为：$X=\begin{bmatrix}1.2332&0.1698\\0.1698&0.2054\end{bmatrix}$，$W=\begin{bmatrix}2.3432&-0.3772\\-0.3772&-0.6036\end{bmatrix}$。由式(8.29)，求得 2 个状态反馈子控制器增益矩阵为

$$K_1=[2.4295\ \ -3.8446],\quad K_2=[-1.9970\ \ -1.2874]$$

按照定理 8.3 中所选取的切换规则(8.30)，仿真结果如图 8.1 所示。

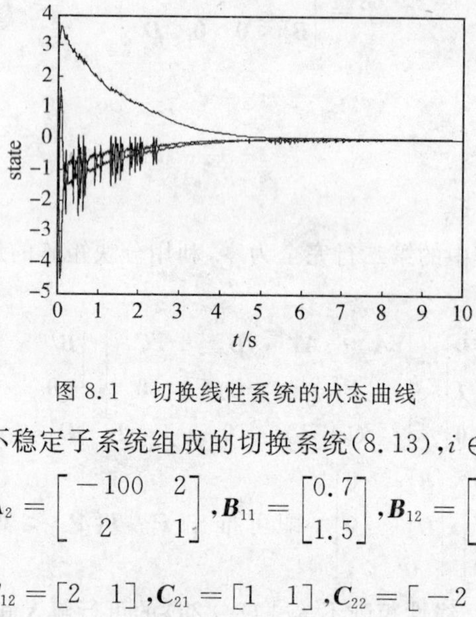


图 8.1　切换线性系统的状态曲线

**例 8.4**　考虑由 2 个不稳定子系统组成的切换系统(8.13)，$i\in\{1,2\}$，参数如下：

$A_1=\begin{bmatrix}1&-4\\-1&-100\end{bmatrix}$，$A_2=\begin{bmatrix}-100&2\\2&1\end{bmatrix}$，$B_{11}=\begin{bmatrix}0.7\\1.5\end{bmatrix}$，$B_{12}=\begin{bmatrix}-4\\0.2\end{bmatrix}$，$B_{21}=\begin{bmatrix}-1\\0.1\end{bmatrix}$，$B_{22}=\begin{bmatrix}-2\\1\end{bmatrix}$，$C_{11}=[-1\ \ 2]$，$C_{12}=[2\ \ 1]$，$C_{21}=[1\ \ 1]$，$C_{22}=[-2\ \ 1]$，$D_1=0.1$，$D_2=0.2$。取 $H_\infty$ 指标 $\gamma=1$，$\alpha_1=0.6$，$\alpha_2=0.4$，初始状态 $\xi(0)=[1\ \ -1\ \ 2\ \ -2]^{\mathrm T}$。根据定理 8.5，由 Matlab 中的 LMI 工具箱，求得 $X$，$Y$ 的一个可行解为：$X=\begin{bmatrix}2.1473&0.0545\\0.0545&2.1608\end{bmatrix}$，$Y=\begin{bmatrix}3.9173&-0.0048\\-0.0048&2.8674\end{bmatrix}$。根据算法步骤，由式(8.29)，求得 2 个动态输出反馈子控制器增益矩阵为

$$K_1=\begin{bmatrix}-165.5444&49.8349&48.3496\\-116.4183&-44.5737&40.9336\\-42.6350&4.7133&14.1470\end{bmatrix},K_2=\begin{bmatrix}67.8026&-72.3009&-18.0341\\161.2019&1.9324&56.1208\\-26.8107&-18.7423&-0.6448\end{bmatrix}$$

按照定理 8.5 中所选取的切换规则(8.33)，仿真结果如图 8.2 所示。

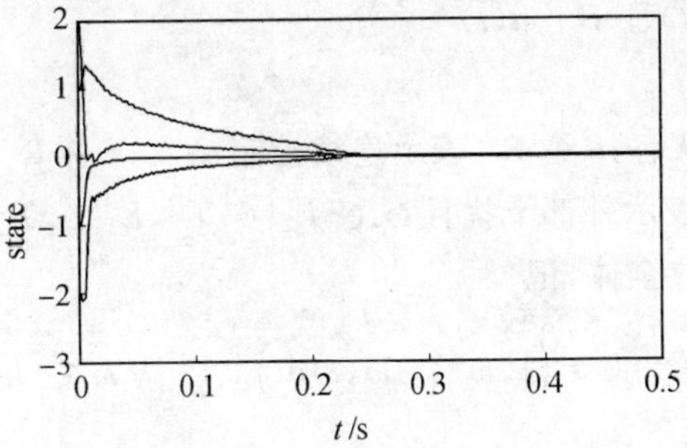


图 8.2　切换系统的状态响应曲线

由图 8.1 和图 8.2 可以看出，由两个不稳定子系统组成的切换系统，在本章设计的子控制器和切换规则的作用下，很快便进入稳定状态，从而验证了本章所研究方法的正确性和有效性。

## 8.4　不确定性切换线性系统的鲁棒 $H_\infty$ 控制 (Robust $H_\infty$ Control of Uncertain Switched Linear Systems)

在工程实际控制问题中，控制系统往往存在很多不确定性，例如受控对象无法预知的变化，外界无法预知的干扰，控制器无法预知的损坏都会带来许多不确定性。对于飞行控制系统，不确定因素很多，除了已经指出的，还有无法预知的气动外形的弹性变形变化，无法预知的大环境的变化，以及无法预知的气动非线性变化等。为了进行有效的控制系统设计，由于不确定性的存在，系统的鲁棒稳定性问题成为人们关注的焦点。从这种意义上来说，针对含有不确定性的切换系统的研究是有一定的现实意义的。

针对切换线性系统研究的绝大多数成果都是集中于系统的稳定性、二次镇定、可控性、可观性等。$H_\infty$ 性能是控制系统的一种重要的性能，研究它的设计方法具有重要意义。

本节在前面论述的基础上，研究带有参数不确定性的切换系统的状态反馈和动态输出反馈鲁棒 $H_\infty$ 控制问题。

### 8.4.1　不确定系统的描述和状态反馈鲁棒 $H_\infty$ 控制(Description of Uncertain Systems and Robust $H_\infty$ Control of State Feedback)

1. 不确定系统的描述(Description of Uncertain Systems)

现在研究下列两个具有参数不确定性的切换系统的鲁棒 $H_\infty$ 干扰抑制状态反馈和动态输出反馈可切换镇定问题。

$$\begin{cases}\dot{\boldsymbol{x}}(t)=[\boldsymbol{A}_{\sigma(t)}+\Delta\boldsymbol{A}_{\sigma(t)}(t)]\boldsymbol{x}(t)+\boldsymbol{B}_{1\sigma(t)}\boldsymbol{\omega}(t)+[\boldsymbol{B}_{2\sigma(t)}+\Delta\boldsymbol{B}_{\sigma(t)}(t)]\boldsymbol{u}(t)\\ \boldsymbol{z}(t)=\boldsymbol{C}_{\sigma(t)}\boldsymbol{x}(t)+\boldsymbol{D}_{\sigma(t)}\boldsymbol{u}(t)\end{cases}\tag{8.34}$$

和

$$\begin{cases}\dot{\boldsymbol{x}}(t)=[\boldsymbol{A}_{\sigma(t)}+\Delta\boldsymbol{A}_{\sigma(t)}(t)]\boldsymbol{x}(t)+\boldsymbol{B}_{1\sigma(t)}\boldsymbol{\omega}(t)+[\boldsymbol{B}_{2\sigma(t)}+\Delta\boldsymbol{B}_{\sigma(t)}(t)]\boldsymbol{u}(t)\\ \boldsymbol{z}(t)=\boldsymbol{C}_{1\sigma(t)}\boldsymbol{x}(t)+\boldsymbol{D}_{\sigma(t)}\boldsymbol{u}(t)\\ \boldsymbol{y}(t)=\boldsymbol{C}_{2\sigma(t)}\boldsymbol{x}(t)\end{cases}\tag{8.35}$$

其中,$\boldsymbol{x}\in\mathbf{R}^n$ 表示系统的状态;$\boldsymbol{u}\in\mathbf{R}^m$ 表示连续控制输入;$\boldsymbol{z}\in\mathbf{R}^q$ 表示受控输出;$\boldsymbol{x}_d-\boldsymbol{x}$ 表示系统的量测输出;$\boldsymbol{\omega}\in\mathbf{R}^p$ 表示外部干扰且 $\boldsymbol{\omega}\in L_2[0,T]$,$L_2[0,T](0\leqslant T<\infty)$ 表示在区间 $[0,T]$ 上的平方可积的函数全体,记

$$\|\boldsymbol{\omega}\|_{L_2[0,T]}=\left(\int_0^T\boldsymbol{\omega}^{\mathrm{T}}(t)\boldsymbol{\omega}(t)\mathrm{d}t\right)^{\frac{1}{2}},\quad\forall\boldsymbol{\omega}\in L_2[0,T]$$

$\sigma(\cdot):[0,+\infty)\rightarrow\{1,2,\cdots,N\}\overset{\text{def}}{=}\mathbf{N}$ 表示分段常值切换信号,$\sigma(t)=i$ 表示在时刻 $t$ 时切换系统的第 $i$ 个子系统被激活。并且 $\Delta\boldsymbol{A}_i(t)$,$\Delta\boldsymbol{B}_i(t)$ 表示系统的时变不确定参数矩阵,且具有如下形式

$$[\Delta\boldsymbol{A}_i(t)\quad\Delta\boldsymbol{B}_i(t)]=\boldsymbol{E}_i\boldsymbol{\Sigma}_i(t)[\boldsymbol{F}_{1i}\quad\boldsymbol{F}_{2i}],\quad\forall i\in\mathbf{N}\tag{8.36}$$

$\boldsymbol{A}_i,\boldsymbol{B}_{1i},\boldsymbol{B}_{2i},\boldsymbol{C}_i,\boldsymbol{C}_{1i},\boldsymbol{C}_{2i},\boldsymbol{D}_i,\boldsymbol{E}_i,\boldsymbol{F}_{1i}$ 和 $\boldsymbol{F}_{2i}(i\in\mathbf{N})$ 是具有相应维数的已知常数矩阵。矩阵 $\boldsymbol{\Sigma}_i(t)\in\boldsymbol{R}^{j\times k}(i\in\mathbf{N})$ 表示具有可测元素的模有界时变不确定且属于如下集合

$$\{\boldsymbol{\Sigma}_i(t)\,|\,\boldsymbol{\Sigma}_i^{\mathrm{T}}(t)\boldsymbol{\Sigma}_i(t)\leqslant\boldsymbol{I}_k,\forall t\geqslant 0\}\tag{8.37}$$

这里 $\boldsymbol{I}_k$ 是 $k$ 阶单位阵。

控制目标是:针对具有参数不确定性的切换系统(8.34)和(8.35)分别设计状态反馈控制器和动态输出反馈控制器以及对应的切换规则 $\sigma(t)$,使得相应的闭环系统是具有鲁棒 $H_\infty$ 干扰抑制水平 $\gamma(\gamma>0)$ 可切换镇定的。先引入如下定义。

**定义 8.15** 对于任意给定的常数 $\gamma>0$,系统(8.34)和系统(8.35)是具有鲁棒 $H_\infty$ 干扰抑制水平 $\gamma$ 状态反馈(或动态输出反馈)可切换镇定的,如果存在状态反馈控制器 $\boldsymbol{u}(t)=\boldsymbol{K}_{\sigma(t)}\boldsymbol{x}(t)$(或动态输出反馈控制器 $\boldsymbol{U}(s)=\boldsymbol{K}_{\sigma(t)}(s)\boldsymbol{Y}(s)$)和对应的切换规则 $\sigma(t)$,使得相应的闭环系统满足:

① 当外部扰动输入 $\boldsymbol{\omega}\equiv 0$ 时,对于所有允许的不确定,闭环系统的零点是渐进稳定的;

② 在系统的初始状态 $\boldsymbol{x}(0)=0$(或 $\boldsymbol{\xi}(0)=0$)时,下列不等式对于所有允许的不确定和所有非零的 $\boldsymbol{\omega}\in L_2[0,T]$,$0\leqslant T<\infty$ 都成立有

$$\|\boldsymbol{z}\|_{L_2[0,T]}<\gamma\|\boldsymbol{\omega}\|_{L_2[0,T]}$$

状态反馈鲁棒 $H_\infty$ 控制问题的控制目标是:设计一个状态反馈控制器 $\boldsymbol{u}(t)=\boldsymbol{K}_{\sigma(t)}\boldsymbol{x}(t)$ 和相应的切换规则 $\sigma(t)$,使得在所有允许的不确定性之下,系统(8.34)所对应的闭环系统是具有鲁棒 $H_\infty$ 干扰抑制水平 $\gamma$ 状态反馈可切换镇定的。

结合状态反馈控制器 $\boldsymbol{u}(t)=\boldsymbol{K}_{\sigma(t)}\boldsymbol{x}(t)$、不确定切换系统(8.34)、不确定矩阵满足的条件式(8.36)和切换规则 $\sigma(t)$,则相应的闭环系统可写为

$$\begin{cases}\dot{\boldsymbol{x}}(t)=[\boldsymbol{A}_{c\sigma(t)}+\Delta\boldsymbol{A}_{c\sigma(t)}(t)]\boldsymbol{x}(t)+\boldsymbol{B}_{1\sigma(t)}\boldsymbol{\omega}(t)\\ \boldsymbol{z}(t)=\boldsymbol{C}_{c\sigma(t)}\boldsymbol{x}(t)\end{cases}\tag{8.38}$$

这里

$$\boldsymbol{A}_{c\sigma(t)}=\boldsymbol{A}_{\sigma(t)}+\boldsymbol{B}_{2\sigma(t)}\boldsymbol{K}_{\sigma(t)},\Delta\boldsymbol{A}_{c\sigma(t)}(t)=\Delta\boldsymbol{A}_{\sigma(t)}(t)+\Delta\boldsymbol{B}_{\sigma(t)}(t)\boldsymbol{K}_{\sigma(t)}=\boldsymbol{E}_{\sigma(t)}\boldsymbol{\Sigma}_{\sigma(t)}(t)\boldsymbol{F}_{c\sigma(t)},$$
$$\boldsymbol{C}_{c\sigma(t)}=\boldsymbol{C}_{\sigma(t)}+\boldsymbol{D}_{\sigma(t)}\boldsymbol{K}_{\sigma(t)},\boldsymbol{F}_{c\sigma(t)}=\boldsymbol{F}_{1\sigma(t)}+\boldsymbol{F}_{2\sigma(t)}\boldsymbol{K}_{\sigma(t)}$$

下面,先用矩阵不等式方法给出系统(8.34)具有 $H_\infty$ 干扰抑制水平 $\gamma$ 状态反馈可切换镇

定的充分条件,然后将该条件等价地转化为线性矩阵不等式。

2. 矩阵不等式方法(Matrix Inequality Method)

**定理 8.6**　对于任意给定的常数 $\gamma>0$,不确定切换线性系统(8.34)是具有鲁棒 $H_\infty$ 干扰抑制水平 $\gamma$ 状态反馈可切换镇定的,如果存在对称正定矩阵 $\boldsymbol{P}\in\mathbf{R}^{n\times n}$,常数 $\varepsilon>0$ 和 $N$ 个满足 $\alpha_i\geqslant 0(i\in\mathbf{N})$ 且 $\sum_{i=1}^{N}\alpha_i=1$ 的实数 $\alpha_i$,使得下列矩阵不等式成立:

$$\begin{bmatrix}\boldsymbol{A}_c^{\mathrm{T}}\boldsymbol{P}+\boldsymbol{P}\boldsymbol{A}_c & \gamma^{-1}\boldsymbol{P}\boldsymbol{B}_1 & \boldsymbol{C}_c^{\mathrm{T}} & \varepsilon^{-1}\boldsymbol{P}\boldsymbol{E} & \varepsilon\boldsymbol{F}_c^{\mathrm{T}}\\ \gamma^{-1}\boldsymbol{B}_1^{\mathrm{T}}\boldsymbol{P} & -\boldsymbol{I} & \boldsymbol{0} & \boldsymbol{0} & \boldsymbol{0}\\ \boldsymbol{C}_c & \boldsymbol{0} & -\boldsymbol{I} & \boldsymbol{0} & \boldsymbol{0}\\ \varepsilon^{-1}\boldsymbol{E}^{\mathrm{T}}\boldsymbol{P} & \boldsymbol{0} & \boldsymbol{0} & -\boldsymbol{I} & \boldsymbol{0}\\ \varepsilon\boldsymbol{F}_c & \boldsymbol{0} & \boldsymbol{0} & \boldsymbol{0} & -\boldsymbol{I}\end{bmatrix}<\boldsymbol{0} \tag{8.39}$$

其中

$$\boldsymbol{A}_c=\boldsymbol{A}+\boldsymbol{B}_2\boldsymbol{K},\boldsymbol{C}_c=\boldsymbol{C}+\boldsymbol{D}\boldsymbol{K},\boldsymbol{F}_c=\boldsymbol{F}_1+\boldsymbol{F}_2\boldsymbol{K},\boldsymbol{A}=\sum_{i=1}^{N}\alpha_i\boldsymbol{A}_i,$$

$$\boldsymbol{B}_1=\left[\sqrt{\alpha_1}\boldsymbol{B}_{11},\sqrt{\alpha_2}\boldsymbol{B}_{12},\cdots,\sqrt{\alpha_N}\boldsymbol{B}_{1N}\right],\boldsymbol{B}_2=\left[\alpha_1\boldsymbol{B}_{21},\alpha_2\boldsymbol{B}_{22},\cdots,\alpha_N\boldsymbol{B}_{2N}\right],$$

$$\boldsymbol{C}=\left[\sqrt{\alpha_1}\boldsymbol{C}_1^{\mathrm{T}},\cdots,\sqrt{\alpha_N}\boldsymbol{C}_N^{\mathrm{T}}\right]^{\mathrm{T}},\boldsymbol{D}=\mathrm{diag}\left\{\sqrt{\alpha_1}\boldsymbol{D}_1,\sqrt{\alpha_2}\boldsymbol{D}_2,\cdots,\sqrt{\alpha_N}\boldsymbol{D}_N\right\},$$

$$\boldsymbol{E}=\left[\sqrt{\alpha_1}\boldsymbol{E}_1,\sqrt{\alpha_2}\boldsymbol{E}_2,\cdots,\sqrt{\alpha_N}\boldsymbol{E}_N\right],\boldsymbol{F}_1=\left[\sqrt{\alpha_1}\boldsymbol{F}_{11}^{\mathrm{T}},\sqrt{\alpha_2}\boldsymbol{F}_{12}^{\mathrm{T}},\cdots,\sqrt{\alpha_N}\boldsymbol{F}_{1N}^{\mathrm{T}}\right]^{\mathrm{T}},$$

$$\boldsymbol{F}_2=\mathrm{diag}\left\{\sqrt{\alpha_1}\boldsymbol{F}_{21},\sqrt{\alpha_2}\boldsymbol{F}_{22},\cdots,\sqrt{\alpha_N}\boldsymbol{F}_{2N}\right\},\boldsymbol{K}=\left[\boldsymbol{K}_1^{\mathrm{T}},\boldsymbol{K}_2^{\mathrm{T}},\cdots,\boldsymbol{K}_N^{\mathrm{T}}\right]^{\mathrm{T}}$$

在这种情况下,状态反馈子控制器增益矩阵和切换规则分别取为

$$\boldsymbol{K}=\left[\boldsymbol{K}_1^{\mathrm{T}},\boldsymbol{K}_2^{\mathrm{T}},\cdots,\boldsymbol{K}_N^{\mathrm{T}}\right]^{\mathrm{T}} \tag{8.40}$$

$$\begin{aligned}\sigma(t)=\arg\min_{i\in\mathbf{N}}\{&\boldsymbol{x}^{\mathrm{T}}(\boldsymbol{A}_{ci}^{\mathrm{T}}\boldsymbol{P}+\boldsymbol{P}\boldsymbol{A}_{ci}+\gamma^{-2}\boldsymbol{P}\boldsymbol{B}_{1i}\boldsymbol{B}_{1i}^{\mathrm{T}}\boldsymbol{P}+\\&\boldsymbol{C}_{ci}^{\mathrm{T}}\boldsymbol{C}_{ci}+\varepsilon^{-2}\boldsymbol{P}\boldsymbol{E}_i\boldsymbol{E}_i^{\mathrm{T}}\boldsymbol{P}+\varepsilon^2\boldsymbol{F}_{ci}^{\mathrm{T}}\boldsymbol{F}_{ci})\boldsymbol{x}\}\end{aligned} \tag{8.41}$$

**证明**　首先证明在外部干扰 $\boldsymbol{\omega}(t)\equiv\boldsymbol{0}$ 时,不确定切换系统(8.34)在状态反馈控制器 $\boldsymbol{u}=\boldsymbol{K}_{\sigma(t)}\boldsymbol{x}(t)$ 和切换规则(8.41)的作用之下,其相应的闭环系统(8.38)对于所有允许的不确定性,在零点是渐进稳定的。

根据 Schur 补引理,并将定理 8.6 中定义的各矩阵代入式(8.39),整理结果如下:

$$\sum_{i=1}^{N}\alpha_i(\boldsymbol{A}_{ci}^{\mathrm{T}}\boldsymbol{P}+\boldsymbol{P}\boldsymbol{A}_{ci}+\gamma^{-2}\boldsymbol{P}\boldsymbol{B}_{1i}\boldsymbol{B}_{1i}^{\mathrm{T}}\boldsymbol{P}+\boldsymbol{C}_{ci}^{\mathrm{T}}\boldsymbol{C}_{ci}+\varepsilon^{-2}\boldsymbol{P}\boldsymbol{E}_i\boldsymbol{E}_i^{\mathrm{T}}\boldsymbol{P}+\varepsilon^2\boldsymbol{F}_{ci}^{\mathrm{T}}\boldsymbol{F}_{ci})<\boldsymbol{0}$$

即对任意的 $\boldsymbol{x}\in\mathbf{R}^n\backslash\{0\}$,有

$$\sum_{i=1}^{N}\alpha_i[\boldsymbol{x}^{\mathrm{T}}(\boldsymbol{A}_{ci}^{\mathrm{T}}\boldsymbol{P}+\boldsymbol{P}\boldsymbol{A}_{ci}+\gamma^{-2}\boldsymbol{P}\boldsymbol{B}_{1i}\boldsymbol{B}_{1i}^{\mathrm{T}}\boldsymbol{P}+\boldsymbol{C}_{ci}^{\mathrm{T}}\boldsymbol{C}_{ci}+\varepsilon^{-2}\boldsymbol{P}\boldsymbol{E}_i\boldsymbol{E}_i^{\mathrm{T}}\boldsymbol{P}+\varepsilon^2\boldsymbol{F}_{ci}^{\mathrm{T}}\boldsymbol{F}_{ci})\boldsymbol{x}]<\boldsymbol{0}$$

由切换规则(8.41),下列不等式对 $\forall t\geqslant 0$ 均成立:

$$\begin{aligned}&\boldsymbol{x}^{\mathrm{T}}(\boldsymbol{A}_{\sigma(t)}^{\mathrm{T}}\boldsymbol{P}+\boldsymbol{P}\boldsymbol{A}_{c\sigma(t)}+\gamma^{-2}\boldsymbol{P}\boldsymbol{B}_{1\sigma(t)}\boldsymbol{B}_{1\sigma(t)}^{\mathrm{T}}\boldsymbol{P}+\\&\boldsymbol{C}_{c\sigma(t)}^{\mathrm{T}}\boldsymbol{C}_{c\sigma(t)}+\varepsilon^{-2}\boldsymbol{P}\boldsymbol{E}_{\sigma(t)}\boldsymbol{E}_{\sigma(t)}^{\mathrm{T}}\boldsymbol{P}+\varepsilon^2\boldsymbol{F}_{c\sigma(t)}^{\mathrm{T}}\boldsymbol{F}_{c\sigma(t)})\boldsymbol{x}<\boldsymbol{0}\end{aligned} \tag{8.42}$$

假设 $\{(t_k,i_k)\mid i_k\in\mathbf{N};k=0,1,\cdots;0=t_0\leqslant t_1\leqslant\cdots\}$ 是由切换规则(8.41)在时间区间 $[0,\infty)$ 上生成的切换序列。在该切换序列作用下,Lyapunov 函数 $V(\boldsymbol{x})=\boldsymbol{x}^{\mathrm{T}}\boldsymbol{P}\boldsymbol{x}$ 沿切换系统(8.38)轨迹的时间导数为

$$\dot{V}(\boldsymbol{x})=\boldsymbol{x}^{\mathrm{T}}(\boldsymbol{A}_{ci_k}^{\mathrm{T}}\boldsymbol{P}+\boldsymbol{P}\boldsymbol{A}_{ci_k})\boldsymbol{x}+\boldsymbol{x}^{\mathrm{T}}\boldsymbol{P}\boldsymbol{B}_{1i_k}\boldsymbol{\omega}+\boldsymbol{\omega}^{\mathrm{T}}\boldsymbol{B}_{1i_k}^{\mathrm{T}}\boldsymbol{P}\boldsymbol{x}+\boldsymbol{x}^{\mathrm{T}}(\Delta\boldsymbol{A}_{ci_k}^{\mathrm{T}}\boldsymbol{P}+\boldsymbol{P}\Delta\boldsymbol{A}_{ci_k})\boldsymbol{x}$$
$$t\in[t_k,t_{k+1}),(k=0,1,\cdots)$$

由式(8.36)和(8.38)可得到 $\Delta\boldsymbol{A}_{ci_k}=\boldsymbol{E}_{i_k}\sum_{i_k}\boldsymbol{F}_{ci_k}$，代入上式，并根据对于任意适当维数的矩阵 $\boldsymbol{X}$ 和 $\boldsymbol{Y}$，有如下矩阵不等式成立

$$\boldsymbol{X}^{\mathrm{T}}\boldsymbol{Y}+\boldsymbol{Y}^{\mathrm{T}}\boldsymbol{X}\leqslant\alpha\boldsymbol{X}^{\mathrm{T}}\boldsymbol{X}+\frac{1}{\alpha}\boldsymbol{Y}^{\mathrm{T}}\boldsymbol{Y},\quad\forall\alpha>0\tag{a}$$

或

$$\boldsymbol{X}^{\mathrm{T}}\boldsymbol{Y}+\boldsymbol{Y}^{\mathrm{T}}\boldsymbol{X}\leqslant\boldsymbol{X}^{\mathrm{T}}\boldsymbol{P}\boldsymbol{X}+\boldsymbol{Y}^{\mathrm{T}}\boldsymbol{P}^{-1}\boldsymbol{Y},\quad\forall\boldsymbol{P}>\boldsymbol{0}\tag{b}$$

以及根据式(8.37)，可以推导出如下结果：

$$\begin{aligned}\dot{V}(\boldsymbol{x})\leqslant{}&\boldsymbol{x}^{\mathrm{T}}(\boldsymbol{A}_{c\sigma(t)}^{\mathrm{T}}\boldsymbol{P}+\boldsymbol{P}\boldsymbol{A}_{c\sigma(t)}+\gamma^{-2}\boldsymbol{P}\boldsymbol{B}_{1\sigma(t)}\boldsymbol{B}_{1\sigma(t)}^{\mathrm{T}}\boldsymbol{P}+\\&\varepsilon^{-2}\boldsymbol{P}\boldsymbol{E}_{\sigma(t)}\boldsymbol{E}_{\sigma(t)}^{\mathrm{T}}\boldsymbol{P}+\varepsilon^{2}\boldsymbol{F}_{c\sigma(t)}^{\mathrm{T}}\boldsymbol{F}_{c\sigma(t)})\boldsymbol{x}+\gamma^{2}\boldsymbol{\omega}^{\mathrm{T}}(t)\boldsymbol{\omega}(t)\\&t\in[t_k,t_{k+1}),(k=0,1,\cdots)\end{aligned}\tag{8.43}$$

注意到 $\boldsymbol{\omega}\equiv\boldsymbol{0}$，根据式(8.42)和式(8.43)，$\dot{V}<0$ 对于所有的 $t\geqslant0$ 都成立。从而当外部扰动输入 $\boldsymbol{\omega}\equiv\boldsymbol{0}$ 时，切换系统(8.34)在状态反馈控制器 $\boldsymbol{u}=\boldsymbol{K}_{\sigma(t)}\boldsymbol{x}(t)$ 和切换规则(8.41)的作用之下，其相应的闭环系统(8.38)在零点是渐进稳定的。

下面证明式(8.34)对应的闭环系统(8.38)在初始状态 $\boldsymbol{x}(0)=\boldsymbol{0}$ 时，对于所有允许的不确定和所有非零的 $\boldsymbol{\omega}\in L_2[0,T]$，$0\leqslant T<\infty$，有 $\|\boldsymbol{z}\|_{L_2[0,T]}<\gamma\|\boldsymbol{\omega}\|_{L_2[0,T]}$ 成立。

对任意给定的 $T>0$，引入如下形式的性能指标

$$J_T=\int_0^T[\boldsymbol{z}^{\mathrm{T}}(t)\boldsymbol{z}(t)-\gamma^2\boldsymbol{\omega}^{\mathrm{T}}(t)\boldsymbol{\omega}(t)]\mathrm{d}t$$

假设 $\{(t_k,i_k)\mid i_k\in\mathbf{N};k=0,1,\cdots s;0=t_0\leqslant t_1\leqslant\cdots\leqslant t_s=T\}$ 是由切换规则(8.41)在区间 $[0,T]$ 上生成的切换序列。在该切换序列作用下，仍取 Lyapunov 函数为 $V(\boldsymbol{x})=\boldsymbol{x}^{\mathrm{T}}\boldsymbol{P}\boldsymbol{x}$，注意到 $\boldsymbol{x}(t_0)=\boldsymbol{x}(0)=0$，利用式(8.38)和(8.43)，并根据上面引入的矩阵不等式(a)或(b)，对 $\forall\boldsymbol{\omega}\in L_2[0,T]$，有

$$\begin{aligned}J_T={}&\sum_{k=0}^{s-1}\left\{\int_{t_k}^{t_{k+1}}[\boldsymbol{z}^{\mathrm{T}}\boldsymbol{z}-\gamma^2\boldsymbol{\omega}^{\mathrm{T}}\boldsymbol{\omega}+\dot{V}(\boldsymbol{x})]\mathrm{d}t-[V(\boldsymbol{x}(t_{k+1}))-V(\boldsymbol{x}(t_k))]\right\}=\\&\sum_{k=0}^{s-1}\int_{t_k}^{t_{k+1}}[\boldsymbol{z}^{\mathrm{T}}\boldsymbol{z}-\gamma^2\boldsymbol{\omega}^{\mathrm{T}}\boldsymbol{\omega}+\dot{V}(\boldsymbol{x})]\mathrm{d}t-V(\boldsymbol{x}(T))\leqslant\\&\sum_{k=0}^{s-1}\int_{t_k}^{t_{k+1}}\boldsymbol{x}^{\mathrm{T}}(\boldsymbol{A}_{ci_k}^{\mathrm{T}}\boldsymbol{P}+\boldsymbol{P}\boldsymbol{A}_{ci_k}+\gamma^{-2}\boldsymbol{P}\boldsymbol{B}_{1i_k}\boldsymbol{B}_{1i_k}^{\mathrm{T}}\boldsymbol{P}+\boldsymbol{C}_{ci_k}^{\mathrm{T}}\boldsymbol{C}_{ci_k}+\varepsilon^{-2}\boldsymbol{P}\boldsymbol{E}_{i_k}\boldsymbol{E}_{i_k}^{\mathrm{T}}\boldsymbol{P}+\varepsilon^{2}\boldsymbol{F}_{ci_k}^{\mathrm{T}}\boldsymbol{F}_{ci_k})\boldsymbol{x}\,\mathrm{d}t\end{aligned}$$

由矩阵不等式(8.42)可从上式得到 $J_T<0$，即

$$\|\boldsymbol{z}\|_{L_2[0,T]}<\gamma\|\boldsymbol{\omega}\|_{L_2[0,T]},\quad\forall\boldsymbol{\omega}\in L_2[0,T],T>0$$

故根据定义 5.1，定理 8.6 的结论成立。

3. 线性矩阵不等式方法(Linear Matrix Inequality Method)

在定理 8.6 所得到的条件矩阵不等式(8.39)中，矩阵变量 $\boldsymbol{P}$ 和状态反馈控制器增益矩阵 $\boldsymbol{K}$ 以非线性的方式出现，难以直接应用线性矩阵不等式方法求解，下面的定理将给出一种基于 LMI 的求解方法。

**定理 8.7**　对于任意给定的常数 $\gamma>0$，不确定切换线性系统(8.34)是具有鲁棒 $H_\infty$ 干扰抑制水平 $\gamma$ 状态反馈可切换镇定的，如果存在对称正定矩阵 $\boldsymbol{X}\in\mathbf{R}^{n\times n}$，矩阵 $\boldsymbol{W}$，常数 $\varepsilon>0$ 和 $N$

个满足 $\alpha_i \geqslant 0 (i \in \mathbf{N})$ 且 $\sum_{i=1}^{N} \alpha_i = 1$ 的实数 $\alpha_i$，使得下面线性矩阵不等式成立：

$$\begin{bmatrix} \boldsymbol{AX}+\boldsymbol{B}_2\boldsymbol{W}+(\boldsymbol{AX}+\boldsymbol{B}_2\boldsymbol{W})^{\mathrm{T}} & * & * & * & * \\ \gamma^{-1}\boldsymbol{B}_1^{\mathrm{T}} & -\boldsymbol{I} & \mathbf{0} & \mathbf{0} & \mathbf{0} \\ \boldsymbol{CX}+\boldsymbol{DW} & \mathbf{0} & -\boldsymbol{I} & \mathbf{0} & \mathbf{0} \\ \varepsilon^{-1}\boldsymbol{E}^{\mathrm{T}} & \mathbf{0} & \mathbf{0} & -\boldsymbol{I} & \mathbf{0} \\ \varepsilon(\boldsymbol{F}_1\boldsymbol{X}+\boldsymbol{F}_2\boldsymbol{W}) & \mathbf{0} & \mathbf{0} & \mathbf{0} & -\boldsymbol{I} \end{bmatrix} < \mathbf{0} \tag{8.44}$$

式中，$\boldsymbol{A},\boldsymbol{B}_1,\boldsymbol{B}_2,\boldsymbol{C},\boldsymbol{D},\boldsymbol{E},\boldsymbol{F}_1,\boldsymbol{F}_2$ 与定理8.6中所定义的矩阵相同，$\boldsymbol{W}=[\boldsymbol{W}_1^{\mathrm{T}},\boldsymbol{W}_2^{\mathrm{T}},\cdots,\boldsymbol{W}_N^{\mathrm{T}}]^{\mathrm{T}}$；“ * ”表示对称位置上的转置矩阵，下文同。

当解 $\boldsymbol{X},\boldsymbol{W}$ 存在时，状态反馈控制器增益矩阵和切换规则分别取为

$$\boldsymbol{K}=\boldsymbol{WX}^{-1},\boldsymbol{K}=[\boldsymbol{K}_1^{\mathrm{T}},\boldsymbol{K}_2^{\mathrm{T}},\cdots,\boldsymbol{K}_N^{\mathrm{T}}]^{\mathrm{T}} \tag{8.45}$$

$$\begin{aligned}\sigma(t)=\arg\min_{i\in\mathbf{N}}\{&\boldsymbol{x}^{\mathrm{T}}[(\boldsymbol{A}_i+\boldsymbol{B}_{2i}\boldsymbol{K}_i)^{\mathrm{T}}\boldsymbol{P}+\boldsymbol{P}(\boldsymbol{A}_i+\boldsymbol{B}_{2i}\boldsymbol{K}_i)+\gamma^{-2}\boldsymbol{PB}_{1i}\boldsymbol{B}_{1i}^{\mathrm{T}}\boldsymbol{P}+\\ &(\boldsymbol{C}_i+\boldsymbol{D}_i\boldsymbol{K}_i)^{\mathrm{T}}(\boldsymbol{C}_i+\boldsymbol{D}_i\boldsymbol{K}_i)+\varepsilon^{-2}\boldsymbol{PE}_i\boldsymbol{E}_i^{\mathrm{T}}\boldsymbol{P}+\varepsilon^{2}(\boldsymbol{F}_{1i}+\boldsymbol{F}_{2i}\boldsymbol{K}_i)^{\mathrm{T}}(\boldsymbol{F}_{1i}+\boldsymbol{F}_{2i}\boldsymbol{K}_i)]\boldsymbol{x}\}\end{aligned} \tag{8.46}$$

式中，$\boldsymbol{P}=\boldsymbol{X}^{-1}$。

**证明**　只需证明式(8.44)和(8.46)分别与式(8.39)和(8.41)等价即可。

将式(8.44)分别左乘和右乘 $\mathrm{diag}\{\boldsymbol{P},\boldsymbol{I},\boldsymbol{I},\boldsymbol{I},\boldsymbol{I}\}$，令 $\boldsymbol{P}=\boldsymbol{X}^{-1}$，并注意到 $\boldsymbol{W}=\boldsymbol{KX}$，$\boldsymbol{X}>\mathbf{0}$，故式(8.44)等价于下式：

$$\begin{bmatrix} (\boldsymbol{A}+\boldsymbol{B}_2\boldsymbol{K})^{\mathrm{T}}\boldsymbol{P}+\boldsymbol{P}(\boldsymbol{A}+\boldsymbol{B}_2\boldsymbol{K}) & * & * & * & * \\ \gamma^{-1}\boldsymbol{B}_1^{\mathrm{T}}\boldsymbol{P} & -\boldsymbol{I} & \mathbf{0} & \mathbf{0} & \mathbf{0} \\ \boldsymbol{C}+\boldsymbol{DK} & \mathbf{0} & -\boldsymbol{I} & \mathbf{0} & \mathbf{0} \\ \varepsilon^{-1}\boldsymbol{E}^{\mathrm{T}}\boldsymbol{P} & \mathbf{0} & \mathbf{0} & -\boldsymbol{I} & \mathbf{0} \\ \varepsilon(\boldsymbol{F}_1+\boldsymbol{F}_2\boldsymbol{K}) & \mathbf{0} & \mathbf{0} & \mathbf{0} & -\boldsymbol{I} \end{bmatrix} < \mathbf{0} \tag{8.47}$$

由定理8.6中 $\boldsymbol{A}_c$，$\boldsymbol{C}_c$ 和 $\boldsymbol{F}_c$ 的定义，式(8.47)与(8.39)等价，由于证明过程步步可逆，故(8.44)与(8.39)等价。进一步由变换关系可以推导出(8.46)与(8.41)等价，故得证。

根据以上得到的不确定切换线性系统(8.34)具有 $H_\infty$ 干扰抑制水平 $\gamma$ 状态反馈可切换镇定的条件，可以按以下的步骤设计所需要的状态反馈控制器增益矩阵 $\boldsymbol{K}$。

步骤1：随机产生满足约束的 $\alpha_i$；

步骤2：利用Matlab中的LMI工具箱，求取满足定理8.7条件式(8.44)的矩阵 $\boldsymbol{W}$ 和对称正定矩阵 $\boldsymbol{X}$；

步骤3：将解得的矩阵 $\boldsymbol{W}$ 和对称正定矩阵 $\boldsymbol{X}$ 代入式(8.45)，可求取状态反馈控制增益矩阵 $\boldsymbol{K}$。

### 8.4.2　动态输出反馈鲁棒 $H_\infty$ 控制($H_\infty$ Control of Dynamical Output Feedback)

本节主要研究具有不确定性的切换系统(8.35)的动态输出反馈鲁棒 $H_\infty$ 控制问题，控制的目标是：设计一个动态输出反馈控制器 $\boldsymbol{U}(s)=\boldsymbol{K}_{\sigma(t)}(s)\boldsymbol{Y}(s)$ 和相应的切换规则 $\sigma(t)$，使得对所有允许的不确定性，系统(8.35)是具有鲁棒 $H_\infty$ 干扰抑制水平 $\gamma$ 动态输出反馈可切换镇定的。

对于系统(8.35),构造如下形式的切换动态输出反馈控制器:

$$\begin{cases}\dot{\tilde{\boldsymbol{x}}}(t)=\boldsymbol{A}_{\boldsymbol{K}_{\sigma(t)}}\tilde{\boldsymbol{x}}(t)+\boldsymbol{B}_{\boldsymbol{K}_{\sigma(t)}}\boldsymbol{y}(t)\\ \boldsymbol{u}(t)=\boldsymbol{C}_{\boldsymbol{K}_{\sigma(t)}}\tilde{\boldsymbol{x}}(t)+\boldsymbol{D}_{\boldsymbol{K}_{\sigma(t)}}\boldsymbol{y}(t)\end{cases}\tag{8.48}$$

式中,$\tilde{\boldsymbol{x}}\in\mathbf{R}^{n_{\tilde{x}}}$ 是控制器的状态;$\boldsymbol{A}_{\boldsymbol{K}_i},\boldsymbol{B}_{\boldsymbol{K}_i},\boldsymbol{C}_{\boldsymbol{K}_i},\boldsymbol{D}_{\boldsymbol{K}_i}$ 是待确定的动态输出反馈控制器增益矩阵。

将切换动态输出反馈控制器(8.48)代入(8.35)中,得到下列系统:

$$\begin{cases}\boldsymbol{\xi}=(\boldsymbol{A}_{c\sigma(t)}+\Delta\boldsymbol{A}_{c\sigma(t)})\boldsymbol{\xi}+\boldsymbol{B}_{c\sigma(t)}\boldsymbol{\omega}\\ \boldsymbol{z}=\boldsymbol{C}_{c\sigma(t)}\boldsymbol{\xi}\end{cases}\tag{8.49}$$

式中

$$\boldsymbol{\xi}=\begin{bmatrix}\boldsymbol{x}\\ \tilde{\boldsymbol{x}}\end{bmatrix},\boldsymbol{A}_{c\sigma(t)}=\boldsymbol{A}^o_{\sigma(t)}+\boldsymbol{B}^o_{2\sigma(t)}\boldsymbol{K}_{\sigma(t)}\boldsymbol{C}^o_{2\sigma(t)},\Delta\boldsymbol{A}_{c\sigma(t)}=\Delta\boldsymbol{A}^o_{\sigma(t)}+\Delta\boldsymbol{B}^o_{\sigma(t)}\boldsymbol{K}_{\sigma(t)}\boldsymbol{C}^o_{2\sigma(t)},$$

$$\boldsymbol{B}_{c\sigma(t)}=\boldsymbol{B}^o_{1\sigma(t)}=\begin{bmatrix}\boldsymbol{B}_{1\sigma(t)}\\ \boldsymbol{0}\end{bmatrix},\boldsymbol{C}_{c\sigma(t)}=\boldsymbol{C}^o_{1\sigma(t)}+\boldsymbol{D}^o_{\sigma(t)}\boldsymbol{K}_{\sigma(t)}\boldsymbol{C}^o_{2\sigma(t)},\boldsymbol{C}^o_{1\sigma(t)}=[\boldsymbol{C}_{1\sigma(t)}\quad\boldsymbol{0}],$$

$$\boldsymbol{D}^o_{\sigma(t)}=[\boldsymbol{D}_{\sigma(t)}\quad\boldsymbol{0}],\boldsymbol{A}^o_{\sigma(t)}=\begin{bmatrix}\boldsymbol{A}_{\sigma(t)}&\boldsymbol{0}\\ \boldsymbol{0}&\boldsymbol{0}\end{bmatrix},\Delta\boldsymbol{A}^o_{\sigma(t)}=\begin{bmatrix}\Delta\boldsymbol{A}_{\sigma(t)}&\boldsymbol{0}\\ \boldsymbol{0}&\boldsymbol{0}\end{bmatrix},\boldsymbol{B}^o_{2\sigma(t)}=\begin{bmatrix}\boldsymbol{B}_{2\sigma(t)}&\boldsymbol{0}\\ \boldsymbol{0}&\boldsymbol{I}\end{bmatrix},$$

$$\Delta\boldsymbol{B}^o_{\sigma(t)}=\begin{bmatrix}\Delta\boldsymbol{B}_{\sigma(t)}&\boldsymbol{0}\\ \boldsymbol{0}&\boldsymbol{0}\end{bmatrix},\boldsymbol{C}^o_{2\sigma(t)}=\begin{bmatrix}\boldsymbol{C}_{2\sigma(t)}&\boldsymbol{0}\\ \boldsymbol{0}&\boldsymbol{I}\end{bmatrix},\boldsymbol{K}_{\sigma(t)}=\begin{bmatrix}\boldsymbol{D}_{\boldsymbol{K}_{\sigma(t)}}&\boldsymbol{C}_{\boldsymbol{K}_{\sigma(t)}}\\ \boldsymbol{B}_{\boldsymbol{K}_{\sigma(t)}}&\boldsymbol{A}_{\boldsymbol{K}_{\sigma(t)}}\end{bmatrix}$$

从而本节的目标变为:设计切换规则 $\sigma(t)$ 且寻找矩阵 $\boldsymbol{A}_{\boldsymbol{K}_i},\boldsymbol{B}_{\boldsymbol{K}_i},\boldsymbol{C}_{\boldsymbol{K}_i}$ 和 $\boldsymbol{D}_{\boldsymbol{K}_i}\ (i\in\mathbf{N})$ 使得系统(8.49)是具有 $H_\infty$ 扰动抑制水平 $\gamma$ 可切换镇定的。

下面,我们先用矩阵不等式方法给出系统(8.35)具有鲁棒 $H_\infty$ 干扰抑制水平 $\gamma$ 动态输出反馈可切换镇定的充分条件,然后将该条件转化为线性矩阵不等式。

1. 矩阵不等式方法(Matrix Inequality Method)

**定理8.8**　对于任意给定的常数$\gamma>0$,不确定切换系统(8.35)是具有鲁棒 $H_\infty$ 干扰抑制水平 $\gamma$ 动态输出反馈可切换镇定的,如果存在对称正定矩阵 $\boldsymbol{X}_c\in\mathbf{R}^{(n+n_{\tilde{x}})\times(n+n_{\tilde{x}})}$,常数 $\varepsilon>0$ 和 $N$ 个满足 $\alpha_i\geqslant 0(i\in\mathbf{N})$ 且 $\sum_{i=1}^{N}\alpha_i=1$ 的实数 $\alpha_i$,使得下列矩阵不等式成立:

$$\begin{bmatrix}\boldsymbol{A}_c^{\mathrm{T}}\boldsymbol{X}_c+\boldsymbol{X}_c\boldsymbol{A}_c&\gamma^{-1}\boldsymbol{X}_c\boldsymbol{B}_c&\boldsymbol{C}_c^{\mathrm{T}}&\varepsilon^{-1}\boldsymbol{X}_c\boldsymbol{E}_c&\varepsilon\boldsymbol{F}_c^{\mathrm{T}}\\ \gamma^{-1}\boldsymbol{B}_c^{\mathrm{T}}\boldsymbol{X}_c&-\boldsymbol{I}&\boldsymbol{0}&\boldsymbol{0}&\boldsymbol{0}\\ \boldsymbol{C}_c&\boldsymbol{0}&-\boldsymbol{I}&\boldsymbol{0}&\boldsymbol{0}\\ \varepsilon^{-1}\boldsymbol{E}_c^{\mathrm{T}}\boldsymbol{X}_c&\boldsymbol{0}&\boldsymbol{0}&-\boldsymbol{I}&\boldsymbol{0}\\ \varepsilon\boldsymbol{F}_c&\boldsymbol{0}&\boldsymbol{0}&\boldsymbol{0}&-\boldsymbol{I}\end{bmatrix}<\boldsymbol{0}\tag{8.50}$$

式中

$$\boldsymbol{A}_c=\boldsymbol{A}^o+\boldsymbol{B}_2^o\boldsymbol{K}\boldsymbol{C}_2^o,\boldsymbol{B}_c=\boldsymbol{B}_1^o=\left[\sqrt{\alpha_1}\boldsymbol{B}^o_{11},\sqrt{\alpha_2}\boldsymbol{B}^o_{12},\cdots,\sqrt{\alpha_N}\boldsymbol{B}^o_{1N}\right],\boldsymbol{C}_c=\boldsymbol{C}_1^o+\boldsymbol{D}^o\boldsymbol{K}\boldsymbol{C}_2^o,$$

$$\boldsymbol{E}_c=\boldsymbol{E}^o=\left[\sqrt{\alpha_1}\boldsymbol{E}_1^o,\sqrt{\alpha_2}\boldsymbol{E}_2^o,\cdots,\sqrt{\alpha_N}\boldsymbol{E}_N^o\right],\boldsymbol{F}_c=\boldsymbol{F}_1^o+\boldsymbol{F}_2^o\boldsymbol{K}\boldsymbol{C}_2^o,\boldsymbol{A}^o=\sum_{i=1}^{N}\alpha_i\boldsymbol{A}_i^o,$$

$$\boldsymbol{B}_2^o=\left[\alpha_1\boldsymbol{B}^o_{21},\alpha_2\boldsymbol{B}^o_{22},\cdots,\alpha_N\boldsymbol{B}^o_{2N}\right],\boldsymbol{C}_1^o=\left[\sqrt{\alpha_1}\,(\boldsymbol{C}^o_{11})^{\mathrm{T}},\sqrt{\alpha_2}\,(\boldsymbol{C}^o_{12})^{\mathrm{T}},\cdots,\sqrt{\alpha_N}\,(\boldsymbol{C}^o_{1N})^{\mathrm{T}}\right]^{\mathrm{T}},$$

$$C_2^o=[(C_{21}^o)^{\mathrm{T}},(C_{22}^o)^{\mathrm{T}},\cdots,(C_{2N}^o)^{\mathrm{T}}]^{\mathrm{T}},D^o=\operatorname{diag}\{\sqrt{\alpha_1}D_1^o,\sqrt{\alpha_2}D_2^o,\cdots,\sqrt{\alpha_N}D_N^o\},$$

$$E_{ci}=E_i^o=[E_i^{\mathrm{T}}\quad 0]^{\mathrm{T}},F_1^o=[\sqrt{\alpha_1}(F_{11}^o)^{\mathrm{T}},\sqrt{\alpha_2}(F_{12}^o)^{\mathrm{T}},\cdots,\sqrt{\alpha_N}(F_{1N}^o)^{\mathrm{T}}]^{\mathrm{T}},$$

$$F_2^o=\operatorname{diag}\{\sqrt{\alpha_1}F_{21}^o,\sqrt{\alpha_2}F_{22}^o,\cdots,\sqrt{\alpha_N}F_{2N}^o\},F_{ci}=F_{1i}^o+F_{2i}^oK_iC_{2i}^o,$$

$$F_{1i}^o=[F_{1i}\quad 0],F_{2i}^o=[F_{2i}\quad 0],K=\operatorname{diag}\{K_1,K_2,\cdots,K_N\}.$$

在这种情况下,动态输出反馈子控制器增益矩阵和切换规则分别取为

$$K=\operatorname{diag}\{K_1,K_2,\cdots,K_N\},K_i=\begin{bmatrix}D_{K_i}&C_{K_i}\\B_{K_i}&A_{K_i}\end{bmatrix},i\in\mathbf{N}\tag{8.51}$$

$$\begin{aligned}\sigma(t)=\arg\min_{i\in\mathbf{N}}\{&\xi^{\mathrm{T}}(A_{ci}^{\mathrm{T}}X_c+X_cA_{ci}+\gamma^{-2}X_cB_{ci}B_{ci}^{\mathrm{T}}X_c+\\&C_{ci}^{\mathrm{T}}C_{ci}+\varepsilon^{-2}X_cE_{ci}E_{ci}^{\mathrm{T}}X_c+\varepsilon^2F_{ci}^{\mathrm{T}}F_{ci})\xi\}\end{aligned}\tag{8.52}$$

证明过程可参考定理 8.6 的证明,在此省略。

2. 线性矩阵不等式方法(Linear Matrix Inequality Method)

在矩阵不等式(8.50)中,矩阵变量 $X_c$ 和控制器增益矩阵 $A_{K_i},B_{K_i},C_{K_i},D_{K_i}$ 以非线性的方式出现,难以简单地直接应用状态反馈控制情形中的变量替换方法来处理。本节将采用消元法,将(8.50)等价转化为更加容易处理的线性矩阵不等式。在给出结论之前,先对上节的结果进行一些等价变换,并引入一个引理。

将定理 8.8 中定义的各矩阵代入式(8.50)中,同时定义如下矩阵

$$H_{X_c}=\begin{bmatrix}(A^o)^{\mathrm{T}}X_c+X_cA^o&*&*&*&*\\\gamma^{-1}(B_1^o)^{\mathrm{T}}X_c&-I&0&0&0\\C_1^o&0&-I&0&0\\\varepsilon^{-1}(E^o)^{\mathrm{T}}X_c&0&0&-I&0\\\varepsilon F_1^o&0&0&0&-I\end{bmatrix}\tag{8.53}$$

$$T_{X_c}=\begin{bmatrix}X_c^{-1}(A^o)^{\mathrm{T}}+A^oX_c^{-1}&*&*&*&*\\\gamma^{-1}(B_1^o)^{\mathrm{T}}&-I&0&0&0\\C_1^oX_c^{-1}&0&-I&0&0\\\varepsilon^{-1}(E^o)^{\mathrm{T}}&0&0&-I&0\\\varepsilon F_1^oX_c^{-1}&0&0&0&-I\end{bmatrix}\tag{8.54}$$

则矩阵不等式(8.53)与下列矩阵不等式等价:

$$H_{X_c}+P_{X_c}^{\mathrm{T}}KQ+Q^{\mathrm{T}}K^{\mathrm{T}}P_{X_c}<0\tag{8.55}$$

式中,$P_{X_c}=[(B_2^o)^{\mathrm{T}}X_c\quad 0\quad (D^o)^{\mathrm{T}}\quad 0\quad \varepsilon(F_2^o)^{\mathrm{T}}]$,$Q=[C_2^o\quad 0\quad 0\quad 0\quad 0]$。

在给出主要结果之前,先引入下面的引理。

**引理 8.5** 假定 $X_c>0$,定义矩阵 $P=[(B_2^o)^{\mathrm{T}}\quad 0\quad (D^o)^{\mathrm{T}}\quad 0\quad \varepsilon(F_2^o)^{\mathrm{T}}]$,$H_{X_c}$、$T_{X_c}$ 和 $P_{X_c}$ 分别由式(8.53)、式(8.54)和式(8.55)所定义,则 $P_{X_c}^{\perp\mathrm{T}}H_{X_c}P_{X_c}^{\perp}<0\Leftrightarrow P^{\perp\mathrm{T}}T_{X_c}P^{\perp}<0$。

**证明** 注意到 $P_{X_c}=PS$,$S=\operatorname{diag}\{X_c,I,I,I,I\}$,进一步结合 $P_{X_c}^{\perp}$ 和 $P^{\perp}$ 的定义得 $P_{X_c}^{\perp}=S^{-1}P^{\perp}$。从而由 $(S^{-1})^{\mathrm{T}}H_{X_c}S^{-1}=T_{X_c}$,得 $P_{X_c}^{\perp\mathrm{T}}H_{X_c}P_{X_c}^{\perp}<0\Leftrightarrow P^{\perp\mathrm{T}}(S^{-1})^{\mathrm{T}}H_{X_c}S^{-1}P^{\perp}<0\Leftrightarrow P^{\perp\mathrm{T}}T_{X_c}P^{\perp}<0$,即引理结论成立。

由证明式(8.30)所利用的引理可得出,式(8.55)与下列矩阵不等式等价:

$$Q^{\perp \mathrm{T}} H_{X_c} Q^{\perp} < 0, \quad P_{X_c}^{\perp \mathrm{T}} H_{X_c} P_{X_c}^{\perp} < 0 \tag{8.56}$$

这样,具有两个矩阵变量 $X_c$ 和 $K$ 的矩阵不等式(8.55)的可行性问题转化成了等价的两个只含有一个矩阵变量 $X_c$ 的矩阵不等式的可行性问题,消去了矩阵变量 $K$。

在式(8.56)的第二个矩阵不等式中,矩阵变量 $X_c$ 不仅出现在 $H_{X_c}$ 中,也出现在 $P_{X_c}^{\perp}$ 中,因此式(8.56)的第二个矩阵不等式并不是一个线性矩阵不等式,从而难以直接应用求解线性矩阵不等式的方法来求解该矩阵不等式。根据引理8.5,存在对称正定的矩阵 $X_c$,使得式(8.56)与下列矩阵不等式等价。

$$Q^{\perp \mathrm{T}} H_{X_c} Q^{\perp} < 0, \quad P^{\perp \mathrm{T}} T_{X_c} P^{\perp} < 0 \tag{8.57}$$

**定理8.9**　对于任意给定的常数 $\gamma > 0$,不确定切换系统(8.35)是具有鲁棒 $H_\infty$ 干扰抑制水平 $\gamma$ 动态输出反馈可切换镇定的,如果存在对称正定的矩阵对称正定矩阵 $X \in \mathbf{R}^{n\times n}$,$Y \in \mathbf{R}^{n\times n}$,常数 $\varepsilon > 0$ 和 $N$ 个满足 $\alpha_i \geqslant 0 (i \in \mathbf{N})$ 且 $\sum_{i=1}^{N} \alpha_i = 1$ 的实数 $\alpha_i$,使得下列三个线性矩阵不等式成立:

$$\begin{bmatrix} X & I \\ I & Y \end{bmatrix} \geqslant 0 \tag{8.58}$$

$$\begin{bmatrix} C_2^{\perp} & 0 \\ 0 & I \\ 0 & I \\ 0 & I \\ 0 & I \end{bmatrix}^{\mathrm{T}} \begin{bmatrix} A^{\mathrm{T}}X + XA & \gamma^{-1}XB_1 & C_1^{\mathrm{T}} & \varepsilon^{-1}XE & \varepsilon F_1^{\mathrm{T}} \\ \gamma^{-1}B_1^{\mathrm{T}}X & -I & 0 & 0 & 0 \\ C_1 & 0 & -I & 0 & 0 \\ \varepsilon^{-1}E^{\mathrm{T}}X & 0 & 0 & -I & 0 \\ \varepsilon F_1 & 0 & 0 & 0 & -I \end{bmatrix} \begin{bmatrix} C_2^{\perp} & 0 \\ 0 & I \\ 0 & I \\ 0 & I \\ 0 & I \end{bmatrix} < 0 \tag{8.59}$$

$$\begin{bmatrix} B_2^{\mathrm{T}\perp} & 0 \\ D^{\mathrm{T}\perp} & 0 \\ F_2^{\mathrm{T}\perp} & 0 \\ 0 & I \\ 0 & I \end{bmatrix}^{\mathrm{T}} \begin{bmatrix} YA^{\mathrm{T}} + AY & YC_1^{\mathrm{T}} & \varepsilon YF_1^{\mathrm{T}} & \varepsilon^{-1}E & \gamma^{-1}B_1 \\ C_1Y & -I & 0 & 0 & 0 \\ \varepsilon F_1Y & 0 & -I & 0 & 0 \\ \varepsilon^{-1}E^{\mathrm{T}} & 0 & 0 & -I & 0 \\ \gamma^{-1}B_1^{\mathrm{T}} & 0 & 0 & 0 & -I \end{bmatrix} \begin{bmatrix} B_2^{\mathrm{T}\perp} & 0 \\ D^{\mathrm{T}\perp} & 0 \\ F_2^{\mathrm{T}\perp} & 0 \\ 0 & I \\ 0 & I \end{bmatrix} < 0 \tag{8.60}$$

式中

$$A = \sum_{i=1}^{N} \alpha_i A_i, B_1 = \left[\sqrt{\alpha_1} B_{11}, \sqrt{\alpha_2} B_{12}, \cdots, \sqrt{\alpha_N} B_{1N}\right],$$

$$B_2 = [\alpha_1 B_{21}, \alpha_2 B_{22}, \cdots, \alpha_N B_{2N}], C_1 = \left[\sqrt{\alpha_1} C_{11}^{\mathrm{T}}, \sqrt{\alpha_2} C_{12}^{\mathrm{T}}, \cdots, \sqrt{\alpha_N} C_{1N}^{\mathrm{T}}\right]^{\mathrm{T}},$$

$$C_2 = [C_{21}^{\mathrm{T}}, C_{22}^{\mathrm{T}}, \cdots, C_{2N}^{\mathrm{T}}]^{\mathrm{T}}, D = \mathrm{diag}\left\{\sqrt{\alpha_1} D_1, \sqrt{\alpha_2} D_2, \cdots, \sqrt{\alpha_N} D_N\right\},$$

$$E = \left[\sqrt{\alpha_1} E_1, \sqrt{\alpha_2} E_2, \cdots, \sqrt{\alpha_N} E_N\right], F_1 = \left[\sqrt{\alpha_1} F_{11}^{\mathrm{T}}, \sqrt{\alpha_2} F_{12}^{\mathrm{T}}, \cdots, \sqrt{\alpha_N} F_{1N}^{\mathrm{T}}\right]^{\mathrm{T}},$$

$$F_2 = \mathrm{diag}\left\{\sqrt{\alpha_1} F_{21}, \sqrt{\alpha_2} F_{22}, \cdots, \sqrt{\alpha_N} F_{2N}\right\}$$

在这种情况下,动态输出反馈子控制器增益矩阵仍为式(8.51),切换规则可取为

$$\begin{aligned} \sigma(t) = \arg \min_{i \in \mathbf{N}} \{ & \xi^{\mathrm{T}} [(A_i + B_{2i}K_iC_{2i})^{\mathrm{T}} X_c + X_c(A_i + B_{2i}K_iC_{2i}) + \\ & \gamma^{-2} X_c B_{1i} B_{1i}^{\mathrm{T}} X_c + (C_i + D_iK_iC_{2i})^{\mathrm{T}} (C_i + D_iK_iC_{2i}) + \\ & \varepsilon^{-2} X_c E_i E_i^{\mathrm{T}} X_c + \varepsilon^2 (F_{1i} + F_{2i}K_iC_{2i})^{\mathrm{T}} (F_{1i} + F_{2i}K_iC_{2i})] \xi \} \end{aligned} \tag{8.61}$$

**证明**　分别将矩阵 $X_c$ 和 $X_c^{-1}$ 做如下的分解

$$X_c=\begin{bmatrix}X & X_2\\ X_2^{\mathrm{T}} & X_3\end{bmatrix},\quad X_c^{-1}=\begin{bmatrix}Y & Y_2\\ Y_2^{\mathrm{T}} & Y_3\end{bmatrix}$$

式中，$X,Y\in\mathbf{R}^{n\times n}$ 为对称正定的矩阵；$X_2\in\mathbf{R}^{n\times n_k}$ 且 $X_2X_2^{\mathrm{T}}=X-Y^{-1}$。

由前文的讨论可知，定理 8.8 的条件不等式(8.50) 成立的充分必要条件是(8.57) 成立。现只证明 $P^{\perp\mathrm{T}}T_{X_c}P^{\perp}<0$ 等价于矩阵不等式(8.60) 即可。$Q^{\perp\mathrm{T}}H_{X_c}Q^{\perp}<0$ 和矩阵不等式(8.59) 的等价性可以类似地得到。

根据矩阵 $X_c$，$A^o$，$B_1^o$，$C_1^o$，$E^o$ 和 $F_1^o$ 的定义，可以得到

$$T_{X_c}=\begin{bmatrix}YA^{\mathrm{T}}+AY & * & * & * & * & *\\ Y_2^{\mathrm{T}}A^{\mathrm{T}} & 0 & 0 & * & 0 & *\\ \gamma^{-1}B_1^{\mathrm{T}} & 0 & -I & 0 & 0 & 0\\ C_1Y & C_1Y_2 & 0 & -I & 0 & 0\\ \varepsilon^{-1}E^{\mathrm{T}} & 0 & 0 & 0 & -I & 0\\ \varepsilon F_1Y & \varepsilon F_1Y_2 & 0 & 0 & 0 & -I\end{bmatrix}$$

另一方面在矩阵 $P$ 的定义中，代入矩阵$(B_2^o)^{\mathrm{T}}$ 和$(D^o)^{\mathrm{T}}$ 的表达式，可以得到

$$P=\begin{bmatrix}B_2^{\mathrm{T}} & 0 & 0 & D^{\mathrm{T}} & 0 & \varepsilon F_2^{\mathrm{T}}\\ 0 & I & 0 & 0 & 0 & 0\end{bmatrix}$$

因此，

$$P^{\perp}=\begin{bmatrix}B_2^{\mathrm{T}\perp} & 0\\ 0 & 0\\ 0 & I\\ D^{\mathrm{T}\perp} & 0\\ 0 & I\\ F_2^{\mathrm{T}\perp} & 0\end{bmatrix}$$

注意到 $P^{\perp}$ 的分块矩阵中的第二行完全为零，利用分块矩阵的运算可以得到 $P^{\perp\mathrm{T}}T_{X_c}P^{\perp}<0$ 等价于

$$\begin{bmatrix}B_2^{\mathrm{T}\perp} & 0\\ 0 & I\\ D^{\mathrm{T}\perp} & 0\\ 0 & I\\ F_2^{\mathrm{T}\perp} & 0\end{bmatrix}^{\mathrm{T}}\begin{bmatrix}YA^{\mathrm{T}}+AY & * & * & * & *\\ \gamma^{-1}B_1^{\mathrm{T}} & -I & 0 & 0 & 0\\ C_1Y & 0 & -I & 0 & 0\\ \varepsilon^{-1}E^{\mathrm{T}} & 0 & 0 & -I & 0\\ \varepsilon F_1Y & 0 & 0 & 0 & -I\end{bmatrix}\begin{bmatrix}B_2^{\mathrm{T}\perp} & 0\\ 0 & I\\ D^{\mathrm{T}\perp} & 0\\ 0 & I\\ F_2^{\mathrm{T}\perp} & 0\end{bmatrix}<0$$

利用
$$\begin{bmatrix}B_2^{\mathrm{T}\perp} & 0\\ 0 & I\\ D^{\mathrm{T}\perp} & 0\\ 0 & I\\ F_2^{\mathrm{T}\perp} & 0\end{bmatrix}=\begin{bmatrix}I & 0 & 0 & 0 & 0\\ 0 & 0 & 0 & 0 & I\\ 0 & I & 0 & 0 & 0\\ 0 & 0 & 0 & I & 0\\ 0 & 0 & I & 0 & 0\end{bmatrix}\begin{bmatrix}B_2^{\mathrm{T}\perp} & 0\\ D^{\mathrm{T}\perp} & 0\\ F_2^{\mathrm{T}\perp} & 0\\ 0 & I\\ 0 & I\end{bmatrix},$$

即可推出 $P^{\perp\mathrm{T}}T_{X_c}P^{\perp}<0$ 等价于线性矩阵不等式(8.60)。另外，由引理 8.4，线性矩阵不等式(8.58) 的可行解 $X$ 和 $Y$ 可以保证 $X_c$ 是对称正定矩阵。所以由上面所证明的等价关系和定理 8.8，定理 8.9 结论成立。

根据以上得到的不确定切换系统(8.35) 具有鲁棒 $H_\infty$ 干扰抑制水平 $\gamma$ 动态输出反馈可切

换镇定的条件，可以按以下的步骤设计所需要的动态输出反馈控制器增益矩阵 $\boldsymbol{K}$。

步骤 1：求取满足定理 8.9 条件式(8.58) ～ (8.60) 的矩阵 $\boldsymbol{X}$ 和 $\boldsymbol{Y}$；

步骤 2：求满足 $\boldsymbol{X}-\boldsymbol{Y}^{-1}=\boldsymbol{X}_2\boldsymbol{X}_2^{\mathrm{T}}$ 的矩阵 $\boldsymbol{X}_2 \in \mathbf{R}^{n\times n_k}$，其中的 $n_k$ 可以选成是矩阵 $\boldsymbol{X}-\boldsymbol{Y}^{-1}$ 的秩。可以采用奇异值分解的方法得到这样的矩阵 $\boldsymbol{X}_2$，用矩阵 $\boldsymbol{X}$ 和 $\boldsymbol{X}_2$ 构造

$$\boldsymbol{X}_c=\begin{bmatrix}\boldsymbol{X} & \boldsymbol{X}_2^{\mathrm{T}}\\ \boldsymbol{X}_2 & \boldsymbol{I}\end{bmatrix}$$

步骤 3：给定 $\alpha_i$，将求得的矩阵 $\boldsymbol{X}_c$ 代入到矩阵不等式(8.55)中，就会得到只包含矩阵变量 $\boldsymbol{K}$ 的一个线性矩阵不等式，从而应用求解线性矩阵不等式的工具可以求取动态输出反馈控制增益矩阵 $\boldsymbol{K}$。

**例 8.5**　考虑由 2 个不确定子系统组成的切换系统(8.34)，$i\in\{1,2\}$，参数如下：

$\boldsymbol{A}_1=\begin{bmatrix}1 & -10\\ 100 & 1\end{bmatrix}$，$\boldsymbol{A}_2=\begin{bmatrix}1 & -100\\ 10 & 1\end{bmatrix}$，$\boldsymbol{B}_{11}=\begin{bmatrix}0.7\\ 1.5\end{bmatrix}$，$\boldsymbol{B}_{12}=\begin{bmatrix}-4\\ 0.2\end{bmatrix}$，$\boldsymbol{B}_{21}=\begin{bmatrix}0.5\\ 0.1\end{bmatrix}$，$\boldsymbol{B}_{22}=\begin{bmatrix}-0.1\\ 0.2\end{bmatrix}$，$\boldsymbol{C}_1=[-1\quad 2]$，$\boldsymbol{C}_2=[2\quad 1]$，$\boldsymbol{D}_1=0$，$\boldsymbol{D}_2=1$，$\boldsymbol{E}_1=[1\quad 2]^{\mathrm{T}}$，$\boldsymbol{E}_2=[2\quad 1]^{\mathrm{T}}$，$\boldsymbol{F}_{11}=[0.8\quad 0]$，$\boldsymbol{F}_{12}=[1\quad -1]$，$\boldsymbol{F}_{21}=0.2$，$\boldsymbol{F}_{22}=0.3$，$\Sigma_1(t)=\sin t$，$\Sigma_2(t)=\cos t$。取 $\alpha_1=0.9$，$\alpha_2=0.1$，$H_\infty$ 指标 $\gamma=1$，常数 $\varepsilon=1$，初始状态 $\boldsymbol{x}(0)=[-2\quad 2]^{\mathrm{T}}$。根据定理 8.7，由 Matlab 中的 LMI 工具箱，求得 $\boldsymbol{X}$，$\boldsymbol{W}$ 的一个可行解为：$\boldsymbol{X}=\begin{bmatrix}0.1695 & -0.0597\\ -0.0597 & 0.8509\end{bmatrix}$，$\boldsymbol{W}=\begin{bmatrix}-12.7472 & -2.3696\\ -0.2330 & -0.5938\end{bmatrix}$。由式(8.45)，求得两个状态反馈子控制器增益矩阵为 $\boldsymbol{K}_1=[-78.1283\quad -8.2638]$，$\boldsymbol{K}_2=[-1.6614\quad -0.8143]$。按照定理 8.7 中所选取的切换规则(8.46)，仿真结果如图 8.3 所示。

**例 8.6**　考虑由两个不确定子系统组成的切换系统(8.35)，$i\in\{1,2\}$，参数如下：

$\boldsymbol{A}_1=\begin{bmatrix}1 & -4\\ -1 & -100\end{bmatrix}$，$\boldsymbol{A}_2=\begin{bmatrix}-100 & 2\\ 2 & 1\end{bmatrix}$，$\boldsymbol{B}_{11}=\begin{bmatrix}0.7\\ 1.5\end{bmatrix}$，$\boldsymbol{B}_{12}=\begin{bmatrix}-4\\ 0.2\end{bmatrix}$，$\boldsymbol{B}_{21}=\begin{bmatrix}0.5\\ 0.1\end{bmatrix}$，

$\boldsymbol{B}_{22}=\begin{bmatrix}-0.1\\ 0.2\end{bmatrix}$，$\boldsymbol{C}_{11}=\boldsymbol{C}_{21}=[-1\quad 2]$，$\boldsymbol{C}_{12}=\boldsymbol{C}_{22}=[2\quad 1]$，$\boldsymbol{D}_1=2$，$\boldsymbol{D}_2=1$，$\boldsymbol{E}_1=[1\quad 2]^{\mathrm{T}}$，$\boldsymbol{E}_2=[2\quad 1]^{\mathrm{T}}$，$\boldsymbol{F}_{11}=[0.8\quad 0]$，$\boldsymbol{F}_{12}=[1\quad -1]$，$\boldsymbol{F}_{21}=0.2$，$\boldsymbol{F}_{22}=0.3$，$\Sigma_1(t)=\sin t$，$\Sigma_2(t)=\cos t$。取 $H_\infty$ 指标 $\gamma=1$，$\alpha_1=0.6$，$\alpha_2=0.4$，常数 $\varepsilon=1$，初始状态 $\boldsymbol{\xi}(0)=[3\quad -1\quad 2\quad 1]^{\mathrm{T}}$。根据定理 8.9，由 Matlab 中的 LMI 工具箱，求得 $\boldsymbol{X}$，$\boldsymbol{Y}$ 的一个可行解为

$$\boldsymbol{X}=\begin{bmatrix}2.4952 & -0.0805\\ -0.0805 & 2.0062\end{bmatrix},\quad \boldsymbol{Y}=\begin{bmatrix}2.8204 & -0.0030\\ -0.0030 & 2.0087\end{bmatrix}$$

由式(8.55)，求得两个动态输出反馈子控制器增益矩阵为

$$\boldsymbol{K}_1=\begin{bmatrix}-0.4891 & 0.0251 & 0.0209\\ -7.8482 & -96.8061 & -19.0481\\ -3.1077 & 23.2422 & -79.6014\end{bmatrix},\boldsymbol{K}_2=\begin{bmatrix}-0.9600 & 0.1247 & -0.1540\\ -27.6270 & -4.3455 & -18.0171\\ 25.8217 & 1.3917 & -71.8225\end{bmatrix}$$

按照定理 8.9 中所选取的切换规则(8.61)，仿真结果如图 8.4 所示。

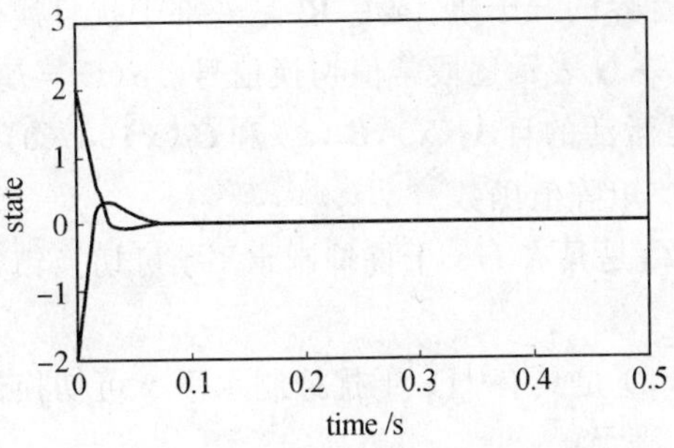


图 8.3　不确定切换系统的状态曲线

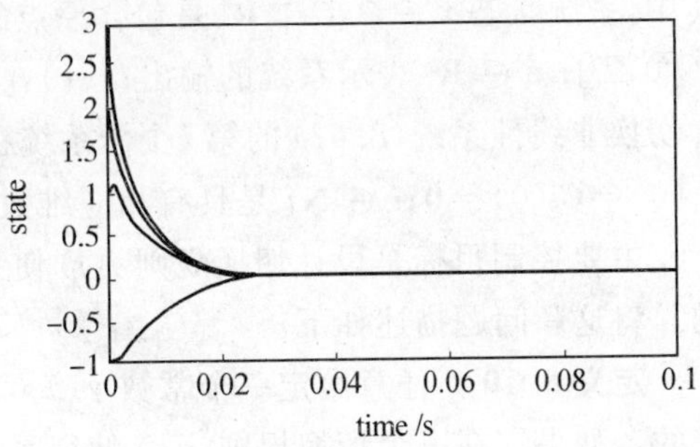


图 8.4　不确定切换系统的状态曲线

由图 8.3 和图 8.4 可以看出，由 2 个不确定子系统组成的切换系统，在本章设计的子控制器和切换规则的作用下，很快便进入稳定状态，从而验证了本章所研究方法的正确性和有效性。

## 8.5　切换非线性系统的 $H_\infty$ 控制 ($H_\infty$ Control of Switched Nonlinear Systems)

### 8.5.1　切换非线性系统的 $H_\infty$ 干扰抑制问题($H_\infty$ Rejection Perturbation Problem of Switched Nonlinear Systems)

在讨论切换非线性系统 $H_\infty$ 的控制之前，首先引入经常用到的概念和定义。

**定义 8.16**　一个矩阵值函数 $\boldsymbol{A}(x):\mathbf{R}^n \mapsto \mathbf{R}^{p\times q}$ 关于变量 $\boldsymbol{x}$ 在某一点 $\boldsymbol{x}_0 \in \mathbf{R}^n$ 是依矩阵范数连续的，如果对于任意的 $\varepsilon > 0$，存在 $\delta(\varepsilon) > 0$，使得对任意满足 $\|\boldsymbol{x}-\boldsymbol{x}_0\|_V < \delta$ 的 $\boldsymbol{x} \in \mathbf{R}^n$，都有 $\|\boldsymbol{A}(\boldsymbol{x})-\boldsymbol{A}(\boldsymbol{x}_0)\|_M < \varepsilon$。这里 $\|\cdot\|_V$ 表示通常意义的向量范数，$\|\cdot\|_M$ 表示矩阵的诱导范数。

**定义 8.17**　一个矩阵值函数 $\boldsymbol{A}(\boldsymbol{x}):\mathbf{R}^n \mapsto \mathbf{R}^{p\times q}$ 关于变量 $\boldsymbol{x}$ 在某一点 $\boldsymbol{x}_0 \in \mathbf{R}^n$ 是依矩阵元素连续的，如果对于任意的 $\varepsilon > 0$，存在 $\delta(\varepsilon) > 0$，使得对任意满足 $\|\boldsymbol{x}-\boldsymbol{x}_0\|_V < \delta$ 的 $\boldsymbol{x} \in \mathbf{R}^n$，都有

$$|a_{ij}(\boldsymbol{x})-a_{ij}(\boldsymbol{x}_0)| < \varepsilon,\quad \forall i \in \{1,2,\cdots,p\},\forall j \in \{1,2,\cdots,q\}$$

其中 $a_{ij}(x)$ 为矩阵 $\boldsymbol{A}(x)$ 的 $ij$ 元素。

**定义 8.18**　若矩阵值函数 $\boldsymbol{A}(\boldsymbol{x})$ 在 $\Omega \subset \mathbf{R}^n$ 上每一点都是依矩阵范数(依矩阵元素)连续的，则称 $\boldsymbol{A}(\boldsymbol{x})$ 在 $\Omega$ 上是依矩阵范数(依矩阵元素)连续的。

事实上，由经典的实变函数与泛函分析知识可知，定义 8.8 和定义 8.9 给出的矩阵连续性是等价的，本节中称 $\boldsymbol{A}(\boldsymbol{x})$ 是 $\Omega$ 上的 $\boldsymbol{C}^0$ 矩阵值函数，这意味着矩阵值函数 $\boldsymbol{A}(\boldsymbol{x})$ 在 $\Omega$ 上是依矩阵范数连续或是依矩阵元素连续的。在不混淆概念的基础上，直接称 $\boldsymbol{A}(\boldsymbol{x})$ 是 $\boldsymbol{C}^0$ 矩阵值函数。

本节研究下述切换非线性系统的 $H_\infty$ 干扰抑制问题

$$\begin{cases}\dot{\boldsymbol{x}}=\boldsymbol{A}_{\sigma(t)}(\boldsymbol{x})\boldsymbol{x}+\boldsymbol{B}_{\sigma(t)}(\boldsymbol{x})\boldsymbol{\omega}\\ \boldsymbol{z}=\boldsymbol{C}_{\sigma(t)}(\boldsymbol{x})\boldsymbol{x}\end{cases}\tag{8.62}$$

其中，系统状态 $\boldsymbol{x}\in\Omega,\Omega\subset\mathbf{R}^n$ 是包含原点的、凸的、有界的开子集；$\boldsymbol{\omega}\in\mathbf{R}^r$ 是外部干扰且属于 $L_2[0,T]$；$\boldsymbol{z}\in\mathbf{R}^q$ 表示系统的输出；$\sigma(\cdot):[0,+\infty)\to\mathbf{N}$ 表示逐段常值切换信号。$\sigma(t)=i$ 蕴含切换非线性系统(8.62)的第 $i$ 个子系统在时刻 $t$ 是激活的且 $\boldsymbol{A}_i(\boldsymbol{x}),\boldsymbol{B}_i(\boldsymbol{x})$ 和 $\boldsymbol{C}_i(\boldsymbol{x})(\boldsymbol{A}_i(0)=\boldsymbol{B}_i(0)=\boldsymbol{C}_i(0)=\boldsymbol{0},i\in\mathbf{N})$ 是具有相应维数的已知 $\boldsymbol{C}^0$ 矩阵值函数。

主要控制目标是设计切换规则 $\sigma(t)$ 使系统(8.62)是具有 $H_\infty$ 干扰抑制水平 $\gamma$ 可切换镇定的。将这一问题描述如下。

**定义 8.19** 任意给定一个常数 $\gamma>0$，系统(8.62)是具有 $H_\infty$ 干扰抑制水平 $\gamma$ 可切换镇定的。如果存在一个切换规则 $\sigma(t)$ 使得系统(8.62)满足

(1) 当外部扰动输入 $\boldsymbol{\omega}\equiv\boldsymbol{0}$ 时，是渐进稳定的；

(2) 当系统的初始状态 $\boldsymbol{x}(0)=\boldsymbol{0}$ 且它的轨迹 $\boldsymbol{x}=\boldsymbol{x}(t)\in\Omega,t\in[0,T]$ 时，下列不等式对于所有非零的 $\boldsymbol{\omega}\in L_2[0,T](0\leqslant T<\infty)$ 都成立：

$$\|\boldsymbol{z}\|_{L_2[0,T]}<\gamma\|\boldsymbol{\omega}\|_{L_2[0,T]}$$

这里 $L_2[0,T]$ 表示定义的区间 $[0,T]$ 上的平方可积的函数全体且该函数空间上赋予了如下的范数

$$\|\boldsymbol{\omega}\|_{L_2[0,T]}=\left(\int_0^T\boldsymbol{\omega}^{\mathrm{T}}(t)\boldsymbol{\omega}(t)\mathrm{d}t\right)^{1/2},\quad\forall\boldsymbol{\omega}\in L_2[0,T]$$

**引理 8.6** 任意给定一个常数 $\gamma>0$，切换线性系统(8.62)是具有 $H_\infty$ 干扰抑制水平 $\gamma$ 可切换镇定的。如果

(1) 存在一个 $n\times n$ 对称正定的 $\boldsymbol{C}^0$ 矩阵值函数 $\boldsymbol{P}(\boldsymbol{x})$，使得对于所有的 $\boldsymbol{x}\in\Omega$，下列式子成立。

$$\begin{aligned}\Omega\backslash\{0\}\subset\bigcup_{i=1}^{N}\{\boldsymbol{x}\in\Omega\mid\boldsymbol{x}^{\mathrm{T}}[&\boldsymbol{A}_i^{\mathrm{T}}(\boldsymbol{x})\boldsymbol{P}(\boldsymbol{x})+\boldsymbol{P}(\boldsymbol{x})\boldsymbol{A}_i(\boldsymbol{x})+\\&\gamma^{-2}\boldsymbol{P}(\boldsymbol{x})\boldsymbol{B}_i(\boldsymbol{x})\boldsymbol{B}_i^{\mathrm{T}}(\boldsymbol{x})\boldsymbol{P}(\boldsymbol{x})+\boldsymbol{C}_i^{\mathrm{T}}(\boldsymbol{x})\boldsymbol{C}_i(\boldsymbol{x})]\boldsymbol{x}<0\}\end{aligned}\tag{8.63}$$

(2) 存在一个正定的 $\boldsymbol{C}^1$ 函数 $V:\Omega\to\mathbf{R}$，使得

$$\frac{\partial V(\boldsymbol{x})}{\partial\boldsymbol{x}}=2\boldsymbol{x}^{\mathrm{T}}\boldsymbol{P}(\boldsymbol{x})\tag{8.64}$$

这里，切换规则取为

$$\begin{aligned}\sigma(t)=\arg\min_{i\in\mathbf{N}}\{\boldsymbol{x}^{\mathrm{T}}[&\boldsymbol{A}_i^{\mathrm{T}}(\boldsymbol{x})\boldsymbol{P}(\boldsymbol{x})+\boldsymbol{P}(\boldsymbol{x})\boldsymbol{A}_i(\boldsymbol{x})+\gamma^{-2}\boldsymbol{P}(\boldsymbol{x})\boldsymbol{B}_i(\boldsymbol{x})\boldsymbol{B}_i^{\mathrm{T}}(\boldsymbol{x})\boldsymbol{P}(\boldsymbol{x})+\\&\boldsymbol{C}_i^{\mathrm{T}}(\boldsymbol{x})\boldsymbol{C}_i(\boldsymbol{x})]\boldsymbol{x}\}\end{aligned}$$

**证明** 假设 $\boldsymbol{x}(0)=\boldsymbol{0}$ 并引入如下性能指标

$$\boldsymbol{J}=\int_0^T(\boldsymbol{z}^{\mathrm{T}}(t)\boldsymbol{z}(t)-\gamma^2\boldsymbol{\omega}^{\mathrm{T}}(t)\boldsymbol{\omega}(t))\mathrm{d}t$$

不失一般性，假设 $\{(t_k,r_k)\mid r_k\in\mathbf{N};k=1,2,\cdots,s;0=t_1\leqslant t_2\leqslant\cdots\leqslant t_s\leqslant T\}$ 是由切换规则 $\sigma(t)$ 在区间 $[0,T]$ 上生成的切换序列。注意到 $t_1=0$，则对任意的 $\boldsymbol{\omega}\in L_2[0,T]$，有

$$\begin{aligned}\boldsymbol{J}=&\sum_{k=1}^{s-1}\int_{t_k}^{t_{k+1}}(\boldsymbol{z}^{\mathrm{T}}\boldsymbol{z}-\gamma^2\boldsymbol{\omega}^{\mathrm{T}}\boldsymbol{\omega}+\frac{\mathrm{d}\boldsymbol{V}}{\mathrm{d}t})\mathrm{d}t+\int_{t_s}^{T}(\boldsymbol{z}^{\mathrm{T}}\boldsymbol{z}-\gamma^2\boldsymbol{\omega}^{\mathrm{T}}\boldsymbol{\omega}+\frac{\mathrm{d}\boldsymbol{V}}{\mathrm{d}t})\mathrm{d}t-\boldsymbol{V}(\boldsymbol{x}(\boldsymbol{T}))\leqslant\\&\sum_{k=1}^{s-1}\int_{t_k}^{t_{k+1}}(\boldsymbol{z}^{\mathrm{T}}\boldsymbol{z}-\gamma^2\boldsymbol{\omega}^{\mathrm{T}}\boldsymbol{\omega}+\frac{\mathrm{d}\boldsymbol{V}}{\mathrm{d}t})\mathrm{d}t+\int_{t_s}^{T}(\boldsymbol{z}^{\mathrm{T}}\boldsymbol{z}-\gamma^2\boldsymbol{\omega}^{\mathrm{T}}\boldsymbol{\omega}+\frac{\mathrm{d}\boldsymbol{V}}{\mathrm{d}t})\mathrm{d}t=\\&\sum_{k=1}^{s-1}\int_{t_k}^{t_{k+1}}[\boldsymbol{z}^{\mathrm{T}}\boldsymbol{z}-\gamma^2\boldsymbol{\omega}^{\mathrm{T}}\boldsymbol{\omega}+\frac{\partial\boldsymbol{V}(\boldsymbol{x})}{\partial\boldsymbol{x}}(\boldsymbol{A}_{r_k}(\boldsymbol{x})\boldsymbol{x}+\boldsymbol{B}_{r_k}(\boldsymbol{x})\boldsymbol{\omega})]\mathrm{d}t+\end{aligned}$$

$$\int_{t_s}^{T}[\boldsymbol{z}^{\mathrm{T}}\boldsymbol{z}-\gamma^2\boldsymbol{\omega}^{\mathrm{T}}\boldsymbol{\omega}+\frac{\partial \boldsymbol{V}(\boldsymbol{x})}{\partial \boldsymbol{x}}(\boldsymbol{A}_{r_s}(\boldsymbol{x})\boldsymbol{x}+\boldsymbol{B}_{r_s}(\boldsymbol{x})\boldsymbol{\omega})]\mathrm{d}t \leqslant$$

$$\sum_{k=1}^{s-1}\int_{t_k}^{t_{k+1}}[\frac{\partial \boldsymbol{V}(\boldsymbol{x})}{\partial \boldsymbol{x}}\boldsymbol{A}_{r_k}(\boldsymbol{x})\boldsymbol{x}+\frac{1}{4\gamma^2}\frac{\partial \boldsymbol{V}(\boldsymbol{x})}{\partial \boldsymbol{x}}\boldsymbol{B}_{r_k}(\boldsymbol{x})\boldsymbol{B}_{r_k}^{\mathrm{T}}(\boldsymbol{x})\frac{\partial \boldsymbol{V}^{\mathrm{T}}(\boldsymbol{x})}{\partial \boldsymbol{x}}+$$

$$\boldsymbol{x}^{\mathrm{T}}\boldsymbol{C}_{r_k}^{\mathrm{T}}(\boldsymbol{x})\boldsymbol{C}_{r_k}(\boldsymbol{x})\boldsymbol{x}]\mathrm{d}t+\int_{t_s}^{T}[\frac{\partial \boldsymbol{V}(\boldsymbol{x})}{\partial \boldsymbol{x}}\boldsymbol{A}_{r_s}(\boldsymbol{x})\boldsymbol{x}+$$

$$\frac{1}{4\gamma^2}\frac{\partial \boldsymbol{V}(\boldsymbol{x})}{\partial \boldsymbol{x}}\boldsymbol{B}_{r_s}(\boldsymbol{x})\boldsymbol{B}_{r_s}^{\mathrm{T}}(\boldsymbol{x})\frac{\partial \boldsymbol{V}^{\mathrm{T}}(\boldsymbol{x})}{\partial \boldsymbol{x}}+\boldsymbol{x}^{\mathrm{T}}\boldsymbol{C}_{r_s}^{\mathrm{T}}(\boldsymbol{x})\boldsymbol{C}_{r_s}(\boldsymbol{x})x]\mathrm{d}t=$$

$$\sum_{k=1}^{s-1}\int_{t_k}^{t_{k+1}}\boldsymbol{x}^{\mathrm{T}}[\boldsymbol{A}_{r_k}^{\mathrm{T}}(\boldsymbol{x})\boldsymbol{P}(\boldsymbol{x})+\boldsymbol{P}(\boldsymbol{x})\boldsymbol{A}_{r_k}(\boldsymbol{x})+\gamma^{-2}\boldsymbol{P}(\boldsymbol{x})\boldsymbol{B}_{r_k}(\boldsymbol{x})\boldsymbol{B}_{r_k}^{\mathrm{T}}(\boldsymbol{x})\boldsymbol{P}(\boldsymbol{x})+$$

$$\boldsymbol{C}_{r_k}^{\mathrm{T}}(\boldsymbol{x})\boldsymbol{C}_{r_k}(\boldsymbol{x})]\boldsymbol{x}\mathrm{d}t+\int_{t_s}^{T}\boldsymbol{x}^{\mathrm{T}}[\boldsymbol{A}_{r_s}^{\mathrm{T}}(\boldsymbol{x})\boldsymbol{P}(\boldsymbol{x})+\boldsymbol{P}(\boldsymbol{x})\boldsymbol{A}_{r_s}(\boldsymbol{x})+$$

$$\gamma^{-2}\boldsymbol{P}(\boldsymbol{x})\boldsymbol{B}_{r_s}(\boldsymbol{x})\boldsymbol{B}_{r_s}^{\mathrm{T}}(\boldsymbol{x})\boldsymbol{P}(\boldsymbol{x})+\boldsymbol{C}_{r_s}^{\mathrm{T}}(\boldsymbol{x})\boldsymbol{C}_{r_s}(\boldsymbol{x})]\boldsymbol{x}\mathrm{d}t$$

又由(8.63)、(8.64)和切换规则 $\sigma(t)$，对于所有的 $\boldsymbol{x}\in\Omega$ 和 $t\in[0,\infty)$，下列不等式成立

$$\boldsymbol{x}^{\mathrm{T}}[\boldsymbol{A}_{\sigma(t)}^{\mathrm{T}}(\boldsymbol{x})\boldsymbol{P}(\boldsymbol{x})+\boldsymbol{P}(\boldsymbol{x})\boldsymbol{A}_{\sigma(t)}(\boldsymbol{x})+\gamma^{-2}\boldsymbol{P}(\boldsymbol{x})\boldsymbol{B}_{\sigma(t)}(\boldsymbol{x})\boldsymbol{B}_{\sigma(t)}^{\mathrm{T}}(\boldsymbol{x})\boldsymbol{P}(\boldsymbol{x})+$$
$$\boldsymbol{C}_{\sigma(t)}^{\mathrm{T}}(\boldsymbol{x})\boldsymbol{C}_{\sigma(t)}(\boldsymbol{x})]\boldsymbol{x}<0 \tag{8.65}$$

故 $\boldsymbol{J}<\boldsymbol{0}$，即

$$\|\boldsymbol{z}\|_{L_2[0,T]}<\gamma\|\boldsymbol{\omega}\|_{L_2[0,T]},\quad \forall\boldsymbol{\omega}\in L_2[0,T]$$

接下来证明：当 $\boldsymbol{\omega}\equiv\boldsymbol{0}$ 时，在所设计的切换规则 $\sigma(t)$ 作用之下，系统是渐进稳定的。

不妨假设 $\{(t_k,r_k)\mid r_k\in\mathbf{N};k=1,2,\cdots;0=t_1<t_2<\cdots\}$ 是由切换规则 $\sigma(t)$ 在区间 $[0,\infty)$ 上生成的切换序列。则当 $\boldsymbol{\omega}\equiv\boldsymbol{0}$ 时，对于任意的 $t\in[t_k,t_{k+1})$，$k=1,2,\cdots$，Lyapunov 函数 $\boldsymbol{V}(\boldsymbol{x})$ 沿着系统(8.62)的轨迹的时间导数为

$$\dot{\boldsymbol{V}}=\frac{\partial \boldsymbol{V}(\boldsymbol{x})}{\partial \boldsymbol{x}}\boldsymbol{A}_{r_k}(\boldsymbol{x})\boldsymbol{x}=\boldsymbol{x}^{\mathrm{T}}[\boldsymbol{A}_{r_k}^{\mathrm{T}}(\boldsymbol{x})\boldsymbol{P}(\boldsymbol{x})+\boldsymbol{P}(\boldsymbol{x})\boldsymbol{A}_{r_k}(\boldsymbol{x})]\boldsymbol{x}$$

故根据(8.65)，有 $\dot{\boldsymbol{V}}<0$，$\forall t\geqslant 0$。所以当 $\boldsymbol{\omega}\equiv\boldsymbol{0}$ 时，在所设计的切换规则 $\sigma(t)$ 作用之下，切换非线性系统(8.62)渐进稳定。从而引理的结论成立。

**定理 8.10**　任意给定一个常数 $\gamma>0$，切换线性系统(8.62)是具有 $H_\infty$ 干扰抑制水平 $\gamma$ 可切换镇定的。如果

(1) 存在一个 $n\times n$ 对称正定的 $\boldsymbol{C}^0$ 矩阵值函数 $\boldsymbol{P}(\boldsymbol{x})$ 和 $N$ 个满足 $\sum_{i=1}^{N}\delta_i=1$ 的实数 $\delta_i\geqslant 0$ $(i\in\mathbf{N})$，使得对于所有的 $x\in\Omega$，下列不等式成立。

$$\begin{bmatrix}\boldsymbol{A}^{\mathrm{T}}(\boldsymbol{x})\boldsymbol{P}(\boldsymbol{x})+\boldsymbol{P}(\boldsymbol{x})\boldsymbol{A}(\boldsymbol{x}) & \boldsymbol{P}(\boldsymbol{x})(\gamma^{-1}\boldsymbol{B}(\boldsymbol{x})) & \boldsymbol{C}^{\mathrm{T}}(\boldsymbol{x})\\ (\gamma^{-1}\boldsymbol{B}(\boldsymbol{x}))^{\mathrm{T}}\boldsymbol{P}(\boldsymbol{x}) & -\boldsymbol{I} & \boldsymbol{0}\\ \boldsymbol{C}(\boldsymbol{x}) & \boldsymbol{0} & -\boldsymbol{I}\end{bmatrix}<\boldsymbol{0} \tag{8.66}$$

式中

$$\boldsymbol{A}(\boldsymbol{x})=\sum_{i=1}^{N}\delta_i\boldsymbol{A}_i(\boldsymbol{x}),\quad \boldsymbol{B}(\boldsymbol{x})=(\sqrt{\delta_1}\boldsymbol{B}_1(\boldsymbol{x}),\sqrt{\delta_2}\boldsymbol{B}_2(\boldsymbol{x}),\cdots,\sqrt{\delta_N}\boldsymbol{B}_N(\boldsymbol{x}))$$
$$\boldsymbol{C}^{\mathrm{T}}(\boldsymbol{x})=(\sqrt{\delta_1}\boldsymbol{C}_1^{\mathrm{T}}(\boldsymbol{x}),\sqrt{\delta_2}\boldsymbol{C}_2^{\mathrm{T}}(\boldsymbol{x}),\cdots,\sqrt{\delta_N}\boldsymbol{C}_N^{\mathrm{T}}(\boldsymbol{x}))$$

(2) 存在一个正定的 $\boldsymbol{C}^1$ 函数 $\boldsymbol{V}:\Omega\rightarrow\mathbf{R}$，使得

$$\frac{\partial \boldsymbol{V}(\boldsymbol{x})}{\partial \boldsymbol{x}}=2\boldsymbol{x}^{\mathrm{T}}\boldsymbol{P}(\boldsymbol{x})$$

在此，取切换规则为

$$\sigma(t)=\arg\min_{i\in\mathbf{N}}\{\boldsymbol{x}^{\mathrm{T}}[\boldsymbol{A}_i^{\mathrm{T}}(\boldsymbol{x})\boldsymbol{P}(\boldsymbol{x})+\boldsymbol{P}(\boldsymbol{x})\boldsymbol{A}_i(\boldsymbol{x})+\gamma^{-2}\boldsymbol{P}(\boldsymbol{x})\boldsymbol{B}_i(\boldsymbol{x})\boldsymbol{B}_i^{\mathrm{T}}(\boldsymbol{x})\boldsymbol{P}(\boldsymbol{x})+\boldsymbol{C}_i^{\mathrm{T}}(\boldsymbol{x})\boldsymbol{C}_i(\boldsymbol{x})]\boldsymbol{x}\}$$

**证明**　由引理 2.8 知，式(8.66) 蕴含下列不等式对于任意的 $\boldsymbol{x}\in\Omega$ 都成立：

$$\boldsymbol{x}^{\mathrm{T}}[\boldsymbol{A}^{\mathrm{T}}(\boldsymbol{x})\boldsymbol{P}(\boldsymbol{x})+\boldsymbol{P}(\boldsymbol{x})\boldsymbol{A}(\boldsymbol{x})+\gamma^{-2}\boldsymbol{P}(\boldsymbol{x})\boldsymbol{B}(\boldsymbol{x})\boldsymbol{B}^{\mathrm{T}}(\boldsymbol{x})\boldsymbol{P}(\boldsymbol{x})+\boldsymbol{C}^{\mathrm{T}}(\boldsymbol{x})\boldsymbol{C}(\boldsymbol{x})]\boldsymbol{x}<\boldsymbol{0}$$

即存在 $N$ 个满足 $\sum_{i=1}^{N}\delta_i=1$ 的实数 $\delta_i\geqslant 0(i\in\mathbf{N})$，使得对于所有的 $\boldsymbol{x}\in\Omega$，下列不等式成立。

$$\boldsymbol{x}^{\mathrm{T}}\left\{\sum_{i=1}^{N}\delta_i[\boldsymbol{A}_i^{\mathrm{T}}(\boldsymbol{x})\boldsymbol{P}(\boldsymbol{x})+\boldsymbol{P}(\boldsymbol{x})\boldsymbol{A}_i(\boldsymbol{x})+\gamma^{-2}\boldsymbol{P}(\boldsymbol{x})\boldsymbol{B}_i(\boldsymbol{x})\boldsymbol{B}_i^{\mathrm{T}}(\boldsymbol{x})\boldsymbol{P}(\boldsymbol{x})+\boldsymbol{C}_i^{\mathrm{T}}(\boldsymbol{x})\boldsymbol{C}_i(\boldsymbol{x})]\right\}\boldsymbol{x}<\boldsymbol{0} \tag{8.67}$$

显然，式(8.63) 成立，当且仅当下列不等式在 $\Omega\backslash\{0\}$ 内无解。

$$\begin{cases}\boldsymbol{x}^{\mathrm{T}}[\boldsymbol{A}_1^{\mathrm{T}}(\boldsymbol{x})\boldsymbol{P}(\boldsymbol{x})+\boldsymbol{P}(\boldsymbol{x})\boldsymbol{A}_1(\boldsymbol{x})+\gamma^{-2}\boldsymbol{P}(\boldsymbol{x})\boldsymbol{B}_1(\boldsymbol{x})\boldsymbol{B}_1^{\mathrm{T}}(\boldsymbol{x})\boldsymbol{P}(\boldsymbol{x})+\\ \quad\boldsymbol{C}_1^{\mathrm{T}}(\boldsymbol{x})\boldsymbol{C}_1(\boldsymbol{x})]\boldsymbol{x}\geqslant\boldsymbol{0}\\ \boldsymbol{x}^{\mathrm{T}}[\boldsymbol{A}_2^{\mathrm{T}}(\boldsymbol{x})\boldsymbol{P}(\boldsymbol{x})+\boldsymbol{P}(\boldsymbol{x})\boldsymbol{A}_2(\boldsymbol{x})+\gamma^{-2}\boldsymbol{P}(\boldsymbol{x})\boldsymbol{B}_2(\boldsymbol{x})\boldsymbol{B}_2^{\mathrm{T}}(\boldsymbol{x})\boldsymbol{P}(\boldsymbol{x})+\\ \quad\boldsymbol{C}_2^{\mathrm{T}}(\boldsymbol{x})\boldsymbol{C}_2(\boldsymbol{x})]\boldsymbol{x}\geqslant\boldsymbol{0}\\ \quad\vdots\\ \boldsymbol{x}^{\mathrm{T}}[\boldsymbol{A}_N^{\mathrm{T}}(\boldsymbol{x})\boldsymbol{P}(\boldsymbol{x})+\boldsymbol{P}(\boldsymbol{x})\boldsymbol{A}_N(\boldsymbol{x})+\gamma^{-2}\boldsymbol{P}(\boldsymbol{x})\boldsymbol{B}_N(\boldsymbol{x})\boldsymbol{B}_N^{\mathrm{T}}(\boldsymbol{x})\boldsymbol{P}(\boldsymbol{x})+\\ \quad\boldsymbol{C}_N^{\mathrm{T}}(\boldsymbol{x})\boldsymbol{C}_N(\boldsymbol{x})]\boldsymbol{x}\geqslant\boldsymbol{0}\end{cases} \tag{8.68}$$

假设存在某个 $\widehat{\boldsymbol{x}}\in\Omega\backslash\{0\}$ 使得式(8.68) 成立，那么下列不等式也成立：

$$\widehat{\boldsymbol{x}}^{\mathrm{T}}\left\{\sum_{i=1}^{N}\delta_i[\boldsymbol{A}_i^{\mathrm{T}}(\widehat{\boldsymbol{x}})\boldsymbol{P}(\widehat{\boldsymbol{x}})+\boldsymbol{P}(\widehat{\boldsymbol{x}})\boldsymbol{A}_i(\widehat{\boldsymbol{x}})+\gamma^{-2}\boldsymbol{P}(\widehat{\boldsymbol{x}})\boldsymbol{B}_i(\widehat{\boldsymbol{x}})\boldsymbol{B}_i^{\mathrm{T}}(\widehat{\boldsymbol{x}})\boldsymbol{P}(\widehat{\boldsymbol{x}})+\boldsymbol{C}_i^{\mathrm{T}}(\widehat{\boldsymbol{x}})\boldsymbol{C}_i(\widehat{\boldsymbol{x}})]\right\}\widehat{\boldsymbol{x}}\geqslant 0$$

但这与式(8.67) 矛盾。故由式(8.66) 可推出式(8.63)。所以根据引理 8.6，定理 8.10 的结论成立。

如果系统(8.62) 是切换线性系统，则式(8.66) 就是关于常数正定矩阵 $\boldsymbol{P}$ 的线性矩阵不等式。进一步，如果线性矩阵不等式(8.66) 成立，那么可选择 Lyapunov 函数为 $\boldsymbol{V}(\boldsymbol{x})=\boldsymbol{x}^{\mathrm{T}}\boldsymbol{P}\boldsymbol{x}$，从而定理 8.10 中的条件(2) 就不需要了。

### 8.5.2　不确定切换非线性系统的 $H_\infty$ 状态反馈控制($H_\infty$ State Feedback Control of Uncertain Switched Nonlinear Systems)

本节研究下述不确定切换非线性系统的鲁棒 $H_\infty$ 状态反馈控制问题。

$$\begin{cases}\dot{\boldsymbol{x}}=(\boldsymbol{A}_{\sigma(t)}(\boldsymbol{x})+\Delta\boldsymbol{A}_{\sigma(t)}(t,\boldsymbol{x}))\boldsymbol{x}+\boldsymbol{B}_{1\sigma(t)}(\boldsymbol{x})\boldsymbol{\omega}+(\boldsymbol{B}_{2\sigma(t)}(\boldsymbol{x})+\Delta\boldsymbol{B}_{\sigma(t)}(t,\boldsymbol{x}))\boldsymbol{u}\\ \boldsymbol{z}=\boldsymbol{C}_{1\sigma(t)}(\boldsymbol{x})\boldsymbol{x}+\boldsymbol{D}_{1\sigma(t)}(\boldsymbol{x})\boldsymbol{u}\end{cases} \tag{8.69}$$

其中，系统状态 $\boldsymbol{x}\in\Omega$，$\Omega\subset\mathbf{R}^n$ 是包含原点的、凸的、有界的开子集；$\boldsymbol{u}\in\mathbf{R}^m$ 是连续控制输入；$\boldsymbol{\omega}\in\mathbf{R}^r$ 是外部干扰且属于 $L_2[0,T]$；$z\in\mathbf{R}^q$ 表示系统的受控输出。$\sigma(\cdot):[0,+\infty)\rightarrow\mathbf{N}$ 表示逐段常值的切换信号。

$$(\Delta\boldsymbol{A}_i(t,\boldsymbol{x})\quad\Delta\boldsymbol{B}_i(t,\boldsymbol{x}))=\boldsymbol{E}_i(\boldsymbol{x})\boldsymbol{\Delta}_i(t,\boldsymbol{x})(\boldsymbol{F}_{1i}(\boldsymbol{x})\quad\boldsymbol{F}_{2i}(\boldsymbol{x}))\ ,\forall\, i\in\mathbf{N},\forall\,\boldsymbol{x}\in\Omega \tag{8.70}$$

$$\boldsymbol{\Delta}_i(t,\boldsymbol{x})=\boldsymbol{\Sigma}_i(t,\boldsymbol{x})\,[\boldsymbol{I}-\boldsymbol{G}_i(\boldsymbol{x})\boldsymbol{\Sigma}_i(t,\boldsymbol{x})]^{-1},\forall\, t\in[0,\infty),\forall\,\boldsymbol{x}\in\Omega \tag{8.71}$$

其中，$\boldsymbol{A}_i(\boldsymbol{x})$，$\boldsymbol{B}_{1i}(\boldsymbol{x})$，$\boldsymbol{B}_{2i}(\boldsymbol{x})$，$\boldsymbol{C}_{1i}(\boldsymbol{x})$，$\boldsymbol{D}_{1i}(\boldsymbol{x})$，$\boldsymbol{E}_i(\boldsymbol{x})$，$\boldsymbol{F}_{1i}(\boldsymbol{x})$，$\boldsymbol{F}_{2i}(\boldsymbol{x})$ 和 $\boldsymbol{G}_i(\boldsymbol{x})(i\in\mathbf{N})$ 是具有相应维数的 $\boldsymbol{C}^0$ 矩阵值函数。$\boldsymbol{\Sigma}_i(t,\boldsymbol{x})(i\in\mathbf{N})$ 表示具有 Lebesgue 可测元素的模有界不确定且属

于 $\{\boldsymbol{\Sigma}(x,t) \mid \boldsymbol{\Sigma}^{\mathrm{T}}(t,\boldsymbol{x})\boldsymbol{\Sigma}(t,\boldsymbol{x}) \leqslant \boldsymbol{I}, \forall t \geqslant 0, \forall \boldsymbol{x} \in \Omega\}$。为了确保对于所有允许的不确定性 $\boldsymbol{\Sigma}_i(t,\boldsymbol{x})(\forall t \geqslant 0, \forall \boldsymbol{x} \in \Omega)$，矩阵 $\boldsymbol{I}-\boldsymbol{G}_i(\boldsymbol{x})\boldsymbol{\Sigma}_i(t,\boldsymbol{x})$ 都是可逆的，则对于任意的 $\boldsymbol{x} \in \Omega$，$\boldsymbol{I}-\boldsymbol{G}_i^{\mathrm{T}}(\boldsymbol{x})\boldsymbol{G}_i(\boldsymbol{x}) > \boldsymbol{0}$ 是必须的。

本小节的主要控制目标是：设计一个切换规则 $\sigma(t)$ 和相应的非线性状态反馈控制器 $\boldsymbol{u}=k_{\sigma(t)}(\boldsymbol{x})\boldsymbol{x}$，使得在所有允许的不确定性之下，不确定切换线性系统(8.69)是具有 $H_\infty$ 扰动抑制水平状态反馈 $\gamma$ 可切换镇定的。为了清楚地描述本小节的控制目标，我们引入下列定义：

**定义** 8.20　对于任意给定的常数 $\gamma > 0$，系统(8.69)是具有 $H_\infty$ 扰动抑制水平 $\gamma$ 状态反馈可切换镇定的，如果存在切换规则 $\sigma(t)$ 和相应的状态反馈控制器 $\boldsymbol{u}=k_{\sigma(t)}(\boldsymbol{x})\boldsymbol{x}$，使得相应的系统满足如下的两个条件：

(1) 当外部扰动输入 $\boldsymbol{\omega} \equiv \boldsymbol{0}$ 时，对于所有允许的不确定性，系统是渐进稳定的；

(2) 当系统的初始状态 $\boldsymbol{x}(0)=\boldsymbol{0}$ 且它的轨迹 $\boldsymbol{x}=\boldsymbol{x}(t) \in \Omega, t \in [0,T]$ 时，下列不等式对于所有允许的不确定性和所有非零的 $\boldsymbol{\omega} \in L_2[0,T](0 \leqslant T < \infty)$ 都成立。

$$\|\boldsymbol{z}\|_{L_2[0,T]} < \gamma \|\boldsymbol{\omega}\|_{L_2[0,T]}$$

结合切换规则 $\sigma(t)$、非线性状态反馈控制器 $\boldsymbol{u}=k_{\sigma(t)}(\boldsymbol{x})\boldsymbol{x}$ 和不确定切换非线性系统(8.69)，则相应的系统可写为

$$\begin{cases}\dot{\boldsymbol{x}}=\widetilde{\boldsymbol{A}}_{\sigma(t)}(\boldsymbol{x})\boldsymbol{x}+\boldsymbol{B}_{1\sigma(t)}(\boldsymbol{x})\boldsymbol{\omega} \\ \boldsymbol{z}=\widetilde{\boldsymbol{C}}_{\sigma(t)}(\boldsymbol{x})\boldsymbol{x}\end{cases} \tag{8.72}$$

其中

$$\widetilde{\boldsymbol{A}}_{\sigma(t)}(\boldsymbol{x})=\boldsymbol{A}_{\sigma(t)}(\boldsymbol{x})+\boldsymbol{B}_{2\sigma(t)}(\boldsymbol{x})k_{\sigma(t)}(\boldsymbol{x})+\Delta\boldsymbol{A}_{\sigma(t)}(\boldsymbol{x},t)+\Delta\boldsymbol{B}_{\sigma(t)}(\boldsymbol{x},t)k_{\sigma(t)}(\boldsymbol{x})$$

$$\widetilde{\boldsymbol{C}}_{\sigma(t)}(\boldsymbol{x})=\boldsymbol{C}_{1\sigma(t)}(\boldsymbol{x})+\boldsymbol{D}_{1\sigma(t)}(\boldsymbol{x})k_{\sigma(t)}(\boldsymbol{x})$$

**定理 8.11**　对于任意给定的常数 $\gamma > 0$，不确定切换非线性系统(8.69)是具有 $H_\infty$ 扰动抑制水平 $\gamma$ 状态反馈可切换镇定的，如果存在对称正定的 $\boldsymbol{C}^0$ 矩阵值函数 $\boldsymbol{X}(\boldsymbol{x})$，$\boldsymbol{C}^0$ 矩阵值函数 $\boldsymbol{Y}(\boldsymbol{x})$，$N$ 个满足 $\sum_{i=1}^{N}\delta_i=1$ 的实数 $\delta_i > 0(i \in \mathbf{N})$ 和函数 $\varepsilon(\boldsymbol{x}) > 0$，使得对于任意的 $\boldsymbol{x} \in \Omega$，下列矩阵不等式成立；

$$\begin{bmatrix}\boldsymbol{X}(\boldsymbol{x})\bar{\boldsymbol{A}}^{\mathrm{T}}(\boldsymbol{x})+\bar{\boldsymbol{A}}(\boldsymbol{x})\boldsymbol{X}(\boldsymbol{x})+\boldsymbol{Y}^{\mathrm{T}}(\boldsymbol{x})\bar{\boldsymbol{B}}_2^{\mathrm{T}}(\boldsymbol{x})+\bar{\boldsymbol{B}}_2(\boldsymbol{x})\boldsymbol{Y}(\boldsymbol{x}) & \gamma^{-1}\bar{\boldsymbol{B}}_1(\boldsymbol{x}) & \boldsymbol{X}(\boldsymbol{x})\bar{\boldsymbol{C}}_1^{\mathrm{T}}(\boldsymbol{x})+\boldsymbol{Y}^{\mathrm{T}}(\boldsymbol{x})\bar{\boldsymbol{D}}_1^{\mathrm{T}}(\boldsymbol{x}) & \varepsilon^{-1}(\boldsymbol{x})\bar{\boldsymbol{F}}_1^{\mathrm{T}}(\boldsymbol{x})+\varepsilon^{-1}(\boldsymbol{x})\boldsymbol{Y}(\boldsymbol{x})\bar{\boldsymbol{F}}_2^{\mathrm{T}}(\boldsymbol{x}) & \varepsilon(\boldsymbol{x})\bar{\boldsymbol{E}}(\boldsymbol{x}) \\ \gamma^{-1}\bar{\boldsymbol{B}}_1^{\mathrm{T}}(\boldsymbol{x}) & -\boldsymbol{I} & \boldsymbol{0} & \boldsymbol{0} & \boldsymbol{0} \\ \bar{\boldsymbol{C}}_1(\boldsymbol{x})\boldsymbol{X}(\boldsymbol{x})+\bar{\boldsymbol{D}}_1(\boldsymbol{x})\boldsymbol{Y}(\boldsymbol{x}) & \boldsymbol{0} & -\boldsymbol{I} & \boldsymbol{0} & \boldsymbol{0} \\ \varepsilon^{-1}(\boldsymbol{x})\bar{\boldsymbol{F}}_1(\boldsymbol{x})+\varepsilon^{-1}(\boldsymbol{x})\bar{\boldsymbol{F}}_2(\boldsymbol{x})\boldsymbol{Y}(\boldsymbol{x}) & \boldsymbol{0} & \boldsymbol{0} & -\boldsymbol{I} & \bar{\boldsymbol{G}}(\boldsymbol{x}) \\ \varepsilon(\boldsymbol{x})\bar{\boldsymbol{E}}^{\mathrm{T}}(\boldsymbol{x}) & \boldsymbol{0} & \boldsymbol{0} & \bar{\boldsymbol{G}}^{\mathrm{T}}(\boldsymbol{x}) & -\boldsymbol{I}\end{bmatrix} < \boldsymbol{0} \tag{8.73}$$

式中

$$\bar{\boldsymbol{A}}(\boldsymbol{x})=\sum_{i=1}^{N}\delta_i\boldsymbol{A}_i(\boldsymbol{x}),\bar{\boldsymbol{B}}_1(\boldsymbol{x})=\left(\sqrt{\delta_1}\,\boldsymbol{B}_{11}(\boldsymbol{x})\quad\sqrt{\delta_2}\,\boldsymbol{B}_{12}(\boldsymbol{x})\quad\cdots\quad\sqrt{\delta_N}\boldsymbol{B}_{1N}(\boldsymbol{x})\right),$$

$$\bar{\boldsymbol{B}}_2(\boldsymbol{x})=(\delta_1\boldsymbol{B}_{21}(\boldsymbol{x})\quad\delta_2\boldsymbol{B}_{22}(\boldsymbol{x})\quad\cdots\quad\delta_N\boldsymbol{B}_{2N}(\boldsymbol{x})),$$

$$\bar{\boldsymbol{C}}_1^{\mathrm{T}}(\boldsymbol{x})=\left(\sqrt{\delta_1}\,\bar{\boldsymbol{C}}_{11}^{\mathrm{T}}(\boldsymbol{x})\quad\sqrt{\delta_2}\,\bar{\boldsymbol{C}}_{12}^{\mathrm{T}}(\boldsymbol{x})\quad\cdots\quad\sqrt{\delta_N}\,\bar{\boldsymbol{C}}_{1N}^{\mathrm{T}}(\boldsymbol{x})\right),$$

$$\bar{\boldsymbol{D}}_1(\boldsymbol{x})=\left(\sqrt{\delta_1}\,\bar{\boldsymbol{D}}_{11}(\boldsymbol{x})\quad\sqrt{\delta_2}\,\bar{\boldsymbol{D}}_{12}(\boldsymbol{x})\quad\cdots\quad\sqrt{\delta_N}\,\bar{\boldsymbol{D}}_{1N}(\boldsymbol{x})\right),$$

$$\bar{\boldsymbol{E}}(\boldsymbol{x})=(\delta_1\boldsymbol{E}_1(\boldsymbol{x})\quad\delta_2\boldsymbol{E}_2(\boldsymbol{x})\quad\cdots\quad\delta_N\boldsymbol{E}_N(\boldsymbol{x})),$$

$$\bar{\boldsymbol{F}}_1^{\mathrm{T}}(\boldsymbol{x})=(\boldsymbol{F}_{11}^{\mathrm{T}}(\boldsymbol{x})\quad\boldsymbol{F}_{12}^{\mathrm{T}}(\boldsymbol{x})\quad\cdots\quad\boldsymbol{F}_{1N}^{\mathrm{T}}(\boldsymbol{x})),$$

$$\bar{\boldsymbol{F}}_2(\boldsymbol{x})=\mathrm{diag}(\boldsymbol{F}_{21}(\boldsymbol{x}),\boldsymbol{F}_{22}(\boldsymbol{x}),\cdots,\boldsymbol{F}_{2N}(\boldsymbol{x})),$$

$$\bar{\boldsymbol{G}}(\boldsymbol{x})=\mathrm{diag}(\boldsymbol{G}_1(\boldsymbol{x}),\boldsymbol{G}_2(\boldsymbol{x}),\cdots,\boldsymbol{G}_N(\boldsymbol{x}))$$

在这种情况下，状态反馈子控制器增益和切换规则分别取为

$$\begin{aligned}&\bar{\boldsymbol{k}}(\boldsymbol{x})=\boldsymbol{Y}(\boldsymbol{x})\boldsymbol{X}^{-1}(\boldsymbol{x}),\bar{\boldsymbol{k}}^{\mathrm{T}}(\boldsymbol{x})=(\boldsymbol{k}_1^{\mathrm{T}}(\boldsymbol{x})\quad\boldsymbol{k}_2^{\mathrm{T}}(\boldsymbol{x})\quad\cdots\quad\boldsymbol{k}_N^{\mathrm{T}}(\boldsymbol{x})),\\&\sigma(t)=\arg\min_{i\in\mathbf{N}}\{\boldsymbol{x}^{\mathrm{T}}[\boldsymbol{Q}_i(\boldsymbol{x})+\boldsymbol{R}_i(\boldsymbol{x})(\boldsymbol{I}-\boldsymbol{G}_i^{\mathrm{T}}(\boldsymbol{x})\boldsymbol{G}_i(\boldsymbol{x}))^{-1}\boldsymbol{R}_i^{\mathrm{T}}(\boldsymbol{x})+\\&\qquad\varepsilon^{-2}(\boldsymbol{x})(\boldsymbol{F}_{1i}(\boldsymbol{x})+\boldsymbol{F}_{2i}(\boldsymbol{x})\boldsymbol{k}_i(\boldsymbol{x}))^{\mathrm{T}}(\boldsymbol{F}_{1i}(\boldsymbol{x})+\boldsymbol{F}_{2i}(\boldsymbol{x})\boldsymbol{k}_i(\boldsymbol{x}))]\boldsymbol{x}\}\end{aligned}\tag{8.74}$$

这里

$$\begin{aligned}&\boldsymbol{Q}_i(\boldsymbol{x})=(\boldsymbol{A}_i(\boldsymbol{x})+\boldsymbol{B}_{2i}(\boldsymbol{x})\boldsymbol{k}_i(\boldsymbol{x}))^{\mathrm{T}}\boldsymbol{P}(\boldsymbol{x})+\boldsymbol{P}(\boldsymbol{x})(\boldsymbol{A}_i(\boldsymbol{x})+\boldsymbol{B}_{2i}(\boldsymbol{x})\boldsymbol{k}_i(\boldsymbol{x}))+\\&\gamma^{-2}\boldsymbol{P}(\boldsymbol{x})\boldsymbol{B}_{1i}(\boldsymbol{x})\boldsymbol{B}_{1i}^{\mathrm{T}}(\boldsymbol{x})\boldsymbol{P}(\boldsymbol{x})+(\boldsymbol{C}_{1i}(\boldsymbol{x})+\boldsymbol{D}_{1i}(\boldsymbol{x})\boldsymbol{k}_i(\boldsymbol{x}))^{\mathrm{T}}(\boldsymbol{C}_{1i}(\boldsymbol{x})+\boldsymbol{D}_{1i}(\boldsymbol{x})\boldsymbol{k}_i(\boldsymbol{x}))\\&\boldsymbol{R}_i(\boldsymbol{x})=\varepsilon(\boldsymbol{x})\boldsymbol{P}(\boldsymbol{x})\boldsymbol{E}_i(\boldsymbol{x})+\varepsilon^{-1}(\boldsymbol{x})(\boldsymbol{F}_{1i}(\boldsymbol{x})+\boldsymbol{F}_{2i}(\boldsymbol{x})\boldsymbol{k}_i(\boldsymbol{x}))^{\mathrm{T}}\boldsymbol{G}_i(\boldsymbol{x}),i\in\mathbf{N},\boldsymbol{x}\in\Omega\end{aligned}$$

在证明定理 8.4 之前，我们先引入下面的几个引理。

**引理 8.7** 假设 $\alpha_i\geqslant 0$ 和 $\mu_i\geqslant 0(i=1,2,\cdots,l)$ 且 $\sum_{i=1}^{l}\alpha_i=1$，则

$$\left(\sum_{i=1}^{l}\mu_i\alpha_i\right)^2\leqslant\sum_{i=1}^{l}\mu_i^2\alpha_i$$

**证明** 因为

$$\left(\sum_{i=1}^{l}\mu_i\alpha_i\right)^2=\sum_{i=1}^{l}\mu_i^2\alpha_i^2+\sum_{i=1,j=1,i\neq j}^{l}\alpha_i\alpha_j\mu_i\mu_j$$

所以由 $\sum_{i=1}^{l}\alpha_i=1$，有

$$\begin{aligned}\sum_{i=1}^{l}\mu_i^2\alpha_i-\left(\sum_{i=1}^{l}\mu_i\alpha\right)^2&=\sum_{i=1}^{l}\mu_i^2\alpha_i\left(\sum_{j=1,j\neq i}^{l}\alpha_j\right)-\sum_{i,j=1;i\neq j}^{l}\alpha_i\alpha_j\mu_i\mu_j=\\&\sum_{i,j=1;i<j}^{l}\alpha_i\alpha_j(\mu_i-\mu_j)^2\geqslant 0\end{aligned}$$

从而

$$\left(\sum_{i=1}^{l}\mu_i\alpha_i\right)^2\leqslant\sum_{i=1}^{l}\mu_i^2\alpha_i$$

**引理 8.8**　给定具有相应维数的 $C^0$ 矩阵值函数 $\boldsymbol{H}(\boldsymbol{x}),\boldsymbol{J}(\boldsymbol{x}),\boldsymbol{R}(\boldsymbol{x})$ 和 $\boldsymbol{S}(\boldsymbol{x})$，其中对于任意的 $\boldsymbol{x}\in\Omega$，$H(\boldsymbol{x})$ 对称且 $\boldsymbol{S}(\boldsymbol{x})$ 对称正定，则

$$\boldsymbol{H}(\boldsymbol{x})+\boldsymbol{J}(\boldsymbol{x})\boldsymbol{\Lambda}(\boldsymbol{x},t)\boldsymbol{R}(\boldsymbol{x})+\boldsymbol{R}^{\mathrm{T}}(\boldsymbol{x})\boldsymbol{\Lambda}^{\mathrm{T}}(\boldsymbol{x},t)\boldsymbol{J}^{\mathrm{T}}(\boldsymbol{x})<\boldsymbol{0}$$

当且仅当存在一个 $\boldsymbol{C}^0$ 函数 $\varepsilon(\cdot):\Omega\rightarrow(0,+\infty)$ 使得

$$\boldsymbol{H}(\boldsymbol{x})+\varepsilon(\boldsymbol{x})\boldsymbol{J}(\boldsymbol{x})\boldsymbol{J}^{\mathrm{T}}(\boldsymbol{x})+\varepsilon^{-1}(\boldsymbol{x})\boldsymbol{R}^{\mathrm{T}}(\boldsymbol{x})\boldsymbol{S}(\boldsymbol{x})\boldsymbol{R}(\boldsymbol{x})<\boldsymbol{0}$$

式中，$\boldsymbol{\Lambda}(\boldsymbol{x},t)\boldsymbol{\Lambda}^{\mathrm{T}}(\boldsymbol{x},t)\leqslant\boldsymbol{S}(\boldsymbol{x}),\ \forall t\geqslant 0$。

**证明**　(1) 必要性。

对于任意的 $\boldsymbol{x}\in\Omega$ 和 $t\geqslant 0$，显然下列不等式成立。

$$(\varepsilon^{1/2}(\boldsymbol{x})\boldsymbol{J}^{\mathrm{T}}(\boldsymbol{x})-\varepsilon^{-1/2}(\boldsymbol{x})\boldsymbol{\Lambda}(\boldsymbol{x},t)\boldsymbol{R}(\boldsymbol{x}))^{\mathrm{T}}(\varepsilon^{1/2}(\boldsymbol{x})\boldsymbol{J}^{\mathrm{T}}(\boldsymbol{x})-\varepsilon^{-1/2}(\boldsymbol{x})\boldsymbol{\Lambda}(\boldsymbol{x},t)\boldsymbol{R}(\boldsymbol{x}))\geqslant 0$$

式中 $\varepsilon(\boldsymbol{x})>0$ 为 $\Omega$ 上的连续函数。即

$$\begin{gathered}\boldsymbol{J}(\boldsymbol{x})\boldsymbol{\Lambda}(\boldsymbol{x},t)\boldsymbol{R}(\boldsymbol{x})+\boldsymbol{R}^{\mathrm{T}}(\boldsymbol{x})\boldsymbol{\Lambda}^{\mathrm{T}}(\boldsymbol{x},t)\boldsymbol{J}^{\mathrm{T}}(\boldsymbol{x})\leqslant\\ \varepsilon(\boldsymbol{x})\boldsymbol{J}(\boldsymbol{x})\boldsymbol{J}^{\mathrm{T}}(\boldsymbol{x})+\varepsilon^{-1}(\boldsymbol{x})\boldsymbol{R}^{\mathrm{T}}(\boldsymbol{x})\boldsymbol{\Lambda}^{\mathrm{T}}(\boldsymbol{x},t)\boldsymbol{\Lambda}(\boldsymbol{x},t)\boldsymbol{R}(\boldsymbol{x})\end{gathered}$$

从而由 $\boldsymbol{\Lambda}(\boldsymbol{x},t)\boldsymbol{\Lambda}^{\mathrm{T}}(\boldsymbol{x},t)\leqslant\boldsymbol{S}(\boldsymbol{x}),\ \forall t\geqslant 0$，有

$$\begin{gathered}\boldsymbol{H}(\boldsymbol{x})+\boldsymbol{J}(\boldsymbol{x})\boldsymbol{\Lambda}(\boldsymbol{x},t)\boldsymbol{R}(\boldsymbol{x})+\boldsymbol{R}^{\mathrm{T}}(\boldsymbol{x})\boldsymbol{\Lambda}^{\mathrm{T}}(\boldsymbol{x},t)\boldsymbol{J}^{\mathrm{T}}(\boldsymbol{x})\leqslant\\ \boldsymbol{H}(\boldsymbol{x})+\varepsilon(\boldsymbol{x})\boldsymbol{J}(\boldsymbol{x})\boldsymbol{J}^{\mathrm{T}}(\boldsymbol{x})+\varepsilon^{-1}(\boldsymbol{x})\boldsymbol{R}^{\mathrm{T}}(\boldsymbol{x})\boldsymbol{\Lambda}^{\mathrm{T}}(\boldsymbol{x},t)\boldsymbol{\Lambda}(\boldsymbol{x},t)\boldsymbol{R}(\boldsymbol{x})\leqslant\\ \boldsymbol{H}(\boldsymbol{x})+\varepsilon(\boldsymbol{x})\boldsymbol{J}(\boldsymbol{x})\boldsymbol{J}^{\mathrm{T}}(\boldsymbol{x})+\varepsilon^{-1}(\boldsymbol{x})\boldsymbol{R}^{\mathrm{T}}(\boldsymbol{x})\boldsymbol{S}(\boldsymbol{x})\boldsymbol{R}(\boldsymbol{x})\end{gathered}$$

所以下列蕴含式是明显的。

$$\begin{gathered}\boldsymbol{H}(\boldsymbol{x})+\varepsilon(\boldsymbol{x})\boldsymbol{J}(\boldsymbol{x})\boldsymbol{J}^{\mathrm{T}}(\boldsymbol{x})+\varepsilon^{-1}(\boldsymbol{x})\boldsymbol{R}^{\mathrm{T}}(\boldsymbol{x})\boldsymbol{S}(\boldsymbol{x})\boldsymbol{R}(\boldsymbol{x})<\boldsymbol{0}\\ \Rightarrow\boldsymbol{H}(\boldsymbol{x})+\boldsymbol{J}(\boldsymbol{x})\boldsymbol{\Lambda}(\boldsymbol{x},t)\boldsymbol{R}(\boldsymbol{x})+\boldsymbol{R}^{\mathrm{T}}(\boldsymbol{x})\boldsymbol{\Lambda}^{\mathrm{T}}(\boldsymbol{x},t)\boldsymbol{J}^{\mathrm{T}}(\boldsymbol{x})<\boldsymbol{0}\end{gathered}$$

(2) 充分性。

根据参考文献[11]中的引理 2.4，对于任意给定的 $\boldsymbol{v}\in\Omega$，下列不等式成立

$$\boldsymbol{H}(\boldsymbol{v})+\boldsymbol{J}(\boldsymbol{v})\boldsymbol{\Lambda}(\boldsymbol{v},t)\boldsymbol{R}(\boldsymbol{v})+\boldsymbol{R}^{\mathrm{T}}(\boldsymbol{v})\boldsymbol{\Lambda}^{\mathrm{T}}(\boldsymbol{v},t)\boldsymbol{J}^{\mathrm{T}}(\boldsymbol{v})<\boldsymbol{0}$$

当且仅当存在一个正常数 $\varepsilon_v$ 使得下面的矩阵不等式成立。

$$\boldsymbol{H}(\boldsymbol{v})+\varepsilon_v\boldsymbol{J}(\boldsymbol{v})\boldsymbol{J}^{\mathrm{T}}(\boldsymbol{v})+\varepsilon_v^{-1}\boldsymbol{R}^{\mathrm{T}}(\boldsymbol{v})\boldsymbol{S}(\boldsymbol{v})\boldsymbol{R}(\boldsymbol{v})<\boldsymbol{0}$$

即

$$\varepsilon_v^2\boldsymbol{J}(\boldsymbol{v})\boldsymbol{J}^{\mathrm{T}}(\boldsymbol{v})+\varepsilon_v\boldsymbol{H}(\boldsymbol{v})+\boldsymbol{R}^{\mathrm{T}}(\boldsymbol{v})\boldsymbol{S}(\boldsymbol{v})\boldsymbol{R}(\boldsymbol{v})<\boldsymbol{0}$$

根据 $\boldsymbol{H}(\boldsymbol{x}),\boldsymbol{J}(\boldsymbol{x}),\boldsymbol{R}(\boldsymbol{x})$ 和 $\boldsymbol{S}(\boldsymbol{x})$ 是 $\boldsymbol{C}^0$ 矩阵值函数及定义 8.19 知，对于所有的 $\boldsymbol{x}\in\Omega$，矩阵 $\boldsymbol{H}(\boldsymbol{x}),\boldsymbol{J}(\boldsymbol{x}),\boldsymbol{R}(\boldsymbol{x})$ 和 $\boldsymbol{S}(\boldsymbol{x})$ 的每个元素都是关于 $\boldsymbol{x}$ 的连续函数，则存在一个中心在 $\boldsymbol{v}$ 的单位闭球 $\bar{\boldsymbol{B}}(\boldsymbol{v})$ 使得对任意的 $\boldsymbol{x}\in\boldsymbol{B}(\boldsymbol{v})$（$\boldsymbol{B}(\boldsymbol{v})$ 表示中心在 $\boldsymbol{v}$ 的单位开球），使得

$$\varepsilon_v^2\boldsymbol{J}(\boldsymbol{x})\boldsymbol{J}^{\mathrm{T}}(\boldsymbol{x})+\varepsilon_v\boldsymbol{H}(\boldsymbol{x})+\boldsymbol{R}^{\mathrm{T}}(\boldsymbol{x})\boldsymbol{S}(\boldsymbol{x})\boldsymbol{R}(\boldsymbol{x})<\boldsymbol{0}$$

从而根据单位分解定理，存在 $\{\boldsymbol{B}_i,\varphi_i\}$（这里 $\boldsymbol{B}_i=\boldsymbol{B}(v_i)$，$\varphi_i\geqslant 0$ 且 $\varphi_i$ 是 $\mathbf{R}^n$ 上的光滑映射且 $\boldsymbol{B}_i$ 是它的支集），使得

$$\Omega\subseteq\bigcup_{v_i\in\Omega}\boldsymbol{B}_i\quad 和\quad\sum_{i=1}^{\infty}\varphi_i(\boldsymbol{v})=1,\quad\forall\boldsymbol{v}\in\Omega$$

假设 $\varepsilon(\boldsymbol{x})=\sum\limits_{i=1}^{\infty}\varepsilon_{v_i}\varphi_i(\boldsymbol{x})$。由于 $\Omega\subseteq\bigcup\limits_{v_i\in\Omega}\boldsymbol{B}_i$ 且 $\Omega\subset\mathbf{R}^n$ 是有界子集，则对于任意给定的 $x\in\Omega$，必存在一个确定的有限指标 $i$ 使得 $\boldsymbol{x}\in\boldsymbol{B}_i$（有限覆盖定理），即存在有限数 $n_1<n_2<\cdots<n_l$ 使得 $\sum\limits_{j=1}^{l}\varphi_{n_j}(\boldsymbol{x})=1$，从而 $\varepsilon(\boldsymbol{x})$ 在 $\Omega$ 上是良定的且光滑的。所以由引理 8.7，对所有的 $\boldsymbol{x}\in\Omega$

$$\varepsilon^2(x)J(x)J^{\mathrm{T}}(x)+\varepsilon(x)H(x)+R^{\mathrm{T}}(x)S(x)R(x)=$$
$$\Big(\sum_{i=1}^{\infty}\varepsilon_{v_i}\varphi_i(x)\Big)^2J(x)J^{\mathrm{T}}(x)+\Big(\sum_{i=1}^{\infty}\varepsilon_{v_i}\varphi_i(x)\Big)H(x)+R^{\mathrm{T}}(x)S(x)R(x)=$$
$$\Big(\sum_{i=1}^{l}\varepsilon_{v_{n_i}}\varphi_i(x)\Big)^2J(x)J^{\mathrm{T}}(x)+\Big(\sum_{i=1}^{l}\varepsilon_{v_{n_i}}\varphi_i(x)\Big)H(x)+R^{\mathrm{T}}(x)S(x)R(x)\leqslant$$
$$\Big(\sum_{i=1}^{l}\varphi_i(x)\Big)\big(\varepsilon_{v_{n_i}}^2J(x)J^{\mathrm{T}}(x)+\varepsilon_{v_{n_i}}H(x)+R^{\mathrm{T}}(x)S(x)R(x)\big)<0$$

故在 $\Omega$ 上存在一个 $C^0$ 正函数 $\varepsilon(x)$ 使得

$$H(x)+\varepsilon(x)J(x)J^{\mathrm{T}}(x)+\varepsilon^{-1}(x)R^{\mathrm{T}}(x)S(x)R(x)<0$$

**引理 8.9** 假设对于所有的 $x\in\Omega, I-G^{\mathrm{T}}(x)G(x)>0$ 且定义集合

$$Y=\{\Delta(t,x)=\Sigma(t,x)\,[I-G(x)\Sigma(t,x)]^{-1};\Sigma^{\mathrm{T}}(t,x)\Sigma(t,x)\leqslant I,\forall x\in\Omega,\forall t\geqslant 0\}$$

则 $Y$ 能重新写为

$$Y=\{\Delta(t,x)=(I-G^{\mathrm{T}}(x)G(x))^{-1}G^{\mathrm{T}}(x)+(I-G^{\mathrm{T}}(x)G(x))^{-1/2}\Pi(t,x);$$
$$\Pi^{\mathrm{T}}(t,x)\Pi(t,x)\leqslant I+G(x)\,(I-G^{\mathrm{T}}(x)G(x))^{-1}G^{\mathrm{T}}(x),\forall x\in\Omega,\forall t\geqslant 0\}$$

**证明** 本引理的证明方法与参考文献[11]中的相类似。对于任意的 $x\in\Omega$ 和 $t\geqslant 0$,显然有

$$[I+G(x)\Delta(t,x)][I-G(x)\Sigma(t,x)]=I$$

所以矩阵 $I+G(x)\Delta(t,x)$ 是可逆的且

$$[I+G(x)\Delta(t,x)]^{-1}=I-G(x)\Sigma(t,x)$$

从而由 $\Delta(t,x)=\Sigma(t,x)\,[I-G(x)\Sigma(t,x)]^{-1}$,注意到 $\Sigma^{\mathrm{T}}(t,x)\Sigma(t,x)\leqslant I$,则有

$$\Delta^{\mathrm{T}}(t,x)\Delta(t,x)\leqslant I+G(x)\Delta(t,x)+\Delta^{\mathrm{T}}(t,x)G^{\mathrm{T}}(x)+\Delta^{\mathrm{T}}(t,x)G^{\mathrm{T}}(x)G(x)\Delta(t,x)$$

通过完全平方公式,上式变为

$$\Pi^{\mathrm{T}}(t,x)\Pi(t,x)\leqslant I+G(x)\,(I-G^{\mathrm{T}}(x)G(x))^{-1}G^{\mathrm{T}}(x),\quad\forall x\in\Omega,\forall t\geqslant 0$$

其中

$$\Pi(t,x)=[I-G^{\mathrm{T}}(x)G(x)]^{1/2}\Delta(t,x)-[I-G^{\mathrm{T}}(x)G(x)]^{-1/2}G^{\mathrm{T}}(x)$$

从而引理结论成立。

**引理 8.10** 给定具有相应维数的 $C^0$ 矩阵值函数 $H(x)$,$J(x)$ 和 $R(x)$ 且对任意的 $x\in\Omega$,$H(x)$ 是对称的。假设 $I-G^{\mathrm{T}}(x)G(x)>0$ 对所有的 $x\in\Omega$ 都成立,则下列不等式对于任意的不确定 $\Delta(t,x)$ 都成立

$$H(x)+J(x)\Delta(x,t)R(x)+R^{\mathrm{T}}(x)\Delta^{\mathrm{T}}(x,t)J^{\mathrm{T}}(x)<0$$

当且仅当存在一个 $C^0$ 函数 $\varepsilon(\cdot):\Omega\to(0,+\infty)$ 使得

$$H(x)+(\varepsilon^{-1}(x)R^{\mathrm{T}}(x)\quad\varepsilon(x)J(x))\begin{pmatrix}I & -G(x)\\ -G^{\mathrm{T}}(x) & I\end{pmatrix}^{-1}\begin{bmatrix}\varepsilon^{-1}(x)R(x)\\ \varepsilon(x)J^{\mathrm{T}}(x)\end{bmatrix}<0$$

**证明** 根据 $I-G^{\mathrm{T}}(x)G(x)>0$,我们有

$$H(x)+(\varepsilon^{-1}(x)R^{\mathrm{T}}(x)\quad\varepsilon(x)J(x))\begin{pmatrix}I & -G(x)\\ -G^{\mathrm{T}}(x) & I\end{pmatrix}^{-1}\begin{bmatrix}\varepsilon^{-1}(x)R(x)\\ \varepsilon(x)J^{\mathrm{T}}(x)\end{bmatrix}=$$
$$H(x)+J(x)(I-G^{\mathrm{T}}(x)G(x))^{-1}G^{\mathrm{T}}(x)R(x)+$$
$$R^{\mathrm{T}}(x)G(x)(I-G^{\mathrm{T}}(x)G(x))^{-1}J^{\mathrm{T}}(x)+$$
$$\varepsilon^2(x)J(x)(I-G^{\mathrm{T}}(x)G(x))^{-1}J^{\mathrm{T}}(x)+$$

$$\varepsilon^{-2}(x)\boldsymbol{R}^{\mathrm{T}}(x)[\boldsymbol{I}+\boldsymbol{G}(x)(\boldsymbol{I}-\boldsymbol{G}^{\mathrm{T}}(x)\boldsymbol{G}(x))^{-1}\boldsymbol{G}^{\mathrm{T}}(x)]\boldsymbol{R}(x)$$

又由引理 8.9

$$\begin{aligned}&\boldsymbol{H}(x)+\boldsymbol{J}(x)\boldsymbol{\Delta}(t,x)\boldsymbol{R}(x)+\boldsymbol{R}^{\mathrm{T}}(x)\boldsymbol{\Delta}^{\mathrm{T}}(t,x)\boldsymbol{J}^{\mathrm{T}}(x)=\\&\boldsymbol{H}(x)+\boldsymbol{J}(x)[(\boldsymbol{I}-\boldsymbol{G}^{\mathrm{T}}(x)\boldsymbol{G}(x))^{-1}\boldsymbol{G}^{\mathrm{T}}(x)+\\&(\boldsymbol{I}-\boldsymbol{G}^{\mathrm{T}}(x)\boldsymbol{G}(x))^{-1/2}\boldsymbol{\Pi}(t,x)]\boldsymbol{R}(x)+\\&\boldsymbol{R}^{\mathrm{T}}(x)[\boldsymbol{G}(x)(\boldsymbol{I}-\boldsymbol{G}^{\mathrm{T}}(x)\boldsymbol{G}(x))^{-1}+\\&\boldsymbol{\Pi}^{\mathrm{T}}(t,x)(\boldsymbol{I}-\boldsymbol{G}^{\mathrm{T}}(x)\boldsymbol{G}(x))^{-1/2}]\boldsymbol{J}^{\mathrm{T}}(x)<\boldsymbol{0}\end{aligned}\tag{8.75}$$

另一方面，根据引理 8.8，必存在一个 $C^0$ 正函数 $\varepsilon(x)$ 使得不等式(8.75)与下列不等式是等价的：

$$\begin{aligned}&\boldsymbol{H}(x)+\boldsymbol{J}(x)(\boldsymbol{I}-\boldsymbol{G}^{\mathrm{T}}(x)\boldsymbol{G}(x))^{-1}\boldsymbol{G}^{\mathrm{T}}(x)\boldsymbol{R}(x)+\\&\boldsymbol{R}^{\mathrm{T}}(x)\boldsymbol{G}(x)(\boldsymbol{I}-\boldsymbol{G}^{\mathrm{T}}(x)\boldsymbol{G}(x))^{-1}\boldsymbol{J}^{\mathrm{T}}(x)+\\&\varepsilon^{2}(x)\boldsymbol{J}(x)(\boldsymbol{I}-\boldsymbol{G}^{\mathrm{T}}(x)\boldsymbol{G}(x))^{-1}\boldsymbol{J}^{\mathrm{T}}(x)+\\&\varepsilon^{-2}(x)\boldsymbol{R}^{\mathrm{T}}(x)[\boldsymbol{I}+\boldsymbol{G}(x)(\boldsymbol{I}-\boldsymbol{G}^{\mathrm{T}}(x)\boldsymbol{G}(x))^{-1}\boldsymbol{G}^{\mathrm{T}}(x)]\boldsymbol{R}(x)<\boldsymbol{0}\end{aligned}$$

从而，引理的结论成立。

**定理 8.11 的证明**　令

$$\boldsymbol{X}(x)=\boldsymbol{P}^{-1}(x),\quad \boldsymbol{Y}(x)=\bar{k}(x)\boldsymbol{P}^{-1}(x)$$

$$\tilde{\boldsymbol{E}}^{\mathrm{T}}(x)=(\bar{\boldsymbol{E}}^{\mathrm{T}}(x)\quad \boldsymbol{0}\quad \boldsymbol{0}),\quad \tilde{\boldsymbol{F}}(x)=(\tilde{\boldsymbol{F}}_1(x)+\tilde{\boldsymbol{F}}_2(x)\quad \boldsymbol{0}\quad \boldsymbol{0})$$

则矩阵不等式(8.73)变为

$$\begin{bmatrix}\boldsymbol{M}(x) & \varepsilon^{-1}(x)\tilde{\boldsymbol{F}}^{\mathrm{T}}(x) & \varepsilon(x)\tilde{\boldsymbol{E}}(x)\\ \varepsilon^{-1}(x)\tilde{\boldsymbol{F}}(x) & -\boldsymbol{I} & \bar{\boldsymbol{G}}(x)\\ \varepsilon(x)\tilde{\boldsymbol{E}}^{\mathrm{T}}(x) & \bar{\boldsymbol{G}}^{\mathrm{T}}(x) & -\boldsymbol{I}\end{bmatrix}<\boldsymbol{0}\tag{8.76}$$

其中

$$\tilde{\boldsymbol{F}}_1^{\mathrm{T}}(x)=\boldsymbol{P}^{-1}(x)\bar{\boldsymbol{F}}_1^{\mathrm{T}}(x),\tilde{\boldsymbol{F}}_2^{\mathrm{T}}(x)=\boldsymbol{P}^{-1}(x)\bar{k}^{\mathrm{T}}(x)\bar{\boldsymbol{F}}_2^{\mathrm{T}}(x),$$

$$\boldsymbol{M}(x)=\begin{bmatrix}\boldsymbol{P}^{-1}(x)(\bar{\boldsymbol{A}}(x)+\bar{\boldsymbol{B}}_2(x)\bar{k}(x))^{\mathrm{T}}+(\bar{\boldsymbol{A}}(x)+\bar{\boldsymbol{B}}_2(x)\bar{k}(x))\boldsymbol{P}^{-1}(x) & (\gamma^{-1}\bar{\boldsymbol{B}}_1(x)) & P^{-1}(x)(\bar{\boldsymbol{C}}_1(x)+\bar{\boldsymbol{D}}_1(x)\bar{k}(x))^{\mathrm{T}}\\ (\gamma^{-1}\bar{\boldsymbol{B}}_1(x))^{\mathrm{T}} & -\boldsymbol{I} & \boldsymbol{0}\\ (\bar{\boldsymbol{C}}_1(x)+\bar{\boldsymbol{D}}_1(x)\bar{k}(x))\boldsymbol{P}^{-1}(x) & \boldsymbol{0} & -\boldsymbol{I}\end{bmatrix}$$

根据引理 8.10 和 Schur 补引理，由矩阵不等式(8.76)可推出下列矩阵不等式成立

$$\boldsymbol{M}(x)+\tilde{\boldsymbol{E}}(x)\bar{\boldsymbol{\Delta}}(t,x)\tilde{\boldsymbol{F}}(x)+\tilde{\boldsymbol{F}}^{\mathrm{T}}(x)\bar{\boldsymbol{\Delta}}^{\mathrm{T}}(t,x)\tilde{\boldsymbol{E}}^{\mathrm{T}}(x)<\boldsymbol{0}\tag{8.77}$$

这里

$$\bar{\boldsymbol{\Delta}}(t,\boldsymbol{x})=\bar{\boldsymbol{\Sigma}}(t,\boldsymbol{x})[\boldsymbol{I}-\bar{\boldsymbol{G}}(\boldsymbol{x})\bar{\boldsymbol{\Sigma}}(t,\boldsymbol{x})]-1,$$
$$\bar{\boldsymbol{\Sigma}}(t,\boldsymbol{x})=\mathrm{diag}(\boldsymbol{\Sigma}_1(t,\boldsymbol{x}),\boldsymbol{\Sigma}_2(t,\boldsymbol{x})\cdots,\boldsymbol{\Sigma}_N(t,\boldsymbol{x})).$$

又根据式(8.75)和式(8.76),矩阵不等式(8.77)变为

$$\begin{bmatrix}\tilde{\boldsymbol{A}}^{\mathrm{T}}(\boldsymbol{x})\boldsymbol{P}(\boldsymbol{x})+\boldsymbol{P}(\boldsymbol{x})\tilde{\boldsymbol{A}}(\boldsymbol{x}) & \boldsymbol{P}(\boldsymbol{x})(\gamma^{-1}\bar{\boldsymbol{B}}_1(\boldsymbol{x})) & \tilde{\boldsymbol{C}}^{\mathrm{T}}(\boldsymbol{x})\\ (\gamma^{-1}\bar{\boldsymbol{B}}_1(\boldsymbol{x}))^{\mathrm{T}}\boldsymbol{P}(\boldsymbol{x}) & -\boldsymbol{I} & \boldsymbol{0}\\ \tilde{\boldsymbol{C}}(\boldsymbol{x}) & \boldsymbol{0} & -\boldsymbol{I}\end{bmatrix}<\boldsymbol{0} \tag{8.78}$$

式中

$$\tilde{\boldsymbol{A}}(\boldsymbol{x})=\bar{\boldsymbol{A}}(\boldsymbol{x})+\bar{B}_2(\boldsymbol{x})\bar{\boldsymbol{k}}(\boldsymbol{x})+\sum_{i=1}^{N}\delta_i\boldsymbol{\Delta A}_i(\boldsymbol{x})+\sum_{i=1}^{N}\delta_i\boldsymbol{\Delta B}_i(\boldsymbol{x})\boldsymbol{k}_i(\boldsymbol{x}),$$
$$\tilde{\boldsymbol{C}}(\boldsymbol{x})=\bar{\boldsymbol{C}}_1(\boldsymbol{x})+\bar{\boldsymbol{D}}_1(\boldsymbol{x})\bar{\boldsymbol{k}}(\boldsymbol{x})$$

另一方面又根据式(8.75)和式(8.76),下列矩阵等式是明显的

$$\begin{aligned}&\tilde{\boldsymbol{A}}_i^{\mathrm{T}}(\boldsymbol{x})\boldsymbol{P}(\boldsymbol{x})+\boldsymbol{P}(\boldsymbol{x})\tilde{\boldsymbol{A}}_i(\boldsymbol{x})+\gamma^{-2}\boldsymbol{P}(\boldsymbol{x})\boldsymbol{B}_{1i}(\boldsymbol{x})\boldsymbol{B}_{1i}^{\mathrm{T}}(\boldsymbol{x})\boldsymbol{P}(\boldsymbol{x})+\tilde{\boldsymbol{C}}_i^{\mathrm{T}}(\boldsymbol{x})\tilde{\boldsymbol{C}}_i(\boldsymbol{x})=\\&\boldsymbol{Q}_i(\boldsymbol{x})+\boldsymbol{P}(\boldsymbol{x})\boldsymbol{E}_i(\boldsymbol{x})(\boldsymbol{I}-\boldsymbol{G}_i{}^{\mathrm{T}}(\boldsymbol{x})\boldsymbol{G}_i(\boldsymbol{x}))^{-1}\boldsymbol{G}_i{}^{\mathrm{T}}(\boldsymbol{x})(\boldsymbol{F}_{1i}(\boldsymbol{x})+\boldsymbol{F}_{2i}(\boldsymbol{x})\boldsymbol{k}_i(\boldsymbol{x}))+\\&(\boldsymbol{F}_{1i}(\boldsymbol{x})+\boldsymbol{F}_{2i}(\boldsymbol{x})\boldsymbol{k}_i(\boldsymbol{x}))^{\mathrm{T}}\boldsymbol{G}_i(\boldsymbol{x})(\boldsymbol{I}-\boldsymbol{G}_i{}^{\mathrm{T}}(\boldsymbol{x})\boldsymbol{G}_i(\boldsymbol{x}))^{-1}\boldsymbol{E}_i^{\mathrm{T}}(\boldsymbol{x})\boldsymbol{P}(\boldsymbol{x})+\\&\boldsymbol{P}(\boldsymbol{x})\boldsymbol{E}_i(\boldsymbol{x})(\boldsymbol{I}-\boldsymbol{G}_i{}^{\mathrm{T}}(\boldsymbol{x})\boldsymbol{G}_i(\boldsymbol{x}))^{-1/2}\boldsymbol{\Pi}(t,\boldsymbol{x})(\boldsymbol{F}_{1i}(\boldsymbol{x})+\boldsymbol{F}_{2i}(\boldsymbol{x})\boldsymbol{k}_i(\boldsymbol{x}))+\\&(\boldsymbol{F}_{1i}(\boldsymbol{x})+\boldsymbol{F}_{2i}(\boldsymbol{x})\boldsymbol{k}_i(\boldsymbol{x}))^{\mathrm{T}}\boldsymbol{\Pi}^{\mathrm{T}}(t,\boldsymbol{x})(\boldsymbol{I}-\boldsymbol{G}_i{}^{\mathrm{T}}(\boldsymbol{x})\boldsymbol{G}_i(\boldsymbol{x}))^{-1/2}\boldsymbol{E}_i^{\mathrm{T}}(\boldsymbol{x})\boldsymbol{P}(\boldsymbol{x})\end{aligned}$$

这里

$$\begin{aligned}\boldsymbol{Q}_i(\boldsymbol{x})=&(\boldsymbol{A}_i(\boldsymbol{x})+\boldsymbol{B}_{2i}(\boldsymbol{x})\boldsymbol{k}_i(\boldsymbol{x}))^{\mathrm{T}}\boldsymbol{P}(\boldsymbol{x})+\boldsymbol{P}(\boldsymbol{x})(\boldsymbol{A}_i(\boldsymbol{x})+\boldsymbol{B}_{2i}(\boldsymbol{x})\boldsymbol{k}_i(\boldsymbol{x}))+\\&\gamma^{-2}\boldsymbol{P}(\boldsymbol{x})\boldsymbol{B}_{1i}(\boldsymbol{x})\boldsymbol{B}_{1i}^{\mathrm{T}}(\boldsymbol{x})\boldsymbol{P}(\boldsymbol{x})+(\boldsymbol{C}_{1i}(\boldsymbol{x})+\boldsymbol{D}_{1i}(\boldsymbol{x})\boldsymbol{k}_i(\boldsymbol{x}))^{\mathrm{T}}(\boldsymbol{C}_{1i}(\boldsymbol{x})+\boldsymbol{D}_{1i}(\boldsymbol{x})\boldsymbol{k}_i(\boldsymbol{x}))\end{aligned}$$

从而利用引理 8.8,对于满足条件

$$\boldsymbol{\Pi}^{\mathrm{T}}(t,\boldsymbol{x})\boldsymbol{\Pi}(t,\boldsymbol{x})\leqslant\boldsymbol{I}+\boldsymbol{G}_i(\boldsymbol{x})(\boldsymbol{I}-\boldsymbol{G}_i{}^{\mathrm{T}}(\boldsymbol{x})\boldsymbol{G}_i(\boldsymbol{x}))^{-1}\boldsymbol{G}_i{}^{\mathrm{T}}(\boldsymbol{x})$$

的所有不确定 $\boldsymbol{\Pi}(t,\boldsymbol{x})$,下列不等式成立

$$\tilde{\boldsymbol{A}}_i^{\mathrm{T}}(\boldsymbol{x})\boldsymbol{P}(\boldsymbol{x})+\boldsymbol{P}(\boldsymbol{x})\tilde{\boldsymbol{A}}_i(\boldsymbol{x})+\gamma^{-2}\boldsymbol{P}(\boldsymbol{x})\boldsymbol{B}_{1i}(\boldsymbol{x})\boldsymbol{B}_{1i}^{\mathrm{T}}(\boldsymbol{x})\boldsymbol{P}(\boldsymbol{x})+\tilde{\boldsymbol{C}}_i^{\mathrm{T}}(\boldsymbol{x})\tilde{\boldsymbol{C}}_i(\boldsymbol{x})<\boldsymbol{0}$$

当且仅当存在一个 $\Omega$ 上的 $\boldsymbol{C}^0$ 正函数 $\varepsilon(\boldsymbol{x})$ 使得下式成立:

$$\begin{aligned}&\boldsymbol{Q}_i(\boldsymbol{x})+\boldsymbol{R}_i(\boldsymbol{x})(\boldsymbol{I}-\boldsymbol{G}_i{}^{\mathrm{T}}(\boldsymbol{x})\boldsymbol{G}_i(\boldsymbol{x}))^{-1}\boldsymbol{R}_i^{\mathrm{T}}(\boldsymbol{x})+\\&\varepsilon^{-2}(\boldsymbol{x})(\boldsymbol{F}_{1i}(\boldsymbol{x})+\boldsymbol{F}_{2i}(\boldsymbol{x})\boldsymbol{k}_i(\boldsymbol{x}))^{\mathrm{T}}(\boldsymbol{F}_{1i}(\boldsymbol{x})+\boldsymbol{F}_{2i}(\boldsymbol{x})\boldsymbol{k}_i(\boldsymbol{x}))<\boldsymbol{0}\end{aligned}$$

这里

$$\boldsymbol{R}_i(\boldsymbol{x})=\varepsilon(\boldsymbol{x})\boldsymbol{P}(\boldsymbol{x})\boldsymbol{E}_i(\boldsymbol{x})+\varepsilon^{-1}(\boldsymbol{x})(\boldsymbol{F}_{1i}(\boldsymbol{x})+\boldsymbol{F}_{2i}(\boldsymbol{x})\boldsymbol{k}_i(\boldsymbol{x}))^{\mathrm{T}}\boldsymbol{G}_i(\boldsymbol{x})$$

所以由定理8.10,系统(8.72)是具有 $H_\infty$ 干扰抑制水平 $\gamma$ 可切换镇定的,即切换非线性系统(8.69)是具有 $H_\infty$ 干扰抑制水平 $\gamma$ 状态反馈可切换镇定的。从而定理 8.11 结论成立。

若系统(8.69)是切换线性系统,则矩阵不等式(8.73)就变为了关于两个常数矩阵的线性矩阵不等式。所以从这种意义上来说,这里的结果是上一节所获结果的推广。

**参考文献(References)**

[1] SUN ZHENDONG, GE SHUZHI. Switched Linear Systems: Control and Design[M]. London: Spring-

er, 2005.
[2]王泽宁. 一类混杂系统的鲁棒与优化控制设计[D]. 南京:东南大学,2002.
[3] BRANICKY M S. Multiple Lyapunov Functions and Other Analysis Tools for Switched and Hybrid Systems [J]. IEEE Trans on Automatic Control, 1998, 43(4): 475－482.
[4] LIBERZON D, MORSE A S. Basic Problems in Stability and Design of Switched Systems [J]. IEEE Control Systems Magazine, 1999, 19(5): 59－70.
[5] HESPANHA J P. Logic-based Switching Algorithms in Control [D]. Department of Electrical Engineering, Yale University, 1998.
[6] 俞立. 鲁棒控制——线性矩阵不等式处理方法[M]. 北京: 清华大学出版社, 2002.
[7] GAHINET P, APKARIAN P. A Linear Matrix Inequality Approach to $H_\infty$ Control [J]. International Journal of Robust and Nonlinear Control, 1994, 4(4): 421－448.
[8] HESPANHA J P. Uniform Stability of Switched Linear Systems: Extensions of LaSalle's Invariance Principle [J]. IEEE Trans Automatic Control, 2004, 49(4): 470－482.
[9] NIE H, ZHAO J, HU Y. Robust $H_\infty$ State Observer Design for a Class of Nonlinear Systems Via Switching [C]. Proceedings of the IEEE International Symposium on Intelligent Control, Texas: Houston, 2003, 782－787.
[10] ZHAI G, HU B, YASUDA K et al. Disturbance Attenuation Properties of Time-controlled Switched Systems[J]. Journal of the Franklin Institute, 2001, vol. 338, pp. 765－779.
[11] JI Z, WANG L, XIE D. Robust $H_\infty$ Control and Quadratic Stabilization of Uncertain Switched Linear Systems [C]. Proc of the American Control Conference, Boston, United States, 2004, 4543－4548.
[12] 聂宏,线性切换系统 $H_\infty$ 控制若干问题的研究[D]. 沈阳:东北大学,2003.
[13] 付主木, 费树岷,高爱云. 切换系统的 $H_\infty$ 控制[M]. 科学出版社, 2009.

# 名词索引

**B**


不变性原理(The Invariance Principle) …… 1.1
不变集(Invariance Set) …… 1.1
标量多项式微分算子(Scalar Polynomial Differential Operator, SPDO) …… 3.2
并行谱标准型(Parallel Spectral Canonical Form) …… 3.2
标准形态矩阵(Modal Canonical Matrix) …… 3.2
Barbalat 引理(Barbalat Lemma) …… 4.3,6.4


**C**


串行谱标准型(Series Spectral Canonical Form) …… 3.2


**D**


对合分布(Involutive Distribution) …… 2.3
递归滑模面(Backstepping Sliding Mode Surface) …… 4.2
带补偿函数 Terminal 滑模控制(Terminal Sliding Mode Control with Penalty Function)
单向模控制(Unidirectional Sliding Mode Control) …… 4.5
单向辅助滑模面(Unidirectional Auxiliary Surface) …… 4.5
带记忆控制(Control With Memory) …… 7.4
动态输出反馈控制(Control of Dynamical Output Feedback ) …… 8.3


**F**


非受控系统(Uncontrolled System) …… 2.1
Fourier 变换(Fourier Transform) …… 2.2
分布(Distribution) …… 2.3
Frobenius 定理(Frobenius Theorem) …… 2.3
Falb－wolovich 矩阵(Falb－wolovich Matrix) …… 2.3
非线性分离原理(Nonlinear Separation Principle) …… 2.4
非线性相位标准型(Nonlinear Phase Canonical Form) …… 3.2
非线性干扰观测器(Nonlinear Disturbance Observer) …… 3.3
Filippov 理论(Filippov Theory) …… 4.4
Filippov 包含(Filippov Contain) …… 4.4


**G**


轨迹线性化(Trajectory Linearization Control) …… 3.1

格拉姆矩阵(Gram Matrix) …… 3.2
广义均值(Extended Mean) …… 3.2
高阶滑模(Higher Order Sliding Mode) …… 4.4
高斯-牛顿法(Gauss-newton Method) …… 6.2

## H

Holder 不等式(Holder Inequality) …… 2.1
耗散性(Dissipativity) …… 2.2
Hamilton-Jacobi 不等式(Hamilton-Jacobi Inequality) …… 2.2,2.4
滑模运动(Sliding Movement) …… 4.1
滑模相对阶(Sliding Mode Relative Degree) …… 4.4
Hale and Lunel 引理(Hale and Lunel Lemma) …… 7.1
H∞可解(H∞ Solvable) …… 7.2

## J

渐进稳定(Asymptotical Stability) …… 1.1
局部指数稳定(Local Exponential Stability) …… 1.1,1.2
径向无界函数(Radially Unbounded Function) …… 1.1
减函数(Reduction Function) …… 1.2
径向无界函数(Radially Unbounded Function) …… 1.2
积分回馈递推控制(Integration Backstepping Control) …… 2.1
局部输入状态稳定(Local Input-state Stability) …… 2.1
极限界(Limit Boundary) …… 2.1
局部可观测(Local Observability) …… 2.4

## K

Kalman-Yakubovich 引理(Kalman-Yakubovich Lemma) …… 2.2
可微存储函数(Differentiable Storage Function) …… 2.2

## L

Lie 导数(Lie Derivative) …… 1.1,2.3
LaSalle 定理(Lasalle-type Theorem) …… 1.1
$L_2$范数($L_2$ Norm) …… 2.1
$L_p$范数($L_p$ Norm) …… 2.1
$L_\infty$范数($L_\infty$ Norm) …… 2.1
$L_\infty$增益($L_\infty$ Gain) …… 2.1
$L_2$增益($L_2$ Gain) …… 2.1,2.2
Lie 括号(Lie Bracket) …… 2.3
Lipschitz 系统(Lipschitz System) …… 2.4
李亚普诺夫变换(Lyapunov Transformation) …… 3.2
Lyapunov 谱理论(Lyapunov Spectral Theory) …… 3.2

鲁棒轨迹线性化(Robust Trajectory Linearization) ………… 3.3
流形(Manifold) ………… 4.4
Lagrange 微分中值定理(Lagrange Differential Mean Value Theorem) ………… 4.4
Lebesgue 可测(Lebesgue Measurable) ………… 4.4
L－M 算法(Levenberg－Marquardt Algorithm) ………… 6.2
Lyapunov－Krasovskii 稳定性定理(Lyapunov－Krasovskii Stability Theorem) ………… 7.1,7.3
鲁棒稳定(Robust Stability) ………… 7.2
Lurie 控制系统(Lurie Control System) ………… 7.3
零测度集(Zero Measure Set) ………… 8.1
良定性(Well－definiteness) ………… 8.1

M

脉冲响应矩阵(Impulse Response Matrix) ………… 3.2
模糊干扰观测器(Fuzzy Disturbance Observer) ………… 4.3
模糊逼近理论(Theory of Fuzzy Approximation) ………… 5.4
模糊复合控制(Fuzzy Hybrid Control) ………… 6.1
Mamdani 推理(Mamdani Reasoning) ………… 6.2

N

Nyquist 判据(Nyquist Criterion) ………… 2.1

P

Parseval 等式(Parseval Equation) ………… 2.1
PD 特征方程(Parallel D－Characteristic Equation) ………… 3.2
PD 谱(Parallel D－Spectrum) ………… 3.2

Q

全局指数稳定(Global Exponential Stability) ………… 1.1,1.2
全局渐进稳定(Global Asymptotical Stability) ………… 1.1
全局输入状态稳定(Global Input－state Stability) ………… 2.1
QRS 耗散(QRS Dissipative) ………… 2.2
全程鲁棒性(Whole Robustness) ………… 4.2
去抖振条件(Chattering－free Condition) ………… 4.5
切换系统(Switched System) ………… 8.1
切换路径(Switching Path) ………… 8.1
切换规则(Switching Rule) ………… 8.1
齐诺现象(Zeno Phenomenon) ………… 8.1
切换持续序列(Switching Duration Sequence) ………… 8.1

切换驻留时间(Switching Dwell Time) …… 8.1

**R**

𝔑类函数(𝔑Function) …… 2.2
弱严格正实(Weak Strictly Positive Real) …… 2.2

**S**

实内积空间(Real Inner Product Space) …… 2.2
Schwartz 不等式(Schwartz Inequalities) …… 2.2
输出反馈 H∞控制(H∞Control of Output Feedback) …… 2.4
SD 特征值(Series D—Eigenvalue) …… 3.2
SD 谱(Series D—Spectrum) …… 3.2
Schur 补引理(Schur Complement Lemma) …… 5.2,7.2,7.3
Sugeno 推理(Sugeno Reasoning) …… 6.2
适定性(Well—posedness) …… 8.1

**T**

Terminal 滑模控制(Terminal Sliding Mode Control) …… 4.1
同态推理(Homomorphism Reasoning) …… 4.4
T—S 模糊模型(T—S Fuzzy Model) …… 5.3,6.1,6.2
泰勒展开(Taylor Series Expansion) …… 5.4
梯度法(Gradient Method) …… 6.2

**W**

无记忆系统/静态系统(Memoryless System/ Static System) …… 2.1
无源性(Passivity) …… 2.2
微分耗散不等式(Differentially Dissipative Inequality) …… 2.2
微分同胚(Diffeomorphsim) …… 2.3
完全可积(Completely Integrable) …… 2.3
微分算子因式分解思想(Differential Operator Factorization) …… 3.2
Wronskian 矩阵(Wronskian matrix) …… 3.2

**X**

吸引区(Region of Attraction) …… 1.1
线性赋范空间(Normed Linear Space) …… 2.1
小增益定理(Small Gain Theorem) …… 2.1,2.2
向量多项式微分算子(Vector Polynomial Differential Operator) …… 3.2

线性矩阵不等式(LMI) ………………………………………… 5.2,6.3,7.2

## Y

一致渐进稳定(Consistent Asymptotic Stability) ……………………… 1.2
严格反馈系统(Strict－feedback System) ……………………………… 2.1
有限增益系统(Finite Gain System) …………………………………… 2.1
圆判据(Circle Criterion) ………………………………………………… 2.1
严格正性(Strict Positive Property) ………………………………… 2.2
严格无源性(Strict Passivity) ………………………………………… 2.2
严格正实(Strictly Positive Real) …………………………………… 2.2
有界输入有界输出(Bounded Input Bounded Output，BIBO) ………… 3.2
一致最终有界(Uniformly Ultimately Bounded，UUB) ………………… 4.3
预测控制(Predictive Control) ………………………………………… 5.1
预测滑模控制(Predictive Sliding Mode Control) …………………… 5.5
诱导范数(Induced Norm) ……………………………………………… 8.5

## Z

正半定函数(Positive Semidefinite Function) ……………………… 1.1,1.2
正定函数(Positive Definite Function) ……………………………… 1.1,1.2
正极限集(Positively Limit Set) ……………………………………… 1.1
正则有理函数(Regular Rational Function) ………………………… 2.1
正性(Positive Property) ……………………………………………… 2.2
正实(Positive Real) …………………………………………………… 2.2
状态反馈、H∞控制(H∞－Control of State Feedback) ………………… 2.4
状态转移矩阵(State Transition Matrix) …………………………… 3.2
最小相位系统(Minimum Phase System) ……………………………… 3.2
最终吸引子(Terminal Attractor) ……………………………………… 4.1
真实滑模族(Real Sliding Mode Group) ……………………………… 4.4
正不变集(Positively Invariant Set) ………………………………… 4.5
中立型微分方程(NFDE) ……………………………………………… 7.1
状态反馈控制( Control of State Feedback) ………………………… 8.2